Handwörterbuch des politischen Systems der Bundesrepublik Deutschland

Uwe Andersen
Wichard Woyke (Hrsg.)

Handwörterbuch des politischen Systems der Bundesrepublik Deutschland

2., überarbeitete Auflage

Leske + Budrich, Opladen 1995

ISBN: 3-8100-1424-9

Satz: Leske + Budrich

Druck: Presse-Druck Augsburg

Printed in Germany

Vorwort zur zweiten Auflage

Die erste Auflage des HPSD ist auf eine höchst erfreuliche Resonanz gestoßen. Herausgeber und Verlag haben sich daher entschlossen, schon nach gut zwei Jahren mit der zweiten Auflage eine erste Überarbeitung vorzulegen. Mit zusätzlichen Stichworten sowie mit der durchgehenden Aktualisierung wurde der praktisch wie wissenschaftlich faszinierenden Entwicklung des innerdeutschen Integrationsprozesses entsprochen. Ferner hat der Verlag der Anregung der Herausgeber und zahlreicher Autoren Rechnung getragen, das HPSD nun als preisgünstige Studienausgabe vorzulegen. Dies wird an den Hochschulen begrüßt werden.

Unser Dank gilt einmal mehr in erster Linie den Autoren, die bereits früher als erwartet die Mühe einer Überarbeitung auf sich nehmen mußten, sowie unseren Mitarbeiterinnen und Mitarbeitern Stefanie Febel, Gregor Halff, Brigitta Kroes, Andreas Langmann, Kai Rüsberg, Stefan Schönwasser, Melanie Tajnsek und Johannes Varwick für die unverzichtbare, engagierte Hilfe bei der Bewältigung der vielfältigen organisatorischen Probleme.

Bochum/Münster, im März 1995

Uwe Andersen
Wichard Woyke

Vorwort zur ersten Auflage

Der Ursprung dieses Handwörterbuches liegt in dem bei den Herausgebern seit langem vorhandenen und stetig wachsenden Empfinden eines gravierenden Mangels. Unseres Erachtens fehlt in der Literatur zum politischen System der Bundesrepublik Deutschland ein Handwörterbuch, das einen schnellen und kompakten Zugriff auf alle relevanten Aspekte dieses spezifischen Systems ermöglicht. Ein solches Handbuch ist verdienstvollerweise von *Kurt Sontheimer* und *Hans H. Röhring* in den siebziger Jahren herausgegeben, aber später nicht mehr an die weitere politische Entwicklung angepaßt worden. Die zumindest zeitlich extrem überraschende politische Vereinigung Deutschlands im Kontext einer internationalen „Zeitenwende" bedeutet auch für das politische System der Bundesrepublik Deutschland eine grundlegende Zäsur. Ungeachtet der Tatsache, daß die neu konstituierten Länder der ehemaligen DDR der alten Bundesrepublik Deutschland beigetreten sind und die formale Struktur des alten politischen Systems bisher nur eng begrenzte Veränderungen erfahren hat, sind damit die politischen Tiefenstrukturen vor eine Herausforderung ganz neuer Dimension gestellt. Die Aufgabe der Integration bietet zugleich die Chance einer Generalüberprüfung aller Elemente des politischen Systems, inwieweit diese der neuen Ausgangslage und den zukünftigen Aufgaben einschließlich der sich abzeichnenden konkreten Möglichkeit eines europäischen Bundesstaates angemessen sind, wo Stärken und Schwächen liegen. Dabei scheint sich allerdings einmal mehr zu erweisen, daß das Gesetz der Schwerkraft des Status quo in „normalen“ Zeiten ein kaum zu überschätzender Faktor ist.

Die deutsche Vereinigung hat für uns die Notwendigkeit eines neu konzipierten Handwörterbuches des politischen Systems der Bundesrepublik Deutschlands (HPSD) nachdrücklichst unterstrichen, zugleich aber die Frage ausgelöst, ob die mit der Vereinigung verbundenen Veränderungen und Probleme nicht die Herausgabe eines solchen Handwörterbuches zu einem späteren Zeitpunkt, nach einer längeren Konsolidierungsphase, ratsam erscheinen lassen. Wir haben uns – ermutigt auch durch die Diskussion mit Kollegen – primär aus zwei Gründen zu einer schnellen Herausgabe des HPSD entschlossen. Zum einen dürfte der integrationsbedingte Anpassungsbedarf des politischen Systems in verschiedenen Teilbereichen unterschiedlich viel Zeit in Anspruch nehmen, z.B. bei der Verfassung schneller erfolgen als bei der politischen Kultur. Zum anderen hoffen wir, zu erwartende Veränderungen im Rahmen späterer Neuauflagen berücksichtigen zu können. In der Güterabwägung schien uns jedenfalls eine weitere Verzögerung nicht sinnvoll.

Ziel des HPSD ist die kompakte, zuverlässige Information über den Zustand und die Probleme des politischen Systems, wobei wir bei der Auswahl der über 150 Stichworte versucht haben, alle wichtigen Elemente des politischen Systems einzubeziehen. Der föderalistischen Struktur der Bundesrepublik haben wir nicht zuletzt dadurch Rechnung getragen, daß wir alle Länder der Bundesrepublik mit einem eigenen Artikel nach einem einheitlichen Gliederungskonzept berücksichtigt haben, wobei angesichts vermuteter Defizite der historische Hintergrund bei den neuen Bundesländern stärker betont worden ist. Ein besonderer Akzent des HPSD liegt bei den aus der Vereinigung resultierenden Problemen, die sowohl bei der Auswahl der Stichworte als auch innerhalb der einzelnen Artikel – der Natur der Sache nach mit unterschiedlicher Gewichtung – berücksichtigt worden sind.

Unter dem Diktat des begrenzten Umfangs mußten selbstverständlich Kompromisse eingegangen werden, die auch von einigen beteiligten Kollegen als schmerzhaft empfunden wurden. Dies gilt einmal für die Umfangsvorgabe für die einzelnen Beiträge, mit der die Herausgeber versucht haben, die relative Bedeutung des betreffenden Elementes grob einzuschätzen. Das gilt zum anderen insbesondere für die Politikfelder, die nur selektiv berücksichtigt werden konnten.

Für Konzeption sowie sachliche und personelle Struktur des HPSD sind allein die Herausgeber verantwortlich, die etwaige Defizite daher auch allein zu vertreten haben. Für kritische Hinweise und Verbesserungsvorschläge sind wir dankbar und werden uns bemühen, sie bei möglichen späteren Neuauflagen zu berücksichtigen. Die Verantwortung für die Aussagen innerhalb der Artikel liegt dagegen bei den jeweiligen Autoren. Die Herausgeber haben sich bei der Gewinnung kompetenter Autoren insgesamt um eine „pluralistische“ und interdisziplinäre Palette bemüht und sind überzeugt, daß das HPSD die personelle und inhaltliche Bandbreite, insbesondere innerhalb des engeren Faches Politikwissenschaft, angemessen widerspiegelt.

Dank gilt in erster Linie den Autoren, die sich ganz überwiegend die für ein solches Handbuch nötige Selbstdisziplin hinsichtlich Umfang und Terminen willig auferlegt haben. Besonderen Dank schulden wir darüber hinaus Gregor Halff, Detlef Grabowski und Bernd Breitschuh (Münster) sowie Margarete Schulze und Andreas Langmann (Bochum), deren Hilfe bei Organisation, Zusammenstellung von Anhang und Register sowie beim Korrekturlesen wesentlich zum Zustandekommen des HPSD beigetragen hat.

Bochum/Münster, im November 1992

Uwe Andersen
Wichard Woyke

Inhaltsübersicht

Einleitung
Zum Aufbau des Handwörterbuches des politischen Systems der Bundesrepublik Deutschland (HPSD)

Die alphabetisch geordneten Stichworte sind eng auf das politische System der Bundesrepublik Deutschland bezogen, ein Aspekt, der sowohl bei ihrer Auswahl als auch bei der inhaltlichen Behandlung zentral war. Der weitgehende Verzicht auf eine allgemeine oder vergleichende Perspektive ist wegen des gewählten Schwerpunktes und des begrenzten Umfangs gewollt. Die jeden Beitrag abschließenden ausgewählten Literaturhinweise sollen einen schnellen Zugriff auf weiterführende wichtige Literatur ermöglichen. Einzelbeiträge zu den sechzehn Bundesländern, die auch quantitativ einen beachtlichen Teil des HPSD ausmachen, sind jeweils unter Land X eingeordnet und damit praktisch in einem geschlossenen Länderteil konzentriert.

Der Anhang bietet in Form von Tabellen und Schaubildern ausgewählte wichtige Daten zu Politik, Bevölkerung, Wirtschaft und Staatsfinanzen und soll den Wert des HPSD als kompaktes Arbeitsmittel erhöhen. Über die Auswahl der Daten im einzelnen kann man sicherlich streiten. Wir haben uns bemüht, aktuelle Daten mit Zeitreihen zu verbinden, um Entwicklungen in der Bundesrepublik Deutschland nachvollziehbar zu machen. Dabei mußten häufig Kompromisse zwischen wünschenswerten Zeiträumen und verfügbaren Daten bzw. methodischen Problemen ihrer Aufbereitung eingegangen werden. Daten zur Entwicklung der DDR sind nur sehr selektiv berücksichtigt worden, vor allem wegen des Mangels an sowohl zuverlässigen als auch aussagefähigen Daten. Soweit verfügbar, sind aber Daten zur Situation in Ost- und Westdeutschland innerhalb des vereinten Deutschland gezielt einbezogen worden.

Der Erhöhung des Gebrauchswertes des HPSD dient auch das Register, das neben den fettgedruckten Artikeln differenziertere Begriffe zur besseren Erschließung des Inhaltes umfaßt. Ein Abkürzungsverzeichnis findet sich vor den Beiträgen. Im folgenden sind die Stichworte, die im Hauptteil alphabetisch angeordnet sind, noch einmal nach sachlicher Nähe zusammengestellt, um einen besseren Nachvollzug der Struktur des HPSD und den Zugriff auf thematische Zusammenhänge zu erleichtern.

Stichworte (Zusammenstellung nach sachlicher Nähe):

Deutschland (vor 1945)
Nationalsozialismus
Bundesrepublik Deutschland – Geschichte und Perspektiven
DDR – Geschichte
Deutschlandpolitik
Deutschlandforschung
Wiedervereinigung
Wiedergutmachung

Staatsgebiet/Grenzen
Staatsgewalt
Staatssymbole
Staatsangehörigkeit/Staatsbürgerschaft
Bevölkerung
Ausländer und Asyl
Auslandsdeutsche

Pluralismus
Gesellschaft
Wertewandel
Ungleichheit

Volkssouveränität
Demokratie in Deutschland
Gewaltenteilung
Subsidiarität
Bundesstaat/Föderalismus
Regionen
Gemeinden/Kommunale Selbstverwaltung

Bundesländer
Land Schleswig-Holstein
Land (Freie und Hansestadt) Hamburg
Land Mecklenburg-Vorpommern
Land (Freie Hansestadt) Bremen
Land Niedersachsen
Land Sachsen-Anhalt
Land Brandenburg
Land Berlin
Land Nordrhein-Westfalen
Land Hessen
Land (Freistaat) Thüringen
Land (Freistaat) Sachsen
Land Saarland
Land Rheinland-Pfalz
Land Baden-Württemberg
Land (Freistaat) Bayern

Stichwortverzeichnis alphabetisch

Autorenverzeichnis zum Handwörterbuch des politischen Systems der Bundesrepublik Deutschland

Abromeit, Heidrun, Dr., Professorin für Politikwissenschaft an der Technischen Hochschule Darmstadt
Selbständigenverbände; Unternehmerverbände;

Andersen, Uwe, Dr., Professor für Politikwissenschaft an der Universität Bochum
Bundesstaat/Föderalismus; Deutsche Bundesbank; Gemeinden/Kommunale Selbstverwaltung; Land Nordrhein-Westfalen; Land Schleswig-Holstein; Mitbestimmung; Sachverständigenrat zur Begutachtung der gesamtwirtschaftlichen Entwicklung; Soziale Marktwirtschaft/Wirtschaftspolitik; Staatsverschuldung; Stabilitätsgesetz/ Konzertierte Aktion; Währung/Währungsreformen;

Anweiler, Oskar, Dr., Professor für Pädagogik an der Universität Bochum
Bildungspolitik/Bildungswesen; Deutschlandforschung;

Beckord, Wilhelm, Dr., wiss. Mitarbeiter am Institut für Politikwissenschaft der Universität Münster
Demonstration;

Benda, Ernst, Dr., Professor für Rechtswissenschaften; ehemaliger Präsident des Bundesverfassungsgerichts;
Freiheitlich-demokratische Grundordnung; Grundgesetz – Verfassung/Verfassungsreform; Notstandsverfassung; Rechtsstaat – Rechtspolitik;

Bethusy-Huc, Viola Gräfin von, Dr., Professorin für Politikwissenschaft an der Universität Münster
Familienpolitik;

Billing, Werner, Dr., Professor für Politikwissenschaft an der Universität Kaiserslautern
Bundesverfassungsgericht; Gerichte; Land Rheinland-Pfalz;

Bleek, Wilhelm, Dr., Professor für Politikwissenschaft an der Universität Bochum
Ämterpatronage; Auslandsdeutsche; DDR – Geschichte; Deutschlandpolitik; Ministerialbürokratie; Öffentlicher Dienst; PDS – SED; Wiedervereinigung;

Bovermann, Rainer, Dr., wiss. Mitarbeiter in der Fakultät für Sozialwissenschaft der Universität Bochum
Staatssymbole;

Bullmann, Udo, Dr., wiss. Mitarbeiter am Institut für Politikwissenschaft der Universität Gießen
Land Hessen;

Diederich, Nils, Dr., Professor für Politikwissenschaft an der Freien Universität Berlin
Rechnungshof;

Gallas, Andreas, Dr., Mitarbeiter der Bundesanstalt für Arbeit
Arbeitslosigkeit (Politische Folgen);

Gerlach, Irene, Dr., Privatdozentin am Institut für Politikwissenschaft der Universität Münster
Wertewandel;

Greiffenhagen, Martin, Dr., Professor für Politikwissenschaft an der Universität Stuttgart
Politische Kultur;

Greiffenhagen, Sylvia, Dr., Professorin für Politikwissenschaft an der Ev. Stiftungsfachhochschule für Sozialwesen, Nürnberg
Politische Kultur;

Grosser, Dieter, Dr., Professor für Politikwissenschaft an der Universität München
Strukturpolitik; Subventionen; Treuhandanstalt;

Guggenberger, Bernd, Dr., Professor für Politikwissenschaft an der Universität Bielefeld
Bürgerinitiativen; Bundeskanzler; Regierungserklärung;

Hartwich, Hans-Hermann, Dr., Professor für Politikwissenschaft an der Universität Halle-Wittenberg
Land (Freie und Hansestadt) Hamburg;

Heinz, Ulrike, Dipl. Sozialwirtin; wohnungswirtschaftliche Mitarbeiterin beim Caritas-Verband Marl e.V.
Wohnungspolitik;

Heinze, Rolf G., Dr., Professor für Soziologie an der Universität Bochum
Bauernverband; Interessengruppen;

Helwig, Gisela, Dr., Redakteurin beim Deutschland-Archiv, Köln
Frauen und Politik;

Herzog, Dietrich, Dr., Professor für Politikwissenschaft an der Freien Universität Berlin
Politische Elite;

Himmelmann, Gerhard, Dr., Professor für Politikwissenschaft an der Universität Braunschweig
Streik und Aussperrung; Tarifautonomie;

Hoffmann, Jürgen, M.A., wiss.Mitarbeiter der Konrad-Adenauer-Stiftung, St. Augustin
Splitterparteien;

Hoffmann-Lange, Ursula, Dr., Professorin für Politikwissenschaft an der Universität Bamberg
Jugend und Politik;

Hohlfeld, Christoph, M.A., wiss. Mitarbeiter am Institut für Politikwissenschaft der Universität Hamburg
Bündnis 90/Die Grünen;

Jänicke, Martin, Dr., Professor für Politikwissenschaft an der Freien Universität Berlin
Umweltpolitik;

Jesse, Eckhard, Dr., Professor für Politikwissenschaft an der Universität Chemnitz
Bundespräsident; Extremismus; Innere Sicherheit; Ministerium für Staatssicherheit (MfS); Nachrichtendienste; Republik; Terrorismus;

Kaase, Max, Dr., Professor für Politikwissenschaft, Wissenschaftszentrum Berlin
Meinungsforschung; Politische Beteiligung/Politische Partizipation;

Keßler, Uwe, Amtsleiter der Stadtverwaltung Köln
Grundrechte – Abwehr- und Teilhaberechte;

Kevenhörster, Paul, Dr., Professor für Politikwissenschaft an der Universität Münster
Abgeordneter; Fraktion; Politikberatung;

Kiehle, Wolfgang, Dipl. Soz.Wiss., Mitarbeiter bei „WohnBund-Beratung NRW GmbH“, Bochum
Umweltschutzverbände; Wohnungspolitik;

Klatt, Hartmut, Dr., Ministerialrat in der Verwaltung des Deutschen Bundestages
Geschäftsordnung; Parlamentarisches Verfahren;

Kress, Roland, Dr., wiss. Mitarbeiter der SPD, Heidelberg
Politische Stiftungen;

Kuppe, Johannes L., Dr., Referatsleiter in der Bundeszentrale für politische Bildung, Bonn
Land Mecklenburg-Vorpommern; Land (Freistaat) Sachsen; Land Sachsen-Anhalt; Land (Freistaat) Thüringen;

Lange, Thomas, Dr., Stadtrat, München
Öffentliche Unternehmen; Staatliches/öffentliches Vermögen;

Langmann, Andreas, Dipl. Soz.Wiss., wiss. Mitarbeiter in der Fakultät für Sozialwissenschaft der Universität Bochum
Entwicklungspolitik; Regionen;

Laufer, Heinz, Dr., Professor für Politikwissenschaft an der Universität München
Bundesrat;

Lepszy, Norbert, Dr., wiss. Mitarbeiter der Konrad-Adenauer-Stiftung, St. Augustin
Republikaner; Sonderorganisationen der Parteien; Splitterparteien;

Loth, Wilfried, Dr., Professor für Neuere Geschichte an der Universität/Gesamthochschule Essen
Land Saarland;

Machura, Stefan, Dipl. Soz.Wiss., wiss. Mitarbeiter in der juristischen Fakultät der Universität Bochum
Ämterpatronage; Ministerialbürokratie; Öffentlicher Dienst;

Mäding, Heinrich, Prof. Dr., Direktor des Deutschen Instituts für Urbanistik
Öffentliche Finanzen;

Massing, Peter, Dr., Akademischer Oberrat am Otto-Suhr-Institut der Freien Universität Berlin
Land Berlin; Politische Bildung;

Mertens, Lothar, Dr., wiss. Mitarbeiter in der Fakultät für Sozialwissenschaft der Universität Bochum
Wiedergutmachung;

Meyer, Ulrich, Dr., Lehrbeauftragter am Institut für Politikwissenschaft der Universität Münster
Politische Sozialisation;

Mielke, Siegfried, Dr., Professor für Politikwissenschaft an der Freien Universität Berlin
Gewerkschaften;

Miller, Susanne, Dr., Professorin für Neuere Geschichte, Bonn
SPD – Sozialdemokratische Partei Deutschlands;

Mintzel, Alf, Dr., Professor für Soziologie an der Universität Passau
CSU – Christlich Soziale Union;

Murswieck, Axel, Dr., Professor für Politikwissenschaft an der Universität Heidelberg
Gesundheitspolitik;

Naßmacher, Hiltrud, Professorin für Politikwissenschaft an der Universität Oldenburg
Land Niedersachsen;

Naßmacher, Karl-Heinz, Dr., Professor für Politikwissenschaft an der Universität Oldenburg
Parteienfinanzierung;

Nohlen, Dieter, Dr., Professor für Politikwissenschaft an der Universität Heidelberg
Wahlen/Wahlfunktionen; Wahlrecht/Wahlsystem/Wahlprüfung;

Nullmeier, Frank, Dr., wiss. Mitarbeiter am Institut für Politikwissenschaft der Universität Hamburg
Sozialstaat;

Oberreuter, Heinrich, Dr., Professor für Politikwissenschaft an der Universität Passau, Direktor der Akademie für Politische Bildung, Tutzing
Bundestag; Land (Freistaat) Bayern; Vertrauensfrage;

Papcke, Sven, Dr., Professor für Soziologie an der Universität Münster
Staatsgewalt;

Plöhn, Jürgen, Dr., wiss. Mitarbeiter am Institut für Politikwissenschaft der Universität Halle-Wittenberg
Ausschüsse; Vermittlungsausschuß;

Pöschk, Jürgen, Dipl. Pol., wiss. Mitarbeiter in der Forschungsstelle für Umweltpolitik der Freien Universität Berlin
Umweltpolitik

Pollmann, Birgit †, Prof. Dr., Regierungspräsidentin des Regierungsbezirks Lüneburg
Land Niedersachsen;

Raschke, Joachim, Dr., Professor für Politikwissenschaft an der Universität Hamburg
Bündnis 90/Die Grünen

Reuter, Frank, Dr., Regierungsdirektor im Bundesministerium des Innern, Bonn
Land Brandenburg;

Robert, Rüdiger, Dr., Akademischer Oberrat am Institut für Politikwissenschaft der Universität Münster
Politikwissenschaft; Wettbewerb/Kartellamt;

Roth, Reinhold, Dr., Professor für Politikwissenschaft an der Universität Bremen
Land (Freie Hansestadt) Bremen;

Rucht, Dieter, Dr., wiss. Mitarbeiter am Wissenschaftszentrum Berlin
Neue Soziale Bewegungen;

Santel, Bernhard, Dr., Lehrbeauftragter am Institut für Politikwissenschaft der Universität Münster
Staatsangehörigkeit/Staatsbürgerschaft;

Sarcinelli, Ulrich, Dr., Professor für Politikwissenschaft an der Pädagogischen Hochschule Kiel
Öffentliche Meinung; Wahlkampf;

Schäfers, Bernhard, Dr., Professor für Soziologie an der Technischen Universität Karlsruhe
Gesellschaft; Ungleichheit;

Schatz, Heribert, Dr., Professor für Politikwissenschaft an der Universität Duisburg
Massenmedien;

Schmid, Josef, Dr., wiss. Mitarbeiter in der Fakultät für Sozialwissenschaft der Universität Bochum
CDU – Christlich Demokratische Union Deutschlands; Parteien; Parteiensystem;

Schmidt, Manfred G., Dr., Professor für Politikwissenschaft an der Universität Heidelberg
Arbeitsmarkt- und Beschäftigungspolitik; Bundesanstalt für Arbeit; Sozialpolitik;

Schmitz, Hermann, Dipl. Vw., Mitarbeiter im Dezernat Statistik der Universität Münster
Statistisches Bundesamt/Statistische Landesämter;

Schultze, Rainer-Olaf, Dr., Professor für Politikwissenschaft an der Universität Augsburg
Wählerinitiativen; Wählerverhalten; Wahlforschung;

Schwiderowski, Peter, Dr., Mitarbeiter im Kulturdezernat der Stadt Essen
Öffentlichkeitsarbeit/Presse- und Informationsamt der Bundesregierung;

Semrau, Frank W., M.A., wiss. Mitarbeiter am Institut für Politikwissenschaft der Universität Augsburg
Wählerinitiativen; Wählerverhalten;

Spieker, Manfred, Dr., Professor für Christliche Sozialwissenschaften an der Universität Osnabrück
Kirchen; Subsidiarität;

Stackelberg, Friedrich von, Dr., wiss. Mitarbeiter am Institut für Verkehrswissenschaft der Universität Münster
Verkehrspolitik;

Stammen, Theo, Dr., Professor für Politikwissenschaft an der Universität Augsburg
Gewaltenteilung; Volkssouveränität;

Thamer, Hans-Ulrich, Dr., Professor für Neuere Geschichte an der Universität Münster
*Deutschland (vor 1945); Nationalsozialis*mus;

Thränhardt, Dietrich, Dr., Professor für Politikwissenschaft an der Universität Münster
Ausländer und Asyl; Bevölkerung; Bundesregierung; Bundesrepublik Deutschland – Geschichte und Perspektiven; Demokratie in Deutschland; Gesetzgebung; Opposition;

Ulrich, Otto, Dr., Leiter des Instituts für Interkulturelle Verständigung bei Alanus – Europäisches Forum der Künste, Alfter bei Bonn
Wissenschaft, Forschung und Technologie;

Voelzkow, Helmut, Dr., Privatdozent an der Fakultät für Sozialwissenschaft der Universität Bochum
Interessengruppen; Neokorporatismus;

Vorländer, Hans, Dr., Professor für Politikwissenschaft an der Technischen Universität Dresden
FDP – Freie Demokratische Partei;

Wehling, Hans-Georg, Dr., Abteilungsleiter in der Landeszentrale für politische Bildung Baden-Württemberg und Professor für Politikwissenschaft an der Universität Tübingen
Land Baden-Württemberg;

Wiesand, Andreas J., Dr., Direktor des Zentrums für Kulturforschung Bonn/ Berlin, Professor für Kulturmanagement an der Musikhochschule Hamburg
Kulturpolitik;

Wilhelm, Rudolf, Dipl.-Psych., wiss. Mitarbeiter am Fachbereich Informatik der Technischen Universität Berlin
Datenschutz;

Woyke, Wichard, Dr., Professor für Politikwissenschaft an der Universität Münster
Äußere Sicherheit/Verteidigungspolitik; Außenpolitik; Bundesländer; Bundeswehr/Wehrbeauftragter; Deutschland und die UNO; Europapolitik; Koalition; Land Nordrhein-Westfalen; Landtage; Pluralismus; Staatsgebiet/Grenzen;

Zeuner, Bodo, Dr., Professor für Politikwissenschaft an der Freien Universität Berlin
Innerparteiliche Demokratie.

Verzeichnis der wichtigsten Abkürzungen

B.	Berlin
Bad.-W.	Baden-Württemberg
Bay.	Bayern
Bbg.	Brandenburg
BIP	Bruttoinlandsprodukt
BRD	Bundesrepublik Deutschland (1949-1990)
brit.	britisch
BSP	Bruttosozialprodukt
D	Deutschland, vor 1945 und nach der Vereinigung
DDR	Deutsche Demokratische Republik (1949-1990)
dt.	deutsch
E.	Einwohner
frz.	französisch
HB	Bremen
Hess.	Hessen
HH	Hamburg
M.V.	Mecklenburg-Vorpommern
Mio.	Million(en)
Mrd.	Milliard(en)
Nds.	Niedersachsen
NW	Nordrhein-Westfalen
R.P.	Rheinland-Pfalz
S.H.	Schleswig-Holstein
Sa.	Sachsen
Sa.A.	Sachsen-Anhalt
Sal.	Saarland
Thür.	Thüringen

Stichwörter

Abgeordneter

1. Grundlagen

Abgeordnete sind die nach den Vorschriften der Verfassung von den Bürgern gewählten Mitglieder eines Parlaments. Von den Deputierten der Ständeversammlungen unterscheiden sie sich dadurch, daß sie nicht den Interessen eines Standes oder einer Region, sondern dem Wohle des ganzen Volkes verpflichtet und keinen Weisungen unterworfen sind. Bindungsfreiheit und Weisungsunabhängigkeit sind wesentliche Merkmale des Abgeordnetenmandats. Die Legitimation der Abgeordneten wird durch demokratische Wahlen herbeigeführt. Dem jeweiligen → Wahlsystem kommt dabei ein starker Einfluß auf diesen Legitimationsvorgang und dadurch auf die Stellung des Abgeordneten zu. Während das Verhältniswahlrecht die Abgeordneten über die Kandidatenlisten stark an die → Parteien bindet, stellt das Mehrheitswahlrecht eher die Person des einzelnen Abgeordneten in den Mittelpunkt des Wahlvorgangs. Dennoch ist der Abgeordnete nicht Vertreter eines Wahlbezirkes, sondern Repräsentant der gesamten staatsbürgerlichen Gesellschaft.

2. Das freie Mandat

In allen europäischen Repräsentativverfassungen gilt der Grundsatz des freien Mandats: Abgeordnete sind an Aufträge und Weisungen nicht gebunden, unterliegen bei ihren Entscheidungen nur ihrem Gewissen und vertreten das gesamte Volk. Das Gegenteil des freien Mandats ist das imperative Mandat: die Bindung des einzelnen Abgeordneten in allen Entscheidungen an Weisungen der Basis (Wähler, Parteimitglieder). Die Verfassungsgeschichte kennt nur negative Erfahrungen mit imperativen Mandaten, die das Parlament gelähmt und schließlich zur Auflösung repräsentativer Institutionen geführt haben (Polen, Frankreich). Diese Erfahrungen haben gezeigt, daß Parlamente nur so lange entscheidungsfähig waren, wie sie sich von den Weisungen ständischer Auftraggeber lösen und Mehrheitsentscheidungen ermöglichen konnten.

Das freie Mandat ist zuerst in der französischen Verfassung von 1791 fixiert worden, danach in der belgischen Verfassung von 1831 und schließlich in allen deutschen Verfassungen (Reichsverfassung von 1871, Weimarer Verfassung, Grundgesetz). Das Grundgesetz legt in Art. 38,1 fest: „Die Abgeordneten sind Vertreter des ganzen Volkes, an Aufträge und Weisungen nicht gebunden und nur ihrem Gewissen unterworfen."

Die ursprüngliche Funktion des freien Mandats, Ständeversammlungen durch das Verbot von Instruktionen zu einer für das gesamte Reich verbindlichen Beschlußfassung zu befähigen, ist somit im Kern erhalten geblieben. Während imperative Mandate Kompromisse ausschließen und dadurch bindende, von der Mehrheit getragene Entscheidungen verhindern, ist das freie Mandat Voraussetzung jeder parlamentarischen Versammlung, die zu eindeutigen Entscheidungen fähig sein soll. Wie *E. Burke* in seiner berühmten Rede an die Wähler von Bristol betont hat, sei das Parlament kein Kongreß weisungsgebundener Gesandter, sondern ein Beschlußorgan und als solches handlungsunfähig, wenn alle Abgeordneten an Weisungen ihrer Wähler gebunden seien.

3. Das imperative Mandat

Das imperative Mandat ist vielfach als ein Instrument erörtert worden, das es der „Parteibasis" möglich machen sollte, gegenüber „ihrer" Fraktion in der kommunalen Vertretungskörperschaft, eine umfassende Instruktionskompetenz in den zentralen Fragen kommunaler Politik geltend zu machen. Verfassungspolitisch haben sich diese Forderungen auf Art. 21 GG gestützt, der den politischen Parteien einen Gestaltungsauftrag erteilt. Das Spannungsverhältnis zwischen Art. 21 GG und Art. 38 GG wird mit dem Gegensatz von *Parteienstaatstheorie* und *Repräsentationstheorie* umschrieben. Während die Parteienstaatstheorie die parteipolitische Bindung des Abgeordnetenmandats betont, fordert die Repräsentationstheorie das freie Mandat. Beide Auffassungen schließen sich jedoch nicht gegenseitig aus, sondern können sich durchaus ergänzen. Denn ein demokratisch gewähltes Parlament muß zwei Forderungen gerecht werden: Es muß einerseits die Entscheidungsfreiheit des Abgeordneten garantieren und zugleich ein geschlossenes Handeln der Fraktionen ermöglichen. Das freie Mandat sichert die individuelle Verantwortlichkeit der Abgeordneten und die Fraktionsdisziplin seine kollektive Verantwortlichkeit (*W. Steffani*).

Die Parteienstaatstheorie beruht letztlich auf einer Fiktion: der Identität zwischen Regierenden und Regierten sowie zwischen Parteien und Wählerschaft. Sie wandelt den Instrumentalcharakter politischer Parteien im Prozeß der politischen Willensbildung in einen Monopolcharakter um: Aus dem Mitwirkungsrecht der Parteien am Prozeß der politischen Willensbildung wird ein Ausschließlichkeitsanspruch auf Legitimation und Durchsetzung parlamentarischer Entscheidungen. Das parteigebundene imperative Mandat, das die Abgeordneten an die Instruktionen ihrer Partei bindet, setzt Anweisungen von Parteigremien an die Stelle der Artikulation des Wählerwillens, die Unterordnung der Abgeordneten unter die Minderheit politisch aktiver Parteimitglieder an die Stelle der Verantwortlichkeit gegenüber der Wählerschaft.

Gegenüber dieser Außensteuerung der Abgeordneten durch „ihre“ Parteien sichert das freie Mandat entsprechend der Repräsentationstheorie im Grundsatz eine umfassendere Interessenabwägung in den parlamentarischen Beratungen und gewährleistet dadurch die kollektive Entscheidungsfähigkeit des Parlaments. Das freie Mandat ist nicht Ausdruck eines „Honoratiorenparlamentarismus“, sondern es sichert unter den Bedingungen der modernen Parteiendemokratie jenes Mindestmaß an Entscheidungsfreiheit, das die Abgeordneten benötigen, um in einem durch Interessenvielfalt geprägten Parlament mehrheitsfähige Kompromisse zu finden.

4. Die Stellung des Abgeordneten

Mit der Frage nach der Stellung der Abgeordneten ist zugleich die Frage nach einer effektiven Einflußnahme der Wählerschaft auf Parteien und Parlament gestellt. Die Maßstäbe des Verhaltens der Abgeordneten müssen für die Öffentlichkeit erkennbar sein. Dieser Grundsatz bedingt u.a. eine ausreichende Transparenz der parlamentarischen Interessenbindungen, eine politische Kontrolle von Verbandseinflüssen auf den Aktionsspielraum der Abgeordneten und die Integration des Parteienwettbewerbs in die parlamentarische Willensbildung.

Die politische Unabhängigkeit der Abgeordneten wird gegenüber der Judikative durch Sicherungen gewährleistet, die sich auf eine lange Tradition stützen und die Funktionsfähigkeit des Parlaments gewährleisten sollen. Der Grundsatz der *Indemnität* stellt sicher, daß Abgeordnete wegen ihres parlamentarischen Abstimmungsverhaltens oder politischer Meinungsäußerungen weder dienstlich noch gerichtlich zur Verantwortung gezogen werden können. Die Indemnität besteht nach Beendigung des Mandats fort.

Die *Immunität* schützt die Abgeordneten vor Strafverfolgung und anderen gerichtlichen Einschränkungen ihrer persönlichen Freiheit. Der → Bundestag kann die

Immunität nur aufheben, wenn kein Zusammenhang zwischen dem jeweiligen Gerichtsverfahren und der parlamentarischen Tätigkeit des Abgeordneten besteht. Das *Zeugnisverweigerungsrecht* gestattet es den Abgeordneten darüber hinaus, über Personen und Tatsachen das Zeugnis zu verweigern, die Adressat oder Gegenstand parlamentarischer Beratungen gewesen sind.

Mit einer Reihe von Ämtern ist das Abgeordnetenmandat unvereinbar. Diese Regelung dient gleichfalls der Unabhängigkeit der Mandatsinhaber wie der Eigenständigkeit und Funktionsfähigkeit des gesamten Parlaments. So besteht *Inkompatibilität* zwischen dem Bundestagsmandat und einer Mitgliedschaft im → Bundesrat, dem Amt eines Bundesverfassungsrichters, dem Amt des → Bundespräsidenten, dem Amt des → Wehrbeauftragten und der Mitgliedschaft in der Regierung eines Bundeslandes. Ferner sind das Abgeordnetenmandat und die aktive Ausübung eines Amtes in der öffentlichen Verwaltung unvereinbar. Rechte und Pflichten aus einem Dienstverhältnis ruhen während der Dauer des Abgeordnetenmandats. Ohnehin stellt der stetig wachsende Anteil von Beamten an der Gesamtheit der Abgeordneten der Bundes- und Landesparlamente eine starke, politisch umstrittene, strukturelle Klammer zwischen Parlament und Verwaltung dar.

5. Wirtschaftliche und soziale Stellung

Im Gegensatz zu den Mitgliedern der „Honoratiorenparlamente" der Vergangenheit, die ihr Mandat ehrenamtlich wahrgenommen haben, ist in der Praxis aus der in Art. 48,3 GG geforderten Entschädigung eine Alimentation der Abgeordneten unter Einschluß ihrer Familien geworden. Da es sich bei der Abgeordnetentätigkeit um eine Hauptbeschäftigung handelt, stellen die Diäten echte Einkommen von „Berufspolitikern" dar. Die Höhe dieser Bezüge ist durch ein Gesetz festzulegen. Eine automatische Anbindung an Gehälter des öffentlichen Dienstes ist nach einer Entscheidung des → Bundesverfassungsgerichtes unzulässig. Neben der Abgeordnetentätigkeit ist die Ausübung eines Berufes außerhalb des öffentlichen Dienstes zwar zulässig. Mit dem unabhängigen Status der Abgeordneten und ihrem Anspruch auf Vollalimentation sind allerdings Bezüge aus einem Arbeitsverhältnis oder aus Beraterverträgen unvereinbar, wenn anzunehmen ist, daß von diesen ein entsprechendes parlamentarisches Abstimmungsverhalten im Sinne der zahlenden Organisation nach den Grundsätzen des Lobbyismus erwartet wird. Die Verhaltensregeln des Bundestages sehen daher Angaben über die berufliche Tätigkeit der Abgeordneten, die Offenlegung von Interessenverflechtungen, die Anzeige besonderer Einnahmen und die Unzulässigkeit der Annahme bestimmter Zuwendungen vor. Der Sicherung der Unabhängigkeit der Abgeordneten dienen ferner Maßnahmen sozialer Sicherung (Alters-, Krankheitssicherung etc.).

6. Parlamentarische Praxis

Die *Abgeordnetensoziologie* des Deutschen Bundestages zeigt Merkmale einer zunehmenden Professionalisierung und Verfestigung des Abgeordnetenmandats: Die mittlere Zugehörigkeitsdauer nimmt zu. Die Altersstruktur weist eine zunehmende Konzentration auf die mittleren Altersgruppen auf. Sozial rekrutiert sich die Mehrzahl der Abgeordneten aus der Mittelschicht. 80% sind Akademiker und nahezu die Hälfte Angehörige des → öffentlichen Dienstes. Dies fördert die Entwicklung zu einem Spezialistenparlament und kommt der Kommunikation des Parlaments mit der Wählerschaft nicht zugute. Zugleich begünstigt die hierin zum Ausdruck kommende Homogenisierung der Abgeordneten eine Politik, die sich zunehmend bürokratischer Verhaltens- und Verfahrensweisen bedient. Diese Homogenisierung wird bewirkt durch eine

„Karrierisierung der politischen Führungsauswahl" (*D. Herzog*), die die Aufstellung von Parlamentskandidaten von einer schrittweisen Bewährung in der Parteiorganisation abhängig macht und dadurch Personen mit finanzieller Grundsicherung und zeitökonomischem Gestaltungsspielraum bevorzugt. Folge dieser politischen Professionalisierung ist der *„Berufspolitiker"* als Prototyp des modernen Abgeordneten.

Empirische Untersuchungen der gesellschaftlichen Kontaktstrukturen der Abgeordneten weisen unterschiedliche Beziehungsgeflechte zwischen den Fraktionen und ihren gesellschaftlichen Klientelgruppen aus. Insgesamt unterhalten die Abgeordneten Kontakte zu einem sehr breit gefächerten Interessenspektrum. Nach dem Rollenverständnis seiner Abgeordneten ist der Bundestag keineswegs ein nur auf Gesetzgebung und Regierungskontrolle beschränktes „Arbeitsparlament", auch wenn diese Aufgaben das Schwergewicht der parlamentarischen Arbeit nach Auffassung der Abgeordneten ausmachen. Auch Aufgaben des „Redeparlaments" (Artikulation von Interessen, politische Grundsatzarbeit, Vermittlungsaufgaben) werden gesehen. Stichworte wie „Verrechtlichung", „Perfektionismus" und „Regelungswut" deuten jedoch auf einen anhaltenden Trend zu einem „Arbeitsparlament" hin. Der Bedeutungsverlust der Abgeordnetentätigkeit gegenüber der Tätigkeit der Exekutive ist gravierend.

Das Streben nach politischer Geschlossenheit in den Fraktionen steht nicht im Gegensatz zum Grundsatz des freien Mandats. Fraktionelle Solidarität und Freiwilligkeit der Fraktionszugehörigkeit sind Grundvoraussetzungen der Abgeordnetentätigkeit. Dem entspricht das Erfordernis der Fraktionsdisziplin, unter der „... alle die Mittel (zu verstehen sind), die die Fraktionsangehörigen veranlassen sollen, den Fraktionsbeschlüssen gemäß abzustimmen" (*H. Rausch*).

In der parlamentarischen Praxis ist der Deutsche Bundestag ein „Parlament der Fraktionen" (*H. Hamm-Brücher*) geworden. Trotz der Garantie des freien Mandats ist der Zusammenhang zwischen Parteizugehörigkeit und Mandatserwerb äußerst eng. So schaffen die Bestimmungen des Bundeswahlgesetzes bei der Kandidatenaufstellung ein Parteienprivileg in Form einer faktischen Monopolstellung der Parteien. Diese Abhängigkeit setzt sich in der Parlamentsarbeit durch feste Einbindung in eine → Fraktion fort. Der parlamentarische Arbeitsablauf erzwingt Fraktionsdisziplin.

Die *Interfraktionelle Initiative Parlamentsreform* hat daher an die Einsicht der Fraktionsführungen appelliert, die Initiativfreude der einzelnen Abgeordneten zu fördern und es als eine Notwendigkeit der Geschäftsordnung bezeichnet, Zivilcourage und Spontaneität der einzelnen Abgeordneten nicht zu ersticken.

Zur Stärkung der Stellung des einzelnen Abgeordneten sind mehrere Reformen vorgeschlagen worden – insbesondere die Stärkung seiner Position durch „offene Listen" für die Zweitstimme der Wähler, die Aufwertung der Ausschußarbeit, die Stärkung des persönlichen Initiativrechts des Abgeordneten und vor allem die Verbesserung des Ansehens und der Glaubwürdigkeit des Parlaments insgesamt.

Literatur

Bethge, Herbert [7]1985: Abgeordneter, in: Staatslexikon. Freiburg.

Ellwein, Thomas/Hesse, Jens Joachim [6]1987: Das Regierungssystem der Bundesrepublik Deutschland. Opladen.

Hamm-Brücher, Hildegard [3]1991: Der Politiker und sein Gewissen. Eine Streitschrift für mehr parlamentarische Demokratie. München.

Herzog, Dietrich u.a. 1990: Abgeordnete und Bürger. Ergebnisse einer Befragung der Mitglieder des 11. Deutschen Bundestages und der Bevölkerung. Opladen.

Kaack, Heino 1988: Zur Abgeordnetensoziologie des Deutschen Bundestages: Zuge-

hörigkeitsdauer und Altersschichtung, in: Zeitschrift für Parlamentsfragen, Heft 2.
Kevenhörster, Paul 1975: Das imperative Mandat. Seine gesellschaftspolitische Bedeutung. Frankfurt/New York.
Rausch, Heinz 1973: Der Abgeordnete. Idee und Wirklichkeit. München.
Schweitzer, Carl Christoph 1979: Der Abgeordnete im parlamentarischen Regierungssystem der Bundesrepublik Deutschland. Opladen.
Steffani, Winfried 1981: Edmund Burke: Zur Vereinbarkeit von freiem Mandat und Fraktionsdisziplin, in: Zeitschrift für Parlamentsfragen, 12. Jg.

Paul Kevenhörster

Ämterpatronage

Ämterpatronage ist ein Begriff der politischen Umgangssprache, meist moralisch abwertend benutzt, und auch der politischen Soziologie. Er bezeichnet die Vergabe von beruflichen und politischen Positionen durch Entscheidungsträger an ihnen genehme Personen. Ämterpatronage ist ein zentrales und in der Öffentlichkeit umstrittenes Herrschaftsinstrument. Zwei mögliche Funktionen der Ämterpatronage lassen sich unterscheiden (vgl. *Machura* 1993).

Zum einen soll durch die Ämterpatronage Organisationsverhalten dauerhaft gesteuert werden. Nur auf permanente Anweisung und Überwachung, auf Dankbarkeit oder Sanktionen zu setzen, ist eine kaum verläßliche Strategie. Hingegen erleichtern Personen, die aus eigenem Antrieb in gewünschter Weise handeln, die Ausübung von Herrschaft. Solche Personen werden typischerweise im Kreis der persönlich Bekannten, der Vereins- oder Parteifreunde, unter den Absolventen bestimmter, Vertrauen genießender, Ausbildungsgänge und in „befreundeten" Organisationen gesucht.

Eine zweite, häufig zu beobachtende Funktion der Ämterpatronage besteht im Ausbau bzw. im Erhalt von Herrschaft in weiteren sozialen Bezügen. Sie dient z.B. dem Zusammenhalt des Lagers des Patrons. Dieser sieht sich einem großen Erwartungsdruck des sozialen Umfelds auf Versorgung gegenüber. So werden Partei- und Verbandsmitgliedschaften wegen beruflicher Vorteile eingegangen. Die „Wohltätigkeitspatronage" (*T. Eschenburg*), also die Belohnung der Parteifreunde meist mit kleineren Posten, fällt „bei der → SPD im allgemeinen ungenierter" aus „als bei der → CDU" (*Hesse/Ellwein* 1992: 349). Sehr häufig werden bestimmte Verwaltungsbereiche von Flügeln oder Gliederungen der Parteien personell „bewirtschaftet", z.B. das Arbeitsministerium von den Arbeitnehmerflügeln oder das Wirtschaftsministerium von den Mittelständlern. Ein „beliebtes" Feld der Ämterpatronage bilden auch die verselbständigten Verwaltungseinheiten: z.B. Staatslotterien, Rundfunkanstalten, kommunale Betriebe (zu letzteren vgl. *Scheuch* 1992).

Aus politisch wertender Sicht verkehrt sich der als solches nicht illegitime Vorteil der Bewerber mit dem richtigen „Stallgeruch" im öffentlichen Bereich zur Korruption, wenn fachlich ungeeignete oder im Vergleich zu Mitbewerbern offensichtlich weniger qualifizierte Aspiranten den Vorzug erhalten. Solche Patronage verstößt gegen den in Artikel 33 (2) des Grundgesetzes verankerten gleichen Zugang jedes Deutschen „nach seiner Eignung, Befähigung und fachlichen Leistung" zu jedem öffentlichen Amt.

Aus organisationstheoretischer Sicht führt eine zu enge Beziehung und zu große Ähnlichkeit von Aussuchenden und Ausgesuchten zur Gefahr einer Abschottung gegenüber der Umwelt. Entfremdung von gesellschaftlichen Entwicklungen kann die fatale Folge sein. Wechselt der Patronageherr, was in Demokratien nicht ausgeschlossen ist, stellt sich das Problem, inwieweit der neue mit den personalpolitischen Arrangements des alten Herren weiterarbeiten kann. Für die öffentliche Verwaltung erscheint es daher erforderlich, daß ein Mindestanteil an Amtsträgern vorhanden ist, die der → Opposition oder keiner Partei verbunden sind.

Die → DDR war ein besonders krasses Negativbeispiel für die Selektion des gesamten Verwaltungsapparates unter parteipolitischen Gesichtspunkten. Die Bewerber für den → öffentlichen Dienst in der erweiterten BRD mußten alle ein Überprüfungsverfahren durchlaufen, in dem ihre Rolle in der DDR-Zeit untersucht wurde. Besonders im Hochschulbereich wurden viele Wissenschaftler „abgewickelt", die eine zu systemkonforme Haltung gegenüber dem SED-Regime eingenommen hatten.

Literatur

Hesse, Joachim Jens/Ellwein, Thomas [7]1992: Das Regierungssystem der Bundesrepublik Deutschland. Opladen.

Machura, Stefan 1993: Die Kontrolle öffentlicher Unternehmen. Wiesbaden.

Mayntz, Renate [3]1985: Soziologie der öffentlichen Verwaltung. Heidelberg.

Scheuch, Erwin K./Scheuch, Ute 1992: Cliquen, Klüngel und Karrieren. Über den Verfall der politischen Parteien – eine Studie. Reinbek.

Wilhelm Bleek/Stefan Machura

Äußere Sicherheit/Verteidigung

1. Klassische Bedrohung

Die äußere Sicherheit der BRD wurde durch die Bündnispolitik, vor allem NATO und WEU, aber auch durch die Mitgliedschaft in der UNO sowie den Europäischen Gemeinschaften gewährleistet. Die äußere Sicherheit der BRD wurde insbesondere während des Ost-West-Konflikts als Sicherheit vor den Staaten des Warschauer Pakts verstanden. Die Bürger der BRD, an der Nahtstelle beider antagonistischer Systeme gelegen, perzipierten mehrheitlich eine Bedrohung durch die Sowjetunion und die Warschauer Pakt-Staaten. Umgekehrt war die DDR in das östliche Bündnissystem des Warschauer Pakts und des RGW integriert und befand sich ebenfalls an der Nahtstelle zum antagonistischen System, so daß äußere Sicherheit für die DDR als Sicherheit vor den „imperialistischen NATO-Staaten" verstanden wurde.

Mit der Überwindung des Ost-West-Konflikts, dem Zusammenbruch des Kommunismus als Ideologie und Praxis zur Lenkung gesellschaftlicher Großorganisationen sowie dem Zerfall der Sowjetunion und der Herstellung der deutschen Einheit haben sich auch die Rahmendaten für die äußere Sicherheit D.s radikal geändert. Der KSE-Vertrag von 1990 mit seinen drastischen Abrüstungsbestimmungen im konventionellen Bereich, der Rückzug der sowjetischen Truppen aus D. sowie dem Territorium anderer früherer Verbündeter in Ost-/Mitteleuropa haben die frühere sowjetische Fähigkeit zu einem Überraschungsangriff auf Westeuropa beseitigt. Ein Krieg in Europa zwischen Ost und West – wie er zu Zeiten des Kalten Krieges immer möglich schien – gilt heute als ausgeschlossen. Eine Bedrohung der äußeren Sicherheit D.s kann heute nur in anderen Konstellationen erfolgen (→ 2.2). Die Sicherheit D.s wird militärisch auch in Zukunft durch die NATO gewährleistet. Im Art. 6 des Zwei-Plus-Vier-Vertrages vom 12.9.1990 wird dem vereinten D das Recht zugestanden, „Bündnissen mit allen sich daraus ergebenden Rechten und Pflichten anzugehören". Da die DDR der BRD gemäß Art. 23 GG beitrat, änderte sich somit auch an der NATO-Zugehörigkeit des um die DDR erweiterten D.s nichts. D. hat in der militärischen Integration der NATO weiterhin einen Sonderstatus. Einmal hat es – im Gegensatz zu den anderen NATO-Staaten – alle Streitkräfte (mit Ausnahme des Territorialheers) in die integrierte Kommandostruktur eingebracht. Zum anderen verfügt D. auch über keinen eigenen Generalstab. Drittens hat D. eine einseitige Begrenzung seiner Truppen auf 370.000 Mann vorgenommen. Viertens hat D. die von der BRD eingegangene Verpflichtung erneuert, auf die Produktion und den Erwerb von ABC-Waffen zu verzichten. Und schließlich hat D. sich fünftens verpflichtet, nach dem im Herbst 1994 erfolgten erfolgreichen Abzug der sowjetischen/russischen Streitkräfte aus der ehemaligen DDR, auf dem Territorium der neuen Bundesländer weder ausländische Streitkräfte und Atomwaffen noch deren Träger dort zu stationieren. Der Zwei-Plus-Vier-Vertrag ermöglicht eine enge Bindung D.s in die Atlantische Gemeinschaft und erleicherte D.s Nachbarn die Zustimmung zur deutschen Einigung.

Allerdings dürfte die europäische Dimension in der Sicherheitspolitik eine immer größere Rolle erfahren. Einmal ist durch den Zerfall der Sowjetunion und des Warschauer Pakts die NATO ihres perzipierten Bedrohungspotentials beraubt und befindet sich in einer Phase der Umstrukturierung, und zum anderen werden nichtmilitärische Gefährdungen der industriellen Gesellschaften zunehmen. So akzentuiert EU-Europa besonders die politische und ökonomische Dimension seiner Sicherheitspolitik, indem es den ost- und mitteleuropäischen Staaten weitreichende Unterstützungsmaßnahmen (PHARE-Programm/Europa-Abkommen, bilaterale Freundschaftsverträge u.a.m.) zukommen läßt und damit die östliche Hälfte Europas im eigenen Interesse zu stabilisieren trachtet. Auch die Vermittlungsbemühungen von EG/EU – wenn auch wenig erfolgreich – im Jugoslawien-Krieg müssen vor diesem Hintergrund gesehen werden. So versucht EU-Europa nach der Überwindung des Ost-West-Konflikts eine stärkere internationale Rolle zu spielen. Daher sieht der Vertrag von Maastricht eine Gemeinsame Sicherheits- und Außenpolitik der zu errichtenden Europäischen Union vor, deren sicherheitspolitisches Standbein die WEU bilden soll.

2. Bedrohung durch Destabilisierung in Ost- und Südosteuropa

2.1 Regimeproblematik

Seitdem die Vielvölkerstaaten Sowjetunion und Jugoslawien zerbrochen sind, entstanden an ihrer Stelle neue Staaten. Mit der nachträglichen Unterzeichnung der Pariser KSZE-Charta von 1990 deklarieren die neuen Staaten zwar die Einrichtung liberal-pluralistischer Demokratien. Doch dürften sich in den etwa 30 neuen Staaten sehr unterschiedliche Regierungsformen entwickeln, die sich in den Erscheinungsformen von westlicher Demokratien bis zu Diktaturen erstrecken werden. Da entweder diese Staaten bereits über Streitkräfte aus der Erbmasse der untergegangenen Staaten verfügen bzw. sich neue Streitkräfte zulegen wollen, darüber hinaus bei einigen Staaten noch intra- und inter-ethnisch-kulturelle Konflikte bestehen, könnten diese internen Auseinandersetzungen in zwischenstaatliche Konflikte übergehen, die Ausstrahlungseffekte auf Westeuropa haben und somit wiederum auch zu einer Bedrohung für Westeuropa werden könnten.

2.2 Gefahr durch konventionelle Waffen und Kernwaffen

Sollten die Bürgerkriege und zwischenstaatlichen Kriege, wie sie seit 1991 auf dem Balkan und im Kaukasus grausam geführt werden, sich auf weitere Gebiete Osteuropas ausbreiten, dürfte Gewalt kaum auf ihren Ausgangsort beschränkt werden können. Die massive Ansammlung von Waffen in diesen Gebieten, z.T. auch von Nuklearwaffen, beschränkt diese Kriege nicht nur auf diese Gebiete, sondern ist potentiell auch für Westeuropa von Bedeutung. Für diesen Fall bildet die NATO nach wie vor das Reservesicherheitssystem, das mit seiner integrierten multinationalen Militärorganisation eine abschreckende Wirkung ausübt. Auch durch den Transfer von Waffen, z.B. aus den Restbeständen der Roten Armee, von Waffenspezialisten (z.B. Atomwissenschaftler) sowie von technischem know how kann eine regionale Destabilisierung in Europa erfolgen.

2.3 Globale Herausforderungen

Die Entwicklung der internationalen Politik nach 1945 ist nicht nur durch den Ost-West-Konflikt gekennzeichnet, sondern auch durch inzwischen 187 Kriege mit mehr als 30 Millionen Toten (Stand Ende 1994). Wenn auch die Kriege überwiegend in der Dritten Welt geführt wurden, so können sie doch leicht in einen größeren Krieg eskalieren wie der Kuwait-Krieg 1991 deutlich zeigt. Die große Verbreitung von Massenvernichtungswaffen und Raketentechnologie in einige Dritt-Welt-Länder destabilisiert das internationale System und stellt eine ernste Gefahr für die Staaten des Nordens dar. Weiter dürften wachsende Armut und politisches Chaos in vielen Ländern der Dritten Welt Flüchtlingswellen hervorrufen und den Migrationsstrom nach Europa beschleunigen. Die zunehmende Belastung der Umwelt stellt inzwischen ebenso eine globale Herausforderung wie der internationale Terrorismus dar. Jedoch sind diese Herausforderungen nur politisch, d.h. mit friedlichen Mitteln zu lösen. Die Existenz von Streitkräften in Bündnissystemen kann dabei nur eine Rückversicherungsagentur sein.

Literatur

Bergner, Jeffrey T. 1991: The New Superpowers – Germany, Japan, the US and the New World Order. New York.

Bundesministerium der Verteidigung (Hrsg.) 1994: Weißbuch. Weißbuch zur Sicherheit der Bundesrepublik Deutschland und zur Lage der Bundeswehr. Köln.

Gasteyger, Curt 1994: Europa zwischen Spaltung und Einigung. Bonn.

Kaiser, Karl 1991: Deutschlands Vereinigung – Die internationalen Aspekte. Bonn.

Senghaas, Dieter 1992: Friedensprojekt Europa. Frankfurt/M.

Wichard Woyke

Arbeitslosigkeit (Politische Folgen)

Sieht man von den Reaktionen der politischen Entscheidungsträger ab (→ Arbeitsmarkt- und Beschäftigungspolitik), können mit Blick auf die politischen Folgen von Arbeitslosigkeit grundsätzlich zwei zentrale Fragestellungen unterschieden werden:

1. Inwieweit führt Arbeitslosigkeit bei den direkt Betroffenen und/oder Dritten zur Entfremdung vom jeweiligen politischen System und/oder zu extremistischen Einstellungen bzw. Verhaltensweisen?
2. Inwieweit verfügen Arbeitslose über die

Fähigkeit, ihre Interessen wirksam zu vertreten?

Zu 1.: Unstrittig ist, daß die mit Massenarbeitslosigkeit verbundene Weltwirtschaftskrise den Aufstieg und die Wahlerfolge der NSDAP entscheidend begünstigte. Eine neuere Untersuchung (vgl. *Falter* u.a. 1983) deutet aber darauf hin, daß die Arbeitslosen in der Gruppe der NSDAP-Wähler keineswegs besonders stark vertreten waren. In der BRD war die mit relativ hoher Arbeitslosigkeit verbundene Wirtschaftskrise von 1966/67 eine entscheidende Ursache für einige spektakuläre Wahlerfolge der rechtsextremen NPD. Inwiefern aber gerade die Arbeitslosen (infolge ihrer Erwerbslosigkeit) nationaldemokratisch wählten, ist nicht bekannt.

Die 1974 einsetzende Phase erneuter Massenarbeitslosigkeit hat entgegen vielen Erwartungen nicht zu einer sichtbaren Gefährdung des politischen Systems der BRD geführt. Mit Blick auf das Wahlverhalten folgt aus den Untersuchungen der frühen 80er Jahre (vgl. etwa *Rattinger* 1985), daß nicht wenige Personen ihr Wahlverhalten infolge der direkten Betroffenheit von Arbeitslosigkeit änderten, wobei insbesondere die Tendenz zur Wahlapathie relativ stark war. Extremistisches Wahlverhalten von Erwerbslosen war demgegenüber eine Randerscheinung.

Für die 2. Hälfte der 80er und die frühen 90er Jahre deuten einige Untersuchungen darauf hin, daß ein Teil der Arbeitslosen zu den spektakulären Wahlerfolgen der → Republikaner und anderer rechtsextremistischer Parteien beigetragen hat (vgl. *Stöss* 1990). Allerdings ist zum einen zumindest offen, inwieweit tatsächlich die Erwerbslosigkeit oder aber bestimmte Drittvariablen die Ursache des extremistischen Wahlverhaltens Arbeitsloser gewesen sind. Zum anderen ist zu betonen, daß die Anhängerschaft der rechtsextremistischen Parteien sehr heterogen zusammengesetzt ist und es sich keineswegs um Parteien handelt, die vornehmlich von Arbeitslosen getragen werden (vgl. *Stöss* 1990).

Die Untersuchung der negativen politischen Folgen von Arbeitslosigkeit darf selbstverständlich nicht auf das Wahlverhalten beschränkt werden. Bislang gibt es indes nur wenige Untersuchungen, die keine reinen Wahlverhaltensanalysen sind. Bemerkenswert ist der Befund R.A. *Roth*s (1990), demzufolge politische Apathie, politische Entfremdung und autoritäre Einstellungen in einer befragten Gruppe erwerbsloser Jugendlicher deutlich häufiger auftraten als in der Vergleichsgruppe beschäftigter Jugendlicher. Weitgehend unbeantwortet blieb freilich auch in diesem Fall die zentrale Frage, inwieweit Besonderheiten in der Gruppe der Arbeitslosen aus der Erwerbslosigkeit resultieren oder aber durch Drittvariablen hervorgerufen werden. Im Rahmen zukünftiger Untersuchungen in West- und Ostdeutschland muß dieser Frage verstärkte Aufmerksamkeit geschenkt werden. Diese Untersuchungen werden auch zu klären haben, inwieweit bestimmte, in den letzten Jahren wieder verstärkt zu beobachtende Formen politisch-sozialer Intoleranz und Gewalt (Ausländerfeindlichkeit, Übergriffe auf Wohnheime von Asylbewerbern u.a.) durch Arbeitslosigkeit begünstigt werden. Gegenwärtig kann lediglich konstatiert werden, daß Arbeitslosigkeit wahrscheinlich ein Merkmal sozialer Benachteiligung unter mehreren ist, welche zusammengenommen unter bestimmten politischen Bedingungen bei einem in bestimmter Weise sozialisierten Kreis Betroffener die Neigung zu extremistischen politischen Positionen oder gar Aktionen erhöhen.

Zu 2.: Den Arbeitslosen fällt es tendenziell außerordentlich schwer, sich zu organisieren und ihre Interessen wirksam zu vertreten. Hierfür sind unter anderem folgende, miteinander partiell zusammenhängende Tatbestände verantwortlich:

– Die meist relativ geringe Dauer der Zugehörigkeit zur Gruppe der Arbeitslosen und d.h. zugleich die hohe Gruppenmitgliederfluktuation.

- Der Mangel an strukturell gegebenen Ansatzpunkten für die Entstehung eines dichten Beziehungsnetzwerkes zwischen Arbeitslosen.
- Die normalerweise fehlende Identifikation der Betroffenen mit der Erwerbslosenrolle.
- Die regelmäßig auftretenden negativen psychosozialen Folgen von Arbeitslosigkeit, welche ein politisches Engagement der Betroffenen erschweren.
- Die mangelnde Ausstattung der Arbeitslosen mit wirksamen politischen Durchsetzungsmitteln.

Trotz dieser gravierenden Hemmnisse sind immer wieder und z.T. durchaus bedeutsame und erfolgreiche Ansätze einer spezifischen politischen Interessenvertretung Arbeitsloser entstanden. Mithin wäre es verfehlt, den Arbeitslosen kategorisch die Fähigkeit zur Realisierung einer effektiven Interessenvertretung abzusprechen.

Auch in West- und Ostdeutschland bestehen gegenwärtig Ansätze einer spezifischen politischen Interessenvertretung Erwerbsloser. Im Rahmen dieser Ansätze hat sich aber bislang nur eine verschwindende Minderheit der direkt Betroffenen engagiert. Die westdeutschen Vertretungsansätze konstituieren sich im wesentlichen aus ca. 1000 bis 1200, nur sehr locker miteinander vernetzten lokalen Arbeitslosenprojekten (reine Beschäftigungsprojekte nicht eingerechnet), in denen allenfalls 15000 Arbeitslose aktiv sind. Diese Arbeitslosenprojekte stellen allerdings nur zu einem kleinen Teil reine Selbstorganisationsversuche Erwerbsloser dar, denn zum einen ging die Initiative zur Projektgründung häufig nicht von Arbeitslosen, sondern von bestimmten gesellschaftlichen Organisationen (insbesondere der evangelischen Kirche) aus. Zum anderen fungieren solche Organisationen in den meisten Fällen als Projektträger, der in der Regel für Räumlichkeiten, Sachmittel und vor allem für die Einstellung hauptamtlicher Mitarbeiter sorgt. Diese hauptamtlichen Mitarbeiter prägen ein Projekt und dessen Aktivitäten meist in stärkerem Maße als die gegebenenfalls im Projekt engagierten Arbeitslosen.

Der Großteil der lokalen Arbeitslosenprojekte erfüllt nicht nur soziale Aufgaben (Beratung von Arbeitslosen, offener Treff und Freizeit- sowie Weiterbildungsangebote für Erwachsene u.a.), sondern entfaltet auch politische Aktivitäten. In aller Regel richten sich diese Aktivitäten auf die kommunale politische Ebene. Neben einer materiellen Projektunterstützung durch die jeweilige Kommune gehören die Durchsetzung lokaler beschäftigungspolitischer Maßnahmen sowie bestimmter Vergünstigungen für Arbeitslose bei der Nutzung öffentlicher Einrichtungen und Dienstleistungen zu den bedeutsamsten politischen Erfolgen lokaler Arbeitslosenprojekte. Gemeinsame überregionale politische Aktivitäten haben die westdeutschen Projekte bislang nur ganz vereinzelt verwirklichen können. Entsprechenden Aktivitäten steht unter anderem der geringe Vernetzungsgrad der Projekte entgegen, der seinerseits nicht zuletzt ein Ausdruck der strikt basisdemokratischen Gesinnung eines Teils der Projektmitglieder und -mitarbeiter ist. Versuche, eine gemeinsame Arbeitslosenorganisation zu gründen, scheiterten sowohl auf dem Arbeitslosenkongreß 1982 als auch in der Folgezeit. Demgegenüber konnte sich in Ostdeutschland mit dem Arbeitslosenverband (Gründung Anfang 1990 durch Einzelpersonen, Ende 1994 ca. 6000 Mitglieder) wohl auch gerade deswegen eine einheitliche Interessenorganisation mit herausgehobenen Führungspersönlichkeiten etablieren, weil basisdemokratische Bedenken nicht aufkamen (in diesem Umstand spiegelt sich vermutlich die andersartige Entwicklung der politischen Kultur in der DDR). Allerdings ist der Arbeitslosenverband mittlerweile nicht mehr der einzige Vertretungsansatz Erwerbsloser in Ostdeutschland (Neben kirchlichen Arbeitslosenprojekten ist insbesondere die im Vergleich zu Westdeutschland recht intensive Arbeitslosenarbeit der DGB-Gewerkschaft hervorzuheben).

Der Arbeitslosenverband bemüht sich in erster Linie über lobbyistische Aktivitäten auf kommunaler und Bundesländerebene, bestimmte politische Ziele zu verwirklichen. Die Durchsetzung einer materiellen Unterstützung lokaler, nach westdeutschem Muster aufgebauter Arbeitslosenprojekte stellt dabei bislang den bedeutendsten Erfolg dar.

Zwischen den west- und ostdeutschen Organisationsansätzen Arbeitsloser gibt es seit 1990 intensive Kontakte, aber eine gemeinsame überregionale politische Interessenvertretung ist nicht realisiert worden.

Literatur

Falter, Jürgen W. u.a. 1983: Arbeitslosigkeit und Nationalsozialismus. In: Kölner Zeitschrift für Soziologie und Sozialpsychologie, 35. Jg., Nr. 3.

Gallas, Andreas 1994: Politische Interessenvertretung von Arbeitslosen. Eine theoretische und empirische Analyse. Köln.

Rattinger, Hans 1985: Politisches Verhalten von Arbeitslosen: Die Bundestagswahlen 1980 und 1983 im Vergleich. In: Oberndörfer, Dieter u.a.: Wirtschaftlicher Wandel, religiöser Wandel und Wertewandel. Folgen für das politische Verhalten in der Bundesrepublik. Berlin/München.

Roth, Rainer A. 1990: Dispositionen politischen Verhaltens bei arbeitslosen Jugendlichen. In: Aus Politik und Zeitgeschichte. Beilage zur Wochenzeitung Das Parlament B 29/90.

Stöss, Richard [2]1990: Die „Republikaner". Woher sie kommen – Was sie wollen – Wer sie wählt – Was zu tun ist. Köln.

Wolski-Prenger, Friedhelm 1989: Arbeitslosenprojekte zwischen sozialer Arbeit und sozialer Bewegung. Eine explorative Untersuchung zu einem neuen sozialen Phänomen. Frankfurt/M. u.a.

Andreas Gallas

Arbeitsmarkt- und Beschäftigungspolitik

1. Begriff

Arbeitsmarktpolitik im weiteren Sinne – meist deckungsgleich mit „Beschäftigungspolitik" verwendet – bezeichnet die institutionellen, prozessualen und entscheidungsinhaltlichen Aspekte globaler politischer Steuerung des Arbeitsangebotes und der Arbeitsnachfrage. Im enger definierten Sinne ist Arbeitsmarktpolitik hingegen der Fachausdruck für die selektive – nach Gruppen, Sachbezügen, Raum und Zeit differenzierende – Politik der Arbeitsmarktförderung, insbesondere im Sinne der im Arbeitsförderungsgesetz von 1969 genannten Ziele und Maßnahmen.

2. Arbeitsmarkt- und Beschäftigungspolitik in der BRD

Eine vollentwickelte eigenständige Beschäftigungspolitik gab es weder in der alten noch in der neuen Bundesrepublik. Systematische Steuerung von Arbeitsangebot und Arbeitsnachfrage sowie Koordination der Beschäftigungspolitik mit Geld-, Fiskal- und Lohnpolitik sind hierzulande nur ansatzweise entwickelt worden. In der Regel wurde die Beschäftigungspolitik als abhängige Variable globaler oder gezielter Förderung wirtschaftlichen Wachstums angesehen oder – bei stabilisierungspolitischem Bedarf – der Preisstabilitätspolitik untergeordnet. Im Gegensatz zur Vollbeschäftigungsgarantie im SED-Staat und im Unterschied zu westlichen Ländern mit Vollbeschäftigungs-Tradition wie z.B. Schweden bis zu Beginn der 90er Jahre, setzt die Wirtschaftspolitik in der alten und der neuen Bundesrepublik auf Preisstabilität – mit beachtlichem Erfolg bei der Inflationsbekämpfung, aber seit den 70er Jahren mit erheblichen Defiziten beim Beschäftigungswachstum und der Bekämpfung von Arbeitslosigkeit.

Im Unterschied zur schwach ausgebildeten Beschäftigungspolitik wurde in der Bundesrepublik jedoch – auf der Basis des Arbeitsförderungsgesetzes – eine auch im internationalen Vergleich gutentwickelte Arbeitsmarktpolitik im engeren Sinne aufgebaut. Das gilt – wie schon vor 1969 – für die „passive Arbeitsmarktpolitik" (Arbeitslosenversicherung) und seither auch für die Arbeitsvermittlung und die vorausschauende, langfristig konzipierte „aktive Arbeitsmarktpolitik" (die vor allem mittels Umschulung, Weiterbildung und ABM-Maßnahmen das Arbeitsangebot mit der Arbeitsnachfrage in Einklang zu bringen versucht). Überdies ist der Arbeitsmarktpolitik eine beachtliche Kapazität zur asymmetrisch prozyklischen Regulierung des Arbeitsangebotes eigen: In Perioden wirtschaftlichen Abschwungs und hohen Arbeitskräfteüberschusses wird das Arbeitsangebot rasch der schrumpfenden Nachfrage angepaßt. Die wichtigsten Instrumente hierfür sind die Förderung des zeitweiligen oder dauerhaften Rückzugs von Erwerbspersonen vom Arbeitsmarkt mittels aktiver Arbeitsmarktpolitik, vorgezogener Altersgrenze und großzügiger Zuteilung von Invaliditätsrenten, und die „Gastarbeiter-Politik" in der Ausländerbeschäftigung. Zugute kommt dieser Angebotssteuerung die nur langsam zunehmende Erwerbsbeteiligung von Frauen im Westen Deutschlands.

3. Arbeitsmarkt- und Beschäftigungspolitik in der DDR

Im Gegensatz zur Bundesrepublik kannte die DDR keine ausgebaute selektive Arbeitsmarktpolitik, doch gehörte zu ihrem Wirtschaftssystem die zentralgelenkte, vorwiegend globale, imperative Steuerung des Arbeitskräfteangebots und der Arbeitsnachfrage. Inhaltlich dominierte das Vollbeschäftigungsziel. Hierfür war die politische Selbstverpflichtung des ostdeutschen Sozialismus ebenso verantwortlich wie politisch-ökonomische Zwangslagen: Die Abwanderung vieler hunderttausend Personen im erwerbsfähigen Alter vor allem in den Westen Deutschlands hatte zusammen mit dem niedrigen Produktivitätsniveau der ostdeutschen Wirtschaft ein chronisches Defizit an Arbeitskräften erzeugt. Die Vollbeschäftigungspolitik zielte auf maximale Mobilisierung der Arbeitskraftreserven, was sich sowohl in einer außergewöhnlich hohen Erwerbsquote von Männern und von Frauen sowie in überdurchschnittlich langer Lebensarbeitszeit niederschlug.

4. Arbeitsmarkt- und Beschäftigungspolitik nach der Vereinigung

Auf dem Arbeitsmarkt hat die deutsche Einheit die Spaltung zwischen Ost- und Westdeutschland zunächst drastisch vertieft. Der Übergang der ostdeutschen Planwirtschaft zur marktgesteuerten Ökonomie im Rahmen des „Big Bang"-Ansatzes der Vereinigungspolitik (OECD 1991: 127) resultierte im Osten in einer schweren Beschäftigungskrise, während er im Westen zunächst für zusätzliches Wirtschafts- und Beschäftigungswachstum sorgte. Von rund 9,9 Mio. Erwerbstätigen der DDR im 1. Halbjahr 1989 waren 4 1/2 Jahre später nur noch 6,1 Mio. erwerbstätig. Besonders drastisch schrumpfte die Zahl der Arbeitsplätze 1990 und 1991. Die Arbeitslosenquoten in den neuen Bundesländern – 7,3% im 2. Halbjahr 1990, 11,8% im 2. Halbjahr 1991, 13,9% ein Jahr später und 15,7% im 1. Halbjahr 1994 – spiegeln die Unterbeschäftigung nur unvollkommen wider. Aussagekräftiger sind Indikatoren der registrierten und der verdeckten Arbeitslosigkeit. Hunderttausende fanden Unterschlupf in Weiterbildungs- und in ABM-Programmen, mehr als 800.000 Arbeitnehmer schieden vorzeitig aus dem Arbeitsmarkt aus und rund 1,4 bis 1,5 Millionen zählen zur Kategorie derjenigen, die nach Westen abwanderten oder täglich zur Arbeit in die alten Bundesländer pendeln. Der Anteil der ostdeutschen Arbeitnehmer, die aufgrund der staatlichen aktiven Arbeitsmarktpolitik einen Arbeitsplatz haben, ist deshalb exzeptionell hoch: zwischen 1990 und 1994 variierte er zwischen 14 und 23 Prozent, allerdings mit einer seit dem 2. Halbjahr 1991 rückläufigen Tendenz (Beschäftigungsobservatorium Ostdeutschland Nr. 12, 1994: 2). Daß die Beschäftigungskrise in den neuen Bundesländern nicht zu einer sozialen und politischen Systemkrise führte, läßt sich durch Stabilisierungsfaktoren erklären, zu denen – neben dem einigungsbedingten Zugewinn an Freiheit, Beteiligungsrechten und Rechtssicherheit – auch verbesserte soziale Sicherung und Einkommenserhöhung für zahlreiche Haushalte sowie der rasche Auf- und Ausbau der passiven und der aktiven Arbeitsmarktpolitik im Osten Deutschlands gehören.

Literatur

Europäische Kommission Generaldirektion V/A/2 (Hrsg.), Beschäftigungsobservatorium Ostdeutschland 1992ff.

Deutsche Bundesbank 1993: Die Entwicklung auf dem Arbeitsmarkt in Deutschland seit dem Ende der achtziger Jahre. Monatsberichte, Jg. 45, Nr. 8.

Heinelt, Hubert/Bosch, Gert/Reissert, Bernd (Hrsg.) 1994: Arbeitsmarktpolitik nach der Vereinigung.

Rhein-Kress, Gaby von 1993: Coping with Economic Crisis: Labour Supply as a Policy Instrument, in: F.G. Castles (Hrsg.) Families of Nations, Aldershot.

Scharpf, Fritz W. 1987: Sozialdemokratische Krisenpolitik. Das „Modell Deutschland" im Vergleich. Frankfurt a.M./New York.

Schmid, Günther 1990: Beschäftigungs- und Arbeitsmarktpolitik, in: Beyme, Klaus von/Schmidt, Manfred G. (Hrsg.): Politik in der Bundesrepublik. Opladen.

Schmidt, Manfred G. 1993: Arbeitslosigkeit und Vollbeschäftigung in der Bundesrepublik, in: Klingemann, Hans-Dieter/ Luthardt, Wolfgang (Hrsg.): Wohlfahrtsstaat. Sozialstruktur und Verfassungsanalyse. Opladen.

OECD 1990ff.: OECD Economic Survey – Germany. Paris.

Manfred G. Schmidt

Ausländer und Asyl

1. Das Asylrecht im Grundgesetz und in den ersten Jahrzehnten

Wie andere europäische Verfassungen gewährleistet das → Grundgesetz Asylrecht für politisch Verfolgte. Den Verfassungsvätern und -müttern waren 1948/49 die Erfahrungen der deutschen Verfolgten des Nationalsozialismus sehr gegenwärtig. 800.000 von ihnen hatten im Ausland Zuflucht gefunden, viele andere aber waren von den Nachbarstaaten zurückgewiesen worden, oft mit der Begründung, sie seien Wirtschaftsflüchtlinge. Deshalb wurde bewußt eine Formulierung gewählt, die „generös" sein sollte, wie der Verfassungsvater C. *Schmid* es ausdrückte: „Politisch Verfolgte genießen Asylrecht" (Art. 16 II 2). In den folgenden

Jahrzehnten nahm die BRD großzügig deutsche und ausländische Flüchtlinge aus dem kommunistischen Machtbereich auf – u.a. Ungarn nach dem Aufstand von 1956, Tschechoslowaken nach dem „Prager Frühling" 1968 und Polen nach der Verhängung des Kriegszustandes 1981.

2. Vom „Gastarbeiter" zum Einwanderer

Von den Fremd- und Zwangsarbeitern des „Dritten Reiches" sind bis 1949 nur etwa 100.000 in Deutschland geblieben und schrittweise in der Bevölkerung aufgegangen, obwohl sie lange Zeit staatenlos blieben. Da die BRD bis zum Bau der Berliner Mauer 1961 insgesamt fünfzehn Millionen deutsche Flüchtlinge eingliederte, wurde diese offiziell „heimatlose Ausländer" genannte Gruppe wenig beachtet.

Schon 1955 konnte der Arbeitskräftebedarf in der württembergischen Landwirtschaft nicht mehr befriedigt werden, deswegen wurde anknüpfend an alte Traditionen ein Anwerbe-Abkommen mit Italien abgeschlossen. Als 1960 die Vollbeschäftigung erreicht war und 1961 der Zustrom von Osten abgeschnitten war, kamen weitere Anwerbeverträge mit Spanien und Griechenland (1960), der Türkei (1961), Marokko (1963), Portugal (1964), Tunesien (1965), Jugoslawien (1968) und Südkorea (1970) hinzu. Die Zahl der angeworbenen Arbeitskräfte wuchs schnell, nach einer Unterbrechung 1966-68 erreichte sie 1973 die Höchstzahl von 2.691.700. Kurz vor Beginn der Ölpreiskrise wurde die Anwerbung im November 1973 wegen Überhitzungserscheinungen in der Wirtschaft abgebrochen.

Angesichts der wirtschaftlichen Verwerfungen durch den „Ölschock" wurden ab 1974 viele Arbeitsverträge nicht verlängert. Die Zahl der ausländischen Arbeitskräfte ging zurück, insbesondere der Bürger aus EG-Staaten und EG-Beitrittsstaaten. Die Hälfte der spanischen und ein Drittel der portugiesischen Beschäftigten kehrten in ihre Heimatländer zurück. Andererseits blieb die Zahl der türkischen Beschäftigten konstant und die der Familienangehörigen stieg beträchtlich.

Viele Arbeitgeber verlängerten mit Einwilligung der Behörden die Verträge von Mal zu Mal, da sie die eingearbeiteten Anwerbe-Ausländer benötigten. Familien wurden gegründet und Kinder geboren, andere Ehepartner und Kinder zogen nach Deutschland nach. Obwohl alle Beteiligten zunächst vom zeitweiligen Charakter der Zuwanderung ausgingen, wie es auch der populäre Begriff „Gastarbeiter" ausdrückte, bildete sich ein Einwanderungsmuster aus. Zwar kehrte die Mehrzahl der angeworbenen Ausländer aus dem Mittelmeerraum in ihre Heimatländer zurück, aber dafür kamen andere. Sie waren in bestimmten Produktionsbereichen unverzichtbar, etwa an den in diesen Jahren ausgebauten Fließbändern der großen Automobilunternehmen. Bei den Nicht-EG-Gruppen kam seit 1973 ein struktureller Zwang zum „Festklammern" (*Breitenbach 1982*) hinzu. Bei Rückkehr verlieren sie die Chance, in einem reichen Land zu leben und zu arbeiten. Dagegen tendierten die Italiener aufgrund ihrer EG-Rechte stärker zu zyklischen Wanderungen, sowohl biografisch als auch intergenerational. Zwischen ökonomisch indizierter Permanenz und rechtlichem Provisorium blieb die Zuwanderung jahrzehntelang ein „stabiler Widerspruch" (*Thränhardt 1984: 117*)

Aufgrund der Vertiefung und Erweiterung der EU wurde ein Teil der Anwerbe-Ausländer schrittweise zu europäischen Bürgern. Die EU-Verträge sicherten ihnen wirtschaftliche und soziale Gleichstellung, der EU-Gerichtshof bot Rechtsschutz, die Stabilität und Legitimität der EU in Deutschland stärkten ihre Stellung. Mit dem Vertrag von Maastricht, der „Unionsbürgern" 1994 das Wahlrecht zum Europäischen Parlament öffnete und ab 1995 auch zum Kommunalwahlrecht führen wird, kommt dieser Prozeß zu einem gewissen Abschluß. Dem entspricht eine Verbesserung der Bildungschancen, insbesondere auch höhere Übergangsraten in die weiterführenden Schulen, soweit dies nicht durch segregierende Maßnahmen wie im bayerischen System der „Nationalklassen“ behindert wird. Wegen des deutschen Selbstverständnisses als Teil EU-Europas ist es in den letzten Jahrzehnten auch nicht mehr zu negativen Haltungen gegenüber Unionsbürgern gekommen, wie es noch in der Wirtschaftskrise von 1966/67 gegenüber Italienern der Fall gewesen war. Deutlich intensiviert sich auch die Durchmischung der Bevölkerung, schon heute stammen etwa 70 % der Neugeborenen von Spaniern in Deutschland aus Beziehungen mit Deutschen.

3. Ausländerfeindliche Kampagnen seit 1979

Dagegen kam es zunächst gegenüber Türken und Kurden, später hauptsächlich gegenüber Flüchtlingen zu Kampagnen, die zeitweise zum Hauptthema der Politik wurden. Ausgangspunkt war 1979-82 eine antitürkische Kampagne, die an ökonomische Verunsicherungen nach der zweiten Ölpreiserhöhung anknüpfte. Ideologisches Grundmuster war eine Dichotomisierung zwischen Europäern und Nichteuropäern bzw. Christen und Moslems, die auf die kulturellen Unterschiede abhob, allerdings immer wieder Anklänge des älteren, in Deutschland tabuisierten rassistischen Diskurses erkennen ließ. Obwohl diese Kampagne mit Formulierungen bis hin zur „Repatriierung aller Nichtzentraleuropäer“ zunächst Erfolg bis in große liberale Zeitungen hinein hatte, brachte das „Heidelberger Manifest“, das den Zusammenhang mit dem alten Rassismus sichtbar machte und das einzige derartige Bekenntnis einer größeren Zahl von Universitätsprofessoren in der BRD ist, doch eine gewisse Sensibilisierung der Öffentlichkeit (*Burghardt 1983*). Auf der Ebene der Stammtische machten gleichzeitig makabre Witze die Runde, in denen Parallelen zwischen Türken und Juden gezogen wurden. In der Politik wurde das Thema vom rechten Flügel der → CDU/ → CSU aufgegriffen. Gewarnt wurde vor „Überflutung“ mit Ausländern, verlangt und versprochen wurde eine beträchtliche Reduzierung der Nicht-EG-Bevölkerung. Das Thema war mitentscheidend für den Niedergang der Regierung Schmidt. In der ersten Regierungserklärung des neugewählten Kanzlers Kohl 1982, wurde „Ausländerpolitik“ zu einem der vier Schwerpunkte des Dringlichkeitsprogramms erklärt. Schon vier Monate später, in der zweiten Regierungserklärung nach der Bundestagswahl 1983 wurde das Thema allerdings kaum mehr erwähnt (*Thränhardt 1983: 123-126*).

Während dieser Kampagne wurden die Themen Anwerbe-Ausländer und Asyl verbunden. Anlaß waren die bürgerkriegsartigen Zustände in der Türkei bis 1980, die zu einer Flüchtlingswelle führten. 1980 wurden in der BRD insgesamt 107.818 Asylanträge gestellt, 1982 allerdings nur noch 37.423 und 1983 19.737. Die zahlenmäßige Entwicklung in anderen Ländern verlief ähnlich (*Wolken 1988*).

Schon seit dem Militärputsch in Chile 1973 hatte es im Deutschen → Bundestag eine Kampagne der CDU/CSU-Fraktion gegen die Aufnahme einer geringen Zahl chilenischer Flüchtlinge gegeben. Von da an war Asyl ein ständiges Negativthema. Wie in anderen westlichen Ländern entwickelten sich bei der Asylgewährung ideologische und rassistische Differenzierungen. Gerechtfertigt wurden derartige Unterscheidungen mit Hinweisen auf kulturelle Unterschiede und Erwägungen über den Charakter des vertreibenden Regimes. Statt nach der Genfer Konvention nach der Situation des Flüchtlings zu fragen (subjektiver Ansatz), wurde es üblich, den Charakter des entsprechenden Regimes zu kategorisieren (objektiver Ansatz, *Köfner/*

Nicolaus 1983). Landesübliche Folter konnte als nicht asylrelevant erklärt werden, da sie nicht spezifisch politisch ausgerichtet gewesen sei, Massenrepression als Staatsnotwehr gerechtfertigt werden. Dagegen wurde jeder Flüchtling aus einem kommunistischen Land wegen der „Republikflucht"-Theorie als aufnahmewürdig angesehen. In der Kampagne 1979-82 wurde auch ein neuer Begriff erfunden: der „Asylant", wie weithin unerwünschte Flüchtlinge bezeichnet werden (*Link 1988*).

Nach 1983 waren die Themen Asyl und Ausländer zunächst nur noch Gegenstand der ständigen Auseinandersetzungen zwischen den profilierungsbedürftigen Koalitionspartnern → FDP und CSU. Dies änderte sich erst im Sommer 1986, als die CSU vor den bayerischen Landtagswahlen eine Asylkampagne entfachte, in deren Gefolge die Republikaner ihren ersten Wahlerfolg hatten. Nachdem CDU und CSU anschließend noch mehrmals das Asylproblem thematisierten, ohne andererseits Entscheidendes zu ändern, profitierten rechtsradikale Parteien 1988/89 in mehreren Wahlen von diesen Kampagnen: die Republikaner in Berlin, die NPD (→ Splitterparteien) in Frankfurt und schließlich erneut die → Republikaner bei den Europawahlen. Mit dem durch Fluchtbewegungen ausgelösten Zusammenbruch der → DDR und der → Wiedervereinigung war zunächst eine Chance gegeben, die negative Thematisierung zu beenden. Das Thema spielte 1990 eine geringe Rolle, entsprechend waren rechtsradikale Parteien chancenlos.

4. Asylkrise und Parteienkompromiß

Die bundesdeutsche Politik hat vor 1989 zwei Hypotheken geschaffen: den unklar-provisorischen Status der ehemaligen „Gastarbeiter" und die Furcht vor den „Asylfluten" mit deutlich rassistischen Untertönen gegenüber nichteuropäischen Flüchtlingen. Gegen Ende der „alten" Bundesrepublik wurden erste Schritte getan, um das eine Problem zu lösen. Das seit Anfang 1991 geltende Ausländergesetz, nach langen Auseinandersetzungen in der Koalition verabschiedet, sieht erstmals eine Regel-Einbürgerung für in Deutschland aufgewachsene „Ausländer" vor. Seit 1993 besteht für junge in Deutschland aufgewachsene Ausländer ein Rechtsanspruch. Wegen der komplizierten Verfahrensweise und der Vorbehalte bei vielen Beteiligten ist diese Regelung zwar noch wenig wirksam geworden, sie könnte aber langfristig einen Weg ebnen, der wieder zu größerer Übereinstimmung von Einwohnerschaft und Staatsbürgerschaft führen würde. Die rasch steigenden Zahlen der Einbürgerungen in Berlin deuten in diese Richtung.

Dagegen wurde die Asylfrage zugespitzt. Asyl war für viele Ausländer die einzige Möglichkeit, nach Deutschland zu kommen oder hier zu bleiben. Kommunale Behörden ermunterten oft zur Antragstellung, dadurch wurde das Asylverfahren aufgebläht. Wegen zweifelhafter Qualität der vielen Gesetzesnovellen, die der Bundestag als Ergebnis der Anti-Asyl-Kampagnen beschlossen hatte, komplizierten sich die Regelungen immer mehr. Andererseits wurden durch die in der EG abgestimmten Visapflicht für fast alle Nicht-OECD-Länder und das Beförderungsverbot für Fluglinien und Schiffe die Fluchtmöglichkeiten faktisch weitgehend abgeschnitten. Die Beschneidung von Rechtsmitteln beschleunigte die Verfahren kaum, zumal die Behörden selbst diese stark beanspruchten. Neben den behördlichen Anerkennungen war eine ebenso hohe zusätzliche Anerkennungsrate durch die Gerichte zu verzeichnen (*Münch* 1992).

Der Fall der Mauer und das Ende des Ostblocks brachte eine neue Lage. Seither sind die Zuwanderer jeder Rechtsform ganz überwiegend Menschen aus Osteuropa. Während 1989/90 eine allgemeine Euphorie gegenüber den Flüchtlingen aus dem Osten herrschte, schlug die Stimmung 1990/91 um, und zwar gegenüber allen Zuwanderern:

den „Übersiedlern" aus der DDR bzw. den neuen Ländern, den „Aussiedlern" aus Osteuropa und den „Asylbewerbern", die seit 1990 hauptsächlich aus dem ehemaligen Jugoslawien, aus Rumänien und aus der Türkei kommen. Ein Jahr nach der Wiedervereinigung 1990, die von öffentlicher Xenophobie bemerkenswert frei geblieben war, stiegen die Frustrationen. Während Umfragen zeigten, daß eher die Aussiedler, die zahlenmäßig überwogen, als Belastung empfunden wurden, kanalisierten CSU- und CDU-Politiker nach den vor 1989 eingespielten Mustern die Aggressionen gegen die Asylbewerber, bis hin zu Forderungen nach einer „asylantenfreien Zone". Konsequenz dieser Kampagne waren erneut Stimmengewinne rechtsradikaler Parteien bei den Wahlen in Bremen (→ Land Bremen) 1991, Baden-Württemberg (→ Land Baden-Württemberg) und Schleswig-Holstein (→ Land Schleswig-Hostein) 1992 und eine bundesweite Welle von Gewaltanschlägen gegen Asylbewerber, andere Ausländer und später auch Deutsche. Die Verbrechen geschahen zunächst weitgehend spontan, schnell verfestigten sich aber rechtsextremistische Zusammenhänge. Polizei und Gerichte vor allem in Ostdeutschland reagierten zunächst eher zögerlich und entschlossen sich erst nach dem Umschlag in der → öffentlichen Meinung 1993 zur Ausschöpfung ihrer rechtlichen Möglichkeiten gegen terroristische Gewalttaten.

Auch wichtige Medien schürten planmäßig die Fremdenfeindlichkeit, die Bild-Zeitung plakatierte dies sogar regionalspezifisch („Asylanten im Ruhrgebiet"). Bundesinnenminister *Kanther* sprach im Rückblick von der Notwendigkeit der Zuspitzung, was auch zu „Hitzegraden" geführt habe (*Prantl 1994: 53*). In der Asylverwaltung entstand zugleich ein Vollzugsdefizit bei den Anerkennungsverfahren, was immer längere Aufenthaltszeiten zur Folge hatte und somit faktisch Einwanderungsprozesse herbeiführte. Der Bundeskanzler sprach von einem „Staatsnotstand". Die Kampagne führte schließlich zu einer großen Erregung der Öffentlichkeit und Tausenden von gewaltsamen Anschlägen, meist von Jugendlichen, die sich durch das ausländerfeindliche Klima ermutigt fühlten. Schließlich gaben → SPD und FDP im Asylkompromiß vom 6. Dezember 1992 weitgehend nach, sie erreichten als Gegenleistung Verbesserungen bei der Einbürgerung und eine Quotenlösung bei den Aussiedlern. Das Asylrecht blieb prinzipiell erhalten, Art. 16 GG wurde aber um einschränkende Detailbestimmungen ergänzt. Asylbewerber können seither zurückgeschoben werden, wenn sie durch ein „sicheres Land" gekommen sind. Sie erhalten nur ein verkürztes Verfahren, wenn sie aus einem „verfolgungsfreien Land" kommen. Hinzu kommen weitere abschreckende Maßnahmen. Die Bewerberzahlen sind seither gesunken, liegen aber immer noch weit höher als zur Zeit der ersten Hysterie um 1980.

Die große Mehrheit der Medien und der Politiker hat sich aber seitdem bemüht, das Thema nicht mehr hochzuspielen. Der Asylverfahrensstau wurde durch Einstellung neuen Personals abgebaut. Entscheidend für den Wandel des öffentlichen Klimas waren die „Lichterketten" seit Dezember 1992. Hinzu kam die Erkennntnis, daß eine aggressive Behandlung des Themas nur dem Rechtsradikalismus nützte. In den Wahlkämpfen von 1994 hat es deswegen – mit einigen Ausnahmen in München – kaum eine Rolle gespielt. Damit ist auch wieder die Möglichkeit gegeben, die offenen und toleranten Seiten der deutschen Politik der letzten Jahre zu würdigen: der Aufnahme von 400.000 Flüchtlingen aus Bosnien und Kroatien, der auf deutsches Drängen hin erfolgten Abschaffung des Visumszwanges gegenüber Polen, Ungarn und der damaligen Tschechoslowakei 1991 in den EU-Ländern mit Ausnahme Großbritanniens, der Ausstellung von Zuwanderungsvisa für 50.000 russische Juden und der Schaffung zeitweiliger Beschäftigungsmöglichkeiten für Arbeitskräfte aus Ostmitteleuropa.

Literatur

Bade, Klaus J. 1994: Ausländer, Aussiedler, Asyl. Eine Bestandsaufnahme. München.
Bade, Klaus J. (Hrsg.) 1993: Das Manifest der 60. Deutschland und die Einwanderung, München.
Beauftragter der Bundesregierung für die Belange der Ausländer 1994: Bericht über die Lage der Ausländer in der Bundesrepublik Deutschland.
Der Bundesminister für Arbeit und Sozialordnung: Ausländer-Daten. Bonn (jährlich)
Breitenbach, Barbara von 1982: Italiener und Spanier als Arbeitnehmer in der Bundesrepublik. Eine vergleichende Untersuchung. München/ Mainz.
Burghardt, Klaus u.a. 1983: „Heidelberger Manifest". Historisch-kritische Ausgabe, in: Kulturrevolution, 1983.
Herbert, Ulrich 1986: Geschichte der Ausländerbeschäftigung in Deutschland 1880 bis 1980. Saisonarbeiter, Zwangsarbeiter, Gastarbeiter. Berlin/ Bonn.
Köfner, Gottfried /Nicolaus 1983 (Hrsg.): Probleme des Ausländerrechts in der Bundesrepublik Deutschland, München/ Mainz.
Link, Jürgen 1988: Asylanten – Zur Geschichte eines Unworts, in: Thränhardt, Dietrich/ Wolken, Simone (Hrsg.): Flucht und Asyl. Informationen, Analysen, Erfahrungen aus der Schweiz und der Bundesrepublik Deutschland. Freiburg.
Münch, Ursula 1992: Asylpolitik in der Bundesrepublik Deutschland. Opladen.
Puskeppeleit, Jürgen/ Thränhardt, Dietrich 1990: Vom betreuten Ausländer zum gleichberechtigten Bürger. Perspektiven der Beratung und Sozialarbeit, der Selbsthilfe und Artikulation und der Organisation und Integration der eingewanderten Ausländer aus den Anwerberstaaten in der Bundesrepublik Deutschland. Freiburg.
Prantl, Heribert 1994: Deutschland – leicht entflammbar, München.
Thränhardt, Dietrich 1984: Ausländer als Objekte deutscher Interessen und Ideologien, in: Griese, Hartmut M. (Hrsg.): Der gläserne Fremde. Bilanz und Kritik der Gastarbeiterforschung und der Ausländerpädagogik. Opladen.
Thränhardt, Dietrich 1988: Die Bundesrepublik Deutschland – ein unerklärtes Einwanderungsland, in: Aus Politik und Zeitgeschichte. Beilage zur Wochenzeitung Das Parlament 24, 10.6.1988.
Wolken, Simone 1988: Das Grundrecht auf Asyl als Gegenstand der Innen- und Rechtspolitik in der Bundesrepublik Deutschland. Bern/Frankfurt.

Dietrich Thränhardt

Auslandsdeutsche

1. Begriff

Auslandsdeutsche können nach drei unterschiedlichen Kriterien definiert werden. Als Auslandsdeutsche werden erstens die deutschen Staatsbürger verstanden, die dauerhaft im Ausland leben. Zweitens zählt man zu ihnen die größere Zahl der Deutschsprachigen, die sich auch im Ausland der deutschen Sprache und Kultur verbunden fühlen. Drittens werden auch Auslandsdeutsche als Deutschstämmige bezeichnet, deren Vorfahren einmal aus D ausgewandert sind.

Bei der letztgenannten Definition von Auslandsdeutschen als Deutschstämmige handelt es sich um einen sogenannten objektiven Begriff, der sich auf die Abstammung bezieht. Er hat in der deutschen Geschichte eine fragwürdige Tradition, weil er fremde Staatsbürger auch ohne ihre Willensbekundung zum Volksverband zählt. Andererseits erscheint das Verständnis der Auslandsdeutschen als im Ausland lebende deutsche Staatsbürger zu legalistisch. Sinnvoll ist hingegen die sogenannte subjektive Definition der Auslandsdeutschen als jene im Ausland lebende Deutsche, die sich aufgrund ihrer geschichtlichen Erfahrungen sowie in ihrem aktuellen kulturellen und sozialen Verhalten noch dem Herkunftsland D verbunden fühlen.

2. Statistik

Wird der subjektive Begriff von Auslandsdeutschen als sich zum deutschen Volkstum bekennende Menschen zugrunde gelegt, so sind im Hinblick auf die Zahl der Auslandsdeutschen nur Schätzungen und Vermutungen möglich (vgl. vor allem die Angaben bei *Fröschle* 1987 und VDA 1989). Die erste Gruppe von Auslandsdeutschen sind die deutschsprachigen Bewohner von west-, süd- und nordeuropäischen Nachbarstaaten des geschlossenen deutschen Sprachraums. So leben heute in Dänemark etwas über 20.000, in Belgien 66.000 und in Italien 250.000 Deutschsprachige. Die zweite Gruppe lebt im ehemals kommunistisch regierten Ost- und Südosteuropa. Die größte Zahl Auslandsdeutscher hat die heutige Gemeinschaft unabhängiger Staaten (GUS) mit über 2 Mio. zu verzeichnen. In Polen zählen sich ca. 800.000 Bürger zur deutschen Minderheit, in Ungarn leben ca. 220.000, in der tschechischen und slowakischen Republik ca. 55.000 und im ehemaligen Jugoslawien unter 10.000 Menschen deutscher Nationalität. In Rumänien hat sich die Zahl der Deutschen auf ca. 90.000 reduziert. Eine dritte Gruppe von Auslandsdeutschen findet sich in Nordamerika. In den USA liegt die Zahl der Deutschsprachigen bei ca. 5 Mio., in Kanada bei 450.000. Ausgeprägtere deutsche Volkstumsgruppen finden sich in Südamerika. An der Spitze steht Brasilien mit 3 Mio. Deutschsprachigen, gefolgt von Argentinien mit knapp 500.000 Deutschsprachigen. Chile hat um 40.000 Deutschsprachige, in Paraguay zählen sich 30.000 bis 40.000 Menschen zum Deutschtum, je 10.000 Deutschsprachige wohnen in Mexiko und Venezuela. Eine fünfte Gruppe von Auslandsdeutschen lebt im südlichen Afrika. In Namibia, der früheren deutschen Kolonie Südwestafrika, sind rund 30.000 Deutsche ansässig. Für Südafrika werden 75.000 deutsche Staatsbürger mit Bundespässen gemeldet, in Australien zählen sich ca. 110.000 Menschen noch zur Gruppe der Deutschsprachigen. Insgesamt leben zwischen 10 Mio. (*Fröschle* 1987, S. 542) und 15 Mio. (VDA 1989, S. 5) Deutschsprechende und sich zum deutschen Volkstum Bekennende im Ausland.

3. Geschichte

Am Anfang der Geschichte der Auswanderung von Deutschen (ausführlich *Bade* 1992) stand die deutsche Ostsiedlungsbewegung, die schon im Mittelalter einsetzte. Solche Formen der wirtschaftlichen Kolonisation kamen intensiviert in der zweiten Hälfte des 18. Jh.s in Osteuropa sowie im 19. Jh. in Nord- und Südamerika zum Tragen. Damit einher gingen oft religiöse Motive der Auswanderung, z.B. bei der Emigration von Sekten nach Pennsylvania im 17. Jh. und nach Rußland und Nordamerika im 18. Jahrhundert. Im 19. Jh. kamen politische Gründe hinzu, als vor und nach der Märzrevolution viele Radikaldemokraten und Liberale aus Deutschland in die USA emigrierten. Die deutschen Diktaturen im 20. Jh. bewirkten dann erneute, vor allem politisch motivierte Auswanderungswellen, nach 1933 als Flucht vor der nationalsozialistischen Herrschaft, in den 50er Jahren als Emigration aufgrund des kommunistischen Regimes in der → DDR nicht nur in die BRD, sondern auch in großer Zahl nach Nordamerika und Australien.

Doch auch Deutsche, die an ihrem Heimatort ansässig blieben, konnten unfreiwillig durch die politischen Entwicklungen und kriegerischen Konflikte zu Auslandsdeutschen werden. Die Formierung von Nationalstaaten im späten 18. und 19. Jh. machte Deutsche wie andere Volksgruppen plötzlich zu Minderheitengruppen in den neuen Staatsverbänden. Im 20. Jh., zuletzt durch den Zweiten Weltkrieg, entstanden durch die gewaltsamen Grenzverschiebungen zwischen den Staaten zahlreiche neue Minoritäten.

4. Aktuelle Lage

Die größten Erfolge erreichen Auslandsdeutsche im Hinblick auf berufliche und wirtschaftliche Positionen. In Nord- und Südamerika gehören sie weitgehend zu den oberen Mittelschichten. Beispielhaft wirkten die deutschen Bauern und Handwerker ebenfalls in Osteuropa, bis die politischen Unterdrückungsmaßnahmen auch sie in wirtschaftliche Schwierigkeiten führten.

Große Unterschiede sind auf dem Gebiet der politischen und gesellschaftlichen Integration der Auslandsdeutschen zu verzeichnen. Überall bemühen sich die Deutschen, zumal nach den Erfahrungen des Dritten Reiches und des Zweiten Weltkrieges, keinen Zweifel an ihrer staatsbürgerlichen Loyalität aufkommen zu lassen. Am weitgehendsten und überwiegend freiwillig haben sich die Deutschstämmigen in Nordamerika assimiliert. Eine größere Distanz und damit eigene Identität haben sich die auslandsdeutschen Gruppen in Südamerika bewahrt. In vielen kommunistisch regierten Staaten Osteuropas wurden die Auslandsdeutschen hingegen einer harten Assimilationspolitik unterworfen.

Zentral für die Bewahrung des Deutschtums im Ausland ist seine kulturelle Identität, wobei an erster Stelle die Pflege und Weitergabe der deutschen Sprache steht. Es gibt über 100 deutschsprachige Schulen im Ausland, die von örtlichen Schulvereinen getragen und vom Auswärtigen Amt unterstützt werden.

Auslandsdeutsche Zeitungen und Rundfunkveranstaltungen, Kirchen, Theater- und Musikaufführungen sowie ein breites Feld von sonstigen geselligen Aktivitäten haben eine große Bedeutung für den kulturellen Zusammenhalt der Deutschen im Ausland. Eine größere Bedeutung spielen auslandsdeutsche Vereine, wenn sie, wie in der ehemaligen Sowjetunion die Vereinigung „Wiedergeburt", als politische Kampforganisationen zur Wahrung der Minderheitenrechte agieren.

In D bemüht sich vor allem der Verein für das Deutschtum im Ausland (VDA) um die finanzielle und ideelle Förderung der Auslandsdeutschen. Er ist 1881 als „Allgemeiner Deutscher Schulverein" gegründet worden und hat in den ersten drei Jahrzehnten des 20. Jhs. eine große, wenn auch häufig völkisch überzogene Rolle gespielt. Heute versteht sich der VDA gemäß seiner Satzung „als Mittler zwischen den Deutschen in der Welt und will die Bedeutung der Auslandsdeutschen für ihre neuen Heimatländer, für die Völkerverständigung und als Träger der deutschen Kultur verdeutlichen". Doch im Vergleich zu früher ist der VDA von seiner Mitgliederzahl her heute eher unbedeutend: hatte er 1932 noch 2 Mio. Mitglieder, so sind es gegenwärtig nur noch 18.000. Allerdings ist der VDA in den letzten Jahren zum Hauptträger der Hilfe für die Auslandsdeutschen in der GUS geworden.

5. Perspektiven

Die Existenz von Auslandsdeutschen ist zwar noch nicht für die nächste Zukunft pauschal in Frage gestellt, doch auf längere Sicht stellen sich ihnen sehr zwiespältige Perspektiven.

Das Verhältnis zwischen Auslandsdeutschen und Inlandsdeutschen ist von wechselseitigen Mißverständnissen geprägt. Die Deutschen in der BRD haben nach 1945 überwiegend das Thema der Deutschen im Ausland tabuisiert und diese als Relikte einer in D überwundenen restaurativen und völkischen Zeit angesehen. Umgekehrt verstanden Auslandsdeutsche vielfach die gesellschaftlichen und kulturellen Veränderungen in der BRD als Gefährdungen des traditionellen Deutschtums.

Die offizielle auswärtige Kulturpolitik der BRD gegenüber den Deutschen im Ausland war eher von Distanz geprägt (vgl. *Witte* 1990). Zwar unterstützt man über Goethe-Institute, Gastdozenten, Auslandsschulen, Rundfunkprogramme und dergl. die Verbreitung der deutschen Kultur im Ausland, wandte sich damit aber jahrelang mehr an die nichtdeutschen Mehrheiten als an deutsche Minoritäten im Ausland.

Diese Ignoranz der bundesdeutschen Öffentlichkeit und Distanz der offiziellen Politik gegenüber den Auslandsdeutschen ist in den letzten Jahren im Gefolge der dramatisch anschwellenden Rückwanderung von Auslandsdeutschen nach Deutschland durchbrochen worden. Während von 1949 bis 1989 insgesamt 1,6 Mio. Auslandsdeutsche vor allem aus Ost-, Ostmittel- und Südosteuropa in die BRD aussiedelten, waren es 1990 und 1991 jährlich 400.000. Die → Bundesregierung unterstützt zwar ganz entschieden die „Hilfe zum Dableiben", doch angesichts der wirtschaftlichen und politischen Instabilitäten Osteuropas bleibt das eine vage Hoffnung.

Die Rücksiedler aus Osteuropa stellen schon heute die deutsche Wirtschaft vor erhebliche Integrationsprobleme und die deutsche Gesellschaft vor große Herausforderungen an ihre Toleranzfähigkeit. Auf der anderen Seite zeichnet sich in der westlichen Hemisphäre eine so weitgehende Assimilation der Bürger deutscher Herkunft in ihren Gesellschaften ab, daß vermutlich in einigen Jahrzehnten keine eindeutige Gruppe der Auslandsdeutschen mehr identifiziert werden kann. Auf längere Sicht scheint sich die vor allem aus dem 18. und 19. Jh. hergebrachte Existenz eines besonderen Deutschtums im Ausland selbst aufzuheben.

Literatur

Bade, Klaus J. (Hrsg.) 1992: Deutsche im Ausland – Fremde in Deutschland. Migration in Geschichte und Gegenwart. München.

Fröschle, Hartmut 1987: Die Deutschen im Ausland. Lage, Aufgabe und Selbstverständnis der Auslandsdeutschen, in: Willms, Bernard (Hrsg.): Handbuch zur Deutschen Nation, Bd. 2. Tübingen.

VDA (Hrsg.) 1989: Die Deutschen in aller Welt. Bonn.

Witte, Berthold C. 1990: Auswärtige Kulturpolitik und die Deutschen im Ausland, in: Außenpolitik, H. 2.

Wilhelm Bleek

Ausschüsse

1. Definition und strukturelle Differenzierung

Sozialwissenschaftlich ist unter einem Ausschuß ein Gremium mit festem Mitgliederkreis zu verstehen, das von einer oder mehreren Institutionen zur Wahrnehmung bestimmter Aufgaben bestellt wird. Der engere parlamentsrechtliche Ausschußbegriff umfaßt nur solche Kollegien, die zur Wahrnehmung von Parlamentsfunktionen unter Beteiligung aller Fraktionen allein aus Abgeordneten gebildet werden.

Strukturell lassen sich die Ausschüsse des Bundestages nach Fach-, Sonder- und Untersuchungsausschüssen sowie „besonderen" Ausschüssen differenzieren (*Steffani* 1988: 265). Fach- bzw. „ständige" Ausschüsse werden überwiegend vom Bundestag autonom für die Dauer einer Wahlperiode eingesetzt; nur drei sind verfassungsrechtlich vorgeschrieben (z.B. Auswärtiger Ausschuß,

Art. 45a GG). Sonderausschüsse können für spezielle Einzelaufgaben gebildet werden und existieren nur bis zu deren Erledigung. Gleiches gilt für Untersuchungsausschüsse, die nach Art. 44 GG auf Verlangen einer qualifizierten Minderheit einzusetzen und mit weitergehenden Rechten ausgestattet sind. Für die Verteidigungspolitik kann ein Antrag aus den Reihen der Mitglieder des ständigen Verteidigungsausschusses dessen Untersuchungsrechte aktivieren (Art. 45a GG).

Als „besondere" Ausschüsse können Gremien mit gesetzlich geregelten Kontroll- oder Beschlußrechten (Wahlprüfungsausschuß, Ausschuß zur Wahl der Bundesverfassungsrichter, Parlamentarische Kontrollkommission für die Nachrichtendienste u.a.) sowie der Ältestenrat als Koordinierungs-, Beratungs- und Beschlußorgan zusammengefaßt werden. Wegen ihrer personellen Zusammensetzung zählen Enquete-Kommissionen (Gremien aus Abgeordneten und externen Fachleuten zur Bearbeitung neuartiger oder komplexer Materien (seit 1969)), aus Bundestagsabgeordneten und Vertretern der Länder gemischte Gremien (u.a. Richterwahlausschuß, Gemeinsame Verfassungskommission (12.WP)) sowie supranationale Versammlungen mit deutschen Kontingenten nicht zu den Bundestagsausschüssen.

2. Entwicklung des Ausschußsystems

Nachdem der Reichstag der Weimarer Republik bereits ein System ständiger Ausschüsse gekannt hatte, entwickelte sich die Ausschußstruktur des Bundestages in dessen ersten beiden Wahlperioden bei anfangs je 36 Ausschüssen mit einer „Projekt- und Ad-hoc-Orientierung" (*Zeh* in *Schneider/Zeh* 1989: 1089). Nach einer Konsolidierungsphase (3.-5. WP) mit einem Rückgang auf 23 Ausschüsse setzte in der sechsten Wahlperiode eine weitgehende Orientierung der Fachausschüsse an den Ressorts der Bundesregierung ein, die bis heute prägend geblieben ist, einige Gremien wie den Petitions- oder den Haushaltsausschuß jedoch nicht erfaßt. Durch Ressort-Teilungen und die Einrichtung zusätzlicher Ausschüsse für Einzelanliegen (Sport, Europa u.a.) hat sich die Anzahl ständiger Ausschüsse wieder von 17 (6. WP) auf 23 (12. WP) erhöht, wobei unter den Gremien nach Prestige und Einfluß deutliche Unterschiede bestehen – mit Spitzenpositionen für den Auswärtigen Ausschuß und den Haushaltsausschuß. Die Ausschußsysteme der Landesparlamente sind typischerweise kleiner und haben je eigene Entwicklungen durchlaufen.

Sonderausschüsse schienen durch Enquete-Kommissionen und Unterausschüsse obsolet geworden zu sein, wurden aber für die Wiedervereinigung und die Neuregelung des Abtreibungsrechts wiederbelebt. Untersuchungsausschüsse haben dagegen seit Mitte der 60er Jahre auf Bundes- und Landesebene stark an Bedeutung gewonnen. Die Einsetzung sämtlicher bedarfsabhängiger, projekt- oder skandalbezogener Gremien (Sonder- und Untersuchungsausschüsse, Enquete-Kommissionen) ist indes starken Schwankungen unterworfen.

3. Größe, Zusammensetzung und Vorsitzende der Ausschüsse

Die Anzahl der ordentlichen Mitglieder je Ausschuß variierte in der ersten Wahlperiode zwischen sieben und 27, in der zehnten zwischen 13 und 37. Wiedervereinigungsbedingt wurden die Ausschüsse in der zwölften Wahlperiode auf 19 bis 41 Sitze (zuzüglich stellvertretender Mitglieder) erweitert. Wesentliche Faktoren für die Bestimmung der Ausschußgröße sind u.a. die Zahl der Fraktionen, der Arbeitsanfall, die Untergliederung des Ausschusses sowie die angestrebten Beratungsbedingungen.

Bei der Sitzverteilung sind alle Fraktionen unter Beachtung der plenaren Mehrheitsverhältnisse proportional zu berücksichtigen. Seit der zwölften Wahlperiode erhalten auch die parlamentarischen „Gruppen" (13. WP: PDS) Sitz und Stimme in den Bundestagsausschüssen. Zur Berechnung der Anteile sind die Verfahren nach *d'Hondt* (bis 1970), *Hare/Niemeyer* (1970-80) und *St. Laguë/ Schepers* (seit 1980) angewandt worden (*Schindler* 1994: 704ff.). Regierungsmitglieder haben keine Ausschußsitze inne, teilweise auch nicht die Mitglieder der Fraktionsführungen. Fraktionslosen Abgeordneten steht seit 1989 ein Rede- und Antragsrecht in einem Ausschuß zu (BVerfGE 80, 188ff.).

Ein strikter Fraktionsproporz gilt in deutschen Parlamenten für die Bestimmung der Ausschußvorsitzenden; „Gruppen" bleiben unberücksichtigt. Ungeachtet der formellen Wahl durch den Ausschuß erfolgt regelmäßig – angesichts ihrer Bedeutung für das parlamentarische Management – eine interfraktionelle Verständigung über den Zugriff auf die Vorsitzendenpositionen. Dabei werden die Bedeutung der Ausschüsse, die bisherige Übung sowie das personelle Angebot berücksichtigt, so daß im → Bundestag der Vorsitz im Innen- und im Sozialausschuß stets bei der → SPD, der Vorsitz im Rechts-, im Verteidigungs- und im Auswärtigen Ausschuß mit je einer Ausnahme bei der → CDU/CSU und der Vorsitz im Haushaltsausschuß regelmäßig bei der stärksten Oppositionsfraktion gelegen hat.

4. Funktion und Verfahren

Als vorbereitende Beschlußorgane dürfen sich die Bundestagsausschüsse mit überwiesenen Anträgen und Vorlagen sowie seit 1969 mit selbst aufgegriffenen Fragen aus ihrem Geschäftsbereich befassen. Je nach Aufgabenbereich liegt der Tätigkeitsschwerpunkt ständiger Ausschüsse eher auf gesetzgebendem oder auf kontrollierendem Gebiet. Eingebrachte Vorlagen können mehreren Ausschüssen überwiesen werden, wobei jeweils nur einer in der Schlüsselstellung des „federführenden" Ausschusses Berichtspflicht gegenüber dem Plenum wahrnimmt und auch die von den „mitberatenden" Ausschüssen vorgebrachten Aspekte darzustellen hat.

Der Kommunikation zwischen Bundestag, → Bundesregierung und → Bundesrat dienen bei den Ausschußberatungen – regelmäßig informell angewendet – das Zitierrecht des Parlaments und das Zutrittsrecht der Regierungs- und Bundesratsmitglieder sowie ihrer Beauftragten. Für die Koordination zwischen Ausschuß- und Fraktionspolitik sind von den → Fraktionen Arbeitsgruppen und -kreise sowie jeweils eigene Ausschußstrukturen entwickelt worden. Dabei kommt den Fraktionsobleuten für den Geschäftsgang im Ausschuß eine erhebliche Bedeutung zu.

Während mehrere Landesparlamente als Regelfall die Ausschußöffentlichkeit kennen, tagen die ständigen Bundestagsausschüsse grundsätzlich nicht-öffentlich. Durch die deutliche Zunahme von öffentlichen Expertenanhörungen und von Zeugenvernehmungen in Untersuchungsverfahren haben die Bundestagsausschüsse den öffentlichen Teil parlamentarischer Tätigkeit jedoch seit Beginn der 80er Jahre erheblich gesteigert.

Die politisch-inhaltliche Relevanz der Ausschüsse findet ihren Ausdruck in dem hohen Anteil der von ihnen geänderten Gesetzesvorlagen, den von Untersuchungs- und Fachausschüssen angeregten Debatten sowie den von ihnen bewirkten sachlichen und personellen Veränderungen in Regierung und Verwaltung.

Literatur

Engels, Dieter 1993: Organisation und Arbeitsweise des Deutschen Bundestages, in: Raban Graf von Westphalen (Hrsg.): Parlamentslehre. München/Wien.

Ismayr, Wolfgang 1992: Der Deutsche Bundestag. Opladen.

Plöhn, Jürgen 1991: Untersuchungsausschüsse der Landesparlamente als Instrumente der Politik. Opladen.
Schindler, Peter 1983/1986/1988/1994: Datenhandbuch zur Geschichte des Deutschen Bundestages, 4 Bde. Baden-Baden.
Steffani, Winfried 1988: Parteien (Fraktionen) und Ausschüsse im Deutschen Bundestag, in: Thaysen, Uwe/Davidson, Roger/Livingston, Robert (Hrsg.): US-Kongreß und Deutscher Bundestag. Opladen.
Sturm, Roland 1988: Der Haushaltsausschuß des Deutschen Bundestages. Opladen.
Schneider, Hans-Peter/Zeh, Wolfgang (Hrsg.) (1989): Parlamentsrecht und Parlamentspraxis in der Bundesrepublik Deutschland. Berlin/New York.

Jürgen Plöhn

Außenpolitik

1. Außenpolitik

Die Außenpolitik D.s resultiert aus der Einwirkung der internationalen Politik und der eigenen Gesellschaft auf das nationale politische System. Die Außenpolitik D.s wird bestimmt durch

a) die normativen Vorgaben des Grundgesetzes (Wahrung des Friedens; Verbot eines Angriffskrieges; Bereitschaft zu offenem, kooperativen Internationalismus);
b) die Einbindung in die westeuropäische Integration;
c) die Einbindung in das transatlantische Sicherheitssystem mit den USA als Führungsmacht;
d) die Notwendigkeit guter Ostverbindungen aufgrund der zentralen Mittellage in Europa;
e) seine außenwirtschaftliche Verflechtung, die Integration in den Weltmarkt;
f) seine hohe Rohstoff- und Exportabhängigkeit und
g) schließlich seine Geschichte, insbesondere die nach wie vor bestehende Verantwortung für die Untaten des NS-Regimes.

2. Zur Position D.s als Akteur im internationalen System

Die Rolle D.s nach der Vereinigung unterscheidet sich fundamental von der Rolle der BRD und hat die Akteursqualität D.s außerordentlich vergrößert. Die Überwindung der Blockkonfrontation hat sowohl die Vereinigung als auch die Souveränität D.s ermöglicht. Kein Staat in Europa hat aus der radikalen Veränderung des internationalen Systems in Europa in den Jahren 1989-1991 einen vergleichbaren Gewinn gezogen wie D:

a) D hat durch den Zwei-Plus-Vier-Vertrag die Souveränitätsvorbehalte der Alliierten (Deutschland als Ganzes, Berlin, alliierte Truppen) überwunden.
b) D hat in jeglicher Beziehung seine Akteursqualität gesteigert. Mit 80 Mio. Einwohnern ist es das bevölkerungsreichste Land Europas westlich des Bug. Es hat eine zentrale geographische Lage in Europa. Dadurch ist D das Land, durch das die meisten großen Nord-Süd- und West-Ost-Verbindungen führen. Die durch die Vereinigung vergrößerten Wirtschafts-, Wissenschafts- und Technologiepotentiale stärken das deutsche Gewicht. Der Transfer von öffentlichen Leistungen im Wert von fast 180 Mrd. DM jährlich sowie weitere hohe Beiträge aus der Privatwirtschaft in den kommenden Jahren in die neuen → Bundesländer bremsen zwar kurzfristig den Zuwachs an Wirtschaftskraft in D, werden aber mittelfristig zu einer Vergrößerung des Wirtschaftsakteurs D im inter-

nationalen Wirtschaftssystem beitragen.

c) Durch den Zusammenbruch der Sowjetunion und die Schaffung der Staaten der „Gemeinschaft unabhängiger Staaten“ (GUS) steht D kein adäquater Akteur in Osteuropa gegenüber, der vom ökonomischen und politischen Gewicht das deutsche Potential ausbalancieren könnte.

d) Durch die Überwindung des Ost-West-Konflikts liegt D nicht mehr an der weltpolitischen Trennungslinie der Machtblöcke, sondern in Zentraleuropa. Damit bieten sich gleichzeitig Chancen und Gefahren, z.B. Ostmärkte versus Migration.

e) Das Ende des Ost-West-Konflikts hat ein stärker multipolares als bipolares Ordnungsmodell auf der Grundlage einer Ostverschiebung des Westens hervorgebracht. Dadurch haben die größeren europäischen Mächte – und namentlich D – eine größere politische Bedeutung z.B. beim Wiederaufbauprogramm in Ost-/Mitteleuropa erhalten.

f) Die Überwindung des Ost-West-Konflikts hat auch zu weiterer Relativierung militärischer Macht beigetragen. Die ökonomische Machtwährung nimmt zu und damit auch die Bedeutung des wirtschaftlich stärksten Staates in Europa, also D.s, das neben den USA und Japan die drittstärkste ökonomische Macht, gemessen am BSP, ist. Militärische Sicherheitsgarantien – d.h. also insbesondere die Nukleargarantie der USA für Westeuropa – verlieren immer mehr an praktischer Relevanz.

g) Die Veränderung der Position D.s kommt darüber hinaus im gestiegenen Interesse des Auslands an der deutschen Sprache zum Ausdruck. Insbesondere in Ost-/Mitteleuropa und Skandinavien, aber auch in Westeuropa – mit Ausnahme der Niederlande – ist überall eine verstärkte Nachfrage nach Unterricht in der deutschen Sprache zu bemerken.

Es besteht also kein Zweifel: Das gestiegene Gewicht D.s im internationalen System ist unübersehbar.

3. Zur Außenpolitik D.s

Europa erlebte 1989/91 einen Umbruch revolutionären Ausmaßes. Und auch noch Mitte der 90er Jahre vollziehen sich antagonistische Prozesse, die das Prädikat revolutionär noch durchaus verdienen. Während im Westen die EU sich im Vertiefungsprozeß befindet (Binnenmarkt, Wirtschafts- und Währungsunion, Politische Union), suchen sich die Staaten Mittel- und Osteuropas eine völlig neue politische, wirtschaftliche und gesellschaftliche Ordnung, wobei Nationenbildung in den ehemaligen Unionsstaaten Sowjetunion und Jugoslawien zur Zeit Priorität besitzt. Auch D hat eindeutige außenpolitische Prioritäten gesetzt, die unter die Rubrik „Einbindung in die Europäische Gemeinschaft“ und „transatlantische Gemeinschaften“ sowie „Integration in das internationale Handelssystem“ subsumiert werden können. Diese außenpolitischen Ziele werden sowohl von den Regierungsparteien als auch der sozialdemokratischen Opposition vertreten. Jedoch bedarf die Außenpolitik auch immer einer innenpolitischen Absicherung. In ihren Grundstrukturen ist die deutsche Außenpolitik fest in der Gesellschaft verankert; in der Ausführung gibt es jedoch methodische Unterschiede.

3.1 Die Vertiefung der europäischen Integration

Bereits das Grundgesetz gibt die normative Vorgabe für die Europapolitik, wenn es in Art. 24 GG heißt: „ (1) Der Bund kann durch Gesetz Hoheitsrechte auf zwischenstaatliche Einrichtungen übertragen. (2) Der Bund kann sich zur Wahrung des Friedens einem System gegenseitiger kollektiver Sicherheit einordnen; er wird hierbei in die Beschränkungen seiner Hoheitsrechte einwilligen, die eine friedliche und dauerhafte Ordnung in Europa und zwischen den Völkern der Welt herbeiführen und sichern."

Auch nach der Vereinigung besteht kein Zweifel daran, daß sich die Außenpolitik D.s primär am politischen Gravitationszentrum Europäische Union ausrichten wird, da D ökonomisch inzwischen nach der EU-Erweiterung um Österreich, Finnland und Schweden zum 1.1.1995 zu mehr als 62% vom Handel mit den EU-Staaten abhängig ist. Aber nicht nur die ökonomische Interdependenz mit der Gemeinschaft läßt die weitere Mitarbeit in dieser einzigen supranationalen Organisation der Welt als geraten erscheinen, sondern vor allem auch die politischen Vorteile, die die BRD ebenso aus der Mitgliedschaft in dieser EU zog wie auch D sie heute in der EU erwirbt. Die Mitgliedschaft in der EU stützte den Aufbauprozeß der liberalen Demokratie in der Bundesrepublik, führte zur Gleichberechtigung des neuen westdeutschen Teilstaates und ermöglichte schließlich der BRD das starke weltpolitische Gewicht. „Die Europäische Gemeinschaft hat eine Friedensordnung geschaffen, die unter ihren Mitgliedern verläßlich Gewalt als Mittel der Politik ausschließt und hierin Deutschland voll einbindet. Sie hat die Demokratie glaubhaft zur festverwurzelten Regierungsform Westeuropas und natürlich auch des westlichen Teils Deutschlands gemacht. Schließlich hat sie einen riesigen gemeinsamen Markt mit blühender Wirtschaft und großer Anziehungskraft auf Ost- und Westeuropa geschaffen." (*Kaiser* 1991: 96f.). Das bedeutet, daß auch in Zukunft die EU dem deutschen Ziel der Wahrnehmung nationaler Interessen durch Multilateralisierung und Integrationsbereitschaft entspricht. Somit bindet auch in Zukunft die EU D als mögliche Führungsmacht ein, bietet ihm aber auch den Rahmen zu optimaler Verfolgung bzw. Verwirklichung seiner außenpolitischen Grundinteressen. Die enge Bindung D.s an die EU ist nach der deutschen Einheit nicht in Frage gestellt worden. Bereits im Zehn-Punkte-Plan von → Bundeskanzler *Kohl* am 28.11.1989 über die deutsch-deutsche Konföderation machte der Bundeskanzler deutlich, daß der Platz eines zukünftigen Deutschlands in der EU sei. Und im April 1990 wurde von ihm zusammen mit Präsident *Mitterrand* der Weg zu einer weiteren Vertiefung der Europäischen Gemeinschaft eingeschlagen. Die beiden Politiker initiierten einen Plan zur Beschleunigung der Politischen Union sowie die Vertiefung der Wirtschafts- und Währungsunion. Und schließlich brachten Bundeskanzler *Kohl* und Präsident *Mitterrand* im Oktober 1991 die gemeinsame Initiative für ein europäisches Verteidigungskorps ein. Vorläufiger Schlußpunkt dieser Einbindung D.s in die Europäische Gemeinschaft ist die Unterzeichnung der Maastrichter Verträge 1991/92, die nicht nur die Schaffung der Wirtschafts- und Währungsunion bis spätestens 1999 vorsehen, sondern auch eine gemeinsame Außen- und Sicherheitspolitik (GASP) beabsichtigen. Die Einbeziehung der WEU als sicherheitspolitisches Standbein der EU ist durch die Maastrichter Verträge vorprogrammiert. Die enge Einbindung D.s dient nicht nur den eigenen außenpolitischen Interessen, sondern beruhigt gleichzeitig auch latente bzw. offene Befürchtungen über eine zu starke Rolle der Deutschen in der Europäischen Union.

3.2 Die atlantische Komponente

Die Überwindung des Ost-West-Konflikts, der Zerfall der Sowjetunion und die weitreichenden Erfolge der Abrüstungspolitik haben die Grundlagen der westeuropäisch-amerikanischen Beziehungen und der deutsch-amerikanischen Beziehungen vollkommen verändert. „Während sich die weltweite Rolle der Vereinigten Staaten in einer Phase der Reduktion befindet, durchläuft Deutschland nach der Vereinigung – als ein zögerlicher Spätankömmling – eine Phase der Expansion seiner Rolle, in der es versucht, die Bandbreite seiner neuen Verantwortungen zu definieren". (*Kaiser* 1992: 13) Der Wegfall der kommunistischen Bedrohung macht die NATO nicht überflüssig, verändert aber ihren Stellenwert sowie das Verhältnis ihrer Mitglieder zueinander. Es wird in Zukunft innerhalb der NATO eine symmetrischere Struktur geben, wobei die Rolle D.s notwendigerweise steigen wird. Bereits noch vor dem Fall der Berliner Mauer hatte US-Präsident G. *Bush* am 31.5.1989 bei seinem Deutschlandbesuch der BRD „partnership in leadership" angeboten, was er angesichts des Besuchs von Bundespräsident *von Weizsäcker* im April 1992 in den USA erneuert hat. Natürlich kommen bei der transatlantischen Kooperation ureigene US-Interessen zur Geltung. Die USA verstehen das neue D als Partner bei der Neuordnung Europas und als entscheidenden Fürsprecher für eine liberale Handelspolitik in der Europäischen Union. Die USA sind auch weiterhin an der Etablierung und Fundamentierung der liberal-pluralistisch-kapitalistischen Gesellschaft in Europa interessiert. Seit dem Zerfall der Sowjetunion wird die KSZE/OSZE in den USA auch als eine immer bedeutsamere Organisation perzipiert, gibt sie doch den Vereinigten Staaten die Möglichkeit, die Entwicklung auf dem europäischen Kontinent mitzubestimmen.

Da eine europäische Sicherheitspolitik in absehbarer Zeit nicht realisierbar ist, gesellschaftliche Konflikte in Ost- und Mitteleuropa durchaus in militärische Konflikte übergehen können, bleibt die US-Garantie einzige Rückversicherung gegen eine politische Umkehr in Rußland und anderen GUS-Staaten. Im übrigen legen gerade die Osteuropäer großen Wert auf die weitere Anwesenheit der USA in Europa; einmal als Garantie gegen Rußland und die Ukraine und zum anderen als ein willkommenes Gegengewicht zu einer potentiellen Vorherrschaft D.s. Und auch in D wird überwiegend perzipiert, daß eine NATO-Mitgliedschaft der Deutschen auch in Zukunft für dieses Land wichtig ist.

3.3 Die Herausforderung – Osteuropa

Die Überwindung des Ost-West-Konflikts hat zu einer vollkommen neuen Rolle der Ostverbindungen geführt. D ist nicht länger der östliche Grenz- und Frontstaat von NATO und EU. Das Koordinatensystem der EU hat sich nach Osten verschoben, so daß D.s Ostpolitik stärker als zuvor ein Element gemeinsamer EU-Politik darstellt. D hat – da sein Territorium die Wohlstandsgrenze zu Ost-/Mitteleuropa bildet – ein unmittelbares Interesse am Gelingen des Reformprozesses in dieser Region. Deswegen hat es von allen OECD-Ländern Ost- und Mitteleuropa politisch, wirtschaftlich, finanziell sowie durch Ausbildungs- und Verwaltungshilfe am stärksten unterstützt. Jedoch läßt sich der Reformprozeß von außen allein mit technischer und finanzieller Hilfe nicht stabilisieren und fördern. Eine direkte personelle Unterstützung der Reformkräfte vor Ort ist erforderlich, um einen umfassenden Umbau der politischen und wirtschaftlichen Ordnung hin zu liberaler Demokratie, Rechtsstaat und → Sozialer Marktwirtschaft zu verankern. Zum Erfolg dieser Maßnahmen kann D das Humankapital der ehemaligen DDR nutzen, da die Ingenieure, Kaufleute und Techniker der ehemaligen DDR über genügend osteuropäische Sprachkenntnisse verfügen und diese bei dem Reformaufbau sinnvolle Verwendung finden können.

Finanziell leistet D über die Hälfte aller westlichen Hilfe an die Sowjetunion/Rußland und etwa ein Drittel der Hilfe an Ostmittel- und Südosteuropa (Stand 1991).

Natürlich hat das aktive Engagement D.s Gründe. Zunächst einmal werden die Erwartungen in Mittel- und Osteuropa von politischen Eliten und Gesellschaften zuerst an D gerichtet. Die deutsche Führung ergibt sich zweitens aus der anerkannten Rolle durch die anderen Staaten. Drittens ist D näher am Geschehen und durch ein Scheitern des Reformprozesses in Ost-/Mitteleuropa unmittelbar betroffen. Der Erfolg der Reformprozesse in Osteuropa ist die beste Vorkehrung gegen Migrationsströme unermeßlichen Ausmaßes und damit die Gefährdung des sozialen Friedens in D. Nicht zuletzt kommt ein moralisches Argument in die Debatte, nämlich der Dank an die Sowjetunion, die die deutsche → Wiedervereinigung auf friedlichem Wege überhaupt erst ermöglicht hat.

3.4 Dritte-Welt-Politik

Eine weitere Säule deutscher Außenpolitik bildet die Dritte-Welt-Politik (→ Entwicklungspolitik). Die Dritte-Welt-Politik D.s wird aus ökonomischen, friedenspolitischen, sozialen und humanitären Gründen betrieben, wobei die Gründe zu unterschiedlichen Zeiten unterschiedlich gewichtet wurden. Im Herbst 1991 legte die → Bundesregierung neue politische Kriterien fest, nach denen sich staatliche Entwicklungszusammenarbeit zu richten hat, nämlich

- Achtung von Menschenrechten und Menschenwürde;
- demokratisch-pluralistische und rechtsstaatliche Regierungsform;
- marktorientierte Wirtschaftsordnung und funktionierende Verwaltung;
- eigene Entwicklungsanstrengung sowie
- Reduzierung überhöhter Rüstungsausgaben.

Entwicklungspolitik wird entsprechend der Pluralität der eingehenden Interessen als eine multifunktionale Querschnittsaunfgabe primär im Schnittpunkt zwischen Außen- und Wirtschaftspolitik verstanden. Die deutsche Dritte-Welt-Politik wird überwiegend bilateral betrieben. 1993 betrugen die Mittel für entwicklungspolitische Zusammenarbeit 11,5 Mrd. DM bzw. 0,36% des BSP, so daß das von den Vereinten Nationen gesetzte Ziel von 0,7% des BSP nicht erreicht wird.

4. Was bleibt von der DDR-Außenpolitik?

Mit dem Aufgehen der DDR im neuen D wurde auch die Außenpolitik der BRD faktisch zur Außenpolitik D.s. Zwar hat D insgesamt 201 Liegenschaften der früheren DDR übernommen, und im Rahmen eines regulären Auswahlverfahrens für den Auswärtigen Dienst haben sich insgesamt 40 Anwärter aus der ehemaligen DDR (22 für den höheren Dienst und 18 für den gehobenen Dienst) qualifiziert (Auswärtiges Amt 1992; Brief an den Verfasser); doch bleibt sonst kein Raum für die Übernahme weiterer Bestandteile der Außenpolitik der ehemaligen DDR. Da die außenpolitischen Grundprinzipien der DDR der sozialistische Internationalismus, der proletarische Internationalismus, die friedliche Koexistenz sowie die besonderen Beziehungen zur Sowjetunion darstellten, der Sozialismus wie auch die Sowjetunion nicht mehr existieren, entfielen auch die Voraussetzungen für solch eine Außenpolitik. Die enge deutsch-sowjetische – und nach dem Zerfall der Sowjetunion – deutsch-russische Zusammenarbeit steht nicht in der Kontinuität der alten Beziehungen der DDR zur UdSSR, sondern ist aufgrund der Haltung der UdSSR, und insbesondere *Gorbatschows,* zur → Wiedervereinigung bedingt.

5. Euro-Hegemon oder Scharniermacht?

Der fundamentale Wandel des internationalen Systems hat auch das Koordinatensystem und die Parameter der deutschen Außenpolitik vollkommen verändert. Größe, Wirtschaftskraft, geographische Lage eröffnen die Möglichkeit, daß Deutschland sich zum Eurohegemon entwickeln könnte. Doch wäre D mit dieser Rolle ganz sicherlich überfordert. Die aktuelle ökonomische Überforderung zeigt sich sowohl durch die Folgen der deutschen Vereinigung als auch in den von Deutschland erbrachten Leistungen für Mittel- und Osteuropa. Und auch der Wille zu solch einer Politik ist nicht vorhanden. Für D ist es aber aus ureigenstem Interesse bedeutsam, daß der Reformprozeß in Osteuropa erfolgreich ist und damit eine potentielle Bedrohungssituation beseitigt wird. D muß, aus der festen Einbindung in die EU, die aktive Rolle einer Scharniermacht in Europa übernehmen.

Nach Erlangung der Souveränität suchte (und sucht auch noch heute) das vereinte D. befreit vom Ballast der Teilung und der Begrenzung seiner Souveränität, nach einer außenpolitischen Konzeption, in der neben europäischem Integrationsprozeß, atlantischer Kooperation und erneuerten Ostbeziehungen auch der Aspekt der Einbeziehung D.s für den Weltfrieden eine zunehmende Rolle spielen sollte. Nach der Vereinigung wollte die Regierung mehr Verantwortung in der internationalen Politik übernehmen. Der Ansatz zu mehr Verantwortung reduzierte sich im politischen Diskurs allerdings auf einen ständigen Sitz im Sicherheitsrat der Vereinten Nationen (→ Deutschland und die UNO) sowie den Einsatz der → Bundeswehr bei Blauhelmeinsätzen der UNO. So scheiterten die ersten Versuche zur Übernahme größerer weltpolitischer Verantworung D.s sowohl im Golfkrieg 1991, im Jugoslawienkrieg wie auch in Somalia 1993/94. All diese Einsätze sollten die gestiegene Verantwortungsbereitschaft des vereinten D.s dokumentieren. Ein Konzept über die deutsche Rolle im internationalen System wurde aber nicht erkennbar. Nicht selten wurden diese Aktionen als Mittel verstanden, D.s Verantwortung für die Weltpolitik nachzuweisen, um damit eine Legitimation für den erhofften ständigen Sitz im UN-Sicherheitsrat zu erhalten.

D muß jedoch anstelle des Vorrangs der militärischen Maßnahmen vor allem Führungsaufgaben in jenen Bereichen übernehmen, die globaler Natur sind und national nicht mehr adäquat gelöst werden können, z.B. in der globalen Umwelt- und Migrationsproblematik, der Proliferation von Nuklearwaffen und chemischen Waffen etc. In einem sich durch immer größere Interdependenzstrukturen kennzeichnenden internationalen System ist es auch einem so großen Nationalstaat wie D nicht mehr möglich, eine vollkommen national-staatlich orientierte Außenpolitik zu betreiben. Das Ziel deutscher Außenpolitik muß es sein, eine aktiv gestaltende Einwirkung auf die internationale Umwelt auszuüben. Deutsche Außenpolitik muß versuchen, die vorhandene Gestaltungsmacht kooperativ einzusetzen. Das bedeutet, daß D einen kooperativen Internationalismus betreiben muß, indem es andere Partner gewinnt, mit Hilfe von zivilen Maßnahmen das internationale System zu stabilisieren.

Literatur

Bonder, Michael/Röttger, Bernd/Ziebura, Gilbert 1992: Deutschland in einer neuen Weltära. Unbewältigte Herausforderungen. Opladen.

von Bredow, Wilfried/Jäger, Thomas 1992: Neue deutschen Außenpolitik. Nationale Interessen in internationalen Beziehungen. Opladen

Hacke, Christian 1993: Weltmacht wider Willen. Die Außenpolitik der Bundesrepublik. Frankfurt/M. Stuttgart.

Kaiser, Karl 1992: Die deutsch-amerikanischen Beziehungen in Europa nach dem Kalten Krieg, in: Europa-Archiv Nr. 1.

Kaiser, Karl/Maull, Hanns W. (Hrsg.) 1994: Deutschlands neue Außenpolitik, Band 1 – Grundlagen. München.

Schwarz, Hans-Peter 1994: Die Zentralmacht Europas. Deutschlands Rückkehr auf die Weltbühne. Berlin.

Wichard Woyke

Bauernverband

Im Gegensatz zur Weimarer Republik mit ihren konkurrierenden agrarischen Interessenverbänden werden die Interessen der Landwirtschaft in D organisatorisch von einem Verband vertreten: dem Deutschen Bauernverband (DBV). Der DBV wurde nach dem Zweiten Weltkrieg als Einheitsverband gegründet und kennt als Dach- bzw. Spitzenverband keine individuelle Mitgliedschaft. Ordentliche Mitglieder sind die Landesbauernverbände (inzwischen auch aus den neuen Bundesländern), der Bund der Deutschen Landjugend, der Deutsche Raiffeisenverband und der Bundesverband landwirtschaftlicher Fachschulabsolventen. Erheblich größer ist die Zahl der assoziierten Mitglieder; das Spektrum reicht von der Arbeitsgemeinschaft der Grundbesitzerverbände, dem Bund Deutscher Baumschulen, dem Bundesverband der Maschinenringe, der privaten Milchwirtschaft, dem Deutschen Weinbauernverband bis hin zum Zentralverband der Deutschen Geflügelwirtschaft. Insgesamt arbeiteten Ende der 80er Jahre rund 40 Fachverbände im DBV mit, wobei ihr Einfluß auf die Verbandspolitik nicht allzu hoch einzuschätzen ist; sie bereiten allerdings die Entscheidungen der Spitzenorgane vor.

Der DBV kennt nur drei Organe: die Mitgliederversammlung, das Präsidium und den Präsidenten, dem zugestanden wird, dringliche Fragen in eigener Verantwortung zu erledigen.

Zum Präsidium gehören automatisch die Präsidenten der Landesbauernverbände, nicht aber die Spitzenvertreter der Fachverbände, was auf die Bedeutung der regionalen Organisationsstruktur hinweist. Im Präsidium, in dem die zentralen politischen Entscheidungen fallen, dominieren die großen und mitgliederstarken Landesverbände, da sich die Stimmenzahl nach der Größe der Landesverbände richtet. Die Mitgliederzahlen der Landesbauernverbände sind auch insofern von Relevanz, als sie in den an den DBV abgeführten Beiträgen zum Ausdruck kommen. Der DBV ist somit direkt finanziell von seinen Landesverbänden abhängig und verfügt nur über relativ wenig Mittel sowie eine vergleichsweise recht kleine Verbandsbürokratie (vgl. *Ullmann* 1988).

Die Landesverbände erreichen einen sehr hohen Organisationsgrad, der im Durchschnitt bei über 90% liegt. Diese hohe Organisationsdichte dürfte eine der höchsten aller organisierten Berufsgruppen in D sein; der Organisationsgrad nimmt mit der Größe der Betriebe eindeutig zu, wenngleich noch immer viele Nebenerwerbsbauern Mitglied im DBV sind. Vollerwerbsbetriebe sind nahezu zu 99% organisiert. Dennoch ist der Bauernverband ein schrumpfender Verband, dessen politisches Gewicht zurückgeht, wenngleich er bislang relativ geschickt sein Repräsentationsmonopol sichern konnte. Dies geschah nicht unwesentlich durch symbolische Politik und die traditionelle Verbandsideologie. Zudem bietet er seinen Mitgliedern ein breites Dienstleistungsangebot, das inzwischen als ein zentrales Mitgliedschaftsmotiv gewertet werden kann. Auch für kleinere Landwirte sind diese primär von den Kreisgeschäftsstellen angebotenen Dienstleistungen durchaus attraktiv; so werden beispielsweise Beratungen in Fragen der Altersversorgung, Renten-, Unfall- und Krankenversicherung sowie bei Steuerangelegenheiten und landwirtschaftlichen Rechtsproblemen angeboten.

Aus dem hohen Organisationsgrad der Bauern kann nicht unmittelbar auf eine aktive Teilnahme am Verbandsleben geschlossen werden. Die „Positionselite" des DBV, die parteipolitisch schon traditionell eng mit der → CDU/CSU kooperiert, setzt sich deutlich aus den ertragsstarken Vollerwerbslandwirten zusammen, während die Mehrzahl der Bauern kaum Einfluß auf die Verbandspolitik hat. Diese selektive Repräsentation der agrarischen Interessen hat zwar im Laufe der Geschichte der BRD zu einigen kleineren Konkurrenzverbänden geführt, bislang konnte der DBV aber sein Repräsentationsmonopol erhalten.

Auch im Prozeß der deutschen Vereinigung konnte der DBV, nicht zuletzt durch seine föderative Struktur und „seine Erfahrungen im Management regional unterschiedlicher Interessenkonstellationen" (*Lehmbruch* 1994, 377), sein Organisationsmonopol im Agrarsektor weitgehend erhalten. Es bildeten sich zwar auf regionaler Ebene einige kleine landwirtschaftliche Verbände (z.B. der Wiedereinrichter), die der DBV anfangs zu integrieren versuchte, was aber nur bedingt erfolgreich war. Heute ist der DBV in den neuen Bundesländern primär eine „Organisation der Kollektivbauern, die nach wie vor die große Mehrheit der bäuerlichen Bevölkerung stellen" (*Lehmbruch* a.a.O.).

Literatur

Ackermann, Paul 1970: Der Deutsche Bauernverband im politischen Kräftespiel der Bundesrepublik. Tübingen.

Lehmbruch, Gerhard 1994: Dilemmata verbandlicher Einflußlogik im Prozeß der deutschen Vereinigung, in: Wolfgang Streeck (Hrsg.), Staat und Verbände. Opladen.

Ullmann, Hans Peter 1988: Interessenverbände in Deutschland. Frankfurt.

Rolf G. Heinze

Bevölkerung

1. Die Folgen des Zweiten Weltkriegs und der deutschen Teilung

In den letzten 50 Jahren haben in Deutschland gravierende Bevölkerungsumschichtungen stattgefunden. Durch die Nationalsozialisten wurden eine halbe Million deutsche Juden vertrieben oder vernichtet. 1940 begann im Rahmen des Hitler-Stalin-Pakts die Umsiedlung Volksdeutscher aus dem Baltikum, andere Gruppen folgten. Mit den zurückweichenden Fronten flüchteten Volksdeutsche gegen Ende des Krieges, 1945 floh etwa die Hälfte der 9,5 Mio. Deutschen aus Ostpreußen, Schlesien, Pommern und Ostbrandenburg. 3,5 Mio. wurden nach den Vereinbarungen im Potsdamer Abkommen in den folgenden Jahren ausgesiedelt. Hinzu kamen die Deutschen aus der Tschechoslowakei, Rumänien, Ungarn und Polen. Für das zerstörte Restdeutschland war diese zusätzliche Bevölkerung von 15 Mio., meist fast ohne jede Habe, zunächst eine große Bürde. Nur mit Mühe gelang es, sie unterzubringen und zu ernähren. Auswanderungsprogramme brachten eine gewisse Entlastung. Schon in den ersten Nachkriegsjahren floh zudem eine Mio. Menschen aus der Sowjetzone in die Westzonen. Deswegen wurden in den ersten Jahren der BRD Kontrollregelungen geschaffen, die einen weiteren Zustrom aus Ostdeutschland verhindern sollten.

Der Wirtschaftsaufschwung in den 50er Jahren erlaubte die DDR-Flüchtlinge. Viele flüchteten nach dem Schulabschluß, um dem Wehrdienst zu entgehen. Auch Ärzte, Ingenieure und andere gut ausgebildete Gruppen kamen. Nach der Abschnürung der → DDR durch den Mauerbau 1961 bestand ein politischer Konsens über die Legitimität von Flucht und Ausreise aus der DDR und den anderen kommunistischen Staaten. Mit hohen Summen wurden Freikäufe erreicht (Häftlinge aus der DDR, ungesicherter Milliardenkredit an Polen, Kopfgelder und Bestechungen in

Rumänien). Gleichzeitig wurden Millionen von Ausländern für die deutsche Wirtschaft angeworben, hauptsächlich zwischen 1961 und 1973.

Als 1989 der Ostblock zusammenbrach, wurden die Übersiedler aus der DDR und die Aussiedler aus Osteuropa zunächst euphorisch begrüßt. Sie stellten den Hauptteil der mehr als fünf Mio. Menschen, die 1988-94 ins westliche Deutschland gekommen sind. Nach einiger Zeit setzten allerdings kritische Reaktionen ein, die schrittweise zu neuen Barrieren gegen alle Arten von Zuwanderung geführt haben. Zwar konzentrierten sich die Aggressionen und die politische Ablehnung auf Asylbewerber und andere → Ausländer, aber auch die Zuzugsmöglichkeiten Volksdeutscher aus Osteuropa wurden eingeschränkt.

2. Eingliederung und Akzeptanz

Für die bundesdeutsche Wirtschaft haben Einwanderungsprozesse immer große Bedeutung gehabt, ein Teil ihrer Dynamik beruht darauf. Die Zuwanderer waren hoch motiviert, örtlich und beruflich flexibel einsetzbar und gehörten ganz überwiegend den arbeitsfähigsten Jahrgängen an. Konfessionelle Strukturen und lokale Milieus wurden durch sie aufgebrochen, was zur Mobilität und Homogenität der BRD wesentlich beitrug. Die Vertriebenen und DDR-Flüchtlinge haben zudem für die Industrialisierung bis dahin eher unterentwickelter Teile der BRD große Bedeutung gehabt (für Bayern *Schreyer* 1969). Überall entstanden unternehmerische Initiativen, die auf Traditionen in Böhmen, Schlesien oder Thüringen zurückgingen.

Nach anfänglichen großen Schwierigkeiten, die 1953 zum Einzug des „Bundes der Heimatvertriebenen und Entrechteten" (GB/BHE) in den → Bundestag führten, ging die Eingliederung rasch voran. Trotz ihres Beharrens auf dem „Recht auf Heimat" trugen auch die Vertriebenenorganisationen zur Integration bei, indem sie als Interessengruppe agierten. Mit dem „Lastenausgleich" schuf die BRD ein vorbildliches Regelwerk zum Ausgleich der materiellen Schäden. Die nachwachsende Generation gliederte sich überall in die jeweiligen lokalen Strukturen ein.

Der wirtschaftliche Aufschwung und vor allem die Vollbeschäftigung waren als Rahmenbedingung für die Eingliederung mindestens ebenso wichtig wie die staatlichen Programme. Da es in der neuen Einwanderungssituation seit 1988 an beiden fehlt, entstehen individuelle und soziale Spannungen. Die Zuwanderer haben Schwierigkeiten, sich sozial und wirtschaftlich einzugliedern und viele von ihnen werden randständig. Obwohl inzwischen auch die Bevölkerungsprognose des Bundes von einer weiteren erheblichen ständigen Zuwanderung ausgeht, fehlen klare Perspektiven über die Größenordnung und damit öffentliche Akzeptanz.

1990 und 1991 kamen insgesamt jeweils eine Million Menschen unter verschiedenen Rechtsformen in die „alten Länder". Zunächst waren es mehr Übersiedler und Aussiedler, ihr Zuzug wurde durch administrative Einschränkungen reduziert. Eine große Entspannung trat ein, als die EG auf deutsche Initiative hin den Visumszwang gegenüber Polen, der Tschechoslowakei und Ungarn aufhob. Seitdem wurde Asyl von Angehörigen dieser Länder kaum mehr beantragt. Die Bundesregierung versuchte zusätzlich, mit der Einrichtung neuer zeitweiliger Beschäftigungsverhältnisse für Polen, Tschechen, Ungarn, Russen und andere Osteuropäer ein Ventil für den Zuwanderungsdruck zu schaffen (Werkvertragsarbeitnehmer). Damit könnte allerdings mittelfristig ein neues „Gastarbeiter-Problem" geschaffen werden.

In der Perspektiv-Diskussion über die Zukunft der Einwanderung wird davon ausgegangen, daß Deutschland ebenso wie seine Nachbarländer wegen ihres Geburtendefizits auch in Zukunft auf Zuwanderung angewiesen sein wird und die Aufgabe der Politik in einer Verstetigung und Steuerung dieser Zuwanderung besteht. Unstrittig ist, daß in einer EG ohne Binnengrenzen langfristig auch europäische Abstimmung erforderlich ist. Teilelemente sind in der Genfer Flüchtlingskonvention, in der Visa-Koordination und dem Prinzip der Verantwortung des Erstzugangslandes (Schengen-Vertrag, Dubliner Vertrag) schon gegeben. Die Lage ist allerdings gegenwärtig weniger von positiver Koordination im Sinn der Genfer Konvention als von einem Wettbewerb um Abschreckung gekennzeichnet. Trotz vieler Ankündigungen gibt es auch in Deutschland bisher keinen Konsens über eine Regelung der künftigen Zuwanderung, in der die Kriterien Altersstruktur, Arbeitsbedarf, Fähigkeiten, Investitionen, Not, Verfolgung und kulturelle Nähe eine Rolle spielen können. Trotz der offiziellen Regierungsdoktrin, „kein Einwanderungsland" zu sein, gibt es faktisch einen breiten Konsens darüber, daß die Zuwanderung weitergehen wird. Niederlassungen von EU-Bürgern sind ohnehin weitgehend frei, seit 1992 besteht für die Aussiedler eine Quote von 220.000 pro Jahr. Hinzu kommen Familiennachzüge in bezug auf Deutsche und auf Ausländer mit stabilem Rechtsstatus, weiterhin Flüchtlinge und Juden aus Rußland mit einer Sonderquote. Ein Einwanderungsgesetz könnte diese Zuwanderung nicht erhöhen, sondern regulierbarer und planbarer machen, wie das in klassischen Einwanderungsländern geschieht.

3. Bevölkerungsperspektiven

Die Geburtenbilanzen und Bevölkerungsprognosen für D. heute zeigen eine dramatische Überalterung der Gesellschaft. Zwar sind mit dem Zuwanderungsschub seit 1988 wieder mehr Kinder und junge Leute nach Westdeutschland gekommen, doch gleichzeitig sind die Heirats- und Geburtenzahl in Ostdeutschland um 60% abgesunken – ein historisch einmaliger Prozeß. Trotz mahnender Urteile des Bundesverfassungsgerichtes zielt die staatliche Sozialpolitik nach wie vor besonders auf die Altersphase ab und vernachlässigt die Kinder bzw. Familien. Der Überalterungsprozeß der deutschen Bevölkerung insgesamt hat sich noch beschleunigt. Zuwanderung wird deswegen weiterhin nötig sein.

Angesichts der ökonomischen Disparitäten ist zu erwarten, daß fast alle Volksdeutschen aus den GUS-Staaten einwandern werden, wenn D. ihnen das ermöglicht. Alternative Lösungen wie die Wolgarepublik sind wenig tragfähig. Das Geburtendefizit könnte rechnerisch durch diese Zuwanderung für etwa acht Jahre ausgeglichen werden. Da die Wirtschaft und Gesellschaft D.s. aber auch andere Arbeitskräfte benötigt, in der EU zudem die freie Bewegung garantiert ist und Flüchtlinge nach der Genfer Konvention und Art. 16 GG aufgenommen werden, ist ein Gesamtkonzept für eine realistische Zuwanderungspolitik nötig (→ Ausländer).

Literatur

Benz, Wolfgang 1985: Die Vertreibung der Deutschen aus dem Osten. Ursachen, Ereignisse, Folgen. Frankfurt.

Findl, Peter/Holzmann, Robert/Münz, Rainer 1987: Bevölkerung und Sozialstaat. Mainz/ Wien.

Lemberg, Eugen/Edding, Friedrich (Hrsg.) 1959: Die Vertriebenen in Westdeutschland. Ihre Eingliederung und ihr Einfluß auf Gesellschaft, Wirtschaft, Politik und Geistesleben. Kiel.

Otto, Karl A. (Hrsg.) 1990: Westwärts – Heimwärts? Aussiedlerpolitik zwischen „Deutschtümelei" und „Verfassungsauftrag". Bielefeld.

Schreyer, Klaus 1969: Bayern – ein Industriestaat. Die importierte Industralisierung. München.

Staatskanzlei des Landes Nordrhein-Westfalen 1993: Kommentierte Bevölkerungsprognose für Nordrhein-Westfalen 1993 bis 2010/2020.

Dietrich Thränhardt

Bildungspolitik/Bildungswesen

1. BRD und DDR bis 1990

Schon in der frühen Nachkriegszeit fielen in den drei westlichen Besatzungszonen Deutschlands und in der sowjetischen Besatzungszone entgegengesetzte Entscheidungen über die politischen Grundlagen und die Struktur des Bildungswesens. Während sich in den 1946 im Westen gebildeten Ländern – in Anknüpfung an die Verhältnisse im Deutschen Reich vor 1933 und als Reaktion auf den nationalsozialistischen Einheitsstaat – die föderalistische Ordnung etablierte und aus dem Bonner → Grundgesetz (1949) die „Kulturhoheit der Länder" abgeleitet wurde, erhielt in der SBZ schon 1945 die „Deutsche Verwaltung für Volksbildung" (das spätere Ministerium für Volksbildung der DDR) das Weisungsrecht gegenüber den noch bis 1952 bestehenden Länderverwaltungen. Der zentralistische Charakter der Bildungspolitik wurde in der Folgezeit weiter verstärkt: erstens durch den seit 1948/49 offen proklamierten und alsbald auch praktisch durchgesetzten Monopolanspruch der aus der Sowjetunion übernommenen marxistisch-leninistischen Parteiideologie in allen Fragen von Bildung, Erziehung und Wissenschaft und zweitens durch die enge Verknüpfung der Bildungspolitik mit der zentralen staatlichen Wirtschaftsplanung und -lenkung. Der weltanschauliche und interessengebundene Pluralismus im westdeutschen Bildungs- und Wissenschaftsbereich kontrastierte seit den 50er Jahren scharf zu dem ideologischen Monismus und dem Jugenderziehung, Schule und Ausbildung umfassenden Totalitätsanspruch der SED (→ PDS-SED).

In struktureller Hinsicht kam es in den Ländern der BRD zunächst zur weitgehenden Wiederherstellung eines dreigliedrigen allgemeinbildenden Schulwesens mit den traditionellen Bildungsinhalten, während in der SBZ/DDR die Idee der Einheitsschule, d.h. einer achtjährigen gemeinsamen Schulbildung für alle Kinder, zum leitenden Prinzip der Schulpolitik proklamiert wurde. Über mehrere Etappen hinweg kam es 1965 zur gesetzlichen Fixierung eines „einheitlichen sozialistischen Bildungssystems" (vom Kindergarten bis zum Hochschulwesen), das bis 1990 bestand. Seinen Kern stellte die zehnklassige allgemeinbildende polytechnische Oberschule dar, an die sich eine zweijährige Erweiterte Oberschule mit Abitur anschloß. Ein Teil der Jugendlichen absolvierte dreijährige Abiturklassen in Einrichtungen der Berufsausbildung, die zusammen mit der Hochschulreife eine Facharbeiterqualifikation verliehen; die Mehrheit ging nach der 10. Klasse in eine für die meisten Berufe zwei Jahre dauernde Lehrlingsausbildung, überwiegend an Betriebsberufsschulen.

In der BRD kam es seit Mitte der 60er Jahre zu verschiedenen Reformversuchen im Schul- und Hochschulwesen, die zu einer Expansion der weiterführenden Bildungswege, vor allem des Gymnasiums und der Universitäten bei gleichzeitigem Rückgang der Hauptschulen, zur Errichtung von Gesamtschulen und zur Reform der gymnasialen Oberstufe führten. Die 1970 geschaffene Bund-Länder-Kommission für Bildungsplanung (BLK) trat neben die 1948 gegründete Ständige Konferenz der Kultusminister der Länder (KMK); der 1973 unternommene Versuch, einen „Bildungsgesamtplan" als verbindliches Programm zu realisieren, scheiterte indessen. Die einzelnen Sektoren des Bildungswesens, insbesondere das sog. „duale System" der beruflichen Ausbildung (d.h. betriebliche Ausbildung und gleichzeitig Berufsschulpflicht mit unterschiedlicher Rechtsbasis und Verwaltungskompetenz), besitzen einen hohen Grad institutioneller Autonomie, die eine auf das gesamte Bildungswesen bezogene staatliche Bildungspolitik erschwert, andererseits aber, vor allem im Bereich der Weiterbildung, auch flexible Antworten auf neue Probleme erleichtert.

2. Die Herstellung der Einheit Deutschlands und das Bildungswesen in den neuen Bundesländern

Innerhalb eines Jahres – vom Sturz Erich *Honeckers* am 18.10.1989 bis zum Inkrafttreten des Einigungsvertrages am 3.10.1990 – erfolgte in der DDR ein radikaler Bruch mit einer über 40jährigen Entwicklung des Bildungswesens, dessen Auswirkungen in den verschiedenen Bereichen sich allerdings über einen erheblich längeren Zeitraum erstrecken. Die bildungspolitischen Entscheidungen auf dem Weg zur deutschen Einheit vollzogen sich auf zwei Ebenen: die am 18.3.1990 frei gewählte Volkskammer, die von der → CDU geführte Regierung und das Bildungsministerium der DDR verabschiedeten zahlreiche Gesetze und Verordnungen, mit denen die bisher gültigen Bestimmungen des alten Regimes ganz oder teilweise aufgehoben sowie erste Schritte zur Angleichung an das Bildungswesen in der BRD getan wurden; außerdem konstituierte sich im Mai 1990 eine Gemeinsame Bildungskommission beider Staaten, die bis Ende September die Grundsätze und Modalitäten für das „Zusammenführen der beiden Bildungssysteme" sowie für das allgemeinbildende Schulwesen in den neuen Ländern auch detaillierte Vorschriften verabschiedete. Die Kernsätze lauteten: „Mit dem Wirksamwerden des Beitritts der DDR zur Bundesrepublik gilt auch in den neuen Ländern die Kompetenzordnung des Grundgesetzes. Damit fällt ihnen die Gestaltung von Bildung, Wissenschaft und Kultur weitgehend als eigene Aufgabe zu" (*Anweiler* u.a. 1992: 515).

Demzufolge hatte sich auch der „Vertrag über die Herstellung der Einheit Deutschlands – Einigungsvertrag" vom 31.8.1990 in Art. 37 – Bildung – auf die Anerkennung der Abschlüsse (Prüfungen, Zeugnisse) beschränkt, während der Art. 38 – Wissenschaft und Forschung – dem Wissenschaftsrat die Begutachtung der Forschungseinrichtungen in der DDR mit dem Ziel ihrer „Einpassung" in die gemeinsame Forschungsstruktur Deutschlands übertrug (Ebd.: 513f). Zu diesem Zweck hatte der Wissenschaftsrat bereits im Juli 1991 12 allgemeine Empfehlungen verabschiedet, denen im November Empfehlungen zur Bildung von Hochschulstrukturkommissionen und zur Berufungspolitik in den neuen Ländern und im Ostteil Berlins folgten (Ebd.: 510-513). Auf dieser Grundlage erfolgten bis Ende 1991 durch mehrere Arbeitsgruppen des Wissenschaftsrates Evaluierungen der Institute der Akademie der Wissenschaften der DDR, anderer außeruniversitärer Forschungseinrichtungen sowie der Lehrerausbildung. Die Akademie der pädagogischen Wissenschaften der DDR wurde aufgelöst; das gleiche geschah mit den anderen zentralen Bildungsforschungsinstituten der DDR.

Nach Konstituierung der fünf neuen → Bundesländer und der Regierungsbildung begann Ende 1990 der administrative Umbau im Schul- und Hochschulwesen, begleitet von der parlamentarischen Beratung neuer Schul- und Hochschulgesetze, die politische und fachliche Überprüfung des Lehrpersonals mit z.T. erheblichen Stellenkürzungen und Entlassungen sowie die Reform der pädagogischen Arbeit. Eine maßgebliche Rolle spielten dabei zahlreiche Beamte der westdeutschen Kultusministerien sowie als Gründungsdekane herbeigeholte Professoren aus dem Westen. Dabei ergaben sich vor allem bei der Neugestaltung des allgemeinbildenden Schulwesens deutliche Affinitäten zwischen „Partnerländern", die den jeweiligen Parteikonstellationen folgen, so zwischen Bbg. (→ Land Brandenburg) und NW (→ Land Nordrhein-Westfalen) oder zwischen Sa. (→ Land Sachsen) und Bad.-W. (→ Land Baden-Württemberg). Nur der Bereich der beruflichen Bildung wurde bereits durch das Volkskammergesetz vom 19.7.1990 für die neuen Länder einheitlich geregelt, wonach ab 1.9.1990 das Berufsbildungsgesetz der BRD in Kraft trat.

Die Gesetzgebung für das Schulwesen und die Hochschulen der neuen Länder wurde schon im Laufe des Jahres 1991 vorläufig abgeschlossen, unterlag aber in der Folgezeit weiteren Novellierungen. Die Schulstruktur ist in den neuen Bundesländern dem Modell eines gegliederten allgemeinbildenden Schulwesens und dessen verschiedenen Ausprägungen in den westdeutschen Ländern gefolgt. Mit Ausnahme B. (→ Land B.), in dessen Ostteil die Westberliner Regelungen in Kraft traten, und Bbgs beginnen in den übrigen neuen Ländern die weiterführenden Schulen nach der vierjährigen Grundschule. Bemerkenswert ist aber, daß in Sa., SaA. (→ Land Sachsen-Anhalt) und Thür. (→ Land Thüringen) nur zwei parallele Sekundarschultypen – Gymnasien mit 12 und verschieden benannte allgemeine Sekundarschulen mit 9/10 Schuljahren – eingerichtet wurden. Nur in Bbg. erhielt die Gesamtschule den Status einer Regelschule, neben dem Gymnasium mit 13 und der Realschule mit 10 Schuljahren. Nach den Landtagswahlen und neuen Regierungsbildungen in Sa.A., Thür. und M.-V. (→ Land Mecklenburg-Vorpommern) im Jahre 1994 sind erneut schulstrukturelle Änderungen in diesen Ländern möglich.

Die Neugestaltung des Hochschulwesens ist u.a. durch die vom Wissenschaftsrat nachhaltig empfohlene Errichtung der früher in der DDR nicht vorhanden gewesenen Fachhochschulen gekennzeichnet. Dagegen sind die dortigen Fachschulen im Zuge der Übernahme der normierenden Regelungen des beruflichen Schulwesens aus der BRD nicht weitergeführt worden. Die innere Reform der Universitäten und Hochschulen verlief nicht konfliktfrei, zumal die Übernahme der arbeitsrechtlichen und hochschulrechtlichen Regelungen aus Westdeutschland die notwendige personelle Erneuerung mehr zu einer Frage der Gerichte als zu einer politisch-moralischen Bewältigung der SED-Lasten werden ließ. Durch die Auflösung der Akademie der Wissenschaften der DDR und deren Institute ergaben sich weitere strukturelle und personelle Probleme. Vor allem die von der Max-Planck-Gesellschaft ins Leben gerufenen neuen Institute und Forschungszentren erwiesen sich als Auffangbecken und Innovationsförderer für jüngere Wissenschaftler aus den DDR-Instituten.

Insgesamt kann rd. vier Jahre nach Inkrafttreten des Einigungsvertrages gesagt werden, daß die „Transformation der ostdeutschen Bildungslandschaft", wie die Vorgänge oft bezeichnet werden, in formaler Hinsicht als weitgehend abgeschlossen gelten kann. Unter den Lehrern, die zum größten Teil übernommen und weiter beschäftigt wurden, und beim Universitäts- und Hochschulpersonal, wo eine starke „Durchmischung" west- und ostdeutscher Wissenschaftler stattfand, bestehen nach wie vor aus unterschiedlichen beruflichen und politischen Erfahrungen herrührende und mit der Bewältigung neuer Aufgaben verbundene Anpassungschwierigkeiten. Im Vergleich mit den weitaus schwierigeren und noch nicht bewältigten Problemen einer Neuordnung des Bildungswesens in den anderen ehemals kommunistischen Staaten in Mittel- und Osteuropa und in den Nachfolgestaaten der Sowjetunion stellt jedoch die Umgestaltung des früheren DDR-Bildungswesens eine positive Ausnahme dar.

3. Perspektiven und Probleme im europäischen Rahmen

Die politische und die fachliche Diskussion über die verschiedenen Seiten und Probleme der neuen deutschen „Bildungslandschaft" muß in wachsendem Maße die europäische Dimension berücksichtigen. Damit ist nicht eine gemeinsame „europäische

Bildungspolitik" gemeint, für die politische, rechtliche und mentale Voraussetzungen fehlen, sondern die „Vernetzung" der eigenen bildungspolitischen Ziele und Maßnahmen mit den Entwicklungen in Europa und darüber hinaus mit weltweiten Aufgaben und Herausforderungen. Das Bildungswesen in Deutschland sieht sich dabei einer doppelten Herausforderung gegenüber: Die Umstrukturierung im Osten verlangte zunächst eine rasche Angleichung an die alten Bundesländer, aber diese sollte nicht auch zur Übernahme teilweise veralteter Muster führen, sondern Impulse für fällige Änderungen und Innovationen in ganz Deutschland freisetzen. In diese Richtung zielen z.B. Vorschläge für eine Überprüfung der Universitäts-, Hochschul- und Wissenschaftsstruktur im Westen Deutschlands durch den Wissenschaftsrat oder die Ideen für einen neuen „Bildungsgesamtplan". Von solchen langfristigen Vorhaben abgesehen, bedarf es gemeinsamer Regelungen im Hinblick auf die Schuldauer bis zum Abitur (13 oder 12 Jahre), die Zulassungsverfahren zum Hochschulstudium oder den künftigen Rechtsstatus der Lehrer – Themen, die durch die Beschlüsse zur Europäischen Union vorgezeichnet sind. Der Maastrichter Vertrag von 1992 (→ Europapolitik) hat zwar im Kern die Souveränität der Mitgliedsstaaten im Bildungswesen und in der nationalen Bildungspolitik bestätigt, aber gleichzeitig die Notwendigkeit weiterer Abstimmungen, Vereinbarungen und gemeinsamer Entwicklungsprogramme, insbesondere in der beruflichen Aus- und Weiterbildung und im Hochschulwesen, unterstrichen.

Wenn eine „Bildungspolitik für den Standort Deutschland" gefordert wird, die sich vor allem Argumenten aus dem internationalen Wirtschaftswettbewerb bedient, dann bedarf es auch über das bisherige Maß einer komplizierten Bund-Länder-Kooperation hinaus erheblich größerer Anstrengungen im eigenen Land. Das Bildungswesen in Deutschland auf föderaler Grundlage könnte, wenn es veraltete Formen abstößt, dann auch für Europa – in seinen westlichen wie östlichen Regionen – ein wichtiger und anregender Partner werden.

Literatur

Anweiler, Oskar/Fuchs, Hans-Jürgen/Dorner, Martina/Petermann, Eberhard 1992: Bildungspolitik in Deutschland 1945-1990. Ein historisch-vergleichender Quellenband. Opladen.

Anweiler, Oskar u.a. 1995: Bildungssysteme in Europa. 4. Aufl. Weinheim.

Arbeitsgruppe Bildungsbericht am Max-Planck-Institut für Bildungsforschung 1994: Das Bildungswesen in der Bundesrepublik Deutschland. Strukturen und Entwicklungen im Überblick. 4. Aufl. Reinbek.

Klemm, Klaus/Böttcher, Wolfgang/Weegen, Michael 1992: Bildungsplanung in den neuen Bundesländern. Weinheim, München.

Mohr, Brigitte 1991: Bildung und Wissenschaft in Deutschland West. Bonn

Peisert, Hansgert/Framhein, Gerlind 1994: Das Hochschulsystem in Deutschland. Bonn.

Röhrs, Hermann/Pehnke, Andreas (Hrsg.) 1994: Die Reform des Bildungswesens im Ost-West-Dialog. Frankfurt a.M.

Schleicher, Klaus (Hrsg.) 1993: Zukunft der Bildung in Europa. Darmstadt.

Vergleich von Bildung und Erziehung in der Bundesrepublik Deutschland und in der Deutschen Demokratischen Republik 1990. Bundesministerium für innerdeutsche Beziehungen, Wissenschaftliche Kommission unter Leitung von Oskar Anweiler. Köln.

Weishaupt, Horst/Zedler, Peter 1994: Aspekte der Schulentwicklung in den neuen Ländern. In: Jahrbuch der Schulentwicklung, Bd. 8.

Oskar Anweiler

Bündnis 90/Die Grünen

1. Die Grünen in der BRD

Ungeachtet der These vom Einfrieren des westeuropäischen Parteiensystems (*Lipset/ Rokkan*) ist mit den Grünen eine Partei auf der politischen Bühne erschienen, die sich nicht mehr durch Ausdifferenzierung bzw. Reaktionsbildung innerhalb der alten sozio-politischen Konfliktlinien (Cleavages) erklären läßt, deren gesellschaftliche Verankerung und Stabilität dennoch praktisch und theoretisch noch ungesichert ist. Die Partei konnte bis dahin marginalen Themen während der 80er Jahre eine breite Resonanz verschaffen und hat mit ihrer Verbindung unkonventioneller und konventioneller Formen einen neuen Politikstil eingeführt, dessen Ausstrahlung allerdings deutlich begrenzter ist als ihre thematischen Innovationen.

Es ist umstritten, ob dem Aufstieg der Grünen ein Cleavage oder „nur" → Wertwandel oder lediglich ein vorübergehender Themen- bzw. Problemwandel zugrundeliegt. Zwar ist die Unterstützung der Grünen sozialstrukturell nicht zufällig, aber sie ist auch nicht so zwingend, daß von einer ähnlichen strukturellen Verankerung wie z.B. beim Arbeit-Kapital-Cleavage gesprochen werden könnte. Als primär wertbezogene Konfliktlinie entlang des Gegensatzes von Materialismus/Postmaterialismus bleibt die Fundierung sozialstrukturell prekär. Da im Unterschied zur Arbeiterbewegung die Integration nicht organisatorisch, sondern lediglich symbolisch erfolgt, vergleichbare strategische Priorisierungsmuster nicht zur Verfügung stehen, die → SPD den quantitativ größeren Teil der Anhänger der → Neuen Sozialen Bewegungen mobilisiert, bleibt die Existenz der Grünen – wie auch das Ausscheiden aus dem →Bundestag im Dezember 1990 zeigt – labil.

Die Groß- und Querschnittsthemen Ökologie und Geschlechterverhältnisse sind über die Grünen zu einem festen – wenn auch nicht konjunkturunabhängigen – Bestandteil des bundesrepublikanischen Themenhaushalts geworden, für die Legitimierung pluraler Lebensstile und vielfältiger, insbesondere ethnischer Minderheiten („Multikulturelle Gesellschaft") haben sie die Tür aufgestoßen. Für diese drei Themenkomplexe (Anfang der 80er Jahre auch: Friedenspolitik) gibt es eine besondere Zuständigkeit, wenn auch kein Vertretungsmonopol.

Drei sozialstrukturelle Merkmale charakterisieren Wähler- und Mitgliedschaft der Partei. Sie repräsentiert die jüngeren Generationen unter 45 Jahren. Sie verfügt über einen hohen Akademikeranteil. Sie rekrutiert sich vorzugsweise aus Dienstleistungsberufen (Schwerpunkt: Humandienstleistungsberufe).

Politisch sind zwei Besonderheiten der Grünen hervorzuheben. Sie repräsentieren ideologisch eine Position des linken Postmaterialismus in der BRD (in der Größenordnung von 3/4 ihrer Anhänger vertreten postmaterialistische Wertorientierungen und stufen sich selbst als links ein). Sie haben eine besondere Beziehung zu den neuen sozialen Bewegungen, deren Anteil bei ihnen mit Abstand am größten ist.

Ihre Grundwerte definierten die Grünen als ökologisch, sozial, basisdemokratisch und gewaltfrei; in den frühen 80er Jahren kam die Aufhebung geschlechtsspezifischer Arbeitsteilung als eine weitere Grundorientierung hinzu. Diese Grundwerte wurden lange Zeit äußerst kontrovers interpretiert, umreißen aber heute einen parteispezifischen Konsens. Dabei hat sich das Spektrum der Partei schrittweise verengt, mit zwei Höhepunkten: schon 1980 schied ein bürgerlich-konservativer Flügel um *Gruhl* und *Springmann* aus der Partei aus, 1990 waren es Repräsentanten der radikalen Linken, die die Grünen verließen.

Reformorientierter Umbau von Staat und Gesellschaft bezeichnet heute die Grundrichtung der Grünen. Sie drückt sich in Wahlprogrammen, Grundsatzerklärungen (z.B. der von Neumünster 1991), im detaillierten Umbauprogramm (1984 von Bundestagsabgeordneten erarbeitet, 1986 auf einem Parteitag beschlossen) und in vielen Bereichsprogrammen (für Energie, Verkehr, Landwirtschaft etc.) aus; das Saarbrücker Grundsatzprogramm von 1980 gilt heute als überholt. Die Grünen haben in die politische Debatte nicht nur thematische, sondern auch Regelungsinnovationen hineingetragen (z.B. Ökosteuern, Grundeinkommen, autofreie Stadt, Umbauidee).

Die Organisationsstruktur zeigt starke Momente von Dezentralität. Die interne Finanzverteilung stärkt Kreis- und Landesverbände; Programm-, Satzungs- und Personalautonomie sind weitgehend; der (1991 geschaffene) Länderrat hat starke Kompetenzen. Durch die Aufstellung der Bundesparteitags-Delegierten in den Mitgliederversammlungen der Kreisverbände und durch die Nominierung der Bundestagskandidaten in den Landesversammlungen bleibt die Bundesebene an diese dezentralen Ebenen angebunden.

Auf allen Ebenen erwiesen sich die Fraktionen den jeweiligen Parteieinheiten überlegen. Die Strömungen sind vor allem ein Phänomen der Bundes-, z.T. auch der Landesebene und einiger großstädtischer Kreisverbände. Sie sind ein Bestandteil der internen Strukturierung von abnehmender Bedeutung, werden zudem in ihrem Einfluß begrenzt durch größere Teile der Parteibasis, die sich in Distanz zu den organisierten Strömungen verstehen und als Ungebundene auf Parteitagen die Entwicklung der Grünen beeinflußt haben. Das Verhältnis der Grünen zu den Bewegungen hat sich von z.T. emphatischen Identifikationen in der Anfangsphase zu einer engeren Klientel-Beziehung „versachlicht“, wozu Demobilisierung, Institutionalisierung, Professionalisierung, Heterogenisierung der Bewegungen selbst ebenso wie die komplexere Interessenberücksichtigung und Programmverarbeitung der Grünen beigetragen haben. Teile der Bewegungen wie die Autonomen oder Teilgruppen der feministischen Frauenbewegung stehen den Grünen heute in großer Distanz, z.T. in Feindschaft gegenüber.

2. Bürgerbewegungen und Grüne in der DDR

Im Gegensatz zu den westdeutschen Grünen entstand die im November 1989 gegründete „Grüne Partei“ der → DDR als One-Issue-Party. Im Zuge der Befreiung von der SED-Diktatur dominierte bei den Bürgerbewegungen des Herbstes 1989 die Thematik der Menschen- und Bürgerrechte, während die Umweltproblematik hier zunächst wenig Beachtung fand. So sahen sich die Aktivisten der DDR-„Umweltbewegung“ nach einem wenig erfolgreichen Ansatz, die Umweltfrage mittels einer grünen Plattform im „Neuen Forum“ zu verankern, zur Gründung einer separaten Organisation veranlaßt. Quasi im Zeitraffertempo erfolgte dann Ende November 1989 die organisatorische Ausdifferenzierung des ökologisch orientierten Spektrums in eine „Grüne Partei“ und eine Umweltbewegung („Grüne Liga“).

Eine Bündelung der dem Spektrum der westdeutschen Grünen entsprechenden Kräfte blieb in der DDR zunächst aus, weil bei den Volkskammerwahlen im März 1990 keine 5%-Klausel existierte, die – wie 1980 in der BRD – eine Einigung hätte erzwingen können (→ Wahlrecht). Neben der „Grünen Partei“, die in einer Listenverbindung mit einer weiteren One-Issue-Formation – dem „Unabhängigen Frauenverband“ – antrat, formierten sich die Listenverbindungen der Bügerbewegungen „Bündnis 90“ und die „Vereinigte Linke“ (VL). „Grüne Partei“ (2%) und „Bündnis 90“ (2,9%) konnten dabei eine in etwa gleich starke Wählerbasis für sich gewinnen, die VL blieb eine Splittergruppe und verschwand rasch wieder von der Bildfläche.

Die Wurzeln der „Grünen Partei" der DDR reichen ebenso wie die des Bündnis 90 bis in die 70er Jahre, als sich unter dem Dach der Kirche eine Oppositionskultur entwickelte, die maßgeblich von dem Vorbild der → Neuen Sozialen Bewegungen und des Alternativmilieus in Westdeutschland inspiriert war – thematisch wie habituell. Ab Mitte der 80er Jahre wurde das von Bürgerrechtlern geknüpfte Netz zivilen Ungehorsams gegen die Rüstungspolitik des Warschauer Paktes, Umweltzerstörung und die Vorenthaltung von Bürger- und Freiheitsrechten immer dichter. Schätzungsweise 10000 Menschen in 500 Initiativgruppen übten immer offener Widerstand gegen die SED-Diktatur – mit Mahnwachen, Fürbittgottesdiensten und anderen Aktionen.

Aus einem Spektrum von „Friedensgruppen", „Dritte-Welt-Gruppen" u.a. kristallisierten sich Anfang der 80er Jahre auch „Umweltgruppen" heraus, deren Vernetzung später über die 1986 in Ost-Berlin gegründete „Umweltbibliothek" und das 1988 gebildete „Netzwerk Arche" erfolgte. 1988 arbeiteten in der DDR ca. 80 Gruppen der unabhängigen Umweltschutz-„Bewegung". Diese ist aber nicht die einzige Keimzelle der Grünen Partei. Ein weiterer Teil der ostdeutschen Grünen zählte vor der Wende zu den „legal" operierenden Umweltschützern, die in der 1980 „von oben", mit der Absicht der Befriedung der ökologischen Konfliktlinie gegründeten, „Gesellschaft für Natur und Umwelt" organisiert waren. Zwar war diese Organisation Bestandteil des staatlich kontrollierten „Kulturbundes", jedoch konnten auch hier themenbezogene Freiräume erkämpft werden, wofür die Potsdamer Gruppe „Argus" ein prägnantes Beispiel darstellt.

Nahezu zeitgleich waren am 9. und 12.9.1989 die Bürgerbewegungen „Neues Forum" (NF) und „Demokratie Jetzt" (DJ) an die Öffentlichkeit getreten – zu einem Zeitpunkt, als das System des „realexistierenden Sozialismus" durch die Fluchtwelle über Ungarn bereits spürbar ins Wanken geraten war. Der Aufruf von Bürgerrechtlern aus der ganzen DDR (darunter B. *Bohley* und J. *Reich*) zum demokratischen Dialog hatte wegen seiner sehr offen gehaltenen Formulierung, dem Verzicht auf die Vorgabe einer Programmatik, durchschlagenden Erfolg. Das Forum wurde zum Synonym für den politischen Umbruch in der DDR, vereinte bereits im November 1989 über 100000 Mitglieder und Sympathisanten hinter sich. Die Bürgerbewegung konnte auch als erste Gruppe die offizielle Zulassung als politische Vereinigung durchsetzen. War das NF von vornherein eine offene politische Plattform von Oppositionellen aus den verschiedenen Gruppen, so ging „Demokratie Jetzt" aus dem Ende 1987 entstandenen Arbeitskreis „Absage an Praxis und Prinzip der Abgrenzung" hervor. Einer Gruppe in der Landeskirche Berlin-Brandenburg, die auf deutlicheren Positionen der Kirche z.B. in der Friedenspolitik oder zur Reisefreiheit bestand. Eine Massenbasis konnte sie jedoch nie hinter sich vereinen. Ebenso die bereits 1986 in Berlin entstandene „Initiative für Frieden und Menschenrechte", die sich im Oktober 1989 offiziell als landesweite politische Organisation konstituierte.

Die im Februar 1990 gebildete Listenverbindung von NF, DJ und IFM zu den Volkskammerwahlen war letztlich nur der verbliebene Rest aus dem Versuch, die neuen politischen Kräfte des Herbstes 1989 zu einem „Wahlbündnis 90" zusammenzuführen. Sozialdemokraten und „Demokratischer Aufbruch" waren aus dem im Januar verkündeten Bündnis wieder ausgestiegen und setzten auf ihre eigene Stärke – beflügelt von dem wachsenden Einfluß von Bonner Parteien auf das politische Geschehen in der DDR. Trotz des erheblichen Anteils an dem Umbruch von 1989, der Zerschlagung der alten Machtstrukturen und an der Arbeit der „Runden Tische" schrumpfte das Neue Forum bis zu den Volkskammerwahlen 1990 von einer Massenbewegung zur politischen Restgröße. Weil die Positionen des Aktivistenkerns und die Erwartungen der Anhängerschaft immer weiter auseinanderdrifteten (z.B. bei der Frage der deutschen Einheit), und das politische Spektrum immer breiter wurde, fuhren die Stellvertreter der etablierten westdeutschen Parteien bei den Wahlen die Ernte ein.

Der sich nach den Volkskammerwahlen 1990 rasch beschleunigende deutsche Vereinigungsprozeß und die damit anstehenden Landtags- und Bundestagswahlen mit einer 5%-Hürde forcierten zwar eine Zusammenfassung des ostdeutschen grün-alternativen Spektrums zu gemeinsamen Wahlbündnissen. Die damit unabdingbare Aufteilung wichtiger Ressourcen (sichere Listenplätze usw.), welche einer Vorentscheidung für den Machtproporz zwischen Ost-Grünen und Bündnis 90 gleichkam, verschärfte jedoch das Konkurrenzverhältnis zwischen beiden Formationen. Entsprechend wirkte auch die rasche, nach einem Beschluß vom September 1990 kurz nach den Bundestagswahlen vollzogene Vereinigung der „Grünen Partei" mit den westdeutschen Grünen. Sie trug ihr bei den Bürgerbewegungen den Vorwurf einer „Anschlußpolitik" nach dem Muster der „etablierten" Parteien („Artikel 23-Grüne") ein. Bei im ganzen eher geringen ideologischen Unterschieden differenzierte sich das Verhältnis zwischen Grünen und Bündnis 90 in den neuen Ländern unterschiedlich aus. Es bewegte sich zwischen den Polen einer vollkommenen Zerrüttung, bei Inkaufnahme einer getrennter Kandidatur zu den Landtagswahlen 1990 (Bbg.) und einer weitgehenden Identität, bei Verzicht auf einen Anschluß an den Grünen Bundesverband zugunsten einer Fusion mit dem Bündnis 90 (Sa.). Erst drei Jahre später, mit dem bundesweiten Zusammenschluß von Bündnis 90 und Grünen im Mai 1993 in Leipzig, gelang es, den Gegensatz von Ost-Grünen und Bürgerbewegungen aufzubrechen.

3. Bündnis 90/Grüne – eine neue Partei

Auf Bundesebene konnte 1990 zwar nach mehrmonatigen Verhandlungen eine Bündniskonstruktion gefunden werden, die allen ostdeutschen grün-bürgerbewegten Gruppen (außer der VL) den Einzug in den → Bundestag ermöglichte, dieses Konstrukt war aber lediglich aufgrund einer rechtlichen Ausnahmeregelung für die BT-Wahlen von 1990 möglich. Im Vorfeld der Bundestagswahlen 1994 war eine organisatorische Zusammenfügung von Grünen und Bündnis 90 zur Vermeidung einer für beide Seiten existenzgefährdenden Konkurrenzkandidatur unumgänglich, wenn sich die Bürgerbewegungen nicht auf eine angemessene Berücksichtigung auf offenen Listen der Grünen verlassen wollten. Einer schnellen Realisierung dieser „Vernunftehe" standen jedoch unterschiedliche Politikansätze, zum Teil auch ideologische Differenzen entgegen.

Das volle Inkrafttreten des bundesdeutschen Parteiengesetzes im Osten, das der rechtlichen Gleichstellung von → Parteien und politischen Vereinigungen ein Ende bereitete, zwang die Bürgerbewegungen dazu, sich entgegen ihrem Selbstverständnis im September 1991 bundesweit als politische Partei zu konstituieren. Doch der Ansatz, aus NF, DJ und IFM eine gemeinsame Organisation zu schmieden, mündete in einer erneuten Spaltung. Etwa die Hälfte der Mitglieder des Neuen Forums, darunter B. *Bohley* und R. *Schult*, fand sich in einer neuen Organisation gleichen Namens zusammen. Hier spielte z.T. das schlichte Beharren auf der eigenen Identität eine Rolle, aber auch politische Differenzen gegenüber dem Bündnis 90, dessen Konzept als zu parlamentsorientiert und hierarchisch bewertet wurde. Nur etwa die Hälfte der Aktivisten des 1991 noch verbliebenen bürgerbewegten Spektrums fand sich in der Bürgerbewegungspartei „Bündnis 90" wieder. Im Gegensatz zu den Grünen positionierte sich das Bündnis 90 stärker in der politischen Mitte, zum Teil sogar deutlich im wertkonservativen Spektrum. Zudem stand es für einen konkordanzdemokratischen Politikansatz mit einem deutlichen Anti-Parteien-Reflex. Den Ansatz einer „Bürgerbewegung quer zu den Parteien" wollte das Bündnis 90 nicht aufgeben, obwohl es das de facto längst nicht mehr war. Hier wirkten die Erfahrungen der bürgerbewegten Akteure im Umbruch von 1989/90 nach, etwa die allgemeine politische Akzeptanz ihrer politischen Arbeit an den Runden Tischen – in der Mitte der Gesellschaft. Dem stand die politische Sozialisation der Grünen diametral entgegen, die sich als Außenseiter am linken Pol des politischen Spektrums im scharfen Gegensatz zu den bestehenden Parteien durchsetzen mußten.

Der Zusammenschluß von Grünen und Bündnis 90 zur „Gemeinsamen Organisation Bündnis 90/Grüne" im Mai 1993 erfolgte mit dem Anspruch einer politischen Neukonstituierung, wie schon der neue Parteiname signalisieren sollte. Auch wenn damit nur notdürftig der de facto erfolgte Beitritt von 2600 Bündnis-Mitgliedern zu den mit ca. 37000 Mitgliedern übermächtigen Grünen überdeckt wurde, ist der eineinhalbjährige Verhandlungspoker auch an den Grünen nicht spurlos vorübergegangen. Weniger weil dem Bündnis im Verhältnis zur organisatorischen Stärke ein Beitritt „erster Klasse" zugestanden wurde, indem es eine starke Hausmacht u.a. im Bundesvorstand eingeräumt bekam. Vielmehr, weil der Einfluß der Bürgerrechtler – gestärkt durch ihre moralische Autorität als Schlüsselfiguren der „friedlichen Revolution" in der DDR – die Bewegung der Grünen vom linken Rand des Spektrum zu einer nahe an der politischen Mitte positionierten linksliberalen Partei beschleunigt hat.

Das Wahldesaster von Bündnis 90/Die Grünen 1994 in den neuen Ländern – die Partei schied mit Ausnahme von Sa.-A. aus allen ostdeutschen Landtagen aus – unterstreicht indes, daß der Ost-West-Gegensatz auch hier noch längst nicht überwunden ist. Die vergleichsweise untergeordnete Rolle der Umweltthematik in den neuen Ländern, das zunehmend unpopuläre Beharren der Bürgerrechtler auf Vergangenheitsbewältigung und Stasi-Debatte, aber auch die gewachsene Anziehungskraft der PDS (→ PDS-SED) auf das links-alternative Spektrum sind Ursachen für den weiteren Niedergang von Grünen und Bürgerbewegungen in den neuen Ländern. Auch die Parteibasis im Osten (etwa 3200 Mitglieder) schmolz durch Absplitterung am rechten Rand des Bündnis 90 weiter ab, besonders in Brandenburg. Während die westdeutschen Grünen nach 15 Jahren über eine stabile Wählerbasis im postmaterialistisch orientierten Milieu der neuen Mittelschicht verfügen, müssen die neuen Landesverbände ihre Position in einem ostdeutschen Parteienspektrum noch finden, dessen linker Pol bereits von der PDS besetzt ist und in dem das postmaterialistische Moment – noch – eine untergeordnete Rolle spielt.

Literatur

Müller-Enbergs, Helmut u.a. (Hrsg.) 1991: Von der Illegalität ins Parlament. Werdegang und Konzept der neuen Bürgerbewegungen. Berlin.

Wielgohs, Jan u.a. 1992: Bündnis 90. Entstehung, Entwicklung, Perspektiven. Ein Beitrag zur Parteienforschung im vereinigten Deutschland. Berlin.

Raschke, Joachim 1993: Die Grünen. Wie sie wurden, was sie sind. Köln.

Veen, Hans-Joachim/Hoffmann, Jürgen 1992: Die Grünen zu Beginn der neunziger Jahre. Bonn/Berlin.

Zeuner, Bodo 1991: Die Partei der Grünen, in: Werner Süß (Hrsg.): Die Bundesrepublik in den achtziger Jahren. Opladen.

Joachim Raschke/Christoph Hohlfeld

Bürgerinitiativen

Der Begriff Bürgerinitiative kann wohl ob seiner plastischen Aussagekraft als eine besonders gelungene Hervorbringung der jüngeren politischen Semantik gelten. Dabei ist nicht zu übersehen, daß der Wortbestandteil „initiativ" nicht nur beschreibend, sondern durchaus auch normativ gemeint ist: Es wird als demokratiepolitisch erwünscht vorausgesetzt, daß der Bürger die Initiative ergreift. In der Praxis allerdings waren – seit Bürgerinitiativen dem Begriff wie der Sache nach, in den späten 60er Jahren in der Nachfolge der Wählerinitiativen und gelegentlich auch gestützt auf amerikanische Vorbilder in der BRD aufkamen und in den 70er Jahren rasche Verbreitung fanden – viele „Initiativen" genauer besehen eher „Reaktiven"; d.h. sie reagierten auf öffentliche Planungen, auf (kommunal-) politische Handlungen oder Unterlassungen. Mehr als auf spezifische Inhalte hebt der Begriff auf das Moment des unmittelbaren Tätigwerdens des Bürgers ab, der sich mit seinem konkreten Anliegen unmittelbar zu Wort meldet und sich nicht mehr von Parteien und Verbänden vertreten läßt.

Was sind Bürgerinitiativen (1), wie sind Umfang und Reichweite ihrer Aktivitäten zu beschreiben (2), was sind ihre Ursachen und Anliegen (3), auf welche Weise und mit welchen Mitteln mischen sie sich in die Politik ein (4), wie haben sie sich seit ihren Anfängen in ihrer Binnenstruktur und ihrem Selbstverständnis entwickelt (5), wie sind sie im Bereich der politischen Willensbildung zu verorten, wie vertragen sie sich mit der Funktionslogik der repräsentativen Parteiendemokratie (6)?

1. Bürgerinitiativen sind spontane, zeitlich meist begrenzte, organisatorisch eher lokkere Zusammenschlüsse einzelner Bürger, die sich außerhalb der etablierten Beteiligungsformen der repräsentativen Parteiendemokratie, zumeist aus einem konkreten Anlaß, häufig auch als unmittelbar Betroffene zu Wort melden, und sich, sei es direkt im Wege der Selbsthilfe, sei es „indirekt" im Wege der öffentlichen Meinungswerbung und der Ausübung politischen Drucks, um Abhilfe im Sinne ihres Anliegens bemühen. Der vorstehende Satz ist nicht als „fertige" Definitionsformel zu verstehen. Das Charakteristische an Bürgerinitiativen ist gerade ihre amöbenhafte Unabeschlossenheit, ihre organisatorische Vielgestalt sowie die Vielfalt möglicher Zielsetzungen: Bürgerinitiativen kommen und gehen, sie haben in der Regel einen konkreten, eng begrenzten Aktionsanlaß, und sie lösen sich oft auch wieder auf, wenn ihre Bemühungen scheitern oder wenn sie erfolgreich sind (jedenfalls gilt dies uneingeschränkt für die Bürgerinitiativen der „erten Generation"). Ihre Attraktivität beruht nicht zuletzt darauf, daß jeder sie „machen" kann und daß nahezu jedes denkbare Anliegen zum Gegenstand einer Initiative werden kann. Sie sind meist lockere Interessenkoalitionen und partielle Aktionsgemeinschaften, deren Zusammenhalt zunächst eher negativ begründet ist – durch Gefahr und Mißstand, die man gemeinsam wahrnimmt und bekämpft: die geplante Flughafenerweiterung, die achtspurige Autobahn, die Mülldeponie, das Kernkraftwerk, die Theaterschließung, unzureichende Krankenversorgung, fehlende Sport- und Freizeitmöglichkeiten, Wohnraumzerstörung, Landschaftszersiedelung, umweltbelastende Großtechnologie, kinderfeindliche Schulwege, die unbefriedigende Wohnsituation u.v.a.m.

2. Angesichts der Vielgesichtigkeit und soziologischen Instabilität des Untersuchungsgegenstands „Bürgerinitiative" ist es nicht verwunderlich, daß die Instrumentarien der empirischen Sozialforschung, die an stabilen und relativ eindeutigen Strukturen entwickelt wurden, häufig versagen. Die Zah-

len und Daten, welche uns die empirischen Erhebungen liefern, sind denn auch nur mit der gebotenen Zurückhaltung zu interpretieren. Seit Beginn der 70er Jahre entwikkelte sich die Bürgerinitiativbewegung in Reaktion auf eine fortschritts- und wachstumsfixierte Planungs- und Modernisierungspolitik zu einem partizipatorischen Flächenbrand. Die Angaben über den Umfang von Bürgerinitiativ-Aktivitäten im Beobachtungszeitraum von 1972-1978 weisen ganz erhebliche Unterschiede auf. Zwischen 1000 und 50000 bewegen sich die Schätzungen über die Gesamtzahl von Bürgerinitiativen: zwischen 1,3 und 12% schwanken die Angaben über den durch Umfragen ermittelten Anteil von Bürgerinitiativenmitgliedern an der erwachsenen Gesamtbevölkerung. Realistischerweise wird man von einer Gesamtzahl von 10000 bis höchstens 20000 Einzelinitiativen ausgehen können. Die Gesamtzahl der Bürger, die, sei es als aktive Mitglieder, sei es anlaßbedingt als teilaktive Sympathisanten in Bürgerinitiativen arbeiten oder gearbeitet haben und damit das „Modell" Bürgerinitiative aus eigener Erfahrung kennen, dürfte mittlerweile die Gesamtzahl aller Mitglieder der im Bundestag vertretenen Parteien (mehr als zwei Mio.) deutlich übertreffen. Bedeutet dieses massenhafte „Ausweichen" auf die freie Mitarbeit in ad-hoc gegründeten Initiativen im Hinblick auf die Parteiendemokratie und ihre eingefahrenen Modalitäten der Willensbildung als solches schon eine Art politischer „Kulturrevolution" (zumal vor dem spezifisch deutschen Hintergrund einer „verspäteten" bzw. vielfach gebrochenen demokratischen Tradition), so verstärkt sich dieser Eindruck noch, wenn man die nachfolgenden Aspekte miteinbezieht: Obwohl es keine zuverlässigen Vergleiche zwischen Bürgerinitiativ- und Parteiaktivität gibt, die auch die Qualität der Aktivität berücksichtigten, kann doch wohl von sehr unterschiedlichen Intensitätsgraden des Engagements, der Betroffenheit und des sozialen Einbezugs ausgegangen werden. Die Parteien selbst geben an, daß allenfalls jedes vierte bis fünfte Parteimitglied „aktiv" sei, während es sich beim großen Rest eher um beitragszahlende „Karteileichen" handele. Man kann davon ausgehen, daß die Aktivitätsrate in Bürgerinitiativen ungleich höher ist, da deren Durchschlagskraft und Erfolgschance unmittelbar vom persönlichen Engagement jedes einzelnen abhängen. Die durchschnittliche Zahl der Mitglieder pro Bürgerinitiative hat sich allerdings gegenüber den frühen 70er Jahren stark erhöht, mit der Folge, daß sich bereits deutliche Differenzierungen zwischen registrierten und aktiven Mitgliedern abzeichnen.

Die hohe Attraktivität der Bürgermitwirkung in freien Initiativen wird noch deutlicher, wenn man neben der faktischen auch die erklärte Partizipationsbereitschaft ins Kalkül zieht: Über 60% der bundesdeutschen Wahlbevölkerung sind – verschiedenen Erhebungen zufolge bereit –, sich in Verbindung mit bestimmten Fragen und Problemen von hohem Betroffenheitsgrad (wie beispielsweise der Kernenergie) auf seiten der Bürgerinitiativen zu engagieren. Noch deutlicher wird der öffentliche Prestigerang – und damit auch die politische Bedeutung – der Bürgerinitiativen, wenn nach der Kompetenzzuweisung und den hiermit verknüpften Problemlösungserwartungen für die Zukunft gefragt wird. Den wirkungsvollsten Beitrag zum Umweltschutz erwartet knapp die Hälfte der Befragten von den Bürgerinitiativen (48%), nur ganze 8% (also gerade die doppelte Anzahl der Parteimitglieder!) setzen ihr Vertrauen in die Parteien.

3. Gewiß hat es in der Geschichte der politischen Widerstandsbewegungen schon immer den Bürgerinitiativen vergleichbare Phänomene gegeben. In der Massierung und Häufung seit den frühen 70er Jahren reagieren sie auf eine historisch neue Situation; sie sind Indikatoren einer Krise, die sich aus objektiven und subjektiven Quel-

len speist: der objektiven Verschlechterung der sozialen und natürlichen Umweltsituation als Folge von Vermassungs- und Verdichtungserscheinungen der modernen Industriezivilisation auf der einen und der neuen Bewußtseinslage des kritischen und engagementbereiten Bürgers auf der anderen Seite, der sich mit Sensibilität und eigener Urteilskraft wider die Sachzwangberufungen der etablierten Politik zur Wehr setzt und Gesichtspunkte einer humanen Gestaltbarkeit geltend macht. Die neue Aufmerksamkeit, die der kommunalen Politik zuteil wird, hat vor allem damit zu tun, daß hier Fehlentwicklungen am deutlichsten sichtbar werden, zum anderen aber auch Ansatzpunkte für die direkte politische Mitsprache und Einmischung gegeben sind. Bürgerinitiativen sind, in widersprüchlicher Gleichzeitigkeit, beides: Ausdruck einer wachsenden Fragmentierung und Segmentierung des politischen Prozesses, zugleich aber auch Ausdruck der neuen Notwendigkeiten einer ganzheitlichen Politikorientierung; und sie verkörpern nicht selten selbst in ihren Aktionen und Urteilen ein neues, ganzheitliches Wertbewußtsein.

Die Aktivitätsbereiche von Bürgerinitiativen sind vielfältig. Knapp 60% aller Einzelinitiativen sind im sozio-kulturellen Feld anzusiedeln (Jugendfragen, Randgruppen, Kindergärten und Spielplätze, Schulen, kommunale Einrichtungen, Verkehrs- und Stadtplanung). Seit den frühen 80er Jahren schieben sich – vor allem in Verbindung mit dem Widerstand gegen Atomkraftwerke – die Umwelt-Bürgerinitiativen in den Vordergrund, die bis dahin rund 1/3 aller Initiativen ausmachten. Jede dritte Umwelt-Bürgerinitiative ihrerseits opponiert gegen die Errichtung eines Kernkraftwerks, so daß der AKW-Widerstand insgesamt einen nicht unerheblichen Anteil am Gesamtpotential aller Bürgerinitiativ-Aktivitäten umfaßt (rund 1/9).

Das Öffentlichkeitsbild der Bürgerinitiativen wird wesentlich durch die mittlerweile gut organisierten, meist auch überregional tätigen Initiativen bestimmt. In diesen Bereich fallen auch einige spektakuläre Erfolge: mehrfache Bauunterbrechungen und modifizierte Entscheidungsverfahren etwa im Falle der Kernkraftwerke Wyhl, Kalkar und Brokdorf; die drastische Reduzierung des Kernenergieprogramms der Bundesregierung, der Stimmungsumschwung in den Parteien, vor allem in der SPD, die Entscheidung der nds. Landesregierung gegen das geplante Entsorgungs- und Wiederaufbereitungszentrum in Gorleben. Aber auch in anderen Bereichen gab es Erfolge überregional agierender Initiativen, so etwa in Bay., wo die Änderung des Rundfunkgesetzes zu Fall gebracht wurde, oder in NW, wo sich Bürgerinitiativen gegen das Gesetzesvorhaben zur Einführung der Kooperativen Schule und der Orientierungsstufe wandten. Die Arbeit der großen Mehrzahl der „stilleren" Bürgerinitiativen, zumal der vielen Selbsthilfeinitiativen, findet gegenüber den publikumswirksamen Aktionen der großen „Verhinderungs-Initiativen" vergleichsweise wenig Beachtung. Dennoch sind auch sie sehr erfolgreich: bis zu 60% geben an, ihre Zielsetzung erreicht oder wenigstens nennenswerte Teilerfolge erzielt zu haben. Die Erfolgsaussichten einer Bürgerinitiative sind nach wie vor am größten, wenn sie im überschaubaren Kommunalbereich kurzfristig erreichbare und möglichst konkrete Einzelziele verfolgt.

4. Bürgerinitiativen organisieren sich in höchst unterschiedlichen Formen. Am häufigsten finden sich freie, nicht verfaßte Gruppierungen, daneben aber auch Stiftungen des privaten Rechts, rechtsfähige und nicht rechtsfähige Vereine im Sinne von § 21ff BGB bzw. § 53ff BGB, ferner auch sog. „BGB-Gesellschaften" (im Sinne von § 705ff BGB).

Ein Spezifikum der Aktivitäten von Bürgerinitiativen besteht darin, daß sie sich unter Umgehung der üblichen institutionellen Vermittlungsinstanzen der Verbände, Parteien und Parlamente direkt an die zuständigen Planungs- und Genehmigungsbehörden wenden und diese – vor allem durch die Mobilisierung von Öffentlichkeit – unter Druck setzen. Sie verfügen über eine farbige Palette phantasievoller Dramatisierungsstrategien, zu denen sich die seit den 60er Jahren erprobten unkonventionellen Aktionsformen gesellen: Sit-in und Go-in, Demonstrationen und Betroffenenversammlungen, Plakataktionen und Unterschriftenkampagnen. Nicht selten rechnet auch die begrenzte Regelverletzung (Selbstbezichtigung, unangemeldete Demonstrationen, Platzbesetzungen, Verkehrsbehinderungen, „Mahnwachen", Zahlungsboykotte u.a.m.) zu ihrem Handlungsinstrumentarium.

5. Die Bürgerinitiativbewegung hat während der letzten 20 Jahre eine Entwicklung durchgemacht, die sich in vier Phasen aufteilen und darstellen läßt:

In der ersten Phase dominierte eindeutig die Einzelfall-Orientierung in der Politik; konkrete, persönliche Betroffenheit löste in den allermeisten Fällen die Aktivitäten aus; die zweite Phase läßt sich als Phase des Erwerbs von Zusammenhangswissen beschreiben: Man vermutet hinter der Fülle einzelner, ganz verschiedenartiger Mißstände, Versäumnisse und Fehlentwicklungen einen gemeinsamen Ursachennenner und beginnt nach Alternativen zum herrschenden Lebens- und Zivilisationsmodell zu suchen. In der dritten Phase werden die theoretisch gewonnenen Einsichten ins Praktisch-Konkrete gewendet und zu programmatischen Forderungen an die Politik verdichtet; die vierte Phase schließlich ist die der organisatorischen und parteipolitisch-ideologischen Formierung des „grünen Protests".

Zwar war es nur der kleinere Teil der Bürgerinitiativen, der sich in „grünen Parteien" oder in → „Grünen" bzw. „Bunten Listen" unmittelbar auch parteipolitisch konstituierte. Aber eine zunehmende Institutionalisierung, organisatorische Strukturierung und Festigung, eine Erweiterung des Zielhorizonts und der überregionalen Kooperationsbereitschaft, sowie insgesamt eine Verstetigung der Bürgerinitiativen-Arbeit ist für die Mehrzahl der Bürgerinitiativen inzwischen durchaus kennzeichnend. Für diesen Befund sprechen eine Reihe von Indizien: Die meisten der Umwelt-Bürgerinitiativen sind Mitglieder von Dachverbänden, deren wichtigstem, dem „Bundesverband Bürgerinitiativen Umweltschutz" (BBU) Mitte der 80er Jahre über Landesverbände, regionale Zusammenschlüsse und Einzelgruppen etwa 1.000 Bürgeraktionen mit mehr als 300.000 Einzelmitgliedern angehörten, die kooperativ angeschlossenen Organisationen noch nicht einmal berücksichtigt. Arbeiteten 1972 58% der Bürgerinitiativen noch völlig isoliert, ohne Beziehungen zu anderen Initiativen, so sind gegenwärtig nur noch 8% ohne solche Außenkontakte. Auch die Bestandsdauer der einzelnen Bürgerinitiativen hat sich nach den neueren Untersuchungen deutlich erhöht, so daß auch die These von der engen zeitlichen Begrenztheit nicht mehr uneingeschränkt Geltung hat. Ähnliches gilt für die Erweiterung des Zielhorizonts: Nahezu 2/3 der aktuellen Umwelt-Bürgerinitiativen geben an, daß sie neben konkreten Einzelanliegen auch allgemeine Ziele verfolgen, so daß die These von der Bürgerinitiativbewegung als einem „single-purpose-movement" eingeschränkt werden muß. Für einen gewissen Institutionalisierungs- und Verstetigungstrend sprechen auch Formalisierungserscheinungen, denen man in der inneren Organisation (z.B. Vorstands- und Sprecherwahlen, feste Aufgabenverteilung) ebenso begegnet wie in der äußeren (z.B. zunehmende Organisation als eingetragener Verein).

Seit Ende der 70er Jahre zeichnete sich, zumindest bei einem Teil der Bürgerinitiativbewegung, eine Entwicklung in Richtung auf Parteien oder mit Parteien vergleichbare Organisationsformen auf allen Ebenen der Politik ab, sei es im Wege der aktiven Mitgliedschaft oder sei es im Wege der lockeren Kooperation.

6. Der Bruch, welchen die Bürgerinitiativbewegung signalisiert, ist nicht nur ein Bruch auf der Ebene der politischen Institutionen und Einwirkungsformen, sondern zugleich ein geistiger Strukturbruch: Die überkommenen Orientierungen der produktions- und erwerbszentrierten „Arbeitsgesellschaft“ werden auf breiter Front von den Werten einer industrie- und konsumkritischen Lebensorientierung bedrängt.

Man hat diesen, von der empirischen Sozialforschung schon seit geraumer Zeit beobachteten Wert- und Einstellungswandel mit dem Begriff „postmaterialistisch“ (*R. Inglehart*) gekennzeichnet. Träger dieses Wandlungsprozesses sind ganz überwiegend die Angehörigen der besser ausgebildeten und besser verdienenden Mittelschichten, aus denen sich auch das Gros der Sozialaktiven der Bürgerinitiativbewegung rekrutiert.

Dieser → Wertewandel trifft die programmatisch eher profilarmen Volksparteien weitgehend unvorbereitet. Die Mechanismen der Wettbewerbsdemokratie verleiten dazu, Themen und Meinungen erst dann aufzugreifen, wenn diese mehrheitsfähig erscheinen. Bürgerinitiativen „konkurrieren“ mit den Parteien häufig nicht bloß auf dem Boden einer vom Prinzipiellen her identischen Politik um diese oder jene Einzelverbesserung. Sie stehen in ihrer großen Mehrzahl für das „ganz Andere“ bisheriger Politik: für die Abkehr von der bloßen Klientelpolitik, für das Mißtrauen gegenüber der Berufung auf Sachzwänge, für die tief empfundene Skepsis gegenüber wissenschaftlicher Planung und Politikanleitung, für die Abwehr von zu vielen und zu schnellen sozialen Wandlungsprozessen.

Die Parteien, die Volksparteien zumal, erscheinen als Teil jener „großen“ Strukturen, welche von den Bürgerinitiativen negiert werden: Sie scheinen nach Anliegen und innerem Aufbau in vielfältiger Weise gerade jener Wertewelt verpflichtet, deren Humanverträglichkeit und deren Legitimität von den Bürgerinitiativen zunehmend in Zweifel gezogen werden. Das Verhältnis Bürgerinitiative/Parteien ist von daher immer weniger in den Kategorien der bloßen Personalkonkurrenz und des einfachen Meinungs- oder Sympathiewettbewerbs zu beschreiben, sondern immer mehr auch in den Kategorien eines schwerlich überbrückbaren Wert- und Prinzipienkonflikts.

Hier wird als Gefahr sichtbar, daß der für das Funktionieren der repräsentativen Parteiendemokratie bestandsnotwendige Minimalkonsens verlorengeht und die Bürgerinitiativen auf die schiefe Ebene einer Systemopposition abgedrängt werden könnten.

Bürgerinitiativen zielen jedoch keineswegs von vornherein auf Systemüberwindung. Sie sind auch als „plebiszitäre Korrektive“ einer basisdemokratischen Beteiligung mit den verfassungspolitischen Leitlinien der repräsentativen Ordnung durchaus zu vereinbaren. Die gesamtstaatliche Repräsentativverfassung kann ihre Vorzüge nur entfalten, wenn dem plebiszitären Element in den gesellschaftlichen Untergliederungen, d.h. in Parteien, Verbänden und freien Initiativen ausreichend Spielraum verbleibt.

Literatur

Altner, Günter u.a. 1978: Alternativen. Anders denken – anders handeln. Zum Selbstverständnis der Bürgerinitiativbewegung (ÖKO1). Freiburg/Brsg.

Guggenberger, Bernd/Kempf, Udo (Hrsg.) ^{2}1984: Bürgerinitiativen und repräsentatives System. Opladen.

Guggenberger, Bernd 1980: Bürgerinitiativen in der Parteiendemokratie. Stuttgart u.a.

Hauff, Volker (Hrsg.) 1980: Bürgerinitiativen in der Gesellschaft. Villingen.

Mayer-Tasch, Peter C. ^{2}1977: Die Bürgerinitiativbewegung. Der aktive Bürger als rechts- und politikwissenschaftliches Problem. Reinbek.

Pelinka, Anton 1978: Bürgerinitiativen – Gefährlich oder notwendig? Freiburg/Brsg.
Roth, Roland/Rucht, Dieter (Hrsg.)[2]1990: Neue soziale Bewegungen in der Bundesrepublik Deutschland. Bonn.
Rucht, Dieter 1982: Planung und Partizipation. München.

Bernd Guggenberger

Bundesanstalt für Arbeit (BA)

Die BA ist die Behörde der Arbeitsverwaltung. Sie wurde 1952 – zunächst und bis 1969 unter dem Namen Bundesanstalt für Arbeitsvermittlung und Arbeitslosenversicherung – nach dem Vorbild der ehemaligen Reichsanstalt für Arbeitsvermittlung und Arbeitslosenversicherung errichtet. Die BA ist eine Körperschaft des öffentlichen Rechts mit Selbstverwaltung. Ihre Organe – Vorstand, Verwaltungsrat, Verwaltungsausschüsse der Landesarbeitsämter und Verwaltungsausschüsse der Arbeitsämter – setzen sich drittelparitätisch aus Vertretern der Arbeitgeber, der Arbeitnehmer und der öffentlichen Körperschaften (Bund, Länder und Kommunen) zusammen. Vorschlagsberechtigt für die Vertreter der Arbeitgeber sind die Arbeitgeberverbände, für die der Arbeitnehmer die Gewerkschaften und für die Repräsentanten der öffentlichen Körperschaften je nach Organ die Bundesregierung, der Bundesrat, die Spitzenvereinigungen der kommunalen Selbstverwaltungskörperschaften und die obersten Landesbehörden. Berufen werden die Mitglieder des Verwaltungsrates und des Vorstandes vom Bundesminister für Arbeit und Sozialordnung, die Mitglieder der Verwaltungsausschüsse der Landesarbeitsämter vom Vorstand und die Mitglieder der Verwaltungsausschüsse der Arbeitsämter vom Verwaltungsausschuß des zuständigen Landesarbeitsamtes. Präsident und Vizepräsident der BA sowie Präsidenten und Vizepräsidenten der Landesarbeitsämter werden nach Anhörung des Verwaltungsrates auf Vorschlag der Bundesregierung vom Bundespräsidenten ernannt.

Organisatorisch gliedert sich die BA in die Hauptstelle in Nürnberg, 11 Landesarbeitsämter und 184 Arbeitsämter (vor der Vereinigung 9 Landesarbeitsämter und 146 Arbeitsämter). 1991 waren bei der BA rd. 94000 Personen beschäftigt, davon 25% in den neuen Bundesländern.

Zuständig ist die BA insbesondere für Arbeitslosenversicherung, Arbeitsvermittlung, Berufsberatung, Förderung beruflicher Bildung, berufsfördernde Leistungen zur Rehabilitation, Leistungen zur Erhaltung und Schaffung von Arbeitsplätzen, Arbeitsmarktbeobachtung, -statistik und -berichterstattung, Arbeitsmarkt- und Berufsforschung sowie als Kindergeldkasse für die Verwaltung des Kindergeldes nach dem Bundeskindergeldgesetz. Überdies wurden ihr vom Gesetzgeber weitere Aufgaben übertragen, wie z.B. die Bekämpfung illegaler Beschäftigung und die Durchführung des Schwerbehindertengesetzes.

Die Wirkungsmöglichkeiten der BA sind in gesetzlicher Hinsicht vor allem durch das Arbeitsförderungsgesetz bestimmt, in finanzieller Hinsicht durch die Spannung zwischen Arbeitsmarktlage, Beitragsaufkommen und Finanzierungsbeiträge des Bundes (bei ungedecktem Mittelbedarf der BA und zur Finanzierung der Arbeitslosenhilfe) und in politischer Hinsicht durch Aushandlungsprozesse in den Selbstverwaltungsorganen und im Beziehungsgeflecht zwischen BA und Bundesregierung, die für die Genehmigung des Haushaltsplanes der BA zuständig ist. Zu den größten Herausforderungen der BA zählt die Bewältigung der Arbeitsmarktprobleme im Osten Deutschlands. Hierbei schnitt die BA bislang (Stand 1994) bemerkenswert erfolgreich ab. Der Auf- und Ausbau der Arbeitsmarktpolitik in den fünf neuen Bundesländern zählt zu den wichtigsten Stabilisatoren und Sicherheitsnetzen des raschen Transformationsprozesses in Ostdeutschland.

Literatur

Amtliche Nachrichten der Bundesanstalt für Arbeit (monatlich).

Bruche, Gert/Reissert, Bernd 1985: Die Finanzierung der Arbeitsmarktpolitik. Frankfurt a.M./New York.

Pfuhlmann, Herbert/Spiegl, Günther 1987: Die Bundesanstalt für Arbeit. Stuttgart u.a..

Europäische Kommission Generaldirektion V/A/2 (Hrsg.) 1992ff: Beschäftigungsobservatorium Ostdeutschland.

Manfred G. Schmidt

Bundeskanzler

Die geistige und institutionelle Konzeption des Grundgesetzes ist stark von der Reflexion auf die Defekte und Versäumnisse der Vergangenheit geprägt. Das Bonner Grundgesetz trägt unübersehbar Züge einer „Anti-Verfassung" (*F.K. Fromme*) sowohl gegenüber der Weimarer Republik als auch gegenüber der NS-Diktatur. Beide Negativerfahrungen einer gerade überwundenen Vergangenheit wirken nach, und wider beide Gefährdungen wollten die Mitglieder des Parlamentarischen Rates Vorsorge treffen. Und so standen an der Wiege des Bonner Grundgesetzes zwei Arten von Besorgnis Pate: zum einen die Angst *um* den Staat, um seine institutionelle Stabilität und Funktionsfähigkeit, und zum anderen die Angst *vor* seiner rechtlich und institutionell nicht gebändigten und kontrollierten totalitären Allmacht.

Einer der markanten Punkte, an welchen der Unterschied zwischen der Weimarer und der Bonner Verfassung sich besonders deutlich zeigt, ist die Stellung des Kanzlers. Die Position der Weimarer Reichskanzler – und nicht erst jener der „Präsidialregierungen" nach 1930 – ist mit der der Bonner Bundeskanzler auch nicht annähernd zu vergleichen. Die Weimarer Republik war noch kein – im vollen Sinne der Bezeichnung – „parlamentarisches Regierungssystem". Das Parlament übte zwar wichtige Kontrollfunktionen aus, war aber noch nicht das uneingeschränkte „Kreationsorgan" der Regierung. Die Reichsregierung war zwar in Gestalt jedes einzelnen Ministers vom Vertrauen des Parlaments abhängig, sie konnte jedoch im Konfliktfall über das Notverordnungsrecht des Artikels 48 vom mächtigen, auf sieben Jahre direkt vom Volk gewählten Reichspräsidenten auch gegen das Parlamentsvotum im Amt gehalten werden. Zwischen einem übermächtigen Präsidenten auf der einen und einem immer verantwortungsscheueren, eskapistischeren Parlament auf der anderen Seite konnten Kanzler und Kabinett nie ihren eigenen Standort finden.

Vom Makel solcher Beeinträchtigungen und legitimatorischen Defizite sind Bundeskanzler und → Bundesregierung völlig frei. Anders als die verfassungsmäßig von Präsident und Parlament gleichermaßen abhängige Weimarer Reichsregierung konnte sich die Bonner Bundesregierung mit dem Bundeskanzler an der Spitze zum stärksten Verfassungsorgan entwikkeln. Hier wurde erstmals in der deutschen

Verfassungsgeschichte jenes enge, für das parlamentarische Regierungssystem typische Zusammenspiel zwischen Regierung und Parlamentsmehrheit möglich, welches nicht zuletzt auch darin sich ausdrückt, daß der Regierungschef in der Regel, wie in England, zugleich auch Parteivorsitzender der Regierungspartei ist.

Das → Grundgesetz übernimmt in Artikel 65, Abs. 1 nahezu wörtlich die Bestimmung des Art. 56 WRV: „Der Bundeskanzler bestimmt die Richtlinien der Politik". Doch erst unter den Rahmenbedingungen des Grundgesetzes kommt die Richtlinienkompetenz zum Tragen: erst hier ist das politische Schicksal jedes einzelnen Bundesministers unmittelbar und ausschließlich vom Regierungschef abhängig. Artikel 64 GG regelt kurz und bündig: „Die Bundesminister werden auf Vorschlag des Bundeskanzlers vom → Bundespräsidenten ernannt und entlassen." Nur der Kanzler selbst steht gegenüber dem → Bundestag in der unmittelbaren Verantwortung. In letzter Instanz hängt jeder Bundesminister vom Vertrauen des Kanzlers ab. Dies verbürgt seine herausragende Stellung gegenüber den Kabinettskollegen. Er ist nicht nur *primus inter pares*, sondern hat eine prädominierende Position inne. Nicht zu unrecht hat man schon in den 50er Jahren mit Blick auf die Kanzlerschaft *Adenauers* von der Bonner „Kanzlerdemokratie" gesprochen. Wenn hier auch zunächst ein negativer Unterton mitschwang, so herrscht inzwischen unter den Kommentatoren doch weitestgehender Konsens, daß die Lehren, die die Verfassungsväter aus dem Scheitern des ersten deutschen Demokratieversuchs von Weimar zogen, richtig waren: daß die starke Position des Kanzlers wesentlich zur Stabilität der Regierung beiträgt und daß diese wiederum die unabdingbare Voraussetzung für ein erfolgreiches Regieren überhaupt darstellt.

Es liegt in der Konsequenz dieser Einsicht, daß das GG das Kanzlerprinzip gegenüber dem Kabinetts- und dem Ressortprinzip als das entscheidende Prinzip exponiert. Die Richtlinien der Politik entscheidet der Kanzler „und trägt dafür die Verantwortung" (Artikel 65). „Innerhalb dieser Richtlinien" – das besagt das „Ressortprinzip" – „leitet jeder Bundesminister seinen Geschäftsbereich selbständig und unter eigener Verantwortung" (Artikel 65). Die Alleinverantwortlichkeit des Kanzlers verdrängt und überlagert also keineswegs vollständig die individuelle Ministerverantwortlichkeit gegenüber dem Parlament. Und auch das traditionelle Prinzip kollegialer Kabinettsentscheidung ist nicht völlig verschwunden: „Über Meinungsverschiedenheiten zwischen den Bundesministern entscheidet die → Bundesregierung" (Artikel 65) – dies der knappe Hinweis im Grundgesetz auf die Koordinierungs- und Regelungsfunktion des vom Kanzler geleiteten Bundeskabinetts. Dennoch ist das Kanzlerprinzip in diesem eng verzahnten System konkurrierender Prinzipien das entscheidende, weil es allein verfassungsmäßig mit Sanktionsmacht (Ministerentlassung) bewehrt ist.

Entscheidend aber für die starke Stellung des Kanzlers im Parallelogramm der konstitutionellen Kräfte ist die verfassungspolitische Innovation des Artikels 67: das „konstruktive Mißtrauensvotum", welches die nur negative, destabilisierende Macht des Parlaments deutlich begrenzt. Es legt die Abgeordneten, die → Fraktionen und die beteiligten → Parteien auf eine „konstruktive" Rolle bei der Wahl des Regierungschefs fest, indem es jene unechten Mehrheiten verhindert, die sich allenfalls zum Sturz einer Regierung, nicht aber zur Bestellung einer neuen zusammenfinden könnten: Nur indem der Bundestag mit der Mehrheit seiner Mitglieder einen neuen Kanzler wählt, kann er dem alten sein Mißtrauen aussprechen. Die parlamentarische Ablösung eines Bundeskanzlers innerhalb der Legislaturperiode wird damit so sehr erschwert, daß sie eigentlich nur noch durch einen förmlichen Wechsel in der Koalitionspräferenz einer der Regierungsparteien möglich ist. Allerdings hat sich der Parlamentarische Rat bei seinem Bemühen, die Stellung des Kanzlers zu stärken, der letzten Konsequenz wohlweislich versagt: Anders als der englische Premier hat der deutsche Bundeskanzler nicht die unmittelbare Möglichkeit der Parlamentsauflösung und damit der direkten Beeinflussung des Wahltermins. Findet sein eigener Vertrauensantrag im Parlament keine Mehrheit, dann kann der Bundespräsident auf Vorschlag des Bundeskanzlers binnen 21 Tagen den Bundestag auflösen, sofern dieser nicht zwischenzeitlich einen anderen Bundeskanzler wählt (Artikel 68,1).

Der nicht selten kritisierten gouvernmentalen „Schlagseite" zum Trotz ist mit dieser Bestimmung dem Parlament ein wichtiges Stück Unabhängigkeit gesichert worden, welche es vor der Gefahr einer noch weitergehenden Entmachtung zugunsten der Exekutive wirkungsvoll zu bewahren scheint. So hinderlich die restriktiven Möglichkeiten der Parlamentssauflösung im politischen Prozeß zum einen oder anderen Zeitpunkt auch gewirkt haben mögen, so waren doch wohl gerade sie ein entscheidendes Gegengewicht gegen eine – aus historisch begründeter Krisenangst – zu weit getriebene Gouvernementalisierung der Verfassung, welche die Bundesregierung – und an ihrer Spitze den Kanzler – zum stärksten Verfassungsorgan aufgewertet hat.

Diese Tendenz zur Stärkung der Exekutive oder, noch präziser, der exekutiven Spitze, des Regierungschefs, ist indes kein deutsches Verfassungsspezifikum. Wir finden sie in allen vergleichbaren demokratischen Staaten, vor allem in der Ausprägung des „Prime-Ministerial Government" des englischen Regierungssystems, wenngleich dieses nicht so sehr in konkreten Verfassungsregeln begründet ist, sondern sich im politischen Prozeß selbst herausgebildet hat. Ursache dafür sind die in der 2. Hälfte dieses Jahrhunderts gewaltig angewachsenen Staatsaufgaben, die zugleich einen wachsenden Systembedarf an Führung, an Koordination und zentraler Lenkung entstehen ließen.

Es läßt sich leicht feststellen, daß von den bisherigen Kanzlern der BRD die Richtlinienkompetenz höchst unterschiedlich wahrgenommen wurde. Doch kein Kanzler kann unter Berufung auf seine verfassungsmäßigen Vollmachten mit dem Kopf durch die Wand; auch er hängt ganz selbstverständlich von einer Vielzahl konkreter politischer Machtfaktoren ab. Auch wenn es die Verfassung einer geschickten, politisch kompetenten Persönlichkeit relativ leicht macht, den politischen Prozeß zu dominieren, so ist die verfassungsrechtliche Ausgestaltung der Kanzlerposition natürlich keine Garantie für politischen Erfolg. Wie sehr beispielsweise die Tatsache, daß der Kanzler in der Regel stets einer aus Koalitionsparteien gebildeten Regierung vorsteht, seine faktische „Richtlinienkompetenz" tangiert, wurde z.B. aus Anlaß des Ministerrücktritts von Außenminister *Genscher* der Öffentlichkeit in aller nur wünschenswerten Deutlichkeit vor Augen geführt: Es waren ausschließlich die Partei- und Fraktionsgremien des kleineren Koalitionspartners → FDP, die über die Vergabe der neben dem Kanzleramt wohl wichtigsten politischen Position verhandelt und abgestimmt haben. Daß der Kanzler in für seinen Regierungserfolg so wichtigen Personalentscheidungen wie der Besetzung der Position des Außenministers oder des Amts des Vizekanzlers nur externe Parteibeschlüsse registrieren darf, trägt nicht gerade zur Steigerung seiner Amtsautorität bei. Oboedientia facit imperantem – auch Amtsvollmachten sind ein prekärer Kredit, wenn sie nicht immer wieder durch eine gewisse Virtuosität von Amtsführung und Regierungstechnik bestätigt und durch Autorität und Überzeugungskraft der Persönlichkeit beglaubigt werden.

Literatur

Ellwein, Thomas 1970: Regierung und Verwaltung. 1. Teil: Regieren als politische Führung. Stuttgart u.a.
Ellwein, Thomas/Hesse, Joachim Jens [6]1987: Das Regierungssystem der Bundesrepublik Deutschland. Opladen.
Guggenberger, Bernd 1990: Parlamentarische Parteiendemokratie, Bürokratie und Justiz. Aspekte der Theorie und Praxis politischer Institutionen in der Bundesrepublik, in: Fetscher, Iring/Münkler, Herfried (Hrsg.): Politikwissenschaft. Reinbek b. Hamburg.
Hartwich, Hans-Hermann/Wewer, Göttrik (Hrsg.) 1990/1991: Regieren in der Bundesrepublik I, II, III. Opladen.
Hennis, Wilhelm 1968: Richtlinienkompetenz und Regierungstechnik, in: ders.: Politik als praktische Wissenschaft. München.
Loewenberg, Gerhard 1969: Parlamentarismus im politischen System der Bundesrepublik. Tübingen.
Müller-Rommel, Ferdinand/Pieper, Gabriele 1991: Das Bundeskanzleramt als Regierungszentrale, in: Aus Politik und Zeitgeschichte. Beilage zur Wochenzeitung Das Parlament B 21-22.
Niclauss, Karlheinz 1988: Kanzlerdemokratie. Bonner Regierungspraxis von Konrad Adenauer bis Helmut Kohl. München.
Patterson, William 1991: Governing Germany. Oxford.
Schwarz, Hans-Peter 1989: Adenauers Kanzlerdemokratie und Regierungstechnik, in: Aus Politik und Zeitgeschichte. Beilage zur Wochenzeitung Das Parlament B 1-2.
Sontheimer, Kurt [12]1990: Grundzüge des politischen Systems der Bundesrepublik Deutschland. München.
Stammen, Theo [3]1972: Regierungssysteme der Gegenwart. Stuttgart u.a.

Bernd Guggenberger

Bundesländer

1. Kennzeichnung

„Die Bundesrepublik Deutschland ist ein demokratischer und sozialer Bundesstaat", heißt es in Art. 20 GG. Damit ist eine Bestandsgarantie des Föderalismus gegeben, allerdings keine Bestandsgarantie über die Anzahl und die Größe der Länder.

Gemäß Art. 28 GG muß die verfassungsmäßige Ordnung in den Bundesländern den Grundsätzen des republikanischen, demokratischen und sozialen Rechtsstaats entsprechen. Die Länder sind Gliedstaaten. Art. 29 GG ermöglicht eine Neugliederung des Bundesgebiets in neue Bundesländer; jedoch besteht keine Anspruch darauf. Art. 79 GG erklärt die bundestaatliche Ordnung für unantastbar.

Durch die deutsche Einigung hat sich die Zahl der Bundesländer von 11 auf 16 erhöht, da durch das Länderneugliederungsgesetz vom 22. Juli 1990 der DDR die Wiedererrichtung der Länder → Brandenburg, → Mecklenburg-Vorpommern, → Sachsen-Anhalt, → Sachsen und → Thüringen beschlossen wurde. Dem Bundesland → Berlin, das in der BRD über einen Sonderstatuts verfügte, wurde Ostberlin hinzugefügt. 13 Flächenstaaten unterschiedlicher territorialer Ausdehnung, demographischer Struktur und ökonomischer Kraft stehen die drei Stadtstaaten Berlin,→ Bremen und → Hamburg gegenüber. Auch sind die Länder durch unterschiedliche Verfassungskonstruktionen sowie verschiedene Parteienkonstellationen gekennzeichnet.

2. Verfassungsrechtliche Stellung der Länder

Im Bundesstaat sind die Gliedstaaten diesem zwar nachgeordnet, aber gleichzeitig wirken sie an der Willensbildung des Bundes mit. Die Gliedstaaten besitzen echten

Staatscharakter. Er kommt in der Wahrnehmung eigener Kompetenzen in der → Gesetzgebung, der → Verwaltung und der Rechtssprechung (→ Rechtsstaat) zum Ausdruck. Die klassische horizontale Gewaltenteilung (Legislative, Exekutive, Judikative) wird ergänzt durch die vertikale Gewaltenteilung zwischen Gesamtstaat und Gliedstaaten. Unbestritten ist die Kompetenz der Länder zum Erlaß eigener Verfassungen, wobei sie nur gemäß dem → Grundgesetz zu einem Mindestmaß an Homogenität mit der Bundesverfassung verpflichtet sind. Es besteht eine Aufgabenteilung zwischen Bund und Ländern, wobei folgende Regeln gelten: Für die Gesetzgebung ist in den meisten Bereichen der Bund zuständig. Verwaltung ist grundsätzlich Länderangelegenheit und in der Rechtsprechung besteht eine Verzahnung zwischen Bund und Ländern. Auch wenn es eine Kompetenzabgrenzung gibt, sind doch Bund und Länder eng miteinander verbunden. Darüber hinaus sind die Länder durch den ungeschriebenen Grundsatz der Bundestreue verbunden. Allerdings bricht gemäß Art. 31 GG Bundesrecht Landesrecht.

3. Zum Verhältnis Bund und Länder

Die Entwicklung der BRD war durch eine zunehmende Unitarisierung des parlamentarischen Systems gekennzeichnet. Durch die Aufnahme von Gemeinschaftsaufgaben in das Grundgesetz zur Zeit der großen Koalition erweiterte der Bund seinen Kompetenzrahmen wie er auch durch die Steuerreform seinen Handlungsspielraum ausdehnte. Bei der → Gesetzgebung hat der Bund eindeutig die Priorität. So steht ihm die ausschließliche Gesetzgebung z.B. in Auswärtigen Angelegenheiten, Verteidigung, Staatsangehörigkeit, Währung, Maße und Gewichte, Post- und Fernmeldewesen, Zoll und Grenzschutz zu. In verschiedenen Bereichen gibt es eine konkurrierende Gesetzgebung, wobei dem Bund allerdings Vorrang eingeräumt ist, z.B. im Straf-und Prozeßrecht, Straßenverkehr und Wohnungswesen etc. In anderen Bereichen wiederum darf der Bund Rahmengesetze erlassen, z.B. allgemeine Grundsätze des Hochschulwesens, allgemeine Rechtsverhältnisse von Presse und Film, Naturschutz, Landschaftspflege, Raumordnung etc. Den Ländern dagegen steht die ausschließliche Gesetzgebung nur in folgenden Bereichen zu: Kulturelle Angelegenheiten, insbesondere Schul- und Bildungspolitik, Hörfunk und Fernsehen; Kommunalwesen, d.h. Organisationsrecht für Städte, Gemeinden und Landkreise sowie das Polizeirecht.

Über den Bundesrat wirken die Länder als Gliedstaaten am politischen Entscheidungsprozeß des Bundesstaates mit. Der Bundesrat ist zwar ein Bundesorgan, doch setzt er sich aus den Regierungsvertretern der Länder zusammen. Entsprechend ihrer Bevölkerungszahl haben die Bundesländer im → Bundesrat zwischen drei und sechs Stimmen, die nur einheitlich abgegeben werden können. Im Bundesrat soll der Wille des Landes und nicht eines einzelnen Bundesratsmitglieds zum Ausdruck kommen. Die Länder können über das Instrument des Bundesrats ihre Interessen gegenüber dem Bund unmittelbar zur Geltung bringen wie sie auch durch den Bundesrat an der Bundesgesetzgebung beteiligt sind. Sie können bilateral oder multilateral mit anderen Ländern zusammenarbeiten. Neben den verfassungsrechtlichen Bestimmungen ist für die Rolle der Länder im politischen Prozeß die verfassungspolitische Realität von Bedeutung. Da das politische System nicht nur ein föderativ-parlamentarisches ist, sondern sich auch zu einer Parteiendemokratie entwickelt hat, kommt den Parteien beim Verhältnis Bund-Länder eine große Bedeutung zu. So sind die meisten Bundestagsparteien föderativ strukturiert. Sie versuchen nicht selten, bei günstiger Konstellation den Bundesrat als Instrument der Blockade zu nutzen. Dabei stehen die Landesregierungen „im Mittelpunkt der politischen Konkurrenz-, Kooperations- und Koordinationsprozesse des parlamentarischen deutschen Bundesstaates. Ihre Mitglieder haben aufgrund ihrer Zugehörigkeit zum Bundesrat oder als stellvertretende Bundesratsmitglieder die Möglichkeit zu Auftritten im deutschen Bundestag... Stets aufs neue haben die Landesregierungen nach bestem Wissen und Gewissen zu entscheiden, welchen besonderen Herausforderungen, Verpflichtungen und Zugehörigkeiten sie im Entscheidungsfall den Vorrang einräumen: der Interessenwahrung ihres Landes, der Koordinationspflicht im Bundesstaat oder den Notwendigkeiten gebotener Parteidisziplin im parlamentarischen Regierungssystem des Bundes, um die Handlungsfähigkeit von Regierungsmehrheit und Opposition zu fördern..."(*Plöhn/Steffani* 1994:45f).

4. Zukunft der Länder

Die deutsche Einheit hat die Diskussion um die Neugliederung der Länder aufs neue entfacht. Es stellt sich die Frage, ob solch kleine und wirtschaftlich schwache Länder wie z.B. HB. und das Sal. in Zukunft lebensfähig sind. Die Zusammenlegung von B. und Bbg. ist soweit vorangekommen, daß im Verlauf des Jahres 1995 im Landtag von Bbg. und im Abgeordnetenhaus von B. über die Integration abgestimmt und 1996 den Wählern beider Länder zur Volksabstimmung unterbreitet werden soll. Andererseits bieten die Länder aber auch wichtige Bastionen für die Parteien, in denen die Politiker Aktionsfelder und Darstellungsbühnen haben, um von hier in bundesstaatliche Positionen zu wechseln.

Von besonderer Bedeutung ist die zukünftige Finanzverfassung Ds. In der Finanzverfassung des Grundgesetzes wird Bund und Ländern ein „gleichmäßiger Anspruch" auf die Staatseinnahmen zugesprochen. So erhalten die Länder die Einnahmen aus der Vermögens- und Erbschaftssteuer vollständig. Die Einkommens-, Körperschaftssteuer sowie das Umsatzsteueraufkommen werden zwischen Bund und Ländern in einem bestimmten Verhältnis geteilt. Hinsichtlich der neuen Länder ist eine Sonderregelung getroffen. Der durchschnittliche Umsatzsteueranteil pro Einwohner in den neuen Bundesländern betrug 1991 55% des Umsatzsteueranteils der alten Bundesländer. Die Werte für 1992 lagen bei 60%, 1993 bei 65% und 1994 bei 70%. Neben dem vertikalen Finanzausgleich gibt es auch einen horizontalen Finanzausgleich zwischen „armen" und „reichen" Ländern", wobei die finanzschwachen Länder durch Ausgleichszahlungen der stärkeren Länder auf etwa 95% der Summe kommen, die im Bundesdurchschnitt pro Einwohner erreicht wird. Die neuen Länder werden in den Finanzausgleich ab 1995 einbezogen, der zur Zeit zwischen Bund und Ländern ausgehandelt wird.

Literatur

Hartmann, Jürgen (Hrsg.) 1994: Handbuch der deutschen Bundesländer. Bonn.

Hoffmann, Alexander/Klatt, Hartmut/Reuter, Konrad 1990: Die neuen deutschen Bundesländer. Bonn.

Plöhn, Jürgen/Steffani, Winfried 1994: Bund und Länder in der Bundesrepublik Deutschland, in: Hartmann a.a.O.

Weidenfeld, Werner/Korte, Karl-Rudolf (Hrsg.) 1991: Handwörterbuch zur deutschen Einheit. Bonn.

Wichard Woyke

Bundespräsident

1. Struktur des Regierungssystems und Geschichte

Die Rolle des Staatsoberhauptes hängt wesentlich von der Struktur des Regierungssystems ab. In parlamentarischen Monarchien (wie in Großbritannien) ist es der durch Erbfolge ins Amt gelangte Monarch, dem eine integrative und – aufgrund der Parlamentarisierung der Monarchie – überwiegend repräsentative Funktion zukommt. In parlamentarischen Republiken wird das Staatsoberhaupt auf Zeit gewählt – sei es indirekt durch ein Wahlgremium (z.B. in Italien), sei es direkt durch das Volk (z.B. in Österreich). In präsidentiellen Systemen wie den Vereinigten Staaten vereinigt der mächtige Präsident die Funktionen des Regierungschefs und des Staatsoberhaupts. Hingegen zeichnen sich semi-präsidentielle Regierungssysteme durch eine zweipolige Exekutive aus (wie in Frankreich): Dem meist einflußreicheren Staatspräsidenten steht der Ministerpräsident gegenüber. Konflikte sind jedenfalls unter einer Konstellation der *cohabitation* programmiert. In Diktaturen kann der Diktator entweder zugleich auch das Staatsoberhaupt sein oder neben sich ein formelles Staatsoberhaupt dulden. D ist der Musterfall einer parlamentarischen Demokratie. Der → Bundeskanzler bestimmt die Richtlinien der Politik, der Bundespräsident (Bpr.) ist als Staatsoberhaupt nicht annähernd so einflußreich. Seine Bedeutung unterscheidet sich fundamental von der des Reichspräsidenten in der Weimarer Republik, der in manchem als eine Art „Ersatzkaiser" figurierte, den Oberbefehl über die Wehrmacht besaß, über ein Notverordnungsrecht verfügte, das Parlament auflösen und den Reichskanzler entlassen konnte.

Im Parlamentarischen Rat wurde die zukünftige Rolle des Bpr. umfassend und durchaus kontrovers erörtert. „Im Ergebnis vermochte sich bei der Ausgestaltung des Bundespräsidentenamtes keine der politischen Grundströmungen entsprechend den ursprünglichen Intentionen durchzusetzen: weder föderalistische Entwürfe, noch radikaldemokratische und kommunistische Vorstellungen von der herausgehobenen Stellung des Parlaments sowie die während der Beratungen des Parlamentarischen Rats von traditionell liberaler Seite eingeführte Gegenposition eines präsidialen Systems. Aber auch das von den Sozialdemokraten vertretene zeitbedingte Provisoriumskonzept blieb auf der Strecke" (*Lange* 1978: 651). Letztlich herrschte Konsens darin, die Rolle des Präsidenten im Vergleich zur Weimarer Republik massiv zu schwächen. Auch und gerade das Beispiel des Bpr. verdeutlicht, daß die Grundgesetzväter eine Art Antiverfassung zu Weimar anstrebten, fehlen ihm doch die erwähnten Funktionen des Reichspräsidenten der Weimarer Republik.

2. Funktionen des Bundespräsidenten

Der Bpr. ist nur mit wenigen und nicht sehr bedeutenden Funktionen ausgestattet (vgl. GG Art. 54-61). Er repräsentiert D nach innen wie nach außen, vertritt den Bund völkerrechtlich und schließt in dessen Namen Staatsverträge. Faktisch an die Mehrheitsverhältnisse gebunden, schlägt er dem → Bundestag einen Kandidaten zur Wahl als Kanzler vor. Zu den staatsnotariellen Pflichten gehören u.a. die Ernennung und Entlassung der Bundesbeamten sowie die Ausfertigung von Gesetzen. Ob ihm dabei ein materielles Prüfungsrecht zusteht, ist in der staatsrechtlichen Literatur umstritten.

In parlamentarischen Krisensituationen kommt ihm eine gewisse Nothelferfunktion zu. Das Recht, den Bundestag aufzulösen, obliegt ihm lediglich in zwei Fällen.

Erreicht der Kandidat für das Amt des Kanzlers im dritten Wahlgang nur die relative Mehrheit der Stimmen, so kann der Bpr. gemäß Art. 63 Abs. 4 ihn entweder ernennen oder den Bundestag auflösen. Der Bpr. hat laut Art. 81 GG die Möglichkeit, unter bestimmten – eng definierten – Voraussetzungen den Gesetzgebungsnotstand zu erklären. Spielten diese zwei Bestimmungen in der Praxis bisher keine Rolle, so wurde der Bpr. aufgrund von Art. 68 GG – nach einer gescheiterten Vertrauensfrage des Bundeskanzlers kann der Bpr. den Bundestag auflösen – zweimal aktiv: 1972, als die Bundesregierung unter *Brandt* die Mehrheit im Parlament verloren hatte, und 1982, als *Kohl* Neuwahlen anstrebte. Im Jahre 1982 war die Mehrheit der Regierung nicht gefährdet (aufgrund der restriktiven Bestimmungen zur Auflösung des Parlaments blieb jedoch nur dieser Umweg übrig), und Bpr. *Carstens* hatte auch gezögert, ehe er sich zur Auflösung des Parlaments entschloß – eine von allen wichtigen politischen Gruppen gewünschte Entscheidung, die das Bundesverfassungsgericht schließlich absegnete.

3. Bisherige Bundespräsidenten

Der Bpr., der das 40. Lebensjahr vollendet haben muß, wird durch die Bundesversammlung auf fünf Jahre gewählt – ohne Aussprache und geheim. Diese setzt sich zusammen aus den Mitgliedern des Bundestages sowie einer gleichen Anzahl von Mitgliedern, gewählt von den Volksvertretungen der Länder entsprechend den Ergebnissen der letzten Landtagswahlen nach den Grundsätzen der Verhältniswahl. Dieser Modus hat aber nicht dazu geführt, daß föderalistische oder regionale Prinzipien solche parteipolitischer Art überlagern. Wiederwahl ist einmal zulässig, wie das bei *Heuss*, *Lübke* und *von Weizsäcker* der Fall gewesen ist. Findet ein Kandidat im ersten oder im zweiten Wahlgang keine absolute Mehrheit, genügt im dritten Wahlgang die relative Mehrheit. Meistens wurde der Bpr. im ersten Wahlgang gewählt, 1949 (*Heuss*) und 1959 (*Lübke*) im zweiten, 1969 (*Heinemann*) und 1994 (*Herzog*) erst im dritten. Angesichts der unter formellen Gesichtspunkten eher geringen Bedeutung des Bpr. ist eine manchmal ins Spiel gebrachte plebiszitäre Wahl des Bpr. inadäquat. Die veränderte Legitimationsbasis könnte eine Verschiebung des politischen Koordinatensystems mit sich bringen.

Im übrigen hängt die Autorität des Bpr. als moralische Instanz nicht von der extensiven Wahrnehmung seiner Befugnisse ab. Trotz der eng gesteckten Kompetenzen (deswegen schreckte *Adenauer* im Jahre 1959 davor zurück, das Amt zu übernehmen) haben die bisherigen Bpr., die mit dem Amtsantritt ihre Parteimitgliedschaft ruhen ließen. *Heuss* (FDP) von 1949-1959, *Lübke* (CDU) von 1959-1969, *Heinemann* (SPD) von 1969-1974, *Scheel* (FDP) von 1974-1979, *Carstens* (CDU) von 1979-1984, *von Weizsäcker* (CDU) von 1984 - 1994, *Herzog* (CDU) seit 1994, dem Amt ein unterschiedliches Gepräge gegeben. „Der Bundespräsident ist wie kein anderer führender Politiker der ‚Politik des Augenblicks' enthoben. Mehr als jeder andere kann er sich der Sklaverei der aufgezwungenen Medien-Präsenz entziehen und sich zum Herrn der öffentlichen Tagesordnung erheben, sofern sein Amt gefordert ist. Er inszeniert selber, bestimmt nicht nur über die Form, sondern zu einem großen Teil auch über die thematischen Akzente seines Auftretens (*Jäger* 1989: 47). Nicht nur *von Weizsäcker*, der schon im Jahre 1974 kandidiert hatte, ist dies in seiner Rolle als Mahner und „Integrator" gelungen – trotz gestiegener Kritik in der zweiten Amtsperiode. Aus der Autorität des Bpr. leitet sich indirekt die Konsequenz ab, später nicht mehr in die aktive Politik zurückzukehren, allenfalls als *elder statesman* zu wirken. Alle früheren Amtsinhaber hielten sich an diese ungeschriebene Regel.

Literatur

Jäger, Wolfgang 1989: Die Bundespräsidenten. Von Theodor Heuss bis Richard von Weizsäcker, in: Aus Politik und Zeitgeschichte. Beilage zur Wochenzeitung Das Parlament 16/17.

Kaltefleiter, Werner 1970: Die Funktion des Staatsoberhauptes in der parlamentarischen Demokratie. Köln/Opladen.

Lange, Erhard H.M. 1978: Die Diskussion um die Stellung des Staatsoberhauptes 1945-1949 mit besonderer Berücksichtigung der Erörterungen im Parlamentarischen Rat, in: Vierteljahrsschrift für Zeitgeschichte 26.

Rausch, Heinz 1979: Der Bundespräsident. Zugleich eine Darstellung des Staatsoberhauptes in Deutschland seit 1919. München.

Schlaich, Klaus 1987: Der Bundespräsident, in: Isensee, Josef/Kirchhof, Paul (Hrsg.): Handbuch des Staatsrechts der Bundesrepublik Deutschland, Bd. II, Heidelberg.

Eckhard Jesse

Bundesrat

1. Das Bundesratsmodell

Ein Kennzeichen und Essential des → Bundesstaates ist neben der doppelten, aber begrenzten Souveränität von Zentralstaat und Gliedstaaten, der Aufgabenteilung und Aufgabenverflechtung zwischen beiden staatlichen Ebenen, den originären Kompetenzen und der Finanzhoheit der Gliedstaaten deren institutionalisierte Mitwirkung bei der Politikgestaltung des Zentralstaates. Dies kann nach zwei Modellen geschehen: dem Bundesratsmodell oder dem Senatsmodell. Der Parlamentarische Rat hat sich 1949 nach kontroversen Diskussionen prinzipiell für das Bundesratsmodell im föderativen System der BRD entschieden.

Die Erfahrungen mit dem Bundesrat des Kaiserreiches und die negativen Erfahrungen mit dem Reichsrat der Weimarer Republik sowie die positiven Erfahrungen mit dem Länderrat der Bi- und Trizone intensivierten bei den Landesregierungen 1948/49, aber auch bei zahlreichen Mitgliedern des Parlamentarischen Rates die Auffassung, daß die klassische Bundesratslösung für den neu zu schaffenden deutschen Bundesstaat am besten geeignet sei. Dagegen wurde argumentiert, daß die Mitglieder des Bundesrates nur unzureichend demokratisch legitimiert wären, daß die Weisungsabhängigkeit der Mitglieder die Entscheidungen des Bundesrates auf anonyme, kaum faßbare Gremien verlege und daß die Bürokratisierung mehr und mehr die Arbeit des Bundesrates überwuchern werde.

Als Alternativlösung wurde das Senatsmodell diskutiert. Nach ihm werden die Mitglieder unmittelbar vom Volk in den Gliedstaaten gewählt, jeder Gliedstaat verfügt über die gleiche Anzahl von Mitgliedern, der Senat wirkt gleichberechtigt am Gesetzgebungsverfahren mit.

Als Kompromiß wurde die im → Grundgesetz geregelte sog. „abgeschwächte Bundesratslösung" ausgehandelt. Dadurch haben einige Bestandteile des klassischen Bundesratsmodells im Grundgesetz Eingang gefunden, jedoch werden wesentliche Kompetenzen aus dem klassischen Bundesratsmodell ausgeschlossen. Dieser Kompromiß hat den Keim für die Entwicklung der bundesstaatlichen Ordnung von 1949 zum unitarischen Bundesstaat der 90er Jahre gelegt. Das klassische Bundesratsmodell hätte die Denaturierung der föderativen

Ordnung der BRD mit großer Wahrscheinlichkeit verhindert oder zumindest erheblich mindern können.

2. Zusammensetzung – Organisation – Verfahrensweise

Die Zusammensetzung des Bundesrates wird vom Grundgesetz ausschließlich geregelt. Seine Organisation ist teilweise verfassungsrechtlich normiert, teilweise wird sie vom Bundesrat durch dessen Geschäftsordnung geregelt, während seine Verfahrensweisen allein durch eine eigene Geschäftsordnung bestimmt werden.

2.1 Die Zusammensetzung des Bundesrates

In Art. 51 GG ist die Mitgliedschaft im Bundesrat klar geregelt: „Der Bundesrat besteht aus den Mitgliedern der Regierungen der Länder, die sie bestellen und abberufen". Damit entscheiden allein die Landesregierungen, wer Mitglied des Bundesrates ist. Sie können nur ihre Mitglieder entsenden. Die Mitgliedschaft in der Landesregierung wird von den jeweiligen Landesverfassungen bestimmt (dazu gehören in der Regel der Regierungschef und die Ressortminister, in einigen Ländern aber auch die Staatssekretäre). Die Mitgliedschaft im Bundesrat erlischt mit dem Ausscheiden aus der Landesregierung.

Die Bestellung und Abberufung der Bundesratsmitglieder durch die Landesregierung (in einigen → Bundesländern wirken auch die Landesparlamente mit) vermittelt eine indirekte demokratische Legitimation, die politisch insoweit direkt ist, als die Landtagswahlen zu indirekten Bundesratswahlen geworden sind. Denn die Motivation der Wähler für die Landesparlamente wird auch stets von der Intention bestimmt, auf die Politik des Bundes Einfluß zu nehmen, sei es, daß die Wähler durch ihre Entscheidung die → Bundesregierung oder die Bundestagsopposition jeweils stärken oder schwächen wollen.

Für die konkrete Zusammensetzung des Bundesrates ist es ohne politische Bedeutung, welche Regierungsmitglieder das Land im Bundesrat vertreten, wenngleich auch in der Regel die Regierungschefs und die Leiter der sog. klassischen Ressorts „geborene Mitglieder" des Bundesrats sind und alle übrigen Kabinettsmitglieder als Stellvertreter fungieren, und wieviel Landesvertreter jeweils an den Sitzungen des Bundesrates teilnehmen. Denn nach Art. 51 Abs. 3 Satz 2 GG können die Stimmen eines Landes nur einheitlich und nur durch anwesende Mitglieder oder deren Vertreter abgegeben werden. Deshalb werden sämtliche Stimmen eines Landes nur von einem Mitglied abgegeben, dem sog. „Stimmführer". Über die einheitliche Stimmführung entscheidet jeweils die Landesregierung einige Tage vor der Bundesratssitzung. Nur in Ausnahmefällen kann der „Stimmführer" kurzfristig relativ selbständig entscheiden.

Das „abgeschwächte Bundesratsmodell" hat zur Folge, daß die Verteilung der Stimmenzahl der Länder im Bundesrat von einem Kompromiß bestimmt worden ist. Es wurde ein Mittelweg zwischen dem Senatsmodell und dem Bundesratsmodell gewählt. Die Neuverteilung der Stimmen wurde im Zusammenhang mit dem deutschen Einigungsprozeß diskutiert, so daß daraus eine Erhöhung der Stimmzahl für die großen Bundesländer resultierte. Seit der deutschen Einheit verteilen sich die Stimmen wie folgt: Bad.W., Bay., NW, Nds. je 6 Stimmen, B., Bbg., Hess., R.P., Sa., Sa.A., S.H., Thür. je 4 Stimmen, HB, HH, M.V., Sal. je 3 Stimmen; Gesamtzahl: 68 Stimmen.

2.2 Die Organisation des Bundesrates

Der Bundesrat als Verfassungsorgan regelt seine Organisation und Verfahrensweise selbst, d.h. unabhängig von anderen Verfassungsorganen (Art. 52 GG). Er hat einen Präsidenten und ein Präsidium (Präsident und drei Vizepräsidenten). Nach Art. 52 Abs. 1 GG wird der Präsident auf ein Jahr gewählt. Aufgrund einer Vereinbarung von 1950 („Königsteiner Abkommen") wird jeweils ein Landesregierungschef, beginnend mit dem einwohnerstärksten Land, endend mit dem einwohnerschwächsten Land, unabhängig von den parteipolitischen Mehrheitsverhältnissen zum Präsidenten gewählt. Erster Vizepräsident wird jeweils der Präsident des Vorjahres, der zweite und dritte Vizepräsident werden zuerst die Regierungschefs des kleinsten und zweitkleinsten Landes, dann die mit der nächstgrößten Einwohnerzahl.

Der Präsident des Bundesrates beruft die Sitzungen ein, bereitet sie formell vor und leitet sie. Er vertritt den Bundesrat nach außen und ist oberste Dienstbehörde für die Beamten und Angestellten des Bundesrates. Nach Art. 57 GG vertritt er den → Bundespräsidenten, wenn dieser verhindert ist.

Der Bundesrat wird als Plenum in öffentlichen Sitzungen tätig, das seine Entscheidungen nach Art. 52 Abs. 3 Satz 1 GG mit absoluter Mehrheit treffen muß (das sind 1992 35 Stimmen). Zur Vorbereitung der Plenartätigkeit bestehen Ausschüsse, in denen jedes Land mit einem Mitglied vertreten ist. Der wichtigste Ausschuß ist die „Kammer für Vorlagen der Europäischen Gemeinschaft (EG-Kammer)", deren Aufgabe es vor allem ist, in Eilfällen Stellungnahmen zu Gemeinschaftsvorlagen zu beschließen. Die EG-Kammer entscheidet dann an Stelle des Bundesratsplenums.

Beim Bundesrat besteht ein Sekretariat, dessen Aufgabe es ist, bei der Vorbereitung und der Durchführung der Sitzungen des Bundesrates und seiner Ausschüsse unterstützend mitzuwirken.

3. Die Kompetenzen des Bundesrates

Art. 50 GG formuliert knapp: „Durch den Bundesrat wirken die Länder bei der Gesetzgebung und Verwaltung des Bundes mit". Doch die tatsächlichen Befugnisse des Bundesrates gehen weiter und sind im Grundgesetz in vielen Einzelbestimmungen festgelegt.

3.1 Mitwirkung bei der Gesetzgebung

Die wichtigste Aufgabe des Bundesrates besteht in seiner Mitwirkung bei der → Gesetzgebung. Dabei ist zu unterscheiden zwischen einer beratenden, initiierenden und einer beschlußfassenden Mitwirkung.

Gesetzesentwürfe der Bundesregierung müssen nach Art. 76 Abs. 2 GG erst dem Bundesrat zur Stellungnahme zugeleitet werden. Durch diesen sog. „ersten oder politischen Durchgang" soll dem Bundesrat die Möglichkeit gegeben werden, verfassungsrechtliche, politische und praktische Fragen zu prüfen, festzustellen, ob es sich um ein Zustimmungs- oder Einspruchsgesetz handeln wird, die verwaltungspraktische Anwendbarkeit zu testen sowie die politische Zielsetzung und die finanziellen Auswirkungen zu untersuchen. Seine möglichen Einwände und Gegenvorschläge muß die Bundesregierung mit ihrem Gesetzesentwurf dem → Bundestag zuleiten.

Der Bundesrat hat selbst das Recht zur Gesetzesinitiative nach Art. 76 Abs. 1 GG, macht jedoch nur selten davon Gebrauch. Zwar werden von den Landesregierungen regelmäßig in nicht geringer Zahl Gesetzesentwürfe in das Plenum eingebracht, wo sie jedoch nur in wenigen Fällen eine Mehrheit finden. Gesetzesentwürfe des Bundesrates müssen über die Bundesregierung, die ihrerseits Stellung nehmen kann, an den Bundestag geleitet werden.

Die beschlußfassende Mitwirkung des Bundesrates am Gesetzgebungsverfahren variiert aufgrund des „abgeschwächten Bundesratsmodells" je nach Gesetzesbeschluß des Bundestages:

- Verfassungsändernde Gesetzesbeschlüsse bedürfen nach Art. 72 Abs. 2 GG der Zustimmung von 2/3 der Stimmen des Bundesrates. Werden diese nicht erreicht, ist keine Änderung des Grundgesetzes möglich; der Bundesrat hat ein absolutes Veto;

- der Zustimmung der absoluten Stimmenmehrheit bedürfen Gesetzesbeschlüsse, die die Finanzen der Länder beeinflussen können, deren Verwaltungshoheit berühren, Gemeinschaftsaufgaben nach Art. 91a GG zum Gegenstand haben, Neugliederung der Bundesländer u.a. regeln; der Bundesrat muß diesen Parlamentsbeschlüssen zustimmen; verweigert er die Zustimmung, kann kein Gesetz zustandekommen; der Bundesrat hat ein absolutes Veto. Da ca. 50% der Bundesgesetze zustimmungsbedürftig sind, kann daraus der Einfluß des Bundesrates auf den Gesetzgebungsprozeß des Bundesrates deutlich werden;
- bei anderen Gesetzesbeschlüssen, den sog. „einfachen oder Einspruchsgesetzen" kann der Bundesrat mit absoluter Mehrheit Einspruch einlegen, der jedoch vom Bundestag mit absoluter Mehrheit zurückgewiesen werden kann (Art. 77 Abs. 3 und 4 GG); erfolgt die Zurückweisung nicht, so kann kein Gesetz zustandekommen; der Bundesrat hat ein aufschiebendes oder relatives Veto.

Bei divergierenden Entscheidungen von Bundestag und Bundesrat kann der → Vermittlungsausschuß angerufen werden.

3.2 Weitere Befugnisse des Bundesrates

Der Bundesrat wirkt beim Erlaß von Rechtsverordnungen sowie Verwaltungsvorschriften des Bundes mit. Ohne seine Zustimmung können solche Rechtsregeln nicht erlassen werden (Art. 80 Abs. 2, Art. 83ff. GG).

Er wählt nach Art. 94 Abs. 1 Satz 2 GG die Hälfte der Richter des → Bundesverfassungsgerichts (8), in jeden Senat 4, und nach § 9 BVerfGG im Wechsel mit dem Bundestag den Präsidenten des Bundesverfassungsgerichts und seinen Stellvertreter. Er kann selbst das Bundesverfassungsgericht anrufen, wenn er der Ansicht ist, daß andere Verfassungsorgane ihn in seinen Rechten oder Pflichten verletzt hätten, (Art. 93 Abs. 1 Ziff. 1 GG), daß der Bundespräsident gegen das Grundgesetz oder gegen anderes Bundesrecht verstoßen habe (Art. 61 GG), oder daß eine politische Partei verfassungswidrig sei (Art. 21 Abs. 2 GG). Außerdem kann sich der Bundesrat an Verfahren vor dem Bundesverfassungsgericht beteiligen.

Durch die → Notstandsverfassung ist der Bundesrat institutionell und verfahrensmäßig in alle Ausnahmemaßnahmen einbezogen. So ist er im Gemeinsamen Ausschuß vertreten (Art. 53a GG), hat im Falle des inneren Notstandes Kontroll- und Abwehrrechte (Art. 87a Abs. 4 Satz 2 GG) und im Verteidigungsfall Mitwirkungs- und Kontrollrechte (Art. 115aff. GG).

Schließlich erstrecken sich Befugnisse des Bundesrates auch auf den Personalbereich und auf die Mitwirkung in Aufsichtsorganen des Bundes wie z.B. die Zustimmung zur Ernennung des Generalbundesanwalts, die Bestellung der Präsidenten der Landeszentralbanken oder Entsendung von Vertretern in die Verwaltungsräte der Deutschen Bundesbahn und der Deutschen Bundespost.

4. Die politische Funktion des Bundesrats

Politikwissenschaftlich ist von Interesse, welche Stellung der Bundesrat im politischen Kräftefeld des Regierungssystems D.s einnimmt, welche politische Rolle er spielt, welche Bedeutung ihm im politischen Dreieck Bundestag, Bundesregierung, Bundesrat zukommt, in welchen parteipolitischen Konstellationen er auf welche Weise mit welchem Ergebnis wirkt, ob er im Gesamtsystem D.s eine eigenständige politische Kraft ist.

4.1 *Die administrative Funktion des Bundesrats*

Das Hauptaugenmerk der im Bundesrat Tätigen ist auf die Lösung von Verwaltungsproblemen im technisch-funktionalen Sinne gerichtet. Damit bestimmen die Kategorien des Bewahrens, der Zurückhaltung, des Erprobten und Bewährten, der Praktikabilität und des reibungslosen administrativen Ablaufes weitgehend die Bundesratstätigkeit. Motiviert wird diese Orientierung damit, daß die Arbeit des Bundesrates sachbezogen sein müsse, daß er weder ein Erfüllungsgehilfe der in der Regierung oder der außerhalb von ihr wirkenden Parteien sei, daß durch ihn mehr Sachgerechtigkeit in die politische Auseinandersetzung gelangen solle. Vorrangig solle die verwaltungsmäßige Betrachtung und Erledigung der von ihm zu behandelnden Gegenstände und zu entscheidenden Probleme sein. Solches Selbstverständnis und derartige Erfahrungen zeigen, daß der Bundesrat vor allem konservierend und korrigierend im rechtlichen, verwaltungsmäßigen und fiskalischen Sinne wirkt.

4.2 *Die politisch-innovierende Funktion des Bundesrats*

Der Bundesrat ist zwar ein Mitwirkungs- und kein Leitungsorgan im deutschen Regierungssystem, gleichwohl wirkt er immer wieder anregend auf die politische Debatte und das staatliche Handeln. Das geschieht durch Gesetzesinitiativen, Stellungnahmen im Gesetzgebungsverfahren und durch gelegentliche Grundsatzdebatten.

Trotz der nicht allzu häufigen Gesetzesinitiativen des Bundesrats und ihrer geringen Erfolgsquote gibt der Bundesrat in nicht wenigen Bereichen Anstöße für die Gesetzgebungsaktivitäten des Bundes (Gesundheitsbereich, Umweltschutz, Verkehr, Strafvollzug, Asylpolitik, Familienpolitik).

Politisch wirkt der Bundesrat vor allem auch durch seine Stellungnahmen zu Gesetzesvorlagen der Bundesregierung. Sein Plenum ist die erste öffentliche Stätte zur Vorlage eines Gesetzesvorhabens der Bundesregierung, die dann auch dort durch den Bundeskanzler oder den zuständigen Bundesminister Zweck und Mittel ihrer Vorlage begründet. Die Vertreter der Landesregierungen prüfen nicht nur die verfassungsrechtliche Qualität und Zulässigkeit, die verwaltungspraktische Verwendbarkeit und die zu erwartenden Kosten, sondern argumentieren politisch-prinzipiell, fragen nach Alternativen und verlangen Veränderungen. So wird in diesem sogenannten „Ersten oder politischen Durchgang“ häufig politisch kontroverses diskutiert und gelegentlich werden auch Grundsatzdebatten über existenzielle Fragen oder akute Herausforderungen des politischen Systems geführt. (Deutschlandvertrag und Vertrag über die Europäische Verteidigungsgemeinschaft 1953, Verträge mit der Sowjetunion und Polen 1972, Einheitliche Europäische Akte 1986, Einigungsvertrag 1990, Vertrag von Maastricht zur Gründung der Europäischen Union 1992, Gesetz über die Pflegeversicherung 1994).

4.3 *Die opponierende Funktion des Bundesrats*

Wesensmäßig gehört zu den Funktionen des Bundesrats, daß er als Verfassungsorgan zur Vertretung der Landesinteressen gegen Bundestagsmehrheit und Bundesregierung opponiert, wenn diese die Interessen der Länder zu beeinträchtigen drohen, z.B. durch Kompetenzverlagerung zugunsten des Bundes oder der EG, durch Reduzierung der Finanzausstattung der Länder oder durch Eingriffe in deren Verwaltungsstruktur. Diese Oppositionsfunktion ist ein kontinuierlicher Faktor in den Entscheidungsprozessen des Bundesrats.

Von größerer Bedeutung für das politische System ist jedoch, wenn die Mehrheit des Bundesrates von Landesregierungen gebildet wird, die denselben Parteien angehören wie die → Opposition des Bundestags.

Schon der Gedanke daran ist jeder Bundesregierung und den Regierungsfraktionen unangenehm, unabhängig aus welchen Parteien sie gebildet sind, und es ist einsichtig, daß zwischen Bundespolitik und Landtagswahlen ein enger Zusammenhang besteht. Denn das Parteienstaatsprinzip wirkt sich auch auf das Bundesstaatsprinzip aus, überlagert dies häufig und bestimmt damit Zusammensetzung und Entscheidungen des Bundesrates.

Wenn die oben genannte Konstellation eintritt, dann kann es geschehen, daß die Mehrheit des Bundesrates das zu erreichen versucht, was der oppositionellen Minderheit im Bundestag nicht gelungen ist, nämlich entweder ein Gesetz überhaupt zu verhindern oder ihre parteipolitischen Zielvorstellungen durchzusetzen. Das ist verfassungsrechtlich zulässig; ob es demokratischen Legitimitätsvorstellungen entspricht, ist umstritten. Die Gesetzgebungspraxis hat gezeigt, daß kaum Gesetze am Bundesrat scheitern, sondern daß dessen Mehrheit vielmehr über den Vermittlungsausschuß mit Erfolg versucht, Gesetzesbeschlüsse der anderen parteipolitischen Mehrheit in ihrem Sinne zu verändern. Das Ergebnis ist oft ein Kompromiß, der gegensätzliche Interessen ausgleicht und nicht selten dem Gemeinwohl zuträglicher ist als die ursprüngliche Konzeption.

Literatur

Bundesrat (Hrsg.) 1994: Handbuch des Bundesrates für das Geschäftsjahr 1994/95. München.

Bundesrat (Hrsg.) 1989: Vierzig Jahre Bundesrat. Baden-Baden.

Herles, Helmut 1989: Das Parlament der Regierenden. Bonn.

Hrbek, Rudolf 1989: Miterlebt – Mitgestaltet. Der Bundesrat im Rückblick. Stuttgart.

Laufer, Heinz 1991: Das föderative System der Bundesrepublik Deutschland. München.

Reuter, Konrad 1991: Praxishandbuch Bundesrat. Heidelberg.

Ziller, Gebhard, Oschatz, Georg-Berndt 1993: Der Bundesrat. Bonn.

Heinz Laufer

Bundesregierung

1. Entwicklung

Die Bundesregierung D. hat das Gesamtinteresse D.s nach innen und außen zu vertreten, sie ist das zentrale Exekutiv- und Koordinierungsorgan des Landes. Größe und Reichweite ihrer Aufgaben haben über die Jahrzehnte immer mehr zugenommen, einschließlich der Führung und Kontrolle des großen und verzweigten Verwaltungsapparates des Bundes, der Verwaltung der umfangreichen Finanzmittel und ihres Einsatzes im Sinne politischer Konzeptionen, sowohl was die Sicherung des Bestehenden wie was die Planung und Durchführung von Veränderungen betrifft. Reichweite und Größenordnung dieser Aufgaben führen zu einer Konzentration der Entscheidungen bei der Regierung und so zu einem Ungleichgewicht der verschiedenen Gewalten, so daß nach neuen Kontrollinstrumenten auch innerhalb des bürokratischen Apparates Ausschau gehalten wurde, u.a. von Datenschutzbeauftragten (→ Datenschutz).

Die politischen Entscheidungen, die die Regierung trifft oder ausführt, gewinnen immer mehr Einfluß auf das Leben jedes Einzelnen. Die enger werdenden nationalen und internationalen ökonomischen

Zusammenhänge, der ständig steigende Güteraustausch und die wachsende Mobilität der → Bevölkerung erfordern ständig neue zentrale Entscheidungen und Reaktionen für das ganze Bundesgebiet. Der Volkswille, der sich im Parlament äußern soll, braucht einen Adressaten: Die Bundesregierung ist dem → Bundestag für alles verantwortlich, was Bundesbehörden tun oder unterlassen. Zentrale Entscheidungsgewalt und großen Einfluß besitzt jede Regierung eines modernen Landes. Der Unterschied zwischen einem demokratischen → Rechtsstaat und anderen Staatsformen besteht darin, daß die Regierung nicht allmächtig ist, sondern kontrolliert wird: von Parlament und Öffentlichkeit, vom Volk in den Wahlen, von den → Gerichten in bezug auf die Rechtmäßigkeit ihres Handelns. In D. kommt hinzu, daß der Schwerpunkt der Verwaltung bei den Ländern liegt.

Die öffentlichen Aufgaben und Zuständigkeiten haben sich in der modernen, international verflochtenen Welt ausgedehnt. Statt von natürlichen Gegebenheiten hängen sie immer stärker von politisch-ökonomischen Entscheidungen und deren Folgen ab. In modernen Demokratien greifen daher die Staatsorgane zur Sicherung von Effektivität, Kontrolle oder Loyalität in immer neue Lebensgebiete ein, in Deutschland resultiert daraus eine Staatsquote von über 50%. Zu den traditionellen Aufgaben wie → Außenpolitik, Verteidigung, öffentliche Ordnung, Justiz und Steuerwesen sind umfangreiche neue getreten: Bildung und Wissenschaft, Gesundheitsvorsorge und -wiederherstellung, Arbeitsvermittlung und Arbeitsplatzbeschaffung, Wirtschaft, Landwirtschaft und Umwelt. Äußeres Anzeichen für diese Entwicklung ist die Bildung immer neuer Ministerien gewesen. Zu den „klassischen Ressorts" (Außen, Innen, Krieg, Justiz und Finanzen) trat schon im Ersten Weltkrieg das Wirtschaftsministerium, in der Weimarer Republik folgten Landwirtschafts- und Arbeitsministerium. Der wachsenden Bedeutung des Verkehrs wurde durch ein Ministerium Rechnung getragen, das für Bundesstraßen, Autobahnen, Bahnen und den Luftverkehr zuständig ist (→ Verkehrspolitik). Den Rückstand Deutschlands in der Forschung nach dem Zweiten Weltkrieg suchte die BRD zunächst mit einem „Atomministerium" zu begegnen, aus dem später das Ministerium für Forschung und Technologie wurde. Dem „Bildungsnotstand" sollte 1970 das Ministerien für Bildung und Wissenschaft abhelfen. Auf die Umweltproblematik wurde nach der Katastrophe von Tschernobyl 1986 mit einem Umweltministerium reagiert, das auch den Begriff „Reaktorsicherheit" im Namen trug. Auch die Schwerpunkte Familie, Frauen, Jugend und Senioren wurden von verschiedenen Regierungen politisch besonders akzentuiert und in der Namensgebung von Ministerien berücksichtigt (→ Familienpolitik).

In der Geschichte der Bundesrepublik hat der Erweiterung der staatlichen Aufgaben auch eine ständige Erhöhung der Zahl der Ministerien entsprochen, wobei zum Teil auch Gesichtspunkte der Öffentlichkeitswirksamkeit und der Berücksichtigung unterschiedlicher Parteien, Strömungen und Regionen maßgebend waren. Neben den Ministern gibt es seit 1966 Parlamentarische Staatssekretäre, deren Zahl ebenfalls immer weiter erhöht wurde, obwohl ihre Aufgabenbereiche oft nicht klar von denen der beamteten Staatssekretäre abgegrenzt werden konnten. 1990 wurde mit 18 Ministerien ein Höhepunkt in dieser Entwicklung erreicht. Erst nach intensiver öffentlicher Kritik wurde die Zahl der Ministerien bei der Regierungsbildung 1994 von 18 auf 16 zurückgenommen, allerdings wuchs die Zahl der Parlamentarischen Staatssekretäre erneut um einen auf 27. Die vier Parlamentarischen Staatsekretäre im Bundeskanzleramt und im Außenministerium tragen den Titel Staatsminister. Aus der Zusammenlegung von jeweils zwei Ministerien entstanden 1994 das Bundesministerium für Bildung, Wissenschaft, Forschung und

Technologie und das Bundesministerium für Familie, Senioren, Frauen und Jugend. Besonders deutlich ist die Ausweitung der Zahl des Führungspersonals beim Bundeskanzleramt, das ursprünglich nur von einem Staatssekretär verwaltet wurde. Mittlerweile sind dort ein Sonderminister und zwei Staatsminister angesiedelt. In den → Bundesländern sind über die Jahre ähnliche Ausweitungen erfolgt. Trotz aller Erklärungen über den „schlanken Staat" hat auch die Zahl der Ministerialbeamten seit 1983 noch einmal um 1500 zugenommen. Im Gegensatz zum Bund ist diese Entwicklung 1994 bei den Regierungsbildungen im → Sal. und in → R.P. korrigiert worden.

2. Funktionsweise und Aufgaben

Die Funktionsweise der Bundesregierung läßt sich nach Art. 65 GG in drei Prinzipien fassen: das Ressortprinzip, d.h. die verantwortliche Führung der einzelnen Ministerien durch ihre Minister, das Kabinettsprinzip, d.h. die Debatte und Abstimmung aller Minister unter dem Vorsitz des → Bundeskanzlers über Angelegenheiten von allgemeiner Bedeutung und insbesondere alle Gesetzentwürfe und die Richtlinienkompetenz des Bundeskanzlers. Diese drei Prinzipien überschneiden sich und können in unterschiedlichen Regierungsstilen akzentuiert werden.

Jeder Minister leitet sein Ministerium. Dabei assistieren ihm die parlamentarischen und die beamteten Staatssekretäre. Während der Minister kein Spezialist in seinem Ressort sein muß (obwohl in D. nach wie vor die Idee des fachspezialisierten Ministers verbreitet ist) und in der Regel den Regierungsfraktionen entstammt, sind der beamtete Staatssekretär und die oberen Beamten Karrierebeamte, die meist lange Zeit in einem Gebiet arbeiten. Die Parlamentarischen Staatssekretäre sind gleichzeitig → Abgeordnete und können den Minister im Parlament vertreten.

Eine Hauptaufgabe der Ministerien ist die Vorbereitung von Gesetzen. Auch wenn der Bundestag Gesetzesinitiativen ergreift, werden die fachlichen Aspekte im allgemeinen in den Ministerien erarbeitet, die nach der Geschäftsordnung der Bundesregierung dazu im Vorfeld Kontakte zu den Spitzenverbänden in ihrem Bereich unterhalten. Dies ist nur ein Aspekt der teilweise weitgehenden Verbandsfärbung von Ministerien oder einzelnen Abteilungen und Unterabteilungen. Besonders stark ist dies traditionell im Landwirtschaftsministerium, im Wirtschaftsministerium und im Innenministerium in bezug auf das Beamtenrecht zu beobachten. Letzteres ist gleichzeitig ein Beispiel für inside lobbying, d.h. die Vertretung von Eigeninteressen durch die Bürokratie.

Den einzelnen Ministerien sind die obersten Bundesbehörden unterstellt, unter anderem das → Statistische Bundesamt, die → Bundesanstalt für Arbeit, die Bundesfinanzverwaltung, der Bundesgrenzschutz, die Wasser- und Schiffahrtsverwaltung, der Bundesdisziplinarhof, das Bundesarchiv, die Zollverwaltung und die Bundesanstalt für Raumordnung und Landesplanung. Die Bundespost soll in den nächsten Jahren in drei Unternehmen privatisiert werden, in diesem Zusammenhang ist die Abschaffung des Postministeriums vorgesehen.

Da der Hauptteil der Verwaltung von den Bundesländern in eigener Zuständigkeit ausgeführt wird, verfolgen insbesondere das Innen- und das Verkehrsministerium die Ausführung der Bundesgesetze durch die Länder und bemühen sich um ihre Koordinierung. Nur zwei Bundesministerien haben einen breiten Unterbau: das Außenministerium, dem sämtliche Auslandsvertretungen unterstehen, und das Verteidigungsministerium, das im Sommer 1994 360.000 Bundeswehrsoldaten sowie 160.000 zivile Bedienstete beschäftigte.

Innerhalb der Ministerien gilt das hierarchische Prinzip der Weisung durch den Vorgesetzten: Der Minister kann (direkt oder durch den Staatssekretär) seine Abteilungsleiter anweisen, dieser die Unterabteilungsleiter und diese schließlich die Referenten für die einzelnen Sachgebiete, die wieder mehrere Mitarbeiter haben können. Durch die Abgrenzung der Sachgebiete wird die Zuständigkeit jeder einzelnen Untergruppierung geklärt, gleichzeitig ergibt sich damit auch die Verantwortlichkeit der Beamten. Scheint einem Beamten eine Weisung sachlich falsch zu sein, so kann er (falls er genügend Zivilcourage besitzt) widersprechen, notfalls auch die Entscheidung des Vorgesetzten seines Vorgesetzten einholen. Werden seine Bedenken nicht berücksichtigt, so muß er die Entscheidung ausführen. Diese Rechtsprinzipien werden allerdings vielfach modifiziert. Sachverstand der Beamten und politische Führung stellen sich in der Praxis „als eine Art fortlaufener, wenn auch unausgesprochener Dialog dar", in dem beide Seiten aufeinander reagieren (*Mayntz* 1978: 194). Auch die Ministerialbeamten haben vielfach ein politisch-gestalterisches Selbstverständnis.

Gegenüber dem Parlament und der Regierung trägt der Minister die Verantwortung für seinen Geschäftsbereich. Nach außen hin haben alle Beamten den Standpunkt des Ministers zu vertreten. Während die unteren Beamten unkündbare Fachleute sind, sind die obersten Beamten, besonders der Staatssekretär und der Pressesprecher des Ministeriums, „politische Beamte" und können jederzeit in den „einstweiligen Ruhestand" versetzt werden. Während früher von dieser Möglichkeit nur Gebrauch gemacht wurde, wenn ein neuer Minister aus einer anderen Partei das Ressort übernahm, sind in den letzten Jahren in einer ganzen Reihe von Fällen auch Beamte in den einstweiligen Ruhestand versetzt worden, die derselben Partei angehörten.

Aus Größe und Aufgaben ergibt sich die unterschiedliche Wichtigkeit der verschiedenen Ministerien. Das begehrteste Ministerium, welches am meisten im Blickpunkt der Öffentlichkeit steht, ist das Außenministerium, das seit 1966 immer vom Vorsitzenden der zweitstärksten Koalitionspartei besetzt worden ist. Weiter gelten die „klassischen Ressorts" als zentral; zu ihnen ist in den letzten Jahrzehnten das Wirtschaftsministerium getreten. Nach der Verfassung haben das Innen-, Justiz- und Finanzministerium im Entscheidungsprozeß besondere Rechte.

Zwischen zwei Ministerien strittige Entscheidungen und alle wichtigeren Vorgänge, wie zum Beispiel Gesetzentwürfe der Bundesregierung, werden vom Kabinett behandelt. Es tagt in der Regel wöchentlich unter Vorsitz des Bundeskanzlers, alle Minister gehören ihm an. Es berät vertraulich und legt durch Abstimmung die Meinung der Bundesregierung fest, an die dann alle Minister gebunden sind. Die Positionen der Minister werden stark von ihren Ressortzuständigkeiten und ihren Parteiloyalitäten geprägt.

3. Verantwortlichkeiten und Konflikte

Schwerwiegende Konflikte hängen im allgemeinen mit Parteigegensätzen oder mit Richtungskämpfen innerhalb einer Partei zusammen. Beispielsweise kritisierte 1950 der damalige Innenminister *Heinemann* (CDU), daß Bundeskanzler *Adenauer*, ohne das Kabinett zu informieren, den Westmächten die Aufstellung deutscher Streitkräfte angeboten hatte. Dahinter stand seine grundsätzliche Ablehnung einer deutschen Wiederaufrüstung so kurze Zeit nach dem Krieg und seine Furcht, sie werde eine → Wiedervereinigung unmöglich machen. Als das Kabinett mehrheitlich den Bundeskanzler unterstützte, trat *Heinemann* von seinem Amt zurück, verließ später die CDU und gründete eine eigene Partei, die Gesamtdeutsche Volkspartei, die sich hauptsächlich gegen die Wiederbewaffnung wandte.

Der freiwillige Rücktritt aus politischer Überzeugung ist aber Ausnahme geblieben.

Im allgemeinen hängen Minister an ihrem Amt, das Ansehen und Einfluß eröffnet und das man nicht so leicht zurückgewinnt (auch hier ist *Heinemann* eine Ausnahme: Er wurde 1966 für die SPD Justizminister, 1969 → Bundespräsident). Ein ungewöhnlicher Fall von Verweigerung politischer Verantwortung war 1983/84 der des damaligen Verteidigungsministers *Wörner*, der ungerechtfertigte Beschuldigungen gegen General Kießling erhob, selbst mit einem - zweifelhaften Belastungszeugen sprach und schließlich eine Ehrenerklärung abgab. Bundeskanzler *Kohl* beließ ihn im Kabinett, er war politisch aber sehr geschwächt, was wiederum die Stellung der Kanzlers stärkte. Einen sehr honorigen Rücktritt nahm dagegen 1993 Innenminister *Seiters* wegen der Bad-Kleinen-Affäre, für die er nur die allgemeine Ressortverantwortung trug.

1962 traten die Minister der FDP aus der Koalitionsregierung mit der CDU/CSU zurück, um das Vorgehen des Verteidigungsministers *Strauß* gegen den „Spiegel" zu verurteilen. Ihr Rücktritt führte, da die Regierung damit die Mehrheit verlor, zu einer Regierungskrise und zum Ausscheiden von *Strauß* aus der Regierung. Als die FDP-Minister 1966 erneut zurücktraten, um gegen Steuererhöhungen und die unklare Politik Bundeskanzler *Erhards* zu protestieren, bildete die CDU/ CSU mit der SPD eine neue Koalitionsregierung. Aus diesen Ausnahmefällen werden die Spielregeln der Koalition ersichtlich: Ein einzelner Minister hat wenig Chancen, sich gegen den Kanzler und seine Kollegen durchzusetzen, wenn er nicht eine Fraktion oder einen Parteiflügel hinter sich hat, von dem die Regierungsmehrheit im Parlament abhängt. Eine Meinung aller Minister einer Koalitionspartei hat mehr Gewicht als die von einigen Ministern verschiedener → Parteien, denn sie birgt die Gefahr einer Krise zwischen den Regierungsparteien, da beide – oft auch im Hinblick auf ihre Position bei den Wahlen – ihre Position behaupten wollen.

Im allgemeinen versuchen die Parteiführungen, solche kritischen Punkte schon vor der offiziellen Kabinettsberatung abzuklären, entweder in informellen Gesprächen (vor allem zu Beginn der Großen Koalition zwischen Bundeskanzler *Kiesinger* und dem stellvertretenden SPD-Vorsitzenden Wehner) oder in einem eigenen „Koalitionsausschuß", in dem die Partner paritätisch vertreten sind. Zur Überwindung von Meinungsverschiedenheiten dienen schriftliche Koalitionsabkommen, die für die Koalition eine Linie formulieren. Es hat sich eingebürgert, daß nach der Aufteilung der Zuständigkeiten die personelle Besetzung von Ministerien dem Koalitionspartner überlassen bleibt. So wurde im Frühjahr 1992 der Nachfolger Außenminister *Genschers*, der bisherige Justizminister *Kinkel*, allein von den Gremien der FDP nominiert. Entscheidend für das Funktionieren einer Koalition und überhaupt die Arbeitsweise einer Regierung sind Position und Geschick des Bundeskanzlers. Das Grundgesetz gibt ihm beträchtliche Möglichkeiten. Er (und nicht das Parlament) schlägt dem Bundespräsidenten die Minister vor, er ist auch für ihre Ablösung maßgebend. Bundeskanzler *Kohl* hat diese Kompetenz genutzt, um Minister von außen hereinzuholen, die zunächst keine parlamentarische Basis hatten (*Süßmuth, Töpfer, Scholz, Lehr, Kanther*). Ein Teil dieser Minister hat sich bewährt und anschließend auch ein Parlamentsmandat errungen, ein anderer Teil ist nicht erfolgreich gewesen. Auch mit der Installierung der Familienministerin Claudia *Nolte* 1994 hat Bundeskanzler *Kohl* einen Überraschungscoup unternommen. Das Parlament kann nur die ganze Regierung, nicht einen einzelnen Minister absetzen. Freilich wird der Bundeskanzler eher einen angefeindeten Minister opfern (siehe *Strauß* 1962), als seine ganze Regierung zu gefährden.

Schließlich besitzt der Bundeskanzler im *Bundeskanzleramt* ein Informations- und Koordinationszentrum für die gesamte Regierung. Das Bundeskanzleramt ist eine Bundesregierung im kleinen, für jedes Bundesministerium hat es Referenten, die die Politik des Ministeriums verfolgen und kontrollieren und die Entscheidungen und Eingriffe des Bundeskanzlers vorbereiten. Außerdem ist dem Bundeskanzleramt direkt das Amt für Presse- und Informationswesen unterstellt, dessen umfangreiche und bis zu Beginn der Großen Koalition unkontrollierte Geldmittel vor allem in den fünfziger Jahren, aber auch wieder in den neunziger Jahren für die Regierungspolitik genutzt wurden, bis zur Bezahlung von Journalisten, die negativ über die → Opposition schrieben.

Der Bundeskanzler, der meist auch Vorsitzender einer der beiden großen Parteien ist, kann sich gegen einen Minister aus der eigenen Partei ohne viel Anhang eher durchsetzen als gegen einen Repräsentanten eines Flügels oder wichtigen Landesverbandes der eigenen Partei. Der Kanzler wird sogar bestrebt sein, führende Politiker im Kabinett zu behalten, damit sie nicht innerhalb der eigenen Partei eine Oppositionsrolle übernehmen. Kaum wirksam ist die Richtlinienkompetenz gegenüber dem Vorsitzenden einer starken Koalitionsfraktion, die aus der Koalition ausscheiden und mit der Opposition zusammen eine neue Regierung bilden könnte. Gegen einen Minister der Koalitionspartei wird sich der Bundeskanzler nur durchsetzen können, wenn es ihm entweder gelingt, andere Minister oder die Parlamentsfraktion von seiner Position zu überzeugen oder Zugeständnisse auf anderen Gebieten zu machen. Sonst muß er es entweder auf eine Kraftprobe ankommen lassen oder den Streitpunkt „ausklammern“ und ungelöst lassen, wie es in vielen Fällen unter Bundeskanzler *Kiesinger* üblich war. In bezug auf Bundeskanzler *Kohl* ist vielfach polemisch vom „Aussitzen“ die Rede gewesen. Eine verhältnismäßig starke Stellung hat der Kanzler, wenn verschiedene Minister uneins sind. Er kann die Stellung eines Schiedsrichters anstreben und Meinungsverschiedenheiten in der Koalition für sich ausnutzen. Schließlich kann er den Gang der Beratungen beeinflussen, denn er leitet die Kabinettssitzungen. Über seinen Staatssekretär, der die Tagesordnung vorbereitet, hat er Einfluß auf den Ablauf der Sitzungen. Die Überschneidung der Strukturprinzipien der Bundesregierung gibt den politischen Fähigkeiten der beteiligten Politiker hinreichend freien Raum.

4. Berlin und Bonn

Nach langen und heftigen Auseinandersetzungen hat der Bundestag am 20. Juni 1991 beschlossen, den „Kernbereich der Regierungsfunktionen“ in Berlin anzusiedeln, während „insbesondere die Bereiche, die mehr verwaltenden Charakter haben, ihren Sitz in Bonn behalten“. Die Bundesregierung hat ausführend entschieden, den Umzug bis zum Jahr 2000 abzuschließen und zwei Drittel der Arbeitsplätze in Bonn, ein Drittel in Berlin zu situieren. Während Kanzler, Außen-, Innen- Finanz-, Justiz- und Wirtschaftsminister nach Berlin gehen, bleiben u.a. der Verteidigungs- und der Umweltminister in Bonn. Bei den Entscheidungsprozessen scheinen die Privatinteressen der Beamtenschaft starkes Gewicht gehabt zu haben, während Effektivitäts- und Reformüberlegungen vernachlässigt wurden (Müller 1994, 618). Damit wird das Experiment eines geteilten Regierungssitzes eingeleitet. Die meisten Beobachter nehmen allerdings an, daß es auf die Dauer zu einem „Rutschbahneffekt“ kommen wird, da durchsetzungsfreudige Beamte und Abteilungen versuchen werden, ins neue Zentrum der Macht und der Öffentlichkeit zu wechseln und der Dienstsitz als wichtiges Zeichen für die Position in der informellen Hierarchie der Ministerien bzw. Abteilungen betrachtet werden wird.

Literatur

Der Bundesminister des Innern, Arbeitsstab Berlin/Bonn: Bericht der Bundesregierung zur Umsetzung des Beschlusses des Deutschen Bundestages vom 20. Juni 1991 zur Vollendung der Einheit Deutschlands, Bonn, 29.Mai 1992.

Handbuch der Bundesregierung. 13. Wahlperiode 1994-1998, bearb. v. Hans-Jörg Erb. Bad Honnef.

Hartwich, Hans-Hermann/Wewer Göttrik (Hrsg.): 1990-94: Regieren in der Bundesrepublik, 5 Bde. Opladen.

Hennis, Wilhelm 1964: Richtlinienkompetenz und Regierungstechnik. Tübingen.

Mayntz, Renate 1978: Soziologie der öffentlichen Verwaltung. Heidelberg/Karlsruhe.

Putnam, Robert D. 1976: Die politischen Einstelllungen der Ministerialbeamten in Westeuropa, in: PVS 17.Jg.

Müller, Edda 1994: Das Bundesumweltministerium – „Randbereich" der Bundesregierung? Organisationsrefom mit dem Taschenrechner, in: ZParl, 25. Jg.

Mueller-Rommel, Ferdinand 1988: Federal Republic of Germany, in: Jean Blondel and Ferdinand Mueller-Rommel (Hrsg.), Cabinets in Western Europe. London.

Niclauss, Karlheinz 1988: Kanzlerdemokratie. Bonner Regierungspraxis von Konrad Adenauer bis Helmut Kohl. Stuttgart u. a.

Schindler, Peter 1994: Datenhandbuch zur Geschichte des Deutschen Bundestages 1983 bis 1991. Baden-Baden.

Schmidt, Manfred G. 1992: Regieren in der Bundesrepublik Deutschland. Opladen.

Schneider, Hans-Peter 1989: Koalitionsbildung, Kanzlerwahl und Kabinettsbildung, in: Dies. (Hg.), Parlamentsrecht und Parlamentspraxis in der Bundesrepublik Deutschland. Berlin.

Schürmann, Frank 1992: Öffentlichkeitsarbeit der Bundesregierung: Strukturen, Medien, Auftrag und Grenzen eines informalen Instruments der Staatsleitung. Berlin.

Dietrich Thränhardt

Bundesrepublik Deutschland – Geschichte und Perspektiven

1. Innenpolitische Grundlegung 1945-1961

Die Entstehung der BRD ist geprägt von der politisch-moralischen und militärisch-materiellen Katastrophe des „Dritten Reiches" und der Auseinandersetzung mit dem sowjetischen Kommunismus. In der unmittelbaren Nachkriegszeit bestand auf der Ebene der Besatzungsmächte und der deutschen Politik ein antifaschistischer Konsens unter Einschluß der Kommunisten. Dem Einheitsdenken der unmittelbaren Nachkriegszeit entstammen wesentliche Strukturprinzipien der Parteien- und Verbändelandschaft wie die Einheitsgewerkschaft, der einheitliche Bauernverband, die überkonfessionelle → CDU und → CSU, die Öffnung der → SPD gegenüber neuen Schichten und die Vereinigung der nationalliberalen und linksliberalen Traditionslinien in der → FDP.

Während der Blockade Berlins durch die Sowjetunion 1948/49 kam ein antikommunistischer Konsens hinzu. Nur auf dieser Grundlage konnten die Ministerpräsidenten der westdeutschen Länder überhaupt auf das Angebot der Westmächte eingehen, einen Staat nur für die Westzonen zu bilden – zunächst als Provisorium bis zu einer gesamtdeutschen Lösung betrachtet. Nach der „Magnet-Theorie", die zuerst der erste SPD-Vorsitzende *Schumacher* formulierte, sollte der neugeschaffene Weststaat so attraktiv werden, daß schließlich die Sowjetische Zone ausgehöhlt und die → Wiedervereinigung herbeigeführt werden könnte.

In den 50er Jahren wich eine breite sozialistische Grundstimmung bis weit in die

CDU/CSU hinein schrittweise einem Konsens über die → Soziale Marktwirtschaft, die von dem ersten Wirtschaftsminister *Erhard* repräsentiert und vertreten wurde. Die hohen Wachstumsraten der ersten Jahrzehnte bis zur Ölkrise 1973, die mit dem mythischen Begriff Wirtschaftswunder apostrophiert wurden, legitimierten diese Wirtschaftsordnung und eröffneten breiten Schichten die Möglichkeit, sich einen nie gekannten Wohlstand zu erarbeiten. Nach mehr als drei Jahrzehnten von Kriegen und Krisen gab es zum ersten Mal wieder ein Gefühl der Sicherheit und Normalität. Entgegen den Ideen *Erhards* blieben allerdings in vielen Bereichen Staatseingriffe, Bankenmacht oder korporatistische Arrangements entscheiend (*Abelshauser* 1983). Nach den ersten Krisenjahren, in denen CDU und CSU in Landtagswahlen große Verluste hinnehmen mußten, bildete der Wirtschaftserfolg seit dem „Korea-Boom" 1950-52 bei der zweiten und dritten Bundestagswahl 1953 und 1957 die Grundlage für eine hegemoniale Stellung der CDU/CSU in der Bundespolitik. Da in diesen Jahren auch die Ministerien und Verwaltungen aufgebaut wurden, sprahen Kritiker nicht ohne Grund polemisch vom „CDU-Staat".

Neben dem wirtschaftlichen Erfolg bildete eine weitgreifende und undoktrinäre → Sozialpolitik wesentliche „Integrationsklammern" (*Kleßmann* 1988) des neuen Staates. Finanziert von Vermögensabgaben wurde den zwölf Millionen Ostvertriebenen ein Lastenausgleich gewährt, der zunächst vor allem auf produktive Investitionen konzentriert wurde. Ein Umsiedlungsprogramm erleichterte ihnen den Weg in die Industriezentren. Der staatsfinanzierte soziale Wohnungsbau erbrachte mit Hilfe gewerkschaftlicher und kirchlicher Träger erstaunliche quantitative Leistungen. Die Kriegsopfer wurden durch Renten versorgt. Die Altersrenten wurden 1957 wesentlich erhöht und zugleich an die Einkommensentwicklung gebunden („dynamisiert"), erst seitdem lagen sie überwiegend über dem Existenzminimum. Die staatliche Umverteilungsquote übertraf in den Gründungsjahren der BRD die aller anderen westlichen Länder. Im ständigen Wettbewerb um die Wähler zwischen den beiden großen Parteien bildeten sich die Muster des Sozial- und Verteilungsstaates aus, alle Beteiligten gewöhnten sich an wachsende Erträge und staatliche Leistungen. Nach dem Stolz auf die eigene ökonomische Leistung, dem Wirtschaftspatriotismus, entwickelte sich Stolz auf den Sozialstaat, Sozialpatriotismus.

2. Einbindung in westeuropäisch-atlantische Strukturen

Schon vor der Gründung der BRD waren die westlichen Besatzungszonen in den Marshall-Plan und die auf ihm fußenden europäischen Handelsstrukturen einbezogen worden. In den folgenden Jahren wurde die Politik der Westintegration konsequent weitergeführt, und zwar ohne Rücksicht auf die immer rigider werdende Teilung Deutschlands. Dies war der Kern der → Außenpolitik des ersten Bundeskanzlers *Adenauer*. Die BRD sollte fest im westeuropäischen und atlantischen Zusammenhang verankert, auf diese Weise gesichert und für immer vor nationalistischen Sonderwegen bewahrt werden. *Adenauer* war bereit, gegenüber dem Westen Vorleistungen zu erbringen und Kompromisse zu schließen, wenn damit Verbesserungen zustandekamen. Mit diesem pragmatischen Vorgehen gelang es ihm, der westeuropäischen Einigung Schubkraft zu geben und die BRD als Partner in die europäische und atlantische Staatengemeinschaft zu führen (→ Europapolitik).

Im *Petersberger Abkommen* 1949 erreichte Adenauer das Ende der westlichen Demontagen. Die BRD trat gleichzeitig in die Ruhrbehörde ein und sanktionierte so eine Sonderkontrolle des Kerns der deutschen Industrie. Schon 1951 gelang es aber, mit der Europäischen Gemeinschaft für Kohle und Stahl (EGKS) eine supranationale europäische Struktur zu errichten, mit der einerseits die deutsche Schwerindustrie kontrolliert wurde, in der aber andererseits die BRD als gleichberechtigter Partner mit den Benelux-Staaten, Frankreich und Italien zusammenwirkte. Weitergehende europäische Projekte wie die Europäische Politische Gemeinschaft und die Europäische Verteidigungsgemeinschaft (EVG), mit der deutsche Truppen ohne direkte NATO-Beteiligung mobilisiert werden sollten, scheiterten indes am französischen Widerstand. Stattdessen wurde die BRD 1955 mit den Pariser Verträgen Partner der Westalliierten in der Westeuropäischen Union (WEU) und der NATO (→ Äußere Sicherheit). Sie unterstellte alle künftigen Truppen amerikanischem Oberbefehl. Sie verzichtete auf eigene atomare, biologische und chemische (ABC-)Waffen und erlangte die Souveränität zurück – von Viermächtevorbehalten für Berlin und Gesamtdeutschland abgesehen. Bestandteil des Vertragspakets war auch ein Abkommen mit Frankreich über die endgültige Abtrennung des Saarlandes (→ Land Saarland) von Deutschland, das mit einem „europäischen Statut" unter französischem Einfluß verbleiben sollte. Als das saarländische Volk dieses Modell mit großer Mehrheit in einer Abstimmung ablehnte, wurde das Saarland 1956 an die BRD zurückgegeben.

In der Konferenz von Messina 1955 vereinbarte die BRD mit Frankreich, Italien und den Benelux-Staaten die Gründung der Europäischen Wirtschaftsgemeinschaft, die 1957/58 gemeinsam mit der Europäischen Atomgemeinschaft (Euratom) ins Leben trat. Die EWG wurde von beiden großen Parteien getragen, nur die FDP lehnte sie als zu protektionistisch ab. Sie hat als Keimzelle der EG bzw. EU langfristig große Bedeutung gewonnen, indem sie Westeuropa einen stabilen ökonomischen Unterbau gab und Unternehmen ebenso wie Konsumenten eine großen Markt öffnete.

3. Kalter Krieg und Verfestigung der Teilung Deutschlands

So phantasievoll, konstruktiv und kompromißbereit *Adenauer* seine Politik nach Westen gestaltete, so inflexibel, desinteressiert und verständnislos war er gegenüber dem Osten. Jedes sowjetische Angebot wurde mit Mißtrauen betrachtet, Kompromisse mit der Sowjetunion oder der DDR galten als unmoralisch. Befürworter von Verhandlungen mit dem Osten wurden kommunistischer Sympathien bezichtigt. Dies traf im westlichen Deutschland auf Befürchtungen und Sicherheitsängste der Bevölkerung. „Sicherheit" und „keine Experimente" waren die zentralen Slogans der Regierung in den Wahlkämpfen.

Schon beim Petersberger Abkommen hatte der SPD-Oppositionsführer *Schumacher* deutsche Gleichberechtigung angemahnt. Auch der EVG und den Pariser Verträgen stimmte die SPD nicht zu. Für die Verhandlungsführung des Bundeskanzlers war diese Opposition zu Hause nicht ungünstig, ließ sie ihn doch als gemäßigteren Vertreter Deutschlands erscheinen.

Als die UdSSR 1952 und nochmals 1955 das Angebot einer *Wiedervereinigung* mit freien Wahlen unter der Bedingung der Neutralität Deutschlands machte, polarisierte sich die Debatte um die Außenpolitik. Die mit den Westverträgen verbundene Wiederbewaffnung und der Versuch des Griffs nach Atomwaffen 1958/59 riefen Kriegsängste hervor. Durch aggressive Äußerungen wie die Forderung *Adenauers* nach einer Neuordnung Osteuropas oder *Straußsche* Überlegungen zu einem Präventivschlag gegen den Osten wurde diese Angst noch verstärkt. Nicht nur die SPD, sondern auch viele FDP-Politiker und der gesamtdeutsche Minister J. *Kaiser* (CDU) wollten die Chance des sowjetischen Angebots nutzen. *Adenauer* brachte gleichwohl eine Zweidrittelmehrheit im Bundestag für NATO-Beitritt und Remilitarisierung zustande. Er versuchte nach Kräften

Verhandlungen mit der UdSSR zu hintertreiben und kündigte immer wieder an, die wachsende Überlegenheit des Westens werde die Wiedervereinigung bringen („Politik der Stärke"). In der Praxis war die Wiedervereinigung aber für die Regierung *Adenauer* „im besten Fall eine sekundäre Angelegenheit", entscheidend blieb immer der *sacro egoismo* des Weststaates (*Besson* 1970: 152, 129). Auch die Wellen von Demonstrationen und Kundgebungen gegen die Wiederbewaffnung 1950/53 („Ohne-mich-Bewegung") und die Atomrüstung in Deutschland 1958/59 („Ostermarsch-Bewegung") konnten an der Aufrüstung im Herzen Europas nichts ändern. Zwar erhielt die BRD keine Atomwaffen, wie das *Strauß* als Verteidigungsminister geplant hatte. Dies war aber weniger das Verdienst der Demonstranten als des Unwillens der Westmächte, dem geteilten D. Massenvernichtungswaffen anzuvertrauen. Stattdessen wurde die Bundeswehr konsequent in die NATO integriert, die sich strategisch und taktisch auf Atomwaffen stützte. In Mitteleuropa entstand das dichteste Waffenarsenal der Welt.

In den folgenden Jahren wurde jedoch nicht der Westen, sondern der Osten stärker. Mit dem spektakulären Sputnik-Start 1957 wurde ein sowjetischer Vorsprung in der Raketentechnik deutlich. In der nuklearen Hochrüstung entwickelte sich das „Gleichgewicht des Schreckens", der einen Nuklearkrieg zum allseitigen Selbstmord gemacht hätte. Unter der dynamischen Führung *Chruschtschows* versuchte die UdSSR ihre neue Stärke auszunutzen, die → DDR zu stabilisieren, ihre Anerkennung durchzusetzen und die Westmächte aus Berlin zu verdrängen. Als der amerikanische Präsident *Kennedy* daraufhin nur die Sicherung Westberlins und der freien Zugänge dorthin als „essentials" definierte, baute die DDR die Berliner Mauer und vollendete damit die Teilung D. (*Kleßmann* 1988: 90). Eine Wiedervereinigung gegen die UdSSR ließ sich also nicht erreichen, die → Bundesregierung mußte sich dieser Tatsache beugen. Dies galt gleichermaßen für die SPD-Opposition. Sie mußte erkennen, daß eine Wiedervereinigung auf Jahrzehnte irreal geworden war und die Entwicklung innerhalb der beiden Blöcke weiterging.

D. war gespalten, aber in der BRD waren die Grundlagen für ein stabiles demokratisches Gemeinwesen gelegt. Der deutsche Nationalismus war europäisch überformt, der Staat durch die Einbindung in stabile europäische und atlantische Zusammenhänge gezähmt und neu orientiert worden. Eine besonderer Beitrag dazu war das Abkommen mit Israel über deutsche Zahlungen zur Integration der überlebenden jüdischen Opfer der Vernichtung. Es wurde nicht mit der Mehrheit der Regierungsparteien, sondern von SPD und großen Teilen der CDU ratifiziert. Für die geistige Neuorientierung war die Übernahme dieser Verantwortung ein wichtiger Schritt, dem Entschädigungen für andere Opfer des Nationalsozialismus folgten.

4. Entspannungspolitik und Friedensbereitschaft 1962-1989

In den folgenden drei Jahrzehnten haben sich die westliche und demokratische Orientierung der BRD stabilisiert, ihre internationale Offenheit, ihr Reichtum, ihre Saturiertheit und ihr Friedenswillen sind gewachsen. Eingebunden in EU und NATO stellt sie unter den großen Nationen der Welt einen Export- und Handelsstaat (*Rosecrance* 1987) par excellence dar, die Hälfte ihrer Produktion wird – Vorprodukte eingerechnet – exportiert.

Auch nach dem Bau der Mauer hielt die Bundesregierung am Alleinvertretungsanspruch für D. fest. Zwei deutsche Botschaften gab es nur in Moskau, anderen Staaten gegenüber wurde die Aufnahme von Beziehungen zur DDR mit dem Abbruch der Beziehungen durch die BRD beantwortet (*Hallstein*-Doktrin). 1965 führte diese selbstgesetzte Erpreßbarkeit zu dem Fiasko, daß die BRD in der arabischen Welt kaum mehr vertreten war. Im Westen drohte ebenfalls zunehmend Isolation, weil das Beharren der BRD auf deutschlandpolitischen Konzessionen die Entspannungspolitik behinderte (*Baring* 1982: 444). Auflockerungsversuche des Außenministers *Schröder* in Richtung auf die Ostblockstaaten unter Umgehung der DDR scheiterten 1964. Auch die weitergehenden Versuche der Großen → Koalition waren nicht erfolgreich und verfingen sich im Streit zwischen den Koalitionspartnern, der auch die Unterzeichnung des Atomwaffensperrvertrages blockierte.

Erst die sozialliberale Koalition 1969-82 brachte den Mut auf, die existierenden Grenzen anzuerkennen und auf dieser Grundlage ein neues friedliches Verhältnis zu Osteuropa zu suchen. Im Gegenzug konnte in Viermächteverhandlungen die Beilegung des ständig schwelenden Berlin-Konflikts erreicht werden. Die harten Auseinandersetzungen um die *Ostpolitik* und die Übertritte einiger Abgeordneter zur CDU/CSU führten 1972 zum erfolglosen Versuch eines Mißtrauensvotums gegen Bundeskanzler *Brandt* und schließlich zu Neuwahlen, in denen die Regierung mit deutlicher Mehrheit bestätigt wurde. Zum ersten und einzigen Mal wurde die SPD in diesem Zusammenhang stärkste Fraktion im → Bundestag. Nach der Westintegration in den 50er Jahren wurde mit dieser Wahlentscheidung die Friedenspolitik nach Osten Konsens. Schrittweise schloß sich in den folgenden Jahren auch die CDU/CSU dieser Grundorientierung an, vor allem als sie 1982 wieder an die Regierung kam. Mit der Vermittlung des „Milliardenkredits" an die DDR 1983 sprang auch *Strauß*, der sich jahrzehntelang in der West-Ost-Konfrontation profiliert hatte, auf den Zug der Entspannung auf.

Die Vertiefung und Erweiterung der Europäischen Gemeinschaft, in der EWG, EGKS und Euratom zusammengefaßt wurden, war weiterhin ein Hauptziel. Das deutsch-französische Sonderverhältnis innerhalb der EG wurde seit der Kanzlerzeit H. *Schmidts* als Kern europäischer Entscheidungsstrukturen aktiviert. An die Stelle des Dollars als Leitwährung trat eine europäische Währungszone, in der die DM die Ankerwährung bildet. Die BRD ist der größte Handelspartner aller EU-Länder außer Spanien und Irland, die ökonomischen und politischen Beziehungen sind eng miteinander verflochten. Da die deutschen Exportinteressen aber über die EU hinausgehen, tritt die BRD für eine offene Handelspolitik nach außen ein, mit Ausnahme der protektionistischen Landwirtschaftspolitik.

Sicherheitspolitisch konnte das deutsch-französische Verhältnis wegen der Sonderrolle Frankreichs in der NATO nicht fruchtbar gemacht werden. Noch die Gründung des deutsch-französischen Eurokorps 1992 hatte keine operative, sondern eher symbolische Bedeutung. Die USA blieben die entscheidende Führungsmacht der NATO und der eigentliche Sicherheitsgarant, vor allem in bezug auf West-Berlin. Die BRD wurde andererseits wegen der konventionellen Stärke der Bundeswehr als Alliierter für die USA immer wichtiger.

Das gefährliche Ausmaß der sowjetischen Raketenrüstung Ende der 70er Jahre wurde zuerst von Bundeskanzler *Schmidt* kritisiert. Als Reaktion kündigte die NATO eigene Raketen an, falls die sowjetische Hochrüstung nicht eingestellt werde („Doppelbeschluß"). Zusätzliche Besorgnis löste der sowjetische Einmarsch in Afghanistan aus, der dann zur Wahl *Reagans* als US-Präsident und seinem harten Konfrontationskurs beitrug – einem Nachwinter des Kalten Krieges. Die Aufstellung rief in der BRD leidenschaftliche Reaktionen hervor („Friedensbewegung"), die das gewandelte Selbstverständnis sichtbar machten und entscheidend zum Ende der sozialliberalen Koalition beitrugen. Jedoch waren beide deutsche Staaten auch während des neuen

Ost-West-Konflikts, der „Nachrüstung" im Westen und der östlichen Reaktion einer weiteren Raketenaufstellung bemüht, die Spannungen zu begrenzen. Sie schürten nicht wie früher die Konfrontation, sondern suchten sie zu begrenzen. „Von deutschem Boden soll nie wieder Krieg ausgehen" wurde ein gesamtdeutsches Leitwort. Die Ereignisse machten dem sowjetischen Führungspersonal einerseits klar, daß der Westen reaktionsfähig blieb, andererseits aber, daß D. sich entscheidend gewandelt hatte und ein Friedenskonsens entstanden war. 1989 wurde dies noch einmal deutlich, als D. die Stationierung neuer Kurzstreckenraketen verweigerte und diese vermittelnde Haltung in den USA kritisch als „Genscherismus" bezeichnet wurde.

5. Gesellschaft im Wandel 1962-1989

Auch als 1960 die Vollbeschäftigung erreicht, die Kriegszerstörungen weitgehend beseitigt, der Vorkriegs-Lebensstandard überschritten und die Nachholbedürfnisse befriedigt waren, ging das epochale Wirtschaftswachstum weiter. D. hatte nach dem Krieg mit einem niedrigen Lebensstandard begonnen. Aufgrund niedrigerer Löhne und der Unterbewertung der DM auf dem Weltmarkt bis 1969 war es besonders konkurrenzfähig, die Kapitalbildung war hoch. Vordem wenig industrialisierte Regionen wie Bay. wurden zum Sitz von Betriebskernen und Spezialisten, die aus den Vertreibungsgebieten oder der DDR kamen und entwickelten sich zu modernen Industriezentren.

Als 1961 der Arbeitsmarkt erschöpft und auch der Zustrom aus der DDR abgeschnitten war und zudem der Aufbau der → Bundeswehr dem Arbeitsmarkt Kräfte entzog, ging die BRD in großem Ausmaß zur Anwerbung ausländischer Arbeitskräfte über. Wie vorher die Vertriebenen zogen sie dorthin, wo die Industrie sie brauchte. Sie wurden zunächst für ein bis zwei Jahre angeworben und leisteten schwere oder unbeliebte Arbeit. Da aber ganze neue Produktionslinien etwa bei den Automobilunternehmen auf ihrer Arbeitskraft beruhten, wurden sie für die Industrie schnell unverzichtbar. Die Vertragszeiten verlängerten sich von Jahr zu Jahr und die Vorstellung von der Zeitweiligkeit des Aufenthalts wurde immer mehr Fiktion. Gleichwohl wurde mit dem Schlagwort „kein Einwanderungsland" an ihr festgehalten. Die rechtlich marginale Existenz der „Gastarbeiter" wurde zum permanenten Provisorium – wie die der BRD selbst.

In den 60er Jahren gewann die BRD Selbstbewußtsein hauptsächlich über ihre ökonomische Leistung. In der Zeit der Vollbeschäftigung hatten fast alle Bürger eine reale Chance, daran zu partizipieren. Da Arbeitskräfte knapp waren, wuchsen die unteren Einkommen relativ stark an. Als die dringendste Wohnungsnot befriedigt war, nahm der Eigenheimbau zu. Alle Schichten wuchsen immer mehr in die Konsumgesellschaft hinein, die über ihr standardisiertes Angebot nivellierend wirkte. Die großen Bevölkerungsumschichtungen verstärkten diesen Prozeß, und regionale ebenso wie konfessionelle Identitäten verloren an Relevanz. Insgesamt kam es zu einer sozialen Homogenisierung der Bevölkerung und der Lebensstile. Immer mehr Menschen arbeiteten als abhängig Beschäftigte. Der Anteil der Landwirte sank zwischen 1950 und 1993 von 24,6 auf 3,0 %, ihr Anteil an der Wertschöpfung reduzierte sich auf 1,1 %. Die Zahl persönlich abhängig Arbeitender, vor allem der Hausangestellten, ging zurück, statt dessen gab es immer mehr kommerzielle und administrative Dienstleistungen.

Während die erste Hälfte des Jahrhunderts zu einer nationalstaatlichen Einschnürung der Lebenserfahrung geführt hatte, wurde die BRD nun in vieler Beziehung ein offenes Land. Jahr für Jahr reisten mehr Menschen als Touristen ans Mittelmeer und in andere europäische Länder, in den

80er Jahren dann auch stärker nach Afrika, Asien und Amerika. Die kommerzielle Jugendkultur prägte eine Generation nach der anderen, Englisch wurde immer mehr zur dominierenden Sprache der Unterhaltungskultur. Im Film setzten sich amerikanische Genres vom Western bis zu den soap operas durch. Auch die Hochkultur gewann ihre Internationalität zurück. Wirtschaft und Wissenschaft wurden internationaler, auch hier wurde Englisch zur dominierenden Sprache.

Solange die Wirtschaft wuchs, konnte immer mehr verteilt werden. Neben den sozialpolitischen Leistungen wurden dabei die Infrastrukturausgaben immer wichtiger. Straßen, Autobahnen und Kanäle, Wasser- und Abwassersysteme, Gas- und Ölleitungen wurden modernisiert. Karg bedacht allerdings blieben alle, die nicht zum produktiven Kern der Gesellschaft gehörten oder gehört hatten. Dies galt vor allem für Kinder bzw. große Familien. Kindergeld und Kinderfreibeträge blieben lange sehr bescheiden. Benachteiligt blieben durch die Rentenformel, die sich am Verdienst orientierte, die Mütter, die geringe oder keine Einkommen gehabt hatten. Im Alter blieben auch nach der Rentenreform die meisten Arbeiterfrauen und -witwen unterhalb des Existenzminimums. Früher und dramatischer als in anderen Industrieländern gingen die Kinderzahlen zurück. 1970 fielen sie unter die Reproduktionsrate, heute sind die nachwachsenden Jahrgänge um ein Drittel schwächer als die Erwachsenen-Jahrgänge.

6. Parteien-Demokratie und ihre Konflikte

In der inneren und äußeren Stabilität der Anfangsjahrzehnte der BRD, nach all den Katastrophen, erfuhren die Bundesdeutschen die Demokratie als Ordnung, die Sicherheit und Wohlstand brachte. Natürlicherweise kam dies zunächst der Regierungspartei zugute, die dies mit ihren Führungsfiguren *Adenauer* und *Erhard* verkörperte. Erst als *Adenauer* selbst in der langen Krise um seine Nachfolge diesen Mythos zerstörte, bekam die → Opposition eine Chance.

Zunächst plante er 1959, nach dem Ausscheiden des populären Präsidenten *Heuß* dessen Nachfolge anzutreten, besann sich dann aber anders, um eine Nachfolge *Erhards* im Amt des Bundeskanzlers zu verhindern. Als diese Nachfolge 1963 dann schließlich doch zustandekam, hatte *Adenauer* viel vom Prestige beider zerstört. In der Berlin-Krise dieser Jahre entstand vielfach der Eindruck, *Adenauer* reagiere hilflos. In der anschließenden Bundestagswahl 1961 verlor die CDU/CSU ihre absolute Mehrheit. Die FDP, die versprochen hatte, mit der CDU, aber ohne *Adenauer* zu regieren, konnte den Kanzler zunächst nicht ablösen und belastete sich mit dem Odium des „Umfallens". Die *Spiegel-Affäre* 1962, in der Verteidigungsminister Franz Josef *Strauß* die staatliche Verfolgung dieses kritisch über ihn berichtenden Magazins organisieren ließ, führte zur Wendung der rechtlich denkenden Öffentlichkeit gegen den alten Kanzler. Punkt für Punkt wurden die illegalen Machinationen aufgedeckt, *Strauß* mußte zurücktreten, *Adenauer* sein Ausscheiden auf 1963 terminieren.

Mit *Erhard* als Kanzler feierte die CDU 1965 noch einmal einen glanzvollen Wahlsieg, der aber schon ein Jahr später von einem Gesichtsverlust gerade in *Erhards* Kompetenzbereich, der Ökonomie, abgelöst wurde. Eine Überhitzung der Wirtschaft hatte die → Bundesbank zu Diskonterhöhungen veranlaßt, die stark durchschlugen und schließlich im Februar 1967 zu 637.572 Arbeitslosen führten – eine im längerfristigen Vergleich wenig erschreckende Zahl, die die BRD damals wegen ihrer Identifikation mit dem ökonomischen Erfolg tief erschütterte.

Die CDU verlor in dieser Krise 1966 die Wahlen in NW, das sie bis dahin regiert hatte. *Erhard* trat zurück, das bürgerliche Bündnis war zerrüttet. Zwischen CSU und FDP tat sich eine Kluft auf, die bis zum Tode von *Strauß* bestehen blieb. Statt dessen wurde eine Große Koalition unter *Kiesinger* (CDU) gebildet. Die SPD stellte mit Wirtschaftsminister Karl *Schiller* für die nächsten Jahre die ökonomische Identifikationsfigur. Er vermittelte die Vorstellung einer Globalsteuerung der Wirtschaft durch den Staat mit Hilfe von regulierenden Eingriffen und der Einbeziehung von Unternehmern, Gewerkschaften und anderen Verbänden in die Wirtschaftspolitik in der „Konzertierten Aktion". Der rasche ökonomische Aufschwung, der den Einbruch von 1966/67 wieder wettmachte, bestätigte ihn und brachte gleichzeitig die Mittel und den Optimismus, mit dem die Modernisierungsreformen der nächsten Jahre in Angriff genommen werden konnten. Die sozialdemokratischen Vorstellungen über „Gemeinschaftsaufgaben", die in den 60er Jahren entwickelt worden waren, wurden nun zum Modernisierungskonsens: Bildungs- und Wissenschaftsförderung, Umweltschutz, Ausbau des Gesundheitswesens, der sozialen Sicherung und der Infrastruktur. Die Bundesländer schufen in Gebietsreformen größere kommunale Gebietseinheiten. Die staatlichen Konfessionsschulen fielen weitgehend der Bildungsreform zu Opfer, in → Bay. wurde dies mit einem Volksbegehren durchgesetzt. Steigende Übergangsquoten zu weiterführenden Schulen, bis dahin vielfach mit Unbehagen betrachtet, wurden nun zum allgemein anerkannten Ziel der Politik.

Die Große Koalition hatte mit stabilisierenden und modernisierenden Reformen Erfolg, sie wurden zur Grundlage aller künftigen Politik. Andererseits wurde die Große Koalition wegen ihrer erdrückenden Mehrheit als undemokratisch empfunden. Das Gemeinschaftsdenken, das zu Beginn der BRD noch allgemein verbreitet gewesen war, hatte in der Politik der Übernahme des britischen Parlamentarismus-Modells Platz gemacht: einer leistungsfähigen Regierung sollte eine starke Opposition gegenüber stehen.

Die Befürchtung von Demokratieverlusten mischte sich mit anderen Themen. Eines war die nationalsozialistische Vergangenheit, die erst in den 60er Jahren kritisch diskutiert wurde und deren Schrecken durch den großen Frankfurter Auschwitz-Prozeß 1963-65, durch die Debatten um die Verjährung von NS-Verbrechen und auch durch literarische Auseinandersetzungen wie *Hochhuths* Anklage-Drama „Der Stellvertreter" ins Bewußtsein vieler jüngerer Deutscher getreten war. Obwohl dies ein Zeichen für die neue Qualität der deutschen Demokratie war, nährte es bei vielen einen generellen Verdacht vor staatlicher Macht. Zum Ausdruck kam diese Furcht bei der Debatte um die Notstands-Gesetzgebung (→ Notstandsverfassung), mit der der Katastrophen- und Verteidigungsfall geregelt werden sollte. Ängste vor dem Chaos und kommunistischer Bedrohung auf der einen Seite standen Ängsten vor einem neuen Faschismus auf der anderen gegenüber – eine Ex-post-Bewältigung der Vergangenheit mit dem falschen Adressaten.

Überhaupt löste die Studentenbewegung eine neue Ideologisierung aus, es entstanden neue geistige Konfliktfronten in der Politik. Sprach man vorher vom „Ende der Ideologien", so wurden nun Probleme ideologisch aufgeladen und überfrachtet – von der Linken ebenso wie von der Rechten. Die Wahlkämpfe der folgenden Jahre lebten von diesem Gegensatz. 1968 zog auch die NPD (→ Splitterparteien), die nach der Verunsicherung der Wähler bei *Erhards* Sturz ihre ersten Erfolge gefeiert hatte, aus der Studentenbewegung Gewinn.

Die Wahlen von 1969, die über das für die Wähler eher komplizierte Problem der Aufwertung der DM ausgetragen wurden, ermöglichten eine Regierungsbildung aus SPD und FDP und damit den ersten wirklichen Machtwechsel. Dies rief bei der CDU/CSU, die stärkste Partei blieb, Aggressionen hervor. Über Abwerbungs- und Konfliktstrategien suchte sie die Regierung *Brandt/Scheel* zu stürzen. Als offensichtlich wurde, daß auch Geld im Spiel war, entstand Erregung in der Bevölkerung. Erst das eindeutige Ergebnis der Wahlen von 1972 brachte eine Klärung.

War die Große Koalition eher technokratisch aufgetreten, so strahlte die sozialliberale Koalition Reform-Enthusiasmus aus. Die Themen blieben die gleichen – Bildung, Wissenschaft, Forschung, Infrastruktur, insbesondere Verkehr und Städtebau, Gesundheit und Sozialpolitik. Neu hinzu kam die Erhaltung und der Schutz der Umwelt. Stärker wurde nun allerdings nicht das bloße Mehr, sondern die Neuorganisation und Umverteilung angestrebt, was Widerstände auslöste. Vor allem in den Fragen von Schulen und Hochschulen verbanden sich Reformwille und entgegenstehende Statusängste mit der neuen Ideologisierung, die in der Nachfolge der Studentenbewegung zum Teil unrealistisch und sektiererisch wurde. Solange es immer mehr zu verteilen gab, ließen sich derlei Diskrepanzen verkraften. 1972 erlebte die Verteilungspolitik einen neuen Höhepunkt, als die CDU/CSU mit einer kurzzeitigen Stimmenmehrheit im →Bundestag über die dynamische Rentenformel hinausging und zusätzliche Erhöhungen durchsetzte.

Die Ölpreiskrise von 1973/74 setzte dieser Verteilungspolitik ein Ende. Die Verwerfungen in der Weltwirtschaft schlugen auch auf die BRD durch. Es gab vorübergehend keine Zuwächse zu verteilen, und es ist seither nicht gelungen, die neue Arbeitslosigkeit zu beseitigen. Das demokratische System wurde mit diesen Herausforderungen entgegen vielen sozialwissenschaftlichen Analysen über „Legitimationskrisen" (*Offe*) gut fertig. H. *Schmidt* übernahm 1974 als Nachfolger W. *Brandts* das Kanzleramt und wurde schnell zur Vertrauensfigur der Deutschen in den neuen ökonomisch-politischen Weltkonflikten. Die erfolgreiche Bewältigung der Wirtschaftskrise und die produktive Zusammenarbeit der Tarifparteien mit der Regierung ließ Beobachter sogar das Wahlkampfschlagwort vom „Modell Deutschland" ernstnehmen.

Das Reformklima aber war mit der neuen Lage beendet. Da es weniger zu verteilen gab, wurden Konflikte bitterer. Die Ideologisierung setzte sich fort, der CSU-Vorsitzende *Strauß* versuchte das Unbehagen mit einem Kurs der totalen Konfrontation auszunutzen („Sonthofen-Strategie"), erreichte aber damit nur die Isolierung der CDU/CSU in der Opposition und eine Verhärtung der innenpolitischen Lage. Gespenstische Kampagnen über „Systemveränderung" bestimmten die → Bildungspolitik. Auch die ökologische Diskussion wurde ideologisch aufgeladen, beispielsweise durch die Kampagnen gegen das Benzin-Blei-Gesetz und die Geschwindigkeitsbegrenzung („freie Fahrt für freie Bürger"). Einsparungen bei den Renten wurden zur „Rentenlüge" stilisiert. Die größte Zuspitzung erreichte die innenpolitische Konfrontation aber bei den Themen → Extremismus und → Terrorismus. Die spektakulären Anschläge kleiner Gruppen und die Reaktion der Staates prägten ein Klima der Unzufriedenheit und Angst. Intellektuelle und Politiker wurde als „Sympathisanten" der RAF verdächtigt, in einer Zitatensammlung des CDU-Generalsekretärs *Geißler* sogar der Präsident des Bundeskriminalamtes. Abgelöst wurden dieses Thema seit 1979 durch eine Kampagne gegen „Asylanten", die 1980-82 zum ersten Mal auch gewaltsame Formen annahm. Im Wahlkampf 1982 versprach Oppositionsführer *Kohl* die Reduzierung der Zahl der „ausländischen Mitbürger", andere Politiker gingen in ihren Formulierungen noch weiter.

Der zweite Ölpreisschub 1979/80 wurde von der Regierung *Schmidt* nicht mit „deficit spending" oder einem Reformkonzept angegangen, sondern mit Einschnitten in den Staatshaushalt. Der Abschwung wurde dadurch verstärkt. Nur die Kanzler-Kandidatur von F.-J. *Strauß* sicherte der Regierung *Schmidt* 1980 noch einmal eine breite Mehrheit. Die Arbeitslosigkeit stieg an und belastete die Sozialkassen, was zu Einschnitten führte und innerhalb der SPD Unzufriedenheit weckte. Gleiches galt für den von *Schmidt* initiierten NATO-Beschluß über die „Nachrüstung" angesichts der sowjetischen Raketenstationierungen. Schwere Niederlagen der SPD in Landtagswahlen folgten. Die FDP setzte sich daraufhin von der SPD ab. Sie forderte eine „Wende" und Einschnitte ins „soziale Netz" und setzte Kürzungen und eine quälende Debatte darüber durch. Ihre Taktik der langsamen Demontage des Kanzlers Schmidt wurde von diesem schließlich mit der Entlassung von Wirtschaftsminister Graf *Lambsdorff* beantwortet. In einem konstruktiven Mißtrauensvotum wählten CDU/CSU und FDP daraufhin H. *Kohl* zum Kanzler.

Angesichts der verbalen Radikalität der politischen Auseinandersetzungen überraschte viele die Kontinuität der Politik nach der „Wende". Nur Stipendien für Schüler und Studenten wurden stark reduziert. Die Abschaffung der Förderung des sozialen Wohnungsbaus (→ Wohnungspolitik) wurde nach der Wiedervereinigung wieder rückgängig gemacht. Ansonsten wurden zwar Kürzungen vorgenommen, aber an anderer Stelle neue Leistungen gegeben. Ein Musterbeispiel war das Mutterschaftsgeld. Es wurde zunächst gekürzt, dann vor der Wahl 1986 in Erziehungsgeld umbenannt und auf nichtberufstätige Frauen erweitert und schließlich partiell wieder aufgestockt. Insgesamt war eine Verlagerung der Finanzleistungen hin zu den Ober- und Mittelschichten nicht zu verkennen, was gleichzeitig eine Verarmung der unteren Gruppen bedeutete („Zweidrittelgesellschaft"). Nicht zu verkennen war allerdings, daß dies großenteils auf Marktprozessen beruhte und von staatlichen Umverteilungen nur akzentuiert wurde. Nicht nur für die wachsende Zahl der Obdachlosen und andere Randgruppen, sondern auch für viele Arbeitslose erweist sich seither der vielgerühmte deutsche Sozialstaat nur in Grenzen als hilfreich.

Gleichwohl war die „Wende" stabilisierend. Viele Gruppen identifizierten sich neu mit der Regierung. Auch die CDU/CSU profilierte sich in der folgenden Zeit mit Themen, die sie vorher scharf abgelehnt hatte, etwa dem Umweltschutz. Wesentlich trug dazu der Wahlerfolg der „Grünen" bei, denen es 1983 als erster Partei seit dreißig Jahren gelang, neu in den Bundestag einzuziehen. Entgegen allen Ausgrenzungs- und Selbstausgrenzungsbemühungen hatten sie letzlich eine integrative Funktion. Sie führten viele Gruppen, die sich vorher fundamentaloppositionell verstanden hatten, wieder in den politischen Prozeß zurück. Während sie 1983 noch von der CDU beschuldigt wurden, verfassungsfeindlich zu sein, koalieren sie seit 1994 in fünfzig Kommunen, darunter auch Großstädten, mit der CDU.

7. Das vereinte Deutschland

Im Rahmen der Entspannungspolitik entwickelte sich schrittweise ein eigenartiges Sonderverhältnis zwischen den beiden deutschen Staaten. Zwar blieb es bei Mauer, Stacheldraht und Schießbefehl an der Grenze, bei der Betonung der Eigenständigkeit der DDR und dem Verfassungsgebot der Wiedervereinigung im Westen. Die Rigidität der totalitären Grausamkeit wurde aber abgemildert, statt in harte Haft wurden DDR-Oppositionelle nach Westen abgeschoben, was Protestaktionen kalkulierbarer machte. Wichtig dabei war der Wunsch nach Respektabilität im Westen, aber auch Transferzahlungen spielten eine Rolle, u.a. Häftlingsfreikauf, Straßengebühren, Bau von Verkehrswegen nach Berlin, kirchliche

Zahlungen und private Geschenke. In der westdeutschen Öffentlichkeit wurden der Unrechtscharakter und die Rigidität des Regimes immer weniger registriert. Die Medien berichteten über wirtschaftliche Erfolge der DDR, Bücher beschrieben den Charme der „Nischengesellschaft". Westdeutsche Ministerpräsidenten wetteiferten um Fototermine bei *Honecker,* und 1987 kam schließlich der Staatsbesuch *Honeckers* in Bonn, Saarbrücken und München zustande, mit dem Anerkennung und Respektabilität der DDR vollendet zu sein schienen.

Der Zusammenbruch der DDR traf die Westdeutschen überraschend, mehrheitlich hatten sie die → Wiedervereinigung abgeschrieben. Enthusiastisch wurde das Ende von Mauer und Stacheldraht zwischen Ost und West begrüßt. In bezug auf die eigentliche Wiedervereinigung aber fand der → Bundeskanzler es nötig, den Deutschen zu versprechen, keinem werde es schlechter und vielen besser gehen und es werde nicht zu Steuererhöhungen kommen. SPD-Kanzlerkandidat *Lafontaine* machte seinen geringen Enthusiasmus für die staatliche Wiedervereinigung im Wahlkampf immer wieder deutlich.

Andererseits machte sich die Realität des Parteienwettbewerbs auch im Osten bemerkbar, sobald dies möglich wurde. Zunächst profilierte sich die im Herbst in Ostdeutschland gegründete SPD. Aber seit dem Frühjahr gelang es, aus Blockparteien und Neugründungen um die CDU eine „Union für Deutschland" und entsprechend eine FDP-Gruppierung zu bilden. Mit einem Kanzlerwahlkampf erreichte die Koalition 1990 in allen drei Wahlen in Ostdeutschland dominierende Mehrheiten.

Ökonomisch war die DDR-Führung seit der Öffnung der Grenze auf die Bundesrepublik angewiesen. Im Vergleich der beiden Systeme und der Herausstellung der skandalösen Verhältnisse in der DDR, die nun einsetzte, erstrahlte die BRD in hellem Licht. Das → Grundgesetz, einst als Provisorium konzipiert, war inzwischen zum Symbol des neuen demokratischen D. geworden (Verfassungspatriotismus). Für die Mehrheit der Westdeutschen stand es nicht zur Debatte, für die Ostdeutschen war der möglichst schnelle Anschluß an die BRD populär. Hier wiederholte sich das materielle Motiv bei der Eingliederung in den Westen, das auch für die Westdeutschen so wichtig gewesen war. Im Vertrag über den Beitritt der DDR, dessen Gestaltung Innenminister *Schäuble* dominierte, wurde die BRD in jeder Beziehung zum Modell. Außer der Fristenlösung wurde hier nichts verändert, in der DDR dagegen so gut wie alles. Auch extrakonstitutionelle Regelungen in der BRD erhielten aus diesem Anlaß zum ersten Mal verfassungs- bzw. bundesgesetzlichen Rang, so die subventionierte Selbstverwaltung der Wohlfahrts- und der Sportverbände und die Kultusministerkonferenz.

In Hinsicht auf die ökonomische Neuordnung fiel die Bundesregierung ihrer eigenen Propaganda zum Opfer. Während in der alten BRD Marktwirtschaft zwar eine entscheidende Rolle spielte, aber von staatlichen, großindustriellen und korporatistischen Entscheidungsmustern begleitet wurde, setzten Bundesregierung, → Sachverständigenrat und Wirtschaft nun auf die Selbstorganisationskraft des Marktes und des zu restituierenden Eigentums. Die Folge dieser Illusionen war die weitgehende Entindustrialisierung Ostdeutschlands – eine Entwicklung, die in vielen Landschaften auf Dauer zu spüren sein wird – und die Blockierung ökonomischer Entscheidungen wegen unklarer Eigentumsverhältnisse. Für ganz D. führte die inflationäre Ausgabenpolitik zu Rekordzinsen, die die wirtschaftliche Entwicklung vor allem des Beitrittsgebiets gefährden. Unlustgefühle und Parteienverdrossenheit waren 1992/93 die Formen, in denen sich die Frustration äußerte. Die Spannungslosigkeit des → Parteiensystems nach dem Verlust der äußeren Feinde und Bedrohungen führte in diesem Zusammenhang zu weiterer Demotivation. Erst die Bundestagswahl 1994 mit einer klareren Konfrontation der Parteien brachte wieder stärkere Integration.

Im Gegensatz zu den inneren Aspekten der Wiedervereinigung konnten die außenpolitischen Aspekte sehr erfolgreich bewältigt werden. Der Friedenskonsens, der sich in D. entwickelt hatte, war dabei wesentlich. Die Auflösung des sowjetischen Imperiums wurde ohne unnötigen Triumphalismus genutzt. Die Verankerung im Westen blieb erhalten, die Sowjetunion nahm dies hin, sie zerbrach ohnehin wenig später. Bei einigen Nachbarn ebenso wie bei einigen Intellektuellen war allerdings deutlich Furcht vor einem zu großen D. zu spüren. Die pragmatische Haltung des „Handelsstaates", den Außenminister *Genscher* verkörperte, erleichterte den Übergang zu internationalen Lösungen, insbesondere den Grenzverträgen mit den Nachbarn.

In der Staatenwelt tritt D. heute als pragmatischer Partner auf. Eingedenk seiner Erfahrungen – „Auschwitz als Staatsräson" (J. *Fischer*) – schreckt es vor gewaltsamen Konflikten und Lösungen zurück. In der kooperativen Lösung internationaler Probleme hat D. Kompetenz und Vertrauen erworben, vor allem im west- und gesamteuropäischen Kontext. Nach dem Ende des Kalten Krieges hat D. seine Truppen verstärkt in internationale Zusammenhänge eingebracht: das Eurokorps, das deutsch-niederländische Korps und die NATO-Eingreiftruppe. Gefährdet ist dieser Friedenskonsens in Deutschland wie in anderen westlichen Gesellschaften durch den internen und externen Rassismus, der nach dem Ende des Ost-West-Konflikt als neue dualistische Ideologie wirksam wird.

Literatur

Abelshauser, Werner 1983: Wirtschaftsgeschichte der Bundesrepublik Deutschland 1945-1980. Frankfurt.

Baring, Arnulf 1982: Machtwechsel. Die Ära Brandt-Scheel. Stuttgart.

Bark, Dennis L./ Gress, David R. 1989: A History of West Germany, 2 Bde. Oxford/ Cambridge, Mass.

Benz, Wolfgang [4]1989: Die Bundesrepublik Deutschland, 4 Bde. Frankfurt.

Besson, Waldemar 1970: Die Außenpolitik der Bundesrepublik Deutschland. München.

Beyme, Klaus von 1991: Das politische System der Bundesrepublik Deutschland nach der Vereinigung. München.

Ders./Schmidt, Manfred G. (Hrsg.) 1990: Politik in der Bundesrepublik Deutschland. Opladen.

Blancke, Bernhard/ Wollmann, Helmut (Hrsg.) 1991: Die alte Bundesrepublik. Opladen.

Bracher, Karl Dietrich et al. 1981-89: Geschichte der Bundesrepublik Deutschland, 5 Bde. Wiesbaden/ Stuttgart.

Ellwein, Thomas/Hesse, Joachim [7]1992: Das Regierungssystem der Bundesrepublik Deutschland. Opladen.

Katzenstein, Peter J. 1987: Policy and Politics in West Germany. Philadelphia.

Kleßmann, Christoph 1988: Die doppelte Staatsgründung. Deutsche Geschichte 1945-1955. Bonn.

Ders. 1988: Zwei Staaten, eine Nation. Deutsche Geschichte 1955-1970. Bonn.

Rosecrance, Richard 1987: Der neue Handelsstaat. Frankfurt am Main

Schäfer, G./Nedelmann, C. (Hrsg.) [2]1969: Der CDU-Staat. Analysen zur Verfassungswirklichkeit der Bundesrepublik Deutschland, 2 Bde. Frankfurt am Main.

Schäuble, Wolfgang 1991: Der Vertrag. Wie ich über die deutsche Einheit verhandelte. Stuttgart

Thränhardt, Dietrich 1986: Geschichte der Bundesrepublik Deutschland. Frankfurt.

Dietrich Thränhardt

Bundesstaat/Föderalismus

1. Begriff und historischer Hintergrund

Bundesstaat (Bs) steht begrifflich zwischen den Polen Staatenbund und Einheitstaat. Er versucht das Spannungsverhältnis von Vielfalt und Einheit dadurch produktiv zu bewältigen, daß die staatlichen Funktionen territorial aufgegliedert werden auf zwei selbständige politische Träger, die Gliedstaaten und den Zentralstaat (in D Länder und Bund). Wie die historische Realität zeigt, deckt der Bs-Begriff eine erhebliche Bandbreite unterschiedlicher Gestaltungsmöglichkeiten mit stärkerer Orientierung an einem der beiden Pole (konföderaler bzw. unitarischer Bs). Der bundesstaatliche Gehalt eines konkreten politischen Systems kann nie allein aus den normativen Vorgaben (Verfassung) abgeleitet werden, sondern hängt ab von der faktischen Unterfütterung durch die Entwicklungen insbesondere in Politik, Wirtschaft und Gesellschaft, die die Dynamik des Bs als eines schwierigen Balanceaktes prägen. Eine Position betrachtet den Bs ohnehin nur als Zwischenstation auf dem Wege zum Einheitsstaat, wobei die bisherigen internationalen Erfahrungen allerdings nicht für die Zwangsläufigkeit einer solchen „Einbahnstraße“ sprechen.

Bs ist eng mit dem meist umfassender verstandenen Begriff Föderalismus verknüpft. Für den Bs werden prinzipiell zwei Rechtfertigungsgründe genannt. Zum einen ermögliche er in Form von Gliedstaaten die staatlich-institutionelle Repräsentation regionaler Unterschiede, z.B. ethnischer, sprachlicher, kultureller, religiöser Art und erlaube zugleich eine meist aus ökonomischen, militärischen und außenpolitischen Gründen gewünschte höhere Integration in einem größeren Verbund – Zentralstaat. In diesem Begründungsstrang steht die Integrationsaufgabe im Vordergrund, die Berücksichtigung heterogener, regional konzentrierter Interessen und Merkmale, eine Aufgabe, die gerade bei der geschichtlichen Entstehung von Bs häufig anzutreffen ist. Zum anderen wird die Machtaufgliederung im Dienste der Freiheitssicherung genannt, da mit dem Bs eine vertikale Gewaltenteilung verbunden sei. Im Kontext dieser Begründung werden auch weitere ergänzende bzw. konkretisierende Aspekte genannt wie → Subsidiaritätsprinzip, größere Experimentiermöglichkeiten, vermehrte Partizipationschancen sowohl für die Bürger wie für Organisationen – z.B. regionale Parteien und regionale Regierungschancen für die zentralstaatliche Opposition – sowie die Möglichkeit, den Problem- und Protestdruck auf verschiedene staatliche Ebenen zu verteilen.

Föderalistische Strukturen unterschiedlicher Art haben in der deutschen Geschichte eine wichtige Rolle gespielt. Der erste formale Bs als „kleindeutsche Lösung“, das Kaiserreich von 1871, war charakterisiert durch die starke dynastische Komponente, das extreme Übergewicht Preußens mit fast 2/3 der Einwohner und Fläche und eine Finanzverfassung – der Lackmustest der Gewichtsverteilung im Bs –, die das Reich über Matrikularbeiträge als Hauptfinanzquelle zum Kostgänger der Gliedstaaten machte. In der Weimarer Republik wurde der Bs „demokratisiert“ und nunmehr die Zentralstaatsebene zum dominanten Akteur auch in der Finanzverfassung, das extreme Übergewicht Preußens auf der Länderebene aber blieb erhalten. Mit dem Dritten Reich wurden entsprechend der nationalsozialistischen Ideologie die föderalistischen Strukturelemente zugunsten eines rigiden Einheitsstaates beseitigt.

2. Grundgesetz und Bs

Nicht zuletzt in Reaktion auf den Nationalsozialismus war das Prinzip des Bs nach dem Zweiten Weltkrieg in Westdeutschland kaum umstritten, hatte in der Bevölkerung aber nach Meinungsumfragen nur dürftigen Rückhalt. Es wurde als eines der Staatsstrukturprinzipien im → GG verankert und durch die „Ewigkeitsklausel" des Art. 79 Abs. 2 GG normativ überhöht, indem es während der Geltung des GG jeder Änderung entzogen wurde. Ungeachtet der prinzipiellen Übereinstimmung sowohl zwischen den westlichen Alliierten – trotz unterschiedlicher Motive, z.B. eigene politische Traditionen bei den USA und Wunsch nach Schwächung der deutschen Zentralgewalt bei Frankreich – als auch den westdeutschen Akteuren war die konkrete Ausgestaltung des Bs einer der kontroversesten Punkte bei den GG-Beratungen. Einflußfaktoren waren dabei neben den Vorgaben der Siegermächte der politische Neuaufbau von „unten", d.h. der Existenzvorsprung der Länder, sowie die unterschiedlichen Parteiorientierungen mit den zentralistischen Traditionen von KPD und → SPD auf der einen, den zentrifugalen Tendenzen bei → CSU und Zentrum auf der anderen Seite des Spektrums.

Eine weitgehende Vorgabe der Siegermächte war die Auflösung Preußens, womit zwar eine extreme Asymmetrie beseitigt wurde, zugleich aber überwiegend „künstliche" neue Länder geschaffen wurden, die zudem an der Aufteilung in Besatzungszonen orientiert waren. Von den neugeschaffenen westdeutschen Bundesländern konnten sich nur Bay. und die beiden Hansestädte HH und HB auf gewachsene Staatstraditionen stützen, andere, z.B. S.H., immerhin an historisches Zusammengehörigkeitsgefühl anknüpfen. Der fragile, künstliche Charakter der meisten neugeschaffenen Bundesländer und Zweifel an ihrer Lebensfähigkeit wegen der unterschiedlichen Größenordnung und Ausstattung äußerten sich nicht zuletzt in dem Gebot einer Neugliederung (Art. 29 GG). Das Fehlen grundlegender regional gebundener ethnischer, sprachlicher oder kultureller Unterschiede bedingte auch, daß weniger die Integrationsaufgabe als vielmehr die zusätzliche vertikale Gewaltenteilung, ein System von „checks and balances", die Begründung für den neugeschaffenen Bs lieferte.

Anders als z.B. das Bs-Modell der USA mit der stärkeren Orientierung an der Aufgabentrennung zwischen Zentral- und Gliedstaaten ist das Bs-Modell des GG von Anfang an durch einen der deutschen Tradition entsprechenden Aufgabenverbund mit unterschiedlichen Schwerpunkten der staatlichen Gewalten bei Bund und Ländern gekennzeichnet. In der → Gesetzgebung dominiert der Bund in einem komplexen System mit einer ausschließlichen Gesetzgebung des Bundes (z.B. Außenpolitik) und der Länder (begrenzt im wesentlichen auf den Kulturbereich einschließlich Bildungssystem, das Polizei- und Kommunalrecht), mit einer die Regelungstiefe begrenzenden Rahmengesetzgebung des Bundes (z.B. Rechtsverhältnisse des öffentlichen Dienstes) und einer „konkurrierenden" Gesetzgebung, bei der es sich tatsächlich aber um eine „alternative" Gesetzgebung handelt. Zwar können prinzipiell Länder oder Bund tätig werden, die Länder allerdings nur solange, wie der Bund keine Regelungen trifft. Das Eingriffsrecht des Bundes wird zwar an Voraussetzungen gebunden – 1. fehlende „wirksame" Regelung durch Länder, 2. Beeinträchtigung der Interessen anderer Länder oder der Gesamtheit, 3. „die Wahrung der Rechts- und Wirtschaftseinheit, insbesondere die Wahrung der Einheitlichkeit der Lebensverhältnisse" (Art. 72 Abs. 2 GG) –, aber v.a. die dritte Voraussetzung hat sich als weit geöffnetes Einfallstor für die Bundeskompetenz in diesem materiell außerordentlich breiten Gesetzgebungsbereich erwiesen. Die Kompetenzvermutung zugunsten der Länder bei nicht enumerierten Gesetzgebungsmaterien (Art. 30 GG) hat sich dagegen als eher symbolischer Akt mit begrenzter praktischer Bedeutung herausgestellt.

Auch bei der Verwaltung gibt es eine eigenständige Verwaltung des Bundes (z.B. auswärtiger Dienst) und der Länder, aber die Verwaltungsdominanz liegt eindeutig bei letzteren, die die Bundesgesetze im wesentlichen ausführen. Dabei variiert der Ermessensspielraum der Länder zwischen dem Regelfall der „landeseigenen Verwaltung unter Bundesaufsicht" (Art. 84 GG) und dem Ausnahmefall „Bundesauftragsverwaltung" (Art. 85 GG). Für die Judikative gilt, daß innerhalb der durchgehenden Instanzenzüge untere und mittlere Instanzen bei den Ländern angesiedelt sind, die obersten Bundesgerichte aber als die entscheidenden Revisionsinstanzen eine bundeseinheitliche Rechtsauslegung garantieren. Das → Bundesverfassungsgericht spielt nicht zuletzt als Entscheidungsinstanz bei Bund-Länder-Konflikten über die Verfassungsauslegung eine wichtige Rolle.

Die enge Verbindung zwischen Bund und Ländern wird auch deutlich am Homogenitätsgebot (Art. 28 GG), das die Verfassungsordnung der Länder an die im GG für den Bund vorgegebenen politischen Strukturprinzipien bindet. Für den Grenzfall schwerwiegender Konflikte mit einzelnen Ländern verfügt der Bund sogar über das – bisher noch nie eingesetzte – Instrument des „Bundeszwanges" (Art. 37 GG), d.h. er kann notfalls gewaltsam vorgehen, bedarf aber dazu der Zustimmung des Bundesrates.

Der → Bundesrat, formal ein Organ des Bundes, ist realiter das wichtigste Instrument der Gesamtheit der Bundesländer, ihre Interessen bei der Willensbildung auf der Bundesebene zur Geltung zu bringen. Die Charakteristika des Bundesrates – Besetzung durch die Länderregierungen, unterschiedliches Stimmrecht und damit eng begrenzte Berücksichtigung der sehr unterschiedlichen Einwohnergröße der Länder – waren in den GG-Beratungen besonders umstritten. Der wichtigste Einflußkanal des Bundesrates ist seine Mitwirkung bei der Gesetzgebung. Während er bei den „zustimmungspflichtigen" Gesetzen sogar über eine Vetoposition verfügt, kann sein Einspruch bei anderen Gesetzen von einer entsprechenden Bundestagsmehrheit überstimmt werden. Neben dem Einfluß auf die Gesetzgebung und Verwaltung sind die personalpolitischen Mitwirkungsrechte der Länder von Bedeutung, so z.B. bei der Wahl des → Bundespräsidenten, der Richter des → Bundesverfassungsgerichts und der Landeszentralbankpräsidenten als Mitglieder des Zentralbankrats der → Deutschen Bundesbank. Für die Haushalte von Bund und Ländern (→ öffentliche Finanzen) gilt der Grundsatz, daß sie „selbständig und voneinander unabhängig" sind (Art. 109 GG). Bei der Steuergesetzgebung gibt es wiederum eine ausschließliche Gesetzgebung des Bundes (Zölle und Finanzmonopole), ganz überwiegend die konkurrierende Gesetzgebung und schließlich Reservatrechte der Länder und Gemeinden („Steuern mit örtlich bedingtem Wirkungskreis" und Hebesätze bei den Realsteuern). Bei Steuern, an deren Aufkommen Länder oder Gemeinden partizipieren, ist wiederum die Zustimmung des Bundesrates erforderlich. Bei der Verteilung des Steueraufkommens (Ertragshoheit) wurde vorläufig ein Trennsystem vorgesehen, dem Bundesgesetzgeber aber aufgegeben, eine endgültige Finanzverfassung erst noch zu schaffen. Für die Finanzverwaltung wurde ein eigenartiges Mischsystem von Bundes- und Landeszuständigkeiten geschaffen, und zwar auf Druck der Alliierten, die gerade bei der Finanzverfassung als zentralem Konfliktfeld zwischen Bund und Ländern zugunsten der Länderinteressen interveniert haben.

3. Kooperativer Föderalismus und Politikverflechtung

Die im GG angelegte bundesstaatliche Ordnung ist durch die reale Entwicklung zugleich ausgefüllt und modifiziert worden, wobei die Verfassungsreform von 1969 unter dem Stichwort kooperativer Föderalismus einen Einschnitt markiert.

In den 50er und 60er Jahren wurden die bestehenden regionalen Unterschiede, z.B. zwischen Stadt und Land oder zwischen den Konfessionen, tendenziell verringert. Vor dem Hintergrund der gewaltigen Aufgaben des Wiederaufbaus und den Bevölkerungsverschiebungen war die Mobilität hoch und die Erwartungshaltung der Bevölkerung stark auf eine wachsende „Einheitlichkeit der Lebensverhältnisse" orientiert. Damit einher gingen geringe Toleranz gegenüber landesspezifischen Regelungen mit möglichen mobilitätshemmenden Wirkungen, z.B. in der Schulpolitik.

Angesichts der starken Tendenzen in Richtung *Parteienstaat* mußte die bundesstaatliche Realität weitgehend von der Parteienentwicklung beeinflußt werden. Bs und Parteienstaat stehen in einem Interdependenzverhältnis, wobei für die BRD aber der Einfluß des Parteienstaates auf den Bs vorherrschend ist. Im Parteiensystem der BRD haben sich keine spezifischen Länderparteien behauptet, wenn man vom Sonderfall CSU mit starken Bundesambitionen absieht. Die föderalistische Staatsstruktur hat sich zwar zunehmend auf die innere Struktur von Parteien und auch von Interessengruppen ausgewirkt, insofern die Landesebene zu einem wichtigen Element innerorganisatorischer Gewaltenteilung geworden ist. Die Machtkonzentration auf der Bundesebene in Verbindung mit dem wachsenden Gewicht des Bundesrates hat allerdings dazu geführt, daß auch in den Parteien die Bundesorientierung dominiert hat und bei der Bildung von Landesregierungen bundespolitische Überlegungen häufig eine zentrale Rolle gespielt haben. Hinweise auf die parteipolitische Durchdringung des Bs sind u.a. personelle Austauschprozesse, die spezifische Kooperation von Bundesregierung und Landesregierungen der gleichen parteipolitischen Couleur wie auch zunehmende „Bundesratsklauseln" in den Koalitionsverträgen auf Landesebene. Landtagswahlen sind zunehmend, insbesondere bei knappen Stimmenverhältnissen im Bundesrat, als räumlich begrenzte, zwischenzeitliche „Ersatzbundestagswahlen" behandelt und auch von einem Teil der Wähler so perzipiert worden.

Die besonderen Herausforderungen der unmittelbaren Nachkriegszeit und die Erwartung der Bevölkerung begünstigten die Verlagerung der Gesetzgebung zum Bund, die v.a. auf der weitgehenden Monopolisierung der „konkurrierenden" Gesetzgebung durch den Bund beruhte. Wo Landeszuständigkeiten bestanden, gleichwohl aber ein Harmonisierungsbedarf anerkannt wurde, versuchten die Länder, dem einerseits durch eine Selbstkoordination als einer „dritten", im GG nicht vorgesehenen Ebene Rechnung zu tragen. Instrumente waren insbesondere Ministerpräsidenten- und Ressortministerkonferenzen – ein prominentes Beispiel ist die Kultusministerkonferenz – sowie Staatsverträge, die allerdings dem Einstimmigkeitsprinzip unterworfen waren. Neben der horizontalen Selbstkoordination der Länder entwickelte sich auf der vertikalen Koordinationsachse eine Mitfinanzierungspraxis des Bundes sowie eine Vielzahl von Bund-Länder-Kommissionen, deren Wirksamkeit aber durch die Notwendigkeit einstimmiger Entscheidungen eingegrenzt wurde. Im Interesse einer Flurbereinigung wurde in der Verfassungsreform von 1969 das neue Instrument der Gemeinschaftsaufgabe geschaffen: „Der Bund wirkt auf folgenden Gebieten bei der Erfüllung von Aufgaben der Länder mit, wenn diese Aufgaben für die Gesamtheit bedeutsam sind und die Mitwirkung des Bundes zur Verbesserung der Lebensverhältnisse erforderlich ist (Gemeinschaftsaufgaben): 1. Ausbau und Neubau von Hochschulen einschließlich der Hochschulkliniken, 2. Verbesserung der regionalen Wirtschaftsstruktur, 3. Verbesserung der Agrarstruktur und des Küstenschutzes" (Art. 91a Abs. 1 GG). Der Bund trägt dabei die Hälfte bzw. im dritten Fall mindestens die

Hälfte der Kosten. Das gesetzlich präzisierte Verfahren für die gemeinsame Rahmenplanung sieht Planungsausschüsse für jede Gemeinschaftsaufgabe vor, in denen jedes Land mit einer Stimme und der Bund mit 50% der Stimmen vertreten ist und bindende Entscheidungen mit 3/4-Mehrheit getroffen werden. Neben den Gemeinschaftsaufgaben und weiteren Investitionshilfen des Bundes (Art. 104a Abs. 4 GG) ist in Art. 91b ausdrücklich die Möglichkeit des Zusammenwirkens von Bund und Ländern bei der Bildungsplanung und Forschungsförderung eingeräumt worden, allerdings aufgrund von Vereinbarungen. Diese Möglichkeit ist mit dem Bildungsrat und dem Wissenschaftsrat genutzt worden. Auch im Kontext der Globalsteuerung (→ Soziale Marktwirtschaft) sind mit Finanzplanungsrat und dem Konjunkturrat für die öffentliche Hand weitere Bund-Länder-Koordinationsgremien entstanden.

Die zunehmende Verlagerung der Gesetzgebungskompetenz wurde partiell dadurch kompensiert, daß regelmäßig die Zustimmung des Bundesrates verlangt und damit die Gesamtheit der Länderregierungen verstärkt beteiligt wurde. Gestärkt wurde die Rolle des Bundesrates auch dadurch, daß der Anteil der zustimmungspflichtigen Gesetze und Gesetzesnovellierungen aufgrund der in ihnen häufig enthaltenen Regelungen des Verwaltungsverfahrens auf über die Hälfte anwuchs. Das von den Verfassungseltern intendierte Ziel, den Verwaltungssachverstand der Länder bei der Gesetzgebung des Bundes zur Geltung zu bringen, wurde durchaus erreicht, führte allerdings zu einer deutlichen Asymmetrie („Verwaltungsföderalismus"). Die Länderparlamente wurden weitestgehend ausgeschaltet und waren selbst bei den ihnen vorgelegten Staatsverträgen de facto in einer schwachen Position, da sie über das von den Regierungen ausgehandelte Ergebnis nur insgesamt entscheiden konnten.

Der vorherrschende Trend einer engen Verzahnung von Bund und Ländern zeigte sich auch in der Finanzverfassung. So wurde das Trennsystem bei den Steuererträgen zugunsten eines Verbundsystems aufgegeben, indem in einem ersten Schritt die Einkommen- und Körperschaftsteuererträge zwischen Bund und Ländern aufgeteilt und 1969 auch die Umsatzsteuer zur „Gemeinschaftssteuer" gemacht wurde („großer Steuerverbund"). Am Aufkommen der Einkommen- und Körperschaftsteuer sind Bund und Länder seitdem je zur Hälfte beteiligt (wobei die Gemeinden einen gesetzlich festzulegenden Anteil erhalten), der Anteil von Bund und Ländern an der Mehrwertsteuer ist dagegen entsprechend der Entwicklung ihrer Einnahmen und Ausgaben zu bestimmen und damit zentraler Konfliktgegenstand. Die Komplexität der Finanzverfassung wird schließlich durch sowohl einen horizontalen Finanzausgleich zwischen den Ländern als auch einen ergänzenden vertikalen Finanzausgleich zwischen dem Bund und „armen" Ländern gesteigert. Dabei wird auch der horizontale Finanzausgleich durch Bundesgesetz mit Zustimmung des Bundesrates geregelt, was häufig zu einer Koalition zwischen Bund und finanzschwachen Ländern geführt hat.

Der erforderliche Finanzausgleich, die damit verbundene relative Schwäche einiger Bundesländer und Einflußmöglichkeit des Bundes haben wiederkehrend zu Neugliederungsüberlegungen geführt. Nach Initiativen von Teilregionen, die Landeszugehörigkeit zu verändern, hat die sozialliberale Bundesregierung 1970 eine Kommission eingesetzt, um dem Verfassungsauftrag der Neugliederung zu entsprechen. Die Vorschläge der „Ernst-Kommission" von 1973 – Reduzierung der Länderzahl auf fünf oder sechs mit Neuordnung v.a. im Norden (Zusammenschluß von S.H. und HH sowie HB und Nds. bzw. alternativ ein großer Nordstaat) sowie Mittelwesten (Vereinigung von Sal., R.P. und Hess. als eine Variante) – sind aber am Beharrungsvermögen der bestehenden Länder, gestützt auf das institutionelle Eigeninteresse von Landespolitikern und -verwaltung sowie das auch in den „Kunstländern" inzwischen gewachsene, wenn auch wohl weiterhin bescheidene Landesbewußtsein der Bevölkerung, gescheitert. 1976 ist der Neugliederungsauftrag des GG in eine Kann-Bestimmung abgeschwächt worden, wobei es sich weiterhin um ein zustimmungsbedürftiges Bundesgesetz ohne Vetorecht der betroffenen Länder handeln würde, das allerdings der Bestätigung durch Volksentscheid bedürfte.

Mit den Verfassungsänderungen 1969 erreichte die bereits im GG angelegte Politikverflechtung zwischen Bund und Ländern eine neue Stufe. Als in den 70er Jahren sich die politische Planungseuphorie im empirischen Test verflüchtigte und das bundesstaatliche System sich in neuen ökonomischen – Erdölkrise – und politischen Herausforderungen – gegensätzliche parteipolitische Mehrheiten in Bundestag und Bundesrat 1970 bis 1982 sowie 1990 und wiederum ab 1991 – bewähren mußte, wurden Schwachpunkte der starken Politikverflechtung deutlicher herausgearbeitet. In der Literatur werden Tendenzen zur Entmachtung der Parlamente (insbesondere der Länderparlamente), ebenenübergreifende „Ressortkumpanei", die eine Politikkoordination auf der Bundes- bzw. Landesebene erschwere, Verwischung der Verantwortlichkeiten, die ein Schwarzer-Peter-Spiel begünstige, zugleich aber auch ein Verschieben neuer Anforderungen an die Politik erlaube sowie insgesamt aufgrund des hohen Konsensbedarfes – de facto Allparteienregierung bei abweichenden Mehrheitsmustern in Bundestag und Bundesrat – eine Strategie der Konfliktvermeidung verbunden mit Innovationsschwäche und politischer Immobilität genannt. Beispiele für sachlich nicht erklärbare „Überverflechtung" sind auf das Interessenkalkül der beteiligten politischen Akteure, Asymmetrie zwischen Beteiligung an gemeinsamen Erfolgen und Abschiebung der Verantwortlichkeit bei Mißerfolgen, zurückgeführt worden. Naheliegende Versuche zu einer Politikentflechtung haben zwar in den 80er Jahren zu verstärkten Diskussionen und vorsichtigen Reforminitiativen geführt, aber die praktischen Ergebnisse (z.B. Graduiertenförderung, Krankenhausneubau) blieben mager. Allgemein ist eine Entwicklungstendenz über den „unitarischen Bs" zum „heimlichen Einheitsstaat" konstatiert worden, wobei der Grad der Verdammung dieser Entwicklung und die Reformansätze primär von der angelegten Meßlatte – Idealtypen des Bs – bestimmt werden. In der Perspektive und Herausforderung der deutschen Einheit schien die deutsche Bs-Konstruktion neu auf den Prüfstand zu kommen und eine mehr als kosmetische Reform in den Bereich des Möglichen zu rükken.

4. Herausforderung der deutschen Einheit und Perspektiven

Auch in der → DDR war nach dem Krieg eine Neugliederung in fünf Länder vorgenommen worden, wobei mit Bbg. und Sa.A. zwei Länder aus ehemals preußischen Provinzen neu entstanden. Entsprechend der zentralistischen, machtkonzentrierenden marxistischen Tradition wurden die Länder allerdings schon 1952 konsequenterweise abgeschafft und die DDR als lupenreiner Einheitsstaat mit der organisatorischen Untergliederung in 15 Bezirke etabliert.

Auf die sich abzeichnende deutsche Einheit und die damit verbundene Aufgabe der Integration der DDR in den westdeutschen Bs hat die Bundesregierung mit Überlegungen zu einer Neugliederung der Länder durch Erleichterung des Verfahrens (Art. 29 GG) reagiert. Die westdeutschen Länder haben die Vereinigung zwar als Chance der „Reföderalisierung" interpretiert, aber den Weg der Neugliederung sofort abgeblockt. In der DDR gab es eine ambivalente Gemengelage mit einem verständlichen Pendelschlag weg von dem Superzentralismus des alten Systems und in Teilen der Bevölkerung deutlichen Sympathien für die Wiederanknüpfung an alte Länder, aber überlagert durch die vorrangige Orientierung am Ziel baldmöglichster Herstellung einheitlicher Lebensverhältnisse. Die erste frei gewählte DDR-Regierung entschied sich dann angesichts eines Vorschlagspektrums, das von einem Bundesland DDR bis zu den alten fünf Ländern reichte, aber auch exotische Blüten wie ein Bundesland Freie und Hansestadt Rostock und ein um Görlitz gelegenes Bundesland Niederschlesien umfaßte, für die Wiederherstellung der kurzlebigen Länder der Nachkriegszeit. Dabei wurden Wünsche nach einem Landeswechsel in kleinräumigen Grenzbereichen nach einem entsprechenden Votum der Bevölkerung berücksichtigt. Diese Lösung war sicherlich die widerstandsärmste, konnte aber unter dem Gesichtspunkt ökonomisch und finanziell autonom handlungs- und lebensfähiger Länder schwerlich befriedigen und mußte die Chancen einer umfassenden Neugliederung auch im Westen weiter mindern. Im Kontext der Verhandlungen über den Einigungsvertrag setzten die vier bevölkerungsstärksten westdeutschen Bundesländer – NW, Bay., Bad.-W. und Nds. – noch eine Aufstockung ihrer Bundesratsstimmen von fünf auf sechs durch, womit den großen vier auch nach dem Beitritt der fünf neuen Bundesländer eine Sperrminorität im Bundesrat gegen Verfassungsänderungen gesichert wurde. Im Einigungsvertrag wurde nur für das wiedervereinigte B. und Bbg. ein vereinfachtes Verfahren – Vereinbarung – vorgesehen, sich auf Wunsch zu einem Bundesland zusammenzuschließen.

Das Reföderalisierungsziel wurde von den Ministerpräsidenten der 16 Bundesländer 1990 einhellig unterstützt. Die Strategie setzte v.a. an den Aspekten Kompetenzabgrenzung, Finanzverfassung und internationale Beziehungen an und zielte primär auf eine Stärkung der autonomen Handlungsmöglichkeiten der Länder. Die durch den Einigungsvertrag vorgegebene Überprüfung der Verfassung hat aufgrund der hohen Zwei-Drittel-Hürde im Bundestag und -rat insgesamt nur zu eng begrenzten Änderungen des Grundgesetzes geführt, bei denen aber die das Bund-Länder-Verhältnis betreffenden Änderungen einen wichtigen Teil bilden. In der Gesetzgebungskompetenz haben die Länder materiell nur bescheidene Grenzverschiebungen durchsetzen können. Allerdings ist versucht worden, die Expansion des Bundes mittels konkurrierender Gesetzgebung dadurch zu beschneiden, daß die Bedürfnisklausel restriktiver gefaßt und bei vermutetem Mißbrauch ein Klagerecht vor dem Bundesverfassungsgericht, u.a. auch für die Länderparlamente, fixiert worden ist. Darüber hinaus sind die Verfahrensrechte des Bundesrates in der Gesetzgebung ausgebaut worden.

In der Finanzverfassung zielen grundsätzliche Reformüberlegungen zum einen auf eine präzisere Verknüpfung von Einnahme- und Ausgabeseite (z.B. Problem der Bundesgesetze mit Ausgabewirkungen bei den Ländern), die Reduzierung der Mischfinanzierung einschließlich der Gemeinschaftsaufgaben sowie allgemein eine bessere Finanzausstattung der Länder. Zum anderen wird eine größere Autonomie auf der Einnahmeseite durch Landesgesetzgebung über bestimmte den Ländern zufließende Steuern wie Kfz-Steuer oder ein Hebesatz bei der Einkommen- und Körperschaftsteuer analog dem der Gemeinden bei den Realsteuern diskutiert. Zu berücksichtigen sind dabei aber nicht nur die wirtschaftlichen Auswirkungen einer verstärkten Steuerautonomie und damit ermöglichten -konkurrenz der Länder, sondern auch die sachliche Verknüpfung mit dem Finanzausgleich. Der zentralstaatlich geregelte horizontale und vertikale Finanzausgleich war bereits in der Vergangenheit des Konfliktzentrum zwischen Bund und Ländern sowie zwischen den Ländern und hat auch mehrfach zur Anrufung des Bundesverfassungsgerichts geführt. Mit der

Einbeziehung der neuen Bundesländer ist gerade das ökonomische Leistungsgefälle extrem gewachsen. Die anfänglich stark unterschätzte extreme Finanzlast der deutschen Vereinigung ist von den westdeutschen Ländern überwiegend dem Bund zugeschoben worden, wie bereits der Indikator Entwicklung der Staatsverschuldung auf den unterschiedlichen Ebenen zeigt. Damit werden die beachtlichen Hilfen im Rahmen individueller Ost-West-Länderpartnerschaften, bei denen allerdings auch parteipolitische Affinitäten eine Rolle spielten (z.B. NW-Bbg., Bad.-W.-Sa.), nicht geleugnet. Der mühsame Kompromiß über den Finanzausgleich ab 1995 verbleibt im Rahmen des bisherigen Systems, macht es aber noch komplexer. Die ostdeutschen Länder werden ab 1995 voll in den horizontalen Finanzausgleich einbezogen und die damit verbundene erhebliche Finanzbelastung der westdeutschen Bundesländer wird durch einen erheblich höheren Anteil aller Länder an der Umsatzsteuer zu Lasten des Bundes teilkompensiert. Darüber hinaus leistet auf der vertikalen Ebene der Bund in verschiedenen Formen erhebliche Bundesergänzungszuweisungen nicht nur an die ostdeutschen, sondern auch finanzschwache westdeutsche Bundesländer.

Allgemein steht der Reföderalisierungsversuch vor dem Dilemma, daß die mit der Vereinigung gewachsene auch mentale Heterogenität in D. mehr Handlungsautonomie der Länder im Dienste maßgeschneiderter Lösungen und größerer Experimentierfähigkeit nahelegt, die extreme Chancenungleichheit zwischen den Ländern in Verbindung mit der Grunderwartung der Bevölkerung nach angenäherter Einheitlichkeit der Lebensverhältnisse aber zum Ruf nach dem Bund führt. Bezieht man den hohen Konsensbedarf für Systemveränderungen ein, so scheint höchst zweifelhaft, daß der Problemdruck der deutschen Vereinigung noch zu einer verspäteten Fundamentalreform des Bs führt, z.B. durch einen Reföderalisierungskompromiß, der auch eine Ost-West-übergreifende Gebietsrefom einschlösse und mit gleichgewichtigeren, wenn auch intern heterogenen Ländern erst die Voraussetzungen für die effektive Wahrnehmung erweiterter Kompetenzen schüfe (vgl. *Klatt* 1991: 371). Heftige Auseinandersetzungen auf „Nebenkriegsschauplätzen", z.B bei der Neugliederung der Deutschen Bundesbank, deuten allerdings auf erhebliche Existenzängste kleiner, leistungsschwacher Bundesländer.

In den Außenbeziehungen haben insbesondere Entwicklungstendenzen der EU in Richtung europäischer Bs Rückwirkungen auf den deutschen Bs gehabt, insofern die EU-Ebene zunehmend als eigenständige Politikebene wirksam geworden ist. Als Bedingungen für die Zustimmung zum Maastricht-Vertrag haben die Länder bei der Verfassungsreform eine deutliche Stärkung ihrer Position im Hinblick auf die EU-Ebene durchgesetzt. Nicht nur sind im neuen Art. 23 GG für die EU u.a. föderative Grundsätze und das Ziel der Subsidiarität festgeschrieben worden, sondern der Bund kann Hoheitsrechte an die EU auch nur mit Zustimmung des Bundesrates übertragen, und die Bundesregierung hat in ihrer EU-Politik die Position der Länder – abgestuft nach der Stärke der Länderkompetenz im bisherigen Bund-Länder-Verhältnis – zu berücksichtigen.

Da eine politische Union im „Europa der → Regionen" allenfalls als Bs vorstellbar ist, hat das deutsche Modell des Bs mit der Entwicklung in Richtung politische Union wachsendes Interesse gefunden. Zu berücksichtigen sind allerdings gerade die Unterschiede, insbesondere die historische, im Bewußtsein der Bevölkerung verankerte Identität der EU-Mitgliedstaaten und die vieldimensionale Heterogenität, so daß noch auf lange Sicht der Schwerpunkt eines EU-Bs bei den Gliedstaaten liegen dürfte. Weltweit, insbesondere in Osteuropa, haben föderalistische Strukturen als Instrument des friedlichen Ausgleichs zwischen Einheit und Vielfalt und nicht zuletzt als Instrument regionalen Minderheitenschutzes zumindest in der Diskussion Konjunktur. Dabei findet das deutsche Bs-Modell besondere Beachtung. Angesichts der spezifischen Voraussetzungen dürfte das deutsche Bs-Modell aber als Exportartikel schwerlich geeignet sein, zumal es mit der deutschen Vereinigung der bisher härtesten Bewährungsprobe unterzogen wird.

Literatur

Abromeit, Heidrun 1992: Der verkappte Einheitsstaat. Opladen.

Benz, Arthur 1989: Regierbarkeit im kooperativen Bundesstaat. Eine Bilanz der Föderalismusforschung, in: Bandemer, Stephan von/Wewer, Göttrik (Hrsg.): Regierungssystem und Regierungslehre: Fragestellungen, Analysekonzepte und Forschungsgegenstand. Opladen.

Blaschke, Karlheinz 1990: Alte Länder – Neue Länder, in: Aus Politik und Zeitgeschichte. Beilage zur Wochenzeitung Das Parlament B 27.

Große-Sender, Heinrich A. (Hrsg.) 1990: Bericht der Kommission „Erhaltung und Fortentwicklung der bundesstaatlichen Ordnung innerhalb der Bundesrepublik Deutschland - auch in einem Vereinten Europa". Teil 1 und 2. Düsseldorf.

Herzog, Roman 1991: Einheit und Föderalismus, in: Die Politische Meinung 36. Jg. März.

Hesse, Joachim Jens (Hrsg.) 1978: Politikverflechtung im föderativen Staat. Baden-Baden.

Hirscher, Gerhard (Hrsg.) 1991: Die Zukunft des kooperativen Föderalismus in Deutschland. München.

Klatt, Hartmut 1991: Zur Notwendigkeit einer Reföderalisierung Gesamtdeutschlands, in: Politische Studien Nr. 7/8.

Laufer, Heinz [5]1985: Das föderative System der Bundesrepublik Deutschland. München.

Lehmbruch, Gerhard 1976: Parteienwettbewerb im Bundesstaat. Stuttgart u.a.

Lhotta, Roland 1993: Der „verkorkste Bundesstaat" – Anmerkungen zur bundesstaatlichen Reformdiskussion, in : Zeitschrift für Parlamentsfragen, 24.Jg., Heft 1.

Scharpf, Fritz W. u.a. 1976: Politikverflechtung. Theorie und Empirie des kooperativen Föderalismus in der Bundesrepublik. 2 Bde. Kronberg/Ts.

Scharpf, Fritz W. 1985: Die Politikverflechtungsfalle: Europäische Integration und deutscher Föderalismus im Vergleich, in: PVS 26. Jg.

Uwe Andersen

Bundestag

1. Historische Entwicklung

Seitdem am 3.10.1990 144 noch von der Volkskammer gewählte Abgeordnete in den Deutschen Bundestag eingetreten sind, repräsentiert dieser das ganze deutsche Volk. Zuvor schon waren durch die freie Wahl der Volkskammer am 18.3.1990 „Volksdemokratie" und „sozialistische" Vertretungskörperschaften historisch erledigt worden. D hatte insgesamt endlich Anschluß an den demokratischen Parlamentarismus gefunden und ihn am 2.12.1990 mit der gemeinsamen Wahl aller Abgeordneten zum 12. Bundestag vollendet.

Nach der sozialistischen Doktrin war Demokratie zwar nicht ohne Vertretungskörperschaft zu denken, wohl aber ohne Parlamentarismus: ohne freie Wahlen, ohne eigenständige parlamentarische Macht und ohne freies Mandat. Von Verfassungs wegen galt das „werktätige" Volk als Souverän – eine Einschränkung, die den Klassencharakter dieses Staates deutlich machte. Zugleich war der Führungsanspruch der Arbeiterklasse und ihrer Partei zur Leitnorm der Verfassung erhoben worden. Durch den demokratischen Zentralismus als maßgebliches Gestaltungsprinzip der Staats- und Gesellschaftsordnung war der Durchsetzungsanspruch der Partei gewährleistet. Volkssouveränität verwirklichte sich demnach durch die ungebremste Führung der Partei der Arbeiterklasse. Volksvertretung konnte im Kontext der marxistischen Staatstheorie nicht mehr sein als Dienst an den Vorgaben der Partei. Wenn Art. 48 DDR-Verfassung die Volkskammer als „das oberste staatliche Machtorgan" bezeichnete, so bedeutete das keine Stärkung, sondern in zwei Dimensionen eine erhebliche Reduzierung demokratischer Standards: Zum einen entfallen mit der Etablierung *eines obersten* Staatsorganes die Voraussetzungen für machthemmende Konstruktionen der Gewaltenteilung und -verschränkung, zum andern schied die Doktrin zwischen „staatlicher" und „politischer" Macht, deren Trägerin die Partei war. Ihr fiel damit die übergeordnete Rolle gegenüber der Volksvertretung als Trägerin der staatlichen Macht zu. Beide Dimensionen zusammen gewährleisteten verfassungsrechtlich die Macht der Partei, inhaltlich die Tätigkeit der Vertretungskörperschaft zu bestimmen. Für sie blieb der *Leninsche* Auftrag übrig, Transmissionsriemen des politischen Willens der Partei der Arbeiterklasse zu sein. In dieser systemimmanenten Entpolitisierung und Entmachtung der sozialistischen Vertretungskörperschaft lag ihr grundsätzlicher Unterschied zum modernen demokratischen Parlament.

Moderne Parlamente sind Institutionen repräsentativer Demokratie. Sie gehen aus freien Wahlen hervor und besitzen rechtlich umschriebene Aufgaben bei der Gesetzgebung, bei Etataufstellung und -vollzug, bei der Kontrolle und unter bestimmten verfassungsorganisatorischen Voraussetzungen auch bei der Regierungsbildung und -erhaltung. In diesen Aufgaben sind sie oberstes, von Aufträgen und Weisungen unabhängiges Staatsorgan, das seine eigenen Angelegenheiten in selbständiger Zuständigkeit regelt. Verfassungspolitisch ist darauf abzuheben, daß das Parlament im politischen Entscheidungsprozeß als Machtzentrum eine selbständige Rolle wahrnimmt.

Historisch waren die mittelalterlichen ständischen Vertretungskörperschaften Vorläufer moderner Parlamente. Als Steuerbewilligungs- und Beschwerdeinstanzen verteidigten sie ständische Privilegien gegenüber der Fürstenmacht. Gegen deren Souveränitätsanspruch vermochte sich zunächst nur das englische Parlament zu behaupten, das mit der Durchsetzung des Grundsatzes der Parlamentssouveränität seine Hoheit auf Gesetzgebung und Haushaltskonrolle ausdehnte, die politische Verantwortlichkeit der Regierung gegenüber dem Unterhaus erzwang und sich auf diese Weise als Zentrum der Politik etablierte. Dieses britische Vorbild gewann bestimmenden Einfluß auf die kontinentaleuropäische und nordamerikanische Entwicklung, freilich mit dem Unterschied, daß in England die Fusion von Legislative und Exekutive schon frühzeitig – Mitte des 18. Jahrhunderts – vollzogen war, während die Gewaltenteilungsdoktrin andernorts stärker fortwirkte.

In Deutschland blieben im Grunde zunächst beide Ansätze rudimentär. Sie wurden korrigiert durch das verfassungsleitende „monarchische Prinzip", das dem deutschen Konstitutionalismus seine eigentümliche Struktur gab. So wie er Staat und Gesellschaft konfrontierte, stellte dieser auch den Monarchen mit seiner Regierung dem Parlament als Artikulationsorgan der bürgerlichen Gesellschaft dualistisch gegenüber. Es ging dabei gerade nicht um Gewaltenteilung, sondern um die Erhaltung der Einheit der Staatsmacht und um die Abwehr gesellschaftlich-parlamentarischer Mitbestimmungsansprüche. Das Prinzip der „vorwaltenden Kronmacht" (O. *Hintze*) widerstritt der Gewaltenteilung im Grundsatz und durchbrach sie normativ und praktisch vielfältig, vor allem auch bei der Gesetzgebung. Insofern erweist sich das monarchische Prinzip geradezu als „Gegenlehre" (E.R. *Huber*) zur Gewaltenteilung. Nach den politischen und rechtlichen Grundsätzen des monarchischen Konstitutionalismus blieb das Parlament von der konkreten Macht im Staate ausgeschlossen und auf eine periphere, mehr abwehrende als gestaltende Mitwirkung beschränkt. Damit war die Struktur des „negativen Parlamentarismus" (Max *Weber*) frühzeitig fixiert, den normativ erst die Weimarer Verfassung von 1919 auflöste, der aber verhaltensdispositionell noch in die Weimarer Republik übergriff und deren Scheitern mitbewirkte. Die Weimarer Verfassung hatte sich zwar vorbehaltlos für Volkssouveränität als Legitimationsprinzip entschieden, dem Reichstag aber noch nicht die zentrale politische Position moderner Parlamente zugestanden, indem sie dem Reichspräsidenten wichtige Kompetenzen zuschob und nur ein „hinkendes parlamentarisches Regierungssystem" (R. *Thoma*) konstituierte. Eine konsequente Überwindung der Tradition des Konstitutionalismus gelang erst durch das Bonner → Grundgesetz von 1949 sowie durch den selbstbewußten Griff der Parteien nach der Macht in der nachfolgenden parlamentarischen Praxis. Erst von da an war wenigstens in Westeutschland der Anschluß an den modernen Parlamentarismus vollzogen.

2. Der Bundestag im parlamentarischen Regierungssystem

Durch die ihm grundgesetzlich zugeschriebene Funktion der Regierungsbildung und den Einfluß auf deren Fortbestand gehört der Bundestag typologisch dem parlamentarischen Regierungssystem zu, in dem Legislative und Exekutive miteinander verschmelzen. Die regierende Mehrheit bildet eine Funktionseinheit, ihr Führungspersonal besetzt die Kabinettsposten und ihr Programm ist zugleich Basis für das Programm der Regierung. Das Gesamtparlament als politische Handlungseinheit wird zur Fiktion. An seiner Stelle übernimmt die Funktion der Machthemmung zur Sicherung eines *gouvernement modéré* im Sinne der richtig verstandenen Doktrin *Montesquieus* im wesentlichen die Opposition. Machtausgleich schafft außerdem der offene politische Willensbildungsrozeß an sich sowie die vertikale Gewaltenteilung zwischen Bundestag und → Bundesrat. Daraus entstehen komplexe Beziehungen zwischen Kabinett, regierender Mehrheit und Opposition, welche die gedankenarme Dichotomie von Legislative und Exekutive nicht einzufangen vermag; denn in diesem System geht es nicht so sehr um nachherige Kontrolle, sondern um Mitsteuerung durch Kommunikation. Parlamentarisches Regierungssystem heißt im wesentlichen parlamentarische Parteiregierung, deren angemessene Funktionsweise unter dem Aspekt demokratischer Legitimation gewährleistet sein muß. Da nach dem Grundgesetz Regierung und Verwaltung autonome demokratische Legitimation vorenthalten bleibt und es der Systematik der Verfassung widerspräche, ihnen Legitimität kraft Amtsautorität oder Sachkompetenz zuzubilligen, wird die Durchlässigkeit der Willensbildung zwischen Kabinett und Mehrheit zur Sicherung der Identität der politischen Intentionen ebenso dringendes Postulat wie die Durchsetzung der Leitungsfunktion des Kabinetts gegenüber der Verwaltung. Parlamentsentrückte Regierung und sich selbst führende Verwaltung lösten die Legitimationsbindungen des parlamentarischen Regierungssystems auf.

In der Realität der politischen Willensbildung treten im Bundestag drei Kraftpole und entsprechende Kraftfelder zutage: Regierung, Mehrheitsfraktion(en) und → Opposition. Denn die Übereinstimmung innerhalb der regierenden Mehrheit ist als ständiger Interaktionsprozeß zu verstehen, der stets auch intern Kontrolle freisetzt. Dafür sind weniger konstitutionelle Relikte verantwortlich als sozialpsychologische und gruppendynamische Tatbestände, die auf jedes Gefolgschaftsverhältnis zutreffen. Speziell auch die Notwendigkeit, publizitätsträchtige oppositionelle Attacken einzukalkulieren, veranlaßt die Regierungsmitglieder, sich an die parlamentarische Basis rückzubinden. Ziel dieser internen Entfaltung wirksamen parlamentarischen Einflusses ist die ständige Sicherung der politischen Übereinstimmung innerhalb der Funktionseinheit regierende Mehrheit. Umgekehrt kann die Opposition als Minderheit unter der Herrschaft des Prinzips parlamentarischer Parteiregierung in der Regel keine direkte Effizienz erzielen. Ihre Aktionen zielen auf die Beeinflussung der politischen Öffentlichkeit nicht nur durch Kritik, sondern zunehmend auch durch die Thematisierung alternativer und innovativer Politik- und Problemfelder (*Sebaldt* 1992). Wirksame Entfaltung ihrer Alternativen gelingen ihr jedoch eher publizitätsentrückt im Schoße innerparlamentarischer Willensbildung. Insofern charakterisiert ihre Strategie im Bundestag in aller Regel eine durch gleichzeitige Akzentuierung kooperativer wie konkurrenzorientierter Verhaltensweisen geprägte Ambivalenz.

Unbeschadet solcher Differenzierungen strukturiert jedoch nach außen der Dualismus zwischen regierender Mehrheit und Opposition den politischen Prozeß. Diese Alternativstruktur wurde insbesondere auch durch den Konzentrationsprozeß des Parteiensystems ermöglicht – eine Folge des typologischen Wandels der Großparteien von Weltanschauungs- und Interessenparteien zu Volksparteien, die eine Regierung bilden wollen und insofern stets Regierungskonzepte zur Wahl stellen. Die Funktionsfähigkeit des parlamentarischen Regierungssystems hängt eng mit der Existenz eines solchen Parteiensystems zusammen. Dessen bereits vor der Vereinigung einsetzende Dekonzentrationstendenz ist in ihrer Wirkung noch nicht verläßlich abzuschätzen (vgl. *Mintzel/Oberreuter* 1992), hat aber seit den Wahlen 1994 eher an Dramatik verloren.

3. Stellung des Bundestages im Verfassungssystem

3.1 Kompetenzen nach der Verfassung

Als Vertretung des deutschen Volkes ist der Bundestag autonomes oberstes Staatsorgan, das keiner Aufsicht unterliegt, an keine Weisungen gebunden werden kann und seine eigenen Angelegenheiten selbst regelt. Zur Wahrung seiner Funktionen schützen ihn besondere Parlamentsrechte wie Immunität und Indemnität seiner Mitglieder sowie die eigene Kompetenz zur Wahlprüfung.

Neben der Gesetzgebung und der Feststellung des Bundeshaushalts hat der Bundestag vor allem die Aufgabe, die Bundesregierung zu bestellen und sie einschließlich der ihr unterstellten Verwaltung zu kontrollieren. Er ist ferner zuständig für die Wahl von Mitgliedern anderer oberster Staatsorgane. Er wirkt bei der Wahl des → Bundespräsidenten mit und hat das Recht der Präsidentenanklage vor dem → Bundesverfassungsgericht. Er stellt Spannungs- und Verteidigungsfall fest und entsendet 2/3 der Mitglieder des Gemeinsamen Ausschusses, der unter bestimmten Umständen eine Vielzahl der Befugnisse des Bundestages übernimmt.

3.2 Verfassunspolitische Aspekte

Aufgaben und Bedeutung des Bundestages im Regierungssystem lassen sich aber nicht allein von den im Grundgesetz umschriebenen Kompetenzen her bestimmen.

Ihm wird auch weder die Rechtfertigung aus den angeblich geistesgeschichtlichen Wurzeln Diskussion und Öffentlichkeit, noch die Funktionsbestimmung als

Legislative – ein für das Parlament fälschlich noch immer synonym gebrauchter Begriff – gerecht; denn ihm obliegt die Mitgestaltung der inneren und äußeren Politik insgesamt, die nicht nur durch Gesetzgebung, sondern auch in der Formulierung alternativer Konzepte, in der Entwicklung eigener politischer Initiativen sowie in stetiger Beeinflussung der Bundesregierung zum Ausdruck kommt. Er ist daher letztlich das zentrale Organ „politischer Führung" (F. *Schäfer*) und „demokratischer Gesamtleitung" (K. *Hesse*). Der Bundestag stellt auch die Verbindung zwischen institutionalisierten und nicht-institutionalisierten Formen des politischen Lebens und der politischen Willensbildung her, indem er Stellung zu den Grundfragen der Nation bezieht und politische Ziele und Entscheidungen öffentlich zur Diskussion stellt, um die sich in Anregungen, Zustimmung oder Kritik äußernde Mitbeteiligung der Bürger zu gewährleisten. Als „Repräsentant des Gemeinwesens in seiner politischen Auseinandersetzung" (H.-J. *Varain*) hat der Bundestag die Aufgabe, den auch in einer pluralistischen Gesellschaft notwendigen Grad an Integration zu bewirken.

4. Funktionen des Bundestages

Die klassischen Funktionskataloge für Parlamente, wie sie etwa W. *Bagehot* und J. St. *Mill* im 19. Jh. entwickelt haben, erweisen sich trotz allen verfassungspolitischen Wandels von erstaunlicher Flexibilität für den modernen Parlamentarismus. Im Grunde entfalten sie ihre Wirksamkeit erst im 20. Jh., bedürfen jedoch moderner Interpretation, die sich am Wandel zur Massendemokratie und am Funktionsgewinn des Parlaments orientiert, das die Fesseln des monarchischen Konstitutionalismus abgestreift hat. Die Wahrnehmung dieser Funktionen wird besonders durch den Dualismus regierende Mehrheit/Opposition strukturiert, unter dessen Dominanz die Parlamentsaufgaben mit unterschiedlichen Intentionen erfüllt werden.

Diese Funktionskataloge stellen noch immer angemessene Differenzierungen der Gesamtaufgabe des Parlaments dar. Insofern lehnt sich auch die neuere Literatur im wesentlichen an sie an. Darüber hinaus führende Definitonsversuche vermochten sich nicht durchzusetzen. Ob der Bundestag z.B. „initiativ" oder „kreativ" wirkt, bleibt für theoretische Klärungen bedeutungslos: Es ist eine Frage praktischer Politik.

4.1 Regierungsbildung

Die Kompetenz des Bundestages, den → Bundeskanzler zu wählen und durch ein konstruktives Mißtrauensvotum abzuberufen, sowie das komplementäre Recht des Kanzlers, dem Bundespräsidenten die Auflösung des Parlaments vorzuschlagen, falls keine Mehrheit für einen Vertrauensantrag zustande kommt, ordnen den Bundestag dem Typus des parlamentarischen Regierungssystems zu. Im Gegensatz zu traditionellen Vorstellungen tritt der Bundestag nicht als Gesamtheit der Bundesregierung gegenüber. Der daraus entstehende Wandel des Parlamentsstils ist eine Konsequenz der vordringlichen Aufgabe der Regierungsbildung, die der Bundestag trotz des zumeist bestehenden Zwangs zu Koalitionen seit 1949 vorbildlich erfüllt hat.

Er hat dabei nicht nur Koalitionskrisen zu meistern vermocht, selbst wenn dazu bislang undenkbare Koalitionskonstellationen erforderlich waren (wie 1966 bei der Bildung der Großen Koalition) oder sich als fähig erwiesen, führungsschwache Kanzler auszuwechseln (*Erhard* 1966; *Brandt* 1974); er hat sich vielmehr selbst im parlamentarischen Patt von 1972, das in Mißtrauensvotum und Parlamentsauflösung kulminierte, politisch wie rechtlich zurechtgefunden, ebenso beim Koalitionswechsel inmitten der Legislaturperiode (konstruktives Mißtrauensvotum gegen *Schmidt* 1982) mit der Strategie, im Anschluß daran die neue Mehrheit durch das Volk legitimieren zu lassen (Wahl 1983). Das komplizierte System der Art. 63-68 GG mit seinen Fristen, Überlegungspausen und Initiativchancen sowie seinem Drängen auf positive Mehrheitsbildung, fand gerade in diesen Krisen politische und verfassungsrechtliche Bestätigung.

Die formale Kanzlerinvestitur – bei der den Bundestag heute Wählerentscheide weithin binden – ist nur der äußere Abschluß des Prozesses der Mehrheitsfindung und Kabinettsbildung.

Darüber hinaus gehört zu dieser Aufgabe ebenso die Funktion des Parlaments als Rekrutierungsreservoir für Kabinettsämter, die in aller Regel ohne parlamentarische Sozialisation unerreichbar bleiben. Aus der grundgesetzlichen Normenkonstellation ergibt sich für das Parlament über die Kanzlerinvestitur hinaus der klare Verfassungsauftrag zur Sicherstellung der Regierungsfähigkeit während der gesamten Legislaturperiode. Nicht zuletzt daraus erwächst ein Zwang zu kontinuierlicher Solidarität in der Funktionseinheit „regierende Mehrheit". Ihre Parlamentsfraktionen schirmen die von ihnen getragene Regierung ab und stützen sie, während die Opposition die in der Theorie des liberalen Parlamentarismus dem gesamten Parlament zugeschriebenen Aufgaben öffentlicher Kritik und Kontrolle weitgehend übernommen hat. Ihr beständiger Einfluß auf die Regierung sichert der Parlamentsmehrheit ungleich größere politische Gestaltungsmöglichkeiten als der Opposition, die zur Effektivierung eigener Zielvorstellungen als Minderheit auf Kooperation mit der Mehrheit angewiesen ist. Solche Kooperation erfolgt aber immer aus politischen Alternativpositionen und stößt von daher auf natürliche politische Grenzen.

4.2 Kontrolle

Die Verfassung geht zwar davon aus, daß alles staatliche Handeln der Kontrolle (dem Einfluß) des Parlaments unterliegt. Dennoch normiert sie nur wenige formelle Kontrollrechte, wie das Recht, die Mitglieder der → Bundesregierung zu zitieren, das Recht, Untersuchungsausschüsse einzusetzen, oder das Budgetrecht, nach dem der Bundestag Einnahmen und Ausgaben des Staates im Haushaltsgesetz feststellt und der Finanzminister jährlich Rechnung zu legen hat, sowie – ultimatives Kontrollmittel – das Recht zur Abberufung der Regierung durch konstruktives Mißtrauensvotum. Diese knappen grundgesetzlichen Normierungen weisen der rechtlichen Kontrolle nur sekundäre Bedeutung zu. Im Interesse unabhängiger und unparteiischer Rechtsauslegung ist hier ohnehin die justizförmige Überprüfung der Rechtmäßigkeit einzelner Regierungsakte vorzuziehen, wenngleich auch der Bundestag durch Untersuchungsausschüsse, die nach der Strafprozeßordnung verfahren, unmittelbar tätig werden kann.

Primär übt der Bundestag politische Kontrolle aus. Die Verantwortlichkeit der Regierung ihm gegenüber bildet dafür die verfassungsrechtliche Basis. Der Primat politischer Kontrolle ergibt sich bereits aus der Lokalisierung des Kontrollinstrumentariums und der formellen Ausgestaltung der einzelnen Kontrollrechte im parlamentarischen Geschäftsordnungsrecht. Es handelt sich also um parlamentarische, nicht – vom Untersuchungsausschuß abgesehen – um justizförmige Verfahrensweisen.

Die ausgeprägten Befugnisse im Verteidigungsbereich nehmen eine Sonderstellung ein: Hier beruft der Bundestag alle fünf Jahre als sein Hilfsorgan einen Wehrbeauftragten. Zudem kann der Verteidigungsausschuß sich jederzeit als Untersuchungsausschuß konstituieren.

Diese Verfahrensmittel geben durchaus die Möglichkeit, Kontrollprozesse bis zur Konsequenz von Sanktionen durchzuziehen: von der Informationserhebung (Enquete-Recht) über den Versuch, die Regierung zur Stellungnahme zu zwingen (Interpellationsrecht; im einzelnen: Große Anfrage, Kleine Anfrage, Mündliche Anfrage = Fragestunde, Aktuelle Stunde, Regierungsbefragung), bis zu ihrem Sturz durch Mißtrauensvotum (das jedoch ausschließlich dem Bundeskanzler und nur in der Form ausgesprochen werden kann, daß der Bundestag zugleich seinen Nachfolger wählt). In der Praxis besitzt jedes dieser Instrumente eigenen Stellenwert; denn auch politische Kontrolle richtet sich in der Regel auf begrenzte Ziele, zumindest ist sie differenziert, und in stabilen Systemen bleibt – wie im Bundestag – die letzte Stufe eine wenig relevante Ausnahme.

Als primär politisches Instrument unterliegt die Kontrolle auch aktuellem politischem Gestaltwandel. Die dynamisch fortschreitende Entwicklung zum aktiv gestaltenden Staat führt zum Widerstreit des im Exekutivbereich akkumulierten Sachverstandes mit der sich im Parlament artikulierenden politischen Intention. Dem Sachverstand der Verwaltung kann das Parlament nicht ständig und umfassend Paroli bieten. Gegenüber der Fülle des Handelns der Leistungsverwaltung kann der Bundestag nur punktuell effektive Kontrolle leisten. Potentiell bleibt freilich jeder Verwaltungsvorgang seinem Zugriff ausgeliefert. Solange er frei ist, über die Aktualisierung dieser Zugriffsmöglichkeit zu entscheiden, ist die Kontrollfunktion nicht grundsätzlich in Frage gestellt.

Die tiefgreifendste politische Modifizierung erfährt die Kontrolle durch die Strukturprinzipien des parlamentarischen Regierungssystems, welche die parlamentarischen Interessen gegenüber der Regierung in gouvernementale und oppositonelle differenzieren. Im Bundestag zeigt sich jedoch immer wieder, daß der Gewinn gouvernementalen Charakters für die Mehrheit nicht unabdingbar zum vollständigen Verlust ihres parlamentarischen führt. Kontrollprozesse finden intern auch in der regierenden Mehrheit statt, werden jedoch in der Regel öffentlich nicht sichtbar. Die Modifizierung der Beziehungen von Parlament und Regierung erlaubt im Vergleich zum konstitutionellen Dualismus partiell sogar eine Verschärfung der Kontrollfunktion, weil die Mehrheit leichteren Zugriff auf Kabinett und Verwaltung gewinnt. Insofern vollzieht sich Kontrolle öffentlich wenigstens an zwei Fronten: zwischen Politik und Verwaltung, wo sie in der Tat gelegentlich noch gesamtparlamentarisch in Erscheinung tritt, und zwischen regierender Mehrheit und Opposition. Die institutionellen Kontrollmittel werden jedoch eindeutig vornehmlich von der Opposition benutzt, um die Regierung zur Begründung und Verteidigung ihrer Politik zu zwingen. Die Wirksamkeit dieser Kontrolle ist begrenzt. Sie liegt in der Evidenz und Plausibilität, die sie zu erzielen vermag. Erfolgreich im Sinne der Abberufung der Regierung kann sie nur sein, wenn die Regierungsmehrheit sich spaltet und eine neue parteipolitische Konstellation sichtbar wird. Die Mehrheitsfraktionen wandeln die ursprüngliche Bedeutung parlamentarischer Kontrollmittel ihrerseits ab, indem sie durch Anfragen usw. der Regierung Gelegenheit zur öffentlichkeitswirksamen Darstellung ihrer Politik bieten.

Mit der Differenzierung der Methoden und Intentionen der Kontrolle aus dem Parlament (nicht mehr: des Parlaments) hat sich auch der Kontrollbegriff selbst gewandelt. Kontrolle ist nicht mehr nur „Aufsicht über fremde Amtsführung" im überkommenen Verständnis kritischen Negierens; Kontrolle ergibt sich vielmehr aus dem „Zusammenwirken verschiedener Instanzen auf ein gemeinsames Ziel" (R. *Bäumlin*) – und dies aus zwei Gründen: aus verfassungspolitischen aufgrund des im Vergleich zum Konstitutionalismus gänzlich andersartigen Legitimationskontexts der Regierung einerseits, aus Gründen ständig zunehmender Komplexität der Staatsaufgaben, der gegenüber nachträgliche Intervention angesichts geschaffener Tatsachen oft ohne Effekt bliebe, andererseits. Insbesondere die

Bundestagsausschüsse nehmen daher heute weniger „kontrollierend" (im nachhinein) als vielmehr „regulierend", d.h. richtungsweisend, auf die Regierungsarbeit Einfluß. Gerade im Bundestag hat sich ein kooperativer und präventiver Kontrollbegriff durchgesetzt, den der Begriff „parlamentarische Mitregierung" (W. *Kewenig*) – natürlich akzentuiert nach Mehrheits- oder Oppositionsposition – am zutreffendsten umschreibt.

4.3 Gesetzgebung

Insofern Kontrolle im Bundestag als zukunftsgestaltendes Handeln begriffen wird, gehört die parlamentarische Teilhabe an der Gesetzgebung als rechtsstaatliches Mittel sozialer Steuerung im Selbstverständnis der Abgeordneten in hohem Maße der Kontrollfunktion zu. Wie diese ist sie dem Wandel unterworfen, und zwar aus den gleichen Ursachen.

Institutionell ist der Bundestag das wichtigste Organ im Gesetzgebungsverfahren. Ohne seine Beschlußfassung kommt kein Gesetz zustande. Er hat neben der Bundesregierung und dem Bundesrat das Recht der Gesetzesinitiative, er legt in seinen Beratungen den Gesetzestext fest und erteilt ihm in der Schlußabstimmung den Gesetzesbefehl. Der Bundestag wirkt gleichfalls entscheidend am Erlaß von Rechtsverordnungen mit, zu denen er die Ermächtigung erteilt und deren Aufhebung er jederzeit verlangen kann.

Faktisch ist auch hier zu differenzieren. Die Entwicklung vom liberalen Nachtwächterstaat zum daseinsvorsorgenden und leistungsgewährenden Sozialstaat hat den klassischen Gesetzesbegriff zurückgedrängt. Der Gesetzgeber befindet nicht mehr nur über generelle Normen im Sinne abstrakter Grundsätze, sondern inzwischen gleich stark oder sogar überwiegend über Maßnahme- und Einzelfallgesetze, die wie solche Einzelfälle selbst stark wandlungsunterworfen sind. Der Bundestag sieht sich durch die erheblichen quantitativen Folgen dieser qualitativen Änderung des Gesetzes herausgefordert: herausgefordert durch den Zwang zur Vollständigkeit, dem die Gesetzgebung im Sozialstaat unterliegt, und durch den Zeitdruck, den die Dynamik des gesellschaftlichen Wandels und des technischen Fortschritts angesichts der immensen Ausdehnung der Staatsaufgaben ausübt. Die Allzuständigkeit des Bundestags und des →Abgeordneten wird dadurch zur Fiktion. Die Verwaltung nimmt in der Gesetzesvorbereitung eine Schlüsselstellung ein, unterliegt aber ihrerseits der politischen Leitungsfunktion des Kabinetts. Zu fragen bleibt nach der Durchsetzungsfähigkeit politischer Führung.

Eine realistische Positionsbestimmung des Bundestags in diesem Prozeß muß dem Wandel des Gesetzesbegriffes folgen. Sie muß dessen Einheit, an der eine empirieferne Literatur noch immer festhält, aufbrechen und nach den zu regelnden Materien differenzieren: Von Selbstläufern, die aus formalen Gründen der Gesetzesform bedürfen, abgesehen, lassen sich zwei Kategorien bilden: 1. die mehr nachvollziehende Anpassungsgesetzgebung und 2. die Gestaltungsgesetzgebung, die sich auf Grundfragen der politischen, sozialen und rechtsstaatlichen Ordnung erstreckt. Für die erste Kategorie läßt sich ein deutlicher Wandel der Gesetzgebungsfunktion im Bundestag feststellen: Sie reduziert sich wegen der Gesetzesvorbereitung im Schoße der Verwaltung überwiegend auf politische Richtungskontrolle – angesichts der Materien eine angemessene und arbeitsökonomisch unumgängliche Reduktion. Bei der zweiten Kategorie tritt der Bundestag darüber hinaus auch in eine Kontrolle der Details ein, oder er wird ganz in konventionellem Sinne als Gesetzgeber tätig: innovativ und initiativ, datenerhebend, konfliktausgleichend, beratend, formulierend und äußerst eigenständig entscheidend. Experten der Mehrheitsfraktion(en) sind zunehmend ins Vorstadium von Gesetzesprojekten eingeschaltet (*Oberreuter* in: *Hill* 1989).

Daneben wirkt sich auch auf die Gesetzgebung die politische Positionsverteilung im parlamentarischen Regierungssystem aus. Daher läßt sich aus der Statistik, welche die absolute quantitative Überlegenheit der Regierung in der Gesetzesinitiative sowie erheblich höhere Erfolgsquoten ihrer Vorlagen nachweist, keineswegs, wie in der Literatur üblich, die Entmachtung oder gar das „Elend des Gesetzgebers“ folgern. Dieser These wird unter der Herrschaft parlamentarischer Parteiregierung die Basis entzogen; denn aus der politischen Identität der regierenden Mehrheit ergibt sich die Identität ihrer gesetzgeberischen Intention: Regierungsvorlagen sind politische Mehrheitsvorlagen, gescheiterte Vorlagen „aus der Mitte des Bundestages“ sind Oppositionsvorlagen. Durchschnittlich 3/4 der verabschiedeten Gesetze stammen von der Regierung; sie erfahren aber in der Regel im Ausschußstadium starke Veränderungen. Angemessene Interpretation der statistischen Daten muß im parlamentarischen Regierungssystem von der legislatorischen Interessenkongruenz von Regierung und Bundestagsmehrheit ausgehen. Daraus ergibt sich für die Mehrheit im historischen Vergleich erheblicher Machtgewinn, für die Opposition kein zusätzlicher Machtverlust.

Gesetzgebung im Deutschen Bundestag

	8. Wahlp. 1976-1980		9. Wahlp. 1980-1983		10. Wahlp. 1983-1987		11. Wahlp. 1987-1991	
	N	%	N	%	N	%	N	%
Eingebrachte Gesetzentwürfe	485	100	242	100	522	100	595	100
davon:								
Bundesregierung	322	66.4	146	60.3	280	53.6	321	53.9
Bundestag	111	22.9	58	24.0	183	35.1	227	38.2
Bundesrat	52	10.7	38	15.7	59	11.3	47	7.9
Verabschiedete Gesetzentwürfe	354	100	139	100	320	100	369	100
davon:								
Bundesregierung	288	81.4	104	74.8	237	74.1	267	72.4
Bundestag	39	11.4	16	11.5	42	13.1	68	18.4
Bundesrat	15	4.2	8	5.8	32	10.0	15	4.1
Vereinigung von Initiativen (BReg/BT.BReg/BR, BT/BR)	12	3.4	11	7.9	9	2.8	19	5.1
Anderweitig erledigte Gesetzentwürfe	62		41	15,2	146	23,9	122	17,8
Nicht nacherledigte Gesetzentwürfe	59		74	27,5	105	17,2	130	18,9

Quellen: P. Schindler, Datenhandbuch Deutscher Bundestag 1980-1987: 547; Chronik Deutscher Bundestag 11. Wahlperiode 1987-1990:

Tatsächlich vermochte der Bundestag sich in der Gesetzgebung mächtiger als alle anderen Parlamente zu behaupten, vom amerikanischen Kongreß abgesehen: zum einen, weil im Selbstverständnis der Abgeordneten Gesetzespolitik und Arbeit am Gesetz gegebenenfalls Autonomieansprüche gegenüber der Verwaltung freisetzen, die wenigstens in der Alltagsroutine die Verhaltensdispositionen des parlamentarischen Regierungssystems zu korrigieren vermögen; zum anderen weil der Trend zur Spezialisierung auch vor dem Bundestag nicht halt gemacht und einen neuen, vom Honoratioren gründlich unterschiedenen Abgeordnetentyp sowie arbeitsteilige Arbeitsorganisation und zunehmend auch technisch-wissenschaftliche Arbeitshilfen hervorgebracht hat.

4.4 Repräsentation

Unter der Repräsentationsfunktion des Bundestages ist seine umfassende Aufgabe ständiger Sicherung der Legitimität staatlichen Handelns insbesondere unter kommunikativen Aspekten zu verstehen. Diese Aufgabe ist deswegen von besonderer Bedeutung, da das Parlament im Regierungssystem D.s als einziges Staatsorgan auf unmittelbare demokratische Legitimation zurückgreifen kann. Als Kommunikationsprozeß läßt sich Repräsentation zwar nicht in der Realität, aber wohl analytisch nach zwei Richtungen entfalten: Die Aufgabe, durch Diskussion und Formulierung politischer Aussagen (mögen es unverbindliche Positionen oder Gesetze sein) der Öffentlichkeit Informationen zu vermitteln, Begründungen und Verantwortungen zu verdeutlichen und ihr dadurch Partizipation zu ermöglichen, kann als Willensbildungsfunktion bezeichnet werden. Umgekehrt läßt sich die Aufgabe des Bundestages, den Willen der Bevölkerung auszudrücken bzw. kommunikative Eingaben aufzunehmen, zu prüfen und zu verarbeiten, als Artikulationsfunktion verstehen.

Die Repräsentationsfunktion wird gelegentlich dahin mißverstanden, das Parlament hätte spiegelbildlich die Sozialstruktur wiederzugeben. Die Diskrepanz der Sozialprofile von Parlament und Bevölkerung – Mittel- und Oberschichten sind überrepräsentiert – ist gegenüber dem qualitativen Problem einer vom Bundestag zu leistenden – und bislang von ihm auch geleisteten – gemeinwohlorientierten Politik sekundär. Die Artikulationsleistung erweist sich vielmehr am Grad der erzielten sozialen Gerechtigkeit und des sozialen Friedens. Die Funktionsfähigkeit des Bundestags unter dem Leistungsdruck der modernen hochkomplexen Gesellschaft verdeutlicht im Gegenteil den Zusammenhang von Repräsentation und Qualifikation und unterstreicht die Notwendigkeit der Einbindung der wichtigsten sozialen Interessenträger. Freilich zeigt die Diskussion um die gerechte Berücksichtigung von Interessen, auch solchen, die kaum organisations- und konfliktfähig sind, die Notwendigkeit, die politische Führungsrolle des Bundestages zur Optimierung des Interessenausgleichs wieder stärker zu akzentuieren. Knappe Ressourcen zwingen von sich aus zu politischer Prioritätensetzung.

Die Willensbildungsfunktion wird dagegen vom Strukturwandel der Parlamentsarbeit beeinträchtigt, der den parlamentarischen Prozeß aus dem allein generell öffentlichen Plenarsaal in die Ausschüsse verdrängt,um dessen Effizienz zu sichern. Darüber hinaus bestehen Tendenzen zur kommunikativen Selbstbeschränkung, weil politische Opportunität offenbar zur Tabuisierung politischer Streitfragen anstatt zu ihrer öffentlichen Debatte veranlaßt: so ließ über lange Jahre hinweg die Nutzung jener Geschäftsordnungsinstrumente nach, die explizit im Dienste politischer Öffentlichkeit stehen. Erst durch den Einzug konfliktbereiter Kleinparteien wurde diese Tendenz korrigiert. In der Demokratie steht das Parlament in Konkurrenz um seine Anteile an der politischen Kommunikation. Es ist zwar institutionell der wichtigste Ort politischer Diskussion, kann aber in einem freien und offenen Prozeß politischer Willensbildung keine Exklusivansprüche geltend machen. Andererseits steht es in der Pflicht fortgesetzter Legitimation politischen und staatlichen Handelns: Dem müßten Verfahrensstrukturen und Debattenstil mehr entsprechen, wenn das Parlament seine Forumsfunktion nicht noch mehr an das Fernsehen verlieren will. Auch für die Einrichtung des lange diskutierten Parlamentskanals ist es höchste Zeit.

4.5 Legitimation durch Kommunikation: Die Gesamtaufgabe des Bundestages

Legitimität in der modernen parlamentarischen Demokratie beruht zum einen auf der Befriedigung sozialstaatlicher Leistungsansprüche, zum andern auf der funktionierenden Kommunikation zwischen Parlament und Öffentlichkeit. Unschwer ergibt sich, daß, idealtypisch betrachtet, ein Teil der dem Bundestag zugeschriebenen Funktionen auf Evidenz, ein anderer auf Effizienz abzielt. Der verfassungshistorische Fortschritt und das aktuelle verfassungspolitische Postulat liegen jedoch in der Kompetenz des Parlaments zu multidimensionaler Funktionserfüllung. Systemtheoretisch wären die Funktionen als multidimensionales Optimierungsmodell zu betrachten. Das bedeutet für die Verfahrensstruktur gewiß, daß sachrationale Abstriche an totaler Transparenzerwartung der politischen Öffentlichkeit angebracht sind; mehr aber noch bedeutet es den Zwang zur Organisation parlamentarischer Willensbildung unter dem Aspekt ständiger demokratischer Legitimation.

Als Gesamtaufgabe des Bundestages läßt sich daher bestimmen: Legitimation durch Kommunikation und Effizienz. Da aber auch die parlamentarische Leistungsfähigkeit der kommunikativen Vermittlung im politischen Prozeß bedarf, erscheint ohne Widerspruch um Postulat multidimensionaler Optimierung eine weitere Zuspitzung erlaubt: Legitimation durch Kommunikation.

5. Wahl und Zusammensetzung

Der Bundestag wird in allgemeiner, unmittelbarer, freier, gleicher und geheimer Wahl nach einem personalisierten Verhältniswahlrecht gewählt. Ihm gehören je zur Hälfte in Wahlkreisen und über Listen gewählte Abgeordnete an. Sitze gewinnen nur die Parteien, die mindestens 5% der Stimmen oder drei Direktmandate (PDS 1994) erzielen. Diese 5%-Klausel galt aufgrund verfassungsgerichtlicher Entscheidung bei der ersten gesamtdeutschen Wahl 1990 getrennt für die Wahlgebiete der ehemaligen DDR und des restlichen Bundesgebietes, um spezifisch ostdeutschen Gruppierungen eine faire Chance auf parlamentarische Vertretung einzuräumen (→ Wahlsystem).

Die Zahl der Parteien im Parlament und die Chancen extremer oder ausschließlich interessengebundener (z.B. die Flüchtlingspartei BHE) Kräfte haben zunächst stetig abgenommen. Gehörten dem 1. Bundestag noch elf Parteien an, so gelang der Einzug seit 1961 nur noch CDU/CSU, SPD und FDP. Erst seit 1983 und der Wiedervereinigung waren Kleinparteien (Grüne/Bündnis 90 und PDS) wieder erfolgreich.

Gegenwärtig ist der Konzentrationsprozeß gebrochen. 1949 betrug der Stimmanteil der drei klassischen Bundestagsparteien 72%. Bei gleichzeitigem Anstieg der Wahlbeteiligung stabilisierte sich dieser Anteil zwischen 1972 und 1980 bei 98 bis 99%. Seither ist er kontinuierlich bis auf 84,4% (1994) zurückgegangen. Die Wahlbeteiligung erreichte zugleich 1990 mit 77,8% ihren tiefsten Stand (1949: 78,5%; 1972: 91,1%; 1994: 79,0%).

Die großen „Volksparteien" verlieren an Bindekraft. Umgekehrt gewinnen Kleinparteien neue Chancen. Vertrauensverlust, politischer Protest und die neue Attraktivität spezifischer Themen, Interessen und Lebensstile sind dafür ursächlich. Allerdings haben die Wähler das Parteiensystem nur mäßig erweitert ohne es stark zu fragmentieren. Zu den klassischen Parlamentsparteien haben sich Bündnis ,90/Die Grünen und spezifisch in Ostdeutschland die PDS etabliert.

6. Organisation und Arbeitsweise

6.1. Abgeordneter und Fraktion

Dem Abgeordneten ist laut Verfassung Unabhängigkeit, Immunität und Indemnität garantiert. Er ist jedoch Mitglied einer Partei, deren Ziele er teilt und mitbestimmt, die ihn als Kandidaten nominiert hat und der er Loyalität entgegenbringt. Mitglieder der gleichen Partei bilden eine → Fraktion (dazu *Kretschmer* 1992), die gemeinsame Grundlinien ihrer Politik herausarbeitet und intern Interessen ausgleicht. Die Aktionsfreiheit des einzelnen Abgeordneten entfaltet sich vorwiegend in diesem internen, in Arbeitsgruppen und Arbeitskreisen bereits vielfältig differenzierten Willensbildungsprozeß. Die Fraktionen sind die eigentlichen politischen Handlungseinheiten des Bundestages. Ihre präformierende Willensbildung ermöglicht weithin dessen Handlungsfreiheit.

6.2 Plenum

Dem Plenum obliegen grundsätzlich alle Akte, für die gesetzlich „der Bundestag" zuständig ist. Hier ist der Ort politischer Debatten, Beschlüsse und Entscheidungen, die allerdings weithin in vorbereitenden Gremien festgelegt werden, so daß das Plenum mehr notarielle Funktionen wahrnimmt. Es ist daher – und war es realiter in der Geschichte auch nie – nicht so sehr der Ort, an dem in freier Rede und Gegenrede mit dem Ziel argumentiert wird, den politischen Gegner zu überzeugen und zu gewinnen, sondern vielmehr die Stätte, an der Motive und Begründungen für politische Akte sowie die unterschiedlichen politischen Auffassungen nach außen dokumentiert werden. Am Ende der Debatte steht zumeist der bindende Beschluß, der, falls das Grundgesetz keine qualifizierte Mehrheit verlangt, mit der Mehrheit der abgegebenen Stimmen gefaßt wird, wobei es verschiedene Formen der Abstimmung gibt. Die Beschlußfähigkeit des Plenums wird in der Regel unterstellt.

6.3 Organe

Verfahren und Organisation des Bundestages regelt die → Geschäftsordnung. Sie ist autonomes Parlamentsrecht. Als wichtigste Organe kennt sie den Bundestagspräsidenten, den Ältestenrat und die → Ausschüsse.

Der Bundestagspräsident wird – wie die Vizepräsidenten – für eine Wahlperiode gewählt und ist unabsetzbar. Er wahrt die Würde und die Rechte des Hauses und vertritt es nach außen. Insbesondere hat er die Arbeit des Bundestages zu fördern und die Sitzungen zu leiten.

Der Ältestenrat ist zentrales Koordinierungs- und Lenkungsorgan der Bundestagsarbeit. Unter starkem Einfluß der Parlamentarischen Geschäftsführer trifft er interfraktionelle Vereinbarungen über den Arbeitsplan, die Tagesordnung und den Ablauf der Plenarsitzungen.

Die Ausschüsse haben die Aufgabe, dem Plenum Beschlüsse zu empfehlen. Ihre überragende Position wird in den offiziellen Verfahrensregeln nicht hinreichend deutlich; allerdings erfuhr sie durch das Recht auf Selbstbefassung, das ihnen erst 1969 gewährt wurde, auch institutionell erhebliche Stärkung. Von Ausnahmen abgesehen, durften sich die Ausschüsse vorher lediglich mit vom Plenum überwiesenen Angelegenheiten befassen. Da die Ausschußarbeit der fachlichen Vorklärung dient und die Ausschüsse die Detailarbeit an den Gesetzentwürfen leisten, regieren in ihnen Sachverstand und Expertentum. Aus dem gleichen Grund konzentriert sich auch die Arbeit der Interessenvertreter im Parlament auf sie. Aufgrund des immensen Anwachsens der Staatsaufgaben und der Gesetzgebung hat sich die Ausschußarbeit längst zum Schwerpunkt der Bundestagsarbeit entwickelt.

Ihre Qualität bestimmt über Gewicht und Stellenwert des Bundestages im Zusammenspiel zwischen Parlament, Regierung und Ministerialbürokratie. Da die Ausschußverhandlungen nicht öffentlich stattfinden, leidet die wichtigste Tätigkeit der Abgeordneten und der gesamte Willensbildungsprozeß im Bundestag an mangelnder Transparenz. Lange konnten die Ausschüsse lediglich öffentliche Anhörungen von Sachverständigen und Interessenvertretern zur eigenen wie zur Information der Öffentlichkeit abhalten. Seit 1969 können sie die Öffentlichkeit von Fall zu Fall zulassen. Das geschieht jedoch kaum.

Zur Sicherung seiner Arbeitsfähigkeit angesichts der ständig wachsenden Komplexität der Materien und seiner Wettbewerbsfähigkeit in der Konkurrenz mit den Experten der Bürokratie und der Verbände hat der Bundestag nicht nur seine Willensbildung auf allen Ebenen arbeitsteilig organisiert, sondern auch nach und nach – keineswegs nach einer systematischen Konzeption – eine entsprechende technisch-wissenschaftliche Infrastruktur geschaffen. Sie setzt ein beim einzelnen Abgeordneten (Abgeordneten-Assistent), setzt sich auf Fraktionsebene (Assistenten, Referenten, Sachbearbeiter, technisches Personal) fort und mündet in die Wissenschaftlichen Dienste der Bundestagsverwaltung, die Abgeordneten, Fraktionen und Ausschüssen zur Verfügung stehen. Die Wissenschaftlichen Dienste haben sich pragmatisch und behutsam aus der Bundestags-Bibliothek heraus entwickelt. Heute verfügen sie über Dokumentation (Bibliothek, Parlamentsarchiv, Pressedokumentation, Sach- und Sprechregister, Datenverarbeitung), Fachdienste, die Gutachten, Auswertungen und Dokumentationen erstellen und den Ausschußdienst, der fortlaufend den Gesetzgebungsprozeß begleitet und organisiert. Diese Dienste sind heute unerläßliche Voraussetzungen für die Arbeitsfähigkeit und Entscheidungskompetenz von Bundestag und Abgeordneten. Die politische Entscheidung können und wollen sie nicht ersetzen.

7. Der Bundestag als Parlamentstyp

7.1 Formelle und informelle Struktur

Der Bundestag trat in zahlreichen normativen Vorschriften das Erbe der deutschen parlamentarischen Tradition an, der gegenüber sich jedoch seine Stellung im Regierungssystem nach dem Grundgesetz erheblich gewandelt hatte. Die Frage nach der Vereinbarkeit von historischer Orientierung und aktuellem Wandel wurde nicht aufgeworfen. So übernahm der Bundestag insbesondere geschäftsordnungsrechtlich die formale Struktur der schwachen Parlamente Preußens und des Kaiserreichs und zugleich größere verfassungsmäßige Pflichten als diese. Ebenso blieben Denkschemata und Terminologie über das Parlament historisch orientiert. Sie klammerten die Entwicklung vom Konstitutionalismus zum parlamentarischen Regierungssystem genauso aus wie den Wandel des Parteiensystems. In der Praxis mußte die traditionelle formale Struktur zum Teil unterlaufen und durch eine informelle ersetzt werden, um den Bundestag arbeitsfähig zu erhalten. Sie hat zu einer neuen Machtverteilung zwischen Regierungsmitgliedern, Fraktionsführungen, Parlamentarischen Geschäftsführern und Experten geführt. Damit gelang es zwar, das Erbe den praktischen Erfordernissen der Gegenwart anzupassen. Da aber diese neuen Spielregeln nicht zu Verfahrensnormen fixiert wurden, blieb die neue Struktur vielfach hinter den überkommenen Normen und Institutionen verborgen. Dadurch wurde die Bildung eines adäquaten Parlamentsverständnisses in der Öffentlichkeit und die entsprechende Überprüfung des Selbstverständnisses der Parlamentarier erschwert. Gerade aus der Spannung zwischen faktischer Veränderung und traditioneller Orientierung entsteht der größte Teil der internen und externen Kritik am Deutschen Bundestag.

7.2 Zwischen Rede- und Arbeitsparlament

Entgegen der traditionellen Fixierung auf die Debatte wandte sich der Bundestag von Beginn an stark dem Stil des Arbeitsparlaments zu, um Macht zu behaupten. Dem Anspruch wie dem Selbstverständnis nach ist er weder Redeparlament (wie das britische Unterhaus), noch Arbeitsparlament (wie der amerikanische Kongreß), sondern eine Mischform beider Parlamentstypen. Gerade die ständigen Reformversuche zur Erhöhung der Attraktivität des Plenums als Gegengewicht zum Arbeitsstil führen den Nachweis solch eigener Standortsuche. *Steffani* sah den Bundestag im internationalen Vergleich schon frühzeitig auf dem Wege, eine Balance zu finden, „die für den allgemeinen Entwicklungsstand moderner Parlamente schlechthin beispielhaft werden könnte". Die „Mischform" erstrebt die gleichzeitige Entfaltung von Evidenz und Effizienz. Sie ist bislang weder theoretisch noch praktisch beispielhaft fixiert. Wahrscheinlich stellt sich die erstrebte Balance als dynamischer, stets offener und anfälliger, zwischen den Extremen oszillierender Prozeß dar.

7.3 Zwischen Konstitutionalismus und parlamentarischem Regierungssystem

Die Intention zur Arbeit am Detail offenbart im Bundestag Restbestände gesamtparlamentarischer Solidarität. Trotz ihrer gouvernementalen Position streift die regierende Mehrheit ihren parlamentarischen Charakter nicht völlig ab; sie kann dies auch gar nicht, will sie sich nicht – idealtypisch betrachtet – wie in England bedingungslos dem Führungsanspruch des Kabinetts unterwerfen. Insofern gibt es im Bundestag in Verfahrensfragen, Detailproblemen der Gesetzgebung und bei der Leistungskontrolle der Verwaltung Tendenzen zur Konservierung der konstitutionellen Konfrontation von Parlament und Regierung. Andererseits ergibt sich das Konfrontationsmuster zwischen Mehrheit und Opposition, das dem parlamentarischen Regierungssystem gemäß ist, eindeutig bei Formulierung und Kontrolle politischer Zielbestimmungen und äquivalenten Gesetzgebungsprojekten. Dies ist politisch und typologisch ausschlaggebend – denn hier entscheidet sich letztlich doch die Machtverteilung im Regierungssystem.

Die dualistische Konfrontation von Regierung und Parlament entzöge letzterem fast jeden Einfluß auf Formulierung und Auswahl politischer Ziele und verwiese es auf überwiegend reaktive Aufgaben in Gesetzgebung und Kontrolle in sachbezogener Arbeit. Dagegen stellt die Fusionierung der regierenden Mehrheit zur politischen Funktionseinheit den Versuch dar, politische Zielbestimmung im Parlament zu verankern.

Literatur

Hill, Hermann (Hrsg.) 1989: Zustand und Perspektiven der Gesetzgebung. Berlin.

Ismayr, Wolfgang 1992: Der Deutsche Bundestag. Opladen.

Kluxen, Kurt (Hrsg.) ^{5}1980: Parlamentarismus. Königstein i.Ts.

Kretschmer, Gerald ^{4}1992: Fraktionen. Parteien im Parlament. Heidelberg.

Loewenberg, Gerhard 1969: Parlamentarismus im politischen System der Bundesrepublik Deutschland. Tübingen.

Mintzel, Alf/Oberreuter, Heinrich ^{2}1992: Parteien in der Bundesrepublik Deutschland. Opladen.

Porzner, Konrad/Oberreuter, Heinrich/Thaysen, Uwe (Hrsg.) 1990: 40 Jahre Deutscher Bundestag. Baden-Baden.

Schäfer, Friedrich ^{4}1982: Der Bundestag. Eine Darstellung seiner Aufgaben und seiner Arbeitsweise. Opladen.

Schindler, Peter 1994: Datenhandbuch zur Geschichte des Deutschen Bundestages 1994. Baden-Baden.

Schüttemeyer, Suzanne S. 1986: Bundestag und Bürger im Spiegel der Demoskopie. Eine Sekundäranalyse der Parlamentarismusperzeption in der Bundesrepublik. Opladen.

Schneider, Hans-Peter/Zeh, Wolfgang (Hrsg.) 1989: Parlamentsrecht und Parlamentspraxis in der Bundesrepublik Deutschland. Ein Handbuch. Berlin.

Sebaldt, Martin 1992: Die Thematisierungsfunktion der Opposition. Die parlamentarische Minderheit des Deutschen Bundestages als innovative Kraft im politischen System der Bundesrepublik Deutschland. Frankfurt a.M. etc.

Stadler, Peter M. 1984: Die parlamentarische Kontrolle der Bundesregierung. Opladen.

Thaysen, Uwe/Davidson, Roger H./Livingston Robert G. (Hrsg.) 1988: US-Kongreß und Deutscher Bundestag. Bestandsaufnahmen im Vergleich. Opladen.

Heinrich Oberreuter

Bundesverfassungsgericht

1. Entstehung, historische Einordnung

Rechtsgrundlage des BVerfG, das als letztes der obersten Verfassungsorgane des Bundes erst zwei Jahre nach Gründung der BRD am 7.9.1951 seine Tätigkeit aufnehmen konnte, sind das → GG und – abweichend von der Regelung für die anderen obersten Verfassungsorgane – ein Gesetz, das BVerfGG vom 12.3.1951 in der Neufassung vom 11.8.1993.

Das Institut der Verfassungsgerichtsbarkeit konnte zwar bereits auf eine – wenn auch nicht kontinuierliche – deutsche Verfassungstradition zurückblicken. Der Grundgesetzgeber war jedoch aufgrund seines den negativen Erfahrungen der unmittelbaren Vergangenheit entsprungenen Wunsches nach einer durchgängigen rechtlichen Bindung und Kontrolle der Politik bestrebt, nicht nur eine im Rahmen der bisherigen Verfassungstradition liegende Verfassungsgerichtsbarkeit einzurichten, sondern diese möglichst umfangreich zu gestalten und einem besonderen, als zentrales Rechtsschutzinstrument der Verfassung konzipierten Rechtsprechungsorgan zuzuweisen. Die sich aus der Kompetenzfülle und der Konstruktion des BVerfG ergebende Konsequenz für dessen rechtliche Stellung im politischen System zog der Parlamentarische Rat mangels einer klaren Konzeption von der Institution ‚Verfassungsgerichtsbarkeit' allerdings nicht. Einen seiner Aufgabenstellung entsprechenden Status im Verfassungsgefüge durchzusetzen, blieb dem BVerfG in den ersten Jahren seines Bestehens selbst vorbehalten.

Das BVerfG nimmt nicht nur in der deutschen Verfassungsgeschichte eine einmalige Stellung ein, es ist auch in rechtsvergleichender Sicht ohne Beispiel, weshalb ihm international eine Art Vorbildcharakter zukommt.

2. Kompetenzen

Die umfangreichen Zuständigkeiten des BVerfG sind grundsätzlich bereits im GG normiert (vgl. insbes. Art. 93 GG). Der Gesetzgeber kann jedoch – wie in der Vergangenheit geschehen (z.B. Amtsenthebung eines Bundesverfassungsrichters: [BVerfRi.], §105 BVerfGG) – dem BVerfG durch Bundesgesetz weitere Fälle zuweisen.

Typologisch lassen sich die verfahrensmäßig und inhaltlich verschiedenartigen Kompetenzen in fünf Gruppen zusammenfassen: 1. Die Verfassungsstreitigkeiten im engeren Sinn, vor allem die Organ- und die Bund-Länder-Streitigkeiten, 2. die Normenkontrollverfahren, insbesonders die abstrakte und die konkrete (sog. Richtervorlagen, Art. 100 I GG) Normenkontrolle (NK), 3. die Verfassungsbeschwerde (Vb.), 4. die auf dem Gedanken der wehrhaften Demokratie beruhenden quasistrafrechtlichen Verfahren der Grundrechtsverwirkung (Art. 18 GG), des Parteiverbots (Art. 21 II GG), der Präsidenten- und der Richteranklage (Art. 61, 98 II u. V GG) sowie der Amtsenthebung eines BVerfRi. (§ 105 BVerfGG) und 5. das Wahlprüfungsverfahren (Art. 41 II GG).

Von Bedeutung für die Spruchpraxis des BVerfG und für die politisch-soziale Wirklichkeit sind vor allem – allein schon zahlenmäßig (1993: 5246) – die bis Ende 1993 rund 96% des Geschäftsanteils des BVerfG ausmachende Vb. – trotz ihrer geringen Erfolgsquote von 2,7% (für den Zeitraum von 1990 bis 1993 allerdings wegen der starken Zunahme von Asylverfahren Anstieg auf 8,6%) –, die konkrete und die abstrakte NK sowie – in jüngster Zeit wieder – der Organstreit. Die Vb., der ein hohes Gewicht für den Grundrechtsschutz zukommt, wendet sich vorrangig gegen Gerichtsentscheidungen (1993: 93,1%), weshalb das BVerfG häufig auch als ‚Superrevisionsinstanz' bezeichnet wird. Andererseits wurde unter Zugrundelegung aller Verfahren bis Ende 1990 (seit 1991 statistisch nicht mehr ausgewiesen) etwa jedes achte Bundesgesetz vom BVerfG überprüft und davon jedes dritte ganz oder teilweise für unvereinbar mit dem GG erklärt, so daß zwischen 4 und 5% aller Bundesgesetze fehlerhaft waren. Mit Hilfe der abstrakten NK, des Organstreits und des Bund-Länder-Streits sind nahezu alle großen politischen Verfassungsprozesse durchgeführt worden, wobei der Bund-Länder-Streit heute – im Gegensatz zur Anfangsphase der BRD – in der Spruchpraxis des BVerfG nur noch eine geringe Rolle spielt.

Wie die bisherige Erfahrung deutlich zeigt, wird das BVerfG aufgrund seines umfangreichen Kompetenzkataloges zu nahezu allen innerhalb der Gesellschaft der BRD stark kontrovers gebliebenen Entscheidungen in grundlegenden Fragen des Gemeinwesens früher oder später angerufen und damit in den Problemlösungsprozeß mit einbezogen. Die sich daraus für das BVerfG ergebende Möglichkeit der Einflußnahme auf den politischen Prozeß wird noch dadurch erhöht, daß den Entscheidungen des Gerichts allgemeine Verbindlichkeit, in bestimmten Fällen sogar Gesetzeskraft (§31 BVerfGG) zukommt.

3. Rolle und Funktion im politischen System

Die primäre Funktion des BVerfG besteht – als logische Folge der Lehre von der Suprematie der Verfassung – im unmittelbaren Schutz des GG. Dieser Schutz kommt zum einen darin zum Ausdruck, daß der politische Prozeß auf die Einhaltung der ihm vom GG gezogenen Schranken kontrolliert und verfassungswidriges Verhalten verbindlich korrigiert (Kontroll- und Korrekturfunktion) und damit der für die Funktionsfähigkeit des demokratischen Systems so lebenswichtige Rechtsfrieden und Grundkonsens zwischen den politischen Kräften gewahrt bzw. wiederhergestellt wird (Befriedungsfunktion). Auf diese Weise werden – sekundär – zugleich die einzelnen Faktoren des Verfassungsrechtskreises in ihren Rechten gegenüber Einbruchsversuchen anderer Faktoren und der Bürger in seinem Grundrechtsbereich gegen staatliche Restriktionen geschützt (Schieds- und Schutzfunktion). Dabei fällt dem Minderheitenschutz eine ganz besondere Rolle zu; denn die politischen Minderheiten, insbesondere die Opposition, bedürfen um der Offenhaltung des politischen Prozesses und um der Gewährleistung der Oppositionsfunktion willen in verstärktem Maße eines Schutzes. Die Sicherung der politischen Rechte verfassungsloyaler Minderheiten wird auf diese Weise nicht zu einer Antithese zur Mehrheitsregierung, sondern zu ihrer Grundlage. Das BVerfG trägt daher sowohl durch seine Tätigkeit wie auch durch die erzieherische Wirkung der Antizipation verfassungsgerichtlicher Kontrolle wesentlich zur Bewältigung von Legitimationskrisen des politischen Systems und zur Verwirklichung der Demokratie bei (Integrations- und Edukationsfunktion). Die Gefahr, daß die → Opposition das verfassungsgerichtliche Verfahren zur Fortsetzung des politischen Kampfes mißbrauchen könnte, ist allerdings – wie die politische Praxis in der Vergangenheit zeigt – nicht ganz von der Hand zu weisen.

Zum anderen trägt der Schutz der Verfassung ein aktives Moment in sich, indem das BVerfG das GG durch autoritative Auslegung, d.h. mit letzter rechtlicher Verbindlichkeit, konkretisiert, klärt, entfaltet und fortbildet. Das bedeutet aber, daß die Verfassung u.U. erst durch die Rechtsprechung des BVerfG zu dem wird, was sie ist, und die Praxis zeigt auch, daß das GG heute weitgehend so gilt, wie das BVerfG es auslegt. Dem BVerfG fällt somit für die Fortbildung des GG eine nicht unerhebliche Rolle als Rechtsquelle zu. Es tritt damit in Konkurrenz zum Gesetzgeber. Darüber hinaus entscheidet es, indem es über die Gültigkeit eines Rechtsetzungsaktes urteilt, zugleich über die in diesem enthaltene politische Zielsetzung und Mittelauslese. Auch von daher erzeugt es politische Wirkungen, die ganz entscheidend in den Kompetenzbereich der legislativen Körperschaften und der Regierung hineinreichen.

Das BVerfG ist sich dieses Problems durchaus bewußt und legte sich daher bei seiner Kontrollfunktion im allgemeinen eine starke Selbstbeschränkung auf. So entwikkelte es eine Reihe von Steuerungsinstrumenten (Nichtigkeits- und Unvereinbarkeitserklärung, verfassungskonforme Auslegung, Appellentscheidung, Fristsetzung), um unerwünschte soziale Folgewirkungen seiner Entscheidungen zu vermeiden und dem Gesetzgeber die erforderliche Gestaltungsfreiheit zu belassen. Nicht immer hielt es allerdings die funktionell-rechtlichen Grenzen ein, z.B. wenn es – wie seit 1975 vermehrt und vorwiegend auf dem Feld der Sozialpolitik – im Sinne eines ‚judicial activism' durch Erteilung von sog. Gesetzgebungsaufträgen aktiv gestaltend in den politischen Prozeß und damit in die ureigensten Belange des Gesetzgebers und der Regierung eingriff.

Durch seine Rechtsprechung wirkt das BVerfG kontrollierend und damit machtbegrenzend sowie machtverteilend auf alle drei staatlichen Gewalten ein und wird dadurch zu einem bedeutenden Faktor im System der Gewaltenteilung. Es nimmt entscheidenden Anteil am verfassungsmäßigen Prozeß staatlicher Willensbildung, partizipiert so in begrenztem Maße an der Staatsleitung und übt damit politische Macht aus. Entsprechend wird es von außen auch als politisch empfunden und einkalkuliert. Aufgrund seiner Teilhabe an der Staatsleitung kommt dem BVerfG daher – wiewohl Teil der rechtsprechenden Gewalt – eine Rangstellung zu, die gegenüber der aller anderen Gerichte klar abgehoben ist und es neben den → Bundestag, den → Bundesrat, die → Bundesregierung und den → Bundespräsidenten treten läßt.

Die verfassungsrechtliche Kompetenzzumessung für das BVerfG könnte zwar den Eindruck entstehen lassen, als ob es – wenn auch nicht verfassungssystematisch, so doch funktionsbedingt und folglich auch in der politischen Realität – eine gegenüber den anderen obersten Verfassungsorganen erhöhte Stellung einnähme. Dies findet jedoch weder rechtstheoretisch noch aufgrund der verfassungsrechtlichen Regelung oder – insgesamt betrachtet – in der politischen Praxis eine Stütze. Das BVerfG ist vielmehr ein integraler Bestandteil des Gewaltenteilungssystems und hat als Gericht nur die ihm vom GG innerhalb dieses Systems zugewiesene Funktion der Rechtsprechung auszuüben. Entsprechend seinem Gerichtscharakter und im Gegensatz zu den Organen von Legislative und Exekutive kann es daher nicht von sich aus, sondern nur auf Anruf eines in dem jeweiligen Verfahren Antragsberechtigten tätig werden. Seine Tätigkeit und sein Einfluß werden somit durch den Sachverhalt, der vor das Gericht gebracht wird, weitgehend dirigiert und dadurch gleichzeitig beschränkt. Es ist zudem für die Durchsetzung seiner Urteile weitgehend auf die Bereitschaft von Exekutive und Legislative, seine Entscheidungen zu respektieren und ihnen Geltung zu verschaffen, angewiesen. Seine Macht beruht daher letzten Endes allein auf dem in D vorhandenen Maß an Autorität des Rechts, auf dem Ansehen des Gerichts bei den die Exekutive und Legislative beherrschenden realen politischen Kräften wie auch auf der → öffentlichen Meinung und auf der Überzeugungskraft seiner Entscheidungsgründe. Diese Faktoren bestimmen das gewaltenhemmende Gewicht und die soziale Wirksamkeit des BVerfG. Schließlich ist das BVerfG auch in Fragen seiner Organisation (Struktur, Zusammensetzung und Haushalt des Gerichts; Bestellung, Zahl, Amtszeit und Amtsgehalt der BVerfRi.) insbesondere auf Bundestag und Bundesrat angewiesen. Ebenso können die gesetzgebenden Körperschaften mit verfassungsändernder Mehrheit die verfassungsgerichtliche Entscheidung – ausgenommen den Bereich des Art. 79 III GG – im Wege einer Änderung oder Ergänzung des GG korrigieren.

4. Legitimation

Die besondere Funktion und die außerordentliche Machtfülle, die dem BVerfG zufällt, und seine dadurch bedingte Stellung im politischen System der BRD lassen nach Begründung und Legitimation der Verfassungsgerichtsbarkeit fragen.

Sie erfährt ihre Begründung aus der Idee des Vorrangs der Verfassung als einer dauerhaften, auf dem Grundkonsens des Gemeinwesens basierenden normativen Ordnung gegenüber aller konstituierten staatlichen Gewalt. Die Verfassungsgerichtsbarkeit wird dabei als diejenige Institution angesehen, die aufgrund der durch die richterliche Unabhängigkeit bedingten politischen Distanziertheit und aufgrund der mit dem Prinzip der richterlichen Unabhängigkeit korrespondierenden Bindung an die Verfassung am ehesten in der Lage zu sein scheint, den in der Verfassung ausgedrückten Grundkonsens zu artikulieren und bei Meinungsverschiedenheiten, die wegen der Abstraktheit des Grundkonsenses in der politischen Praxis immer wieder auftreten, im Wege einer friedlichen Konfliktregulierung zu erhalten bzw. wiederherzustellen. Der Grundsatz der Vorordnung der Verfassung und die Idee der Verfassungsgerichtsbarkeit gehören unmittelbar zusammen.

Wie das GG muß daher auch die Verfassungsgerichtsbarkeit von den verschiedenen politischen Richtungen des Volkes gemeinsam getragen sein. Denn sie erhält gleich jenem echte Autorität nur dann, wenn sie allgemeine Anerkennung erfährt, wenn sie auf einer breiten Vertrauensgrundlage ruht. Sie bedarf daher wie das GG einer breiten demokratischen und – wegen der bundesstaatlichen Struktur – auch einer die föderative Komponente berücksichtigenden Legitimation. Die Prinzipien der demokratischen und föderativen Legitimation erfahren jedoch ihre Grenze durch den aus dem Rechtsstaats- und dem Gewaltenteilungsprinzip fließenden Grundsatz der richterlichen Unabhängigkeit, um derentwillen gerade dem BVerfG die Rolle eines obersten Hüters der Verfassung anvertraut wurde. Die drei Legitimationsprinzipien stehen in einer Beziehung wechselseitiger Zuordnung und gegenseitiger Ergänzung, in der Realität lassen sich Spannungen zwischen ihnen jedoch nicht vermeiden.

Verfassunggeber und einfacher Gesetzgeber haben diesen Grundsätzen bei der Ausgestaltung des Verfahrens der Richterbestellung prinzipiell – wenn auch nicht in optimaler Weise – Rechnung getragen. So werden die BVerfRi. in der Normallage je zur Hälfte von einem zwölfköpfigen Wahlausschuß des Bundestags und vom Bundesrat mit Zwei-Drittel-Mehrheit für eine einmalige Amtszeit von zwölf Jahren (jedoch nicht über die Altersgrenze von 68 Jahren hinaus) gewählt (vgl. Art. 94 I GG i.V.m. §§ 4ff. BVerfGG). Aufgrund der bei der Erstbestellung des Gerichts im 1951 einmalig praktizierten gestaffelten Amtszeitregelung und der Vorschrift über die Altersgrenze der BVerfRi. ist zudem sichergestellt, daß in kürzeren Zeitabständen als dem Zwölfjahresrhythmus Richterwahlen stattfinden und die Rechtsprechung des BVerfG sich somit auf Dauer nicht von den vorherrschenden Zeitströmungen entfernen kann. Als problematisch am Richterwahlverfahren erweisen sich vor allem drei Aspekte: 1. Die unzureichende Verankerung des Bestellungsverfahrens im GG, 2. die Tatsache, daß die Regelung zwei unterschiedlich legitimierte Richtergruppen schafft, denn der Bundesrat vermag zwar eine föderative, jedoch nur sehr begrenzt eine demokratische Legitimation zu vermitteln, und dem Wahlausschuß des Bundestages fehlt die Fähigkeit, den föderativen Legitimationsgedanken zur Geltung zu bringen, und 3. die mangelnde Transparenz des Bestellungsvorgangs.

Die materielle Entscheidung über die Wahl der BVerfRi. fällt allerdings nicht in den rechtlich dafür vorgesehenen Wahlgremien, sondern seit den Verfassungsrichterwahlen von 1971 in den sog. Findungskommissionen der → CDU/CSU und der → SPD unter jeweiliger Hinzuziehung des Koalitionspartners → FDP. Den Findungskommissionen obliegt – dann z.T. in variierender Besetzung – zugleich die Verhandlungsführung mit der jeweils anderen Seite. Dieser recht kleine Personenkreis entscheidet im wesentlichen über die jeweilige Neubesetzung des BVerfG.

Das qualifizierte Mehrheitserfordernis hat bisher stets eine einseitige Richterwahl verhindert. Andererseits bedingte es – als Folge des Zwangs der Parteien zur Verständigung – ein Proporzsystem. Der Anspruch der CDU/CSU und der SPD auf eine gleiche Beteiligung an der Besetzung des Gerichts führte zu einer nahezu paritätischen Aufschlüsselung der Richterstellen nach Art eines festen Planstellensystems auf der Grundlage der diesen Parteien bei der Erstbestellung zugefallenen Richterquote, wobei die FDP zeitweise völlig übergangen wurde. Dies bedeutet nun nicht, daß die jeweilige Partei die von ihr reklamierte Richterstelle unbesehen mit einer Person ihrer Wahl besetzen kann, sondern nur, daß sie für diese ein Vorschlagsrecht hat. Da die jeweils andere Seite den Kandidaten letztlich mitwählen soll, muß er für sie zumutbar sein, was grundsätzlich eine gewisse Mitsprache einschließt. Vorschlagsrecht einer Partei heißt auch nicht, daß diese nur eigene Parteimitglieder präsentiert. So sind einer zwischenparteilichen Vereinbarung gemäß seit 1975 zwei Richter je Senat, d.h. 25% der Mitglieder des Gerichts, parteiungebunden.

5. Organisation und Verfahren

Das BVerfG, mit Sitz in Karlsruhe, ist als Zwillingsgericht konstruiert, bestehend aus zwei mit fest umrissenen Zuständigkeiten versehenen Senaten, die als eigenständige Spruchkörper jeweils ‚das BVerfG' darstellen. Das Plenum des BVerfG kann jedoch – wie in der Vergangenheit mehrfach geschehen, zuletzt im November 1993 – im Interesse einer künftigen ausgewogenen Belastung beider Senate eine vom Gesetz abweichende Geschäftsverteilung selbst beschließen. Der Zwillingscharakter des Gerichts zeigt sich auch darin, daß die Verfassungsrichter unmittelbar in einen bestimmten Senat gewählt werden und zwischen den Senaten – abgesehen von zwei Ausnahmesituationen (§§ 15 II u. 19 IV BVerfGG) – nicht austauschbar sind. Von den acht Richtern je Senat werden, damit im BVerfG auch das berufsrichterliche Element zum Tragen kommt, drei aus der Zahl der obersten Gerichtshöfe des Bundes gewählt. Präsident und Vizepräsident führen jeweils in einem Senat den Vorsitz.

Zur Entlastung des Gerichts gilt für Vb.n seit 1986 und verstärkt seit 1993 ein besonderes Annahmeverfahren. Danach bildet jeder Senat mehrere aus drei Richtern bestehende Kammern, die unter bestimmten Voraussetzungen durch einstimmigen Beschluß anstelle des Senats der V.b stattgeben oder sie ablehnen können (§§ 15a u. 93a bis d BVerfGG). Eine weitere wesentliche Entlastung des Gerichts erfolgte 1993 durch die Vorschaltung von Kammern bei den Richtervorlagen des Art. 100 I GG (§ 81a BVerfGG).

Die Entscheidungen der Senate ergehen – ausgenommen die quasi-strafrechtlichen Verfahren, in denen eine Zwei-Drittel-Mehrheit der Senatsmitglieder erforderlich ist – mit einfacher Mehrheit der mitwirkenden Richter. Überstimmte BVerfRi. haben die Möglichkeit, ihre abweichende Meinung der Mehrheitsentscheidung beizufügen und damit öffentlich zu machen. Dies ist bei rund 6% der Entscheidungen der Fall.

Literatur

Billing, Werner 1969: Das Problem der Richterwahl zum Bundesverfassungsgericht. Ein Beitrag zum Thema „Politik und Verfassungsgerichtsbarkeit". Berlin.

Ders. [2]1978: Bundesverfassungsgericht, in: Sontheimer, Kurt/Röhring, Hans-Helmut (Hrsg.): Handbuch des politischen Systems der Bundesrepublik Deutschland. München.

Bryde, Brun-Otto 1982: Verfassungsentwicklung. Stabilität und Dynamik im Verfassungsrecht der Bundesrepublik Deutschland. Baden-Baden.

Das Bundesverfassungsgericht 1987, in: Handbuch des Staatsrechts der Bundesrepublik Deutschland. Bd. II; darin: Roellecke, Gerd: Aufgaben und Stellung des Bundesverfassungsgerichts im Verfassungsgefüge, S. 665ff.; Ders.: Aufgabe und Stellung des Bundesverfassungsgerichts in der Gerichtsbarkeit, S. 683ff.; Geck, Wilhelm Karl: Wahl und Status der Bundesverfassungsrichter, S. 697ff.; Löwer, Wolfgang: Zuständigkeiten und Verfahren des Bundesverfassungsgerichts, S. 737ff.

Gusy, Christoph 1985: Parlamentarischer Gesetzgeber und Bundesverfassungsgericht. Berlin.

Landfried, Christine 1984: Bundesverfassungsgericht und Gesetzgeber. Wirkungen der Verfassungsrechtsprechung auf parlamentarische Willensbildung und soziale Realität. Baden-Baden.

Säcker, Horst 1989: Das Bundesverfassungsgericht. Bonn.

Umbach, Dieter C./Clemens, Thomas (Hrsg.) 1992: Bundesverfassungsgerichtsgesetz. Mitarbeiterkommentar und Handbuch. Heidelberg

Werner Billing

Bundeswehr/Wehrbeauftragter

1. Rechtsgrundlagen

Die Unterzeichnung der Pariser Verträge 1954 durch die → Bundesregierung legte den Grundstein für den Aufbau deutscher Streitkräfte. In Art.87a GG heißt es: „Der Bund stellt Streitkräfte zur Verteidigung auf. Ihre zahlenmäßige Stärke und die Grundzüge ihrer Organisation müssen sich aus dem Haushaltsplan ergeben". Somit wird der Auftrag der Bundeswehr eindeutig durch die Verfassung festgelegt und sichert dem Parlament ein wichtiges Mitspracherecht hinsichtlich der Zahl, der Organisation und der Struktur der Streitkräfte. Das GG beschränkt die Aufgabe der Streitkräfte auf die Verteidigung. So war und ist es die Aufgabe der Bundeswehr, die Unversehrtheit des Territoriums sowie die Freiheit der Eigententwicklung des politischen Systems zu gewährleisten. Ein Angriffskrieg ist verboten.

Neben der äußeren Sicherheit weist das GG der Bundeswehr auch Aufgaben im Inneren zu. So können die Streitkräfte bei Naturkatastrophen und schweren Unglücksfällen eingesetzt werden. Auch kann die Bundeswehr im Spannungs- und Verteidigungsfall zum Schutz ziviler Objekte herangezogen werden wie auch zur „Abwehr einer drohenden Gefahr für den Bestand oder die freiheitliche Grundordnung des Bundes oder eines Landes". Allerdings unterliegt diese grundgesetzliche Möglichkeit sehr restriktiven Bedingungen, um nicht die Möglichkeit einer Verselbständigung der Streitkräfte zu schaffen.

Neben diesen nationalen Normen wird die Bundeswehr des vereinten D.s auch durch internationale Bestimmungen geprägt.

So verpflichtete sich D im Zwei-Plus-Vier-Vertrag vom September 1990, mit dem es seine volle Souveränität erhielt, seine Streitkräfte bis 1994 auf eine Personalstärke von 370.000 Mann (Land-, Luft- und Seestreitkräfte) zu verringern. Mit der Unterzeichnung des KSE-Vertrages vom November 1990 ging D die Verpflichtung ein, die Zahl seiner Kampfpanzer um 41%, seiner Schützenpanzer um 61%, seiner Geschütze um 41% und seiner Flugzeuge um 12% zu reduzieren. Die Mitgliedschaft in der NATO und der Westeuropäischen Union (WEU) bilden weitere Rahmenbedingungen für die deutschen Streitkräfte. Durch die Beteiligung in der NATO verzichtet die Bundeswehr auf eine rein nationale operative Verteidigungsplanung und hat diese an integrierte Kommandobehörden des Bündnisses übertragen. Durch die Mitgliedschaft in der WEU hatte die BRD auf die Herstellung, den Besitz und die Verfügungsgewalt von ABC-Waffen verzichtet; ein Verzicht, der im Zwei-Plus-Vertrag bestätigt wurde.

2. Zur Veränderung des Auftrags

Die Überwindung des Ost-West-Konflikts, der Zusammenbruch des Kommunismus, einschließlich des Zerfalls der Sowjetunion, sowie die deutsche Einigung setzten neue Rahmendaten für die Sicherheitspolitik D.s und damit auch für die Aufgabe der Bundeswehr. Lag die BRD im Ost-West-Konflikt an der Nahtstelle zwischen beiden Systemen und wurde die Bedrohung hier unmittelbar deutlich und von allen Bündnispartnern auch am stärksten perzipiert, so hat sich das Bedrohungsszenario in den 90er Jahren vollkommen gewandelt. Nicht mehr in dem inzwischen aufgelösten Warschauer Pakt oder den Nachfolgestaaten der UdSSR, der GUS, wird die Bedrohung perzipiert – so hat die NATO im Dezember 1991 mit den ehemaligen Staaten des Warschauer Pakts den NATO-Kooperationsrat gebildet und im Januar 1994 den ehemaligen Warschauer-Vertrags-Staaten die Partnerschaft für den Frieden angeboten – sondern, die Sicherheitslage in Europa wird in den 90er Jahren differenzierter verstanden, nachdem die militärische Dimension ihre Bedeutung in Westeuropa und z.T. auch in Mitteleuropa stark eingebüßt hat. Allerdings sind auch in Zukunft militärische Konflikte in Europa nicht auszuschließen, wie der seit 1991 anhaltende Jugoslawien-Krieg zeigt, die aus Neo-Nationalismus, Minderheitenproblemen, Wirtschaftskrisen etc. resultieren können. Daher ist es auch für D legitim, Streitkräfte weiterhin aufrechtzuerhalten, die die nationale Integrität sowie die Souveränität wahren und zur Krisenbewältigung, in Zusammenarbeit mit den Bündnispartnern und internationalen Organisationen, beitragen müssen. „Deutsche Streitkräfte tragen dazu bei, daß Risiken für die äußere Sicherheit gemindert, Konflikte verhindert oder auf Distanz gehalten, eingedämmt und beendet werden. Sie gewährleisten, daß Deutschland seine Sicherheitsinteressen wahren kann sowie politik- und bündnisfähig bleibt“(Weißbuch 1994:87). Die Bundeswehr bleibt auch in Zukunft in die integrierte Befehlsstruktur der NATO eingegliedert, wodurch eine nationale Verfügungsgewalt auch weiterhin ausgeschlossen ist. Nach dem zum 30.8.1994 vollzogenen Abzug der sowjetischen/russischen Streitkräfte aus D sind auch die in Ostdeutschland stationierten Streitkräfte seit dem 1.1.1995 in die NATO-Organisation integriert. Allerdings dürfen in Ostdeutschland keine Kernwaffenträger installiert werden.

Neben dem Schutz vor äußerer Gefahr kommen auf die Bundeswehr zunehmend auch internationale Aufgaben zu, sei es durch Anforderungen seitens der UNO(→ Deutschland und die UNO), sei es durch Initiativen der Bundesregierung. So hat sich die Bundeswehr im Rahmen der Blauhelmeinsätze der UNO mit einem Kontingent von Sanitätssoldaten in Kambodscha 1992/93 und von 1993 bis 1994 mit der Überwachung der UN-Blockade in der Adria und einem verstärkten Nachschub- und Transportbataillon zur Unterstützung der UNO-Friedensmission in Somalia beteiligt. Nach der Entscheidung des → Bundesverfassungsgerichts vom 12. Juli 1994 können Verbände der Bundeswehr bei allen Friedensmissionen im Rahmen von Aktionen der NATO und der Westeuropäischen Unin zur Umsetzung von Beschlüssen des Sicherheitsrates der Vereinten Nationen eingesetzt werden. Allerdings verpflichtet das Grundgesetz die Bundesregierung für einen Einsatz der bewaffneten Streitkräfte die – grundsätzlich vorherige – konstitutive Zustimmung des Bundestages einzuholen. Allerdings wird der Auftragswandel innenpolitisch höchst kontrovers diskutiert.

3. Gesellschaftliche Probleme des militärischen Zusammenschlusses

Es ist ohne Vorbild, daß Teile der Armee des „Klassenfeinds" in die Streitkräfte einer Demokratie übernommen wurden. Am Tag nach der Einigung befanden sich noch ca. 90.000 Soldaten, davon rund 50.000 Zeit- und Berufsoldaten und 48.000 zivile Mitarbeiter der NVA im Dienst. Etwa 12.000 Offiziere, 12.000 Unteroffiziere und 1.000 Mannschaften bewarben sich für ein Dienstverhältnis, überwiegend als Berufssoldat, in der Bundeswehr. Von ihnen sind bis 1994 3.027 Offiziere, 7.369 Unteroffiziere und 207 Mannschaften übernommen worden.(*Feldmeyer* 1994:5) Die ehemaligen NVA-Stabs-Offiziere wurden bis zum Hauptmannsgrad zurückgestuft. Ein Teil von ihnen hat bereits den Stabsoffizierslehrgang erfolgreich abgeschlossen. Mit Hilfe der Vermischung versucht die Bundeswehr zur Vollendung der inneren Einheit beizutragen. Etwa 750 ehemalige NVA-Offiziere und mehr als 2.000 NVA-Unteroffiziere dienen in Einheiten in Westdeutschland. Von den ca. 40.000 Soldaten des IV. Korps in Ostdeutschland kommen etwa 20% aus Westdeutschland. Mit 48% liegt der Anteil der aus Westdeutschland kommenden Offiziere jedoch deutlich über dem Durchschnitt. Die Verschmelzung von West und Ost zu einer Bundeswehr wurde darüber hinaus auch durch die Verlegung wichtiger Stabstellen nach Ostdeutschland vorgenommen, so z.B. das Marinekommando von Wilhelmshaven nach Rostock, das Heereskommando Ost nach Potsdam, die Offiziersschule des Heeres von Hannover nach Dresden, das Militärgeschichtliche Forschungsamt von Freiburg nach Postdam etc.

Für eine erfolgreiche Integration der ostdeutschen Soldaten ist es von außerordentlicher Bedeutung, sie mit den Prinzipien der politischen Bildung, der inneren Führung und der Rolle des „Staatsbürgers in Uniform" vertraut zu machen. Für diese Aufgabe sind neben der Durchmischung der Soldaten in den östlichen und westlichen Standorten vor allem die Offiziere, Unteroffiziere und zivilen Mitarbeiter aus dem alten Bundesgebiet vorgesehen, die ihren Dienst in den neuen Bundesländern verrichten. So ist z.B. die Einrichtung eines Wehrbeauftragten, der vom Bundestag mit absoluter Mehrheit gewählt wird, in der NVA vollkommen unbekannt gewesen. Der Wehrbeauftragte hat vor allem über die Einhaltung der Grundsätze der Inneren Führung sowie die Wahrung der Grundrechte der Soldaten zu wachen. Der Wehrbeauftrage ist somit ein „Hilfsorgan des Bundestages" bei der parlamentarischen Kontrolle der Bundeswehr.

Die Vereinigung wie die Reduzierung der Streitkräfte hat auch enorme Auswirkungen auf die Gesellschaft. Zum einen wird sich bei weiterer Reduzierung der Truppen die allgemeine Wehrpflicht angesichts zunehmender Wehrungerechtigkeit nicht mehr aufrechterhalten lassen, da nur noch weniger als die Hälfte eines Jahrgangs zum Wehrdienst eingezogen werden kann. Langriftsig wird zu überlegen sein, ob den männlichen Jugendlichen Auswahlmöglichkeiten im Rahmen eines sozialen Jahres – Bundeswehr, Bundesgrenzschutz, Zivildienst, Entwicklungsdienst etc. – geboten werden sollten. Zum anderen entfällt mit der Auflösung von etwa einem Drittel der Standorte auch für viele Kommunen ein wichtiger Wirtschaftsfaktor. Gerade Standorte im Bereich der ehemaligen deutsch-deutschen Grenze werden nicht nur Soldaten verlieren, sondern auch Arbeitsplätze im zivilen Sektor.

Literatur

Brunner, Stefan 1993: Deutsche Soldaten im Ausland. Fortsetzung der Außenpolitik mit miltärischen Mitteln, München.

Bundesministerium der Verteidigung(Hrsg.): Weißbuch 1994. Weißbuch zur Sicherheit der Bundesrepublik Deutschland und zur Lage der Bundeswehr, Köln 1994.

Feldmeyer, Karl 1994: Vereint und durchmischt. Zur Situation der Bundeswehr im vereinten Deutschland, in: Information für die Truppe Nr. 10/94.

Heisenberg, Wolfgang und Dieter Lutz, (Hrsg.) 1990: Sicherheitspolitik kontrovers. Bd. 1-3, Bonn.

Hoffmann, Oskar 1993: Deutsche Blauhelme bei UN-Missionen. Politische Hintergründe und rechtliche Aspekte, Bonn.

Lutz, Dieter S.(Hrsg.) 1993: Deutsche Soldaten weltweit? Blauhelme, Eingreiftruppen, „out of area“- Der Streit um unsere sicherheitspolitische Zukunft, Reinbek.

Mutz, Reinhard 1993: Krieg gegen den Krieg? Die Kontroverse über die militärische Rolle Deutschlands in der Welt, in: Gert Krell, Friedhelm Solms, Reinhard Mutz (Hrsg.): Friedensgutachten 1993, Hamburg/Münster.

Wichard Woyke

CDU – Christlich Demokratische Union Deutschlands

1. Historische und ideologische Wurzeln

Die CDU versteht sich gegenwärtig als interkonfessionelle, klassenübergreifende Partei, ja, sie wird geradezu als „Prototyp einer Volkspartei“ (*P. Haungs* 1992) beschrieben. Eine ihrer Wurzeln liegt aber im politischen Katholizismus des vorigen Jhs. In den Auseinandersetzungen mit den Ideen der Aufklärung, den Prozessen der Nationenbildung und der (allmählichen) Demokratisierung sind im Laufe der Zeit verschiedene katholische Zirkel und Fraktionen entstanden, die sich im Jahr 1870 zur Zentrumspartei vereinigt haben. Der „Kulturkampf“, den *Bismarck* geführt hatte, verstärkte das sozialmoralische Milieu und die davon ausgehende politische Bewegung. Sie umfaßte neben der Partei auch christliche → Gewerkschaften sowie ein breites Spektrum sozialer und religiöser Vereinigungen. Gleichwohl war das Zentrum keine klerikale Partei, sondern schon im Kaiserreich bemüht, aus dem „Turm“ von ca. 20% Wähleranteil auszubrechen und eine Integration breiter sozialer Schichten zu betreiben. Wichtige ideologische Impulse haben dabei die katholische Soziallehre und v.a. das darin begründete Subsidiaritätsprinzip geliefert (*G. Rüther* 1984).

Diese Traditionslinien, aber ebenso die in ihrer Bedeutung für die Parteientwicklung nicht zu unterschätzenden Erfahrungen mit den Katastrophen der deutschen Geschichte, prägen auch die moderne CDU. In der Gründungsphase nach 1945 sind dann politisch-soziale Elemente des Protestantismus, des Konservatismus und des (Ordo-)Liberalismus hinzugekommen. Dieses Selbstverständnis spiegelt nicht zuletzt der Name „Union" wider (*H.-O. Kleinmann* 1993).

2. Die CDU in der Bundesrepublik Deutschland

2.1 Parteiaufbau und Apparat

Die CDU gliedert sich territorial in Orts-, Kreis- und Landesverbände. Die beiden unteren Gliederungsformen sind vorwiegend für kommunalpolitische Themen und die Nominierung von Kandidaten zuständig. Den Landesparteien kommt entgegen verbreiteter „Zentralisierungsmythen" eine starke Stellung zu. Sie resultiert aus dem föderativen Aufbau der staatlichen Institutionen und den Möglichkeiten der Profilierung, die sich v.a. durch die Übernahme von Regierungsämtern bieten. Ferner spielt dabei die hohe soziale und politische Heterogenität der Gründungsära eine Rolle, weshalb ein Beobachter die CDU einmal als „Flickenteppich" apostrophiert hat.

Der innerparteiliche → Föderalismus ist auch im Hinblick auf die politische und programmatische Dynamik von Bedeutung und bildet neben den Aktivitäten der Bundesgeschäftsstelle den wesentlichen Motor der Modernisierung der Partei in den 70er Jahren. Aus den Ländern kommen innovative politische Ideen und neues Personal wie z.B. *H. Kohl*, und sie verfügen über rund 2/3 der Finanzmittel.

Daneben weist die CDU ein umfassendes System an →Sonderorganisationen auf, die v.a. sozioökonomische Interessen repräsentieren und spezielle Zielgruppen ansprechen. Im Parteistatut heißt es dementsprechend, daß die Vereinigungen „das Gedankengut der CDU in ihren Wirkungskreisen (junge Generation, Frauen, Arbeitnehmer, Kommunalpolitik, Mittelstand, Wirtschaft, Vertriebene und Flüchtlinge, ältere Generation) zu vertreten und zu verbreiten sowie die besonderen Anliegen der von ihnen repräsentierten Gruppen in der Politik der CDU zu wahren" haben. Sie verfügen über eine beträchtliche organisatorische, finanzielle und politische Autonomie, die aber in den programmatischen Grundsätzen der Partei ihre Grenzen findet (*P. Haungs* 1992, *H.-O. Kleinmann* 1993).

Hinzu kommen politikstrategische und ideologische Tendenzen, die häufig gegenübergestellt werden, wie etwa Modernisierer vs. Traditionalisten, „Stahlhelm" vs. „Genscheristen", Wirtschaftsflügel vs. Sozialausschüsse („Herz-Jesu-Sozialisten"). Nur noch rudimentär wirkt die Spannungslinie zwischen Katholiken und Protestanten, statt dessen zeichnet sich heute eine Differenz zwischen Ost- und Westinteressen ab. Die Neigung zur Personalisierung von Politik und die hohe gouvernementale Orientierung, die Bedeutung von Proporzmechanismen und Kompromißformeln in der Entscheidungsfindung sowie die Koexistenz von modernisierten und traditionellen Strukturen gehören ebenfalls zu dieser innerparteilichen Vielfalt. Im ganzen betrachtet bildet die CDU ein „kompliziertes Geflecht voneinander abhängiger, sich gegenseitig beeinflussender und miteinander rivalisierender Subsysteme" (*W. Schönbohm* 1985: 218).

Die CDU hat sich wie die anderen Parteien in Ostdeutschland zwar etabliert, allerdings vielfach nur oberflächlich. Sie hat noch keine stabilen Bindungen an die → Bevölkerung ausbilden und deren Partizipationspotentiale integrieren können. Dies zeigt sich im Hinblick auf die geringe Zahl der Mitglieder, Rekrutierungsprobleme bei Mandatsträgern sowie bei der defizitären Finanzlage der Partei im Osten.

2.2 Parteipolitische Strategie und Programmatik

In den 50er und 60er Jahren, der Ära *Adenauer*, hat sich die CDU vor allem als pragmatisch orientierte „Kanzlerpartei“ verstanden und als eigenständige politische Kraft kaum eine Rolle gespielt. Dabei ist jedoch der hohe Handlungsspielraum der Landesparteien im damals noch wenig verflochtenen Föderalismus zu bedenken; auch hat die Bundestagsfraktion über einiges Mitspracherecht bei Themen der Innen-, Wirtschafts- und Sozialpolitik verfügt. Erst nach dem Verlust des Regierungsamtes (1969) hat sich die CDU – nicht ohne erhebliche Schwierigkeiten und Konflikte – zu einer modernen Partei entwickelt. Der Anstieg der Mitgliedschaft auf 735.000 Personen (1983) und der Aufbau eines schlagkräftigen Parteiapparats in Bund und Ländern sowie die Diskussion und Verabschiedung des Grundsatzprogrammes auf dem Ludwigshafener Parteitag (1978) belegen dies deutlich.

In ihrer strategischen Orientierung in der politischen Landschaft der Bundesrepublik hat die CDU bei allen Modernisierungsbestrebungen das Konzept einer „Volkspartei der Mitte“ aufrechterhalten. Programmatisch hat sich das in einer beachtlichen Kontinuität ausgedrückt, was gleichermaßen für die Leitsätze der 80er Jahre wie für heute gilt. Das neue Grundsatzprogramm „Freiheit in Verantwortung“, das auf dem Parteitag in Hamburg (1994) beschlossen worden ist, gibt keine Hinweise auf einen Kurswechsel; freilich, wie Kritiker betonen, auch kein Zeichen des Aufbruchs. Charakteristische Stichworte sind Volkspartei, christliches Menschenbild, Familie, Subsidiarität, Freiheit und Europa; einzig der Passus zur ökologischen Dimension der Sozialen Marktwirtschaft war umstritten und signalisiert eine Neuerung; allerdings blieb er weitgehend folgenlos (*J. Schmid* 1990, 1994).

Das hohe Maß an Kontinuität in den aktuellen programmatischen Dokumenten der CDU ist freilich auch darauf zurückzuführen, daß sie seit Regierungsübernahme in Bonn im Herbst 1982 kaum mehr „als undeutliche Begleitmusik zu den mühsamen Kompromissen einer Koalitionsregierung“ (*P. Haungs* 1992: 190) abgeben. Speziell die Ablösung von *H. Geißler* als Generalsekretär hat das Konrad-Adenauer-Haus stärker an den Partei- und Regierungschef angebunden und die virulente Diskussion über einen Richtungswechsel der CDU beendet. In den Augen mancher Beobachter war somit die alte „Kanzlerpartei“ ein Stück weit wieder hergestellt worden – jedoch auf einem hohen Niveau politisch-organisatorischer Kapazitäten der Partei und anderen funktionalen Momenten.

Die Strategien und die Strukturen der CDU werden in ihren Grundzügen jedoch auch von Faktoren beeinflußt, die außerhalb der Partei liegen. In erster Linie ist hier auf das „schwierige Bündnis“ mit der → CSU hinzuweisen, das mit der Kanzlerkandidatur von *F.J. Strauß* (1980) einer Belastungsprobe unterzogen wurde. Ferner hat die politische Situation vor allem zu Beginn der sozialliberalen Koalition zu einer teilweise heftigen politischen Konfrontation (etwa in der Ostpolitik) geführt, wobei ein gewisser Zusammenhang von zwischenparteilicher Polarisierung und innerparteilicher Zentralisierung besteht, der sich jedoch primär in der Funktionalisierung des → Bundesrates als Oppositionsinstrument ausdrückt.

2.3 Historische Wendepunkte und politische Bilanz

Mit der nach fast zwanzigjähriger Oppositionszeit erfolgten Regierungsübernahme in Bonn (1982) und der deutschen Einheit (1990) ist die CDU vor zwei große Herausforderungen gestellt worden, die das Spannungsverhältnis von Kontinuität und Wandel sowie die Leistungsfähigkeit der Partei berührt haben. Dabei geht es nicht nur um den Erhalt der politischen Mehrheit, sondern auch um die Fähigkeit zur Lösung der anstehenden sozialen und ökonomischen Probleme.

Im Zuge der Debatten um eine neokonservative Wende sind zwar einige programmatische Formeln wie „freier Markt" und „starker Staat" aufgetreten, doch hat sich diese politische Konzeption in der Union – zumal im internationalen Vergleich – nicht durchgesetzt. Von den großen Reformpaketen der Regierungskoalition in den 80er Jahren (Ladenschluß, Gesundheit, Rente, Post und Steuern) waren nur diejenigen erfolgreich, die von einem breiten Konsens getragen wurden. Dies hängt nicht zuletzt mit den komplexen Parteistrukturen sowie den Institutionen des politischen Systems (wie Koalitionsregierung und Politikverflechtung) zusammen, die beide zu langwierigen Aushandlungsprozessen und Entscheidungsblockaden tendieren (*J. Schmid* 1990, 1994).

Nach der „friedlichen Revolution" im Herbst 1989 und der anschließenden Vereinigung haben die ostdeutschen Landesverbände auf dem Hamburger Parteitag am 1.10.1990 ihren Beitritt zur Bundes-CDU erklärt. Zugleich wurden eine Reihe von Ost-Repräsentanten in die Führungsgremien gewählt, und es ist ein Vereinigungs-Manifest beschlossen worden. Dem war anfangs eine deutliche Zurückhaltung gegen die ehemalige Blockpartei und ihre Exponenten vorangegangen. Durch Reformbemühungen der Ost-CDU wie die Wahl *L. de Maizières* als Vorsitzenden und die Aufnahme unbelasteter, neugegründeter Parteien in die „Allianz für Deutschland" sind jedoch Vorbehalte schnell abgebaut worden. Dabei ist das Tempo der Erneuerung und die Zusammenarbeit von CDU-Ost und CDU-West durch die Vorbereitungen zu den Volkskammerwahlen im März 1990 und die Furcht vor einem Wahlsieg der → SPD beeinflußt worden (*P. Haungs* 1992, *U. Schmidt* 1994).

In bezug auf das Bestehen von → Wahlen und die Beteiligung an der Regierung hat die CDU immer relativ gut abgeschnitten. Die Erfolge bei der Bundestagswahl 1990 (CDU-Stimmenanteil 43,8%), die noch stark im Schatten der Einheit gestanden haben, sind 1994 abgeschwächt worden (CDU-Stimmenanteil 41,5%), ohne daß es dadurch aber zu einem Verlust des Regierungsamtes gekommen ist. In den Ländern hat die CDU hingegen erhebliche Verluste hinnehmen müssen und „Stammlande" wie R.P. an die SPD verloren. Anfang 1995 regiert die Union – wenn man von Bayern absieht – nur noch in Sa. allein; in Bad.-W., Thür., M.V. und B. bestehen Koalitionen mit der SPD. Dadurch verfügt die Union ferner nicht mehr über eine Mehrheit im Bundesrat, was in vielen Fällen eine Abstimmung mit der Opposition erforderlich macht.

3. Perspektiven nach 1994

Die bemerkenswerte Beständigkeit der politischen Ausrichtung der CDU wird als ein Aspekt des guten Erscheinungsbildes und Kompetenzprofils der Partei wie auch als eine Ursache der wirtschaftlich-sozialen Stabilität der Bundesrepublik interpretiert (*P. Haungs* 1992). Gleichwohl mehren sich trotz des relativ guten Abschneidens bei der Bundestagswahl 1994 die Zeichen dafür, daß auch ein „Erfolgsmodell" mit Problemen zu kämpfen hat. Die CDU ist derzeit personell erheblich ausgedünnt, die Fähigkeiten der Mehrheitsbildung und Mitgliederbindung sind geschrumpft, und die Parteienverdrossenheit ist insgesamt gewachsen. Auf diese Probleme reagiert die CDU durch Bemühungen, sich weiter zu modernisieren. Bislang konzentriert sie sich auf Fragen der Organisation und des „Politmarketings". Vorschläge einer Öffnung und neue Formen innerparteilicher Demokratie werden zwar diskutiert, sie sind, von der „Frauenquote" abgesehen, wegen der Trägheit der komplexen Strukturen und der Widerstände von betroffenen Interessengruppen bislang in der CDU nicht umgesetzt worden (*J. Schmid* 1994, *Th. von Winter* 1993).

Literatur

Haungs, Peter [2]1992: Die CDU: Prototyp einer Volkspartei, in: Mintzel, Alf/Oberreuter, Heinrich (Hrsg.): Parteien in der Bundesrepublik Deutschland. Bonn.
Kleinmann, Hans-Otto 1993: Geschichte der CDU 1945-1982. Stuttgart.
Rüther, Günther (Hrsg.) 1984: Geschichte der christlich-demokratischen und christlich-sozialen Bewegung in Deutschland. Bonn.
Schmid, Josef 1990: Die CDU. Organisationsstrukturen, Politiken und Funktionsweisen einer Partei im Föderalismus. Opladen.
Schmid, Josef 1994: Haben die Volksparteien noch eine Chance? Die CDU zwischen Modernität und Alterität, in: Politische Bildung 27, 3.
Schmidt, Ute 1994: Transformation einer Volkspartei. Die CDU im Prozeß der deutschen Vereinigung, in: Niedermayer, Oskar/Stöss, Richard (Hrsg.): Parteien und Wähler im Umbruch. Opladen.
Schönbohm, Wulf 1985: Die CDU wird moderne Volkspartei. Selbstverständnis, Mitglieder, Organisation und Apparat 1950-1980. Stuttgart.
Winter, Thomas von 1993: Die Christdemokraten als Analyseobjekt oder: Wie modern ist die CDU-Forschung, in: Niedermayer, Oskar/Stöss, Richard (Hrsg.): Stand und Perspektiven der Parteienforschung in Deutschland. Opladen.

Josef Schmid

CSU – Christlich Soziale Union

1. Institutionelle Doppelrolle in gesamtdeutscher und europäischer Perspektive

1.1 Die institutionelle Doppelrolle bis 1990

Historische Tradition und aktuelle Situation führten nach 1945 erneut zu einer bayerischen Sonderenwicklung im neu entstehenden westdeutschen Parteiensystem und zu einer gesonderten parlamentarischen Repräsentanz Bayerns im Deutschen → Bundestag. Die CSU schloß auf der Parteiebene mit der → CDU in den Jahren 1947 bis 1949 lediglich eine lockere Arbeitsgemeinschaft und in den Vertretungskörperschaften des entstehenden westdeutschen Teilstaates nur eine Fraktionsgemeinschaft. Als die CDU 1950 ihre Bundesorganisation gründete, war in der CSU die Aufrechterhaltung der Parteiautonomie bereits zur Selbstverständlichkeit geworden. Die bayerischen Raison d'etre, das innerbayerische Ringen um den „richtigen" bayerischen Kurs in der Nachkriegspolitik, führte 1949 im Deutschen Bundestag lediglich zu einer Fraktionsgemeinschaft der CSU-Landesgruppe mit der CDU, allerdings in einer neuartigen und effektiven Organisation.

Die landes- und bundespolitische Stoßkraft und die Wirkung der CSU resultierten seit der Gründung der BRD gerade aus ihrer institutionellen und politischen Doppelrolle als autonome Landespartei mit besonderem Bundescharakter. Diese Doppelrolle ermöglicht es der CSU, als die Bayern schlechthin verkörpernde Landespartei aufzutreten (und nicht als Annex der CDU) und im Bundestag über die Landesgruppe innerhalb der CDU/CSU-Fraktion und andere Institutionen als Bundespartei mit besonderer Rücksichtnahme auf bayerische Belange bundesweit Einfluß zu nehmen. Die CSU konnte in dieser Doppelfunktion nicht nur den besonderen gesellschaftlichen, kulturellen und wirtschaftlichen Entwicklungsbedingungen Bayerns besonders gut Rechnung tragen, sondern auch im Sinne des staatsbayerischen Mitspracheanspruchs und Gestaltungsauftrages in der deutschen und europäischen Politik auf den Plan treten. Die CSU-Landesgruppe nahm in dieser politisch-institutionellen Konstruktion eine strategisch-operative Schlüsselstellung ein. Sie war in dieser Position stets ein eminent wichtiges Instrument der Durchsetzung und Verwirklichung der von ihr beschlossenen und mitgetragenen Politik. In der Institution der CSU-Landesgruppe hatten die CSU und der Freistaat Bayern – historisch gesehen – ein neues, sehr effektives Instrument der staatsbayerischen Selbstdarstellung und innerbayerischen Integration entwickelt.

Die in der deutschen Parteien- und Parlamentsgeschichte einzigartige und bayerisch eigentümlich institutionelle Konstruktion ermöglichte sowohl politisch-institutionelle Integration in die große Politik als auch staatspolitische Selbstbehauptung und „eigensinnige" Abgrenzung. Parteiautonomie und Sonderstatus boten den Vorteil, als Plattformen für den defensiven Rückzug und für operative „Ausfälle" dienen zu können. Eine Voraussetzung hierfür war allerdings die „innere Solidarität und innere Kohäsion" der CSU(-Landesgruppe), mit anderen Worten auch das einheitliche Erscheinungsbild der CSU in Bonn.

1.2 Die neue gesamtdeutsche Rolle der CSU

Mit der Vereinigung der BRD und der → DDR veränderten sich 1990/91 in D die Rahmenbedingungen für das parteipolitische Kräftespiel. Die neuen Gewichte und Parameter betrafen insbesondere die CSU als eine bayerische Regionalpartei mit besonderem Bundescharakter. Die in vierzig Jahren erstrittene und gewonnene Balancierung des Kräftespiels zwischen CSU und CDU wurde durch das Gewicht der neuen gesamtdeutschen Rolle der CDU in Frage gestellt. Mit der Verwirklichung der Einheit Deutschlands und mit der Konstituierung der gesamtdeutschen CDU wurde 1990/91 die 1976 der CDU abgetrotzte „politische Parität" von CDU und CSU faktisch außer Kraft gesetzt.

Angesichts der neuen Kräfteverhältnisse wurden in Führungskreisen der CSU 1990/ 91 drei strategische Grundsatzfragen erörtert: Soll und kann sich die CSU bundesweit ausdehnen? Wer sind in den neuen Bundesländern neben der CSU potentielle parteiliche Bündnispartner? Garantiert der institutionelle Doppelcharakter der CSU als einer autonomen Landespartei und als bayerische Bundespartei auch im gesamtdeutschen Parlament eine strategisch-operative Schlüsselstellung?

Berechnungen ergaben unzweifelhaft, daß die CSU im vereinten D arithmetisch gravierende Gewichtsverluste im → Bundesrat, im Bundesparlament und in der Bundesversammlung erleiden wird. Die Wahlergebnisse 1990/91 bestätigten die Befürchtungen. In den Bundestagswahlen hatte die CSU seit 1957 regelmäßig einen Anteil zwischen 10,6 (1976) und 9,5% (1969) der im gesamten Bundesgebiet abgegebenen Zweitstimmen erzielt, vor der Vereinigung zuletzt (1987) 9,8%. Dieser Stimmenanteil hatte der CSU seit 1957 48 bis 53 Bundestagsmandate garantiert. In der ersten gesamtdeutschen Bundestagswahl am 2.12. 1990 errang die CSU nur 7,1% der bundesweit abgegebenen Zweitstimmen und damit 51 Sitze im Deutschen Bundestag. Die CSU verfehlte damit ihr Ziel, wieder zweitstärkste Kraft in der Bonner Regierungskoalition zu werden. Die → FDP hatte ihr mit 11% der Stimmen den zweiten Rang abgenommen. Die Schwächung der CSU erwies sich aber als temporär.

1.3 Die DSU – eine Fehlspekulation der CSU

Die CSU-Führung hatte vor der Wiedervereinigung am 3.10.1990, im Prozeß der Entstehung einer konkurrenzoffenen Parteiendemokratie in der DDR (1989/90) und bei der Formierung eines demokratisch-konservativen Parteienbündnisses, eigene parteistrategische Initiativen ergriffen. Die tatkräftige Unterstützung der Deutschen Sozialen Union (DSU) hatte von Anfang an gesonderte bündnispolitische Interessen der CSU aus spezifisch staatsbayersich-föderalistischer Sicht signalisiert. Die CSU war in den neuen Bundesländern insoweit an einer zumindest regional verankerten Schwesterpartei (neben der CDU) interessiert, als die CDU im ehemaligen DDR-Gebiet in sensiblen kirchlich-konfessionellen Wertebereichen „mehr links" steht (aus staatsbayerischer Sicht) und nicht gleichermaßen christlich-(katholische) konservative Positionen vertritt. Die harte CSU-Position in der Abtreibungsfrage (Paragraph 218 StGB) war symptomatisch für diese Konstellation.

Die vor allem in Thüringen und Sachsen beobachteten Neigungen und Initiativen, CSU-Verbände zu gründen, schienen auf regionalspezifische konservative Potentiale hinzuweisen, die von dem „amorphen", christlich „blassen" und mehr „linken", mehr laizistisch orientierten CDU-Konservatismus im ehemaligen DDR-Bereich schwer erreicht werden konnten. Nach anfänglichen Achtungserfolgen in der DDRVolkskammerwahl am 18.3.1990 und in den Kommunalwahlen der DDR am 6.3.1990 setzte ein rascher Niedergang der DSU ein.

Der Niedergang der DSU und Unwägbarkeiten der gesamtdeutschen Entwicklung des Jahres 1990 reizten in Führungskreisen der CSU erneut zu Denk- und Planspielen in Richtung auf eine bundesweite Ausdehnung der Partei. T. *Waigel* gelang es allerdings, die sogenannten persönlichen Meinungsäußerungen und Expansionsgedanken prominenter CSU-Politiker, voran die P. *Gauweilers* und E. *Stoibers*, zu entkräften. Die CSU wurde gerade durch die Vereinigung und die gesamtdeutsche Entwicklung mehr als je zuvor auf ihre bayerische Basis zurückverwiesen. Die CSU war und ist als Regionalpartei zu tief und breit in der bayerischen Landes- und Sozialgeschichte verwurzelt, als daß sie sich in andere Bundesländer transplantieren ließe. Was bisher ihre Stärke ausmachte, ihre historisch gewachsene „bayerische Identität", wird in der neuen gesamtdeutschen Perspektive ihre historische Schwäche bleiben. Sie wird nach dem heutigen Stand der Verhältnisse und Kenntnisse weder als eine von der Gesamt-CDU abgekoppelte bayerische Mehrheits- und Regierungspartei, noch als eine exponierte nationalkonservative, gesamtdeutsche Richtungspartei in die Schlüsselrolle gelangen.

Eine bundesweite Umfrage (*Falter/Schumann* 1991: 23-45) ergab, daß sich „bei einer Expansion der CSU über die bayerischen Grenzen hinaus die Gewichte zwischen den beiden C-Parteien nicht nennenswert verschieben dürften" und die CSU „nördlich der Mainlinie ... nur sehr niedrige Stimmenanteile erhielte". Der Stimmenanteil der CSU läge außerhalb Bayerns vermutlich bei nur vier bis fünf %. Die große Mehrheit der CSU-Führung lehnte in realistischer Einschätzung der Vor- und Nachteile 1990/91 eine Expansion über die Grenzen Bayerns hinaus ab.

1.4 Restabilisierung 1994

Die CSU machte, betrachtet man die Diagnosen und Prognosen der Jahre 1993/94, das Unmögliche möglich: Trotz des Wechsels im Amt des bayerischen Ministerpräsidenten und trotz der Affären bestand die CSU im Superwahljahr 1994 alle Urnengänge mit unerwartet hohem Erfolg. Im Frühjahr 1994 hatte es so ausgesehen, als habe die CSU im Zuge der sog. Amigo-Affäre um den damaligen Ministerpräsidenten *M. Streibl* ihre absolute Mehrheit und möglicherweise sogar ihren erneuten Einzug in das Europa-Parlament verspielt. Die Meinungsforscher hatten die CSU auf dem Tiefstpunkt seit Beginn der Nach-Strauß-Ära gesehen. Die „Kanzlei-Affäre" des bayerischen Umweltministers *P. Gau-*

weiler um die Jahreswende 1993/94, die mit dessen Rücktritt geendet hatte, und die nachfolgende „Zwick-Affäre“ (Vorwurf: Nachsicht bei den Steuer-Schulden eines CSU-Großspenders) hatten die CSU in Turbulenzen gebracht und die Startchancen für das Super-Wahljahr 1994 verschlechtert.

Nach den Rücktritten von *M. Streibl* und *P. Gauweiler* ging die CSU unter der Doppelführung von *E. Stoiber*, dem neuen Ministerpräsidenten, und *T. Waigel*, dem Parteivorsitzenden und Bundesfinanzminister, mit großen Erfolgen aus dem Super-Wahljahr 1994 hervor: aus der Europa-Wahl mit 6,8%, aus der bayerischen Landtagswahl mit 52,8% der Stimmen (7,3% der bundesweit für die Unionsparteien abgegebenen Zweitstimmen) und aus der Bundestagswahl mit immerhin noch 51,2%. Sie konnte in der Regierungskoalition von CDU, CSU und FDP letztere wieder auf den dritten Platz verweisen. An dem Landtagswahlergebnis 1994 war besonders wichtig, daß die CSU zahlreiche frühere Protest-Wähler, die zu den Republikanern abgewandert waren, wieder integrieren konnte. Durch ihr respektables Bundestagswahlergebnis 1994 und durch die hohen Verluste der FDP gewann die CSU im Aktionsbündnis mit der CDU fast ihre operativ-strategische Schlüsselposition zurück, die sie vor der deutschen Einheit unter der Führung von *F.J. Strauß* inne hatte. Ohne die Stimmen der 50 CSU-Abgeordneten im Deutschen Bundestag ist bei dem Zehn-Stimmen-Vorsprung der Regierungskoalition schwerlich etwas durchzusetzen. Die CSU hat also trotz der Verschiebungen im Parteiengefüge wieder an bundespolitischem Gewicht zulegen können. Journalistische Mutmaßungen, die CSU sänke zu einer „bloßen Provinz- und Landespartei“ herab, erwiesen sich als Fehlspekulationen.

1.5 Europa-Politik aus der staatsbayerischen Perspektive

Bayern ist größer als Dänemark, die Niederlande, Belgien oder die Schweiz. Von der Größenordnung her gesehen ist somit eine Repräsentation der Kulturregion Bayern in Europa „kraft bayerischer Identität“ im Sinne des staatsbayerischen Mitspracheanspruchs und Mitgestaltungsauftrags eine Aufgabe für sich. Die CSU versteht sich aufgrund ihrer bayerischen Identität als bayerische Regionalpartei und Bayern als eine Region in Europa. Die CSU sieht in ihrer Repräsentanz im Europäischen Parlament und in der EG-Kommission eine wichtige Aufgabe der Vertretung Bayerns als einer europäischen Region.

Aus der Sicht der CSU gewinnen gerade in der neuen gesamtdeutschen und europäischen Situation die föderalistische CSU-Politik und die regionalpolitischen Vorstöße große Bedeutung. Aus der staatsbayerischen Perspektive erscheint es konsequent, beim föderalen Bau Europas zugleich auf eine Stärkung der Regionen in Europa hinzuwirken. Aus dieser Sicht übte die CSU harsche Kritik an den Brüsseler Eurokraten. Sie distanzierte sich, auch programmatisch, von einer bundesstaatlichen Ordnung, wie sie von Bundeskanzler *H. Kohl* proklamiert wurde.

Gerade aus der regionaleuropäischen Perspektive behalten die bayerische Identität der CSU und ihre Autonomie als bayerische Landespartei mit besonderem Bundescharakter ihre politische Bedeutung. Eine national-konservative gesamtdeutsche Richtungspartei namens CSU könnte wahrscheinlich kaum in gleichem Maße und wirkungsvoll föderalistische und europäisch-regionalpolitische Positionen vertreten. Eine bayerische Regionalpartei mit starker bayerischer Identität bietet hierzu wahrscheinlich kraft staatsbayerischer „Gewichtsklasse“ bessere Voraussetzungen.

Literatur

Fahrenholz, Peter 1994: Die CSU vor einem schwierigen Spagat, in: Aus Politik und Zeitgeschichte, B 1/94.

Falter, Jürgen W./Schumann, Siegfried 1991: Konsequenzen einer bundesweiten Kandidatur der CSU bei Wahlen. Eine in die unmittelbare Vergangenheit gerichtete Prognose, in: Aus Politik und Zeitgeschichte, B 11/ 12/91.

Mintzel, Alf 1989: Die Rolle der CSU-Landesgruppe im politischen Kräftespiel der Bundesrepublik Deutschland, in: Politische Studien, Sonderheft 1/1989.

Mintzel, Alf 1990: CSU-Strategie gegen Gewichtsverlust: Vabanque-Spiel oder kalkuliertes Risiko in labiler Situation, in: Die Neue Gesellschaft/Frankfurter Hefte, 37 (1990) 9.

Mintzel, Alf ²1992: Die Christlich Soziale Union in Bayern, in: Alf Mintzel/Heinrich Oberreuter (Hrsg.): Parteien in der Bundesrepublik Deutschland, Bundeszentrale für politische Bildung: Bonn.

Waigel, Theo 1990: In der Pflicht für Deutschland. Die CSU in historischer Zeit: Eine Partei, auf die Verlaß ist!, in: Bayernkurier, Nr. 29 vom 21. Juli 1990.

Alf Mintzel

Datenschutz

Datenschutz regelt, wie unter den Bedingungen einer computerisierten Gesellschaft Konflikte zwischen Interessen an der Zugänglichkeit und der Geheimhaltung von Informationen ausgeglichen werden können. Mit Datenschutzregelungen werden die Bedingungen festgelegt, unter denen die Verarbeitung personenbezogener Daten mit Informationstechnik für den Bürger akzeptabel und mit der demokratischen Struktur der Gesellschaft vereinbar ist.

1. Anliegen

Die konzeptionellen Grundlagen des Datenschutzes sind in der BRD Anfang der 70er Jahre entwickelt worden (*Steinmüller* u.a. 1972). Seinen Begründern war die Einsicht gemeinsam, daß mit der Nutzung von Informationstechnik öffentlichen Stellen und privaten Unternehmen personenbezogene Daten in bisher nie dagewesenem Maße zugänglich werden. Datenschutz soll den Gefahren entgegenwirken, die sich aus der potenzierten Verwertbarkeit der Daten ergeben. Er zielt damit auf einen „kalkulierten Informationsverzicht", um zu verhindern, daß staatliche und private Stellen die technisch gebotenen Informationschancen uneingeschränkt und beliebig nutzen (*Simitis* 1986: 26) und so unerwünscht viel Macht über den Bürger bekommen. Die Nutzung personenbezogener Angaben wird an gesetzlich festgeschriebene Voraussetzungen gebunden. Der Datenschutz ist damit ein notwendiges Korrektiv der informationstechnischen Entwicklung.

2. Geschützte Werte

Im Datenschutz ist der Schutz individueller und gesellschaftlicher Rechtsgüter miteinander verschränkt: Das ‚Recht auf informationelle Selbstbestimmung' umfaßt die Befugnis des einzelnen, „grundsätzlich selbst zu entscheiden, wann und innerhalb welcher Grenzen persönliche Sachverhalte offenbart werden". Ein Eingriff in dieses Recht ist nur im „überwiegenden Allgemeininteresse" auf gesetzlicher Grundlage zulässig (BVerfGE 65, 1 (42)). Hinter dem informationellen Selbstbestimmungsrecht verbirgt sich allerdings mehr als nur eine Aussage zur Stellung des einzelnen: Wenn der Bürger nicht einschätzen kann, ob und zu welchen Zwecken Daten über ihn gesammelt werden, aber befürchten muß, daß das gesammelte Wissen gegen ihn eingesetzt wird, würde er dazu neigen, sich so unauffällig wie möglich zu verhalten und letztlich auf die Ausübung von Grundrechten verzichten. Das Recht, selbst über die Preisgabe und Verwendung seiner Daten zu entscheiden, ist deshalb auch „eine elementare Funktionsbedingung" einer demokratischen Gesellschaft, die gerade auf die Handlungs- und Mitwirkungsfähigkeit ihrer Bürger angewiesen ist (ebd. (43)).

3. Datenschutzprinzipien

Um die Schutzziele des Datenschutzes umzusetzen, wurden in den 70er Jahren in Bund und Ländern Datenschutzgesetze erlassen. In ihnen sind wesentliche Grundsätze des Datenschutzes festgelegt:

- Nur das erforderliche Minimum an Daten darf vom Bürger verlangt werden; die Nutzung personenbezogener Daten muß eine Ausnahme bleiben.
- Personenbezogene Daten dürfen nur für die (gesetzlich bestimmten) Zwecke verarbeitet werden, für die sie auch erhoben worden sind.
- Der Verlauf der Verarbeitung muß für den Betroffenen nachvollziehbar und transparent sein. Die Datenschutzgesetze räumen deshalb dem Bürger verschiedene Rechte (auf Auskunft, Löschung und Berichtigung) ein.
- Die Einhaltung der Datenschutzvorschriften wird von unabhängigen Institutionen, den Datenschutzbeauftragten in Bund und Ländern, kontrolliert.

4. Gesetzgebung

Das 1977 erstmals verabschiedete und 1990 novellierte Bundesdatenschutzgesetz (BDSG) gilt für die Bundesbehörden und die Privatwirtschaft, die Landesdatenschutzgesetze für öffentliche Stellen in den Bundesländern. Neben diesen ‚allgemeinen' Datenschutzvorschriften gibt es zahlreiche Spezialregeln über die Verwendung personenbezogener Daten in anderen Gesetzen (z.B. im Sozialgesetzbuch, in den Polizei- und Meldegesetzen, in den Vorschriften zur Telekommunikation). Die sog. ‚bereichsspezifischen' Regelungen gehen den ‚allgemeinen' Datenschutzgesetzen vor.

Von großer Bedeutung für besonders schützenswerte Daten sind darüber hinaus die schon seit langem festgeschriebenen Amts- und Berufsgeheimnisse (z.B. die ärztliche Schweigepflicht, das Sozialgeheimnis, das Post- und Fernmeldegeheimnis).

Ebenso wie die BRD haben die meisten Industrieländer mit rechtlichen Regelungen auf die Probleme der Verarbeitung personenbezogener Angaben reagiert, so daß Datenschutzvorschriften mittlerweile zu den selbstverständlichen Teilen des nationalen Rechts zählen.

5. Die Zukunft des Datenschutzes

Der Versuch, nach zwei Jahrzehnten Datenschutz eine Bilanz zu ziehen, fällt widersprüchlich aus:

Ohne Zweifel hat sich der Datenschutz in Staat und Gesellschaft etabliert. Datenschutzüberlegungen haben die Entwicklung der öffentlichen Verwaltungen und ihrer informationstechnischen Infrastruktur beeinflußt. Auch die bloße Tatsache der gesetzlichen Fixierung des Datenschutzes hat bei den verarbeitenden Stellen zu einer Sensibilisierung im Umgang mit personenbezogenen Daten geführt. Diese Erfolge für das Anliegen des Datenschutzes können jedoch nicht darüber hinwegtäuschen, daß die Grenzen der bestehenden Datenschutzkonzeption erreicht sind. Ihr schwerwiegenstes Defizit besteht wohl darin, daß sich das Datenschutzrecht nach wie vor an der Verarbeitung in zentralen und nicht vernetzten Großrechenanlagen orientiert und damit einen Stand der Technik modelliert, wie er Anfang der 70er Jahre gegeben war. Seit jener Zeit haben sich die Anwendungsformen der Informationstechnik grundlegend gewandelt: Aus der nahezu isolierten Großtechnik von einst ist eine vernetzte Basis- und Querschnittstechnik geworden, die fast überall in der Gesellschaft genutzt wird. Unter diesen Bedingungen ist einem weiten Teil der gesetzlichen Regelung die Grundlage entzogen (*Simitis* 1986: 31), da die Einhaltung der in den Datenschutzgesetzen enthaltenen Ge- und Verbote faktisch nicht mehr zu kontrollieren ist. Um diese Defizite überwinden zu können, sollten weiterzuentwickelnde Datenschutzregelungen nicht nur die Bedingungen rechtmäßiger Verarbeitung festlegen, sondern insbesondere auch technische Vorgaben zur Erfüllung eben dieser Anforderungen enthalten.

Um auch in Zukunft die Schutzwecke des Datenschutzes umsetzen zu können, müssen neue Wege beschritten werden.

Literatur

Simitis, Spiros 1986: Reicht unser Datenschutzrecht angesichts der technischen Revolution? – Strategien zur Wahrung der Freiheitsrechte, in: v. Schoeler, Andreas (Hrsg.): Informationsgesellschaft oder Überwachungsstaat? Opladen.

Simitis, Spiros u.a. 41992: Kommentar zum Bundesdatenschutzgesetz. Baden-Baden.

Steinmüller, Wilhelm u.a. 1972: Grundfragen des Datenschutzes, BT-Drucksache VI/ 3826.

Tinnefeld, Marie-Theres/Ehmann, Eugen 1992: Einführung in das Datenschutzrecht. München, Wien.

Rudolf Wilhelm

DDR – Geschichte

1. Vorgeschichte und Gründung (1945 – 1949)

Am 7.10.1949 konstituierte sich nach der BRD der zweite deutsche Staat durch die Inkraftsetzung der „Verfassung der Deutschen Demokratischen Republik". Name sowie erste Verfassung der DDR gingen auf einen Verfassungsentwurf der Sozialistischen Einheitspartei Deutschlands (SED → PDS-SED) vom 14. 11. 1946 zurück, der 1948/49 den Verfassungsberatungen im Rahmen der Volkskongreßbewegung zugrunde lag. Der Name des neuen Staates war ein deutschland- und innenpolitisches Programm. In demokratietheoretischer und staatsorganisatorischer Hinsicht wurden die ostdeutschen Verfassungsdiskussionen von einer radikaldemokratischen und -parlamentarischen Interpretation der Maxime der Demokratie geprägt. Unter Ablehnung aller Konzeptionen von horizontaler und vertikaler Gewaltenteilung wurde unter Demokratie die uneingeschränkte Ausübung der Volkssouveränität durch die vom Volk nach dem Verhältniswahlrecht gewählte Volkskammer verstanden. Die volle Verwirklichung der Demokratie setzte außerdem nach Ansicht der sowjetischen Besatzungsmacht, die damals von allen ostdeutschen Parteien geteilt wurde, die Beseitigung der sozialen und wirtschaftlichen Grundlagen des Faschismus voraus. Entsprechend wurde 1945/46 auf dem Gebiet der Sowjetischen Besatzungszone Deutschlands (SBZ) eine rigorose Entnazifizierung in Justiz, Verwaltung und Erziehungswesen durchgeführt, durch die Bodenreform der agrarische Großgrundbesitz von „Junkern, Kriegsverbrechern und aktiven Nazis" an Neubauern verteilt und das

Industrievermögen von „Militaristen und Imperialisten" enteignet. Die SED und die Sowjetische Militäradministration (SMAD) beriefen sich bei diesen Maßnahmen auf die von den drei Siegermächten während der Potsdamer Konferenz im August 1945 für alle Besatzungszonen beschlossenen politischen und wirtschaftlichen Grundsätze. Ihre Politik richtete sich verbal und zunächst auch real auf Gesamtdeutschland. Die Sowjetunion erhoffte sich davon größere Zugriffsmöglichkeiten auf das deutsche Wirtschaftspotential (Reparationsfrage). Die SED strebte als sozialistische Massenpartei aus Kommunisten und Sozialdemokraten (Vereinigungsparteitag von SPD und KPD am 21./22.4.1946 in Berlin) die politische Führungsstellung in Deutschland an und formulierte zu diesem Zweck ihr Gründungsprogramm eines demokratischen und nichtrevolutionären „besonderen deutschen Weges zum Sozialismus". (A. *Ackermann*).

Die weltpolitische Entwicklung entzog diesen gesamtdeutschen Erwartungen die Basis. Die Interessengegensätze der Siegermächte des Zweiten Weltkriegs verschärften sich ab 1947 zum „Kalten Krieg". An die Stelle vager gesamtdeutscher Perspektiven trat in Ost- und Westdeutschland die Sicherung des eigenen Herrschaftsgebietes. In der SBZ wurde im Juni 1947 mit der Deutschen Wirtschaftskommission (DWK) ein zentraler Verwaltungsapparat geschaffen, im Juni 1948 nach dem Vorgang der Westzonen eine separate Wirtschaftsreform durchgeführt, im Monat darauf der erste Zweijahresplan verkündet und in der zweiten Hälfte des Jahres 1948 die SED zu einer marxistisch-leninistischen Kaderpartei „neuen Typus" transformiert. So wurde am 7.10.1949 dem Anspruch nach die Verfassung eines gesamtdeutschen Staates in Kraft gesetzt (Art. 1: „Deutschland ist eine unteilbare demokratische Republik"), faktisch aber waren die Weichen für die Errichtung einer separaten politischen und wirtschaftlichen Ordnung nach sowjetischem Vorbild in Ostdeutschland – wie in Westdeutschland – längst zuvor gestellt worden. W. *Pieck* (SED, früher KPD) wurde der erste Präsident, *O. Grotewohl* (SED, früher SPD) der erste Ministerpräsident der DDR.

2. Aufbau des Sozialismus (1950 – 1961)

Der führende Politiker in der SBZ bzw. der DDR war seit dem Kurswechsel 1947/48 der Altkommunist *W. Ulbricht*. Nach dem III. Parteitag der SED im Juli 1950 wurde er zum Generalsekretär der Einheitspartei gewählt und hatte dieses wichtigste Amt im politischen System der DDR – nach dem 17. 6.1953 als „Erster Sekretär des ZK der SED" – bis 1971 inne. Unter *Ulbrichts* Führung wurde die Umgestaltung der politischen und wirtschaftlichen Ordnung der DDR nach dem Vorbild der Sowjetunion zum Programm. Schon im Februar 1950 wurde ein → Ministerium für Staatssicherheit etabliert, das sich seitdem als „Schwert und Schild der Partei" für die Überwachung aller DDR-Bürger und insbesondere die Unterdrückung jeglicher oppositioneller Regungen immer mehr ausdehnte. Auf der 2. Parteikonferenz im Juli 1952 wurde der „Aufbau des Sozialismus" auch offiziell verkündet. Der Anteil des „volkseigenen" Sektors an Produktion und Handel wuchs, die Schwerindustrie wurde bevorzugt aufgebaut und die Kollektivierung der Landwirtschaft eingeleitet. Die Staatsorganisation wurde nach den Maximen der Volksdemokratie zu einem gefügigen Instrument der politischen Herrschaft und planwirtschaftlichen Lenkung der Einheitspartei umgeformt: Einheitslisten zu den ersten Volkskammerwahlen (15.10.1950), Säuberungen und Anpassung in den bürgerlichen Parteien, Einsatz der Strafjustiz als Mittel politischer Abschreckung, Ausschaltung und Beseitigung der Selbstverwaltung durch Auflösung der fünf Länder und Neugliederung in 14 Bezirke (25.7.1952), zu denen (Ost-)Berlin als „Hauptstadt der DDR" hinzukam.

Diese rigorose Transformationspolitik geriet mit *Stalins* Tod (5.3.1953) in eine Krise. Die neue sowjetische Führung befahl der SED einen „Neuen Kurs“ größerer politischer und wirtschaftlicher Rücksichtnahme auf die Bevölkerung. Da dennoch die kurz zuvor erhöhten Arbeitsnormen nicht zurückgenommen wurden, kam es am 16.6. 1953 zum Streik von Ostberliner Bauarbeitern, der sich am folgenden Tag zu einer Protestbewegung für verbesserte Arbeitsbedingungen, freie Wahlen und die Ablösung der Regierung in der DDR ausweitete. Angesichts der Ohnmacht von Partei- und Staatsführung konnte der Aufstand nur durch sowjetische Besatzungstruppen niedergeschlagen werden. Die Ereignisse des 17.6.1953 ließen die sowjetische Führung an *Ulbricht*, dessen Ablösung zuvor erwogen worden war, als Garanten von Sicherheit und Ordnung festhalten.

Die folgenden Jahre brachten eine relative Festigung der internationalen Position der DDR und der innenpolitischen Herrschaft der SED. 1955 übertrug die Sowjetunion, nach dem endgültigen Scheitern ihrer Bemühungen, auf diplomatischem Wege die politische und militärische Westintegration der BRD (→ Außenpolitik) zu verhindern (Stalin-Note vom 10.3.1952), der DDR die „volle Souveränität“. Der Aufbau der „Nationalen Volksarmee“ und die Aufnahme der DDR in den Warschauer Pakt wurden beschlossen. Innenpolitisch verbesserte sich die allgemeine Lebenslage der Bevölkerung und die SED-Führung um *Ulbricht* konnte 1956 intellektuelle Kritiker wie W. *Harich* und 1958 die letzten parteiinternen Konkurrenten wir K. *Schirdewan* und E. *Wollweber* ausschalten. Nach dem Tode *Piecks* trat 1960 an die Stelle des Staatspräsidenten der Staatsrat als kollektives Staatsoberhaupt. Mit der Übernahme des Staatsratsvorsitzes identifizierte sich *Ulbricht* selbst als Symbolfigur der DDR. Doch Ende der 50er Jahre erhöhten überspannte Wirtschaftspläne, die Forcierung der Kollektivierung der Landwirtschaft und die durch Drohungen *N.S. Chruschtschows* verschärfte Berlin-Krise die Labilität der DDR wieder dramatisch. Die Flüchtlingswelle von Ost- nach Westdeutschland (1949-1961: 2,7 Mio.) schwoll wieder dramatisch an und das SED-Regime meinte der damit verbundenen personellen und wirtschaftlichen Ausblutung ihres Staates nur durch die Schließung der Grenzen am 13.8.1961 Einhalt bieten zu können.

3. Das System Ulbricht (1962 – 1970)

Der Bau der Berliner Bauer, im Westen als Eingeständnis der totalen Schwäche und Unmenschlichkeit des DDR-Regimes angeprangert, wurde zum Ausgangspunkt seiner zeitweisen Konsolidierung. Arbeitende Bevölkerung und herrschende Partei mußten nun zu einem wechselseitigen Arrangement finden. Auf ihrem VI. Parteitag im Januar 1963 beschloß die SED nicht nur ihr (erstes) Parteiprogramm, sondern verkündete mit dem „Neuen Ökonomischen System der Planung und Leitung der Volkswirtschaft (NÖSPL)“ auch ein flexibleres Wirtschaftssystem. Es zielte durch den Einbau marktwirtschaftlicher Elemente in die Planwirtschaft auf eine stärkere Beteiligung der Betriebe und Arbeiter und damit auf eine höhere Produktivität. Mit der Modernisierung des ökonomischem Systems gingen Reformen im gesellschaftlichen Bereich (z.B. durch das Bildungsgesetz von 1965) einher. Die DDR nahm Züge einer „sozialistischen Leistungsgesellschaft“ an, in der nicht mehr nur politische Rechtgläubigkeit, sondern auch fachliche Qualifikationen über berufliche und damit gesellschaftliche Stellung entschied. Fachleute, wie Ökonomen und Techniker, rückten in politische Führungsstellungen auf. Verfassungsrechtlich festgeschrieben wurden die gesellschaftlichen und wirtschaftlichen Veränderungen 1968 in einer neuen, der zweiten Verfassung der DDR. Auf organisatorischem Gebiet trug sie dem einschneidenden staatsrechtlichen Wandel seit 1949 Rechnung, fixierte die politische Dominanz der SED, die Allgemeingültigkeit des Marxismus-Leninismus als herrschender Ideologie und die staatliche Führungsrolle des Staatsrates. Mit Hinweis auf die unbestreitbaren wirtschaftlichen Erfolge propagierte *Ulbricht* Ende der 70er Jahre das „Modell DDR“ als Vorbild aller entwickelten realsozialistischen Industriegesellschaften und geriet darüber in ideologische Konflikte mit der KPdSU. Als er sich dann auch noch den deutschlandpolitischen Entspannungsbemühungen zwischen der neuen sozialliberalen Bundesregierung und der Sowjetunion widersetzte, war der Zeitpunkt seiner Ablösung gekommen. Am 3.5.1971 wurde *Ulbricht* zum Rücktritt von seinem Amt als Erster Sekretär des ZK der SED gedrängt.

4. Honeckers Kurskorrekturen (1971- 1980)

Die mit dem Abtritt *Ulbrichts* verbundenen einschneidenden Veränderungen auf ideologischem und politischem Gebiet traten im Gefolge des VIII. Parteitages der SED (Juni 1971) offen zutage. In personalpolitischer Hinsicht allerdings herrschte das Prinzip der Kontinuität. *E. Honecker*, der das Amt des Ersten Sekretärs von *Ulbricht* übernahm, war schon in dem vorangegangenen Jahrzehnt dessen „Kronprinz“ gewesen. Es kam zu keinen dramatischen Umbesetzungen in den Führungsgremien, der Einfluß der Technokraten wurde jedoch zurückgedrängt. Der Primat der Politik gegenüber der Technik und der Ideologie gegenüber der Wissenschaft wurde eindeutig wiederhergestellt. Die Partei- und Staatsführung beschwor die „ewige Freundschaft“ mit der KPdSU und der UdSSR. Diese Kurskorrekturen gegenüber der Spätphase *Ulbrichts*, zu denen auch die Aufgabe jedes Bezugs auf eine gesamt-„deutsche Nation“ gehörte, wurden im Oktober 1974 in einer Änderung der Verfassung und im Mai 1976 in einem neuen Parteiprogramm festgeschrieben. In der Zwischenzeit hatte die DDR unter Führung *Honeckers* jenes existentielle Ziel erreicht, um das der ostdeutsche Staat unter *Ulbricht* über Jahrzehnte fast ohne Erfolg kämpfte: die weltweite völkerrechtliche Anerkennung. Nachdem die beiden deutschen Staaten im Dezember 1972 durch den Grundlagenvertrag zu einem ersten, wenn auch fragilen „modus vivendi“ gefunden hatten, wurden sie beide im September 1973 in die Vereinten Nationen aufgenommen (→ Deutschland und die UNO). Bis Ende 1974 nahmen fast alle Staaten der Welt diplomatische Beziehungen zur DDR auf. Der zwischendeutsche Ausgleich und die internationale Anerkennung werteten die DDR auf, brachten aber auch Pflichten und Probleme mit sich. Auf internationalem Gebiet begab sich die DDR in das komplizierte Konkurrenz- und Konfliktverhältnis aller Staaten und mußte internationalen Abmachungen, wie denen der Konferenz von Helsinki (August 1975), zu genügen suchen. In zwischendeutscher Hinsicht war sie mit den Begleiterscheinungen der wachsenden Zahl von westdeutschen Besuchern und dem Anspruch ihrer Bevölkerung, aus der staatlichen Anerkennung individuellen Nutzen zu ziehen, konfrontiert. Die Führung der DDR suchte diese Konsequenzen durch eine ideologische Abgrenzung gegenüber dem Westen und seinen Ideen sowie entsprechende Unterdrückungsmaßnahmen im eigenen Lande zu kompensieren. Sie bemühte sich, gerade im Kontrast zum östlichen Nachbarn Polen, sich als Hort der Kontinuität und Stabilität darzustellen. Diesem Ziel diente vor allem der Versuch, die „Einheit von Wirtschafts- und Sozialpolitik“ zu realisieren, wie es der IX. Parteitag der SED 1976 postulierte. Die Folgen der internationalen Energie- und Rohstoffkrise waren in der DDR, aufgrund ihrer unterdurchschnittlichen Ressourcenausstattung besonders spürbar. Diesen verschlechterten Rahmenbedingungen zum Trotz mußte die DDR in den 70er Jahren versuchen, genügend Produktivität sowohl für die technische Innovation als auch für die Befriedigung der materiellen Bedürfnisse ihrer Bürger bereitzustellen. In der Konsum- und Sozialpolitik hat die SED seit dem Bau der Mauer (1961) und verstärkt seit Beginn der „Ära *Honecker*" das zentrale Instrument zur Stabilisierung und Legitimierung ihrer Herrschaft erkannt, doch die – auch durch den innerdeutschen Vergleich – wachsenden Ansprüche der DDR-Bürger schienen den Möglichkeiten ihrer Befriedigung davonzulaufen. Der Erfolg bzw. die Vermeidung des Mißerfolges auf wirtschafts- und sozialpolitischem Gebiet hatte immense Bedeutung für die Stabilität eines Regimes, das weitgehend der direkten Zustimmung seiner Bürger entbehren mußte.

5. Krisen und Untergang der SED-Herrschaft (1981-1989)

Seit Beginn der 80er Jahre setzte die politische und wirtschaftliche Führung der DDR alles daran, nicht nur an der Spitze des technischen Fortschritts im Ostblock zu bleiben, sondern auch auf dem Weltmarkt jene Devisen zu verdienen, die für den Import sowohl von modernen Investitionsgütern für die Industrie als auch von Konsumwaren für die eigene Bevölkerung notwendig waren. Diese Ambitionen überforderten unter der Bedingung einer weltweiten Wirtschaftsrezession und angesichts der beschränkten Ressourcen das starre ökonomische Planungssystem der DDR. Die Löcher mußten durch Milliardenkredite aus der BRD gestopft werden. Damit wurde die wachsende internationale Eigenständigkeit der DDR-Führung honoriert, die Anfang der 80er Jahre die Verschärfung des Kalten Krieges durch die sowjetische Führung im Rahmen der Nachrüstungskrise nicht mitmachte. Außenpolitisch konnte sich *E. Honecker* auf dem Zenit seines Ansehens fühlen, wurde er doch in zahlreiche westliche Länder eingeladen und konnte Staatsmänner aus aller Welt in der DDR begrüßen. Höhepunkt dieses internationalen Reputationsgewinns war der oftmals verschobene Besuch des Partei- und Staatschefs der DDR in der BRD im September 1987.

Hinter der Fassade internationaler Anerkennung bröckelte allerdings die innere Stabilität des Regimes. 1985 hatte *M. Gorbatschow* die sowjetische Führung übernommen und setzte mit der Propagierung seines Reformkurses von Glasnost und Perestroika die kommunistische Führung der DDR immer mehr unter Druck. Die SED behauptete, man brauche im Gegensatz zur Sowjetunion keine politischen und wirtschaftlichen Reformen, weil man diese in der DDR bereits vollzogen habe. Die ostdeutschen Kommunisten setzten sich, wie in den letzten Jahren der Herrschaft *Ulbrichts*, wieder ideologisch von dem „Vaterland aller Werktätigen" ab und propagierten einen eigenständigen „Sozialismus in den Farben der DDR". Die ostdeutsche Bevölkerung hatte jedoch ein wachsendes Gefühl der Stagnation in ihrem Lande. Ökonomisch lebte das System immer mehr von der Substanz, sozialpolitisch wurden, zumal im Vergleich mit Westdeutschland, nur die notwendigsten Bedürfnisse erfüllt, auf ökologischer Ebene mehrten sich die Zeichen des industriellen Raubbaus, in der Kulturpolitik herrschten Gängelung und Repression. Während in der Bevölkerung die Unzufriedenheit wuchs, wurde sie noch zusätzlich von der Führung durch Ablehnung des sowjetischen Reformkurses, pauschale Verteidigung der Niederschlagung der chinesischen Demokratiebewegung, rüdes Beharren auf dem Fortbestehen der Mauer für weitere 100 Jahre und offene Fälschungen, z.B. bei den Kommunalwahlen im Mai 1989, provoziert.

Obwohl sich seit 1986 die Anzeichen für Dissens und Widerstand in der DDR mehrten, wurden die Herrschaft der SED und die Existenz ihres Staates erst durch die gesamteuropäischen Veränderungen des Jahres 1989 in Frage gestellt. Mit dem Schwinden und schließlichen Ende des Ost-West-Konfliktes verlor die DDR nicht nur ihre Schutzmacht Sowjetunion, sondern büßte auch die Blocksolidarität der osteuropäischen Staaten ein. Im Sommer 1989 füllten in Budapest, Prag und Warschau ostdeutsche Flüchtlinge zu Tausenden die bundesdeutschen Botschaften und wurden nicht zurückgeschickt. Ungarn öffnete am 11.9.1989 seine Grenzen und erlaubte den ostdeutschen Ausreisewilligen die Weiterfahrt durch Österreich in die Bundesrepublik. Diese Fluchtwelle führte in der DDR selbst zu offenen Protestdemonstrationen, in denen sich Hunderttausende vor allem in den Leipziger „Montagsdemonstrationen" für ein Verbleiben in einer wirklich freiheitlichen und demokratischen DDR einsetzten.

In dieser Situation allgemeiner Unzufriedenheit und wachsenden Widerstandes beharrte die Parteiführung bei der Feier des 40. Jahrestages ihres Staates am 7.10.1989 darauf, daß mit ihrem Regime alles in Ordnung sei. Das brachte das Faß zum Überlaufen, nicht nur bei dem sowjetischen Ehrengast *Gorbatschow*, sondern auch unter den DDR-Bürgern. Der Staatssicherheitsapparat erkannte, daß er die Protestbewegung nur mit dem Risiko eines großen Blutbades niederhalten konnte, und verzichtete auf die Anwendung seines Schwertes. Schon zehn Tage nach dem Jubiläum traten *Honecker* als Partei- und Staatschef, *G. Mittag* als Wirtschaftschef und *J. Hermann* als Pressechef der SED ab. Innerhalb weniger Wochen zerfiel die Parteidiktatur der SED in der DDR, die nicht von außen überwältigt wurde, sondern nach innen implodierte.

Die Diktatur der SED hatte in den 40 Jahren der DDR viele Krisen durchgemacht und überstanden. Doch im Jahr 1989 kamen wirtschaftliche, bündnispolitische, außenpolitische, ideologische und legitimatorische Krise zusammen. Damit war eine immobile und vergreiste Führung völlig überfordert, der zum Schluß jede Lern- und Wandlungsfähigkeit abging.

6. Demokratische Wende und staatliches Ende der DDR (18. 10. 1989- 3. 10. 1990)

Nach dem Abtritt *Honeckers* und seiner engsten Gefolgsleute am 18.10.1989 versuchte die SED, durch eine neue Partei- und Staatsführung das Heft in der Hand zu halten, scheiterte aber an der Halbherzigkeit ihrer Reformbemühungen. Der neue Generalsekretär der SED und Staatsratsvorsitzende *E. Krenz* war schon zuvor der auserwählte Nachfolger *Honeckers* gewesen. Er konnte sich nur 50 Tage im Amt halten, weil die von ihm proklamierte Wende der DDR-Politik unglaubwürdig blieb. Am 8.11.1989 trat *W. Stoph* als der langjährige Vorsitzende des Ministerrates der DDR zurück, sein Nachfolger wurde der Dresdner SED-Parteichef *H. Modrow*, zuvor ein moderater Hoffnungsträger der Einheitspartei. Die Regierung *Modrow* bemühte sich in den folgenden Monaten, durch inhaltliche Reformmaßnahmen und personelle Öffnung gegenüber den oppositionellen Kräften die Initiative wiederzuerlangen, scheiterte aber letzten Endes an der mangelnden demokratischen Legitimität des ganzen politischen Systems. Auch die überraschende Öffnung der Grenzen der DDR mit dem dramatischen „Fall der Mauer" in Berlin in der Nacht des 9.11. 1989 beschleunigte eher noch den endgültigen Zerfall der SED-Herrschaft und das Ende der DDR als deutschem Teilstaat, da nun die Möglichkeit der legalen und ungehinderten Übersiedlung von Ost- nach Westdeutschland, die Hunderttausende wahrnahmen, den politischen Druck auf radikalere Veränderungen verstärkte.

Die politische Initiative in der DDR ging in den letzten Wochen des Jahres 1989 immer mehr von der SED-geführten Regierung auf die andauernden Massendemonstrationen, insbesondere die Leipziger Montagsdemonstrationen, und die dahinterstehenden Bürgerrechts- und Oppositionsbewegungen über. Diese hatten sich seit Beginn der 80er Jahre zunächst unter dem Dach der Evangelischen Kirche gebildet und waren ab 1987 in offene Auseinandersetzung mit der SED und ihrem Staatssicherheitssystem getreten. An der Spitze dieser Bewegung standen das Neue Forum, der Demokratische Aufbruch, aber auch die Anfang September 1989 noch in der Illegalität gegründete Sozialdemokratische Partei der DDR (SDP). Am 6.12.1989 wurde *Krenz* durch die anhaltende Aufdeckung der Verstrickung der SED-Führung in Machtmißbrauch, Korruption und Unterdrückung zum Rücktritt von seinen Partei- und Staatsämtern gezwungen. Am Tag darauf trat in Berlin erstmals der „Runde Tisch" zusammen, dem neben den etablierten und sich um Reform bemühenden Parteien, unter Moderation von Vertretern beider → Kirchen, die verschiedensten Oppositionsgruppen angehörten. In diesen Monaten des Systemwandels wurden die zentralen und lokalen „Runden Tische" zu neuen Repräsentations- und Legitimationsformen, die das durch den Zerfall der Herrschaft der SED und ihrer Blockparteien entstehende Machtvakuum zu füllen suchten. Der zentrale Runde Tisch der DDR leitete die Auflösung des berüchtigten Staatssicherheitsdienstes ein und konzipierte Anfang 1990 eine Verfassung für eine nun wirklich demokratische, unabhängige, sozialstaatlich wie ökologisch orientierte DDR. Doch zu diesem Zeitpunkt war die politische Revolution in der DDR bereits über solche Reformpositionen hinweggegangen. So blieb dem Runden Tisch nur noch die Aufgabe, die ersten freien Wahlen in der DDR zu organisieren, die vom Mai 1990 auf den 18. 3. 1990 vorgezogen wurden.

Seit Dezember 1989 mehrten sich in der ostdeutschen Bevölkerung die Stimmen, die nicht mehr, wie die Bürgerrechtsbewegungen sowie die intellektuelle und künstlerische Elite, die demokratische Revolution der DDR, sondern die Vereinigung des zweiten deutschen Staates mit der BRD forderten. Auf den großen Demonstrationen waren nicht mehr „Wir sind das Volk", sondern „Wir sind ein Volk" und „Deutschland einig Vaterland" die Parolen, und die deutschen Nationalfarben Schwarz-Rot-Gold ohne das Emblem der DDR bestimmten das öffentliche Erscheinungsbild (→ Staatssymbole). In der ersten freien Volkskammerwahl am 18.3.1990 errang die „Allianz für Deutschland", ein kurz zuvor auf energischen Druck von Bundeskanzler *H. Kohl* gebildetes Wahlbündnis aus → CDU, Demokratischer Aufbruch und Deutsche Soziale Union, 47% der Stimmen, während die lange Zeit auch in Meinungsumfragen favorisierte Sozialdemokratische Partei, die inzwischen den Traditionsnamen → SPD wieder aufgenommen hatte, sich mit enttäuschenden 21,9% begnügen mußte. Die SED, die sich inzwischen zur Partei des Demokratischen Sozialismus (PDS) umbenannt hatte, wurde mit 16,4% noch drittstärkste Partei. Das von den Bürgerrechtsbewegungen als den Trägern der demokratischen Revolution vom Herbst 1989 gebildete → Bündnis 90 war mit 2,9% der Stimmen weit abgeschlagen. Der Ausgang dieser Wahl war ein nationales Plebiszit der Mehrheit der Ostdeutschen für Bundeskanzler *Kohl* und die von ihm verkörperte Wiedervereinigungspolitik, von der man sich eine schnelle und umfassende Besserung der Lebensverhältnisse erwartete.

Nach dieser ersten freien Volkskammerwahl in 40 Jahren DDR-Geschichte bildete sich unter *L. de Maizière* (CDU) eine neue DDR-Regierung der großen Koalition, die aber nur noch das staatliche Ende der DDR „abzuwickeln" hatte. Sie vereinbarte Ende April mit der → Bundesregierung die Einführung der Wirtschafts-, Währungs- und Sozialunion zum 1. Juli 1990 und Ende August den „Vertrag über die Herstellung der Einheit Deutschlands". Aufgrund dieses Einigungsvertrages traten die fünf Länder der DDR, die zuvor wieder an die Stelle der Bezirke getreten waren, und Ostberlin am 3.10.1990 als dem neuen „Tag der Deutschen Einheit" der BRD und dem Geltungsbereich des Grundgesetzes bei.

Damit hörte die DDR nach fast 41 Jahren auf, als Staat zu existieren; ihre Geschichte wird jedoch noch lange Zeit in D nachwirken. Nicht nur die verbrecherische Vergangenheit des SED-Regimes sowie die ökonomischen und ökologischen Erblasten seiner Herrschaft werden die Deutschen noch viele Jahre beschäftigen. Auch die Erfahrungen und Prägungen durch mehr als 40 Jahre realsozialistischer Diktatur, und wenn man das Dritte Reich hinzuzählt, mehr als 56 Jahre diktatorischer Systeme werden noch lange Zeit zu Spannungen und Verwerfungen insbesondere in der → politischen Kultur des vereinigten D.s führen. Die 40jährige Geschichte der DDR ist seit der Vereinigung nicht nur Thema umfangreicher zeitgeschichtswissenschaftlicher Forschungen, sondern auch Gegenstand kontroverser politischer Auseinandersetzungen zwischen den → Parteien geworden. So hat der Deutsche → Bundestag vom Frühjahr 1992 bis Sommer 1994 der „Aufarbeitung von Geschichte und Folgen der SED-Diktatur in Deutschland" eine eigene Enquete-Kommission gewidmet. Vor diesem Hintergrund ist es wichtig, die 40 Jahre DDR-Vergangenheit nicht bloß pauschal zu verdrängen oder zu verurteilen, sondern als Teil der gesamtdeutschen Geschichte anzunehmen.

Literatur

Bender, Peter 1992: Unsere Erbschaft. Was war die DDR – was bleibt von ihr. Hamburg/Zürich.

Deutscher Bundestag 1994: Bericht der Enquete-Kommission „Aufarbeitung von Geschichte und Folgen der SED-Diktatur in Deutschland". Bonn.

Faulenbach, Bernd/Meckel, Markus/Weber, Hermann (Hrsg.) 1994: Die Partei hat immer recht. Aufarbeitung von Geschichte und Folgen der SED-Diktatur in Deutschland. Essen.

Der Fischer Weltalmanach 1990: Sonderband DDR (Fischer Taschenbuch 10385). Frankfurt/M.

Fricke, Karl Wilhelm 1991: MfS intern. Macht, Strukturen, Auflösung der DDR-Staatssicherheit. Köln.

Glaeßner, Gert-Joachim 1991: Der schwierige Weg zur Demokratie. Vom Ende der DDR zur deutschen Einheit. Opladen.

Henrich, Rolf 1989: Der vormundschaftliche Staat. Vom Versagen des real existierenden Sozialismus. Reinbek b. Hamburg.

Kocka, Jürgen/Sabrow, Martin (Hrsg.) 1994: Die DDR als Geschichte. Fragen – Hypothesen – Perspektiven. Berlin.

Mitter, Armin/Wolle, Stefan 1993: Untergang auf Raten. Unbekannte Kapitel der DDR-Geschichte. München.

Sontheimer, Kurt/Bleek, Wilhelm [5]1979: Die DDR. Politik, Gesellschaft, Wirtschaft. Hamburg.

Staritz, Dietrich 1985: Geschichte der DDR. 1949-1985 (edition Suhrkamp NF 260). Frankfurt/M.

Thaysen, Uwe 1990: Der Runde Tisch. Oder: Wo blieb das Volk? Der Weg der DDR in die Demokratie. Opladen.

Weber, Hermann (Hrsg.) 1986: DDR. Dokumente zur Geschichte der Deutschen Demokratischen Republik. 1945-1985 (dtv 2953). München.

Weber, Hermann, 1985: Geschichte der DDR (dtv 4430). München.

Zwahr, Hartmut 1993: Ende einer Selbstzerstörung. Leipzig und die Revolution in der DDR. Göttingen.

Wilhelm Bleek

Demokratie in Deutschland

Die BRD ist nach der politisch-moralischen und militärisch-materiellen Katastrophe des „Dritten Reiches“ und in der Auseinandersetzung mit dem sowjetischen Kommunismus entstanden. Antitotalitäre Übereinstimmung prägt ihre innere und äußere Verfassung ebenso wie ihre Strukturen und Mentalitäten.

Die Verfassungsordnung der BRD, die 1948/49 im Parlamentarischen Rat entstanden ist, beruht auf einer verantwortlichen und handlungsfähigen Regierung, der unabhängige Kontrollgewalten, → Grundrechte und Verfassungsverfahren gegenüberstehen. Tragende Prinzipien sind der Parlamentarismus, die Gewaltenteilung, der Föderalismus und das Mehrparteienprinzip (Parteiendemokratie). Mit einem starken → Bundesverfassungsgericht und einer unabhängigen Bundesbank wurden neu konzipierte Organe geschaffen, die gegenüber der Regierung als Gegengewichte wirken sollen. Auch Sicherungen wie die Möglichkeit des Parteienverbots durch das Bundesverfassungsgericht, die Fünf-Prozent-Klausel und das konstruktive Mißtrauensvotum gehören in diesen Entstehungszusammenhang. Diese Betonung der institutionellen Sicherung gegenüber undemokratischen Bestrebungen und der Nichttoleranz gegenüber Antidemokraten wird auch als streitbare Demokratie bezeichnet.

Insgesamt hat die Verfassung die Machtbalance gewährleistet, auch wenn der Regierungsstil des ersten Kanzlers *Adenauer* 1949-1961 eher autoritär anmutete und der neue Begriff „Kanzlerdemokratie“ zunächst mit einer sehr straffen Führung identifiziert wurde. Auf regionaler und lokaler Ebene fand dieser eher patriarchalische Stil der ersten Jahre vielfältige Parallelen. Nach der Befriedigung der materiellen Bedürfnisse wurde jedoch das politische Interesse einer breiten Öffentlichkeit stärker, die Kritik durch die Medien artikulierter, die Auseinandersetzung auch innerhalb der Parteien lebhafter. Das Wechselspiel von Regierung und → Opposition funktionierte, und die Opposition erwies sich als Konkurrenz und Kontrollinstanz. Der zweimalige Regierungswechsel zwischen den großen →Parteien im Bund und die Wechsel in allen alten Ländern außer Bremen trugen dazu bei, das politische System offener zu machen. Die Opposition im Bund hatte vielfach in den Ländern und Kommunen besondere Chancen. In einigen Ländern wie Bayern (→ Land Bayern) und Bremen (→ Land Bremen) haben sich allerdings sehr weitgehende Verflechtungen zwischen Mehrheitsparteien und Staat ergeben.

Während die ersten Regierungen in den Ländern und Mehrheiten in den Kommunen vielerorts bis in die 70er Jahre auf breiter Grundlage beruhten und oft alle Parteien einschlossen – nur die → FDP stand wegen ihrer marktwirtschaftlichen Haltung zunächst meist abseits –, kam es in der Bundespolitik seit 1949 zu einer deutlichen Abgrenzung zwischen der bürgerlichen Koalition Adenauers – →CDU/CSU, FDP und DP – und der →SPD als Opposition. Die harten, im Kern aber argumentativen Auseinandersetzungen zwischen den demokratischen Parteien über die Wirtschafts- und → Außenpolitik in den 50er Jahren halfen, die Bevölkerung in die wiedererstandene Demokratie zu integrieren. Die BRD bewegte sich damit von dem auch in der Schweiz und den Niederlanden funktionierenden Modell der Konkordanzdemokratie weg und orientierte sich stark am britischen Modell der Konkurrenzdemokratie – allerdings mit einer dritten kleineren Partei, die meist über die → Koalition entscheidet. Nach größeren Konvergenzen zwischen den Parteien in den 60er Jahren brachte der harte Konflikt der 70er Jahre eine breite Massenintegration mit steigender Wahlbeteiligung und der Formierung auch der CDU und → CSU zu breit fundierten Mitgliederparteien, wie dies in der SPD Tradition hatte. Seitdem gibt es in Deutschland etwa zwei Millionen Parteimitglieder.

In den Jahrzehnten der Prosperität und der stabilen westlichen Einbindung hat sich die westliche und demokratische Orientierung der BRD stabilisiert, ihre internationale Offenheit, ihr Reichtum, ihre Saturiertheit und ihr Friedenswillen sind gewachsen. Eingebunden in EU und NATO stellt sie unter den großen Nationen der Welt einen friedlichen Export- und Handelsstaat (*Rosecrance* 1987) par excellence dar. Die Hälfte der Produktion wird – Vorprodukte eingerechnet – exportiert. (→ Außenpolitik, Europapolitik)

Besonders ausgeprägt ist in Deutschland die rechtsstaatliche Regelungsintensität, politische Probleme werden oft zu juristischen Problemen umdefiniert und juristisch gelöst. Die deutsche Tradition der Verwaltungsgerichtsbarkeit ist dafür ebenso Grundlage wie die komplexe und kontrollintensive Verfassungsordnung und die reichen Möglichkeiten der Verfassungsklage.

Über die sozialstaatliche Grundlage der deutschen Demokratie besteht ein weitreichender Konsens, insbesondere zwischen den großen Parteien über die Alterssicherung. Dabei werden die Interessen großer und organisationsfähiger Gruppen in den politischen Prozeß eingebracht, während die von weniger artikulationsfähigen Gruppen und von Randgruppen (Kinder, alte Frauen, Obdachlosen etc.) eher marginal bleiben.

Der ideologische Etatismus ist weitgehend überwunden, wenn auch die faktische Staatsorientierung der deutschen Gesellschaft nach wie vor stark ist. Dabei ist aber der Machtstaat gegenüber dem Leistungsstaat zurückgetreten, der eine enge Verbindung mit der Verteilungs- und Versorgungsdemokratie eingegangen ist. Dagegen herrscht auf der ideellen Ebene eine breite Übereinstimmung über die Legitimität des Pluralismus (zuerst *Fraenkel*, kritisch *Herzog* in Ev. Staatslexikon), auch wenn die Toleranz vielfach begrenzt bleibt und die Idee der streitbaren Demokratie gelegentlich zur Ausgrenzung von innenpolitischen Gegnern oder Minderheiten benutzt wird. Der Idee des → Pluralismus entspricht in der Realität die Verbändedemokratie mit großen Zonen der staatsfreien Gestaltungsmacht der Verbände, Kammern und Kirchen, der kollektiven Regelung zwischen ihnen etwa bei den Tarifverhandlungen und der Zusammenarbeit zwischen Staat und Verbänden, die im Wirtschafts- und Sozialleben weithin institutionalisiert ist – vgl. etwa den Tripartismus bei der Bundesanstalt für Arbeit oder die Zusammenarbeit zwischen Staat und Wohlfahrtsverbänden nach dem Jugendhilfe- und Sozialhilferecht. Dies ist in der Diskussion über den Neo-Korporatismus kritisch aufgegriffen worden.

Von Zeit zu Zeit kommt es in Deutschland wie auch in Frankreich, Italien, Österreich und Belgien zu demokratiekritischen Diskussionen und Stimmungen, in denen kritikwürdige Erscheinungen in der Parteiendemokratie und im demokratischen System insgesamt, die es immer geben wird, mit überhöht moralisierenden Maßstäben zusammengebracht werden. Ging dies in den 50er Jahren noch von der traditionell antidemokratischen Rechten aus (vgl. *Grebing* 1971), so hatte es in den 70er und 80er Jahren sein Zentrum eher links (*Agnoli* 1967, *Guggenberger/ Offe* 1984). In den 90er Jahren beginnt erneut eine Polemik von konservativen Positionen her (*Scheuch* 1992), die an ältere Kritikmuster anschließt, aber auch solche der neuen Linken einbezieht. 1992/93 wurde diese Kritik als „Politikverdrossenheit" bezeichnet – in Analogie zur pauschalen Rede über das „System" in der Weimarer Republik –, und bei der neuen Linken in der BRD ist seither von „der Politik" die Rede.

In Ostdeutschland hatte sich während der friedlichen Revolution eine solidarisch-kooperative → politische Kultur der runden Tische herausgebildet, die an die Solidarität der Demokraten von 1945 gemahnte. Sie wurde aber schnell von der Parteienkonkurrenz verdrängt, die aus dem Westen herüberkam und mit den alten Gemeinwohl- und Solidaritäts-Vorstellungen spannungsreich kontrastiert. Auf lokaler Ebene ist sie aber durchaus noch verbreitet. Insgesamt vollzieht sich der Wiederbeginn demokratischen Lebens in Ostdeutschland aber unter einem anderen Vorzeichen, als es in den Anfängen der BRD der Fall war: der Dominanz eines fertigen, überlegenen und reichen Kernstaats, die der eigenständigen Partizipation nur wenig Entfaltungsmöglichkeiten zu öffnen scheint.

Literatur

Agnoli, Johannes /Brückner, Peter 1967: Die Transformation der Demokratie. Berlin.

Fraenkel. Ernst 1990: Deutschland und die westlichen Demokratien. Frankfurt, erw. Ausg.

Grebing, Helga 1971: Konservative gegen die Demokratie. Konservative Kritik an der Bundesrepublik. Frankfurt.

Guggenberger, Bernd/Offe, Claus (Hrsg.) 1984: An den Grenzen der Mehrheitsdemokratie. Opladen.

Leibholz, Gerhard 1952: Der Strukturwandel der modernen Demokratie. Karlsruhe.

Rosecrance, Richard 1987: Der neue Handelsstaat. Frankfurt am Main.

Scheuch, Erwin K. und Ute 1992: Cliquen, Klüngel und Karrieren. Reinbek.

Dietrich Thränhardt

Demonstration

1. Begriff

‚Demonstration' bezeichnet eine Handlung, die einen Sachverhalt beweist oder auf ihn hinweist. Im politischen Sprachgebrauch werden als Demonstrationen insbesondere öffentliche Versammlungen verstanden, die, meist unter freiem Himmel, als Aufzüge oder Kundgebungen die Aufmerksamkeit der Öffentlichkeit zu wecken und/oder ihre Unterstützung für bestimmte Forderungen unter Beweis zu stellen oder zu erreichen suchen. Im Gegensatz zu staatlich gelenkten Demonstrationen, die z.B. als Massenaufmarsch die Unterstützung für ein politisches System symbolisieren oder als Militärparade dessen Schlagkraft vor Augen führen sollen, ist die Demonstration in pluralistischen Demokratien eher eine oppositionelle Ausdrucksform, ein Ventil und Mittel zur Einflußnahme für diejenigen, die mit Handlungen und Leistungen des politischen Systems oder dem System insgesamt unzufrieden sind und Veränderungen oder Reformen einfordern.

2. Recht

Im → Grundgesetz der BRD ist das Demonstrationsrecht durch die in engem Zusammenhang mit der Handlungsfreiheit, Meinungsfreiheit, Vereinigungsfreiheit und dem Petitionsrecht (Art. 2, 5 Abs. 1, 9 Abs. 1, 17) stehende Versammlungsfreiheit (Art. 8 Abs. 1) garantiert. Zudem wird das Demonstrationsrecht als ein Instrument zur Herstellung unmittelbarer, demokratischer Öffentlichkeit auch durch das Demokratieprinzip des Art. 20 Abs. 1 und 2 geschützt.

Die Versammlungsfreiheit unter freiem Himmel ist nach Art. 8 Abs. 2 aufgrund eines einfachen Gesetzes einschränkbar, wobei der Verhältnismäßigkeitsgrundsatz streng anzuwenden ist. Vom BVerfG wird den staatlichen Behörden versammlungsfreundliches Verhalten aufgegeben. Wegen der überragenden Bedeutung der Versammlungsfreiheit darf das Verbot einer Versammlung nur letztes Mittel sein, wenn höherwertige Rechtsgüter gefährdet sind und Auflagen den friedlichen Verlauf einer Versammlung nicht gewährleisten können oder eine spätere Auflösung unvertretbar ist. Auch das Fehlen der im Versammlungsgesetz geforderten Anmeldung ist bei spontan organisierten Versammlungen kein Auflösungsgrund. Nur die kollektive Unfriedlichkeit einer Versammlung ermöglicht deren Verbot oder Auflösung. Selbst wenn aufgrund der Vergeistigung des Gewaltbegriffs durch die Rechtsprechung der Tatbestand der Nötigung erfüllt sein sollte, wird durch lediglich passiven Widerstand, etwa bei einer Sitzblockade, eine Versammlung nicht per se unfriedlich.

3. Demonstrationen in der BRD

In der von obrigkeitsstaatlichen Traditionen geprägten BRD der 50er Jahre führt erst die große emotionale Bewegung der Öffentlichkeit anläßlich der Wiederbewaffung von 1955-58 zu einer Demonstrationswelle („Paulskirchen-Bewegung", „Kampf dem Atomtod"). Im Spiegel-Skandal von 1962 wird die Aktionsform der Demonstration von Studenten – unterstützt von Protestnoten, Podiumsdiskussionen, Resolutionen etc. – genutzt. Nach den Demonstrationen anläßlich der Rezession zu Beginn der zweiten Hälfte der 60er Jahre entfaltet sich durch den studentischen Protest von 1967/68 eine neue Dynamik. Die große → Koalition, der Vietnam-Krieg, die Entdekkung rassischer Diskriminierung und von Leitfiguren in der Dritten Welt sowie eine retardierte Reaktion auf den Faschismus korrelieren mit neuen Formen des studentischen Protests, so dem sit-in, go-in, teachin. Massenwirksam wird dieser Protest nur bei spektakulären Anlässen (z.B. → Notstandsgesetze, Schah-Besuch etc.). Die in der Studentenbewegung entfalteten Vorstellungen einer radikalen Demokratie setzen sich in der AKW- und Umweltdebatte fort. Zu Massendemonstrationen kommt es vor allem im Zusammenhang mit der Friedensthematik. Neben diesen und ähnlichen bundesweiten Themen (z.B. Extremistenbeschluß, § 218, Dritte Welt etc.) geben auch kommunale Themen (z.B. Stadtsanierung, Verkehrsplanung) zu einer Vielzahl von Demonstrationen Anlaß.

4. Demonstrationen in der DDR

Schon bei den ursprünglich gegen Normenerhöhungen gerichteten Streiks und Demonstrationen vom Juni 1953 entfaltet sich der Protest mit Forderungen nach freien Wahlen und der Einheit Deutschlands an den Legitimitätsdefiziten des politischen Systems. Mit der gewaltsamen Niederschlagung des Volksaufstandes werden Demonstrationen auf systemkonforme Kundgebungen begrenzt. Neben spontanen Unmutsäußerungen kommt es zu politisch motivierten oppositionellen Demonstrationen erst wieder aus den unter dem Dach der evangelischen → Kirchen organisierten Friedens- und Ökogruppen, die ihre Forderung nach Freiheit für Andersdenkende durch *Gorbatschows* Reformkurs bestärkt sehen. Die Ausreisewelle und die offensichtlichen Wahlfälschungen, die die Krise des politischen Systems der DDR verschärfen, führen zu Demonstrationen für Reisefreiheit, Meinungs- und Versammlungsfreiheit, freie Wahlen und Reformen. Die Erneuerung der DDR wird von den Reformkräften in Leipzig, Ost-Berlin, Dresden und vielen anderen Städten mit einer Welle von Großdemonstrationen angegangen, die zum Wechsel des politischen Führungspersonals und zur Öffnung der Grenzen beiträgt. Mit der Ausweitung des Kreises der Demonstranten ändern sich auch die Forderungen, das Eintreten für Demokratisierung wird zunehmend überlagert von dem Slogan „Wir sind ein Volk!": Die mobilisierte Masse will den schnellen Weg zu Einheit und Wohlstand.

5. Bewertung

Die durch Demonstrationen indizierte Veränderung der politischen Kultur D.s ist beträchtlich. Die demokratische Revolution in der DDR zeigt, daß unter bestimmten Bedingungen Demonstrationen auch eine umfassende Veränderung des politischen Systems beeinflussen können. Daß die Demonstrationen in der Endphase der DDR relativ friedlich verliefen, kann zwar mit der Überfälligkeit des Systems und dem kirchlichen Hintergrund des Protestpotentials erklärt werden, erscheint aber als ausgesprochener Glücksfall. Massenereignisse bieten immer vielfältige Eskalationsmöglichkeiten, sowohl durch überzogene Demonstrationen der Staatsgewalt als auch durch gewalttätige Sektierer.

Trotz vielfältiger Rechts- und auch Geschmacksfragen haben sich Demonstrationen in der deutschen pluralistischen Demokratie etabliert.

Literatur

Entscheidungen des Bundesverfassungsgerichts, hrsg. von den Mitgliedern des Bundesverfassungsgerichts. 69. Band. Tübingen 1985. S. 315ff.; 73. Band. Tübingen 1987. S. 206ff; 82. Band. Tübingen 1991. S. 236ff.; 84. Band. Tübingen 1992. S. 203ff.; 85. Band. Tübingen 1992. S. 69ff.; 87. Band. Tübingen 1993, S. 399ff.

Hoffmann-Riem, Wolfgang 1989: Art. 8 (Versammlungsfreiheit), in: Kommentar zum Grundgesetz der Bundesrepublik Deutschland in zwei Bänden. Band 1. Art. 1-37. Reihe Alternativkommentare. Neuwied. S. 723ff.

Schüddekopf, Charles (Hrsg.) 1990: Wir sind das Volk. Flugschriften, Aufrufe und Texte einer deutschen Revolution. Reinbek bei Hamburg.

Thränhardt, Dietrich 1986: Geschichte der Bundesrepublik Deutschland. Frankfurt a. Main.

Warneken, Bernd Jürgen (Hrsg.) 1991: Massenmedium Straße. Zur Kulturgeschichte der Demonstration. Frankfurt/New York.

Wilhelm Beckord

Deutsche Bundesbank

Der Verfassungsauftrag des Artikel 88 GG – „Der Bund errichtet eine Währungs- und Notenbank als Bundesbank“ – ist erst 1957 im Bundesbankgesetz umgesetzt worden. Die Deutsche Bundesbank (Bb) löste das nach dem Zweiten Weltkrieg von den westlichen Siegermächten nach dem Vorbild des US Federal Reserve System begründete, noch stärker föderalistisch akzentuierte zweistufige Zentralbanksystem aus der Bank deutscher Länder und rechtlich unabhängigen Landeszentralbanken ab, indem beide Elemente in ihr verschmolzen wurden. Die Bb ist in Form einer bundesunmittelbaren juristischen Person des öffentlichen Rechts Teil der Exekutive mit Sitz in Frankfurt/M., dem Bankenzentrum D.s.

1. Aufgaben und Instrumente

Die Aufgaben werden in § 3 Bb-Gesetz vorgegeben: „Die Deutsche Bundesbank regelt mit Hilfe der währungspolitischen Befugnisse, die ihr nach diesem Gesetz zustehen, den Geldumlauf und die Kreditversorgung der Wirtschaft mit dem Ziel, die Währung zu sichern und sorgt für die bankmäßige Abwicklung des Zahlungsverkehrs im Inland und mit dem Ausland.“ Die Kernaufgabe Sicherung der → Währung ist nicht näher präzisiert, enthält aber jedenfalls eine binnenwirtschaftliche und eine außenwirtschaftliche Komponente. In § 12 Bb-Gesetz wird die Notenbank darüber hinaus „verpflichtet unter Wahrung ihrer Aufgabe, die allgemeine Wirtschaftspolitik der → Bundesregierung zu unterstützen. Sie ist bei der Ausübung der Befugnisse, die ihr nach diesem Gesetz zustehen, von Weisungen der Bundesregierung unabhängig." Damit bleibt die Kernaufgabe Währungssicherung gewahrt, und der Bb wird bei der Interpretation ihrer Aufgabe und deren Lösung ein erheblicher Ermessenspielraum eingeräumt. Die Bb fungiert auch als „Hausbank" des Staates (vor allem des Bundes) und verwaltet die nationalen Währungsreserven (Ende 1994 122 Mrd. DM).

In Wahrnehmung ihrer Aufgabe versucht die Bb vor allem, die Geldmenge so zu steuern, daß eine inflationsfreie Wirtschaftsentwicklung ermöglicht wird. Dabei stützt die „Notenbank" sich auf ihr gesetzlich verbrieftes Monopol der Ausgabe von Banknoten als unbeschränktem gesetzlichen Zahlungsmittel (Umlauf Ende 1994 240 Mrd. DM). Den Kreditschöpfungsspielraum des Bankensystems kann die Bb nur indirekt beeinflussen, indem sie als „Bank der Banken" Preis (Zins) und Menge des von den Banken benötigten Notenbankgeldes variiert. Die wichtigsten Instrumente der Bb – in der Reihenfolge von mehr hoheitlichem zu mehr marktorientiertem Charakter – sind Mindestreservepolitik, Diskont- und Lombardpolitik, Offenmarktpolitik.

Zur besseren Steuerung der Geldmenge sind vor allem Bund und Länder prinzipiell verpflichtet, flüssige Mittel bei der Bb anzulegen. Darüber hinaus operiert die Bb auch am Devisenmarkt (z. B. Swap- und Pensionsgeschäfte).

2. Organisation

Obwohl Geldpolitik der Natur der Sache nach zentralistisch ist und sich für eine landespolitisch orientierte Differenzierung nicht eignet und obwohl die Bb daher konsequenterweise einstufig konstruiert ist, hat der föderalistische Charakter der Bundesrepublik auch die Organisation der Bb stark beeinflußt. Dies zeigt sich vor allem an den drei Organen: dem Zentralbankrat, dem Direktorium und den Vorständen der Landeszentralbanken. Der *Zentralbankrat* ist das übergeordnete Entscheidungsorgan, das die Währungs- und Kreditpolitik der Bb bestimmt und auch im Einzelfall dem Direktorium und den Vorständen der Landeszentralbanken Weisungen erteilen kann. Es tagt unter Vorsitz des Präsidenten oder Vizepräsidenten der Bb in der Regel alle zwei Wochen und entscheidet mit einfacher Mehrheit. Der Bb-Präsident ist also ungeachtet seiner herausgehobenen repräsentativen Funktion bei den Entscheidungen nur primus inter pares. Der Zentralbankrat setzt sich aus dem Direktorium der Bb und den Präsidenten der Landeszentralbanken zusammen. Das *Direktorium* ist für die Durchführung der Beschlüsse des Zentralbankrats verantwortlich. Es ist das zentrale Exekutiv- und Leitungsorgan der Bb. Es besteht aus dem Präsidenten und Vizepräsidenten sowie bis zu sechs (bis zur Änderung des Bb-Gesetz 1992 acht) weiteren Mitgliedern, die auf Vorschlag der Bundesregierung nach Anhören des Zentralbankrats vom → Bundespräsidenten in der Regel für acht Jahre (ausnahmsweise auch für kürzere Zeit, mindestens aber zwei Jahre) ernannt werden. Sie müssen „besondere fachliche Eignung" besitzen (§ 7). Die *Vorstände der Landeszentralbanken* leiten die Hauptverwaltungen der Bb in den Ländern, denen wiederum Zweigstellen in größeren Orten („Bankplätze") unterstellt sind. Sie führen die in ihren regionalen Bereich fallenden Geschäfte und Verwaltungsangelegenheiten durch. Der Vorstand besteht aus dem Präsidenten und Vizepräsidenten der Landeszentralbank sowie nach der Änderung 1992 aus einem weiteren Vorstandsmitglied, wenn ein Landeszentralbankbezirk drei Bundesländer umfaßt. Die Bedeutung des dem Zentralbankrat angehörenden Landeszentralbankpräsidenten – und damit das föderalistische Element – kommt auch im Wahlmodus zum Ausdruck. Er wird nach Anhören des Zentralbankrats auf Vorschlag des → Bundesrats vom Bundespräsidenten ernannt, wobei der Bundesrat aufgrund eines Vorschlages der jeweiligen Landesregierung(en) handelt. Vizepräsident und weitere Vorstandsmitglieder werden dagegen auf Vorschlag des Zentralbankrats vom Präsidenten der Bb bestellt. Für Amtszeit und Qualifikation der Vorstandsmitglieder gelten die gleichen gesetzlichen Regelungen wie beim Direktorium. Eine Besonderheit der Landeszentralbanken ist, daß nur ihnen gesetzliche Beratungsorgane in Form von Beiräten aus Vertretern des Kreditwesens, der Wirtschaft und der Arbeitnehmerschaft zugeordnet worden sind.

Vor der deutschen Vereinigung bestand eine Landeszentralbank in jedem Bundesland. Nach der Vereinigung hat es eine heftige Diskussion um die Form der Integration der neuen Bundesländer in die Bb-Struktur gegeben. Auf Anregung der Mehrheit des Zentralbankrats und auf Vorschlag der Bundesregierung, aber gegen den Widerstand des Bundesrates und vor allem kleinerer Bundesländer hat der → Bundestag 1992 eine Gesetzesänderung beschlossen, die den Grundsatz ein Bundesland – eine Landeszentralbank aufgibt. Nunmehr existieren nur noch neun Landeszentralbanken, wovon vier auf ein Land beschränkt sind (NW, Bad.-W., Bay., Hess.), während die fünf restlichen – wie im amerikanischen Federal Reserve System – mehrere Bundesländer einbeziehen (S.H./HH/M.V.; HB/Nds. /Sa.A.; B./Bbg.; Sa./ Thür.; Sal./R.P.). Für eine solche Regelung ist vor allem geltend gemacht worden, daß eine begrenzte Zahl von Landeszentralbanken 1. kostengünstiger und zumal in der Perspektive der angestrebten Europäischen Wirtschafts- und Währungsunion (WWU) funktional mehr als ausreichend sei, 2. den Beratungs- und Entscheidungsprozeß im Zentralbankrat erleichtere und 3. ein zu starkes Übergewicht der Landeszentralbankpräsidenten und damit der Länderkomponente verhindere.

3. Unabhängigkeit

Politisch besonders interessant und kontrovers ist die konkrete Stellung der als „vierte Gewalt" apostrophierten Bb im Staatsgefüge. Analytisch lassen sich institutionelle, funktionelle und personelle Aspekte der Bb-Autonomie unterscheiden. Die gesetzlich garantierte Weisungsunabhängigkeit der Bb im Verhältnis zur Bundesregierung wird ergänzt durch eine institutionelle Verschränkung. Die Bb hat die Bundesregierung in Angelegenheiten von wesentlicher währungspolitischer Bedeutung zu beraten und ihr auf Verlangen Auskunft zu geben. Die Mitglieder der Bundesregierung haben das Recht, an den Beratungen des Zentralbankrats mit Antrags-, aber ohne Stimmrecht teilzunehmen, ein Recht, das vor wichtigen geldpolitischen Entscheidungen auch häufig wahrgenommen worden ist. Sie können sogar verlangen, die Beschlußfassung bis zu zwei Wochen auszusetzen. Eine solche Forderung würde einen Konflikt zwischen Bb und Bundesregierung auch öffentlichkeitswirksam unterstreichen, wäre aber in den praktischen Konsequenzen wohl fragwürdig und ist jedenfalls bisher noch nicht praktiziert worden. Die „Regelungslücke" im Konfliktfall ist vom Gesetzgeber bewußt in Kauf genommen worden, und für den Fall eines Grundsatzkonfliktes bliebe als letzter Ausweg nur die Entscheidung des Parlaments, wobei eine einfache Parlamentsmehrheit ausreichen würde.

Auch funktional gibt es Begrenzungen und Verschränkungen. In Reaktion auf historische Erfahrungen waren die Kreditwünsche des Finanzministers gegenüber der Bb bereits in der Vergangenheit gesetzlich eng auf Kassenkredite begrenzt. Nach dem Maastrichter Vertrag zur Europäischen Wirtschafts- und Währungsunion (WWU) ist diese Möglichkeit ganz beseitigt worden. Allerdings stehen Gewinne der Bb prinzipiell dem Bund als formalem Eigentümer ihres Grundkapitals (240 Mio. DM) zu. Sie erreichen seit den 80er Jahren zweistellige

Milliardenbeträge und haben Änderungswünsche provoziert (z.B. Beteiligung der Länder, Zweckbindung). Ein für die Bb häufiger Zielkonflikt bestand bei festen Wechselkursen zwischen den Zielen innere und äußere Währungsstabilität („importierte Inflation"). Für Wechselkursentscheidungen ist ungeachtet der Mitwirkung der Bb aber die Bundesregierung zuständig. Seit dem internationalen Übergang zu flexiblen Wechselkursen 1973 ist zwar der Handlungsspielraum der Bb deutlich gewachsen, aber einerseits blieben innerhalb des Europäischen Währungssystems (EWS) prinzipiell feste Wechselkurse erhalten, andererseits hat die wachsende Integration der Finanzmärkte (z.B. der supranationale Euromarkt) die nationalen Steuerungsmöglichkeiten der Zentralbanken erheblich eingeschränkt. Konsequenterweise hat sich die Bb an internationalen Steuerungsansätzen der wichtigsten Notenbanken im Rahmen der Bank für internationalen Zahlungsausgleich (BIZ) in Basel und gemeinsam mit der Bundesregierung innerhalb des Internationalen Währungsfonds (IWF) und des EWS bzw. der WWU beteiligt. Auf nationaler Ebene ist sie u.a. im Finanzplanungsrat und im Konjunkturrat für die öffentliche Hand ohne Stimmrecht vertreten.

Die Personalselektion ist häufig die Achillesferse „unabhängiger" Institutionen, und auch der Auswahlmodus der personellen Träger der Bb birgt das Risiko politischer Fernsteuerung. Allerdings sind der pluralistische Wahlmodus und die Legislaturperioden übergreifende Amtszeit gewisse Sicherungen. Personelle Mißgriffe im Sinne einer Vernachlässigung des gesetzlichen Kriteriums „besondere fachliche Eignung" zugunsten parteipolitischer Verdienste und Vergabe einer „Sinecure" sind vor allem bei etlichen Ernennungen von Landeszentralbankpräsidenten beklagt worden. Negative Voten des Zentralbankrats bei der gesetzlich vorgeschriebenen Anhörung sind dabei wirkungslos geblieben, und die Bb-Spitze hat verschiedentlich ihr Unbehagen gegenüber einem solchen Selektionstrend deutlich gemacht. Umgekehrt hat die föderalistische Struktur des Zentralbankrats sicherlich zur politischen Legitimation beigetragen. Insgesamt hat sich der Zentralbankrat bisher auch bei Konflikten mit anderen Akteuren, insbesondere mit der Bundesregierung, als ein sehr selbstbewußtes, von außen nicht politisch zu steuerndes Entscheidungsgremium erwiesen, wobei die starke Rollenprägung durch die Institution („Subkultur der Zentralbanken") und die starke personelle Kontinuität eine wichtige Rolle gespielt haben dürften.

Die Geschichte der Bb ist begleitet worden von Kritik an ihrer Unabhängigkeit als einem Einbruch der Expertokratie in den demokratischen Verfassungsstaat, und entsprechend ist von Wissenschaftlern, aber auch Politikern, insbesondere aus der → SPD und den → Gewerkschaften, eine „Demokratisierung der Geldpolitik" (so z.B. der IG-Metall-Vorsitzende *F. Steinkühler* 1992) gefordert worden. Angriffspunkte der Kritik waren dabei insbesondere eine einseitige Orientierung am Ziel der Geldwertstabilität, die Gefahr einer Blockade der Wirtschaftspolitik bei Konflikten zwischen den Akteuren Bb und Bundesregierung („monetäre Nebenregierung") sowie die mangelhafte demokratische Legitimation der Bb. Entsprechend wird z. B. gefordert, die Bb auf das gesamte Zielvieleck des → Stabilitätsgesetzes zu verpflichten, eine detaillierte Rechenschaftspflicht gegenüber dem Parlament vorzusehen (u. a. Jahresberichte), weitergehend in Konfliktfällen zwischen Bb und Bundesregierung die Entscheidung durch eine von Bundestag und -rat gebildete „Schiedsstelle" treffen zu lassen (*Ehrenberg* 1991, S. 120f.), sowie eine stärkere Beteiligung gesellschaftlicher Gruppen durch einen Beirat auch bei der Bb-Zentrale in Frankfurt zu ermöglichen. Die Unabhängigkeit der Bb ist aber auch als „Pfeiler der Demokratie" vehement verteidigt worden, wobei besonders auf den grundrechtsähnlichen Rang der Geldwertstabilität und ihre

Gefährdung im modernen Parteien- und Verbandsstaat abgestellt worden ist. (*von Arnim* 1988, S. 61)

4. Bilanz und Perspektiven

Auch die spezifische Konstruktion der Bb garantiert keine „richtigen" geldpolitischen Entscheidungen, wie die in Einzelfällen durchaus berechtigte Kritik zeigt. Die Bb hat ihre Entscheidungen auch nicht im gesellschaftlich-politisch luftleeren Raum getroffen und sich durchaus als lernfähig erwiesen. In Reaktion auf die Argumente der wissenschaftlichen Schule des Monetarismus (→ Soziale Marktwirtschaft) hat sie z. B. versucht, die Geldpolitik stärker mittelfristig auszurichten und gibt zur Information der anderen wirtschaftspolitischen Akteure ihr jährliches Geldmengenziel seit 1974 vorab bekannt. Die bisherigen Erfahrungen, insbesondere das im internationalen Vergleich beachtliche Maß an Geldwertstabilität, stellen der Bb insgesamt ein gutes Zeugnis aus. Dieser Erfolg dürfte primär verantwortlich sein für die Wertschätzung der Bb in der Bevölkerung wie auch dafür, daß ihre weitreichende, wenn auch nicht unbegrenzte Unabhängigkeit politisch bisher nicht ernsthaft in Frage gestellt worden ist.

Bei der innerdeutschen Währungsunion hat die Bb trotz anfänglicher Bedenken die politische Entscheidung der Bundesregierung loyal akzeptiert. Sie ist an den Verhandlungen über die Währungsunion indirekt stark beteiligt gewesen – vor allem in der Person des persönlichen Beauftragten des Bundeskanzlers als Verhandlungsführer, des früheren Staatssekretärs im Finanzministerium und für die Verhandlungen formal beurlaubten Mitgliedes des Bb-Direktoriums *Tietmeyer*. Die technische Durchführung der Währungsunion lag allein bei der Bb, die auch personell keine Beteiligung der früheren DDR-Staatsbank akzeptieren mußte und ihre Aufgabe nach einhelligem Urteil technisch hervorragend gelöst hat. Die institutionelle Anpassung der Bb an die deutsche Vereinigung hat der Bundestag 1992 gegen den Widerstand des Bundesrates durchgesetzt.

Erheblich weitreichender sind die Änderungen, die ein erfolgreicher Übergang zur dritten Stufe der WWU (frühestens ab 1998) mit sich brächte. Die wichtigsten geldpolitischen Kompetenzen würden dann auf das Europäische Zentralbanksystem (EZBS) übergehen und die im EWS faktisch dominierende Bb dann in etwa die Stellung einnehmen, die heute eine Landeszentralbank innerhalb der Bb besitzt. Die Konstruktion des EZBS, insbesondere hinsichtlich der noch weiter reichenden Unabhängigkeit, ist stark am Modell der Bb orientiert, und diese hat ihre Zustimmung zur WWU davon abhängig gemacht. In den Verhandlungen über das Statut des EZBS hat die Bb als eine Art Speerspitze der stärker abhängigen Zentralbanken agiert und mit Unterstützung der deutschen Bundesregierung eine wichtige Rolle in den Verhandlungen gespielt. Das als institutionelle Vorstufe der Europäischen Zentralbank 1993 kreierte Europäische Währungsinstitut (EWI), das allerdings noch über keine geldpolitischen Entscheidungsrechte verfügt, ist denn auch trotz starker Konkurrenz ebenfalls in Frankfurt/M. angesiedelt worden. Ob allerdings ein EZBS in einem anderen politischen Umfeld (z. B. Stabilitätsbewußtsein) eine ähnliche Rolle wie die Bb spielen könnte, ist umstritten und bleibt abzuwarten.

Literatur

Andersen, Uwe 1995: Das anvisierte Europäische System der Zentralbanken – eine vierte Gewalt im Dienste der Geldwertstabilität? in: Andersen, Uwe u.a. (Hrsg.): Politik und Wirtschaft am Ende des 20. Jahrhunderts. Perspektiven und Interdependenzen. Festschrift für Dieter Grosser zum 65. Geburtstag. Opladen.

Arnim, Hans Herbert von 1988: Die Deutsche Bundesbank – Pfeiler der Demokratie. Zur Rolle der Bundesbank im politischen System der Bundesrepublik Deutschland, in: Zeitschrift für Wirtschaftspolitik. 37. Jg.

Caesar, Rolf 1981: Der Handlungsspielraum von Notenbanken. Theoretische Analyse und internationaler Vergleich. Baden-Baden.

Deutsche Bundesbank [6]1993: Die Deutsche Bundesbank. Geldpolitische Aufgaben und Instrumente, Sonderdruck der Deutschen Bundesbank Nr. 7. Frankfurt/ M.

Deutsche Bundesbank (Hrsg.) 1976: Währung und Wirtschaft in Deutschland 1876-1975. Frankfurt/M.

Duwendag, Dieter (Hrsg.) 1973: Macht und Ohnmacht der Bundesbank. Frankfurt/M.

Ehrenberg, Herbert 1991: Abstieg vom Währungsolymp. Zur Zukunft der Deutschen Bundesbank. Frankfurt/M.

Issing, Otmar 1993: Unabhängigkeit der Notenbank und Geldwertstabilität. Stuttgart.

Kennedy, Ellen 1991: The Bundesbank. Germany's Central Bank in the International Monetary System. Chatham House Papers. London.

Leaman, Jeremy 1993: The Bundesbank: Unelected Government of Germany and Europe? in: Debatte Nr. 1.

Sturm, Roland 1990: Die Politik der Deutschen Bundesbank, in: Beyme, Klaus von/ Schmidt, Manfred G. (Hrsg.): Politik in der Bundesrepublik Deutschland. Opladen.

Uwe Andersen

Deutschland (vor 1945)

Das Bild vom deutschen Nationalstaat ist geprägt von der historischen Erinnerung an das Deutsche Reich, seiner verspäteten Gründung 1871 durch eine „Revolution von oben", seinem Aufstieg zu einer industriellen Großmacht, seinem Ausgreifen zur Weltpolitik und schließlich seiner Aggressions- und Vernichtungspolitik durch die nationalsozialistische Diktatur. Zu dem ambivalenten Bild vom „ruhelosen Reich" (M. *Stürmer*) und seinen Katastrophen von 1933 und 1945 gehören aber auch die Entfaltung einer modernen Industriewirtschaft und -gesellschaft, die nationale Integration einer heterogenen und mobilen Gesellschaft in einen Rechts- und Verwaltungsstaat, die Ausbildung des sozialen Interventions- und Wohlfahrtsstaats und die Ansätze einer parlamentarischen wie sozialen Demokratie, die trotz ihres Scheiterns 1933 die Grundlagen für die Wiederbegründung der zweiten deutschen Demokratie nach 1945 bildeten.

1. Die verspätete Nation

Mit der Reichsgründung holten die Deutschen nach, was in Westeuropa sich schon viel früher und unter anderen Bedingungen vollzogen hatte: die Konstituierung eines Nationalstaates. Das Deutsche Reich von 1871 war kein reiner Nationalstaat im Sinne der demokratischen Idee der nationalen Selbstbestimmung der europäischen Völker, und es war kein ausgeprägter Verfassungsstaat im Sinne der konstitutionellen Selbstbestimmung, die ebenso wie die nationale seit der Französischen Revolution zum Begriff der modernen Nationalstaatsbildung gehört. Aber das Deutsche Reich war zu seiner Entstehungszeit außen- wie verfassungspolitisch die politisch naheliegende und realistische Form, die deutsche Frage zu lösen. Nur die kleindeutsche Lösung war mit den Interessen des übrigen Europas gerade eben noch zu vereinbaren, nicht aber die Alternative eines alle Deutschen umfassenden demokratisch-republikanischen Einheitsstaates oder einer großdeutschen Föderation. Nur das Bündnis der geschwächten Nationalbewegung mit der nationalen Führungsmacht, zu der sich Preußen entwickelt hatte, versprach noch die Verwirklichung der nationalen Einheit. Und trotz aller Belastungen und Defizite, die der preußisch-deutsche Nationalstaat seit seiner Gründung in sich trug, war die Reichsgründung ein legitimer Vorgang im vielfältigen Prozeß der Nationalstaatsbildung. Vor allem führte keine historische Einbahnstraße von *Bismarcks* Reichsgründung über den *Wilhelminismus* und die unvollendete Revolution von 1918/19 zur nationalsozialistischen Machtergreifung von 1933. Immer hat es in historisch-politisch offenen Situationen Alternativen deutscher Politik gegeben.

1.1 Die preußisch-deutsche Reichsgründung

Nach der gescheiterten Revolution von 1848 hatten sich die Handlungsmöglichkeiten der Nationalbewegung entscheidend verändert. Diese suchte den Nationalstaat und die bürgerliche Gesellschaft nicht mehr über eine politische Revolution, sondern in Zusammenarbeit mit reformbereiten Fürstenstaaten zu erreichen, die ihrerseits die Notwendigkeit und die Chancen erkannten, den Druck der Nationalbewegung aufzufangen und durch eine Revolution von oben für die eigene Legitimation zu nutzen. Zwar war es nicht ausgemacht, daß Preußen sich zur nationalen Führungsmacht entwikkeln würde, doch stand der Gedanke eines imperialen Nationalitätenstaates unter österreichischer Hegemonie quer zu dem liberalen Modell eines Nationalstaats. Das gab der kleindeutschen, preußischen Lösung ebenso Auftrieb wie die preußische Wirtschafts- und Außenhandelspolitik, deren Modernität und Liberalität die Zukunft und die Zustimmung der bürgerlich-liberalen Kräfte gehörten.

Außenpolitisch möglich wurde die Reichsgründung in einem Wellental der europäischen Geschichte, als das militärische und globale Engagement der beiden europäischen Flügelmächte Großbritannien und Rußland wie des bonapartistischen Frankreich in der zweiten Hälfte der 1860er Jahre einen machtpolitischen Spielraum eröffneten. Der war nötig, um die beiden Grundgegebenheiten europäischer Politik zu nutzen und so auszutarieren, daß die Interessen der großen Mächte gewahrt blieben. Einerseits das mühsam aufrechterhaltene europäische Gleichgewicht, das auf der Integrität der Teilhabermächte des Systems der europäischen Mächte beruhte und durch den Krimkrieg (1853-56) bereits erheblich gestört worden war; andererseits das revolutionäre Prinzip nationalstaatlicher Einigung, das die Gemeinsamkeit von Sprache und Kultur höher bewertete als überkommene Grenzziehungen.

Die deutsche Einigung wurde in den Kriegen von 1864, 1866 und 1870/71 errungen, doch war *Bismarck* alles andere als ein militärischer Abenteurer. Er führte seine Kriege zur Durchsetzung begrenzter politischer Ziele und nie um den Gegner völlig niederzukämpfen. Denn trotz der revolutionären Veränderungen, die das Bündnis mit der Nationalbewegung und die Einigungskriege mit sich brachten, wollte das Preußen *Bismarcks* verfassungs- wie außenpolitisch nicht als Exponent der Veränderung, sondern der Bewahrung verstanden werden.

Gleichwohl war das Deutsche Reich im Krieg geboren, und das hatte Folgen für seine internationale Situation wie für seine innere politische Kultur. Die kraftstrotzende preußisch-deutsche Militär- und Industriemacht bedeutete eine Beunruhigung für seine Nachbarn. Zudem war der monarchisch-militärische Reichsgründungsakt im Spiegelsaal zu Versailles sinnfälliger Ausdruck der Machtverhältnisse im Deutschen Reich. Die preußische Militärmonarchie, der obrigkeitsstaatliche Verwaltungsstaat und die traditionellen Führungsgruppen behaupteten das Zentrum der Macht, und

Bismarcks polarisierende Innenpolitik sollte den Prozeß der inneren Nationenbildung für lange Zeit belasten. Die sozialmoralischen Lager verfestigten sich; Katholiken, Sozialisten und ethnische Minderheiten wurden zu Reichsfeinden erklärt.

1.2 Der unvollendete Nationalstaat

Der Bismarckstaat brachte die ersehnte Einheit, aber sicherlich nicht zu den Bedingungen der Liberalen. *Bismarck* gewährte gerade so viele konstitutionelle Elemente, wie es mit den Interessen der preußischen Machteliten vereinbar war. Die Verfassung des neuen Deutschen Reiches beruhte auf einem komplizierten, ungleichgewichtigen System aus monarchisch-autoritären und parlamentarischen, aus föderativen und aus unitarischen Elementen. Der monarchischen Spitze blieb die beherrschende Stellung gegenüber dem Reichstag, der zwar aus dem allgemeinen, direkten und gleichen Wahlrecht hervorgegangen war, andererseits aber keinen unmittelbaren Einfluß auf die Exekutive ausüben konnte. Zudem waren verschiedene Sicherungsvorkehrungen in die Verfassung eingebaut, und die Führungsrolle von Preußen war über die eigentümliche Konstruktion des Bundesrates abgesichert. In Preußen selbst bestand schließlich weiterhin das Drei-Klassen-Wahlrecht von 1849-50.

Freiheit im Sinne eines parlamentarischen Systems war im Bismarckreich nicht verwirklicht, aber es bestand 1871 durchaus die begründete Hoffnung, durch eine Politik der kleinen Schritte dem Ziel von Einheit und Freiheit näherzukommen. Denn Liberale wie Demokraten und auch die entstehende Arbeiterbewegung verstanden die Einheit als ein Stück Fortschritt im Kampf gegen Fürstenstaat und Dynastien. Immerhin wurde bis in die Mitte der 70er Jahre eine Menge an Reformarbeit und gesellschaftlicher Modernisierung unter liberaler Mitwirkung eingeleitet, und die Hoffnung, daß dem auch eine politische Modernisierung folgen könnte, war so abwegig nicht.

Ob die Bismarcksche Reichsverfassung tatsächlich die Möglichkeit zu einer Reform im parlamentarischen Sinne bot, ist nach wie vor umstritten. Sicherlich war die deutsche politisch-soziale Entwicklung voller Widersprüche, aber sie war kein „Sonderweg“, denn den europäischen „Normalweg“ zur Moderne gab es nicht. Die frühe Einführung des allgemeinen (Männer-)Wahlrechts, mit der das Deutsche Reich sich im europäischen Vergleich sehen lassen konnte, wurde aufgewogen durch eine gebremste Parlamentarisierung; ein frühes und staatliches Engagement in der Sozialpolitik war verbunden mit einer obrigkeitsstaatlichen Repressionspolitik gegen die Arbeiterbewegung, deren Aufstieg zur Massenpartei umgekehrt durch das allgemeine Wahlrecht gefördert wurde. Auch war das Bürgertum keineswegs so schwach, wie oft behauptet wird. Es gibt zahlreiche Belege für das Selbstbewußtsein eines aufstrebenden Wirtschaftsbürgertums in den prosperierenden Industrie- und Handelszentren. Dabei grenzte man sich teilweise deutlich von aristokratisch-militärischen Lebensformen ab, die freilich das soziale Normensystem weiterhin stark prägten. Auch im übrigen Europa hatte sich der Adel eine gesellschaftliche und politische Vorrangstellung behaupten können, und die Annäherung des Großbürgertums an den Adel war in Deutschland nicht stärker ausgeprägt als anderswo auch.

So hatte sich auch in Deutschland eine bürgerliche Gesellschaft entfaltet, die im europäischen Vergleich freilich spezifische Merkmale besaß. Die lagen in der relativen ökonomischen Stärke des agrarkapitalistischen adligen wie bürgerlichen Großgrundbesitzes und in der Verflechtung des kapitalistischen Junkertums mit dem Militärwesen. Die soziale Bedeutung des Militärs und des Militärischen prägte Gesellschaft und politische Kultur des kaiserlichen Deutschlands bis tief in groß-, bildungs- und kleinbürgerliche Schichten und auch in die Arbeiterschaft hinein. Hinzu kam, daß die Entfaltung der verschiedenen bürgerlichen Gruppen in eine Zeit fiel, als der politische Liberalismus in eine schwere Krise geriet und mit neuen populistischen, nationalistisch-konservativen Bewegungen konkurrieren mußte.

1.3 Die „zweite Reichsgründung" und die Krise des Liberalismus

Das Scheitern der Zukunftserwartungen des Liberalismus begann mit der sog. Zweiten Reichsgründung von 1878, dem Ende der Zusammenarbeit *Bismarcks* mit den Liberalen, dem Übergang von der Freihandels- zur Schutzzollpolitik. Die politischen Gegenspieler der Liberalen, Konservative und bald auch das katholische Zentrum, wurden zu den Stützen der Reichspolitik, und mit der Abkehr von der Freihandelspolitik wurde ein Eckstein des liberalen Weltbildes zerstört. Der Rückgang des Wachstums seit der großen Depression der siebziger Jahre führte zu einer allgemeinen Krise des bürgerlichen Fortschrittsoptimismus'.

Die Ära des Hochliberalismus ging überall in Europa ihrem Ende entgegen, und ein neues Verständnis vom Staat und seinen Aufgaben in Wirtschaft und Gesellschaft setzte sich durch. Im liberalen Denken sollte der Staat durch allgemeine Gesetze dem bürgerlichen Individuum existentielle Freiräume zur unabhängigen sozialen Vereinbarung und Gestaltung des Erwerbslebens sichern. Träger dieser Leitvorstellungen waren das Bildungs- wie das Wirtschaftsbürgertum. Ihre politisch-sozialen Lebensformen wurden in Frage gestellt, als mit der Demokratisierung der Staatsbürgergesellschaft und der Entstehung eines politischen Massenmarktes Schichten in das politische Leben traten, die neben individueller Freiheit vor allem soziale Demokratie und soziale Sicherung verlangten. Das und der allgemeine Prozeß der Mobilisierung und Urbanisierung stellten Staat und Kommunen vor die neue Aufgabe der Daseinsvorsorge. Das bedeutete mehr Staat, mehr Bürokratie, mehr Ordnungs- und Lenkungskompetenzen für den Staat im Bereich von Wirtschaft und Gesellschaft und einen tiefen Eingriff in das Leben der Menschen. Dem Ausbau der kommunalen Leistungsverwaltung entsprach die staatliche Sozialgesetzgebung, die den Menschen gegen Krankheit, Invalidität, soziale Not im Alter und schließlich auch Arbeitslosigkeit schützen sollte. Gerade die deutsche → Sozialpolitik war durch ihre Ambivalenz gekennzeichnet: Sie war Ausdruck wachsender staatlicher Daseinsvorsorge und Verstaatlichung der Gesellschaft, sie war zugleich Antwort auf den wachsenden Einfluß der „Massen", vor allem der organisierten Arbeiterbewegung, auf die Politik, dem man durch das Zuckerbrot der Sozialpolitik und die Peitsche der Sozialistengesetze zu begegnen suchte.

Die notwendige soziale Öffnung des Liberalismus wurde noch dadurch erschwert, daß gleichzeitig konkurrierende politische Ideologien und Leitbilder auftauchten. Da waren vor allem ein Antisemitismus, der die alte Judenfeindschaft überlagerte, und ein neuer Nationalismus, der sich entdemokratisiert hatte. Der neue Reichsnationalismus blockierte die liberal-demokratische Weiterentwicklung der politischen Verfassung des Deutschen Reiches. Der Begriff „national" wurde von einem linken zu einem rechten Begriff, der sich zu einer plebiszitär-cäsaristischen Mobilisierungstechnik gegen Parlament, Parteien, Liberale und Demokraten umformen ließ. Der neue Nationalismus war Abwehrideologie und Ausdruck einer Aufbruchstimmung zugleich. Das Bestehende sollte nach innen gegen alle Kräfte der Veränderung behauptet werden, die aus der „Nation" ausgeschlossen werden sollten. Nation wurde zu einer Kampfgemeinschaft gegen die inneren und äußeren Feinde stilisiert, deren Geschlossenheit Voraussetzung für koloniale Expansion und nationale Weltpolitik war. Denn der neue Nationalismus war Teil der imperialistischen Grundstimmung, eines Wettlaufs um Macht und Prestige. Der Kampf um den „Platz an der Sonne" folgte keinem nüchternen ökonomischen Kalkül, sondern war Ausdruck des Selbstwertgefühls einer Nation, die nach Gleichberechtigung und Anerkennung ihrer neuen Stärke verlangte. Natürlich ließ sich ein solches massenwirksames Ideologem auch innenpolitisch nutzen, um soziale Konflikte nach außen zu verlagern bzw. zu verdecken.

Das geschah zwar fast überall in Europa und war die innenpolitische Seite des Imperialismus, aber nirgends gab sich die neue Massenideologie so ausschließlich wie in Deutschland, das die vielfältigen Modernisierungsvorgänge in Wirtschaft, Gesellschaft, Politik und Kultur im Unterschied zu den westlichen Nachbarn in einer dramatischen Gleichzeitigkeit und in einem rapiden Tempo erlebte. Das führte zu einer Veränderungsdynamik mit all ihren Verunsicherungen, Verwerfungen und Widerständen, wie sie anderswo kaum existierte. Die Folge war ein deutsches Sonderbewußtsein, eine Abgrenzung deutscher Verfassung und Kultur von der westlichen Zivilisation und Demokratie.

Vor allem ließ sich der neue imperiale Nationalismus mit dem neuen politischen Antisemitismus verbinden. Der war nicht länger religiös motiviert, sondern gab sich pseudo-wissenschaftlich und damit „objektiver", d.h. auch unerbittlicher. Er wurde von der Konfession abgelöst und an das „Blut" gebunden. Den Ausweg der Assimilation durch Taufe sollte es nicht mehr geben und auch nicht das liberale Rechtsprinzip der konfessionell neutralen Staatsbürgerschaft. Seine Anhänger fand der Antisemitismus bei denen, die sich von der Moderne bedroht fühlten, denn „jüdisch" wurde gleichsam zum Synonym für alle Dissonanzen und Schattenseiten der Moderne. Auch der Antisemitismus trat überall in Europa im letzten Drittel des 19. Jh. als Ausdruck einer Modernitätskrise in Erscheinung. In Deutschland wurde er besonders verhängnisvoll, weil er die Juden aus einer Nation ausschloß, die sich gerade erst konstituierte. Die Juden wurden in eine Reihe mit anderen „Reichsfeinden" gestellt," gegen die die kleindeutsche Nation ihre Identität suchte" (*Hudemann*).

1.4 Das „ruhelose Reich"

Imperialistische Expansion, industrielles Wachstum, der Ausbau der Staatlichkeit und auch der entstehende politische Massenmarkt einschließlich neuer gesellschaftlicher Großorganisationen – all das förderte die Vorstellung von Bewegung und Macht, von der Durchsetzungskraft und Notwendigkeit des Großen. Eine Generation nach der Reichsgründung war das deutsche Kaiserreich zur politisch, militärisch und wirtschaftlich führenden Macht Europas herangewachsen, die nur noch von England übertroffen wurde.

Wachstum und Bewegung prägten die gesellschaftliche Entwicklung in fast allen Bereichen und vermittelten den Zeitgenossen das Gefühl von Stolz und Verunsicherung zugleich.

Die industrielle Produktion hatte sich mehr als verdoppelt, die Bevölkerungszahl war von 40 auf 60 Mio. gestiegen und immer mehr Menschen lebten in Städten. Der Anteil der Großstadtbewohner war von 4,8% auf 21,3% gestiegen. Immer neue Schornsteine, neue Bauwerke, das Wachstum der Städte und technische Errungenschaften, Ozeandampfer und Warenhäuser wurden zum Symbol für den allgegenwärtigen Fortschritt, für eine scheinbar unbegrenzte Machbarkeit und Evolution. In die Bilanz eines scheinbar unendlichen Fortschritts mischten sich Unsicherheiten und Statusängste, Krisengefühle und Kulturpessimismus. Industrielles Wachstum und Urbanisierung veränderten das Gesicht der bislang agrarisch geprägten Gesellschaft: waren 1871 noch nahezu 50% der Erwerbstätigen in der Landwirtschaft tätig, so ging ihr Anteil auf 31% im Jahr 1907 zurück, während gleichzeitig in Industrie und Handwerk 42,2% der Erwerbstätigen gegenüber 34,8% eine Generation zuvor beschäftigt waren. Davon profitierten das Wirtschaftsbürgertum, die wachsenden Gruppen von Angestellten, aber auch Beamte und freie akademische Berufe sowie qualifizierte Arbeiter, während kleine bäuerliche Betriebe, Handwerker und Kleingewerbetreibende zu den Verlierern zählten. Als Bedrohung und Hinweis auf die Ambivalenz des Fortschritts wurde von der großen Mehrheit der bürgerlichen Gesellschaft der Aufstieg der → SPD und sozialistischen → Gewerkschaften zu Massenorganisationen empfunden. Auf ihre Stigmatisierung als Reichsfeind reagierte die Arbeiterbewegung mit einer inneren Radikalisierung und der Ausbildung einer Gegenkultur, die überall in einem Netzwerk von proletarischen Organisationen ihren Ausdruck fand und in strikter Konfrontation zum bürgerlichen Vereins- und Parteiwesen stand. Ein tiefer sozialer Graben durchzog die Gesellschaft des kaiserlichen Deutschlands und prägte die → politische Kultur. Bei den Reichstagswahlen von 1912 erreichte die Sozialdemokratie 35% der Stimmen und wurde mit 110 Mandaten im Reichstag stärkste Fraktion. Das → Parteiensystem des Kaiserreichs war in eine Sackgasse geraten. Nationalistische Massenagitationen einerseits und die sozialdemokratische Lagermentalität andererseits waren vierzig Jahre nach der Reichsgründung Symptome für das große Ausmaß der inneren Spannungen im politischen System des Kaiserreichs und die Grenzen seiner Integrationsfähigkeit.

Gleichwohl läßt sich der Ausbruch des Ersten Weltkriegs nicht allein als „Flucht nach vorn", d.h. als Versuch der deutschen Reichsleitung und konservativen Eliten erklären, unlösbare innere Spannungen nach außen abzuleiten. Zweifelsohne gab es bei der Reichsregierung und der Mehrheit der Parlamentarier eine Kriegsbereitschaft, die sich aber auch bei den europäischen Nachbarn fand. Auch in Österreich-Ungarn, in Frankreich und Großbritannien galt der Krieg als ein kalkulierbares Risiko, gab es nationalistische Massenbewegungen und -stimmungen. Im Deutschen Reich existierte darüber hinaus auch die Bereitschaft zu einer aktiven Kriegspolitik, die nicht aus den strukturellen Defiziten des politischen Systems des Kaiserreichs, sondern aus den Konstellationen der internationalen Beziehungen bzw. ihren Perzeptionen durch die beteiligten Regierungen zu erklären ist. Es war ein Gemenge aus einer Abwehr- und Unterdrückungspolitik gegen nationale, ethnische Befreiungsbewegungen in Ost- und Südosteuropa wie aus kontinentaleuropäischen Hegemonialansprüchen bzw. imperialen Wunschvortellungen, das zu Deutschlands Entschluß führte, Österreich-Ungarn vorbehaltlos zu unterstützen und das zu einem Kampf um die europäische Hegemonie eskalierte und sich zu einer imperialen Auseinandersetzung mit der Weltmacht England ausweitete.

Wichtiger waren die Folgen des Ersten Weltkriegs für Deutschland und Europa, für die europäische Stellung in der Welt wie für das europäische Staatensystem und die inneren Verhältnisse der Staaten. Der Krieg war von Anfang an ein gesamteuropäischer Krieg und wurde zu einem Weltkrieg, der das Ende einer eurozentrischen Weltordnung sowie den Übergang des europäischen Mächtesystems in ein Weltsystem und die schrittweise Auflösung der europäischen Kolonialreiche einleitete. Der Erste Weltkrieg war vor allem der erste totale Krieg, der zu einer Mobilisierung aller Mitglieder der nationalen Gesellschaften für den Kampf an der Front wie an der „Heimatfront", zu einer Militarisierung der Gesellschaft, zu einer Industrialisierung des Krieges, zu einer Vernichtung von Menschen und Material in bislang unbekanntem Ausmaß, zu einem weiteren Schub der Verstaatung und des Interventionsstaates führte. Vor allem vollzog sich die Mobilisierung der Gesellschaft im Zeichen der Idee der Nation als Lebensgemeinschaft und einer Nationalisierung der Massen, deren Eintritt in die Politik von der Dominanz militärisch-nationalistischer, kollektivistischer und gewaltbereiter Wert- und Verhaltensmuster begleitet war. Das hatte verheerende Folgen für die politische Kultur der Zwischenkriegszeit und belastete die Entstehung bzw. den Ausbau parlamentarisch-demokratischer Verfassungssysteme.

2. Die ungeliebte Republik

Mit der Weimarer Republik war der politisch-rechtliche Rahmen für die volle Entfaltung der bürgerlichen Gesellschaft gegeben. Zugleich verlangte das Ergebnis der deutschen Revolution von 1918/19 den sozialen und politischen Kompromiß der bürgerlichen Gruppen mit der sozialdemokratischen Arbeiterbewegung. Die Erhaltung der bürgerlichen Gesellschaft war nur um den Preis einer Sozialpartnerschaft und eines Gesellschaftsvertrags zwischen Arbeitgebern und den Gewerkschaften zu erreichen. Dazu gehörten die kollektive Regelung von Arbeitsbedingungen, die Anerkennung der Koalitionsfreiheit und vor allem die Einführung des Achtstundentags. Was die Zentrale Arbeitsgemeinschaft in quasi-korporatistischer Absprache bereits im Dezember 1918 vereinbart hatte, wurde durch die Weimarer Verfassung ergänzt, die dem Sozialstaat erstmals Verfassungsrang verlieh. Damit beanspruchte die Verfassung, auch für die Gesellschaft und den persönlichen Lebenszusammenhang Rahmenbedingungen zu schaffen. Freilich wurde der Rechtsanspruch auf soziale Hilfe mit einer weiteren Bürokratisierung und sozialen Normierung erkauft, der Kehrseite des Wohlfahrtsstaates.

Demokratischer Verfassungsstaat und Sozialstaat, die beiden zentralen Beiträge der Weimarer Republik zur Entwicklung von Staat und Gesellschaft in Deutschland, verlangten bei ihrer Verwirklichung die Fähigkeit zum Kompromiß bzw. Konsens und eine dauerhafte Politik der bürgerlichen Mitte. Das war schon schwierig genug angesichts der überkommenen sozialen Gräben und der zunehmenden Schwäche des bürgerlichen Liberalismus sowie der Fragmentierung bzw. Auflösung des Bürgertums. Es wurde zusätzlich belastet durch die massenpsychologischen Folgen des verlorenen Krieges und die ökonomische Dauerkrise, die auch von den kurzen Jahren der scheinbaren Stabilisierung 1924-1929 nur ansatzweise behoben wurde. Die Gleichzeitigkeit der verfassungs-, wirtschafts- und gesellschaftspolitischen Probleme macht die Besonderheit der deutschen Situation aus.

Der politische Konsens, den die gewaltigen innen- und außenpolitischen Probleme erfordert hätten, wurde schon bald durch eine zunehmende Fragmentierung der politischen Kultur unterhöhlt, in der sich traditionelle, obrigkeitsstaatlich geprägte Politikvorstellungen und neue ideologische Denk- und Verhaltensmuster trafen. Zu der traditionellen Abneigung, vor allem bei großen Teilen der alten, den Verfassungswechsel jedoch sozial und politisch überlebenden Eliten, gegen einen „Parteienstaat" und umgekehrt der Präferenz für einen „Staat über den Parteien", der die Führungsrolle der „adelig-bürgerlichen Amtsaristokratie" *(O. Hintze)* weiterhin sichern sollte, kam ein ideologisches Freund-Feind-Denken im Zeichen militanter, totalitärer Weltanschauungen, das die Woge des Antiliberalismus von rechts und links verstärkte. Auch der soziale Kompromiß wurde bald Schritt für Schritt ausgehebelt, und zum Kampf gegen den „Parteienstaat" kam der Kampf gegen den „Sozialstaat".

Um so verführerischer waren die scheinbaren Integrationsangebote, die von den verbreiteten Parolen einer „nationalen Volksgemeinschaft" ausgingen und die die Ursachen der vielfachen Krisenkonstellation auf einfache Ursachen wie die Dolchstoßlegende, „Versailles" oder „den Juden" zurückführten. Das erinnerte an sozialimperialistische Mobilisierungstechniken des Kaiserreichs, hatte aber eine neue Qualität, weil diese Ideologeme nun zu Glaubensinhalten breiter und autonomer Massenbewegungen wurden, die sich am Ende durch die traditionellen Machteliten nicht mehr steuern ließen. Denn die Massenhaftigkeit der Ängste und Krisen, die Auflösung überkommener Milieubindungen durch Krieg, Inflation und Weltwirtschaftskrisen sowie die Fundamentalpolitisierung im Zeichen nationalistischer und populistischer Ideologien erlaubten kein Zurück zum bürokratischen Obrigkeits- und Machtstaat wilhelminischer Prägung. Zusammengehalten wurden die verschiedenen Anti-Haltungen zur Weimarer Republik durch einen radikalen Nationalismus, der durch Weltkrieg und Niederlage nicht etwa diskreditiert wurde, sondern neue Nahrung erhielt. Nicht daß der Nationalstaat trotz territorialer und materieller Einbuße bewahrt werden konnte, bestimmte das politische Denken in der Weimarer Republik, sondern das Trauma von Versailles und die populäre Forderung nach Revision des Versailler Vertrages. Indem sie dem revisionistischen Konsens oft höheren Rang einräumten als dem Verfassungskonsens, haben die Regierungen und Parteien von Weimar den radikalen nationalistischen Agitationsbewegungen einen politischen Vorteil verschafft, deren Forderungen nach nationaler Größe und Volksgemeinschaft zugleich gegen die Verfassungsordnung der Republik gerichtet waren.

Die NSDAP war Nutznießer der zahlreichen Revisionsforderungen und nationalistischen Parolen, indem sie mit ihrem integralen Nationalismus die verschiedenen Ängste und Erwartungen bündelte und mit ihrem Aktivismus und Radikalismus den Eindruck erweckte, es ernst mit ihren Verheißungen von nationaler Erneuerung und Bewahrung, von Volksgemeinschaft und Wiederherstellung der nationalen Größe zu meinen. Im Unterschied zu den Konzepten und Praktiken einer autoritären Wende zurück zu einer bürokratischen Variante des Obrigkeitsstaates, wie sie die Notverordnungsregime von 1930-32 betrieben, versprachen die Nationalsozialisten, den Anspruch der Massen auf politische Teilhabe zu erfüllen. Indem sie den massenhaften Protest gegen das „System" mobilisierten, demonstrierten sie ihre Differenz zur rückwärtsgewandten Politik der Deutschnationalen und ihr autonomes politisches Handeln. Sie setzten auf Massenmobilisierung und ersetzten mit großer Massenwirkung Politik durch Bewegung und Aktivismus.

3. Die nationalsozialistische Diktatur: Tradition und Revolution

Das Bündnis der nationalsozialistischen Massenbewegung mit den traditionellen Machtgruppen aus Bürokratie, Armee und Großwirtschaft, das die Machtübernahme durch Hitler am 30. Januar 1933 ermöglichte, war nicht Ausdruck der Stärke, sondern eigentlich der Schwäche der alten Eliten, die zwar die Auflösung der Weimarer Republik nach Kräften betrieben hatten, nun aber selbst keine Massenunterstützung fanden und darum Ausschau nach einer neuen Lösung des Problems der politischen Integration hielten, das sie in dem Massenanhang der NSDAP zu finden meinten.

Das deutsch-nationale Konzept der Konsolidierung bürgerlich-konservativer Herrschaft, das auch die Hinnahme von politischer Gewalt, vor allem gegen die politische Linke, durch den Bündnispartner NSDAP implizierte, sollte sich bald als Illusion erweisen. Die traditionellen Eliten mußten statt der erhofften Zähmung der plebejischen Massenbewegung bald ihre eigene Abhängigkeit von der nationalsozialistischen Führung feststellen. Zwar stand die nationalsozialistische Herrschaft durchaus in mancher Kontinuität zur Politik vor allem des Kaiserreichs, und die Propaganda hat die anfängliche konservative Stilisierung und Mäßigung des Regimes wirkungsvoll unterstützt. Zudem überschnitten sich nicht wenige national- und gesellschaftspolitische Ziele und Interessen von Bürokratie, Reichswehr und Teilen der Industrie mit der nationalsozialistischen Politik. Gleichwohl waren die Elemente der Diskontinuität und die revolutionären Züge der Diktatur *Hitlers* unübersehbar und setzten sich schrittweise durch. Damit wurde die Handlungsfreiheit der traditionellen Machtgruppen immer weiter eingeschränkt und ihre Zielvorstellungen von dem nationalsozialistischen Herrschafts- und Eroberungsprogramm überrollt.

Zu den Momenten der Kontinuität gehörten neben nationalen Machtstaatsideologien und einer nationalistischen, antiliberalen und antimarxistischen Integrationsideologie vor allem das Streben nach Wiederherstellung europäischer Großmachtpolitik einschließlich des Ausgreifens des Deutschen Reiches auf südosteuropäische Bereiche und die Durchsetzung einer autoritären Innen- und Gesellschaftspolitik, die gegen den Parlamentarismus wie gegen die Arbeiterbewegung und die von ihr durchgesetzten Elemente einer sozialen Demokratie gerichtet war. Die revolutionäre Dynamik ging von der nationalsozialistischen Bewegung und ihren Untergliederungen aus, deren auf Machterweiterung und Penetration überkommener Strukturen gerichtete Weltanschauungspolitik in der Innen- wie in der Außenpolitik einen deutlichen Bruch mit der Tradition des preußisch-deutschen Nationalstaates bedeutete. Nicht der hierarchische, zentralisierte Einheits- und Machtstaat bürokratischer Observanz war das Ergebnis der nationalsozialistischen Machtmonopolisierung, sondern die permanente Auflösung bürokratischer Verwaltungsstrukturen durch ein polykratisches Geflecht rivalisierender Ämter und personaler Herrschaftsformen, deren Folge die schrittweise Entmachtung der alten Eliten und die gleichzeitige Verabsolutierung der Führergewalt Adolf *Hitlers* waren. Mit der Durchsetzung des totalitären Radikalfaschismus um 1938 waren die Voraussetzungen für die Realisierung der radikalen Weltanschauungspolitik *Hitlers* und seiner Führungsgehilfen geschaffen. Nicht der Primat der Innenpolitik galt für *Hitler*, sondern die innenpolitische Gleichschaltung und Konsolidierung waren Vorstufen für die außenpolitische Expansion. Die Formierung der inneren Verhältnisse leitete sich mithin von außenpolitischen Zielen ab, die ihrerseits die traditionellen Ziele und Mittel deutscher Großmachtpolitik weit übertrafen. *Hitlers* Konzept eines Rasseimperiums stellt einen qualitativen Sprung gegenüber allen Revisions- und Großmachtvorstellungen dar, so sehr diese den Übergang in die nationalsozialistische Aggressionspolitik erleichtert und die Unterschiede zunächst verschleiert haben. Das Rasseimperium bedeutete die Negation der Idee der Nation und des Nationalstaates. *Hitlers* Utopie einer Rasseherrschaft im globalen Ausmaß mußte überdies das europäische Staatensystem wie die traditionelle Gesellschaftsordnung sprengen.

Auch der totalitäre Staat, der auf der unbeschränkten Führergewalt und Polykratie der Ressorts beruhte, bedeutete einen radikalen Bruch mit allen Formen eines Rechts- und Verwaltungsstaates, der ältere Wurzeln in der deutschen Geschichte hat als der Nationalstaat. Denn auch der Obrigkeitsstaat gründete sich auf Institutionen, auf eine rationale Bürokratie und auf Recht, während der totalitäre Führerstaat nur den permanenten Ausnahmezustand und die Auflösung des Normenstaates kannte. Auch gesellschaftspolitisch bedeutete die nationalsozialistische Herrschaft, bei aller Anknüpfung an preußische Traditionen, einen Bruch. Zwar erinnerte die wirkungsvolle Fassade der nationalen Volksgemeinschaft, die die Überwindung aller Klassen- und Standesgräben, aller Interessenkonflikte und Parteienstreitigkeiten versprach, an die Burgfriedenspolitik des Ersten Weltkrieges und war zunächst eine Fassade, hinter der eine Kontinuität von sozialen Trennlinien und Interessen weiterbestand. Doch bedeuteten die Volksgemeinschaftsparolen einen wirkungsvollen Anknüpfungspunkt für soziale Aufstiegswünsche, die sich in den Parteienapparaten unabhängig von traditionellen Karrieremustern realisieren ließen. Mit der totalen Mobilisierung durch den Zweiten Weltkrieg und seine Folgen wurden über die verschiedenen Formen einer sozialpsychologischen Egalisierung hinaus in großem Maße traditionelle soziale Schranken abgebaut. Die Kehrseite aller egalitären Parolen und wohlfahrtsstaatlichen Maßnahmen bzw. sozialpolitischen Neuerungen waren freilich eine mit allen Konventionen der Humanität und Rechtsordnung brechende Entrechtung und Verfolgung aller Gruppen, die als gemeinschaftsfremd galten. Die scheinbare Normalität einer modernen Massenzivilisation und Industriegesellschaft war untrennbar verflochten mit der Barbarei einer mit technisch-bürokratischen Methoden operierenden Weltanschauungspolitik.

Die nationalsozialistische Diktatur war eine Symbiose von terroristischer Diktatur und deutscher Bürgerlichkeit, von industriewirtschaftlich-technischer Effizienz und einer plebiszitären und polykratischen Führerherrschaft. Eine scheinbare Vollendung des deutschen Nationalstaates und zugleich dessen Zerstörung, die im Inneren schon 1933 mit der Zerstörung des Rechtsstaates begonnen, ihre äußere Vollendung 1945 in der militärischen totalen Niederlage gefunden hatte. Die Übersteigerung und Perversion des Nationalismus durch den Nationalsozialismus brachte es mit sich, daß mit dessen Ende auch der Untergang des deutschen Nationalstaats in seiner von Bismarck bestimmten Gestalt verbunden war. Der Bruch von 1945 war ungleich tiefer als der von 1918. Alle Formen eines deutschen Sonderwegs oder eines Sonderbewußtseins wurden unter gewaltigen menschlichen und sozialen Kosten abgeschliffen. Der Krater des Nationalismus war zumindest in Mitteleuropa ausgebrannt.

Literatur

Boockmann, Hartmut u.a. 1984: Mitten in Europa. Deutsche Geschichte. Berlin.

Kolb, Eberhard [2]1988: Die Weimarer Republik. München

Niethammer, Lutz u.a. 1990: Bürgerliche Gesellschaft in Deutschland. Historische Einblicke, Fragen, Perspektiven. Frankfurt/M.

Nipperdey, Thomas: Deutsche Geschichte 1866-1918. B. 1 1990: Arbeitswelt und Bürgergeist; Bd. 2 1992: Machtstaat vor der Demokratie. München

Ritter, Gerhard A. 1989: Der Sozialstaat. Entstehung und Entwicklung im internationalen Vergleich. München.

Stürmer, Michael 1983: Das ruhelose Reich. Deutschland 1866-1918. Berlin

Thamer, Hans-Ulrich 1986: Verführung und Gewalt. Deutschland 1933-45. Berlin

Hans-Ulrich Thamer

Deutschland und die UNO

Bedingt durch den Deutschlandkonflikt waren weder die BRD noch die DDR Mitglied in der UNO. Die BRD versuchte die UNO für ihre politischen Ziele – zunächst → Wiedervereinigung, dann Verhinderung der Anerkennung der → DDR – ebenso zu instrumentalisieren wie die DDR, die mit Hilfe der UNO gerade die internationale Anerkennung erreichen wollte. Erst nach Abschluß der ersten erfolgreichen Periode der Ost- und Entspannungspolitik traten die BRD und die DDR 1973 in die Vereinten Nationen ein und wurden vollwertige und gleichberechtigte Mitglieder der Weltorganisation. Die BRD war bereits in den 50er und 60er Jahren Mitglied einiger Sonderorganisationen geworden wie z.B. der Weltgesundheitsorganisation (WHO) und der Weltkulturorganisation (UNESCO), so daß man von einer Quasi-Vollmitgliedschaft der BRD sprechen konnte. Der DDR dagegen gelang es erst 1972, Mitglied einer UNO-Sonderorganisation (UNESCO) zu werden.

Die BRD hat bereits in den 70er Jahren der UNO direkte Unterstützung für Blauhelmmissionen gewährt, die mit der Veränderung der Aufgaben für die Blauhelme seit 1989 ständig erweitert wurde. So stellte die Bundeswehr 1973 Lufttransportkapazitäten für Teile der UNEF II-Mission wie auch 1978 bei der UNIFIL-Mission im Libanon. Mit 50 Beamten des Bundesgrenzschutzes sowie 35 Wahlbeobachtern war die BRD 1989 erstmals personell an einer UNO-Mission beteiligt. Im gleichen Jahr engagierte sich die BRD in Mittelamerika bei verschiedenen UNO-Missionen in El Salvador und Nicaragua.

Mit dem Beitritt der DDR zur BRD am 3.10.1990 entfiel die Mitgliedschaft der DDR. Seit dieser Zeit vertritt das vereinte D die deutschen Interessen in der Weltorganisation. Die Vereinigung D.s hat eine Diskussion der Position D.s in der UNO zur Folge. Mit mehr als 80 Mio. Einwohnern ist D nach Rußland das bevölkerungsmäßig zweitstärkste Land Europas und das – gemessen am Bruttosozialprodukt – bedeutsamste europäische Land. D verfügt im Gegensatz zur BRD und der DDR über die volle Souveränität, d.h. daß die Vorbehalte der vier Alliierten gegenüber ihren jeweiligen ehemaligen Bündnispartnern entfallen sind. Parallel zur Stärkung der deutschen Position vollzog sich mit der Auflösung der Sowjetunion ein Prozeß, der D. faktisch zur überragenden europäischen Macht werden ließ. Durch die Wiedervereinigung hat D ein nach außen sichtbares und auch von außen wahrgenommenes neues Selbstverständnis gewonnen. Das Gewicht D.s ist international gewachsen, die Nachkriegszeit („Jalta-Epoche") ist endgültig vorbei.

Dieser politische Hintergrund bildet den neuen Rahmen des zukünftigen Verhältnisses D.s zu den Vereinten Nationen. D werden externe Rollen zugewiesen, so z.B. von UNO-Generalsekretär B. *Boutros Ghali* wie auch von US-Präsident B. *Clinton,* die eine größere internationale Verantwortung D.s einfordern. Die → Bundesregierung hat sich seit 1990 zur Übernahme größerer Verantwortung bereit erklärt und sieht diese vor allem in einem größeren UNO-Engagement. „Das vereinte Deutschland wird alle Rechte und Pflichten der Charta der Vereinten Nationen einschließlich der Maßnahmen der kollektiven Sicherheit übernehmen, auch mit unseren Streitkräften. Wir wollen dafür unsere Verfassung ändern", erklärte der damalige Außenminister H.D. *Genscher* vor der 46. Generalversammlung 1991. Die Regierung *Kohl/ Kinkel* suchte mit ihrer UNO-Politik ein schärferes außenpolitisches Profil zu gewinnen, indem sie immer wieder erklärte, nunmehr größere weltpolitische Verantwortung zu übernehmen. Einmal zeigte sich diese größere weltpolitische Verantwortung in der Teilnahme an – innenpolitisch stark umstrittenen – UNO-Missionen in Kambodscha (UNTAC 1992-1993) und vor allem in Somalia 1993/94. Ein verstärktes Nachschub- und Transportbataillon der → Bundeswehr wurde zur Unterstützung der UNO-Friedensmission UNOSOM II unter strengen Auflagen nach Somalia entsandt und sollte dort logistische Unterstützung gewähren. Nach der im Juli 1994 erfolgten Entscheidung des → Bundesverfassungsgerichts können Verbände der Bundeswehr bei allen Friedensmissionen im Rahmen der UNO, notfalls auch an Kampf-Einsätzen, beteiligt werden. Dazu ist allerdings die Zustimmung des → Bundestages erforderlich. Somit wurde die von *Genscher* und großen Teilen der → politischen Eliten geforderte Verfassungsänderung nicht notwendig. Zum anderen strebt die Bundesregierung ein verstärktes Engagement in der UNO durch einen ständigen Sitz im Sicherheitsrat an. Dazu heißt es im Weißbuch 1994: „Die wichtigsten Entscheidungen über Sicherheit und Frieden fallen im Sicherheitsrat. Wer den Willen zum Frieden hat, muß den Sicherheitsrat stärken. Deutschland ist bereit, Verantwortung auch im Rahmen einer ständigen Mitgliedschaft im Sicherheitsrat der Vereinten Nationen zu übernehmen“ (Weißbuch 1994: 69). Die Bundesregierung verfolgt eine Strategie, sich zur Übernahme von mehr Verantwortung bitten zu lassen. Diese hervorgehobene Position wird auch abgeleitet aus den nunmehr möglichen Beteiligungen an Kampfeinsätzen wie auch dem Faktum, daß D mit 8,93% nach den USA und Japan der drittgrößte Beitragszahler der UNO ist. Die gewachsene Rolle in der UNO kommt auch in der Personalpolitik zum Ausdruck. So wurden der deutsche Diplomat K.T. *Paschke* zum obersten Finanzinspekteur im Range eines Untergeneralsekretärs wie auch der deutsche General *Eisele* zum Koordinator der Blauhelm-Einsätze sowie der ehemalige Bundespräsident R. *v. Weizsäcker* zum Vorsitzenden der UNO-Reformkommission ernannt. Die deutsche Diskussion über die Rolle innerhalb der UNO fokussiert zu stark auf den Militäreinsatz sowie den ständigen Sicherheitsratssitz. Angesichts der Globalisierung der Weltprobleme – Umwelt, Migration, nukleare und nichtnukleare Proliferation, Rauschgift, Aids u.a.m. – sollte D. seine Aufmerksamkeit auf präventive Strategien richten, d.h. bereits im Vorfeld der Konfliktvermeidung eine Führungsrolle übernehmen. Ein rechtzeitiger Kapitaleinsatz in diesen Bereichen wäre nicht nur ökonomisch wesentlich günstiger als in Militäreinsätzen, die nur das wirklich letzte Mittel zur Beseitigung von Gefährdungen internationaler Sicherheit wie auch gravierender Menschenrechtsverletzungen sein können.

Literatur

Bruns, Wilhelm 1980: Die Uneinigen in den Vereinten Nationen. Köln.

Bundesministerium der Verteidigung (Hrsg.) 1994: Weißbuch 1994. Weißbuch zur Sicherheit der Bundesrepublik Deutschland und zur Lage der Bundeswehr. Köln.

Klingenburg, Konrad 1993: Vom Wert ziviler Hilfe. Die unterschätzte Rolle Deutschlands in den Vereinten Nationen, in: Dieter S. Lutz (Hrsg.), Deutsche Soldaten weltweit. Reinbek.

Wichard Woyke

Deutschlandforschung

1. Begriff und politische Bedeutung

Die mit einem Staat, einer Nation oder einer Kulturregion befaßten Studien im Sinne einer umfassenden „Landeskunde" haben schon im 18. und 19. Jh. eine Rolle gespielt (z.B. über Rußland, das Osmanische Reich oder die Vereinigten Staaten von Amerika). Die Bezeichnung „Deutschlandforschung", wie sie gegenwärtig verwendet wird, ist jedoch nur auf dem Hintergrund der deutschen Teilung nach 1945 verständlich. Als Sammelbegriff für die auf die SBZ/DDR, den Vergleich der beiden Staaten in D, die Deutschlandpolitik und schließlich nach 1990 auf die deutsche Vereinigung bezogenen Untersuchungen bezeichnet Deutschlandforschung ein multidisziplinäres Feld, auf dem die jeweiligen Fachwissenschaften das ihnen zugeordnete Sachgebiet, z.B. das politische System, die Rechtsordnung oder das → Bildungswesen, behandeln. Angestrebt wird zugleich eine umfassende, die verschiedenen gesellschaftlichen Bereiche integrierende Betrachtung im Sinne der klassischen area studies oder neuerer system- oder kulturvergleichender Konzepte. Deutschlandforschung gehört zu dem Typus der „Integrationswissenschaften", in der je nach Fragestellung und Gegenstand eine „Mutterdisziplin" mit anderen Nachbardisziplinen kooperiert.

Die Deutschlandforschung wurde bis 1989/90 wesentlich bestimmt von den politischen Entwicklungen, vor allem von den Beziehungen zwischen beiden deutschen Staaten. Sie spiegelte aber auch die innenpolitischen Verhältnisse in der Bundesrepublik wider, gewandelte Einstellungen zur „deutschen Frage", den Generationenwechsel und ein verändertes nationales Bewußtsein generell. Zeitweise übte die Deutschlandforschung auch eine politikberatende Rolle aus, die jedoch nicht überschätzt werden darf. In der → DDR gab es diesen Begriff nicht; die Analysen über die Bundesrepublik erfolgten im Zeichen der „Imperialismusforschung", des „Weltgegensatzes der Systeme" und der Vorstellungen von einer „sozialistischen Nation" als Vorstufe für ganz Deutschland. Ob die Bezeichnung „Deutschlandforschung" als solche von Dauer sein wird, hängt von wissenschaftsimmanenten Entwicklungen und politischen Rahmenbedingungen ab; die historischen wie aktuellen Themen, die in ihr Aufgabengebiet fallen, können aber sicher nicht schon bald als erledigt angesehen werden.

2. DDR-Forschung und vergleichende Deutschlandforschung

Die Entwicklung der Deutschlandforschung kann unter politischen, institutionellen oder wissenschaftlich-konzeptionellen Gesichtspunkten betrachtet werden. Generell lassen sich bis 1989/90 vier Etappen unterscheiden: 1. die SBZ-Forschung; 2. die teils daraus weiterentwickelte, teils sich davon abgrenzende DDR-Forschung; 3. die vergleichende Deutschlandforschung (BRD-DDR); 4. eine europäisch orientierte Deutschlandforschung. Die zeitlichen Grenzen sind fließend und auch in den einzelnen wissenschaftlichen Disziplinen unterschiedlich. Unter der seit Ende der 60er Jahre herrschenden Dominanz der politikwissenschaftlichen und teilweise soziologischen DDR-Forschung wurde diese in der → öffentlichen Meinung oft mit der DDR-Forschung gleichgesetzt, während andere Gebiete, z.B. die Forschungen über die Literatur in der DDR oder über Jugend- und Bildungsprobleme, weniger beachtet wurden. Eine verbindende Klammer bildete die Zeitschrift Deutschland Archiv, die 1968 an die Stelle des 1949 gegründeten SBZ-Archivs trat und um eine kontinuierliche Berichterstattung über die Verhältnisse in der DDR, die Deutschlandpolitik und auch über die Deutschlandforschung bemüht war. Die 1978 erfolgte Gründung einer „Gesellschaft für Deutschlandforschung" bildete einen Gegenpol zu der damals herrschenden Hauptströmung einer „systemimmanenten" DDR-Forschung, indem sie den Gedanken der nationalen Einheit über die Realität der Zweistaatlichkeit stellte und die Verhältnisse in der DDR grundsätzlich kritisch bewertete.

Der Ursprung der SBZ/DDR-Forschung lag in eben dieser systemkritischen Einstellung ihrer ersten Vertreter. Ausdruck dieser parteiübergreifenden Grundeinstellung war der 1952 errichtete „Forschungsbeirat für Fragen der → Wiedervereinigung Deutschlands" beim Bundesministerium für gesamtdeutsche Fragen, in dem der Nationalökonom Karl C. *Thalheim* eine maßgebliche Rolle spielte. Die von diesem Gremium angeregten Untersuchungen bezogen sich vor allem auf die ökonomischen und sozialen Entwicklungen in der „Zone" und anfangs auch auf die zu erwartenden Probleme und notwendigen Maßnahmen bei einer Wiedervereinigung. Aus diesem Grunde hat man später diese Etappe der Deutschlandforschung als „Wiedervereinigungswissenschaft" zu diskreditieren versucht, obwohl ihre Befunde sich in den meisten Fällen als zutreffend erwiesen haben. In der politikwissenschaftlichen Forschung hatte um diese Zeit das Konzept des Totalitarismus die einflußreichste Rolle gespielt, z.B. für die Analyse des Erziehungssystems (M.G. *Lange*).

Mit der Stabilisierung des SED-Regimes, vor allem nach dem Mauerbau in Berlin (1961), trat auch in der auf die DDR bezogenen Forschung – parallel mit der „neuen Ostpolitik" – ein konzeptioneller Wandel ein. Vorläufer war E. *Richert*, ihr Hauptvertreter wurde P.C. Ludz. Die anfangs auf theoretische Probleme der Analyse des DDR-Systems bezogene Diskussion erhielt seit Anfang der siebziger Jahre eine politische Dimension: Indem der „andere deutsche Staat" nicht mehr als illegitimes Produkt der Nachkriegszeit, sondern zunehmend als mögliche Form deutscher Gesellschaftsentwicklung betrachtet wurde, sollte auch der „zwischendeutsche" Vergleich – nicht mehr der innerdeutsche – zu einer möglichst wertneutralen Gegenüberstellung auf „empirischer" Grundlage entwickelt werden. Schlagwort hierfür wurde die „systemimmanente" Betrachtung der DDR. Eine jetzt stärker als früher nach parteipolitischen Gesichtspunkten zusammengegesetzte Wissenschaftlergruppe erarbeitete im Auftrag der → Bundesregierung (SPD/ FDP) drei Bände „Materialien zum Bericht zur Lage der Nation" (1971, 1972, 1974). Ihnen folgte ein DDR-Handbuch (1. Aufl. 1975), in dem ebenfalls diese Einstellung dominierte.

Das ehrgeizige Programm einer breiten, institutionell und personell von staatlicher Seite gut ausgestatteten vergleichenden Deutschlandforschung, das ein gleichnamiger Arbeitskreis zu planen begonnen hatte, ist in der Bundesrepublik jedoch niemals verwirklicht worden. In kritischen Zwischenbilanzen, die sich der Entwicklung der Deutschlandforschung aus methodischer, aber auch aus administrativer Sicht annahmen (z.B. vier ungedruckte Bände eines Gutachtens von 1978), wurde auf die Isolierung der DDR-Forschung von der internationalen sozialwissenschaftlichen Entwicklung und die mangelnde Interdisziplinarität hingewiesen. Wichtiger waren jedoch die gewandelten politischen und mentalen Bedingungen in Westdeutschland: das Nachlassen des Einheitsgedankens, eine zunehmend neutrale, die DDR als legitimes Staatsgebilde betrachtende Einstellung in der Öffentlichkeit und manchmal auch eine sozialistischen Utopien anhängende Sichtweise, gerade unter jüngeren DDR-Forschern.

Mitte der 80er Jahre wurde in der Deutschlandforschung stärker als früher der europäische und europapolitische Zusammenhang der „Deutschen Frage" behandelt (W. *Weidenfeld*), zugleich wurde unter den

DDR-Forschern die methodische und konzeptionelle Diskussion weitergeführt. In der umfangreichen Literatur, die aus Anlaß des 40. Jahrestages der Gründung der BRD und der DDR erschienen ist, findet sich jedoch nur selten eine Hypothese über das Ende des SED-Regimes oder eine Konzeption für die Vereinigung Deutschlands (W. *Seiffert*). Es verwundert daher nicht, daß nach dem Verschwinden der DDR die mangelnde „Prognosefähigkeit“ der DDR-Forschung kritisiert wurde und die alten Gegensätze unter den wissenschaftlichen Richtungen wieder auflebten. Die Öffnung zahlreicher Archive, nicht zuletzt das Material des Staatssicherheitsdienstes (→ Ministerium für Staatssicherheit), der Augenschein und die Bekundungen von Zeitzeugen ergänzten, korrigierten oder bestätigten die auf einer begrenzten Quellengrundlage erarbeiteten Befunde der DDR-Forschung.

3. Deutschlandforschung nach der Vereinigung

Viele Themen der früheren DDR- und vergleichenden Deutschlandforschung münden inzwischen in diejenigen wissenschaftlichen Vorhaben ein, die meist als „Transformations“- oder „Vereinigungsforschung“ bezeichnet werden. Während die zurückliegende Periode Gegenstand der zeitgeschichtlichen Forschung – im breiten, nicht nur der Geschichtswissenschaft zugeordneten Sinne – geworden ist, bilden die politische, ökonomische, soziale und pädagogische Umgestaltung der früheren DDR-Gesellschaft sowie die Probleme des „Zusammenwachsens“ beider Teile Deutschlands das Thema dieser in erster Linie empirischen „Begleitforschung“ des Vereinigungsprozesses. Die Entwicklung zu einer schon früher geforderten „ganzen“ oder „umfassenden“ Deutschlandforschung (W. *Bleek*) wäre damit vorgezeichnet. Das früher konstitutive Element des Systemgegensatzes ist entfallen, so daß es auch neuer theoretischer Sichtweisen und operationalisierbarer Konzeptionen für die wissenschaftliche Analyse der deutschen Vereinigung bedarf. Nicht zuletzt geht es auch darum, in den neuen Bundesländern entsprechende Forschungsgruppen nicht bloß im Sinne der sozialen Absicherung am Leben zu erhalten, sondern in der wissenschaftlichen Arbeit selbst noch fortbestehende Mentalitätsunterschiede zwischen Ost und West zu überwinden.

Literatur

Bleek, Wilhelm 1986: Die Entwicklung des zwischendeutschen Systemvergleichs im Spannungsfeld von Politik und Wissenschaft, in: Gutmann, Gernot/Mampel, Siegfried (Hrsg.): Probleme systemvergleichender Betrachtung. Berlin.

Hamacher, Heinz Peter 1991: DDR-Forschung und Politikberatung 1949-1990. Köln.

Jesse, Eckhard 1992: Die politikwissenschaftliche DDR-Forschung in der Bundesrepublik Deutschland, in: Eisenmann, Peter/Hirscher, Gerhard (Hrsg.): Dem Zeitgeist geopfert. Die DDR in Wissenschaft, Publizistik und politischer Bildung. München.

Spittmann, Ilse 1994: Das zweite Leben der DDR-Forschung, in: Deutschland Archiv 27.

Thalheim, Karl C. 1991: Die Aufgaben einer wirtschafts- und sozialwissenschaftlichen Vereinigungsforschung, in: Deutschland Archiv 24.

Thomas, Rüdiger 1995: Leistungen und Defizite der DDR- und vergleichenden Deutschlandforschung, in: Heiner Timmermann (Hrsg.): DDR-Forschung: Bilanz und Perspektive. Berlin.

Oskar Anweiler

Deutschlandpolitik

1. Begriff

Die Deutschlandpolitik umfaßte jenen Bereich politischer Konzeptionen und Aktionen, der sich aus der Tatsache der deutschen Teilung und insbesondere der Existenz zweier deutscher Staaten zwischen 1949 und 1990 ergab. Die Deutschlandpolitik war dabei sowohl im programmatischen Anspruch ihrer Akteure als auch in der politischen Wirklichkeit zwischen Außen- und Innenpolitik angesiedelt. Auf der einen Seite war die Deutschlandpolitik stets in die Ost-West-Beziehungen und die Bündnispolitik der beiden Blöcke eingebettet, auf der anderen Seite stand sie in einem engen Bezug zur Innenpolitik des jeweiligen deutschen Staates und insbesondere dessen Legitimationsbedürfnissen. Daher verknüpften sich in der Deutschlandpolitik eine Vielzahl von politischen, juristischen, wirtschaftlichen und gesellschaftlichen Aspekten.

2. Gründung zweier deutscher Staaten (1945-1949)

Die eigentliche Ursache für die deutsche Teilung war die Welteroberungspolitik des Dritten Reiches, die eine sehr heterogene Allianz zwischen den westlichen Demokratien und der kommunistischen Sowjetunion hervorrief. Nach dem Sieg dieses Zweckbündnisses über das Großdeutsche Reich im Mai 1945 hielten die Alliierten zunächst offiziell an der politischen und wirtschaftlichen Einheit Deutschlands fest. Doch die wachsenden Interessengegensätze zwischen den Siegermächten führten 1947/48 zum Kalten Krieg, der in D die Etablierung von gegensätzlichen wirtschaftlichen und politischen Systemen in den drei westlichen Besatzungszonen und der sowjetischen Besatzungszone zur Folge hatte. Die Konsequenz dieser Entwicklung war schließlich am 23.5.1949 die Konstituierung der BRD und am 7.10.1949 die Ausrufung der DDR.

3. Wiedervereinigungshoffnungen (1949-1960)

Deutschlandpolitik in den 50er Jahren bestand auf seiten beider deutschen Staaten darin, sich jeweils als eigentlicher deutscher Kernstaat zu verstehen, den Legitimitätsanspruch des Kontrahenten zu bezweifeln und seine Stabilität zu untergraben. Die → DDR stilisierte sich zum antifaschistischen Deutschland und prangerte faschistische Kontinuitäten in der BRD an. Die BRD sprach der DDR die demokratische Legitimität ab und beanspruchte für sich, für alle Deutschen zu sprechen. Die führenden Repräsentanten der DDR, *W. Pieck* und *W. Ulbricht,* bemühten sich im Rahmen gesamtdeutscher Kontaktversuche erfolglos um die Aufwertung und schließliche Anerkennung ihres Staates. Doch die BRD beharrte auf ihrem Alleinvertretungsanspruch und setzte ihn auf internationaler Ebene durch die Hallstein-Doktrin durch. Bundeskanzler *K. Adenauer* strebte an erster Stelle die Wiedergewinnung der Souveränität und damit verbunden die Westintegration der BRD an, die Wiederherstellung der deutschen Einheit war diesen Zielen nachgeordnet (→ Außenpolitik). Die meisten Politiker und große Teile der → Öffentlichkeit in Westdeutschland erwarteten die baldige Wiedervereinigung durch einen Kollaps der DDR und setzten auf die wirtschaftliche und soziale Anziehungskraft der BRD (Magnettheorie *K. Schumachers*) und eine Politik der Stärke (*Adenauer*). Diese Erwartungen waren, wie der Arbeiteraufstand vom 16./17.6.1953 und die ökonomische Krise der DDR zu Ende der 50er Jahre zeigten, nicht unbegründet.

4. Entspannungsbemühungen (1961-1969)

Durch den Bau der Berliner Mauer und die Errichtung von kaum überwindbaren Grenzanlagen im August 1961 gelang es der Führung der DDR, ihr wirtschaftliches und politisches System zu stabilisieren. Gleichzeitig leiteten die beiden Weltmächte, auch im Gefolge der Berlin- und Kuba-Krise, Bemühungen um eine Entspannung zwischen den Blöcken ein. Diese veränderten Rahmenbedingungen mußten sich auch auf die Deutschlandpolitik auswirken. Als erster bundesdeutscher Politiker propagierte *E. Bahr* im Juli 1963 einen „Wandel durch Annäherung". *W. Brandt* leitete zunächst als Regierender Bürgermeister von Berlin und dann seit 1966 als Bundesaußenminister in der Großen Koalition eine Politik der „kleinen Schritte" in der Deutschlandpolitik ein, durch die die menschlichen Folgen der staatlichen Teilung D.s gemildert werden sollten. So wurde im Dezember 1963 ein Passierscheinabkommen ausgehandelt, das den Westberlinern erstmals seit dem Mauerbau wieder einen Besuch ihrer Verwandten und Freunde in Ost-Berlin ermöglichte. Die → Bundesregierung der Großen Koalition bemühte sich in der zweiten Hälfte der 60er Jahre um Verständigung mit der Sowjetunion und den übrigen osteuropäischen Staaten. Der DDR verweigerte sie jedoch weiterhin die Anerkennung, erklärte sich aber zu informellen Kontakten bereit. So waren die 60er Jahre auch in der Deutschlandpolitik eine Zeit des Suchens nach neuen Lösungen.

5. Neue Deutschlandpolitik (1969-1982)

Die Übernahme der Bundesregierung durch eine SPD-FDP-Koalition im Oktober 1969 leitete eine Wende in der Deutschlandpolitik ein. Bundeskanzler *Brandt* erkannte in der Regierungserklärung erstmals die DDR an, auch wenn er an der Einheit der deutschen Nation festhielt: „Auch wenn zwei Staaten in Deutschland existieren, sind sie doch füreinander nicht Ausland". Die sozialliberale Bundesregierung ging von den realen Verhältnissen in Deutschland aus, um diese schrittweise zu verändern. Die DDR-Führung hingegen hielt zunächst an ihrer Maximalforderung einer völkerrechtlichen Anerkennung fest und ging erst auf Druck der Sowjetunion und nach Ablösung *Ulbrichts* durch *E. Honecker* auf die Verhandlungs- und Kompromißbemühungen ein. Das Ergebnis war schließlich der Grundlagenvertrag vom 21.12.1972, der zum Fundament der Deutschlandpolitik in den 70er und 80er Jahren wurde. In diesem Vertrag erkannten sich die beiden deutschen Staaten staatsrechtlich an, hielten aber an einem Sonderstatus der innerdeutschen Beziehungen fest. Sie strebten weitere vertragliche Regelungen auf den Gebieten von Wirtschaft, Verkehr, Umwelt und Kultur an. Große praktische Bedeutung hatten vor allem die Vereinbarungen über den in den Jahren des Kalten Krieges immer wieder neuralgischen Transit zwischen Westdeutschland und Westberlin. Gleichzeitig stimmten die beiden deutschen Staaten in der Präambel des Grundlagenvertrages darin überein, daß sie in der Frage der Nation und der deutschen Staatsbürgerschaft (→ Staatsangehörigkeit) an ihren unterschiedlichen Auffassungen festhielten.

Nicht alle mit dem Abschluß des Grundlagenvertrages verbundenen Hoffnungen erfüllten sich. Die Enttarnung eines DDR-Spions im Kanzleramt führte 1974 nicht nur zum Rücktritt *Brandts,* sondern auch zu einem Klimasturz in den zwischen-deutschen Beziehungen. Während der BRD insbesondere an den im Grundlagenvertrag avisierten innerdeutschen Verbesserungen gelegen war, stellte die DDR vor allem die Aspekte ihrer internationalen Statusverbesserung heraus und schottete sich innenpolitisch durch eine rigorose Abgrenzungspolitik ab. So erweiterte die neue Deutschlandpolitik zwar den internationalen Handlungsspielraum beider deutschen Staaten, doch in zwischendeutscher Hinsicht war sie eher von begrenztem Erfolg.

6. Deutschlandpolitische Kontinuität (1982-1989)

Obwohl die → CDU/CSU zuvor die neue Deutschlandpolitik der sozialliberalen Koalition bis vor das → Bundesverfassungsgericht angefochten hatte, hielt sie nach ihrer Regierungsübernahme im Herbst 1982 an den Grundzügen dieser Politik fest. Zusammen mit der DDR-Führung unter *Honecker* bemühte sich die Bundesregierung unter *H. Kohl* Anfang der 80er Jahre um eine Begrenzung des Schadens, der durch die Nachrüstungskrise zwischen den Militärblöcken drohte. Als eine vertrauensbildende Maßnahme gewährte die Bundesregierung im Juni 1983 der DDR eine Bürgschaft für einen Milliardenkredit. Im Rahmen der durch den Amtsantritt *M. Gorbatschows* seit 1985 verbesserten internationalen Großwetterlage konnte schließlich im September 1987 *Honecker* als Staatsratsvorsitzender der DDR erstmals die BRD besuchen. Bei seinem Empfang in der Bundeshauptstadt Bonn bemühte sich die Bundesregierung unter *Kohl* um Konzilianz in praktischen Fragen, hielt aber entschieden an dem Wiedervereinigungspostulat des → Grundgesetzes fest. Insgesamt war die Deutschlandpolitik der Bundesregierung *Kohl* in den 80er Jahren durch Kontinuität auf der Ebene des Umgangs mit dem anderen deutschen Staat und stärkeres Beharren auf der „offenen deutschen Frage" charakterisiert.

7. Bilanz

Nicht die deutschlandpolitischen Bemühungen und Deklamationen der wechselnden Bundesregierungen, sondern die internationalen Veränderungen im Sowjetblock sowie die inneren Krisen und Protestbewegungen in der DDR haben 1989/90 zum Zusammenbruch des zweiten deutschen Staates und damit zur deutschen Vereinigung geführt. Auch wenn die Deutschlandpolitik der BRD in den 40 Jahren der Teilung das Ziel der Wiederherstellung der staatlichen Einheit D.s nicht erreichte, so trug sie doch dazu bei, daß das Zusammengehörigkeitsgefühl der Menschen in beiden deutschen Staaten nicht völlig verblaßte. Nach der staatlichen Vereinigung D.s am 3.10.1990 ist die Deutschlandpolitik als Handlungsfeld zwischen zwei Staaten und ihren Regierungen hinfällig geworden; das Zusammenwachsen Ost- und Westdeutschlands ist heute eine innenpolitische Aufgabe.

Literatur

Bleek, Wilhelm/Bovermann, Rainer (i.E.): Die Deutschlandpolitik der SPD/F.D.P.-Koalition 1969-1982. Expertise für die Enquete-Kommission „Aufarbeitung von Geschichte und Folgen der SED-Diktatur in Deutschland".

Bruns, Wilhelm 1982: Deutsch-deutsche Beziehungen. Prämissen – Probleme – Perspektiven. Opladen.

Bundesministerium für innerdeutsche Beziehungen (Hrsg.) 1967-91: Texte zur Deutschlandpolitik. Reihe I-III. Bonn.

Nawrocki, Joachim 1986: Die Beziehungen zwischen den beiden Staaten in Deutschland. Entwicklungen, Möglichkeiten und Grenzen. Berlin.

Weidenfeld, Werner/Korte, Rudolf-Karl (Hrsg.) 1993: Handbuch zur deutschen Einheit. Frankfurt/Main.

Zimmer, Matthias 1992: Nationales Interesse und Staatsräson. Zur Deutschlandpolitik der Regierung Kohl 1982-1989. Paderborn.

Wilhelm Bleek

Entwicklungspolitik

1. Zum Stellenwert von Entwicklungspolitik (EP) in D

Trotz Bedeutungsgewinn und wachsendem Rückhalt in der Bevölkerung hat die EP nur geringes Gewicht in der deutschen Politik. Wegen der nur kurzen Kolonialphase (1894-1918) waren die Beziehungen zur Dritten Welt traditionell kaum entwickelt. Vorrang in der → Außenpolitik hatte zunächst die Westbindung, seit den 70er Jahren ergänzt durch eine aktive Ostpolitik. Neben der Europapolitik stehen z.Z. die neue Rolle D.s in der Weltpolitik und die Umbrüche in den MOE-Staaten im Mittelpunkt.

Nachdem sich der Anteil der Entwicklungsländer (EL) am dt. Außenhandel von Anfang der 70er Jahre bis 1975 auf einen Spitzenwert von 25% des Umsatzes (ohne OPEC: 16%) nahezu verdoppelt hatte, sank er danach deutlich ab und liegt z.Z. (1993) bei knapp 13% (ohne OPEC: 10%). Dabei zeigt die Rangfolge der wichtigsten Handelspartner (VR China, Türkei, Taiwan, Südkorea, Hongkong), daß der Handel auf wenige Schwellenländer konzentriert ist. Abhängigkeiten gibt es bei Importen einiger Rohstoffe (z.B. Kakao 100%, Kaffee 91%, Erdöl 54%). Als Absatzmärkte sind EL mit 20% der Exporte v.a. für den Schlüsselsektor Maschinenbau bedeutsam. Drastisch verringert haben sich auch die privaten Direktinvestitionen in EL von im Schnitt 26% (1952-90) auf nur 5% (1993). Fazit: Die Dritte Welt steht weder politisch noch wirtschaftlich im Zentrum deutscher Interessen.

2. Motive, Interessen und konzeptionelle Grundlagen

Als Teil der internationalen Politik gehört EP im Rahmen staatlicher Gesamtpolitik zur Außenpolitik. Dabei fehlt wegen der Vieldeutigkeit des Begriffs ‚Entwicklung‘ eine klare Zielvorgabe. Der so bedingte Einfluß konkurrierender Motive und Interessen spiegelt sich auch in der deutschen EP. Erstmals 1956 im Bundeshaushalt verankert, prägten sie neben humanitär-karitativen Motiven besonders außen- und wirtschaftspolitische Interessen (Deutschlandpolitik, internationale Präsenz, Frieden, Export-/Rohstoffmärkte, Arbeitsplätze). Die wechselnden Akzente waren von der welt- und binnenwirtschaftlichen Lage, der internationalen Strategiedebatte, Entwicklungen in der Dritten Welt sowie der öffentlichen Meinung (Publizistik, Wissenschaft, Interessengruppen) beeinflußt. Nach der anfänglichen Dominanz der „Hallstein-Doktrin“ (Verhinderung Anerkennung DDR) und der Exportförderung, d.h. kurzfristiger Eigeninteressen, traten unter Entwicklungsminister *Eppler* (1968-74) auch längerfristige Perspektiven (Friedenssicherung) und die soziale Dimension von Entwicklung in den Vordergrund. Nach der Energiekrise gab die Regierung *Schmidt* ab 1974 erneut ökonomischen Eigeninteressen (u.a. Rohstoffversorgung) den Vorrang, stimmte ihre EP auf die wachsende Differenzierung der EL ab und profilierte sich als Hardliner in der Debatte über die Neue Weltwirtschaftsordnung (NWWO). Dem internationalen Trend folgend betonte die Regierung *Kohl* ab 1982 neben der Privatinitiative v.a. die Eigenverantwortung der EL für entwicklungsfördernde Rahmenbedingungen. Dieser (ordnungs-)politische Akzent wurde in den „Neuen politischen Kriterien“ vom Oktober 1991 festgeschrieben (Menschenrechte, polit. Beteiligung, Rechtssicherheit, Marktordnung, Entwicklungsorientierung staatl. Handelns). Angesichts globaler Herausforderungen (z.B. Umwelt/Klima, Migration) bei wachsender Interdependenz wird EP als Beitrag zur Friedens- und Sicherheitspolitik gesehen. Da D v.a. vom Austausch mit wirtschaftlich fortgeschrittenen Ländern profitiert, haben alle Bundesregierungen die wirksamere Integration der EL in die Weltwirtschaft angestrebt. Dabei haben sie ordnungspolitische Kompromißlosigkeit (z.B. bzgl. NWWO) mit selektiven Zugeständnissen (z.B. Marktöffnung) verbunden.

3. Organisationsstrukturen und Akteure

Gemäß der Pluralität der eingehenden Interessen ist EP eine multifunktionale Querschnittsaufgabe, die primär im Schnittpunkt der Außen- und Wirtschaftspolitik liegt. Darüber hinaus wirken auch die Finanz-, Forschungs-/Technologie-, Agrar- und vermehrt die → Umweltpolitik ein. Mit der Zuständigkeit für Planung, Durchführung und Evaluation der Entwicklungshilfe (EH) bildet das 1961 geschaffene Bundesministerium für wirtschaftliche Zusammenarbeit (BMZ; 1993 umbenannt in BM für wirtsch. Zusammenarbeit und Entwicklung) das organisatorische Zentrum der EP. Es diente zunächst der Koordinierung der ursprünglich beim Auswärtigen Amt (AA) und beim Wirtschaftsministerium (BMWi) angesiedelten EP. Trotz allmählicher Ausweitung seiner Kompetenzen (1964 technische, 1972 Kapitalhilfe) blieben diese begrenzt. Vereinbarungen über bilaterale Hilfe bedürfen der Zustimmung des AAs. Die Federführung für Handelsfragen und die EH der EU liegen beim BMWi, und über die Mitwirkung in IWF/Weltbank nimmt auch das Finanzministerium (BMF) Einfluß. In den für die EP zunehmend wichtigen Bereichen humanitäre Hilfe und Katastrophenhilfe, Hilfe an MOE-/GUS-Staaten und globale Umweltbelange ist das BMZ neben den federführenden Ressorts (AA, BMWi bzw. BMU) lediglich beteiligt. EP ist eine Domäne der Exekutive. Der Einfluß des → Bundestages ist gering. Durch das Fehlen eines EH-Gesetzes beschränkt sich die parlamentarische Kontrolle v.a. auf die Etatberatungen im Haushaltsausschuß. Der zuständige Fachausschuß (Ausschuß für wirtsch. Zusammenarbeit, AwZ) spielt nur eine Nebenrolle. Allerdings hat sich mehrfach gezeigt, daß es im Parlament über Parteigrenzen hinweg eine breite, aber nicht sehr einflußreiche Koalition der Entwicklungspolitiker gibt. Neben dem Bund wirken auch die Länder (v.a. Bildungssektor) und Kommunen (Städtepartnerschaften) in begrenztem Umfang mit. Da das BMZ keinen eigenen Verwaltungsunterbau hat, liegt die Durchführung der EH bei ‚verselbständigten Verwaltungseinheiten' bzw. ‚freien Trägern'. Vielfalt wie Art der Kooperation staatlicher und ‚freier' Träger sind dabei ein Spezifikum deutscher EP. Die wichtigsten Auftragnehmer des BMZ sind die „Gesellschaft für technische Zusammenarbeit" (GTZ) für die technische und die „Kreditanstalt für Wiederaufbau" (KfW) für die finanzielle Zusammenarbeit (TZ, FZ). Von der Fülle weiterer Organisationen ist v.a. der „Deutsche Entwicklungsdienst" (DED) durch sein kritisches Engagement bekannt. Im Bereich privater Organisationen sind die → Kirchen und – als deutsche Besonderheit – die (staatl. finanzierten) → Parteistiftungen besonders engagiert. Trotz des Engagements einer Vielzahl von Dritte-Welt-Gruppen blieb die gesellschaftliche Lobby der EP insgesamt schwach, und die Grundsatzkritik hat, nicht zuletzt wegen Zweifeln am Erfolg bisheriger EH, zugenommen. Das komplexe Netz der Akteure ist konfliktträchtig fragmentiert und die Steuerungskompetenz des BMZ beschränkt. (vgl. *Glagow/Schimank* 1985; *Nuscheler* 1991: 248 ff.)

4. Leistungen der EH

Die Gesamtleistungen D.s betragen z.Z. (1993) gut 25 Mrd. DM. Davon rechnen zur EH im engeren Sinne nur die vergünstigten Mittel privater Hilfsorganisationen (1,4 Mrd. DM) und der öffentlichen EH (ODA; 11,5 Mrd. DM), die nach international verbindlichen Kriterien (Zuschußelement >25%) gewährt wird. Knapp 3/4 der seit Beginn der 90er Jahre gesunkenen und z.Z. stagnierenden ODA-Mittel stammen aus dem Etat des BMZ (8,3 Mrd. DM; Einzelplan 23). Mit 0,36% des BSP liegt ihr Anteil knapp unter dem Durchschnitt der IL (0,37%), bei etwa der Hälfte des international vereinbarten 0,7%-Ziels. Bilateral wurden 65% der EH an mehr als 170 Länder vergeben, multilateral 35%. Regional erhielt Asien 33,6% der Zusagen, Afrika 29,9%, Amerika 13,8% und Europa 11,8%. Auf die ärmsten Länder (LDC) entfielen 20,8%. Hauptempfänger dt. EH sind z.Z. (in Rangfolge der Beträge): Ex-Jugoslawien, Indonesien, VR China, Indien und Peru (1950-93: Indien, Israel, Ägypten, Türkei, Indonesien). Sektoral stehen – zumindest als Zielvorgabe – Armutsbekämpfung, Umweltschutz und Bildung/Ausbildung im Vordergrund. Die multilaterale Hilfe enthält neben Zuwendungen an IWF/ Weltbank und regionale Entwicklungsbanken Beiträge an UN-Organisationen und v.a. die EU (dt. Anteil an EU-Hilfe: 26%). Hinsichtlich der Konditionen der EH ist v.a. die – auch international verstärkt eingesetzte – Mischfinanzierung (Kombination öffentlicher und privater Mittel) umstritten. Dem Argument, daß so trotz leerer öffentlicher Kassen die Gesamtmittel gesteigert werden könnten, halten Kritiker entgegen, daß faktisch die Lieferbindung ausgeweitet und die Priorität auf kommerziell attraktive Projekte verlagert werde. Der Einfluß privater Geldgeber wird auch durch den Übergang vom Antrags- zum Angebotsprinzip bzgl. der Projektinitiative erhöht. Vergleicht man zusammenfassend die ODA-Mittel z.B. mit der Rohstoff- bzw. Fertigwareneinfuhr aus EL (1992: 15 bzw. 39Mrd.) dann relativieren sich Stellenwert und Größenordnung der EH.

5. Perspektiven

Die auf „antiimperialistische Solidariät“ gegründete, v.a. für den Systemkonflikt zwischen Sozialismus und Kapitalismus instrumentalisierte EH der DDR konzentrierte sich auf wenige, mehrheitlich sozialistisch orientierte Länder (vgl. *Spanger/ Brock* 1987). Nach eingehender Prüfung durch das BMZ wurde eine Vielzahl begonnener Projekte weitergeführt.

Die dt. EP befindet sich z.Z. in einer Umbruchphase. Seit dem Ende des Ost-West-Konflikts ist EP von ideologischen und geostrategischen Zwängen entlastet. Zugleich bewirken die Transformationsprozesse in den MOE-/GUS-Staaten eine Ost-Süd-Konkurrenz um Kapitaltransfers und andere westliche Hilfe. In D, das sich für diese Länder besonders engagiert, geht dies zu Lasten traditioneller Hilfeempfänger. Weitere Beschränkungen ergeben sich aus dem enormen Kapitalbedarf zur Finanzierung der dt. Einheit. So hat der Haushaltsausschuß im November 1993 – übrigens ohne jegliche Vorabstimmung mit dem AwZ – drastische Mittelkürzungen diktiert und v.a. eine deutliche Reduzierung der Zahl der Projekte und Empfängerländer angemahnt. Gleichzeitig erhöhen sich jedoch die Anforderungen an eine zukunftsorientierte EP. Umweltzerstörungen, drohende Klimakatastrophen, Bevölkerungswachstum, Drogenhandel, Flüchtlingsströme sowie Bürgerkriege und Chaos in manchen Teilen der Welt bedrohen die natürlichen Lebensgrundlagen und gefährden die globale Stabilität. Zumindest unter Entwicklungspolitikern besteht daher Konsens, daß EP als Querschnittsaufgabe gestärkt werden muß. Teilweise kontrovers ist der Weg. Entsprechende Vorschläge reichen u.a. von der Auflösung des BMZ und der Anbindung der EP ans AA über die Forderung nach Kompetenzausweitung des BMZ, einem EP-Gesetz, Einführung einer „Entwicklungsverträglichkeitsprüfung“, Schaffung eines „Entwicklungspolitischen Kabinetts“ oder Einrichtung einer „Globalen Strukturpolitik“ als Chefsache beim Bundeskanzler. Weitgehend unumstritten sind die Notwendigkeit zur Konzentration der Mittel und zur Steigerung der Durchführungseffizienz sowie die politischen Vergabekriterien, deren konsequente Anwendung allerdings teils fraglich ist (z.B. EH an VR China). Eher strittig ist die „richtige Mischung“ staatlicher und privater Initiativen sowie der Anteile von bi- bzw. multilateraler EH. Die eigentliche Herausforderung an die EP ist langfristiger Natur. Das durch den RIO-Gipfel 1992 (UNCED) aufgewertete Konzept der „nachhaltigen Entwicklung“ stellt auch das westliche Entwicklungsmodell in Frage. Die Bereitschaft zur Umorientierung im eigenen Land wird so wesentlich mit darüber entscheiden, welchen Beitrag D zur gerechteren Verteilung von (Über-)Lebenschancen und Ressourcen in der „einen Welt“ leistet, wobei es nicht zuletzt um die Verhinderung von Umweltkatastrophen und Armutswanderungen in ungekanntem Ausmaß geht.

Literatur

BMZ (Hrsg.): Journalisten-Handbuch Entwicklungspolitik. Bonn. (verschiedene Jahrgänge).

Bodemer, Klaus 1985: Programmentwicklung in der Entwicklungspolitik der Bundesrepublik Deutschland, in: Nuscheler, Franz (Hrsg.): Dritte Welt-Forschung. Entwicklungstheorie und Entwicklungspolitik. Opladen.

Glagow, Manfred/Schimank, Uwe 1985: Politisch-administrative Strukturen deutscher Entwicklungspolitik, in: Nuscheler, Franz (Quelle s.o., Bodemer 1985).

Nuscheler, Franz ³1991: Lern- und Arbeitsbuch Entwicklungspolitik. Bonn.

Spanger, Hans-Joachim/Brock, Lothar 1987: Die beiden deutschen Staaten in der Dritten Welt. Opladen.

Wissenschaftlicher Beirat beim BMZ 1992: Grundsätze und Schwerpunkte der deutschen Entwicklungszusammenarbeit in den 90er Jahren. München u.a.

Andreas Langmann

Europapolitik

1. Das Spannungsverhältnis zwischen deutscher Einheit und europäischer Integration

Das → Grundgesetz der BRD setzte zwei – sich im Ost-West-Konflikt ausschließende – politische Zielvorstellungen, nämlich die Vollendung der deutschen Einheit und die europäische Einigung. In der Präambel des Grundgesetzes wurde als nationaler Verfassungsauftrag formuliert, „die nationale und staatliche Einheit zu bewahren und als gleichberechtigtes Glied in einem vereinten Europa dem Frieden in der Welt zu dienen“. Art. 24 GG sieht die Übertragung von Hoheitsrechten auf zwischenstaatliche Einrichtungen vor, wobei der Bund in die Beschränkungen seiner Hoheitsrechte einwilligen kann, „die eine friedliche und dauerhafte Ordnung in Europa zwischen den Völkern der Welt herbeiführen und sichern“. Auch in den außenpolitischen Grundsatzverträgen der BRD wie z.B. dem Deutschlandvertrag von 1955 wurde sowohl die europäische Dimension als auch die Einheitsdimension verankert.

2. Die BRD und der Integrationsprozeß

Die BRD gehörte zu den Gründungsmitgliedern der (west)europäischen Organisationen, da sie im Integrationsprozeß eine gute Möglichkeit zur Erringung der Gleichberechtigung und Souveränität erblickte, während die anderen Gründungsmitglieder in der Integration eine gute Chance zur Einbindung des neuen deutschen westdeutschen Teilstaats sahen. Damit sollte sowohl das politische als auch das ökonomische Potential der BRD durch Einbindung unter Kontrolle gehalten werden können. So wurde 1951 die Europäische Gemeinschaft für Kohle und Stahl (EGKS) von Frankreich, Italien, den Benelux-Staaten und der BRD mit dem Ziel gegründet, alle Zölle, Kontingente, Sondertarife im Bereich von Kohle und Stahl abzubauen. 1957 folgte die Gründung der Europäischen Wirtschaftsgemeinschaft (EWG) und der Europäischen Atomgemeinschaft (EURATOM). Die EWG verfolgte das Ziel, einen gemeinsamen Markt sowie eine Zollunion zu realisieren sowie bestimmte Politiken (Landwirtschafts-, Handels- und Verkehrspolitik) zu vergemeinschaften. Der Integrationsprozeß verlief trotz zeitweiliger Regression, besonders zu Zeiten des französischen Präsidenten *de Gaulle* in der zweiten Hälfte der 60er Jahre, insgesamt erfolgreich und führte zu einem enormen ökonomischen Wachstum in der Gemeinschaft. Die EWG erweiterte sich 1973 um Großbritannien, Irland und Dänemark. 1981 stieß Griechenland dazu und 1986 wurde durch die Neumitgliedschaft Spaniens und Portugals die Süderweiterung abgeschlossen. Zum 1.1.1995 folgte die zweite Norderweiterung um die Länder Finnland und Schweden sowie um Österreich.

Die BRD hat durch die EG-Mitgliedschaft erheblich profitiert. In der Anfangsphase des Integrationsprozesses profitierte die BRD zunächst durch die Gleichberechtigung. Indem die BRD auf Souveränität, die sie nicht besaß (bis 1955), verzichtete, erwarb sie in der EGKS die Gleichberechtigung. Die BRD steigerte paradoxerweise ihre Souveränität mit fortschreitender Integration, was aber gleichzeitig zu einer Vertiefung der deutschen Spaltung führte. Durch die Mitgliedschaft in den Europäischen Gemeinschaften sicherte sich die BRD wirtschaftliche Sicherheit durch Zusammenarbeit. Als rohstoffarmes Land war die BRD und ist D auf eine ausreichende Versorgung mit Rohstoffen angewiesen, die sie mit Hilfe der EG/EU aufgrund ihrer besseren Position als wichtiger überragender internationaler Wirtschaftsakteur besser erreichen kann. Auch hat sich der Stellenwert und damit das weltpolitische Gewicht der BRD durch die EG-Mitgliedschaft erhöht. Außerordentlich bedeutsam war die EG und ist die EU als Exportmarkt. Da D, absolut gesehen, am meisten in die EU-Staaten exportiert, erlangt sie durch die Zollfreiheit innerhalb der EU die größten Vorteile aller EU-Staaten. Auch in Zeiten wirtschaftlicher Rezession wurden durch die übrigen EG-Staaten keine Einfuhrbeschränkungen vorgenommen und somit der BRD zu Exporterfolgen verholfen. Schließlich stellte sich die EG als eine „Sicherheitsgemeinschaft" dar, was insbesondere für einen Staat, der an der Peripherie des westlichen Systems und an der Grenze zum sozialistischen System mit der Exklave Berlin gelegen war, von kaum zu unterschätzender Bedeutung war. Auch hat die EG die bundesdeutsche Rechtsauffassung über Berlin geteilt und die Berlinpolitik der → Bundesregierung unterstützt, so daß die Römischen Verträge auch für Berlin (West) galten. Ein weiterer Vorteil für die BRD war die – zuweilen auch widerwillige – Akzeptanz der Vertragspartner, den innerdeutschen Handel als wichtigste wirtschaftliche Klammer zu akzeptieren. So wurden auf den deutsch-deutschen Handel keine Zölle erhoben. Natürlich mußte die BRD für diese Vorteile auf Teile ihrer Souveränität verzichten, und in bezug auf die Nettozahlungen für die EG leistete die BRD die höchsten Beiträge; doch insgesamt überwogen die Vorteile einer Mitgliedschaft bei weitem die Nachteile.

3. EG und deutsche Einheit

Mit der deutschen Einigung veränderten sich auch die demographischen, ökonomischen und politischen Parameter innerhalb der EG/EU. D stellt nun mit mehr als 80 Mio. Einwohnern fast ein Viertel aller EU-Bürger, verfügt nun über fast 25% des Bruttosozialprodukts der EU-Staaten und hat sein Haupthandicap, die Teilung, überwunden. Somit stellt sich auch das Problem der Repräsentanz der neuen → Bundesländer in der EG/EU. Im Europäischen Parlament (EP) sind die neuen Länder mit 18 Abgeordneten vertreten, die seit den 4. Direktwahlen 1994 die gleichen Rechte wie die übrigen Mitglieder des EP haben. In den anderen Organen hat sich hinsichtlich der Zusammensetzung keine Änderung ergeben.

Die Politik der EG, vertreten insbesondere durch EG- Kommissionspräsident *Delors*, zielte auf eine enge Einbindung Deutschlands. Gegenüber dem größer gewordenen D gab es unterschiedliche Befürchtungen: einmal, daß das vereinte D nicht mehr solch ein Interesse an der EG zeigen könnte wie die BRD und sich nach Mittel-/Osteuropa wenden könnte, zum anderen, daß das neue D die EG zu sehr dominieren könnte und schließlich zum dritten, daß durch die Kosten der deutschen Einheit Gefahren für die weitere Existenz der EG als Organisation entstehen könnten.

Auch für das vereinte D bedeutet die EU-Mitgliedschaft ein vitales Interesse, denn die Einbindung D.s in die EU liegt ebenfalls im eigenen Interesse. Auf diese Weise erreicht man eine gegenseitige Bindung in einer multilateralen Sicherheits- und Wertegemeinschaft und kann die weitere Entwicklung EU-Europas entscheidend mitbeeinflussen und darüber hinaus von dem 1993 in Kraft getretenen Binnenmarkt außerordentlich profitieren. Bereits auf dem Europäischen Rat in Straßburg vom Dezember 1989 begrüßten die Staats- und Regierungschefs der EG das Streben der Deutschen, die Einheit und → Wiedervereinigung in Frieden und Freiheit zu erreichen, erklärten aber gleichzeitig auch, daß der deutsche Einigungsprozeß in den europäischen Integrationsprozeß eingebettet sein sollte. Die Konzeption der Bundesregierung zielte auf eine Verbindung von europäischer Integration und deutscher Einheit. So wurde am 18. April 1990 eine Initiative von Präsident *Mitterrand* und Bundeskanzler *Kohl* zur Vertiefung der EG gestartet, die auch als Beruhigung gegen ein eventuelles Abdriften der Deutschen aus dem Integrationsprozeß gewertet werden sollte. Der deutsch-französische Vorschlag zielte auf neue Kompetenzen der Europäischen Gemeinschaft in den Bereichen Umweltpolitik, Gesundheits- und Verbraucherschutz, in der Sozial- und Energiepolitik sowie in Forschung und Technologie. Ebenfalls wurde auf eine gemeinsame Außen- und Sicherheitspolitik gezielt. Noch deutlicher wurde das gemeinsame deutsch-französische Vorgehen im Vorfeld des Maastrichter Gipfels, als im Oktober 1991 ein deutsch-französischer Vorschlag zur Vertiefung der europäischen Integration vorgelegt wurde, der auch die Sicherheitspolitik umfassen sollte.

Die neuen Bundesländer wurden durch den Beitritt der DDR automatisch Mitglied der EG; jedoch wurde die Übernahme der EG-Rechtsvorschriften für sie schrittweise geplant. Rund 200 Rechtsakte wurden mit der Realisierung der deutsch-deutschen Wirtschafts- und Währungsunion übernommen. Mit der Verwirklichung der Einheit am 3.10.1990 galt das gesamte Primärrecht der EG, also die Verträge, sowie etwa 80% des daraus abgeleiteten Gemeinschaftsrechts unmittelbar. Ausnahmeregelungen wurden vor allem für die Bereiche Landwirtschaft, Verkehr und Arbeitsschutz, Binnenmarkt und Umwelt für den Zeitraum bis zum 31.12.1992 erlassen. Längerfristige Ausnahmen im Umwelt- und Arzneimittelrecht sowie für tier- und pflanzenhygienische Bestimmungen sollen bis spätestens zum 31.12.1995 abgelöst werden. Aufgrund der maroden wirtschaftsstrukturellen Lage hat die EG/EU aus ihrem Strukturfonds bis 1993 für die neuen Bundesländer 6,2 Mrd. DM für Investitionen in den Bereichen wirtschaftliche Infrastrukturen, Telekommunikation und Energieversorgung sowie zum Umweltschutz bereitgestellt. Außerdem stellt die Europäische Investitionsbank zinsgünstige Kredite für die neuen Länder zur Verfügung. Für die Zeit zwischen 1994 und 1999 werden aus den Strukturfonds der EU Finanzmittel in Höhe von 27 Mrd. DM in die neuen Länder transferiert werden, um die Veränderung der Infrastruktur und produktive Investitionen zu unterstützen.

4. Deutsche Europapolitik in den 90er Jahren

Auch nach der Vereinigung besteht kein Zweifel daran, daß sich die Außenpolitik D.s primär am politischen Gravitationszentrum Europäische Union ausrichten wird. Im neuen Grundgesetzartikel 23 bekennt sich D faktisch zur im Maastrichter Vertrag niedergelegten Europäischen Union, wenn es dort heißt: „Zur Verwirklichung eines vereinten Europas wirkt die Bundesrepublik Deutschland bei der Entwicklung der Europäischen Union mit, die demokratischen, rechtsstaatlichen, sozialen und föderativen Grundsätzen und dem Grundsatz der Subsidiarität verpflichtet ist und einen diesem Grundgesetz im wesentlichen vergleichbaren Grundrechtsschutz gewährleistet. Der Bund kann hierzu durch Gesetz mit Zustimmung des Bundesrates Hoheitsrechte übertragen ...".

Neben der ökonomischen Interdependenz als Lebensgrundlage zukünftigen Wohlstands und der Tatsache, daß Deutschland seine Produkte vor allem in Länder liefert, die gekennzeichnet sind durch politische Stabilität, Rechtssicherheit, eine differenzierte Infrastruktur, qualifizierte Arbeitskräfte, anhaltende Produktivitätssteigerungen in allen Sektoren mit der Folge entsprechender breitenwirksamer Einkommenssteigerungen und nachfragestarker Binnenmärkte, hohe Investitionseffizienz und eine sich schrittweise aufbauende Wettbewerbsfähigkeit auf schwierigen internationalen Märkten sowie den europapolitischen Normen des Grundgesetzes, spricht auch die Logik des Multilateralismus für die Fortsetzung der Integrationspolitik im nationalen Interesse. Die EG war und die EU ist nicht nur eine, sondern die einzige Stabilitätsgemeinschaft in Europa, auf die große Hoffnungen nicht nur von ihren Mitgliedern, sondern vor allem von den beitrittswilligen Staaten in Nord-, Mittel- und Osteuropa gesetzt werden. In einem internationalen System, das immer mehr durch Regionalismus und Multipolarität gekennzeichnet ist, wäre es auch für einen Staat wie das vereinte D allein nicht länger möglich, seine Interessen erfolgreich wahrzunehmen. Dies kann nur in der Gemeinschaft erfolgen. Aber nicht nur die ökonomische Interdependenz mit der Gemeinschaft läßt die weitere Mitarbeit in dieser einmaligen supranationalen Organisation der Welt als geraten erscheinen, sondern vor allem auch die politischen Vorteile, die die Bundesrepublik ebenso aus der Mitgliedschaft in dieser EG zog wie auch Deutschland sie heute erwirbt. Das bedeutet, daß auch in Zukunft die EU dem deutschen Ziel der Wahrnehmung nationaler Interessen durch Multilateralisierung und Integrationsbereitschaft entspricht. Somit bindet auch in Zukunft die EU Deutschland als mögliche Führungsmacht ein, bietet ihm aber auch den Rahmen zu optimaler Verfolgung bzw. Verwirklichung seiner außenpolitischen Grundinteressen.

Allerdings gibt es auch zwischen einzelnen EU-Mitgliedern Interessenunterschiede hinsichtlich der zukünftigen Entwicklung der EU. Während D für eine schnelle Aufnahme mitteleuropäischer Länder wie Polen, die Slowakei, Tschechien und Ungarn plädiert, um die Wohlstandsgrenze an seinem östlichen Territorium (→ Staatsgebiet) zu verringern, will Frankreich zunächst eine Stabilisierung der Union nach der zum 1.1.1995 erfolgten Erweiterung um Österreich, Finnland und Schweden. Während die Deutschen eine Konzeption der Erweiterung und Vertiefung verfolgen, favorisieren die meisten französischen Politiker die Vertiefung. Für die 1996 geplante Überprüfungskonferenz des Maastrichter Vertrages muß D eine stringente Europakonzeption vorlegen, wenn es den Fortgang der Integration nachhaltig beeinflussen will.

Literatur

Fritsch-Bournazel, Renata 1991: Europa und die deutsche Einheit. Bonn.

Hrbek, Rudolf/Wessels, Wolfgang (Hrsg.) 1984: EG-Mitgliedschaft: Ein vitales Interesse der Bundesrepublik Deutschland? Bonn.

Kommission der Europäischen Gemeinschaften 1990: Die Europäische Gemeinschaft und die deutsche Vereinigung. Bulletin der Europäischen Gemeinschaften. Beilage 4/1990. Luxemburg.

Platzer, Hans-Wolfgang/Ruhland, Walter 1994: Welches Deutschland in welchem Europa. Demoskopische Analysen, politische Perspektiven, gesellschaftliche Kontroversen. Bonn.

Weidenfeld, Werner u.a. 1991: Die doppelte Integration: Europa und das größere Deutschland. Gütersloh.

Weidenfeld, Werner/Wessels, Wolfgang (Hrsg.) 1980ff.: Jahrbuch zur Europäischen Integration 1980ff. Bonn.

Woyke, Wichard 1989: Die europäische Gemeinschaft. Entwicklung und Stand. Ein Grundriß. Opladen.

Wichard Woyke

Extremismus

1. Definition

Der politische Extremismus (E.) zeichnet sich dadurch aus, daß er den demokratischen Verfassungsstaat ablehnt und beseitigen will. Alle Varianten des E. negieren demzufolge die Pluralität der Interessen, das damit verbundene Mehrparteiensystem und das Recht auf → Opposition. Der E. ist gekennzeichnet durch die Identitätstheorie der Demokratie, durch Freund-Feind-Stereotypen, durch ein hohes Maß an ideologischem Dogmatismus und in der Regel durch ein Missionsbewußtsein: Wer vom Glauben an ein objektiv erkennbares und vorgegebenes Gemeinwohl beseelt ist und sich im Besitz vermeintlich objektiver Gesetzmäßigkeiten wähnt, kann die Legitimität unterschiedlicher Meinungen und Interessen schwerlich dulden. Meistens ist auch die Akzeptanz von Verschwörungstheorien für extremistische Bestrebungen charakteristisch: Der eigene Mißerfolg wird mit der Manipulation finsterer Mächte erklärt. Der Begriff E. ist für antidemokratische Ideologien und Bewegungen besser geeignet – weil weniger konnotativ vorbelastet – als der des Radikalismus, welcher in der BRD in den ersten zwei Jahrzehnten für extremistische Bestrebungen weite Verbreitung gefunden hat und heute teilweise immer noch synonym gebraucht wird.

Die Formen des E. sind höchst vielfältig: So kann man nach der Art der eingesetzten Mittel ebenso unterscheiden wie nach den politischen Zielen. Wer politische Gewalt systematisch einsetzt, ist ein Terrorist. Am anderen Ende des politischen E. steht der Befürworter strikter Legalitätstaktik. Er bewegt sich im Rahmen der Legalität und verwirft Gewaltanwendung. Dazwischen sind jene Positionen angesiedelt, die Gewalt prinzipiell begrüßen, sie aber in der Praxis aus taktischen Gründen vorerst ablehnen. Die Antwort auf die Gewaltfrage ist damit kein trennscharfes Kriterium für die Abgrenzung von E. und Demokratie. Die Konzeption der streitbaren Demokratie, entstanden nicht zuletzt als Reaktion auf die Diktatur des Nationalsozialismus, sieht in der Gewalt kein unerläßliches Merkmal des E. Es gibt nicht nur verfassungsfeindliche Methoden, sondern auch verfassungsfeindliche Ziele. Wer Gewalt zur Durchsetzung politischer Ziele ausübt, ist ein Extremist; aber nicht jeder, der keine Gewalt anwendet, muß schon ein Anhänger des demokratischen Verfassungsstaates sein.

Was die politische Zielsetzung angeht, so wird gemeinhin zwischen dem Links- und dem Rechtsextremismus differenziert. Mit Linksextremismus ist jene Spielart des E. gemeint, die alle Übel des „Systems" in der Struktur der „kapitalistischen Klassengesellschaft" sieht. Unter Rechtsextremismus versteht man einen häufig mit Ausländerhaß verbundenen fanatischen Nationalismus. Während der E. von rechts das Prinzip menschlicher Fundamentalgleichheit ablehnt, stellt der E. von links dies – jedenfalls in der Theorie – nicht in Frage. Obwohl rechts- und linksextremistische Bestrebungen, die sich jeweils wieder in unterschiedliche Richtungen aufspalten, einander heftig bekämpfen, benötigen ihre Repräsentanten sich gegenseitig: Die Warnung vor dem Linksextremismus nimmt bei Rechtsextremisten einen überdimensionalen Raum ein. Vice versa gilt das ebenso. Auf diese Weise versucht man die Existenzberechtigung der eigenen Richtung nachzuweisen.

2. Rechts- und Linksextremismus in D

Der organisierte Linksextremismus ist nach der weltweiten Agonie des Kommunismus im allgemeinen und dem Zusammenbruch des „real-existierenden Sozialismus" in der DDR im besonderen in eine schwere Krise geraten. Nach dem Verfassungsschutzbericht von 1993 gehörten – ohne die neuen Bundesländer – nur 28800 Personen linksextremistischen und 12200 linksextremistisch beeinflußten Organisationen an. Mitte der 70er bis Mitte der 80er Jahre lag ihre Zahl bei ca. 150000. Die → PDS mit ihren inzwischen nur noch 124000 Mitgliedern (Stand Januar 1994) wird vom Verfassungsschutz allerdings nicht als linksextrem apostrophiert, obwohl eine Reihe gewichtiger Indizien für eine solche Charakterisierung spricht: Die Absage an den „realen Sozialismus" ist nicht prinzipieller Natur, der Erneuerungsprozeß mehr taktisch bedingt. Sie zog 1994 – wie bereits 1990 – wieder an den Deutschen Bundestag ein. Der Deutschen Kommunistischen Partei (DKP), die vom „real existierenden Sozialismus" der DDR ideologisch und finanziell abhängig war und nach wie vor kommunistische Prinzipien verficht, sind nur noch ca. 6000 Mitglieder verblieben. Die Sozialistische Einheitspartei Westberlins (SEW), die sich im April 1990 in die Sozialistische Initiative (SI) umbenannt hatte, löste sich zum 30.6.1991 auf. DKP-beeinflußte Organisationen sind nach dem Zusammenbruch der DDR in eine schwere Krise geraten – nicht zuletzt wegen der finanziellen Praktiken, welche die Abhängigkeit von der SED ans Licht brachten. Andere linksextreme, nicht der DKP nahestehende Gruppierungen wurden ebenfalls von heftigen Krisen heimgesucht und lösten sich zum Teil gar auf, wie das für die stark sektiererisch ausgerichtete „Marxistische Gruppe" (MG) zutrifft. Den stärksten Einfluß innerhalb des linksextremistischen Spektrums spielen die weder zentral organisierten noch ideologisch einheitlich orientierten sogenannten „Autonomen“, die mit militant-gewalttätigen Aktionen aufwarten. Ihnen sind mindestens 5000 Personen zuzurechnen.

Die verschiedenen Richtungen des Rechtsextremismus haben von der → Wiedervereinigung nicht in dem erhofften Maße profitieren können. Immerhin gehören nach dem Verfassungsschutzbericht von 1993 in den alten und den neuen Bundesländern insgesamt 41500 Personen rechtsextremistischen Organisationen an, wobei die Partei der → Republikaner (REP) mit ihren etwa 23000 Mitgliedern insgesamt nicht als rechtsextremistisch firmiert – trotz verschiedener Anhaltspunkte. Die REP erreichten bei der Bundestagswahl 1994 1,9 Prozent der Stimmen. In den 70er und 80er Jahren lag die Zahl der organisierten Rechtsextremisten bei etwa 20000. Die stärkste Partei bildet mit 26000 Mitgliedern die locker gefügte „Deutsche Volksunion – Liste D“ (DVU-Liste D) um den Herausgeber der „Deutschen National-Zeitung“, G. *Frey*. Sie zog 1991/92 in die Parlamente von B. und S.H. ein. Ideologisch steht ihr die organisatorisch gefestigtere Nationaldemokratische Partei Deutschlands (NPD) nahe (5000 Mitglieder), die in der zweiten Hälfte der 60er Jahre in mehrere Landtage gekommen war. Diese beiden rechtsextremistischen Parteien sind nicht genuin neonationalsozialistisch orientiert. Der Neonationalsozialismus ist in mehrere kleine Gruppen aufgesplittert und – ungeachtet seiner Resonanz bei Gegnern – mit etwa 1500 Personen politisch bedeutungslos. *M. Kühnen* war bis zu seinem Tode im Jahre 1991 innerhalb der neonationalsozialistischen Szene die – umstrittene – Führerfigur. In den 90er Jahren wurde – wie auch schon in den 80er Jahren – eine Reihe von extremistischen Vereinigungen verboten (insgesamt acht), zuletzt die „Freiheitliche Deutsche Arbeiterpartei“ (Februar 1995), nachdem das Bundesverfassungsgericht der FAP, gegen die 1993 ein Verbotsantrag gestellt worden war, den Parteistatus absprach – wegen mangelnder Ernsthaftigkeit der Zielsetzung. In den neuen Bundesländern hat die rechtsextremistische Subkulturszene mit gewalttätigen Aktionen gegen Asylbewerber immer wieder von sich reden gemacht. Brand- und Sprengstoffanschläge sind seit den neunziger Jahren stark angestiegen. Die Angaben über die Zahl der rechtsextremistisch orientierten, meist jugendlichen Skinheads gehen wegen der strukturarmen Zusammenschlüsse weit auseinander. Der Verfassungsschutz nennt für das Jahr 1993 die Zahl von 5600 Personen. Man könnte sie als rechte „Autonome“ bezeichnen, weil es strukturelle Analogien zu dem Pendant von links gibt.

3. Vergleich und Perspektiven

Im Vergleich zur rechten Variante des E. ist die linke in der BRD bisher stärker gewesen, zumal die DDR einen ideologischen, organisatorischen und finanziellen Rückhalt bot. Allerdings war die Existenz der DDR für die extreme Linke nicht nur von Vorteil: Wer sich an ihr orientierte, machte sich unglaubwürdig. Das Gefahrenpotential des politischen E. mißt sich an verschiedenen Kriterien. Zu den wichtigsten gehören die Wahlerfolge, der Organisationsgrad, die Art der Ideologie, der extremistische Handlungsstil, die in der Bevölkerung verbreiteten extremistischen Einstellungen sowie die verschiedenen Möglichkeiten extremistischer Infiltration. Während die extreme Linke im intellektuellen Milieu durchaus über gewissen Einfluß verfügt(e), dürfte das rechtsextreme Einstellungspotential bei Teilen der breiten Bevölkerung stärker zu mobilisieren sein, wie die passive Unterstützung bei Ausschreitungen und Krawallen gegen Asylsuchende zeigt.

Was die Perspektiven angeht, so hat nicht nur der Zusammenbruch der DDR die Aussichtslosigkeit aller Formen des politischen E. verdeutlicht. Auch wenn die Einheitlichkeit der Lebensverhältnisse in beiden Teilen noch länger auf sich warten läßt, dürfte dieser Umstand allenfalls kurzfristig Wasser auf die Mühlen der verschiedenen Formen des E. leiten. Dieser sucht den Eindruck hervorzurufen, der demokratische Verfassungsstaat müsse vor den drängenden Problemen der Gegenwart kapitulieren – sei es Arbeitslosigkeit, sei es Asylpolitik. Die politische Kultur in der BRD scheint so gefestigt, daß die Gefahr extremistischer Erfolge auf längere Dauer kleiner geworden ist, mag auch die Zunahme der Liberalität – ein charakteristisches Indiz des Wandels der politischen Kultur – insofern ambivalent sein, als sie Erosionstendenzen gegenüber dem E. begünstigt, zumal den von links. Aber eine offene Gesellschaft wie die BRD ist dadurch in ihrer Stabilität nicht gefährdet, wenngleich sich die Gewalt durch das gegenseitige „Bekriegen" linker und rechter Chaoten aufschaukeln könnte.

Literatur

Backes, Uwe 1989: Politischer Extremismus in demokratischen Verfassungsstaaten. Elemente einer normativen Rahmentheorie. Opladen.

Backes, Uwe; Jesse, Eckhard (Hrsg.) 1989ff.: Jahrbuch Extremismus & Demokratie. Bonn.

Backes, Uwe; Jesse, Eckhard [4]1995: Politischer Extremismus in der Bundesrepublik Deutschland. Bonn.

Dudek, Peter; Jaschke, Hans-Gerd 1989: Entstehung und Entwicklung des Rechtsextremismus in der Bundesrepublik. Zur Tradition einer besonderen politischen Kultur. 2 Bde. Opladen.

Moreau, Patrick; Lang, Jürgen 1994: Was will die PDS? Frankfurt/M.

Stöss, Richard (Hrsg.) 1983/84: Parteien-Handbuch. Die Parteien der Bundesrepublik Deutschland 1945 bis 1980. 2 Bde. Opladen.

Eckhard Jesse

Familienpolitik

Das erklärte Ziel der Familienpolitik ist es, Bedingungen zu schaffen, die eine Entscheidung für das Leben in der Familie, für Kinder und für eine Tätigkeit im Haus und in der Familie nicht länger gegenüber anderen Entscheidungen benachteiligen; und zwar in allen Fällen unter Beachtung des Solidaritäts- und → Subsidiaritätsprinzips. Der Familienbegriff ist keineswegs eindeutig, weil er einmal Familie als Verwandtschaft, ein anderes Mal Familie als kleinste Lebensgemeinschaft von Erwachsenen und Kindern meint. Heute haben wir es mit der nicht mehr zu reduzierenden Kernfamilie im Sinne der Zwei-Generationen-Familie zu tun, die sich als relativ stabil erwiesen hat, wenn auch seit Ende der 60er Jahre neue Probleme der Familie deutlich wurden. Sie zeigen sich z.B. an der steigenden Zahl unehelicher Kinder, an wachsenden Scheidungsraten, an alternativen Lebensformen wie etwa der Kommunenbewegung und an der Problematisierung der Frauen- und Kinderrolle. Diese Probleme führten zu einer Ausweitung des Familienbegriffs und damit zu einer Ausdehnung des familienpolitischen Objektbereichs, in dem heute nicht mehr nur die vollständige, sondern auch die unvollständige Familie anerkannt wird. Diesen Veränderungen in bezug auf die Vorstellung von der Familie trägt im übrigen auch der dritte Familienbericht der → Bundesregierung Rechnung (Familienbericht 1979). Danach wird Familie als eine durch Geburt oder Adoption von Kindern bestehende biologische oder soziale Kleingruppe zusammenlebender Menschen definiert, wobei solche Kleingruppen als „Normalfamilien" bezeichnet werden

(Familienbericht 1979: 13). Von ihnen gibt es natürlich Abweichungen, wie z.B. Familien, die aus alleinerziehenden Müttern bzw. Vätern und ihren Kindern bestehen, oder Lebensgemeinschaften unverheirateter Paare.

Familienpolitik bedeutet im Grunde nichts anderes, als daß eine Umverteilung von Geldmitteln zugunsten von Familien und auf Kosten der Gesamtbevölkerung erfolgt, damit diese ihre Aufgaben im Sinne der Allgemeinheit erfüllen können.

Der Dritte Familienbericht der Bundesregierung faßt die wichtigsten Funktionen zusammen:

- die Haushaltsfunktion, d.h. die Bereitstellung eines Rahmens für die Familie, innerhalb dessen sämtliche andere Funktionen überhaupt erst erfüllt werden können;
- die generative Funktion, d.h. also die Funktion der Familie für die Erhaltung der Gesellschaft;
- die Erziehungsfunktion, d.h. vor allen Dingen die Normübermittlung der Gesellschaft an die Kinder;
- die Plazierungsfunktion, womit in erster Linie die Verantwortung der Eltern für die schulische und berufliche Entwicklung ihrer Kinder gemeint ist und
- die Erholungsfunktion, die alle Aktivitäten zusammenfaßt, die dazu dienen, daß die Familienmitglieder Erholung von ihrem Alltag finden (Familienbericht 1979: 13).

Obwohl die familienpolitischen Leistungen grundsätzlich an den Funktionen der Familie – also an ihren Aufgaben – ansetzen, kann man sie auch in direkte, indirekte und arbeitsrechtliche Leistungen aufteilen. Die wichtigsten direkten Leistungen sind das Kindergeld und das Erziehungsgeld. Das Kindergeld wird für jedes Kind bis zum 16. Lebensjahr (in bestimmten Fällen auch länger) gezahlt und staffelt sich nach der Zahl der Kinder (ab dem zweiten Kind auch nach dem Einkommen der Familie, wobei allerdings bestimmte Sockelbeträge erhalten bleiben). Sinn des Kindergeldes ist es, grundsätzliche Nachteile, die durch Kinder entstehen, auszugleichen. Das Erziehungsgeld soll laut dem Dritten Familienbericht in erster Linie eine Lohnersatzleistung für die Frauen sein, die aufgrund der Geburt eines Kindes ihre Arbeit aufgeben oder auf maximal 19 Stunden pro Woche beschränken. Das hindert den Gesetzgeber aber nicht daran, es auch für die Frauen zu gewähren, die nicht im Erwerbsleben stehen. Im übrigen wird es auch nicht auf Sozial- und Arbeitslosenhilfe, wohl aber auf Arbeitslosengeld angerechnet. Nach einer bestimmten Anzahl von Monaten wird das Erziehungsgeld allerdings nach der Einkommenslage der Familie entsprechend gekürzt.

Als weitere große direkte Leistung, die nicht nur, aber meistens für Familien gilt, ist hier noch das Wohngeld zu nennen, das für Familien um so relevanter wird, je größer die Familie ist. Die am meisten ins Auge fallenden indirekten Leistungen für Familien mit Kindern sind die Kinderfreibeträge, die vom steuerpflichtigen Einkommen abgesetzt werden können. Sie fallen um so höher aus, je größer das zu versteuernde Gesamteinkommen ist. Bei Familien, bei denen aufgrund niedrigen Einkommens keine Steuern anfallen, wird eine Kinderzulage (Negativsteuer) ausgezahlt. Daneben muß hier auch noch das sogenannte Familiensplitting genannt werden, das nicht an die Existenz von Kindern gebunden ist, sondern verheiratete Paare begünstigt und auf Art. 6 GG zurückgeht.

Auch von der dritten großen Gruppe familienpolitisch motivierter Leistungen, nämlich den arbeitsrechtlichen Bestimmungen, können nur exemplarisch einige genannt werden. An erster Stelle steht hier der Erziehungsurlaub, der Vätern oder Müttern gewährt wird und eine Wiedereinstellungsgarantie einschließt. Dieser Erziehungsurlaub, der nunmehr wie alle anderen Leistungen auch Vätern *und* Müttern zusteht, bringt für die Bewohner der fünf neuen

Bundesländer eine erhebliche Verbesserung. Im übrigen ist der Erziehungsurlaub eng mit der Zahlung von Erziehungsgeld verbunden. In diesem Zusammenhang ist auch wichtig, daß Erziehungszeiten als Arbeitszeiten gelten und deswegen für die Berechnung der Altersrenten eine Rolle spielen (Anrechnungszeiten).

In bezug auf Betreuungstage, die Eltern mit erkrankten Kindern verbringen, gibt es in der arbeitsrechtlichen Absicherung für die Familien in den neuen Bundesländern Vor- und Nachteile. Der Nachteil des jetzt geltenden Rechts liegt in der Verkürzung der Betreuungszeit sowie in der Altersbegrenzung der erkrankten Kinder. Der Vorteil besteht darin, daß nunmehr Frauen *und* Männer die gleichen Rechte haben, wogegen in der früheren DDR nur Frauen dieses Recht in Anspruch nehmen konnten.

Außerdem gibt es natürlich auch noch politische Aktivitäten, die sich nicht so sehr an den Bedürfnissen der Familien, als an den primären Bedürfnissen von Jugendlichen orientieren. Hier seien exemplarisch einerseits nur die Einrichtungen genannt, die eingreifen, wenn die Familien – aus welchen Gründen auch immer – ausfallen (Jugendämter), und die ambulanten Jugenddienste andererseits, die die Arbeit in den Familien ergänzen (Freizeiteinrichtungen etc.).

Literatur

Bethusy-Huc, Viola von 1987: Familienpolitik. Aktuelle Bestandsaufnahme der familienpolitischen Leistungen und Reformvorschläge. Tübingen.

Bundesministerium für Jugend, Familie und Gesundheit (Hrsg.) 1979: Dritter Familienbericht, Bundestagsdrucksache 8/3121. Bonn.

Bundesministerium für Familie und Senioren (Hsg.) 1994: Familien und Familienpolitik im geeinten Deutschland – Zukunft des Humanvermögens. Fünfter Familienbericht, Bundestagsdrucksache 12/7560. Bonn.

Kaufmann, Franz-Xaver 1990: Zukunft der Familie. Stabilität, Stabilitätskrisen und Wandel der familialen Lebensformen sowie ihrer gesellschaftlichen und politischen Bedingungen.

Textor, Martin 1991: Familienpolitik. Probleme, Maßnahmen, Forderungen. Bonn.

Viola Gräfin von Bethusy-Huc

FDP – Freie Demokratische Partei

1. Die FDP 1948-1989

Die FDP wurde im Dezember 1948 als Zusammenschluß von liberalen Landesorganisationen aus den drei westlichen Besatzungszonen und Berlin gegründet. Der Versuch, eine gesamtdeutsche Partei (Demokratische Partei Deutschlands) zu gründen, war Anfang 1948 gescheitert, weil sich die Liberal-Demokratische Partei (LDP) der Sowjetzone unter ihrem Vorsitzenden W. *Külz* der von der SED (→ PDS-SED) gesteuerten Volkskongreßbewegung anschloß. Der Heppenheimer Zusammenschluß der Westzonenparteien bedeutete organisatorisch die Überwindung der historischen Spaltung des liberalen Lagers in D. Gleichwohl besaßen die Landesverbände zunächst ein politisches und programmatisches Eigengewicht, die Bundespartei war ein „Kartell der Landesparteien" (W. *Stephan*). Das Gewicht der Landesorganisationen gründete im Südwesten und in den Hansestädten für lange Zeit in einem spezifisch bürgerlich-liberalen Milieu des alten Mittelstandes. Die Landesverbände in Hess., NW und Nds. verstanden sich in der Anfangsphase als rechte Sammlungsparteien mit starken nationalliberalen Einfärbungen. Mit Beginn der sozialliberalen Regierungskoalition im Bund änderte sich das Erscheinungsbild der Partei. Sie wurde eine Regierungs- und Koalitionspartei, Koalitionspolitik und Regierungsteilhabe orientierten sich nahezu ausschließlich am bundespolitischen Muster. Gleichzeitig zeigte die Partei auf Länderebene eine zunehmende elektorale Labilität. Vor allem im Umfeld der Regierungswechsel von 1969 und 1982 wurde eine parlamentarische Schwäche in den Ländern offensichtlich. Ihren absoluten Tiefstand erreichte die Partei in den Jahren 1982-84, in denen die FDP zeitweilig in sechs → Landtagen nicht mehr vertreten war. Herausgehobene Position im → Parteiensystem und koalitionspolitische Funktion als Regierungspartei haben der FDP auf bundespolitischer Ebene eine Schlüsselstellung eingeräumt und damit Bedeutung und Einfluß gegeben, die weit über ihre zahlenmäßige Stärke hinausreichen. Solange keine der großen Volksparteien über eine absolute Mehrheit verfügte, war die FDP als Mehrheitsbeschafferin ein notwendiger Koalitionspartner. Diese für die FDP günstige Ausgangsposition wurde nur durch die absolute Mehrheit der → CDU/ → CSU von 1957 bis 1961 und durch die Große Koalition von CDU/CSU und → SPD im Zeitraum von 1966 bis 1969 durchbrochen. Daraus folgte, daß die FDP seit 1949 mit Ausnahme von zwei Perioden (1957-1961; 1966-1969) an allen Regierungskoalitionen auf Bundesebene beteiligt war. Damit kann die FDP auf eine längere Regierungsbeteiligung zurückblicken als die beiden Volksparteien CDU/CSU und SPD. Erfolg und Existenzgefährdung liegen bei der FDP aber janusköpfig beieinander, weil sie als Wählerpartei weder eine feste sozialstrukturelle Verankerung in einer bestimmten Wählerschicht noch gesellschaftliche Vorfeldorganisationen wie → Gewerkschaften oder → Kirchen besitzt, die ein natürliches Milieu für FDP-Wähler darstellen könnten.

In den 50er Jahren konnte die FDP noch als Partei des protestantischen alten Mittelstandes gekennzeichnet werden. In den 60er Jahren zeigte sich eine Umschichtung in der Wählerstruktur, die der Veränderung in der Berufsstruktur der BRD folgte und auf die die FDP mit ihrer in den Jahren 1966-72 vollzogenen Modernisierung zu reagieren versuchte: Abnahme der Wähler aus dem ländlichen und Zunahme aus dem städtischen Elektorat sowie Abwanderung bzw. Verringerung von Selbständigen und Zunahme von Angestellten und Beamten. Die FDP hat heute jedoch keine Stammwählerschaft mehr. Der FDP-typische Wechselwähler – gut ausgebildet, über dem Durchschnitt liegendes Einkommen, selbständig oder als höherer Angestellter und Beamter tätig – hat ein flüchtiges, instrumentelles Wahlverhalten. Die Identifikation mit der FDP ist verschwindend gering. Daß die FDP bei Bundestagswahlen und Landtagswahlen – dort, wo es ein Zweitstimmenwahlrecht gibt – ein besseres Zweit- als Erststimmenergebnis erzielt, verdeutlicht ihre Wahrnehmung in erster Linie als Koalitionspartei mit den Funktionen von Mehrheitsbeschaffung und Regierungskorrektiv. Sie wird somit als Partei „zweiter Wahl" gewählt. Programmatisch hat sich die FDP als wirtschafts- und kulturliberale Partei dargestellt. Das Bekenntnis zu freier Marktwirtschaft und weltanschaulich-religiöser Liberalität überformte Konfliktlinien und Flügelbildungen innerhalb der Partei, die zu Beginn der 50er Jahre zwischen liberal-demokratischen und nationalliberal orientierten Landesverbänden bestanden hatten. Ende der 60er Jahre suchte die FDP als einzige parlamentarische Oppositionspartei Anschluß an den Reformgeist jener Jahre zu gewinnen. Die Freiburger Thesen von 1971 formulierten einen sozialliberalen Ansatz zur „Reform des Kapitalismus" und waren die Legitimationsbrücke zur Koalition mit der SPD.

Die Emphase national-staatlicher → Wiedervereinigung, die 1957 zur mehrheitlichen Ablehnung des EWG-Vertrags geführt hatte, war in den 60er Jahren einem realistischen Verständnis neuer Deutschland- und Ostpolitik gewichen, was die *Brandt/ Scheel*-Regierung begründen half. Mitte der 70er Jahre gewann der marktwirtschaftliche Flügel wieder stärkeres innerparteiliches Gewicht. Das führte zunächst zur koalitionsinternen Abgrenzung zur SPD, dann zur „Wende" zur CDU/CSU in 1982. Konnte sich die FDP in den 70er Jahren auf einer Reihe von Politikfeldern – Bildungs- und Rechtsstaatpolitik – profilieren, so war in den 80er Jahren die Programmarbeit einem gouvernementalen Pragmatismus gewichen.

2. Die Vereinigung von FDP/West und den Parteien aus der DDR

Am 11. und 12.8.1990 erfolgte auf einem Sonderparteitag in Hannover die Vereinigung von FDP/West mit den Parteien aus der → DDR, mit den alten Blockparteien Liberal-Demokratische Partei Deutschlands (LDPD) und Nationaldemokratische Partei (NDPD), die sich zuvor schon zum Bund Freier Demokraten (BFD) zusammengeschlossen hatten, sowie den nach der „Wende" in der DDR erfolgten Neugründungen FDP der DDR und Deutsche Forumpartei (DFP). Auf ihrem Parteitag am 9./10.2. 1990 in Dresden bestellte die LDPD eine neue Führung, eliminierte sozialistische Bestandteile aus ihrem Programm und benannte sich in LDP um. Die FDP konstituierte sich im Dezember 1989 aus Mitgliedern der Bürgerrechtsbewegung Neues Forum, die FDP/ DDR trat am 4.2.1990 zu ihrem Gründungsparteitag zusammen. Beide waren explizite Gegengründungen zur Blockpartei LDPD. LDP, DFP und FDP/DDR traten als „Bund Freier Demokraten" mit gemeinsamen Listen zur Volkskammerwahl der DDR an. Der BFD wurde von der FDP/West materiell und ideell unterstützt. Eine für März 1990 geplante Vereinigung der DDR-Parteien unter dem Namen FDP kam wegen persönlicher und politischer Differenzen nicht zustande. Statt dessen trat die NDPD, ebenfalls eine ehemalige Blockpartei, der LDPD bei. Ein von Mai bis Juni 1990 tagender Vereinigungsausschuß unter Vorsitz von W. *Mischnick* ebnete den Weg für den Zusammenschluß von FDP/West und Ostparteien, der dann auf dem Parteitag in Hannover vollzogen wurde. O. *Graf Lambsdorff* wurde zum ersten gesamtdeutschen Parteivorsitzenden und der letzte Vorsitzende der LDP, R. *Ortleb,* zum stellvertretenden Parteivorsitzenden gewählt. Mit der Parteienvereinigung wurde die FDP zum ersten Mal in ihrer Geschichte eine Mitgliederpartei. Die FDP/ West hatte nie mehr als 86.000, zuletzt vor der Vereinigung ca. 65.000 Mitglieder. Die Ostparteien brachten weit mehr als 130.000 Mitglieder mit in die Vereinigung (davon mehr als 95% aus den Blockparteien). Die vereinigte FDP hat keinen generellen Verzicht auf die Altvermögen der Blockparteien erklärt, sondern hat ihre Ansprüche auf das nach „materiell-rechtsstaatlichen Grundsätzen des Grundgesetzes erworbene Vermögen" (Einigungsvertrag) geltend gemacht. Von der Unabhängigen Kommission zur Feststellung und Treuhandverwaltung des Vermögens aller Parteien und Massenorganisationen wird die vermögensrechtliche Nachfolge der Ostparteien durch die FDP bestritten. Eine Klärung der Fragen in bezug auf das Altvermögen (Immobilien, Betriebsvermögen, etc.) ist bis Jahresbeginn 1995 nicht erfolgt.

3. Die FDP nach der deutschen Vereinigung

Zunächst konnte die FDP ihre Stellung im Parteiensystem stabilisieren. Bei den Landtagswahlen im Oktober 1990 war der FDP in den fünf neuen → Bundesländern auf

Anhieb der Einzug in alle Landtage gelungen: M.V. 5,5%, Bbg. 6,6%, Sa.A. 13,5%, Thü. 9,3%, Sa. 5,3%. Und auch bei der Bundestagswahl 1990 (11,0%) hatte die FDP in allen Bundesländern, mit Ausnahme des Sal., Zugewinne verbuchen können. Im Wahlgebiet West (10,6%) hatte sie im Vergleich zur Bundestagswahl 1987 1,5% und in den neuen Bundesländern (12,9%) gegenüber den Landtagswahlen vom Oktober 1990 5,6%-Punkte hinzugewinnen können. Doch verzeichnet die FDP seit 1993 einen dramatischen Einbruch bei Wahlen. Bei allen neun Landtagswahlen in 1993 und 1994 schaffte die FDP nicht den Wiedereinzug in die Landesparlamente, sie scheiterte jeweils an der 5%-Hürde: HH (September 1993) 4,2%, Nds. (März 1994) 4,4%, Sa.A. (Juni 1994) 3,6%, Bbg. (September 1994) 2,2%, Sa. (September 1994) 1,7%. Bay. (September 1994) 2,8%, M.V. (Oktober 1994) 3,8%, Thü. (Oktober 1994) 3,2%, Sal. (Oktober 1994) 2,1%. Ebenfalls vermochte die FDP bei der Europawahl im Juni 1994 nicht die 5%-Marke (4,1%) zu überspringen. Allein in der Bundestagswahl am 16.10.1994 erzielte die FDP mit 6,9% ein Ergebnis, das ihr die parlamentarische Repräsentanz auf Bundesebene sicherte. Vorausgegangen war ein existentieller → Wahlkampf, in dem die FDP vor allem ihre Funktion als Mehrheitsbeschafferin für die Regierung H. *Kohls* herausgestellt hatte. Aber auch bei der Bundestagswahl zeigten sich dramatische Einbrüche vor allem in den fünf neuen Bundesländern (in Sa.A. -15,6%, Thü. -10,4%, Sa. -8,6%, Bbg. -7,1%, M.V. -5,7%). Einzig bei den Kommunalwahlen konnte die FDP in allen fünf Bundesländern im Durchschnitt jeweils mehr als 5% der Stimmen erringen. Doch ist dieser Erfolg, der sich in einer großen Anzahl von Stadt- und Gemeinderäten und Bürgermeisterpositionen (vor allem in Sa.) ausdrückt, stärker an Personen als an die Partei gebunden. Hier kommt eine deutliche organisatorische und personelle Schwäche der Landesparteien zum Vorschein. Auch ist der Verlust an Mitgliedern in den neuen Bundesländern besonders eklatant. Im Oktober 1994 war die Zahl der Mitglieder in den neuen Bundesländern auf 26.568 gesunken (alte Bundesländer: 62.640). Retrospektiv muß der Erfolg der FDP 1990 als Ausdruck der besonderen Wiedervereinigungssituation gedeutet werden. Strukturell hat die FDP seitdem aber in den neuen Bundesländern als Partei nicht Fuß fassen können. Auf Bundesebene verlief der Generationswechsel in Parteiführung und Ministerämtern äußerst problematisch und beschädigte einen Teil des Führungspersonals. Der FDP ist es nach dem Abtritt von H. *Genscher* als Außenminister und O. *Lambsdorff* als Parteivorsitzendem bislang nicht gelungen, unter dem neuen Parteivorsitzenden und Außenminister K. *Kinkel* das Profil in der Regierungsarbeit zu schärfen. Auch muß bezweifelt werden, daß die FDP sich innerparteilich von einem Parteienverbund zu einer integrierten gesamtdeutschen Partei weiterentwickelt hat. Eine politische und programmatische Erneuerung ist ausgeblieben. Die FDP steht zu Beginn des Jahres 1995 vor ihrer schwersten Existenzkrise.

Literatur

Dittberner, Jürgen 1987: FDP. Partei der zweiten Wahl. Ein Beitrag zur Geschichte der liberalen Partei und ihrer Funktionen im Parteiensystem der Bundesrepublik. Opladen.

Kaack, Heino [3]1979: Die F.D.P. Grundriß und Materialien zur Geschichte, Struktur und Programmatik. Meisenheim.

Vorländer, Hans 1992: Die Freie Demokratische Partei, in: Mintzel, Alf/Oberreuter, Heinrich (Hrsg.): Parteien in der Bundesrepublik Deutschland. 2. aktualisierte und erw. Auflage. Bonn.

Vorländer, Hans 1992: Die FDP nach der deutschen Vereinigung, in: Aus Politik und Zeitgeschichte. Beilage zur Wochenzeitung Das Parlament B 5/92.

Hans Vorländer

Fraktion

1. Grundlagen

Eine Fraktion stellt den organisatorischen Zusammenschluß einer Gruppe von → Abgeordneten zur gemeinsamen Wahrnehmung parlamentarischer Aufgaben dar. Die Fraktionen sind ein integrierender Bestandteil der parlamentarischen Meinungsbildung und Entscheidungsfindung. Sie beruhen auf dem Grundsatz des freien Mandats und sind ein repräsentatives Element der modernen Parteiendemokratie. Fraktionen sind „Teile der Parteien im Parlament" (G. *Kretschmer*) bzw. „Teile des Bundestages" (→ Bundesverfassungsgericht). Auch wenn Parteien und Fraktionen rechtlich zu trennen sind, so trägt die parlamentarische Praxis ihrer parlamentarischen Verflechtung weitgehend Rechnung.

2. Stellung

Fraktionen sind ein teilrechtsfähiger Verband des öffentlichen Rechts in der Form eines Kollegialorgans. Als Teile des Parlaments sind die Fraktionen des Deutschen → Bundestages im Verfassungsstreit klagebefugt (Art. 93 I, 1 GG) und können Rechte des Parlaments gegenüber der → Bundesregierung im eigenen Namen geltend machen. Es handelt sich somit um Teile eines Verfassungsorgans (Art. 53a I GG), die die Grundsätze der repräsentativen Demokratie mit denen des freien Mandats und des Parteienstaates verbinden.

Verbindliche Aussagen zu Stellung und Aufgaben der Fraktionen finden sich in den → Geschäftsordnungen des Bundestages, der Länderparlamente und der kommunalen Vertretungskörperschaften sowie in der Rechtsprechung der Verfassungsgerichte. Die Bestimmungen der Geschäftsordnungen beziehen sich auf die Bildung sowie die Rechte der Fraktionen im parlamentarischen Binnenbereich (Antrags-, Vorschlags-, Benennungsrechte etc.), setzen dabei die Notwendigkeit von Fraktionen für die parlamentarische Arbeit stillschweigend voraus und legen Rahmenbedingungen für deren Tätigkeit fest. Nach der Rechtsprechung des Bundesverfassungsgerichtes sind Fraktionen ständige Gliederungen der Vertretungskörperschaften und für die Funktionsfähigkeit des Parlaments notwendige Einrichtungen des Verfassungslebens, die dem staatsorganschaftlichen Bereich zuzuordnen sind.

Wird das von §10 I Geschäftsordnung des Deutschen Bundestages vorgeschriebene Quorum der Mindeststärke einer Fraktion in Höhe von mindestens 5% der Mitglieder des Bundestages (34 Mitglieder) nicht erreicht, können die Abgeordneten einer solchen Partei den Status einer *Gruppe* erhalten. Dieser Status berechtigt zur Entsendung eines beratenden Mitgliedes in den Ältestenrat und je eines beratenden Mitgliedes in die Fachausschüsse mit Antrags- und Rederecht, ferner zur Erbringung parlamentarischer Vorlagen (§75 I GOBT), zur Zusicherung einer der relativen Gruppenstärke entsprechenden Redezeit, zur Zuerkennung von Rechten für den Vorsitzenden der Gruppe, wie sie einem Fraktionsvorsitzenden entsprechen und schließlich zu einer für die parlamentarische Arbeit erforderlichen finanziellen, technischen und personellen Unterstützung.

3. Funktionen

Die politischen Parteien wirken über die Fraktionen auf Willensbildung und Entscheidungsfindung von Parlament und Regierung ein. Die Fraktionen ermöglichen Meinungsbildung und Beschlußfassung des Parlaments. Dies geschieht insbesondere durch Vorschläge für die Wahl des → Bundeskanzlers (Art. 63ff. GG) und die Besetzung der → Ausschüsse. Durch die mit dem Fraktionsstatus verbundenen Rechte (Grundredezeit, Finanzausstattung) können die zu Fraktionen zusammengeschlossenen Abgeordneten ihre parlamentarischen Aufgaben im Plenum wie in den Ausschüssen wirksam wahrnehmen. Dies schließt eine Bindung der einzelnen Abgeordneten an die Meinung der Fraktion bei der Wahrnehmung dieser Aufgaben ein.

Die tatsächliche Funktionswahrnehmung der Fraktionen wird nicht in erster Linie durch das Gegenüber von Parlament und Regierung, sondern durch die Frontstellung von Regierungsmehrheit und Opposition geprägt. Entsprechend werden die klassischen Aufgaben des Parlaments von den Fraktionen, der Eigendynamik der funktionalen bzw. zeitlichen Gewaltenteilung entsprechend, unterschiedlich wahrgenommen. Während sich die Regierungsfraktionen bei der Ausübung der parlamentarischen Wahl-, Artikulations-, Initiativ- und Gesetzgebungsfunktion um die Unterstützung der Regierung bemühen, wenden die Oppositionsfraktionen die Kontroll-, Kritik- und Alternativfunktion gegen die Regierung.

Fraktionen und → Parteien üben die Funktionen der politischen Meinungsbildung, Entscheidungsfindung sowie der Rekrutierung politischen Führungspersonals gemeinsam aus. Dies wird bei der Wahl der Regierung und bei der Unterstützung der aktuellen Regierungspolitik sichtbar. Das tatsächliche politische Gewicht der Fraktionen hängt von weiteren Einflußfaktoren ab, so insbesondere von Personalunionen zwischen Partei- und Fraktionsführungen und von dem Zusammenfallen von Regierungs- und Parteivorsitz.

Das Wechselspiel von Regierungsmehrheit und Opposition schlägt sich darin nieder, daß der Zusammenhalt der Regierungs- und Oppositionsfraktionen zugleich die Wahlchancen der Parteien beeinflußt. Eine uneinige Regierungsfraktion kann die Politik der Regierung nicht wirksam vertreten, und eine in wichtigen Fragen gespaltene Oppositionsfraktion läßt die Oppositionspartei nicht als glaubwürdige Alternative zur Regierung erscheinen.

Die Fraktionsdisziplin folgt aus der Fraktionsbindung der Abgeordneten. Beide verleihen der Fraktion Artikulations- und Durchsetzungsstärke. Die Abgeordneten ordnen sich in eine arbeitsteilige Gruppe mit geschlossenem Auftreten ein und ermöglichen dadurch deren Arbeitsfähigkeit. Kollisionen in Überzeugungsfragen sind eher die Ausnahme als die Regel. Über die Fraktionen konstituiert sich das Parlament. Ihre Stärke bildet die Berechnungsgrundlage für die Zusammensetzung der Ausschüsse, die Verteilung der Ausschußvorsitzenden, die Zusammensetzung des Ältestenrates und des Parlamentspräsidiums. Das Management der Fraktionen liegt in den Händen der Fraktionsvorsitzenden, der Fraktionsgeschäftsführer und des Fraktionsvorstandes.

Durch ihre parlamentarische Arbeit und durch geschlossenes Auftreten schaffen die Fraktionen wichtige Voraussetzungen für den Wahlerfolg ihrer Partei durch den Nachweis von Glaubwürdigkeit und Handlungsfähigkeit. Kompromißbereitschaft und Loyalität der Abgeordneten sind die Grundlage einer „freiwilligen Geschlossenheit" (E. *Schütt-Wetschky*). Diese Gruppenstruktur ermöglicht die Willensbildung im modernen Parlament und eine entsprechende Funktionszuweisung an Regierung(sfraktionen) und Opposition(sfraktionen).

Literatur

Bethge, Herbert [7]1986: Fraktion, in: Staatslexikon, Bd. 2, Freiburg.

Ellwein, Thomas/Hesse, Jens Joachim, [6]1987: Das Regierungssystem der Bundesrepublik Deutschland. Opladen.

Kerbusch, Hermann 1982: Die Fraktionen im Spiegel der Judikatur der Verfassungsgerichte, in: Zeitschrift für Parlamentsfragen.

Kretschmer, Gerald 1984: Fraktionen – Parteien im Parlament. Heidelberg.
Schütt-Wetschky, Eberhard 1984: Grundtypen parlamentarischer Demokratie. Klassisch-altliberaler Typ und Gruppentyp. Freiburg/ München.
Thaysen, Uwe 1987: „Fraktionsstaat": Oder was sonst?, in: Parteien in der Krise? In- und ausländische Perspektiven. Köln.

Paul Kevenhörster

Frauen und Politik

1. Gleichberechtigung als Basis für Chancengleichheit

Mit der am 15.11.1994 in Kraft getretenen Verfassungsreform wurde Art. 3, Abs. 2 GG – „Männer und Frauen sind gleichberechtigt" – durch folgenden Satz ergänzt: „Der Staat fördert die tatsächliche Durchsetzung der Gleichberechtigung von Frauen und Männern und wirkt auf die Beseitigung bestehender Nachteile hin." Diese vage und deshalb kontrovers auslegbare Kompromißformel war der kleinste gemeinsame Nenner, auf den die Verfassungskommission unter dem Druck eines breiten Frauenbündnisses festgelegt werden konnte. Die Ergänzung geht faktisch hinter den Einigungsvertrag zwischen BRD und DDR von 1990 zurück, der immerhin die Zusicherung enthält, die Gesetzgebung zur Gleichberechtigung „weiterzuentwickeln" und „bei der Erwerbstätigkeit von Müttern und Vätern die Rechtslage unter dem Gesichtspunkt der Vereinbarkeit von Familie und Beruf zu gestalten" (Art. 31). Damit wurde das Ziel anvisiert, der familialen Verantwortung beider Elternteile künftig stärker Rechnung zu tragen und so bessere Voraussetzungen für ein partnerschaftliches Zusammenwirken in allen Lebensbereichen zu schaffen. Zwar hat die BRD mit der Familienrechtsreform von 1977 das offizielle Leitbild der „Hausfrauenehe" endgültig aufgegeben, doch unzulängliche Rahmenbedingungen und das dadurch begünstigte Festhalten an tradierten Rollenmustern setzen der Gestaltungsfreiheit der Ehegatten bislang enge Grenzen (→ Familienpolitik).

In der DDR galt die umfassende Integration der weiblichen Bevölkerung in den Arbeitsprozeß als Nachweis verwirklichter Gleichstellung. Anders als in der BRD betrachteten fast alle Frauen kontinuierliche Erwerbstätigkeit als festen Bestandteil ihrer Lebensplanung. Ein ausreichendes Angebot an öffentlicher Kinderbetreuung und Sonderregelungen für berufstätige Mütter erleichterten einerseits zwar die Doppelbelastung, verfestigten andererseits aber ebenfalls die herkömmliche Arbeitsteilung. Bei allen Unterschieden – insbesondere hinsichtlich der Erwerbsquote und der damit verbundenen finanziellen Selbständigkeit – war die Situation der Frauen in einem wesentlichen Punkt vergleichbar: Die Abgrenzung sog. geschlechtstypischer Handlungsfelder wurde durchbrochen, nicht aber aufgehoben. Frauen hatten in Wirtschaft und Wissenschaft, in Verwaltung und Politik auch bei gleicher Qualifikation und Einsatzbereitschaft wie männliche Konkurrenten erheblich schlechtere Aufstiegschancen.

Die Diskussion über das Geschlechterverhältnis, vor allem über androzentrische Machtstrukturen, verlief allerdings sehr unterschiedlich. In der DDR fand sie öffentlich praktisch nicht statt. Auch der DFD, die einzige zugelassene Frauenorganisation, stellte sich vorbehaltlos hinter die Positionen der SED und deren Entscheidungsmonopol. Den Medien und auch der Wissenschaft waren nicht parteikonforme Stellungnahmen in aller Regel verwehrt. Als eine Art „Ersatzöffentlichkeit“ wirkte allein die Behandlung gesellschaftlicher Krisensymptome in der belletristischen Literatur.

In der BRD gab es dagegen einen breitgefächerten Diskurs, in den → Parteien und → Gewerkschaften, Frauen-, Familien- und Berufsverbände, → Kirchen und Wissenschaft ihre teilweise äußerst kontroversen Standpunkte einbrachten. Insbesondere die autonome Frauenbewegung förderte seit Beginn der 70er Jahre die Sensibilität für offene und versteckte Diskriminierungen und gab damit Anstöße, die zum Teil auch politisch umgesetzt wurden. Die Medien trugen dazu bei, Fragen der Gleichstellung zu einem beachteten gesellschaftspolitischen Thema zu machen. Diese konträren Erfahrungen haben Spuren hinterlassen: Bei einer vom Bundesministerium für Frauen und Jugend (BMFJ) in Auftrag gegebenen repräsentativen Erhebung befanden 1993 landesweit gut 60% der Befragten, für die Gleichberechtigung müsse mehr getan werden. Allerdings hielten 64% der Ost- gegenüber nur 26% der Westdeutschen dies primär für eine Aufgabe des Staates. Für entsprechende Eigeninitiativen optierten dagegen 70% im Westen und nur 34% im Osten (Gleichberechtigung 1994: 58ff.).

2. Zur Entwicklung der politischen Partizipation

2.1 BRD

Nach dem Zweiten Weltkrieg war die Mitarbeit der Frauen beim Wiederaufbau unverzichtbar. Dem entsprach zunächst auch ein zunehmendes politisches Engagement. So konnte 1949 das Gleichberechtigungsgebot des GG durch eine Flut von Protestschreiben gegen das ursprünglich negative Votum des Parlamentarischen Rates durchgesetzt werden. E. *Selbert*, eine der vier Mütter des Grundgesetzes, war eine beispielhafte Mobilisierung der Frauen für die von ihr eingebrachte Formulierung gelungen.

Anfang der 50er Jahre hatte die → SPD knapp 20%, die → CDU sogar um die 25% weibliche Mitglieder (*Fülles* 1969: 25), und von 1949-57 stieg der Anteil weiblicher Mitglieder des → Bundestages von 7,1% auf 9,2%. Parallel zur ökonomischen Konsolidierung setzte dann allerdings eine Gegenbewegung ein. Unterstützt von vorherrschenden konservativen Wertvorstellungen gewannen die in Krisenzeiten in den Hintergrund gedrängten geschlechtsspezifischen Rollenmuster wieder an Relevanz. Der Rückzug bzw. die Zurückdrängung der Frauen in die Familien zog ihren Verzicht auf Mitwirkung im außerhäuslichen Bereich nach sich. Ihr Interesse an Politik nahm dramatisch ab, die Mitgliedschaft in Parteien war rückläufig, und bis 1972 sank der Frauenanteil im Bundestag auf 5,8%. Die seither positivere Entwicklung ist auf eine Reihe einander bedingender bzw. verstärkender Faktoren zurückzuführen. Dazu zählen u.a.: die weitgehende Aufhebung geschlechtsspezifischer Bildungsunterschiede in den jüngeren Generationen, wodurch die tradierten Leitbilder zugunsten eines höheren Partizipationsanspruchs der Frauen zunehmend in Frage gestellt wurden; außerparlamentarischer Druck und das – schon aus wahltaktischen Erwägungen gebotene – Bemühen der Parteien um ein frauenfreundlicheres Image. Das schloß sowohl die Erarbeitung neuer frauen- und familienpolitischer Leitlinien mit mehr oder minder starken Gleichstellungstendenzen als auch innerparteiliche Fördermaßnahmen ein. Trotz eines merkbaren Aufwärtstrends dauerten Benachteiligungen infolge männlich dominierter Entscheidungsprozesse allderdings fort.

Der 11. Deutsche Bundestag (1987-90) hatte mit 15,4% die bis dahin höchste Frauenquote. In den Länderparlamenten variierten die Anteile 1985 zwischen 6,3% und 17,4%, Ende der 80er Jahre zwischen 9,6%

und 29,1%. Von 12,5% auf 19,3% stieg zwischen 1985 und 1990 die durchschnittliche Quote von Mandatsträgerinnen in den Kommunen.

Frauenanteil in Parteien und deren Bundesvorständen[a] in Prozent

	1982/83	1988
SPD	23,4 (17,5)	25,6 (35,0)
CDU	21,4 (15,8)	22,5 (20,0)
CSUb	13,5 (6,8)	14,2 (9,7)
FDP	24,5 (10,8)	.24,0 (21,2)
Grüne	35,5 (30,0)	37,5 (54,5)

a in Klammern; b Die CSU hatte keine speziellen Förderrichtlinien.

Quelle: Frauen in der Bundesrepublik Deutschland, BMJFFG 1989.

2.2 DDR

In den Parlamenten waren die Frauen von Anfang an stärker vertreten als in der BRD. Ihr Anteil von zunächst 16,1% in der Volkskammer hat sich bis Ende der 80er Jahre verdoppelt. Die Bezirks- und Kreistage, Stadtverordnetenversammlungen und Gemeindevertretungen erreichten zuletzt eine durchschnittliche Frauenquote von ca. 40%. Stellt man die äußerst beschränkten Mitwirkungsrechte dieser Institutionen in Rechnung, so sind diese Zahlen allerdings kaum ein Indikator für Teilhabe an der Macht. Deren Schaltstellen lagen in den oberen SED-Gremien, wo Frauen – trotz eines Anteils an Partei-Mitgliedern und Kandidaten von zuletzt 35,5% – extrem unterrepräsentiert waren. Das Zentralkomitee (ZK) hatte ab 1986 9,7% weibliche Mitglieder (17,5% Kandidaten); unter den elf ZK-Sekretären war eine Frau, verantwortlich für Frauenfragen. Im Politbüro, dem Entscheidungszentrum der Partei, hat es nie ein weibliches Vollmitglied gegeben, nur Kandidatinnen ohne Stimmrecht. Dem Ministerrat gehörte von 1967-89 nur eine Frau an: M. *Honecker*, zuständig für Volksbildung. Die Bürgerinnen blieben „seit Bestehen der DDR von den Schlüsselpositionen der Macht ausgeschlossen" (G. *Meyer* 1986: 302). Sowohl an den → Demonstrationen des Herbstes 1989 als auch an dem nach der Wende einsetzenden öffentlichen politischen Diskurs waren Frauen maßgeblich beteiligt. Autonome Frauengruppen, die es – zumeist unter dem Dach der → Kirche – bereits seit Anfang der 80er Jahre gab, und auch Wissenschaftlerinnen konnten ihre Vorstellungen nun ungehindert in die Debatte einbringen. Parteien und Bürgerbewegungen trugen den auf gesellschaftliche Gleichstellung abzielenden Forderungen in ihrer Programmatik weitgehend Rechnung (vgl. *Winkler* 1990: 203ff.). Doch bei den Wahlen des Jahres 1990 erfolgte die Kandidatenkür durchweg nach westlichem Vorbild – mit der Folge vergleichsweise niedriger Frauenquoten. Zudem wurden grundsätzliche Fragen wie das Verhältnis zwischen den Geschlechtern von akuten ökonomischen Problemen völlig überlagert. Die Frauengruppen setzten sich nun vorrangig für den Erhalt des sozialen Besitzstandes ein und machten Front gegen eine Übernahme des bundesdeutschen Abtreibungsrechts. Während die Sonderkonditionen für berufstätige Mütter nach dem Beitritt zur BRD ausliefen, blieb die 1972 eingeführte Fristenlösung (freie Entscheidung der Frau über den Abbruch einer Schwangerschaft in den ersten drei Monaten) in Kraft. Die westlichen Unterhändler hatten sich in diesem Punkt nicht durchsetzen können, bestanden aber darauf, daß bis Ende 1992 eine gesamtdeutsche Neuregelung erreicht werden solle (Art. 31, Abs. 4 Einigungsvertrag).

3. § 218

Heftige Auseinandersetzungen waren vorprogrammiert. Der Schlagabtausch in und zwischen den Parteien verlief ähnlich wie in den 70er Jahren. Damals war die in der BRD mit absoluter SPD/FDP-Mehrheit verabschiedete Beratungs- und Fristenregelung auf Antrag der CDU/CSU vom → Bundesverfassungsgericht verworfen worden. Die 1991 dem Bundestag-Sonderausschuß „Schutz des ungeborenen Lebens" vorgelegten Gesetzentwürfe reichten von einer verschärften Fassung des seit 1976 in der BRD geltenden Indikationsmodells – das den Abbruch in bestimmten Fällen innerhalb der ersten drei Monate straffrei stellt – bis zur ersatzlosen Streichung des §218. Zwischen diesen Extremen galt es eine Position zu finden, die dem ethischen Anspruch des GG gerecht wird, aber gleichzeitig die Gewissensentscheidung der Betroffenen respektiert, da ungeborenes Leben erwiesenermaßen nicht gegen den Willen der Schwangeren geschützt werden kann.

Mit 355 Ja-, 283 Neinstimmen und 16 Enthaltungen verabschiedete der Deutsche Bundestag am 26.6.1992 das „Schwangeren- und Familienhilfegesetz". Damit sprach sich eine deutliche Mehrheit für den Gruppenantrag aus, den eine große Anzahl SPD- und FDP-Abgeordneter zusammen mit einigen Parlamentarier/-innen von CDU und → Bündnis 90/Grüne eingebracht hatten. Abtreibungen sollten danach in den ersten drei Schwangerschaftsmonaten straffrei bleiben, wenn sich eine Frau in einer „Not- und Konfliktlage" mindestens drei Tage vor dem Eingriff hatte beraten lassen. Flankierende soziale Hilfen sollten die Entscheidung für das Kind erleichtern. Auf Antrag einer Mehrheit der CDU/CSU-Bundestagsfraktion sowie der bayerischen Landesregierung setzte das Bundesverfassungsgericht das Inkrafttreten der Fristenregelung am 4.8.1992 durch eine Einstweilige Anordnung aus und erklärte das Gesetz am 28.5.1993 für teilweise verfassungswidrig und damit nichtig. Der am 26.5.1994 – nach vergeblichen Bemühungen um einen breiteren Konsens – vom Bundestag mit knapper Mehrheit verabschiedete Entwurf der Regierungskoalition wurde vom Bundesrat an den Vermittlungsausschuß verwiesen. Er scheiterte dort, weil in bezug auf die Beratungsziele und die Finanzierung von Schwangerschaftsabbrüchen keine Einigung erzielt werden konnte. Anfang 1995 begannen auf der Grundlage von Gesetzentwürfen der Parteien neue Beratungen.

4. Politik für Frauen – Frauen in der Politik

Sowohl die Debatten in der Verfassungskommission als auch die Auseinandersetzungen um §218 erbrachten zumindest ein erfreuliches Ergebnis: Ansätze zu einer parteiübergreifenden Verständigung und Zusammenarbeit von Parlamentarierinnen. Solange die soziale Ungleichheit der Geschlechter fortbesteht, solange insbesondere die Vereinbarkeit von Beruf und Familie als Problem minderer Bedeutung behandelt wird, bleibt eine aktive, fordernde Frauenpolitik unverzichtbar. Unabhängig von ihren jeweiligen Spezialgebieten sollten Politikerinnen, wo immer dies geboten ist, die Interessen ihrer Geschlechtsgenossinnen vertreten. Das könnte auch zu einem Abbau der Politikverdrossenheit beitragen, die sich vor allem bei jungen Frauen in einer stark rückläufigen Wahlbeteiligung ausdrückt.

Wenngleich Frauen in der Politik noch immer deutlich unterrepräsentiert sind, ist die Tendenz im ganzen doch positiv: Dem 13. Deutschen Bundestag gehören 26,4% weibliche Mitglieder an. In den Länderparlamenten schwankte der Frauenanteil 1992 zwischen 11,0 und 24,8%; in Gemeinden mit mehr als 10.000 Einwohnern lag er bei durchschnittlich 20,1% und in einer Reihe von Großstädten sogar bei rund 40%. Möglichkeiten zur Einflußnahme auf politische Entscheidungen sind also durchaus gegeben.

Literatur

Fülles, Mechtild 1969: Frauen in Partei und Parlament. Köln.

Gleichberechtigung von Frauen und Männern 1994. Ergebnisse der zweiten repräsenta-

tiven Bevölkerungsumfrage zur Gleichberechtigung in Deutschland des Instituts für praxisorientierte Sozialforschung, IPOS, November 1993, in : Materialien zur Frauenpolitik des BMFJ, 34/1994.
Helwig, Gisela/Nickel, Hildegard Maria (Hrsg.) 1993: Frauen in Deutschland 1945-1992. Bonn/Berlin.
Kahlweit, Cathrin 1994: Damenwahl. Politikerinnen in Deutschland. Bielefeld.
Meyer, Gerd 1986: Frauen in den Machthierarchien der DDR oder: Der lange Weg zur Parität, in: Deutschland Archiv 3/1986.
Mocker, Elke/Sauer, Birgit 1991: Politische Kultur und Geschlechterverhältnis in den neuen Bundesländern, in: Deutschland Archiv 12/1991.
Winkler, Gunnar (Hrsg.) 1990: Frauenreport 90. Berlin.

Gisela Helwig

Freiheitlich-demokratische Grundordnung

1. Der Begriff der freiheitlich-demokratischen Grundordnung

Die freiheitliche demokratische Grundordnung wird in Art. 18 (Verwirkung von Grundrechten) und in Art. 21 Abs. 2 des → Grundgesetzes ausdrücklich genannt.

Wenn ein Einzelner oder eine politische Partei diese Ordnung zu beeinträchtigen oder zu beseitigen versuchen, so handeln sie verfassungswidrig. Die Bundesrepublik D versteht sich als eine „streitbare Demokratie". Die Grundlagen ihrer Ordnung sollen von den Bürgern und vom Staat verteidigt werden. Wer seine → Grundrechte mißbraucht, um gegen diese Ordnung zu kämpfen, verwirkt sie. Eine politische Partei kann verboten werden, wenn sie verfassungswidrige Ziele verfolgt. Ein Richter kann durch das → Bundesverfassungsgericht aus seinem Amt entfernt werden, wenn er im Amte oder außerhalb des Amtes „gegen die Grundsätze des Grundgesetzes oder gegen die verfassungsmäßige Ordnung eines Landes verstößt (Art. 98 GG). Wegen „vorsätzlicher Verletzung des Grundgesetzes oder eines anderen Bundesgesetzes" kann auch der → Bundespräsident durch das Bundesverfassungsgericht seines Amtes für verlustig erklärt werden (Art. 61 GG).

Das Bundesverfassungsgericht beschreibt in einer frühen Entscheidung die wesentlichen Elemente der freiheitlichen demokratischen Grundordnung: Es handele sich um eine Ordnung, „die unter Ausschluß jeglicher Gewalt- und Willkürherrschaft eine rechtsstaatliche Herrschaftsordnung auf der Grundlage der Selbstbestimmung des Volkes nach dem Willen der jeweiligen Mehrheit und der Freiheit und Gleichheit darstellt" (BVerfGE 2, 1, 12f.). Hierzu gehören im einzelnen vor allem die Achtung der Menschenrechte, die Volkssouveränität, die Gewaltenteilung, die Unabhängigkeit der Gerichte, die Verantwortlichkeit der Regierung und das Mehrparteienprinzip. Damit ist das demokratische, parlamentarische und rechtsstaatliche System D.s in Positionen beschrieben, über die auch von unterschiedlichen politischen Auffassungen her Einigkeit zu erreichen sein müßte.

2. Die Verteidigung der freiheitlichen demokratischen Grundordnung

Von den Instrumenten, die das Grundgesetz zur Verteidigung seiner tragenden Prinzipien zur Verfügung stellt, ist jedoch in der politischen Praxis kaum Gebrauch gemacht worden. Nur in zwei lange zurückliegenden Fällen sind durch Urteile des Bundesverfassungsgerichts auf Antrag der → Bundesregierung eine rechtsradikale Partei sowie die Kommunistische Partei für verfassungswidrig erklärt worden. 1969 scheiterte im Bundeskabinett der letzte Versuch, Verbotsverfahren gegen die NPD (→ Splitterparteien) sowie die kurz zuvor entstandene DKP einzuleiten. Verfahren wegen Verwirkung von Grundrechten sind ebenfalls nur zweimal – in beiden Fällen erfolglos – eingeleitet worden. Eine Richter- oder Bundespräsidentenanklage hat bisher niemals stattgefunden.

Die politische Diskussion konzentriert sich seither auf die Frage, ob Anhängern links- oder rechtsradikaler Parteien, die jedoch nicht verboten sind, der Zugang zum → öffentlichen Dienst verschlossen werden können. Der „Radikalenerlaß" der Regierungschefs des Bundes und der Länder von 1972 wies zu Recht auf die Verpflichtung des Beamten hin, sich jederzeit vorbehaltlos für die freiheitliche demokratische Grundordnung einzusetzen. Die erregte Diskussion über den Erlaß hat die Selbstverständlichkeit verdunkelt, daß niemand einem Staat dienen kann, den er innerlich ablehnt. In den letzten Jahren hat die Bereitschaft, sich der Verfassungstreue der Angehörigen des öffentlichen Dienstes zu vergewissern, deutlich abgenommen. Seit der Vereinigung stellt sich jedoch die Frage in anderer Form erneut. In den öffentlichen Dienst der neuen → Bundesländer können nur Bewerber übernommen werden, bei denen sicher ist, daß sie nicht der Ideologie des früheren Regimes verhaftet sind. Damit ist die Frage nach der „streitbaren Demokratie" wieder aktuell geworden. Die Überprüfungspraxis hat aber nur in wenigen Fällen selbst Belastungen aus früherer Tätigkeit für den DDR-Staatssicherheitsdienst zum Anlaß genommen, um solchen Angehörigen des öffentlichen Dienstes zu kündigen. So waren von den in Berlin überprüften Lehrern 4,5 Prozent Stasibelastet, aber nur 0,94 Prozent erhielten nach der Überprüfung die Kündigung.

Literatur

Backes, Uwe/Jesse, Eckhart 1988/89: Politischer Extremismus in der Bundesrepublik Deutschland, 3 Bd.

Böckenförde, Ernst Wolfgang/Tomuschat, Christian/Umbach, Dieter C. 1981. Extremisten im öffentlichen Dienst.

Denninger, Erhard 1979: Verfassungstreue und Schutz der Verfassung, in: VVDStRL 37.

Ziern, Arnim 1988: Das Parteiverbot nach Art. 21 Abs. 2 GG im Rahmen der streitbaren Demokratie des GG. Tübingen.

Ernst Benda

Gemeinden/kommunale Selbstverwaltung

1. Stellenwert der Gemeinde (G) in historischer Perspektive

Die G sind über die Jahrhunderte die Ebene gewesen, in denen der einzelne am unmittelbarsten mit öffentlichen Angelegenheiten konfrontiert wurde. In der Neuzeit gilt die vom *Freiherrn vom Stein* geprägte preußische Städteordnung von 1808 als wichtiger Einschnitt kommunaler Selbstverwaltung in D, zumal auch in süddeutschen Staaten vergleichbare Regelungen folgten. Damit wurde nach der Niederlage gegen *Napoleon* versucht, das bürgerschaftliche Engagement für die öffentlichen Aufgaben zu wecken und dem aufstrebenden Bürgertum in den Städten ein begrenzter Handlungsspielraum für die örtlichen Angelegenheiten eingeräumt. Diese Ausgangsposition – eine Art vom Bürgertum dominierter Enklave im monarchischen Obrigkeitsstaat – hat wesentlich zu einer Tradition beigetragen, die die gesellschaftlich geprägten und auf genossenschaftliche Denkfiguren rekurrierenden G und den herrschaftlichen Staat als Gegensätze, kommunale Selbstverwaltung tendenziell als Abwehrinstrument gegenüber der Staatsverwaltung verstand. Zu berücksichtigen ist, daß die kommunale Selbstverwaltung in den Landgemeinden im allgemeinen weit hinter der der Städte zurückblieb und die Bürgerrechts- und Wahlrechtsbestimmungen (z.B. preußisches Dreiklassenwahlrecht) die Mitwirkung an der städtischen Selbstverwaltung auf eine kleine Minderheit der Einwohner beschränkten. Die Ausdehnung der kommunalen Aufgaben im Industrialisierungsprozeß hat auch frühzeitig eine Verstärkung des fachlich vorgebildeten hauptamtlichen Verwaltungsexperten zu Lasten des ehrenamtlichen Elements in der kommunalen Selbstverwaltung bewirkt.

Die Weimarer Republik führte zu einer Demokratisierung auch der kommunalen Selbstverwaltung, die in Art. 127 der Weimarer Reichsverfassung innerhalb der Schranken der Gesetze garantiert wurde. Zugleich wirkte sich die starke Zentralisierungstendenz innerhalb der vertikalen Gewaltenteilung der Weimarer Republik, insbesondere mittels der Finanzverfassung, auch auf die G aus. Im nationalsozialistischen Dritten Reich wurden nicht nur die traditionellen Differenzierungen mit der einheitlichen Deutschen Gemeindeordnung von 1935 beseitigt, sondern mit der Gleichschaltung im Einheitsstaat auch die kommunale Selbstverwaltung abgeschafft. Nach der Niederlage im Zweiten Weltkrieg waren die G die einzige noch halbwegs funktionsfähige deutsche Verwaltungsebene und gewannen im unmittelbaren Überlebenskampf der Bevölkerung bei der Versorgung mit lebensnotwendigen Gütern und Dienstleistungen einen außerordentlichen Stellenwert. Die Siegermächte förderten die kommunale Ebene aber nicht nur aus praktischen Erwägungen, sondern zielten auf einen politischen Aufbau „von unten", und insbesondere die angelsächsischen Alliierten sahen die kommunale Ebene als „Schule der Demokratie".

Die besonderen Hoffnungen, die mit der kommunalen Ebene bis heute verbunden werden, lassen sich im Begriff der „Nähe" fassen, wobei dieser verschiedene Beziehungsdimensionen einbezieht:

- räumliche Nähe: im Vergleich zu den höheren politischen Entscheidungsebenen liegt hier zweifellos ein Vorteil, der allerdings im Hinblick auf die Größe der G zu relativieren ist, so daß etwa in den Großstädten keineswegs mehr die räumliche Vertrautheit des Bürgers mit seiner Kommune insgesamt vorausgesetzt werden kann;
- sachliche Nähe: in dieser Dimension wird mit einer größeren Problemnähe sowohl der Entscheidungsebene Kommune – Kenntnis der besonderen Bedingungen „vor Ort" – als auch der Bürger argumentiert. Auch wenn der Hinweis auf größere Eigenerfahrung und darauf gestützt bessere Urteilsfähigkeit der Bürger in kommunalen Fragen einen zutreffenden Kern enthält, bleibt er differenzierungsbedürftig. Häufig ist die angenommene größere Sachnähe der Bürger mehr Schein als Sein, da komplexe Probleme wie Stadtplanung sich keineswegs allein unter Rückgriff auf Alltagserfahrung bewältigen lassen;
- soziale und politisch-personelle Nähe: damit wird einmal das soziale Kleinklima, eine besondere Vertrautheit im gegenseitigen Verhalten gemeint, zum anderen aber auch der davon mitbeeinflußte Stil der politischen Diskussion und die politische Einflußchance der Bürger angesprochen. In der Regel ist der Kontakt zu den politischen Repräsentanten auf der Gemeindeebene leichter und die Gefahr der Entfremdung zwischen Repräsentanten und „Basis" geringer, zumal das Spektrum der politischen Partizipationsformen größer ist;
- emotionale Nähe: häufig wird eine größere Identifikations- und Engagements-

bereitschaft der Bürger auf der kommunalen Ebene angenommen. Auch hier gilt aber, daß die Bindungskraft von G von vielen Faktoren beeinflußt wird, z.B. hohe Mobilität sich tendenziell negativ auswirken dürfte.

Die für die kommunale Ebene in Anspruch genommenen Vorzüge der Nähe variieren in allen genannten Dimensionen insbesondere mit der Gemeindegröße, wobei ein zentrales Problem darin liegt, daß die Größenoptima aus unterschiedlichen Perspektiven, z.B. sachliche oder soziale Nähe, auseinanderfallen. Wie die kritisch akzentuierten Begriffe „Kirchturmspolitik" und „Lokalpatriotismus" andeuten, stehen den Vorzügen zudem auch Risiken gegenüber, die vor allem in einer Perspektivenverengung und Vernachlässigung der die lokale Ebene übergreifenden Gesichtspunkte und Interessen liegen.

2. Begriff und Verankerung im GG

Ein Ausbau der kommunalen Selbstverwaltung war nach der Erfahrung des Dritten Reiches unstrittig, wobei der unterschiedlich starke Einfluß der Alliierten in Verbindung mit unterschiedlichen Traditionen und parteipolitischen Akzentuierungen zu einer neuen Vielfalt kommunaler Verfassungssysteme und Aussagen in den Landesverfassungen geführt hat. Auf der ranghöchsten Ebene heißt es in Art. 28 Abs. 2 GG: „Den Gemeinden muß das Recht gewährleistet sein, alle Angelegenheiten der örtlichen Gemeinschaft im Rahmen der Gesetze in eigener Verantwortung zu regeln. Auch die Gemeindeverbände haben im Rahmen ihres gesetzlichen Aufgabenbereiches nach Maßgabe der Gesetze das Recht der Selbstverwaltung. Die Gewährleistung der Selbstverwaltung umfaßt auch die Grundlagen der finanziellen Eigenverantwortung." Der letzte Satz ist eine klarstellende Ergänzung im Rahmen der GG-Anpassung 1994, die im übrigen aber den weitergehenden Forderungen der kommunalen Spitzenverbände nach verfassungsrechtlichen Ausbau der kommunalen Selbstverwaltung – u.a. Reduzierung der staatlichen Weisungsbefugnisse, angemessene Finanzausstattung bei Übertragung neuer Aufgaben – nicht entsprach. Mit „alle Angelegenheiten" wird ein umfassender gemeindlicher Aufgabenbereich fixiert, der aber durch den „örtlichen" Bezug und v.a. den „Rahmen der Gesetze" zugleich stark eingeschränkt wird. Ebensowenig wie eine Bestandsgarantie für die einzelne G gewährt das GG eine Garantie bestimmter Gemeindeaufgaben, so daß nur ein interpretationsbedürftiger Kern der Selbstverwaltung (Wesensgehaltsgarantie) geschützt wird. Sehen sich G in ihrem Selbstverwaltungsrecht durch Bund oder Land verletzt, steht ihnen das Recht der Verfassungsbeschwerde beim → Bundesverfassungsgericht zu, im Fall von Landesrecht aber nur hilfsweise, falls nicht der Weg zum Landesverfassungsgericht vorgesehen ist (Art. 93 GG).

Die Eigenverantwortlichkeit wird traditionell in verschiedene Hoheitsrechte ausdifferenziert: Personal-, Organisations-, Finanz-, Planungs- und Rechtssetzungshoheit (Erlaß kommunaler Satzungen). Auch diese Hoheitsrechte werden aber durch den Rahmen der staatlichen Gesetze in unterschiedlicher Weise erheblich beschränkt. Gerade deshalb werden die G in staatsrechtlicher Interpretation nicht als eigenständige staatliche Ebene gesehen, sondern sind als landesunmittelbare öffentlich-rechtliche Gebietskörperschaften Teil des zweigliedrigen, in Bund und Länder differenzierten Staates. Unter dem Gesichtspunkt der freiheitssichernden vertikalen Gewaltenteilung sind sie aber eine eigenständige dritte (unter Einschluß der EU vierte) Ebene. Anzumerken ist, daß die Begriffe kommunale Selbstverwaltung und Kommunalpolitik in der Regel synonym verwendet werden, daß aber teilweise bei der Verwendung des deutschen Traditionsbegriffs kommunale Selbstverwaltung auch Untertöne einer harmonieorientierten unpolitischen Verwaltung mitschwingen, die gegen einen konflikthaften, ideologiebezogenen Begriff kommunaler Politik ausgespielt werden. Teilweise werden auch die hier synonym gebrauchten Begriffe kommunale und lokale Politik unterschieden, wobei letzterer als der umfassendere Begriff gilt.

3. Organisation der G und Gemeindeverbände in der BRD

Die Größe einer G ist in vielfacher Hinsicht prägender Faktor, und die Größenordnung der Einwohnerzahl reicht von wenigen hundert bis zur Millionengrenze. Der mit der unterschiedlichen Größe verbundenen unterschiedlichen Verwaltungskraft wird einmal dadurch Rechnung getragen, daß die kommunale Selbstverwaltung in lokale G und die überörtlichen Kreise (Landkreise) gegliedert ist. Nur in den größeren kreisfreien Städten fallen beide Ebenen zusammen. Die Kreise erfüllen in Arbeitsteilung mit den kreisangehörigen G überörtliche Aufgaben und nehmen dabei eine begrenzte Ausgleichsfunktion gegenüber der unterschiedlichen Leistungskraft ihrer G wahr. Neben unterschiedlichen Kooperationsformen zwischen G existieren auch höhere Kommunalverbände mit eigenen Selbstverwaltungsaufgaben (z.B. die bayerischen Bezirke und die Landschaftsverbände Rheinland und Westfalen-Lippe in NW) sowie spezifische Kommunalverbände insbesondere in Ballungsräumen (wie der Kommunalverband Ruhrgebiet oder der Umlandverband Frankfurt/M.). Zur gemeinsamen Interessenvertretung haben sich die Kommunen darüber hinaus in privatrechtlicher Form eigene Spitzenverbände geschaffen, die sich an die kommunale Organisationsstruktur anlehnen. Es handelt sich um den Deutschen Städtetag (Mitglieder v.a. die großen, kreisfreien Städte), den Deutschen Städte- und Gemeindebund (Mitglieder v.a. die mittleren bis kleineren Städte und G) und den Deutschen Landkreistag (Mitglieder die Kreise/Landkreise), die in sich wiederum föderalistisch strukturiert, d.h. auch in Landesverbänden organisiert sind.

Angesichts einer wachsenden Kluft zwischen den Anforderungen an die G – Aufgabenvermehrung und zunehmende Leistungserwartungen – und ihrer finanziellen und administrativen Leistungskraft in der Nachkriegszeit ist es ab Mitte der 60er Jahre in einem Jahrzehnt in allen Bundesländern mit Ausnahme der Stadtstaaten zu einer mehr oder minder radikalen Gebietsreform gekommen, die die kommunale Landschaft grundlegend verändert hat. Die Zahl der G ist von über 24000 auf rund 8500 fast auf 1/3 reduziert, die Zahl der Kreise auf 237 etwa halbiert worden. Besonders radikal ist NW vorgegangen, das fast 5/6 seiner G beseitigt und bis auf wenige Ausnahmen keine G unter 5000 Einwohner zugelassen hat. Demgegenüber ist die kommunale Gebietsreform in R.P. und S.H. sehr viel bescheidener ausgefallen und fast die Hälfte ihrer G bei einer Einwohnerzahl unter 500 geblieben (partiell kompensiert allerdings durch Verwaltungsgemeinschaften). Für radikale Gebietsreformen, die teilweise auf heftige Proteste der Bevölkerung gestoßen sind, ist insbesondere das Leistungsgefälle zwischen den G und eine aufgabenbezogene Mindestgröße angeführt worden. Gegner haben insbesondere auf Verluste an Identifikation und Partizipationschancen verwiesen. So ist z.B. in NW die Zahl der kommunalen Mandatsträger halbiert worden, auch wenn versucht worden ist, im Rahmen der Kommunalverfassung einen begrenzten Ausgleich zu schaffen (Bezirksvertretungen).

4. Aufgaben der G und Politikverflechtung

Die Aufgaben der G lassen sich nach verschiedenen Kriterien gliedern. Ein wichtiges Kriterium ist der Grad an Entscheidungsfreiheit, den die G besitzt. Danach werden traditionell Aufgaben 1. im eigenen Wirkungskreis und 2. im übertragenen Wirkungskreis, d.h. im staatlichen Auftrag, unterschieden. Die erstgenannten eigentlichen Selbstverwaltungsaufgaben werden weiter in freiwillige Aufgaben (Kulturpolitik, z.B. Unterhalt eines Theaters) und gesetzlich übertragene Pflichtaufgaben (z.B. Jugendhilfe) unterschieden, wobei die Art der Wahrnehmung auch im letzteren Fall im Ermessen der G liegt. Bei Auftragsangelegenheiten (z.B. Gewerbeaufsicht) unterliegt die G dagegen staatlichen Weisungen. Einen Sondertypus im Grenzbereich bilden die „Pflichtaufgaben nach Weisung".

Die organisatorische Gliederung der Gemeindeverwaltung orientiert sich dagegen an einer sachbezogenen Ausdifferenzierung der Gemeindeaufgaben. Diese haben sich im Schlepptau gesellschaftlicher Veränderungen erheblich gewandelt, wie generell gilt, daß G als bürgernächste Politikebene auch häufig im Brennpunkt veränderter Anforderungen an Politik gestanden haben. Die Aufgaben reichen von einer ökonomisch-sozialen Grundversorgung und Aufbau einer öffentlichen Infrastruktur bis zur umfassenden kommunalen Entwicklungsplanung. Stichworte, die die Aufgabenbreite andeuten, sind Sozialwesen (Kindergärten, Krankenhäuser, Seniorenheime), Bildung (Schulen, Volkshochschulen), Freizeit (Sportanlagen, Bäder), Wirtschaftsförderung und -entsorgung (Gewerbeparks, Technologiezentren, Müllentsorgung). 2/3 der öffentlichen Investitionen entfallen auf die kommunale Ebene, die schon deshalb einen erheblichen, auch konjunkturrelevanten Wirtschaftsfaktor darstellt. Dabei spielen in der Regel Versorgungsbetriebe (u.a. Gas, Wasser, Elektrizität, Nahverkehr, Müllabfuhr) eine wichtige Rolle.

Ungeachtet der Tatsache, daß der staatliche Ordnungsrahmen für die Privatwirtschaft in Form von Gebietsplanung, Genehmigungen und komplementärer Infrastruktur großenteils auf der kommunalen Ebene umgesetzt wird, ist die Abgrenzung zwischen öffentlichem und privatem Wirtschaftssektor gerade auf kommunaler Ebene so etwas wie ein politischer Dauerkonflikt mit zyklischen Intensitätsveränderungen. Dabei geht es nicht nur um die Frage, ob es sich um eine öffentliche Aufgabe handelt (Kommunalisierung oder Privatisierung), sondern auch um das Wie (kommunale Betriebe oder Beauftragung von Privatunternehmen) und in welcher Rechtsform (kommunale Eigenbetriebe oder Eigengesellschaften in privater Rechtsform – AG, GmbH), da davon insbesondere die Steuerungsmöglichkeiten der G, aber auch die Kosten beeinflußt werden. Als Kriterium für die Aufgabenabgrenzung sowohl gegenüber privaten Akteuren als auch gegenüber den höheren staatlichen Ebenen wird das → Subsidiaritätsprinzip herangezogen, das aber in modernen, hochinterdependenten Gesellschaften ebensowenig wie das Kriterium des örtlichen Wirkungskreises hinreichend trennscharf ist, um politische Konflikte zu vermeiden.

Bei der Umsetzung der Aufgaben haben schwierige Rahmenbedingungen – insbesondere die Finanzsituation – und der privatwirtschaftliche Trend zu Lean Production die Diskussion um eine effizienzorientierte Verwaltungsreform – Stichwort Lean Administration – angeregt und gerade auf der kommunalen Ebene zu einer Reihe begrenzter Experimente geführt, die sich im internationalen Vergleich allerdings noch bescheiden ausnehmen. Die Aufgaben- und Politikverflechtung zwischen den unterschiedlichen Ebenen der Gebietskörperschaften ist hoch, wenn auch in der Intensität vom „Zeitgeist" abhängig. Als staatliche Steuerungsinstrumente kommen insbesondere gesetzliche Vorgaben, Aufsichtsrechte und die Finanzen in Frage. Der Gesetzesrahmen schließt auch so grundlegende Vorgaben des Landesgesetzgebers ein wie die kommunale Gebietsgliederung und die Kommunalverfassung. Mit der kommunalen

Gebietsreform sollte insbesondere die größenabhängige Verwaltungskraft der G und Kreise gestärkt werden. Die daran anschließende Funktionalreform, die der kommunalen Ebene auch mehr Selbstverwaltungsaufgaben überlassen sollte, hat aber nur eng begrenzte Veränderungen bewirkt. Zudem hat die vermehrte gesetzliche Aufgabenzuweisung auch die Gefahr einer Überlastung v.a. auf Kosten der freien Selbstverwaltungsaufgaben der G verdeutlicht. Die staatlichen Aufsichtsrechte variieren v.a. entsprechend dem Aufgabentypus von allgemeiner Aufsicht zur Kontrolle der Gesetzmäßigkeit (Selbstverwaltungsaufgaben) bis zur Fachaufsicht mit Weisungsrecht (Auftragsangelegenheiten). Die Aufsichtsrechte sind z.B. gegen vereinzelte kommunale Versuche der „Grenzüberschreitung" – etwa Erklärung von G zu „atomwaffenfreien Zonen" und damit Eingriffe in die Verteidigungspolitik des Bundes – eingesetzt worden.

5. Finanzsituation der G

Die Chance der effektiven Aufgabenwahrnehmung hängt in hohem Maße von der Finanzsituation ab. Die Einnahmeseite wird von den großen Blöcken – in der Reihenfolge ihres Gewichtes – 1. Steuern, 2. Finanzzuweisungen insbesondere der Länder, 3. Gebühren und Beiträge sowie – nur mit Genehmigung der staatlichen Aufsichtsbehörde – 4. Kreditaufnahme bestimmt. An eigenen Steuern stehen den G neben den örtlichen Verbrauchs- und Aufwandsteuern v.a. die Realsteuern (Grund- und Gewerbesteuer) zu, deren Höhe sie über Hebesätze beeinflussen können. Seit der Gemeindesteuerreform 1969 fließt an die G im Austausch gegen einen Realsteueranteil ein Teil der Einkommen- und Körperschaftsteuer (1994 15%), dessen Höhe aber von Bund und Ländern bestimmt wird. Bei den Gemeindesteuern dominieren weiterhin die Erträge aus der umstrittenen Gewerbesteuer, die die G an das Wohlergehen der Unternehmen ihres Gebietes bindet und damit auch die interkommunale Konkurrenz (Wirtschaftsförderung) verschärft. Mit den Finanzzuweisungen steuern die Länder den interkommunalen Finanzausgleich, um ein Mindestmaß an finanzieller Leistungskraft für alle G sicherzustellen. Angesichts der unterschiedlichen Interessenlagen verschiedener Gemeindetypen (z.B. im Hinblick auf Gewerbesteuer, Soziallasten, Stadt-Umland-Problematik) ist der Gemeindefinanzausgleich – ähnlich wie auf den staatlichen Ebenen – ständiger Streitgegenstand. Innerhalb des komplexen Systems staatlicher Finanzzuweisungen an die G werden die zweckgebundenen Zuweisungen von Ländern und Bund besonders kritisch diskutiert, insofern sie als „goldener Zügel" geeignet sind, kommunale Handlungsfreiheit indirekt, aber wirksam einzuschränken und kommunale Prioritäten zu verändern. Die bei den Finanzen besonders ausgeprägte Verflechtung der verschiedenen Ebenen der Gebietskörperschaften zeigt auch der Versuch, die Gemeindehaushalte in eine systematische Konjunktursteuerung (→ Stabilitäts- und Wachstumsgesetz) einzubeziehen, auch wenn es trotz der gesetzlichen Orientierung auf das gesamtwirtschaftliche Gleichgewicht de facto nicht gelungen ist, ein einnahmeabhängiges, tendenziell prozyklisches Haushaltsgebahren der G zu verhindern.

6. Das kommunale Verfassungs- und Entscheidungssystem

Die Kommunalverfassungen (G-, Kreisordnung) werden der kommunalen Ebene als Ländergesetze vorgegeben. Obwohl die Landesparlamente sich mit Ausnahme von S.H. prinzipiell für jeweils einen einheitlichen Typus entschieden haben, weist jedes Landesgesetz Besonderheiten auf, so daß sich ein sehr buntes Bild bietet. Dabei war neben spezifischen Traditionen in der unmittelbaren Nachkriegszeit auch der Einfluß der Siegermächte wirksam, wobei der britische Einfluß in NW und Nds die stärksten Spuren hinterlassen hat. Üblicherweise wird die Ländervielfalt auf vier Grundmodelle reduziert, wobei das Verhältnis von gewählter örtlicher Volksvertretung und hauptamtlicher Verwaltung sowie Art und Selektion der Leitungsorgane im Zentrum stehen. Unterschiedlich geregelt sind insbesondere die Abgrenzung der Zuständigkeiten zwischen Rat und Verwaltungsspitze, der Wahlmodus der Verwaltungsspitze, Trennung oder Zusammenlegung von Rats- und Verwaltungsspitze sowie die Form der Verwaltungsspitze („monokratisch" oder „kollegial").

Charakteristisch für die Norddeutsche Ratsverfassung (Nds. bisher NW) ist die starke Stellung des Rates (Allzuständigkeit) und die Doppelspitze aus ehrenamtlichem Ratsvorsitzenden mit dem prestigeträchtigen Titel (Ober-)Bürgermeister und vom Rat gewählter hauptamtlicher Verwaltungsspitze (Gemeinde-, (Ober-)Stadtdirektor). Die Süddeutsche Ratsverfassung (Bad.-W., Bay.) zeichnet sich dagegen durch die starke Stellung des direkt vom Volk gewählten hauptamtlichen (Ober-)Bürgermeisters aus, der nicht nur die Verwaltung leitet, sondern auch stimmberechtigter Ratsvorsitzender sowie geborener Vorsitzender der Ratsausschüsse ist. Bei der Bürgermeisterverfassung (R.P., Sal., kleinere G S.H.) wird der Bürgermeister dagegen vom Rat gewählt, übernimmt aber auch den Ratsvorsitz. In der Magistratsverfassung (Hess., Bremerhaven, größere Städte in R.P. und S.H.) schließlich wählt der Rat nicht nur den hauptamtlichen (Ober-)Bürgermeister – in Hessen als neues Experiment ab 1993 allerdings direkte Volkswahl – sowie einen eigenen Ratsvorsitzenden, sondern auch den Magistrat als kollektives Leitungsgremium der Verwaltung. Er umfaßt unter dem Vorsitz des (Ober-)Bürgermeisters ehrenamtliche Ratsmitglieder (entsprechend der Fraktionsstärke im Rat gewählt) sowie hauptamtliche Beigeordnete (Leiter der Verwaltungsdezernate) und bindet einen Teil des Rates damit stärker in die Verwaltungsführung ein. Umstritten sind nicht nur die Vorzüge des jeweiligen Verfassungstypus und die vorrangigen Beurteilungskriterien (z.B. Verwaltungseffizienz versus Transparenz und Offenheit des Entscheidungsprozesses), sondern auch die Prägekraft der Gemeindeordnung für den realen Entscheidungsprozeß. Zweifellos beeinflußt eine Reihe anderer Faktoren, insbesondere die Größe der G oder auch die Dominanz einer Partei, das politische Klima und den Entscheidungsprozeß in den G mindestens so stark wie die Gemeindeordnung. Dennoch deuten auch wiederkehrende Diskussionen und teilweise Umsetzungen (beschlossen z.B. in NW 1994) einer kommunalen Verfassungsreform – orientiert insbesondere an der süddeutschen Ratsverfassung – darauf hin, daß der Verfassungstypus als eine wichtige Rahmenbedingung wirksam ist, wenn auch nicht notwendig in der von der Verfassung intendierten Weise.

Ein unabhängig vom Verfassungstypus auftretendes Grundproblem ist die politische Steuerung durch den ehrenamtlichen Rat gegenüber einer hauptamtlichen Verwaltung und damit die Gefahr einer „Herrschaft der Bürokratie". Das Problem wächst mit der Größe der Kommune und zeigt sich in der Norddeutschen Ratsverfassung wegen der formalen Machtkonzentration beim ehrenamtlichen Rat besonders kraß. Es führt dazu, daß zumindest bei Führungspositionen im Rat (Bürgermeister, Fraktions-, wichtige Ausschußvorsitzende) die zeitliche Belastung einer hauptamtlichen Tätigkeit entspricht und sich de facto kommunale Berufspolitiker entwickeln, die häufig auf finanziell attraktiven Positionen im kommunalen Umfeld – z.B. Leitungspositionen in kommunalen Unternehmen – „versorgt" werden. Der hohe Zeitaufwand für Ratsmitglieder hat zusammen mit anderen Faktoren, wie der Abkömmlichkeit, wiederum Folgen für den Prozeß der Kandidatenauswahl, so daß z.B. bestimmte Berufsgruppen (insbesondere der öffentliche Dienst) stark überrepräsentiert sind. Neben der Professionalisierung der Führungsgruppe im Rat kann auch die parteipolitische „Durchdringung“ der Verwaltung (spezielle Informationskanäle neben der formalen Verwaltungshierarchie) als politischer Steuerungsversuch interpretiert werden, allerdings mit Folgen für die Verwaltungseffizienz und die Einheitlichkeit der Verwaltungsführung. Mit „Klüngel, Cliquen und Karrieren“ sind die negativen Aspekte einer solchen langjährigen Entwicklung wortgewaltig und medienträchtig aufgespießt worden (*Scheuch* 1992). Allgemein läßt sich konstatieren, daß der formale kommunale Entscheidungsprozeß durch ein informelles Netz von „Vorentscheidern“ dominiert wird, zu dem Führungspositionen in Rat und Verwaltung zählen, das aber darüber hinausreicht.

7. Willensbildung

Die Willensbildung auf der kommunalen Ebene weist im Vergleich zu den höheren Gebietskörperschaften weiterhin Besonderheiten auf, wobei aber als allgemeine Tendenz gilt, daß diese Unterschiede um so geringer werden, je größer die G ist. Unter den Medien spielen die Lokalzeitungen eine dominante Rolle für die lokale Öffentlichkeit. Dabei handelt es sich allerdings häufig um lokale Zeitungsmonopole, und auch unter anderen Gesichtspunkten (Qualität der Lokaljournalisten, Rücksichtnahmen der Zeitung, „Verlautbarungsjournalismus“) ist Kritik weit verbreitet. Ob das neue Medium des Lokalfunks die Situation merklich verbessert hat, erscheint bisher zweifelhaft.

Ein wichtiger Einflußfaktor in der Interessenartikulation und lokalen Willensbildung sind traditionell die Vereine, wobei sich eine starke Verflechtung zwischen Führungspositionen in Vereinen und in politischen Gremien ergibt. Auch die lokalen Verbandsakteure (z.B. IHKs, → Gewerkschaften) spielen v.a. in den größeren Städten eine wichtige Rolle, und in bestimmten Politikfeldern (z.B. Teilbereiche der → Sozialpolitik) sind die kommunalen Leistungsangebote in hohem Maße von „freien“ Trägern abhängig. Zu einem etablierten Einflußkanal haben sich auch die vielfältigen → Bürgerinitiativen entwickelt, die auf der lokalen Ebene entstanden sind und hier immer noch ihren Schwerpunkt haben. Dominiert wird aber auch die lokale politische Willensbildung von den → Parteien. Dabei spielen neben den etablierten bundes- bzw. landesweiten Parteien auch die sogenannten „Rathausparteien“, d.h. lokal begrenzte Wählervereinigungen, partiell eine wichtige Rolle. Ihre Bedeutung scheint neben Faktoren wie lokale Tradition und politische Kultur v.a. wieder von der Gemeindegröße abhängig zu sein (geringer Stellenwert in Großstädten). Für die Landes- bzw. Bundesparteien sind die lokalen Gliederungen sowohl „Basis“ und Bezugspunkt bei landes- und bundespolitischen Entscheidungen als auch Grundlage der Kommunalpolitik. Für letztere nehmen die lokalen Parteigliederungen ein weitgehendes Selbstbestimmungsrecht in Anspruch. Die Verflechtung der verschiedenen politischen Ebenen – auch in Form von Doppelmandaten z.B. als Landtagsabgeordneter und zugleich als Bürgermeister – und die damit verbundenen Interdependenzbeziehungen im Hinblick auf Wahlchancen haben den Stellenwert der kommunalen Ebene für die Gesamtpartei aber deutlich erhöht, was Mitte der 70er Jahre auch in speziellen kommunalen Parteiprogrammen aller großen Parteien zum Ausdruck gekommen ist.

Die politischen Partizipationschancen der Bürger sind auf der lokalen Ebene partiell besser (größere Kommunikationsnähe und größeres Angebot an Partizipationsformen – von Einsprengseln direkter Demokratie bis zu Kumulieren und Panaschieren im → Wahlrecht süddeutscher Länder). Das → Wählerverhalten deutet auf eine begrenzte Autonomie der kommunalen Ebene auch im Bewußtsein der Bürger, wobei das Mischungsverhältnis von gesamtsystemaren und lokalen Einflußfaktoren umstritten ist. Versuche einiger sozialdemokratisch geführter Länder, das kommunale Wahlrecht gerade unter Verweis auf die Besonderheiten der kommunalen Ebene auch auf ausländische Einwohner zu erweitern, sind vom Bundesverfassungsgericht gestoppt worden. Dies gilt nicht für die Bürger der EU-Mitgliedsstaaten, für die im Hinblick auf die EU als politische Union die Einführung des kommunalen Wahlrechtes beschlossen worden ist.

8. Ostdeutsche G vor und nach der Vereinigung sowie Perspektiven

Obwohl die kommunale Selbstverwaltung von der sowjetischen Siegermacht nach 1945 auch in der SBZ gesetzlich wieder eingeführt wurde, entsprach sie nicht der gewaltenkonzentrierenden Ideologie des Marxismus-Leninismus und wurde bald unter das Joch des „demokratischen Zentralismus" gebeugt. In der → DDR wurde die kommunale Ebene wiederum auf die Funktion der lokalen Verwaltungsebene im zentralistischen Einheitsstaat unter → SED-Kontrolle reduziert, obwohl formal gewählte Volksvertretungen auf Gemeinde- und Kreisebene aufrechterhalten wurden.

Mit der Wende in der DDR setzte auch eine Renaissance der kommunalen Selbstverwaltung ein. Sie fand ihren formalen Ausdruck in der von der frei gewählten Volkskammer im Mai 1990 verabschiedeten Kommunalverfassung und in den Kommunalwahlen vom Mai 1990, die zwar in den groben Tendenzen das Ergebnis der Volkskammerwahlen wiederholten, aber mit beachtlichen lokalen Abweichungen und z.B. einem besseren Ergebnis für die Bürgerbewegung → Bündnis '90. Nach der Neubildung der Länder hat auch in Ostdeutschland ein Differenzierungsprozeß bei den Kommunalverfassungen eingesetzt, insofern die Länder neue Kommunalgesetze verabschiedet haben. Bei der bisher äußerst bescheidenen Gebietsrefom ist im wesentlichen die Zahl der Kreise etwa halbiert worden (von 189 auf 87), während die Zahl der G nur in Thüringen um etwa ein Viertel vermindert worden ist. Im Vergleich zu den meisten westdeutschen Ländern ist die Zahl der G in den ostdeutschen Bundesländern weiterhin sehr groß (7099) und entsprechend die Zahl der Einwohner gering (knapp die Hälfte unter 500 Einwohner). Mit stark veränderten kommunalen Strukturen müssen völlig neue Aufgaben bewältigt werden und dies bei einem hohen Erwartungsdruck der Bürger. Dabei geht die bisher noch unzureichende und vor allem durch Bundestransfers gestützte kommunale Finanzkraft einher mit spürbaren Defiziten in der Verwaltungskraft. Im Vergleich zu westdeutschen G sind die ostdeutschen personell zugleich quantitativ überbesetzt und qualitativ unterbesetzt, insofern Experten für wichtige neue kommunale Aufgabenfelder fehlen. Die Mängel sind nicht zuletzt ein Hindernis für den wirtschaftlichen Wiederaufbau, wobei gerade die ostdeutschen Erfahrungen die Bedeutung der Kommunen für den wirtschaftlichen Ordnungsrahmen (u.a. Flächennutzungspläne, Genehmigungsverfahren) unterstreichen. Angesichts dieser Situation spielen die teilweise über die kommunalen Spitzenverbände vermittelte Beratung und Personalhilfe sowie die innerdeutschen Städtepartnerschaften eine besonders wichtige Rolle.

Der innerdeutschen Integrationsaufgabe gerade auch für die kommunale Ebene entsprechen wachsende internationale kommunale Verbindungen insbesondere auf EU-Ebene, die sich u.a. in grenzüberschreitender Zusammenarbeit (→ Regionen), Städtepartnerschaften und gemeinsamen Organisationen äußern. Funktional ist die Rolle der kommunalen Ebene als Experimentierfeld für neue Lösungsansätze auch unter dem Partizipationsaspekt gerade deshalb gewachsen, weil neue oder verschärfte gesellschaftliche Probleme (von Arbeitslosigkeit über Drogen bis zu Umweltschutz und Wohnungsnot) lokal hautnah und zugespitzt spürbar werden. Ob die anscheinend auch zyklisch wiederkehrende Hoffnung auf eine „Erneuerung der Politik ‚von unten'" (so mit Fragezeichen *Hesse* 1986) berechtigt ist, dürfte auch von den angelegten Maßstäben abhängen. Zu berücksichtigen ist jedenfalls, daß sowohl die Problemproduktion als auch der rechtliche und finanzielle Rahmen für lokale Lösungsexperimente weitestgehend von „oben" gesetzt werden.

Literatur

Andersen, Uwe (Hrsg.) 1987: Kommunale Selbstverwaltung und Kommunalpolitik in Nordrhein-Westfalen. Schriften zur politischen Landeskunde Nordrhein-Westfalen Bd. 3. Köln u.a.

Blanke, Bernhard (Hrsg.) 1991: Staat und Stadt. Systematische, vergleichende und problemorientierte Analysen dezentraler Politik. Opladen.

Ellwein, Thomas/Zoll, Ralf 1982: Wertheim. Politik und Machtstrukturen einer deutschen Stadt. München.

Gabriel, Oscar W. (Hrsg.) 1989: Kommunale Demokratie zwischen Politik und Verwaltung. Beiträge zur Kommunalwissenschaft Bd. 29. München.

Gunlicks, Arthur B. 1986: Local Government in the German Federal System. Durham.

Heinelt, Hubert/Wollmann, Hellmut (Hrsg.) 1991: Brennpunkt Stadt. Stadtpolitik und lokale Politikforschung in den 80er und 90er Jahren. Stadtforschung aktuell Bd. 31. Basel.

Hesse, Joachim Jens (Hrsg.) 1986: Erneuerung der Politik „von unten"? Stadtpolitik und kommunale Selbstverwaltung im Umbruch. Opladen.

Kevenhörster, Paul (Hrsg.) 1977: Lokale Politik unter exekutiver Führerschaft. Meisenheim.

Naßmacher, Hiltrud und Karl-Heinz 1979: Kommunalpolitik in der Bundesrepublik. Möglichkeiten und Grenzen. Opladen.

Roth, Roland/Wollmann, Hellmut (Hrsg.) 1994: Kommunalpolitik. Politisches Handeln der Gemeinden. Opladen.

Scheuch, Erwin K. und Ute 1992: Cliquen, Klüngel und Karrieren. Über den Verfall der politischen Parteien – eine Studie. Reinbek.

Wehling, Hans-Georg 1986: Kommunalpolitik in der Bundesrepublik Deutschland. Beiträge zur Zeitgeschichte Bd. 17. Berlin.

Uwe Andersen

Gerichte

1. Rolle und Funktion

Das → GG unterscheidet in Anlehnung an *Montesquieu* die drei Grundfunktionen → Gesetzgebung, Vollziehung und Rechtsprechung und ordnet diese Funktionen besonderen Organen zu (Art. 20 II GG). Während Gesetzgebung und Vollziehung in vielfältiger Weise miteinander verwoben sind, ist die Rechtsprechung von den übrigen Funktionen grundsätzlich getrennt; sie obliegt allein den Richtern und wird von Gerichten ausgeübt (Rechtsprechungsmonopol der Richter, Art. 92 GG; Ausnahmen: Art. 10 II, 2 und 84 IV, 1 GG). Zum ersten Mal in der dt. Verfassungsgeschichte und als unmittelbare Reaktion auf das nationalsozialistische Unrechtssystem wurde die rechtsprechende Gewalt im GG in konsequenter Ausgestaltung des Rechtsstaatsprinzips – über *Montesquieu* hinausgehend – auch zu einer echten dritten Gewalt ausgeformt und trat gleichwertig neben Legislative und Exekutive.

Die außerordentliche Bedeutung, die die dritte Gewalt durch das GG erhält, wird in ihrer den beiden anderen Gewalten gegenüber weitreichenden Kontrollfunktion sichtbar, die sie zum Garanten des → Rechtsstaats werden läßt. So ermöglicht die Rechtswegklausel des Art. 19 IV GG zunächst eine unmittelbare und umfassende gerichtliche Kontrolle aller Akte der vollziehenden Gewalt und gewährleistet damit einen wirkungsvollen Rechtsschutz des Bürgers. Da das GG den Gerichten ausdrücklich das sog. richterliche Prüfungsrecht zuerkannt hat, können diese – obwohl an das geltende Recht als Entscheidungsmaßstab inhaltlich grundsätzlich gebunden – das von ihnen bei einer Entscheidung anzuwendende Gesetz bei Vorliegen eines Zweifels auf seine förmliche und materielle Verfassungsmäßigkeit hin prüfen und bei angenommener Verletzung des GG die Entscheidung des → BVerfG, bei angenommener Verletzung einer Landesverfassung die des betreffenden Landesverfassungsgerichts einholen (Art. 100 I GG) und damit mittelbar auch den Gesetzgeber der richterlichen Kontrolle unterziehen. Die richterliche Kontrolle gegenüber den anderen Gewalten erfährt ihre entscheidende Ausformung jedoch erst durch die mit umfangreichen Zuständigkeiten ausgestattete Verfassungsgerichtsbarkeit.

Für eine richtige Einschätzung der Rollenverteilung zwischen Legislative und Exekutive einerseits und der rechtsprechenden Gewalt andererseits und damit der Stellung der dritten Gewalt im politischen System der BRD muß letztlich ebenso das Verhältnis des Richters zu der von ihm anzuwendenden Norm (Verfassung, Gesetz, Verordnung) berücksichtigt werden. Rechtsanwendung durch ein Gericht bedeutet fast immer – da dieses das Recht verwirklichen soll, jedoch kaum ein Rechtssatz unmittelbar auf den Einzelfall angewandt werden kann – Auslegung und Konkretisierung der Norm. Gebunden an seine Richtnorm, bemächtigt sich der vom Recht abhängige Richter seinerseits des Rechts im Vorgang der Interpretation. Der Richter ist somit nicht im Sinne *Montesquieus* nur politisch unbedeutend „la bouche qui prononce les paroles de la loi“, sondern er – zuletzt und endgültig der Verfassungsrichter – bestimmt, indem er Recht spricht, zugleich autoritativ und letztlich den Inhalt des Rechts. Dem Richterspruch ist daher fast stets ein gewisses – subjektive Momente einschließendes – Normensetzungs- und Rechtschöpfungselement eigen. Neben Gesetzesrecht tritt Richterrecht. Da ein Rechtsetzungsakt in Rechtsform gegossene Politik darstellt, befindet der Richter insoweit über soziale und politische Sachverhalte, wirkt folglich politisch und sozial gestaltend und übt somit politische Macht aus.

Damit wird deutlich, welche Macht der rechtsprechenden Gewalt zukommt, welche bedeutsame Rolle sie im Gewaltenteilungssystem des GG spielt. In der konkreten politischen Praxis zeigt sich dies z.B. darin, daß sich heute technische Großprojekte und auch viele kommunale Vorhaben ohne die Einschaltung der Verwaltungsgerichtsbarkeit nicht mehr verwirklichen lassen. Diese Machtsteigerung des Richters führte auch dazu, daß die BRD verschiedentlich als Rechtsprechungs-, Rechtswegeoder Richterstaat bezeichnet wurde. Die hohe Kontrolldichte und die daraus fließende Macht der rechtsprechenden Gewalt werfen neben der Frage nach ihren funktionell-rechtlichen Grenzen auch die nach ihrer Legitimation und Kontrolle auf.

2. Legitimation und Kontrolle

Der Grund dafür, daß der rechtsprechenden Gewalt eine derart bedeutsame Stellung im politischen System der BRD zugewiesen wurde, liegt in der im Rechtsstaatsprinzip begründeten spezifischen richterlichen Unabhängigkeit, die sie – zumindest der Intention nach – zu einem unbeteiligten Dritten gegenüber den anderen staatlichen Organen sowie den rivalisierenden politischen, wirtschaftlichen und sozialen Kräftegruppen werden läßt, und in ihrer – vom Anspruch her – strengen Bindung an das Recht. Mit dem Eingeständnis der durch die geschichtliche Erfahrung bestätigten Relativierung der in Parlament, Regierung und Verwaltung verwandten Maßstäbe für eine Freiheit und Recht verbürgende Politik wuchs der Wunsch nach einer neuen Autorität, die in der Lage erscheint, diese Grundwerte zu sichern. Diese Autorität glaubte man in der rechtsprechenden Gewalt gefunden zu haben. Seit Ende der 60er Jahre allerdings wird auch sie, vor allem von seiten der Rechtssoziologie, zunehmend kritisch gesehen, und Umfragen zeigen deutlich, daß viele Bürger kein volles Vertrauen in die Richter und die Gerichte haben. Auch die rechtsprechende Gewalt kämpft daher mit einem Ansehensverlust. In der ersten Hälfte der 90er Jahre geriet die Justiz vor allem wegen einiger Urteile in Verfahren gegen Rechtsextremisten in die öffentliche Kritik (jüngste Beispiele: das BGH-Urteil zur sog. Auschwitz-Lüge im März 1994, das Deckert-Urteil des LG Mannheim im Juni 1994 und der zweite Buchenwaldprozeß des AG Weimar im Okt. 1994.

Die Stärkung der dritten Gewalt durch den Verfassunggeber war durchaus nicht selbstverständlich, da auch gegenüber dem Richter Mißtrauen herrschte, das aus der antidemokratischen Haltung eines großen Teils der Richterschaft der Weimarer Republik resultierte, einer Richterschaft, die auch während der nationalsozialistischen Herrschaft im allgemeinen keine rühmliche Rolle spielte.

Der Parlamentarische Rat war daher, um ähnliches in Zukunft zu vermeiden und auch die Rechtsprechung mit den Strukturprinzipien des GG in Einklang zu bringen, bestrebt, der rechtsprechenden Gewalt nicht nur die Rolle einer allgemeinen Gewaltenkontrolle zuzuschreiben, sondern sie auch ihrerseits wiederum in das System der „checks and balances" einzubeziehen und ihr gleichzeitig eine stärkere demokratische Legitimation zu verleihen. Er tat dies vorwiegend durch die Institute der Richterwahl (Art. 94 I, 95 II u. 98 IV GG) und der Richteranklage (Art. 98 II u. V GG). Sieben Bundesländer (B., HB, Bbg., HH, Hess., S.H. u. Thür.) haben ebenfalls die Richterwahl eingeführt, während in den anderen Ländern entweder noch die ältere Bestellungsart, die alleinverantwortliche Ernennung durch die Exekutive nach vorhergehender Beteiligung das Präsidialrats (Richtervertretung), üblich ist (Bay., M.V., Nds., NW, Sal., Sa. u. Sa..A.) oder zwar prinzipiell die Exekutive, im Falle einer Nichteinigung zwischen Minister und Präsidialrat jedoch ein gemischter Schiedsausschuß im Benehmen mit dem zuständigen Minister, entscheidet (Bad.-W., R.P.). Die Richterwahlausschüsse, die in den meisten Fällen nur gemeinsam mit dem zuständigen Minister bzw. mit dem Kabinett eine Richterberufung vornehmen können, sind teils rein parlamentarisch (BVerfG), teils parlamentarisch-exekutiv (oberste Bundesgerichte) oder parlamentarisch-judikativ (B., Bbg., Hess., S.H. u. Thür.) oder parlamentarisch-exekutiv-judikativ (HB, HH) zusammengesetzt, wobei die richterlichen Mitglieder entweder vom Parlament (z.B.: B.) oder von der Richterschaft (z.B.: HB, HH) gewählt werden und für eine Richterwahl in den Ausschüssen in der Mehrzahl der Fälle eine einfache, in Hess. eine absolute und in Bbg. u. S.H. eine Zwei-Drittel-Mehrheit erforderlich ist. So entscheidet z.B. über die Berufung der Richter an den obersten Gerichtshöfen des Bundes der jeweils zuständige Bundesminister gemeinsam mit einem Richterwahlausschuß, bestehend aus den für die jeweilige Gerichtsbarkeit zuständigen Ministern der Länder (Mitglieder kraft Amtes) und einer gleichen Zahl vom → Bundestag gewählter Mitglieder (Mitglieder kraft Wahl) (Art. 95 II GG i.V.m. §§1-3, 13 RiWG), nachdem zuvor die – unverbindliche – Stellungnahme des Präsidialrats des Gerichtes, an das der Richter berufen werden soll, eingeholt worden ist (§§55-57 DRiG). Durch diese Konstruktion kommen das föderative und das unitarische, das parlamentarische und das exekutive Element gleichermaßen, das judikative Moment jedoch nur begrenzt, zur Geltung, so daß eine gewisse gegenseitige Neutralisierung der verschiedenen Einflüsse bewirkt und damit die Möglichkeit einer einseitigen Richterwahl eingeschränkt wird. Aufgrund des nur einfachen Mehrheitserfordernisses im Ausschuß (§12 I RiWG) wird allerdings eine einseitige Richterwahl nicht unbedingt verhindert, wie die zuweilen rücksichtslose Durchsetzung politisch genehmer Kandidaten durch die Ausschußmehrheiten deutlich macht.

Neben dem einfachen Mehrheitserfordernis im Richterwahlausschuß überzeugt das derzeitige Bestellungsverfahren zu den obersten Gerichten des Bundes auch in zwei weiteren Punkten nicht ganz. So müßte erstens der dritten Gewalt eine über die bisherige Beteiligung durch die Präsidialräte hinausgehende Einwirkungsmöglichkeit (jedoch keinesfalls ein Vetorecht) gewährt und zweitens um einer besseren Kontrolle der personalpolitischen Verantwortung willen ein höheres Maß an Transparenz des Bestellungsvorgangs gewährleistet werden.

Eine Anklage gegen einen Bundes- oder Landesrichter – die Richteranklage ist auch in den meisten Länderverfassungen verankert – gab es bisher noch nicht. Durch sie besteht die Möglichkeit, einen die Grundprinzipien rechtsstaatlicher Demokratie mißachtenden Richter vor dem BVerfG rechtlich zur Verantwortung zu ziehen und ihm gegebenenfalls das Vertrauen zu entziehen.

Trotz der sich immer mehr durchsetzenden Richterwahl und der durch sie gegebenen demokratischen Legitimation und trotz der Möglichkeit der Richteranklage sowie der Garantie der richterlichen Unabhängigkeit bleibt die der dritten Gewalt übertragene Machtfülle nicht unproblematisch. Daher kommt neben organisatorischen Formen der Binnenkontrolle (Kollegialentscheidung, Instanzenzug) vor allem der aus dem Prinzip der richterlichen Selbstbeschränkung fließenden Anerkennung funktionellrechtlicher Grenzen der Rechtsprechung, einer auch sozialwissenschaftliche Kenntnisse vermittelnden Juristenausbildung (für das Richterbewußtsein bedeutsam) und der Außenkontrolle durch die Öffentlichkeit (Fachwissenschaft, Medien) eine besondere Rolle zu.

Eine der großen Herausforderungen der nächsten Jahre wird es sein, daß zum einen die – insbesondere die zum größten Teil mit dieser Aufgabe betraute Berliner – Justiz bei der Aufarbeitung des DDR-Unrechts eine klare Linie findet und die nötige Sensibilität zeigt und daß zum andern die dritte Gewalt in den ostdeutschen Ländern durch ihre Rechtsprechungspraxis überzeugend dokumentiert, daß sie sich der rechtstaatlichen Demokratie und der Suche nach Gerechtigkeit verpflichtet weiß, denn das Vertrauen in den demokratischen Staat wird ganz wesentlich beeinflußt von dem Zustand der dritten Gewalt und von ihrem Ansehen bei den Bürgern. Eine glaubwürdige – dazu gehört auch eine vertrauensbildende Richterpersonalpolitik –, funktionsfähige und effiziente Justiz leistet zugleich einen entscheidenden Beitrag zur Herstellung auch der inneren Einheit D.s.

3. Gerichtsorganisation

Die rechtsprechende Gewalt gliedert sich – die Anpassung des Justizaufbaus in den ostdeutschen Ländern an die herkömmliche dt. Gerichtsorganisation (freilich noch nicht die Besetzung aller Stellen) war Ende 1994 abgeschlossen – neben der Verfassungsgerichtsbarkeit und neben besonderen Gerichtsbarkeiten für die Angehörigen bestimmter Berufe (z.B. für Richter, Beamte und Soldaten) in fünf selbständige Gerichtszweige mit – Ende 1993 – insgesamt 1128 Gerichten: in die Zivil- und Strafsachen umfassende ordentliche Gerichtsbarkeit (vier-, in Bayern fünfstufig; 860 Ger.), die Arbeits-, die Verwaltungs- und die Sozialgerichtsbarkeit (jeweils dreistufig; 125, 53 und 70 Ger.) und die Finanzgerichtsbarkeit (zweistufig; 20 Ger.). Nur die jeweils obersten Gerichte sind Bundesgerichte: der Bundesgerichtshof in Karlsruhe, das Bundesverwaltungsgericht in Berlin, das Bundesarbeits- und das Bundessozialgericht in Kassel sowie der Bundesfinanzhof in München, wobei der Gerichtssitz des Bundesverwaltungs- und des Bundesarbeitsgerichts aufgrund der durch die dt. Einheit bedingten Notwendigkeit einer Neuverteilung der obersten Behörden des Bundes bis zur Jahrtausendwende nach Leipzig bzw. Erfurt verlegt werden soll.

Die Spruchkörper bestehen entweder aus einem Einzelrichter – so in der Regel beim Amtsgericht (Ausnahme bei mittlerer Kriminalität: Schöffengericht) – oder aus einem Richterkollegium. In den Kollegialgerichten (Kammern, Senate, Schöffen- und Schwurgerichte) wirken neben Berufsrichtern häufig auch ehrenamtliche Richter (in der Regel Laien) mit (z.B. in den Strafkammern der ordentlichen Gerichtsbarkeit sowie in der Arbeits- und in der Sozialgerichtsbarkeit). Die Mitwirkung ehrenamtlicher Richter an der Rechtsprechung findet ihre Begründung vor allem im Demokratiegebot und im Prinzip der sozialen Gewaltenteilung.

Der Anteil der Frauen an der Richterschaft in D. betrug 1993 23,6 Prozent, an den Richtern auf Probe 41,7 Prozent und an den Referendaren rd. 42 Prozent. Diese Zahlen machen deutlich, daß die Frauenquote bei Neueinstellungen von Richtern heute dem Anteil der Frauen an den Absolventen der Zweiten Juristischen Staatsprüfung entspricht. Diese Entwicklung führt zu einem allmählich steigenden Frauenanteil an der Richterschaft. In den höheren Richterpositionen bilden die Frauen jedoch weiterhin noch die Ausnahme (alte Bundesländer 1993: 9,5 Prozent). Dabei erweist sich für die aufstiegswillige Richterin mit Kindern das Abordnungsverfahren als größtes Karrierehindernis.

Literatur

Billing, Werner [2]1978: Rechtsprechende Gewalt, in: Sontheimer, Kurt/Röhring, Hans-Helmut (Hrsg.): Handbuch des politischen Systems der Bundesrepublik Deutschland. München.

Heyde, Wolfgang [5]1990: Die Rechtspflege in der Bundesrepublik Deutschland. Köln.

Rechtsprechen 1988, in: Handbuch des Staatsrechts der Bundesrepublik Deutschland. Bd. III; darin: Bettermann, Karl August: Die rechtsprechende Gewalt; Barbey, Günther: Der Status des Richters; Degenhart, Christoph: Gerichtsorganisation; Ders.: Gerichtsverfahren.

Wassermann, Rudolf 1985: Die richterliche Gewalt. Macht und Verantwortung des Richters in der modernen Gesellschaft. Heidelberg.

Werner Billing

Geschäftsordnung

Allgemein werden unter Geschäftsordnung (GO) die von einer öffentlich- oder privatrechtlichen Organisation selbst erlassenen Bestimmungen betreffend ihre innere Struktur und ihre interne Willensbildung verstanden. Neben den anderen kollegialen Verfassungsorganen auf Bundesebene besitzt der → Bundestag aufgrund seiner im GG (Art. 40 I) verankerten GO-Autonomie das Recht, seine Organisation und das Verfahren selbst festzulegen. Das Recht zur selbständigen und unabhängigen Gestaltung der inneren Ordnung wird begrenzt durch a) allgemeine Verfassungsprinzipien und Wertentscheidungen des GG; b) ausdrückliche Bestimmungen des GG sowie c) gesetzliche Regelungen (sekundäres Verfassungsrecht). Die Geschäftsordnung des Bundestags enthält nicht nur unverbindliche Regelungen, die durch Vereinbarung oder langjährige Praxis gelten, sondern stellt eine Sammlung verbindlicher Rechtsnormen mit Innenwirkung dar. Die Beziehungen der Parlamentsmitglieder untereinander ebenso wie das Verhältnis des Bundestags zu den anderen Verfassungsorganen wird im Rahmen der Verfassungs- und Gesetzesvorgaben rechtlich ausgestaltet. Nach herrschender Meinung kommt der GO-Bundestag die Rechtsnatur einer autonomen Satzung zu, d.h., den organisationsinternen GO-Bestimmungen gehen die geschriebene Verfassung und die Gesetzesnormen vor.

Die Regelungskompetenz für die GO kommt ausschließlich dem Bundestag zu; in diesem Bereich bestehen keine Mitwirkungserfordernisse anderer Verfassungsorgane. Umstritten ist, ob GO-Regelungen auch in Gesetzesform erlassen werden können, da im Gesetzgebungsverfahren Mitwirkungsmöglichkeiten anderer Instanzen bestehen. Der Bundestag kann über seine GO mit Mehrheit verfügen und sie partiell durch Plenumsentscheidung außer Kraft setzen, d.h., im Einzelfall und durch ausdrücklichen Beschluß von der geltenden GO abweichen. Nach herrschender Meinung kommt der GO-Bundestag nur parlamentsinterne Geltungskraft zu; sie kann nur Parlamentsmitglieder und -organe verpflichten; andere Verfassungsorgane und Dritte können jedoch berechtigt werden. Die parlamentarische Praxis kennt hier aber Formen politischer Verpflichtung, z.B. der → Bundesregierung gegenüber dem Parlament. Die Verletzung von Statusrechten aus der GO kann von Bundestagsmitgliedern im Organstreitverfahren vor dem → Bundesverfassungsgericht geltend gemacht werden. Für den Bundestag gilt der Grundsatz der Diskontinuität, d.h., die GO gilt nur für die jeweilige Wahlperiode. Rechtlich macht dies bei der Neukonstituierung jedes Bundestags die (ausdrückliche oder stillschweigende) Übernahme der bisherigen GO notwendig. Im GO-Recht kann zwischen formellen Regelungen, die entweder in der GO selbst oder in deren Anlagen niedergelegt werden, und informellen Regelungen unterschieden werden. Zu letzteren gehören insbesondere interfraktionelle Vereinbarungen, die z.B. zu Tagesordnung, Zeitplan oder Redezeiten im Ältestenrat getroffen werden. Die Fortbildung der formellen und informellen GO-Normen orientiert sich an der parlamentarischen Praxis und an den Funktionen des Bundestags. Das allgemeine Ziel der GO-Bundestag besteht in der Regelung der inneren Angelegenheiten des Parlaments, d.h. der Organisation und des Verfahrens zur Wahrnehmung der Aufgaben.

In diesem Sinne trägt auch die GO zur Formierung von Parlamentsmehrheit und Minderheitsfraktion/en auf der Grundlage des Gleichheitsgrundsatzes bei. In diesem Zusammenhang hat die GO eine doppelte Schutzfunktion, nämlich die Minderheit vor Willkür der Mehrheit zu schützen sowie die Mehrheit vor Obstruktion der Minderheit zu bewahren. Schließlich gestaltet die GO-Bundestag als ergänzendes Verfassungsrecht auch die freie Mandatsausübung aus.

In Deutschland ist traditionell der GO-Ausschuß als spezieller Fachausschuß für das Parlamentsrecht zuständig. Er stellt das zentrale parlamentarische Instrument für die Interpretation, die fallweise Umsetzung sowie die Weiterentwicklung des ordnungspolitischen Rahmens für das Wirken des Bundestags dar. Eine großenteils ergänzende, mitunter konkurrierende Rolle auf diesem Sektor kommt dem Bundestagspräsidenten, dem Ältestenrat sowie den Fachausschüssen zu. Auch die Rechtsprechung des Bundesverfassungsgerichts beeinflußt die parlamentsinternen Normen zu Organisation und Willensbildung (zuletzt die Stellung fraktionsloser Bundestagsabgeordneter und parlamentarischer Gruppen betreffend). Dieser verfassungsgerichtliche Einfluß wirkt sich jedoch eher bestätigend als verändernd aus.

Die historische Entwicklung der GO ist durch Beständigkeit und Wandel gleichermaßen gekennzeichnet. Mit der Beständigkeit von GO-Vorschriften über Jahrzehnte geht ein vorsichtiger Wandel von Organisationsformen und Verfahrensmodalitäten einher. Dies ist vor allem auf die Beschlußregeln zurückzuführen. Da die GO für alle Parlamentsmitglieder gleichermaßen Geltung beansprucht, bedürfen die parlamentarischen Verfahrensmodalitäten in der Regel eines breiten Konsenses. GO-Änderungen werden nur mit möglichst breiter Zustimmung verabschiedet und in Kraft gesetzt. Die Wurzeln der geltenden GO-Bundestag reichen zurück bis zur Zweiten Kammer des Preußischen Landtages von 1849 und zur Frankfurter Nationalversammlung von 1848.

1949 übernahm der Bundestag als vorläufiges Reglement die GO des Weimarer Reichstages in der Fassung von 1922. 1952 trat eine Neuregelung in Kraft, die die Basis für ein dem modernen Parlamentarismus entsprechendes Regelwerk schuf. Deutlich wurde die Tendenz, die Minderheitenrechte nicht so sehr dem einzelnen Bundestagsabgeordneten zuzuordnen, als vielmehr den → Fraktionen als zahlenmäßig gewichtigeren Gruppen zuzuweisen. Gewissermaßen als Ausgleich wurden Instrumente des Frage- und Rederechts für die einzelnen Bundestagsabgeordneten ausgebaut. 1969 wurde im Rahmen der kleinen Parlamentsreform eine Neugestaltung der Redeordnung in der GO-Bundestag vorgenommen. Durch kürzere Reden im Wechselspiel von Rede und Gegenrede sollte das Geschehen im Plenum lebendiger und aktueller gestaltet werden. 1980 wurde die GO-Bundestag völlig neu gefaßt. Das Schwergewicht der Neuerung bestand in der Konkretisierung des Ausschußverfahrens und in dem Ziel, die Debatten interessanter und abwechslungsreicher zu gestalten, um damit die Arbeit des Bundestags für die Bundestagsabgeordneten selbst sowie für das Publikum attraktiver zu machen.

Auch in den 80er Jahren hielten die Bemühungen um eine Verbesserung der parlamentarischen Arbeit durch Änderungen der organisatorischen und Verfahrensbestimmungen an. Flexibilisierung der Redeordnung sowie neue Instrumente zur Stärkung der Stellung des Bundestags gegenüber der Bundesregierung waren Schwerpunkte dieser Initiativen. Dabei wurden neue Verfahrensformen zunächst in der Praxis erprobt, bevor eine formelle Änderung des GO-Rechts vorgenommen wurde. In der 12. WP kam es trotz einiger diesbezüglicher Initiativen nicht zu einer grundlegenden Änderung der GO. Einige Modifikationen des parl. Reglements (z.B. Einführung der neuen Form der Kurzintervention) wurden erfolgreich getestet.

Neben der Notwendigkeit effektiver Regeln für die Untersuchungsausschüsse steht die europäische Integration und die Weiterentwicklung der EG zur Politischen Union an oberster Stelle aktueller Entwicklungstendenzen. Im Zusammenhang mit dem Vertrag über die Europäische Union wurden dem Bundestag organisatorisch (EU-Ausschuß) und verfahrensmäßig zusätzliche Rechte eingeräumt (Art. 45 GG, Zusammenarbeitsgesetz), die inzwischen in der GO- Bundestag konkretisiert und in die politische Praxis umgesetzt worden sind. Für den Bundestag gilt es auch in Zukunft, interparlamentarische Beziehungen zum Europäischen Parlament auszubauen, sowie auf die Willensbildung in der EG Einfluß zu nehmen, besonders was die Koordinierung mit den EG-Fachpolitiken in den Gemeinschaftsorganen betrifft.

Der deutsche Einigungsprozeß, von den Regierungen der BRD und → DDR inhaltlich und formal gesteuert, wurde parlamentarisch begleitet. Dabei erwies sich die GO-Bundestag als flexibles Instrument, das Formen der Zusammenarbeit mit der demokratisch legitimierten Volkskammer gewährleistete. Diese interparlamentarische Kooperation (z.B. durch gemeinsame Sitzungen der Bundestagsausschüsse mit den korrespondierenden Fachausschüssen der Landtage in den neuen Ländern) wurde von 1990 bis 1994 fortgesetzt. Durch die Vergrößerung des Bundestags auf 662 MdB (12 WP) bzw. 672 Bundestagsabgeordnete in der 12. Wahlperiode ergeben sich unmittelbare Auswirkungen der Wiedervereinigung. Die GO muß auch bei größerer personeller Dichte einen rationellen Verhandlungsablauf in Plenum und Ausschüssen gewährleisten sowie die vielfältigen Formen parlamentarischer Arbeit ermöglichen.

In den Landtagen ist das GO-Recht teilweise im Sinne größerer Recht der Abg. bzw. der Minderheit weiterentwickelt worden. Dies gilt z.B. für die Stellung der Untersuchungsausschüsse oder den Anspruch auf Unterrichtung und Befassung bestimmter Gremien.

Auch die anderen kollegialen Verfassungsorgane auf Bundesebene (Bundesrat, → Bundesregierung und → Bundesverfassungsgericht) verfügen über GOen. So regelt z.B. die GO der Bundesregierung das förmliche Verfahren im Bundeskabinett. Ergänzend ist die Gemeinsame Geschäftsordnung der Bundesministerien von Bedeutung. In ihrem Allgemeinen Teil (GGO I) wird u.a. der Geschäftsgang und das Verfahren innerhalb und zwischen den Bundesministerien bestimmt. Im Besonderen Teil (GGO II) werden der Verkehr der Ministerien mit den anderen Verfassungsorganen, der Weg der Gesetzgebung, der Erlaß von Verordnungen und Allgemeinen Verwaltungsvorschriften, die Behandlung völkerrechtlicher und EG-rechtlicher Vereinbarungen sowie die Veröffentlichung in den amtlichen Blättern geregelt.

Literatur

Arndt, Klaus-Friedrich 1966: Parlamentarische Geschäftsordnungsautonomie und autonomes Parlamentsrecht. Berlin.

Bundestag (Hrsg.) 1986: Die Geschäftsordnungen deutscher Parlamente seit 1848. Eine synoptische Darstellung mit einer Einführung von N. Lammert. Bonn.

Bundestag (Hrsg.) 1991: Parlamentsrecht in der Entwicklung. Änderungen der Geschäftsordnung des Deutschen Bundestages in der 10. und 11. Wahlperiode. 2 Bde. Bonn.

Klatt, Hartmut 1989: Bundestag und Landesparlamente, in: Schneider Hans-Peter/Zeh, Wolfgang (Hrsg.): Parlamentsrecht und Parlamentspraxis. Berlin.

Kretschmer, Gerald 1989: Geschäftsordnungen deutscher Volksvertretungen, in: Schneider, Hans-Peter/Zeh, Wolfgang (Hrsg.): Parlamentsrecht und Parlamentspraxis. Berlin.

Ritzel, Heinrich G./Bücker, Joseph, Stand 1990: Handbuch für die Parlamentarische Praxis. Mit Kommentar zur Geschäftsordnung des Deutschen Bundestages. Loseblattausgabe. Frankfurt.

Szmula, Volker 1977: Geschäftsordnungen, in: Sontheimer, Kurt/Röhring, Hans H. (Hrsg.): Handbuch des politischen Systems der Bundesrepublik Deutschland. München.

Trossmann, Hans/Roll, Hans-Achim 1977/1981: Parlamentsrecht des Deutschen Bundestages mit Ergänzungsband. München.

Hartmut Klatt

Gesellschaft

1. Gesellschaft (G.)

1.1 Wortursprung und Bedeutung des Begriffs „bürgerliche Gesellschaft"

Dem Wortursprung nach bedeutet Gesellschaft die Vereinigung mehrerer Gefährten oder ein freundschaftliches Beisammensein. In der deutschen Sprachentwicklung ist der Begriff mit dem der Gemeinschaft und der Genossenschaft aufs engste verknüpft. Wichtiger war jedoch die griech. und die lat. Begriffsgeschichte, denn seit *Plato* (428-348) und *Aristoteles* (384-322) haben die Begriffe *Staat* und *bürgerliche G.* (lat. *societas civilis*) einen bis heute beibehaltenen Sinn: eine größere Gruppe von Menschen (z.B. die griech. Polis), die in einem komplexen Zusammenhang wechselseitig eingebrachter Fähigkeiten, Bedürfnisse und Hilfen stehen (vgl. *Plato*, Politeia, 3, 9c) und auf einem klar definierten Territorium leben, sowohl nach innen wie nach außen als soziale Einheit zu definieren. Hinzuzunehmen ist die anthropologische Bestimmung, „daß der Mensch von Natur ein nach der staatlichen Gemeinschaft strebendes Wesen (Zoón politikón) ist" (*Aristoteles*, Politik, 1278b). In allen Etappen der europäisch-abendländischen Staats- und Gesellschaftstheorie ist dieser ursprüngliche Sinn aufweisbar (vgl. *Riedel*, 1975). Unter den Bedingungen des Frühkapitalismus, der Aufklärung und der bürgerlichen Revolutionen bildete sich die spezifische Form der *bürgerlichen G.* der Neuzeit zugleich als Marktgesellschaft, als politisch-nationale Einheit und als Rechtsgesellschaft zur Verwirklichung der Freiheits- und Gleichheitsansprüche jedes Menschen heraus. Auch die Bundesrepublik Deutschland ist entsprechend den Prinzipien ihres „Gesellschaftsvertrages" dem Typus bürgerliche G. zuzuordnen, für den die Trennung von Staat (der u.a. für die innere, v.a. rechtliche und soziale Sicherheit und für die äußere Sicherheit der Bürger zuständig ist) und Gesellschaft (der Handlungssphäre freier Bürger) konstitutiv ist. Dies wird auch nicht aufgehoben durch die „Verschränkungen" zwischen diesen Bereichen, die mit den Schlagworten von der „Verstaatlichung der Gesellschaft" und der „Vergesellschaftung des Staates" belegt werden. (Daß die Menschheit in ihren längsten Entwicklungsphasen und ihrer überwiegenden Mehrheit auch nach der Seßhaftwerdung im Neolithikum in kleineren *„Stammesgesellschaften"* organisiert war, die auf verschiedene Weise mit komplexen Verwandtschaftssystemen zusammenhingen, kann hier nicht behandelt werden.)

Die Konzeptualisierungen des G.s-Begriffs in den Sozialwissenschaften, der Rechtswissenschaft und Allgemeinen Staatslehre gewannen in dem Maße an Bedeutung, wie damit bestimmte Ordnungsvorstellungen über das richtige Zusammenleben verknüpft wurden.

Die *civil society* wie auch später die Gesellschaftsmodelle des Liberalismus, des Sozialismus und Kommunismus basieren auf einem Menschenbild, das den zivilen (= gesitteten), vernunftbegabten Bürger voraussetzt, für dessen allseitige Entwicklung seiner Fähigkeiten und seiner Würde die Organisation der Gesellschaft optimale Voraussetzungen schaffen muß. Aber seit der Entwicklung dieser Gesellschaftsmodelle liegen pessimistische (T. *Hobbes*, 1588-1679) und optimistische (J.J. *Rousseau*, 1712-1778) Auffassungen vom Menschen im Widerstreit und beeinflussen die entsprechenden Staats- und Gesellschaftskonzeptionen.

1.2 Gesellschaft im soziologischen Verständnis

Die Entwicklung der Soziologie als Wissenschaft ist mit der Herausbildung der neuzeitlichen *bürgerlichen G.* seit dem 17. Jh., und dem Verstehenwollen dieser besonderen Form menschlichen Zusammenlebens eng verknüpft. Sieht man von wichtigen Vorläufern ab, zu denen die Aufklärungsphilosophie, die schottischen Moralphilosophen, die Gesellschaftslehre des deutschen Idealismus ebenso gehören wie L. *von Stein* (1815-1890) und K. *Marx* (1818-1883), so hat erst F. *Tönnies* (1855-1936) einen spezifisch soziologischen G.-Begriff entwickelt.

In „Gemeinschaft und Gesellschaft" (zuerst 1887) analysierte er die Entwicklungen von der ständisch-feudalen, agrarischen „G." zur modernen Industrie-G. mit ihren Trends der Anonymisierung und der (programmatischen) Sonderstellung des Individuums. So läßt sich nach F. *Tönnies* G. denken, „als ob sie in Wahrheit aus getrennten Individuen bestehe, die insgesamt für die allgemeine G. tätig sind, indem sie für sich tätig zu sein scheinen". War das „Zeitalter der Gemeinschaft ... durch den sozialen Willen als Eintracht, Sitte, Religion bezeichnet", so das der G. „durch den sozialen Willen als Konvention, Politik, öffentliche Meinung. Und solchen Begriffen entsprechen die Arten des äußeren Zusammenlebens". Einige Phänomene dieses generellen Strukturwandels seien hervorgehoben:

- die für immer breitere Bevölkerungsschichten sich durchsetzende Trennung von Wohn- und Arbeitsplatz mit ihren weitreichenden personalen, familialen und sozialen Folgen;
- die Ent-Personalisierung der Arbeitsbeziehungen in dem Sinn, daß nicht mehr persönliche Abhängigkeiten wie in der ständisch-feudalen Gesellschaft strukturbildend sind, sondern die Freisetzung des einzelnen zu selbst gewählter Arbeit;
- die Ablösung der bisherigen Formen sozialer Sicherheit für Krankheit und Invalidität, Armut und Alter durch gesellschaftliche Formen, durch eine abstrakte, persönlich nicht mehr erfahrbare Solidargemeinschaft;
- die Verstädterung der Siedlungs- und Lebensweise mit ihren (möglichen) Folgen der Anonymisierung und Vereinzelung, aber auch der Individualisierung der Lebensweise;
- die Ablösung von ständischen Rechten, Privilegien und Regelungen der Daseinsgrundlagen durch ein einheitliches, die Gleichheit aller voraussetzendes und bewirkendes Recht (die *bürgerliche G.* als *Rechts-G.*);
- die sich herausbildende, relative Autonomie wichtiger gesellschaftlicher Teilbereiche, die zu einer „Rollen"-Differenzierung des individuellen Verhaltens und Orientierens führt und damit zum Problem, die einzelnen Rollen zu lernen und zu integrieren. Beruf und Arbeit, Bürokratie, Politik, Freizeit, Öffentlichkeit, Kultur, Erziehungs- und Gesundheitswesen und selbst die Kirchen bilden sich zu eigenen Sphären aus, bekommen großorganisatorische, gesellschaftliche Dimensionen und damit Trends zur Anonymisierung gegenüber dem einzelnen;
- gesellschaftliche Universalien (auch: evolutionäre Universalien), an wichtigster Stelle das Rechtssystem, aber auch Geld, Bürokratie, universalistische Normen (und Rollen) und die Wirkungen der Medien der (Massen-)Kommunikation gewinnen einen zunehmenden Einfluß auf Struktur, Entwicklung und Steuerung der G. und ihrer Teilsysteme wie auf die individuelle Orientierung.

Der Gesellschaftsbegriff wird mit unterschiedlichen Akzentuierungen in allen neueren soziologischen Makro-Theorien thematisiert, von denen zu nennen sind: der Strukturfunktionalismus, die Systemtheorie und der Neo-Evolutionismus; die Theorie der Frankfurter Schule, die verschiedenen Theorien des sozialen Wandels (*Zapf*, 1970) und die Theorie der Modernisierung (in Verbindung mit den mehr politologischen Theorien der Nationenbildung).

Der Streit um das „richtige“ G.s-Verständnis wirkt, unabhängig von einzelnen Paradigmen der Theoriebildung und trotz der Verpflichtungen auf das Postulat der Werturteilsfreiheit (M. *Weber*), bis in die gegenwärtigen G.s-Auffassungen der Soziologie. Es bleibt die Aufgabe, die grundlegenden Strukturzusammenhänge gesellschaftlicher Systeme und ihre strukturverändernden Elemente zu identifizieren. So wird für die fortgeschrittenen westlichen G.en u.a. untersucht, ob sie sich zu *nachindustriellen G.en* (*Bell*, 1975), zu *Risikogesellschaften* (*Beck*, 1986) oder zu *Informations- und Wissens-G.en* (*Spinner*, 1994) umstrukturieren und was dies für die gesellschaftlichen Teilbereiche (Familie; Bildungseinrichtungen; Wirtschaftsordnung; Stadt als soziales und kulturelles System usw.) und für die Individuen bedeutet. J. *Coleman* (1986) brachte den Begriff der *asymmetrischen G.* in die Diskussion, um auf das wachsende Ungleichgewicht in der Durchsetzung von Handlungschancen zwischen kollektiven Akteuren (Staat, Verbände, Parteien usw.) und dem einzelnen Individuum hinzuweisen.

Darüber hinaus gewinnen die übernationalen Strukturen der sich herausbildenden *europäischen G.* (*Kaelble*, 1987) und der *Weltgesellschaft* an Gewicht.

2. Sozialstruktur (S.)

2.1 Begriff, Aufgaben einer S.-Analyse

Unter *S.* wird die Gesamtheit der relativ dauerhaften Grundlagen und Handlungszusammenhänge in den sozialen Beziehungen und sozialen Gebilden (Gruppen, Institutionen und Organisationen) einer Gesellschaft verstanden. Entsprechend dieser Definition hat die S.-Analyse teil an der allgemeinen Wissenschaftsentwicklung, in der die Begriffe Struktur und System (sowie mit unterschiedlicher Bedeutung auch der Funktions-Begriff) zu den grundlegenden Elementen der Analyse gehören (konsequent bei *Luhmann* 1971).

Aufgabe der S.-Analyse als einer Form der Gesellschaftsanalyse ist, die in einem gesellschaftlichen System jeweils wichtigsten (dominanten) Strukturelemente zu erfassen und in ihrem Einfluß und ihrer Wechselwirkung auf die Mikrostrukturen des sozialen Handelns und die gesamtgesellschaftlichen Makrostrukturen zu bestimmen. Die Frage, welche sozialen Strukturen in einer Gesellschaft und Epoche als die wichtigsten (relativ dauerhaften, prägenden) anzusehen sind und in der S.- Analyse vorrangig berücksichtigt werden müssen, hat zu unterschiedlichen Ansätzen geführt.

In allen Formen der S.-Analyse sind jedoch folgende Grundlagen – wenn auch mit unterschiedlichem Stellenwert – entsprechend dem gewählten theoretischen Ansatz zu erarbeiten oder vorauszusetzen:

- die sozialstatistischen Aspekte der S. und damit verbunden eine differenzierte Anwendung von sozialen Indikatoren für die Analyse und Bestimmung gesellschaftlicher Teilbereiche und gesamtgesellschaftlicher Zusammenhänge;
- die Herausarbeitung der Klassen- und Schichtungsstruktur und damit die Analyse der Ursachen und Formen sozialer → Ungleichheit;
- die Bestimmung des gegebenen Gesellschaftstyps entsprechend den dominanten Merkmalen der S.

2.2. Bereiche der S.

Wichtige Bereiche der S. einer Gesellschaft (und damit der S.-Analyse) sind:

- die Bevölkerungsstruktur (z.B. ihre Bedeutung für das generative Verhalten, für den Generationszusammenhang, für die Erwerbsquote usw.);
- das ökonomische System und damit die Formen der Arbeit und Produktion, der Bedeutung von Beruf und Erwerbsstruktur für die personale und allgemeine gesellschaftliche Entwicklung;

- das politische System und damit die Strukturen von Staat, Regierung, Parteien, aber auch von Gesetzgebung und Recht für die Integration und Entwicklung des gesellschaftlichen Systems;
- das System der Siedlungsformen, das in enger Wechselbeziehung nicht nur zu Struktur und Wandel des ökonomischen Systems steht, sondern auch zu den Formen von Freizeit und Öffentlichkeit (zumal in der Stadt) und der sozialen Segregation und der damit gegebenen sozialen Ungleichheit;
- das kulturelle System (religiöses System; Ausbildungs- und Bildungsstrukturen; Wissenschaftssystem);
- das Informations- und Kommunikationssystem, das sich durch die Wirkung der neuen Technologien immer deutlicher als übergreifend und prägend herausstellt.

2.3. Wandel der S.

Die S. einer Gesellschaft und ihrer Bereiche ist nichts Statisches; sie befindet sich in dauernder „Bewegung" und Entwicklung. Die Analyse der S. kann daher als Momentaufnahme der sie prägenden sozialen Prozesse angesehen werden. Eine möglichst umfassende Analyse der S. hat daher auch die Aufgabe, den Wandel dieser Struktur zu verdeutlichen.

Die „Soziologie des sozialen Wandels" (*Zapf*, 1970) hat ein differenziertes begriffliches und theoretisches Instrumentarium entwickelt, um die Wechselwirkungen zwischen einzelnen Bereichen (z.B. Technik – Wirtschaft – Kultur) und deren Auswirkungen, z.B. auf die Herrschaftsordnung oder das Wertsystem, zu analysieren.

Die Schwierigkeiten dieser Interdependenz-Analysen werden gesteigert durch eine „neue Unübersichtlichkeit" (J. *Habermas*), hervorgerufen vor allem durch die weitergehenden Prozesse der Individualisierung, der Pluralisierung und die damit verbundenen neuen Muster der Lebensstile und Lebensverläufe. Daneben sind zu erwähnen die gesellschaftlichen Umbrüche in Osteuropa, die Wirkungen sozialer Bewegungen und Umwertungen in grundlegenden Vorstellungs- und Orientierungsmustern (bezogen z.B. auf Geschlecht und Alter, auf Religion und Kirche, auf Umwelt und Erziehung). Diese „neue Unübersichtlichkeit" schwächt die Orientierungsfunktion der großen Gesellschaftstheorien des 19. und 20. Jahrhunderts (*Marx, Weber, Parsons* u.a.) und macht eine an den Begriffen Klasse und Schicht, Modernisierung und Rationalisierung ausgerichtete S.- Analyse als Gesellschaftsanalyse immer fraglicher.

3. Zur S. der deutschen Gesellschaft

Nach 1945/49 bildeten sich auf den Gebieten der drei westlichen Besatzungszonen und der sowjetisch besetzten Zone zwei Staats- und Gesellschaftssysteme heraus, die gegensätzlicher nicht gedacht werden können: hier eine parlamentarische Demokratie und Marktwirtschaft, dort eine kommunistische Kaderverwaltung sowjetischen Typs, dominiert von der Partei der Werktätigen, der → SED. Die Vereinigung der beiden deutschen Staaten am 3.10.1990 erfolgte nach Art. 23 GG, d.h. es entstand kein neuer Staat auf neuer Verfassungsgrundlage (Art. 146 GG), sondern die bisherige BRD erweiterte sich um die zu diesem Zweck neu gegründeten „fünf neuen Bundesländer" und Ost-Berlin. Das Staats- und Gesellschaftssystem der BRD wurde zum „Muster", an dem sich die Transformation der früheren DDR in allen auch sozialstrukturell relevanten Punkten auszurichten hat bzw. längerfristig ausrichten wird. Das gilt für die Eigentumsordnung ebenso wie für die Wirtschafts- und Arbeitsverfassung, für die Sozialversicherung wie für die Stellung der → Kirchen in der Gesellschaft. Es wird viele Jahre dauern, bis die Diskrepanzen in grundlegenden

Elementen der S. beseitigt sind und man auch in dieser Hinsicht von einer „Gleichwertigkeit der Lebensverhältnisse" im gesamten Bundesgebiet ausgehen kann.

Noch schwerer ist zu prognostizieren, wann und wie die mental und psychisch ausgeprägten Unterschiede in den Wertorientierungen und im Verhalten sich ändern. Gemessen am beschleunigten → Wertwandel in den westlichen Gesellschaften seit den späten 60er Jahren gibt es zahlreiche Modernisierungsrückstände auf dem Gebiet der früheren DDR.

Alles in allem kann ein ungemein beschleunigter gesellschaftlicher Transformationsprozeß der früheren DDR konstatiert werden, der – in diesem Umfang erstmalig – von den Sozialwissenschaften von Anfang an analysiert wurde (*Schäfers,* 1995).

Literatur

Beck, Ulrich 1986: Risikogesellschaft. Auf dem Weg in eine andere Moderne. Frankfurt.

Bell, Daniel 1975: Die nachindustrielle Gesellschaft. Frankfurt/New York. (orig. amerik. 1973)

Coleman, James S. 1986: Die asymmetrische Gesellschaft. Vom Aufwachsen mit unpersönlichen Systemen. Weinheim/Basel.

Fürstenberg, Friedrich 1966: „Sozialstruktur" als Schlüsselbegriff der Gesellschaftsanalyse, in: KZfSS Jg. 18.

Hradil, Stefan 1987: Sozialstrukturanalyse in einer fortgeschrittenen Gesellschaft. Von Klassen und Schichten zu Lagen und Milieus. Opladen.

Kaelble, Hartmut 1987: Auf dem Weg zu einer europäischen Gesellschaft. Eine Sozialgeschichte Europas. München.

Luhmann, Niklas 1971: Moderne Systemtheorien als Form gesamtgesellschaftlicher Analyse, in: Jürgen Habermas/Niklas Luhmann: Theorie der Gesellschaft oder Sozialtechnologie. Frankfurt.

Riedel, Manfred 1975: Art. „Gesellschaft, bürgerliche" und „Gesellschaft, Gemeinschaft", in: Geschichtliche Grundbegriffe. Historisches Lex. zur politisch-sozialen Sprache in Deutschland. Bd. 2. Stuttgart.

Schäfers, Bernhard [6]1995: Gesellschaftlicher Wandel in Deutschland. Ein Studienbuch zur Sozialstruktur und Sozialgeschichte der Bundesrepublik. Stuttgart.

Spinner, Helmut 1994: Die neue Wissensordnung: Ein Leitkonzept für die dritte Grundordnung des Informationszeitalters. Opladen.

Zapf, Wolfgang (Hrsg.) 1970: Theorien des sozialen Wandels. Köln/Berlin.

Bernhard Schäfers

Gesetzgebung

1. Geschichte

Allgemein gültige Gesetze sind in der Aufklärungszeit in den deutschen Staaten eingeführt worden. Damit sollte die Willkürlichkeit der Herrschaftsausübung überwunden und die Verwaltung des Staatsgebiets nach einheitlichen Prinzipien durchgesetzt werden. Mit den ersten Verfassungen, die in den meisten deutschen Staaten zwischen 1810 (Sachsen-Weimar) und 1851 (Preußen) eingeführt wurden, wurde die Mitwirkung der Parlamente an der Gesetzgebung festgelegt. Dabei konnte an das ältere ständische Haushaltsrecht angeknüpft werden. Entsprechende Rechte bekam 1871 der Reichstag, der allerdings dabei mit dem Bundesrat als Vertreter der Regierungen und dem Monarchen zusammenwirken mußte. Aus dieser Tradition heraus nimmt die Idee der Gewaltenteilung in den deutschen Verfassungen einen wichtigen Platz ein, wenngleich das Spannungsverhältnis zwischen Regierung und Parlament immer mehr vom Parteienkonflikt überlagert wird, in dem die Regierung gemeinsam mit der Parlamentsmehrheit eine Seite bildet.

2. Institutionelle Lage

Nach dem Grundgesetz haben die → Bundesländer die Gesetzeszuständigkeit überall dort, wo nicht der Bund explizit zuständig ist. In der Realität aber liegt das Schwergewicht der Gesetzgebung heute beim Bund. Die Länder haben nur noch in den Bereichen Bildung und Kultur, Medien, Polizei, Kommunales und Landesinstitutionen ihre Autonomie weitgehend aufrechterhalten können. Auch in diesen Bereichen existieren jedoch inzwischen Rahmenzuständigkeiten des Bundes (so im Hochschulbereich) oder formalisierte Koordination zwischen den Ländern, so daß die Gesetzgebungshoheit der → Landtage rechtlich bzw. faktisch eingeschränkt ist. In einigen Ländern gibt es ferner die Möglichkeit der Volksabstimmung über Gesetze, allerdings im Vergleich zur Schweiz sehr eingeschränkt (keine Finanzregelungen, hohe Quoten).

Dem Bund steht nach Art. 70-75 GG in fast allen Lebensbereichen die ausschließliche, die konkurrierende oder die Rahmengesetzgebung zu, nach Art. 91a bzw. 109 (3) zudem die Grundsätze-Gesetzgebung für die Gemeinschaftsaufgaben bzw. für die Haushaltswirtschaft. Der Bund hat von seinen Zuständigkeiten inzwischen in weitem Maß Gebrauch gemacht, wozu die zentralistische → politische Kultur in Deutschland entscheidend beiträgt. Mit der Doktrin von der „Gesetzgebungskompetenz kraft Natur der Sache" und „kraft Sachzusammenhangs" ist die Bundeszuständigkeit sogar noch weiter ausgedehnt worden (Bundestags-Drucksache V/4002:8; Schindler 1994: 805).

Ausgeübt wird die Gesetzgebung entweder von → Bundestag und → Bundesrat gemeinsam (zustimmungspflichtige Gesetze) oder vom Bundestag allein (nicht zustimmungspflichtige Gesetze). Die Abgrenzung zwischen den beiden Typen ist außerordentlich komplex. Von der 1. bis zur 9. Wahlperiode (1949-83) sind 50,7% der Gesetze zustimmungspflichtig gewesen, in der 10. Wahlperiode 60,6 %, in der 11. und 12. Wahlperiode 55,2 bzw. 55,1 %. Taktische Gesichtspunkte können dazu führen, daß Gesetze in einen zustimmungspflichtigen und einen nicht zustimmungspflichtigen Teil aufgespalten werden. Höhepunkte bei der Ablehnung von Gesetzen durch den Bundesrat haben sich bei unterschiedlichen Mehrheiten in den beiden Häusern ergeben. So wurden zwischen 1976 und 1980 15 Gesetze endgültig abgelehnt, zwischen 1983 und 1987 aber kein einziges. Hervorgehoben muß gleichwohl die hohe Kompromißfähigkeit, die auch bei unterschiedlichen Mehrheiten im allgemeinen zu Lösungen im Vermittlungsausschuß führt. Nach der Wiedervereinigung haben die unterschiedlichen Koalitionspartner der SPD in einigen Ländern (FDP, Grüne, „Ampel") in einigen Fällen die Grenze zwischen „A" und „B-Ländern" aufgebrochen und eine Lösung im Sinne der Bonner Mehrheit ermöglicht. Gleiche Auswirkungen hatte zuweilen die finanzielle Schwäche bestimmter Länder.

Das → Grundgesetz hat nach den Erfahrungen von 1933 besonders starken Wert auf Kontrollen und Gegengewichte gelegt, in bezug auf die Überprüfung der Verfassungsmäßigkeit von Gesetzen ist dabei das → Bundesverfassungsgericht zentral. Seit seinem Bestehen ist es vor allem von der → Opposition, von Bundesländern und von einzelnen Bürgern immer wieder angerufen worden, um die Verfassungsmäßigkeit von Gesetzen zu überprüfen (Normenkontrollklage). Naturgemäß waren die Entscheidungen im einzelnen umstritten, in den 70er Jahren wurde kritisiert, das Verfassungsgericht benehme sich wie eine dritte Kammer, die von der Opposition kontrolliert werde. Nicht zu zweifeln ist aber daran, daß das Bundesverfassungsgericht zuweilen über eine effektive Kontrolle hinausgegangen ist und dem Parlament Maßstäbe oder Vorschläge an die Hand gegeben hat, die dann umgesetzt worden sind. Jüngstes Beispiel für eine weitgreifende Intervention sind die Urteile zum Verbot der Besteuerung des Existenzminimums.

Die Landesverfassungsgerichte spielen eine entsprechende Rolle, wenn auch für die Öffentlichkeit weniger sichtbar. Allerdings zeichnet sich das Bayerische Verfassungsgericht durch Urteile zugunsten der Regierungspartei aus, es wird vom Landtag mit einfacher Mehrheit gewählt.

Andere im Grundgesetz vorgesehene Kontrollen und Einschränkungen haben weniger oder keine Bedeutung erlangt. Das gilt für die Möglichkeit der Bundesregierung, bei finanzwirksamen Gesetzen Einspruch zu erheben (Art. 113) ebenso wie für entsprechende Einspruchmöglichkeiten des Finanzministers. Keine Bedeutung hat auch der in Art. 81 vorgesehene „Gesetzgebungsnotstand“ bekommen, der bei Beschlußunfähigkeit des Parlaments eine Lücke schließen sollte. Der Bundestag ist im Gegensatz zum Reichstag der Weimarer Zeit ein immer funktionsfähiges und bei allen parteipolitischen Schärfen kollegiales Arbeitsparlament. Auch die 1968 verabschiedete → Notstandsverfassung, mit der im Notstandsfall Gesetzgebungszuständigkeiten auf einen kleinen „Gemeinsamen Ausschuß“ (→ Ausschüsse) übertragen werden können, hat trotz aller Aufregung darum keine Bedeutung erlangt. Sie kann eher als Beispiel für Regelungsperfektionismus dienen.

3. Verfahren und Interessen

Verabschiedete Gesetze sind meist urspünglich von der Bundesregierung eingebracht worden, die dazu den großen Beamtenapparat (→ Ministerialbürokratie) nutzen kann. Viele Gesetzentwürfe werden jedoch auch von den Fraktionen eingebracht. Dabei haben sich zwischen den verschiedenen Wahlperioden große Veränderungen vollzogen, die vor allem mit der Zahl der Oppositionsfraktionen zusammenhängen. Auch die Zahl der Bundesrats-Entwürfe ist angestiegen, liegt aber weit unter der der Regierungsentwürfe. Während der Anteil der einstimmig verabschiedeten Gesetze von der ersten Wahlperiode (1949-53) bis zur 7. Wahlperiode (1972-76) kontinuierlich von 19,3 % auf 70,5 % anstieg, sank er seitdem ab und betrug in der 11. Wahlperiode (1987-90) nur noch 17,3 %. Nach der Kategorisierung *Schindlers* wurde in dieser Periode (1994: 846) kein einziges wesentliches und kein wichtiges Gesetz einstimmig verabschiedet. Hier zeigen sich die Veränderungen des gesellschaftlichen Konsensus und des parlamentarischen Verhaltens (→ parlamentarisches Verfahren).

Am Anfang des Gesetzgebungsverfahrens steht üblicherweise ein Referentenentwurf im zuständigen Ministerium. Es folgt die Abstimmungen innerhalb des Ministeriums, anschließend mit anderen befaßten Ministerien und dem Amt des Regierungschefs, die Anhörung der einschlägigen Verbände, Kabinettsvorlage und -beschluß, die Beratung im Bundesrat und die Stellungnahme der Bundesregierung dazu. Dann wird der Entwurf im Bundestag eingebracht, der ihn nach der 1. Lesung an die zuständigen Ausschüsse überweist. Danach erfolgen die Berichte der Ausschüsse, die zweite und dritte Lesung und wenn nötig die erneute Befassung des Bundesrates und bei kontroverser Beschlußfassung des Vermittlungsausschusses. Ein Bundesgesetz wird anschließend durch den zuständigen Minister, den → Bundeskanzler und schließlich den → Bundespräsidenten unterzeichnet, ein Landesgesetz durch Minister und Ministerpräsident. Es ist strittig, wieweit der Bundespräsident bei der Unterzeichnung ein Prüfungsrecht wegen der Verfassungsmäßigkeit hat. Verschiedene Präsidenten haben dies durchgesetzt, aber nicht bei großen Kontroversen, sondern eher im notariellen Sinn der rechtssystematischen Prüfung (vgl. *Th. Ellwein* in Benda u.a. 1984).

Von Anfang an sind im allgemeinen → Interessengruppen an der Formulierung von Gesetzesvorhaben beteiligt, dies geht auf vor- und frühkonstitutionelle Zustände zurück (*Loewenberg* 342). Besonders eng ist die Zusammenarbeit des Wirtschafts- und des Landwirtschaftsministeriums mit den entsprechenden Verbänden. Nach der Geschäftsordnung der Bundesregierung werden fast ausschließlich Spitzenverbände zur Konsultation herangezogen, was diesen eine Art Monopol gibt. Auch die entsprechenden Parlamentsausschüsse sind verbandlich gefärbt und dadurch mit einem ganz bestimmten Sachverstand ausgestattet. Kraß ist dies in den Innenausschüssen festzustellen, die meist ausschließlich aus Beamten bestehen, die wiederum in den entsprechenden Verbänden und → Gewerkschaften organisiert sind und über das Beamtenrecht befinden. Die organisierte Parteien- und Verbändestruktur Deutschland wirkt sich im Gesetzesgeschehen und vor allem im Haushalt so aus, daß vor allem Gruppen bevorzugt oder benachteiligt werden, nicht wie in den USA mit ihrem eher auf die einzelnen Abgeordneten abgestellten System vor allem lokale und persönliche Interessen.

Im Unterschied zum britischen Unterhaus ist der Bundestag kein Rede-, sondern ein Arbeitsparlament, der Schwerpunkt seiner Aktivität liegt in den Ausschüssen und nicht im Plenum und der öffentlichkeitswirksamen Debatte. Eine besondere kontrollierende Stellung nimmt der Haushaltsausschuß ein, der effektiv ins Haushaltsgeschehen eingreifen und die Einhaltung des Haushaltsgesetzes überwachen kann.

Die komplexe institutionelle Situation kann sehr unterschiedliche materielle Ergebnisse zeitigen, die *Loewenberg* (339) anhand von fünf Fallgruppen skizziert: die völlige Umformulierung einer Vorlage der Ministerialbürokratie durch den Bundestag (Freiwilligengesetz 1955), die Durchsetzung von Interessengruppen (Bundesleistungsgesetz 1956), die Durchsetzung einer einzelnen Interessengruppe (Regelung von Anwaltsgebühren 1961), die Blockierung einer Vorlage durch die Mehrheitsfraktion (Reisegesetz 1961) und das parteipolitisch motivierte Leistungsgesetz vor der Wahl (Kindergeldgesetz 1961). In den letzten Jahrzehnten sind zusätzliche Typen wichtiger geworden: die Blockierung zwischen Bundestag und Bundesrat entweder aufgrund parteipolitischer oder institutioneller Gegensätze, die Abbildung der Komplexität der Institutionen in den Gesetzen (Beispiel Kindergeld und Kinderfreibeträge) und die symbolischen Gesetze, die weniger der Lösung eines Problems als der Führung von Kampagnen gelten und oft in kurzem Abstand denselben Gegenstand neu regeln (Musterbeispiel Asylgesetze 1981-92).

Nicht so sehr die Zahl als der Umfang der Gesetze ist angestiegen, abgenommen hat die Verständlichkeit. Besonders gravierend ist dies beim Steuerrecht, dessen Unübersichtlichkeit auch als Ungerechtigkeit wirkt und finanzstarke Bürger begünstigt.

3. Deutsche Einheit und europäische Dimension

Im Prozeß der deutschen Einheit hatte das „Beitrittsgebiet" das gesamte Recht der Bundesrepublik zu übernehmen – ausgenommen nur die Regelung der Schwangerschaftsunterbrechung. Wieder kam hier – nach dem Zeugnis W. *Schäubles* (1991) vor allem durch die Bonner Ministerien verursacht – das unitarische Denken in Deutschland zum Zuge. Diese Überstülpung des bundesdeutschen Rechtssystems wirft große Probleme auf und verursacht hohe Kosten, da die soziale Realität ebenso wie die Verwaltungen auf die neuen Gesetze und deren historisch gewachsene Komplexität nicht vorbereitet sind. Diese Problematik ist eine Herausforderung des Gesetzgebers und der Öffentlichkeit, die diese angesichts ihrer westdeutschen Zusammensetzung und der Schwierigkeit der Aufgaben bisher nicht aufgegriffen hat. Andererseits versucht die Regierung, bestimmte Maßnahmen durch Einzelfallgesetze zu verwirklichen, vor allem Verkehrsprojekte zu realisieren. Gefährdet wird dadurch die Generalität der Gesetze und die systematische Trennung zwischen Gesetzgebung und Vollzug, die Legitimität und Korrekturpositionen sichert (vgl. Art. 19 GG).

Eine weitere Herausforderung an den deutschen Gesetzgeber ist die europäische Ebene, in der der Bundestag als Gesetzgeber ebenso ausgehebelt zu werden droht wie dies die Landtage erlebt haben. Wenn die Regierungen auf der Ebene über den nationalen Parlamenten gesetzeswirksame vertragliche Regelungen beschließen können, die dann de iure oder aus Sachzwang von den nationalen Parlamenten nachvollzogen werden müssen, bleibt die Demokratie weithin auf der Strecke. Ein Musterbeispiel dafür war die Einführung der Mehrwertsteuer von 15% auf europäischer Ebene mit Zustimmung der Bundesregierung. Auf dieser Ebene wie im binnenföderalen Verhältnis muß deswegen viel an Kompetenzen entzerrt und neugeordnet werden, damit Effektivität und öffentliche Partizipation gerettet und optimiert werden können.

Literatur

Benda, Ernst/ Maihofer, Werner/Vogel, Hans Jochen (Hrsg.) [2]1994: Handbuch des Verfassungsrechts (Studienausgabe), Berlin.

Deutscher Bundestag/ Bundesrat: Stand der Gesetzgebung des Bundes, Baden-Baden (fortlaufend)

Ellwein, Thomas/Görlitz, Axel 1968: Parlament und Verwaltung. Bd. 1: Gesetzgebung und politische Kontrolle, Stuttgart.

Friedrich, Manfred 1975: Landesparlamente in der Bundesrepublik, Opladen.

Hennis, Wilhelm 1964: Verfassungsordnung und Verbandseinfluß, in: PVS 2, 23-35.

Loewenberg, Gerhard 1969: Parlamentarismus im politischen System der Bundesrepublik Deutschland, Tübingen.

Schäuble, Wolfgang 1991: Der Vertrag. Wie ich über die deutsche Einheit verhandelte, Stuttgart.

Schindler, Peter 1994: Datenhandbuch zur Geschichte des Deutschen Bundestages 1983 bis 1991. Bonn; und vorherige Ausgaben.

Stammer, Otto 1965: Verbände und Gesetzgebung, Köln/Opladen.

Dietrich Thränhardt

Gesundheitspolitik

1. Begriffe – Ziele – Träger

Unter Gesundheitspolitik (G.) versteht man alle Maßnahmen zur Gesundheitsversorgung der Bevölkerung, die sich auf die Gesundheitsvorsorge, die Krankheitsbehandlung und die Krankheitsfolgen beziehen. In ihrer jeweiligen organisatorischen, rechtlichen und finanziellen Ausformung, wie sie hauptsächlich durch die Krankenversicherungsgesetzgebung erfolgt, bestimmen sie die Struktur des Gesundheitswesens. Die Ziele der G. lassen sich nach drei Ebenen unterscheiden. Auf der gesellschaftlichen Ebene steht das Solidaritätsprinzip im Vordergrund. Im Bedarfsfall soll jeder Bürger unabhängig von Einkommen und sozialem Status Anspruch auf die notwendige Gesundheitsversorgung haben. Auf der medizinischen Ebene geht es um die bestmögliche Qualität der Gesundheitsversorgung unter Wahrung der menschlichen Würde und Freiheit. Auf der ökonomischen Ebene geht es um die kostengünstige Versorgung und Freiheit. Auf der ökonomischen Ebene geht es um die kostengünstige Versorgung mit Gütern und Diensten. Die verfügbaren finanziellen Mittel sollen nicht nur effektiv, sondern auch effizient verwendet werden. Diese Ziele stehen im Konflikt miteinander. Ihnen wird von den einzelnen Akteuren im Gesundheitssektor aufgrund verschiedener Interessenlagen eine unterschiedliche Priorität eingeräumt. Der Versuch, diese Ziele gleichzeitig zu verwirklichen, bestimmt die Konflikt- und Konsensprozesse der G. Die Ausgestaltung dieser Ziele erfolgt vor allem durch die Bundesgesetzgebung. Daher sind die politisch-parlamentarischen Institutionen auf Bundesebene, insbesondere die jeweiligen → Bundesregierungen, die wichtigsten Adressaten und Entscheidungsträger der G. Sowohl bei der Politikformulierung als auch bei der Durchführung von Gesetzen und Programmen wirken aber noch eine Vielzahl anderer Akteure mit. Sie sind teilweise gleichzeitig Träger und Organe des Gesundheitswesens. Hierzu gehören die → Parteien, die Länder und Kommunen, die gesetzliche und private Krankenversicherung und die freien gemeinnützigen Organisationen; ferner die Interessenverbände, die in der ambulanten und stationären Versorgung, in der Arzneimittelversorgung und bei den sozialen Diensten tätig sind.

2. Institutionelle und sozioökonomische Rahmenbedingungen

Die organisatorischen Grundlagen des Gesundheitswesens werden im wesentlichen durch die Gesetzliche Krankenversicherung (GKV) vorgegeben. Ihre Vorschriften gelten nach der Vereinigung für D. Sie legen fest, wer die Gesundheitsleistungen in welcher Höhe finanziert, wer sie in welchem Umfang in Anspruch nehmen kann, wer sie mit welchen Kompetenzen verwaltet, wie die Anbieter von medizinischen Leistungen (Ärzte, Krankenhäuser, Medizinalberufe, Industrie) auf Umfang und Qualität der Versorgung Einfluß nehmen können und auf welche Weise auf veränderte Entwicklungen reagiert werden kann. G. war und ist in D versicherungszentriert. G. ist daher in den meisten Fällen gleichzeitig Krankenversicherungspolitik. Die GKV beruht auf den Grundpfeilern der Versicherungspflicht, dem Recht auf Versorgung, der Selbstverwaltung, dem Prinzip der gegliederten Krankenversicherung, dem Sachleistungsprinzip und dem Solidarausgleich.

Über diese Gestaltungsprinzipien gab es in der BRD einen Grundkonsens, der auch für den gesundheitspolitischen Integrationsprozeß in D maßgeblich ist. Rund 90% der Bevölkerung sind in den Krankenversicherungsschutz der GKV einbezogen. Es bestehen acht verschiedene Kassenarten mit regionaler, berufsständischer oder branchenspezifischer Ausrichtung. Von den selbständigen, in Verbänden organisierten Kassen als Träger der GKV erfüllt allein die Allgemeine Ortskrankenkasse (AOK) mit ihrer regionalen Gliederung den Anspruch eines Universalversicherers für alle Bevölkerungsgruppen. Nach Zahlen von 1989 verteilen sich die Mitglieder zu 43% auf die AOK, zu 35% auf die Ersatzkassen, zu 11,6% auf die Betriebskrankenkassen und zu 5,2% auf die Innungskrankenkassen. Die AOK hat zwar weiterhin den größten Mitgliederbestand, aber der Trend zur Angestelltengesellschaft setzt sie einer zunehmenden Mitgliederkonkurrenz gegenüber anderen Kassenarten, insbesondere den Ersatzkassen aus.

Die Finanzierung der GKV erfolgt über Beiträge und nicht aus Steuergeldern. Die Beiträge werden je zur Hälfte von den Versicherten und den Unternehmen, in denen die Versicherten beschäftigt sind, bezahlt. Die Ausgaben der GKV werden fast ausschließlich durch Beitragseinnahmen finanziert. Sonstige Einnahmen spielen kaum eine Rolle. 5/6 der Beitragseinnahmen entfallen auf die von den erwerbstätigen Versicherten entrichteten Pflicht- und freiwilligen Beiträge bis zur Beitragsbemessungsgrenze. Ferner erhalten die Kassen für die bei ihnen versicherten Rentner Beiträge aus der gesetzlichen Rentenversicherung. Da die Kassen nach dem Umlageverfahren arbeiten, d.h. nur geringe Reserven bilden dürfen, müssen sie ihre Finanzen durch relativ häufige Änderung der Beitragssätze in Ordnung halten. Jede Kasse hat entsprechend ihrer Finanzlage den Beitrag in eigener Verantwortung festzulegen, so daß die Sätze zwischen den einzelnen Kassen sehr unterschiedlich sind und regional stark streuen. Die Höchst- und Niedrigstwerte schwanken in einer Breite von mehr als 100%. Die Organisationsform der Kasse in der GKV ist die Körperschaft des öffentlichen Rechts mit Selbstverwaltung. Sie sind also nicht in die unmittelbare staatliche Verwaltung eingegliedert, sondern verwalten sich selbst. Der Staat hat demgemäß kein unmittelbares Weisungsrecht, sondern lediglich die Rechtsaufsicht darüber, ob Gesetze und genehmigte Satzungen eingehalten werden. Da der Staat aber durch Gesetze im Wege der Gestaltung der Reichsversicherungsordnung (RVO) in umfangreicher Weise (Festlegung des Personenkreises der Versicherten, der Versicherungs- und Beitragsbemessungsgrenze sowie Einfluß auf die Leistungsgestaltung und die Preisfestlegungen) die Grundlagen der Selbstverwaltung bestimmt und diese Interventionsform stark ausgeweitet hat, wird die Gefahr eines weiteren Ausbaus des gesundheitspolitischen Gestaltungsspielraums der Kassen beschworen. Neben der gesetzgebungspolitischen Einengung des Handlungsspielraums tritt die Restriktion der Selbstverwaltungsorganisation selbst. Die Entscheidungsgremien sind aus Vertretern der Arbeitgeber und Arbeitnehmer paritätisch besetzt. Bei den Kassen werden nur die Vertreterversammlungen der Versicherten gewählt. Mittelbar werden dann alle weiteren Organe gewählt, so bei den RVO-Kassen insbesondere noch die Landes- und Bundesverbände. Da diese einen großen Teil der Kompetenzen der einzelnen Krankenkassen übernommen haben bzw. vom Gesetzgeber zugeteilt erhielten, wird die unmittelbare Legitimationsbasis unterbrochen. Den gesetzlichen Krankenkassen, die den Versicherungsschutz wahrnehmen und bei der Bereitstellung der medizinischen Leistungen für eine bedarfsgerechte und medizinisch vollwertige Versorgung mitwirken, stehen die Anbieter von Gesundheitsleistungen gegenüber. In der ambulanten Versorgung sind dies die niedergelassenen Ärzte, in der stationären Versorgung die Krankenhausträger und in der Arznei- und Heilmittelversorgung die Industrieunternehmen. Alle drei Bereiche sind verbandsmäßig organisiert und treten den Kassen als selbstverwaltete oder autonome Verhandlungspartner gegenüber. Während für den ambulanten und stationären Bereich durch das Kassen- und Vertragsrecht und das Krankenhausfinanzierungsgesetz das Interaktionsmuster rechtlich geregelt ist, gilt das nicht für die industriellen Produktanbieter, die lediglich über die Konzertierte Aktion in das Verhandlungssystem eingebunden sind. Hinsichtlich der Gleichheit der Verhandlungspartner wird immer wieder insbesondere auf die Monopolstellung für die Angebotsposition durch die Ärzte und deren Verbände verwiesen. Neben der Vielfalt von ca. 70 freien Verbänden gibt es die öffentlich-rechtlichen Körperschaften mit Zwangsmitgliedschaft und Selbstverwaltung. Es sind dies die Landesärztekammern, die vor allem berufs- und standespolitische Aufgaben wahrnehmen, und die kassenärztlichen Vereinigungen, die die ökonomischen Interessen der Ärzte vertreten. Die Machtungleichgewichte zwischen Krankenkassen und Anbietern sind nicht nur bezüglich der Finanzierungsprobleme, sondern auch für die Ausnutzung des von der gesetzlichen Normierung vorgegebenen Gestaltungsspielraums für eine bedarfs- und qualitätsorientierte Versorgung relevant. Die Nachkriegsentwicklung war neben der organisatorischen Wiederherstellung des gegliederten Krankenkassensystems durch die kontinuierliche Ausdehnung des Versichertenkreises und des Leistungsumfangs gekennzeichnet. Durch den Ausbau der Sach- und Geldleistungen (Krankengeld) entwickelte sich die GKV weitgehend zu einer Vollversicherung. Seit Mitte der 70er Jahre, ausgelöst durch den ungebremsten Anstieg der Gesundheitskosten, beschäftigt sich die G. mit den Auswirkungen sozioökonomischer und politischer Determinanten auf die Inanspruchnahme und das Angebot von Gesundheitsleistungen sowie auf die Qualität der Gesundheitsversorgung. Problemfelder sind die Überversorgung (Ärzte und Krankenhäuser), der medizinische Fortschritt (Expansion technischer Leistungen), der Morbiditätswandel (Krankheitsartenstruktur), demographische und schichtspezifische Merkmale der Inanspruchnahme (Bezieher niederer Einkommen, alte Menschen, Rentner, Frauen und chronisch Kranke), die Überalterung der Bevölkerung, das Ungleichgewicht zwischen Prävention und Kuration und die mangelhafte Verzahnung von ambulanter und stationärer Versorgung. Schließlich geht es um die Strukturen und Regelungsmechanismen der GKV, so vor allem um die mangelnde Transparenz der Finanzierungs- und Vergütungssysteme (Einzelleistungsvergütung und Form der Krankenhausfinanzierung) sowie den durch den fehlenden Risikoausgleich (Grundlohnsumme, Alters- und Geschlechtsstruktur, Anzahl der Mitversicherten) bestehenden verzerrenden und ausgabentreibenden Wettbewerb zwischen den verschiedenen Kassenarten.

3. Probleme der gesundheitspolitischen Integration

Mit der Übertragung des westdeutschen Systems der Gesundheitsversorgung auf die neuen → Bundesländer sind vorhandene Funktionsdefizite der GKV und ungelöste Probleme in den Versorgungsstrukturen übernommen worden. Anfängliche Versuche, den Integrationsprozeß mit Reformvorhaben und -ansprüchen zu verbinden, hatten keine Chance. Weder gelang es, den Aufbau der Krankenversicherung in den neuen Ländern mit einer in der BRD fälligen Organisationsreform der GKV zu verbinden, noch war es möglich, durch eine von ideologischen Konnotationen befreite, sorgfältige Evaluierung des DDR-Gesundheitssystems, die Möglichkeiten des Beibehalts von Regelungen und Versorgungsstrukturen zu prüfen. Hierzu gehören Bereiche, die mit anderen normativen Begründungen zum Inventar der Reformdiskussion in der BRD gehören. So etwa ein umfassend ausgebautes betriebliches Gesundheitswesen, die Verzahnung von ambulanter und stationärer Versorgung (Ambulatorien und Polikliniken), der Einbezug der Pflegebehandlung in die stationäre Versorgung (auch von Kindern als Ausfluß der hohen Erwerbstätigkeit der Frauen), die starke Gewichtung des Dispensaire-Prinzips, also die Forderung nach einer integrierten, lückenlosen Versorgung mit Beratung, Aufklärung, Vorsorge, Diagnostik, Behandlung und Nachsorge, was insgesamt zu einem dichten Netz von Vorsorgeuntersuchungen geführt hat und schließlich das fehlende Angebotsmonopol durch niedergelassene Ärzte in der ambulanten Versorgung durch den Angestelltenstatus der DDR-Ärzte.

Der durch den Einigungsvertrag bis 1995 eingeräumte Spielraum einer befristeten Weiterexistenz von besonderen Gesundheitseinrichtungen (etwa der Polikliniken) zur Gestaltung von alternativen Versorgungsangeboten wurde nicht genutzt.

Es gab keinen „ostdeutschen Sonderweg“. Die Krankenversicherungsstrukturen, ihre Finanzierung und die Versorgungsstrukturen in Ostdeutschland entsprechen inzwischen weitgehend denjenigen der alten BRD.

4. Perspektiven der politischen Steuerung

Die Bewältigung des Zielkonflikts zwischen gesellschaftspolitischen, medizinischen und ökonomischen Orientierungen in der Gesundheitsversorgung ist durch die Vereinigung nicht leichter geworden. Grundsätzlich stehen für die Lösung des Zielkonflikts die Steuerungsmedien Staat, Markt und Verhandlungen zur Verfügung. Im bestehenden Gesundheitssystem finden sich staatliche (etwa Krankenhaus und kassenärztliche Bedarfsplanung), marktbezogene (etwa Selbstbeteiligung und Freiberuflichkeit) und verhandlungsbezogene (etwa Konzertierte Aktion) Steuerungsinstrumente. In der gesundheitspolitischen und wissenschaftlichen Diskussion besteht Einigkeit darüber, daß das Gemisch dieser verschiedenen Steuerungsinstrumente weder die Fehlallokation von Ressourcen verhindern noch die Anpassungsfähigkeit an sozioökonomische und medizinische Veränderungen ausreichend gewährleisten konnte. Unterschiedlich werden die daraus zu ziehenden Konsequenzen beurteilt. Auf der einen Seite werden immer mehr staatliche Eingriffe und auf der anderen Seite ein verstärkter Einbau marktwirtschaftlicher Elemente befürwortet. Hierbei wird allerdings weder eine Verstaatlichung des Gesundheitswesens noch ein reines Marktsystem gefordert. Steuerungspolitische Entscheidungen, ob in Richtung mehr Wettbewerb oder mehr staatliche Regulierung sind an konkurrierende gesundheitspolitische Wertvorstellungen und Ordnungsentwürfe gekoppelt. Diese normativ-ideologische Einbindung und ihre interessenpolitische Vertretung durch die zahlreichen gesundheitspolitischen Akteure kann verständlich machen, warum dem Gesundheitswesen stets eine Reformunfähigkeit zugesprochen wurde. Besondere situative Rahmenbedingungen haben 1992 dazu geführt, daß mit dem Gesundheits-Strukturgesetz (GSG) von 1992 der bislang stärkste Staatseingriff zuungunsten der Leistungserbringer durchgeführt und bisherige Reformblockaden abgebaut werden konnten. Diese Reform kann aber nicht kausal auf die Probleme der Vereinigung zurückgeführt werden. Ob sich derartige reformbegünstigende Konstellationen wiederholen, kann auf der Grundlage dieses einen Falles kaum vorhergesagt werden.

Literatur

Deutscher Bundestag: Zwischenbericht der Enquête-Kommission „Strukturreform der gesetzlichen Krankenversicherung“ vom 31.10.1988, Drucksache 11/3267.

Döhler, Marian 1990: Gesundheitspolitik nach der „Wende“ – Policy Netzwerke und ordnungspolitischer Strategiewechsel in der Bundesrepublik Deutschland, Großbritannien und den USA. Berlin.

Ferber, Christian v. u.a. (Hrsg.) 1985: Kosten und Effizienz im Gesundheitswesen. Oldenburg.

Gäfgen, Gerard (Hrsg.) 1988: Neokorporatismus im Gesundheitswesen. Baden-Baden.

Murswiek, Axel 1989: Politische Steuerung des Gesundheitswesens, in: Beyme, Klaus von/ Schmidt, Manfred (Hrsg.): Politik in der Bundesrepublik. Opladen.

Rosewitz, B./Webber, D. 1990: Reformversuche und Reformblockaden im deutschen Gesundheitswesen. Frankfurt/M.

Perschke-Hartmann 1994: Die doppelte Reform. Gesundheitspolitik von Blüm zu Seehofer. Opladen.

Sachverständigenrat für die Konzertierte Aktion im Gesundheitswesen 1991: Das Gesundheitswesen im vereinten Deutschland. Baden-Baden.

Schmidt/Jahn/Scharf (Hrsg.) 1987: Der solidarischen Gesundheitssicherung die Zukunft. Bürgernähe, Arbeitnehmer- und Patientenorientierung statt Anbieterdominanz, Bd. 1: Grundmängel, Grundanforderungen, Reformperspektiven. Düsseldorf.

Wasem, Jürgen 1995: Die Transformation des ostdeutschen Gesundheitswesens, in: Axel Murswieck (Hrsg.): Regieren in den neuen Bundesländern. Opladen.

Axel Murswieck

Gewaltenteilung

1. Begriffliches

Das Sprachsymbol „Gewaltenteilung“ (G), im Englischen „separation of powers“, im Französischen „separation des pouvoirs“, bezeichnet im Rahmen von Theorie und Praxis des europäischen Konstitutionalismus seit dem ausgehenden 17. Jh. ein Kernstück der Staatslehre: die institutionelle und/oder funktionelle Differenzierung der Staatsgewalt und ihre Verteilung auf mehrere, hinsichtlich ihrer Legitimation und ihrer Kompetenzen verfassungsrechtlich und verfassungspolitisch mehr oder weniger unabhängige „Gewalten“ (Institutionen). In der Regel unterscheidet man drei „Gewalten“: Die Legislative, die Exekutive und die Judikative.

Wenngleich in allen G-Lehren diese drei Gewalten im Vordergrund stehen, ist damit jedoch der Begriff G. bedeutungsmäßig keineswegs erschöpft. So spricht man seit langem mit Bezug auf föderativ oder bundesstaatlich organisierte politische Systeme neben der „horizontalen“ von „vertikaler“ G. und meint damit zusätzlich zur G. zwischen Legislative, Exekutive und Judikative die G. zwischen den verschiedenen Ebenen des föderativen oder bundesstaatlichen Systems Bund, Länder und Gemeinden.

Die eigentliche Rationalität der G-Doktrin liegt in einem anthropologischen und einem (davon abgeleiteten) institutionellen Argument über politische Macht. Anthropologisch gilt ungeteilte, konzentrierte politische Macht als gefährlich und „böse“, insofern sie den Machtinhaber leicht zu Machtmißbrauch verführt. Demgegenüber gilt G. als System wechselseitiger Gewaltenkontrolle und Gewaltenhemmung als beste Vorkehrung für Gewährleistung und Schutz privater und politischer Freiheit der Bürger. In älteren Staatslehren, aber auch in manchen zeitgenössischen Hand- und Lehrbüchern der Politik wird G. überwiegend als institutionelle G. verstanden; d.h. es wird davon ausgegangen, daß G. die Verteilung der drei staatlichen Gewalten (Legislative, Exekutive, Judikative) auf je eine staatliche Institution (Parlament, Regierung, Gericht) bedeute. Sieht man einmal von der besonderen Stellung der Judikative im politischen System ab, wo das Gesagte noch am ehesten zutrifft, findet sich in der politischen Realität rein institutionelle G. vergleichsweise selten; sie wird auch in der Theorie vielfach *nicht* als hinreichende Vorkehrung gegen Machtmißbrauch eingeschätzt, insofern eine Institution bei der Wahrnehmung einer Staatsgewalt ein Monopol besitzt und keiner echten Machtkontrolle (durch eine andere Institution) unterworfen ist. Effektiveren Schutz vor Machtmißbrauch bietet dagegen eine „funktionale G.“, bei der die Ausübung einer Staatsgewalt oder -funktion stets vom Zusammenspiel zweier oder mehrerer Institutionen abhängt. Man spricht hier von „Gewaltenverschränkung“ oder einem System der „checks and balances“ vor allem bei der Ausübung von Legislative und Exekutive. In konkreten politischen Systemen lassen sich unter dem Gesichtspunkt „funktionaler G.“ verschiedene „Muster“ (pattern) der Gewaltenverschränkung, Gewaltenkoordination oder Gewaltenintegration ausweisen.

Diese Muster bei der Gewaltenverschränkung werden in föderativen Systemen, wie dem und D.s, durch das Zusammenwirken von „horizontaler“ und „vertikaler“ G. noch verstärkt. In jedem Fall dient G. der Gewährleistung und Sicherung politischer Freiheit.

2. Institutionelles

Beruht auch der moderne Verfassungsstaat zum Zwecke der Gewährleistung und Sicherung bürgerlicher Freiheit überall auf dem Prinzip der G., so haben sich doch in der konkreten Verwirklichung verschiedene Muster (pattern) der G. herausgebildet mit charakteristischen Unterschieden im jeweiligen System der Gewaltenteilung und -kontrolle. So unterscheiden sich z.B. parlamentarische und präsidentielle Systeme in der Hauptsache durch das Muster der G. Beim parlamentarischen System mit der besonders engen personellen Verflechtung von Regierung und Regierungspartei(en) im Parlament spricht man von (strengerer) „Gewaltenintegration", bei dem rigideren G-Muster des präsidentiellen Systems von (lockerer) „Gewaltenkoordination". In beiden Fällen handelt es sich um Formen der funktionalen G. oder Gewaltenverschränkung; d.h. es wird dafür Sorge getragen, daß keine der politischen Staatsgewalten ohne (verfassungsrechtlich oder politisch festgelegte) Mitwirkung einer anderen Institution die Funktion der Legislative oder Exekutive wahrnehmen kann; die Systeme unterscheiden sich lediglich durch Grad oder Intensität der Gewaltenverschränkung.

Seit dem frühen 18. Jh. galt die kritische Aufmerksamkeit der Verfassungstheoretiker und -praktiker besonders der Machtfülle der Legislative. Den Machtmißbrauch durch die Legislativinstitution zu verhindern entwickelte man das Zweikammersystem, das bis zur Gegenwart die Struktur der meisten Parlamente bestimmt: die beiden Kammern sollten bei der Wahrnehmung der Legislativgewalt durch fein abgestimmte Kompetenzen zum einen in eine gewaltendifferenzierende Konkurrenz zueinander treten (man spricht dann von „Intraorgankontrolle" (K. *Loewenstein*)), zum anderen auch direkt als Partner bzw. Gegner der Staatsregierung auftreten und im Rahmen des G-Systems als „Interorgankontrolle" fungieren. Das spannungsreiche Verhältnis der beiden Kammern in einem föderativen System ist nur *eine* Variante dieser zusätzlichen Machtdifferenzierung im modernen Verfassungsstaat.

D verfügt wie andere Bundesstaaten durch seine vertikale föderative Struktur über eine weitere, mehr oder weniger wirksame gewaltenteilende Komponente, „vertikale" G. genannt. Ihre politische Bedeutung im System der G. wird augenfällig dadurch ex negativo unterstrichen, indem die totalitären Regime des 20. Jh. sich übereinstimmend dadurch auszeichnen, daß sie die Einrichtungen und Verfahrensweisen vertikaler G. zu Gunsten von Machtzentrierung ohne Machtkontrolle beseitigten. Gerade die Gegenwart lehrt, daß im Kontext transnationaler politischer Integration die vertikale G. neben und in Ergänzung der horizontalen G. durch die für sie typische Aufteilung der staatlichen Macht und Kompetenzen auf die verschiedenen politischen Ebenen des Bundes, der Länder und der Gemeinden sowie durch die direkte Beteiligung der Länder oder Einzelstaaten an der gesamtstaatlichen Willens- und Entscheidungsfindung in einem Bundesorgan (Senat oder → Bundesrat) einen bemerkenswerten Beitrag zur Stärkung zur Gewaltenhemmung und -kontrolle leistet.

Das System der G. D.s wird durch diese Traditionen des europäischen Konstitutionalismus in doppelter Weise geprägt: einmal hinsichtlich der „horizontalen" G., insofern D als parlamentarisches System sich durch die dafür typische Gewaltenintegration auszeichnet: Regierung und Parlament sind personell eng miteinander verflochten. Das System der Gewaltenverschränkung steht deutlich unter der Prädominanz der Regierung, die die Richtlinien der Politik bestimmt und das Parlament über die Regierungsparteien zur Mitregierung verpflichtet; die → Opposition vermag als Minderheit lediglich in begrenztem Umfang die parlamentarische Kontrollfunktion wahrzunehmen; zum anderen hinsichtlich der durch den Föderalismus (→ Bundesstaat) bestimmten „vertikalen" G: die drei Ebenen von Bund, Länder und Gemeinden haben auch heute noch – trotz sich verstärkender Bundesverantwortlichkeit in nahezu allen Politikfeldern – einen gewaltenteilenden Effekt von Bedeutung. Die → Bundesländer haben in jüngster Zeit Druck auf die → Bundesregierung ausgeübt, um ihren Einfluß auf den politischen Entscheidungsprozeß in D vor allem bei europäischen Entscheidungen zu stärken; dem wird der neue Artikel 23 GG Rechnung tragen.

3. Kritisches

Die verwendeten Begriffe „balance of power", „Gewaltenverschränkung" oder „Machtverteilung" etc. im Rahmen der G-Lehre könnten zu der (irrigen) Vermutung Anlaß geben, es bestünde stets ein ausgewogenes Gleichgewicht zwischen den miteinander verschränkten Gewalten. Demgegenüber ist durchwegs von einer mehr oder weniger großen Asymmetrie der Gewichte zwischen den staatlichen Gewalten auszugehen. Diese Asymmetrie hebt den Effekt der G. und Gewaltenverschränkung natürlich nicht einfach auf, sofern sichergestellt bleibt, daß die eine Gewalt eine Staatsfunktion nie ganz allein (monopolistisch) und ohne Mitwirkung der anderen Gewalt auszuüben vermag.

Allerdings – und darauf bezieht sich die aktuelle Kritik – kann es (auch) durch sog. „stillen Verfassungswandel" zu einer so weitgehenden Verschiebung in der konkreten Machtverteilung kommen, daß die Wirksamkeit der Machtkontrolle dadurch ernsthaft in Frage gestellt wird. Das ist nach wie vor weniger in präsidentiellen als vielmehr in parlamentarischen Regierungssystemen der Fall, die mehr und mehr durch eine eindeutige Prädominanz der Exekutive (Regierung und Verwaltung) gekennzeichnet sind. Bisher haben alle Versuche der Parlamentsreform es nicht vermocht, den Informations- und Entscheidungsvorsprung der Exekutive gegenüber dem Parlament einzudämmen; eher im Gegenteil ist dieser Abstand ständig im Wachsen begriffen. Insofern heute die machtkontrollierende Funktion im Parlament ausschließlich von der Opposition wahrgenommen wird, diese aber normalerweise in der Minderheit ist, sind einer Effizienzsteigerung des G-Effekts im parlamentarischen System enge Grenzen gesetzt. Die universelle Tendenz der Verbürokratisierung politischer Herrschaftsstrukturen, wie sie schon M. *Weber* diagnostiziert hatte, verstärkt sich aber, wie die unter dem Gesichtspunkt der G. völlig asymmetrische Machtverteilung zwischen den politischen Institutionen der Europäischen Gemeinschaft dokumentiert, deren demokratische Komponente „Europäisches Parlament" in Straßburg nur eine äußerst begrenzte und kaum effektive Machtkontrolle gegenüber der Kommission und dem Ministerrat in Brüssel wahrzunehmen vermag. Wenn auch seit 1990 die totalitären und G. verwerfenden Systeme des realexistierenden Sozialismus zusammengebrochen sind, so ist das Prinzip der G. heute keineswegs ungefährdet. Es wird im Gegenteil darauf ankommen, das System der G. als einen wichtigen Garanten der Gewährleistung und Sicherung politischer Freiheit im Verfassungsprozeß erneut stärker zur Geltung zu bringen.

Literatur

Locke, John 1977: Zwei Abhandlungen über die Regierung (ed. W. Euchner). Frankfurt.

Loewenstein, Karl 1959: Verfassungslehre. Tübingen.

Montesquieu 1951: Vom Geist der Gesetze (ed. E. Forsthoff). 2 Bde. Stuttgart.

Rausch, Heinz (Hrsg.) 1969: Zur heutigen Problematik der Gewaltentrennung. Darmstadt.

Rostoch, M. 1974: Die Lehre von der Gewaltenteilung in der politischen Theorie von John Locke. Meisenheim.

Rostoch, M. 1975: Die antike Theorie der Organisation staatlicher Macht – Studien zur Geschichte der Gewaltenteilungslehre. Meisenheim.

Theo Stammen

Gewerkschaften

Nach einer Phase des Aufschwunges in den 70er Jahren standen die bundesdeutschen Gewerkschaften, ebenso wie zahlreiche Gewerkschaftsorganisationen entwickelter westlicher Industriestaaten vor zahlreichen Problemen, die sich insbesondere aus dem sozialökonomischen Strukturwandel ergaben. Die Entwicklung von der Industrie- zur Dienstleistungsgesellschaft und die Tertiarisierung des Produktionssektors veränderten die Zusammensetzung der Arbeitnehmerschaft in einer Richtung, die die Rekrutierung der Gewerkschaftsmitglieder eindeutig verschlechterte. So schrumpften einerseits die Mitgliederpotentiale der Gewerkschaften in den alten Industrien, wie z.B. Bergbau, Eisen und Stahl, Werften und Textil, d.h. in Wirtschaftszweigen mit einem hohen Anteil von Facharbeitern, den „geborenen" Gewerkschaftsmitgliedern, andererseits wuchs im Dienstleistungssektor und aufgrund der Tertiarisierung des Produktionssektors die Gruppe der Angestellten, die für die Gewerkschaften eindeutig schwieriger zu organisieren ist. Dieser Prozeß war und ist begleitet von einer Zunahme der Zahl der Teilzeitbeschäftigten, der Leih- und Heimarbeiter und der unselbständig Selbständigen usw., mit relativ hohen Anteilen von Frauen, unqualifizierten und ausländischen Arbeitnehmern, die bisher in den Gewerkschaften eindeutig unterrepräsentiert sind. Extreme Mitgliederverluste in zahlreichen Industriestaaten (z.B. Großbritannien, Frankreich, USA, Japan usw.) bzw. stagnierende Mitgliederzahlen, wie z.B. in der BRD, waren die Folge.

Mit einem Zuwachs von ca. 4 Mio. Mitgliedern aus den neuen →Bundesländern (vgl. Tabelle 1) wurde der Deutsche Gewerkschaftsbund (DGB) 1991 mit ca. 12 Mio. Mitgliedern die größte gewerkschaftliche Dachorganisation in Europa. Die Probleme waren damit jedoch keineswegs gelöst; denn der sozialökonomische Strukturwandel ging nicht nur in den neuen Bundesländern weiter. 7 der 16 DGB-Gewerkschaften verloren mehr als ein Viertel ihrer Mitglieder, 3 davon mehr als ein Drittel; wobei 1,7 Mio. der Mitgliederverluste in den neuen Bundesländern erfolgten. Hinzu gekommen sind eine Reihe neuer Herausforderungen und Schwierigkeiten, die sich aus dem Prozeß der Vereinigung ergeben.

Eingebunden in unterschiedliche Gesellschafts- und Wirtschaftssysteme, verlief die Entwicklung in der → DDR und der BRD völlig verschieden. Während in der BRD nach kontroversen Debatten in der Gründungsphase (1945-49) in organisatorischer Hinsicht eine föderativ strukturierte Dachorganisation mit autonomen Einzelgewerkschaften gegründet wurde, entstand demgegenüber in der DDR eine – ab 1948 nach dem leninistischen Prinzip des demokratischen Zentralismus ausgerichtete – Einheitsorganisation mit abhängigen Einzelgewerkschaften ohne Tarif- und Finanzhoheit. Nach der Gründung des DGB war das zentrale Thema in der Diskussion um die Organisationsform das Verhältnis der Einzelgewerkschaften zum Dachverband. Begünstigt durch die 1949 erfolgte Verteilung der Kompetenzen zugunsten der Einzelgewerkschaften (siehe Finanz- und Tarifhoheit der Mitgliedsgewerkschaften), erhielten in der Hauptsache die großen Einzelgewerkschaften, und nicht der Dachverband, den größten Einfluß auf die wichtigsten gewerkschaftspolitischen Entscheidungen. Weder eine 1962 erfolgte Satzungsänderung, die die Position des Geschäftsführenden Bundesvorstandes stärkte, noch der dritte außerordentliche DGB-Bundeskongreß, der die Frage der Kompetenzverteilung verhandelte, konnten die strittige Frage der Machtverteilung zwischen DGB und Einzelgewerkschaften zugunsten einer Stärkung des Dachverbandes einer Lösung näherbringen. Ob die z.Zt., nicht zuletzt

Tabelle 1: Die DGB-Gewerkschaften nach der Einheit (Mitte 1991)

DGB-Gewerkschaften[1]	Mitglieder Alte Länder	%	Neue Länder	%	Gesamt	DGB Rang	Gewerkschaftssekretäre Alte Länder[3]	Neue Länder	Gesamt	Betreuung[4] Neue Länder
IG Bau-Steine-Erden	462193	58,5	328528	41,5	790721	4	340	140	480	2347
IG Bergbau und Energie	323000	53,1	285000	46,9	608000	6	155	67	222	4254
IG Chemie-Papier-Keramik	675000	77,1	200000	22,9	875000	3	330	59	389	3390
Gew. der Eisenbahner Deutschlands	303351 [2]	58,2	222795	41,8	533307	8	149	25	174	8912
Erziehung und Wissenschaft	190000	55,9	150000	44,1	340000	11	-	-	-	-
Gartenbau, Land- und Forstwirtsch.	44434	32,7	91415	67,3	135849	15	70	62	132	1475
Handel, Banken und Versicherungen	399558	54,3	336345	45,7	735903	5	250	150	400	2242
Holz und Kunststoff	157000	63,6	90000	36,4	247000	12	89	31	120	2903
Gewerkschaft Leder	42615	68,1	20000	31,9	62615	16	22	6	28	3333
IG Medien	190012	78,2	52945	21,8	242957	13	92	17	109	3114
IG Metall	2600000	70,3	1100000	29,7	3700000	1	964	120	1084	9167
Nahrung-Genuß-Gaststätten	275000	65,5	145000	34,5	420000	9	-	-	199	-
ÖTV	1200000	60,0	800000	40,0	2000000	2	820	100	920	8000
Gewerkschaft der Polizei	171154	83,3	34406	16,7	205560	14	25	1	26	34406 [5]
Deutsche Postgewerkschaft	480000	79,6	123000	20,4	603000	7	152	17	169	7235
Textil und Bekleidung	248745	61,8	153561	38,2	402306	10	159	59	218	2603
Insgesamt[7]	7762062		4132995		11902218		3617 [6]	854 [6]	4670	

1 Die Zahlen basieren auf aktuellen Gewerkschaftsangaben;
2 7161 Mitglieder arbeiten in Tochterunternehmen der Bundesbahn. Sie wurden nicht nach alten und neuen Ländern aufgeschlüsselt;
3 inclusive Gewerkschaftssekretäre in den Hauptverwaltungen;
4 die Mitgliederzahl geteilt durch die Anzahl der Gewerkschaftssekretäre ergibt diesen Wert (Mitglieder/Funktionärs-Verhältnis);
5 die Organisation der Polizeigewerkschaft basiert wesentlich auf ehrenamtlichem Engagement;
6 ohne GEW und NGG
7 Differenz: siehe Gewerkschaft der Eisenbahner Deutschlands

Quelle: Die Welt, 22.7.91

Mitgliederentwicklung im DGB 1991-1994

Gewerkschaft	31.12.1991	31.12.1992	31.12.1993	31.12.1994	Änd. in vH 91/92	Änd. in vH 92/93	Änd.abs. 93/94	Änd. in vH 93/94
IG Bau-Steine-Erden	776.781	695.712	666.910	653.296[1]	-10,4	-4,1	-13.614	-2,0
IG Bergbau und Energie	506.640	457.239	403.172	390.000[2]	-9,8	-11,8	-13.172	-3,3
IG Chemie-Papier-Keramik	876.674	818.832	778.530	742.367	-6,8	-4,9	-36.163	-4,6
Gew. der Eisenbahner Deutschlands	527.478	474.530	450.461	424.000[2]	-10,0	-5,1	-26.461	-5,9
Gew. Erziehung und Wissenschaft	359.852	346.040	329.729	316.196	-3,8	-4,7	-13.533	-4,1
Gew. Gartenbau, Land- und Forstwirtschaft	134.980	120.190	103.541	93.206[1]	-11,0	-13,9	-10.335	-10,0
Gew. Handel, Banken und Versicherungen	737.075	629.727	583.782	547.022	-14,6	-7,3	-36.760	-6,3
Gew. Holz und Kunststoff	239.472	204.763	192.926	178.553	-14,5	-5,8	-14.373	-7,5
Gew. Leder	41.718	31.890	27.420	25.242[2]	-23,6	-14,0	-2.178	-7,9
IG Medien	244.774	236.306	223.600	214.670[1]	-3,5	-5,4	-8.930	-4,0
IG Metall	3.624.380	3.394.282	3.146.437	2.995.738	-6,3	-7,3	-150.699	-4,8
Gew. Nahrung-Genuss-Gaststätten	431.211	394.686	355.863	335.000	-8,5	-9,8	-20.863	-5,9
Gew. Öffentl. Dienste, Transport und Verkehr	2.138.317	2.114.522	1.996.371	1.877.651	-1,1	-5,6	-118.720	-5,9
Gew d. Polizei	200.997	197.451	197.523	197.482	-1,8	0,0	-41	0,0
Deutsche Postgewerkschaft	611.969	611.244	578.179	550.000[2]	-0,1	-5,4	-28.179	-4,9
Gew. Textil-Bekleidung	348.095	288.198	255.708	234.240	-17,2	-11,3	-21.462	-8,4
DGB-Gesamt	11.800.413	11.015.612	10.290.152	9.774.663	-6,7	-6,6	-515.489	-5,0

1 Stand: 11/94
2 Vorläufige Zahlen

Quelle: Abt. Organisation des DGB-Bundesvorstandes, Düsseldorf, 10.1.1995

durch die schwierige Finanzsituation einiger Einzelgewerkschaften verstärkt, geführte Reformdiskussion im DGB zu einer Neuordnung der Kompetenzen oder lediglich zu Zusammenschlüssen bzw. zu mehr Kooperation zwischen den Einzelgewerkschaften führen wird, bleibt abzuwarten.

Gemeinsam waren den beiden großen Dachorganisationen DGB und FDGB lediglich die grundsätzliche Anerkennung des Industrieverbandsprinzips, d.h. beide organisierten alle Arbeitnehmer, ob Arbeiter, Angestellte oder Beamte (gilt nur für die BRD) eines Industrie- oder Wirtschaftszweiges nach dem Grundsatz „ein Betrieb – eine Gewerkschaft". Unterschiedlich waren demgegenüber die Abgrenzungen der Organisationsbereiche der Einzelgewerkschaften, so daß nach der Vereinigung der Streit um einige Mitgliedergruppen, z.B. zwischen der ÖTV und der IG Bergbau und Energie entbrannte.

Unvereinbar waren die Positionen der bundesdeutschen Gewerkschaften und des DGB im Verhältnis zu → Parteien/Staat und Arbeitgeber- und Unternehmerorganisationen. Mit Beginn des Kalten Krieges entwickelte sich der FDGB zu einer marxistisch-leninistischen Richtungsgewerkschaft mit quasi-obligatorischer Mitgliedschaft (Organisationsgrad 1986 über 97%) zu einer der → SED eindeutig untergeordneten und deren Führungsanspruch anerkennenden Organisation. Auch wenn der FDGB durchaus begrenzte Mitwirkungsrechte bei der Regelung von betrieblichen und außerbetrieblichen Fragen der Wirtschafts- und Sozial- und Gesellschaftspolitik besaß (*Rytlewski* 1983: 395), ließ seine Unterordnung unter die SED und seine Einbindung in das politische System der DDR keine eigenständige Politik im Interesse der Mitglieder und der Arbeitnehmerschaft zu. Demgegenüber lassen sich die bundesdeutschen Gewerkschaften (DGB, DAG, CGB, DBB) als Interessenorganisationen mit freiwilliger Mitgliedschaft charakterisieren, die von Parteien, Staat und Arbeitgeber- und Unternehmerorganisationen unabhängig sind. Dabei hat die Überwindung der Richtungsgewerkschaften nach 1945 die Grundlage für eine Politik parteipolitischer Unabhängigkeit der Gewerkschaften verbessert, wobei Unabhängigkeit keineswegs politische Neutralität bedeutet. Trotz enger personeller Verflechtungen zwischen SPD- und DGB-Gewerkschaften (zwischen 75% und 85% der Spitzenfunktionäre des DGB gehören stets der → SPD an, fast alle SPD-Bundestagsabgeordnete sind Mitglieder einer DGB-Gewerkschaft) und zwischen CGB und → CDU (alle Bundesvorsitzenden des CGB waren bisher CDU-Mitglieder), gibt es keine Unterordnung unter parteipolitische Zielsetzungen, keine wechselseitigen finanziellen Abhängigkeiten, keine Weisungen der Parteizentralen für die gewerkschaftliche Arbeit. Mit dem Hinweis auf die gewerkschaftliche Mehrheit der Bundestagsabgeordneten, ist von Kritikern der Gewerkschaften der Versuch unternommen worden, die Existenz bzw. die Gefahr des Entstehens eines Gewerkschaftsstaates in der BRD zu begründen. Das Abstimmungsverhalten der Gewerkschaftsmitglieder im → Bundestag verdeutlicht die Unzulässigkeit, von der bloßen Gewerkschaftsmitgliedschaft auf eine aktive und dauerhafte Identifizierung mit den Zielen der Gewerkschaftsführung zu schließen. Entscheidungsanalysen der Gesetze, die für die Gewerkschaften von außerordentlicher Bedeutung sind, z.B. das Mitbestimmungsgesetz von 1976, zeigen, daß der Loyalität der → Abgeordneten gegenüber ihrer Partei und → Fraktion bzw. der Rücksichtnahme auf die → Koalition deutlich größere Bedeutung als der bloßen Gewerkschaftsmitgliedschaft beizumessen ist. Auch die Differenzen (1988) zwischen dem stellvertretenden SPD-Vorsitzenden *O. Lafontaine* und den DGB-Gewerkschaften über eine Arbeitszeitverkürzung ohne Lohnausgleich für Besserverdienende zeigen, daß der Grad der personellen Verflechtungen für sich allein kein ausreichender Indikator für das

Verhältnis von SPD und DGB-Gewerkschaften ist.

Zweifellos ist die von verschiedenen politischen Standpunkten geübte Kritik an einer zu starken sozialdemokratischen „Schlagseite" und demzufolge eine mangelnde Autonomie und Kritik, zumindest für die Phase der sozialliberalen Regierungspolitik, nicht ganz von der Hand zu weisen.

Die Gewerkschaften der BRD – wie etwa auch die Österreichs und Skandinaviens – sind weniger konfliktorientiert, sie verhalten sich stärker legalistisch und sind verhandlungsorientierter als die Gewerkschaften der romanischen Länder. Zahlreiche Erfolge der westdeutschen Gewerkschaften wären jedoch ohne betriebliche und außerbetriebliche Konfliktstrategien nicht durchsetzbar gewesen; erwähnt seien aus der Nachkriegszeit nur die Streikdrohung der IG Metall und IG Bergbau (Ende 1950/Anfang 1951) zur Durchsetzung der Montan-Mitbestimmung, der 16wöchige Streik der IG Metall in S.H. 1956/57 zur Erkämpfung der Lohnfortzahlung, auch für Arbeiter im Krankheitsfall (Wegfall der Karenztage), die spontanen Streiks in verschiedenen Großunternehmen im Herbst 1969, der Streik der IG Metall 1973 für den sog. Humanisierungs-Tarifvertrag, 1978 (erfolglos) für Arbeitszeitverkürzung in der Stahlindustrie und 1984 für den Einstieg in die 35-Stunden-Woche. Die dennoch überwiegend kooperativ orientierte Politik der Gewerkschaften und die 1966 erfolgte Institutionalisierung der Konzertierten Aktion gemäß §3 des Stabilitätsgesetzes, die nur wenige Jahre erfolgreich arbeitete, sind jedoch kein ausreichender Beleg für eine Einbindung der Gewerkschaften in die staatliche → Sozialpolitik und insbesondere die Einkommenspolitik und für eine dominierende Rolle korporativer Strukturen in der BRD.

Aus den DGB-Grundsatz- und Aktionsprogrammen und den Schwerpunkten gewerkschaftlicher Tätigkeit läßt sich durchaus eine Doppelfunktion ableiten: einerseits ständige tagespolitische Bemühungen um die Verbesserung der Arbeitssituation, andererseits langfristige gesellschaftspolitische Orientierung und Bildungsarbeit in Richtung auf eine wirtschaftsdemokratische Neuordnung der ökonomischen Strukturen, wobei im Vergleich zur mittel- und langfristig angelegten Gestaltungsfunktion die Schutzfunktion (Arbeitsschutz, kollektive Interessenvertretung innerhalb und außerhalb des Betriebes) eindeutig überwiegt. Das heißt jedoch nicht, daß die gewerkschaftliche Tätigkeit und das Selbstverständnis auf die Funktion eines Ordnungsfaktors im kapitalistischen System reduziert ist. Allerdings bleibt zu fragen, ob die Politik der Gewerkschaften in der BRD durch mangelnde Aktivierung der gewerkschaftlichen Basis und durch unzureichende Vermittlung der tagespolitischen Aktionen und Forderungen mit den gesamtpolitischen Zielen ihrer Grundsatzprogramme es bisher versäumt hat, ihren Handlungsspielraum sowohl gegenüber Legislative und Exekutive (Gesetzgebungsprozeß) bzw. gegenüber den Arbeitgebern angemessen zu nutzen.

Im Verlaufe ihrer mehr als 100jährigen Geschichte sind den deutschen Gewerkschaften immer neue Aufgaben und Tätigkeitsfelder zugewachsen; eine DGB-eigene Publikation nennt nicht weniger als 16 gewerkschaftliche Aufgabenfelder, von denen als besonders wichtige die Tarifpolitik, die Durchführung von Arbeitskämpfen, die Zusammenarbeit mit den Betriebsräten, die Mitbestimmung, der Rechtsschutz, die Informations- und Bildungsarbeit, die Pressure-Group-Tätigkeit und die internationalen Gewerkschaftsaktivitäten genannt seien, im folgenden jedoch lediglich die Tarifpolitik kurz zusammengefaßt dargestellt werden soll. Denn nach wie vor stellt die sich jährlich wiederholende Auseinandersetzung der Gewerkschaften mit den Arbeitgeberorganisationen um die Verbesserungen der Arbeitnehmereinkommen als die bei weitem wichtigste Organisationsaufgabe dar. Das in der Verfassung und gesetzlich festgelegte Recht der Gewerkschaften, ohne staatliche Bevormundung in Verhandlungen, notfalls nach Tarifkämpfen, mit den Arbeitgeberorganisationen und den Regierungen als Vertreter des → öffentlichen Dienstes, Verbesserungen der Arbeitsbedingungen und eine Umverteilung der Arbeit (Arbeitszeitverkürzung) zu vereinbaren, ist als eines der wichtigsten Kriterien einer demokratischen Grundordnung zu kennzeichnen. Insgesamt gelang es der gewerkschaftlichen Tarifpolitik im vergangenen Jh., bedeutende Einkommensverbesserungen, Arbeitszeitverkürzungen und Verbesserungen in den Arbeitsbedingungen durchzusetzen; dies gilt insbesondere für die Jahre 1950 bis 1980, in denen sich das Realeinkommen der Arbeitnehmer mehr als verdreifachte. Strukturkrisen in den o.g. Wirtschaftsbereichen, Massenarbeitslosigkeit und infolgedessen wesentlich schwächer werdende Verhandlungs- und Kampfpositionen der Gewerkschaften führten freilich zu bedeutenden Reallohnverlusten in der ersten Hälfte der 80er Jahre und einer sich daran anschließenden Stagnation der Reallohnentwicklung bei gleichzeitig weit überdurchschnittlich steigendem Gewinn. Bei den derzeitigen finanziellen Schwierigkeiten einer Reihe von Einzelgewerkschaften und z.T. leeren Streikkassen werden die Reallohnverluste der letzten 3 Jahre in den Tarifverhandlungen der nächsten Jahre bestenfalls ausgeglichen werden. Die Tatsache, daß die Jahresarbeitszeit fast und die Lebensarbeitszeit im Vergleich zu 1918 inzwischen mehr als halbiert werden konnten, kann auch als ein großer Erfolg gewerkschaftlicher Tarifpolitik charakterisiert werden.

Demgegenüber kam auf Seiten des FDGB der Tarifpolitik lediglich in der Gründungsphase der DDR Bedeutung zu. Da die Arbeitsmobilisierung mit Hilfe von Propaganda, Wettbewerben und materiellen Anreizen im Interesse der Produktionssteigerung zur Hauptaufgabe des FDGB wurde, der FDGB sich der SED unterordnete und die zentralen und betrieblichen Planvorgaben weitestgehend akzeptierte, verkümmerte diese zentrale Aufgabe und Funktion von Gewerkschaften in marktwirtschaftlich organisierten Gesellschaften vollständig. „Streik" wurde zu einem Fremdwort des realsozialistischen Systems der DDR. Nicht die Interessen der Arbeitnehmer, sondern der Beitrag des FDGB und der Einzelgewerkschaften zur Verwirklichung der Volkswirtschaftspläne stand im Vordergrund des Interesses der FDGB-Funktionäre. Bedeutung für die Mitglieder besaß der FDGB lediglich als „sozialer Verwaltungs-, Verteilungs- und Leistungsgigant" (*Gill* 1991: 69). Daß der FDGB nicht nur die Sozialversicherung verwaltete, sondern auch das größte Reiseunternehmen der DDR leitete, erklärt u.a. auch den außerordentlich hohen Organisationsgrad vor der Wende. Der demokratische Zentralismus, der jede echte Partizipation und Initiative der Mitglieder trotz zahlreicher gesetzlich zugestandener Mitwirkungsrechte auf betrieblicher und überbetrieblicher Ebene verhinderte, und die Entwicklung des FDGB zum Transmissionsriemen der Parteiführung nahmen ihm fast jede Möglichkeit, im Interesse der Mitglieder eine Schutz- und Gestaltungsfunktion wahrzunehmen.

Diese Gegenüberstellung der Entwicklung von FDGB und westdeutschen Gewerkschaften verdeutlicht, daß zu den Problemen, die sich aus dem sozialökonomischen Strukturwandel ergeben, der Vereinigungsprozeß die Gewerkschaften mit einer Vielzahl neuer Schwierigkeiten konfrontiert. Die folgende eher pessimistische Einschätzung des Verfassers von 1992: „4 Mio. neue Mitglieder, darunter zahlreiche Rentner und eine wachsende Anzahl von Arbeitslosen, bedeuten keineswegs ein Mehr an Organisationsmacht. Die Gefahr besteht, daß in Kürze mehr als die Hälfte der neuen Mitglieder arbeitslos sein wird und lediglich minimale Beiträge zahlen wird. Die Kosten für die über 1000 von Seiten des DGB und der Einzelgewerkschaften eingestellten Sekretäre in den neuen Bundesländern (vgl. Tab. 1) werden jedoch steigen. Die Charakterisierung des DGB im Osten als ‚Koloß auf tönernen Füßen' erscheint keineswegs böswillig," wurde von der Wirklichkeit in negativer Hinsicht noch übertroffen. Die schwache Finanzbasis von DGB und Einzelgewerkschaften in den neuen Bundesländern, die wachsenden Arbeitslosenzahlen, die geringe Produktivität aller Wirtschaftszweige der ehemaligen DDR, die Politik von Arbeitgebern und → Bundesregierung, die den Industriestandort D gefährdet sehen, grenzen die Möglichkeiten der Gewerkschaften in der Tarifpolitik erheblich ein. Demgegenüber lassen sich bei dem Gros der Mitglieder aus den neuen Bundesländern hinsichtlich der gewerkschaftlichen Verhandlungsmacht deutlich überhöhte Erwartungen feststellen. In dem Bestreben, diese Erwartungen zufriedenzustellen und um zu verhindern, daß die Niedriglöhne in den neuen Bundesländern die Tariflöhne im Westen unter Druck setzen, haben die Gewerkschaften in den Tarifverhandlungen 1990/91 sich für eine „offensive Interessenvertretung entschieden, die erstmals Lohnforderungen von der Produktivitätsentwicklung und ökonomischen Rationalität abkoppelt" (*Koch-Baumgarten* 1992: 44). Die für die neuen Bundesländer erreichten Tariflöhne von 60-65% (1992) und 65-70% im Bereich der Chemie, von Textil, Bekleidung, Transport und Verkehr und über 80% im öffentlichen Dienst, bei Banken, Versicherungen, Einzelhandel usw. (Ende 1994) des Westniveaus blieben dennoch deutlich unter den Erwartungen der neuen Gewerkschaftsmitglieder zurück; neben der hohen Arbeitslosenrate früherer Gewerkschaftsmitglieder wohl ein weiterer Grund für die hohe Austrittswelle in den neuen Bundesländern. Da bei nachlassender Konjunktur die Verteilungsspielräume enger werden, die Gewerkschaftsmitglieder der alten Bundesländer „kaum zu einseitigen Umverteilungsleistungen in Richtung Osten" bereit sein werden, erscheinen „innerorganisatorische Verteilungskonflikte ... vorprogrammiert" (ebd.).

Neben den finanziellen Belastungen des Neuaufbaues und den Schwierigkeiten zu einem einheitlichen Tarifgebiet zu gelangen, stellt insbesondere der Aufbau effektiver Betriebsvertretungsstrukturen (gewerkschaftliche Vertrauensleute, Betriebsräte) eine große Herausforderung an die gewerkschaftliche Schulungs- und Bildungsarbeit dar; wobei die Vermittlung der rechtlichen Kenntnisse nicht das größte Problem sein sollte. Während der Existenz des realsozialistischen Systems fast jeder Eigeninitiative entwöhnt und im Sinne einer Interessengemeinschaft von Betriebsgewerkschaftsleitung und Betriebsleitung erzogen, verstehen sich auch heute viele der 1991 neu gewählten Betriebsräte immer noch als ein verlängerter Arm der Betriebsleitung und weniger als Vertreter der Belegschaftsinteressen. Der fehlende „Gegnerbezug" bei diesen Betriebsräten und ihr Bestreben, zur Sicherung der Arbeitsplätze die Funktion eines Co-Managements zu übernehmen, erhöhen aus gewerkschaftlicher Sicht die Gefahr, daß schwache oder „zu kooperative Betriebsräte die Ostbetriebe zu Einfallstoren für Deregulierung und Flexibilisierungsprozesse machen, die im Westen bislang erfolgreich abgewehrt wurden" (ebd., 43).

Es besteht die Gefahr, daß die dualistische Betriebsverfassungsstruktur, die durch ein – auch im Westen nicht immer spannungsfreies – Neben- bzw. Miteinander von betrieblicher Gewerkschaftsvertretung (Vertrauensleutebewegung) und Betriebsräten gekennzeichnet ist, in den neuen Bundesländern aufgrund wachsender Differenzen zwischen westdominierten Gewerkschaften und den von Mitgliedern aus den neuen Bundesländern getragenen Betriebsräten zu einer gegenläufigen Politik von Gewerkschaften und Betriebsräten und damit zu einer Begrenzung gewerkschaftlicher Organisations- und Handlungsmacht führt.

Literatur

Armingeon, Klaus 1988: Die Entwicklung der westdeutschen Gewerkschaften 1950-1985. Frankfurt a.M./New York.

Gill, Ulrich 1989: Der FDGB. Theorie – Organisation – Funktionen – Kritik. Opladen.

Ders. 1991: FDGB. Die DDR-Gewerkschaft von 1945 bis zu ihrer Auflösung 1990. Köln.

Hemmer, H.-O./Schmitz, K.Th. 1990: Geschichte der Gewerkschaften in der Bundesrepublik Deutschland: Von den Anfängen bis heute. Köln.

Koch-Baumgarten, Sigrid 1992: Gewerkschaften im deutsch-deutschen Vereinigungsprozeß, in: Politische Bildung, hrsg. von U. Andersen u.a., H. 1/1992.

Mielke, Siegfried/Vilmar, Fritz 1989: Die Gewerkschaften, in: Benz, Wolfgang (Hrsg.): Die Geschichte der Bundesrepublik Deutschland. Bd. 2. Wirtschaft. Frankfurt a.M.

Müller-Jentsch, Walther 1987: Eine neue Topographie der Arbeit. Organisationspolitische Herausforderungen für die Gewerkschaften, in: Abromeit, Heidrun/Blanke, Bernhard (Hrsg.): Arbeitsmarkt, Arbeitsbeziehungen und Politik in den 80er Jahren. Opladen.

Ders. 1986: Soziologie der industriellen Beziehungen. Frankfurt a.M./New York

Rytlewski, Ralf 1983: Deutsche Demokratische Republik, in: Mielke, Siegfried (Hrsg.): Internationales Gewerkschaftshandbuch. Opladen.

Siegfried Mielke

Grundgesetz – Verfassung/Verfassungsreform

1. Das Grundgesetz als gelebte und bewährte Verfassung

1.1. Die Ausgangslage bei Herstellung der staatlichen Einheit

Das Jahr 1989 brachte eine historische Wende in der deutschen Geschichte. Niemand hatte mit ihr gerechnet. Im gleichen Jahr wurde in vielen Veranstaltungen auf den 40jährigen Bestand des Grundgesetzes hingewiesen. Es war 1949 nach dem Zusammenbruch des nationalsozialistischen Gewaltregimes entstanden. Damals wurde die Teilung D.s als ein vorübergehendes Schicksal empfunden, die auf Dauer keinen Bestand haben konnte. Der Parlamentarische Rat hat nicht vorhersehen können, daß die → Wiedervereinigung über Jahrzehnte nicht möglich sein würde. Dem trug die Verfassung der neuentstandenen BRD schon in ihrer Bezeichnung Rechnung. Mit dem Namen „Grundgesetz" sollte zum Ausdruck gebracht werden, daß es sich um ein Provisorium handele, um eine neue Ordnung für eine Übergangszeit. Das Grundgesetz sollte möglichst bald durch eine vom deutschen Volk in freier Selbstbestimmung beschlossene (gesamt-) deutsche Verfassung abgelöst werden (Art. 146 GG in der damaligen Fassung). Auch die Präambel brachte den Wunsch der Deutschen nach Wiedervereinigung und die Pflicht aller Deutschen, sich hierum nach Kräften zu bemühen, zum Ausdruck.

Als die 40. Wiederkehr der Verabschiedung des Grundgesetzes gefeiert wurde, hatten sich die meisten Bürger der Bundesrepublik und ein großer Teil der offiziellen Politik darauf eingerichtet, auf Dauer oder doch für eine sehr lange Zeit in einem geteilten Lande zu leben. Die Ordnung des Grundgesetzes galt nur für den westlichen Teil D.s. Sie war dauerhaft und wurde ganz überwiegend als eine gute und gerechte Ordnung empfunden und angenommen, die sich bewährt hatte und an der festgehalten werden sollte. Das Verhältnis zum anderen deutschen Staat war auch rechtlich im Sinne eines nicht als normal empfundenen, aber doch erträglich gestalteten Miteinanders geregelt. In dem Bemühen, weiterhin bestehende Defizite – wie das Fehlen eines freien Reiseverkehrs in beide Richtungen und vor allem den fortbestehenden Schießbefehl an der durch die → DDR militärisch gesicherten Grenze – allmählich abzubauen, bestand in der Politik eine verbreitete Neigung, die Realitäten anzuerkennen. Mit dem Verzicht auf das in der Präambel des Grundgesetzes enthaltene Wiedervereinigungsgebot und der Anerkennung einer DDR-Staatsbürgerschaft, die vielfach empfohlen wurden, sollten weitere menschliche Erleichterungen erkauft werden.

1.2. Die Verfassungsfrage beim Zusammenbruch der DDR

Als die Ereignisse des Jahres 1989 Wiederherstellung der staatlichen Einheit D.s möglich machten, standen hierfür nach dem Grundgesetz zwei Wege zur Verfügung: Nach Art. 146 GG konnte eine neue Verfassung erarbeitet werden, die mit ihrer Verabschiedung das Grundgesetz abgelöst hätte, oder die DDR konnte ihren Beitritt zum Grundgesetz nach dessen Art. 23 erklären. Sehr bald ergab sich aus der politischen und der juristischen Diskussion dieser Frage, daß der Weg über den Beitritt die Vereinigung rascher ermöglichte, weil hierfür ein Beschluß der – im März 1990 erstmals demokratisch gewählten – Volkskammer der DDR genügte. Aus heutiger Sicht wird man dafür dankbar sein, daß die im Sommer 1990 bestehende Möglichkeit, für diesen Beitritt auch die erforderliche Zustimmung der vier Siegermächte des Zweiten Weltkrieges zu gewinnen, ergriffen wurde. Schon kurze Zeit später hätte die sich verschlechternde politische Lage, vor allem auch der Zusammenbruch des gesamten Ostblocks und schließlich der Sowjetunion, mit großer Wahrscheinlichkeit diesen Weg ausgeschlossen und möglicherweise die Herstellung der deutschen Einheit ganz verhindert.

1.3. Konsequenzen aus dem Beitritt der DDR zum GG

Der Beitritt der DDR zum Grundgesetz hat zur Folge, daß dieses nunmehr für das geeinte D als dessen Verfassung gilt. Es ist aber nur unter großen Schwierigkeiten möglich, zwei völlig unterschiedliche Rechtsordnungen und miteinander nicht zu vereinbarende politische, wirtschaftliche und gesellschaftliche Strukturen zusammenzufügen. Hierfür sind auch Übergangsregelungen erforderlich. Der in kurzer Zeit erarbeitete und zwischen beiden Regierungen verhandelte Einigungsvertrag regelt solche Fragen in vielen Einzelheiten. Die volle Geltung des Grundgesetzes ist auf einigen Gebieten für kürzere Zeiträume noch ausgesetzt, damit versucht werden kann, zwischen den unterschiedlichen Rechtsordnungen einen vertretbaren Weg zu finden. So gilt das von der Rechtslage in der Bundesrepublik abweichende Recht des Schwangerschaftsabbruchs in der früheren DDR, das eine Fristenregelung vorsieht, zunächst noch weiter. Der Gesetzgeber hat sich bisher vergeblich um eine Klärung dieser politisch wie rechtlich umstrittenen Frage bemüht; die von ihm erarbeitete Regelung wurde vom → Bundesverfassungsgericht wiederum teilweise für verfassungswidrig erklärt. In der 1994 begonnenen neuen Legislaturperiode wird erneut versucht, eine verfassungskonforme Lösung des umstrittenen Problems zu finden. Auch für andere Rechtsgebiete mußten zunächst weitere Voraussetzungen geschaffen werden, bevor das Recht der Bundesrepublik voll in Kraft gesetzt werden konnte.

Die Frage nach der künftigen deutschen Verfassung ist jedoch inzwischen abschließend beantwortet. Noch während der Übergangszeit in der DDR wurden dort Vorschläge erarbeitet, wie eine gesamtdeutsche Verfassung aussehen könnte. Der „Runde Tisch" hat hierzu einen vollständigen Entwurf vorgestellt, der jedoch in der Volkskammer nicht mehr diskutiert wurde. Der Einigungsvertrag hat in wenigen Punkten die unmittelbaren verfassungsrechtlichen Konsequenzen aus der Einigung gezogen. So trägt die neue Fassung der Präambel des Grundgesetzes der heute bestehenden Lage Rechnung. Zugleich ermöglichte Art. 146 GG in der mit dem Einigungsvertrag beschlossenen neuen Fassung die Entscheidung für eine neue Verfassung. Dabei bestand allerdings in der Staatsrechtslehre inzwischen Einigkeit darüber, daß sie nicht mit einfacher Mehrheit beschlossen werden könnte, sondern nur mit den im Grundgesetz vorgesehenen qualifizierten Mehrheiten in → Bundestag und → Bundesrat. Auch durften die unabänderlichen Prinzipien des Grundgesetzes nicht angetastet werden.

Dennoch wären weitreichende Änderungen des Grundgesetzes möglich gewesen, wenn sie politisch gewollt worden wären. Der Einigungsvertrag selbst enthält die Empfehlung, sich mit diesen Fragen zu befassen. So sollte über die mögliche Aufnahme von Staatszielbestimmungen beraten werden. Das Verhältnis von Bund und Ländern, eine Neugliederung im Raume Berlin-Brandenburg und schließlich die Anwendung des Art. 146 GG einschließlich der Möglichkeit, hierüber eine Volksabstimmung vorzusehen, gehörten zu den Beratungsthemen. Darüber hinaus gab es in der politischen und der verfassungsrechtlichen Diskussion zahlreiche Vorschläge. Sie berührten etwa die Frage der Einführung sozialer → Grundrechte, die Verstärkung plebiszitärer Elemente, ferner aktuelle Fragen wie die Änderung des Asylgrundrechts (jetzt Art. 16a GG) oder die Möglichkeit des Einsatzes der → Bundeswehr über die Aufgabe der Landesverteidigung hinaus. Viele Stimmen, vor allem in den → Bundesländern, strebten eine Verstärkung, jedenfalls eine Sicherung des → Föderalismus an. Die europäische Entwicklung warf zahlreiche Probleme auf.

Bundestag und Bundesrat setzten eine gemeinsame Kommission ein, die die Verfassungsfragen prüfen sollte. Sie hat Ende 1993 ihre Arbeiten abgeschlossen. Bundestag und Bundesrat haben im Sommer 1994 dem größeren Teil der Empfehlungen der Verfassungskommission, jedoch nicht allen Vorschlägen, mit verfassungsändernder Mehrheit zugestimmt. Das so geänderte Grundgesetz ist im Herbst 1994 in Kraft getreten.

2. Verfassungsreform im geeinten Deutschland

2.1. Brauchen wir eine neue Verfassung?

Für die Notwendigkeit einer umfassenden Reform des Grundgesetzes oder sogar für seine Ersetzung durch eine neue Verfassung, die dabei viele wesentliche Entscheidungen des Grundgesetzes übernehmen soll, wurde vor allem ins Feld geführt, daß die Bundesrepublik in ihrer heutigen Gestalt nicht einfach die gebietliche Erweiterung der alten Bundesländer darstelle, sondern sich in ihrer Qualität und ihrem Selbstverständnis als ein neues Gemeinwesen darstelle. Während das Grundgesetz im westlichen Teil der heutigen Bundesrepublik in über 40jähriger Statspraxis und mit Zustimmung der großen Mehrheit der Bevölkerung angenommen worden sei, müsse es im Bewußtsein der Menschen in den neuen Bundesländern erst seinen Platz finden. Ihre unterschiedlichen Erfahrungen in langer Zeit der Trennung verlangten, ihre besonderen Wünsche und Vorstellungen aufzunehmen, um die Einigung auch im Sinne des inneren Zueinanderfindens zu ermöglichen.

Hiergegen wurde eingewendet, daß der Beschluß zum Beitritt der DDR, der durch die vorangegangenen Volkskammerwahlen demokratisch legitimiert sei, den Willen zum Ausdruck gebracht habe, die Verfassungs- und Rechtsordnung der Bundesrepublik in ganz D gelten zu lassen. Es gebe auch – von stets möglichen und in der bisherigen Geschichte der Bundesrepublik auch oft erfolgten Änderungen des Grundgesetzes aus Zweckmäßigkeitsgründen abgesehen – keinerlei Anlaß, eine Verfassung grundlegend zu reformieren, deren Bewährung nur kurze Zeit vor dem Beginn des Einigungsprozesses man noch allgemein gefeiert habe. Vorschläge, die eine wirkliche Verbesserung des Grundgesetzes erwarten ließen, seien in der bisherigen Diskussion allenfalls in Einzelfragen vorgebracht worden. Im ganzen sei eher eine Minderung der Qualität einer Verfassung zu befürchten, deren hoher Rang nicht auf Spiel gesetzt werden sollte.

2.2. *Aufgaben und Funktionen einer Verfassung*

Ob eine Verfassungsreform sinnvoll ist, hängt wesentlich von den Erwartungen ab, die in die Verfassung gesetzt werden. Zugleich müssen ihre realen Möglichkeiten und deren Grenzen gesehen werden. Als oberste Rechtsnorm des Gemeinwesens kann und soll die Verfassung nicht alle Einzelfragen beantworten. Diese sind von der Politik zu bewältigen. Sie soll aber die grundsätzliche Richtung des politischen Handelns bestimmen und diesem auch Grenzen setzen. In einer Zeit raschen Wandels, der immer neue und oft nicht vorhersehbare Herausforderungen mit sich bringt, wäre es schon aus praktischen Gründen nicht sinnvoll, über alle Einzelprobleme Regelungen zu treffen. Dies würde eine sachgerechte Reaktion des Staates erschweren, da Verfassungsänderungen nur in einem zeitaufwendigen Verfahren und auf der Grundlage einer qualifizierten Mehrheit möglich sind. Es entspricht vielmehr dem Grundgedanken der Demokratie, daß die jeweils vom Vertrauen der Mehrheit der Bevölkerung getragenen Kräfte ihre Auffassungen und Vorstellungen in Politik umsetzen. Keine Verfassung kann eine sachgerechte Politik ersetzen. Verspricht die Verfassung mehr, als Parlament und Regierung leisten können, so wird sie unglaubwürdig. Sie verliert ihre Fähigkeit, den Grundkonsens des Gemeinwesens zu festigen, von dem das zwischen Regierenden und Regierten notwendige Vertrauensverhältnis abhängt.

Andererseits ist Konsens in den Grundfragen notwendige Voraussetzung der Wirksamkeit der Verfassung. Dieser Konsens entsteht nicht durch die Verfassung, sondern wird von ihr aufgenommen und in ihren wesentlichen Aussagen zum Ausdruck gebracht. Im Grundgesetz geschieht dies vor allem durch das Bekenntnis zur Würde des Menschen als oberster Leitlinie staatlichen Handelns (Art. 1 GG), durch die Hervorhebung des Charakters der BRD als eines republikanischen, demokratischen, bundesstaatlichen und sozialen Rechtsstaates (Art. 20, 28 GG) und durch die Grundrechte. Diese umschreiben nicht nur den jedem Bürger zustehenden Bereich der Freiheit, sondern schaffen auch die wesentlichen Voraussetzungen für die Verwirklichtung jener tragenden Prinzipien. Aus ihnen ergeben sich etwa Meinungs- und Pressefreiheit, Achtung von Glaubens- und Gewissensüberzeugungen, die Gleichberechtigung der Geschlechter, der Schutz von Ehe und Familie und viele andere Grundentscheidungen, die nicht nur Einzelfreiheiten sichern, sondern das Gesamtklima des politischen und gesellschaftlichen Lebens bestimmen sollen. Damit dem auch die Wirklichkeit des Lebens entspricht, muß über solche Grundpositionen ungeachtet der Meinungsverschiedenheiten über den jeweils richtigen Weg Einigkeit bestehen.

Inhaltlich bedeutet Verfassung nicht allein die erforderliche Bestimmung des Instrumentariums, dessen sich der Staat zur Erfüllung seiner Aufgaben bedient, also die Regelung der Staatsorganisation. Auch die Sicherung individueller Freiheit erfaßt, so wichtig sie ist, die Funktion der Verfassung noch nicht vollständig. Dem Grundgesetz wird vielmehr vom Bundesverfassungsgericht auch eine „objektive Wertordnung" entnommen (BVerfGE 7, 198; 204). Diese Beschreibung würde mißverstanden, wollte man aus ihr eine Ermächtigung des Staates entnehmen, eine für alle verbindliche Ideologie zu entwickeln. Aufgabe der Wertordnung ist es nicht etwa, die Freiheit des einzelnen zu begrenzen, die es ihm auch erlaubt, seine eigenen Überzeugungen zu bilden und zu äußern. Im Gegenteil soll durch den Hinweis auf die Wertordnung des Grundgesetzes die Wirkkraft der Grundrechte noch verstärkt werden. Zu ihnen gehören unverzichtbar gerade auch die Freiheit des Glaubens und des Gewissens sowie die Meinungsfreiheit.

So ist es nicht der Staat, nicht die von ihm gesetzte Rechtsordnung und auch nicht die Verfassung, die die Grundüberzeugungen der Menschen bildet oder gar erzwingt. Diese Überzeugungen werden vielmehr vorausgesetzt. Sie entstehen in anderen Bereichen als in der Rechtsordnung. Diese ist auf sie angewiesen, wenn sie angenommen und befolgt werden soll. Auch die dem Staat zur Verfügung stehenden Zwangsmittel versagen in dem Maße, in dem die bestehende Rechts- und Verfassungsordnung als nicht gerecht empfunden wird. Allerdings hat auch der Staat eine Mitverantwortung für solche wesentlichen Entscheidungen. Er darf nicht darauf verzichten, nach Maßgabe der verfassungsrechtlich bestimmten Werte (etwa Achtung der Menschenwürde, Schutz des Lebens, der Freiheit der Meinungsäußerung, des Gewissens) zu sagen, was rechtlich gelten soll. Das Gesetz „soll sagen, was für den Einzelnen Recht und Unrecht ist" (BVerfGE 39, 1; 59). Maßstab für die dem Gesetzgeber obliegende Aufgabe der Rechtsetzung sind die der Verfassung zu entnehmenden Entscheidungen. Sie sollen die Grundlagen menschlichen Zusammenlebens dem Tagesstreit entziehen, auf dem hierüber bestehenden Konsens aufbauen, ihn nach Möglichkeit festigen und die notwendigen Auseinandersetzungen über den jeweils richtigen Weg einem geregelten, die unterschiedlichen Meinungen und Interessen ausgleichenden Verfahren unterwerfen.

2.3. Folgerungen für die Verfassungsreformdiskussion

Die ganz unterschiedlichen Erfahrungen, die die Deutschen im westlichen und im östlichen Teil des Landes in den vergangenen vier Jahrzehnten gemacht haben, beeinflußten die Erwartungen, Hoffnungen und Wünsche, die sie in eine Verfassungsdiskussion einbrachten. In den alten Bundesländern wurden manche Vorstellungen wieder lebendig, die bisher keine Aussicht gehabt hatten, die für eine Änderung des Grundgesetzes erforderlichen qualifizierten Mehrheiten zu erlangen. Die im Einigungsvertrag enthaltene Empfehlung, über Verfassungsänderungen zu beraten, erschien als eine günstige Gelegenheit, solche alten Ideen wieder zu präsentieren. Bezogen auf die Lage in der Bundesrepublik in ihrer bisherigen Gestalt gab es wenig Anlaß, über eine Reform des Grundgesetzes nachzudenken. Einzelfragen, die aus aktuellen Anlässen immer wieder entstehen können, wie verfassungsrechtliche Probleme der Flugsicherung oder die – inzwischen beschlossene – Privatisierung von Bahn und Post, hätten auch im ganz normalen Verfahren einer Verfassungsänderung beschlossen werden können.

Ganz anders sah es in den neuen Bundesländern, also im Gebiet der früheren

DDR, aus. Die dort entstandenen Verfassungsentwürfe waren in erster Linie der Versuch einer Abrechnung mit der gestürzten Diktatur, gelegentlich verbunden mit der Hoffnung, spezifische Erfahrungen der DDR-Geschichte zu verarbeiten und Befürchtungen Rechnung zu tragen, die sich mit dem Beitritt zum Grundgesetz und damit zu einem radikal unterschiedlichen politischen System verbanden. Viele der Befürchtungen, die aus den Vorschlägen der Entwürfe erkennbar sind, orientierten sich nicht am Grundgesetz, sondern an dem Bild, das in langer Zeit über dieses entstanden war. Die Schwierigkeiten der Umstellung einer sozialistischen Planwirtschaft in ein System der sozialen Marktwirtschaft schienen manche Skepsis zu bestätigen oder noch zu verstärken. Zugleich wurde der unbestreitbare Erfolg und die Überlegenheit des westlichen Systems auch als ein Erfolg der Verfassung angesehen und so der Glaube an die prinzipielle Fähigkeit einer Verfassung noch gestärkt, wünschenswerte Veränderungen dadurch herbeizuführen oder zu beschleunigen, daß die Zielvorstellungen in die Verfassung aufgenommen würden.

Dem sich aus dieser Haltung ergebenden Wunsch nach einer umfassenden Verfassungsreform kann nicht allein mit dem richtigen Hinweis begegnet werden, die Kritik richte sich nicht gegen das Grundgesetz mit seinem wirklichen Inhalt, sondern gegen ein verzeichnetes, durch langjährige Propaganda noch weiter verfälschtes Bild der nunmehr gemeinsamen Verfassung. Verfassung als Ausdruck des Grundkonsenses einer Gesellschaft setzt diesen voraus. Soweit er fehlt, muß er gesucht werden. Dies ist nicht durch Belehrungen möglich, sondern allein durch den breiten, sorgfältigen und geduldigen Diskurs. Er kann Klarheit schaffen, Mißverständnisse beseitigen und die gemeinsame Basis aufdecken, die ungeachtet der unterschiedlichen Erfahrungen und eines auf beiden Seiten unvollständigen und vielfach unzutreffenden Bildes von dem jeweiligen Gesprächspartner besteht. Es besteht kein Zweifel daran, daß über die Grundentscheidungen des Grundgesetzes Einigkeit besteht. Sie muß nur bekräftigt werden: nicht Unrechtsregime, sondern Rechtsstaat; nicht Parteidiktatur, sondern parlamentarische Demokratie; nicht Willkürherrschaft der Obrigkeit, sondern individuelle Freiheit; aber auch nicht hemmungsloser Gebrauch wirtschaftlicher Macht, sondern das Bemühen um einen sozialen Staat, der Eigentum achtet, aber es einer sozialen Bindung unterwirft, die sozial Schwachen schützt und Ungerechtigkeit bekämpft. Die wichtigste Voraussetzung für einen Prozeß, der nach einem vorhandenen Konsens fragt, der wahrscheinlich sogar breiter ist, als bisher deutlich wurde, ist die Bereitschaft, einander zuzuhören und miteinander zu sprechen.

Die Beratungen über ein verändertes Grundgesetz haben diesen Erwartungen nur teilweise entsprochen. Zwar sind von der Verfassungskommission nicht weniger als die Hälfte der in dem bisher geltenden Grundgesetz enthaltenen Artikel überprüft worden. Doch blieben die meisten Änderungsvorschläge erfolglos, weil sie nicht die erforderlichen Mehrheiten fanden. Die Kommission hatte vereinbart, von vornherein nur solche Empfehlungen an Bundestag und Bundesrat weiterzuleiten, für die sich auch schon in der Kommission eine Zweidrittelmehrheit erreichen ließ. Das war vernünftig, weil es spätere Debatten über aussichtslose Anträge ersparte, und auch die gefundenen Ergebnisse können sich sehen lassen, so sehr man über Einzelheiten streiten kann. Aber die breite und geduldige Aussprache vor allem mit den aus einigen der neuen Bundesländer geäußerten Hoffnungen und Erwartungen hat nicht in genügendem Maße stattgefunden.

2.4. Veränderte Rahmenbedingungen für die Verfassungsdiskussion

Ganz überwiegende Gründe sprachen aber schließlich für eine nur vorsichtige und zurückhaltende Änderung des Grundgesetzes: Die Monate des Umbruchs in der DDR und während des Prozesses der staatlichen Einigung waren durch die Hoffnungen und den Schwung gekennzeichnet, die ein so bedeutsames Ereignis begleiten. Seitdem der politische Alltag mit all seinen Schwierigkeiten herrscht, welche die Umstellung einer in Jahrzehnten zugrunde gerichteten Wirtschaft auf einer neuen Grundlage sowie die Schaffung einer den großen Anforderungen entsprechenden Infrastruktur in Verwaltung und Justiz und auf nahezu allen Gebieten des öffentlichen Lebens notwendigerweise mit sich bringen, treten Verfassungsfragen in ihrer Bedeutung gegenüber der praktischen Politik zurück. Diese kann es sich kaum leisten, daß die rechtlichen Grundlagen unsicher oder immer neu verändert werden. Gesetze, die etwa die besonders schwierigen Eigentumsfragen regeln, verlangen aber Änderungen, die Anpassungen an die praktischen Erfahrungen und neugewonnenen Erkenntnisse bedeuten. Auch wenn Änderungen unvermeidlich sind, ergeben sich aus ihnen Unsicherheit bei der Planung und zusätzliche Belastungen der ohnehin überanstrengten Behörden und Gerichte. Jedenfalls die Verfassung, die der Gesetzgebung, der Verwaltung und der Justiz die Maßstäbe für ihr Handeln zu liefern hat, sollte in dieser Phase des Überganges nicht mehr verändert werden, als unbedingt notwendig ist. Es wäre illusionär gewesen, darauf zu hoffen, daß die bestehenden Probleme etwa auf dem Arbeitsmarkt, bei der Versorgung mit Wohnungen oder auch bei der Bewältigung der Vernachlässigung der Umweltfragen durch wie immer formulierte Staatszielbestimmungen oder gar „soziale Grundrechte" hätten gelöst werden können. Hierfür, wie stets, gilt, daß eine Verfassung keinen Ersatz für die richtige Politik darstellen kann. Sie muß von Parlament und Regierung, über deren Zusammensetzung die Wähler entscheiden, nach eigener bester Überzeugung entworfen und durchgeführt werden.

Die Fragen, denen sich eine Verfassungsdiskussion zu stellen hatte, waren daher im ganzen eher von mittel- oder langfristiger Bedeutung. Hiervon gab es Ausnahmen; so stellt etwa die Zusammenarbeit Berlins (→ Land Berlin) mit dem → Lande Brandenburg – die gegenüber anderen Maßnahmen der Neugliederung erleichtert worden ist – für diesen Teil D.s eine vordringliche Aufgabe dar. Die meisten anderen Themen, wie beispielsweise die oft erörterte Frage der Aufnahme plebiszitärer Elemente in das Grundgesetz, haben im geänderten Grundgesetz keine Aufnahme gefunden. Sie können aber immer noch gründlich und ohne Zeitdruck behandelt werden.

Im viel erörterten Bereich der Staatszielbestimmungen hat sich der verfassungsändernde Gesetzgeber zu Recht große Zurückhaltung auferlegt. Die Verpflichtung der Politik auf Förderung einer gesunden Umwelt wäre auch ohne Grundgesetzänderung eine inzwischen allseits anerkannte Staatsaufgabe, und auch die weitere Förderung der Gleichberechtigung der Geschlechter und der Schutz Behinderter vor Diskriminierung werden wesentlich mehr von der Haltung der → Gesellschaft und den konkreten Entscheidungen der Politik als von vage gehaltenen Aussagen des Grundgesetzes abhängen. Daß die vielfach geforderten sozialen Grundrechte keine Anerkennung gefunden haben, schützt das Grundgesetz vor nicht einklagbaren Versprechungen, die den hohen Rang der Grundrechte insgesamt gemindert hätten.

2.5. Die neue europäische Dimension der Verfassungsfrage

Während sich die öffentliche und auch die politische Diskussion über eine Verfassungsreform ganz überwiegend mit den Konsequenzen beschäftigten, die der Einigungsprozeß für eine Änderung des Grundgesetzes oder gar die Schaffung einer neuen Verfassung haben könnte, sind inzwischen neue Aspekte hervorgetreten. Sie stehen mit der deutschen Einigung in politischem Zusammenhang, reichen aber in ihrer Bedeutung über diese hinaus. Jedenfalls seit den Beschlüssen von Maastricht zum Jahresende 1991 geht die europäische Entwicklung in eine neue Qualität über. Die Schaffung eines europäischen Bundesstaates mit umfassenden Zuständigkeiten, eine europäische Währungsunion und eine gemeinsame Außen- und Sicherheitspolitik der Mitgliedstaaten sind nicht mehr ferne Ziele, sondern realistische Möglichkeiten schon der nächsten Jahre bis zum Ende dieses Jahrhunderts. Dies bedeutet bedeutendere Einschnitte in die deutsche Verfassungsordnung als sogar der Prozeß der staatlichen Einigung. Hierauf hat sich die Diskussion weitaus intensiver konzentriert als auf die vergleichsweise geringeren Probleme, die aus Anlaß der Einigung bisher diskutiert wurden.

Die europäische Einigung ist ein wünschenswertes Ziel. Schon bisher hat die Bundesrepublik viele Zuständigkeiten an die europäischen Gremien abgegeben, ohne daß dies über die Ermächtigung des Artikels 24 GG hinaus im Text des Grundgesetzes deutlich wurde. Vollzieht sich in den nächsten Jahren der europäische Prozeß in der Richtung, welche die Beschlüsse von Maastricht angeben, so werden viele der gegenwärtig verfassungspolitisch diskutierten Themen primär nicht mehr im Grundgesetz, sondern durch die Verfassung Europas – die geänderten Verträge der Gemeinschaft – beantwortet.

Die Entscheidung des Grundgesetzes für den Föderalismus gerät nicht nur im Hinblick auf die Stellung des Bundes gegenüber den Ländern in Gefahr, sondern in noch stärkerem Umfange gegenüber den europäischen Gremien. Selbst das Prinzip der parlamentarischen Demokratie wird angesprochen, wenn künftig die weitaus überwiegende Zahl der Rechtsnormen nicht mehr vom Deutschen Bundestag, sondern von Rat oder Kommission in Brüssel mit verbindlicher Wirkung auch für die Bundesrepublik beschlossen würden. Welche Konsequenzen sich hieraus ergeben, wird bisher allenfalls andeutungsweise erörtert. Hier stellen sich Verfassungsfragen von grundsätzlicher Bedeutung und erheblichem Gewicht. Das Bundesverfassungsgericht hat in einer wichtigen Entscheidung (1993) zu den Maastrichter Beschlüssen vor den Gefahren für das demokratische Prinzip gewarnt, die bei einer weiteren Übertragung von Rechtsetzungsbefugnissen auf die europäischen Organe entstehen könnten.

Die wichtigste Änderung des Grundgesetzes ist durch die europäische Entwicklung veranlaßt worden: In einem gänzlich neu gefaßten Artikel 23 soll vor allem dafür Sorge getragen werden, daß bei weiterem Fortschreiten der europäischen Integration das föderalistische Prinzip des Grundgesetzes nicht gefährdet wird, sondern die Rechte der Länder erhalten bleiben. Dieses Bestreben hat zu einem überaus komplizierten Mechanismus der Länderbeteiligung an den europäischen Prozessen geführt, der seine praktische Bewährung erst noch beweisen muß. Auch wird vor allem die ohnehin starke Stellung des Bundesrates weiter ausgebaut, also in erster Linie der Regierungen der Länder. Im Bereich der Gesetzgebungszuständigkeiten sind dagegen in den Artikeln 72ff. des Grundgesetzes nur schwache Versuche unternommen worden, der Entwicklung immer weiterer Zentralisierung der Gesetzgebung auf den Bund entgegenzuwirken. Ob es gelingen wird, den deutschen Föderalismus weiterhin mit wirklichem Leben zu erfüllen und ihn nicht lediglich zu einem Privilieg der Regierungsvertreter der Länder zu machen, auf deren Entscheidungen die Volksvertretungen nur einen geringen Einfluß haben, wird eine der zentralen Verfassungsfragen der Zukunft sein.

Insoweit ist die Verfassungsdiskussion nicht abgeschlossen. Eine dringliche – durch die beschlossenen Änderungen des Grundgesetzes auch nicht ansatzweise gelöste – Aufgabe ist die Neuordnung der Finanzverfassung. Es ist schon jetzt deutlich, daß unter den durch die Einigung D.s geänderten Voraussetzungen die bisher geltende Regelung der finanziellen Fragen sowohl zwischen dem Bund und den Ländern als auch zwischen den Ländern untereinander nicht mehr funktioniert. Hier zu einem neuen Konzept zu finden, ist wichtiger als alle durch die erfolgten Grundgesetzänderungen geregelten Fragestellungen.

Literatur

Benda, Ernst [2]1994: Abschließende Äußerungen, in: Benda, Ernst/Maihofer, Werner/Vogel, Hans Jochen (Hrsg.): Handbuch des Verfassungsrechts.

Fiedler, Wilfried 1985: Verfassungsentwicklung und politischer Prozeß, in: Juristen-Zeitung.

Grimm, Dieter 1989: Artikel: Verfassung, in: Görres-Gesellschaft (Hrsg.): Staatslexikon, 7. Aufl., Band 5.

Hesse, Konrad [2]1994: Die Verfassungsentwicklung seit 1945, in: Benda, Ernst/Maihofer, Werner/Vogel, Hans Jochen (Hrsg.): Handbuch des Verfassungsrechts.

Roellecke, Gerd 1991: Brauchen wir ein neues Grundgesetz?, in: Neue Juristische Wochenschrift.

Stern, Klaus 1995: Verfassungen müssen von Schwärmereien frei bleiben. Frankfurter Allgemeine Zeitung vom 26.1.1995.

Vogel, Hans Jochen [2]1994: Abschließende Äußerungen, in: Benda, Ernst/Maihofer, Werner/Vogel, Hans Jochen (Hrsg.): Handbuch des Verfassungsrechts.

Wahl, Rainer 1978: Empfehlungen zur Verfassungsreform, in: Archiv des öffentlichen Rechts, Bd. 103.

Weber, Werner 1978: Empfehlungen zur Verfassungsreform, in: Archiv des öffentlichen Rechts, Bd. 103.

Weber, Werner 1971: Das Problem der Revision und einer Totalrevision des Grundgesetzes, in: Festgabe Th. Maunz.

Ernst Benda

Grundrechte – Abwehr- und Teilhaberechte

1. Definitionen

1.1 *Generell* beschreiben Grundrechte (G.) grundsätzliche Rechtspositionen des einzelnen in der politischen Gemeinschaft: als Abwehr- oder Freiheitsrechte schützen sie persönliche Freiräume, gar Privilegien, als soziale G. oder Teilhaberechte sichern sie Mitwirkungs-, ggf. auch Leistungsansprüche. Darin drückt sich zugleich die Doppelrolle des einzelnen aus: mitgestaltendes Subjekt in der Gemeinschaft einerseits, Adressat und Objekt der Gemeinschaftsordnung anderseits. Das (vor)herrschende Staatsverständnis prägt zugleich das generelle bis konkrete G-Verständnis. Wird „Staat“ grundsätzlich als familienartige „natürliche“ oder als vertraglich vereinbarte Gemeinschaft begriffen, die Schutz und Wohlfahrt organisiert, geht es vorrangig um Teilhabe und Mitwirkung. Wird das Staatsdenken von der Ordnungs- und Sicherheitsidee der Herrschaft geprägt, treten persönliche Freiräume einerseits und grundsätzliche Versorgungsansprüche anderseits in den Vordergrund. Als besondere Variante stellte die marx.-lenin. Staatslehre „sozialistische Persönlichkeitsrechte" dem zur Verfügung, der „frei", also aus Einsicht in die Notwendigkeit, sich in den von der Partei der Arbeiterklasse gesteuerten Geschichtsprozeß zum Fortschritt hin eingliedert (Art. 19 DDV).

1.2 Neben der genannten inhaltlichen hat vor allem die Gliederung der G. nach der Zielgruppe unmittelbare Bedeutung. Der seit der franz. Revolution „Menschenrechte" genannte Teil ist an die Gattung Mensch gerichtet, ein anderer soll nur den eigenen Staatsangehörigen gelten („Bürgerrechte"). Durchaus nicht selbstverständlich, muß der jeweiligen Verf. entnommen werden, ob und wie weit sie außer natürlichen auch juristischen Personen G. zubilligen will.

Schließlich werden G. nach ihrer Geltungswirkung unterschieden. Positivierte G. werden die Verfassungsregeln genannt, die dem Individuum verbindliche Rechtsansprüche gegenüber öffentlichen Stellen einräumen. Im Gegensatz dazu richten sich „Programmsätze" mit Regelungsauftrag an den Gesetzgeber, ohne daß der einzelne direkt aus diesem Auftrag Rechte ableiten kann. „Institutionelle Garantien" stellen komplexe Lebens- oder Betriebszusammenhänge unter Verfassungsschutz, z.B. Presse (Art. 5 I GG), Hochschulen (Art. 5 III GG), Ehe und Familie (Art. 6 GG). Die ausdrückliche Sonderregelung des Art. 33 V GG macht das Problem dieser Institutsgarantien deutlich: dort wird nicht nur das Rechtsinstitut Berufsbeamtentum garantiert; dieses wird zusätzlich mit seinen „hergebrachten Grundsätzen" festgeschrieben. Die übrigen durch G. geschützten Komplexe sind demnach durchaus offen für rechtliche Entwicklungen. Unter der Herrschaft des → GG hat sich aber gezeigt, daß es im Streitfall letztlich dem Urteil des → BVerfG überlassen bleibt, ob es gesetzliche Veränderungen akzeptiert (vgl. Hochschulreform). Zum Geltungsumfang gehört auch die Frage der „Drittwirkung" von G., die zunächst und ausdrücklich die Beziehung Staat-Einzelner strukturieren. Wie weit nichtstaatliche Rechtssubjekte im Verkehr untereinander an G. gebunden sind, wird umso wichtiger, je intensiver Individuen in nichtstaatliche Großzusammenhänge eingebunden werden. Das Thema „Drittwirkung" wird in D. zunehmend überlagert durch die Frage nach den Schutzpflichten, die – als Reflex oder unmittelbare Funktion – für Freiheits- wie Teilhaberechte den staatlichen Instanzen aufgetragen sind.

Für den Bereich des GG muß zwischen G. i.e.S., das sind die im Kapitel I erfaßten, und weiteren verfassungsmäßigen Rechten unterschieden werden, die an anderen Stellen des Verfassungstextes stehen (Art. 20 IV-Widerstandsrecht, 28-Gemeindefreiheit, 33-Zugang zu öffentlichen Ämtern, 38-Wahlrecht, 101, 103, 104-Justizgrundrechte). Seit der → „Notstandsverfassung" von 1969 sind alle diese Rechte ebenso wie G. i.e.S. durch die verfassungskräftige Verankerung der Verfassungsbeschwerde verfahrensrechtlich abgesichert; damit ist der praktische Unterschied weitgehend erledigt. Für die verfassungspolitische Entwicklung bleibt bedeutsam, daß von den Eltern des GG bis heute die pol. Bürgerrechte i.e.S., Teilhabe an der Volkssouveränität und das Recht auf Volksabstimmung (Art. 20 II GG) ebenso wie auf aktive und passive Wahlbeteiligung (Art. 38 GG), nicht als G. i.e.S. gewertet werden. Das Argument, diese Rechte sprächen den Bürger als Staatsorgan an, während G. i.e.S. vornehmlich die Freiräume des rechtsunterworfenen Einwohners regeln, leuchtet nicht ein: dann müßten beide Teilhabe-Bereiche mit der „Organklage" zum BVerfG einklagbar sein (Art. 93 I Nr. 1 GG). Das wird aber ausdrücklich verneint (BVerfG). Umgekehrt hat es allenfalls systemtheoretische Bedeutung, ob der gesamte vom Gleichheitsprinzip ausgehende Regelbereich der Rechtsstaatlichkeit, im GG von Art. 3 über Art. 20 III bis zum Kapitel IX – Rechtsprechung – dem G-Thema zugeordnet oder – neben Freiheit und Teilhabe – als dritte Säule zivilisierter Staatlichkeit gesehen wird.

2. Geschichte

Was heute einheitlich als G. bezeichnet wird, hat in der europ. geprägten Geschichte im wesentlichen drei ideelle Quellen, die in der G-Entwicklung auch der BRD differenzierende Nachwirkungen behalten haben. (1) Erste naturrechtliche Ansätze in der Antike (Alkidamas), die das Grundthema Freiheit und Teilhabe noch als selbstverständliche Identität sehen, werden von der christlichen Staatsgeschichte zunächst zugedeckt, seit T. v. *Aquin* aber neu entwickelt, nun jedoch vorrangig als Freiheitsproblem. Hier liegt die Quelle für das heute die G-Auslegung in D beherrschende Verständnis von der normativen Kongruenz von Menschenwürde und individueller Freiheit. (2) Weitgehend unabhängig davon entwickelt sich aus den germanischen genossenschaftlichen Staatsvorstellungen im mittelalterlichen England in den Konflikten der Stände ein wachsender Katalog von Privilegien und Teilhaberechten, deren berühmte Fassungen Magna Charta Libertatum, 1215, bis zur Bill of Rights, 1689, sich von ähnlichen lehnspol. Verbriefungen auf dem Festland dadurch unterscheiden, daß sie über die Vereinbarungspartner hinaus allg. Wirkung entwickeln. (3) Mit der europ. Aufklärung des 17. Jh.s und dem daraus erwachsenen pol. Liberalismus des 18. Jh.s beginnt die Akutgeschichte der heutigen G., die sich in Europa zunächst gegen die herrschenden Verhältnisse nicht durchsetzen, aber in den amerik. Kolonien sehr schnell in die dort entstehenden Verfassungstexte neuer Staatsgründungen Eingang finden. Der in der amerik. Unabhängigkeitserklärung von 1776 formulierte erste G-Katalog gilt seitdem als Mindeststandard staatlicher G-Verbürgungen. War dieser Katalog aber an dem gottgewollt natürlichen Glücksstreben der weißen Siedler und ihrem Kampf gegen die brit. Kolonialmacht orientiert, gerät die z.T. wortgleiche Declaration des Droits de l'Homme et du Citoyen der frz. Nationalversammlung von 1789 als Produkt radikal aufklärerischer Philosophie ausdrücklich zur umfassend gemeinten allg. Menschen- und Bürgerrechtserklärung. Im deutschen 19. Jh. erscheint der „verspäteten Nation" neben diesem Problem allenfalls die Gewerbefreiheit interessant; noch 1918 erklärt das (in letzter Aufl. von O. *Mayer* bearbeitete) führende Lehrbuch zum Reichsstaatsrecht von P. *Laband* G. zum unbeachtlichen Nebenprodukt des Staatsbürgerrechts. Gleichzeitig allerdings wird mit der systematischen Lehre von den „subjektiv-öffentlichen Rechten" (G. *Jellinek* 1893) die allg. Debatte um die rechtl. Verbindlichkeit der G. eröffnet. Für die WRV blieb der Kampf offen: sie kennt ebenso verbindliche Verfassungs-G wie auch pol. Programmsätze. Das Führerprinzip des NS-Staats fegte sämtliche G. beiseite, die dann nach dem Krieg in den ersten Landesverfassungen mit dem traditionellen Katalog wieder auftauchen und dann schließlich vom GG ebenso umfassend wie sorgfältig abgestuft und mit zahlreichen Geltungssicherungen bewehrt ausformuliert werden. Während aber das GG sich im wesentlichen auf die individuellen Freiheitsrechte konzentriert, betont die gleichzeitig entstehende DDV in breitem Katalog soziale Teilhabe- und Leistungsrechte. International werden die als Menschenrechte begriffenen G. über die UNO-Charta von 1945, die „Allg. Erklärung der Menschenrechte" von 1948 und die Europ. Menschenrechtskonvention von 1950 bis zur Schlußakte von Helsinki 1975 Allgemeingut des Völkerrechts, jüngstens mit neuer Qualität: bei der Bildung von Nachfolgestaaten der UdSSR und Jugoslawiens wird – neben den traditionellen Kriterien – die Frage von „Anerkennung und Schutz der Menschen- und G." zum weiteren Kriterium der völkerrechtl. Anerkennung.

3. G. als Staatsaufgabe

3.1 Das GG hat – Folge der NS-Greuel – besonders intensiven G.schutz organisiert. (1) Nicht allg. Bekenntnisformeln, sondern exakte Rechtssätze prägen das Bild, sorgfältig abgewogene Garantien mit genauem Tatbestand einerseits und ebenso präzise beschriebene Gesetzesvorbehalte anderseits schaffen die Voraussetzungen für (2) den Grundsatz des Art. 1 III, daß sämtliche G. (auch die anderen verfassungsmäßigen Rechte?) für alle Träger von Staatsgewalt unmittelbar geltendes Recht darstellen. (3) Die Summe der G. zusammen mit den staatsorganisatorischen Grundsätzen der Art. 20 u. 21 bilden eine systematisch entwickelte „objektive Wertordnung", die „ihren Mittelpunkt in der innerhalb der sozialen Gemeinschaft sich frei entfaltenden menschlichen Persönlichkeit und ihrer Würde findet" (BVerfG). Aus diesem Gesamtzusammenhang müssen alle G. interpretiert werden; er schützt sie zugleich, weil Verf.änderungen, die die in den Art. 1 und 20 niedergelegten Grundsätze berühren, unzulässig sind (Art. 79 III). Solche Wertordnungslehre birgt neben ihrer Schutzwirkung aber auch die Gefahr verfassungstheologischer Versteifung ebenso wie die nicht immer plausibler innerer Abwägung in konkretem Streit, so daß BVerfG-Entscheide gelegentlich als Orakelspruch erscheinen. (4) Art. 19 verbietet generell, G. in ihrem „Wesensgehalt" zu ändern, und verlangt für jegliche, auch für ausdrücklich vorbehaltene Grundrechtseinschränkung Formen, die solche Beschränkung bewußt machen. (5) Schließlich organisieren Art. 19 und 93 einen umfassenden Rechtsschutz für die G., deren Verletzung in jeglichem Gerichtsverfahren, notfalls speziell durch Verfassungsbeschwerde beim BVerfG geltend gemacht werden kann.

3.2 Solch umfassende Gewährleistung und tiefgestaffelter Schutz der G. provoziert Gefahr: was als „politischer Gestaltungsauftrag" (A. *Arndt*) angelegt war, wird zunehmend nur noch als lästige Rechtsfessel für einen parlamentarisch-politischen Gestaltungsdrang begriffen, der sich akuten Mehrheitstrends mehr verpflichtet fühlt als der vor allem auf Minderheitenschutz zielenden perspektivischen G.-Idee. Die Änderung des Art. 16 GG ist dafür ein ebenso beschämendes Beispiel wie die in Banalitäten versackte „Verfassungsreform" von 1994.

3.3 Die Ungleichzeitigkeit der Entwicklung von → Demokratie und → Sozialstaat drängt auf Fortschreibungen des G-Bestandes.

(1) Die fortschreitende soziale Segregation in D muß durch eine Konkretisierung des allg. Sozialstaatsprinzips hin zu soz. Leistungsrechten ausgeglichen werden.
(2) Die wuchernde Entwicklung formal nichtstaatlicher bürokratisch-sozialer Großkomplexe verlangt nach Ausdehnung des G-Schutzes über den Staatsbereich hinaus.
(3) Die Sachzwänge schaffende Komplexität sozioökonomischer Großprojekte braucht den Ausbau verfahrensrechtlicher Teilhabe-G, um Freiheiten im Beteiligungsprozeß zu sichern.
(4) Die fortschreitende Internationalisierung der ökonomischen und politischen Verflechtungen würde nur innerstaatlich wirksame G. leerlaufen lassen.
(5) Die jüngste Geschichte deutscher Verfassungsgesetzgebung lehrt allerdings, daß solche Fortschreibungswünsche bei den großen Parlamentsparteien keine wirksame Unterstützung finden. Ob die auf Länder- und Kommunalebene sich entfaltende Bewegung, durch Volksbegehren und -entscheide direkt in den staatlichen Willensbildungspro-

zeß einzugreifen, auch Grundrechtsforderungen aufgreifen kann, wird sich weisen müssen.

Literatur

Jellinek, Georg [3]1919: System der subjektiven öffentlichen Rechte.
v. Mangoldt, Hermann/Klein, Friedrich [2]1955/57: Das Bonner Grundgesetz, Band I.
Friesenhahn, Ernst: Der Wandel des Grundrechtsverständnisses, 50. DJT 1974, Bd. II.
Böckenförde, Ernst W. 1990: Zur Lage der Grundrechtsdogmatik nach 40 Jahren Grundgesetz.
Stern, Klaus 1992: Idee und Elemente eines Systems der Grundrechte, HdbStR Bd. VII.

Uwe Keßler

Innere Sicherheit

1. Begriff und politische Praxis

Der Begriff der inneren Sicherheit (i.S.) ist in keinem Gesetz rechtsverbindlich geregelt. Der Staat, nicht nur in D, dessen Verfassung sich zur Konzeption der streitbaren Demokratie bekennt, bedarf des Schutzes vor Kriminalität sowie vor dem politischen → Extremismus. I.S. bezieht sich damit auf diejenigen Maßnahmen, die „1. der Verhütung und Abwehr von Kriminalität, Gewalt und sonstigen Angriffen auf das in der Gemeinschaft geregelte Zusammenleben, also der öffentlichen Sicherheit und Ordnung, dienen und 2. den Bestand und die Stabilität einer Gemeinschaft, den Schutz des Staates vor Gegnern im Innern und von außen, zum Ziele haben" (*Merk/Werthebach* 1986: 11). Das Pendant zur i.S. ist der Terminus der äußeren Sicherheit. Für die Aufrechterhaltung der i.S. ist die Akzeptanz des staatlichen Gewaltmonopols eine *conditio sine qua non.* Es heißt, daß Prävention im umfassenden Sinne (z.B. Beseitigung der Wohnungsnot) i.S. begünstigt.

In der Anfangszeit der BRD waren Bestimmungen zur i.S. nicht zuletzt aufgrund der Atmosphäre des Kalten Krieges rigide geregelt. Das gilt zumal für den Bereich des strafrechtlichen Staatsschutzes, der im Jahre 1968 liberalisiert worden ist. In diesem Jahr wurden die Notstandsgesetze verabschiedet, die alliierte Vorbehaltsrechte ablösten. Die seinerzeitige Kritik – der Notstand könne die „Stunde der Exekutive" sein – ist heute längst verstummt (→ Notstandsverfassung).

Im Dezember 1990 traten nach vieljährigen, kontrovers geführten Beratungen – in der Form eines „Gesetzes zur Fortentwicklung der Datenverarbeitung und des Datenschutzes" – die sog. „Sicherheitsgesetze" in Kraft. Das Gesetz ist eine Reaktion auf das → Bundesverfassungsgericht, das in seiner Entscheidung 1983 zum Volkszählungsgesetz das „Recht auf informationelle Selbstbestimmung" verankert hat. Das Gesetz enthält u.a. in Art. 2 die Neufassung des Bundesverfassungsschutzgesetzes, in Art. 3 das Gesetz über den Militärischen Abschirmdienst sowie in Art. 4 das Gesetz über den Bundesnachrichtendienst und versucht einen Ausgleich zwischen den Erfordernissen des → Datenschutzes und denen der i.S. Das Spannungsverhältnis zwischen beiden ist jedoch unaufhebbar, folgendes Dilemma für die i.S. unverkennbar: Die i.S. kann durch ihre Gegner verletzt werden, ebenso durch Überreaktionen des Staates, die Proteste hervorrufen und den inneren

Frieden unter Umständen gefährden. Die öffentlichen Debatten zumal in den 70er Jahren über den Terrorismus und über den Komplex „Extremismus und öffentlicher Dienst" („Radikalenerlaß") zeichneten sich vielfach durch eine Schärfe aus, die in einem gewissen Gegensatz zur Stabilität und auch Liberalität des politischen Systems stand. Die These, die BRD sei zu einem unkontrollierbaren Sicherheitsstaat oder Polizeistaat denaturiert, ist wenig überzeugend und empirisch nicht belegbar. Beim Komplex der i.S. stehen sich die Auffassungen von (Links-)Intellektuellen, die die Gefahr eines Überwachungsstaates in der Tradition *G. Orwells* befürchten, und von mitunter populistisch gesinnten Bevölkerungskreisen mit ihrer *law-and-order-M*entalität schroff gegenüber. Es mag sein, daß durch die Ausschreitungen gegen Asylsuchende insbesondere in den neuen → Bundesländern ein Wandel einkehrt.

2. Institutionen der i.S.: Polizei mit Bundesgrenzschutz

Für die Gewährleistung der i.S. kommen verschiedene Organe in Frage. Neben der Strafgesetzgebung und dem Strafvollzug sowie den im Vorfeld wirkenden Nachrichtendiensten (insbesondere dem Verfassungsschutz) muß die Aufmerksamkeit vor allem der Polizei mit dem Bundesgrenzschutz (BGS) gelten.

Die Polizei darf zur Wahrung der i.S. und zur Aufklärung der Straftaten nur im Rahmen der geltenden Gesetze tätig sein. Während sich die Verwaltungspolizei auf ordnungstechnische Aufgaben beschränkt (z.B. Paßwesen), gliedert sich die Vollzugspolizei – neben der Schiffahrts- und Wasserschutzpolizei – in die Sparten der Schutz-, Bereitschafts- und Kriminalpolizei. Die Schutzpolizei stellt das Gros der Vollzugspolizei. Sie ist zuständig für die Vielzahl der „kleineren" und „mittleren" Delikte, ebenso für alle verkehrspolizeilichen Aufgaben. Die Bereitschaftspolizei stellt die Polizeireserve der Länder dar und wird etwa bei Großveranstaltungen eingesetzt. Die im Gegensatz zur Schutz- und Bereitschaftspolizei uninformierte Kriminalpolizei soll die Strafverfolgung im Bereich schwerer Kriminalität aufnehmen.

Der Schwerpunkt der polizeilichen Aufgaben liegt bei den Bundesländern. In manchen Bereichen hat jedoch aus Gründen der Koordination der Bund die ausschließliche Gesetzgebungskompetenz. So obliegt ihm für das Bundeskriminalamt (BKA), dessen Aufgabenbereich als Informations-, Koordinations- und Kommunikationszentrale bei der Verbrechensbekämpfung seit den 70er Jahren deutlich angewachsen ist (z.B. im Hinblick auf den Terrorismus), und für den BGS die Verantwortung.

Der 1951 aufgestellte und dem Bundesinnenministerium unterstellte BGS hat seine Funktionen in den über 40 Jahren seiner Existenz des öfteren gewandelt. Bestand seine Aufgabe früher ausschließlich darin, die Grenzen der BRD zu sichern, so kann der BGS seit 1972 auch die Verfassungsorgane des Bundes schützen und der Polizei der Länder als Eingreifreserve dienen (z.B. bei Naturkatastrophen). Die „GSG 9" kommt als hochqualifizierte Spezialeinheit bei höchster Gefahr zum Einsatz. Seit dem 1.4.1992 obliegen dem BGS auch die Aufgaben der Bahnpolizei und der Luftsicherheit (in den neuen Ländern bereits seit dem Tage der deutschen Einheit). Diese Entlastung der Länderpolizei ließ sich deshalb erreichen, weil durch die deutsche Einheit ein wesentliches Aufgabenfeld des BGS weggefallen war.

Angesichts des Befundes, daß 1990 in den alten Bundesländern bei einer Aufklärungsquote von 47% etwa 4,5 Mio. Fälle von Kriminalität erfaßt wurden, ist die Klage von Teilen der Öffentlichkeit über das Ausmaß der Kriminalität und die als unzureichend empfundene Effektivität der Polizei groß. In den neuen Bundesländern liegt die Kriminalitätsrate gegenwärtig zwar niedriger, aber der enorme Anstieg ruft bei vielen Bürgern ein massives Bedrohungsgefühl hervor. Ob eine Erhöhung des Personalbestandes der wachsenden Kriminalität allein abhilft, erscheint angesichts des komplexen Ursachenbündels nicht so sicher. Vorbeugungsprogrammen – nicht nur solchen kriminalpolizeilicher Art – muß eine größere Rolle zukommen. Im Jahre 1992 ist ein Gesetz zur Bekämpfung des Rauschgifthandels und der organisierten Kriminalität verabschiedet worden. Dieses Gesetz, das den Einsatz verdeckter Ermittler regelt, ist nach Meinung von Kritikern ein Beispiel für die Verzahnung mancher Aufgaben von Polizei und Verfassungsschutz.

Literatur

Blankenburg, Erhard (Hrsg.) 1980: Politik der inneren Sicherheit. Frankfurt a.M.

Bundesminister des Innern (Hrsg.) 1970ff.: Innere Sicherheit. Bonn.

Jaschke, Hans-Gerd 1991: Streitbare Demokratie und innere Sicherheit. Grundlagen, Praxis und Kritik. Opladen.

Merk, Hans Günther/Werthebach, Eckart [2]1986: Innere Sicherheit, Karlsfeld.

Schiffers, Reinhard 1989: Zwischen Bürgerfreiheit und Staatsschutz. Wiederherstellung und Neufassung des politischen Strafrechts in der Bundesrepublik Deutschland 1949-1951. Düsseldorf.

Eckhard Jesse

Innerparteiliche Demokratie

1. Begriff

Innerparteiliche Demokratie (I.D.), verstanden als Realisierung demokratischer Mindestnormen in der Organisation politischer Parteien, ist in D Verfassungsgebot. Zu den „demokratischen Grundsätzen", denen die „innere Ordnung" der → Parteien nach Art. 21 GG entsprechen muß, gehören die in freien Wahlen und Abstimmungen erfolgende Bildung des Parteiwillens durch die Mitglieder oder ihre Delegierten, die Freiheit der innerparteilichen Meinungsäußerung und Diskussion, der Schutz innerparteilicher Minderheiten und die Einhaltung rechtsstaatlicher Normen (Parteiengesetz von 1967).

Nach der – auch durch die Erfahrung mit der Führerpartei NSDAP gewonnenen – Überzeugung des Verfassungsgebers sind nichtdemokratisch strukturierte Parteien eine Gefahr für die gesamtstaatliche Demokratie, mindestens aber sind sie ungeeignet, die für eine Demokratie funktionsnotwendigen Beiträge der Parteien zur politischen Kultur, zur Transformation gesellschaftlicher Interessen in politische Entscheidungen und zur Rekrutierung politischer Eliten zu leisten.

Die → Politikwissenschaft folgt dieser normativen Annahme weitgehend; umstritten ist aber zwischen partizipatorischen und „realistischen" Demokratietheorien das wünschenswerte, funktionale und erreichbare Ausmaß der i.D.

2. I.D. in der DDR

Wegen der unterschiedlichen Funktionen von Parteien in der BRD und der → DDR ist ein Vergleich hinsichtlich der I.D. wenig ergiebig. In der DDR fungierte die → SED als zentrale Instanz herrschaftlicher, allumfassender Gesellschaftslenkung. In leninistischer Tradition erhob die Parteispitze einen dreifach gestaffelten Führungsanspruch: Im Rahmen der gesellschaftlich

„führenden Rolle" der Arbeiterklasse spielte die Partei als „bewußter Vortrupp" eine wiederum führende politische Rolle; innerhalb der Partei galt das Prinzip des „demokratischen Zentralismus", nach dem sich untere Ebenen/Mehrheiten strikt den Beschlüssen der oberen Organe/Mehrheiten unterzuordnen haben. Das Fraktionierungsverbot ließ keine eigenständige Kommunikation von Minderheiten zu. Das quasimilitärische Modell der Kampforganisation ermöglichte es, innerparteiliche Dissidenten als Feinde auszugrenzen. Für i.D. fehlten mithin in der SED (und den von ihr beherrschten Blockparteien) die Voraussetzungen.

3. I.D. in der BRD

In parlamentarischen Systemen auf kapitalistischer Grundlage wurde i.D. mit dem Aufkommen von Massenparteien, vor allem der Arbeiterbewegung, gegen Ende des 19. Jh.s zum Problem. *R. Michels* (1911) zeigte am Beispiel der → SPD, daß sich entgegen demokratischen Ansprüchen oligarchische Strukturen (Herrschaft der Gewählten über die Wähler) durchsetzen. *R. Michels'* skeptische Demokratieanalyse wurde von nachfolgenden Parteien- und Organisationssoziologen eher modifiziert als widerlegt: Es wurde deutlich, daß sich Binnenstrukturen von Parteien nach der sozioökonomischen Basis unterscheiden und daß Parteien häufig nicht von einer einheitlichen Oligarchie, sondern von mehreren miteinander konkurrierenden oder koalierenden, unterschiedliche Interessen und Werte repräsentierenden Oligarchien beherrscht werden.

Das in der BRD seit dem Godesberger Programm der SPD (1959) bei den großen Parteien dominierende Selbstverständnis der „Volkspartei" hat zu einer Angleichung der Binnenstrukturen mindestens von → CDU, → CSU und SPD geführt. Diese Parteien versuchen, eine große Zahl unterschiedlicher sozioökonomischer Intersssen zu integrieren; sie haben eine umfassende, aber wenig verbindliche Programmatik; sie verfügen über effektive zentrale Apparate; sie besetzen eine große Zahl öffentlicher Ämter in → Gemeinden, Ländern und im Bund; sie organisieren etwas mehr als 5% ihrer Wähler als Mitglieder, von denen wiederum zwischen 5% und 15% regelmäßig am Parteileben teilnehmen. Ein großer Teil der aktiven Parteimitglieder verbindet mit dem politischen Engagement auch individuelle Interessen (→ Ämterpatronage). In allen, auch in den kleineren im Parlament vertretenen Parteien sind Angehörige gehobener und höherer Positionen des → öffentlichen Dienstes überrepräsentiert; dies gilt für Mandatsträger noch mehr als für die Mitgliedschaft.

Parteien mit diesen Strukturmerkmalen eignen sich nur begrenzt als Instrumente der Partizipation politisch interessierter Bürgerinnen und Bürger. Seit der Studentenbewegung Ende der 60er und dem Anwachsen → Neuer Sozialer Bewergungen Ende der 70er Jahre erscheinen Parteien auch in der Sicht partizipationswilliger, vor allem jüngerer Bürger nur noch als eine unter mehreren Möglichkeiten eines erweiterten politischen Partizipationsrepertoires, deren Gewicht im Vergleich zu problemzentrierten, kurzfristigen Partizipations- und Aktivitätsformen (→ Bürgerinitiativen, Protestbewegungen) abnimmt (*Uehlinger* 1988). Das Eindringen der Grünen (→ Bündnis 90/Die Grünen) in das BRD-Parteiensystem seit 1980 war Ausdruck eines problemorientierten partizipatorischen Protests gegen die etablierten Parteien. Allerdings ist der Versuch, im Rahmen der grünen Partei völlig neue Strukturen der Basisdemokratie zu schaffen (Ämterrotation, Verbot der Ämterkumulation, Vermeidung von Berufspolitikertum, imperatives Mandat), weitgehend an den damit verbundenen Effizienzverlusten in der zwischenparteilichen Konkurrenz und an der schmalen Personaldecke der Grünen gescheitert. Dennoch gab es Ausstrahlungswirkungen der Grünen auf die Binnenstrukturen anderer Parteien, vor allem der SPD, etwa hinsichtlich der Einführung von Geschlechterquoten und der Bereitschaft zur Duldung von Minderheits- und Dissidentengruppen.

Die SPD hat gesteigerten Partizipationswünschen durch die Einführung interner Plebiszite, z.B. bei der Bestimmung ihres Parteivorsitzenden 1993, Rechnung zu tragen versucht und anschließend die Modalitäten des Mitgliederentscheids in ihrer Satzung verankert. Zugleich gibt es Vorschläge, das – bei den Grünen schon gescheiterte – Modell der „Mitgliederpartei", das auf der stetigen, umfassenden und ehrenamtlichen Partizipation möglichst vieler Parteimitglieder beruht, zugunsten einer professionell-konkurrenzorientierten, für punktuelle und befristete PartizipantInnen offenen Parteistruktur aufzugeben.

4. I.D. nach der deutschen Vereinigung

Die Übertragung des → Parteiensystems der BRD auf die neuen Bundesländer vollzog sich in sehr verschiedenen binnenorganisatorischen Formen. CDU und → FDP übernahmen die Nachfolgeorganisation der DDR-Blockparteien, die SPD vereinigte sich mit der 1989 neu gegründeten SDP der DDR, die Grünen schlossen Bündnisse mit Gruppen der DDR-Bürgerbewegungen und vereinigten sich mit diesen 1993 zur Partei „Bündis 90/Die Grünen". Die PDS als Nachfolgeorganisation der SED blieb auch bei der zweiten gesamtdeutschen Bundestagswahl 1994 hinsichtlich ihrer Wähler und Mitgliederbasis auf die Ex-DDR beschränkt, erreichte dort aber Konsolidierung und Stimmenzuwachs. Im einzelnen betragen die Relationen von West- und Ost-Mitgliedern bei den im Bundestag vertretenen Parteien: CDU (Sept. 94) West 580.012, Ost 94.267; SPD (Sept. 94) West 823.507, Ost 27.543; Bündnis 90/Die Grünen (Sept. 94) West 39.389, Ost 3.294; FDP (Juli 94) West 63.278, Ost 27.283; PDS (Dez. 93) Ost 130.226, West 1.180.

Mit Ausnahme der PDS ist der „Organisationsgrad", der Anteil der Parteimitglieder an den Wählern, für alle Parteien in den Gebieten der ehemaligen DDR wesentlich geringer als in den alten → Bundesländern, was zur Unterrepräsentation von Ostdeutschen in den bundesweiten Parteigremien führt, der die Parteien z.T. durch Quotierungen und Minderheitenschutz entgegenzuwirken versuchen.

Literatur

Michels, Robert 1957: Zur Soziologie des Parteiwesens in der modernen Demokratie. Stuttgart (erstmals 1911).

Zeuner, Bodo 1970: Innerparteiliche Demokratie. Berlin.

Raschke, Joachim (Hrsg.) 1982: Bürger und Parteien. Opladen.

Greven, Michael Th. 1987: Parteimitglieder. Opladen.

Uehlinger, Hans-Martin 1988: Politische Partizipation in der Bundesrepublik. Opladen.

Bodo Zeuner

Interessengruppen

Schon ein kurzer Blick auf das System der Interessengruppen in D macht deutlich, daß einige Interessen besonders gut organisiert sind, während andere nur unzureichend im organisierten Interessenspektrum vertreten sind. Am ehesten organisieren sich homogene, durch eine gemeinsame ökonomische Lage und ggf. Deprivationen sich auszeichnende Statusgruppen. Dies zeigt sich sowohl an der Entwicklung der → Gewerkschaften als auch bei den → Unternehmerverbänden und den Mittelstandsvereinigungen. Durch diese ökonomische Logik werden allgemeine, außerhalb der Produktionssphäre angesiedelte Interessen strukturell benachteiligt. Hierbei handelt es sich im wesentlichen um allgemeine Interessen und Bedürfnisse aus den Bereichen Umwelt, Verkehr, Freizeit etc. Wenngleich manche dieser Interessen, vor allem durch die zahlreichen Vereine auf kommunaler Ebene, eine organisatorische Interessenvertretung gefunden haben, und der Eindruck entstehen kann, jedem Interesse sei eine Organisation zuzuordnen, so müssen jedoch zugleich die vielfältigen organisatorischen Schwierigkeiten und die oft nur lokale politische Bedeutung dieser Gruppierungen erwähnt werden, die die strukturellen Restriktionen nicht gänzlich außer Kraft setzen können.

Die lückenhafte Entstehung von Organisationen wurde von *M. Olson* (1968) durch den am methodologischen Individualismus orientierten ökonomischen Ansatz der „Logik kollektiven Handelns" erklärt, der sich gegen die besonders von pluralistischer Seite vertretene Gleichgewichtsthese aussprach, derzufolge einem mächtigen Verband quasi automatisch ein Gegenverband Paroli bietet. Vielmehr wird nachgewiesen, daß mit steigender Gruppengröße die Bereitschaft zur Organisierung abnimmt, da die von dem Verband angebotenen und erkämpften politischen Güter (z.B. höhere Löhne bei den Gewerkschaften) unteilbar sind (Kollektivgüter) und so auch den Nichtmitgliedern zur Verfügung stehen, so daß ein ökonomisch rational handelndes Individuum nur durch persönliche Anreize (etwa besondere Serviceleistungen) zum Organisationsbeitritt bewogen werden kann.

Die Möglichkeit, im Verbandssystem Bedeutung zu erlangen, ist neben der Organisationsfähigkeit im wesentlichen durch die Konfliktfähigkeit von Interessen bestimmt. Diese beweist sich in den Entzugsmöglichkeiten als Sanktionen gegenüber anderen Interessengruppen oder staatlichen Instanzen. Ein wirksames Druckmittel ist die Zurückhaltung von Kapital und/oder Arbeit, wie sie etwa von Unternehmerverbänden und Gewerkschaften in Konflikten eingesetzt wird (z.B. bei einem → Streik). Ein weiteres Druckmittel von Verbänden gegenüber politischen → Parteien, das seit Bestehen der Interessengruppen eine große Rolle spielt, ist die Drohung mit dem Entzug von Wählerstimmen. Die Effektivität solcher Drohungen ist von gewissen Konstellationen im politischen System abhängig, z.B. unmittelbar möglicher Wechsel der Parteipräferenzen oder nur knappe Mehrheiten im Parlament. Vergleicht man das Durchsetzungspotential gewisser ökonomischer Interessengruppen mit den geringen Entzugsmöglichkeiten anderer Gruppen, etwa der Behinderten, Kinder, Hausfrauen, alten Menschen, Verbraucher etc. dann wird deren geringer politischer Einfluß schnell einsichtig. Manche dieser kaum konfliktfähigen und oft auch nur schwer zu organisierenden Gruppen werden im Vereins- und Verbandssystem durch meistens von den Betroffenen nicht selbst entwickelte soziale Organisationen (z.B. Wohlfahrtsverbände) repräsentiert, deren Gefahr darin liegt, daß diese die Gruppenprobleme nicht adäquat thematisieren, sondern primär ihre eigenen selektiven Organisationsinteressen artikulieren.

Die Organisierung von Interessen und die dabei auftretenden strukturellen Asymmetrien (Organisations- und Konfliktfähigkeit) erweisen sich als wesentliche Filterfunktionen für das real existierende Verbandssystem, in dem nur eine begrenzte Zahl von organisierten Interessen mit unterschiedlichen Machtressourcen vertreten ist. Bevor eine empirisch orientierte Typologie der Interessengruppen diskutiert wird, muß zunächst geklärt werden, was unter einer Interessengruppe bzw. einem Verband zu verstehen ist. Generell geben die selbstgewählten Bezeichnungen der Organisationen nur wenig Auskunft über ihre wirklichen Ziele und Vorgehensweisen. Zwar benutzen besonders Organisationen, die ökonomische Interessen vertreten, die Bezeichnung Verband oder eben Gewerkschaft und mehr im Freizeitbereich engagierte Organisationen den Begriff Verein, dennoch ist aus ihrer Bezeichnung und oft auch nicht aus ihren Satzungen klar ersichtlich, welche konkreten Zielsetzungen verfolgt werden. Für eine Klassifizierung ist deshalb darüber hinaus eine sozialwissenschaftliche und teilweise auch juristische Abgrenzung wichtig. Die Bemühungen um eine sozialwissenschaftliche Definition und Analyse der Verbände und Vereine sind schon sehr alt. Bereits *M. Weber* bezeichnete 1910 auf dem ersten Deutschen Soziologentag die Entwicklung einer „Soziologie des Vereinswesens" als fundamentale Aufgabe einer Gesellschaft für Soziologie, da sich in Deutschland eine Vielzahl von Vereinigungen konstituiert hatte und ihm der damalige Mensch als ein „Vereinsmensch in einem fürchterlichen, nie geahnten Maß" vorkam (*Weber* 1924: 442).

In der heutigen Diskussion hat sich eine relativ weite Definition durchgesetzt, die sowohl Verbände als auch Vereine umfaßt. Eine der ersten in der BRD publizierten Typologien stammt von *R. Breitling* (1955), der stark den lobbying-Charakter der Verbände hervorhob und folgende Klassifizierung entwickelte: 1. Wirtschaftsverbände, 2. Glaubensgemeinschaften, 3. politische Verbände (Öffentliche Körperschaften, halbstaatliche Verbände wie etwa das Rote Kreuz, Verbände der Beamten und Staatsbürgerverbände, z.B. der Rentner, Kriegsbeschädigten). Auffällig ist hierbei die Hervorhebung der → Kirchen, die ein Beispiel für die in der Verbandsforschung oft vorgenommene Trennung zwischen ideellen Förderverbänden und ökonomischen Interessenverbänden ist (vgl. *von Beyme* 1974). Die besondere Berücksichtigung der Glaubensgemeinschaften und ebenso die generelle Trennung ist inzwischen in der Interessengruppenforschung überwunden worden. Ganz ausgeblendet werden bei *R. Breitling* die vor allem auf kommunaler Ebene aktiven Vereine, die durch die zentral gesetzte Fixierung der Verbände auf die staatliche Gesetzgebung nicht besonders betrachtet werden, obwohl diese auf ihren Ebenen auch auf politische Entscheidungen Einfluß nehmen können. Aus einer weniger auf die Großverbände als vielmehr auf die Vielfalt von Vereinen und Verbänden auf kommunaler Ebene gerichteten Analyse, die in der Stadt Frankfurt total erfaßt wurden, hat *P. Raschke* (1978) eine Verbandstypologie erstellt: 1. Vereinigungen des Wirtschafts- und Arbeitssystems, 2. Sozialvereinigungen, 3. Vereinigungen in Bereichen der Wissenschaft und Kunst, 4. Werteorientierte Vereinigungen, 5. Freizeitvereinigungen. Der Vorteil dieser Typologie liegt in ihrer Orientierung am empirischen Befund der Frankfurter Vereinsstruktur, die durchaus qualitativ repräsentativ für andere Städte in D ist. Aus dieser Untersuchung schälte sich als ein wesentliches Ergebnis das „Dienstleistungsprinzip" der Interessengruppen heraus; über 3/4 der Vereinigungen preisen schon in den Satzungen ihre Dienstleistungen an. *U. von. Alemann/R.G. Heinze*

(1990) haben eine gegenüber der Untersuchung von *P. Raschke* leicht veränderte Typologie organisierter Interessengruppen entwickelt, die sich an Handlungs- und Politikfeldern orientiert:

1. Organisierte Interessen im Wirtschaftsbereich und in der Arbeitswelt (Unternehmer- und Selbständigenverbände, Gewerkschaften, Konsumentenverbände)
2. Organisierte Interessen im sozialen Bereich Sozialanspruchsvereinigungen, Sozialleistungsvereinigungen, Selbsthilfegruppen)
3. Organisierte Interessen im Bereich der Freizeit und Erholung (Sportvereine und -verbände, Geselligkeits- und Hobbyvereine)
4. Organisierte Interessen im Bereich von Religion, Kultur und Wissenschaft (Kirchen, Sekten, wissenschaftliche Vereinigungen, Bildungswerke, Kunstvereine)
5. Organisierte Interessen im gesellschaftspolitischen Querschnittsbereich (ideelle und gesellschaftspolitische Vereinigungen)

Aber auch eine solche Typologie hat ihre Schwächen. Es ist schwer einen ADAC, der gleichzeitig Autosportclub, Autofahrerverbraucherverband, Reiseunternehmen und Dienstleistungsorganisation in einem ist, einzuordnen. Ebenso vertreten auch die Gewerkschaften oder die Kirchen soziale, kulturelle und allgemein gesellschaftspolitische Interessen ihrer Mitglieder.

Auf lokaler Ebene ist die überwiegende Mehrzahl der Interessengruppen als Verein organisiert. Sie sehen ihr wichtigstes Ziel nicht in der Durchsetzung sozialökonomischer Interessen. Die unmittelbare politische Relevanz des Vereinswesens ist meist nur randständig. Hauptzweck der freiwilligen Vereinsarbeit bleibt die gemeinsame Ausübung von Freizeit- und Hobbyinteressen. Politisch wirken die Vereine in erster Linie indirekt als Vermittler von politischer Sozialisation und Kommunikation. So gesehen hat das Vereinsleben nicht nur eine Komplementärfunktion als Ausgleich zur Arbeitswelt, sondern es hat auch eine wichtige gesellschaftliche, sozialintegrative Funktion.

Schätzungen zufolge gibt es in D über 200000 Interessenvereinigungen, darunter ca. 40000 Sportvereine, über 5000 Verbände im engeren politischen Sinne; rund 1200 Verbände sind in der Bonner „Lobbyliste" registriert. Diese immensen Zahlen machen nur allzu deutlich, wie stark D als organisierte Gesellschaft sozial verflochten ist. Weit über die Hälfte aller Bundesbürger gehören einem Verein an, 1/4 der Bürger ist sogar Mitglied in mehr als einer Vereinigung. Rechnet man die Mitgliedschaft im ADAC oder sogar in einer der Religionsgemeinschaften dazu, so schrumpft die Zahl der nichtorganisierten Bundesbürger auf eine Minderheit. Allerdings zeigt sich eine auffallende Kluft zwischen formaler Mitgliedschaft einerseits und subjektiver Vereinszugehörigkeit andererseits, die sich daraus erklärt, daß viele Mitglieder in den Interessenvereinigungen nur eine passive Rolle innehaben.

Im Zentrum der bisherigen sozialwissenschaftlichen Forschung über Interessengruppen steht die Einflußnahme auf staatliche Entscheidungen. Bis Ende der 50er Jahre wurde der Einfluß der Verbände vorwiegend als Gefahr für den Staat gedeutet, oft war von einer „Herrschaft der Verbände" die Rede. Vor allem durch die Einbeziehung von empirischen Untersuchungen über einzelne Politikverlaufsmuster konnten die konservativen Befürchtungen vor einer, die staatliche Souveränität erdrükkenden Übermacht der Verbände widerlegt werden. Die empirischen Studien zur Entstehung einzelner Gesetze kamen zu dem Ergebnis, daß im Gesetzgebungsprozeß keine alleinige Dominanz einzelner Interessenverbände zu erkennen ist, von einer „Herrschaft der Verbände" in einem umfassenden Sinne ist also in dieser Form nicht zu sprechen. Allerdings nehmen die von den Gesetzgebungsverfahren direkt betroffenen Verbände in den jeweiligen Politikfeldern Einfluß hierauf, wobei sich die großen Wirtschaftsverbände in der Regel gegenüber den kleineren Vereinigungen durchsetzen können.

Zwischen den Parteien und den Interessengruppen ergibt sich eine gegenseitige Abhängigkeit daraus, daß die Verbände über die Parteien direkten Einfluß auf den Politikformulierungsprozeß bekommen, während die Parteien von den Verbänden vor allem bei → Wahlen unterstützt werden. Zudem haben die Verbände die Möglichkeit, schon relativ früh im Gesetzgebungsverfahren auf die → Ministerialbürokratie einzuwirken, die ihrerseits auf die Informationen der Verbände angewiesen ist. Auch hier haben sich wechselseitige Verflechtungen ergeben.

Integration und funktionale Repräsentation von Verbänden im politisch-administrativen System stehen im Zentrum der Debatten um „neokorporatistische" Strukturen. Von der Institutionalisierung werden nicht alle Interessengruppen erfaßt, sondern vorwiegend die Spitzenverbände in den jeweiligen Politikfeldern. Diese Verflechtungen schaffen beiden Seiten Vorteile: dem Staat größere Steuerungskapazitäten, den Verbänden eine Bestandsgarantie und eine wirksame Durchsetzung ihrer Interessen. Die Einbeziehung der Verbände in die Politikformulierung und -implementation, die in Deutschland schon seit der Weimarer Republik beobachtet werden kann, löst die Dualität von Staat und Gesellschaft weiter auf. Diese gleichzeitige Verstaatlichung der Interessenverbände und Vergesellschaftung des Staates läßt sich in unterschiedlichem Ausmaß in allen westlichen Ländern belegen.

Das bundesdeutsche System organisierter Interessen und die gewachsenen Verflechtungen zwischen Verbänden und Staat stehen in jüngerer Zeit vor neuen Herausforderungen, die zum einen (1) aus der Transformationsproblematik des Übergangs zu Marktwirtschaft und Demokratie in den neuen Bundesländern und zum anderen (2) aus der Internationalisierung von Wirtschaft und Politik (insbesondere im Kontext der Europäischen Union) erwachsen.

Ad 1) Zwar gab es auch in der ehemaligen DDR eine Reihe von verbandsförmigen Interessenorganisationen, diese aber waren in ihrer Zahl und Reichweite beschränkt und fungierten eher als „Transmissionsriemen" (Lenin) der Funktionseliten im Sozialismus. Das Verbändesystem wirkte für ein Industrieland, das die DDR trotz aller Produktivitätsrückstände nun einmal war, eher unterkomplex. Die gesellschaftlichen Massenorganisationen der DDR (wie bspw. der FDGB oder die FDJ) und selbst die kleineren gesellschaftlichen Organisationen hatten fest umrissene Funktionen, insbesondere Kontrollfunktionen. Die in der politischen Theorie seit langem bekannte Dominanz der SED, die in Begriffe wie „Totalitarismus" oder „politische Repression" gefaßt wurde, wird in der jüngeren soziologischen Analyse als „unterbliebene Modernisierung" thematisiert. In der ehemaligen DDR konnten sich unter der allgegenwärtigen Vorherrschaft des Partei- und Staatsapparats keine autonomen funktionellen Subsysteme entfalten, und eben deshalb hatte das Gesellschaftsmodell keine Zukunft. Der Zusammenbruch war in dieser Perspektive nach dem Wegfall einer letztlich militärischen Stabilisierung von außen nur eine Frage der Zeit. In dem seither in Ostdeutschland laufenden Transformationsprozeß gleicht sich das Bild der Interessengruppen und Interessenorganisationen dem westdeutschen Muster immer mehr an. In der Zeit zwischen der Öffnung und Liberalisierung der ehemaligen DDR und dem Beitritt der neuen Länder war das System der Interessenvermittlung noch deutlich komplexer als in Westdeutschland. In dieser Zwischenphase konkurrierten drei Typen von Interessenverbänden um Mitglieder und Einfluß: (1) „Altorganisationen", die bereits in der DDR als „autoritär-korporatistische" Formen der Interessenvermittlung existierten und die nach der „Wende" versuchten, ihren Bestand durch eine Besetzung neuer Themen und eine radikale Reorganisation ihrer Strukturen zu wahren. (2) Neugründungen, die an die eher informellen Formen kollektiven Handelns in der ehemaligen DDR anknüpften und verschiedene Interessen und Interessengruppen erfaßten, die in der ehemaligen DDR keine Organisationsmöglichkeit erhalten hatten. Gleichzeitig erzeugte der anlaufende Transformationsprozeß neue Interessen und Interessengruppen, die ebenfalls zur Organisationsbildung drängten. (3) Zweigniederlassungen und Tochterorganisationen westdeutscher Organisationen, die sich dem Institutionentransfer von West nach Ost verdanken. Spätestens mit der einseitigen Beitrittserklärung der ehemaligen DDR in den Geltungsbereich des Grundgesetzes (1990), die einem endgültigen Abbruch des nationalen Bezugrahmens gleichkam, ergab sich für alle DDR-spezifischen Interessenorganisationen ebenso wie für die in Ostdeutschland im Aufbau befindlichen westdeutschen Tochterorganisationen und Zweigniederlassungen eine Konkurrenzsituation, auf die die westdeutschen Organisationen teils mit Ignoranz, teils mit aktiven Wettbewerbsstrategien und teils Kooperationsangeboten reagierten. In dieser Konkurrenzphase verringerte sich die Vielzahl an Organisationsformen praktisch wieder auf ein Maß, das der westdeutschen Praxis entspricht. Im Rückblick zeigt sich ferner, daß die offene Konkurrenz zwischen den drei Organisationstypen letztlich zu einer Dominanz jener Formen assoziativen Handelns geführt hat, die als Ausweitung der westdeutschen Verbände oder aber als Neugründungen anzusehen sind, die in das westdeutsche System organisierter Interessen integriert werden konnten. Jene alten wie neuen Organisationen aber, die den Anschluß an das westdeutsche System der Interessenvermittlung aus internen oder externen Widerständen heraus nicht geschafft hatten, waren demgegenüber bis auf wenige Ausnahmen über kurz oder lang zur Bedeutungslosigkeit verurteilt. Diese Angleichung an die westdeutschen Strukturen schließt freilich nicht aus, daß im ostdeutschen System organisierter Interessen Repräsentations- und Steuerungsprobleme auftreten können, die auch auf die westlichen Organisationen und ihre gemeinsamen Spitzenorganisationen ausstrahlen.

Ad 2) Die Internationalisierung der Wirtschaft, insbesondere die Vollendung des Europäischen Binnenmarktes, der damit verbundene Funktionswandel des Nationalstaates, insbesondere die deutliche Begrenzheit staatlichen Handelns gegenüber einer entgrenzten Wirtschaft sowie die zumindest ansatzweise erkennbare supranationale Staatlichkeit, insbesondere der Europäischen Union, erzeugen für die organisierten Interessen die Notwendigkeit, ebenfalls einen Prozeß der Internationalisierung bzw. Europäisierung einzuleiten, wobei offen ist, ob und inwieweit die Erzeugung verbandlicher Handlungsfähigkeit auf supranationaler Ebene gelingen kann.

Literatur

Alemann, Ulrich von 1987: Organisierte Interessen in der Bundesrepublik. Opladen.

Alemann, Ulrich von/Heinze, Rolf G. 1990: Vereine und Verbände: Eine Orientierungskarte der Verbändelandschaft in Land und Bund, in: Verein der Freunde NWs (Hrsg.): Vereine und Verbände in NW. Neuss.

Beyme, Klaus von [4]1974: Interessengruppen in der Demokratie. München.

Breitling, Rupert 1955: Die Verbände in der Bundesrepublik. Meisenheim.

Eichener, Volker/ Kleinfeld, Ralf/ Pollack, Detlef/ Schmid, Josef/ Schubert, Klaus/ Voelzkow, Helmut (Hrsg.) 1992: Organisierte Interessen in Ostdeutschland. Marburg.

Eichener, Volker/ Voelzkow, Helmut (Hrsg.) 1994: Europäische Integration und verbandliche Interessenvermittlung. Marburg.
Heinze, Rolf G. 1981: Verbändepolitik und „Neokorporatismus“. Zur politischen Soziologie organisierter Interessen. Opladen.
Offe, Claus 1972: Politische Herrschaft und Klassenstrukturen, in: Kress, Gisela/Senghaas, Dieter (Hrsg.): Politikwissenschaft. Frankfurt.
Olson, Mancur 1968: Die Logik des kollektiven Handelns. Tübingen.
Raschke, Peter 1978: Vereine und Verbände. Zur Organisation von Interessen in der Bundesrepublik Deutschland. München.
Streeck, Wolfgang (Hrsg.) 1994: Staat und Verbände. Politische Vierteljahresschrift, Sonderheft 25. Opladen.
Weber, Jürgen 1977: Die Interessengruppen im politischen System der Bundesrepublik Deutschland. Stuttgart.
Weber, Max 1924: Rede auf dem Ersten Deutschen Soziologentag in Frankfurt 1910, in: ders.: Gesammelte Schriften zur Soziologie und Sozialpolitik. Tübingen.

Rolf G. Heinze/ Helmut Voelzkow

Jugend und Politik

1. Die Auswirkungen des Wandels in der Sozialstruktur fortgeschrittener Industriegesellschaften auf die politischen Orientierungen Jugendlicher

In der Zeit seit dem Zweiten Weltkrieg vollzog sich in allen hochindustrialisierten Demokratien ein fundamentaler sozialer Wandel, dessen Hauptmerkmale eine historisch beispiellose Zunahme des Wohlstandes breiter Bevölkerungskreise sowie eine Individualisierung der Lebensbedingungen sind. Die dadurch bedingte Auflösung traditioneller soziopolitischer Milieus hat dazu beigetragen, daß die Jugendlichen heute weit weniger als früher in sozialstrukturell vorgegebene politische Loyalitäten hineinwachsen.

In der Jugendsoziologie besteht ferner Einigkeit darüber, daß daneben auch die Verlängerung der Bildungswege Auswirkungen auf den Erwerb sozialer und politischer Orientierungen in der Jugendphase hatte. *Zinnecker* (1991) spricht vom „Bildungsmoratorium“, das durch die zeitliche Ausdehnung der Ausbildungsphase und das Hinausschieben des Übergangs in den Beruf eine sehr viel längere Freisetzung junger Menschen von sozialen Zwängen mit sich bringt. *Eckert* (1990) wiederum hat darauf hingewiesen, daß die längere Beschäftigung mit ideellen Bildungsinhalten zu einer vermehrten Infragestellung der vorgefundenen sozialen und politischen Strukturen führt.

All diese Entwicklungen trugen zur Herausbildung eigenständiger Jugendkulturen, zu einer stärkeren Betonung von Selbstverwirklichungs- im Verhältnis zu Pflicht- und Akzeptanzwerten (H. *Klages*) sowie zu einer im Vergleich zu früher kritischeren Haltung der Bürger gegenüber Staat und → Gesellschaft bei. Da die politischen Orientierungen eines Menschen nach dem Eintritt in das Erwachsenenleben relativ stabil bleiben, vollzieht sich dieser Wandel jedoch graduell und wird primär von den jüngeren Kohorten getragen.

Untersuchungen in den osteuropäischen Gesellschaften belegen, daß sich auch dort entsprechende Modernisierungsprozesse vollzogen haben, auch wenn diese gegenüber dem Westen weniger ausgeprägt sind (vgl. *Behnken* u.a. 1991: 24). Zudem bemühte sich die SED-Führung in der → DDR von Anfang an, die traditionellen soziopolitischen Milieus systematisch aufzubrechen, da diese der Durchsetzung ihres Machtanspruchs im Wege standen. Schließlich führte dann der Zusammenbruch der DDR vollends zu einem politischen Vakuum, so daß die Herausbildung politischer Orientierungen in den neuen → Bundesländern heute ähnlich wie im Westen vornehmlich von den individuellen Erfahrungen Jugendlicher abhängt.

2. Politisches Interesse

Generell ist Politik ein für die Bürger peripherer Lebensbereich. Dies gilt für junge Menschen in besonderem Maße. Alle verfügbaren Informationen über das politische Interesse und die politische Beteiligung bestätigen eine wesentlich geringere Einbindung jüngerer Menschen in das politische System. Das Ausmaß des politischen Interesses hängt neben dem Lebensalter jedoch auch noch von zwei weiteren Faktoren ab, nämlich vom Bildungsniveau und von der Geschlechtszugehörigkeit. Angesichts der Bildungsexpansion und der Abschleifung der traditionellen Geschlechtsrollen sollte man von daher einen kräftigen Anstieg des politischen Interesses in der jüngeren Generation erwarten. Dies ist auch tatsächlich der Fall, allerdings nicht im erwarteten Ausmaß. Denn erstens blieb der Anstieg des politischen Interesses der jüngeren Kohorten hinter dem Anstieg in der Gesamtbevölkerung zurück, v.a. wenn man ihr höheres Bildungsniveau berücksichtigt (*Kaase* 1989). Und zweitens hat sich die Differenz zwischen den Geschlechtern im Verlauf der letzten dreißig Jahre zwar eingeebnet, verharrt jedoch auf einem relativ hohen Niveau.

Die ersten Vergleichsuntersuchungen zwischen west- und ostdeutschen Jugendlichen zeigten zunächst ein höheres politisches Interesse der jungen Menschen in der (ehemaligen) DDR. In der 1991 durchgeführten Shell-Jugendstudie gaben 56% der jungen Menschen im Westen, aber 62% im Osten an, sich für Politik zu interessieren (*Zinnecker/Fischer* 1992: 221). Demgegenüber ergaben die etwas später durchgeführten Jugendumfragen der Konrad-Adenauer-Stiftung (*Veen* u.a. 1994) und des Deutschen Jugendinstituts (DJI) nur minimale Ost-West-Unterschiede. Im DJI-Jugendsurvey, einer im Herbst 1992 durchgeführten Repräsentativumfrage unter 16- bis 29jährigen (West: n=4526; Ost: n=2564), bekundeten 21% der Befragten im Westen und 22% im Osten großes politisches Interesse.

Diese Ergebnisse dürften einen realen Trend der Abnahme des politischen Interesses bei den ostdeutschen Jugendlichen widerspiegeln, wie er bereits für 1989/90 von *Friedrich/Förster* konstatiert wurde. *Friedrich/Förster* führten dies auf die Enttäuschung der ostdeutschen Jugendlichen zurück, die sich ihres Erachtens in einem politischen Vertrauensentzug niederschlug (1991: 702). Diese Interpretation wird von ihnen allerdings nicht mit Daten belegt und widerspricht auch den Ergebnissen des DJI-Jugendsurveys, die keine statistischen Zusammenhänge zwischen dem politischen Interesse einerseits und politischem Vertrauen sowie der Demokratiezufriedenheit andererseits erkennen lassen.

Tabelle 1: Politisches Interesse Jugendlicher (in % der jeweiligen Gruppe)

	alte Bundesländer			neue Bundesländer		
	niedrig	mittel	hoch	niedrig	mittel	hoch
insgesamt	38.6	40.8	20.6	35.3	42.4	22.3
nach Geschlecht:						
männlich	29.2	42.8	28.0	29.3	42.3	28.4
weiblich	48.4	38.8	12.8	41.6	42.4	16.0
nach Bildungsniveau:						
Hauptschule	54.4	32.6	13.0	53.0	35.1	11.9
Mittlere Reife	41.7	43.8	14.5	38.1	44.3	17.6
(Fach)-abitur	24.8	44.1	31.2	24.8	40.2	35.0

Quelle: DJI-Jugendsurvey 1992

Wesentlich plausibler ist die Interpretation, daß das größere politische Interesse der ostdeutschen Jugendlichen während der Zeit des Umbruchs in der DDR darauf zurückzuführen war, daß die politischen Ereignisse zu einer politischen Mobilisierung der Jugendlichen beitrugen, die dann mit zunehmender Normalisierung der Situation wieder abklang.

3. Wertewandel und die Legitimität des politischen Systems

Mit der Studentenbewegung der 60er Jahre nahm die politische Aktivität der Bürger in allen westlichen Demokratien sprunghaft zu. Dies äußerte sich vor allem in einer erhöhten Bereitschaft junger Menschen zur Beteiligung an direkten politischen Aktionen (Demonstrationen, Hausbesetzungen u.ä.) sowie in der Entstehung zahlreicher neuer Gruppen, die zum Umfeld der → Neuen Sozialen Bewegungen zählen (u.a. → Bürgerinitiativen, Umwelt-, Friedens- und Frauengruppen). Diese politische Mobilisierung galt vielen Beobachtern als Anzeichen für eine „partizipatorische Revolution" (M. *Kaase*), die den demokratischen politischen Prozeß in den westlichen Demokratien mittelfristig grundlegend verändern würde.

Als Ursachen für diesen Prozeß wurden einmal die durch ein zunehmend höheres Bildungsniveau bedingte „kognitive Mobilisierung" der Bevölkerung, zum anderen der → Wertewandel betrachtet, der zu einer stärkeren Betonung „postmaterieller" Werte der Selbstverwirklichung und des Wunsches nach mehr politischen Teilnahmechancen führte. Beides führte zu einem Rückgang in der Unterstützung der etablierten politischen → Parteien und zu einer Zunahme alternativer politischer Artikulationsformen und -gruppen.

Inzwischen gibt es vielerlei Anzeichen für einen Rückgang in der Bindekraft der etablierten politischen Kräfte. So ist das Vertrauen in verschiedene politisch-gesellschaftliche Institutionen – und insbesondere in die politischen Parteien – vor allem bei den Angehörigen der jüngeren Altersgruppen deutlich zurückgegangen. Je nach Standpunkt des Beobachters wird dies als Parteien- bzw. Politikverdrossenheit, als realistischere Sicht der politischen Realität oder als „Erosion des institutionellen Bewußtseins" (*Veen* 1986) interpretiert.

Gleichzeitig wird die Demokratie als Regierungsform jedoch von fast allen Jugendlichen bejaht. Die zunehmende Skepsis gegenüber Politikern und Parteien, die in der Gruppe der Jüngeren und Hochgebildeten am ausgeprägtesten ist, kann also keinesfalls mit einer demokratiefeindlichen Haltung gleichgesetzt werden (vgl. *Schmidtchen* 1983).

Für die DDR ergaben die Umfragen des Zentralinstituts für Jugendforschung, Leipzig, bis in die 80er Jahre relativ hohe Werte der Identifikation mit der DDR und dem Sozialismus. Um die 90% der Befragten gaben regelmäßig an, sich mit der DDR verbunden zu fühlen, 40% bis 50% bekundeten sogar eine starke Verbundenheit. Der rapide Verfall dieser Werte ab Mitte der 80er Jahre auf zuletzt nur noch knapp ein Fünftel mit starker Verbundenheit und fast 30%, die sich kaum oder überhaupt nicht mit der DDR verbunden fühlten (*Förster* 1991: 139), ist jedoch vermutlich nicht nur auf eine Zunahme der politischen Unzufriedenheit zurückzuführen, sondern auch darauf, daß Kritik an den politischen Verhältnissen zunehmend toleriert wurde und daher ohne Angst vor negativen Konsequenzen geäußert werden konnte.

Die neueren Jugendstudien zeigen eine im Vergleich zur alten BRD durchweg größere politische Unzufriedenheit der jungen Menschen in den neuen Bundesländern. Diese bezieht sich sowohl auf die wirtschaftliche Lage und die politischen Institutionen, als auch auf die Demokratie insgesamt. Im DJI-Jugendsurvey äußerten 76% der Befragten in den alten, aber nur 62% in den neuen → Bundesländern Zufriedenheit mit der Demokratie in D. Beim Anteil der sehr Zufriedenen war die Ost-West-Differenz noch ausgeprägter, mit 31% im Vergleich zu 50%. Inwieweit sich hieraus ein dauerhaftes Legitimationsdefizit entwickeln wird, hängt sicher auch von der ökonomischen Entwicklung in Ostdeutschland ab. Denn gerade im ökonomischen Bereich nimmt ein sehr hoher Anteil der jungen Menschen im Osten Verschlechterungen gegenüber der Zeit vor der Wende wahr. Fast 60% empfinden eine Verschlechterung im Hinblick auf die soziale Sicherheit und fast zwei Drittel im Hinblick auf die berufliche Sicherheit, was sich auch in einer im Vergleich zu den westdeutschen Jugendlichen deutlich geringeren Zufriedenheit mit diesen beiden Lebensbereichen niederschlägt.

4. Politische Partizipation

Das Niveau der politischen Partizipation junger Menschen liegt ebenso wie ihr politisches Interesse unter dem der Erwachsenenbevölkerung. Dies zeigen bereits die Ergebnisse für die Wahlbeteiligung verschiedener Altersgruppen. Bei der Bundestagswahl 1990 betrug beispielsweise die Differenz zwischen den Jungwählern (21 bis 25 Jahre) und der Gesamtwählerschaft ganze 14,5% (61,8% im Vergleich zu 76,3%). Dabei lag die Wahlbeteiligung der Angehörigen dieser Altersgruppe in den neuen Bundesländern mit 54,5% noch deutlich unter der der Gleichaltrigen im Westen (63,6%). Dies mag allerdings durch die spezifische Situation kurz nach der Vereinigung Deutschlands bedingt gewesen sein. Endgültige Schlüsse auf die zukünftig zu erwartende Wahlbeteiligung der Jungwähler in den neuen Bundesländern lassen sich daraus noch nicht ziehen.

Fast durchweg wird beklagt, die Mitgliederzahlen Jugendlicher in politischen Parteien, → Gewerkschaften und Jugendverbänden seien in jüngster Zeit dramatisch zurückgegangen. Diese Klagen stützen sich vor allem auf drei Trends. Der erste ist die bereits erwähnte Abnahme des Vertrauens in die etablierten politischen Akteure. Der zweite ist in der Tatsache zu suchen, daß sich seit den 70er Jahren zahlreiche neue Organisationen gebildet haben, die dem Spektrum der Neuen Sozialen Bewegungen zuzurechnen sind und mit den seit langem etablierten Organisationen um Mitglieder konkurrieren. Der dritte Trend schließlich besteht darin, daß die Zunahme der Bereitschaft zu punktuellen politischen Aktivitäten nicht von einer entsprechenden Zunahme der Bereitschaft zur kontinuierlichen Mitarbeit in (politischen) Organisationen begleitet war. Dies stellt sowohl etablierte als auch neue Organisationen vor neuartige Organisationsprobleme. Während die kontinuierliche Organisationsarbeit wie früher von einem kleinen Stamm von Personen bewältigt werden muß, sind die Teilnehmerzahlen bei Einzelaktionen oftmals sehr hoch.

Der DJI-Jugendsurvey ergab für 1992 einen Anteil von 2% Parteimitgliedern in den neuen und 3% in den alten Bundesländern. Die Mitgliedschaftsquote in Jugend- und Studentenverbänden lag nur unwesentlich darüber, mit 5% im Westen und 3% im Osten. Deutlich höhere Mitgliederzahlen fanden sich demgegenüber für die Gewerkschaften (West: 15%; Ost: 22%). Diese deuten darauf hin, daß es den Gewerkschaften in den neuen Bundesländern offensichtlich gelungen ist, als Interessenvertretung der Arbeitnehmer Glaubwürdigkeit zu gewinnen. Demgegenüber zeigt der niedrige Organisationsgrad in Jugendverbänden die rapide Angleichung der Ost-Jugend an das in westlichen Gesellschaften übliche Muster. Als die Mitgliedschaft in der FDJ ihre Bedeutung für das individuelle Fortkommen verlor, setzte eine massenhafte Absetzung aus diesem Jugendverband ein, dem noch 1989 drei Viertel aller Jugendlichen angehört hatten.

Ein nicht unbeträchtlicher Anteil der Jugendlichen ist in den Neuen Sozialen Bewegungen aktiv. Jeweils über ein Fünftel der Befragten des DJI-Jugendsurveys gab an, wenigstens gelegentlich an Veranstaltungen solcher Gruppen teilzunehmen. Von daher stützen die empirischen Ergebnisse also keineswegs die These von einer generellen Organisationsmüdigkeit der heutigen Jugend.

Nochmals erheblich höher ist die Bereitschaft zur Teilnahme an direkten politischen Aktionen wie Unterschriftensammlungen oder genehmigten Demonstrationen. Solche Aktionsformen werden von den jungen Menschen heute als Teil ihres normalen politischen Verhaltensrepertoires betrachtet. Dies gilt allerdings nur für legale Aktionsformen, während Aktionsformen des zivilen Ungehorsams von der Mehrheit der Befragten abgelehnt werden. Zudem nimmt die Zustimmung zu Aktionen zivilen Ungehorsams mit zunehmender Gewaltaffinität solcher Aktionen ab. Politische Gewalt wird von der großen Mehrheit der Befragten abgelehnt (*Hoffmann-Lange* u.a. 1993).

In den neuen Bundesländern erfreuen sich die direkten politischen Aktionsformen noch größerer Popularität als in den alten. Fast vier Fünftel der Befragten ziehen hier die Teilnahme an einer genehmigten Demonstration als ein Mittel politischer Partizipation in Betracht, und über die Hälfte hat bereits an einer Demonstration teilgenommen.

Literatur

Behnken, Imbke u.a. 1991: Schülerstudie '90. Jugendliche im Prozeß der Vereinigung. Weinheim.

Eckert, Roland 1990: Selbsterfahrung und Gesellschaftsveränderung: Die Faszination neuer sozialer Bewegungen, in: Sachverständigenkommission 8. Jugendbericht (Hrsg.): Lebensverhältnisse Jugendlicher. Band 2: Zur Pluralisierung und Individualisierung der Jugendphase. München.

Förster, Peter 1991: Weltanschaulich-politisches Bewußtsein, in: Friedrich, Walter/ Griese, Hartmut (Hrsg.): Jugend und Jugendforschung in der DDR. Opladen.

Friedrich, Walter/Förster, Peter 1991: Ostdeutsche Jugend 1990, in: Deutschland Archiv, 24. Jg.

Hoffmann-Lange, Ursula u.a. 1993: Politische Gewaltbereitschaft Jugendlicher, in: Deutsches Jugendinstitut (Hrsg.): Gewalt gegen Fremde. München.

Kaase, Max 1989: Politische Einstellungen der Jugend, in: Markewka, Manfred/Nave-Herz, Rosemarie (Hrsg.): Handbuch der Familien- und Jugendforschung, Band 2. Neuwied.

Schmidtchen, Gerhard 1983: Jugend und Staat, in: Matz, Ulrich/Schmidtchen, Gerhard: Gewalt und Legitimität. Opladen.

Veen, Hans-Joachim 1986: Die neue Spontaneität – Empirische Ergebnisse zur Erosion des institutionellen Bewußtseins bei Jüngeren, in: Oberreuter, Heinrich (Hrsg.): Wahrheit statt Mehrheit? München.

Veen, Hans-Joachim u.a. 1994: *Eine* Jugend in Deutschland? Orientierungen und Verhaltensweisen der Jugend in Ost und West. Opladen.

Zinnecker, Jürgen 1991: Jugend als Bildungsmoratorium. Zur Theorie des Wandels der Jugendphase in west- und osteuropäischen Gesellschaften, in: Melzer, Wolfgang u.a. (Hrsg.): Osteuropäische Jugend im Wandel. Weinheim.

Zinnecker, Jürgen/Fischer, Arthur 1992: Jugendstudie '92. Die wichtigsten Ergebnisse im Überblick, in: Jugendwerk der Deutschen Shell (Hrsg.): Jugend '92. Opladen.

Ursula Hoffmann-Lange

Kirchen

1. Definition und Konfession

1.1 Kirchen (K.) sind organisierte Gemeinschaften von Christen. Ihr gemeinsames Merkmal ist der Glaube an Jesus Christus und seine im Neuen Testament enthaltene Botschaft, die weltweite Verkündigung dieser Botschaft, die Feier der Liturgie und der Sakramente, insbesondere der Taufe und der Eucharistie bzw. des Abendmahls sowie die Diakonie, das Handeln gemäß dem Evangelium. Die Gemeinde der Jünger Jesu war noch keine K. Nach dem Selbstverständnis aller Christen ist die K. die Befreiung von Sünde vermittelnde und Erlösung verheißende Gemeinde Christi zwischen seiner Himmelfahrt und seiner Wiederkunft am Ende der Zeit. Sie lebt vom Hl. Geist. Sie unterscheidet sich von → Parteien, Verbänden und → Interessengruppen dadurch, daß sie nicht von Menschen gegründet, sondern auf Gottes Wort hörende Stiftung Christi ist. Sie erhebt einen öffentlichen Anspruch.

Im allgemeinen Sprachgebrauch hat der Begriff K. verschiedene Bedeutungen. Er kann die von der → Gesellschaft und vom Staat unterschiedene Universal- oder Ortsk. (Bistum bzw. Landesk.) meinen, die von den Laien unterschiedene Amtsk. oder schlicht das meist von einem Turm gekrönte Gebäude, in dem sich die christliche Gemeinde zum Gottesdienst versammelt. Die Theologie, die erst nach der Reformation im 16. Jh. die Selbstreflexion der K. thematisiert und eine Ekklesiologie entwickelt hat, spricht von der K. vorzugsweise in Bildern als Volk Gottes, Leib Christi oder Gemeinde der Heiligen, die als „K. unterwegs" aber immer auch die Gemeinde der Sünder, mithin der Buße und Erneuerung bedürftig ist.

1.2 Im Glaubensbekenntnis des Konzils von Konstantinopel (381), das allen Christen gemeinsam ist, werden vier Eigenschaften der K. genannt: Sie ist die „eine, heilige, katholische und apostolische K.". Der Begriff „katholisch" (= allgemein, weltumspannend) wird erst nach der Reformation zu einer Konfessionsbezeichnung. Während die von *Luther* und *Calvin* geformten Kn. der Reformation das allgemeine Priestertum aller Gläubigen betonen und die sichtbaren Strukturen der K. als nicht heilsnotwendig erklären, unterstreicht die katholische Ekklesiologie die Sichtbarkeit und die hierarchische Struktur der K. sowie die apostolische Sukzession, d.h. die sakramentale, im Zeichen der Handauflegung sichtbar gemachte Aufnahme in das auf die Apostel zurückgehende kirchliche Amt. Daß die Einheit der K. verlorenging, empfinden die Christen heute weithin als geschichtliche Tragik, als menschliche Schuld und als Ärgernis, dessen Überwindung ihre Anstrengung und Geduld herausfordert.

2. Geschichte

2.1 Die katholische K. blickt in D auf eine bald 1300jährige Geschichte zurück. Im Jahre 719 begannen angelsächsische Missionare im Auftrag Papst *Gregors* II. und unter Leitung des 722 zum Missionsbischof ernannten hl. *Bonifatius* mit der Germanenmission. *Bonifatius* gründete Klöster, die die Religions-, Kultur- und Wissenschaftszentren des Mittelalters waren, und errichtete Bistümer in Hessen, Thüringen und Bayern. Er wurde 746 Bischof von Mainz.

Unter den historischen Ereignissen, die für die gegenwärtige Gestalt der katholischen K. in D prägenden Einfluß haben, ragen neben der Reformation des 16. Jh.s heraus: die Säkularisation der kirchlichen Territorien und des kirchlichen Eigentums 1803, der Kulturkampf 1871-79 und der

Kn.kampf des Nationalsozialismus. Die Säkularisation, die Gründung des preußisch-protestantisch dominierten, die katholischen Lande der Habsburger Monarchie ausschließenden deutschen Reiches 1871 und *Bismarcks* Kulturkampf drängten die Katholiken nicht nur in konfessioneller, sondern auch in kultureller, politischer und sozialer Hinsicht in den Status einer Minderheit. Sie fühlten sich auf Jahrzehnte hin als Untermieter in dem von Protestanten erbauten Gebäude des Deutschen Reiches. Sie lernten so notgedrungen, die Freiheitsgarantien des modernen Verfassungsstaates zu nutzen, um sich gegen die Angriffe des Staates auf die Freiheit der K. zur Wehr zu setzen.

Der Kulturkampf, in dem die katholische K. staatlicher Aufsicht unterworfen werden sollte und die Katholiken als ultramontane, an Rom orientierte Deutsche mit zweifelhafter Reichsloyalität denunziert wurden, hat die Gräben zwischen den Konfessionen vertieft. Nach dem 1. Weltkrieg freundeten sich die Katholiken schneller mit der Demokratie und der rechtsstaatlichen Verfassung an als die Protestanten. In der Weimarer Republik waren sie es, die im Zentrum neben und mit den Sozialdemokraten und den Liberalen versuchten, die von rechts und links angefeindete Demokratie zu stabilisieren. Sie trugen durch die katholische Soziallehre und Heinrich *Brauns,* einen in zwölf Regierungen über sieben Jahre als Arbeitsminister wirkenden Priester und Zentrumspolitiker, viel zur Entwicklung des deutschen Sozialstaates bei.

Der Kn.kampf der Nationalsozialisten führte 1933 zu einem schnellen und unrühmlichen Ende des Zentrums. Die heidnische Ideologie und die menschenverachtende Politik der nationalsozialistischen Diktatur ließen die Christen am Ende des 2. Weltkrieges nach neuen, ökumenischen Wegen für ihr politisches Engagement suchen. Das → Grundgesetz und die Rechtsordnung D.s sind gewiß nicht allein ihr Werk. Aber sie tragen in der Anerkennung vorstaatlicher Menschenrechte und in der Umsetzung des Solidaritäts- und des → Subsidiaritätsprinzips deutliche Spuren ihres Engagements, ihrer Erfahrungen, Wertorientierungen und Hoffnungen. In der → DDR jedoch ging der Kn.kampf schon bald nach 1945 weiter – nun unter kommunistischen Vorzeichen. Das SED-Regime gewährte den K. bis 1989 kaum Möglichkeiten, über Hirtenbriefe und Kanzelerklärungen hinaus an der Gestaltung des öffentlichen Lebens mitzuwirken. Die Christen galten als Bürger zweiter Klasse.

2.2 Die evangelische K., genauer die evangelischen Kn., entstanden in der Zeit der Reformation in der ersten Hälfte des 16. Jhs. Statt der von den Reformatoren *Luther, Zwingli* und *Calvin* angestrebten Erneuerung der gesamten Christenheit kam es zu Kn.spaltungen und Konfessionsbildungen. Der Augsburger Religionsfriede 1555 gewährte den Landesherren das ius reformandi. Der Grundsatz „cuius regio eius religio“ bestimmte fortan die Konfession des jeweiligen Territoriums. Wenn sich ein Untertan der Konfession der Landesherren nicht anschließen wollte, hatte er ein Auswanderungsrecht. Im Westfälischen Frieden von Osnabrück wurde diese Regelung 1648 bestätigt.

Für das innerkirchliche Leben der evangelischen Landeskn. höchst bedeutend war die Entwicklung des landesherrlichen Kn.regiments. *Luther* beanspruchte nach dem Wegfall der alten bischöflichen und päpstlichen Verfassung die Landesherren als „Notbischöfe“. Deren Rechte in Kn.angelegenheiten wurden dann im 17. und 18. Jh. aus dem Wesen staatlicher Hoheit selbst begründet. So wurde der Landesherr zum Summepiscopus und die K. zur Staatsk. Das landesherrliche Kn.regiment dauerte bis zum Ende des 1. Weltkrieges. Es machte die K. so sehr zu einem Gebiet der staatlichen Verwaltung und die Pfarrer in solchem Maße abhängig von Fürsten und Herren, „daß die Freiheit zur kritischen Haltung mehr und mehr verlorenging“ (P. *Althaus*).

Bis zur Mitte des 19. Jh.s gab es keine Gesamtorganisation der evangelischen Landeskn. 1852 kam es in Eisenach zur Gründung der Deutschen Evangelischen Kn.konferenz, einem Koordinationsgremium aller deutschen evangelischen Kn.regimentsbehörden ohne Beschlußrecht. Auch der nach dem Ende des landesherrlichen Kn.-regiments 1922 in Wittenberg gegründete Deutsche Evangelische Kn.bund besaß „keinerlei Eingriffsmöglichkeiten in den inneren Rechtsbereich der Landeskn. Seine Hauptaufgabe bestand vor allem in der gemeinsamen kirchlichen Interessenvertretung gegenüber dem Weimarer Staat und der Ökumene“ (G. *Besier*). So hat der deutsche Protestantismus „an einer geistigen und politischen Grundlegung des neuen demokratisch-republikanischen Staatswesens ... keinen nennenswerten aktiven Anteil genommen“ (E. *Wilkens*).

Der Nationalsozialismus wurde für die evangelische K. nicht weniger gefährlich als für die katholische. Er führte zunächst zu einer Spaltung des deutschen Protestantismus in die „Deutschen Christen“, die unter Reichsbischof L. *Müller* die evangelische K. zu einer Hilfsorganisation für die Durchsetzung der Ziele des NS-Staates machen wollten, und in die Bekennende K., die zum Widerstand gegen den Nationalsozialismus aufrief und auf ihren Synoden in Barmen und Berlin-Dahlem 1934 die Etablierung eines Notkirchenregiments anstelle des offiziellen, aber autoritätslosen Kn.-regiments der Deutschen Evangelischen K. begründete.

Nach dem 2. Weltkrieg wurde der württembergische Landesbischof Theophil *Wurm* zur Schlüsselfigur einer neuen gesamtkirchlichen Ordnung des deutschen Protestantismus. Im August 1945 in Treysa stellten Vertreter aller Landeskirchen die Weichen für die Gründung der Evangelischen K. in Deutschland (EKD), die sich nach ihrer am 13.7.1948 in Eisenach beschlossenen Grundordnung als Bund lutherischer, reformierter und unierter Kn. versteht und damit eine weitgehende Autonomie ihrer Gliedkn. anerkennt. Neben der EKD gibt es mit der 1948 gegründeten Vereinigten Evangelisch-Lutherischen K. Deutschlands (VELKD) und der seit 1953 so genannten Evangelischen K. der Union (EKU) noch weitere bundesweite Organisationen evangelischer Kn. Die VELKD ist ein bundeskirchlicher Zusammenschluß bekenntnisgleicher lutherischer Landeskn. Die EKU geht auf den Zusammenschluß der lutherischen und reformierten Kn. im preußischen Staat durch die Union von 1817 zurück.

Bis Juni 1969 konnte die EKD ihre organisatorische Einheit über die innerdeutsche Grenze hinweg bewahren. Im Zusammenhang mit der Diskussion um die neue DDR-Verfassung 1968 verstärkte die SED-Führung jedoch ihren Druck auf die Kn. So trennten sich die Landeskn. der → DDR von der EKD und bildeten einen eigenen Bund der Evangelischen Kn. in der DDR. Das kontroverse Konzept einer „K. im Sozialismus“ wurde zur Leitlinie ihres Selbstverständnisses. Der Haushalt der Landeskn. der DDR wurde aber weiterhin zu zwei Dritteln von den Westkn. finanziert. 1991 schloß sich der Bund der Evangelischen Kn. wieder der EKD an.

3. Strukturen

3.1 Die katholische K. in Deutschland ist in 27 Bistümer gegliedert. Rund 28 Mio. Katholiken leben 1993 in 13.329 Pfarreien. Ihr Bevölkerungsanteil beträgt 35%. Rund 23% nehmen regelmäßig am Gottesdienst teil. Ihr Kn.steueraufkommen beläuft sich brutto auf 8,6 Mrd. DM. In den Pfarreien und sonstigen Einrichtungen der K. leisten 19.194 Priester und Ordensgeistliche ihren pastoralen Dienst. Der Deutschen Bischofskonferenz, die zweimal jährlich zur Vollversammlung zusammentritt, gehören Anfang 1995 68 Bischöfe und Weihbischöfe an. Das Sekretariat der Deutschen Bischofskonferenz und das Kommissariat der deutschen Bischöfe, die Vertretung der katholischen Kirche bei der → Bundesregierung (Katholisches Büro), befinden sich in Bonn.

Die gesellschaftliche Präsenz der Katholiken umfaßt einerseits ein vielgliedriges Verbands- und Vereinswesen, andererseits zahlreiche Institutionen und Aktivitäten im Bereich der Caritas, des Bildungssystems und der Medien. Die nach Berufen oder Ständen – z.B. von Arbeitnehmern, Unternehmern, Handwerkern, Landwirten, Lehrern, Professoren, Ärzten, Ingenieuren, Journalisten oder Soldaten, von Frauen, Männern, Jugendlichen oder Eltern – organisierten Verbände sind freie Initiativen von Katholiken. Sie werden also nicht im Auftrag kirchlicher Amtsträger, sondern aus eigenständiger christlicher Verantwortung von Laien gegründet.

Die Mehrzahl dieser Verbände (etwa 100) ist Mitglied der Arbeitsgemeinschaft der katholischen Verbände Deutschlands. Insgesamt dürfte die Zahl der katholischen Verbände bei etwa 120 liegen. Zu den bedeutendsten gehören das Kolpingwerk, der Bund katholischer Unternehmer, die Katholische Arbeitnehmerbewegung, der Katholische Deutsche Frauenbund, der Familienbund der Deutschen Katholiken und der Bund der deutschen Katholischen Jugend. Erstes Ziel der Verbände ist die Förderung der Bereitschaft und der Fähigkeit der Mitglieder, den Glauben zu bezeugen und zu bilden, sich im öffentlichen Leben zu engagieren und untereinander Kontakt zu pflegen. Im Zentralkomitee der deutschen Katholiken haben sich die Verbände schon 1868 eine nationale Organisation gegeben. Es ist eine Art Parlament des deutschen Laienkatholizismus mit 220 Mitgliedern aus den Verbänden, den Bistümern sowie hinzugewählten Einzelpersönlichkeiten. Die Mainzer Generalversammlung der Vereine von 1848 war der Anfang der Deutschen Katholikentage, dessen 92. 1994 in Dresden stattfand. Die Katholikentage verfolgen bis heute ein doppeltes Ziel. Sie wollen einerseits den Glauben bekennen und klären, was von den Katholiken angesichts der gesellschaftlichen und politischen Entwicklungen gefordert ist, und sie wollen andererseits die Positionen, Angebote und Forderungen der Katholiken im Meinungsbildungsprozeß einer pluralistischen Gesellschaft artikulieren.

Im Bereich der sozialen Fürsorge unterhält die katholische K. 1992 durch den deutschen Caritasverband rund 24.000 Einrichtungen, darunter 786 Krankenhäuser und Kurkliniken mit rund 140.000 Betten und 1.633 Altenheime mit 109.000 Plätzen. In diesen Einrichtungen sind rund 407.000 hauptamtliche Mitarbeiter (280.000 Vollzeit- und 127.000 Teilzeitbeschäftigte) tätig. Aufgrund des in der Verfassung und im politischen System D.s fest verankerten Subsidiaritätsprinzips und der Freiheit der K. erfreuen sich diese Einrichtungen nicht nur hoher gesellschaftlicher Wertschätzung, sondern auch starker staatlicher Subventionierung. Die zur Milderung der Not in der Dritten Welt und in den ehemals sozialistischen Ländern errichteten kirchlichen Hilfswerke „Misereor", „Adveniat", „Renovabis" und „K. in Not" fördern Entwicklungs- und Seelsorgeprojekte in Afrika, Asien, Lateinamerika und Osteuropa. So hat Misereor von 1959 bis 1993 mit rund 6,6 Mrd. DM mehr als 69.000 Projekte unterstützt. 1994 wurden für 2.425 Projekte 317,9 Mio. DM bewilligt. Die Mittel stammen aus der jährlichen Kollekte und aus Spenden sowie aus kirchlichen Haushaltsmitteln, staatlichen Zuschüssen und Zinsen.

Im Bildungssystem unterhält die katholische K. 1993 1.184 allgemein- und berufsbildende Schulen, die von rund 303.000 Schülern (ca. 3% aller Schüler, im Sekundarbereich ca. 10%) besucht werden, darüber hinaus zahlreiche Erwachsenenbildungswerke, Heimvolkshochschulen, Akademien, sieben Fachhochschulen, die vor allem für soziale Berufe ausbilden, Theologische Hochschulen und die Katholische Universität Eichstätt. Im Medienbereich sind die Katholiken mit rund 300 verschiedenen Zeitungen und Zeitschriften, Wochen- und Monatsblättern, Verbandsorganen und Bistumszeitungen mit einer Gesamtauflage von rund 9. Mio. präsent. Darüber hinaus besitzen sie ein geregeltes Mitspracherecht in den öffentlich-rechtlichen Rundfunk- und Fernsehanstalten und arbeiten mit privaten Sendern zusammen.

3.2 Die Evangelische K. in Deutschland besteht nach der am 24.2.1991 beschlossenen Wiedervereinigung mit dem Bund der evangelischen Kn. der ehemaligen DDR aus 24 Landeskn. Sie zählen 1992 28,8 Mio. Mitglieder – 36% der deutschen Bevölkerung – in 18.216 Kn.gemeinden. Die Quote der Gottesdienstteilnehmer beträgt ca. 5%. Das Kn.steueraufkommen betrug 1993 8,3 Mrd. DM. 23.960 Theologen standen 1992 im aktiven Dienst der K. Der Anteil der evangelischen Christen an der Bevölkerung der neuen → Bundesländer, der vor der → Wiedervereinigung noch auf 46% geschätzt wurde, beträgt nach jüngsten Umfragen nur 22,5%, jener der Katholiken nur knapp 5%. Die ehemalige DDR ist unter allen ehemals sozialistischen Staaten das Land mit dem höchsten Grad der Entchristlichung.

Die zentralen Leitungsorgane der EKD sind der alle sechs Jahre von der Synode und der Kn.konferenz zu wählende Rat der EKD, der wiederum einen Landesbischof als Ratsvorsitzenden wählt, und die meist einmal jährlich tagende Synode. Der Rat besteht seit 1991 aus 18, die Synode aus 160 Mitgliedern. In der 1997 beginnenden 10. Amtsperiode soll der Rat wieder auf 15 und die Synode auf 120 Mitglieder reduziert werden. Die Synode ist das Gesetzgebungs- und Haushaltsorgan der EKD. Zu ihr gehören eine Reihe von Kammern und Ausschüssen, die alle nach außen gerichteten Gemeinschaftsaufgaben der EKD wahrnehmen und in zahlreichen Denkschriften die Positionen der EKD zu Fragen der Politik, des Staates, der Gesellschaft, der Wirtschaft, der Kultur, der Bildung und der Wissenschaft artikulieren. In der Kn.konferenz ist jede Landes-K. mit einer Stimme vertreten. Ratsvorsitzender ist seit 1991 der badische Landesbischof K. *Engelhardt.* Sekretariat des Rates, der Synode und der Kammern ist das Kn.amt in Hannover. In Bonn unterhält die EKD die Einrichtung eines Bevollmächtigten am Sitz der Bundesregierung (z.Zt. Bischof H. *Löwe*).

Die gesellschaftliche Präsenz der evangelischen Christen kommt zum einen in zahlreichen kirchlichen Einrichtungen, zum anderen im Evangelischen Kn.tag zum Ausdruck. Ein dem Katholizismus vergleichbares Verbandswesen existiert nicht. Unter den kirchlichen Einrichtungen ragt das 1957 gegründete Diakonische Werk (DW) hervor. Es leistet Hilfe für Behinderte, Alte, Kranke, Obdachlose, Straffällige, sittlich Gefährdete sowie im Bereich der frühkindlichen Erziehung, der Jugend- und Familienfürsorge. Es bietet aber auch seelsorgerische und missionarische Dienste sowie Hilfen zur Bewußtseinsbildung an, die zum Glaubenszeugnis und zur Wahrnehmung der christlichen Weltverantwortung befähigen sollen. Die Basis des DW, dem die EKD, die diakonischen Werke der Landes- und Freikn. sowie über 90 Fachverbände angehören, sind über 20.000 selbständige Rechtsträger – Krankenhäuser, Heime, Anstalten, Kindergärten, Beratungsstellen –, in denen 1992 326.000 Mitarbeiter beschäftigt waren (216.000 Vollzeit- und 110.000 Teilzeitmitarbeiter). Auch die 1958 gegründete Hilfsaktion „Brot für die Welt", die Entwicklungsprojekte in der Dritten Welt fördert, gehört zum DW.

Im Bildungsbereich unterhalten die Landeskn. 124 allgemein- und berufsbildende Schulen sowie eine Reihe von Erwachsenenbildungswerken, Fachhochschulen, Akademien, Predigerseminaren und Theologischen Hochschulen. Der Deutsche Evangelische Kn.tag wurde 1949 gegründet. Er ist eine aus der Laienbewegung hervorgegangene freie evangelische Institution ohne organisatorische Bindung an die EKD und ihre Gliedkn. Er will, so die Präambel seiner Ordnung, „die evangelischen Christen in Deutschland sammeln, sie im Glauben stärken, sie für die Verantwortung in ihrer K. rüsten, sie zum Zeugnis in der Welt ermutigen und mit ihnen in der Gemeinschaft weltweiter Christenheit bleiben." Er findet alle zwei Jahre im Wechsel mit dem Deutschen Katholikentag statt.

4. Ökumene

Die ökumenische Zusammenarbeit der christlichen Kn. hat seit dem II. Vatikanischen Konzil beträchtliche Fortschritte gemacht. Es gibt nicht nur regelmäßige und institutionalisierte Kontakte der beiden großen Kn. auf lokaler, regionaler und nationaler Ebene, sondern eine Zusammenarbeit aller christlichen Kn. in der Arbeitsgemeinschaft der christlichen Kn. (ACK). Obwohl die Differenzen im Bereich des Abendmahls-, des Amts- und Kirchenverständnisses gegenwärtig noch erheblich sind und nur schwer überwindbar erscheinen, gibt es seit Beginn der 70er Jahre eine Fülle gemeinsamer Anstrengungen, Veranstaltungen und Dokumente vor allem auf sozialethischem Gebiet.

Unter den gemeinsamen Dokumenten ragen heraus: die gemeinsame Grundwerteerklärung der beiden großen Kn. „Grundwerte und Gottes Gebot" (1979), ihre Umwelterklärung „Verantwortung wahrnehmen für die Schöpfung" (1985) und die von der ACK getragene Erklärung „Gott ist ein Freund des Lebens. Herausforderungen und Aufgaben beim Schutz des Lebens" (1989). 1994 wurde der Entwurf eines gemeinsamen Wortes zur wirtschaftlichen und sozialen Lage in D veröffentlicht, der 1995 in einem breiten gesellschaftlichen Konsultationsprozeß diskutiert werden und zu einem gemeinsamen Papier der beiden Kirchen reifen soll. Unter den gemeinsamen Veranstaltungen ragt das von der ACK organisierte Ökumenische Forum „Gerechtigkeit, Frieden, Bewahrung der Schöpfung" 1988 in Königstein und Stuttgart mit dem Abschlußdokument „Gottes Gaben – unsere Aufgabe" hervor. Diese ökumenische Versammlung fand 1988 und 1989 in drei Sitzungsperioden auch in der DDR statt. Unter ihren Abschlußdokumenten ragt der Text „Mehr Gerechtigkeit in der DDR" heraus, der mit seiner Kritik am Machtmonopol der SED und seinen Forderungen nach Rechtssicherheit, Gewaltenteilung, Wahrhaftigkeit im öffentlichen Leben, freien Wahlen, Informations- und Meinungsfreiheit sowie Reisefreiheit das Programm der Wende enthielt. Der ökumenische Prozeß „Gerechtigkeit, Frieden, Bewahrung der Schöpfung" fand 1989 in Basel und 1990 in Seoul seine Fortsetzung auf europäischer bzw. globaler Ebene.

5. Kn., Gesellschaft und Staat

Gesellschaft und Staat sind für die Christen der geschichtlich wandelbare, konkrete Ort ihres Glaubenszeugnisses und ihrer Lebensentfaltung. Insofern sind Gesellschafts- und Staatsordnung sowie die Beziehungen zwischen Kn. und Staat für sie von zentraler Bedeutung. Die Kn. leben in der Gesellschaft; sie gehen jedoch nicht in ihr auf. Eine rechts- und sozialstaatliche Demokratie und eine das Subsidiaritätsprinzip achtende Staatsverfassung gewähren ihnen bessere Entfaltungsmöglichkeiten als jede andere Staats- und Gesellschaftsordnung.

In D. ist die Gesellschaft der alten Bundesländer stark von christlichen Werten und Traditionen geprägt. In den neuen Bundesländern sind zwar weniger die Werte, aber doch die Traditionen nach der mehr als ein halbes Jahrhundert andauernden Unterdrückung durch Nationalsozialismus und Kommunismus stark geschwächt.

Tradierungskrise des Glaubens und Abnahme religiöser Praxis sind aber auch in den alten Bundesländern signifikant. Gleichzeitig wachsen jedoch geistliche Bewegungen in und zwischen den Kn. einerseits und gesellschaftliche Ansprüche an die Kn., ein moralisches Wächteramt in politischen Fragen z.B. der sozialen Gerechtigkeit, der Friedenssicherung und der Beachtung der Menschenrechte auszuüben, andererseits. Dieses Wächteramt können die Kn. umso besser wahrnehmen, je mehr sie jede Art von Integralismus meiden, ökumenisch zusammenarbeiten, die relative Autonomie des Zeitlichen in Erinnerung rufen und den Weltauftrag der Laien fördern.

Das Verhältnis von Kn. und Staat in D ist das einer Partnerschaft. Die staatskirchenrechtliche Ordnung wird durch das GG, die Länderverfassungen und das Vertragsrecht (Konkordate bzw. evangelische Kn.verträge) bestimmt. Die zentralen Bestimmungen des GG sind das Grundrecht der Religionsfreiheit in Art. 4 und der Art. 140, der die wichtigsten staatskirchenrechtlichen Artikel der Weimarer Verfassung rezipiert. Sie gewährleisten u.a. das Selbstbestimmungsrecht der Kn. in ihren eigenen Angelegenheiten unter dem Vorbehalt des für alle geltenden Gesetzes, ihren Rechtsstatus als Körperschaften des öffentlichen Rechts, den Sonn- und Feiertagsschutz und die Freiheit des Gottesdienstes und der Seelsorge in der Bundeswehr und in staatlichen Anstalten. Die gegenseitige Unabhängigkeit und die Selbständigkeit von Kn. und Staat wird von beiden Seiten unterstrichen. Da aber beide der Entfaltung des gleichen Menschen dienen, der Christ und Staatsbürger ist, sind sie um des Gemeinwohls willen auf eine partnerschaftliche Kooperation angewiesen.

Literatur

Die Denkschriften der EKD, 3 Bde. 1978-1993, Gütersloh.

Kirchliches Handbuch. Statistisches Jahrbuch der Bistümer im Bereich der Deutschen Bischofskonferenz 1990; hrsg. vom Sekretariat der Deutschen Bischofskonferenz, Bd. → 1987-1988, Köln. – Statistische Beilagen zum Amtsblatt der EKD (bis Oktober 1994 89 Folgen).

Maier, Hans 1972: K. und Gesellschaft, München.

Rauscher, Anton (Hrsg.) 1981 und 1982: Der soziale und politische Katholizismus. Entwicklungslinien in D. 1803-1963, 2 Bde. München.

Schnackenburg, Rudolf u.a. 1961: K., in: LThK, Bd. 6, Freiburg.

Spieker, Manfred 1990: Die Katholische K. und Besier, Gerhard 1990: Die Evangelischen Landeskn., in: D. in Gegenwart und Zukunft. Der demokratische und soziale Rechtsstaat BRD; hrsg. vom Bundesministerium für innerdeutsche Beziehungen, Bonn.

Staatslexikon in 5 Bänden, [7]1985ff.; hrsg. von der Görres- Gesellschaft, Freiburg, darin u.a. die Artikel K., Katholische K., Evangelische K. in D., K. und Gesellschaft, K. und Staat.

Wilkens, Erwin/Rohde, Dieter 1987: Evangelische K. in D., in: Evangelisches Staatslexikon Stuttgart.

Manfred Spieker

Koalition

1. Begriff

Unter Koaltion (K.) im parlamentarischen System D.s wird der Zusammenschluß zweier oder mehrerer Parteien bzw. ihrer Fraktionen zum Zwecke der Bildung und Unterstützung einer Regierung verstanden. K.en werden im parlamentarischen System erforderlich, wenn eine Partei allein nicht die notwendige Mehrheit aller Mandate erreicht hat bzw. über eine zu geringe Mehrheit verfügt. K.en sind zeitlich befristete Bündnisse, die in der Regel für eine Legislaturperiode geschlossen werden. In einer K. können die beteiligten Parteien notwendigerweise nicht ihre eigene Programmatik durchsetzen, sondern müssen Kompromisse eingehen. Dabei können die Interessen des kleineren K.partners/der kleineren K.spartner stärkere Berücksichtigung finden, als es sein/ihr Wählervotum aussagt, wenn er/sie für die Bildung der K. unbedingt erforderlich ist/sind. Der K.bildung werden rechtliche Grenzen gesetzt durch das freie Mandat des → Abgeordneten(Art. 38 GG), durch das Vorschlagsrecht des → Bundeskanzlers zur Ernennung von Ministern (Art. 64,1 GG) sowie durch die Richtlinienkompetenz des Bundeskanzlers (Art.65 GG). Diese theoretischen Bestimmungen sind jedoch in der politischen Praxis der BRD immer weniger bedeutsam geworden, so daß die politsche Entwicklung diese Rechte zunehmend eingeschränkt hat.

Nach erfolgreichen K.verhandlungen werden K.vereinbarungen getroffen, die die politischen Ziele (Gesetzesvorhaben u.a.m.) und personellen Vorstellungen (Aufteilung und Besetzung der Minsiterien und Staatssekretäre) der beteiligten Parteien widerspiegeln. In der politischen Praxis bedürfen die K.svereinbarungen der Zustimmung der Fraktionen sowie meist auch der Parteivorstände. K. werden vor allem dann abgeschlossen, wenn eine Partei keine absolute Mehrheit erreicht. Dennoch kann es auch K.en geben, wenn eine Partei die absolute Mehrheit gewonnen hat. K.en grenzen sich von Allparteienregierungen und von Wahlbündnissen ab. Sie setzen in der Regel auch die Existenz einer → Opposition voraus. Meistens geht die stärkste Parlamentsfraktion mit einer kleinen Fraktion eine sogenannte kleine K. ein. Allerdings ist es auch möglich gegen die stärkste Fraktion eine kleine K. zu bilden. Eine Große K., aus den stärksten Fraktionen gebildet, widerspricht dem eigentlichen Sinn eines parlamentarischen Systems, das auf dem Grundsatz von Mehrheitsregierung und starker Opposition beruht, wird daher eigentlich nur in Krisenzeiten (Krieg, nationaler Notstand, dringend erforderliche Reformen, die nur mit verfassungsändernder Mehrheit möglich sind) gebildet.

2. Koalitionsvereinbarungen

Nach einer Wahl übernimmt i.d.R. die politische Führung der stärksten Partei die Initiative zur Führung von K.sgesprächen mit dem Ziel, die Regierung zu bilden. Dabei treten die Spitzenpolitiker der die neue K. anstrebenden Parteien – i.d.R. Vorsitzende, Vorstandsmitglieder, Generalsekretäre, einzelne Minister, teilweise auch Ministerpräsidenten der Länder sowie die Fraktionsführungen – zu Gesprächen zusammen, um politische Absprachen über die zukünftige Politik der K. zu treffen. Seit 1961 hat es sich auf Bundesebene eingebürgert, K.svereinbarungen abzuschließen. Solche Abkommen können die Zusammenarbeit während der gesamten Legislaturperiode ebenso beinhalten wie das Versprechen, im Bundestag nicht mit wechselnden Mehrheiten zu stimmen; die Teilnahme der Fraktionsvorsitzenden an Kabinettssitzungen; die Formulierung politischer Grundsätze in den verschiedenen Bereichen der Politik können weitere Absprachen der K.vereinbarung sein. Auch kann eine zeitliche Begrenzung der K. oder eine zeitliche Begrenzung der Amtsdauer des Regierungschefs vereinbart werden, um vorzeitig Neuwahlen herbeizuführen. K.svereinbarungen sind rechtlich nicht bindend und können nicht eingeklagt werden. Um die K.svereinbarungen zu überprüfen und die in einer K. mit Sicherheit während einer Legislaturperiode auftretenden Spannungen zu entschärfen, wird ein K.sausschuß eingerichtet, dem die Spitzenpolitiker der die K. eingehenden Partei angehören. Er hat neben der allgemeinen Koordination der Aufgaben, aufkommende Streitigkeiten zwischen den K.partnern auszugleichen, die parlamentarische Arbeit vorzubesprechen, Initiativen der Regierung zu klären und somit die Regierungs- und Parlamentsarbeit zu koordinieren. K.sausschüsse „haben sich inzwischen zu einem informellen Entscheidungsorgan mit umfassenden Kompetenzen entwickelt", (*Schreckenberger* 1994:334). Es tritt damit das Problem der Verfassungskonformität auf, da der K.sausschuß als eine Art Nebenregierung wirken kann, die in der Verfassung nicht vorgesehen ist. So gab es z.Z. der Großen K. den „Kreßbronner Kreis", dem auch Spitzenpolitiker der →CDU/ →CSU und →SPD angehörten, die aber nicht in der Regierung vertreten waren. Als Quasi-Verfassungsorgan betreibt der K.sausschuß faktisch die Geschäfte der Regierung, ohne dem Parlament verantwortlich zu sein. Unterhalb des K.auschusses haben sich K.sarbeitsgruppen gebildet, die eine immer wichtigere Rolle spielen.

3. Koalitionen in Deutschland

Grundsätzlich sollten in einem parlamentarischen System alle im Parlament vertretenen Parteien untereinander koalitionsfähig sein. Durch den Einzug von Extremparteien in den Deutschen Bundestag – z.B. in der Anfanghsphase der BRD auf der Linken die KPD(→ Splitterparteien) und in den 60er Jahren in sieben Landtage die NPD(→ Splitterparteien) – verringerte sich die parlamentarische Basis für die K.sbildung. Die Bildung von K. entzieht sich weitgehend dem Wählerwillen und ist in das Ermessen von Parteien gestellt. Zwar werden seit längerem von den Parteien vor den Wahlen K.saussagen getroffen, doch werden diese nicht immer eingehalten, wenn z.B. die Mehrheitsverhältnisse eine solch beasichtigte K.sbildung nicht zulassen. So hat z.B. die SPD in Bad.-W. 1992 eine K. mit der CDU im Wahlkmapf ausgeschlossen, mußte dann aber aufgrund des Wahlergebnisses eine Große K. mit der CDU eingehen. Die Bildung einer K. kann strukturprägend für eine gesamte Epoche wirken. So hat die Bildung einer bürgerlichen K. aus CDU/CSU, →FDP und DP 1949 die ununterbrochene 20jährige Regierungsherrschaft der CDU ebenso begründet wie die die Tatsache, daß diese Partei die ersten drei Bundeskanzler (*Adenauer* 1949-1963, *Erhard* 1963-1966, *Kiesinger* 1966-1969) stellte. Mit der Bildung der Großen K. 1966 wies die SPD ihre Regierungsfähigkeit auf Bundesebene nach und konnte – nicht zuletzt aufbauend auf den Erfolgen als Regierungspartei – 1969 eine kleine K. mit der FDP eingehen, die bis 1982 Bestand hatte. In dieser Zeit regierten die sozialdemokratischen Bundeskanzler *Brandt* (1969-1974) und *Schmidt* (1974-1982).

Die Bonner Regierungsparteien versuchen auf der Länderebene analoge K.en einzugehen, um möglichst auch im → Bundesrat über die Mehrheit zu verfügen. So gab es während der Regierungszeit der sozial-liberalen K. auch viele sozialliberale Länderregierungen. Aufgrund des → Föderalismus und der Zunahme der Anzahl der Länder durch die →Wiedervereinigung ist es aber unwahrscheinlich, daß in allen Bundesländern gleiche K.en wie auf Bundesebene gebildet werden. Länderk.en haben nicht nur die Funktion, den Bonner Oppositionsparteien eine Möglichkeit zur Regierungsausübung auf Länderebene zu bieten, sondern sind gleichzeitig Experimentierfeld für eine mögliche zukünftige K. auf Bundesebene. So hat die Bildung der sozial-liberalen K. in NW als Test für die Bildung der SPD/FDP-Regierung auf Bundesebne gedient. Im Frühjahr 1995 stellt sich in D eine Vielfalt von K.en dar. Große K.en amtieren in B., Bad.-W.,M.V. und Thür. CDU-FDP-K.en gibt es nicht mehr. Eine SPD-FDP-K. regiert seit 1991 in R.P. Die SPD regiert mit den Grünen zusammen in Nds. und Hess. Auch in Sa.A. gibt es eine K. aus SPD und → Bündnis 90/Die Grünen, die allerdings nur als Minderheitsregierung amtiert und von der → PDS toleriert wird. Eine sogenannte Ampelk., bestehend aus SPD, FDP und Grünen, regiert seit 1991 in HB. Alleinregierungen stellt die SPD in NW, S.H., HH, Sa. und Bbg., während die CDU in Sa. und die CSU in Bay. allein regiert.

Je mehr Parteien eine K. bilden, desto anfälliger dürften K.en sein. Eine mit einer kleinen Mehrheit agierende K. kann politisch schlagkräftiger als eine große K. sein, da die Fraktionsdisziplin in kleinen K.en i.d.R. größer ist. K.en können systemoppositionelle Parteien einbinden und damit zu evolutionärer Veränderung beitragen, indem sie gleichzeitig das politische System stabilisieren. Allerdings werden durch K.en die politischen Alternativen reduziert.

Literatur

Münch, Ingo von 1993: Rechtliche und politische Probleme von Koalitionsregierungen. Berlin.

Schreckenberger, Waldemar: Informelle Verfahren der Entscheidungsvorbereitung zwischen der Bundesregierung und den Mehrheitsfraktionen: Koalitionsgespräche und Koalitionsrunden, in: ZParl 3/94.

Völk, Josef Anton 1989: Regierungskoalitionen auf Bundesebene. Dokumentation und Analyse des Koalitionswesens von 1949 bis 1987. Regensburg.

Wichard Woyke

Kulturpolitik

Als Bundesstaat hat D mindestes in der Theorie, gerade auf dem Feld der Kulturpolitik eine Arbeitsteilung zwischen gesamtstaatlichen, regionalstaatlichen und kommunalen Instanzen aufgebaut, in der der Bund wenig, die Länder dagegen fast alles zu sagen haben. Über den mißverständlichen Begriff der „Kulturhoheit der Länder“ wird dieses Prinzip von manchen Verwaltern und einzelnen Verfassungsjuristen besonders vehement verteidigt, und dies nicht etwa nur für die Bildungs- und Wissenschaftspolitik (wo darüber auch gestritten werden kann), sondern für die Kulturpolitik im engeren Sinne, mit der wir uns hier befassen wollen.

1. Der „kooperative Kulturföderalismus“

Tatsächlich ist aber im besonderen Feld von Kunstförderung und Kulturvermittlung eher von einer Dominanz der größeren Städte sowie auch von Teilen der Kulturwirtschaft auszugehen (Verlagswesen, Kunsthandel etc.) und nach den Wertentscheidungen des → Grundgesetzes jedenfalls nicht von „hoheitlicher“ Eingriffsverwaltung. Ohnehin hat die deutsche Einigung mit ihrer Beanspruchung der Bundesfinanzen auch auf kulturellem Terrain die realen Gewichte so verschoben, daß sie zu Beginn der 90er Jahre sichtbar zu Buche schlugen (so erhöhte sich der Bundesanteil an der öffentlichen Kulturfinanzierung, insgesamt rund 12,5 Mrd. DM in den letzten Jahren, von etwa 3 auf 10%, dürfte inzwischen aber nur noch bei 5-6% liegen).

Man wird daher gut daran tun, die Beziehungen zwischen Bund und Ländern sowie die zwischen öffentlichen und privaten Instanzen im Kultur- und Medienbereich nicht allein nach formaljuristischen Kategorien oder gar, wie es neuerdings Mode wird, nach Maßstäben harter ökonomischer Konkurrenz zu bewerten. Es überwiegen hier bislang die *Komplementärbeziehungen*, die allerdings zunehmend um eine Art „kulturelle Konkurrenz" bereichert werden: Kultur gilt z.B. als sogenannter „Standortfaktor", der etwa dem Image einer Stadt nach außen ebenso gut tut wie ihrer Position in der Auseinandersetzung um Dienstleistungsfunktionen oder Industrieansiedlungen in einer Region. Repräsentative Kultureinrichtungen können dabei ebenso eine Rolle spielen wie etwa die künstlerische und auch die „sozio-kulturelle" Szene.

Durch die Förderung von kulturellen Einrichtungen mit gesamtstaalicher Bedeutung (Festspiele oder Stiftungen sowie die auswärtige Kulturpolitik) tragen Bundeseinrichtungen zu einer Erweiterung dieses friedlichen Wettbewerbs in internationale Dimensionen bei. Das – nicht immer störungsfreie – Zusammenwirken der verschiedenen Träger bei der Förderung und Mitgestaltung des kulturellen Lebens bezeichnet man in Deutschland gerne als „kooperativen Kulturföderalismus".

2. Institutionelle Arbeitsteilung

„Soweit kulturelle Angelegenheiten überhaupt staatlich verwaltet und geregelt werden können", so das → Bundesverfassungsgericht in seinem berühmten ‚Fernsehurteil' vom 28.2.1961, fallen sie – abgesehen von bestimmten „Begrenzungen oder Ausnahmen zugunsten des Bundes" – zunächst einmal in die Kompetenz der Länder, die davon freilich in Fragen von bundesweiter Bedeutung bislang nur sparsam Gebrauch gemacht haben. Erst neuerdings, beim Thema „Europäische Integration", fanden sie zu einer wirklich abgestimmten konstruktiven Haltung und kooperierten dabei auch mit dem Bund und anderen Mitgliedsstaaten der EG – was sich in den Beschlüssen von Maastricht mit einer föderalismusfreundlichen „Kulturklausel" niederschlug. Bislang organisieren die Länder ihre Zusammenarbeit vor allem durch die „Ständige Konferenz der Kultusminister der Länder" (KMK) mit einem Sekretariat und Fachausschüssen. Daß die Meinungsbildung und die Verabschiedung von gemeinsamen Beschlüssen in diesem Gremium sehr schwierig sind, kann nicht verwundern: Beschlüsse und Abkommen bedürfen der Einstimmigkeit, zur Erlangung von Rechtskraft in den einzelnen Bundesländern sogar zusätzlich der Verabschiedung durch die jeweiligen Landesparlamente. Zudem galt bisher, daß sich die KMK verhältnismäßig selten zu Kulturfragen im engeren Sinne äußerte, vielmehr eher ein Beratungsinstrument für bildungs- und hochschulpolitische Fragen darstellte.

Die → Bundesländer sind, einzeln oder insgesamt, an der Trägerschaft und Finanzierung verschiedener übergreifender kultureller Einrichtungen beteiligt. Als Beispiele sind etwa das Deutsche Bibliotheksinstitut in Berlin, die Deutsche Künstlerhilfe beim → Bundespräsidenten in Bonn, die Deutsche Akademie für Sprache und Dichtung in Darmstadt und das Kuratorium Junger Deutscher Film in Wiesbaden zu nennen. In der auswärtigen Kulturpolitik, insbesondere an der Gestaltung internationaler Kulturabkommen, sind die Bundesländer ebenfalls (durch eine besondere Vertragskommission) beteiligt. Im einzelnen Bundesland sind jeweils die Kultusminister oder -senatoren (gelegentlich auch „Minister für Wissenschaft und Kunst") sowie entsprechende Fachausschüsse der Länderparlamente zuständig.

Gemeinsame kulturpolitische Interessen der großen *Städte* werden vor allem vom Deutschen Städtetag/Köln repräsentiert, der sich schon mehrfach in öffentlichen Erklärungen zu aktuellen Fragen geäußert hat, der die Mitgliedskommunen berät oder durch Publikationen informiert und der auch längerfristige Vorhaben in seinen Fachausschüssen behandelt oder durch eine Mitgliedschaft in Institutionen und Stiftungen zu verwirklichen hilft. In ähnlichem Sinne wirken für die übrigen Kommunen der Deutsche Städte- und Gemeindebund/Düsseldorf und neuerdings verstärkt der Deutsche Landkreistag/Bonn.

In den meisten größeren → Gemeinden gibt es inzwischen eigenständige Kulturdezernenten, von denen einige es verstanden haben, durch Neuerungen, experimentelle Förderung und ganz besonders auch durch die Erweiterung des „kulturellen Spektrums", gelegentlich auch durch populäre Publikationen, sich einen Namen zu machen.

Auf der Ebene der → Bundesregierung sind verschiedene Ministerien direkt oder indirekt mit kulturellen Angelegenheiten befaßt.

Das *Bundesministerium des Innern* ist zum Beispiel für die Unterstützung von Stiftungen, Verbänden, Festspielen und nationalen Kulturfonds, für die Denkmalpflege, für die Unterhaltung der deutschen Akademie Villa Massimo in Rom (an der Künstler und Autoren jeweils einige Arbeitsmonate verbringen können), für die Förderung von national bedeutsamen Sammlungen von Kulturgut und von Publikationen (z.B. Stiftung Preußischer Kulturbesitz in Berlin und Deutsche Bibliothek in Frankfurt) sowie auch für die kulturelle Filmförderung zuständig. Auch die Bundesministerien für Bildung, Wissenschaft, Forschung und Technologie (z.B. Künstlerausbildung und kulturelle Bildung, Forschung für Kulturpolitik, Archäologie und Denkmalpflege), Justiz (z.B. Urheberrecht), Wirtschaft (z.B. wirtschaftliche Filmförderung) oder Arbeit und Soziales (z.B. Künstlersozialversicherung) haben hier wichtige Aufgaben.

Das *Auswärtige Amt* wird nicht allein über seine diplomatischen Vertretungen im Ausland oder im Rahmen (der mit über 30 Ländern abgeschlossenen) Kulturabkommen tätig. Von größerer Bedeutung ist in den meisten Fällen vielmehr die Arbeit der Goethe-Institute und mit der Durchführung von Kontakten und Medienprogrammen beauftragter „Mittler-Organisationen". Zu letzteren gehört beispielsweise der gemeinnützige Verein Inter Nationes, der unter anderem Zeitschriften, Bücher und Filme ins Ausland liefert, sowie das Institut für Auslandsbeziehungen in Stuttgart, das eine umfangreiche auslandskundliche Bibliothek unterhält und z.B. auch Ausstellungen und Beratungsdienste übernimmt. Andere Mittlerorganisationen sind etwa die Deutsche UNESCO-Kommission, die den internationalen und zwischenstaatlichen kulturellen und wissenschaftlichen Erfahrungsaustausch fördert, sich aber z.B. auch um die Frage der Gestaltung von Schulbüchern kümmert. Wichtig sind auch spartenbezogene Einrichtungen wie der Deutsche Musikrat, der, ebenfalls mit maßgeblicher Förderung des Auswärtigen Amtes, Chöre und musikalische Ensembles in alle Erdteile vermittelt, umgekehrt aber auch die Betreuung ausländischer Gäste aus dem musikalischen Bereich im Inland übernimmt.

Damit ist zugleich ein Grundsatz der auswärtigen Kulturarbeit der Bundesrepublik Deutschland (und auch in den Nachbarländern) angesprochen, über den im allgemeinen Einigkeit herrscht. In der auswärtigen Kulturarbeit soll es weniger um den „Kulturexport" oder um eine einseitige Beeinflussung im Sinne der Regierung gehen, vielmehr soll auf einen möglichst vielseitigen „kulturellen Dialog" mit dem Partnerland geachtet werden.

3. Schwerpunkte der Kulturförderung

Schließlich spielen in der Kulturpolitik, und dies im letzten Jahrzehnt zunehmend, Verbände und ihre Zusammenschlüsse eine Rolle, darunter als Dachorganisation vor knapp 200 Bundesverbänden aller Sparten der *Deutsche Kulturrat.*

Daß es in der DDR während der rund 40 Jahre ihres Bestehens erhebliche Spannungen zwischen Teilen der „Intelligenz" und der herrschenden Parteibürokratie gab, die mit der Ausweisung zahlreicher Künstler und Schriftsteller in den 70er Jahren ihren Höhepunkt erreichten, liegt beinahe auf der Hand. Doch gab es auch in der BRD Konflikte um die Kulturförderung: Ob versucht wurde, Einfluß auf politisch mißliebige Programme öffentlicher Einrichtungen zu nehmen (z.B. die Versuche in den 50er Jahren, B. *Brecht* von den Theater-Spielplänen zu verbannen) oder ob sich ein Künstler oder Schriftsteller während einer Preisverleihung unbotmäßig verhielt – stets wurde bei solchen und vielen anderen Gelegenheiten etwas von den Spannungen im Verhältnis „Kunst und Staat" sichtbar. Diese Spannungen sind im Grunde kaum zu vermeiden, weil es zu den Prinzipien der Arbeit von Verwaltungen gehört, eher zu harmonisieren und zu verallgemeinern, während doch ein Künstler oder Autor, aber auch ein Ausstellungsmacher oder ein Theaterdramaturg häufiger seinen Ehrgeiz daransetzt, Konflikte erst richtig herauszuarbeiten oder doch das Besondere, das Individuelle und weniger das Allgemeine zu betonen.

Gleichzeitig hat sich – so paradox dies zunächst klingen mag – in der BRD auch ein hohes Maß an Gemeinsamkeit in den Auffassungen über die Kunstförderung herausgebildet, und zwar gerade dort, wo man dies normalerweise kaum vermuten würde: in der Rechtsprechung und im juristischen Schrifttum.

Die „herrschende Meinung" unter den Verfassungsjuristen ist sich einig, daß der Staat und die → Gemeinden zwar Kunst oder Literatur sowie ganz allgemein die kulturellen Belange fördern sollen, daß dies aber nicht auf direkte Eingriffe in den künstlerischen Freiheitsraum und auf „staatliches Kunstrichtertum" hinauslaufen darf (so auch das → Bundesverfassungsgericht in einem Grundsatzurteil am 5.3.1974).

Folgende Hauptformen der Kulturförderung sind zu unterscheiden (ungefähre Reihenfolge nach finanzieller Bedeutung):

1. *Unterhalt öffentlicher Institutionen* (z.B. Theater, Museen, Bibliotheken), die vorrangig der Kulturvermittlung dienen,
2. *indirekte Kulturförderung* durch Schaffung günstiger rechtlich-sozialer Rahmenbedingungen (z.B. im Steuer-, Sozial- und Medienrecht, durch eine Ermäßigung von Eintrittspreisen für bestimmte Gruppen oder auch durch bestimmte Angebote der Schulen und Hochschulen),
3. *Förderung „freier" Kulturaktivitäten* (z.B. durch Preise oder Stipendien für Künstler und Autoren, durch die Unterstützung privater Theater oder durch Hilfen für Amateurvereinigungen, Kunstvereine usw.) sowie
4. *direkte wirtschaftliche Hilfen* im Kultur- und Mediensektor (vor allem im Bereich der Produktion und des Vertriebs von Filmen, gelegentlich aber auch bei der Ansiedlung von Betrieben, z.B. durch Mieterlaß für Räume).

In etwas anderer, „funktionaler" Beschreibung ließe sich zusammenfassen, daß die öffentlichen Haushalte des Staates und der Gemeinden den weitaus größten Teil ihrer Mittel zur Kulturförderung für Aufgaben der professionellen *Kunstvermittlung* und kulturellen *Bildung* zur Verfügung stellen. Die direkte Anregung der kulturellen Produktivität, etwa durch eine umfassende individuelle Künstlerförderung, wie z.T. in Skandinavien oder in Holland, oder die forcierte Entwicklung aller Bereiche der Kulturwirtschaft, wie in Frankreich, gehören dagegen weniger zu den Spezialitäten deutscher Kulturpolitik.

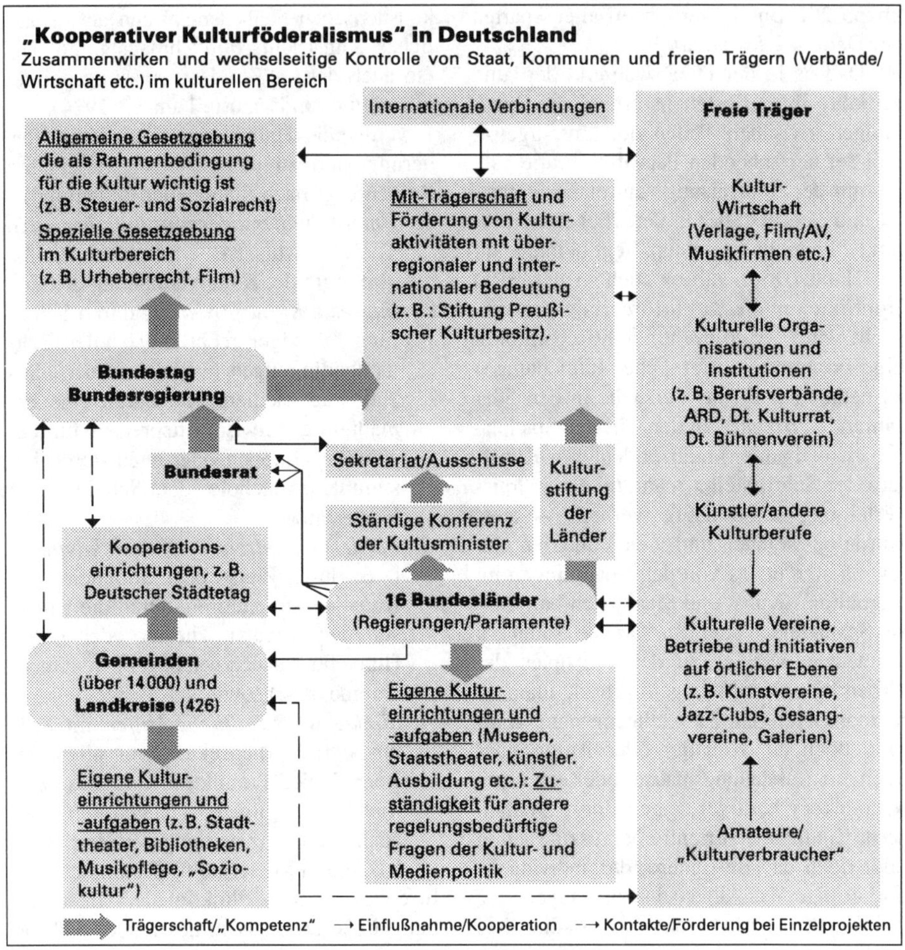

Quelle: A.J. Wiesand in: Deutschland – Portrait einer Nation, Bd. 4, Kunst und Kultur. Bertelsmann-Lexikothek-Verlag, Gütersloh 1992

Während die Bedeutung des Sponsoring und anderer Formen *privater Kulturfinanzierung* häufig überschätzt werden (gut 300 Mio. DM gegenüber rund 13 Mrd. DM öffentlicher Mittel) geht es der *Kulturwirtschaft m*eist umgekehrt: sie setzte 1992 über 52 Mrd. DM um und ist damit einer der wichtigsten Motoren des „Kulturbetriebes", vor allem in der Literatur und im Kunstmarkt.

Literatur

Benda, E./Maihofer, W./Vogel, H.-J. (Hrsg.) 1983: Handbuch des Verfassungsrechts. Berlin.
Deutscher Kulturrat (Hrsg.) 1994: Zweiter Bericht zur Kulturpolitik. Bonn.
Deutschland – Porträt einer Nation (Bd 4 Bertelsmann Lexikon Verlag. Gütersloh 1992)
Fohrbeck, K./Wiesand A.J. 1989: Von der Industriegesellschaft zur Kulturgesellschaft? München.
Geis, M.-E. 1990: Kulturstaat und kulturelle Freiheit. Baden-Baden.
Hofecker, F.-O./Söndermann, M./Wiesand, A.-J. (Hrsg.) 1994: Kulturfinanzierung im Föderalismus. Bonn.
Hoffmann, H. 1991: Kultur für alle. Frankfurt.
Küster, B. 1990: Die verfassungsrechtliche Problematik der gesamtstaatlichen Kunst- und Kulturpflege in der Bundesrepublik Deutschland. Frankfurt.
Oppermann, Th. 1969: Kulturverwaltungsrecht. Tübingen.

Andreas J. Wiesand

Land Baden-Württemberg

1. Historischer Hintergrund

Bad.-W. existiert erst seit 1952, gebildet aus den damals bestehenden Ländern Württemberg-Baden (Hauptstadt Stuttgart), Württemberg-Hohenzollern (Tübingen) und Baden (Freiburg), die durch die Aufteilung zwischen der amerikanischen und französischen Besatzungsmacht nach 1945 aus den historischen Ländern Baden (Karlsruhe) und Württemberg (Stuttgart) sowie den Hohenzollerischen Landen Preußens (Regierungsbezirk Sigmaringen mit den Kreisen Sigmaringen und Hechingen) entstanden waren. Nach dem Sa. war Bad.-W. damit das jüngste Land der alten BRD. Ermöglicht wurde der Zusammenschluß durch die Sonderregelung des Art. 118 GG, die abweichend von Art. 29 GG ein vereinfachtes Verfahren im Falle einer Südweststaatsgründung vorsah (Regierungsvereinbarung oder, wenn diese nicht zustande kam, ein Bundesgesetz, das „eine Volksbefragung vorsehen" mußte). Widerstand gab es von Seiten des Landes Baden, Streit dann wegen des Abstimmungsmodus bei der Volksbefragung: Das Bundesgesetz sah eine Abstimmung nach den vier Bezirken Nord- und Südbaden, Nordwürttemberg und Südwürttemberg-Hohenzollern vor, wobei der Zusammenschluß als zustandegekommen galt, wenn drei der vier Bezirke zustimmten. So kam es dann auch, wobei die Verfechter der Wiederherstellung Badens für sich reklamieren konnten, daß bei einer Abstimmung nach den alten Ländern der Zusammenschluß in Baden keine Mehrheit erzielt hätte. Mit einem solchen „Geburtsfehler" behaftet, trat Bad.-W. am 25.4. 1952 ins Leben. Die Hypothek wurde erst am 7.6.1970 abgetragen, als bei einer erneuten Volksabstimmung Baden sich für die Beibehaltung des neuen Staates aussprach.

Die Widerstände namentlich aus dem katholischen Südbaden gegen einen Zusammenschluß mit Württemberg kamen nicht von ungefähr, sie sind in unterschiedlichen politischen Kulturen begründet. Furcht bestand vor einer Dominierung durch die als vorwiegend asketische Protestanten wahrgenommenen und als ungemein tüchtig („schaffig") eingestuften „Schwaben". Das ist bis heute nicht ganz ausgeräumt. Übersehen werden darf aber nicht, daß sowohl Baden als auch Württemberg Kinder der napoleonischen Neuordnung im Südwesten sind. Vorher gab es auf dem Gebiet Bad.-W.s wie fast nirgendwo sonst in D über Jahrhunderte hinweg eine Vielzahl quasisouveräner weltlicher und geistlicher Herrschaften sowie Freier Reichsstädte (ca. die Hälfte aller Reichsstädte in D lag hier), die die politische Kultur des Landes tiefgreifend geprägt haben, nicht zuletzt in Richtung einer eher partizipativen civic culture. Wegen der mangelnden territorialen Größe konnte sich Absolutismus hier nicht durchsetzen, kennzeichnend war vielmehr ein Dualismus von Herrschaft und Landschaft (als die Vertretung der Untertanen). Auch die Konfessionsverhältnisse waren entsprechend den Herrschaftsverhältnissen außerordentlich zersplittert, wobei mit dem Herzogtum Württemberg allerdings ein geschlossener protestantischer Block existierte. Nicht nur für das Wahlverhalten sind die alten konfessionellen Verhältnisse bis heute von Bedeutung.

Als positives Erbe der Kleinstaaterei ist die dezentrale Struktur Bad.-W.s zu würdigen; wirtschaftlich, vor allem aber kulturell. Die Gründung des modernen Württemberg mit Hilfe *Napoleons* war faktisch eine Einverleibung neuer Gebiete (vor allem südlich der Donau, die vorwiegend katholisch waren), wobei es Württemberg gelang, auch den neuen Gebieten seinen Stempel aufzudrücken; demgegenüber handelte es sich im Falle Badens faktisch um eine Neugründung – mit allen Integrationsproblemen, die auch mit Hilfe politischer Modernisierung bewältigt werden sollten. Daß es in Baden 1848/49 die einzig erfolgreiche Revolution in D gab und später dann einen heftigen Kulturkampf, in Württemberg beides jedoch nicht, ist kein Zufall und hat Nachwirkungen bis heute.

2. Bevölkerung – Gesellschaft – Wirtschaft

Nach Fläche (35751qkm), Einwohnerzahl (10,23 Mio., 1993) und Wirtschaftskraft, gemessen am BP (431,0 Mrd. DM 1991), ist Bad.-W. das drittgrößte Land in D (wie vorher schon in der BRD). Dabei ist das produzierende Gewerbe von besonderer Bedeutung: rund die Hälfte (1992: 47,1%) trägt es zur Wertschöpfung des Landes bei, und jeder zweite Erwerbstätige ist hier beschäftigt. Eine Vorrangstellung hat die Investitionsgüterindustrie mit den Branchen Maschinenbau, Elektrotechnik und Fahrzeugbau (Daimler-Benz, Porsche, Audi). An zweiter Stelle rangiert die Verbrauchsgüterindustrie mit den Branchen Textil, Bekleidung, Holz- und Kunststoffverarbeitung, Druck. Problembranchen wie Kohle, Stahl, Schiffbau etc. fehlen. Viel zugute hält sich das Land auf seine dezentrale und mittelständische Wirtschaftsstruktur (das letzte ist nur mit Abstrichen zutreffend). Über die Jahre hinweg weist Bad.-W. in D die mit Abstand geringste Arbeitslosenquote auf, sie liegt gegenwärtig bei 4,4% (alte Länder 6,6%, Jahresdurchschnitt 1992). Günstige Wirtschaftsstruktur und Arbeitsmarktsituation sowie ein nicht unerheblicher Freizeitwert (Schwarzwald, Bodensee, Allgäu u.a.) haben Bad.-W. zu einem Zuwanderungsland gemacht. 11,7% der Einwohner sind (1993) → Ausländer, in absoluten Zahlen weist Bad.-W. nach NW die meisten Ausländer auf. 39,6% der Einwohner sind evangelisch, 44,3% katholisch (1993). Die Protestanten Württembergs und Hohenzollerns sind Mitglied der Württembergischen Landeskirche (Stuttgart), die Badens der Badischen Landeskirche (Karlsruhe), die Katholiken Württembergs gehören zum Bistum Rottenburg-Stuttgart, die Badens und Hohenzollerns zum Erzbistum Freiburg. Einflußreich sind im evangelischen Bereich namentlich Württembergs zahlreiche religiöse Gemeinschaften fundamentalistischer Ausrichtung (Pietisten).

3. Politisches System

3.1 Verfassung

Dem Alter des Landes entsprechend, hat Bad.-W. auch die jüngste Verfassung der alten BRD, sie wurde am 11.11.1953 von der Verfassunggebenden Landesversammlung verabschiedet, also deutlich nach Gründung der BRD und Verabschiedung des → GG. Das ist nicht ohne Auswirkungen geblieben. So verzichtet die Landesverfassung – auf das GG verweisend – auf einen eigenen Grundrechtsteil. Auch was die Rechtsstellung der Regierung und die Rolle des Ministerpräsidenten angeht, ist der Einfluß des GG unverkennbar (s.u.). Verabschiedet wurde die Landesverfassung im Zeichen einer Allparteienkoalition, die Vorherrschaft einer Partei gab es in der Verfassungsgebenden Landesversammlung nicht (von 121 Mitgliedern 50 CDU, 38 SPD, 23 FDP/DVP, 6 BHE, 4 KPD), von daher konnte ein von allen politischen Kräften getragener Kompromiß zustandekommen. Entsprechend ist die Landesverfassung bis heute nur 15 mal geändert worden. Strittig war vor allem die Schulfrage, auch hier fand man einen Kompromiß, bis dann in der Zeit der Großen Koalition 1967 die staatliche Konfessionsschule und die konfessionelle Lehrerbildung endgültig wegfielen; den Ausschlag dafür hatte letztlich die Reform des Schulwesens mit der Beseitigung der Zwergschulen gegeben. Als Besonderheit verdient hervorgehoben zu werden, daß die Landesverfassung in Anknüpfung an die partizipative Tradition des Landes Elemente der direkten Demokratie kennt. So die Möglichkeit, den Landtag durch Volksabstimmung aufzulösen, wenn ein Sechstel der Wahlberechtigten das in einem Volksbegehren verlangt und die Mehrheit der Stimmberechtigten dem beitritt (Art. 43). Ein solcher Versuch ist bislang nur einmal unternommen worden, und zwar von den Gegnern der kommunalen Gebietsreform 1971, das erfolgreiche Volksbegehren fiel in der Abstimmung durch. Wie in weiteren fünf Ländern gibt es in Bad.-W. (seit 1974) die Möglichkeit der Volksgesetzgebung (Art. 59/60): 1/6 der Wahlberechtigten ist für ein erfolgreiches Volksbegehren auf der Grundlage eines Gesetzentwurfes erforderlich. Wenn der Landtag sich den Entwurf nicht mit Mehrheit zu eigen macht, findet eine Volksabstimmung statt, bei der das Gesetz beschlossen ist, wenn die Mehrheit zugleich 1/3 der Wahlberechtigten ausmacht. Auf Verlangen von 1/3 der Landtagsmitglieder kann auch die Regierung ein bereits beschlossenes Gesetz zur Volksabstimmung vorlegen (Art. 60,2). Bislang hat es keinen Fall von Volksgesetzgebung in Bad.-W. gegeben. Als erste Landesverfassung (1976) hat die von Bad.-W. den Schutz der Umwelt als Verfassungsauftrag unter die Staatszielbestimmungen (Art. 86) aufgenommen. Weitere Verfassungsänderungen betrafen die Stellung des Landtags: Stärkung der Untersuchungsausschüsse (z.B. striktes Verbot für die Parlamentsmehrheit, den Untersuchungsgegenstand gegen den Willen der Minderheit abzuändern, Art. 34/35, 1976), das Notstandsrecht (von der „Stunde der Exekutive" zu der der Legislative, Art. 62, 1976) und Verbesserung des Petitionsrechts (u.a. Verankerung des Petitionsausschusses in der Landesverfassung Art. 35a, Ausgestaltung des Petitionsrechts zu einem Kontrollinstrument gegenüber der Exekutive, z.B. mit direktem Aktenzugang ohne Einschaltung des Ministeriums und seiner Spitze, 1979), die Zusammenlegung von Präsidium und Ältestenrat zu einem schlagkräftigen Führungsorgan mit

Namen Landtagspräsidium (Art. 32, 1984). In Sachen Haushaltsrecht und Regierungsorganisation (s.u.) sind elastischere Regelungen in die Landesverfassung eingeführt worden (z.B. Möglichkeit mehrjähriger Haushalte, Soll-Vorschrift bei Deckungsgebot). Weitere Änderungen der Landesverfassung betrafen die Herabsetzung des aktiven und passiven Wahlrechts auf nunmehr 18 Jahre (Art. 26, 1975).

3.2 Organisation des politischen Systems

Bad.-W. verfügt wie der Bund und die übrigen → Bundesländer über ein parlamentarisches Regierungssystem, jedoch anders als der Bund und Bay. nur mit einer Kammer, dem Landtag mit 120 Abgeordneten (durch Überhang- und Ausgleichsmandate kann sich die Zahl geringfügig erhöhen, s.u.). Der Ministerpräsident wird von der Mehrheit der Mitglieder des Landtags gewählt (Mindestalter 35 Jahre, Art. 46). Entsprechend dem „Kanzlerprinzip" beruft und entläßt er die Mitglieder seiner Regierung, wobei er allerdings für die Regierung als ganzes die Bestätigung durch den Landtag bedarf (Mehrheit der abgegebenen Stimmen). Über die Geschäftsbereiche und ihre Abgrenzung beschließt die Regierung, wozu allerdings ein Bestätigungsbeschluß des Landtags erforderlich ist (der Landtag kann jedoch keine Abänderungen vornehmen, Art. 45). „Der Ministerpräsident bestimmt die Richtlinien der Politik und trägt dafür die Verantwortung. Er führt den Vorsitz in der Regierung und leitet ihre Geschäfte ..." (Art. 49). Der erste Satz ist wortgleich mit der Regelung in Art. 65 GG, der zweite inhaltsgleich. Wie das GG kennt auch die LV das konstruktive Mißtrauensvotum (Art. 54 analog zu Art. 67 GG). Anders als der → Bundesregierung können der Landesregierung auch Staatssekretäre und Staatsräte angehören, beide mit oder ohne Stimmrecht, wobei die Zahl der Staatssekretäre nicht mehr als ein Drittel der Zahl der Minister betragen darf (Art. 45,2). Seit 1972 sind Politische Staatssekretäre hinzugekommen, die allerdings formal nicht Mitglied des Kabinetts sind (aber natürlich an dessen Sitzungen teilnehmen); sie sollen ihren Minister bei der politischen Ressortleitung unterstützen, und zwar entsprechend seinen Delegationsvorstellungen. Oberster Beamter eines Ressorts ist der Ministerialdirektor (der im Ausnahmefall in den Rang eines beamteten Staatssekretärs berufen werden kann). Er ist politischer Beamter (wie sonst nur noch die Regierungspräsidenten). Mithin gibt es in Bad.-W. drei Kategorien von Staatssekretären: den Staatssekretär mit Kabinettsrang (mit und ohne Stimmrecht), den Politischen Staatssekretär als Ministergehilfen (ohne Kabinettsrang) und den beamteten Staatssekretär als Ministerialdirektor de luxe (als seltene Ausnahme). Staatsräte sind demgegenüber Kabinettsmitglieder ohne Ressort, auf deren politischen Rat besonderer Wert gelegt wird. Nach Gründung des Landes nutzte man dieses Instrument, um das frustierte Südbaden zu beruhigen (auch der spätere Innenminister und Ministerpräsident *Dr. H. Filbinger* kam als Staatsrat aus Südbaden erstmals ins Kabinett. Ministerpräsident *L. Späth* (1978-91) verschaffte seinem obersten Kunstkoordinator mit dem Instrument des Staatsrates Platz am Kabinettstisch, Ministerpräsident *E. Teufel* (seit 1991) seinem engsten Berater aus den Zeiten des Fraktionsvorsitzes, der inzwischen Vorstandsmitglied der Landeskreditbank geworden war.

Minister (einschließlich Ministerpräsidenten und Staatssekretäre) müssen nicht Mitglied des Landtags sein. In der Tat haben die Ministerpräsidenten immer auch Außenseiter ins Kabinett geholt, nicht zuletzt aus dem Kreis der Bürgermeister. Fast immer haben sich die Minister zur Absicherung ihrer Position nachträglich um ein Landtagsmandat bemüht. In der Zeit der absoluten Mandatsmehrheit der CDU (1972-92) waren die Ministerpräsidenten, nicht zuletzt aufgrund ihrer Popularität, ziemlich frei in der Zusammenstellung ihrer Ministermannschaft, so daß man hier vom Typ des „homogenen Gefolgschaftskabinetts" (R. *Herzog*) sprechen konnte.

Analog zum Bundeskanzleramt ist das Staatsministerium als Kanzlei des Ministerpräsidenten zu einem wirksamen politischen Führungsinstrument ausgebaut worden, mit Spiegelreferaten für alle Ministerien. Zudem versucht das Staatsministerium, die Spitzenpositionen in den Ministerien mit eigenen Leuten zu besetzen. Gleichzeitig wirkt es in die Zentrale der Regierungspartei hinein, mit Hilfe des Ministerpräsidenten, der immer auch Parteivorsitzender war, und auf Grund des geballten Sachverstandes der Regierungszentrale.

Auf Grund der Verfassung ist die Position des Landtags gegenüber der Regierung durchaus stark, doch wie in allen Ländern hat eine Gewichtsverlagerung zugunsten der Exekutive stattgefunden. Immerhin gelang es der Regierungsfraktion unter den Fraktionsvorsitzenden L. *Späth* und E. *Teufel*, ein Gegengewicht zur Regierung aufzubauen, so daß man mit einigem Recht sagen konnte, die eigentliche → Opposition sei die Regierungsfraktion. Das war allerdings nur möglich unter der Bedingung einer ziemlich komfortablen absoluten Mandatsmehrheit. Dagegen setzte die Regierung seit Ministerpräsident L. *Späth* das Instrument des Politischen Staatssekretärs ein: Vorzugsweise Parlamentarierer mit Störpotential wurden auf diese Weise in die Regierungsloyalität eingebunden, mehr noch: sie sollten auch ihre Fraktionsnachbarn unter Kontrolle halten.

Wie in den anderen Bundesländern auch hat sich das Schwergewicht der Parlamentsarbeit auf die Verwaltungskontrolle verlagert. Große Gesetzgebungsvorhaben sind nach der Bildungsreform, der Verwaltungsreform (die im wesentlichen eine kommunale Gebietsreform war) und der Mediengesetzgebung selten geworden. Überlagerungen durch Bund und EU kommen hinzu.

Bad.-W. hält am Modell des Teilzeitparlamentariers fest; nur wenige Landtagsabgeordnete sind Berufspolitiker. Der sozialen Zusammensetzung nach sind ca. 60% Beamte, 20% Selbständige und Freiberufler, 20% Angestellte. Wie anderswo auch ist der Akademikeranteil hoch (ca. 70%), der Frauenanteil gering (ca. 10%). Bei all dem gibt es charakteristische Abweichungen nach Fraktionen (z.B. höchster Akademiker- und Frauenanteil bei den → „Grünen"). Das hohe Durchschnittsalter (50) läßt deutlich werden, daß politische Karrieren langfristig angelegt werden müssen. Lediglich in konfessioneller Hinsicht stellt der Landtag ein ziemlich getreues Abbild der Bevölkerung dar.

Das Landtagswahlsystem kennt keine Landeslisten, dementsprechend gibt es keine Absicherung und keine Möglichkeit der Fraktionsplanung. Gewählt ist zunächst, wer in einem der 70 Wahlkreise die Stimmenmehrheit erringt. Anschließend wird ermittelt, wieviel Mandate von insgesamt 120 den → Parteien nach dem prozentualen Wahlergebnis zustehen. Entsprechend werden dann die restlichen Mandate vergeben, und zwar an die „ehrenvollst Unterlegenen", d.h. an die Kandidaten, die innerhalb ihrer Partei die absolut meisten Stimmen erhalten haben (wobei in größeren Wahlkreisen die Chancen besser sind). Kommt ein prozentualer Ausgleich auf diese Weise nicht zustande, werden Ausgleichsmandate vergeben (da die → CDU beinahe alle ihre Wahlkreise unmittelbar gewinnt, ist das die Regel).

Verwaltungsmäßig ist Bad.-W. in vier Regierungsbezirke als Mittelinstanzen (Stuttgart, Tübingen, Karlsruhe, Freiburg) gegliedert, in 35 Land- und neun Stadtkreise sowie in 1111 Gemeinden (einschließlich eines gemeindefreien Gebiets). In Bad.-W. gilt die Süddeutsche Ratsverfassung mit einem außergewöhnlich starkem Bürgermeister an der Spitze, der auf acht Jahre von der Bevölkerung direkt gewählt wird. Gut die Hälfte aller Bürgermeister ist parteilos, knapp 90% sind gelernte Verwaltungsfachleute, obwohl die Gemeindeordnung keine Qualifikationsvorgaben macht. Die Gemeinderäte werden auf fünf Jahre gewählt, mit der Möglichkeit zu kumulieren und zu panaschieren; ein ausgeprägter Honoratiorencharakter ist die Folge. Die Gemeindeordnung räumt den Bürgern das Recht zu Bürgerbegehren und -entscheid ein, wie inzwischen in allen Ländern (mit Ausnahme von Bay., Nds.).

3.3 Parteien, Wahlen, Wählerverhalten

Für das → Parteiensystem ist dreierlei charakteristisch: die jahrzehntelange Dominanz der CDU, die traditionell überdurchschnittlich starke Stellung der Liberalen (freilich mit abnehmender Tendenz) und dementsprechend eine unterdurchschnittliche Bedeutung der → SPD – bezogen jeweils auf die Sozialstruktur des Landes (hoher Arbeiter- und Protestantenanteil). Zugute kam der CDU, daß führende Protestanten im württ. Landesteil die Partei nach dem Kriege mitbegründeten (und ihre Klientel aus der Weimarer Zeit mit einbrachten, wie den Christlich Sozialen Volksdienst). Ausschlaggebend sind die Besonderheiten der württ. politischen Kultur: In einem traditionell organisationsfeindlichen Land, in dem persönliche Bindungen mehr zählen als straffe Organisation, zudem mit einem ausgeprägt religiösen Hintergrund, hat es eine eher zentralistische und organisationsgläubige Partei wie die SPD von vornherein schwer. Hinzukommt eine große Distanz zu allen gesellschaftlichen Umgestaltungsansprüchen. (vgl. *Glück* 1991) Ein Großteil der Arbeiter sind von Hause aus Arbeiterbauern. Württ. ist das klassische Land der Pendler. Alles in allem: Die CDU paßte besser zur politischen Kultur des Landes. Nicht nur die CDU, auch die SPD stand in Konkurrenz zur Volkspartei der Liberalen, die immer auch „Kleine-Leute-Partei“ war („ebbes Bäck und ebbes Doktor“). Die CDU hat es langfristig besser vermocht, die Liberalen zu beerben, weil sie eher dem Honoratiorencharakter entsprach. Das alles trifft für den bad. Landesteil nicht zu, wo wir eher das „normale“ Wahlverhalten vorfinden. Zu diesem Bild paßt die Stärke der Freien Wähler bei Kommunalwahlen: 1994 errangen sie 43,8% der Gemeinderatssitze! Bad.-W. war der erste Flächenstaat, in dem die „Grünen“ in den Landtag einziehen konnten: 1979; entsprechend der politischen Kultur des Landes ist Bad.-W. eine Hochburg der „Realos“. Seit der Landtagswahl vom 5.4.1992 sind die → „Republikaner“ mit 15 Sitzen (Stimmenanteil 10,9%) drittstärkte Fraktion, was die Bildung der Großen Koalition wesentlich befördert hat.

3.4 Politische Rolle in D

Analog zu seiner Größe und seinem wirtschaftlichen Gewicht hat Bad.-W. eine wichtige Rolle in der BRD spielen können. Im → Bundesrat verfügt es wie NW, Bay. und Nds. über sechs Stimmen. Im Länderfinanzausgleich ist es der wichtigste Nettozahler. Bad.-W. pflegt innerdeutsch (mit Sa.) und im Rahmen der EU Partnerschaften mit wirtschaftsstarken → Regionen, mit denen es gemeinsame Interessen verbinden und die sich als die „vier Motoren Europas“ verstehen: Rhône-Alpes (F), Katalonien (E), Lombardei (I). Im Interesse der eigenen Wirtschaft unterhält Bad.-W. (schon zur Zeit der Regierung *Späth*) in einem Ausmaß internationale Kontakte, daß sie von Bonn als „Nebenaußenpolitik“ beargwöhnt werden.

Literatur

Bausinger, Hermann u.a. [3]1985: Baden-Württemberg. Eine politische Landeskunde. Stuttgart.

Glück, Horst 1991: Parteien, Wahlen und politische Kultur in einer württembergischen Industrieregion. Esslingen.

Klatt, Hartmut (Hrsg.) 1989: Baden-Württemberg und der Bund. Stuttgart.
Kommission für geschichtliche Landeskunde in Baden-Württemberg (Hrsg.) 1992: 40 Jahre Baden-Württemberg. Stuttgart.
Landeszentrale für politische Bildung Baden-Württemberg (Hrsg.) [3]1994: Taschenbuch Baden-Württemberg. Gesetze, Daten, Analysen. Stuttgart.
Landeszentrale für politische Bildung Baden-Württemberg (Hrsg.) 1991: Der Weg zum Südweststaat. Karlsruhe.
Mielke, Gerd 1987: Sozialer Wandel und politische Dominanz in Baden-Württemberg. Berlin.
Wehling, Hans-Georg/Siewert, Hans-Jörg [2]1987: Der Bürgermeister in Baden-Württemberg. Stuttgart.
Wehling, Hans-Georg u.a. 1991: Baden-Württemberg. Eine politische Landeskunde II. Stuttgart.

Hans-Georg Wehling

Land (Freistaat) Bayern

1. Historischer Hintergrund

Bay. ist das größte und traditionsreichste Bundesland. Es blickt auf eine mehr als tausendjährige Geschichte zurück. Das ältere Stammesherzogtum unter den Agilolfingern ist als politische Einheit seit dem 6. Jh. bekannt. Es umfaßte das altbayerische Siedlungsgebiet östlich der Alemannen und Franken einschließlich Kärntens, der Steiermark und Tirols. Mit der Absetzung *Tassilo* III. (788) beendete *Karl der Große* diese frühe Eigenständigkeit, ohne daß unter fränkischer Verwaltung eigenes Stammesrecht und eigene kirchliche Organisation verlorengegangen wären. Beim Niedergang des karolingischen Großreiches konnte an diese Traditionen angeknüpft werden. Unter den Luitpoldingern entstand das jüngere Stammesherzogtum zu Beginn des 10. Jh., das zeitweise auch die Markgrafschaft Verona und die Marken Istrien und Krain umschloß. Herzog *Arnulf* erreichte weitgehende Unabhängigkeit vom Sächsischen Königtum, an welches das Land gleichwohl lehensrechtlich gebunden war. Die Bindungen an Königtum und Reich wurden vom 10.-12. Jh. immer enger. 1070 wurde Bay. an die Welfen, 1180 durch *Barbarossa* an die Wittelsbacher verliehen. Die südlichen und östlichen Besitztümer gingen dabei verloren. Die Herrschaft der Wittelsbacher währte allerdings bis zur Revolution am 7.11.1918.

Durch die einheitliche Herrschaft im altbayerischen Gebiet bildete sich dort frühzeitig der Territorialstaat heraus. Anders verlief die Entwicklung in den schwäbischen und fränkischen Gebieten, in denen es eine Vielzahl adeliger und kirchlicher Herrschaften gab, die nebeneinander bestanden. Daraus sind unterschiedliche Traditionszonen entstanden, die durch alle Modernisierungsprozesse hindurch fortwirkten, Bedeutung für die Mentalitätsprägung und selbst Einfluß auf die Bildung moderner Parteien und deren regional unterschiedliche Attraktivität behielten. War durch Heirat 1214 zum Kerngebiet noch die Rhein-Pfalz gekommen (und bis 1945 geblieben) so gewann Bay. seine heutige Gestalt erst durch die Erhebung zum Königreich 1806 im Zuge der Säkularisation und Mediatisierung, als die fränkischen und schwäbischen Territorien angegliedert wurden. Dem waren glanzvolle Phasen Wittelsbachischen Kaisertums im Mittelalter sowie in der frühen Neuzeit die zeitweilige Rolle einer europäischen Großmacht an der Seite Frankreichs unter den Kurfürsten *Maximilian* und *Max Emanuel* vorausgegangen, als Bay. Vorkämpfer des gegenreformatorischen Katholizismus war. Innenpolitisch geschah damals der Bruch mit der auf die Zeit um 1300 zurückgehenden konstitutionellen Tradition, welche die Freiheiten der Landstände (Adel, Geistlichkeit, Bürger) gewährleistet hatte. Absolutismus etablierte sich auch in Bay.

Nach 1806 versuchten planmäßige Staats- und Verwaltungsreformen die drei gewachsenen Traditionszonen – katholisch-konservativ, agrarisch und patriotisch strukturiertes Altbay., katholisch und gemäßigt föderalistisches Schwaben und protestantisch, nationalliberal geprägtes Franken – „staatsbayrisch" zu überwölben. Daher legte die erste „Konstitution" (1808) nicht nur erstmals Grundrechte, sondern vor allem auch einheitliche Rechts- und Verwaltungsgrundsätze fest, mit denen die Heterogenität der Landesteile überwunden werden sollte. Im Kontext des süddeutschen Konstitutionalismus erhielt Bay. bereits 1818 eine fortschrittliche Verfassung mit einer aus zwei Kammern bestehenden Ständeversammlung, mit welcher der Monarch das Gesetzgebungsrecht teilte. Sie beruhte auf direkter und indirekter Wahl, gebunden an Zensus und Grundbesitz. Erstmals war das überkommene Ständewesen überwunden, wenngleich *Ludwig I.* sich bis zu seiner Abdankung 1848 durchaus auf das monarchische Prinzip berief. Seit 1848 hieß die zweite Kammer „Landtag". Das allgemeine, gleiche, geheime und direkte Wahlrecht wurde schrittweise 1881, 1906 und 1909 durchgesetzt. Trotz zugestandener Seperatrechte war der Beitritt zum Deutschen Reich 1871 der Anfang vom Ende bayerischer Souveränität. Durch die Verfassungsentwicklung wurden die vorbehaltenen Befugnisse in Finanzen, Verkehr, Militär, Rechtspflege, Sozialem, Kultur und Verwaltung immer mehr zugunsten der Zentrale ausgehöhlt, das Land immer enger mit dem Schicksal des Wilhelminischen Reiches verbunden. Im November 1918 versank die bayerische Monarchie in der Revolution. Das monarchische Prinzip wurde durch die Volkssouveränität abgelöst: Bay. wurde „Freistaat". Auch hier bildeten sich Arbeiter- und Soldatenräte, konnten sich jedoch gegen den Parlamentarismus nicht durchsetzen. Die Bamberger Verfassung vom 14.8.1919 konstituierte den Freistaat als parlamentarische Demokratie. Unter der Weimarer Verfassung reduzierte sich seine Eigenständigkeit praktisch auf die Kulturpolitik. Bestrebung zugunsten föderalistischer Reichsreform gingen von hier aus. Doch durch das NS-Regime wurde Bay. schließlich wie die anderen Länder auch gleichgeschaltet zur Verwaltungsprovinz.

Die amerikanische Besatzungsmacht stellte dann das Land in seinen historisch gewachsenen Grenzen (ohne die Pfalz) wieder her. Am 1.12.1946 entschied das Volk über die neue demokratische Verfassung und wählte zugleich den ersten Nachkriegslandtag.

2. Bevölkerung – Gesellschaft – Wirtschaft

2.1 Bevölkerung

Gegenwärtig (1993) leben in Bay. auf 70544 qkm fast 12 Mio. Menschen. Die Einwohnerdichte beträgt 167 E/qkm. Nach der Vereinigung beträgt der Anteil an der deutschen Bevölkerung 14,6% (vorher 18%), der Anteil am Staatsgebiet 19,8 (vorher 28,4%). Die Bevölkerungsentwicklung war nach 1945 zunächst geprägt durch den Zustrom von mehr als 2 Mio. Heimatvertriebenen, darunter 1,025 Mio. aus dem Sudetenland. Nahezu 20% der Bevölkerung waren entwurzelt und mußten integriert werden. Bis Mitte der 50er Jahre prägten Abwanderungsverluste zugunsten von Gebieten mit besseren Arbeits- und Verdienstmöglichkeiten die Entwicklung. Seither hat sie durch den grundlegenden Wandel der ökonomischen Rahmenbedingungen der Trend völlig umgekehrt.

Gründe für diesen Gewinn sind: die relativ günstige Geburtenrate (z.B. seit 1990 Geburtenüberschuß), die Erwerbszuwanderung seit den 60er und die Alterszuwanderung (Voralpenland) seit den 70er Jahren. Von der Nord-Süd-Wanderung in D profitiert der Freistaat jährlich mit einem Gewinn von über 20000 Personen.

Tabelle 1: Bevölkerungsentwicklung in Bayern

1950	917724
1960	9494939
1970	10561110
1980	10928151
1993	11863000

Räumlich konzentriert sich die Bevölkerung auf die drei großen Agglomerationen München, Nürnberg und Augsburg. Sie waren stets auch für die innerbayerische Wanderungsbewegung aus strukturschwachen Gebieten attraktiv. Dabei schafft das Zerreißen des Eisernen Vorhanges in Ostbayern, das 1945 in eine wirtschafts- und verkehrspolitische Schattenlage geraten war, jetzt neue Chancen. Zuvor schon war durch wirtschafts- und bildungspolitische Strukturförderung gezielt versucht worden, regionale Benachteiligungen zu kompensieren. Davon profitieren neue Verdichtungsräume wie Ingolstadt und Regensburg, immer intensiver aber auch das strukturschwache Niederbay. (Automobilbau, Großflughafen).

Der Ausländeranteil an der Bevölkerung betrug bei der jüngsten Volkszählung 6,6%.

2.2 Gesellschaft

Die Konfessionsstruktur weicht von der im übrigen Deutschland erheblich ab. Sie ist insgesamt katholisch geprägt, wenn auch durch den Zuzug aus dem Norden mit schwach abnehmender Tendenz. In Mittel- und Oberfranken bekennt sich die Mehrheit als evangelisch.

Die Berufsstruktur hat sich nachhaltig verbessert und dem übrigen Bundesgebiet angeglichen. Der allergrößte Teil der Erwerbstätigen ist abhängig beschäftigt. Nur ca. 10% sind selbständig. Der Anteil der Angestellten und Beamten hat sich mehr als verdoppelt. Der entscheidende Wandel liegt jedoch im tiefgehenden Umbau einer vordem agrarisch bestimmten Gesellschaft (Beschäftigte in der Land- und Forstwirtschaft 1950 37,4%, 1989 6,9%) zur Industrie- und mittlerweile vor allem zur Dienstleistungsgesellschaft (seit 1990 mehr als die Hälfte der Beschäftigten). Dieser Umbau, strukturpolitisch konsequent und schonend zugleich gesteuert, vollzog sich ohne tiefere soziale oder politische Brüche.

Schaubild 1: Erwerbstätige nach Wirtschaftsbereichen

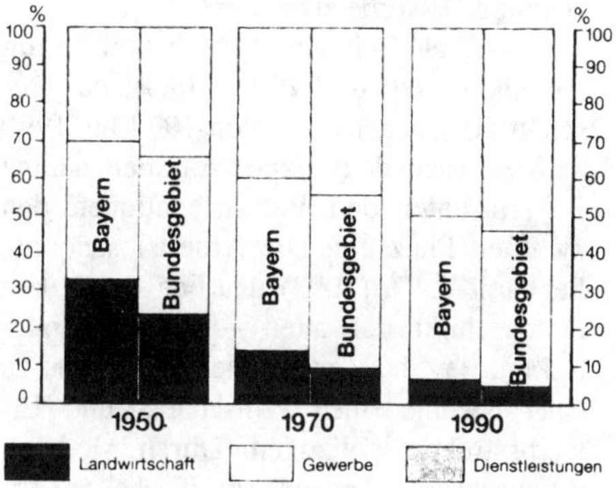

Quelle: Freistaat Bayern. Eine kleine politische Landeskunde, hg. v.d. Bayerischen Landszentrale für politische Bildungsarbeit, München [2]1992.

2.3 Wirtschaft

Im erst nach dem Wiederaufbau und der Eingliederung der Vertriebenen einsetzenden Industrialisierungsprozeß war in den 50er und 60er Jahren der Zuwachs an industriellen Produktionsstätten (vorzugsweise Investitionsgüterindustrien) doppelt so hoch wie im Bundesdurchschnitt. Von Ausnahmen abgesehen, überwogen dabei mittelständische und Wachstumsindustrien. Die geringen eigenen Energiequellen wurden frühzeitig durch Importe von Erdöl und Erdgas sowie durch eigene Raffinerien kompensiert. Die steigende Wirtschaftskraft beruht vor allem auf der stark vertretenen elektrotechnischen und elektronischen Industrie, dem Maschinenbau, Automobilbau und Chemie. 50% aller deutschen Arbeitsplätze in der Luft- und Raumfahrtindustrie sind hier angesiedelt. Umgekehrt ist Bayern nicht mit alten und veralteten Industriereserven und -zweigen belastet. Zum Problemfall könnte sich aufgrund der weltpolitischen Entwicklung die wehr- und rüstungstechnische Industrie entwickeln. Im Dienstleistungsbereich bleibt die noch immer steigende Bedeutung des Fremdenverkehrs hervorzuheben. Mehr als die Hälfte des Bruttoinlandproduktes trägt derzeit der tertiäre Sektor bei, das produzierende Gewerbe etwa 40%.

Das reale Wirtschaftswachstum betrug zwischen 1970 und 1990 87,8%, das Beschäftigungswachstums von 1974 bis 1990 18,8%. Nach dem Exportvolumen nähme Bayern unter den Industrienationen den zwölften Platz ein. Die Arbeitslosenquote liegt mit 6,4% (1993) deutlich unter dem Durchschnitt der alten → Bundesländer (8,2%). Bay. hat den schonenden Umbau zu einer hochmodernen Wirtschafts- und Erwerbsstruktur vollzogen. Durch Modernisierung wurden regionalspezifische Schwächen und Nachteile ausgeglichen. Strukturproblemen der ökonomischen Entwicklung in D entgeht der Freistaat dadurch nicht. Aber er ist relativ gut gerüstet und alles andere als eine Armuts- und Krisenregion.

3. Politisches System

3.1 Verfassung

Die von der verfassungsgebenden Versammlung unter maßgebendem Einfluß des damaligen föderalistisch geprägten sozialdemokratischen Ministerpräsidenten W. *Hoegner* und des Staatsrechtlers H. *Nawiasky* erarbeitete Verfassung wurde am 1.12.1946 durch Volksentscheid mit 70,6% der abgegebenen Stimmen angenommen. Sie ist geprägt von Überlegungen, die bereits im Exil angestellt wurden, aus Geschichte und Vorgeschichte des Nationalsozialismus Konsequenzen zu ziehen, zusätzlich von verfassungspolitischen Vorstellungen der amerikanischen Besatzungsmacht, deren Genehmigung schließlich erforderlich war. Diese Verfassung wird dem vom (späteren) → Grundgesetz geforderten Grundmuster der parlamentarischen Demokratie und des gewaltenteiligen → Rechtsstaats vollauf gerecht, variiert es aber auf spezifische Weise. Da zu Verfassungsänderungen jeweils ein Volksentscheid nötig ist, erfuhr sie bisher nur wenig Modifizierungen: 1968 Einführung der christlichen Gemeinschaftsschule, 1970 Herabsetzung des Wahlalters auf 18 J., 1973 Einführung eines landesweiten Quorums von 5% bei der Landtagswahl (statt vorher 10% in mindestens einem Regierungsbezirk), ebenfalls 1973 Garantie des öffentlich-rechtlichen Rundfunks, 1984 Verankerung des Umweltschutzes als Staatsziel. Unzulässig sind Änderungen, „die den demokratischen Grundgedanken der Verfassung widersprechen" (Art. 75). Der Verfassungsgerichtshof zählt dazu auch vorstaatliche, besonders die Menschenwürde und die Gleichheit schützende Grundsätze. In den ersten drei Artikeln wird die republikanische („Freistaat") und demokratische Qualität Bay. hervorgehoben, dieses aber zusätzlich als „Rechts-, Kultur- und Sozialstaat" (Art. 3) definiert. Die Grundrechtsordnung ist im zweiten der vier Hauptteile festgelegt. Über die liberalen Freiheitsrechte hinaus enthält sie als soziales Grundrecht den Anspruch auf angemessene Wohnung (Art. 106) und einige Grundpflichten (z.B. Übernahme von Ehrenämtern). Sie wird durch den organisatorischen (1.) Hauptteil sowie durch die programatischen (3. und 4.) Hauptteile wesentlich ergänzt: dort werden z.B. die plebiszitären Mitwirkungsrechte, Ehe und Familie, Anspruch auf Bildung u.ä. geregelt. Art. 141 normiert den freien Zugang zur Natur sowie die Pflicht, sie zu schützen: eine Vorschrift, die heute mehr Bedeutung besitzt als 1946. Insgesamt charakterisieren hohe ethische Orientierung und deutliche Wertbindung den Verfassungstext. Die Sachprogramme, mit denen der Kultur- und → Sozialstaat realisiert werden soll, verloren durch ihre Zeitbedingtheit ebenso an Bedeutung wie durch ihre Überlagerung durch Bundes- und Europarecht.

Bedeutung dagegen behielten die Gliederung des Staatsgebietes in Gemeinden, Kreise und sieben Regierungsbezirke, die Sicherung der gemeindlichen Selbstverwaltung sowie die Anwendung der Wahlrechtsgrundsätze auf die kommunale Ebene. Auch Bürgermeister und Landräte werden daher seit je direkt vom Volk gewählt.

3.2 Organisation des politischen Systems

3.2.1 Wahlen

Verfassungs- und Wahlrecht fördern im politischen System Bay. intensiv den unmittelbaren Einfluß der Bürger. Auf kommunaler Ebene ist es möglich, zu kumulieren und zu panaschieren. Das Landtagswahlrecht verbindet Verhältnis- und Persönlichkeitswahl. Jeder der sieben Regierungsbezirke bildet einen Wahlkreis, der sich in mehrere Stimmkreise untergliedert. Mit der Erststimme werden 104 Stimmkreiskandidaten mit relativer Mehrheit gewählt, mit der zweiten Stimme die übrigen Bewerber über begrenzt offene Wahlkreisliste der Parteien: der Wähler kann einen bestimmten Kandidaten ankreuzen und damit die Reihenfolge beeinflussen, eine Möglichkeit, die häufig genutzt wird.

3.2.2. Plebiszit

Art. 71-75 BVerf. eröffnen den Bürgern das Recht, durch Volksbegehren und Volksentscheid direkt Gesetze zu geben. Bei Verfassungsänderungen ist der Volksentscheid obligatorisch. Dem Volksbegehren muß ein ausgearbeiteter und begründeter Gesetzentwurf zugrunde liegen. 25000 Stimmberechtigte müssen durch Unterschrift den Antrag auf Zulassung unterstützen. Treten ihm 10% der Stimmberechtigten bei, hat es die Staatsregierung mit ihrer Stellungnahme dem Landtag zu unterbreiten. Nimmt dieser es an, entfällt der Entscheid. Lehnt er es ab oder will er es modifizieren, kann er dem Volk zusammen mit dem Volksbegehren einen eigenen Gesetzentwurf zur Entscheidung vorlegen, wie öfters geschehen (zuletzt 1991 beim Thema Müll). Bisher hat sich das Volk stets für die Landtagsvariante entschieden, die nicht immer, aber doch in der Regel einen aufgrund des Volksbegehrens zustandegekommenen interfraktionellen Kompromiß zur Abstimmung stellt. Das Plebiszit erwies sich in Bay. deutlich als Oppositionsinstrument zur Initiierung von Veränderungen, für die sich Mehrheiten im Volk, nicht aber im Parlament abzeichneten. Auch wenn die ursprünglichen Initiatoren Abstriche von ihren Intentionen hinnehmen mußten, entfalteten die parlamentarischen Kompromisse erheblich modernisierende Wirkungen, die ohne plebiszitäre äußere Anstöße kaum erreicht worden wären. Vom Plebiszit ausgenommen bleibt der Staatshaushalt. Ein Volksentscheid ist angenommen, wenn die Mehrheit der abgegebenen gültigen Stimmen zustimmt. Wirkung zeitigen nicht nur erfolgreiche Volksbegehren, sondern im Vorfeld bereits die Androhung von Oppositionsparteien und (zunehmend) Bürgergruppen, notfalls den plebiszitären Weg zu beschreiten.

3.2.3. Landtag und Staatsregierung

Der Landtag wird auf vier Jahre gewählt. Er kann sich selbst auflösen oder auf Antrag von 1 Million Wählern durch Volksentscheid abberufen werden. Ihm gehören 204 Abgeordnete an. Zur Vorbereitung der Entscheidungen bestehen 13 Fachausschüsse. Sie tagen – beispielhaft für parlamentarische Transparenz – grundsätzlich öffentlich. Der Landtag wählt den Ministerpräsidenten auf vier Jahre. Er muß der Ernennung und Entlassung der Minister und Staatssekretäre zustimmen. Die BVerf kennt kein Mißtrauensvotum. Der Ministerpräsident „muß" jedoch zurücktreten, wenn er das Vertrauen verliert. Sein Rücktritt hat den Rücktritt der ganzen Staatsregierung zur Folge (Art. 44.3). Angesichts der ausgeprägten Mitwirkung des Landtages an der Regierungsbildung und der engen Bindung der Staatsregierung an das stetige Vertrauen des Parlaments (genauer: einer Parlamentsmehrheit) besteht trotz des fehlenden Mißtrauensvotums in Bay. ein parlamentarisches Regierungssystem. Leider fehlen, wie in den meisten Bundesländern, ausgeprägte Oppositionsrechte als Gegengewicht zur Machtfülle der regierenden Mehrheit.

Dem Landtag stehen die üblichen Frage- und Kontrollrechte (schriftliche und mündliche Anfragen, Interpellationen, an die sich regelmäßig eine Debatte anschließt, Aktuelle Stunde) zu Gebote. Er kann Untersuchungsausschüsse einsetzen, die in der Praxis Oppositonsinstrumente sind, von der rechtlichen Ausgestaltung her aber eher die Mehrheit zur Herrin des Verfahrens machen. Bei Gesetzgebung und Haushalt partizipiert der Landtag an den generellen Entwicklungstendenzen des → Föderalismus während der letzten Jahrzehnte, die selbständige Gestaltungsmöglichkeiten immer mehr zugunsten nationaler und europäischer Kompetenzen eingeschränkt haben. Dennoch hat sich der Landtag zum Vollzeitparlament entwickelt, zumal die Abgeordneten ihren Tätigkeitsschwerpunkt immer stärker auf die Wahlkreisarbeit und die Vertretung von Wahlkreisinteressen in Parlament und Exekutive verlagert haben. Die Zahl der Anträge und Anfragen ist daher im Gegensatz zur Zahl der Gesetzentwürfe stark gestiegen. Die Geschäftsordnung stärkt die Stellung des einzelnen Abgeordneten, indem sie ihm das Recht einräumt, Gesetzentwürfe einzubringen und fast alle Kontrollrechte individuell zu nutzen. Gleichwohl hat sich auch der Bayerische Landtag zum Fraktionenparlament entwickelt, in welchem der Abgeordnete nicht für sich, sondern eingebunden in eine politische Aktionsgemeinschaft handelt. Unterschiedliche Interessen und Positionen finden ihren Ausdruck und Ausgleich nicht so sehr in der Öffentlichkeit, sondern im differenzierten innerfraktionellen Willensbildungsprozessen und -strukturen. Parlamentarische Hilfs- und Beratungsdienste sind nur in Ansätzen vorhanden. Für die Beschäftigung eines Mitarbeiters (in der Regel im Stimmkreis) erhält der Abgeordnete einen festen Betrag. Den → Fraktionen stehen Sach- und Personalmittel zur Verfügung, bestehend aus Sockelbetrag, Kopfbetrag und einem bescheidenen Oppositionsbonus.

Die Staatsregierung (Art. 43-59) besteht aus dem Ministerpräsidenten, den Ministern und Staatssekretären, die – eigentümlich in Bay. – als Parlamentarier ein politisches Amt führen und Kabinettsmitglieder sind. Die Richtlinienkompetenz besitzt der Ministerpräsident. In ihrem Rahmen führen die Minister ihr Ressort selbständig und in eigener Verantwortung gegenüber dem Landtag. Zahl und Zuschnitt der Ressorts legt die Verfassung fest. Sie läßt aber auch mit Zustimmung des Landtages Änderungen zu. Daher war es möglich, neuen Aufgabenstellungen gemäß Ministerien für Umwelt (das erste in Deutschland) und für Bundes- und Europaangelegenheiten einzurichten sowie das Kultusministerium zu teilen und später wieder zusammenzufügen. Von der Ausnahme Wilhelm *Hoegners* (SPD) abgesehen, der beim Zerfall der gegen die → CSU gerichteten Viererkoalition (1954-1957) zurücktrat, stellte die CSU seit den ersten Landtagswahlen 1946 alle Ministerpräsidenten in Koalitionskabinetten oder in Alleinregierung (seit 1962): Hans *Ehard*, Hanns *Seidel*, Alfons *Goppel*, Franz-Josef *Strauß*, Max *Streibl,* Edmund *Stoiber.*

3.2.4. Senat

Bay. hat im Senat als einziges Bundesland eine zweite Kammer (Art. 34-42). Der Senat repräsentiert ein ständisches Element, ist jedenfalls als Gegengewicht zum parteienstaatlichen Parlamentarismus gedacht. Dieser Aufgabe kann er in der Verfassungswirklichkeit unter heutigen Bedingungen gar nicht gerecht werden. Da ihm die direkte demokratische Legitimation fehlt – die Senatoren werden nicht vom Volk, sondern von den entsendungsberechtigten gesellschaftlichen Gruppen gewählt – ist das auch nicht erstrebenswert. Faktisch ist der Senat in den Willensbildungs- und Entscheidungsprozeß beratend eingeschaltet, obwohl er neben einer Gutachterfunktion auch die (schon immer sehr zurückhaltend wahrgenommene) Gesetzesinitiative und ein beschränktes Einspruchsrecht besitzt. Erhebt er (in der Praxis äußerst selten) „begründete Einwendungen“, muß der Landtag beschließen, ob und inwieweit er ihnen entsprechen will. Einflußmöglichkeiten liegen eher vor der parlamentarischen Beschlußfassung, wenn der Senat gutachtlich zu den Entwürfen gehört wird. Von 1947-1994 hat der Senat zu Gesetzentwürfen 852 Gutachten erstattet und 1343 Stellungnahmen zu beschlossenen Gesetzen abgegeben, davon 150 Einwendungen. Offensichtlich ist er bestrebt, Aktivität und Öffentlichkeitswirkung zu steigern.

Dem Senat gehören 60 Mitglieder an. Ihr Mindestalter ist 40, ihr faktisches Durchschnittsalter 60 Jahre. Sie werden entsandt von Land- und Forstwirtschaft (11), Industrie und Handel (5), Handwerk (5), Gewerkschaften (11), Freien Berufen (4), Genossenschaften (5), Religionsgemeinschaften (5), Wohlfahrtsverbänden (5), Hochschulen (3) und Kommunen/Kommunalverbänden (6). Ob diese Verteilung und die dahinter stehende Vorstellung von gesellschaftlicher Relevanz den sozialen Wandel seit 50 Jahren widerspiegeln, ist fraglich. Freilich ist es zusätzlichen Verbänden nicht gelungen, sich im Wege des Volksbegehrens (1977) Senatssitze zu erstreiten

.3.2.5. Verfassungsgerichtshof

Die wichtigsten Kompetenzen des Verfassungsgerichtshofs (Art. 60-69) sind die Normenkontrolle sowie die Entscheidung über Verfassungsbeschwerden und Popularklagen. Verfassungsbeschwerde kann jeder Bewohner Bay. erheben, der sich durch Behörden- oder Gerichtsentscheid in seinen verfassungsmäßigen Rechten verletzt fühlt. Der Rechtsweg muß erschöpft und der Tatbestand subjektiver Beeinträchtigung gegeben sein. Eine bayerische Besonderheit ist die Popularklage: Jedermann kann sie führen, der ein Grundrecht durch eine landesrechtliche Vorschrift verletzt sieht, auch wenn er subjektiv nicht betroffen ist – praktisch ein Jedermannsrecht auf abstrakte Normenkontrolle. Die Verfassungsrichter werden vom Landtag gewählt. Da es kein Quorum und der Mehrheitswille den Ausschlag gibt, stößt der Wahlmodus zunehmend auf oppositionelle Kritik.

3.3. Parteien, Wahlen, Wählerverhalten

Im bayerischen Parteiensystem dominiert die CSU mit ihrer Sonderrolle als Landespartei mit bundesweitem Anspruch. Diese Dominanz ist allmählich aus den drei regionalen Traditionszonen herausgewachsen und hat diese zugleich überwölbt. Der überwältigende Wahlerfolg der CSU bei den Wahlen zur Verfassungsgebenden Versammlung und zum 1. Landtag 1946 (58.3 bzw. 52.3) signalisierte lediglich die Stärke des bürgerlichkonservativen Lagers. Mit dem Auftreten der Bayernpartei sah sich die CSU 1950 halbiert (27,4%). Zusätzlich war sie Spannungen ausgesetzt zwischen ihrem betont katholisch-konservativen und ihrem liberalen Flügel. Letzterer setzte sich mit seiner Absicht durch, die CSU zu einer interkonfessionellen gesamtbayerischen Volkspartei zu entwickeln. Daraus ist die Politik der Industrialisierung und Modernisierung Bay. entstanden, die durch eine eher bewahrende Gesellschaftspolitik so abgefedert wurde, daß größere soziale Spannungen nicht entstanden sind. Tradition und moderne Industrie- und Bildungsgesellschaft sind – typisch für die soziokulturelle Eigenprägung Bay. – in Einklang gebracht worden. Darauf beruht die Wählerattraktivität der Partei, der es seit den 50er Jahren gelang, sich jenseits des katholischen Reservoirs neue Wählerschichten im fränkisch-protestantischen Raum, im städtischen Bürgertum und im „neuen Mittelstand" zu erschließen. Seit den 60er Jahren hat sie das konservative Wählerpotential aufgesaugt und entwickelte sich zunehmend zur alleinregierenden Mehrheitspartei mit Stimmanteilen, die sich seit 1970 um oder sogar weit jenseits der 55% eingependelt haben (1974: 62.1%, 1990: 54.9). Selbst im Affärenjahr 1994 erreichte sie 52,8%. Ihre eigenständige Rolle im Rahmen der Bonner Fraktionsgemeinschaft mit der → CDU unterstreicht ihren besonderen Anspruch auf Vertretung bayerischer Interessen. Durch die deutsche Einheit hat Bayern und damit auch die CSU einen gewissen Gewichtsverlust im Bund hinnehmen müssen. Rein rechnerisch wurden nach der Bundestagswahl 1990 die CSU-Stimmen zur Koalitionsbildung nicht gebraucht. Doch schon 1994 kam es wieder auf jeden einzelnen ihrer Abgeordneten an. Die CSU bezieht ihre Kraft aus ihrer selbständigen, modernen Parteiorganisation. Ihr Mitgliederstand ist bei 185000 seit langem stabil. Ihre dominierende Rolle kann ihr am ehesten durch neue Entwicklungen am rechten Rand des Parteienspektrums streitig gemacht werden, falls sie dort an Bindekraft verliert. Angesichts der relativen Schwäche der traditionell konkurriernden Parteien hat die CSU besonderen Anlaß zur Wachsamkeit nach rechts. Die bayerische → SPD setzte an den traditionellen Organisationsstrukturen an. Sie gliederte sich in die drei selbständigen Bezirke Franken, Südbayern und Niederbayern-Oberpfalz. Erst 1991 konnte ein gemeinsamer Landesverband gebildet werden. Von profilierenden Regierungsämtern ist die SPD seit 1957 ausgeschlossen. Neue Wählerschichten vermochte sie sich nicht zu erschließen. Zwischenzeitlich hatte sie sogar kommunale Bastionen verloren. Die SPD blieb relativ stark in den industrialiserten fränkisch-protestantischen Gebieten und in den Industrieinseln. Aus dem 30%-Turm ist sie nie herausgewachsen (bestes Ergebnis 1966: 35,8%). 1990 erlebte sie erneut einen Einbruch auf 26%,von dem sie sich selbst unter der günstigen Konstellation des Jahres 1994 nur auf 30,0% erholte. Gegenwärtig ist die Partei auf ihre Oppositionsrolle festgelegt. In Bonn besitzt sie keine mit der CSU vergleichbare hervorgehobene Position. Die Parteiorganisation ist schwach und war zwischen Mitte der 70er und Mitte der 80er sogar rückläufig. Der Mitgliederstand liegt bei 105000.

Die Kleinparteien besaßen zu Beginn der Nachkriegszeit als Integratoren politischer Interessen und Koalitionspartner größeres Gewicht. Bayernpartei (1950-1966) und BHE (1950- 1962) saßen mehrere Legislaturperioden im Landtag, die BP mit ihrer bäuerlich-patriotischen und extrem föderalistischen Orientierung einige Zeit als ernsthafte Herausforderin der CSU, BHE als Vertretung der auf Integration drängenden Flüchtlingsinteressen. Die BP wurde in harten politischen Kämpfen von der CSU aufgerieben und aufgesogen. Der BHE wurde mit dem Gelingen des Integrationsprozesses überflüssig. Mitglieds- und Wählerschaften beider Parteien sind im wesentlichen in der CSU aufgefangen.

Die → FDP hatte ihre Hochburg stets im liberal-protestantischen Mittelfranken und konnte dort lange Zeit ihren Einzug in den Landtag sichern. Dritte Kraft wurde sie erst 1962. 1966, 1982, 1986 und 1994 verfehlte sie den Einzug in den Landtag. Ihre landespolitische Organisations- und Mitgliederbasis ist schmal. Vor ihr haben sich inzwischen die → Grünen etabliert, die seit

1986 dem Landtag angehören, ihre Wähler jedoch aus dem gleichen Potential rekrutieren wie die SPD. Ihre Organisations- und Aktivitätsbasis besitzen sie vor allem in Gebieten mit spezieller Umweltbetroffenheit, in Ballungs- und Dienstleistungszentren. Im Landtag üben sie eine akzentuierte und belebende Oppositionsrolle.

Am rechten Rand reüssierte bisher 1966 für eine Wahlperiode nur die NPD, die ihre Stimmen besonders in den nationalkonservativen Regionen Mittelfrankens mit hohen protestantischen Bevölkerungsanteilen holte. Die → Republikaner sind 1990 knapp (4,9%) und 1994 deutlich (3,9%) gescheitert. Letztlich ist es ihnen auch nicht gelungen, zusätzlich zu traditionellen Rechtswählern sich das kleinbürgerlich-agrarisch-konservativ-altbayerische Potential zu erschließen.

Die Wahlbeteiligung stabilisiert sich auf niedrigstem Niveau (1946: 75,7%, 1954: 82,4%, 1994: 67,9%). Die Bindekraft der Großparteien läßt nach. Die Wahlentscheidung orientiert sich an traditionellen sozialstrukturellen und konfessionellen Kriterien. 1994 erzielte die SPD ihre besten Ergebnisse bei Gewerkschaftsmitgliedern, die CSU bei Landwirten und Selbständigen. Ihr Anteil an den Arbeiter-Wählern entsprach ihrem durchschnittlichen Ergebnis; die Mehrheit der Arbeiter wählt CSU, was auf den geringen gewerkschaftlichen Organisationsgrad und die höhere Kirchenbindung zurückzuführen ist. Studenten und Auszubildende wählen weit überdurchschnittlich grün. Republikaner finden Resonanz bei Arbeitern und Landwirten: Ausdruck ökonomischer Ängste und sozialen Protests. Größere Bedeutung als anderswo besitzt das Merkmal konfessionelle Bindung. 60% der Katholiken, aber nur 40% der Protestanten wählten CSU, von den katholischen Kirchgängern sogar 80%. Obwohl dieses Milieu weiter schmilzt, wird es weiter strukturierend wirken.

Insgesamt gleicht das Wählerverhalten in Bay. den aus der BRD bekannten Strukturmustern. Es erfährt Modifizierungen lediglich durch die historische Sonderrolle des Freistaats, durch die katholische Konfessionsstruktur des Landes und durch die späte Modernisierung zur industriellen und post-industriellen Gesellschaft. Die CSU entspricht bislang als Partei diesen strukturellen Vorgaben am besten und kann von daher ihre Position behaupten. Bay.s Uhren gehen allerdings nicht anders. Wertwandelprozesse und Einstellungsveränderungen gegenüber Politik und Gesellschaft finden mit geringer werdender Verzögerung auch in Bay. statt. Der Trend läuft gegen das Gewohnte. Für alle Parteien stellt sich die Aufgabe, mittelfristig ihre Position neu zu formulieren.

Literatur

Bosl, Karl [6]1979: Bayerische Geschichte. München.

Bocklet, Reinhold (Hrsg.) 1977-82: Das Regierungssystem des Freistaates Bayern. 3 Bde. München.

Hartmann, Peter Claus 1989: Bayerns Weg in die Gegenwart. Vom Stammesherzogtum zum Freistaat heute. Regensburg.

Kock, Peter Jacob 1988: Der Bayerische Landtag 1946-1986. Bamberg. Roth, Rainer A. (Hrsg.) [2]1986: Freistaat Bayern. Die politische Wirklichkeit eines Landes der Bundesrepublik Deutschland. München.

Roth, Rainer A. 1992: Freistaat Bayern. Politische Landeskunde. München.

Ruppert, Karl 1987: Bayern. Eine Untersuchung aus sozialgeographischer Sicht. Darmstadt.

Spindler, Max (Hrsg.) 1967-75: Handbuch der bayerischen Geschichte. 4 Bde. München.

Treml, Manfred (Hrsg.) 1994: Geschichte des modernen Bayern. München

Heinrich Oberreuter

Land Berlin

1. Historischer Hintergrund

„Berlin ist ein deutsches Land und zugleich eine Stadt. Berlin ist ein Land der Bundesrepublik Deutschland." In diesen schlichten Sätzen der Berliner Verfassung lassen sich weder die Bedeutung Berlins im Rahmen der deutschen und internationalen Politik noch die Besonderheiten der Stadt erkennen, die sich in vielem von den anderen Ländern der Bundesrepublik unterscheidet. Dazu bedarf es eines kurzen Blicks auf ihre Geschichte.

Im Jahr 1237 werden Berlin und seine Schwesterstadt Cölln zum erstenmal urkundlich erwähnt. Im 14. Jh. entwickelte sich die Doppelstadt, die bald nur noch Berlin genannt wird, politisch und wirtschaftlich zu einer der wichtigsten Städte der Mark Brandenburg. Im 15. Jh., obgleich Residenzstadt der Hohenzollern, ging ihre Bedeutung zurück. Erst als Hauptstadt des Königreichs Preußen erlebte Berlin eine erneute Blütezeit, und beim Tode *Friedrich des Großen* 1786 war Berlin politisches, wirtschaftliches, geistiges und kulturelles Zentrum des preußischen Staates. Nach Gründung des Deutschen Reiches wurde die preußische Hauptstadt zugleich Reichshauptstadt. Obwohl nicht unumstritten, vor allem außerhalb Preußens, entwickelte sich Berlin bis zum Beginn des Ersten Weltkrieges zu einer europäischen Metropole und zum tatsächlichen Zentrum des Reiches. Der Erste Weltkrieg und die Revolution von 1918/19 brachten tiefgreifende Veränderungen in den gesellschaftlichen und politischen Strukturen. Soziale Spannungen und politische Konflikte, die den umstrittenen Weg zur Weimarer Demokratie begleiteten, bündelten sich in Berlin. Stadtgeschichtlich war das Jahr 1920 von besonderer Bedeutung. Mit dem „Gesetz über die Bildung einer neuen Stadtgemeinde Berlin" erhielt die Stadt ihre heutige Gestalt. Acht Städte, 59 Landgemeinden und 27 Gutsbesitze bildeten die neue Einheitsgemeinde Berlin. Auf rund 880 qkm lebten jetzt fast vier Millionen Menschen.

Während des Nationalsozialismus war Berlin eine Stadt voller innerer Widersprüche. Einerseits war sie Hauptstadt des Terrors, andererseits war Berlin von Anfang an eine Stadt des Widerstands. Einerseits nahmen der Zweite Weltkrieg und die Vernichtung des europäischen Judentums von hier ihren Ausgang, andererseits bildete die Stadt das Zentrum der Verschwörung gegen die nationalsozialistische Gewaltherrschaft und des gescheiterten Staatsstreichs vom 20.7.1944.

Nach dem Ende des Zweiten Weltkriegs entwickelte sich Berlin zu einem der gefährlichsten Krisenpunkte des Ost-West-Konflikts und zum Brennpunkt der internationalen Politik. Nach der Kapitulation im Mai 1945 stand die Stadt zunächst allein unter sowjetischer Militärverwaltung. Erst Anfang Juli rückten amerikanische und britische, gefolgt von französischen Truppen in die Stadt ein. Berlin wurde zur Vier-Sektoren-Stadt. Grundlage dieser Entwicklung war das Londoner Protokoll vom 12.9.1944. Es legte fest, daß neben den einzelnen Besatzungszonen ein „besonderes Berliner Gebiet" gebildet werden sollte, das gemeinsam von den drei Mächten besetzt wurde (in Ergänzung des Protokolls vom 26.7.1945 kam Frankreich als vierte Macht hinzu). Für die gemeinsame Verwaltung des Groß-Berliner Gebietes wurde eine interalliierte Regierungsbehörde, eine Kommandantur, eingerichtet. Die ständigen politischen Auseinandersetzungen zwischen den Großmächten um die weitere Entwicklung Deutschlands eskalierten im Jahre 1948 zu einem offenen Machtkampf um Berlin. Nach dem Zerfall der Anti-Hitler-Koalition, dem Auszug der Sowjetunion aus dem Alliierten Kontrollrat und aus der Berliner Komandantur sowie der Währungsreform kam es zu der ersten Berlinkrise. Ihr sollte eine Reihe von weiteren Krisen folgen. Die Sowjetunion nahm die westzonale Währungsreform zum Anlaß, um vom 24.6.1948 an den gesamten Güter- und Personenverkehr durch die sowjetisch besetzte Zone völlig zu unterbinden. Die Stromversorgung wurde eingestellt und Versorgungslieferungen aus der eigenen Zone und dem Ostteil in den Westteil Berlins verboten. Daß die Blockade Berlins letztendlich scheiterte, war nicht nur der Entschlossenheit der Westmächte zu verdanken, sondern auch dem Durchhaltewillen der Berliner, die elf Monate über den einzig freigebliebenen Zugang, den Luftweg, versorgt wurden. Blockade und Luftbrücke bewirkten vor allem ein dauerndes Engagement der Westmächte in Berlin, die jetzt im Bewußtsein der Berliner nicht mehr Besatzungsmächte, sondern Schutzmächte waren. Die Verhältnisse in der Stadt änderten sich grundlegend. Um dem Druck und den Störungen der Kommunisten zu entgehen, zogen die Stadtverordnetenversammlung und dann auch der legale, frei gewählte Magistrat in den Westteil der Stadt. Die nächsten freien Wahlen fanden nur in den Westsektoren statt. Im Ostsektor setzte sich die Alleinherrschaft der SED durch. Die wesentlichste rechtliche Rahmenbedingung für die innerstädtische, deutsche und internationale Politik bildete der „Berlin-Status". Obgleich die Sowjetunion ihre Mitarbeit in der Viermächte-Kommandantur eingestellt hatte, hielt sie formal am einheitlichen Status der Stadt fest. Auch die Westmächte hielten sich genau an die urspünglichen alliierten Rechtsvereinbarungen, die nur alle vier Mächte gemeinsam aufheben konnten. Diese Vereinbarungen bildeten nicht nur die Grundlage ihrer Anwesenheit, sondern waren auch Basis der Sicherheit und der Lebensfähigkeit der Stadt. Als rechtliche Grundlage galt also weiter der Viermächte-Status, in der Praxis führte allerdings eine Dreimächteverwaltung die Geschäfte weiter, und deren Wirkung blieb auf die Westsektoren Berlins beschränkt. Das Beharren auf dem Viermächtestatus im Interesse der Stadt machte die volle rechtliche Einbeziehung Berlins in die BRD unmöglich. Gegen die Eingliederung der Stadt in das Finanz-, Wirtschafts- und Rechtssystem des Bundes erhoben die westlichen Alliierten keine Einwände, sondern förderten sie sogar. Immer aber blieb die Entwicklung Berlins durch politische Krisen gefährdet. So reagierte die Sowjetunion auf den Streik der Berliner Bauarbeiter vom 16.6.1953, der sich am 17.6. zu einem Aufstand gegen das kommunistische System in der DDR ausweitete, mit der Verhängung des Ausnahmezustandes in Berlin (Ost). Der Einsatz von Panzern ließ den Aufstand noch am selben Tag zusammenbrechen. Eine weitere schwere Berlinkrise resultierte aus einem erneuten Versuch der Sowjetunion, ihre Macht auszudehnen. Sie forderte am 27.11.1958 ultimativ von den Westmächten, innerhalb von sechs Monaten ihre Truppen aus Berlin abzuziehen und der „Umwandlung Berlins in eine selbständige politische Einheit" zuzustimmen. Die Westmächte wiesen das Ultimatum zurück, und als die Sowjetunion erneut drohte, das „Westberlinproblem" binnen Jahresfrist „zu lösen", reagierten die USA, indem sie Ende Juli 1961 drei unverrückbare Grundsätze (three essentials) ihrer Berlinpolitik deutlich machten: Verteidigung der westlichen Anwesenheit, Wahrnehmung des Rechts auf ungehinderten Zugang und Gewährleistung des Rechts auf Selbstbestimmung der Bevölkerung von Berlin (West) und freie Wahl ihrer Lebensform.

Am 13.8.1961 kam es dann zum Bau der Mauer. Damit wurden die bestehenden Verbindungen zwischen beiden Teilen der Stadt auf einen Schlag unterbrochen, die Drei-Millionen-Stadt in letzer Konsequenz geteilt und die beiden Teile strikt gegeneinander isoliert. Der Mauerbau war sowohl Höhepunkt als auch Wendepunkt der bisherigen Berlinkrisen. Es wurde deutlich, daß es beide Seiten nicht zu einer weiteren Eskalation des Konfliktes um Berlin und Deutschland kommen lassen wollten. Die Sowjetunion machte ihre weitreichenden Drohungen nicht wahr, und die USA sahen die „three essentials" nicht berührt. Die Krisensituation entschärfte sich langsam. Doch erst das Viermächte-Abkommen vom 3.9.1971, das mit den ergänzenden Vereinbarungen über praktische Verbesserungen im Juni 1972 in Kraft trat, beendete die Berlin-Krisen und machte eine von außen weitgehend ungestörte Entwicklung in beiden Teilen der Stadt möglich. Das Viermächte-Abkommen ließ den Status Berlins unverändert, wurde jedoch unterschiedlich interpretiert. Im Gegensatz zur Sowjetunion und der DDR vertraten die Westmächte den Standpunkt, das Abkommen gelte nicht nur für den Westteil, sondern für Gesamtberlin; dies führte im einzelnen zu Problemen. Dennoch bedeutete das Abkommen die entscheidende Sicherung für die Lage West-Berlins und war eine wesentliche Voraussetzung für den Entspannungsprozeß in Europa bis hin zu den KSZE-Verhandlungen.

Mit dem Fall der Mauer und der deutschen Einheit endete auch der besondere Status Berlins. In dem Vertrag über die „abschließenden Regelungen im Bezug auf Deutschland" (Zwei-plus-Vier-Vertrag) vom 12.9.1990 und in der „Erklärung der Vier-Mächte" vom 1.10.1990 wird das Ende der Verantwortlichkeiten der Alliierten in bezug auf Berlin und Deutschland als Ganzes erklärt. Damit fanden auch die zum Teil heftigen Auseinandersetzungen um den Status Berlins und seine Zugehörigkeit ein Ende. Statt dessen begann eine innerdeutsche Diskussion um die „Hauptstadtfrage". Zwar heißt es im Artikel 2 des Einigungsvertrages in Anlehnung an Bundestagsbeschlüsse der 40er und 50er Jahre: „Hauptstadt Deutschlands ist Berlin"; die Frage des Sitzes von Parlament und Regierung aber war offengehalten worden. Darüber sollte erst nach der Herstellung der deutschen Einheit entschieden werden. Die darauf folgende Auseinandersetzung um Hauptstadt (→ Staatssymbole) und Regierungssitz, die auch unter dem Aspekt der Identität und der Identitätssuche der Deutschen geführt wurde, warf ein erstes Schlaglicht auf die Schwierigkeiten des „inneren" Einigungsprozesses. Um diese Frage kam es im → Bundestag fast zu einer Zerreißprobe, bis sich das Parlament mit knapper Mehrheit für Berlin als Hauptstadt und Sitz von Regierung und Parlament entschied. Unter ständigen Diskussionen und Konflikten einigte man sich dann darauf, daß der Umzug von Parlament und Regierung nach Berlin im Jahre 2000 abgeschlossen sein soll.

2. Bevölkerung und Wirtschaft

2.1. Bevölkerungsentwicklung

Berlin ist heute mit einer Fläche von 889 qkm und einer Einwohnerzahl von ca. 3,4 Millionen (davon leben in West-Berlin 2,17, in Ost-Berlin 1,28 Mill.) die mit Abstand größte Metropole Deutschlands. Nach einem erheblichen Bevölkerungswachstum 1989 (64.000), das vor allem auf die Zuwanderung aus der ehemaligen → DDR zurückging, hat sich der Zuwachs 1992 und 1993 mit ca. 20.000 Zuwanderern pro Jahr normalisiert. Die Altersstruktur veränderte sich in den letzten Jahren zugunsten der erwerbstätigen Bevölkerung. In Berlin lebten 1992 ca. 385.000 Ausländer, das sind 11,3 % der Einwohner. Davon wohnten in den westlichen Bezirken etwa 341.000 (16,5%) und in den östlichen Bezirken etwa 44.000 (3,3 %).

2.2. Wirtschaft

Der Westteil der Stadt hatte mit Öffnung der Mauer zunächst erheblich vom Nachfragesog aus den neuen Ländern profitiert. So lag die Wachstumsrate in der westlichen Stadthälfte 1990 bei 6,2 %, 1991 bei 6 % und 1992 bei 4,7 % (1992 im Ostteil bei 8 %). Die Vergleichsdaten für die alten → Bundesländer lauten: 1990 4,7 %, 1991 3,4 %, 1992 2 %. Das Bruttoinlandsprodukt von Berlin lag 1993 bei 117,4 Mrd. DM (pro Kopf 73.200 DM in Preisen von 1991). Auf den Westteil entfielen dabei 97,7 Mrd. DM (pro Kopf 93.100 DM), auf den Ostteil Berlins 19,7 Mrd. DM. Die Wachstumsraten sind 1993 erheblich zurückgegangen: Berlin -1,2%, West-Berlin -1,9%, Ost-Berlin +2,1%. So wie der Westteil überdurchschnittlich von der Vereinigung profitierte, wird er jetzt durch die Vereinigungskrise und die Rezession überduchschnittlich belastet. Erste Anzeichen einer Konjunkturbelebung, wie sie 1994 im übrigen Deutschland zu beobachten sind, lassen sich in Berlin noch nicht feststellen.

Bedeutendster Industriezweig ist nach wie vor die Elektroindustrie mit 52.000 (31%) Beschäftigten im Westteil der Stadt und rund 19.000 im Ostteil, gefolgt vom Bereich Nahrungs- und Genußmittel mit etwa 23.000 (13,6%) Beschäftigten in West-Berlin und 3.400 in Ost-Berlin, dem Maschinenenbau mit ca. 16.500 (9,7 %) Beschäftigten im Westen und 8.200 (16 %) im Osten und der chemischen Industrie mit etwa 14.400 (8 %) im Westteil und 2.100 (3,7%) im Ostteil Berlins (Zahlen von 1991). Diese Daten zeigen, daß die Industriestruktur in beiden Stadthälften ähnlich ist. Der Dienstleistungssektor ist in Berlin in den letzten Jahren kontinuierlich gewachsen. Dennoch ist die Entwicklung Berlins zu einer europäischen Dienstleistungsmetropole auf absehbare Zeit nicht zu erwarten. Die wirtschaftlichen Probleme Berlins werden besonders deutlich, wenn man den Rückgang der Zahl der Beschäftigten im verarbeitenden Gewerbe in Ostberlin sieht. Lag die Zahl der Beschäftigten 1989 noch bei rd. 187.000, ist sie 1993 auf knapp 38.000 zurückgegangen. Nach Aussage des Deutschen Instituts für Wirtschaftsforschung (DIW) sind auch diese Arbeitsplätze noch nicht wettbewerbsfähig und werden wohl bis auf 20.000 sinken. Alle Wirtschaftsbereiche hatten 1993 Wachstumseinbrüche zu verzeichnen. Allein das Baugewerbe wies weiterhin erhebliche Steigerungsraten auf und scheint in wachsendem Umfang die Funktion einer „Konjunkturlokomotive" zu übernehmen. 1994 war erstmals seit der Wiedervereinigung die Arbeitslosenquote mit 13,6 % im Westteil der Stadt höher als im Ostteil Berlins mit 11,4 %. Damit wird deutlich, daß Berlin längst einen *gemeinsamen* Arbeitsmarkt hat und → Arbeitslosigkeit kein Ostproblem mehr ist. Neben dem Abbau von Arbeitsplätzen in der Industrie, macht sich im Westteil vor allem die Verdrängung durch Arbeitskräfte aus Ost-Berlin und Brandenburg bemerkbar. Rund 170.000 Berufspendler gingen 1994 einer Arbeit im Westteil der Stadt nach.

Weitere vordringliche Wirtschaftsprobleme sind: der Bedarf an ca. 270.000 Wohnungen, die Erneuerung des Straßen- und Schienennetzes, der Ausbau des Nahverkehrs, der Ausbau Berlins zur deutschen Regierungshauptstadt und die Angleichung der Arbeits- und Lebensbedingungen in der Stadt, die Abwanderung von Industriebetrieben ins Umland (Speckgürtel). Dabei muß Berlin gleichzeitig den Abbau der vielfältigen Formen der Berlinförderung und der Berlinhilfe um jährlich 2 Mrd. DM verkraften. Mit dem Jahr 1995 gehen alle diese Hilfen zu Ende und Berlin ist voll in den Länderfinanzausgleich und in die Aufbauhilfe für die neuen Bundesländer integriert.

3. Regierungssystem

3.1. Verfassung

Die Verfassung von Berlin, die in ihrem Kern bis heute Gültigkeit hat, trat erst am

1.10.1950 in Kraft. Davor galt die „Vorläufige Verfassung von Groß-Berlin", die im Oktober 1946 von den vier Siegermächten erlassen worden war. Die am 20.10.1946 in der ersten freien Wahl nach Kriegsende gewählte Stadtverordnetenversammlung war durch Art. 35 Abs. 2 der Vorläufigen Verfassung verpflichtet worden, den Entwurf einer neuen Verfassung auszuarbeiten und ihn den Alliierten bis zum 1.5.1948 zur Genehmigung vorzulegen. Die neue Verfassung wurde in der Stadtverordnetenversammlung fristgemäß am 22.4.1948 verabschiedet. Wegen der politischen Ereignisse kam es jedoch vorerst nicht zur Genehmigung. Diese erfolgte erst am 29.8.1950 durch die nunmehr aus Vertretern der drei Westmächte bestehenden Alliierten Kommandantur. In der Zwischenzeit war der Verfassungsentwurf dem Grundgesetz angepaßt worden. Die Verfassung von Berlin stellt fest, daß Berlin neben den Aufgaben einer Stadt auch die eines Landes erfüllen muß und ein Land der Bundesrepublik Deutschland ist. Der Geltungsanspruch der neuen Verfassung bezog sich auf ganz Berlin; in der Praxis konnte sie jedoch nur im Westteil der Stadt angewandt werden. Bei ihrer Genehmigung machten die Allierten hinsichtlich der Stellung Berlins einige Vorbehalte und behielten sich weiterhin die Ausübung der obersten Gewalt vor. Nach dem Verzicht der Alliierten auf ihre Vorbehaltsrechte kam es zu wichtigen Veränderungen der Verfassung. So wurde unter anderem der Umweltschutz und der → Datenschutz in den Grundrechtskatalog der Verfassung aufgenommen (Art. 21 a, b). Die Opposition, als notwendiger Bestandteil der parlamentarischen Demokratie, die das Recht auf politische Chancengleicheit hat, wird ausdrücklich erwähnt (Art. 25, Abs. 3). Die Stellung der → Fraktionen wird ebenso gestärkt wie die Stellung der Untersuchungsausschüsse. Art. 88 Abs. 2 verpflichtet das Gesamtberliner Abgeordnetenhaus, die Verfassung noch während der ersten Wahlperiode zu überarbeiten. Dazu wurde eine Enquetekommission Verfassungsreform eingesetzt. Auf Grundlage ihrer Vorschläge soll das Landesparlament im Frühjahr 1995 eine Reformempfehlung vorlegen, die anschließend per Volksabstimmung in Kraft gesetzt werden müßte.

3.2 Berlin und der Bund

Berlin war bis auf wenige Besonderheiten in die rechtliche, politische und wirtschaftliche Ordnung der BRD einbezogen. Auf Grund der Alliierten Vorbehalte konnten die 22 Berliner Abgeordneten jedoch nicht direkt gewählt werden, sondern wurden entsprechend der Stärke der Fraktionen im Abgeordnetenhaus in den Bundestag entsandt. Bei der Schlußabstimmung über Gesetze und bei der Wahl des → Bundeskanzlers zählten die Berliner Stimmen nicht. In den Ausschüssen und bei der Wahl des Präsidiums waren die Berliner dagegen gleichberechtigt. Im → Bundesrat galt ein ähnliches Vorgehen. Nur bei Beschlüssen interner Natur besaßen die vier Vertreter Berlins volles Stimmrecht. Über ein uneingeschränktes Stimmrecht verfügten die Berliner bei der Wahl des → Bundespräsidenten in der Bundesversammlung und im Europäischen Parlament. Bundesgesetze, die nach dem Willen des Bundesgesetzgebers in Berlin gelten sollten, mußten nach der alten Rechtslage durch einen besonderen Übernahmeakt des Berliner Landesgesetzgebers ausdrücklich für Berlin übernommen werden. Im Gegenzug wurde Berlin grundsätzlich in alle Verträge einbezogen, die die Bundesrepublik mit anderen Staaten abschloß (z.B. alle EG-Verträge). Seit dem Verzicht der Alliierten auf ihre Vorbehaltsrechte haben der Senat und die Berliner Bundestagsabgeordneten im Bundesrat und im Bundestag die gleichen Rechte wie die übrigen Landesregierungen bzw. Abgeordneten.

3.3. Das Abgeordnetenhaus

Entsprechend dem Gewaltenteilungsprinzip ist das Gesetzgebende Organ in Berlin das Abgeordnetenhaus. Nach Art. 25, Abs. 1 der Verfassung von Berlin (VvB) ist das Abgeordnetenhaus die von den wahlberechtigten Deutschen gewählte Volksvertretung. Die Verfassung besagt weiterhin, daß das Abgeordnetenhaus aus mindestens 200 Abgeordneten besteht. Die in der Regel vierjährige Legislaturperiode kann unter bestimmten Voraussetzungen vorzeitig beendet werden. So hat das Abgeordnetenhaus das Recht, sich mit einer Mehrheit von zwei Dritteln seiner Mitglieder selbst aufzulösen. Diesen Fall hat es im Frühjahr 1981 und im Herbst 1990 gegeben. Nach Art. 39, Abs. 3 VvB kann die Wahlperiode des Abgeordnetenhauses auch durch Volksentscheid vorzeitig beendet werden. Zu den Aufgaben des Abgeordnetenhauses gehört in erster Linie die → Gesetzgebung für das Land Berlin. Weitere wesentliche Aufgaben des Abgeordnetenhauses sind die Wahl der Landesregierung und des Senats sowie die parlamentarische Kontrolle des Senats und der von ihm geleiteten Verwaltung. Zur Erfüllung seiner Aufgaben bildet das Abgeordnetenhaus aus seinen Mitgliedern Ausschüsse. Für jeden von einem Senatsmitglied verwalteten Geschäftsbereich wird mindestens ein ständiger Ausschuß gebildet. Im Jahre 1977 hat sich das Abgeordnetenhaus grundsätzlich für den „Teilzeitparlamentarier“ entschieden.

3.4 Der Senat

In Anlehnung an die Stadtstaaten Bremen (→ Land Bremen) und Hamburg (→ Land Hamburg) nennt sich die Landesregierung von Berlin Senat. Der Senat von Berlin besteht aus dem Regierenden Bürgermeister, dem Bürgermeister als seinem Stellvertreter sowie höchstens 16 Senatoren. Der Regierende Bürgermeister wird mit der Mehrheit der abgegebenen Stimmen vom Abgeordnetenhaus gewählt. Auf seinen Vorschlag werden die Mitglieder des Senats einzeln gewählt. Das Kanzlerprinzip, das nur die Wahl des Regierungschefs durch das Parlament vorsieht, während die Minister von ihm oder auf seinen Vorschlag ernannt werden, ist in die Berliner Verfassung bewußt nicht aufgenommen worden. Entsprechend kann das Abgeordnetenhaus den Senat, aber auch jedes einzelne Senatsmitglied durch ein Mißtrauensvotum zum Rücktritt zwingen. Der Regierende Bürgermeister bestimmt im Einvernehmen mit dem Senat die Richtlinien der Politik und vertritt Berlin nach außen. Eine Unvereinbarkeit zwischen Abgeordnetenmandat und Senatsamt wie z.B. in Bremen, Hamburg oder Rheinland-Pfalz (→ Land Rheinland-Pfalz) gibt es in Berlin nicht. Allerdings können die Parteien von sich aus beschließen, daß ihre Senatoren das „Mandat ruhen“ lassen und es für den jeweiligen Nachrücker freimachen.

3.5. Verwaltung

Die Organisation der Verwaltung im Stadtstaat Berlin ist seit 1920 zweistufig. Die Hauptverwaltung ist nach Art. 43, Abs. 5 der VvB nach dem Ressortprinzip organisiert, d.h. jeder Senator leitet seinen Geschäftsbereich selbständig und eigenverantwortlich. Die Hauptverwaltung nimmt die Angelegenheiten wahr, die von übergeordneter Bedeutung sind oder die wegen ihrer Besonderheit einer einheitlichen Regelung bedürfen. Die Bezirke als „Unterstufe“ sind laut Verfassung nach den Grundsätzen der Selbstverwaltung zu beteiligen. Trotz ihrer politischen Organisation sind die Bezirke keine selbständigen Gemeinden. Sie haben z.B. keine Satzungshoheit und keine Finanzhoheit. Ihnen obliegt die örtliche Durchführung der Gesetze und Verordnungen nach den allgemeinen Anweisungen des Senats; sie führen aber auch eigene Aufgaben durch. Der Senat übt die Aufsicht über die Verwaltungen der Bezirke aus. Organe der Bezirke sind die Bezirksverordnetenversammlung (BVV) und die Bezirksämter. Am 24.5.1992 fanden in Berlin die ersten gemeinsamen Kommunalwahlen nach der deutschen Vereinigung statt. Künftig besteht jede BVV aus 45 Mitgliedern und jedes Bezirksamt aus sieben Mitgliedern. Diesmal ist in allen Bezirken für die Wahl des Bezirksbürgermeisters die Koalitionsbildung möglich. Die Stadträte sind nach dem Proporz zu wählen. Bezirksbürgermeister und Bezirksstadträte werden für die Dauer der Wahlperiode gewählt und sind als Beamte tätig. Ein wichtiges Bindeglied zwischen Haupt- und Bezirksverwaltungen ist der Rat der Bürgermeister, der zu grundsätzlichen Fragen der Verwaltung und Gesetzgebung Stellung nimmt.

3.6. Gerichtsbarkeit

Eine Besonderheit der Berliner Gerichtsbarkeit stellt Art. 62 VvB dar, in dem ausdrücklich gesagt wird, daß „die Rechtspflege ... im Geist der Verfassung und des sozialen Verständnisses auszuüben (ist)“. Die Präsidenten der obersten Landesgerichte werden auf Vorschlag des Senats vom Abgeordnetenhaus gewählt und dann vom Senat ernannt; die übrigen Berufsrichter werden vom Senat auf Lebenszeit ernannt. Bei der erstmaligen Berufung geschieht dies auf Vorschlag des für die einzelnen Gerichtszweige zuständigen Mitglieds des Senats durch die Zustimmung des Richterwahlausschusses. Der Richterwahlausschuß wird vom Abgeordnetenhaus gewählt. Entsprechend Art. 72 VvB besitzt Berlin jetzt auch ein Landesverfassungsgericht.

3.7 Wahlsystem

Am 2.12.1990, dem Tag der gesamtdeutschen Wahl, wurde erstmals seit dem 20.10.1946 auch wieder eine Gesamtberliner Volksvertretung gewählt. Aus praktischen Gründen wurden die Regelungen für die Wahl in Berlin denen für die Bundestagswahl angeglichen. Da bisher die Wahlperiode der BVV an die des Abgeordnetenhauses gebunden war, beschloß man zunächst, daß die erste Wahlperiode des Gesamtberliner Abgeordnetenhauses fünf Jahre beträgt. Die laufende Wahlperiode der BVV endete am 30.6.1992, und die nächste dauert nur drei Jahre. So können 1995 beide Wahlen wieder am selben Tag stattfinden. Um die Chancengleichheit für die politischen Kräfte aus der ehemaligen DDR zu verbessern, legte man fest, daß Parteien und andere politische Vereinigungen, die ihren Sitz oder den Sitz ihres Landesverbandes in den Bezirken haben, in denen das GG nicht galt, gemeinsame Wahlvorschläge als Listenverbindungen einreichen konnten. Darüber hinaus galt eine regionalisierte Fünf-Prozent-Sperrklausel für das ehemalige Gebiet von West- bzw. Ost-Berlin. Abweichend vom bisherigen Stimmenverrechnungsverfahren nach *d'Hondt* führte man jetzt das Verfahren nach *Hare/Niemeyer* ein, das in Grenzfällen tendenziell die kleinen Parteien begünstigen kann. Im Unterschied zur bundeswahlrechtlichen Regelung, wonach eine Partei Überhangsmandate erhält, die mehr Direktmandate gewinnt, als ihr nach ihrem Zweitstimmenanteil zustehen, sind bei Abgeordnetenhauswahlen darüber hinaus Ausgleichsmandate zuzuteilen, bis die Sitzverteilung wieder dem Zweitstimmen-Verhältnis entspricht.

3.8. Parteien

Berlin war lange Zeit eine traditionelle Hochburg der „Linken“. Das galt für die erste Phase der Weimarer Republik und nach Kriegsende bis 1971. Nach dem Ende des Zweiten Weltkrieges erfolgte die Genehmigung für die Gründung und die Tätigkeit demokratischer Parteien zuerst in Berlin. Die Entwicklung des Parteiensystems gewann dadurch eine gewisse Vorbildfunktion für das übrige Deutschland. Nach der Wiedergründung bzw. Neugründung von KPD, SPD, CDU und LDPD schlossen sich diese vier Parteien am 14.7.1945 in der „antifaschistisch-demokratischen Einheitsfront" zusammen. Ihr Ziel war es, die Politik der einzelnen Parteien aufeinander abzustimmen. In Wirklichkeit kam es zu ständigen Auseinandersetzungen über die Versuche der KPD, die Vormachtstellung zu erringen. Nach der für Berlin verhinderten Zwangsvereinigung von KPD und → SPD ließen die Alliierten die SPD und die neugegründete SED (→ PDS/SED) in allen Sektoren der Stadt gleichberechtigt zu. Für die SED führten die ersten und einzigen freien Wahlen am 20.10.1946 trotz massiver Unterstützung durch die sowjetische Besatzungmacht zu einem enttäuschenden Ergebnis. Sie erhielt lediglich 19,8 % der Stimmen, die SPD dagegen 48,7 %. Der Spaltung der Stadt ging die Spaltung der Parteien voraus. Die demokratischen Parteien in den West-Sektoren arbeiteten von da an eng zusammen. Seit der Stadtverordnetenwahl von 1946 und der Abgeordnetenhauswahl von 1950 war die SPD bis 1975 stärkste Partei, zeitweise mit mehr als die Hälfte der Stimmen. Trotz eindeutiger Mehrheitsverhältnisse gab es im Bewußtsein der Gefährdungen und der großen Probleme Berlins mit einer kurzen Unterbrechung bis Anfang 1962 immer eine Große Koalition; bis 1955 auch mit Beteiligung der → FDP. Erst die deutschlandpolitischen Differenzen zwischen SPD und → CDU führten 1963 zu einer SPD/FDP-Koalition, obgleich die SPD mit 63,9% der Stimmen die absolute Mehrheit erhalten hatte. Der nächste Koalitionswechsel fand erst 1981 statt. Zunächst bildete die CDU, die die absolute Mehrheit knapp verfehlt hatte, einen Minderheitensenat, der von einigen FDP-Abgeordneten unterstützt wurde; 1983 kam es dann offiziell zur CDU/FDP-Koalition. 1989 wurde dieser Senat dann durch eine Koalition von SPD und Alternativer Liste abgelöst. Kurz vor den Wahlen zum ersten Gesamtberliner Abgeordnetenhaus verließ die AL die Koalition und nach den Wahlen wurde erneut eine Große Koalition zwischen CDU und SPD gebildet. Das Berliner Parteienspektrum hat sich in den letzten Jahren nach links und kurze Zeit auch nach rechts (bei den Wahlen 1989 erhielten die REP 7,5 % der Stimmen) ausdifferenziert. Dieser Prozeß hat sich zunächst durch die Vereinigung der Stadt fortgesetzt, so daß im neuen Abgeordnetenhaus zur Zeit fünf Parteien vertreten sind. Die letzten Wahlen zu den Bezirksverordnetenversammlungen zeigte eine deutlich Spaltung im Wahlverhalten in den östlichen und den westlichen Bezirken Berlins. Während in den westlichen Bezirken die CDU stärkste Partei blieb und die PDS keine Rolle spielte, erhielt diese Partei in den östlichen Bezirken fast 30% der Wählerstimmen und wurde knapp hinter der SPD zweitstärkste Partei. Bei der Bundestagswahl 1994 setzte sich dieser Trend fort. Die PDS wurde in Ost-Berlin stärkste Partei und gewann dort die vier Direktmandate, die ihr den Einzug in den Bundestag ermöglichte.

3.9. Die Zukunft Berlins und seine politische Rolle in Deutschland

Berlins Schicksal war und ist bis auf den heutigen Tag die Politik. Heute finden in Berlin die politischen, gesellschaftlichen und wirtschaftlichen Herausforderungen, Probleme und Verwerfungen des deutschen Einigungsprozesses ihren unmittelbarsten Ausdruck. Berlin ist heute eine Stadt im Umbruch. Die Zukunftsaufgaben Berlins, Ausbau zur Hauptstadt und zum Regierungssitz, vor allem aber die Schaffung eines neuen Landes Berlin/Brandenburg, bergen sowohl schwerwiegende Probleme als auch große Chancen für die weitere Entwicklung der Stadt.

Zahlenangaben: Das Datenmaterial wurde dem „Statistischen Jahrbuch Berlin 1993“, hrsg. vom Statistischen Landesamt Berlin, und der Kleinen Berlin Statistik, hrsg. von der Landeszentrale für politische Bildungsarbeit Berlin, entnommen.

Literatur

Landeszentrale für politische Bildungsarbeit Berlin (Hrsg.) 1990: Wahlen zum ersten Gesamtberliner Abgeordnetenhaus. Berlin.

Landeszentrale für politische Bildungsarbeit Berlin in Verbindung mit der Historischen Kommission zu Berlin (Hrsg.), Ribbe, Wolfgang /Schmädecke, Jürgen [3]1994: Kleine Berlin Geschichte.

Massing, Peter 1994[2]: Berlin, in: Hartmann, Jürgen (Hrsg.): Handbuch der deutschen Bundesländer, Frankfurt/Main; New York.

Peter Massing

Land Brandenburg

1. Historischer Hintergrund

Bbg. hat eine mehr als 1000jährige Geschichte. Name, Landesfarben (rot und weiß) und Landeswappen (der rote märkische Adler auf weißem Feld) des zwischen Elbe und Oder mit der Vereinigung D.s am 3.10.1990 wiedererstandenen Landes gehen zurück auf das erste Herrschergeschlecht in Bbg., die Askanier (1134-1320). Mit Ernennung des Nürnberger Burggrafen *Friedrich IV.* 1411 zum Verweser und 1415 zum Kurfürsten Bbg.s (Recht auf Beteiligung an der Königswahl) begann die 500jährige Herrschaft der Hohenzollern, unter denen Bbg. Kernprovinz des im 18. Jh. zur Großmacht aufsteigenden Preußen wurde. Als eines der Länder der → DDR wurde Bbg. von der → SED mit der Zentralisierung der DDR 1952 aufgelöst und in die drei Bezirke Potsdam, Frankfurt/O. und Cottbus aufgeteilt.

928 eroberte Kaiser *Heinrich I.* Brennabor, eine Befestigung der in das Gebiet östlich der Elbe in der Völkerwanderung nachgerückten slawischen Wenden, in dem ursprünglich germanische Semnonen lebten. *Otto I* gründete dort 948 das Bistum Brandenburg. Im großen Slawenaufstand 983 konnten sich die Wenden von der deutschen Ostkolonisation befreien. Rund 150 Jahre später wurde im Zuge einer neuen Ostbewegung der Askanier *Albrecht der Bär* 1134 mit der deutsch gebliebenen Nordmark belehnt und erbte von dem christianisierten Wendenfürst *Pribislav* das Havelland mit dem Herrschaftssitz Brandenburg hinzu. Durch planmäßige Ansiedlung von Kolonisten und mit dem auf Landwirtschaft spezialisierten Zisterzienserorden weiteten die Askanier die Mark zu einer großen Territorialherrschaft aus.

Nach 150 Jahren des Zerfalls festigten die Hohenzollern im 15. und 16. Jh. zunächst ihre Herrschaft im Innern, unterwarfen Adel und Städte und entwickelten die Doppelstadt Berlin-Coelln als Residenz und Regierungssitz zum Zentrum. Sie erneuerten die Verwaltung, gründeten 1506 in Frankfurt/O. eine Universität und führten 1539 die Reformation ein. Im 17. Jh. folgte der Ausbau zum aufgeklärten absolutistischen Staat mit stehendem Heer und zentralistischer Verwaltung. Der Große Kurfürst (1640-88) gewann durch Erbschaften – am Niederrhein Kleve, Mark, Ravensberg, Ravenstein und östlich der Weichsel das Herzogtum Preußen – sowie im Westfälischen Frieden 1648 mit dem Erwerb Hinterpommerns große Gebiete hinzu. Brandenburg wurde Kernprovinz des wachsenden, territorial nicht zusammenhängenden brandenburg-preußischen Staates. Im Innern sicherte er mit Toleranzedikten Glaubensfreiheit zu und brachte Glaubensflüchtlinge aus ganz Europa in das im Dreißigjährigen Krieg verwüstete Land. Sein Nachfolger *Friedrich I.* begründete 1701 als „König von Preußen" (1688-1713) das preußische Königtum. Die Mark Brandenburg wurde damit ein Teil von Preußen. Unter *Friedrich dem Großen* (1740-86) erstarkte Preußen im 18. Jh. nach dem Siebenjährigen Krieg mit dem Erwerb Schlesiens und anderer Gebiete zur europäischen Großmacht. Er ließ Oder-Warthe- und Netzebruch urbar und im kargen Brandenburg zu fruchtbarem Ackerland machen. Berlin und Potsdam entwikkelte er als parallele Residenzstädte zu europäischen Zentren von Kultur und Wissenschaft. Die Niederlage gegen Napoleon führte 1806 in der mit Preußen verbundenen Geschichte Brandenburgs zu einem Tiefpunkt. Nach dem Wiener Kongreß 1815 brachten die *Stein-Hardenbergschen* Reformen eine Liberalisierung. Die Demokratiebewegung als Ausdruck sozialer Umwälzung der beschleunigten Industrialisierung im 19. Jh. wurde aber von der preußischen konservativen Oberschicht unterdrückt. → Berlin wuchs zum größten deutschen industriellen Ballungszentrum und zur Weltstadt an und zog das mit wenigen Industrieinseln argrarisch bestimmte Brandenburg in seinen Sog. 1920 wurde es als Groß-Berlin aus Brandenburg herausgelöst.

Der → Nationalsozialismus prägte ab 1933 durch politische Gleichschaltung, Errichtung von Rüstungsbetrieben, Militäranlagen und Konzentrationslagern auch Brandenburg und hinterließ 1945 ein zerstörtes Land unter sowjetischer Besatzung. Als Folge des Zweiten Weltkrieges verlor Brandenburg etwa 30% seines Gebiets, die östlich von Oder und Neiße gelegenen Kreise, an Polen. (*Schreckenbach* 1991, *Spittmann* 1983)

2. Bevölkerung – Gesellschaft – Wirtschaft

2.1 Bevölkerung

Bbg. hat eine Fläche von 29,4 Mio. qkm (8,1% von D). Mit 2,5 Mio. E.(3,3% von D) und 86 E. pro qkm hat es nach M.V. die geringste Bevölkerungsdichte in D. Von zum Zeitpunkt der deutschen Einheit 1776 Gemeinden zählten nur 83 über 500 E. Die Hauptstadt Potsdam ist größte Stadt (138600 E.), gefolgt von Cottbus (122900 E.), Brandenburg an der Havel (88100 E.) und Frankfurt/O. (85000 E.). Im Raum Cottbus (Niederlausitz) und angrenzenden Teil von Sa. leben Sorben, eine ethnische Minderheit (insgesamt 60000) slawischen Ursprungs.

2.2 Wirtschaft

Erwerbstätige nach Wirtschaftszweigen (in 1000, Stand Sept. 1989)

Industrie	440,7	(33,4%)
Handwerk	38,2	(2,9%)
Bauwirtschaft	91,5	(7,0%)
Verkehr, Post,Fernmeldewesen	105,7	(8.0%)
Handel	128,6	(9,7%)
Land- und Forstwirtschaft	202,3	(15,3%)
sonstige prod. Zweige	33,5	(2,5%)
Nichtprod. Bereich	280,6	(21,2%
insgesamt	1321,3	(21,2%)

Quelle: Die neuen Bundesländer, Hrsg. Deutsche Bank in Zusammenarbeit mit dem Bundesministerium für innerdeutsche Beziehungen, 1990

Der Übergang vom zentralistischen Planungssystem der DDR zur Marktwirtschaft und die Integration in die EG bereitet den heruntergewirtschafteten Betrieben große Schwierigkeiten mit u.a. einer steigenden Arbeitslosenquote von 11,8% (Dez. 1990: 7,4%; Sept. 1994: 14,0%). Immerhin hat Bbg. damit die niedrigste offizielle Arbeitslosenquote aller neuen Bundesländer.. Von den 1,3 Mio. Erwerbstätigen (1989) waren 86% Arbeiter und Angestellte, 12%

Mitglieder von Produktionsgenossenschaften und nur 2,1% Selbständige.

2.2.1 Industrie
Die wenigen traditionellen Standorte bei Cottbus, am Oderufer und um Berlin sind von der DDR-Regierung zu einseitigen Industriezentren und zum dominierenden Sektor der Wirtschaft in Bbg. (33,4% Erwerbstätige, 1989) ausgerichtet worden. Das Lausitzer Braunkohlerevier um Cottbus, die Eisen- und Stahlerzeugung in Hennigsdorf bei Berlin, in Brandenburg an der Havel und Eisenhüttenstadt, die Raffinerien und Petrochemie von Schwedt, die Metallurgie, Petrochemie und High-Tech-Branche in Frankfurt/O. sowie die Elektrotechnik/Elektronik, optische Industrie und der Maschinen- und Fahrzeugbau im Umland Berlins prägen das Industrieprofil. Die Millionenstadt Berlin übt eine Sogwirkung auf Investoen im Berliner Umland aus und läßt ein Wirtschaftsgefällte zwischen unterschiedlich entwickelten Regionen in Bbg. entstehen, das die Landesregierung durch eine entsprechend unterschiedlich ausgerichtete Förderpolitik bislang nicht hat ausgleichen können. Industrielle Neuansiedlungen werden auf absehbare Zeit die Talfahrt in den Altindustrien jedoch nicht ausgleichen können.

2.2.2 Landwirtschaft
Im Vergleich zu anderen Bundesländern hat Bbg. für die Landwirtschaft die ungünstigsten natürlichen Bedingungen. Mit Ausnahme nur weniger Standorte überwiegen leichte Sand- und Sandlehmböden. Die landwirtschaftliche Nutzfläche betrug 1989 1,4 Mio. ha. Bbg. weist damit neben M.V. die zweitgrößte landwirtchaftlich genutzte Fläche aller neuen Bundesländer auf. Mit 1,1 Mio. ha Waldfläche – etwa einem Drittel der Landesfläche – ist es eines der waldreichsten Gebiete von D. Auflagen der EG führten zur Stillegung von 200000 ha, weitere 100000 ha werden wegen schlechter Böden nicht mehr genutzt. Damit liegt Bbg. an der Spitze landwirtschaftlicher Flächenstillegungen in D und in der EG. Die Beschäftigtenzahl ist seit 1989 um über die Hälfte gesunken. 90% der Nutzfläche werden auch nach Umwandlung der LPGen und VEGen von Großbetrieben bewirtschaftet werden und nur 9% überwiegend im Nebenerwerb von Einzel- und Familienbetrieben. Ungeklärte Eigentumsfragen sind ein schwieriges Hindernis bei der Herausbildung dieser neuen Strukturen. Nach dem fast völligen Zusammenbruch des Marktes für landwirtschaftliche Produkte aus Bbg. mit der Währungsunion von 1989 werden sie bei gleichzeitiger Modernisierung der Verarbeitungsindustrie allmählich wieder zu einem gefragten Markenartikel speziell für die Berliner Bevölkerung.

3. Politisches System

3.1 Verfassung

Bbg.s Verfassung zeichnet sich durch eine Reihe von Besonderheiten aus. Sie ist durch Volksentscheid am 14.6.1992 angenommen worden und am 21.8.1992 in Kraft getreten. Bis dahin galt als rechtliche Grundlage der Arbeit von Landtag und Landesregierung das Landesorganisationsgesetz vom 1.11.1990. Die Landesverfassung sucht die Erfahrungen aus der DDR-Vergangenheit – den Machtmißbrauch der SED, aber auch sozial als positiv empfundene Regelungen – mit den Prinzipien der Parlamentarischen Demokratie zu verbinden. In D einzigartig ist u.a., daß nicht der Ministerpräsident, sondern der Landtagspräsident die Landesgesetze ausfertigt und verkündet, eine Stärkung des Parlaments. Erweitert werden die einklagbaren → Grundrechte um soziale Grundrechte, die als Staatsziele von der Regierung zu verwirklichen sind (Recht auf Arbeit, auf soziale Sicherung, auf angemessene Wohnung, auf Bildung). Auch der Umweltschutz ist Staatsziel. Nicht nur Ehe und Familie, auch Lebensgemeinschaften genießen den Schutz des Staates. Die Verfassung enthält starke plebiszitäre Elemente: Die Gesetzgebung soll durch Volksentscheid und den Landtag ausgeübt werden (Art. 2). Dem Volksentscheid werden die Hürden einer Volksinitiative, durch die Gesetzesentwürfe auch zur Verfassungsänderung und Anträge zur Auflösung des Landtags eingebracht werden können, und eines Volksbegehrens vorgeschaltet. Zu Wahlen sind neben den Parteien auch politische Vereinigungen zugelassen. Der Landtag kann sich durch Beschluß einer Zwei-Drittel-Mehrheit seiner Mitglieder auflösen. Daneben gibt es die Regelungen der Vertrauensfrage des Ministerpräsidenten und das konstruktive Mißtrauensvotum. Die Immunität der Abgeordneten gilt nicht grundsätzlich, sondern ist im Einzelfall vom Landtag zu beschließen. Fraktionszwang ist unzulässig. Die Abgeordneten erhalten sehr weitgehende Einsichtsrechte in Akten und amtliche Unterlagen der Landesdienststellen. Ferner ist ein Landesverfassungsgericht vorgesehen. Als weitere Besonderheiten garantiert die Verfassung den Sorben Minderheitsrechte und verpflichtet die Landesregierung, vor einer Vereinigung der Länder Bbg. und B. einen Volksentscheid herbeizuführen.

3.2 Organisation des politischen Systems

Der Landtag ist die zentrale Institution im politischen System. Neben seinen Kompetenzen für → Gesetzgebung, Wahl des Ministerpräsidenten, Gesetzesverkündung und Regierungs- und Verwaltungskontrolle hatte er auch die Funktion einer verfassungsgebenden Versammlung. Die Zahl seiner 88 Abgeordneten ist nach der Bevölkerungszahl bemessen. Nach den ersten freien Landtagswahlen am 14.10.1990 entfielen auf die → SPD 36 Sitze, die → CDU 27, die → PDS-LL (Listenverbindung der PDS mit Linke Liste) 13, die → FDP 6 und das → Bündnis '90 (Zusammenschluß von Bürgerbewegungen) ebenfalls 6. In den zweiten Landtagswahlen vom 11.9. 1994 erreichte die SPD mit 52 Sitzen die absolute Mehrheit, CDU und PDS erhielten jeweils 18 Sitze; Bündnis 90/ Die Grünen und FDP sind nicht mehr im Landtag vertreten, da sie die 5%-Hürde nicht schafften.

Die erste Regierung unter Ministerpräsident *M. Stolpe* bestand aus einer von SPD, FDP und Bündnis '90 gebildeten → Koalition. Das neue Kabinett ist trotz absoluter Mehrheit keine reine SPD-geführte Regierung; ihm gehören zwei parteilose Minister an. Die Aufgaben sind auf zehn Ministerien und die Staatskanzlei als Koordinierungsstelle aufgeteilt. Der Justizminister ist gleichzeitig Bundes- und Europabevollmächtigter. Der wirtschaftliche und soziale Aufbau des Landes ist weiterhin vorrangiges Ziel der Regierung und im Interesse aller Fraktionen. U.a. deswegen gewinnen CDU und PDS-LL in ihrer Rolle als Opposition nur wenig Profil.

Die Landesverwaltung ist als zweistufige Verwaltung ohne sog. Mittelbehörden (Regierungspräsidenten, Regierungsbezirke) organisiert. Oberste Landesbehörden und obere Stufe sind die Ministerien und ihnen zur Unterstützung ihrer Arbeit nachgeordnete Landesoberbehörden (z.B. Landeskriminalamt, Oberfinanzdirektion usw.), untere Stufe sind die Ämter der Stadt- und Landkreise (Oberbürgermeister, Landräte) sowie der Gemeinden (Bürgermeister). Sie haben das Recht der kommunalen Selbstverwaltung und unterliegen nur der Rechtsaufsicht der Landesregierung, die aber auch Landesaufgaben an sie übertragen kann. Der Aufbau einer leistungsfähigen Kommunalverwaltung ist weitgehend vorangetrieben worden. Ein erster wichtiger Schritt war 1992 die Ämterbildung – die Schaffung rund 160 gemeinsamer Ämter für die vielen vergleichsweise wenige Einwohner zählenden Gemeinden. Mit der Kommunalwahl vom 3.12.1993 trat die Kreisgebietsreform in Kraft; die ursprünglich 38 Landkreise und sechs kreisfreien Städte wurden zusammengefaßt und reduziert auf 14 Landkreise und vier kreisfreie Städte. Der dritte Schritt der Verwaltungsreform wurde ebenfalls Ende 1993 mit der Inkraftsetzung einer neuen Kommunalverfassung getan, mit der u.a. Kompetenzen auf Gemeindebene konkretisiert und die Rechte der Gemeindevertretung gestärkt wurden. Parallel dazu ist der Aufbau der Justiz mit einem neuen Gerichtssystem, einer Finanzverwaltung, eine Schulreform und vieles mehr durchgeführt worden.

3.3 Parteien, Wahlen, Wählerverhalten

Stärkste politische Kraft im Land ist die in der Wende von 1989 neugegründete SPD, deren organisatorischer und personeller Aufbau mangels Mitglieder (7.000) aber stagniert. Die SED Nachfolgepartei PDS ist die an Mitgliedern (36.000) stärkste Partei. Sie hat sich konsolodieren können und stellt z.B. im Stadtparlament der Landeshauptstadt Potsdam mit drei Sitzen vor der SPD die stärkste Fraktion. Die CDU (15.000) hat die internen Auseinanderseitzungen u.a. zwischen alten und neuen Kräften immer noch nicht überwunden. Die DDR-Vergangenheit lastet auch auf der FDP (9.000). Der Zusammenschluß von Bündnis '90 mit den Grünen führte zur Absplitterung des Bürgerbündnisses; der Landesverband Bbg. von Bündnis '90/Die Grünen zählt z.Zt. nur 465 Mitglieder.

Bei der Landtagswahl vom 11.9.1994 hat die SPD ihren Stimmenanteil von 38,2% 1990 auf 54,1% steigern können. Sie hat alle 44 Wahlkreise direkt gewonnen. Die CDU rutschte von 29,4% 1990 auf 18,7%, konnte aber immerhin in 26 Wahlkreisen hinter der SPD zweitstärkste Partei werden. Ihre besten Ergebnisse erzielte sie in drei Wahlkreisen im Süden des Landes mit einem Stimmenanteil zwischen 25% und 29%. Die PDS ist mit ebenfalls 18,7% mit 18 Abgeordneten ebenso stark im Landtag vertreten wie die CDU, die nur 72 Stimmen mehr als die PDS erhielt. Die FDP ist mit einem Stimmenanteil von 2,1% nicht mehr in den Landtag zurückgekehrt. Sie erreichte in keinem einzigen Wahlkreis über fünf Prozent der Stimmen. Das gleiche gilt für Bündnis 90/Die Grünen mit 2,8% der Stimmen. Damit sind beide in Bbg. zu Splittergruppen degradiert. Neben dem in der Höhe überraschenden Sieg der SPD ist das bemerkenswerteste Ergebnis die äußerst niedrige Wahlbeteiligung von nur 56,1%, die der PDS zugute kam. Das Wahlverhalten hat sich insofern stabilisiert, als sich die Wähler den Politikern zuwenden, denen sie etwas zutrauen und die sie für kompetent halten. In Bbg. sind das die Politiker der SPD, allen voran der alte und neue Ministerpräsident M. *Stolpe.*

3.4 Politische Rolle in D

Bbg. hat sich als Nachbarland mit der längsten Grenze zu Polen die Förderung von Freundschaft und partnerschaftlicher Zusammenarbeit mit Polen insbesondere in den deutsch-polnischen Grenzregionen zur Aufgabe gemacht. Die Bildung von vier „Euroregionen", einem Zusammenschluß von Gebietskörperschaften beiderseits der Grenze, die gemeinsam Probleme und Projekte angehen, ist im Aufbau begriffen.

Eine gemeinsame deutsch-polnische Regierungskommission für grenzüberschreitende Fragen hat bereits Anfang 1991 ihre Arbeit aufgenommen. Auch im europäischen Rahmen will Bbg. eine politische Brückenfunktion zu Polen wahrnehmen. Das politische Gewicht Bbg.s in D wird wesentlich davon abhängen, ob es zu einem gemeinsamen Land Bbg. und B kommt. Ein wichtiger Schritt dorthin ist der Abschluß eines Staatsvertrages zwischen beiden Ländern zur Bildung einer gemeinsamen Landesplanungsbehörde ab Anfang 1995, ein Novum in der föderal strukturierten Bundesrepublik D.

Literatur

Deutsche Bank AG in Zusammenarbeit mit dem Bundesministerium für innerdeutsche Beziehungen (Hrsg.) 1990: Die neuen Bundesländer.

Gesetzblatt der Deutschen Demokratischen Republik 1990, Teil I Nr. 28 und Nr. 51.

Gesetz- und Verordnungsblatt für das Land Brandenburg.

Holzapfel, Klaus-Jürgen 1991 (Hrsg.): Landtag Brandenburg. 1. Wahlperiode. Volkshandbuch.

Schreckenbach, Hans-Joachim 1991: Die Mark Brandenburg, in: Gesamtdeutsches Institut (Hrsg.): 5 Länder in Deutschland zwischen Elbe, Werra, Oder und Neiße.

Spittmann, Ilse 1983: Brandenburg. Frankfurt/M.

Verfassung des Landes Brandenburg, Landtag Brandenburg, Drucksache 1/625 1991.

Statistisches Jahrbuch 1993 (Land Brandenburg).

Frank Reuter

Land (Freie Hansestadt) Bremen

1. Historischer Hintergrund

Die Freie Hansestadt Bremen kann auf eine traditionsreiche und stolze Vergangenheit zurückblicken, die wesentlich durch das Streben nach politischer und ökonomischer Autonomie bestimmt wurde. 787 zum Bischofssitz erhoben, ausgestattet mit Marktprivileg 965 und Stadtrecht 1186, dauerte es noch mehrere Jahrhunderte, bis Bremen 1646 unmittelbare Reichsstadt wurde. J. *Smidt*, Bürgermeister von 1821 bis 1857, sicherte die bremische Unabhängigkeit im Deutschen Bund. Zugleich schuf er das Fundament für den Zwei-Städte-Staat, als er 1827 von Hannover einen Weseruferstreifen erwarb, um dort einen Überseehafen anzulegen, wodurch das heutige Bremerhaven entstand. Im Kaiserreich wurde Bremen ein Bundesstaat mit dem verfassungsrechtlich garantierten Namen Freie Hansestadt Bremen. Die eigene Landesverfassung vom 18.5.1920 stärkte zwar weiter die Eigenstaatlichkeit, was aber in der Reichsreformdiskussion der Weimarer Republik nicht unumstritten blieb. Schließlich wurde mit der Gleichschaltung der Länder durch die nationalsozialistische Diktatur Bremen mit Oldenburg zu einer Reichsstatthalterschaft vereinigt. Durch Reichsgesetz von 1939 kam Bremerhaven zum preußischen Wesermünde, wobei jedoch das Bremerhavener Hafengelände stadtbremischer Besitz blieb. Zudem wurde die Stadt Bremen um ihre bisherigen Landesgemeinden und ehemals preußischen Gebiete vergrößert.

Bei Kriegsende 1945 wurde Bremen zunächst von den Briten, dann von den Amerikanern besetzt, die am 21.1.1947 das Land Bremen proklamierten. Am 6.2.1947 benannte die Stadtverordnetenversammlung von Wesermünde ihre Stadt in Bremerhaven um. Bremerhaven trat dann am 7.2.1947 in das Land Bremen ein. Damit gehört Bremen zu den wenigen früheren deutschen Bundesstaaten, die ihre historisch gewachsene Kontinuität als Länder in die 1949 gegründete BRD einbrachten.

2. Bevölkerung – Gesellschaft – Wirtschaft

Das Bundesland Freie Hansestadt Bremen mit seinen nur 404,2qkm besteht aus den beiden Städten Bremen und Bremerhaven, die getrennt durch niedersächsisches Gebiet 60km voneinander entfernt liegen. 1993 betrug die Einwohnerzahl 683096, davon wohnten 551604 in Bremen und 131492 in Bremerhaven. 51,9% der Bevölkerung waren weiblich und 48,1% männlich. Während die Bevölkerungsentwicklung bis 1970 (722718) durch einen stetigen Zuwachs gekennzeichnet war, kehrte sich dieser Trend in den 70er Jahren jedoch um (1987: 660084). Gegenläufig dazu stieg der Ausländeranteil von 2,1% (1970) über 6,8% (1987) auf 12,7% (1993). In den Stadtstaaten vollzog sich offenbar rascher als im Bundesdurchschnitt eine tiefgreifende Veränderung der Lebensweisen und der Berufswelt. Charakteristisch ist dafür nicht nur die starke Zunahme der Einpersonenhaushalte oder die schwindende Konfessionsbindung, sondern vor allem der fortschreitende Wandel der Berufsstruktur zur modernen Dienstleistungsgesellschaft: In 40 Jahren war der Arbeiteranteil von 55% (1950) um mehr als ein Drittel auf 33% geschrumpft, der Anteil der Selbständigen und mithelfenden Familienangehörigen von 14% auf 8% gefallen, aber nahezu verdoppelt hatte sich das Kontingent der Angestellten und Beamten von 31% auf 59%.

Der Zwei-Städte-Staat ist in der Wirtschaft der Unterweserregion das wichtigste Dienstleistungs- und Produktionszentrum. Seine Häfen machen ihn zum Welthandelsplatz. Sie verfügen über den größten Container-Terminal und Automobilumschlagplatz in Europa. 70% des Baumwollimports, 60% des Tabaks sowie 40% des Kaffees kommen über die bremischen Häfen nach D. Schiffahrt und Außenhandel sind für Bremen schon immer die ökonomische Grundlage gewesen. Hinzu kamen eine bedeutende Genuß- und Nahrungsmittelbranche sowie vor allem in den letzten Jahrzehnten die Eisen- und Stahlindustrie, der Automobilbau, Elektronik, Luft- und Raumfahrt. Allerdings hatte der globale Wirtschaftswandel, wegen der maritimen Ausrichtung der meisten Firmen, in Bremen besonders drastische Konsequenzen, wie 1983 die Schließung der Traditionswerft AG Weser nach 139 Jahren anschaulich demonstrierte. Die damit verbundenen tiefgreifenden Strukturprobleme führten während der 80er Jahre zu einem nachhaltigen Rückgang der wirtschaftlichen Gesamtleistung, zu Arbeitsplatzverlusten und hoher Arbeitslosigkeit. Am Ende des Jahrzehnts gab es jedoch einen deutlichen Aufschwung, der 1993 zu einem Bruttoinlandsprodukt von 36755 Mio. DM führte. Dieses wurde zu 29,4% im Produzierenden Gewerbe, 26,1% im Bereich Handel und Verkehr, 27,9% durch sonstige Dienstleistungsunternehmen und zu 12,6% durch den Staat, private Haushalte u.a. erwirtschaftet. Somit konnte sich auch Bremen an die bundesweiten Wachstumstrends annähern. Nach wie vor ist jedoch die Arbeitslosigkeit mit 12,4% (1993), bei rückläufiger Tendenz (1987: 15,6%), extrem hoch. Gleichwohl ist die von Politik und Wirtschaft angestrebte Synthese aus High-Tech- und Außenhandelsstandort zumindest im Ansatz geglückt. Darüber hinaus versucht Bremen durch vermehrte grenzüberschreitende Kooperationsformen mit Niedersachsen, den Niederlanden oder Skandinavien, sein Wirtschaftspotential in einem größeren Kontext der Regionen zu optimieren, um sich im europaweit verschärfenden Wettbewerb der Metropolen zu behaupten.

3. Politisches System

3.1 Verfassung

Die Landesverfassung der Freien Hansestadt Bremen vom 22.10.1947, maßgeblich gestaltet von *T. Spitta*, damaliger Senator für Justiz und Verfassung sowie Vater der bremischen Verfassung von 1920, enthält eigenständige soziale und liberale Komponenten, aber auch noch Elemente aus der Zeit des Konstitutionalismus vor 1918. In ihrem Aufbau gliedert sich die Landesverfassung in drei Hauptteile: Grundrechte und Grundpflichten, Ordnung des sozialen Lebens sowie Aufbau und Aufgaben des Staates. Neben den klassischen Grundrechten werden auch Grundpflichten artikuliert, die das spätere Grundgesetz gar nicht kennt. Landesspezifisch werden wirtschaftliche und soziale Beteiligungsrechte weitaus umfangreicher kodifiziert, die Wirtschaft sogar auf die nationale Aufgabe festgelegt, den Seehandel, die Seeschiffahrt und -fischerei zu pflegen. Wie in den meisten Länderverfassungen, die vor dem Grundgesetz verabschiedet wurden, enthält auch die bremische Verfassung außer der demokratischen Legitimation durch Wahlen noch das plebiszitäre Volksbegehren (Art. 70). Bundesweit relevant wurde die Kontroverse über den überkonfessionellen Religionsunterricht an bremischen Schulen, was im Widerspruch zu Art. 7 Abs. 3 GG steht. Daraufhin wurde in das Grundgesetz die sogenannte ‚Bremer Klausel‘ (Art. 141 GG) aufgenommen, um die Fortgeltung der landesverfassungsrechtlichen Bestimmung zu gewährleisten.

Konzeptionell ist das von der Landesverfassung begründete Regierungssystem im Vergleich mit anderen → Bundesländern das anschaulichste Beispiel einer Parlamentsregierung in der Entstehungsphase der BRD. Die dafür notwendigen Strukturelemente, Grundsatz der Gewaltenteilung (Art. 67), Inkompatibilität (Art. 108) und konstruktives Mißtrauensvotum (Art. 110), sind eindeutig normiert. Erst durch einen Volksentscheid, der gleichzeitig mit der Bundestagswahl am 16.10.1994 stattfand, wurde die Bremer Verfassung reformiert. Die bislang erforderliche Einstimmigkeit im Parlament für eine Verfassungsänderung wurde in eine Zweidrittel-Mehrheit geändert. Neu eingeführt wurde die Möglichkeit der Parlamentsauflösung vor Ablauf der Legislaturperiode, die es bis dahin in Bremen als einzigem Bundesland nicht gab. Verbessert wurden auch die Mitwirkungsrechte der Bürger, wobei künftig zwei Prozent der Einwohner, darunter auch Ausländer, Anträge in die Bürgerschaft einbringen können. Darüber hinaus genügen schon ein Zehntel – rund 50000 Unterschriften – statt bisher ein Fünftel der Wahlberechtigten, um ein Volksbegehren einzuleiten, das zu einem Volksentscheid führen kann. Ein eigenes Landesverfassungsgericht, der Staatsgerichtshof der Freien Hansestadt Bremen, entscheidet über die Auslegung der Verfassung, die Verfassungsmäßigkeit eines Gesetzes oder einer Rechtsverordnung, die Anklage gegen Senatsmitglieder und Amtsenthebung von Richtern.

Die Stadt Bremen hat keine eigene Gemeindeverfassung, sie wird aufgrund der Landesverfassung in Gemeinschaft mit dem Land verwaltet. Demgegenüber besitzt Bremerhaven seit 1947 eine eigene Stadtverfassung, die der Seestadt eine größere Autonomie gewährt, als dies für Gemeinden in Flächenländern üblich ist.

3.2 Organisation des politischen Systems

Die Bremische Bürgerschaft (Landtag) besteht seit dem 13.2.1947 aus 100 Abgeordneten, von denen 20 aus Bremerhaven kommen. Die 80 Abgeordneten aus Bremen bilden zugleich die Stadtbürgerschaft als kommunales Parlament. Daraus resultieren spezifische Kompetenzen, die von den Parlamentsfunktionen des → Bundestages und anderer Landtage abweichen: So entscheidet die Bürgerschaft über die Einnahmen und Ausgaben des Landes und der Stadt Bremen. In Bremerhaven verfügt die dortige Stadtverordnetenversammlung in Einklang mit den Landesgesetzen über ihre Belange selbständig. Exekutive und Legislative sind im Deputationswesen, einer Kombination aus Verwaltungs- und Parlamentsausschüssen, so mit miteinander verzahnt, wie es dies in keinem anderen Bundesland gibt. Nicht zuletzt wählt die Bürgerschaft mit der Mehrheit der abgegebenen Stimmen den Senat und zwar jedes Mitglied einzeln.

Der Senat ist nach dem Kollegial- und Ressortprinzip organisiert. Er wählt in geheimer Abstimmung zwei Bürgermeister, davon einen zum Präsidenten des Senats. Dieser leitet die Regierungsgeschäfte, ohne jedoch die Richtlinienkompetenz zu besitzen. Der Bremer Senat ist zugleich Landesregierung und stadtbremischer Magistrat. Deshalb erfüllen die meisten der senatorischen Behörden (Ministerien) sowohl staatliche als auch kommunale Aufgaben. Darüber hinaus gibt es in der Stadt Bremen 17 Ortsämter mit 22 stadtteilbezogenen Beiräten, die 1991 erstmals direkt gewählt wurden.

In Bremerhaven ist der Magistrat die Verwaltungsbehörde. Er besteht aus dem Oberbürgermeister, dem Bürgermeister als seinem Vertreter sowie weiteren haupt- und ehrenamtlichen Stadträten.

3.3 Parteien, Wahlen, Wählerverhalten

Bürgerschaftswahlen sind in Bremen immer auch Kommunalwahlen. Das Wahlgebiet gliedert sich in die beiden Wahlbereiche Bremen und Bremerhaven, wobei die Fünf-Prozent-Klausel jeweils getrennt gilt. Deshalb kann eine Partei, die in Bremen oder Bremerhaven die Fünf-Prozent-Hürde überwindet, bereits in die Bürgerschaft gelangen, auch wenn sie im Land Bremen insgesamt unter fünf Prozent liegt. Gleichzeitig mit der Bürgerschaftswahl findet in Bremerhaven die Wahl zur Stadtverordnetenversammlung, dem dortigen Kommunalparlament, statt.

Hauptmerkmal des bremischen Wählerverhaltens und Parteienwettbewerbs ist eine strukturelle Vorherrschaft der Sozialdemokraten seit 1945. Die SPD war stets Regierungspartei und noch nie in der Opposition. Sie koalierte bis 1971 mit den Liberalen, zwischen 1951 und 1959 auch unter Einschluß der CDU, regierte dann 20 Jahre lang allein mit absoluter Mehrheit, die erst 1991 durch eine Ampelkoalition aus SPD, FDP und Grüne gebrochen wurde. Die bislang für eine Partei einmalige Beständigkeit in der Regierungsführung wird durch eine beeindruckende personelle Kontinuität von nur vier Präsidenten des Senats belegt: W. *Kaisen*, 1.8.1945-17.7. 1965; W. *Dehnkamp* 20.7.1965-28.11. 1967; H. *Koschnick*, 28.11. 1967-17.9. 1985, und seit dem 18.9. 1985 K. *Wedemeier*.

Demgegenüber verblieb die CDU, mit Ausnahme ihrer Regierungsbeteiligung in den 50er Jahren, in der frustierenden Position der aussichtslosen Opposition. Sie überwand erst 1971 die 30-Prozent-Marke, erlitt 1987 (23,4%) einen Rückschlag, um sich 1991 (30,7%) auf dem gewohnten Niveau zu stabilisieren. Allerdings hatte sich der Abstand zwischen SPD und CDU erstmals drastisch reduziert.

Die FDP, 1945 als Bremer Demokratische Volkspartei (BDV) gegründet, hatte als Koalitionspartner einen namhaften Anteil am Wiederaufbau Bremens. Sie ging 1971 in die Opposition, verfehlte 1983 knapp den Einzug ins Parlament, kehrte aber 1987 mit 10% als Oppositionsfraktion zurück und gelangte 1991 wieder in den Senat. Allerdings wurden die Liberalen von ihrer schon gewohnten Position als drittstärkste Partei inzwischen von den Grünen verdrängt. Die Grünen kamen 1979 mit 5,1% erstmals in ein Landesparlament und mauserten sich 1991 mit 11,4% zum Regierungspartner.

Wegen der Binnenorientierung bremischer Politik ist die Polarisierung zwischen den Parteien begrenzt. Im Gegensatz zur Blockbildung auf Bundesebene in den 50er Jahren praktizierten die Parteien in Bremen eine allseitige Kooperationsfähigkeit. In den 70er Jahren vollzog sich die notwendige Veränderung in den Parteien selbst durch eine programmatische und personelle Regeneration.

Während sonst die SPD bei der Umstrukturierung des Parteiensystems meist von der Schwäche der anderen profitierte, kehrte sich diese Entwicklung zu Beginn der 90er Jahre um. Offenbar sorgt die Überschaubarkeit des politischen Systems in Bremen für eine träge Gleichförmigkeit der Kräftekonstellation. Andererseits verhelfen die Wähler neuen politischen Gruppierungen, kleineren Parteien und Protestformationen, prompter als anderswo zu direkten parlamentarischen Erfolgen.

3.4 Politische Rolle in D

Die Freie Hansestadt Bremen ist das kleinste Bundesland. Dennoch erfüllt es mit seinen Häfen gesamtstaatliche und internationale Aufgaben. Für die Weser-Ems-Region ist es das wichtigste wirtschaftliche, wissenschaftliche und kulturelle Oberzentrum.

Auf die Bundespolitik hat Bremen, mit nur drei Bundesratsstimmen und sechs Bundestagsabgeordneten, nur wenig Einfluß. Auch Bürgerschaftswahlen eignen sich im Parteienwettbewerb nicht zum bundespolitischen Kräftemessen. Gleichwohl hat der Bremer Senat in den großen Kontroversen über die Grundsatzentscheidungen der deutschen Nachkriegsgeschichte, die Westintegration *Adenauers*, die Ostpolitik der Regierung *Brandt/ Scheel* und die Vereinigung Deutschlands konstruktiv unterstützt.

Bremen gehörte früher zu den reichsten Bundesländern. Inzwischen schränkt die dramatisch hohe Verschuldung des Landes jedoch die politische Gestaltungsmöglichkeit nach innen und außen stark ein. Bremen kämpft seit Jahren gegenüber dem Bund und den anderen Bundesländern um eine adäquate Finanzausstattung. Es ist in der durch die deutsche Einheit notwendig gewordenen Neuregelung des Länderfinanzausgleichs bis 1995 mehr denn je auf Verbündete angewiesen, um seine staatliche Eigenständigkeit zu erhalten. 1986 hat das Bundesverfassungsgericht die Stadtstaaten zum „historischen Bestand der deutschen Staatsentwicklung" erklärt und 1992 eine erhebliche Finanzhilfe zur Bewältigung der Haushaltsnotlage Bremens zuerkannt. Jetzt ist die eigene Innovations- und Leistungsfähigkeit gefordert, um die Zukunft des Landes für das 21. Jh. zu sichern.

Zahlenangaben

Auskunft durch das Statistische Landesamt Bremen vom Oktober 1994; ferner: Statistisches Landesamt Bremen (Hrsg.) 1987: Statistisches Handbuch 1981-1985. Bremen. Bremer Ausschuß für Wirtschaftsforschung (Hrsg.) 1994: Wirtschaftsdaten 1994. Bremen.

Literatur

Kaisen, Wilhelm 1967: Meine Arbeit, mein Leben. München.

Kröning, Volker u.a. (Hrsg.) 1991: Handbuch der Bremischen Verfassung. Baden-Baden.

Kröning, Volker u.a. 1991: Das Land Bremen in Deutschland und Europa. Bremen.

Lokotsch, Peter (Hrsg.) 1990: Die Bundesrepublik Deutschland. Staatshandbuch. Land Freie Hansestadt Bremen. Köln.

Mohrmann, Günter 1991: Liberale in Bremen. Die F.D.P.-Fraktion in der Bürgerschaft 1951-1991. Bremen.

Roth, Reinhold [2]1994: Bremen, in: Hartmann, Jürgen (Hrsg.): Handbuch der deutschen Bundesländer. Frankfurt.

Roth, Reinhold/Seibt, Peter (Hrsg.) 1979: Etablierte Parteien im Wahlkampf. Meisenheim.

Scheper, Burchard 1977: Die jüngere Geschichte der Stadt Bremerhaven. Bremen.

Schwarzwälder, Herbert 1975ff: Geschichte der Freien Hansestadt Bremen, 4 Bände. Bremen.

Spitta, Theodor 1960: Kommentar zur Bremischen Verfassung von 1947. Bremen.

Reinhold Roth

Land (Freie und Hansestadt) Hamburg

1. Historischer Hintergrund

Nach Art. 1 der Hamburgischen Verfassung vom 6.6.1952 ist die „Freie und Hansestadt Hamburg ein Land der Bundesrepublik Deutschland“, Art. 4 formuliert die Besonderheit dieses „Landes“: Staatliche und gemeindliche Tätigkeit sind nicht getrennt. Hamburg ist ein historisch gewachsener „Stadtstaat“. Der Begriff „freie“ Stadt geht auf das mit der mittelalterlichen Städtebildung verbundene eigene Stadtrecht („Reichsfreie Stadt“) zurück. 1265 hatte Hamburg zusammen mit 5 Ostseestädten die Städte-“Hanse“ gegründet. Nach dem Verfall der Hanse blieb Hamburg eine weltoffene freihändlerische Hafenstadt ohne den sie umgebenden territorialstaatlichen Absolutismus und Merkantilismus. Im 1871 gegründeten Deutschen Reich war Hamburg neben Lübeck und Bremen als „Stadtstaat“ mit Sitz und Stimme im → Bundesrat vertreten.

Die innere Verfassung der Freien und Hansestadt war immer republikanisch, aber bis zur Verfassung von 1921 nicht wirklich demokratisch. Hamburg war eine Grundbesitzer-, Kaufmanns- und Notablen-Republik. Ab 1860 stand dem „Senat“ mit Ratsherrn, die traditionell ein lebenslanges Amt ehrenamtlich ausübten und sich durch Kooptation selbst ergänzten, die durch alle einkommenssteuerzahlende Bürger gewählte „Bürgerschaft“ gegenüber.

2. Bevölkerung – Gesellschaft – Wirtschaft

Die Freie und Hansestadt Hamburg liegt gut 100 km vom Meer entfernt, an der Einmündung der (in der Innenstadt zu zwei Seen, der „Binnen“- und der „Außenalster“ gestauten) Alster in die Elbe. Die Fläche des Stadtstaates umfaßt 755 qkm. Davon sind 694 qkm Landfläche und 61 qkm Wasserfläche. Den heutigen Umfang erreichte Hamburg erst durch das nationalsozialistische Groß-Hamburg-Gesetz von 1937. Dadurch wurden die großflächigen ehemals preußischen Gebiete Altona, Harburg und Wandsbek in die Kernstadt Hamburg mit dem großen Hafengebiet (10% der Gesamtfläche) eingemeindet und das Gesamtgebiet arrondiert. Es versteht sich, daß mit dieser enormen Vergrößerung des „Staats-“Gebietes neue wirtschaftliche Fakten geschaffen wurden. Aus der Hafen- und Handelsstadt wurde eine bedeutende Industriestadt (Altona, Wandsbek).

Die Bevölkerung des Stadtstaates war wie in allen deutschen Großstädten zwischen 1965 (1854361) und 1985 (1579884) rückläufig. Seit 1988 wächst die Einwohnerzahl wieder (1990: 1635983), darunter sind 181010 → Ausländer. In der Einwohnerentwicklung spielt die Stadt-Umland-wanderung nach wie vor eine bedeutende Rolle. Die Gesamtregion Hamburg, zu der 4 Umlandkreise Schleswig-Holsteins und 2 Niedersachsens gehören, weist eine Wohnbevölkerung von über 2,8 Mio. auf.

Als Arbeitsplatz spielt die Kernstadt die entscheidende Rolle. Die Zahl der „Einpendler“ wird auf 220 bis 230000 geschätzt; etwa 30000 bis 35000 arbeiten dagegen im Umland. Dadurch sind tiefgreifende sozialstrukturelle, verkehrspolitische und ökologische Probleme aufgeworfen: In das „grüne Umland“ verziehen Besserverdienende. In der Innenstadt wächst der Anteil der Sozialhilfeempfänger, Arbeitslosen und Ausländer. Der tägliche Verkehrsrythmus des Ein- und Auspendelns zwingt Hamburg zu erheblichen Aufwendungen und belastet die innerstädtische Umwelt auf das stärkste.

Wirtschaftlich hat Hamburg bis zur deutschen Einheit mit erheblichen strukturellen Schwierigkeiten zu kämpfen gehabt.

Innerhalb der EG hatte der Hamburger Hafen eine Randlage. Sein traditionelles Hinterland im Osten Deutschlands, entlang der Elbe, bis hinein nach Polen und die Tschechoslowakei war durch den Eisernen Vorhang blockiert. Es gelang der Stadt aber dennoch, als großer Umschlaggüter-Hafen zu expandieren, d.h. eine bedeutende Rolle in der Weltwirtschaft zu spielen. Der Abbau von Industriearbeitsplätzen und die Rationalisierungen in den Dienstleistungsbereichen haben aber in den 80er Jahren die Arbeitslosigkeit in Hamburg über den Bundesdurchschnitt steigen lassen. Diese Situation hat sich Beginn der 90er Jahre mit der Vereinigung D.s strukturell geändert.

Hamburgs Wirtschaftsstruktur wird vom Dienstleistungssektor im weitesten Sinne dominiert. Während nach der Zahl der Beschäftigten der Dienstleistungs-(Tertiär)-Sektor im Bund ca. 56% beträgt, liegt er in Hamburg bei 75% und mehr. Entsprechend geringer ist die Bedeutung der Industrie (Sekundärer Sektor). Der Hamburger Hafen ist der größte in D und der viertgrößte in Europa. Hamburg ist Hauptsitz der größten Ölgesellschaften in D. Es ist mit 30000 Beschäftigten ein Zentrum der Luft- und Raumfahrtindustrie (Deutsche Airbus GmbH) und luftfahrttechnischer Dienstleistung (Lufthansa-Werft). Es gibt 3000 Im- und Export-Handelsfirmen. Hierbei nehmen Pharma-Rohstoffe, Getreide, Kaffee, pflanzliche Öle, Rohkakao, Teppiche europäische und weltwirtschaftliche Spitzenplätze ein. In der Forschung ist vor allem die Elektron-Proton-Speicherring-Anlage Desy die weltweit größte Anlage dieser Art. Schließlich ist Hamburg „Medienstadt“ mit Großverlagen, Fernseh- („Tagesschau“ und Tagesthemen) und Funkmetropole. Der Stadtstaat hat drei Universitäten und verschiedene weitere Hochschulen.

Finanzpolitisch zeichnet sich Hamburg durch ein an Europas Spitze liegendes BSP pro E aus (1990: 67782 BIP je E, d.h. 175,4% des Bundesdurchschnitts). Entsprechend überdurchschnittlich sind die Steuereinnahmen pro Einwohner. Infolge seiner Wirtschaftskraft, zu der ja auch die in Hamburg erzielten Erwerbseinkommen der Einpendler gehören, hat der Stadtstaat enorme Ausgleichszahlungen im Sinne der Steuerzerlegung und des Finanzausgleichs zu leisten. Dadurch bleiben die finanz- und haushaltspolitischen Handlungsspielräume trotz des „Reichtums“ der Stadt begrenzt.

Die deutsche Vereinigung von 1990 hat wirtschaftlich für die Freie und Hansestadt Hamburg einen entscheidenden Umschwung gebracht und der Stadt zur Bezeichnung „Boom-town“ verholfen. Seit 1990 und der Auflösung des Ostblocks ist das traditionelle Hinterland wieder frei zugänglich. Bei der Entscheidung von Reedern und Reedereikonsortien zur Verringerung der Zahl der Anlaufhäfen hat Hamburg mit seiner neuen geostrategischen Lage und der Verdoppelung seines Marktes im Hinterland auf einen von 150 Mio. Einwohnern bewohnten Raum hervorragende Zukunftsaussichten. Der Hafen bleibt damit (mit rd. 100000 von ihm abhängigen Arbeitsplätzen) ein Eckpfeiler der Wirtschaft.

3. Politisches System

3.1 Verfassung und Regierungssystem

Die Neuordnung der deutschen Länder nach 1945 beließ die Hansestadt als selbständige politische Einheit („Stadtstaat“). Die Bezeichnungen für die politischen Institutionen blieben, obwohl diese nun nach dem Typus des „Parlamentarischen Regierungssystems“ fungieren, der Tradition verhaftet: Das Parlament heißt „Bürgerschaft“ mit heute 121 Abgeordneten; die Regierung heißt „Senat“ mit einem 1. und einem 2. Bürgermeister und acht bis zehn Senatoren. Anders als im Parlamentarischen Regierungssystem üblich, schreibt die Hamburgische Verfassung vor, daß die Senatoren nicht Mitglieder der Bürgerschaft sein dürfen. Die Verfassung definiert auch – eine Besonderheit im deutschen Parlamentarismus – die Rolle der parlamentarischen → Opposition als „politische Alternative zur Regierungsmehrheit". Der Oppositionsführer wird besoldet.

Nach Art. 4 der Hamburgischen Verfassung werden staatliche und gemeindliche Ebenen und Zuständigkeiten nicht getrennt. Dies bedeutet für das Parlamentarische Regierungssystem des Stadtstaates, daß die Bürgerschaft in erster Linie ein *Landesparlament,* in zweiter Linie aber auch noch Gemeindeorgan, als eine Art *Stadtverordnetenversammlung* ist. Die Verfassung läßt Verwaltungseinheiten für Teilgebiete („Bezirke") sowie die Übertragung selbständig zu erledigender Aufgaben auf sie zu. Die Befugnisse der sieben Bezirke sind aber begrenzt. Der Senat besitzt ein „Evokationsrecht", also die Befugnisse, Aufgaben und Entscheidungen auf örtlicher Ebene zur Wahrnehmung der Gesamtverantwortung an sich zu ziehen.

Der Hamburger *Senat* ist ein Kollegialorgan. Der Bürgermeister ist „Primus inter Pares". Er wird nicht vom Parlament, sondern von den Senatsmitgliedern gewählt und Jahr für Jahr bestätigt. Die Bestimmung der „Richtlinien der Politik" ist dem Senat als Kollegium zugewiesen. Die auf unbestimmte Zeit gewählten Senatoren („Ewiger Senat") können nur durch ein konstruktives Mißtrauensvotum der Bürgerschaft ersetzt werden. Für den 1. Bürgermeister als „Regierungschef" ergeben sich daraus notwendigerweise Führungsprobleme. Diese ergeben sich auch daraus, daß er selbst keine „Fachbehörde" leitet. Er hat nach der Verfassung „die Senatsgeschäfte zu leiten, das innere und äußere Gedeihen des Staatswesens zu überwachen, für wichtige Staatsangelegenheiten persönlich einzutreten und grundlegende Arbeiten auf dem Gebiet der Gesetzgebung und Verwaltung zu fördern". Demgegenüber leiten die Senatoren z.T. große Fachbehörden wie Finanzen und Steuern, Inneres und Polizei, Arbeit und Soziales, Wirtschaft, Hafen und Verkehr, Bauwesen und Stadtentwicklung, Justiz. Das verleiht den einzelnen Senatoren auch faktisch politisches Gewicht. Die Verfassung gibt dem politisch verantwortlichen 1. Bürgermeister also keine herausragenden Kompetenzen, er muß sie sich politisch gleichsam „erkämpfen".

Die Hamburger *Bürgerschaft,* das Landesparlament, ist das letzte deutsche „Feierabend-Parlament", d.h. daß sich die Abgeordneten dieses Parlaments immer noch in einer „Nebenbeschäftigung" als Parlamentarier sehen. Eine Änderung ist jedoch im Rahmen der angestrebten Parlamentsreform vorgesehen. Typisch ist auch, daß die Bürgerschaft das richtige Gleichgewicht zwischen den Aufgaben als Landesparlament, das mit Staatsaufgaben befaßt ist, und als Gemeindevertretung nicht findet.

Verfassungsrechtliche Relikte der Geschichte sind der „Bürgerausschuß" (Präsident der Bürgerschaft und 20 Abgeordneten), der u.a. die Befugnisse der Bürgerschaft in der tagungsfreien Zeit wahrnimmt, und die „Deputationen". Ursprünglich stellten diese die kollektive Leitung der Fachbehörden der Hansestadt durch sachverständige Bürger dar. Heute stehen sie, gewählt von der Bürgerschaft und damit parteipolitisch nominiert, neben dem Senator und haben noch Entscheidungsbefugnisse in Personal- und Haushaltsangelegenheiten der Fachbehörde.

Hier wie in vielen anderen Fragen der Senats- und der Bezirksreform, ist eine *Verfassungsreform* dringend geboten. Seit Jahren diskutiert, scheitert sie immer wieder an den Eigenarten des parteipolitischen Systems des Stadtstaates und an unmittelbar einwirkenden Interessenpositionen.

3.2 Parteien, Wahlen, Wählerverhalten

Mit einer Ausnahme („Bürgerblock" in den 60er Jahren) stellte die → SPD die Landesregierung, sehr häufig mit absoluter Mehrheit in der Bürgerschaft. Deswegen muß bis heute von einer strukturellen Mehrheit der SPD in der Stadt gesprochen werden. Jedoch hat offensichtlich die Dauerrolle der → CDU als verfassungsmäßig anerkannter parlamentarischer Opposition zu einer stillschweigenden Übereinkunft in vielen Personalbesetzungen bei öffentlichen Ämtern geführt.

Das Parteiensystem Hamburgs wird stark von der Vermischung der kommunalen und stadtstaatlichen Ebene, der örtlichen Verdichtung („Arrangements per Telefon“), Gruppenverflechtungen sowie persönlichen/beruflichen Interessen vor allem im → öffentlichen Dienst bestimmt. Das „Feierabend-Parlament“ wird ebenfalls von den jederzeit verfügbaren Angehörigen des öffentlichen Dienstes dominiert. Die politische Führungsschicht hat engste Kontakte untereinander und allenfalls mit Kultur und Presse. Eine nennenswerte Anteilnahme von Führungspersönlichkeiten aus der Privatwirtschaft an der Stadtpolitik ist nicht zu verzeichnen.

Bei der durch das Verfassungsgericht der HH erzwungenen Wiederholung der Bürgerschaftswahl von 1991 – Begründung: gravierende Regelverstöße der CDU bei der Kandidatenauswahl – verlor die SPD 1993 mit 40,1% ihre absolute Mehrheit, die CDU kam mit 25,1% auf ihr bisher schlechtestes Ergebnis, und FDP (4,2%), REP (4,8%) und DVU (2,8%) scheiterten an der 5%-Klausel. Wahlgewinner waren die Grünen/GAL mit 13,5% und die vom CDU-„Rebellen“ M. *Wegner* geführte neuformierte STATT-Partei (5,6%); (→ Splitterparteien). Letztere gingen mit der SPD eine Regierungskooperation ein, geriet aber beim Versuch der bundesweiten Ausdehnung in Turbulenzen und erreichte bei den Europawahlen 1994 in Hamburg nur noch 1,8%.

3.3 Die Zukunft des Stadtstaates

Die zugespitzte Stadt-Umland-Problematik hat immer wieder zu der Frage geführt, ob der Stadtstaat auf Dauer lebensfähig sei. Gutachter-Kommissionen haben anläßlich einer Länderneugliederung des Bundesgebietes vor allem den „Nordstaat“, bestehend aus den Bundesländern Nds. und S.H. und den Stadtstaaten HH und HB empfohlen. Diese Pläne scheiterten stets, nicht zuletzt an der „Hauptstadtfrage“ und an den jeweiligen parteipolitischen Interessen an Ämtern und Pfründen. Recht realitätsnah erscheint der Vorschlag einer „Union“ HHs und S.H.s. Über vielfältigste Verbünde (Gemeinsamer Landesplanungsrat, Gemeindekooperation) ist jedoch auch diese naheliegende Lösung nicht hinausgekommen.

Literatur

Asendorf, Manfred u.a. (Hrsg.) 1984: Geschichte der Hamburger Bürgerschaft. 125 Jahre gewähltes Parlament. Berlin.

Dangschat, Jens/Krüger, Thomas 1986: Hamburg im Nord-Süd-Gefälle, in: J. Friedrichs/ H. Häußermann/W. Siebel (Hrsg.): Süd-Nord-Gefälle in der Bundesrepublik. Opladen.

Hartwich, Hans-Hermann [2]1990: Freie und Hansestadt Hamburg. Die Zukunft des Stadtstaates. Hamburg.

Hoffmann-Riem, Wolfgang/Koch, Hans-Joachim (Hrsg.) 1988: Hamburgisches Staats- und Verwaltungsrecht. Bearbeitet v. J. Berkemann u.a., Frankfurt/M.

Lange, Rolf 1980: Selbstverwaltung in Hamburg. Geschichte, Struktur und Funktionen der Hamburgischen Bezirksverwaltungen. Stuttgart.

Stadtstaaten-Kommission 1989: Berlin-Bremen-Hamburg. Zur Regierungsstruktur in den Stadtstaaten Berlin, Bremen und Hamburg. Bericht der Kommission zur Überprüfung der Regierungsstrukturen ... Berlin.

Wewer, Göttrik 1991: Die Negativ-Koalition – oder: Die blockierte Verfassungs- und Verwaltungsreform im Stadtstaat Hamburg, in: B. Blanke (Hrsg.) um M. v. S. Benzler: Staat und Stadt. Systematische, vergleichende und problemorientierte Analysen „dezentraler“ Politik. Opladen.

Hans-Hermann Hartwich

Land Hessen

1. Historischer Hintergrund

Die Gründung des Bundeslandes Hess. aus dem Volksstaat Hessen-Darmstadt (1918-45) und der ehemaligen preußischen Provinz Hessen-Nassau (1868-1944) kann nicht als reines Kunstprodukt der Alliierten angesehen werden. Es war gleichzeitig die Zusammenführung eines historisch verbundenen, aber seit dem 16. Jh. zersplitterten Territoriums, dessen Menschen in ihrer politischen Geschichte und in ihren kulturellen Traditionen vielfältige Anknüpfungspunkte für eine landesspezifische Identitätsbildung vorfanden.

In der Frühzeit war das heutige Hess. keltischer, dann germanischer und römischer, später fränkischer Siedlungsraum, wobei der namensgebende germanische Stamm der Chatten beginnend mit dem 4 Jh. im fränkischen Reich aufging. Die neuzeitliche Territorialgeschichte Hess.s findet ihren Ursprung im 13 Jh. mit der Verselbständigung einer Erbfolgelinie des seinerzeit Hess. beherrschenden Landgrafenhauses Thüringen. Ihre größte Ausdehnung und politische Bedeutung gewann die Landgrafenschaft Hessen unter *Philipp dem Großmütigen* (1509-67), der maßgeblich an der Einführung der Reformation in Deutschland beteiligt war. Danach zerfiel das Land aufgrund von Erbteilungsauseinandersetzungen.

Im frühen 19. Jh. bildeten sich mit dem Kurfürstentum Hessen-Kassel, dem Großherzogtum Hessen-Darmstadt und dem 1806 gegründeten Herzogtum Nassau drei territoriale Schwerpunkte heraus. Die politische Geschichte dieser Jahrzehnte war in allen Landesteilen vom Verfassungsstreit bestimmt, wobei demokratische Errungenschaften schon bald nach 1848 der von den jeweiligen Fürstenhäusern im Anschluß an Österreich betriebenen Restauration zum Opfer fielen. Als Folge des preußisch-österreichischen Krieges (1866), in dem sich alle Teile Hess.s auf die Seite der Donaumonarchie geschlagen hatten, wurden die Landgrafschaft Hessen-Kassel (Kurhessen), das Herzogtum Nassau und die Freie Reichsstadt Frankfurt am Main von Preußen annektiert und zur preußischen Provinz Hessen-Nassau zusammengefaßt, aus der 1944 mit gewissen territorialen Veränderungen kurzzeitig die Provinzen Kurhessen und Nassau gebildet wurden. Hessen-Darmstadt blieb selbständig und wurde nach der Revolution von 1918 demokratische Republik bis die Machtübernahme des NS-Regimes auch hier faktisch die politische Eigenständigkeit beendete (*Demandt* ²1972; *Schiller/von Winter* 1990; *Franz* 1991).

2. Bevölkerung – Gesellschaft – Wirtschaft

Noch Mitte des letzten Jahrhunderts ein armes Bauernland, dessen Bewohner sich in großer Zahl als Armutsflüchtlinge zur Auswanderung genötigt sahen, erzielt Hess. heute, auf die Erwerbstätigenzahl umgerechnet, mit Abstand das höchste BIP unter den deutschen Flächenländern überhaupt. Neben der durchgängig vorhandenen mittelständischen Wirtschaftsstruktur dominieren die überwiegend großbetrieblichen Branchen Chemie, Maschinenbau, Fahrzeugbau sowie Elektrotechnik. Die wirtschaftliche Dynamik des südhessischen Zentrums ist jedoch hauptsächlich durch seinen hohen Dienstleistungsanteil zu erklären. In keinem anderen Bundesland D.s ist der Tertiärisierungsgrad so weit fortgeschritten wie in Hess. Diese Schwerpunktbildung wird durch die Entscheidung für die Bankenmetropole Frankfurt als Sitz des europäischen Währungsinstituts und der zukünftigen europäischen Zentralbank noch verstärkt.

Hess.s Bevölkerungsentwicklung hatte die größte Veränderung nach 1945 zu verzeichnen, als es galt, 1,3 Mio. Flüchtlinge, Vertriebene und Aussiedler zu integrieren. Mit 5,97 Mio. Menschen ist Hess. heute nach der Bevölkerungszahl das fünftgrößte, nach der Fläche mit 21.114 m² das siebtgrößte Bundesland. Annähernd 13% seiner Einwohner sind Ausländerinnen und Ausländer. Die Bevölkerung Hess.s gehört zu etwa einem knappen Drittel dem katholischen, mit über 50 % aber überwiegend dem protestantischen Glauben an. Muslime stellen mit mehr als 3% die drittstärkste Religionsgruppe dar. Rund 40% der Einwohner leben dabei auf 9% der Landesfläche, dem engeren Rhein-Main-Gebiet.

Mit der Bevölkerung konzentrieren sich Wirtschaft, Verwaltung, Verkehrswesen, Kultur und Wissenschaft überwiegend im südhessischen Ballungsraum. Ein interregionaler Vergleich von Strukturentwicklungsdaten zeigt große Disparitäten zwischen dem hochindustrialisierten bzw. tertiärisierten Süden und den eher ländlich geprägten oder auch strukturschwachen verstädterten Zonen Nord-, Ost- und Mittelhessens auf. Eine ausgeglichenere Entwicklung erhofft man sich von einer Neuverflechtung des hessischen und thüringischen Wirtschaftsraums, von der insbesondere Nordhessen profitieren soll (*Kroschewski/Naumann* 1992; *Bullmann/Eißel* 1991).

3. Politisches System

3.1 Verfassung

Die älteste der heute noch in Kraft befindlichen Landesverfassungen wurde von einer gewählten Landesversammlung vorbereitet, in der Vertreter von SPD (42), CDU (35), KPD (7) und LDP (später FDP, 6) beteiligt waren. Nach erheblichen Differenzen zwischen →SPD und KPD auf der einen und CDU und LDP auf der anderen Seite einigten sich SPD und →CDU auf einen Verfassungskompromiß, der von SPD, CDU und KPD gegen die Stimmen der LDP bei zwei Enthaltungen angenommen wurde. Bei der zusammen mit der ersten hessischen Landtagswahl abgehaltenen Volksabstimmung vom 1.12.1946 fanden sowohl die Verfassung insgesamt wie auch der auf Verlangen der Militärregierung eigens abzustimmende Art. 41 (Sofortsozialisierung) mit 76,8% bzw. 71,9% der Stimmen breite Mehrheiten.

Die Hessische Verfassung weist markante Unterschiede zum späteren Grundgesetz, aber auch zu den meisten anderen Landesverfassungstexten auf. Sie hat nicht nur einen an den Grundwerten von Gleichheit und Freiheit orientierten liberalen Grundrechtsteil, sondern fordert auch die soziale Einbindung des Wirtschaftslebens und einen weitreichenden Schutz des Faktors Arbeit ein. Sie erkennt ausdrücklich das Streikrecht an, verbietet dagegen aber die Aussperrung (Art. 29,IV,V HV). Für alle Angestellten, Arbeiter und Beamten soll ein einheitliches Arbeitsrecht geschaffen werden (Art. 29,I HV). Betriebsvertretungen und Unternehmern stehen in sozialen, personellen und wirtschaftlichen Fragen gleichberechtigte Mitbestimmungsrechte zu (Art. 37,II HV). Weite Teile der Schlüsselindustrien (Bergbau und Energie, Eisen und Stahl) sowie das schienen- bzw. leitungsgebundene Verkehrswesen werden mit dem Inkrafttreten der Verfassung als in Gemeineigentum überführt erklärt (Art. 41,I HV).

Die hier verkündete Sofortsozialisierung sollte wenig später aufgrund erneuter alliierter Beschlagnahme und folgender Reprivatisierung realpolitisch gegenstandslos werden, andere soziale und wirtschaftliche Gestaltungsansprüche wurden durch neugeschaffenes Bundesrecht begrenzt. Dennoch konnte die sozialreformerische Grundhaltung, die sich in diesem Verfassungskompromiß äußerte, über weite Strecken der nachfolgenden Entwicklung Einfluß auf das politische Klima wie auf die praktische Politik des Landes nehmen (*Stein* 1976; *Greven/Schumann* 1989).

3.2 Organisation des politischen Systems

Das Volk ist nach der Hessischen Verfassung alleiniger Träger der Staatsgewalt und übt sie in Wahlen und Abstimmungen aus. Oberstes Staatsorgan ist der mit großer Machtfülle ausgestattete Landtag als einzige gesetzgebende Kammer, für den inzwischen 110 Mandate nach dem ebenfalls im Bundeswahlrecht (→Wahlrecht) geltenden System der personalisierten Verhältniswahl vergeben werden. Der vom Landtag mit absoluter Mehrheit gewählte Ministerpräsident bestimmt die Richtlinien der Politik und ernennt die Staatsminister, muß sich jedoch bei der Regierungsbildung wie bei einzelnen Umbesetzungen einer zusätzlichen (pauschalen) Vertrauensabstimmung des Landtags unterziehen. Kann nach einer Landtagswahl (oder einer Koalitionsauflösung) keine neue parlamentarische Mehrheit gebildet werden, bleibt die Regierung geschäftsführend im Amt, wie dies nach der Landtagswahl 1982 (mit der ersten rechnerischen rot-grünen Mehrheit unter *H. Börner*) der Fall gewesen ist.

Die plebiszitären Mitwirkungsmöglichkeiten, die die Verfassung vorsieht (Volksbegehren und Volksentscheid, Art 116, 124 HV) wurden in der Vergangenheit nicht allzuoft genutzt. Auffälligstes Beispiel der letzten Jahrzehnte war das Volksbegehren gegen den Bau der „Startbahn 18 West“ des Frankfurter Flughafens, das jedoch unter Hinweis auf die angeblich mangelnde Zuständigkeit des Landesgesetzgebers vom hessischen Staatsgerichtshof 1982 für unzulässig erklärt wurde.

An der Spitze der Landesverwaltung steht die vom Ministerpräsidenten geführte Landesregierung (mit teils eigenen Verwaltungsausfgaben beim Erlaß von Verordnungen und Verwaltungsvorschriften) zusammen mit ihren Ministerien (als oberste bzw. auch mit unmittelbar nachgeordneten oberen Landesbehörden). Der weitere Verwaltungsaufbau gliedert sich im wesentlichen in die Mittelinstanz (insbesondere die drei Regierungspräsidien Kassel, Gießen und Darmstadt als Bündelungsbehörden), weiterhin in die unteren staatlichen Verwaltungsstufen (vor allem Landräte und Oberbürgermeister der kreisfreien Städte in ihrer Rolle als staatliche Behörden) sowie in die Ebene der kommunalen Selbstverwaltung, die aus den →Gemeinden und Landkreisen, dem Umlandverband Frankfurt, den Zweckverbänden sowie dem Landeswohlfahrtsverband (einem Verband aus Kreisen und kreisfreien Städten zur Erledigung von sozialpolitischen Aufgaben) besteht. Den hessischen Kommunalverfassungen wurde der Typus der „unechten Magistratsverfassung“ zugrunde gelegt, die jedoch bspw. durch die Einführung der Urwahl der kommunalen Spitzenbeamten (aufgrund eines von der Regierung Wallmann mit der Landtagswahl 1991 verknüpften Volksentscheids) durchbrochen wird (*Meyer/Stolleis* ³1994; *Wahl* 1987).

3.3. Parteien, Wahlen, Wählerverhalten

Nach der Regierungszeit des noch von der US-Militärbehörde eingesetzten parteilosen Ministerpräsidenten *K. Geiler* (1945-47) und der ersten parlamentarischen Regierungsperiode, in der die SPD eine Zusammenarbeit mit der CDU eingegangen war (1947-51, Ministerpräsident *C. Stock*, SPD), konnte sich die SPD insbesondere während der darauffolgenden Regierungszeit ihres legendären Ministerpräsidenten *G.A. Zinn* (1951-69) als führende politische Kraft Hess.s etablieren. Sie war von 1946-74 durchgehend stärkste Partei und gewann dabei dreimal die absolute Mehrheit der Wählerstimmen (1950-54, 1962-66, 1966-70). Beachtenswert ist hier eine langjährige Kooperation mit dem BHE (1954-66), die die Akzeptanz der sozialdemokratisch geführten Landesregierung unter den hessischen Neubürgern sicherlich beförderte.

Ihre Stärke gewann die SPD in dieser Zeit sowohl aus den städtischen, industriell geprägten Zentren wie ebenso, als hessische Besonderheit, aus den eher ländlichen Gebieten mit überwiegend protestantischer Konfession und teils vorhandener sozialdemokratischer Milieutradition. Dies wurde durch entsprechende programmatische Schwerpunktsetzungen („soziale Aufrüstung des Dorfes") noch unterstützt.

Mit dem ursprünglich als Instrument zur Flüchtlingsintegration konzipierten „Hessenplan" (1951) und dem späteren, auf umfassenderen Planungsgrundlagen basierenden „Großen Hessenplan" (1965) unternahmen die Landesregierungen dieser Zeit bereits den Versuch einer längerfristigen Finanz- und Investitionspolitik, wie sie auf Bundesebene erst später mit der Globalsteuerung Eingang fand. Das mittelgroße Bundesland mit seinen eher mittelmäßigen Wirtschaftsdaten mauserte sich binnen weniger Jahre zu einer prosperierenden Region und überschritt 1957 die Grenze vom nehmenden zum gebenden Staat im Länderfinanzausgleich. Mit dem ökonomischen Aufwind im Rücken konnte die Landespolitik dabei insbesondere im Ausbau der sozialen Infrastruktur (gerade auch in den ländlichen Regionen) wie im Bildungssektor (Schulreform, frühe Lernmittelfreiheit, höchste Abiturienten- und Studierendenquoten) Akzente setzen.

In den Jahren 1970-82 mußte die SPD die politische Verantwortung mit der FDP teilen, weil sie die absolute Mehrheit bei den Landtagswahlen einbüßte. Hier wirkten sich nicht zuletzt die ökonomischen Tertiärisierungs- und sozialstrukturellen Wandlungsprozesse aus, die den sozialdemokratischen Stimmenanteil gerade in den südhessischen Zentren erheblich schrumpfen ließen. Hinzu kamen Verschleißerscheinungen (Gebietsreform, Finanzskandal um die Landesbank), die auch durch den Wechsel im Ministerpräsidentenamt (von *A. Osswald* 1969-76 zu *H. Börner* 1976-87) nur vorübergehend überdeckt wurden. Mit den bundesweit beachteten Konflikten um die Startbahn West und die Planungen einer Wiederaufbereitungsanlage für Atombrennstoffe, mit denen das Land Hess. der →Bundesregierung *Schmidt* aus den Problemen der Standortsuche helfen wollte, ging gleichzeitig ein sozialdemokratisch beeinflußtes Modernisierungsmodell zu Ende, das in der bundesdeutschen Nachkriegsgeschichte zuvor weitgehend unumstritten war.

Hess.s politische Geschichte verlief danach turbulent und spiegelt stellvertretend die Offenheiten einer sich dynamisch verändernden und im Umbruch befindlichen Dienstleistungsgesellschaft wider.

Nachdem ihr Vorsitzender *A. Dregger* aus der am Bundesspektrum gemessen linksorientierten Nachkriegs-CDU eine straff geführte konservative Partei geformt hatte und die Union bei der Landtagswahl 1974 und Kommunalwahl 1977 stärkste hessische Partei geworden war, gab es keine klaren „lagerbedingten" Mehrheiten mehr. Als die →FDP die →Koalition mit der SPD im Vorfeld der Landtagswahl 1982 aufkündigte, war ein Machtwechsel greifbar nahe, wurde aber letztlich durch die Wählerreaktion auf den zwischenzeitlich erfolgten Bruch der SPD/FDP-Regierung in Bonn verhindert. Nachdem zwei Landtagswahlen keine regierungsfähigen Mehrheiten erbrachten, konnte die SPD erst im Juli 1984, unter Tolerierung der 1982 erstmals ins Parlament eingezogenen Partei der Grünen (→ Bündnis 90/Die Grünen), eine Minderheitsregierung bilden. An ihre Stelle trat im Dezember 1985 die erste von SPD und Grünen getragene Koalition auf Landesebene unter Führung *H. Börners*, die im Februar 1987 am Streit über die Behandlung der Nuklearbetriebe in Hanau scheiterte. Nach der für SPD und Grüne daraufhin im April 1987 knapp verlorenen Landtagswahl wurde der CDU-Landesvorsitzende und Frankfurter Oberbürgermeister *W. Wallmann* (CDU) von einer Mehrheit von CDU und FDP zum hessischen Ministerpräsidenten gewählt.

Nach nur vier Jahren wendete sich das Blatt im März 1991, allerdings wiederum nur knapp. Die CDU/FDP-Koalition in Wiesbaden wurde von einer neuerlichen rot-grünen Koalition unter dem vormaligen Kasseler Oberbürgermeister *H. Eichel* (SPD) und seinem Stellvertreter *J. Fischer* (inzwischen *R. von Plottnitz*, Die Grünen) abgelöst. Das rot-grüne Regierungsbündnis konnte sich dabei während seiner ersten Jahre auf seit 1985 neu bestehende rote und rot-grüne Mehrheiten in den Kommunen stützen, die allerdings in der Kommunalwahl 1993 deutliche Einbußen zu verzeichnen hatten. Insbesondere in Kassel, Wiesbaden und Frankfurt kam es zu erdrutschartigen Verlusten der SPD. In Kassel sowie in den Mittelstädten Marburg, Rüsselsheim und Hanau konnte die CDU nach zwischenzeitlichen Direktwahlen die kommunale Spitzenposition besetzen. Auf Landesebene verteidigten SPD und Bündnis 90/Die Grünen dagegen ihre Mehrheit. Die Landtagswahl 1995 sah die FDP klar über der 5%-Hürde und brachte Verluste für die beiden großen Parteien, wobei die CDU aufgrund der kräftigeren Einbußen auf seiten der SPD wieder stärkste Partei wurde. Einen deutlichen Stimmenzuwachs erzielten die Grünen, die sich mit 11,2% im Bereich der zweistelligen Prozentanteile etablierten. Dadurch konnte die rot-grüne Regierungskoalition im Wiesbadener Landtag ihren Sitzvorsprung noch von zwei auf vier Mandate ausbauen (*Beier* 1989; *Meng* 1987, 1993; *Wolf* 1986; *Staat und Wirtschaft in Hessen* 1993).

3.4 Politische Rolle in D

Hess.s Politik hat sich in den zurückliegenden Jahrzehnten auch immer über ihr Verhältnis zur Bundesebene definiert. Die SPD-geführten Landesregierungen der 50er und frühen 60er Jahre sahen sich als fortschrittliches Gegenmodell zur Bonner *Adenauer*-Republik und wollten sich im so bezeichneten „roten Hessen" mit einer vorausschauenden Wirtschafts- und Gesellschaftspolitik profilieren. Im Bundesrat fiel Hess. seinerzeit die Stimmführerschaft der SPD-regierten Bundesländer zu, wobei das Land auch in einer Reihe von Prozessen vor dem →Bundeverfassungsgericht gegen die Regierung *Adenauer* stritt. Während der SPD/FDP – ebenso wie in der CDU/FDP-Regierungszeit stützte die hessische Landespolitik dagegen die mit gleichen Mehrheiten ausgestatteten Bundesregierungen, indem sie extreme Bundestreue praktizierte.

Politisch ist Hess. seit 1991 wieder die einzige prosperierende Region auf der politischen Landkarte D.s, in der SPD und Grüne ihre gemeinsame Regierungsfähigkeit erproben. Konflikte zwischen dem mittelgroßen Bundesland, das mit vier Stimmen in der Länderkammer vertreten wird, und der CDU/FDP-geführten Bundesregierung fanden dabei bisher vor allem in Fragen der Umwelt-, Energie- und Atompolitik statt. In ökonomischer und kultureller Hinsicht hat die mit der deutschen Vereinigung verbundene Grenzöffnung nach Osten in jüngster Zeit die traditionellen Beziehungen Hess.s zu den östlichen Nachbarländern, insbes. zum angrenzenden Thüringen (→Land Thüringen), aktiviert. Hess.s Rolle als Nord-Süd-Verbindungsachse wie als europäische und internationale Verkehrsdrehscheibe wird durch diese Wiederaufnahme der Brückenfunktion in Ost-West-Richtung komplettiert.

Literatur

Beier, Gerhard 1989: SPD Hessen. Chronik 1945-1988. Bonn.

Bullmann, Udo/Eißel, Dieter 1991: Regionale Strukturpolitik und Binnenmarkt '93. Analysen und Zielsetzungen am Beispiel Hessen, in: Umlandverband Frankfurt (Hrsg.) Ansichten zur Region, Bd. 1. Frankfurt/M.

Demandt, Karl E. ²1972: Geschichte des Landes Hessen. Kassel, Basel.

Franz, Eckhart G. (Hrsg.) 1991: Die Chronik Hessens. Dortmund.

Greven, Michael Th./Schumann, Hans-Gerd (Hrsg.) 1989: 40 Jahre Hessische Verfassung. 40 Jahre Politik in Hessen. Opladen

Kroschewski, Udo W./Naumann, Hans-Peter u.a. 1992: Hessen – Porträt einer Region, in: Staat und Wirtschaft in Hessen, H.2. Wiesbaden.

Meng, Richard (Hrsg.) 1987: Modell Rot-Grün? Auswertung eines Versuchs. Hamburg.

Meng, Richard 1993: Links der Mitte. Welche Chancen hat Rot-Grün? Marburg.

Meyer, Hans/Stolleis, Michael (Hrsg.) ³1994: Staats- und Verwaltungrecht für Hessen. Baden-Baden.

Schiller, Theo/von Winter, Thomas 1990: Hessen, in: Esche, Falk/Hartmann, Jürgen (Hrsg.) Handbuch der deutschen Bundesländer. Frankfurt/M., New York.

Staat und Wirtschaft in Hessen: Versch. Ausg., versch. Jge. Wiesbaden.

Stein, Erwin (Hrsg.) 1976: 30 Jahre Hessische Verfassung 1946-1976. Wiesbaden.

Wahl, Rainer 1987: Hessen, in: Jeserich, Kurt G.A./Pohl, Hans/Unruh, Georg-Christoph (Hrsg.) Deutsche Verwaltungsgeschichte. Stuttgart.

Wolf, Werner (Hrsg.) 1986: CDU Hessen 1945-1985. Politische Mitgestaltung und Kampf um die Mehrheit. Köln.

Udo Bullmann

Land Mecklenburg-Vorpommern

1. Historischer Hintergrund

Im Zuge der frühmittelalterlichen Völkerwanderung Mitte des 1. Jahrtausend u.Z. wurden die Gebiete zwischen Niederelbe, Saale und Oder von ihren germanischen Bewohnern verlassen und durch die westslawischen Völkerschaften der Abodriten und Luziten besiedelt. Diese wurden unmittelbare östliche Nachbarn des sich seit dem 4. Jahrhundert herausbildenden fränkischen Großreiches, das die germanischen Sachsen unterworfen und sich deren Gebiet angegliedert hatte.

Die deutsche Geschichte M.-V. beginnt mit der deutschen Ostkolonisation, die gegen Ende des 11. und Anfang des 12. Jh.s nach militärischen Vorstößen zur Einwanderung von deutsch-fränkischen Bauern und Handwerkern und zu deren Vermischung mit den ansässigen Westslawen führte. So gewann das Gebiet für das ostfränkische Reich den Status einer Mark, regiert von einem Markgrafen, der – militärisch selbständig – für die Sicherung der Reichsgrenzen verantwortlich war.

Nach einem verlustreich niedergeschlagenen großen Slawenaufstand Ende des 10. Jh.s verstärkte der sächsische Welfenherzog *Heinrich der Löwe* die kolonisatorischen Bemühungen des Reiches, was mit Beginn des 12. Jh.s neue Einwanderungsströme aus rheinischen und westfälischen Reichsgebieten auslöste. In diese Zeit fallen zahlreiche, auf *Heinrich* zurückgehende Stadtgründungen sowie der Ausbau großer, bereits bestehender Siedlungen. Die neue christliche Macht zeigt sich im Bau großer Kathedralen, z.B. in Lübeck und Schwerin. Anfang des 13. Jh.s scheitert in der Schlacht von Bornhövel in Schleswig-Holstein der Versuch des dänischen Königshauses, sich das neue Reichsterritorium einzuverleiben, am Widerstand der Bürgerheere Hamburgs, Lübecks und der verbündeten Mecklenburger.

Der Name M. rührt höchstwahrscheinlich von „Mikilinborg“ (Michelenburg), dem Stammsitz des abroditischen Slawenfürsten *Niklot* südlich von Wismar, her. Das Adelsgeschlecht der Nikloten und ihre Nachfahren bestimmten bis 1918 die Geschicke des Landes M. Im 13. Jh. bestand M. zunächst aus einer Reihe weltlicher (z.B. Ratzeburg, Schwerin, Rostock, Parchim) und geistlicher Herrschaftssitze (z.B. die Bistümer Ratzeburg, Schwerin und Mecklenburg). Erst in den folgenden zwei Jahrhunderten gewann die Grafschaft M. eine gewisse Vorherrschaft über die anderen niklotischen Herrensitze; unter Herzog *Albrecht II.* von M. wurde Schwerin Residenz. Als Herzogtum M.-Schwerin gab es nun dem ganzen Gebiet den Namen, seine Herrscher erlangten die volle Unabhängigkeit von Sachsen und wurden reichunmittelbare Fürsten. Im 14. Jh. bildeten sich nach Erbfolgeteilungen zwei Herzogtümer: M.-Strelitz entstand neben dem viermal größeren M.-Schwerin. Anfang des 15. Jh.s begannen die Herzöge von M. mit dem Aufbau von zentralen Verwaltungsorganisationen und unter der Führung Lübecks schlossen sich die wirtschaftlich aufblühenden Städte (u.a. Kiel, Rostock, Anklam, Schwerin, Stralsund und Greifswald) zum „Wendischen Kontor" der Hanse, einem in seiner Blütezeit mehr als 200 Ostsee-Städte umfassenden Bund, zusammen. Im Gegensatz zu anderen Reichsgebieten kam es in M. nicht zu Herausbildung absolutistischer Verhältnisse, denn den Herzögen standen die mächtigen Landstände, die Vertretungen des Landadels und der Städte gegenüber.

Für die Produktions- und Sozialstruktur M. wurde vom 16. bis 18. Jh. die Gutsherrschaft prägend. Die Herzöge und der Landadel, die Ritterschaft, verfügten – je zur Hälfte – über 88 v.H. des Grundbesitzes, die Städte über den Rest. Die meisten Bauern verloren ihr Pachtland und wurden „Erbuntertänige", die auch als Tagelöhner ihren Arbeitsplatz nicht ohne Einwilligung der Gutsbesitzer wechseln durften. Lediglich im Bereich der Domänenbauern auf dem Grundbesitz der Herzöge gab es Ansätze für eine Agrarreform (z.B. durch Abschaffung der unentgeltlichen Hofdienste und Entwicklung eines Kleinbauerntums). Dies hatte u.a. zur Folge, daß Ende des 19. Jahrhunderts die Landbevölkerung M. durch Stadtflucht und Auswanderung vor allem aus den ritterschaftlichen Gebieten stark abnahm.

Unter Herzog *Heinrich V.* wurde 1548 das Luthertum offizielle Landesreligion. In diese Zeit fällt die erste Blüte der 1419 gegründeten Universität Rostock („Leuchte des Nordens"). Im Dreißigjährigen Krieg entzog das Reich den Herzögen von M. die Reichslehenschaft und erklärte sie wegen ihrer indifferenten Bündnispolitik zu Hochverrätern. Nach einem kurzen Aufschwung unter *Wallenstein* geriet M. unter schwedische Herrschaft. Eine ruhigere Entwicklung setzte erst nach dem Wiener Kongreß (1815) ein, auf dem die Herzogtümer zu Großherzogtümern erhoben worden waren. Mit Ausnahme eines kurzen Zwischenspiels 1848-1850 behielten sie ihre ständestaatliche Verfassung. Im Landtag hatten nur die Gutsbesitzer und die Bürgermeister der Städte Sitz und Stimme. Die Mecklenburger konnten zwar ihre Vertreter in den Reichstag wählen, ein Wahlrecht für den eigenen Landtag besaßen sie jedoch nicht. Das allgemeine, gleiche Wahlrecht wurde erst 1918 eingeführt, nachdem der letzte regierende Schweriner Großherzog *Friedrich Franz IV.* zugleich im Namen der Strelitzer Linie abgedankt hatte.

In der Landtagswahl vom Juli 1932 erreichten die Nationalsozialisten eine knappe absolute Mehrheit. Nach der Gleichschaltung durch die Nazis (Auflösung der Landesregierung, Einsetzung eines Reichsstatthalters wie in allen anderen deutschen Ländern) wurden 1934 beide M. zu einem Staat vereinigt. 1945 wurde M. überwiegend von sowjetischen Truppen besetzt; die Amerikaner stießen zwar bis Schwerin vor, räumten jedoch das Gebiet im Juli 1945 wieder. Zum norddeutschen Teil der Sowjetisch Besetzten Zone (SBZ) gehört jetzt neben M. auch V., der westlich der Oder gelegene Teil Pommerns (ohne Stettin).

Bei den Landtagswahlen im Oktober 1946, den letzten halbwegs freien Wahlen bis zum Zusammenbruch der DDR, erreichte die SED mit knapp 50 v.H. ihr bestes Ergebnis in der damaligen SBZ. 1947 erhielt das Land M.-V. eine Verfassung, zugleich wurde durch Verfügung der sowjetischen Besatzungsmacht die Bezeichnung V. gestrichen. Im Juli 1952 wird das Land M. ebenso wie die anderen vier Länder der DDR aufgelöst und sein Gebiet auf die Bezirke Rostock, Schwerin und Neubrandenburg aufgeteilt.

Die Geschichte V. ist die Geschichte Pommerns (das Land „am Meer", poln. „po morze"). Mitte des 1. Jahrtausend von westslawischen Stämmen besiedelt, bewahrt es unter dem Adelsgeschlecht der Greifen bis ins 12. Jahrhundert unter schwedischer und polnischer Lehnshoheit seine Einheit. Danach wird es im Zuge der Ostkolonisation im 12. Jh. zeitgleich mit M. reichsunmittelbares Lehen. Zugleich beginnt eine Jahrhunderte dauernde Auseinandersetzung um diesen Status mit seinem südlichen Nachbarn, dem Kurfürstentum Brandenburg. Sie endet erst im 16. Jahrhundert, als Brandenburg für die Anerkennung der Reichsunmittelbarkeit Pommerns das Erbfolgerecht zugestanden erhielt. Doch die Hohenzollern konnten ihr Erbe – wenigstens teilweise (Hinterpommern) – erst nach dem Aussterben des herrschenden Greifengeschlechts gegen Ende des Dreißigjährigen Krieges antreten. Von 1815 bis Ende des 2. Weltkrieges bildete dann Pommern mit V. eine Verwaltungseinheit Preußens. Sie wurde nach der auf Beschluß der Kriegsalliierten 1947 verfügten Auflösung Preußens nicht wieder hergestellt.

2. Bevölkerung – Gesellschaft – Wirtschaft

2.1 Bevölkerung

M.-V. hat eine Fläche von rd. 23 800 qkm (6,6% von D). Mit 1,96 Mio. E. (2,5 % von D) und etwa 80 E. pro qkm ist es das am dünnsten besiedelte Bundesland. 1,3 Mio. sind Mecklenburger und 600 000 verstehen sich als Pommern. Hauptstadt ist Schwerin (130 000 E.), die auch früher schon Residenzstadt war (im Stil der Neorenaissance Mitte des letzten Jahrhunderts umgebautes Schloß der Herzöge von M., jetzt Sitz des Landtages). Größte Stadt aber ist Rostock (250 000 E.) mit Überseehafen und Universität (gegr. 1419). Weitere größere Städte sind Neubrandenburg (85 000 E.), Stralsund (75 000 E.), Greifswald (65 000 E.), die „Hauptstadt" V. mit der angesehenen Ernst-Moritz-Arndt-Universität (gegr. 1556), und Wismar (59 000 E.). In den beiden früheren Residenzstädten Güstrow und Neustrelitz leben 39 000 bzw. 27 000 E. Saßnitz (15 000 E.) ist seit mehr als 90 Jahren Ausgangspunkt der Eisenbahnfähre nach Schweden. In V. liegen mit Rügen (924 qkm) und Usedom (445 qkm; 25% gehört seit 1945 zu Polen) die größten deutschen Inseln. Zur Mecklenburger Seenplatte gehören mehr als 600 teilweise fischreiche Seen.

2.2 Wirtschaft

M.-V. war und ist Agrarland, das Land galt einmal als „Kornkammer" D.s. Während der Bodenreform in der SBZ (1945-1950) wurde der Großgrundbesitz ausnahmslos enteignet und nach der Kollektivierung der Landwirtschaft (1960) in „Landwirtschaftlichen Produktionsgenossenschaften" und „Volkseigenen Gütern" zusammengefaßt, die z.T. mehrere Tausend Hektar bewirtschafteten. Noch 1991 waren knapp 20% der rd. 1 Mio. Erwerbstätigen in M.-V. in der Land- und Forstwirtschaft beschäftigt. An der industriellen Bruttoproduktion der ehemaligen DDR war M.-V. nur mit ca. 7% beteiligt; nach der Vereinigung D.s sind es umgerechnet auf die Bundesrepublik weniger als 1%. Knappe 50% des Maschinenparks sind noch immer älter als 10 Jahre, teilweise stammen die Ausrüstungen noch aus der Vorkriegszeit, werden jetzt jedoch kontinuierlich durch moderne Ersatz- und Neuinvestitionen ersetzt. Die Arbeitslosenquote ist noch immer die zweithöchste in den neuen Bundesländern (nach Sachsen-Anhalt), sie beträgt knapp 16,5 v.H. (Januar 1995), 6o v.H. davon sind Frauen.

In den Ostseehäfen von Rostock, Stralsund und Wismar gibt es eine traditionsreiche Werftindustrie mit den entsprechenden Zulieferbetrieben im Umland. Dieser Industriezweig florierte bis zur Wende 1989, weil er in der Sowjetunion und einigen RGW-Staaten einen sicheren Absatzmarkt besaß (in deren Auftrag mehr als 90% der Schiffsneubauten, hauptsächlich Fischfang- und -verarbeitungsschiffe, und der Reparaturarbeiten durchgeführt wurden). Nach dem Zusammenbruch der Ostmärkte konnte daher – trotz noch relativ guter Auftragslage – die Produktion nur mit Subventionen der Treuhandanstalt aufrechterhalten werden. Zukunftschancen werden den Mecklenburger Häfen und Werften, die inzwischen alle privatisiert wurden (Aktiengesellschaften mit teilweise Mehrheitsbeteiligungen aus den alten Bundesländern und Skandinavien) nur in Kooperation mit der starken Konkurrenz aus Hamburg, Bremen und Kiel sowie Nordeuropa eingeräumt.

Ähnlich kritisch steht es mit der Hafenwirtschaft, deren Güterumschlag 1991 auf rd. 25% des Wertes von 1989 gesunken war und sich gegenwärtig auf einem noch niedrigen, aber tendenziell steigenden Niveau zu erholen beginnt.

Die Fischfangflotte der ehemaligen DDR hatte eine doppelt so große Tonnage wie die der alten Bundesrepublik und beschäftigte dreimal so viel Menschen. Ihre Schrumpfung auf eine überlebensfähige Größenordnung trägt wesentlich zur hohen Arbeitslosenquote in M.-V. bei. Neben Fischverarbeitung und Lebensmittelindustrie spielen Fahrzeug- und Maschinenbau eine untergeordnete Rolle in der Wirtschaft des Landes.

Besondere Probleme gibt es in der Energiewirtschaft von M.-V. Das Kernkraftwerk Lubmin südlich von Greifswald mit 1760 Megawatt Leistung, ein sowjetischer Leichtwasserreaktor vom Typ Tschernobyl, ist zum Jahresende 1990 wegen schwerer Sicherheitsmängel abgeschaltet worden, seine Versorgungsleistung wurde z.T. von einem neugebauten, mit Heizöl betriebenen Wärmekraftwerk übernommen.

Größere Entwicklungschancen werden der Fremdenverkehrswirtschaft eingeräumt, da M.-V. über eine der reizvollsten Kultur- und Erholungslandschaften D.s verfügt (mehr als 250 Natur- und Landschaftsschutzgebiete, das sind rd. 13 v.H. der Gesamtfläche). Anziehungspunkte sind nicht nur die zahlreichen Seebäder (Heiligendamm ältestes, 1793 gegründetes deutsches Seebad), die berühmten Kreidefelsen der Insel Rügen und die langen Strände von Usedom, sondern auch das Landesinnere mit seiner einmaligen Mischung aus See-, Marsch- und Waldgebieten. Bereits 1949 ist am Ostufer der Müritz das größte zusammenhängende Naturschutzgebiet D. geschaffen worden.

2.3 Verkehr

M.-V. verfügt über 7 300 km Fern- und rd. 13 000 km Ortsstraßen. Eine Autobahn verbindet Rostock mit Berlin, die Autobahn Hamburg-Berlin durchquert das südliche M. Gegenwärtig wird, gegen heftigen Widerstand von Umwelt- und Naturschützern, eine West-Ost-Autobahn, die Vorpommern stärker an den norddeutschen Raum anbinden soll, geplant.

Von Rostock und Saßnitz gibt es Fährverbindungen nach Schweden und Dänemark. Der Rostocker Hafen („Tor zur Welt") konnte bis 1989 auf mehr als 25 Überseelinien verweisen. Auf Elbe und Müritz wird Binnenschiffahrt betrieben.

2.4 Kultur

In M.-V. gibt es sechs Universitäten und 10 Fachhochschulen mit insgesamt rd. 25000 Studierenden. Die Umgestaltung des Schulwesens erfolgte im wesentlichen nach westdeutschen Vorbild, so daß alle Schultypen vorhanden sind. Seine Durchlässigkeit ist als Staatsziel in der neuen Landesverfassung normiert worden.

M.-V. hat eine Reihe bedeutender Persönlichkeiten hervorgebracht bzw. ist ihnen zur Heimat geworden. Auf der Insel Hiddensee hat Gerhart *Hauptmann* zuletzt gelebt und ist auch dort begraben. Güstrow ist die Stadt Ernst *Barlachs*, aus Greifswald stammt der Maler Caspar David *Friedrich*. Der Schriftsteller Ernst Moritz *Arndt*, der Flugpionier Otto *Lilienthal* und der Archäologe Heinrich *Schliemann* nennen M. oder V. ihre Heimat. Die Geburtsstadt des niederdeutschen Mundartdichters Fritz *Reuter* ist Stavenhagen.

3. Politisches System

3.1 Verfassung

Mit dem noch von der – aus den ersten freien Wahlen hervorgegangen – DDR-Volkskammer im Juli 1990 verabschiedeten Ländereinführungsgesetz wurde auch das Land M.-V. wiedererrichtet. Der am 14. Oktober 1990 gewählte Landtag hat eine Verfassungskommission unter der Leitung des Landtagspräsidenten eingesetzt, die aus elf Abgeordneten, acht Sachverständigen und einem Vertreter der Landesregierung besteht. Außerdem arbeiten weitere Berater nicht im Landtag vertretener Parteien (Bündnis 90) und Gruppen mit. Diese Kommission hat den Entwurf für eine neue Landesverfassung erarbeitet, die – im Mai 1993 mit einer Zwei-Drittel-Mehrheit im Landtag verabschiedet – zunächst vorläufig und nach den Landtagswahlen im Oktober 1994, die mit einem Volksentscheid über die Verfassung verknüpft wurden, endgültig in Kraft getreten ist.

Bis zum Inkrafttreten einer neuen Verfassung galt ein vom Landtag beschlossenes „Vorläufiges Statut für das Land Mecklenburg-Vorpommern" vom 26. Oktober 1990, das als eine Art Ersatz-Verfassung angesehen werden konnte.

3.2 Organisation des politischen Systems

Die neue Verfassung orientiert sich an Vorlagen aus den Alt-Bundesländern, insbesondere an der Verfassung Schleswig-Holsteins. Abweichend davon wurden jedoch eine Reihe von sogenannten Staatszielbestimmungen aufgenommen (Art. 11-19), die u.a. die Verwirklichung der Europäischen Integration, den Umweltschutz, die Förderung der Gleichstellung von Mann und Frau, den Schutz von Kindern und Jugendlichen und die Förderung der Erhaltung und Schaffung von Arbeitsplätzen durch das Land betreffen. Mit der Einführung von Volksinitiative, Volksbegehren und Volksentscheid hat die neue Verfassung auch einige plebiszitäre Elemente erhalten. Die Wahlperiode beträgt vier Jahre. Der Landtag, mit mindestens 71 Abgeordneten zahlenmäßig der kleinste in den fünf neuen Bundesländern, ist „die gewählte Vertretung des Volkes", seine Mitglieder sind an „Aufträge und Weisungen nicht gebunden".

Ein Landtagsabgeordneter erhält im Monat eine Grundentschädigung von 3 500 DM, eine Unkostenpauschale von 1 600 DM sowie, auf Antrag, bis zu 1 130 DM für Mitarbeiter. Der Landtagspräsident und seine Stellvertreter sowie die parlamentarischen Geschäftsführer, die Fraktionsvorsitzenden und Leiter von parlamentarischen Arbeitskreisen erhalten bis zu 100% Zuschläge zur Grundvergütung. Damit bewegt sich diese Vergütungsordnung in der unteren Hälfte des in den Alt-Ländern üblichen.

Der Aufbau einer funktionierenden Kommunalverwaltung in M.-V. ist, mit erheblicher personeller Hilfe aus Schleswig-Holstein und Hamburg, nahezu abgeschlossen. Die Vertreter V. bestehen auf einer „starken landschaftlichen Selbstverwaltung", dort hatte man anfangs sogar die Errichtung eines selbständigen Bundeslandes V. angestrebt. So scheiterten bisher Pläne der Landesregierung, entsprechend der alten Bezirksorganisation vier Wirtschaftsförderungszonen um Rostock, Schwerin, Stralsund und Neubrandenburg einzurichten, am Einspruch des vorpommerschen Kreis- und Städtetages.

Schwierig gestaltete sich auch die Durchführung der notwendigen kommunalen Gebietsreform. Nach dem noch von der letzten DDR-Volkskammer verabschiedeten Kommunalverwaltungsgesetz vom Mai 1990 wurden zunächst die 1.120 Städte und Gemeinden in 31 Landkreisen und 6 kreisfreien Städte mit durchschnittlich 41.000 Einwohnern verwaltet. Da eine effiziente und rentable Verwaltung so nicht möglich war, gibt es nun, nach der 1994 per Gesetz in Kraft getretenen Kreisgebietsreform, 12 Landkreise mit durchschnittlich 100.000 Einwohnern und etwa 2000 qkm sowie sechs kreisfreie Städte (Schwerin, Rostock, Neubrandenburg, Stralsund, Greifswald und Wismar). Eine Ausnahme bildet nur der Kreis Rügen mit einer Fläche von 973 qkm.

3.3 Parteien, Wahlen, Wählerverhalten

Bei der ersten Landtagswahl vom 14. Oktober 1990 gab es in M.-V. die schwächste Wahlbeteiligung aller fünf neuen Länder. Von rd. 1,4 Mio. Wahlberechtigten gingen nur rd. 920 000 (65,2%) an die Urnen. Auf die CDU entfielen 38,3%, auf die SPD 27%, auf die Linke Liste/PDS 15,7% und auf die FDP 5,5%. Mehr als ein Dutzend weitere Gruppierungen scheiterten an der 5%-Klausel. Dies ergab folgende Mandatsverteilung: 29 Sitze für die CDU, 2o für die SPD, 12 für die LL/PDS, 4 für die FDP und 1 Fraktionsloser (ehemals SPD, dann Bürgerbeauftragter des Landes und beratendes Kabinettsmitglied). Die CDU stellte in einer Koalitionsregierung mit der FDP zunächst den Ministerpräsidenten (bis Frühjahr 1992 Dr. Alfred *Gomolka*, danach Dr. Bernd *Seite*) und sechs der acht Landesminister. Zwei Kabinettsmitglieder gehörten der FDP an. Der Landtag hat in der ersten Wahlperiode, z.T. mit koalitionsübergreifenden Mehrheiten, eine Reihe wichtiger Gesetzeswerke verabschiedet, u.a. ein Hochschulerneuerungsgesetz, ein Schulreformgesetz, ein Gerichtsgesetz und einen Staatsvertrag mit Brandenburg, der eine Änderung der gemeinsamen Landesgrenzen aufgrund eines Gemeindenaustauschs regelt.

Bei den drei Wahlgängen im Jahre 1990 (Volkskammerwahlen im März, Landtagswahlen im Oktober und Bundestagswahlen im Dezember) haben sich die Wähler in M.-V. relativ konstant verhalten. Insbesondere der Stimmenanteil der beiden großen Parteien CDU und SPD hat sich kaum verändert. Lediglich die FDP, die im März 1990 nur auf 3,6% der Stimmen kam, übersprang nach ihrer Vereinigung mit den Liberalen der DDR die 5%-Hürde bei den Landtagswahlen und erreichte in der Bundestagswahl 9,1%.

Politisch aufschlußreich ist allerdings die Tatsache, daß sich der Stimmenanteil der PDS vom Frühjahr bis zum Herbst bzw. Winter 1990 um rd. 30% verringerte, allerdings seitdem nicht mehr auffällig zurückgegangen ist.

Das Bild änderte sich erheblich in der Landtagswahl vom Oktober 1994 (Wahlbeteiligung: 73 v.H.), die gleichzeitig mit den Bundestagswahlen stattfanden. Die CDU verlor zwar geringfügig Anteile (37,7 v.H.; 1990: 38,3 v.H.), gewann jedoch absolut an Stimmen hinzu und stellt erneut mit unverändert 30 Abgeordnete die stärkste Fraktion im Landtag. Die SPD steigerte ihren Anteil erneut von 27,0 v.H. auf 29,5 v.H. und wurde mit 23 Mandanten (1990: 21) zweitstärkste Kraft. Die FDP scheiterte an der 5-Prozent-Hürde (3,8 v.H.) und schied damit aus dem Landtag aus. Dritte Partei im Schweriner Parlament wurde die PDS, die ihren Stimmenanteil von 15,7 v.H. auf 22,7 v.H. erhöhen konnte und damit 18 Mandate erhielt (1990:12). Sie gewann den Wahlkreis 9 (Schwerin II), während die CDU in 28 und die SPD in 7 der insgesamt 36 Wahlkreise erfolgreich waren. Nach längeren Verhandlungen, in deren Verlauf auch die Duldung einer SPD-Minderheitsregierung durch die PDS ausgelotet wurde, wird M.-V. gegenwärtig von einer CDU/SPD-Regierung wiederum unter Ministerpräsident *Seite* regiert. Im Bundesrat hat M.-V. drei Stimmen.

Entsprechend der regional-kulturellen Prägung der Menschen ist in M.-V. ein eher konservatives Wahlverhalten landestypisch. Dies gilt auch angesichts der Wahlergebnisse der PDS. Scharfe parteipolitische Polarisierungen stoßen eher auf Ablehnung. Nur der Politiker, der Heimatverbundenheit zeigt und das Landes- über das Parteiinteresse stellt, darf auf Unterstützung des Wahlvolkes rechnen. Gerade in M.-V. findet daher der Föderalismus der Bundesrepublik Deutschland starke Unterstützung.

3.4 Politische Rolle in Deutschland

Das Bundesland M.-V. wird seine endgültige Position innerhalb der Bund-Länder-Struktur erst finden können, wenn die Talsohle des wirtschaftlichen und sozialen Um- und Aufbruchs durchschritten ist. Wegen seiner tradierten wirtschaftlichen Monokulturen (faktisch gibt es nur Schiffbau und Landwirtschaft) gestaltet sich die Entwicklung einer gemischten Produktionsstruktur besonders schwierig. Es liegt allerdings nahe, daß M.-V. seine geographische Lage künftig stärker nutzen wird: Die Nähe zu Skandinavien, die unmittelbare Nachbarschaft zu Polen und traditionelle Verbindungen zu allen Ostsee-Anrainern weisen ihm eine Funktion als „Tor zum Norden und Bindeglied zum Osten“ zu. Im Rahmen des politischen Systems D.s wird sich, wie bisher schon, auch in Zukunft aufgrund landsmannschaftlich-sprachlicher Nähe und wirtschaftspolitischer Erfordernisse eine enge Zusammenarbeit mit Schleswig-Holstein und Niedersachsen, aber auch mit Brandenburg und Sachsen-Anhalt als überlebensnotwendig erweisen. Der Verzicht M.-V.s auf eine eigene Landesrundfunkanstalt und sein Beitritt zum Norddeutschen Rundfunk NDR sind Ausdruck einer wachsenden regionalen Kooperation der norddeutschen Bundesländer.

Literatur

Entwurf einer Verfassung für Mecklenburg-Vorpommern, Landtag Mecklenburg-Vorpommern, 1. Wahlperiode, Druchsache 1/2000 v. 30.4.1992.

Hoffmann u.a. 1991: Die neuen deutschen Bundesländer. Eine kleine politische Landeskunde. Bonn.

Lapp, Peter Joachim 1991: Die fünf neuen Länder, in: Forum Deutsche Einheit, Nr. 6, hrsg. v.d. Friedrich-Ebert-Stiftung, Bonn.

Mecklenburg-Vorpommern, in: Deutschland-Porträt einer Nation 21991, Bertelsmann Lexikothek Bd. 9. Gütersloh.

Ringstorff, Harald/Reinke, Hans-Dieter 1992: Die maritime Wirtschaft in Mecklenburg-Vorpommern - Probleme und Chancen, hrsg. v.d. Friedrich-Ebert-Stiftung. Bonn.

Thüringen, in: Internationales Handbuch - Länder aktuell, Munzinger-Archiv, Lfg. 2/91.

Johannes Kuppe

Land Niedersachsen

1. Historischer Hintergrund Niedersachsen 1946-1990

Mit der Verordnung Nr. 55 bildete die britische Militärregierung am 1.11.1946 aus den Ländern Hannover (bis zum 23.8.1946 preußische Provinz), Braunschweig, Oldenburg, Schaumburg-Lippe das Land Nds. im Rahmen der Neugliederung ihrer Zone. Nach der Kapitulation im Mai 1945 gehörte der Oberpräsident von Hannover, H.W. *Kopf* zu den Befürwortern der Bildung eines Landes Nds. Einem entsprechendem Staatsvertrag zur Bildung eines Gemeinschaftsministeriums „Länderregierung für Reichsaufgaben in Nds." vom 29.9.1945 von Hannover, Braunschweig und Oldenburg versagte die britische Militärregierung die Zustimmung, setzte aber im Oktober 1945 den „Gebietsrat Nds." (bestehend aus der Provinz Hannover, den Ländern Braunschweig und Oldenburg) ein. Nach dem Scheitern der Pariser Außenministerkonferenz (Juni/Juli 1946) entschlossen sich die Briten zur Bildung des Landes NW, um den frz. Forderungen nach einer Abtrennung des Ruhrgebietes und seiner Internationalisierung entgegenzuwirken. Für die Neugliederung der restlichen britischen Zone wurden sechs Vorschläge eingebracht und dem Zonenbeirat zur Begutachtung übersandt. Die Mehrheit erhielt der „Niedersachsenplan" *H.W. Kopfs*, dem sich auch der britische Militärgouverneur General *B. Robertson* anschloß (*Schneider* 1984:115 f.).

H. W. Kopf wurde zum Ministerpräsidenten des neuen Landes ernannt. Er führte – wie damals üblich – ein Allparteienkabinett, und ein ernannter Landtag (entsprechend den Kommunalwahlergebnissen von Herbst 1946) wurde eingesetzt.

Am 20.4.1947 fand die erste Landtagswahl statt, aus der die →SPD vor der →CDU, der NLP (später DP), der →FDP, der KPD (→Splitterparteien) und dem Zentrum als Siegerin hervorging. *H. W. Kopf* führte die Landesregierung bis 1955, gestützt auf wechselnde Mehrheiten im Parlament, was mehrere Kabinettsumbildungen notwendig machte. Nach den Landtagswahlen 1951, die dem BHE (→Splitterparteien) und der bereits 1952 vom →Bundesverfassungsgericht verbotenen SRP hohe Stimmengewinne brachte, gelang es *H. W. Kopf*, eine →Koalition aus SPD, BHE und Zentrum zusammenzubringen. 1955 gewannen die bürgerlichen Parteien, und H. *Hellwege* bildete eine Regierung, die sich auf eine parlamentarische Mehrheit der DP, CDU, BHE und FDP-Abgeordneten stützen konnte. Als FDP und BHE 1957 eine Fraktionsgemeinschaft eingingen und sechs DRP-Abgeordnete als Hospitanten aufnahmen, brach die Regierung auseinander. Unter Führung von H. *Hellwege* wurde eine DP-CDU-SPD-Koalition gebildet. Nach den Landtagswahlen 1959 übernahm *H. W. Kopf* an der Spitze einer kleinen Koalition (SPD, FDP und BHE) wieder die Regierungsverantwortung, die nach seinem Tode 1961 von G. *Diederichs* fortgeführt wurde. Eine SPD-FDP-Koalition stürzte nach 1963 nach den Landtagswahlen die Regierung *G. Diederichs;* ab 1965 regierte wieder eine große Koalition (SPD/CDU), als die FDP dem Konkordat mit der katholischen Kirche die Zustimmung versagte.

Die große Koalition wurde auch nach den Landtagswahlen 1967 fortgesetzt. Erstmals war die NPD mit zehn Abgeordneten in dem nds. Landtag vertreten. Mehrere Fraktionswechsel von Abgeordneten machten 1970 vorgezogene Wahlen notwendig. Erstmals zogen nur zwei Parteien, die SPD als stärkste Fraktion und die CDU, in das Leineschloß ein. A. *Kubel* wurde zum Ministerpräsidenten gewählt, ein Amt, das er auch nach den Wahlen von 1974 an der Spitze einer SPD-FDP-Koalition bis 1976 behielt. Nach dem Rücktritt A. *Kubels* 1976 wurde in geheimer Abstimmung vom Landtag E. *Albrecht* (CDU) gewählt, der zunächst ein CDU-Minderheitskabinett bildete, später (1977) eine CDU/FDP-Regierung. Die Wahlen 1978 (erstmals absolute CDU-Mehrheit) 1982 und 1986 bestätigten E. *Albrecht* als Ministerpräsident; erst 1990 gelang der SPD unter G. *Schröder* die Rückkehr an die Regierung, gestützt auf eine rot-grüne Parlamentsmehrheit. Seit 1994 kann G. *Schröder*, dank Ausscheidens der FDP aus dem Landtag, mit absoluter Mehrheit allein regieren.

2. Bevölkerung – Wirtschaft – Gesellschaft

2.1. Bevölkerungsstruktur

1994 zählte Nds. rund 7,6 Mio. E. Die Ergebnisse der Volkszählungen in den Jahren 1950, 1961, 1970 und 1987 weisen jedoch aus, daß Nds. Bevölkerung in den Jahren 1950-61 eine größere Dynamik entfaltete, als in den folgenden Jahrzehnten. 1970-90 betrug der Zuwachs etwas über 150.000. Ein Grund hierfür liegt in der starken Zuwanderung aus dem Osten in den ersten Jahren nach Gründung des Landes. 1961 erreicht der Anteil der Vertriebenen 24,4 % und der der Flüchtlinge 5,4 % der Gesamtbevölkerung. Nach 1960 waren Wanderungsgewinne durch Anwerbung ausländischer Arbeitnehmer verursacht. Der Anteil der Ausländer erhöht sich bis 1987 auf 3,7 %. Von den 7,3 Mio. E. lebten 1,5 Mio. in den neun kreisfreien Städten, davon wiederum rund 1/3 in der Landeshauptstadt Hannover. Die stärker industrialisierten südöstlichen Landesteile (Reg. Bez. Hannover und Braunschweig) weisen relativ hohe Bevölkerungsdichten auf, während die nördlichen Bereiche dünn besiedelt sind. Sie erhalten aber von den Stadtstaaten starke Zuwächse.

Etwas über 65 % der Bevölkerung bekennt sich zu den evangelischen Kirchen, 19,6 % (1987) sind katholisch und 1,4 % Muslime.

2.2 Wirtschaftsstruktur und -probleme

Strukturprobleme der nds. Wirtschaft sind kein neues, aus der weltwirtschaftlichen Entwicklung der 70er Jahre resultierendes Problem, sondern sie existieren seit Bestehen des Landes. Ein wesentlicher Grund hierfür lag in der Zonengrenzziehung und ihren Folgen. Ein erheblicher Teil der Unternehmen wurde dadurch von seinen bisherigen Bezugs- und Absatzgebieten abgeschnitten. Die mit der Neuorientierung der Wirtschaft nach Westen verbundenen Kostenerhöhungen führten zu einer im Vergleich mit dem übrigen Bundesgebiet ungünstigeren Ertragslage. Die Probleme verschärfen sich, als Nds. nach Gründung der EWG 1957 in eine westeuropäische Randlage gerät. Durch die Vereinigung werden diese Standortnachteile nun wieder behoben.

Nds. wandelt sich von einem noch stark agrarisch geprägten zu einem Industrie- und seit der Mitte der 80er Jahre immer mehr zu einem Dienstleistungsland. Die Veränderungen in der Erwerbsstruktur spiegeln diesen Trend deutlich wider. So sank der Anteil der in der Landwirtschaft Beschäftigen von 20,2 % (1960) auf 4,7 % (1993). Im gleichen Zeitraum reduziert sich auch der Prozentsatz in der Industrie Tätigen von 50 % auf 37,3 %, obwohl dieser Sektor im Verhältnis zum Beschäftigtenanteil einen überproportionalen Anteil an der Bruttowertschöpfung leistet. Eine steigende Tendenz weist hingegen der tertiäre Sektor auf; im Handel und Verkehr steigt die Beschäftigung leicht von 17,9 % auf 18,9 % an, erheblich höher fällt der Zuwachs im Bereich der „sonstigen Dienstleistungen" aus (von 21,9 % auf 39,2 %). Insbesondere seit Beginn der 70er Jahre verschärfte sich die Arbeitsmarktsituation. Nds.s Arbeitslosenquote liegt seitdem, z.B. 1975 mit 5,5 %, 1980 mit 4,7 %, 1985 mit

12,3 %, 1993 mit 9,7 % über dem Bundesdurchschnitt. Vor der Weltwirtschaftskrise spezialisierte sich Nds. auf Industrien mit in der Regel relativ geringer Forschungs- und Humankapitalintensität. Gerade in diesen Branchen setzt in den Krisenjahren (1975ff.) ein überproportionaler Arbeitskräfteabbau ein, ebenso verringern sich in der Eisen- und Stahlindustrie sowie im Schiffbau im Gefolge der Stahl- und Werftenkrise die Beschäftigtenzahlen. Aber auch „zukunftsträchtige“ Industriezweige wie die elektrotechnische, die chemische Branche, der Maschinenbau, der ADV-Gerätebau Nds.s setzen mehr Arbeitskräfte als in den Bundesländern südlich des Mains frei. Die nds. Wirtschaft konzentriert sich bei der Überwindung der Krise auf den Export. Es gelingt in den 80er Jahren, den Anteil am Export zu erhöhen, ein Verdienst insbesondere auch der Automobilindustrie. Angesichts der überwiegend mittelständischen Struktur der nds. Unternehmen – nur 81 der rd. 6.600 Unternehmen haben mehr als 1.000 Beschäftigte – und des Branchenprofils (Straßenfahrzeugbau, Nahrungs- und Genußmittelindustrie, elektronische/elektrotechnische Industrie, Maschinenbau und chemische Industrie) setzen die nds. Landesregierungen in den 80er Jahren auf eine mittelstandsorientierte Technologiepolitik als Krisenüberwindungsstrategie. Die Landesregierung (SPD/Grüne) betreibt seit 1990 stärker eine „regionalisierte Wirtschaftsförderungspolitik“ und neuerdings (SPD) eine „Technologiepolitik“.

2.3 Gesellschaftliche Herausforderungen

Eng verknüpft mit dem wirtschaftlichen Strukturwandel sind die Veränderungen in der Sozialstruktur Nds.s. Ebenso wie in anderen →Bundesländern verzeichnen der alte Mittelstand, die Arbeiterschaft und Landwirte einen sozialen Bedeutungsverlust, ja letztere bis hin zur Marginalisierung, während der Anteil des neuen Mittelstandes, der Angestellten und Beamten, weiter wächst. Vergleichbar der Situation im übrigen westlichen Bundesgebiet wirken die sozialstrukturellen Veränderungen auch auf das Bildungsverhalten zurück. Der Trend zu besseren Schulabschlüssen hält an. Inzwischen ist das herkömmliche dreigliedrige Schulsystem (nach einer vierjährigen Grundschule und einer zweijährigen Orientierungsstufe muß die Entscheidung zwischen Haupt-, Realschule oder Gymnasium getroffen werden) ergänzt worden um Angebotsschulen. Seit dem Loccumer Vertrag und dem Konkordat 1965 sind auch die bis dahin strittigen Probleme der konfessionellen Schulen (besonders in den katholischen westlichen Landesteilen) geregelt. Stärker als die katholische Kirche scheint die evangelische von der Entkonfessionalisierung der nds. Gesellschaft betroffen zu sein. Auch in den nds. Großstädten nehmen die unvollständigen Familien (d.h. Alleinerziehende) zu, ebenso die Singlehaushalte.

Zu den großen Herausforderungen, vor die sich das Land gestellt sah, gehörte in den 40er und 50er Jahren die Integration der Heimatvertriebenen und Flüchtlinge, die zeitweise 1/3 der Bevölkerung ausmachten. Zunächst galt es, deren desolate Lage zu verbessern, d.h. die Versorgung mit dem Lebensnotwendigsten, mit Wohnraum, Hausrat, Nahrung, Arbeitsplätzen sicherzustellen, dann aber auch insbesondere in den ländlichen Bereichen, die kulturellen, sprachlichen und mentalen Barrieren zu überwinden. Seit Mitte der 80er Jahre stellt die Verringerung der Arbeitslosigkeit und damit verbunden das Problem der neuen Armut das Land vor eine vergleichbare Herausforderung: Nicht nur in den strukturschwachen Regionen in den westlichen Küstenländern, sondern auch im industriellen Ballungsgebiet im Südosten sind viele Familien von sozialer Ausgrenzung betroffen.

3. Politisches System

3.1 Verfassung

Die „Vorläufige Niedersächsische Verfassung“ (VNV) wurde am 15.5.1993 durch die Niedersächsische Verfassung abgelöst. Wie die Vorgängerin verzichtet sie auf einen Grundrechtskatalog: „Die im →Grundgesetz ... festgelegten →Grundrechte und staatsbürgerlichen Rechte sind Bestandteil dieser Verfassung.“ (Art. 3, Abs. 2) Dagegen sind gegenüber der streng repräsentativen VNV plebiszitäre Elemente eingebaut.

Nach dieser Verfassung übt der in allgemeiner, unmittelbarer, freier, gleicher und geheimer Wahl im Abstand von fünf Jahren neu zu wählende Landtag (Abschnitt 2, Art. 7-9) die Gesetzgebung aus, beschließt über den Landeshaushalt, wählt den Ministerpräsidenten/die Ministerpräsidentin, wirkt an der Regierungsbildung mit und überwacht die Ausübung der vollziehenden Gewalt nach Maßgabe der Verfassung. Ihm steht nach Art. 10 das Selbstauflösungsrecht zu.

Er wählt in geheimer Wahl den Ministerpräsidenten/die Ministerpräsidentin, der die Minister/Ministerinnen beruft (Art. 29). Ministerpräsident und Minister bilden die Landesregierung, die zur Amtsübernahme der Bestätigung durch den Landtag bedarf. Der Ministerpräsident kann nur durch das konstruktive Mißtrauensvotum gestürzt werden (Art. 32). Das Gesetzesinitiativrecht (Art. 42, Abs. 3) liegt beim Landtag, der Landesregierung oder kann durch Volksinitiative/Volksbegehren ausgeübt werden. Vor einer Schlußabstimmung im Gesetzgebungsverfahren (Abschnitt 4, 41-46) kann die Landesregierung eine Aussetzung der Abstimmung bis zu 30 Tagen verlangen. Gesetze werden vom Landtag oder durch Volksentscheid beschlossen (Art. 42, Abs. 1).

Verfassungsänderungen (Abschnitt 4, 46) bedürfen der Zustimmung von 2/3 der Mitglieder des Landtages. Verfassungsgerichtliche Probleme (Art. 54) klärt der Staatsgerichtshof, dessen Mitglieder vom Landtag gewählt werden (Art. 55, Abs. 1).

Die staatliche Verwaltung (Abschnitt 7, 56-62) wird durch die Landesregierung und die ihr nachgeordneten Behörden ausgeübt. Der allgemeine Aufbau und die räumliche Gliederung werden durch Gesetz festgelegt. Art. 57 enthält die Garantie der kommunalen Selbstverwaltung und bietet die Grundlage für die Übertragung staatlicher Aufgaben (auf Gemeinden, Kreise und sonstige öffentlich-rechtliche Körperschaften). Da das Grundgesetz die wesentlichen Grundsätze des Finanzwesens regelt, enthält der Abschnitt 8 „Finanzwesen“ nur Bestimmungen über das Landesvermögen (Art. 63), zur Finanzplanung, zum Haushaltsplan (Art. 65) und zur Haushaltsführung (Art. 66-69), zum Landesrechnungshof (Art. 70) und zur Kreditaufnahme (Art. 71).

3.2 Organisation des politischen Systems

Die nds. Landesregierungen wurden überwiegend von SPD-Ministerpräsidenten geführt (*H. W. Kopf, G. Diederichs, A. Kubel, G. Schröder*) 1955 – 1959, und 1976 – 90 leiteten der DP-Politiker *H. Hellwege* bzw. der CDU-Politiker *E. Albrecht* die Landespolitik.

Der traditionelle Kanon der Ministerien – Inneres, Finanzen, Soziales, Kultur, Wirtschaft und Verkehr, Justiz sowie Ernährung, Landwirtschaft und Forsten – ist auch in Nds. vertreten, obwohl sich die Gliederung der Landesministerien seit 1946 mehrfach geändert hat. Zur Wahrnehmung spezieller Aufgaben wurden zeitweilig dauerhaft neue Ministerien eingerichtet. Die letzten beiden Ministerien, die neu geschaffen wurden, sind das Umwelt- und 1990 das Frauenministerium. Bei der Auswahl ihrer Minister legten nds. Ministerpräsidenten in der Vergangenheit stets großen Wert auf parlamentarische Erfahrung.

Die Mittelinstanzen bilden die (seit 1977) vier Bezirksregierungen (Hannover, Braunschweig, Lüneburg, Weser-Ems), die

Landesämter sowie die Oberfinanzdirektion. Nach der Neugliederung der Landkreise (Kreisreform vom 1.8.1977) bestehen 38 Landkreise und neun kreisfreie Städte.

3.3 Parteiensystem, Wahlen, Wählerverhalten

3.3.1 Parteiensystem

Wie in den anderen westlichen Bundesländern vollzog sich auch in Nds. der Wandel von einem Viel- zu einem Vierparteiensystem.

Die erste Phase von 1947-63 ist besonders im Bereich der bürgerlichen Parteien durch eine hohe Zersplitterung gekennzeichnet, zeitweilig waren neun Parteien im nds. Landtag (1951) vertreten. 1958 wurde die 5 %-Klausel eingeführt. Ein weiteres Charakteristikum bilden die rechtsradikalen Parteien, die insbesondere durch die SRP mit 16 Abgeordneten einen starken Rückhalt in Nds. hatten. Angesichts der relativ hohen Quote von Vertriebenen und Flüchtlingen konnte der BHE in den Wahlperioden 1951/55, 1955/59, 1959/61 seine Position im →Parteiensystem halten. Eine Besonderheit stellt auch die aus der Tradition der Deutsch-Hannoverschen Partei hervorgegangene Niedersächsische Landespartei dar, die sich 1947 in Deutsche Partei (DP) umbenannte. Im Emsland und in Südoldenburg konnte sich als konfessionelle Partei das Zentrum halten. Stärkste Fraktion war in dieser ersten Phase unangefochten die SPD. Die zweite Phase von 1963-82 stellt sich als Übergangsphase dar; die Zersplitterung im bürgerlichen Lager ist überwunden, die CDU hat sich hier als dominante Kraft herausgestellt, die FDP, 1970-74 und 1978-82 nicht im Landtag vertreten, bemüht sich darum, ihre eigene Position im nds. Parteiensystem zu behaupten. Die NDP (→ Splitterpartein) kann das Wählerpotential am äußersten rechten Spektrum zeitweilig (1967-70) für sich aktivieren. Die Instabilität der kleineren Parteien zeigt sich darin, daß 1970-74 und 1978-82 nur die beiden großen Parteien SPD und CDU in den Landtag eingezogen, also ein parlamentarisches Zweiparteiensystem existierte. Die dritte Phase ab 1982 war durch ein relativ stabiles Vierparteiensystem charakterisiert. Nach dem Ausscheiden der FDP (1994) ist die weitere Entwicklung noch offen.

3.3.2 Landtagswahlkämpfe

Die ersten Landtagswahlkämpfe 1947 und 1951 standen ganz im Zeichen der Bewältigung der Kriegsfolgelasten. Fragen wie das Flüchtlingsproblem, die Wohnraumknappheit, die Ernährungslage bestimmten den →Wahlkampf, aber auch die Grundsatzdebatte über die gesellschaftliche Neuordnung (Sozialisierung, Bodenreform, paritätische Mitbestimmung) gehörte zu den Themen, die die Wählerschaft polarisierten. 1951 aber auch 1955 spielten neben nds. Themen (Wahlgesetz, Verhinderung bzw. Hinauszögern der alliierten Demontage, insbesondere in Salzgitter), bundespolitische Fragen (die Adenauersche Außen- und Wehrpolitik, Pariser Verträge) eine Rolle. Die Schulpolitik und der Abbau der regionalen Entwicklungsunterschiede bestimmte die Wahlkämpfe der späten 50er (1959) und beginnenden 60er Jahre (1963), während die Bundespolitik die Auseinandersetzungen 1967 und 1970 stärker beherrschte. Aber auch die unterschiedlichen Strategien zur Sicherung der Arbeitsplätze bildeten seit der Rezession 1966/67 in den nds. Wahlkämpfen der 70er, 80er und 90er Jahre das Dauerthema, insbesondere unter dem Aspekt der Verringerung des Süd-Nord-Gefälles („Aufsteigerland Nds."). Der Wirtschaftsstandort Niedersachsen sollte an Attraktivität gewinnen bei gleichzeitiger Meisterung der ökologischen Herausforderungen.

3.3.3 Wahlverhalten

Unter dem Aspekt der langfristigen Determinanten, die das Wahlverhalten bestimmen, lassen sich für Nds. vier „Wahlregionen“ ausmachen:

1. Die dünn besiedelte agrarisch geprägte Region im Nordwesten, die Lüneburger Heide (Region zwischen Elbe und Aller/Weser). Nach der Verschmelzung der DP mit der CDU ist diese Region eine christlich-demokratische Hochburg. Allerdings konnten hier auch rechtsradikale Parteien erhebliche Stimmengewinne erzielen. Seitdem die Diskussion um das Endlager Gorleben im Landkreis Lüchow-Dannenberg geführt wird, erzielen die Grünen hier Stimmengewinne.
2. Das protestantisch geprägte, agrarisch-industrielle Ostfriesland. Diese Region umfaßt den ehemaligen Reg.-Bez. Aurich um das nördliche Oldenburg. Aus der Werftenkrise und dem Zusammenbruch der ADV-Industrien resultiert eine hohe Arbeitslosigkeit. Die SPD besitzt hier eine ihrer Hochburgen.
3. Die katholischen Gebiete des Emslandes und Südoldenburgs (Gebiete der Bistümer Osnabrück und Münster). Hier lag eine der Hochburgen des Zentrums, die in den 50er Jahren auf die CDU überging; insbesondere in Cloppenburg, Vechta, Lingen, Meppen und Papenburg erzielte die CDU Wahlergebnisse von z.T. über 70 %.
   In den Übergangsgebieten westlich der Weser, im oldenburgischen Ammerland, hat die FDP ihre Hochburg, in der ihre Kandidaten weit über dem Landesdurchschnitt liegende Ergebnisse erreicht.
4. Das industrialisierte Südostniedersachsen, das das Weserbergland, die Industriegebiete in Braunschweig – Wolfsburg – Salzgitter – Hannover sowie das südliche Harzvorland umfaßt. In dieser Region, in der die SPD mit wenigen Ausnahmen (wie z.B. das katholische Eichsfeld) ihre Hochburgen hatte, konnte die CDU seit Mitte der 70er Jahre zahlreiche Wahlkreise gewinnen (Braunschweig, Hannover). Die SPD hat in den letzten beiden Landtagswahlen hier Terrain zurückgewonnen. Die Grünen konnten vor allem in städtischen Bereichen ihre besten Ergebnisse erzielen.

3.4 Politische Rolle in D

Seit der Vereinigung verfügt Niedersachsen über sechs Stimmen im →Bundesrat und gehört damit neben NW, Bay., Bad.-W. zu den großen Bundesländern. Mit dem SPD-Wahlsieg 1990 änderte sich die Mehrheit des Bundesrates zugunsten der sozialdemokratisch geführten Bundesländer. Aufgrund seiner Wirtschaftsstruktur gehört Niedersachsen zu den Ländern, die vom horizontalen Finanzausgleich profitieren. Dies hatte bereits während der Unionsdominanz im Bundesrat dazu geführt, daß sich das Land Nds. unter Ministerpräsident *Albrecht* (CDU) mit SPD-geführten Ländern zusammentat, um für die finanzschwachen Länder mehr Finanzzuweisungen herauszuholen. Damals ging es um die Beteiligung des Bundes an den Sozialhilfeausgaben bzw. die Durchsetzung eines Strukturhilfeprogramms. Der sozialdemokratische Ministerpräsident *Schröder* versucht, sich über den Bundesrat zu profilieren. Dazu hatte er erstmals Gelegenheit, als es 1990 um die deutsche Währungs-, Wirtschafts- und Sozialunion ging. Bei der knappen Mehrheit der 1994 gebildeten vierten Regierung unter Bundeskanzler *Kohl* scheint *Schröder* seine Position in der SPD konsequent nutzen zu wollen, um dadurch auch die niedersächsischen Interessen auf Bundesebene zur Wirkung zu bringen. Das einzige Atommüllzwischenlager in Deutschland (Gorleben) macht Niedersachsen zum besonderen Kontrahenten des Bundes in der Umweltpolitik.

Literatur

Franke, Konrad 1980: Die niedersächsische SPD-Führung im Wandel der Partei nach 1945. Hildesheim.

Korte, Heinrich u.a. ²1986: Verfassung und Verwaltung des Landes Niedersachsen. Göttingen.
Marten, Heinz-Georg 1978: Die unterwanderte FDP. Politischer Liberalismus in Niedersachsen. Göttingen.
Naßmacher, Karl-Heinz u.a. 1989: Parteien im Abstieg. Bauern- und Bürgerparteien in Niedersachsen. Opladen.
Pollmann, Birgit 1979: Niedersachsen in Geschichte und Gegenwart. Hannover.
Renzsch, Wolfgang 1985: Alfred Kubel. 30 Jahre Politik für Niedersachsen. Bonn.
Schnath, Georg u.a. (Hrsg.) ²1973: Geschichte des Landes Niedersachsen. Würzburg.
Schneider, Ullrich 1984: Niedersachsen 1945/1946. Hannover.
Vogelsang, Thilo 1963: H. W. Kopf und Niedersachsen. Hannover.

Birgit Pollmann/Hiltrud Naßmacher

Land Nordrhein-Westfalen

1. Historischer Hintergrund

Das Land NW entstand als eigenständiges Land 1946 im Zuge der allgemeinen Neubildung der Länder innerhalb der Besatzungszonen im Nachkriegsdeutschland. Die britische Militärregierung verfügte durch Besatzungsverordnung am 23.8.1946 die Auflösung der Provinzen des ehemaligen Landes Preußen und die Errichtung neuer selbständiger Länder. NW umfaßte zunächst nur die nördlichen Teile der früheren Rheinprovinz (Regierungsbezirke Köln, Aachen, Düsseldorf) sowie die Provinz Westfalen. Im Jahr 1947 wurde dann noch das Land Lippe-Detmold eingegliedert, so daß NW seine heutige territoriale Ausdehnung bereits vor der Gründung der BRD erhielt.

Der Gründung des Landes ging bereits während des Krieges eine intensive Diskussion voraus. Kein Wunder, denn mit Ausnahme Berlins hat keine Region in Deutschland so sehr im Mittelpunkt des Interesses der internationalen Öffentlichkeit gestanden. Da sich das Ruhrgebiet bereits wähend der Industrialisierung im Kaiserreich zum Zentrum der Schwerindustrie Deutschlands entwickelt hatte und während des Ersten und Zweiten Weltkriegs zu Recht national und international als Rüstungsschmiede angesehen wurde, kam dem Revier eine besondere Bedeutung zu. Bereits nach dem Ersten Weltkrieg hatten die Siegermächte Demontagen im Ruhrgebiet vorgenommen und es unter internationale Kontrolle gestellt. Nach dem Zweiten Weltkrieg unterlag das Ruhrgebiet zunächst strengen Kontrollen der Besatzungsmächte. Es war ihr Ziel, eine eigenständige deutsche Nutzung zur Wiedererstarkung des geschlagenen Landes zu verhindern aber auch die Ressourcen des Reviers für den Wiederaufbau in Europa zu nützen.

Im Zuge des 1946/47 offen ausbrechenden Ost-West-Konflikts versuchten die Briten als zuständige Besatzungsmacht, auf alle Fälle eine Viermächteverwaltung über das Ruhrgebiet zu verhindern. Ab Mitte April 1946 votierten sie, unterstützt durch die Amerikaner, für die Bildung eines großen Bundeslandes, das aus den Provinzen Nordrhein und Westfalen bestehen sollte. Anglo-Amerikaner zielten auf starke Länder, die ein Gegengewicht gegen eine eventuell kommunistisch beeinflußte oder sogar von Kommunisten dominierte Zentralregierung bilden konnten. Durch die Verbindung von Ruhrgebiet und agrarischem Hinterland sollte zu einer ausgewogenen Wirtschaft in dem neuen Land ebenso beigetragen werden wie zum natürlichen Güteraustausch zwischen Industrie und Landwirtschaft. Außerdem wurde mit der Schaffung des Großflächenstaats NW innerhalb der britischen Besatzungszone den anderen Besatzungsmächten (insbesondere natürlich der Sowjetunion) der Zugang zum Ruhrgebiet versperrt.

Deutsche Poliker waren am Entscheidungsprozeß über die Entstehung NWs nicht beteiligt, und in der Bevölkerung fand die Bildung des Landes angesichts eigener existentieller Nöte nur geringes Interesse. Im April 1949, noch vor Gründung der BRD, wurde das internationale Ruhrstatut verabschiedet, das sich mittelfristig als erfolgreich für NW erweisen sollte. Nicht zuletzt durch die 1951 im Rahmen des Schuman-Plans erfolgte Eingliederung der BRD in die neu geschaffene Europäische Gemeinschaft für Kohle und Stahl (EGKS) entwickelte sich das Ruhrgebiet zum „Schwungrad" des wirtschaftlichen Neuaufbaus in Westdeutschland.

2. Bevölkerung – Gesellschaft – Wirtschaft

NW lag im Zentrum der BRD und ist durch die Wiedervereinigung etwas an die Peripherie gerückt, besitzt aber innerhalb der EU eine günstige Zentrallage. Flächenmäßig nimmt NW mit 34.071 qkm nur den vierten Platz aller 16 Bundesländer hinter Bayern, Niedersachsen und Baden-Württemberg ein, steht aber mit 17,7 Mio. Einwohnern klar an der Spitze. Das bedeutet, daß NW mit 519 Einwohnern pro qkm (1992) der am dichtesten besiedelte Flächenstaat Ds ist. Die dichte Besiedlung resultiert aus dem hohen Urbaniserungsgrad, da allein von den 84 Großstädten D.s 30 zu NW gehören. Die Bevölkerung ist von gut 11 Mio. nach dem Zweiten Weltkrieg bis Anfang der 70er Jahre, bedingt vor allem durch Zuwanderung, auf über 17 Mio. expandiert, war dann aber etwas rückläufig, um seit Ende der 80er Jahre wieder zu steigen. Mit 1,8 Mio. (10,3%) Ausländern weist NW einen deutlich höheren Ausländeranteil als der Durchschnitt in D (8,0%) auf. Das bedeutet, daß 1992 in NW allein 27,9% aller registrierten Ausländer lebten. NW ist ein stärker katholisch ausgerichtetes Land. So lag der Anteil der Katholiken 1992 bei 49,4%, der der protestantischen Einwohner bei 35,7%. Durch die →Wiedervereinigung hat sich die demographische Dominanz NWs in D von 27% auf 21,7% reduziert.

1993 wurde in NW von 7,6 Mio. Erwerbstätigen ein BIP von 709,2 Mrd DM erwirtschaftet, was ein knappes Viertel (22,8%) des gesamten BIP D.s bedeutete. Im Vergleich mit der unmittelbaren Nachkriegszeit, in der NW der schwerindustrielle Motor der BRD war, bedeutet dies allerdings einen Gewichtsverlust. Dennoch ist NW mit 28% der Industriebeschäftigten und 26% der Exporte der BRD nach wie deren industrieller Kern mit einer inzwischen breiter gefächerten Branchenstruktur. Besonders hohe Produktionsanteile stellt NW nicht nur bei Kohle und Stahl, sondern auch bei der Stromerzeugung und der chemischen Produktion. Innerhalb des Landes haben Kohle und Stahl ihre ehemals dominante Position eingebüßt zugunsten der Investitionsgüterindustrie, der Chemie und des Fahrzeugbaus. NW ist Heimat zahlreicher Industrieunternehmen von Weltruf. Trotz der vielen Großunternehmen ist NW zugleich in wachsendem Maße ein Land des Mittelstands, der den weit überwiegenden Teil nicht nur der Betriebe, sondern auch der Ausbildungsplätze stellt. 1992 (1950) waren in NW 2% (12%) der Erwerbstätigen in der Landwirtschaft, 42% (55%) im produzierenden Gewerbe und 56% (33%) im Dienstleistungssektor beschäftigt, wobei der starke Rückgang des produzierenden Gewerbes im Vergleich zur BRD noch unterdurchschnittlich ausfiel. Die Erwerbsquote in NW lag 1992 bei 46,2% und damit leicht höher als im Bundesdurchschnitt (45,9%).

Seit der Kohlekrise Anfang der 60er Jahre und den nachfolgenden wiederholten Stahlkrisen ist NW im Pro-Kopf-Einkommen von den schneller wachsenden südlichen Bundesländern (Bad.-W., Hess., Bay.) überflügelt worden.

Neben der im Ruhrgebiet konzentrierten Kohle- und Stahlindustrie hatte auch die Textilindustrie (Rheinland, Münsterland) große Arbeitsplatzverluste zu verzeichnen. Die Arbeitslosenquoten in NW liegen seitdem kontinuierlich über denen der BRD und die des Ruhrgebiets wiederum erheblich über denen NWs. So betrug die Arbeitslosenquote 1967 im Bund 1,6%, in NRW 1,9% und im Ruhrgebiet 3,0%.1981 lauteten die Zahlen 5,4% für den Bund, 6,5% für NRW und 7,5% für das Ruhrgebiet. Und in 1992 notierte man 6,6% für den Bund, 8,0% für NW und 10,3% für das Ruhrgebiet. 1994 wurde für NW gar eine Quote von 10,7% registriert (alte BRD 8,2%).

NW hat insbesondere mit der „Kohlevorrangpolitik" versucht, den Bergbau zu stützen und mit einer Reihe von Förderprogrammen und enormem Finanzaufwand auch den Strukturwandel begleitet (z.B. 1987 die später erweiterte „Zukunftsinitiative Montanregionen" – ZIM). Auch die Vereinbarungen der Ruhrgebietskonferenz vom Februar 1988 zwischen der Bundes- und Landesregierung sollten ebenso einen Beitrag zur Erneuerung des Landes leisten wie der im Juli 1988 von 35 führenden Unternehmen gegründete „Initiativkreis Ruhrgebiet". Die im einzelnen umstrittenen staatlichen Maßnahmen wie v.a. wachsende Privatinitiativen dürften dazu beigetragen haben, daß das Ruhrgebiet trotz erheblicher Verzögerungen und Reibungsverluste im Vergleich zu altindustriellen Ballungsräumen zunehmend als Beipsiel eines erfolgreichen Strukturwandels eingeschätzt wird.

Die wirtschaftlichen Schwierigkeiten NWs werden auch daran deutlich, daß 1993 das BIP pro E. mit 98% (1990:95%) unter dem Bundesdurchschnitt lag. Im horizontalen Länderfinanzausgleich wurde NW 1985 erstmals ausgleichsberechtigt, nachdem es lange Hauptzahler gewesen war. An der Finanzausstattung der fünf neuen Länder beteiligte sich NW zwischen 1991 und 1994 mit einem Betrag von ca. 23 Mrd. DM; auch am Fonds Deutsche Einheit war das Land mit mehr als 10 Mrd. DM in dieser Zeit beteiligt. Bei der Pro-Kopf-Verschuldung lag NW 1993 mit 6101 DM unter den Flächenstaaten an vorderer Stelle.

3. Politisches System

3.1 Verfassung

Im Winter 1946/47 begannen erste Verfassungsberatungen in dem von der britischen Besatzungsmacht eingesetzten Landtag, die vom ersten 1947 gewählten Landtag fortgesetzt wurden. Aufgrund der Beratungen über das Bonner Grundgesetz 1948 unterbrach der Landtag seine Verfassungsberatungen, um erst einmal die Grundgesetzberatungen abzuwarten. So erhielt NRW erst am 11. Juli 1950 seine Verfassung, nachdem der Landtag äußerst knapp mit 110 gegen 97 – vor allem wegen des Streits um den Vorrang von Konfessions- oder Gemeinschaftsschule und Fragen der Staatsorganisation – für die Verfassung votiert und die Bürger in einer Volksabstimmung sich am 18.6.1950 mit 3,62 Mio. Ja-Stimmen gegen 2,24 Mio. Nein-Stimmen für die Verfassung entschieden hatten.

Die Verfassung ist nicht nur ein Organisationsstatut, sondern trotz ihrer nur 92 Artikel eine Vollverfassung. Der knappe Bezug auf Gott in der Präambel läßt einen christlichen Gehalt der Verfassung erkennen, der sich auch in den Bestimmungen über die → Grundrechte, über Ehe und Familie und im Katalog der übergeordneten Erziehungsziele widerspiegelt. Im ersten Teil finden sich Aussagen über die

Rolle als Gliedstaat sowie den demokratischen und rechtsstaatlichen Charakter NWs. Im zweiten Teil werden nicht nur die Grundrechte des GG als unmittelbar geltendes Landesrecht fixiert (Art.4), sondern er enthält auch umfangreiche Bestimmungen hinsichtlich der Familie, der Schule, Kunst und Wissenschaft, Religion und Religionsgemeinschaften sowie Arbeit und Wirtschaft (z.B. das Recht auf Arbeit und auf Mitbestimmung). Der dritte Teil regelt schließlich die Organisationsstruktur des Regierungssystems.

Die Verfassung NWs enthält auch Elemente der direkten Demokratie. So sind als unmittelbares partizipatives Element Volksbegehren und Volksentscheid in der Verfassung verankert (Art. 68) und ermöglichen der Bevölkerung, vom Landtag erlassene Gesetze aufzuheben, zu ändern und auch Gesetze zu erlassen. Ein Volksbegehren bedarf allerdings der Unterstützung von mindestens einem Fünftel der Stimmberechtigten,was sich als eine hohe Hürde erwiesen hat. Bisher war nur ein – von der CDU-Opposition unterstütztes – Volksbegehren im Zusammenhang mit der „kooperativen Schule“ 1978 erfolgreich und veranlaßte Landesregierung und Landtagsmehrheit zu einer Korrektur ihrer Schulpolitik. Verfassungsänderungen bedürfen einer Zwei-Drittel-Mehrheit im Landtag. Kommt diese nicht zustande, können Landtag oder die Landesregierung durch einen Volksentscheid das direkte Votum des Souveräns suchen. Die Verfassung NWs hat sich als sehr stabil erwiesen. Beispiele für wichtige Verfassungsänderungen sind die Schwerpunktverlagerung von der Bekenntnisschule zur Gemeinschaftsschule (1968) sowie die Aufnahme eines Grundrechts auf Datenschutz (1978) und die Einführung eines Staatszieles „Schutz der natürlichen Lebensgrundlagen“ (1985).

3.2 Organisation des politischen Systems

Landtag und Landesregierung sind die wesentlichen Teile des politischen Systems, aber insbesondere bei Konflikten über die Auslegung der Verfassung übt auch der landeseigene Verfassungsgerichtshof eine wichtige Funktion aus.

Die Legislaturperiode des Landtages ist 1969 von vier auf fünf Jahre verlängert worden. Laut Wahlgesetz beträgt die Zahl der zu vergebenden Mandate seit 1980 insgesamt 201 (vorher 200). 151 Abgeordnete werden in den Wahlkreisen direkt gewählt, die übrigen Abgeordneten ziehen über Landeslisten in das Parlament. Die Sollzahl von 201 Mandaten ist bei den letzten beiden Wahlen durch Überhang- und Ausgleichsmandate (→Wahlrecht) um mehr als 10% überschritten worden.

Bei den Abgeordneten, die über ein freies Mandat verfügen, handelt es sich heute in der Regel um Berufspolitiker, die nicht nur für die, sondern auch von der Politik leben. Dabei ist ein wachsender Teil der Tätigkeit des Abgeordneten mit der Interessenvertretung seines Wahlkreises verknüpft, vor allem gegenüber der vielfältigen Landesverwaltung. Eine zentrale Funktion des Landtags ist weiterhin die Gesetzgebung, auch wenn sie im Zuge der Verlagerung der Gesetzgebungstätigkeit zum Bund und auch teilweise der EU tendenziell an Bedeutung verloren hat. Von den Gesetzentwürfen auf Landesebene kommen etwa drei Viertel aus der Landesregierung, dennoch bleibt der Landtag in der Gesetzgebung das Zentrum der öffentlichen Diskussion und Entscheidung. Für die Rolle des Landtags ist darüber hinaus seine Wahlfunktion wichtig. Er wählt nicht nur den Ministerpräsidenten, sondern auch vier der sieben Richter des Verfassungsgerichthofes und die Mitglieder des Landesrechnungshofes. Der Landtag besitzt das Recht zur Selbstauflösung, falls sich die Mehrheit der gesetzlichen Mitglieder dafür entscheidet (Art. 35 Verf. NW). Wird ein vom Landtag abgelehnter Gesetzentwurf der Regierung durch Volksentscheid angenommen, so kann auch die Landesregierung den Landtag auflösen. Die wichtigste Arbeit des Landtags vollzieht sich – wie auch im → Bundestag in den → Ausschüssen.

Die Landesregierung besteht aus dem Ministerpräsidenten und den z.Z. zwölf Landesministern. Der Landtag wählt aus seiner Mitte in geheimer Wahl ohne Aussprache den Ministerpräsidenten mit mehr als der Hälfte der gesetzlichen Mitglieder. Nach seiner Wahl ernennt der Ministerpräsident die Minister. Analog zum →Bundeskanzler bestimmt auch der Ministerpräsident in NW die Richtlinien der Politik. Seine Abwahl ist ebenfalls nur durch ein konstruktives Mißtrauensvotum möglich. Die Amtszeit endet automatisch mit dem Zusammentritt eines neugewählten Landtags oder durch Rücktritt oder vorzeitiges Ausscheiden.

Die nordrhein-westfälischen Landesregierungen zeichneten und zeichnen sich auch heute noch durch eine große Stabilität aus. Nach dem parteilosen von der britischen Besatzungsmacht 1946 eingesetzten Übergangsministerpräsidenten *R. Amelunxen* übernahm 1947 der Christdemokrat *K. Arnold* das Amt und blieb bis 1956 Ministerpräsident, als das erste erfolgreiche konstruktive Mißtrauensvotum in der Geschichte NWs und der BRD den Sozialdemokraten *F. Steinhoff* zum Regierungschef machte. Die →Koalition aus SPD, FDP und Zentrum sollte allerdings nur ein zweijähriges Zwischenspiel bilden, da nach der Wahl erneut die CDU zusammen mit der FDP unter Ministerpräsident *F. Meyers* von 1958 bis 1966 regierte. 1966 wurde die christdemokratische Regierungszeit beendet, und seit dieser Zeit regieren nur noch sozialdemokratische Ministerpräsidenten, zunächst in einer Koalition mit der FDP und ab 1980 als Alleinregierung der SPD. Von 1966 bis 1978 amtierte *H. Kühn,* und seit dessen Rücktritt übt *J. Rau* das Amt des Ministerpräsidenten aus. Er ist damit gleichzeitig der dienstälteste Ministerpräsident der deutschen → Bundesländer.

Die unmittelbare Landesverwaltung ist wie in den meisten Flächenstaaten dreistufig. Oberste Landesbehörden sind z.B. die Landesregierung und der Landesrechnungshof, Wichtigste Landesmittelbehörden sind z.B. die fünf Regierungspräsidien in Düsseldort, Köln, Arnsberg, Münster und Detmold. Eine Besonderheit in der Verwaltung NW stellen die höheren Kommunalverbände, die Landschaftsverbände Rheinland und Westfalen – Lippe dar. Sie sind Nachfolger der alten preußischen Provinzialverbände. Ihre gesetzlich festgelegten Aufgaben liegen im sozialen Bereich, in der überregionalen Kultur- und Landschaftspflege, im Straßenwesen und in der Kommunalwirtschaft. Der Kommunalverband Ruhrgebiet, der kompetenzschwächere Nachfolger des Ruhrsiedlungsverbandes, widmet sich spezifischen Problemen des industriellen Ballungsraumes Ruhrgebiet, das über keinen eigenen Regierungsbezirk verfügt, vielmehr auf drei verschiedene Regierungsbezirke aufgeteilt ist. Die unterste Ebene der Verwaltung bilden die Kreise und Kommunen.

Oberstes Organ der kommunalen Selbstverwaltung ist der von den Bürgern auf fünf Jahre gewählte Gemeinderat. Er ist für alle Angelegenheiten der Gemeinde zuständig. Bisher wählte der Gemeinderat den (Ober)Bürgermeister für eine Wahlperiode als Vorsitzenden des Rates und Repräsentanten der Gemeinde. Als Leiter der Gemeindeverwaltung stand ihm ein auf acht Jahre vom Gemeinderat gewählter und hauptamtlich tätiger Gemeinde-/(Ober-)Stadtdirektor mit ebenfalls vom Rat gewählten Beigeordneten gegenüber. Mit der Änderung der Kommunalverfassung vom Dezember 1993 schaffte NW die Doppelspitze im Kommunalsystem ab. Spätestens ab 1999 wird es nur noch einen direkt gewählten Bürgermeister/Oberbürgermeister bzw. Landrat geben, der auch die Funktionen des Gemeindedirektors/Stadtdirektors/ Oberstadtdirektors bzw. Kreisdirektors wahrnimmt.

Die zwischen 1967 und 1975 durchgeführte radikale Gebietsreform hat Gewinne an Verwaltungskraft, aber Verluste an Selbstverwaltungssubstanz mit sich gebracht. Die Zahl der Gemeinden wurde von 2365 auf 396, die der Kreise von 57 auf 31 und die der kreisfreien Städte von 38 auf 23 reduziert. In den kreisfreien Städten wohnt fast die Hälfte (45%) der Bevölkerung.

3.3. Parteien, Wahlen, Wählerverhalten

Zwischen 1947 und 1990 haben elf Wahlen zum Landtag von NW stattgefunden, die neben landespolitischer auch bundespolitische Bedeutung hatten (vgl. 3.3) In der Retrospektive erweisen sich die Landtagswahlen von 1958, 1966 und 1980 als Zäsuren, die jeweils einen neuen Abschnitt in der Entwicklung des Parteiensystems von NW markieren. Es läßt sich eine Abfolge von Konzentrations- , Wende-, Konkurrenz- und Dominanzphase feststellen. Die Konzentrationsphase des Parteiensystems in NW verlief parallel zur Entwicklung auf Bundesebene. Zwischen 1947 und 1958 wurde die CDU zur dominierenden politischen Partei auf beiden Ebenen. Die SPD konnte ebenfalls ihren Anteil steigern, so daß fast 90% aller abgegebenen Stimmen auf diese beiden Parteien entfielen, während sie 1947 nur über gut zwei Drittel verfügten. Darüber hinaus waren in den ersten drei Landtagen mit der KPD (→ Splitterparteien) und dem Zentrum (→ Splitterparteien) weitere Parteien vertreten, die allerdings 1958 die 5%-Sperrklausel (→ Wahlen) nicht mehr überwinden konnten und deren Wählerpotential weitgehend von den beiden großen Parteien absorbiert wurde. In dieser Phase hatte sich das Parteiensystem asymmetrisch zugunsten der CDU entwickelt.

Die Landtagswahlen von 1962 und 1966 markieren die Wendephase für das Parteiensystem in NW. Die SPD gewann kontinuierlich Stimmen hinzu und wurde 1966 mit 49,5% erstmals stärkste Partei. Die CDU mußte Verluste hinnehmen, während sich die FDP bei 7% stabilisierte. Die SPD bildete 1966 – im Gegensatz zum Bund, wo sie eine große Koalition mit CDU/CSU einging – zusammen mit der FDP in NW eine sozial-liberale Koalition. Die SPD erzielte seit der Bundestagswahl 1965 in NW – im Vergleich zum Durchschnitt auf Bundesebene – deutlich größere Gewinne, die CDU erlitt dagegen in NW überdurchschnittliche Verluste.

Die Zeit zwischen 1970 und 1980 war durch die Konkurrenz von CDU und SPD gekennzeichnet. 1970 und 1975 erreichte die CDU jeweils die relative Mehrheit, doch die Regierung wurde von SPD und FDP gebildet, da beide über eine sichere Mehrheit im Dreiparteienparlament verfügten. Seit Beginn der 80er Jahre ist eine deutliche Dominanz der SPD in NW festzustellen. Sie erreicht inzwischen im Land den eindeutig höchsten Stimmenanteil bei Wahlen auf allen vier Ebenen – Bund, Land, Gemeinden und EU (vgl. Woyke 1990a:86). Seit 1980 regiert die SPD allein mit absoluter Mehrheit das Land NW und hat sich damit vom Bonner Trend abgekoppelt. NW stellt heute eine stabile und sichere SPD-Hochburg dar. Diese stabile SPD-Mehrheit ist nicht zuletzt auf die Popularität angesehener Persönlichkeiten der SPD, besonders der Ministerpräsidenten *Kühn* und *Rau*, eine geschickte Nutzung des wachsenden Landesbewußtseins in der Bevölkerung, eine solide Verankerung bei der Arbeiterschaft im Ruhrgebiet sowie die relativ schwache Position der Grünen in NW zurückzuführen. Der letztgenannten Partei gelang es im Gegensatz zum allgemeinen Trend der Grünen in der BRD erst 1990 mit 5,0% der Stimmen in den Landtag einzuziehen. Die CDU verringerte ihre Wahlchancen in den 80er und 90er Jahren durch einen ständigen Wechsel ihrer Spitzenkandidaten (B. *Worms*, K. *Biedenkopf*,

N. *Blüm* und H. *Linssen*) sowie ausgeprägte Rivalitäten zwischen den Landesverbänden Westfalen und Rheinland, obwohl diese 1986 organisatorisch zusammengelegt wurden. Die FDP hat sich in NW zur dritten Kraft entwickelt, war allerdings in der Wahlperiode 1980 bis 1985 nicht im Landtag vertreten und steht bei der Landtagswahl im Mai 1995 vor einer Bewährungsprobe. In den 80er Jahren hat sich somit ein asymmetrisches Parteiensystem zugunsten der SPD herausgebildet, so daß auch in naher Zukunft eine Regierungsbildung gegen die SPD nicht möglich sein dürfte.

3.4 Politische Rolle in Deutschland

NW ist bevölkerungsreichstes Bundesland und besitzt ebenso wie Bad.-W., Bay. und Nds. sechs Stimmen im Bundesrat. Gemessen an seiner Bevölkerungszahl ist NW gegenüber den anderen im Bundesrat gleich stark vertretenen Bundesländern unterrepräsentiert. NW spielt für die Bundespolitik eine wichtige politische Rolle, stellt es doch bezogen auf die alten Bundesländer fast 30% und auf D. fast 22% der Wählerschaft. Dementsprechend sind die nordrhein-westfälischen Landesgruppen innerhalb der Fraktionen des Bundestages (in der 13. Wahlperiode 1994-1998 stellt NW 148 von 672 Sitzen) wie auch innerhalb der Bundesparteien von der Zahl her politische Schwergewichte, haben dieses Gewicht bisher aber eher zurückhaltend zugunsten der Landesinteressen geltend gemacht.

In der Startphase der BRD wurde seitens des Bundes auf NW starker Einfluß ausgeübt, als z.B. Bundeskanzler *Adenauer* 1950 die vom damaligen Ministerpräsidenten *Arnold* gewünschte Große Koalition verhinderte. Dahinter stand die Überlegung, daß die politische und ökonomische Bedeutung des industriellen Kernlandes NW eine enge Abstimmung zwischen Bund und NW erforderlich mache. 1966 wurde mit der hohen Niederlage der CDU an Rhein und Ruhr der Sturz von Bundeskanzler *Erhard* eingeleitet. Das Wahlergebnis (49,5% der Stimmen für die SPD gegenüber 42,8% für die CDU) war Ausdruck des Protestes gegen die Wirtschaftspolitik des Bundeskanzlers, dem Mitschuld am Niedergang des Ruhrgebiets angelastet wurde. So wurde 1966 in Düsseldorf eine Koalition aus SPD und FDP gebildet, die zum Modell für die sozial-liberale Koalition in Bonn im Jahre 1969 wurde. Seit dem Wechsel der Regierung in Bonn 1982 von SPD/FDP zu CDU/ CSU/FDP hat die SPD-Regierung NWs größere Möglichkeiten, sich als Gegenspieler der Bundesregierung zu profilieren, was durch die Kanzlerkandidatur von Ministerpräsident *Rau* 1987 einen symbolischen Ausdruck fand. Gleichzeitig kann diese Entwicklung als Indikator für einen relativen Gewichtsverlust NWs in der BRD und verstärkt innerhalb D.s interpretiert werden. Die Regierungsfähigkeit auf Bundesebene ist offensichtlich nicht mehr abhängig von der politischen Rükkendeckung des bevölkerungsmäßig weiterhin stärksten Bundeslandes. Die unterschiedliche Regierungszusammensetzung in Bonn und Düsseldorf erhöht gleichzeitig auch das Konfliktpotential. So hat unter der Führung der SPD NW eine Abkehr von der Kernenergie vorgenommen. Auch in der Verkehrspolitik differieren die Ansätze, wenn NW eine eher restriktive Verkehrspolitik (z.B. Konzept der Verkehrsberuhigung in den Städten, zurückhaltender Straßenneubau) betreibt. Wegen der Rückwirkungen auf die Landespolitik hat NW bereits unter Ministerpräsident *Arnold* stärkere Mitwirkungsrechte des Landes bei der deutschen EG-Politik verlangt und 1986 auch eine Landesvertretung in Brüssel errichtet. Seit Inkrafttreten des Maastrichter Vertrages 1993 hat sich die Zahl wichtiger Entscheidungen durch die Europäische Union auf Gebieten der Wirtschafts-, Währungs-, Wettbewerbs-, Handels-, Sozial- und Regionalpolitik erhöht, so daß NW auch in diesen Bereichen Kompetenzeinbußen erlitt.

Literatur

Alemann, Ulrich von (Hrsg.) 1985: Parteien und Wahlen in Nordrhein-Westfalen, Schriften zur politischen Landeskunde Bd. 2. Köln u.a.

Andersen, Uwe (Hrsg.) 1987: Kommunale Selbstverwaltung und Kommunalpolitik in Nordrhein-Westfalen. Köln u.a.

Boldt, Hans (Hrsg.) 1989: Nordrhein-Westfalen und der Bund. Köln u.a.

Bußmann, Ludwig (Hrsg.) 1988: Die Wirtschaft des Landes Nordrhein-Westfalens., Köln u.a.

Die Präsidentin des Landtags Nordrhein-Westfalen (Hrsg.) 1993: Die Landtagswahlen in Nordrhein-Westfalen von 1947 bis 1990. Düsseldorf.

Kringe, Wolfgang 1990: Die Verfassung für das Land Nordrhein-Westfalen – Spielregel der Demokratie. Düsseldorf.

Landeszentrale für politische Bildung Nordrhein-Westfalen (Hrsg.) 1984: Nordrhein-Westfalen – eine politische Landeskunde. Köln.

Reh, Werner (Hrsg.) 1992: Jahrbuch der Politik und Wirtschaft in Nordrhein-Westfalen: 1988-1990. Bonn/Berlin.

Steininger, Rolf 1990: Ein neues Land an Rhein und Ruhr. Köln u.a.

Woyke, Wichard 1990a: Landtagswahlen in Nordrhein-Westfalen – ein Wahlführer. Opladen.

ders. 1990b: Nordrhein-Westfalen und die Europäische Gemeinschaft. Opladen

Uwe Andersen/Wichard Woyke

Land Rheinland-Pfalz

1. Historischer Hintergrund

Das Land R.P. ist – darin nicht unähnlich der Entstehungsweise der übrigen Länder der BRD – das Ergebnis der nach dem Zweiten Weltkrieg ohne Rücksicht auf historisch gewachsene Räume entstandenen Besatzungs- und Zonenstruktur. Aufgrund der „Berliner Erklärung“ vom 5.6.1945 erhielt Frankreich die im wesentlichen westlich des Rheins gelegenen Gebiete als Nordteil seiner außerdem noch (Süd-)Baden, Südwürttemberg-Hohenzollern und den Kreis Lindau (Südteil) umfassenden Besatzungszone zugesprochen. Nach einer anfänglich separatistisch und extrem dezentralistisch angelegten frz. Besatzungspolitik vollzog sich aus wirtschafts-, außen- und sicherheitspolitischen Gründen ein allmählicher politischer Kurswechsel. Eine Folge des politischen Wandels war die Gründung des Landes R.P. am 30.8. 1946 durch die frz. Besatzungsmacht.

R.P. stellte mehr als andere Länderneugründungen im Nachkriegsdeutschland ein heterogen zusammengesetztes, künstliches Staatsgebilde dar, bestehend aus vier verschiedenen, historisch gewachsenen Räumen, deren territoriale Bindungen im wesentlichen auf die Neuordnung Europas durch den Wiener Kongreß 1815 zurückgehen: die Regierungsbezirke Koblenz und Trier als Teile der preuß. Rheinprovinz, Montabaur als Bestandteil der preuß. Provinz Hess.-Nassau, Rheinhess., zugehörig zu Hess.-Darmstadt, und die Pfalz, verbunden mit Bay. Das Land stieß daher anfangs auf erheblichen Widerstand eines Teils der politischen Parteien, insbes. der → SPD, und ebenso in der Bevölkerung, und die Neugründung wurde in der gegebenen Form allenfalls als eine Übergangslösung angesehen. Mit der Annahme der Verfassung in der Volksabstimmung am 18.5.1947, der Wahl des ersten Landtags am selben Tag und der anschließenden

Regierungsbildung auf breiter parteipolitischer Basis waren zwar die wichtigsten politischen Institutionen arbeits- und das neue Land damit funktionsfähig, die Abstimmung über die Verfassung wurde jedoch – unter Einbeziehung der ungültigen (Protest-)Stimmen – als Votum gegen das Land interpretiert.

Die fortdauernde Neugliederungsdiskussion führte schließlich 1956 in Anwendung des Art. 29 GG zu fünf Volksbegehren in R.P., von denen drei erfolgreich waren. In den damit notwendig gewordenen, durch das taktisch-zögerliche Verhalten der → Bundesregierung und der → Parteien des → Bundestags jedoch erst 1975 angesetzten Volksentscheiden votierte die große Mehrheit der Bevölkerung für R.P. in seiner ursprünglichen Form, obwohl nur die → CDU sich zugunsten eines Votums für das Land ausgesprochen, SPD und → FDP sich einer Empfehlung jedoch enthalten hatten: In der Zwischenzeit hatte sich ein Einstellungswandel in Richtung eines Zusammengehörigkeitsgefühls vollzogen. Heute, nach einer mehr als 45jährigen Entwicklung des Landes, halten die maßgeblichen Politiker aller Parteien R.P. für eine gelungene Konstruktion mit einer unverwechselbaren Eigenständigkeit, einem reichen politisch-historischen und kulturellen Erbe und einem hohen Identifikationsgrad der Bevölkerung.

2. Bevölkerung – Gesellschaft – Wirtschaft

Auf einer Fläche von 19851,44 qkm, das sind – bezogen auf ganz D – 5,56% der Gesamtfläche (neunter Rang unter den heutigen 16 Bundesländern), lebten Ende 1993 in R.P. – bei einem seit 1986 das Geburtendefizit (lediglich 1992 erstmals seit 1971 auch leichter Geburtenüberschuß) übersteigenden kontinuierlichen geringen Wanderungsgewinn (Aus- und Übersiedler, später Ausländer) – 3,926 Mio. Einwohner. Dies entspricht einem Anteil von 4,8% an der Gesamtbevölkerung (siebter Rang). Die Bevölkerungsdichte lag 1992 mit 196 Einwohnern je qkm unter dem Durchschnittswert des heutigen Bundesgebietes (227 E. je qkm; achter Platz) und weist starke regionale Unterschiede mit einer hohen Konzentration im Rheintal und einer geringen Dichte im Regierungsbezirk Trier auf. Der Ausländeranteil betrug 1992 6,7% (siebter Rang; heutiges Bundesgebiet 8,0%), wobei die Türken die größte Gruppe stellten, gefolgt von Zuwanderern aus dem ehemaligen Jugoslawien und von Italienern.

Die Siedlungs- und Konfessionsstruktur weicht in signifikanter Weise vom Bundesdurchschnitt ab. Verdichtungsräume mit industrieller Agglomeration und Großstädte – nur Mainz, Ludwigshafen, Koblenz und Kaiserslautern überschreiten z.Z. die 100000Einwohner-Grenze – treten eindeutig hinter dem Anteil kleiner ländlicher Gemeinden zurück. So lebten Ende 1992 30% der Bevölkerung (D 9,1%) in Gemeinden unter 2000 Einwohnern (zweiter Rang hinter Thür.) gegenüber nur 14,5% (D 32,1%) in Großstädten. Konfessionell ist das dominant katholische Land (1987: Katholiken 54,5%, Protestanten 37,7%), nach dem → Sal. und → Bay. das Bundesland mit dem dritthöchsten Katholikenanteil (alte Bundesländer 42,9 zu 42,2%), gespalten in einen stark katholischen Teil mit den nördlichen, westlichen und südlichen Landesgebieten sowie dem Raum Mainz/Bingen und in einen evangelischen Teil, der sich in einem breiten Bogen über die Mitte des Landes von Westen nach Osten erstreckt. Die berufsstrukturelle Gliederung des Landes entspricht zwar weitgehend der Ds. insgesamt, mit einer etwas stärkeren Gewichtung des Selbständigen- und Arbeiteranteils und einer entsprechend geringeren Angestelltenquote als im Bundesdurchschnitt, doch zeigt sich bei den rheinl.-pfälzischen Arbeitern ein erheblich unterdurchschnittlicher gewerkschaftlicher Organisationsgrad (DGB 1991: R.P. 36,65%, D 47,63%). Wie die Berufsstruktur, so weist auch die Beschäftigungsstruktur auf eine gegenüber dem Bundesdurchschnitt geringfügig stärkere Betonung des sekundären und eine leicht geringere Gewichtung des tertiären Wirtschaftssektors in R.P. hin. Das Land ist in höherem Maße als andere → Bundesländer mittelständisch geprägt mit einer Dominanz von Klein- und Mittelbetrieben.

War R.P. in den 50er Jahren noch vorwiegend agrarisch-ländlich strukturiert und hatte es das Image eines Armenhauses der BRD (Land der Reben und Wälder), so hat es sich in der Zwischenzeit aufgrund des anhaltend erfolgreichen Industrialisierungs- und Modernisierungsprozesses mit in den 60er und 70er Jahren sowie erneut im ersten Halbjahr 1994 über und den 80er und beginnenden 90er Jahren geringfügig unter dem Bundesdurchschnitt (der alten Bundesländer) liegenden Wachstumsraten vom letzten Platz in der ökonomischen Rangfolge der Bundesländer auf eine mittlere Position vorgearbeitet und den Wandel vom Agrarland zum leistungsfähigen Wirtschaftsraum vollzogen. So lag 1993 das BIP je Erwerbstätigen nur noch um 4,5% unter dem Durchschnitt der alten Bundesländer (1960: -15%). In diesem Zusammenhang ist auch die seit vielen Jahren günstigere Arbeitsmarktlage in R.P. zu sehen. Nur die Bundesländer Bad.-W., Bay. und Hess. hatten seit 1982 jährlich weniger Arbeitslose als R.P. Begünstigt wurde diese Entwicklung durch die Gründung der EG 1958, die im Umkreis von 100 km einen Markt von rd. 40 Mio. Verbrauchern entstehen ließ.

Gemessen an der Zahl der Erwerbstätigen kommt im produzierenden Gewerbe (stark exportorientiert) der Chemie das größte Gewicht zu. Es folgen der Maschinenbau, der Straßenfahrzeugbau und die Elektrotechnik. Eine regional herausgehobene Rolle spielen die Schuhindustrie (Raum Pirmasens), die Edelstein- und Schmuckindustrie (Idar-Oberstein), der Bergbau (Mittelrheinisches Becken), die keramische Industrie (Westerwald) und – aufgrund der kontinuierlichen Reduzierung der amerikanischen Streitkräfte seit Ende des Ost-West-Konflikts allerdings zunehmend weniger – das Militär (obere Nahe, Westpfalz). Eine besondere Bedeutung im primären Wirtschaftssektor fällt dem Weinbau zu, der 1993 mit 9,3% der Agrarfläche des Landes einen Anteil von rd. 64% an der Ertragsrebfläche und von 68,7% an der Weinmosternte in D. hatte.

Eifel, Hunsrück und Westpfalz stellen mit einer weit über dem Durchschnitt liegenden Arbeitslosenquote auch heute noch strukturschwache Problemgebiete dar, die auf weiterhin vorhandene Ungleichgewichte der Regionen des Landes mit einem deutlichen wirtschaftlichen Gefälle von Ost nach West hindeuten. Eine ganz zentrale Aufgabe des Landes in der zweiten Hälfte der 90er Jahre wird es neben der Beseitigung vorhandener struktureller Disparitäten sein, das durch die Abrüstung und den damit verbundenen Truppenabbau bedingte Konversionsproblem – R.P. wies in der Vergangenheit eine außerordentlich hohe Konzentration militärischer Einrichtungen auf – strukturpolitisch und sozialverträglich zu bewältigen und den bisher militärisch geprägten Regionen neue Zukunftschancen zu eröffnen.

3. Politisches System

3.1 Verfassung

Die Verfassung ist wie keine andere Landesverfassung von der katholischen Naturrechtslehre beeinflußt, erkennbar insbesondere im Grundrechtsteil, in der Rückführung aller Staatsgewalt nicht auf das Volk, das nur Träger der Staatsgewalt ist, sondern auf Gott, und in der aus dem → Subsidiaritätsprinzip abgeleiteten herausgehobenen Stellung der kommunalen Selbstverwaltung. Ein breiter Konsens bestand über die Grundprinzipien des politischen Systems, die Grundrechte und das Bekenntnis zu D. Hart umkämpft waren die Stellung der Pfalz (regionale Konfliktlinie), die Wirtschafts- und Sozialordnung (intra- und interparteiliche Konfliktlinie), die ein Recht auf Arbeit (Art. 53), die Gewinnbeteiligung der Arbeitnehmer als Programmsatz (Art. 56), die Überführung von Grund und Boden, Naturschätzen und Produktionsmitteln in Gemeineigentum oder in andere Formen der Gemeinwirtschaft (Art. 61 u. 63, neu: Art. 61) vorsieht, und die Schulfrage (Art. 27ff.; parteipolitische Konfliktlinie), die wegen fehlender Einigung dem Volk getrennt von der Verfassung zur Abstimmung vorgelegt wurde.

Am 25.4.1947 votierte die beratende Versammlung mit den Stimmen der Liberalen und der großen Mehrheit der CDU und gegen die Stimmen von SPD und KPD bei Abwesenheit von 26 Mitgliedern für die Annahme der Verfassung (55,1%). Der parteipolitische Konflikt spiegelte sich auch im Ergebnis der Volksabstimmung am 18.5. 1947 wider. Zwar wurden sowohl die Verfassung wie auch die Schulartikel landesweit mehrheitlich angenommen (52,9 % u. 52,4%), doch im südlichen Teil des Landes, in Rheinhess. und in der Pfalz, erhielten sie keine Mehrheit. Wie in der Frage des Landes, so gab es damit auch bezüglich der Verfassung zu Beginn keinen breiten Konsens. Unter Einbeziehung der großen Zahl ungültiger, zu einem erheblichen Teil sicherlich als Protest zu wertender Voten (14,4%) kann nicht einmal von einer mehrheitlichen Befürwortung der Verfassung ausgegangen werden.

Die Verfassunggebung war eine gemischt exekutiv-parlamentarisch-plebiszitäre und zugleich eine überwachte, da sie sich unter ständiger politischer Kontrolle der frz. Besatzungsmacht vollzog. Inhaltlich nahmen die Franzosen jedoch wenig Einfluß.

Bis Ende 1994 wurde die Landesverfassung zweiunddreißig mal – ein Rekord unter den Bundesländern – geändert bzw. ergänzt. Aus jüngster Zeit sind hier zu nennen die Aufnahme einer neuen Staatszielbestimmung „Schutz der natürlichen Lebensgrundlagen des Menschen“ (1985), die Änderung des Landtagswahlrechts und die Einführung der fünfjährigen Wahlperiode des Landtags (1989), die Einführung des kommunalen Landrats (1990) und die Direktwahl der Bürgermeister und Landräte (1993). Da der Text der Landesverfassung durch die Überlagerung bundesdt. Rechts und aufgrund der gesellschaftlichen Entwicklung in vielen Punkten zwischenzeitlich überholt war, wurde der Ruf sowohl nach einer Anpassung der Verfassung an die aktuelle Rechtslage als auch nach einer weitergehenden Reform immer stärker, so daß es im März 1991 zunächst zu einer Bereinigung der Landesverfassung kam. Eine weitergehende, substantielle Reform der Verfassung mit dem Ziel ihrer Modernisierung (u.a. Ausbau der Beteiligungsrechte der Bürger und der Verfassungsgerichtsbarkeit, Gleichstellung von Mann und Frau, Umweltschutz, Stärkung des Rechts des Landtags und europäische Einheit) wurde durch die vom Landtag im August 1991 eingesetzte Enquête-Kommission „Verfassungsreform“ eingeleitet. Diese legte im Sept. 1994 ihren Schlußbericht vor.

3.2 Organisation des politischen Systems

R.P. versteht sich als „demokratischer und sozialer Gliedstaat Deutschlands“ (Art. 74 I LV), der zwar dem Typ der repräsentativen Demokratie in der Ausgestaltung der parlamentarischen Demokratie zuzuordnen ist, der aber in seiner Verfassung auch – entgegen der Konzeption des → GG – direkt-demokratische Elemente in der Form von Volksbegehren und Volksentscheid bei der Gesetzgebung und mit dem Ziel der Auflösung des Landtags (Art. 107ff., 115 u. 129 I LV) vorsieht. In der politischen Praxis spielten die plebiszitären Demokratieformen bisher jedoch aufgrund der bestehenden hohen Hürden (Quoren, Kosten) keine Rolle.

Zu den obersten Verfassungsorganen des Landes zählen neben dem Staatsvolk der Landtag, die Landesregierung, der Verfassungsgerichtshof und der sog. Zwischenausschuß (Art. 92 LV), der für den Fall einer parlamentslosen Zeit die Rechte der Volksvertretung wahrnimmt. Der Landtag wird – beginnend mit der 12. Wahlperiode (ab 1991) – auf fünf (zuvor vier) Jahre bestellt und besteht (ebenfalls seit 1991) – vorbehaltlich eventueller Überhang- und Ausgleichsmandate – aus 101 Mitgliedern, die nach den Grundsätzen einer mit der Personenwahl verbundenen Verhältniswahl gewählt werden (Art. 80 I u. 83 I LV i.V.m. §§ 26 u. 30 LWahlG). Die Wahlperiode kann – die Landesverfassung geht hier weiter als das GG – vorzeitig beendet werden durch Selbstauflösung (Art. 84 I LV), Volksentscheid (Art. 109 I LV) und als Folge eines destruktiven Mißtrauensvotums (Art. 99 V LV). Alle drei Formen einer vorzeitigen Beendigung blieben bisher jedoch ohne praktische Bedeutung.

Sozialstrukturell auffallend an der Zusammensetzung des Landtags ist vor allem die hohe Zahl der aus dem → öffentlichen Dienst und hier insbesondere aus dem Lehrerberuf kommenden Abgeordneten. Die Entwicklung ging – parallel zu anderen Landesparlamenten und gefördert durch die Diätenregelung – auch deutlich vom Teilzeit- zum Vollzeitpolitiker mit den damit verbundenen Nachteilen der Professionalisierung. Andererseits entspricht der Anteil der Parlamentsneulinge mit rd. 30% für die 12. Wahlperiode (1991-1996) in etwa der für die personelle und politische Regeneration als erforderlich erachteten Quote personellen Wechsels.

Organisationssoziologisch hervorzuheben sind insbesondere zwei Punkte: Erstens ist die Fraktionsbildung nicht an eine Mindestzahl von Abgeordneten gebunden, und zweitens wurde, um auch kleineren Fraktionen eine effektive Mitwirkung an der parlamentarischen Arbeit zu ermöglichen, 1987 ein sog. „Grundmandat“ eingeführt, so daß jede Fraktion sowohl im Ältestenrat wie auch in den → Ausschüssen des Landtags mit mindestens einem Mitglied vertreten ist. Die der Vorbereitung der Beschlüsse des Plenums dienenden Fachauschüsse (derzeit 13) orientieren sich im wesentlichen am Ressortzuschnitt der Landesregierung. Daneben gibt es eine Reihe von obligatorisch oder fakultativ einzurichtenden Ausschüssen und Kommissionen mit Sonderaufgaben: Den Wahlprüfungsausschuß (Art. 82 LV), die Untersuchungsausschüsse (Art. 91 LV), je eine Kontrollkommission in Ausführung des § 9 Abs. 5 BG zu Art. 10 GG und zur Überwachung des Verfassungsschutzes (§ 12f. LVSchutzG) sowie – seit 1983 und bisher bewährt – die Enquête-Kommissionen zur Vorbereitung von Entscheidungen über umfangreiche und bedeutsame Sachverhalte (§88 GO LT). Eine Besonderheit in D stellt der dem skandinavischen Ombudsman nachgebildete und auf acht Jahre vom Landtag mit Mehrheit seiner Mitglieder gewählte Bürgerbeauftragte (seit 1974) dar, der – in einem eigenen Gesetz verankert – als Hilfsorgan des Petitionsausschusses Ansprechpartner für beschwerdeführende Bürger und Mittler zwischen Verwaltung und Bürger sein soll.

Die Rollenverteilung zwischen Landtag und Landesregierung ist – dies gilt für alle Bundesländer und ist bedingt durch die zunehmende Verlagerung von Kompetenzen der Länder auf den Bund und auf die europäische Ebene sowie durch das wachsende Gewicht des kooperativen → Föderalismus – seit vielen Jahren von einem kontinuierlichen Machtverlust des Landtags geprägt. Um dieser Entwicklung gegenzusteuern, kam es zu einer in einem Briefwechsel zwischen dem Landtagspräsidenten und dem Ministerpräsidenten 1977 und 1980 dokumentierten Absprache, durch die sich der Landtag als erstes Landesparlament eine – seine Kontroll- und Mitwirkungsfunktion grundsätzlich verbessernde – möglichst rechtzeitige Unterrichtung in Angelegenheiten des → Bundesrats (jedoch Problem der knappen Bundesratsfristen) und des kooperativen Föderalismus sicherte. Wie die starke Zunahme der Aktivität des Landtags seit der 10. Wahlperiode (1983-87) deutlich zeigt, ist das Landesparlament in den letzten Jahren wieder politischer und selbstbewußter geworden.

Mitglieder des Kollegialorgans Landesregierung (Ministerrat; Kollegialprinzip) sind der den Vorsitz im Ministerrat führende Ministerpräsident (Richtlinienkompetenz) und die – seit der Regierungsumbildung Ende Okt. 1994 acht – Landesminister (Ressortprinzip), nicht jedoch die Staatssekretäre. Die Ressortabgrenzung erfolgt durch die Landesregierung und steht unter dem Vorbehalt von Änderungs- bzw. Aufhebungsbeschlüssen des Landtags (Art. 105 II LV). Die rechtliche Fixierung der Verteilung von Verantwortlichkeiten wird überlagert von – in der Regel zu Beginn einer Regierungsperiode ausgehandelten – koalitions- und/oder parteiinternen Absprachen.

Bei der Bildung und Abberufung der Landesregierung kommt dem Landtag ein stärkeres Mitspracherecht zu als dem → Bundestag in bezug auf die → Bundesregierung. So wählt das Landesparlament mit der Mehrheit seiner Mitglieder den Ministerpräsidenten, und dieser ernennt die Landesminister. Die Landesregierung als Ganzes bedarf jedoch vor der Übernahme der Geschäfte noch der ausdrücklichen Bestätigung durch die einfache Mehrheit des Landtags (Art. 98 LV i.V.m. § 48 II GO LT). In strikter Anwendung des parlamentarischen Prinzips – und weit über die Regelung des GG hinausgehend – kann der Landtag zudem mit der Mehrheit seiner Mitglieder nicht nur dem Ministerpräsidenten, sondern auch jedem Landesminister und der Landesregierung als Ganzes das Vertrauen entziehen, mit der Folge, daß sie zurücktreten müssen (Art. 99 LV). Ein destruktives Mißtrauensvotum führt allerdings zur Auflösung des Landtags (Art. 99 V LV). Darüber hinaus kann der Ministerpräsident nur mit Zustimmung des Landtags einen Minister entlassen (Art. 98 II LV). Aufgrund der stabilen Mehrheitsverhältnisse blieben diese Bestimmungen jedoch bisher ohne praktische Relevanz.

Die Landesregierung wurde – bei ständiger Dominanz der CDU – in der 1. Wahlperiode (1947-51) teils von der CDU allein, teils von einer Allparteien- oder einer Großen Koalition gebildet, ab der 2. bis zum Ende der 6. Wahlperiode (1951-71) von CDU und FDP, während der nächsten vier Wahlperioden (1971-87) von der CDU allein und in der 11. Wahlperiode (1987-91) wieder von einer CDU/FDP-Koalition. Die CDU stellte in dieser Zeit auch stets den Ministerpräsidenten. Seit Beginn der 12. Wahlperiode (ab 1991) wird R.P. erstmals von einer SPD/FDP-Koalition unter einem SPD-Ministerpräsidenten (R. *Scharping,* seit Ende Okt. 1994 K. *Beck*) regiert.

Zwischen Ministerpräsidentenamt und Vorsitz der Mehrheitspartei besteht praktisch eine Personalunion, und der Parteivorsitz war die notwendige Vorstufe für das Amt des Regierungschefs (Ausnahme mit negativen Folgen bei der Landtagswahl 1991: Die sog. Tandem-Lösung der CDU mit C.-L. *Wagner* als Ministerpräsident und H.-O. *Wilhelm* als Parteivorsitzender 1988-91). Bei der Zusammensetzung der von der CDU geführten Landesregierungen wurde stets auf eine regionale und konfessionelle Ausgewogenheit geachtet, und die Mitglieder des Landtags stellten das Hauptrekrutierungsfeld dar. Dies gilt für die derzeitige SPD/FDP-Koalitionsregierung nicht mehr, dafür ist der Anteil der Frauen gegenüber früher gestiegen. Die von 1981 bis 1991 zu beobachtende allmähliche Zunahme der Ressorts von sieben auf elf war wesentlich Ausdruck der Aufgabenmehrung bzw. der Entstehung neuer

Aufgaben (z.B. Umwelt 1985, Gleichstellung von Frau und Mann 1991). Die Kabinettsreform von Ende Okt. 1994 brachte mit dem Wegfall von drei Ministerien (Landwirtschaft, Weinbau und Forsten; Gleichstellung von Mann und Frau; Bundesangelegenheiten und Europa) wieder eine Reduzierung der Ressorts auf acht und soll den Anfang einer angestrebten umfassenden Modernisierung der öffentlichen Verwaltung darstellen.

Die Verfassungsgerichtsbarkeit ist, obwohl der rechtsprechenden Gewalt zugehörig, in der Landesverfassung nicht im Abschnitt über die Rechtsprechung, sondern bewußt in dem über den Verfassungsschutz ausführlich geregelt. Die wichtigsten und in der Rechtsprechungspraxis am häufigsten in Anspruch genommenen Zuständigkeiten des VerfGH sind die abstrakte und die konkrete Normenkontrolle, die Verfassungsbeschwerde öffentlich-rechtlicher Körperschaften, die insbesondere von den Kommunen genutzt wird, und die Wahlprüfung (Art. 135 LV). Eine der Regelung im GG entsprechende allgemeine Verfassungsbeschwerde gegen Verletzungen eigener landesverfassungsrechtlich garantierter Rechte durch Akte der öffentlichen Gewalt des Landes wurde erst 1992 gesetzesrechtlich eingeführt (§§ 44ff. Verf GHG i.d.F. v. 10.11.1992). Der am OVG in Koblenz angesiedelte VerfGH besteht aus neun Mitgliedern: dem Präsidenten des OVG als Vorsitzendem, drei weiteren Berufsrichtern und fünf Beisitzern, die nicht die Befähigung zum Richteramt besitzen müssen sowie deren Stellvertretern. Die acht Beisitzer und ihre Stellvertreter werden vom Landtag auf vier Jahre gewählt (Art. 134 LV).

Der Verwaltungsaufbau in R.P. sieht unterhalb der Landesebene neben staatlichen Sonderverwaltungsbehörden auf der Mittel-, Unter- und Ortsstufe Bezirksregierungen als ressortübergreifende staatliche Mittelinstanzen mit einem Regierungspräsidenten (politischer Beamter) an der Spitze für die seit 1968 drei (zuvor fünf) Regierungsbezirke vor und auf der nächsten Ebene die Verwaltungsbehörden der kommunalen Selbstverwaltungskörperschaften (Landkreise, kreisfreie Städte sowie kreisangehörende Gemeinden und Verbandsgemeinden), wobei den Kreisverwaltungen der Status sowohl einer kreiskommunalen als auch einer staatlichen Behörde der Unterstufe zukommt. Landräte und hauptamtliche (Ober-)Bürgermeister werden seit der Kommunalwahl 1994 von den Bürgern direkt auf acht Jahre (zuvor – ab 1990 – von der jeweiligen Kommunalvertretung auf zehn Jahre) gewählt (Art. 50 LV i.V.m. §§ 52 u. 53 GemO i.d.F. v. 31.1.1994 u. §§ 45 u 46 LKO i.d.F. v. 31.1.1994).

3.3 Parteien, Wahlen, Wählerverhalten

Die Parteienkonstellation in R.P. nach 1947 weist im wesentlichen fünf Charakteristika auf:

- Es herrscht ein Drei- bzw. Vierparteiensystem vor, bestehend aus den beiden großen Volksparteien CDU und SPD, der FDP (1983-87 nicht im Landtag) und – seit 1987 – den → Grünen. Parteien des extrem linken und rechten Spektrums waren nur 1947-51 (KPD 8 Sitze), 1959-63 (DRP 1) und 1967-71 (NPD 4) im Landesparlament vertreten. Seit 1971 erreichten die Splitterparteien zusammen nie mehr als 3,5% der Stimmen.
- Die CDU spielte aufgrund der für sie günstigen Sozialstruktur des Landes (vgl. oben, Kap.2) von der ersten Landtagswahl (1947) bis 1991 – dies ist für die CDU einmalig in der BRD – die dominierende Rolle in R.P.: Sie war stets Regierungspartei, stellte immer sowohl die stärkste Fraktion als auch den Ministerpräsidenten und besaß 16 Jahre lang, von 1971-87, die absolute Mehrheit und damit die alleinige Regierungsmacht. R.P. galt deshalb bis 1991 als sichere CDU-Bastion. Wegen ihres

sozialstrukturellen Defizits war die SPD bisher darauf angewiesen, diesen Mangel – bis 1991 jedoch ohne Erfolg – im Bereich politisch-situativer Einflußfaktoren zu kompensieren.

- Neben den CDU-Hochburgen gibt es – dies ist historisch zu erklären – auch Regionen mit eindeutig strukturell bedingten SPD-Hochburgen. Seit Jahren, verstärkt in den letzten beiden Wahlen, ist eine zunehmende Abschmelzung der CDU-Hochburgen mit einer damit einhergehenden Angleichung der Parteienstärke von CDU und SPD zu beobachten. Dagegen wuchs der Abstand zwischen SPD und CDU in den SPD-Hochburgen in eine für die Union bedenkliche Dimension.
- Den sozialstrukturellen Determinanten des Wählerverhaltens kommt zwar bei Landtagswahlen in R.P. nach wie vor eine wirksame Bindungskraft zu, deren Prägekraft nimmt jedoch kontinuierlich, in erhöhtem Maße seit der Landtagswahl 1987, ab. Entsprechend steigt der Einfluß der politisch-situativen Bestimmungsfaktoren (Kandidatenimage, Wahrnehmung der Problemlösungskompetenz der Parteien bei aktuellen politischen Streitfragen, Koalitionspräferenz der Wähler) und mit diesem der Anteil des Wechselwählers und damit die Chance eines Wechsels.
- Das 1987 entstandene Vierparteiensystem wurde zwar durch die Landtagswahl 1991 bestätigt. Doch fanden nach 44jähriger CDU-Dominanz – wesentlich verursacht durch die Verschiebung der Gewichtung der Determinanten des Wählerverhaltens – ein Platztausch zwischen CDU und SPD bei der Besetzung der Führungsrolle sowie eine Umkehrung der Kräfteverhältnisse zwischen den Wählerlagern der bürgerlichen Parteien und der linken Parteien und damit eine starke Binnenveränderung des vorhandenen Parteiensystems statt. Bei der Kommunal-, der Europa- und der Bundestagswahl 1994 wurde die CDU jedoch wieder stärkste Partei in R.P. Die FDP nahm allerdings im Vergleich zu den letzten Landtagswahlen weiter ab und blieb sowohl bei der Kommunalwahl als auch bei der Europawahl sogar unter der Fünf-Prozent-Grenze.

3.4 Politische Rolle in D

Entsprechend seiner Bevölkerungszahl verfügt R.P. über vier Stimmen im Bundesrat und nimmt damit – hinsichtlich seiner potentiellen Einflußmöglichkeiten auf die Bundespolitik via Bundesrat – eine mittlere Position unter den Bundesländern ein. Finanzpolitisch gehört es nach wie vor zu den ausgleichsberechtigten Ländern im Rahmen des Länderfinanzausgleichs. In verschiedenen Politikbereichen, so z.B. in der Bildungs-, Medien- und Sozialpolitik, setzten das Land und seine Politiker wichtige, über die Grenzen des Landes hinausreichende Impulse. R.P. diente auch als Rekrutierungsfeld zur Besetzung von Spitzenämtern im Bund und in anderen Bundesländern (vgl. u.a. H. *Kohl*, H. *Geißler*, N. *Blüm*, H.R. *Laurien*, B. *Vogel* und R. *Scharping*).

Literatur

Billing, Werner 1991: Die rheinland-pfälzische Landtagswahl vom 21. April 1991: Machtwechsel in Mainz nach 44 Jahren, in: ZParl, S. 584ff.

Gabriel, Oscar W./Jann, Werner [2]1994: Rheinland-Pfalz, in: Hartmann, Jürgen (Hrsg.): Handbuch der deutschen Bundesländer. Frankfurt-New York.

Haungs, Peter (Hrsg.) 1986: 40 Jahre Rheinland-Pfalz. Eine politische Landeskunde. Mainz.

Klaas, Helmut (Bearb.) 1978: Die Entstehung der Verfassung für Rheinland-Pfalz. Eine Dokumentation. Boppard am Rhein.

Küppers, Heinrich 1990: Staatsaufbau zwischen Bruch und Tradition. Geschichte

des Landes Rheinland-Pfalz 1946-1955. Mainz.
Ley, Richard/Prümm, Hans Paul (Hrsg.) [2]1990: Staats- und Verwaltungsrecht für Rheinland-Pfalz. Baden-Baden.
Ministerium der Justiz (Hrsg.) 1991: Landesrecht Rheinland-Pfalz – Auswahl aus der Sammlung des bereinigten Landesrechts – Ausgabe 1991. Baden-Baden.
Staatskanzlei Rheinland-Pfalz (Hrsg.) 1985: Rheinland-Pfalz heute und morgen. Mainz.

Werner Billing

Land Saarland

1. Historischer Hintergrund

Das Saarland (Sal.) verdankt seine Existenz als eigenständige Region dem Umstand, daß sich um die Kohlevorkommen an der mittleren Saar in der 2. Hälfte des 19. Jh.s ein schwerindustrielles Zentrum herausbildete, das politisch im Grenzbereich zu Frankreich lag. Die Auseinandersetzungen zwischen Franzosen und Deutschen um die Nutzung dieser Industrieregion führten zu politischer Sonderbehandlung und Ausbildung einer regionalen Identität seiner Bewohner.

Unter den Territorialherren, die diese Region in vorindustrieller Zeit prägten, sind insbesondere die protestantischen Grafen von Nassau-Saarbrücken zu nennen, daneben im Nordwesten die Erzbischöfe von Trier und im Osten die Herzöge von PfalzZweibrücken. Seit 1815 gehörte der größere Teil zur preußischen Rheinprovinz, die östlichen Gebiete um St. Ingbert und Homburg zur bayerischen Pfalz. 1920 wurden das Industrierevier und die nördlich angrenzenden Wohngebiete der Industriearbeiter entsprechend den Bestimmungen des Versailler Vertrages als „Saargebiet" für 15 Jahre dem Völkerbund unterstellt. Die ehemals preußischen Staatsgruben gingen als Reparationen in französisches Eigentum über, ebenso die Eisenbahnen.

Unter der Herrschaft der Regierungskommission des Völkerbundes konnte Frankreich seinen wirtschaftlichen Einfluß an der Saar ausbauen. 1923 wurde der Franc als alleiniges Zahlungsmittel eingeführt; der Anteil französischer Aktionäre an der Saarindustrie stieg bis auf 60%. Hoffnungen, die Bevölkerung auch für einen politischen Anschluß an Frankreich zu gewinnen, erfüllten sich jedoch nicht. Obwohl in Deutschland unterdessen seit zwei Jahren die Nationalsozialisten regierten, entschieden sich am 13.1.1935 90,7% der Abstimmungsberechtigten für die Rückkehr des Saargebietes zum Deutschen Reich; nur 8,8% votierten für eine – zeitlich unbestimmte – Fortdauer des Status quo. Danach wurde das Gebiet als „Saarland" von einem Reichskommissar verwaltet. Am 8.4.1940 wurden die Dienststellen des Reichsstatthalters für das Saarland und des Regierungspräsidenten der Pfalz zusammengelegt; am 15.5.1941 folgte die Vereinigung der Saarpfalz mit dem besetzten Lothringen zum „Gau Westmark". Verwaltungssitz blieb Saarbrücken.

Nach dem Zweiten Weltkrieg wurde das Saarland – um eine Reihe weiterer Gemeinden im Norden und Osten vergrößert – einem Sonderregime der französischen Militärverwaltung unterstellt, das den wirtschaftlichen Anschluß an Frankreich vorbereiten sollte. Am 22.12.1946 wurde eine Zollgrenze zur restlichen französischen Besatzungszone errichtet; am 8.11.1947 wurde eine Verfassung verabschiedet, die dem Sal. Teilautonomie unter der Aufsicht eines französischen Hohen Kommissars gewährte. Im Zuge der Verhandlungen über einen Verteidigungsbeitrag der BRD wurde die Autonomielösung dann in den Pariser Verträgen vom 23.10. 1954 zugunsten einer Europäisierung modifiziert: Die Wirtschaftsunion mit Frankreich sollte schrittweise zur BRD geöffnet werden, die auswärtige Vertretung des Sal. sollte ein Kommissar der WEU übernehmen. In einem Referendum am 23.10.1955 lehnten jedoch 67,7% der Saarländer dieses Saar-Statut ab. Daraufhin entschloß sich die französische Regierung, ihren Widerstand gegen einen Beitritt des Sal. zur BRD aufzugeben. In den Luxemburger Verträgen vom 27.10.1956 wurde der Beitritt zum 1.1.1957 vereinbart. Der wirtschaftliche Anschluß erfolgte nach einer Übergangszeit am 6.7.1959.

2. Bevölkerung – Gesellschaft – Wirtschaft

Das Sal. ist mit einer Fläche von 2569qkm der kleinste der Flächenstaaten D.s. Mit 1,05 Mio. E. (1989) und einer Bevölkerungsdichte von 410 E./qkm ist es relativ dicht besiedelt. Die Bevölkerungsentwicklung ist, bedingt durch Geburtendefizit und Wanderungsverluste, seit 1967 leicht rückläufig. Knapp 3/4 der Bevölkerung gehören der katholischen Konfession an, rund 1/4 ist evangelisch. Die Erwerbsquote liegt bei 43,7%. Infolge der hohen Geburtenüberschüsse der frühen 60er Jahre ist die Altersstruktur noch günstig. Die Arbeitsplatznachfrage nimmt stark zu.

60% der Bevölkerung leben in einem V-förmigen Verdichtungsraum, der sich von Dillingen im Nordwesten über den Großraum Saarbrücken im Süden bis zu Neunkirchen und Bexbach im Nordosten erstreckt. In diesem Viertel der Gesamtfläche finden sich die Kohlengruben (Wandt und Sulzbachtal) und die Eisenhütten (jetzt konzentriert in Dillingen, Völklingen und Saarbrücken-Brebach; früher auch in Saarbrücken-Burbach und Neunkirchen). Um diesen Verdichtungsraum erstreckt sich das Band einer kleinstädtisch geprägten Randzone mit den Städten Merzig, Lebach, St. Wendel und Blieskastel. Daran schließen sich ländliche Siedlungsräume an, die zum Teil noch von der Landwirtschaft geprägt sind, zum Teil aber auch als Wohnorte für die in den industriellen Zentren Beschäftigten fungieren und Naherholungszwecken dienen.

In der Wirtschaft des Landes dominierte ursprünglich die Schwerindustrie, wobei der wiederholte Wechsel der territorialen Zugehörigkeit für einen langfristigen Investitions- und Produktivitätsrückstand sorgte. Die Kohlenkrise der frühen 60er Jahre führte dann zu einem ersten Diversifizierungsschub; der Anteil der in der Schwerindustrie Beschäftigen sank von 56,7% 1959 auf 36,4% 1978. Infolge der Mitte der 70er Jahre einsetzenden europaweiten Stahlkrise ging er bis 1988 weiter auf 8% zurück. Die Verluste in der Montanindustrie wurden zum großen Teil durch Neuansiedlungen aus Wachstumsbranchen der Investitionsgüterindustrien (Maschinenbau, Fahrzeugbau und Elektrotechnik) ausgeglichen; in diesen Bereichen sind knapp 20% der Beschäftigten tätig, im verarbeitenden Gewerbe insgesamt 37,9%. Ebenfalls stark ausgeweitet wurde der Dienstleistungsbereich. Einschließlich Handel, Verkehr und Gebietskörperschaften stellt er mit 41% der Beschäftigten den zweitgrößten Wirtschaftsbereich des Landes dar. 0,5% der Erwerbstätigen sind in der Landwirtschaft beschäftigt, die lediglich 0,6% des BIP erwirtschaftet.

Trotz der Strukturkrisen im Montanbereich konnte das Sal. seinen Einkommensrückstand gegenüber dem Bundesdurchschnitt, der 1969 einen Höchststand von 24% erreicht hatte, unter 10% (bezogen auf das alte Bundesgebiet) drücken. Es mußte jedoch seine Investitionsförderung mit überdurchschnittlicher Verschuldung bezahlen. Die Arbeitslosenquote blieb trotz deutlicher Arbeitsplatzgewinne in der 2. Hälfte der 80er Jahre ebenfalls über dem Durchschnitt der alten → Bundesländer (12,0% gegenüber 8,2% 1994). Traditionell hoher Eigenheimanteil und überschaubare Gemeinden stützen den Zusammenhalt der überkommenen Solidarverbände, doch verliert nach der lange Zeit dominierenden katholischen Kirche auch die regional-spezifische Arbeiterbauernkultur allmählich an Prägekraft.

3. Politisches System

3.1 Verfassung

Grundsätzlich gilt im Sal. noch die Landesverfassung, die die Verfassunggebende Versammlung am 8.11.1947 verabschiedet hatte. Eine Verfassungsrevision vom 20.12.1956 tilgte alle Bestimmungen, die auf ein Protektoratsverhältnis zu Frankreich hinausliefen; eine zweite Revision vom 4.7.1979 reformierte den organisatorischen Teil der Verfassung.

Die Staatsgewalt geht vom Volke aus; dieses wählt den Landtag sowie die Kreis- und Gemeinderäte. Es kann auch Gesetzesvorschläge einbringen und diese in einem Plebiszit durchsetzen; dies gilt allerdings nicht für finanzwirksame Gesetze. Der Landtag besteht aus 51 Abgeordneten, die auf fünf Jahre gewählt werden. Die Wahl des Ministerpräsidenten erfolgt mit absoluter Mehrheit; Minister werden mit einfacher Zustimmung des Landtags vom Ministerpräsidenten ernannt. Der Landtag kann dem Ministerpräsidenten oder einzelnen Ministern mit absoluter Mehrheit das Vertrauen entziehen und sich mit Zwei-Drittel-Mehrheit auflösen; er ist ferner aufgelöst, wenn nach einem Regierungssturz keine neue Mehrheit für einen Ministerpräsidenten zustande kommt. Der Landtag wählt mit Zwei-Drittel-Mehrheit die sieben Richter eines Verfassungsgerichtshofs; dieser besitzt umfassende Zuständigkeiten, wird im Bereich der Individualen Verfassungsgerichtsbe- schwerde allerdings nur subsidiär zum Bundesverfassungsgericht tätig.

3.2 Organisation des politischen Systems

Das Sal. ist in den Stadtverband Saarbrükken und die fünf Landkreise Merzig-Wadern, Neunkirchen, Saarlouis, Saar-Pfalz-Kreis und St. Wendel gegliedert. Regierungsbezirke und kreisfreie Städte gibt es nicht. Die Aufgaben der unteren staatlichen Verwaltungsbehörde werden von den Mittelstädten und der Landeshauptstadt teilweise oder ganz selbst wahrgenommen. Für die übrigen Kommunen erfüllt das Landratsamt diese Funktion; dieses ist von der kommunalen Kreisverwaltung organisatorisch getrennt und nur durch die Person des Landrats mit ihr verbunden. Der Landrat wird von den Kreistagen auf Zeit gewählt. An der Spitze der Kommunalverwaltung steht der Bürgermeister bzw. Oberbürgermeister, der ebenfalls als Kommunalbeamter auf Zeit gewählt wird.

3.3 Parteien, Wahlen, Wählerverhalten

Die Saarregion bildete seit der Industrialisierung eine Hochburg des sozialen Katholizismus. Politisch dominierte im Kaiserreich allerdings zunächst das nationalliberale und freikonservative Bürgertum. Die sozialistische Arbeiterbewegung konnte erst infolge der Erschütterungen des Ersten Weltkriegs Fuß fassen; dabei konnte die KPD die → SPD in der Endphase der Völkerbundära überflügeln. Die Autonomielösung der Jahre nach 1947 wurde von einer Großen Koalition aus „Christlicher Volkspartei“ (CVP) und „Sozialdemokratischer Partei Saar“ (SPS) getragen. Gegen diese Koalition formierte sich Mitte der 50er Jahre ein Bündnis der „Heimatbund“-Parteien (→ CDU, SPD und die nationalliberale „Deutsche Partei Saar“, DPS), das mit der Abstimmung vom 23.10. 1955 triumphierte. SPS und SPD schlossen sich danach rasch zusammen. CVP und CDU fiel die Einigung dagegen weitaus schwerer: Erst zu Beginn der 70er Jahre verschwand die CVP-Nachfolgeorganisation SVP von der politischen Bildfläche.

Für die weitere Entwicklung des Parteiensystems war entscheidend, daß sich CDU-Ministerpräsident F.-J. *Röder* als Vorsitzender der stärksten Partei 1961 zu einem Koalitionswechsel von der SPD zur DPS entschloß, die jetzt als Landesverband der → FDP fungierte. Damit gelang es ihm, bürgerliche Wähler auch jenseits des katholischen Lagers an die CDU zu binden; gleichzeitig wanderten aber katholische Arbeiter im Zuge der Säkularisierung in verstärktem Maße zur SPD ab. Die Folge davon war, daß sich CDU und SPD als nahezu gleichstarke Volksparteien etablieren konnten (wobei die CDU zunächst einen leichten Vorsprung wahrte). Die KPD-Nachfolgeorganisationen sanken im Zuge der Anpassung an die bundesdeutschen Verhältnisse zu Splitterparteien ab; die FDP konnte sich, wenn auch mit einigen Mühen, als dritte Kraft behaupten.

Von 1970 bis 1975 regierte die CDU mit absoluter Mehrheit. Danach half ihr die FDP, sich zwei weitere Legislaturperioden an der Regierung zu behaupten. 1985 gelang es dann der SPD unter *O. Lafontaine*, seit fünf Jahren schon stärkste Partei im Land, die absolute Mehrheit zu erringen. Den → Grünen gelang es infolge der weitgehenden Bindung des Protestpotentials an die bislang opponierende SPD nicht, die Fünf-Prozent-Hürde zu überwinden. 1990 honorierten die saarländischen Wähler den Einsatz der SPD-Regierung für eine Konsolidierung der Landesfinanzen mit einem Ausbau der absoluten Mehrheit; die CDU mußte sich mit einem Drittel der Stimmen begnügen. 1994 konnte die SPD die absolute Mehrheit knapp behaupten; die CDU holte wieder auf, während die Grünen (→ Bündnis 90/Die Grünen) erstmals in den Landtag einzogen und die FDP auf 2,1% zurückging.

3.4 Politische Rolle in D

Als kleinster Flächenstaat mit Strukturproblemen, die aus der verspäteten Angliederung wie aus den Krisen der Schwerindustrie resultierten, war das Sal. bis zum Beitritt der neuen Bundesländer vorwiegend Subventionsempfänger, der politisch wenig Eigengewicht in die Waagschale werfen konnte. Es gehört damit zu den ersten, die die unvermeidliche Umverteilung in den öffentlichen Haushalten zu spüren bekommen. Gleichzeitig kann es aber seine spezifischen Erfahrungen als erstes Bundesland, das nach der Gründung der BRD dem Bundesgebiet beitrat, in den innerdeutschen Einigungsprozeß einbringen. Zudem verfügt es über Profilierungsmöglichkeiten im deutsch-französischen Dialog, die bislang allerdings wenig genutzt wurden. In der Bundespolitik steht es als SPD-regiertes Land mit einem ambitionierten Ministerpräsidenten mit im Zentrum der → Opposition.

Literatur

Krause, Peter 1975: Staatsrecht des Saarlandes. Saarbrücken.

Loth, Wilfried 1986/87: Die Saarfrage und die deutsch-französische Verständigung. Versuch einer Bilanz, in: Zeitschrift für die Geschichte der Saargegend 34/35.

Mallmann, Klaus-Michael u.a. [2]1988: Richtig daheim waren wir nie. Entdeckungsreisen ins Saarrevier 1815-1955. Bonn-Bad Godesberg.

Mallmann, Klaus-Michael/Steffens, Horst 1989: Lohn der Mühen. Geschichte der Bergarbeiter an der Saar. München.

Das Saarland. Politische, wirtschaftliche und kulturelle Entwicklung. Saarbrücken [2]1991.

Saarland 1959-1979. Ein Land gewinnt Profil. Saarbrücken 1979.

Von der „Stunde 0“ zum „guten Tag X“. Das Saarland 1945-1959. Saarbrücken 1990.

Wilfried Loth

Land (Freistaat) Sachsen

1. Historischer Hintergrund

Die Geschichte des Namens S. beginnt nicht im heutigen S., sondern – an der Unterelbe, in Holstein, wo der germanische Stamm der S. Anfang des 1. Jahrtausend siedelte. Ein Teil von ihnen vertrieb zusammen mit dem Stamm der Angeln die Kelten aus Britannien, sie gelten als Väter der heutigen „Angelsachsen". Der auf dem Festland verbliebene Teil wurde von *Karl dem Großen* dem Reich eingegliedert (Sachsenkrieg). Anfang des 10 Jh.s wurde *Heinrich I. der Löwe* erster sächsischer Kaiser des Deutschen Reiches, der in der Mark Meißen die gleichnamige Burg (Albrechtsburg im heutigen Meißen) bauen läßt. Der Name S. lebt zunächst nur im askanischen Herzogtum S.-Wittenberg fort. Zu dieser Zeit hat sich in der Mark Meißen das Grafengeschlecht der Wettiner durchgesetzt. Als 1089 *Heinrich I.* von Wettin offiziell die Markgrafschaft Meißen als Reichslehen übertragen erhält, beginnt die mehr als 800-jährige Herrschaft der Wettiner in diesem Land. Für die Geschichte S. im engeren Sinne ist 1423 u.Z. das entscheidende Datum: Nach dem Aussterben der Askanier wird *Markgraf Friedrich der Streitbare* von Wettin auch mit dem Herzogtum S.-Wittenberg belehnt und erhält auch die Kurfürstenwürde. Nun herrschen die Wettiner, die sich zuvor schon die Landgrafenschaft (Nord-)Thüringen einverleibt hatten, über Teile Niedersachsens, ganz Thüringen und einige mainfränkische Gebiete. In der Folgezeit erlebte das Land zwar eine erste kulturelle Blüte, wird aber auch durch Erbfolgestreitigkeiten und Teilungen schwer erschüttert (Hussitenkriege, sächsischer Bruderkrieg). Besonders folgenreich wurde die sogenannte Leipziger Teilung 1485 zwischen den Brüdern Kurfürst *Ernst dem Frommen* und Herzog *Albrecht dem Beherzten.* Die ernestinische Linie herrschte fortan in Wittenberg, Torgau, Mittel- und Südthüringen sowie in Coburg und im Vogtland. Seitdem lebt der Name S. in dem zahlreicher thüringischer (Klein-)Fürstentümer (z.B. *Goethes* S.-Weimar) fort. Der albertinischen Linie bleibt dagegen zunächt nur die Mark Meißen und Nordthüringen. Sie setzt sich jedoch schließlich durch, nicht zuletzt, weil die Ernestiner die Reformation entschieden förderten, jedoch im Schmalkaldischen Krieg gegen die katholischen Reichstruppen Kaiser *Karl V.* verloren und in der Wittenberger Kapitulation auch auf die Kurwürde verzichten mußten. Sie fiel 1547 u.Z. an den mit dem Reich verbündeten Albertiner Herzog *Moritz von Sachsen.* Mit ihm beginnt der Aufbau einer Verwaltung in Kur-S., er reformiert die Leipziger Universität und gründet die sogenannten Fürstenschulen Schulpforta, Meißen und Grimma.

In den folgenden Jahrhunderten erlebte S. zwar mehrfach wirtschaftliche und vor allem kulturelle Blütezeiten, jedoch ging sein politischer Einfluß kontinuierlich zurück, weil es sich mehrfach auf die Seite der späteren Verlierer geschlagen hatte. So konnte S. im Dreißigjährigen Krieg, obwohl zunächst schwer verwüstet, seinen territorialen Besitzstand sogar leicht vergrößern, doch verlor es im Reich an Ansehen, weil es sich zeitweise mit dem Schwedenkönig *Gustav Adolf* verbündet hatte. Als Kurfürst *Friedrich August I.* (der „Starke") für die polnische Königskrone zum Katholizismus übertrat, verlor es zugunsten des erstarkenden Kurfürstentums Brandenburg weiteren Einfluß. Im „Siebenjährigen Krieg" (1756-63) wird es an der Seite Wiens Schauplatz des preußisch-österreichischen Krieges und in den Napoleonischen Kriegen wechselt es zweimal die Fronten. Zunächst verbündet mit Preußen, schlägt es sich dann auf die Seite des Korsen, kündigt während der Völkerschlacht bei Leipzig allerdings dieses Bündnis wieder. Trotz dieses Fahnenwechsels in letzter Minute verliert S. auf dem Wiener Kongreß 1815 rd. drei Fünftel seines Gebietes, vor allem Nordthüringen, die Lausitz und Wittenberg an Preußen (preußische Provinz S.). Als Folge der Pariser Juli-Revolution muß König *Anton* 1831 in dem noch absolutistisch regierten S. einer ständischen Verfassung zustimmen, konnte damit aber in der 48er Revolution den Ausbruch von Aufständen (1849 in Dresden) nicht verhindern. Im preußisch-österreichischen Krieg von 1866 wieder mit dem Verlierer verbündet, mußte es dafür im gleichen Jahr im Berliner Frieden dem Norddeutschen Bund beitreten. 1871 tritt es dem von *Bismarck* gegründeten preußisch-deutschen Kaiserreich bei. Ein rascher wirtschaftlicher Aufschwung in der zweiten Hälfte des 19.Jh.s war von einer repressiven Innenpolitik vor allem unter König *Albert* (1873-1902) begleitet, was die politisch-sozialen Gegensätze in S. ständig verschärfte (erst 1896 wird in S. ein Dreiklassenwahlrecht eingeführt; 1903 fallen 22 von 23 Reichstagswahlkreisen an die Sozialdemokraten: „Rotes Königreich"). Im November 1918 mußte der letzte, sehr volkstümliche König S.s, *Friedrich August III.*, wie alle deutschen Fürsten abdanken („Na, da macht euern Dreck alleene"). 1920 erhielt der „Freistaat" S. eine erste republikanische Verfassung. Nach dem *Kapp-Putsch* wurden Unruhen in Leipzig und im Vogtland von Reichswehrtruppen blutig niedergeschlagen. Auch die kommunistisch-sozialistische Regierung Erich *Zeigner* wurde 1923 von der Reichwehr zum Rücktritt gezwungen („Reichsexekution" im „roten" S.). Die Wahlerfolge der Nationalsozialisten lagen in S. stets weit unter dem Republik-Durchschnitt, noch 1932 lagen SPD und KPD deutlich vor der NSDAP. Wie alle Länder wurde auch S. 1933/34 von den Nazis gleichgeschaltet, also faktisch aufgelöst, und dann bis Kriegsende durch einen „Reichsstatthalter" verwaltet.

Nach Ende des 2. Weltkrieges wurde auch das Land S., vergrößert um drei niederschlesische Kreise um Görlitz, als Teil der Sowjetisch Besetzten Zone (SBZ) wieder in seine Funktion eingesetzt. Bei den ersten (und bis zum Zusammenbruch der DDR letzten) halbwegs freien Landtagswahlen im Oktober 1946 entfielen auf die SED 59, die CDU 28, die LDP 30, die Vereinigung der gegenseitigen Bauernhilfe (VdgB) 2 Mandate und den Kulturbund 1 Sitz. Die 1947 verabschiedete Landesverfassung blieb nur kurzfristig in Kraft. Mit der Abschaffung der Länder 1952 durch die SED wurde S. in die drei Bezirke Leipzig, Dresden und Chemnitz (von 1953-90 Karl-Marx-Stadt) aufgeteilt.

2. Bevölkerung – Gesellschaft – Wirtschaft

2.1 Bevölkerung

S. ist mit einer Fläche von 18 300 qkm (5,1% von D.) und rd. 4,6 Mio. E. (5,8% von D.) das bevölkerungsreichste und am dichtesten besiedelte (267 E. pro qkm) der fünf neuen Länder. Landeshauptstadt (rd. 501.000 E.) ist das als europäische Kulturmetropole („Elbflorenz") geltende Dresden (als slawische Siedlung „Drezga" urkundlich erstmals Anfang des 10. Jh.s erwähnt, Stadtgründung Anfang des 13. Jh.s). Größte Stadt aber ist Leipzig (rd. 530 000 E.), die als Handels- und Universitätsstadt an der Pleiße ihren Ruf begründete. Weil von den Leipziger Montagsdemonstrationen die wichtigsten Impulse für den demokratischen Umbruch in der DDR im Herbst 1989 ausgingen, trägt Leipzig heute den publizistischen Ehrennamen „Heldenstadt". Weitere Großstädte sind die Industriezentren Chemnitz (rd. 302 000 E.) und

Zwickau (rd. 119 000 E.). Von Bedeutung sind ferner u.a. das (ehemals schlesische) Görlitz (rd. 75 000 E.), Plauen im Vogtland (rd. 75 000 E.), das sorbische Bautzen (rd. 51 000 E.) und Freiberg (rd. 50 000 E.) mit seiner bereits 1765 gegründeten Bergakademie, der ältesten montanwissenschaftlichen Hochschule der Welt.

S. ist das einzige neue Bundesland mit einer ethnischen Minderheit. In der Ober- und Niederlausitz (aber auch im brandenburgischen Spreewald) lebt seit dem 5. Jh. der slawische Volksstamm der Sorben (Wenden), deren Zahl auf mindestens 25 000, höchstens 70 000 geschätzt wird (Hauptstadt Bautzen mit Sitz der „Domowina", einer kulturellen Vertretungskörperschaft ohne eigene politische Rechte). Im Juli 1991 haben S., das Land Brandenburg und der Bund eine „Stiftung" zur Wahrung der Rechte und der nationalen Identität der Sorben ins Leben gerufen, die finanziell zur Hälfte von den beiden Ländern im Verhältnis 2/3:1/3 getragen wird.

2.2 *Wirtschaft*

Die Wirtschaftsgeschichte S.s reicht bis ans Ende des 15.Jh.s zurück, als Leipzig das Kaiserliche Messeprivileg erhielt. Die Ansiedlung von Gewerbe und Manufakturen unter der insofern weitsichtigen Herrschaft der Wettiner begünstigte entscheidend die spätere Entwicklung S.s zu einem industriellen Zentrum D.s (Schon um die Jh.-Wende waren in S. 50% mehr Menschen in der Industrie tätig als im Reichsdurchschnitt.) In der DDR wurde S. zum wichtigsten Produktionsraum des Regimes, in seinen drei Bezirken wurden ein knappes Drittel der Bruttoinlandsproduktion erzeugt. Für das vereinigte D. beträgt der Anteil S.s am Bruttoinlandsprodukt rd. 2,2 v.H.

Im Januar 1995 waren in S. rd.15,4 v.H. der 2,3 Mio. Erwerbstätigen arbeitslos, 65 v.H. davon waren Frauen. Die Quote lag damit unter dem Durchschnitt in den fünf neuen Bundesländern.

Die Wirtschaftsstruktur wurde und wird bis heute von mittelständischen Unternehmen mit ihrem Innovationspotential bestimmt; ihre Ursprünge liegen im Vogtland (Musikinstrumente) und im östlichen Erzgebirge (Spielwaren, Holzschnitzereien, Klöppelei). Gleichwohl waren nach der Vereinigung D.s alle traditionellen Industriebranchen in ganz S. von einem erheblichen Schrumpfungsprozeß betroffen, der nur langsam in eine Aufschwungphase mündet. Das gilt für die Baumwoll- und Textilindustrie im Vogtland, in der Lausitz und in West-S. ebenso wie für den Maschinen- und Fahrzeugbau sowie die Schwarzmetallurgie in Riesa, Freital, Plauen, Leipzig und Chemnitz. Die Automobilproduktion in Zwickau („Trabant") ist 1990 eingestellt, die Motorenproduktion jedoch mit Hilfe der VW AG wieder aufgenommen worden. Der Bau von Motorrädern in Zschopau („MZ") wurde nach erheblichen Modernisierungsinvestitionen fortgesetzt, ist jedoch noch nicht dauerhaft gesichert; er hat aber wegen seiner Qualität relativ gute Zukunftschancen. In Dresden, wo vor dem 2. Weltkrieg die erste Spiegelreflexkamera der Welt gebaut wurde, mußten die traditionsreichen Pentacon-Werke Ende 1990 ihre Produktion einstellen. Den neuen wirtschaftlichen Wettbewerb haben wegen ihrer extrem ungünstigen Rentabilitätsstruktur auch die Uhrenindustrie in Glashütte und die Leichtindustrie in Schwarzenberg und Schneeberg (Kühlschränke und Waschmaschinen) von ganz wenigen hochproduktiven Ausnahmen mit qualitativ neuen Produkten nicht überlebt. Während der Uranbergbau um Aue ebenso wie in Ostthüringen um Gera inzwischen vollständig eingestellt wurde und dem Land riesige Rekultivierungslasten hinterlassen hat, wird der Abbau der Braunkohle (wichtigster Energieträger des Landes) in Tagebauen z.B. um Leipzig in stark reduziertem Umfang fortgesetzt. Allein die Meißner

Porzellanmanufaktur hat eine sichere wirtschaftliche Zukunft. Dies gilt auch für den Tourismus, da die Landeshauptstadt und ihre Umgebung sowie die landschaftlichen Schönheiten der Sächsischen Schweiz, das Elbsandsteingebirge, große Attraktivität weit über die Grenzen S.s hinaus genießen. Allerdings müssen die infrastrukturellen Voraussetzungen der Fremdenverkehrswirtschaft noch wesentlich verbessert werden.

Der vergleichsweise hohe Anteil mittelständischer Unternehmen an der Produktionsstruktur S.s hat dem Land den schwierigen Übergang zur Marktwirtschaft wesentlich erleichtert.

Die Bedeutung, die die drei Bezirke S.s auch als Produzenten landwirtschaftlicher Güter in der DDR besaßen, haben sie im vereinigten D. nicht bewahren können. Insbesondere im Kartoffelanbau sowie in der Vieh- und Milchwirtschaft hatte S. jeweils rd. ein Viertel der DDR-Erträge produziert, obwohl sie auf weniger als 17% der damaligen landwirtschaftlichen Nutzfläche erzeugt wurden.

2.3 Kultur und Bildungswesen

S. verfügt über mehr als 20 Universitäten und Hochschulen sowie mehr als 70 Fachhoch- und Fachschulen. Herausragende Bedeutung haben u.a. die Bergakademie Freiberg, die Technische Universität, die Hochschule für Verkehrswesen „Franz Liszt“, die Musikhochschule „Carl Maria von Weber“ und die Hochschule für bildende Künste (alle in Dresden) sowie die Leipziger Universität (ehem. als „Karl-Marx-Universität“ größte alma mater der DDR), die dortige Musikhochschule „Felix-Mendelssohn-Bartholdy“, die Forstakademie in Tharant und die Ingenieurhochschule in Mittweida erlangt.

S. ist aufs engste mit der deutschen und europäischen Kulturgeschichte verbunden. Dresden wurde von seinen prunksüchtigen Königen (seit *August „dem Starken“)* zur schönsten Barockstadt Europas ausgebaut. Durch einen alliierten Bombenangriff ohne militärische Bedeutung im Februar 1945 schwer zerstört, sind schon vor der Wende Zwinger, Brühlsche Terrassen, Hofkirche und Semperoper wieder aufgebaut worden. Mit ausschließlich privaten Mitteln soll jetzt die Restauration der Frauenkirche durchgeführt werden.

Aus S. stammen oder haben dort längere Zeit gewirkt u.a. Deutschlands größtes (und letztes) Universalgenie, der Philosoph Gottfried Wilhelm *Leibniz*, die Komponisten Johann Sebastian *Bach* und Carl Maria *von Weber*, die Maler Otto *Dix* und Emil *Nolde* sowie die Schriftsteller Erich *Kästner* und Joachim *Ringelnatz*.

Anfang des 13.Jh.s verfaßt der sächsische Ritter Eike *von Repkow* in niederdeutscher Sprache den „Sachsenspiegel“, das älteste und bedeutendste Rechtsbuch des deutschen Mittelalters, eine Sammlung gewohnheitsrechtlicher Regeln des Lehns- und Landrecht, die teilweise (als „Sachsenrecht“) noch um 1900 angewandt wurden.

3. Politisches System

3.1 Verfassung

Mit dem noch von der ersten frei gewählten DDR-Volkskammer verabschiedeten Ländereinführungsgesetz vom Juli 1990 wurde auch das Land S. wieder in Funktion gesetzt. Bis zur Verabschiedung der neuen Landesverfassung galt ein vom im Oktober gewählten Landtag bereits am 27. Oktober 1990 verabschiedetes „Gesetz zur Herstellung der Arbeitsfähigkeit des Sächsischen Landtages und der Sächsischen Landesregierung (Vorschaltgesetz)“, das in 10 Artikeln Befugnisse von Exekutive und Legislative provisorisch regelte. Bereits im April 1990 hatte sich im Rahmen der „Gemischten Kommission Baden-Württemberg/Sachsen“, die den Aufbau S.s. begleitete, eine „Arbeitsgruppe Landesverfassung“ gebildet, die auf der Basis von

Vorarbeiten Dresdner Bürgerrechtler einen sogenannten „Gohrischen Entwurf" (benannt nach dem Tagungsort Gohrisch in der Sächsischen Schweiz) vorgelegt hatten, zu dem in den folgenden Monaten 1 400 Ergänzungs- und Änderungsvorschläge aus der Bevölkerung eingingen. Grundlage des Entwurfs waren die „Verfassungsvorbilder" Grundgesetz der BRD, die Verfassungen S.s von 1920 und 1947, die geltenden Verfassungen Bayerns und Baden-Württembergs und die DDR-Verfassung von 1949. Mit westdeutscher Beratungshilfe wurde daraufhin vom Verfassungs- und Rechtsausschuß des Landtages die endgültige Fassung eines Verfassungsentwurfs erarbeitet, am 26. Mai 1992 vom Landtag mit einer Mehrheit von 132 Stimmen von CDU, SPD, FDP und Bündnis 90/Grüne gegen 14 Stimmen der PDS, eine der CDU und vier Enthaltungen verabschiedet und einen Tag später in Kraft gesetzt.

Damit erhielt der – wieder so bezeichnete – „Freistaat S." als erster der fünf Neu-Länder eine Landesverfassung. Sie entspricht mit ihren mehr als 100 Artikeln dem Werte- und Ordnungssystem des Grundgesetzes, weist jedoch zahlreiche Abweichungen auf. Der mehr als 20 Artikel umfassende Grundrechtekatalog ist der umfangreichste einer deutschen Länderverfassung. Erstmalig finden sich dort – nicht einklagbare – soziale Grundrechte als Staatszielbestimmungen (Recht auf Auskunft über Umweltdaten, Datenschutz, Recht auf Mitbestimmung in den Dienststellen des Landes). Schon in Art. 1 heißt es, der Staat sei ein „demokratischer, dem Schutz der natürlichen Lebensgrundlage und der Kultur verpflichteter sozialer Rechtstaat." Der Landtag hat jetzt 120 Abgeordnete (bis dahin 160), die für fünf Jahre gewählt werden.

Bemerkenswert erscheinen auch die plebiszitären Elemente der neuen Verfassung: So kann das „Volk durch Volksantrag" Gesetzesvorlagen einbringen und seine Verabschiedung sogar durch Volksbegehren und einen – allerdings an ein hohes Quorum von 450 000 Stimmen gebundenen – Volksentscheid erzwingen. Als erstes der neuen Bundesländer hat S. einen Landesverfassungsgerichtshof errichtet. Die Verfassung selbst wurde nicht, wie lange in S. diskutiert, dem Landesvolk in einer Volksabstimmung zur Billigung vorgelegt, sondern vom Landtag verabschiedet.

Im Bundesrat hat S. vier Stimmen. Die Wahlperiode beträgt fünf Jahre.

3.2 Organisation des politischen Systems

Schon auf der Grundlage des Vorschaltgesetzes sind eine Reihe grundlegender Landesgesetze verabschiedet worden, darunter ein Hochschulerneuerungsgesetz, das entgegen der ursprünglichen Absicht der Landesregierung die Neuausschreibung *aller* Hochschulstellen vorsieht. In einem Abgeordnetengesetz wurden schon vor der Verabschiedung der Verfassung die Pflichten und Rechte der Mitglieder des Landtages festgelegt. Mit der darin enthaltenen Diätenregelung können sie – im ostdeutschen Durchschnitt – als gut ausgestattet gelten: Jedem Abgeordneten steht eine steuerpflichtige Grundentschädigung in Höhe von 4 450 DM, eine steuerfreie Kostenpauschale von 1 800 DM sowie eine gestaffelte Fahrtkostenpauschale (zwischen 1 200 und 1 750 DM) zu. Der Landtagspräsident und seine Stellvertreter erhalten die doppelte bzw. eineinhalbfache Grundvergütung. Außerdem erhalten sie sowie die Fraktions- und Ausschußvorsitzenden eine steuerfreie Aufwandsentschädigung zwischen 900 und 450 DM.

Während die Organisation der Landesregierung mit der Bildung von 10 Ministerien schon seit 1992 abgeschlossen und der Landtag mit der Bildung von 15 Ausschüssen (einschließlich eines nur in S. arbeitenden „*Sonderausschusses* zur Untersuchung von Amts- und Machtmißbrauch infolge der SED-Herrschaft") seitdem ebenfalls arbeitsfähig ist, gab es auf regionaler und kommunaler Ebene zunächst noch zahlreiche Probleme. S. hatte sich als einziges der neuen Bundesländer für eine dreistufige Verwaltung entschieden und zunächst drei Regierungsbezirke eingerichtet. Sie arbeiteten bis 1994 als Mittelbehörden für die Verwaltung von 48 Landkreisen und sechs kreisfreien Städten (Leipzig, Dresden, Chemnitz, Zwickau, Görlitz und Plauen) mit 1 623 Gemeinden und Städten. Wie in den anderen vier neuen Bundesländern ist dann auch in S. 1993 ein Gesetz zu einer Kreisgebietsreform verabschiedet und im Herbst 1994 in Kraft getreten. Danach wurden in S. 23 Landkreise und sieben kreisfreie Städte (zu den bisherigen ist Hoyerswerda hinzugekommen) eingerichtet. Zugleich wurde im Gegensatz zu den anderen vier neuen Bundesländern die schon bestehenden drei Regierungsbezirke als sogenannte Mittelbehörden beibehalten. In diesem Zusammenhang finden sich in S. immer wieder Stimmen, die anstelle der Kreise wieder die traditionellen sächsischen „Hauptmannschaften" als unterste territoriale Verwaltungskörperschaften einführen wollen. Die zunächst auch in S. noch geltende, im Mai 1990 noch von der DDR-Volkskammer beschlossene Kommunalverfassung ist 1994 durch ein neues Kommunalgesetz einschließlich Kommunalwahlgesetz ersetzt worden.

Im Frühjahr 1991 haben sich S. und das Land Brandenburg darüber verständigt, daß eine Reihe von Gemeinden im südlichen Brandenburg auf Wunsch ihrer Bewohner wieder dem sächsischen Freistaat angegliedert werden.

3.3 Parteien, Wahlen, Wählerverhalten

Bei den Landtagswahlen am 14.Oktober 1990 verzeichnete S. mit 73,5% die höchste Wahlbeteiligung aller neuen Bundesländer. Die CDU erreichte mit 54,4% die absolute Mehrheit, was nur in diesem Land einer Partei gelang. Dafür schnitt die SPD in einem ihrer vermeintlichen Stammlande mit 19,1% so schlecht wie in keinem anderen der fünf Neu-Länder ab. Die Linke Liste/PDS kam auf 10,2% (nur in Thüringen schnitt die Nachfolgepartei der SED noch schlechter ab) die Listenverbindung „Forum" (Neues Forum-Bündnis 90/Die Grünen) auf 5,6 v.H. und die FDP auf 5,3 v.H. der Stimmen. Damit entfielen von den damals 160 Landtagsmandaten 92 auf die CDU, 32 auf die SPD, 17 auf die PDS, 10 auf Bündnis 90/Grüne und 9 auf die FDP. Entscheidend zum Erfolg mag die Kandidatur des früheren Generalsekretärs der CDU-West, Prof. Kurt *Biedenkopf*, beigetragen haben, der zuvor mit Vorlesungen an der Leipziger Universität sein Engagement für Ostdeutschland unter Beweis gestellt hatte. *Biedenkopf* wurde daher auch von 120 der anwesenden 153 Abgeordneten, also auch von 28 Mitgliedern anderer Fraktionen gewählt.

In den Landtagswahlen am 11.9.1994 verlor die CDU gegenüber 1990 zwar mehr als 200 000 Stimmen, konnte aber ihren Stimmenanteil auf 58,1 v.H. erhöhen und damit wiederum die absolute Mehrheit erringen. Die SPD fiel auf 16,6 v.H. zurück und liegt damit nur ganz knapp vor der PDS, die sich auf 16,5 v.H. der Wählerstimmen steigerte. Die FDP (1,7 v.H.) und die Bündnis-Grünen (4,1 v.H.) schafften nicht mehr den Einzug in den Landtag.

Die Sitzverteilung im Sächsischen Landtag lautet: 77 Mandate für die CDU, je 21 für SPD und PDS.

Die Wahlbeteiligung lag mit 58,4 v.H. außergewöhnlich niedrig und wurde nur noch von der in Sachsen-Anhalt bei den dort vorgezogenen Landtagswahlen im Juni und der in Brandenburg am gleichen Tag unterschritten.

Die Landesregierung ist zwar von personellen Krisen bisher weitgehend verschont geblieben, mit Ausnahme eines wegen seiner politischen Belastung aus der DDR-Vergangenheit zurückgetretenen Innenministers und, nach der letzten Landtagswahl, des in nichtaufgeklärte Geheimdienstkontakte zum sowjetischen KGB verwickelten CDU-Fraktionsvorsitzenden. Allerdings gibt es in der CDU-Fraktion eine heftige Dauerauseinandersetzung zwischen den „Reformern“ und den „Blockis“, was bei der „Versetzung“ des Leiters der Staatskanzlei, Arnold *Vaatz*, in das Umweltressort erneut sichtbar wurde. *Vaatz*, der aus der Bürgerbewegung und nicht aus der alten Block-CDU kommt, strebt eine radikale Aufarbeitung auch der Geschichte der Blockpartei CDU an, was von deren Mitgliedern teilweise blockiert wird.

Wahlanalysen von drei Wahlgängen im Jahre 1990 (Volkskammerwahl im März, Landtagswahl im Oktober und Bundestagswahl im Dezember, ohne die Kommunalwahlen im Mai 1990) sowie der letzten Landtagswahl zeigen, daß es in S. keine großen Wählerbewegungen gegeben hat. Die CDU hat ihren Stimmenanteil zwischen 50 und 60 v.H. stabilisiert, während die SPD seit ihrem besonders enttäuschenden Abschneiden bei der Volkskammerwahl (15,1%) nur geringfügig zulegen konnte. Die PDS hat dagegen seit 1990 kontinuierlich zugenommen; Bündnis 90/Grüne, die an der Volkskammerwahlen noch nicht teilnahmen, stagnieren knapp unter der 5-Prozent-Marke und nur die FDP, die bei den Bundestagswahlen im Dezember 1990 in S. immerhin noch 12,4 v.H. der Stimmen erhielt, erlebte einen dramatischen Einbruch.

3.4 Politische Rolle in Deutschland

S. wird zweifellos im politischen System der Bundesrepublik eine wichtige Rolle spielen. Aufgrund seines – noch schlummernden – wirtschaftlichen Potentials werden ihm besonders gute Aufschwungschancen eingeräumt. Die Vielfalt mittelständischer Firmen und eine gut ausgebildete Facharbeiterschaft werden S. trotz seiner beträchtlichen Umweltschäden und diesbezüglichen Altlasten wieder zu einem begehrten Produktionsstandort werden lassen. Es hat zudem in Baden-Württemberg einen potenten West-Partner, der ihm vertraglich zugesicherte materielle und Beratungshilfe gewährt.

Die in S. allein regierende CDU hat ihre parlamentarische Macht bisher keineswegs rigoros genutzt. Dies mag u.a. seinen Grund in einer tradierten sächsischen politischen Liberalität haben, ist aber auch auf den Ministerpräsidenten Biedenkopf zurückzuführen, der als bekannter „Querdenker“ für engstirnige parteipolitische Grabenkämpfe nicht zu haben ist. Die neue Landesverfassung versucht – ähnlich wie die neuen Verfassungen in den vier anderen Neu-Ländern, Erfahrungen aufzugreifen, die die Bürger in 40 Jahren Geschichte unter dem SED-Regime und vor allem während der demokratischen Revolution im Herbst 1989 gemacht haben. Ein in S. besonders ausgeprägtes landsmannschaftliches Selbstbewußtsein wird die föderale Struktur der Bundesrepublik stärken. Allerdings wird sich in S., wie in allen neuen Ländern, jenes für das Funktionieren der bundesstaatlichen Ordnung auch erforderliche Maß an Bundestreue erst voll herausbilden können, wenn das Land seine großen ökonomisch-sozialen Probleme bewältigt hat, wenn es gegenüber dem Westen nicht mehr als Bittsteller auftreten muß.

Literatur

Blaschke, Karlheinz 1989: Geschichte Sachsens im Mittelalter. München.

Hoffmann u.a. 1991: Die neuen deutschen Bundesländer. Eine kleine politische Landeskunde. Bonn.

Informationen zur politischen Bildung 1991: Mecklenburg-Vorpommern, Brandenburg, Sachsen-Anhalt, Thüringen, Sachsen, H. 230, hrsg. v. der Bundeszentrale für politische Bildung. Bonn.

Lapp, Peter Joachim 1991: Die fünf neuen Länder, in: Forum Deutsche Einheit, Nr.

6, hrsg. v.d. Friedrich-Ebert-Stiftung. Bonn.
Sachsen, in: Deutschland - ein Porträt einer Nation [2]1991, Bertelsmann Lexikothek Bd. 9. Gütersloh.
Sachsen, in: Internationales Handbuch – Länder aktuell, Munzinger-Archiv, Lfg. 2/91.
Sächsischer Landtag: Die Verfassung des Freistaates Sachsen, 1. Wahlperiode, Drucksache 1/1900 vom 18.5.1992.

Johannes L. Kuppe

Land Sachsen-Anhalt

1. Historischer Abriß

S.-A. hat eigentlich keine eigene politische Geschichte, denn sie ist zugleich die Geschichte Thüringens und Sachsens. Selbstständiges Land war es lediglich von 1947 bis 1952.

Der Siedlungsraum des heutigen S.-A. gewinnt historische Konturen, als auch er im 8.Jh. – damals der nördliche Teil des ehemaligen Thüringer Königreiches – endgültig von *Karl dem Großen* dem Fränkischen Großreich einverleibt wird. Von da an werden zunächst für diese Gebiete sächsische Herrscherhäuser bestimmend. Von dem Nachfolger des von *Karl* geschlagenen Sachsenkönigs *Heinrich I. dem Löwen*, dem Stammvater der sächsischen Ottonen auf dem Thron des ostfränkischen deutschen Kaiserreiches, *Kaiser Otto I.* wurden zunächst im Zuge der Ostsiedlung zahlreiche Grenzmarken (Elbmark, Lausitz, Merseburg, Meißen) zum Schutze des Reiches errichtet. Zur Ostausdehnung gehörte aber auch immer die Christianisierung der ansässigen Slawen. So stifte *Otto I.* 968 u.Z. das Erzbistum Magdeburg, die Stadt wird zugleich Kaiserresidenz. 220 Jahre später erhielt sie das Stadtrecht, das Vorbild für zahllose ostdeutsche, polnische, ukrainische und russische Städte wurde. Dauernde kriegerische Auseinandersetzungen der Sachsen- und Welfen-Herzöge mit den Salier- und Staufer-Kaisern des Reiches führte zu einer Abspaltung der Gebiete an der mittleren Elbe von Sachsen, das im 13.Jh. nur noch als Herzogtum Sachsen-Wittenberg weiterexistierte. Bis Anfang des 15.Jh.s bestanden an der mittleren Elbe sehr komplizierte Herrschaftsverhältnisse: In Teilen der Altmark (die ingesamt zur Markgrafschaft Brandenburg gehörte) um Stendal regierte das aus dem östlichen Harzvorland stammende, mit der Kurwürde ausgestattete Grafengeschlecht der Askanier (südöstlich davon schlossen sich die zu Kurmainz gehörenden Besitzungen des Erzbistums Magdeburg an) ebenso wie in Teilen des Fürstentums Anhalt und im – an dessen Westgrenze gelegenen – Herzogtum Sachsen-Wittenberg. Nach dem Aussterben der Askanier werden 1423 u.Z. die Wettiner mit der Markgrafenschaft Meißen belehnt und übernehmen zugleich auch das Herzogtum Wittenberg und damit auch die an diesen Besitz gebundene Kurwürde der Askanier. Fortan werden zwei Herrschergeschlechter prägend für den späteren Raum S.-A.

Nach der Erbfolgeteilung des sächsisch-Meißener Wettiner 1485 u.Z. in die ernestinische und albertinische Linie bleiben nur die Meißener Markgrafenschaft und Teile von Nordthüringen bei den Albertinern, während Mittel- und Ostthüringen, das Wittenberger Herzogtum und Teile der Altmark an die Ernestiner fielen. Kurfürst *Friedrich der Weise* baute Wittenberg zu seiner Residenz aus und gründete dort 1502 u.Z. eine Universität. An ihr lehrt Martin Luthers Freund Philipp *Melanchthon*; 1517 soll *Luther* an der Wittenberger Schloßkirche seine 95 Thesen zur

Reformierung der katholischen Kirche angeschlagen haben.

Genau 100 Jahre zuvor hatten die Hohenzoller die Mark Brandenburg als Reichslehen erhalten. 1513 wird der Hohenzoller *Albrecht von Brandenburg* Erzbischof von Magdeburg mit verschwenderischer Hofhaltung in Halle. Er übernimmt für den Papst gegen gutes Entgelt den Vertrieb der Ablaßbriefe, mit deren Erlös der Bau des Petersdom finanziert werden soll. Diese mehr als anstößige Praxis der Amtskirche wird zum Anstoß für die Reformation, das Gebiet von S.-A. wird zugleich ihre Kernlande. Reformation und Dreißigjähriger Krieg (1618-48), in z.B. Magdeburg völlig zerstört wurde, bringen territoriale Veränderungen, die bis Anfang des 19. Jh. Bestand hatten. Zunächst verschwinden Ende des 16. Jh.s die geistlichen Fürstentümer, vor allem Magdeburg und Halberstadt, und im Westfälischen Frieden (1648) wird den Brandenburgischen Kurfürsten weite Teile auch der Elbe-Saale-Gebiete, mit Ausnahme des – inzwischen mehrfach aufgeteilten Fürstentums Anhalt – zugesprochen, während die Wettiner weitgehend leer ausgingen. Unter dem preußischen Absolutismus des Großen Kurfürsten erleben die mittelelbischen Gebiete einen großen wirtschaftlichen und kulturellen Aufschwung: Magdeburg wird preußische Festung und Handelsmetropole, in Halle wird eine Universität gegründet (1694). Die Anhaltinischen Fürstentümer bleiben zwar selbstständig, sind aber von preußischem Gebiet umgeben und schließen sich den preußischen Modernisierungen weitgehend an. Nach dem verlorenen Krieg gegen *Napoleon* muß Preußen alle westelbischen Gebiete (an ein von *Napoleon* geschaffenes, kurzlebiges Königreich Westfalen abgeben), jedoch gewinnt es auf dem Wiener Kongreß 1815 an politischem Einfluß und territorialer Größe: Mit den bis dahin schon unter preußischer Verwaltung stehenden Gebieten wurden nun auch das kurmainzische Erfurt, Quedlinburg, die einst freien Reichsstädte Nordhausen und Mühlhausen, Teile des nördlichen und Östlichen Eichsfeldes und nicht zuletzt die sächsischen Verluste Wittenberg, Torgau und Merseburg in einer *preußischen Provinz Sachsen* zusammengefaßt. Sie bildet das Kernland des späteren S.-A. Die Fürstentümer Anhalt behalten zwar auch weiter ihre politische Unabhängigkeit, sind aber wirtschaftlich sowie verkehrs- und zolltechnisch faktisch schon Teil der Provinz. Im 19. Jh. erlebte diese aufgrund ihrer geographischen Lage in der Mitte D.s einen gewaltigen wirtschaftlichen Aufschwung (Kaliabbau im Südharz, Kupfergewinnung in Mansfeld, Zuckerrübenanbau in der fruchtbaren Magdeburger Börde), die Städte Halle und Magdeburg verzehnfachen in 100 Jahren ihre Einwohnerzahl. Politisch gelten die Provinz Sachsen und der „Freistaat Anhalt“ (seit 1918) als rote Bastion; die in den Reichstagswahlen stets siegreichen Linksparteien werden erst 1933 von der NSDAP überholt. 1900-1930 ist die SPD in allen Wahlen stets stärkste Partei. Die Nationalsozialisten schalten auch diese Gebiete gleich. 1944 wird die Provinz Sachsen in die Provinzen Magdeburg und Halle-Merseburg aufgeteilt, der Regierungsbezirk Erfurt fällt an Thüringen. Im Juli 1945 begegnen sich westalliierte und sowjetische Truppen erstmals in Torgau an der Elbe. Nach dem vereinbarten Rückzug der Amerikaner, die bis Dessau vorgerückt waren, faßte die sowjetische Militärverwaltung beide Gebiete und den Freistaat Anhalt unter dem Namen „Provinz Sachsen“ zusammen. Nach den ersten und – bis zum Zusammenbruch des SED-Regimes – letzten, halbwegs freien Landtagswahlen im Oktober 1946 (Mandatsverteilung: SED 51, CDU 24, LDP 33 und Vereinigung gegenseitigen Bauernhilfe/VdgB 2) wird sie zunächst in „Provinz Sachsen-Anhalt“ (mit den drei Regierungsbezirken Magdeburg, Halle-Merseburg und Dessau) umbenannt. Nach Inkrafttreten einer Landesverfassung Anfang 1947 galt – auf sowjetischen Befehl – die Provinz S.-A. staatsrechtlich als Land. 1952 wurde es wie alle DDR-Länder von der SED aufgelöst. Aus seinem Gebiet wurden die Bezirke Magdeburg und Halle gebildet.

2. Bevölkerung – Gesellschaft – Wirtschaft

2.1 Bevölkerung

In S.-A. leben auf einer Fläche von 20 607 qkm (5,7% von D.) rd. 2,81 Mio. E. (3,5% der deutschen Gesamtbevölkerung), das sind etwa 136 E. pro qkm. Landeshauptstadt ist wieder Magdeburg/Elbe (rd. 288 000 E.), Verkehrsknotenpunkt mit größtem Binnenhafen in der DDR, ehemals als Hansestadt Handelsmetropole, und traditionsreiches Erzbistum; von 1947 bis 1952 war es die Universitätsstadt Halle/Saale (rd. 231 000 E.), ebenfalls Bischofssitz und Kulturzentrum (Sitz der 1695 gegründeten „Francke'schen Stiftungen", ehemals Waisenhaus, Bürger- und Lateinschule, Pädagogikum und wissenschaftliche Bibliothek). Dritte Großstadt ist Dessau (rd. 101 000 E.), bis 1918 Residenz der Fürsten von Anhalt-Dessau und zeitweise Wohnsitz des Bauhaus-Gründers Walter *Gropius*. Weitere wichtige Städte sind die Lutherstadt Wittenberg (rd. 54 000 E.), ein Stammsitz der sächsischen Herzöge, die ehemalige Hansestadt Stendal (rd. 50 000 E.), die einstige Kaiserpfalz Merseburg (rd. 48 000 E.), in der DDR Zentrum der Chemie- und Braunkohlenindustrie, und Halberstadt (rd. 47 000 E.), um 827 u.Z. von den Karolingern gegründetes Bistum.

2.2 Wirtschaft

Die moderne Wirtschaftsgeschichte von S.-A. beginnt in der 1. Hälfte des Jh.s, als sich das Industrierevier Halle/Merseburg/Bitterfeld zu entwickeln beginnt (seit 1809 Braunkohlen- und Steinsalzabbau bei Halle, seit 1826 Herstellung von synthetischem Treibstoff in Halle-Leuna und seit 1837 von synthetischem Gummi in Schkopau, seit 1840 Stickstoffproduktion bei Schönebeck, seit 1861 Kali-Kunstdüngerproduktion aufgrund der reichen Vorkommen im Südharz). Diese Grundstoffindustrie, die einst D. wirtschaftliche Weltgeltung verschaffte, wurde in der DDR, ebenso wie der Schwermaschinen- und Fahrzeugbau in den nördlichen Gebieten um Magdeburg im wesentlichen mit dem Ausrüstungsstand der Vorkriegszeit und ohne Rücksicht auf Umweltbelastungen weiterbetrieben. Naturgemäß konnten diese heruntergewirtschafteten bzw. unrentablen Wirtschaftszweige den Konkurrenzdruck nach der Vereinigung nicht standhalten; die Betriebe mußten ihre Belegschaften drastisch reduzieren oder – z.T. aus Umweltgründen – ganz schließen. So weist S.-A. 1994 noch vor Mecklenburg-Vorpommern die höchste Arbeitslosenquote in Ostdeutschland aus: Von rd. 1,38 Mio. Erwerbstätigen waren 16,6 v.H. offiziell arbeitslos (ohne Kurzarbeiter und ABM-Beschäftigte), 65% davon waren Frauen. Besonders hart hat es das Chemierevier Halle/Bitterfeld getroffen, in dem in der DDR mehr als 40% alle chemischen Erzeugnisse hergestellt wurden. Das gilt auch für die einst konkurrenzlose Unterhaltungselektronik in Staßfurt, die ebenso wie fast die gesamte Industrie die Ostmärkte verloren hat. Die Kupferproduktion im Mansfelder Revier ist endgültig eingestellt worden, da die Gestehungskosten um ein vielfaches die des afrikanischen oder kubanischen Kupfers überstiegen. Zukunftschancen, wenn auch mit stark reduziertem Personaltableau, haben – nach dem Verkauf an ein nordamerikanisches Unternehmen Anfang 1995 – der 100 Jahre alte (Eisenbahn-)Waggonbau in Dessau, die Leicht- und Lebensmittelindustrie (Zuckerfabriken) und – begrenzt – die Produktion von Spezialkränen in Magdeburg. Auch die Fremdenverkehrswirtschaft dürfte nach einer Modernisierung der Infrastruktur „anspringen“. S.-A. verfügt hier über zahlreiche attraktive Anziehungspunkte: u.a. die reizvolle Mittelgebirgslandschaft des Harz (mit Brocken und *Goethes* Hexentanzplatz bei Thale), mit der 600 km² großen Colbitz-Letzlinger Heide im Norden S.-A.s, der größten zusammenhängenden Heidelandschaft Mitteleuropas, die Harzer Vorlandstädte Quedlinburg, Wernigerode und Halberstadt, das klassizistische Dessau mit Wörlitzer Landschaftspark (UNESCO-Naturschutzgebiet), das UNESCO-Biosphärenreservat „Mittlere Elbe“ und nicht zuletzt Magdeburg, Naumburg, Merseburg und Halberstadt mit den ältesten Kathedralbauten auf deutschem Boden.

2.3 Kultur und Bildungswesen

S.-A. gehört zu den ältesten Kulturlandschaften D.s. Den Ruf dieses Raumes haben nicht zuletzt die politisch in der Regel einflußlosen, aber kunstsinnigen Anhaltinischen Fürstenhäusern begründet, die selbst eine Reihe bedeutender historischer Persönlichkeiten hervorbrachten (z.B. war die russische Zarin *Katharina die Große* war eine Prinzessin von Anhalt-Zerbst), und zeitweise die seinerzeit bekanntesten Künstler und Gelehrten anzogen. So hat etwa der architektonische Klassizismus in D. von Dessau seinen Ausgang genommen. Johann Sebastian *Bach* schuf seine Brandenburgischen Konzerte im Auftrag des Fürsten von Anhalt-Köthen. In Wittenberg arbeiteten und lehrten mehrere Jahre die Maler Albrecht *Dürer* und Lucas *Cranach* d.Ä. sowie der Philosoph und Rechtsgelehrte Philipp *Melanchthon*, ein Freund des bedeutendsten Wittenbergers, des Reformators Martin *Luther*. Geborene Sachsen-Anhaltiner sind ferner die Träger so berühmter Namen wie Christian *Thomasius* und Christian *Wolff*, Friedrich Gottlieb *Klopstock*, Friedrich von *Hardenberg* (*Novalis*), Georg Philipp *Telemann*, Georg Friedrich *Händel* und schließlich der Komponist der Dreigroschenoper Kurt *Weill*. In Dessau lehrten neben *Gropius* Ludwig *Mies von der Rohe*, Wassily *Kandinsky*, Paul *Klee* und Lyonel *Feiniger*.

Magdeburg besitzt eine Medizinische Akademie, die Technische Universität „Otto von Guericke“ und eine Pädagogische Hochschule. Von Mitte des 17. bis Mitte des 18.Jh.s galt die in Halle 1694 gegründete Universität als bedeutendste deutsche Lehranstalt; 1817 mit der Wittenberger Univerität zusammengelegt, gehört sie gegenwärtig als Martin-Luther-Universität Halle-Wittenberg neben den Universitäten von Rostock, Jena, Leipzig und Berlin zu den fünf klassischen akademischen Einrichtungen in den fünf Neu-Ländern. In S.-A. gibt es ferner u.a. die Technische Hochschule „Carl Schorlemmer“ in Leuna-Merseburg, eine Ingenieur-Hochschule in Köthen, die Hochschule für Land- und Nahrungsgüterwirtschaft in Bernburg und die traditionsreiche Hochschule für Kunst und Design Burg Giebichenstein sowie zahlreiche Fachschulen.

3. Politisches System

3.1 Verfassung

Mit dem noch von der ersten frei gewählten DDR-Volkskammer verabschiedeten Ländereinführungsgesetz vom Juli 1990 wurde auch S.-A. staatsrechtlich wieder selbständiges Land und Teilstaat der noch bestehenden DDR, bestehend aus den Bezirken Magdeburg und Halle. Allerdings gab es auch nicht wenige Stimmen, kein neues Land S.-A. zu bilden und das Territorium auf die Nachbarländer Sachsen, Thüringen und Brandenburg aufzuteilen.

In Ost-Anhalt gab es sogar Bestrebungen, wieder einen selbständigen Staat Anhalt zu errichten.

Während der Ausarbeitung einer neuen Landesverfassung, mit der die „Runden Tische“ von Magdeburg und Halle schon Anfang 1990 begannen, arbeiteten Landesregierung und Landtag auf der Grundlage eines „Gesetzes über die vorläufige Ordnung der Regierungsgewalt im Land Sachsen-Anhalt" und einigen weiteren provisorischen Regelungen. Bis Ende 1991 haben dann alle Landtagsparteien eigene Verfassungsentwürfe vorgelegt, die sich z.T. erheblich voneinander unterscheiden. Schließlich hat man sich auf einen überfraktionellen Entwurf einer Verfassungskommission unter der Leitung des damaligen Oppositionsführers Reinhard *Höppner* (SPD) geeinigt, der am 15.Juli 1992, nach eineinhalbjährigen Beratungen, vom Landtag verabschiedet wurde. Damit wurde S.-A. nach Brandenburg und Sachsen das dritte ostdeutschen Bundesland, das sich wieder eine Verfassung gab. Von den anwesenden 101 Abgeordneten (insgesamt 106, im Regelfall nach der neuen Verfassung 99) stimmten 80 für und 19 gegen den Entwurf, zwei enthielten sich. Damit war die erforderliche Zweidrittelmehrheit deutlich überschritten. Zustimmung gab es geschlossen von den Regierungsparteien CDU und FDP sowie mehrheitlich von der SPD, abgelehnt wurde die Verfassung von den PDS-Abgeordneten, vom Bündnis 90/ Grüne und von der CDU-Abspaltung DSU.

Die neue Verfassung enthält in ihren knapp 100 Artikeln einen umfangreichen Grundrechtskatalog (was z.B. für westdeutschen Länderverfassungen, die dabei auf das Grundgesetz verweisen, untypisch ist) einschließlich einer Reihe sozialer Grundrechte und einen Katalog von Staatzielbestimmungen. Der heftige Streit um eine von der CDU geforderte, religiös bestimmte Formel in der Präambel über das Motiv der Verfassungsgebung wurde zugunsten einer laizistisch-säkularen Version beendet. Die Verfassung enthält die Rechte auf Arbeit und Wohnung, allerdings in Formulierungen wie „fördern", „anstreben", „Möglichkeit geben", „bereitstellen", die sie nicht einklagbar machen. Festgeschrieben wird der individuelle Datenschutz, ein an Voraussetzungen gebundenes Auskunftsrecht über Umweltdaten sowie die Verpflichtung, die Gleichberechtigung von Mann und Frau „durchzusetzen". Der Staat verpflichtet sich zum „Schutz der natürlichen Lebensgrundlagen" (allerdings wird – wie von den Bürgerbewegungen lange gefordert – Umweltorganisationen und sonstigen juristischen Personen kein verfassungsrechtlich geschütztes Verbandsklagerecht eingeräumt), zur Förderung von Kunst, Wissenschaft und Sport sowie von ethnischen und sozialen Minderheiten. Bemerkenswert ist auch die detaillierte Auflistung von „Erziehungszielen" in der Verfassung. Der Religionsunterricht wird in der Regel „ordentliches Lehrfach".

Entgegen der erklärten Absicht der Mehrheit der damaligen Regierungsfraktionen von CDU und FDP sind auch plebiszitäre Elemente in die Verfassung aufgenommen worden. Mit einer „Volksinitiative" (35 000 Unterschriften) kann auch die Behandlung von Gesetzentwürfen im Landtag erzwungen werden. Ein „Volksbegehren" (unterstützt von 250 000 Unterschriften), dem ein Gesetzentwurf zugrunde liegen und das die Landesregierung für zulässig erklären *muß*, führt zu einem „Volksentscheid" über ein Gesetz, das als angenommen gilt, wenn mindestens ein Viertel der Wahlberechtigten zugestimmt haben. Mit diesen, aus einem konservativen Verfassungsverständnis problematischen Bestimmungen wurde in S.-A. jedoch den Erfahrungen aus der Herbst-Revolution in der DDR Rechnung getragen.

Die Wahlperiode beträgt vier Jahre; im Bundesrat hat S.-A. vier Stimmen.

3.2 Organisation des politischen Systems

Schon vor Verabschiedung der neuen Landesverfassung sind in S.-A. in den Bereichen Bildung und Schule, Wirtschaft, Soziales sowie Organisation der zentralen und regionalen Landesverwaltung zahlreiche Gesetzeswerke beschlossen worden.

Die Rechte und Pflichten der Mitglieder des Landtages wurden frühzeitig gesetzlich geregelt. Die Diätenregelung verschafft ihnen angemessene, im ostdeutschen Durchschnitt gute Einkommen: Die steuerpflichtige Grundvergütung liegt bei 4 832 DM, der Landtagspräsident und die Fraktionsvorsitzenden erhalten das Doppelte, Ausschußvorsitzende usw. zwischen 50% und 20% gestaffelte Zuschläge. Die steuerfreie Kostenpauschale beträgt 1 600 DM (plus 320 für den LT-Präsidenten). Hinzu kommen 1 500 DM z.B. für die Beschäftigung von Mitarbeitern und eine Fahrkostenentschädigung zwischen 250 und 1 150 DM.

In S.-A. wurden neben der Staatskanzlei des Ministerpräsidenten neun Ministerien geschaffen, sechs entfielen auf die CDU, drei auf die FDP. Im Gegensatz zu den vier anderen ostdeutschen Neu-Ländern kommen in S.-A. vier Ressortchefs aus dem Westen D.s (in Sachsen z.B. nur zwei).

Wegen der nur schwach ausgebildeten politischen Traditionen in S.-A. liegen hier die Schwierigkeiten beim Aufbau einer Verwaltung vor allem auch in der fehlenden landsmannschaftlichen Kohäsion, in regionalen Eifersüchteleien und Abneigungen. Zwischen den nördlichen Altmärkern, den besonders umweltgeschädigten Bitterfeldern und den gerade kulturell selbstbewußten Dessauern gibt es kein gewachsenes Zusammengehörigkeitsgefühl. Dies zeigte sich auch in dem quälenden Streit um die Landeshauptstadt, in dem sich schließlich das im 2.Weltkrieg zu 80% zerstörte Magdeburg gegen Halle durchsetzen konnte.

Wie in allen Neu-Ländern ist inzwischen auch in S.-A. durch Gesetz eine Gebietsreform und die Ersetzung des noch von der letzten DDR-Volkskammer im Mai 1990 verabschiedeten Kommunalgesetzes durch eine neue Landeskommunalverfassung erfolgt. Nach der Wende wurden in S.-A. 1 350 Gemeinden und Städte (mehr als 900 haben weniger als 1 000 E.) in 37 Landkreisen und drei kreisfreien Städten (Magdeburg, Halle und Dessau) verwaltet. Um eine rentable Verwaltung zu etablieren, war eine Reduktion der Zahl der Kreise um rd. 50% dringend erforderlich. Mit der im Landtag im Juni 1993 verabschiedeten Kreisgebietsreform wurde die Zahl der Landkreise auf 21 gesenkt, am Status der drei bisher kreisfreien Städte hat sich nicht geändert. Westliches Partnerland auch beim Verwaltungsaufbau in S.-A. ist Niedersachsen.

3.3 Parteien, Wahlen, Wählerverhalten

Bei den Landtagswahlen am 14.Oktober 1990 rangiert S.-A. in der Wahlbeteiligung mit 65,6% nur ganz knapp vor dem Schlußlicht Mecklenburg-Vorpommern. Wahlsieger war die CDU mit 39%, die SPD erreichte 26%, die FDP mit 13,5% ihr mit Abstand bestes Ergebnis in allen Neu-Ländern (in einigen Wahlkreisen bis zu 26%; in der Bundestagswahl im Dezember errang sie im Wahlkreis Halle ihr einziges Direktmandat in D.), die PDS 12% und die Listenverbindung Grüne/Neues Forum (später Bündnis 90/Die Grünen) 5,3%. Das ergab folgende Mandatsverteilung: Von den 106 Landtagssitzen (einschließlich acht Überhangmandate der CDU) entfielen auf die CDU 48, die SPD 27 , die FDP 14, die PDS 12 und das Bündnis 90/Grüne 5. Bei dieser Sitzverteilung hat es seitdem, wie in allen Neu-Ländern, durch Fraktions- und Parteiaustritte bzw. Rücktritte wegen Stasi-Belastungen aus der Vergangenheit leichte Verschiebungen gegeben, die in S.-A. vor allem die CDU betrafen, doch war die Regierungskoalition aus CDU und FDP zunächst nicht gefährdet. Gleichwohl war sie von Anfang an die politisch schwächste der fünf Neu-Länder. Der erste, nicht dem Landtag angehörende Ministerpräsident Gerd *Gies* wurde von nur 59 der anwesenden 102 Abgeordneten gewählt. Er mußte (Verdacht des unlauteren Mandatserwerbs) bereits Anfang Juli 1991 zurücktreten und wurde, nachdem auch der Innenminister (CDU) sowie der Minister für Bundes- und Europaangelegenheiten und Landesvorsitzende der FDP (wegen seiner Stasi-Vergangenheit) ihr Amt aufgeben mußten, durch den bisherigen, aus Niedersachsen stammenden Finanzminister Werner *Münch* ersetzt. Dieser mußte (unter dem Vorwurf überhöhter Gehaltsbezüge) 1993 ebenfalls zurücktreten. Ihm folgte kurzfristig Christoph *Bergner* (CDU).

In vorgezogenen Landtagswahlen im Juni 1994 erreichte die CDU nur noch 34,4 v.H. der Zweitstimmen (-4,6 v.H.), blieb aber mit 37 Mandate stärkste Kraft im Landtag. Die SPD klettert auf 34,0 v.H (+8,0 v.H.) und errang 34 Mandate. Die PDS verbesserte sich ebenfalls um 7,9 v.H. auf 19,9 v.H. der Zweitstimmen und besetzte 21 Abgeordnetensitze. Bündnis 90/ Die Grünen konnten mit 5,1 v.H. und fünf Mandate ihre Position im Landtag behaupten. Da jedoch die FDP auf einen Stimmenanteil von 0,2 v.H. abstürzte und damit nicht mehr in den Landtag kam, konnte auch die alte CDU/FDP-Regierungskoalition unter Ministerpräsident *Bergner* nicht fortgesetzt werden. Im Juli wurde mit 48 Stimmen der SPD-Oppositionsführer Reinhard *Höppner* zum neuen Ministerpräsidenten einer von SPD und Bündnis 90/Die Grünen getragenen Minderheitsregierung gewählt, die nur gestürzt werden kann, wenn CDU und PDS gemeinsam einen neuen Regierungschef wählen.

Wahlanalysen der drei Wahlgänge des Jahres 1990 (Volkskammerwahl im März, Landtagswahl im Oktober und Bundestagswahl im Dezember, ohne Kommunalwahl im Mai) zeigen, daß im Wählerpotential von CDU und SPD zunächst kaum Bewegungen stattfanden. Die CDU hatte sich bei Rückgang um rd. 5% seit März bei knapp 40%, die SPD nach leichtem Anstieg bei rd. 25% stabilisiert. Demgegenüber kletterte die FDP von rd.8% im Frühjahr auf knapp 20% am Jahresende und die PDS fiel im gleichen Zeitraum von 14% auf 9,4% zurück. Die Bürgerbewegungen erreichten im März 4% und stagnieren seitdem bei etwas über 5 v.H. Erst die letzte Landtagswahl hat erhebliche Veränderungen gebracht. Die CDU ist auf etwa 35 v.H. abgeschmolzen, die SPD hat sich dieser Marke kontinuierlich angenähert. Die FDP hat offenbar sogar ihre Stammwählerschaft in S.-A. verloren, Bündnis/Die Grünen stagnieren um die 5-Prozent-Marke. Lediglich die PDS wuchs stark, ihr strömten wegen der unverändert schwierigen wirtschaftlichen Lage Protestwähler in erheblichem Umfang zu. Hier spielt eine Rolle, daß S.-A. mit den größten Umweltschäden aller Neu-Länder (mehr als 10 000 ausgewiesene Altlastenverdachtsflächen) fertig werden muß, aber nur etwa 20% seiner Staatsausgaben aus eigenen Einnahmen decken kann. Die gerade im Bitterfelder Raum („schmutzigste“ Region Europas) vor allem aus Umweltgründen teilweise schon um mehr als 80% zurückgefahrene, teilweise ganz eingestellte Chemieproduktion hat zwar die ungeheure Luft- und Wasserverschmutzung um bis zu 70% abgebaut, andererseits jedoch zu einer territorial verdichteten und damit politisch und sozial schwer beherrschbaren Arbeitslosigkeit geführt. Wo die Arbeitslosenquote örtlich schon bis zu 50% beträgt, lassen sich politische Programme, die keine schnelle Abhilfe versprechen (können), kaum vermitteln.

3.4 Politische Rolle in Deutschland

Für S.-A. als einst führende Industrieregion der DDR gilt in besonderem Maß, daß seine politische Stellung in D. ungewiß bleibt, solange die ökonomischen Erblasten der Vergangenheit nicht bewältigt bzw. für ihre Bewältigung nicht wenigstens eine Perspektive aus Sicht der besonders Betroffenen sichtbar wird. Vom Schicksal der einstigen Chemiegiganten Leuna AG, Buna AG, Bitterfelder Chemie AG und der (schon stillgelegten) Film- und

Chemiefaser AG Wolfen hängt auch politisch viel ab: Die gegenwärtig drohende Ent-Industrialisierung eines halben Bundeslandes stellt die soziale Marktwirtschaft auf ihre bisher härteste Probe. Versagen ihre Konzepte hier, wird das gesamte politisch-wirtschaftlich-soziale Ordnungsgefüge D.s davon betroffen werden. Die gegenwärtige politische Rolle S.-A.s in D. läßt sich daher nur als folgenschwerer Testfall für Gestaltungswillen und -phantasie der Politik beschreiben. Dagegen erscheint die Frage nach der Einordnung von S.-A. in die föderale Struktur der Bundesrepublik vorläufig relativ bedeutungslos.

Literatur

Hoffmann u.a. 1991: Die neuen deutschen Bundesländer. Eine kleine politische Landeskunde. Bonn.

Lapp, Peter Joachim 1991: Die fünf neuen Länder, in: Forum Deutsche Einheit, Nr. 6, hrsg. v.d. Friedrich-Ebert-Stiftung. Bonn.

Informationen zur politischen Bildung 1991: Mecklenburg-Vorpommern, Brandenburg, Sachsen-Anhalt, Thüringen, Sachsen, H. 230, hrsg. v.d. Bundeszentrale für politische Bildung. Bonn.

Sachsen-Anhalt, in: Deutschland – Porträt einer Nation ^{2}1991, Bertelsmann Lexikothek Bd. 9. Gütersloh.

Sachsen-Anhalt, in: Internationales Handbuch – Länder aktuell, Munzinger-Archiv, Lfg. 3/91.

Verfassung des Staates Sachsen-Anhalt. Vom 16. Juli 1992. Vervielf. als Broschüre, o.O., o.J.

Johannes L. Kuppe

Land Schleswig-Holstein

1. Historischer Hintergrund

Das „Bindestrich"-Land S.H. hat eine lange und äußerst komplexe gemeinsame Geschichte und ist über die Jahrhunderte sowohl Brücken- und Bindeglied zwischen D und Skandinavien als auch Kampfplatz und Streitobjekt insbesondere im Verhältnis zu Dänemark gewesen. Fixpunkt war die anläßlich der Wahl des Königs von Dänemark zugleich zum Herzog von Schleswig und Graf von Holstein im Ripener Freiheitsbrief (1460) enthaltene Zusicherung: „Dat se bliven ewich tosamende ungedelt". Im Zusammenhang mit den nationalen Bewegungen im 19. Jh. kam es sowohl zu dem dänischen Expansionsversuch, Schleswig stärker in den dänischen Gesamtstaat zu integrieren („Eiderdänen") als auch im Zuge der deutschen Revolution 1848 zur niedergeschlagenen Erhebung in S.H., mit der vergeblich versucht wurde, aus den drei Herzogtümern Schleswig sowie den dem Deutschen Bund angehörenden Holstein und Lauenburg ein vereintes deutsches S.H. zu schaffen. Nach der Niederlage Dänemarks gegen Preußen und Österreich 1864 und dem Sieg Preußens gegen Österreich 1866 wurde S.H. zwar staatlich vereint, aber gegen den Willen weiter Teile der Bevölkerung nicht selbständig, sondern als Provinz in Preußen eingegliedert. Nach der Niederlage D.s im Ersten Weltkrieg wurde die schon 1866 vorgesehene, aber nicht durchgeführte Volksabstimmung in Grenzgebieten zu Dänemark nachgeholt. Die in ihren Einzelheiten umstrittene Volksabstimmung von 1920 führte zu einer dauerhaften Grenzverschiebung, bei der S.H. 1/5 seines Staatsgebietes verlor. Im Zusammenhang mit der wirtschaftlichen Krisensituation gerade auch der Landwirtschaft in der Weimarer Republik wurde S.H. schon vor der Machtergreifung eine der stärksten Bastionen des Nationalsozialismus. Der Zweite Weltkrieg brachte mit der Besetzung Dänemarks eine weitere gravierende Belastung des Verhältnisses zum nördlichen Nachbarn, und die Niederlage führte kurzfristig auch zu einer Revitalisierung einer dänischen Option im Landesteil Schleswig, die allerdings nur bei einer Minderheit auf Resonanz stieß. Noch vor der formellen Auflösung Preußens durch den Alliierten Kontrollrat ernannte die britische Besatzungsmacht 1946 einen Landtag, der eine „vorläufige Verfassung" erließ. Sie wurde 1949 durch eine vom gewählten Landtag beschlossene „Landessatzung" (LS) abgelöst, die S.H. als „Glied" – der Begriff Glied*staat* wurde bewußt vermieden – der BRD konstituierte.

2. Bevölkerung – Gesellschaft – Wirtschaft

S.H. als das nördlichste Bundesland zwischen Nord- und Ostsee ist mit 15732 qkm der nach dem → Sal. kleinste Flächenstaat D.s. Mit einer Bevölkerungszahl von 2,7 Mio. belegt es unter den → Bundesländern den zehnten Rang, bei der Einwohnerdichte von 170 E. pro qkm den elften Rang. S.H. erlebte gegen Kriegsende bedingt durch Flüchtlinge und Vertriebene geradezu eine Bevölkerungsexplosion, was zu erheblichen Spannungen zwischen Einheimischen und Zuwanderern führte. Die Bevölkerung nahm von 1,6 Mio. 1939 um mehr als 1 Mio. auf 2,7 Mio 1949 zu. Bis Mitte der 50er Jahre sank die Bevölkerung aufgrund freiwilliger und staatlich unterstützter Abwanderung auf 2,3 Mio., um in den 60er und 70er Jahren wieder auf 2,6 Mio. anzusteigen, ein Niveau, das sich bei Geburtendefiziten, aber leichten Wanderungsgewinnen (vor allem im Umfeld von → HH) kaum mehr verändert hat. Mit 4,7% (1992) hatte S.H. den geringsten Ausländeranteil unter den alten Bundesländern, primär aufgrund der geographischen Lage und der Wirtschaftsstruktur. Mit einer dänischstämmigen Minderheit vor allem im Grenzraum Flensburg und der friesischen Volksgruppe an der nördlichen Nordseeküste gibt es aber auch unter den deutschen Staatsangehörigen Gruppen mit ausgeprägter eigenständiger Kultur und Sprache. Konfessionell ist S.H. ein eindeutig protestantisch geprägtes Land (1987 etwa 73% ev.-luth., 6% röm.- kath.).

Die Wirtschaft S.H.s hat traditionell mit der Randlage und Strukturschwächen zu kämpfen. Obwohl der Produktions- und Beschäftigtenanteil im primären Sektor (Land- und Forstwirtschaft, Fischerei) relativ zum BRD-Durchschnitt nach wie vor hoch ist, war S.H. bereits in der Startphase der BRD kein Agrarland mehr (1950 knapp 1/5 des BIP und gut 1/4 der Beschäftigten). Im Zuge der landwirtschaftlichen Strukturveränderung mußte mehr als die Hälfte der Betriebe aufgeben, während sich die durchschnittliche Betriebsfläche mehr als verdoppelte und die Zahl der Erwerbstätigen sich um etwa 2/3 verringerte. 1992 betrug der Anteil der Erwerbstätigen im primären Sektor etwa 5% bei einer Wertschöpfung von etwa 2%. Der im Vergleich zum BRD-Durchschnitt schwache sekundäre Sektor – produzierendes Gewerbe – ist im Zuge der allgemeinen Entwicklung rückläufig und hat zudem mit speziellen Branchenkrisen zu kämpfen. Traditionelle Branchenschwerpunkte in S.H. sind der Schiffbau, Nahrungs- und Genußmittel sowie der Maschinenbau. Arbeitsplätze hat insbesondere die Werftenkrise, aber auch der Strukturwandel innerhalb der Textil- und Bekleidungsindustrie gekostet. 1992 waren noch etwa 29% der Erwerbstätigen im produzierenden Gewerbe beschäftigt. Der schon 1950 relativ zur BRD besonders hohe Anteil des tertiären Sektors ist ständig dominanter geworden und umfaßte 1992 etwa 2/3 der Beschäftigten. Dabei spielt der staatliche Sektor, bedingt u.a. durch die starke Stellung S.H.s als Bundeswehrstandort, eine wichtige Rolle. Bei der „weißen Industrie" (Tourismus) liegt S.H. bezogen auf die Einwohnerzahl an der Spitze der Bundesländer, regional konzentriert in den Kreisen Ostholstein und Nordfriesland. Beim Außenhandel liegt der Wirtschaftsaustausch mit Dänemark an der Spitze, und allgemein spielt Skandinavien eine wichtige Rolle. S.H. versucht zunehmend, auch eine wirtschaftliche Brückenfunktion zu Skandinavien zu übernehmen und hat nicht zuletzt zur Überwindung seiner Randlage starkes Interesse an der Norderweiterung der EU.

Insgesamt drückt sich die weiterbestehende wirtschaftliche Strukturschwäche S.H.s darin aus, daß das BIP pro E. 1993 mit 95% des Durchschnitts der Bundesländer am Ende der westdeutschen Bundesländer lag. Bei der Arbeitslosenquote dagegen hat S.H. unter den alten Bundesländern immerhin schon einen Mittelplatz erreicht. Zu berücksichtigen ist allerdings die regionale Differenzierung innerhalb des Landes, z.B. mit dem Wachstumsschwerpunkt im Umfeld von HH und der strukturschwachen Nordseeküstenregion. Bei den Steuereinnahmen pro Kopf liegt S.H. am Ende der westlichen Bundesländer, profitiert daher bisher sowohl vom horizontalen wie vertikalen Finanzausgleich wie auch bei den Gemeinschaftsaufgaben (insbesondere Verbesserung der Agrarstruktur und des Küstenschutzes). Die schwierige Finanzlage des Landes zeigt sich u.a. in einer hohen Pro-Kopf-Verschuldung (1992 ohne Gemeinden etwa 7800 DM), die S.H. nach dem Sal. eindeutig einen problematischen zweiten Rangplatz unter den Flächenstaaten sichert.

3. Politisches System

3.1 Verfassung

Der erste gewählte Landtag S.H.s verabschiedete 1949 eine LS, die analog dem → GG nicht nur im Namen den vorläufigen Charakter betonte, sondern auch hinsichtlich der Geltungsdauer („... dem Tage, an dem die von Schleswig-Holstein erstrebte Neugliederung des Bundesgebietes in Kraft tritt"). Bewußt wurde die LS erst nach dem GG verabschiedet, so daß ein Großteil der Bestimmungen eng an das GG angelehnt und auf einen eigenen Grundrechtsteil verzichtet werden konnte. Im Gefolge der *Barschel*-Affäre 1987, einer der folgenreichsten politischen Skandale in der BRD, schlug der eingesetzte Untersuchungsausschuß strukturelle Konsequenzen vor, insbesondere eine Enquete-Kommission zur Erarbeitung von Vorschlägen für eine umfassende Verfassungs- und Parlamentsreform. Der Schlußbericht dieser Enquete-Kommission wurde 1989 vorgelegt und bildete die Basis für eine grundlegende Verfassungsreform, die erste in der BRD. Die geänderte und nunmehr auch so bezeichnete Verfassung wurde nach erfolgreicher Kompromißsuche vom Landtag am 30.5.1990 einstimmig verabschiedet. Neue Elemente sind u.a. Staatszielbestimmungen, wie der Verfassungsrang für den Schutz der natürlichen Lebensgrundlagen und die Förderung der Gleichstellung von Frauen und Männern. Betont wird der Schutz für die kulturelle Eigenständigkeit und die politische Mitwirkung nationaler Minderheiten und Volksgruppen, wobei der nationalen dänischen Minderheit und der friesischen Volksgruppe ausdrücklich ein Anspruch auf Schutz und Förderung eingeräumt wird (Art. 5).

3.2 Organisation des politischen Systems

Die geänderte Verfassung zeichnet sich auch durch den Versuch aus, sowohl die Partizipationsmöglichkeiten des Bürgers als auch die Rolle des Parlaments im Verhältnis zur Regierung sowie innerhalb des Parlaments die Stellung der Opposition zu stärken. Mit der Verfassungsänderung ist die Möglichkeit von Volksinitiativen (Anträge an den Landtag von mindestens 20000 Stimmberechtigten), Volksbegehren (mindestens 5% der Stimmberechtigten) und Volksentscheid (Mehrheit, aber mindestens 1/4 der Stimmberechtigten) verankert worden.

Der aus 75 Abgeordneten – in der Regel voll alimentierte Berufspolitiker – bestehende Landtag wird in der Verfassung als das „oberste Organ der politischen Willensbildung" (Art. 10) hervorgehoben. Aufgrund negativer Erfahrungen mit der Patt-Situation im Landtag nach der Landtagswahl 1987 erhält er ein Selbstauflösungsrecht (mit 2/3-Mehrheit). Auch die Rolle des einzelnen Abgeordneten ist gestärkt worden (z.B. Recht der Gesetzesiniative). → Ausschüsse tagen nunmehr grundsätzlich öffentlich. Das Auskunftsrecht gegenüber der Regierung ist massiv ausgebaut worden, bis hin zur Aktenvorlage (auf Verlangen von 1/4 der Mitglieder). Entstehen dabei Konflikte mit der Regierung, wird ein neu geschaffener Einigungsausschuß eingeschaltet, und im Nichteinigungsfall bleibt der Regierung nur noch die Anrufung des → Bundesverfassungsgerichts. Auch die Rolle der Untersuchungsausschüsse und dabei die Stellung von Minderheiten ist gestärkt worden. In Art. 12 erhält die parlamentarische → Opposition (sowie der Oppositionsführer als Fraktionsvorsitzender der stärksten Oppositionsfraktion) ausdrücklich Verfassungsrang und normativ das Recht auf politische Chancengleichheit. Die beabsichtigte Stärkung von Parlament und Opposition zeigt sich auch darin, daß die Präsidenten der oberen Landesgerichte und die Mitglieder des Richterwahlausschusses sowie die Spitze des Rechnungshofes mit 2/3-Mehrheit vom Landtag gewählt werden.

Der ebenfalls vom Landtag gewählte Ministerpräsident ist in der Konstruktion stark am Modell des → Bundeskanzlers orientiert (Ministerauswahl, Richtlinienkompetenz, konstruktives Mißtrauensvotum). Anders als in der alten LS endet seine Amtszeit aber nunmehr mit dem Zusammentreten des neu gewählten Landtages. S.H. hat vorläufig weiterhin auf ein eigenes Landesverfassungsgericht verzichtet und greift in Konfliktfällen gemäß Art. 99 GG auf das Bundesverfassungsgericht zurück.

Auf der kommunalen Ebene zeichnet sich S.H. trotz seiner Gebietsreform durch eine weiterhin große Zahl von Gemeinden unter 500 E. aus, deren Verwaltungskraft durch die Kooperation in „Ämtern" gestützt wird. Die Kommunalverfassung differenziert nach Größe, insofern für die größeren Städte die Magistratsverfassung, ansonsten die Bürgermeisterverfassung gilt (→ Gemeinden). Mit der neuen Kommunalverfassung von 1990 sind auch auf kommunaler Ebene Partizipationsrechte der Bevölkerung – z.B. Bürgerbegehren und -entscheid, Einwohnerantrag – ausgebaut worden.

3.3 Parteien, Wahlen, Wählerverhalten

Im Vergleich zur BRD ist die Parteienlandschaft in S.H. etwas bunter. Das noch durch Lizensierung von der britischen Besatzungsmacht kontrollierte Parteiensystem und das mehrheitsbegünstigende Wahlrecht führten bei der ersten Landtagswahl 1947 dazu, daß nur drei → Parteien Mandate erhielten. Zur dominierenden politischen Kraft wurde die → SPD, die mit 44% 10 Prozentpunkte vor der → CDU lag und mit einer klaren Mehrheit der Mandate allein die Regierung übernahm. Die schwierige Umbruchsituation brachte auch der Vertretung der dänischen Minderheit – SSV, später in Südschleswigscher Wählerverband (SSW) umbenannt – mit fast 10% einen beachtlichen Erfolg. Mit Aufhebung der Lizensierung bildeten sich weitere Parteien, und bei der Landtagswahl 1950 gelangten trotz Fünf-Prozent-Sperrklausel sechs Parteien in das Parlament. Spektakulär war insbesondere der Erfolg des Bundes der Heimatvertriebenen und Entrechteten (BHE), der bei der in S.H. besonders großen Gruppe der Flüchtlinge und Vertriebenen Resonanz fand und fast 1/4 der

Wähler hinter sich brachte. Zudem gelangten auch zusätzlich „Deutsche Partei" (DP) und → FDP in den Landtag, während CDU und SPD jeweils 15 Prozentpunkte einbüßten. Mit der wachsenden wirtschaftlichen Stabilisierung und Integration der Vertriebenen nahmen aber die Stimmenanteile von CDU und SPD kontinuierlich zu, und ab 1962 kamen meist nur noch CDU, SPD und FDP über 5%. Ausnahmen waren zeitweilige Erfolge der Rechtsparteien – Nationaldemokratische Partei Deutschlands (NPD) 1967 bzw. Deutsche Volksunion (DVU) 1992 – sowie das Scheitern der FDP 1971, 1983 und 1988. Der SSW wurde nach seinem Scheitern bei den Landtagswahlen 1954 von der Fünf-Prozent-Sperrklausel ausgenommen und ist seitdem bei einem Stimmenanteil von 1-2% regelmäßig mit einem Abgeordneten im Landtag vertreten.

S.H. ist von der Wählerstruktur her kein „geborenes" CDU- oder SPD-Land, zumal die traditionellen Kernwählergruppen beider Parteien – Katholiken und Arbeiter – in S.H. nur wenig vertreten sind. Die Führung beider Parteien bei den Wählern hat mehrfach gewechselt, teilweise gegenläufig bei Landtags- und Bundestagswahlen. Dennoch hat die CDU von 1950 bis 1987 die Landesregierung geführt, ab 1971 sogar mit absoluten Mehrheiten als Alleinregierung. 1987 wurde die SPD erstmals seit 1954 wieder stärkste Partei, und es kam zu einer Patt-Situation im Landtag sowie dem Skandal um den CDU-Ministerpräsidenten *Barschel*. Die Bereinigung der Krise über Neuwahlen führte zur absoluten Mehrheit der SPD und einem Absturz der CDU auf 1/3 der Stimmen. Bei der Landtagswahl 1992 verlor die SPD zwar ihre absolute Mehrheit der Stimmen, blieb aber mit 12 Prozentpunkten vor der CDU und konnte ihre Alleinregierung behaupten, da die Grünen mit 4,97% denkbar knapp an der Fünf-Prozent-Hürde scheiterten.

3.4 Politische Rolle in Deutschland

S.H. als nach Fläche, Bevölkerung und Wirtschaftskraft kleines „Grenzland" gehört innerhalb der Bundesländer sicherlich nicht zu den politischen Schwergewichten. Von wachsender Bedeutung ist die Brükkenfunktion nach Skandinavien, und der Schutz sowie die Förderung der nationalen Minderheiten in Nordschleswig (Dänemark) und Südschleswig (D) gilt inzwischen international als positiver Modellfall. Einige Ministerpräsidenten S.H.s haben auch bundespolitisch eine wichtige Rolle gespielt (z.B. *von Hassel, Stoltenberg* – beide CDU – und der zeitweilige SPD-Vorsitzende und -Kanzlerkandidat *Engholm*). Die bundesweit diskutierte *Barschel*-Affäre war wichtiger Anstoß für eine grundlegende Verfassungsreform, die S.H. die wohl modernste und experimentierfreudigste Landesverfassung unter den alten Bundesländern beschert hat, die auch bei den Verfassungsdiskussionen in Ostdeutschland eine Rolle gespielt hat. Die engen Verflechtungsbeziehungen insbesondere zu HH und die neue Kooperation mit M.V. haben Überlegungen verstärkt, im Rahmen einer Länderneugliederung die genannten drei Bundesländer eventuell zusammenzufassen.

Literatur

Brandt, Otto [8]1981: Geschichte Schleswig-Holsteins. Ein Grundriß (verbessert und ergänzt v. Wilhelm Klüver). Kiel.

Enquete-Kommission Verfassungs- und Parlamentsreform 1989: Schlußbericht. Schleswig-Holsteinischer Landtag Drucksache 12/180.

Landeszentrale für politische Bildung Schleswig-Holstein (Hrsg.) 1990: Eine neue Verfassung für Schleswig-Holstein. Kiel.

Schmid, Josef 1988: Die „Kieler Affäre": Symptom eines deformierten Regierungssystems, Tat eines Einzelnen oder Kulminationspunkt einer schleswig-holsteini-

schen Sonderentwicklung? In: Zeitschrift für Parlamentsfragen, 19. Jg., H. 4.
Schüttemeyer, Suzanne S. 1990: Schleswig-Holstein, in: Esche, Falk/Hartmann, Jürgen (Hrsg.): Handbuch der deutschen Bundesländer. Frankfurt/M., New York.
Titzck, Rudolf (Hrsg.) 1987: Landtage in Schleswig-Holstein. Gestern – heute – morgen. Husum.
Unruh, Georg-Christoph von/Steiniger, Wolfgang 1982: Staats- und Selbstverwaltung in Schleswig-Holstein und Dänemark. Husum.
Varain, Heinz Josef 1964: Parteien und Verbände. Eine Studie über ihren Aufbau, ihre Verflechtung und ihr Wirken in Schleswig-Holstein. Opladen.

Uwe Andersen

Land (Freistaat) Thüringen

1. Historischer Hintergrund

Von einem Land T. kann eigentlich erst seit 1920 gesprochen werden, als sich sieben Kleinstaaten vereinigten. Trotz nur kurzer politischer Geschichte nimmt aber der geographische Raum T. geistes- und kulturgeschichtlich einen bedeutenden Platz in D. ein. Im Zuge der Völkerwanderung bildete sich aus den germanischen Völkerschaften der Hermunduren und Angeln ein Stamm, den die Römer „toringi" nannten. Diese schufen Mitte des 1. Jahrtausend ein Königreich, das jedoch nur etwa 120 Jahre bestand und im 8. Jh. durch Eroberung an das fränkische Reich fiel, dessen östliche Grenzprovinz es bis ins 12. Jh. blieb. In dieser Zeit erfolgte auch die Christianisierung von T. durch den Benediktinermönch Bonifatius, der das Erzbistum Erfurt gründete (742 u.Z.). Die Ludowinger Landgrafen machten aus T. von Anfang des 12. bis Mitte des 13. Jh.s einen mächtigen Territorialstaat von der Lahn im Norden bis zu Saale im Süden. Während ihrer prunkvollen Hofhaltung auf der Wartburg erlebte T. eine kulturelle Blüte – es war die Zeit des höfischen Minnesangs (Wolfram von Eschenbach, Walter von der Vogelweide). Die ungarische Königstochter Elisabeth wurde als Gemahlin des Landgrafen Ludwig IV. wegen ihres damals ungewöhnlichen sozialen Engagements 1235 u.Z. heiliggesprochen und gilt seitdem als Schutzpatronin T. Nach dem Aussterben der Ludowinger fiel das Land Mitte des 14.Jh. an die sächsischen Wettiner, die Markgrafen von Meißen und späteren sächsischen Kurfürsten. Im 16. Jh. erfaßte die Reformation ganz T., ausgenommen die Erfurter Besitzungen des Kurfürsten- und Erzbistums Mainz und das Eichsfeld (um Heiligenstadt) am Südosthang des Harzes. Der mit Bann und Reichsacht belegte Martin Luther erhielt von Kurfürst Friedrich dem Weisen 1521 Versteck auf der Wartburg, wo er eine erste Übersetzung des Neuen Testaments aus dem Griechischen ins Deutsche anfertigte. 1525, auf dem Höhepunkt des Bauernkrieges, wurde bei Frankenhausen in der Nähe des Kyffhäuser ein Bauernheer unter Führung des Predigers (und Luther-Widersachers) Thomas Müntzer von einer überlegenen Fürstenstreitmacht geschlagen und 1547 besiegten die katholischen Truppen Kaiser Karl V. in der Schlacht bei Mühlberg das protestantische Heer des „Schmalkaldischen Bundes" unter Führung von Kurfürst Johann Friedrich I. Von da an spielten die thüringischen Wettiner in der Reichspolitik keine Rolle mehr. Ihre Kernlande in T. zerfielen im Laufe des 17. und 18. Jh.s durch Erbteilungen (fehlendes Primogenitur) in mehr als 25 Kleinstaaten. Außerdem gab es im Raum T. kurmainzische und hessische Besitzungen sowie die beiden freien Reichsstädte Mühlhausen und Nordhausen. Auch nach einer gewissen territorialen „Flurbereinigung“ in der ersten Hälfte des 19. Jh.s u.a. als Folge der europäischen Kriege gegen Napoleon bestanden noch 12 thüringische Kleinstaaten in Mittel- und Süd-T., während die nordthüringischen Gebiete an Preußen gefallen waren. Herausragende Bedeutung konnten lediglich das Großherzogtum Sachsen-Weimar erlangen. Dort gelang es dem aufgeklärten Herzog Carl August, eine Reihe der bekanntesten Dichter (Wieland, Goethe, Herder, Schiller) an den Hof bzw. an die 1548 gegründete Universität in Jena zu ziehen und damit Weimar gegen Ende des 18. und in der ersten Hälfte des 19. Jh.s zu einem künstlerisch-intellektuellen Zentrum von T. zu machen. Doch ansonsten wurde gerade in T. nach dem Wiener Kongreß (1815) Fürstenwillkür und Kleinstaaterei als besonders drückend empfunden. Auch als Reaktion auf die restaurative Ordnung des Reichskanzlers Metternich wurde in Jena 1815 die Deutsche Burschenschaft gegründet, eine Studentenorganisation, die vehement für demokratische Reformen und die deutsche Einheit eintrat (Wartburgfest 1817). Während der bürgerlichen Revolution entsandte T. mehrheitlich demokratisch-links gesinnte Abgeordnete in das Parlament der Frankfurter Paulskirche.

Alle Staaten T. traten 1866 dem Norddeutschen Bund bei und nahmen an der Seite Preußens 1870/71 am Krieg gegen Frankreich teil.

Als Antwort auf die preußische „Einheit von oben“ begann sich auch die Arbeiterbewegung zu organisieren, zumal ein wirtschaftlicher Aufschwung gerade in T. erhebliche soziale Probleme mit sich gebracht hatte. In Eisenach (1869), Gotha (1875) und Erfurt (1991) fanden der Gründungs- und die ersten großen Programmparteitage der Sozialdemokratischen Partei Deutschlands bzw.ihrer Vorläufer statt.

Nach der erzwungenen Abdankung aller thüringischen Fürsten 1918, schlossen sich die nun gewählten demokratischen Regierungen der verbliebenen sieben Staaten 1920 zum Land T. zusammen, der Staat Coburg fiel nach einer Volksbefragung an das fränkische Bayern und der Regierungsbezirk Erfurt blieb preußisch. Weimar wurde Sitz der Nationalversammlung und damit faktisch Hauptstadt der nach ihr benannten ersten deutschen Republik. In den ersten Jahren der Weimarer Republik bildeten SPD und KPD die Landesregierung. Erst 1932 wurde die NSDAP stärkste Partei und stellte den Ministerpräsidenten. Die nationalsozialistische Gleichschaltung aller Länder 1934 machte aus dem Land T. einen reinen Verwaltungsbezirk, in den 1944 das noch preußisch-sächsische Erfurt und das hessische Schmalkalden eingegliedert wurde. Im April 1945 wurde T. von amerikanischen Truppen besetzt, die jedoch im Juli entsprechend einer interalliierten Abmachung das ganze Gebiet wieder räumten. T. wurde Teil der Sowjetisch Besetzten Zone (SBZ). Bei den ersten (und bis zum Zusammenbruch letzten), wieder freien Landtagswahlen im Oktober 1946 errangen von 100 Mandaten die SED 50, die CDU 19 und die LDP 28. Wie in allen anderen Ländern hatte nur die SED in allen Wahlkreisen Kandidaten aufstellen können. Im November wurde im Weimarer Landtag eine neue Landesverfassung verabschiedet, 1948 Erfurt Landeshauptstadt. Mit der Auflösung aller Länder der DDR 1952 ist T. in drei Bezirke (Erfurt, Gera und Suhl) aufgeteilt worden.

2. Bevölkerung – Gesellschaft – Wirtschaft

2.1 Bevölkerung

T. ist mit einer Fläche von rd. 16 200 qkm das kleinste der fünf neuen Bundesländer (4,6% von D). Mit 2,55 Mio. E. (3,2% von D.) und etwa 157 E. pro qkm ist es jedoch relativ dicht besiedelt. Landeshauptstadt ist das schon 742 u.Z. erstmals urkundlich erwähnte Erfurt mit 220 000 E. Es folgen die Großstädte Gera (130 000 E.), einst Zentrum der Textilindustrie, und Jena (107.000 E.), immer noch bedeutender Standort der feinmechanisch-optischen Industrie. Weitere Städte sind Weimar (61.000 E.) mit den nationalen Goethe-Schiller-Gedenkstätten, dem von Walter Gropius gegründeten Bauhaus, einer Hochschule für Architektur und Bauwesen, der Musikhochschule „Franz Liszt" und dem in der Nähe gelegenen, zum Mahnmal gestalteten ehemaligen Konzentrationslager Buchenwald, die alte Residenzstadt Gotha (57 000 E.), die Wartburgstadt Eisenach (51 000 E.), die Thomas-Müntzer-Stadt Mühlhausen (43 000 E.) und die Jagdwaffen-Stadt Suhl (41 000 E.).

2.2 Wirtschaft

Bereits im 16.Jh. hatte sich im Thüringer Wald eine Glas-, Porzellan- und Spielwarenmanufaktur sowie in Ost- und Mittel-T. ein florierendes Tuchmachergewerbe entwickelt. T.s Wirtschaft blieb bis in die jüngste Vergangenheit im wesentlich mittelständisch ausgerichtet. Von den 2,55 Mio. E. sind 1,26 Mio. berufstätig. Die Arbeitslosenquote (ohne Kurzarbeiter und ABM-Kräfte) beträgt (Januar 1995) 16,3 v.H. Mehr als 55% davon sind Frauen. An der Bruttoproduktion von Industrie und Handwerk der DDR, in der knapp die Hälfte aller Erwerbstätigen arbeiteten, war T. mit 14,5 v.H. beteiligt; der Anteil am Bruttoinlandsprodukt D.s ist auf etwa 1,1 v.H. geschrumpft. Gleichwohl hat T. 1994 mit mehr als 8 v.H. die höchste Wachstumsrate der Wirtschaft aller Bundesländer erreicht.

Von besonderer Bedeutung für T. ist die feinmechanisch-optische und die elektronische Industrie sowie die Gebrauchs- und Spezialglasproduktion in Jena, vor allem in den vor 150 Jahren gegründeten Carl-Zeiß-Werken (heute wieder Teil der Muttergesellschaft in Oberkochem/Baden-Württemberg), in den Jenaer Glaswerken, aber auch in Ilmenau, Lauscha und Hermsdorf. Die traditionsreichen Zeiß-Werke beschäftigten 1989 noch mehr als 70 000 Menschen, von denen jedoch bis 1994 rd. 60 000 ihren Arbeitsplatz verloren haben. Eine weitere Schrumpfung auf nur noch wenige Tausend Zeiß-Werker in den nächsten Jahren ist wohl unvermeidlich, obwohl sich die Landesregierung gerade in Jena stark für die Erhaltung von Arbeitsplätzen engagiert hat.

Zu den Industriebranchen mit Zukunftschancen gehören die Jagd- und Sportwaffenfabrikation sowie die Spielzeugindustrie im Thüringer Wald und der Fahrzeug- und Maschinenbau vor allem im Südwest-Thüringer Raum um Eisenach mit seinen Zulieferbetrieben.

Auch die traditionsreichen und hochspezialisierten Samenzuchtbetriebe in und um Erfurt dürften sich, allerdings mit wesentlich geringerem Arbeitskräftebesatz als zu DDR-Zeiten, langfristig am Markt behaupten können. Obwohl T. über die in D. höchsten Bodenqualitäten beim Ackerland (etwa die Hälfte seiner gesamten Fläche) verfügt, haben zwei Drittel der in den ehemals rd. 660 Landwirtschaftlichen Produktionsgenossenschaften der Land- und Forstwirtschaft Beschäftigten 140 000 Erwerbstätigen ihren Arbeitsplatz verloren, da Investitionsmittel für die Modernisierung des überalterten Maschinenparks und Absatzmärkte fehlten. Trotzdem kann vor dem Hintergrund der Agrarpolitik der Europäischen Union der landwirtschaftliche Sektor in T. wieder als effizient bezeichnet werden, da die überwiegend genossenschaftlich organisierten Betriebe über die entsprechenden Flächengrößen für eine rationelle Bearbeitung verfügen.

Der Kalibergbau im Südharz um Sondershausen und Bischoffsrode und der Uranabbau bei Gera sind inzwischen aus Rentabilitäts- und Umweltgründen eingestellt worden, was allein für etwa 65 000 Beschäftigte Arbeitslosigkeit bedeutete.

In T. setzt man Hoffnungen auf die Entwicklung des Tourismus, wofür das Land als „grünes Herz Deutschlands“ hervorragende landschaftliche Voraussetzungen besitzt. Das Thüringer Becken zwischen der Harzer Mittelgebirgsschwelle, dem Kyffhäuser Gebirge und Thüringer Wald mit seinen zahlreichen, meist gut erhaltenen Kulturdenkmälern wird jedoch seine alte Anziehungskraft erst wieder voll entfalten können, wenn die infrastrukturellen Bedingungen für einen anspruchsvollen Fremdenverkehr noch weiter verbessert werden.

T. gilt als verkehrstechnisch vergleichsweise gut erschlossen. Es verfügt über mehr als 25.000 km Fern- und Ortsstraßen. Der Autobahnabschnitt Eisenach-Gera bindet das Land an den Fernverkehr Frankfurt/M.-Dresden an.

2.3 Bildungswesen

Nach westdeutschen Vorbild hat die Landesregierung inzwischen eine Neuordnung des Bildungswesens eingeleitet und durch Gesetz ein gegliedertes Schulsystem eingeführt. In Jena gibt es die 1548 gegründete, in den 30er Jahren nach Friedrich Schiller benannte Universität, in Erfurt eine Medizinische Akademie, die zu einer Volluniversität ausgebaut werden soll. Die dort schon 1392 gegründete und damit älteste deutsche Universität wurde auf Druck Preußens 1816 wieder geschlossen. Die Ingenieurschule in Ilmenau wurde 1953 in eine Technische Hochschule umgewandelt. Die Pädagogische Hochschule Erfurt-Mühlhausen hat das Habilitationsrecht erhalten und damit ebenfalls den Rang einer Universität.

3. Politisches System

3.1 Verfassung

Mit dem noch von der ersten frei gewählten DDR-Volkskammer im Juli 1990 verabschiedeten Ländereinführungsgesetz wurde auch das Land T. wiedererrichtet. Ein bereits vor den Landtagswahlen im Oktober vorgelegter Entwurf für eine Landesverfassung wurde wegen Nichtvereinbarkeit mit dem Grundgesetz zurückgezogen. Bis zur Ausarbeitung einer neuen Verfassung verabschiedete der Landtag eine umfangreiche „Vorläufige Landessatzung für das Land Thüringen“, die u.a. alle Befugnisse von Parlament und Regierung, die Verordnungspraxis der zentralen Verwaltung und die Gesetzgebungstechniken regelte. Sie schrieb bis Ende 1992 die Fertigstellung einer am Grundgesetz orientierten neuen Landesverfassung verbindlich vor, die am 25. Oktober in einem Festakt auf der Wartburg verabschiedet und vorläufig, bis zu ihrer endgültigen Billigung durch einen Volksentscheid gleichzeitig mit den Landtagswahlen im Oktober 1994, auch in Kraft trat. Sie enthält im Gegensatz zu den meisten anderen Länderverfassungen der übrigen Bundesländer eine Reihe von sogenannten Staatszielbestimmungen. So hat der Freistaat für „angemessenen Wohnraum in ausreichendem Maße“ sowie „im Notfall für Obdach“ zu sorgen. Normiert wurden ferner u.a. der Mutterschutz, der Gesundheitsschutz für Kinder und Jugendliche, der „Schutz der natürlichen Lebensgrundlagen“, der Tier- und der Datenschutz. Schließlich ist es „ständige Aufgabe des Staates“, für „freigewählte und dauerhafte“ Arbeitsplätze zu sorgen.

Plebiszitätere Elemente gibt es insoweit, als die Verfassung Volksbegehren und Volksentscheide zuläßt. Weitergehend als in der Mehrzahl der übrigen Landesverfassungen der Bundesländer werden neben den Rechten auch Pflichten der Abgeordneten statuiert. Die neue Bezeichnung „Freistaat“ hat für T. keine staatsrechtlichen Folgen.

3.2 Organisation des politischen Systems

Schon auf der Grundlage der vorläufigen Landessatzung wurden in T. die wichtigsten Landesgesetze, darunter ein Schulreformgesetz, ein Ministergesetz und ein Abgeordnetengesetz verabschiedet. Das Ministergesetz verbietet den Mitgliedern der Landesregierung jede besoldete Nebentätigkeit, sieht dafür jedoch relativ großzüge Amtsbezüge (Ministerpräsident nach B 11 plus 20%, die Minister immerhin nach B 11) vor. Die Grundvergütung der Landtagsabgeordneten beträgt 4 900 DM, der Landtagspräsident und die Fraktionsvorsitzenden erhalten das Doppelte. Hinzukommen eine steuerfreie Unkostenpauschale von 11.600 DM, 500 DM für Arbeitsaufwendungen am Dienstort sowie ein gestaffelte Fahrtkostenpauschale. Mit dieser Diätenregelung, verglichen mit den in einigen Alt-Ländern, gehörten die Erfurter MdL bereits zu den gut, wenn auch nicht üppig ausgestatteten Länderparlamentariern. Im Frühjahr 1995 haben alle im Landtag vertretenen Parteien mit Ausnahme der PDS, nach drei Nullrunden eine Diätenerhöhung von rd. 40 v.H. und eine großzügige, allerdings umstrittene und noch nicht endgültig verabschiedete Pensionsregelung für Abgeordnete beschlossen.

Die Organisation der Landesregierung und die Etablierung der Gemeinde- und Kreisverwaltungen ist auch in T. inzwischen im wesentlichen abgeschlossen. Die von der Regierung durchgesetzte Errichtung eines „Landesverwaltungsamtes" („Thuringium") ist allerdings auf den heftigen Widerstand der Bürgermeister und Landräte gestoßen, die darin eine Beschneidung ihrer Selbstverwaltungskompetenzen sehen. Dieses Amt (mit etwa 850 Mitarbeitern) kann als eine Art Mittelbehörde der Verwaltung bezeichnet werden und ist am ehesten mit einem Regierungsbezirk z.B. in Nordrhein-Westfalen vergleichbar. Ähnliche Einrichtungen gibt es in den anderen vier neuen Bundesländern nicht.

Da nach der Wende die rd. 1 700 Gemeinden und Städte T.s zunächst weiter in 35 Landkreisen und fünf kreisfreien Städten (Erfurt, Gera, Jena, Weimar und Suhl) mit durchschnittlich 65 000 E. verwaltet wurden, stand auch hier eine Gebietsreform vor der Tür, mit der effiziente Verwaltungseinheiten mit wenigstens 80 000 E. geschaffen werden sollten. So hat der Landtag 1993 mit dem Gesetz über die Kommunalwahlen, die Kommunalordnung und über kommunale Wahlbeamte auch ein Gesetz über die Kreisgebietsreform verabschiedet, die alle 1994 mit den Kommunalwahlen in Kraft getreten sind. Der Streit um die Kreisgebietsrefom war in T. heftiger als in den anderen neuen Bundesländern. So stellte der Kreistag von Schmalkalden, das fünf Jahrhunderte als hessische Enklave in T. bestand, den (erfolglosen) Antrag der Rückgliederung an Hessen, und Rudolstadt mußte, obwohl ebenfalls jahrhundertelang Verwaltungszentrum, diese Funktion für den neuen „Schwarza-Kreis" in letzter Minute an Saalfeld abgeben. Lediglich die überwiegend katholischen Kreise Heiligenstadt und Worbis haben sich freiwillig zu einem „Eichsfeldkreis" zusammengeschlossen. Mit der Reform wurden in T. 17 neue Landkreise geschaffen. Die Zahl der kreisfreien Städte (Erfurt, Jena, Weimar, Gera und Suhl) hat sich nicht geändert. Allerdings soll zum 1.1.1998 auch noch Eisenach kreisfrei werden. Aufgrund seiner Landesgeschichte gab es in T. nach der Wende vereinzelt eine sogenannte „Weg-von-T"-Bewegung, die sich jedoch inzwischen wieder abgeschwächt hat. So möchte das „Amt Neuhaus" mit fünf Gemeinden an Niedersachsen rückgegliedert werden, zu dem es bis 1945 gehörte. Andere Gemeinden streben nach Hessen, Sachsen und Sachsen-Anhalt. Durch Staatsvertrag und nach einer Volksbefragung sind im April 1992 neun Gemeinden des Vogtlandes (rd. 50 qkm, 13 000 E.) wieder dem Freistaat Sachsen angeschlossen worden. Andererseits gab es aber auch in einigen Randgemeinden benachbarter Bundesländer Bürgerinitiativen, die für eine Rückgliederung nach T. eintraten.

3.3 Parteien, Wahlen, Wählerverhalten

Bei den Landtagswahlen am 14.Oktober 1990 gab es in T. mit 72,1% die nach

Sachsen zweithöchste Wahlbeteiligung. Es entfielen auf die CDU 45,4%, die SPD 22,8%, die PDS 9,7%, die FDP 9,3% und die Gruppe Bündnis 90/Grüne 6,5% der Stimmen. Noch im Oktober trat als erstes Parlament in den neuen Bundesländern der Landtag von T. an historischer Stelle im Nationaltheater von Weimar zusammen. Von den insgesamt 89 Mandaten (1 Überhangmandat für die CDU) entfielen auf die CDU 44, die SPD 21, auf Linke Liste/ PDS und FDP je 9 und auf Bündnis 90/Grüne 6. Die CDU stellte in der Koalitionsregierung mit der FDP den Ministerpräsidenten (bis Februar 1992 Josef *Duchac*, ehemals Regierungsbeauftragter der letzten DDR-Regierung de Maizière für T., seitdem der ehemalige Ministerpräsident von Rheinland-Pfalz, Bernhard Vogel). Von den neun Ministern gehörten sechs der CDU und drei der FDP an.

Mehr als in den anderen vier neuen Bundesländern hatte die Thüringer Landesregierung Kabinettskrisen durchzustehen. Nicht nur die sich lange hinziehende Ablösung von Duchac sorgte für Dauerdiskussionen, auch die Affären u.a. um die inzwischen von Vogel entlassenen Innen- und Sozialminister Böck und Axthelm wurden als abträglich für das Image von T. angesehen.

Insgesamt schien anfangs in den Thüringer Landtagsparteien die Neigung zur überparteilichen Zusammenarbeit schwächer als etwa in Mecklenburg-Vorpommern und Sachsen-Anhalt zu sein. Es mag an der „satten“ Mehrheit der Regierungskoalition (53:36 Stimmen), aber auch and der Tatsache gelegen haben, daß in T. der überwiegend aus Mitgliedern der ehemaligen Blockparteien gebildeten Regierungskoalition eine Opposition aus Protagonisten der Wende in der DDR (Ausnahme: Linke Liste/PDS) gegenüberstand.

Bei den drei Wahlgängen im Jahre 1990 (Volkskammerwahlen im März, Landtagswahlen im Oktober und Bundestagswahlen im Dezember) ist das bürgerlich-konservative Lager, entgegen manchen Prognosen, von einer Wählermehrheit bevorzugt worden.

Allerdings ist das Polster der CDU vom Frühjahr bis zum Herbst um knapp 10% auf rd. 45% Stimmenanteil abgeschmolzen. Auch die LL/PDS hatte in diesem Zeitraum rd. 30% ihrer Wähler verloren. Demgegenüber verzeichnete die SPD einen Stimmenanstieg um rd. 5% und erreichte bei den Landtagswahlen mit knapp 23% ihr bestes Ergebnis. Den größten Stimmenzuwachs erzielte die FDP, die von 4,6% im März auf 14,6% bei den Bundestagswahlen kletterte. Die zunächst nur als lose Listenverbindung angetretene Gruppe Grüne/Neues Forum/ Demokratie Jetzt, die erst im Dezember als „Bündnis 90/Grüne“ in Erscheinung trat, stabilisierte sich bei zuletzt reichlich 6% und scheint damit ihr Wählerpotential ausgeschöpft zu haben.

Das Bild änderte sich mit der Landtagswahl im Oktober 1994. Die CDU verlor noch einmal knapp 3 v.H., blieb jedoch mit 42,6 v.H. und 42 Mandaten (1990: 44) stärkste Kraft im Landtag. Die SPD schaffte einen Stimmenzuwachs von knapp 7 v.H. Sie erreichte einen Stimmenanteil von 29,6 v.H. und errang 29 Sitze (1990: 21). FDP und Bündnis 90/Die Grünen scheiterten mit 3,2 bzw. 4,5 v.H. an der 5-Prozent-Hürde und zogen daher nicht mehr in den Landtag ein. Die PDS konnte dagegen ihren Stimmanteil fast verdoppeln (von 9,7 auf 16,6 v.H.) und stellt nun 17 Abgeordnete. Das Land wird von einer Koalition aus CDU und SPD regiert. Die Wahlperiode beträgt nach der neuen Verfassung fünf Jahre. Im Bundesrat hat T. vier Stimmen.

Insgesamt ergeben Wahlanalysen für T. wie für die anderen Neu-Länder, daß das Nach-Wende-Verhalten der ostdeutschen Wahlpopulation mit den Parteipräferenzen der Vorkriegszeit kaum noch etwas zu tun hat. Bestes Beispiel hierfür ist das Abschneiden der im September 1989 neugegründeten SPD, die auch in ihren historischen Stammlanden T. und Sachsen vermeintlich tradierte Vorsprünge in der Wählergunst nicht halten konnte und von der zur Kanzlerpartei gewandelten ehemaligen Blockpartei CDU deutlich auf den zweiten Platz verwiesen wurde.

3.4 Politische Rolle in Deutschland

In T. gab es aufgrund seiner historisch langen territorialen und politisch-kulturellen Zersplitterung bis Monate nach der Wende eine Tendenz, kein selbständiges Bundesland zu werden und stattdessen den Zusammenschluß mit dem Nachbarn Hessen zu suchen. Insofern war und ist das länderstaatliche Selbstverständnis im Vergleich mit den anderen neuen Bundesländern in T. am schwächsten ausgebildet. Hier schlägt durch, daß T. zwar auch geographisch wieder Mitte und „grünes Herz Deutschlands“ (40% seiner Fläche sind mit Wald bedeckt) geworden ist, jedoch die prägenden Einflüsse von Landschaftsraum und Kultur bis in die Gegenwart stärker als die politisch-föderalen Selbständigkeitsbedürfnisse sind. T. muß daher noch seinen Platz in der bundesstaatlichen Ordnung D.s festigen. Aus dem vergleichsweise starken landsmannschaftlich-regionalen Selbstbewußtsein seiner Nachbarn erwachsen Zentripetalkräfte, denen T. entgegenwirken muß. Dies gelingt in dem Maße immer besser, wie T. aus seiner „angeborenen“ Schwäche eine Stärke macht: Später als z.B. Sachsen und Brandenburg zu einer politischen Einheit zusammengewachsen (was ja auch immer Ausgrenzen von Fremdem bedeutet), gibt es in T. gute Voraussetzungen für die Entwicklung pluraler politischer (wie gesellschaftspolitischer) Verkehrsformen, die die Grundlage für die Herausbildung eines gesamtstaatlich orientierten und weniger selbstbezogenen Föderalismus-Verständnisses sind. Ob T. diese Erwartungen erfüllen kann, wird nicht zuletzt von der Überwindung seiner gegenwärtigen, noch immer beträchtlichen wirtschaftlichen Probleme abhängen. Die jüngsten Wirtschaftsdaten des Jahres 1994 zeigen allerdings, daß das Land damit im Vergleich mit den anderen vier neuen Bundesländern am besten fertig wird.

Literatur

Hoffmann u.a. 1991: Die neuen deutschen Bundesländer. Eine kleine politische Landeskunde. Bonn.

Informationen zur politischen Bildung 1991: Mecklenburg-Vorpommern, Brandenburg, Sachsen-Anhalt, Thüringen, Sachsen, H. 230, hrsg. v.d. Bundeszentrale für politische Bildung. Bonn.

Lapp, Peter Joachim 1991: Die fünf neuen Länder, in: Forum Deutsche Einheit, Nr. 6, hrsg. v.d. Friedrich-Ebert-Stiftung. Bonn.

Thüringen, in Deutschland – Porträt einer Nation [2]1991, Bertelsmann Lexikothek Bd. 9. Gütersloh.

Thüringen, in: Internationales Handbuch – Länder aktuell, Munzinger-Archiv, Lfg. 2/91.

Johannes L. Kuppe

Landtage

1. Definition

Das parlamentarische System in den Ländern entspricht weitgehend dem Parlamentarismus auf der Bundesebene. Die Landesparlamente in D. stellen die gewählten Repräsentativorgane der 16 Bundesländer dar, wobei die Bezeichnung Landtag auf die die 13 Flächenstaaten zutrifft. In den Stadtstaaten HH und B. werden die Parlamente Bürgerschaft genannt. In Berlin heißt das Parlament Abgeordnetenhaus. Lediglich Bayern verfügt mit dem Senat neben dem Bayerischen Landtag noch über eine zweite Kammer, allerdings mit stark eingeschränkten Befugnissen. Der Senat repräsentiert ein fast noch ständisch zu nennendes Element und ist als Gegengewicht zum parteienstaatlichen Parlamentarismus gedacht.

2. Funktionen und Aufgaben der Landtage

Die wichtigsten Funktionen der Landtage bestehen allgemein – analog zum → Bundestag – in der

a) Gesetzgebung;
b) Wahlfunktion;
c) Kontrollfunktion und
d) der Repräsentativfunktion.

In den fünf neuen → Bundesländern haben die Landtage entsprechend Art. 23 des Ländereinführungsgesetzes vom 22. Juli 1990 die Aufgabe der Ausarbeitung von Landesverfassungen, denn sie waren während der ersten Legislaturperiode (1990-1994) gleichzeitig *„verfassungsgebende Landesversammlungen"*. Inzwischen sind in allen neuen Bundesländern rechtskräftige Verfassungen in Kraft gesetzt worden. Weitere Aufgaben in bezug auf Kultur, Rundfunk, Bildung, Wissenschaft und Forschung sowie Sport werden den Landtagen der neuen Länder durch die Art. 35-39 des Vertrags über die Herstellung der Deutschen Einheit zugewiesen. Dennoch besteht in der wissenschaftlichen Beurteilung Übereinstimmung, daß die Landesparlamente im politischen System Ds. einen permanenten politischen Einfluß- und Funktionsverlust erlitten haben.

2.1 Gesetzgebung

Die Landtage sind durchweg fleißige Gesetzgeber, wenngleich die verbliebene eigenständige Materie – kulturelle Angelegenheiten, insbesondere Schul-, Hochschul- und Bildungswesen, Kommunalwesen sowie Polizeirecht – z.B. durch Grundgesetzänderungen (Einführung von Gemeinschaftsaufgaben) und durch die Einengung des finanziellen Spielraums der Länder immer stärker eingeschränkt wurde. Wie auch der → Bundestag haben die meisten Landtage parlamentarische Hilfsdienste eingerichtet, die Formulierungshilfe für Gesetzentwürfe, Anträge und Anfragen leisten sollen. Auch haben die → Fraktionen seit den 60er Jahren wissenschaftliche Mitarbeiter eingestellt, die die Parlamentarier bei ihrer Arbeit unterstützen sollen. Als Legislativorgane haben die Landtage vor allem die Aufgabe, Gesetze zu verabschieden. Auch Staatsverträge, die von einer Landesregierung mit anderen Landesregierungen geschlossen werden, z.B. über die Neuordnung des Hörfunk- und Fernsehwesens sowie über die Höhe der Fernseh- und Hörfunkgebühren, bedürfen der Zustimmung der Landtage. Die Gesetzesinitiative ist allerdings im modernen Parlamentarismus weitgehend auf die Landesregierungen übergegangen, so daß heute der überwiegende Teil der Gesetzesentwürfe von der → Ministerialbürokratie erarbeitet und von den Landesregierungen eingebracht wird. Durch eine immer stärkere Dominanz des Bundes wie zunehmend aber auch der Europäischen Union werden die Landtage in ihrer Gesetzgebungsmöglichkeit erheblich eingeschränkt. Gesetzgebung kann aber auch direkt durch das Volk ausgeübt werden. Viele Landesverfassungen enthalten die Volksgesetzgebung durch Volksbegehren und Volksentscheid. Allerdings hat die Möglichkeit des Volkes zur Gesetzgebung für das politische Leben in D bisher keine große Bedeutung erlangt. Dies hängt nicht nur mit dem geringen Umfang der Landeskompetenzen zusammen, sondern ist auch auf die Unzulässigkeit von Abstimmungen über den Haushalt sowie Besoldungs- und Abgabengesetze zurückzuführen.

Eine besondere Gesetzgebungsfunktion der neuen Landtage bestand in der ersten Legislaturperiode in der Ausarbeitung von Landesverfassungen, was inzwischen ausnahmlos erfolgt ist.

2.2 Wahlfunktion

Bei der Regierungsbildung ist die Rolle des Parlaments oft nicht nur auf die Wahl des Regierungschefs begrenzt, sondern viele Landesverfassungen schreiben darüber hinaus die Zustimmung des Landtags zum Amtsantritt des Kabinetts vor. In den Bundesländern Bay., Hess., Nds., R.P. und Sal. ist auch die Entlassung der Minister an die Bestätigung durch den Landtag gebunden. In den Stadtstaaten werden alle Mitglieder der Landesregierung durch die Bürgerschaft bzw. das Abgeordnetenhaus in Einzelwahl gewählt. Durch die in der politischen Praxis zunehmende Zustimmung der Landtage zur Regierungsbildung erhält/erhalten die Mehrheitsfraktion(en) einen bedeutsamen Einfluß auf die Regierungsbildung. So konnten mehrmals Kandidaten eines Ministerpräsidenten wegen mangelnder Zustimmung seitens des Parlaments ihr Amt nicht antreten. Von besonderer Bedeutung sind auch Bestimmungen, ob der Ministerpräsident aus der Mitte des Landtags stammen muß (z.B. in NW) oder auch von außen kommen kann. Die eigentliche Wahlfunktion des Landtags wird durch das Wahlergebnis begrenzt; jedoch zeigen gerade die Regierungswechsel in M.V. (1992) und in Thür.(1992) sowie in Sa.-A.(1993), daß die Landtage die tatsächliche Wahlfunktion innerhalb einer Legislaturperiode besitzen. Die bis zur Verabscheidung der neuen Verfassungen geltenden Bestimmungen ermöglichten aber bereits, daß mit W. *Münch* und B. *Vogel* zwei christdemokratische Ministerpräsidenten aus der alten BRD nach Sa.-A. bzw. Thür. geholt wurden, die über kein Mandat im jeweiligen Landtag verfügten. In den meisten Landesverfassungen finden sich darüber hinaus Bestimmungen, die ihnen das Recht verleihen, neben dem Ministerpräsidenten und dem gesamten Kabinett auch einzelnen Ministern das Vertrauen zu entziehen. Auch enthalten einzelne Landesverfassungen die Institution des konstruktiven Mißtrauensvotums, wodurch z.B. 1953 der Hamburger Senat und 1956 die Regierung des CDU-Ministerpräsidenten K. *Arnold* gestürzt wurden. Allerdings ist die erfolgreiche Anwendung des konstruktiven Mißtrauensvotums eine Seltenheit. Die Bedeutung der Landtage als Wahlgremium für höchste Ämter kommt darüber hinaus in der Wahl der Landesverfassungsrichter zum Ausdruck.

2.3 Kontrollfunktion

Während der klassische Parlamentarismus durch die Gewaltenteilung von Legislative und Exekutive gekennzeichnet ist, zeichnet sich der moderne Parlamentarismus durch eine Verschränkung dieser Gewalten aus. Die Landesregierung und die sie tragende(n) Partei(en) bilden in der Regel die Mehrheit, während die Minderheitsfraktion(en) die Aufgaben der → Opposition übernimmt(übernehmen). Somit werden einige für die Landtage vorgesehenen Kontrollrechte in der Regel vor allem von der Opposition wahrgenommen. Allerdings haben die gängigen Kontrollinstrumente der Landtage wie z.B. Fragestunden, große kleine und dringliche Anfragen und aktuelle Stunden – nicht in allen Landtagen gibt es all diese Instrumente – die Position der Landtage im Verhältnis zur Regierung kaum stärken können. Als ein erfolgreicheres Instrument erwiesen sich dagegen Untersuchungsausschüsse (→ Ausschüsse). Als weitere wichtige Kontrollmöglichkeiten müssen das Zitierrecht des Parlaments und seiner Ausschüsse, das Selbstbefassungsrecht der Ausschüsse, das Petitionsrecht sowie das Budgetrecht gesehen werden. Angesichts einer Zunahme der finanziellen Probleme der meisten Bundesländer ist der Spielraum für die zuständigen Haushaltsausschüsse der Landtage auch geringer geworden. Kaum kontrolliert werden die Landesregierungen durch die Landtage für ihre Entscheidungen bzw. ihr Verhalten im Bundesrat.

2.4 Repräsentativfunktion

Die Parlamentsmitglieder im modernen parlamentarischen Staat sind überwiegend Mitglieder politischer Parteien, da es praktisch nur den → Parteien möglich ist, den Wählerwillen aufzunehmen und zu repräsentieren. Die parteipolitische Zusammensetzung der Landtage und die daraus resultierenden Mehrheiten sind damit entscheidend für die Regierungsbildung und den jeweiligen politischen Kurs des Landes. Die Mehreitsverhältnisse entscheiden auch über die Rollenverteilung der Parteien und → Fraktionen, zum Regierungslager oder zur Opposition zu gehören. Während die Mehrheitspartei(en) aufgrund des Wahlergebnisses den Wählerauftrag übernimmt (übernehmen), die Regierung zu bilden und die Landespolitik für die Dauer einer Legislaturperiode zu bestimmen, stellt sich die Minderheit auf die Oppositionsrolle ein. Sie kontrolliert und kritisiert die Regierung und ist bestrebt, sich selbst als Alternative zu profilieren, um bei der nächsten Wahl die Regierungsübernahme anzustreben.

Literatur

Hartmann, Jürgen (Hrsg.) 1994: Handbuch der deutschen Bundesländer. Bonn.

Handbücher der Landtage der Bundesländer

Hoffmann, Alexander/Klatt, Hartmut/Reuter, Konrad 1990: Die neuen deutschen Bundesländer. Bonn.

Lapp, Peter-Joachim 1991: Die fünf neuen Länder, Bonn.

Schneider, Hans-Peter/Zeh, Wolfgang (Hrsg.): 1989: Parlamentsrecht und Parlamentspraxis in der Bundesrepublik Deutschland – Ein Handbuch, Berlin.

Wichard Woyke

Massenmedien

1. Begriff und Arten von Massenmedien

Als Massenmedien (MM) bezeichnet man die technischen Verbreitungsmittel für Massenkommunikation (MK), jener Sonderform zwischenmenschlicher Kommunikation, bei der nach der klassischen Definition der Kommunikationswissenschaft ein „Kommunikator" seine Aussagen öffentlich (d.h. prinzipiell jedermann zugänglich), indirekt und einseitig (d.h. ohne die Möglichkeit der Beobachtung der Adressaten) an ein anonymes, heterogenes und raumzeitlich verstreutes „Publikum" richtet. Kommunikatoren sind nach diesem Verständnis Beobachter der Wirklichkeit, die ihre Beobachtungen und Reflexionen beispielsweise als Journalisten, Schriftsteller, Künstler usw. wiedergeben. Das Publikum umfaßt im weitesten Sinne alle von dem betreffenden Medium erreichten (technische Reichweite), im engeren Sinne die vom jeweiligen Kommunikator gemeinten Zielgruppen.

Unterscheidet man die MM nach der Art der zu übermittelnden Zeichen (Text (alphanumerisch, numerisch) Ton, Bild) und nach dem physikalisch-technischen Träger bzw. dem Übertragungsmodus (nicht elektronisch, elektronisch), so ergeben sich folgende Arten von MM:

1. Druckmedien (für Texte/Daten und (Fest-)Bilder) wie z.B. Tages- und Wo-

chenpresse, Bücher, Broschüren, Flugblätter usw.;
2. elektronische Medien (für Texte/Daten, Töne, (Fest- und Bewegt-)Bilder);
- auditive Medien wie z.B. Hörfunk sowie Unterhaltungselektronik (Schallplatten, CD, (Audio-)Kassetten usw.);
- audio-visuelle Medien wie Fernsehen und Unterhaltungselektronik (Video-Kassetten, Bildplatten u.ä.) sowie über Kabel oder Satellit angebotene „Dienste" wie Bildschirmtext (Btx), Kabel- und Videotext usw.

Die jüngere Entwicklung ist durch eine wachsende Dominanz der elektronischen gegenüber den nicht-elektronischen Medien gekennzeichnet. In steigendem Umfange werden Texte, Daten, Grafiken und Festbilder, künftig auch Bewegtbilder, über elektronische Dienste wie vernetzte (online-)Datenbanken, CD-Rom usw. angeboten. Die klassischen MM Presse und Rundfunk erhalten auf diese Weise immer mehr Konkurrenz von neuartigen Diensteanbietern. Gleichzeitig wandelt sich das passiv konsumierende Massenpublikum aus der Anfangszeit der MM immer mehr zu einer differenzierten, aktiv handelnden und die verschiedenen Angebote (zunehmend über den eigenen PC) selektiv auswählenden Vielheit individueller Nutzer. Damit schwinden aus der Sicht des Rezipienten die Unterschiede zwischen den klassischen MM und den neuen Diensteangeboten der Telekommunikation. Verlage, Rundfunkveranstalter und Diensteanbieter werden auf diese Weise zu immer weniger unterscheidbaren – häufig auch organisatorisch vernetzten – „Content Providern".

2. Allgemeine und spezifisch politische Bedeutung der Massenmedien

Im klassischen Konzept von MM ging man davon aus, daß der Kommunikator durch die inhaltliche und formale Gestaltung der MM weitgehend bestimmen könne, welche „Funktionen" seine Botschaften für das eher passiv gedachte, wenig differenzierte Massenpublikum hat. So spricht man – etwa im Rundfunk – bis heute von den Grundfunktionen Information, Bildung und Unterhaltung.

Diese Aufgabenstellung für die MM wurde im Rahmen funktionalistischer Ansätze für verschiedene gesellschaftliche Bereiche weiter ausdifferenziert. Für den Bereich der Politik wurden den MM unter Rückgriff auf normative Konzepte der Demokratietheorie (→Demokratie) die Funktionen der Artikulation von gesellschaftlichen Bedürfnissen und politischen Forderungen, der Kritik und Kontrolle von Machtträgern, der Konsensbildung zu politischen Entscheidungen und der sozio-politischen Integration des Gemeinwesens zugeordnet. Insbesondere Presse und Rundfunk gelten als „Medium und Faktor der öffentlichen Meinungsbildung" (so das Bundesverfassungsgericht), deren Funktionsfähigkeit in der pluralen Gesellschaft jederzeit gewährleistet sein muß.

Derartige normativ definierte Anforderungen an die Leistungsfähigkeit von MM basieren auf einer bislang wenig entfalteten Steuerungstheorie politischer Kommunikation, die einerseits die Steuerungsleistungen von MM im politischen Prozeß und andererseits die Einwirkungen der Politik auf die MM in Form der Medienpolitik zu thematisieren und zu verknüpfen hätte. In den 70er und 80er Jahren haben sich stattdessen zwei Lager gebildet, von denen das eine einen Machtverlust des Massenkommunikationssystems gegenüber der Politik konstatiert, während das andere gerade umgekehrt die wachsende Abhängigkeit der Politik von den Medien herausstellte. Die neuere Theorieentwicklung in der sozialwissenschaftlich geprägten Massenkommunikationsforschung bemüht sich in den 90er Jahren zunehmend um eine integrative Perspektive. Dabei werden unter dem Stichwort „mediatisierte Politik" wechselseitige Anpassungsprozesse und Abhängigkeiten betont und mit Hilfe des Instrumentariums der funktional-strukturellen Systemtheorie neu konzipiert. Damit wird die bisherige politikwissenschaftliche Fragestellung nach den politischen „Funktionen" der MM variiert: Es geht nunmehr um die „Resonanzfähigkeit" des Massenkommunikationssystems für politisch-administrative Systemprobleme und nicht mehr um die Frage wechselseitiger Beherrschbarkeit von Politik und Medien. Wird diese Betrachtungsweise zugrunde gelegt, dann stehen MM und Politik in einem nichthierarchischen Verhältnis zueinander, wobei beiden Systemen eine weitgehend selbstreferentielle Operationsweise bei hoher gegenseitiger Abhängigkeit unterstellt wird (vgl. *Marcinkowski* 1993).

In ihrer äußeren Erscheinungsform haben sich MM heute in allen hochentwickelten Industriegesellschaften zu komplexen Großorganisationen der „Kulturindustrie" entwickelt (Verlage, Rundfunkanstalten, Multimedia-Konzerne). Folge dieser organisatorischen und professionellen Ausdifferenzierung der MM und des enormen Wachstums der von ihnen angebotenen Leistungen ist eine tendenzielle Verselbständigung des Mediensystems gegenüber den übrigen gesellschaftlichen Bereichen bei gleichzeitig verstärkter Orientierung am Publikum als der „inneren Umwelt" des Journalismus, auf deren Aufnahmebereitschaft die MM und Diensteanbieter in zunehmendem Maße angewiesen sind. Der wachsende Konkurrenzdruck erzwingt immer neue Maßnahmen zur Effizienzsteigerung in Produktion und Distribution. Neue Managementkonzepte und eine verstärkte Technisierung kennzeichnen deshalb diese Bereiche, aber auch für den Nutzer gewinnt die technische Geräteausstattung und seine individuelle Technikkompetenz immer mehr an Bedeutung als Schlüssel für den Zugang zu den neuen Angeboten und deren interaktive Nutzung für die Konstruktion seiner subjektiven Wirklichkeitswahrnehmung (vgl. *Ruhrmann* 1994: 246).

3. Aufgabe der Medienpolitik

Entsprechend der Einschätzung, daß MM, insbesondere Presse und Rundfunk, für den politischen Willensbildungs- und Entscheidungsprozeß in modernen, demokratisch verfaßten Flächenstaaten von hoher Bedeutung sind, hat der Staat in diesen Gesellschaftssystemen eine (in der Regel verfassungsmäßig festgeschriebene) Gewährleistungspflicht zur Sicherung der Funktionsfähigkeit des Massenkommunikations-Systems. Im → Grundgesetz ergibt sich diese Pflicht aus Art. 5, der nicht nur die individuelle Meinungs- und Informationsfreiheit der Bürger garantiert, sondern nach ständiger Rechtsprechung des → Bundesverfassungsgerichts auch eine institutionelle Garantie für Presse und Rundfunk umfaßt. Für den öffentlich-rechtlichen Rundfunk schrieb das Gericht im sogenannten „Niedersachsen-Urteil" von 1986 eine „Bestands- und Entwicklungsgarantie" fest, allerdings mit dem Vorbehalt, daß der öffentlich-rechtliche Rundfunk weiterhin seine „Grundversorgungsfunktion" als Medium und Faktor der öffentlichen Meinungsbildung wahrnimmt (*BVerfGE* 73: 118ff.).

Die *Medienpolitik* liefert den staatlichen Institutionen die Mittel, um den genannten Gewährleistungspflichten nachkommen zu können. Sie hat sich in der BRD wie in anderen westlichen Demokratien zu einem breit gefächerten Politikbereich entwickelt, der sich wie folgt gliedern läßt:

- Ordnungspolitik: Bestimmung der rechtlichen Grundlagen und Rahmenbedingungen für die Produktion, Distribution und Rezeption von MM,
- Infrastruktur- und Ressourcenpolitik: Schaffung der technischen, finanziellen und personellen Voraussetzungen für funktionsfähige MM,

- Informations- und Programmpolitik: Bereitstellung politischer Kommunikationsangebote, u.a. im Rahmen politischer Öffentlichkeitsarbeit, Strukturierung der Medieninhalte, z.B. durch gesetzliche Festlegung von Programmgrundsätzen für den Rundfunk, Verbraucherschutz-Richtlinien bei Dienste-Angeboten usw.

Bei der Entwicklung des MK-Systems der → BRD stand die Ordnungspolitik nach 1945 naheliegenderweise zunächst im Vordergrund.

4. Struktur und Entwicklung von Presse und Rundfunk in Deutschland nach 1945 bis zur deutschen Vereinigung im Jahre 1990

4.1 Presse

Die Grundstrukturen des MK-Systems der BRD wie der ehemaligen → DDR wurden entscheidend geprägt durch Konzeptionen, die die Alliierten bereits vor dem Zusammenbruch im Jahre 1945 entwickelt hatten. Sofort nach der Machtübernahme wurden alle bestehenden Verlage und Funkhäuser geschlossen. Jede der vier Siegermächte gab zunächst in ihrer Besatzungszone eine eigene Militärzeitung heraus. Parallel dazu wurden in den drei Westzonen Lizenzen an politisch unbelastete Persönlichkeiten zur Herausgabe deutscher Presseerzeugnisse vergeben. Bis Ende 1949 stieg die Zahl dieser sogenannten Lizenzzeitungen auf rund 150 in den Westzonen bzw. den Westsektoren von Berlin an. Diese teils „unabhängigen", teils parteinahen Zeitungen hatten nach Vorstellung der Alliierten insbesondere die Aufgabe, das deutsche Volk nach den Jahren nationalsozialistischer Indoktrination wieder zur Demokratie zu erziehen („re-education").

In der sowjetischen Besatzungszone wurden nach 1945 die mit der Lizenzerteilung verbundenen Zielvorgaben für die Presse sehr schnell auf den Aufbau und die innere Festigung des Sozialismus ausgerichtet. Zu diesem Zwecke wurde das Mediensystem voll dem Staats- und Parteiapparat einverleibt (*Rexin* 1989: 404). Eine offizielle Vorzensur gab es (außer bei den Kirchenzeitungen) zwar nicht, dafür aber eindeutige „Empfehlungen" zur Themenstruktur und Bewertung von Ereignissen, deren Beachtung durch eine akribische Nachzensur überwacht wurde. Verstöße wurden abgemahnt und konnten schnell zum Berufsverbot und anderen strafrechtlichen Konsequenzen für Journalisten führen.

Gesichert durch diese ordnungs-, personal- und informationspolitischen Vorkehrungen und ergänzt durch eine Politik knapper Ressourcen (Papier, Maschinen) für die Zeitungen der Blockparteien konnte es sich die Medienpolitik der SED erlauben, ein relativ breit gefächertes Angebot an Zeitungen und Zeitschriften zuzulassen, das relativ unverändert bis zum Zusammenbruch der DDR im Jahre 1989 u.a. fast 40 Tageszeitungen mit einer täglichen Gesamtauflage von zuletzt fast 10 Mio. umfaßte.

Als 1949 im „Westen" die Lizenzpflicht aufgehoben wurde und die „Altverleger" wieder Zugangsmöglichkeiten zum Pressemarkt erhielten, wurde das Medium Presse wie in den 20er Jahren wieder zu einem interessanten Objekt wirtschaftlicher Investitionsstrategien. Entsprechend heftig entwickelte sich der Wettbewerb zwischen der Lizenzpresse und der schnell auf rund 400 Zeitungen angewachsenen neuen Konkurrenz. Daraus resultierte ein Konzentrationsprozeß, der sich bis heute fortgesetzt hat.

Fünf Jahre nach der Gründung der BRD hatte die Verkaufsauflage der Tagespresse mit 13,4 Mio. Exemplaren erst rund die Hälfte der Auflage am Ende der Weimarer Republik erreicht, allerdings in dem wesentlich verkleinerten Vertriebsgebiet

Westdeutschland. Mitte der 70er Jahre erreichte die Verkaufsauflage etwa 20 Mio. Exemplare, ein Niveau, das bis Ende der 80er Jahre praktisch unverändert blieb. Infolge des Konzentrationsprozesses schrumpfte die Zahl der Verlage von 624 Ende 1954 bis zur deutschen Vereinigung auf 358. Die Zahl der Vollredaktionen reduzierte sich im gleichen Zeitraum von 225 auf 119. Der Bevölkerungsanteil, der sich infolge dieser Konzentrationsprozesse nur noch aus einer (Lokal- oder Regional-) Zeitung informieren konnte, wuchs auf mehr als das Vierfache der Zahl von 1954 an und umfaßte zuletzt über ein Drittel der Bevölkerung der alten Bundesrepublik (zu diesen und den folgenden Daten vgl. *Medienbericht* 94 sowie *Media Perspektiven*. Basisdaten 1993).

Ähnliche Konzentrationsprozesse waren im Bereich der Publikums- und Fachzeitschriften zu beobachten. Heute beherrschen vier Großverlage (Bauer, Springer, Burda, Bertelsmann/Gruner + Jahr) diesen lukrativen Markt, auf dem 1990 in Westdeutschland mit fast 5.000 Titeln über 10 Mrd. DM umgesetzt wurden (1991 in Gesamtdeutschland mit rd. 5.400 Titeln fast 11,5 Mrd. DM). Bei den unterhaltenden Publikumszeitschriften (Illustrierte, Fachblätter, Freizeit- und Jugendmagazine, „Regenbogenpresse“) hatten sie 1990 einen (gewichteten) Marktanteil von zusammen über 64% (Bauer 32,0%, Springer 17,0%, Burda 9,3% und Bertelsmann/ Gruner + Jahr 6,0%). 1968 hatten diese „Großen Vier“ zusammen noch weniger als 27% Marktanteil.

Über die Rückwirkungen der geschilderten Konzentrationsprozesse und der gestiegenen Abhängigkeit von Werbeeinnahmen liegen nur bruchstückhafte empirische Forschungsergebnisse vor, insbesondere fehlen Langzeitanalysen. Trotzdem kann man die Aussage wagen, daß die Zusammenschlüsse von zuvor unabhängigen Tageszeitungen zu großen publizistischen Einheiten tendenziell die Autonomie der Journalisten, die Prägnanz der politischen Positionen und die Lokalbezogenheit der Berichterstattung negativ beeinflussen. Dies beeinträchtigt wiederum die Wahrnehmung der „öffentlichen Aufgaben“ der Presse, vor allem ihrer Informations-, Kritik- und Kontrollfunktion. Allerdings haben auflagenstarke Blätter in der Vergangenheit ihre Marktmacht nur in Einzelfällen direkt in politischen Einfluß umzusetzen versucht. Das gilt z.B. für die „Bild-Zeitung“, in anderer Weise aber auch für „Spiegel“ und „Stern“, denen es immer wieder einmal gelingt, durch investigativen Journalismus politische Skandale aufzudekken und so die politische Landschaft zu beeinflussen. Im übrigen ist die politische (Tages-)Presse (ebenso wie der Rundfunk) zunehmend abhängig geworden von der immer perfekt gemachten „Öffentlichkeitsarbeit“ von Regierungen und Verwaltungsbehörden und den auf dieser Basis produzierten Diensten der Nachrichtenagenturen.

4.2 Rundfunk

Beim Wiederaufbau des Rundfunks nach 1945 verfolgten die Alliierten in West und Ost die gleichen ordnungs- und programmpolitischen Ziele wie bei der Presse. In den drei westlichen Besatzungszonen sollte nach der Zerschlagung des von *Goebbels* zum zentralen Propagandainstrument ausgebauten Rundfunks eine Struktur entstehen, die die Staatsferne dieses Massenmediums sicherstellte. Dieses Ziel glaubten die Alliierten letztlich am besten durch eine föderalistische Grundstruktur und eine nach dem Vorbild der BBC gestaltete öffentlich-rechtliche Organisationsform zu erreichen. In diesem Organisationsmodell ist die staatliche Einwirkung offiziell auf die Rechtsaufsicht und die Gewährleistung der infrastrukturellen Voraussetzungen begrenzt; der Intendant als Letztverantwortlicher einer hierarchisch gegliederten Anstalt soll die Unabhängigkeit der Funktionswahrnehmung gewährleisten, während die bei den zuerst gegründeten Anstalten noch überwiegend aus „gesellschaftlich relevanten Gruppen“ zusammengesetzten Aufsichtsgremien (Rundfunk- und Verwaltungsrat) als „Sachwalter des Interesses der Allgemeinheit“ die „innere Vielfalt und Offenheit des Programmangebots“ und die dazu notwendige journalistische Professionalität garantieren sollten (vgl. *Stock* 1991: 142).

Auf dieser ordnungspolitischen Grundlage entstanden neben dem schon 1945 gegründeten RIAS und den alliierten Soldaten- und Propagandasendern noch vor der Gründung der BRD der Nord-Westdeutsche Rundfunk, der Bayerische und der Hessische Rundfunk sowie Radio Bremen, im Juli 1949 dann der Südwestfunk und der Süddeutsche Rundfunk, 1953 der Sender Freies Berlin und 1955 der Saarländische Rundfunk. Die Deutsche Welle und der Deutschlandfunk wurden 1960 durch Bundesgesetz errichtet, das ZDF durch Staatsvertrag aller → Bundesländer im Juni 1961. Damit hatte sich unter maßgeblichem Einfluß der Alliierten das Mediensystem in den Westzonen als „duales“ System einer privatwirtschaftlich organisierten Presse und eines öffentlich-rechtlichen (Hör-) Funks etabliert. Andere Medien, wie Film und Buch, spielten für die politische Kommunikation schon bald keine vergleichbar bedeutende Rolle mehr. Mit der nach der Währungsreform schnell wachsenden Versorgungsdichte der Haushalte mit Rundfunkgeräten wurde das Radio in der BRD bald das zeitlich am intensivsten genutzte Massenmedium und blieb es, bis ihm das Fernsehen ab Ende der 60er Jahre diesen Rang streitig machte.

Mit der „Dualisierung“ des Rundfunks, d.h. der Zulassung privatwirtschaftlicher Anbieter, hat sich dieser Trend fortgesetzt: das Fernsehen ist durch das stark ausgeweitete Programmangebot noch attraktiver geworden. Die durchschnittliche Sehdauer bei Erwachsenen lag zuletzt (1993) bei 168 Minuten in Westdeutschland und bei 209 Minuten in Ostdeutschland (*Darschin/ Frank* 1994: 98). Zumindest während der Freizeit, also ohne das „Nebenbei-Hören“ außerhalb der Freizeit, liegt das Fernsehen damit deutlich vor dem Radio (vgl. *Media Perspektiven* Basisdaten 1993: 74).

Dagegen war die Zuschauerresonanz des DDR-Fernsehens nie sehr hoch, nicht zuletzt, weil das westdeutsche Fernsehen in weiten Teilen der DDR gut zu empfangen war. Anfängliche Versuche der SED (→ PDS-SED), den DDR-Bewohnern die Programme von ARD und ZDF durch Störsender, Kontrollmaßnahmen und Sanktionen vorzuenthalten, wurden nach 1973 aufgegeben. Danach war die DDR voll den westlichen Rundfunkprogrammen ausgesetzt.

Das öffentlich-rechtliche Fernsehprogramm war im Volumen zunächst noch recht bescheiden. Mit der Einführung der 3. Programme, des Regional- und des Vormittagsprogramms sowie der neuen öffentlich-rechtlichen Satellitenprogramme hat sich die Sendeleistung des Fernsehens jedoch inzwischen deutlich erhöht. 1990 wurde (ohne die Regionalprogramme) bereits eine durchschnittliche tägliche Sendezeit von 52 Stunden erreicht. Die größten privatwirtschaftlichen Anbieter (RTL, SAT 1, Tele 5 und Pro 7) brachten es 1990 zusammen auf 87 Stunden mit einer Tendenz zur weiteren Ausschöpfung des maximalen Zeitrahmens von 24 Stunden täglich. RTL hat den 24 Stunden-Betrieb im Jahre 1992 erreicht, SAT.1 sendete 1993 über 22,5 Stunden täglich gegenüber je knapp 20 Stunden bei ARD und ZDF. Die noch bestehende Nachtlücke versuchen die öffentlich-rechtlichen Anstalten derzeit durch ein zusätzliches Spielfilmangebot zu schließen (*Krüger u.a.* 1994).

In Reaktion auf die neue Konkurrenz durch die Privaten haben die öffentlich-rechtlichen Anstalten inzwischen auch ihre Hörfunkprogramme durch eine stärkere Formatierung mit teilweise deutlich höheren Musikanteilen und durch eine klarere Ausrichtung auf Zielgruppen attraktiver gemacht, insbesondere für die werblich interessanteste Altersgruppe der 19-49jährigen. Im Fernsehprogramm von ARD und ZDF ist v.a. in der Hauptsendezeit eine verstärkte Orientierung an massen-attraktiven Sendungen zu beobachten, während Kultur- und Bildungssendungen auf spätere Sendezeiten abgedrängt oder über die 3. Programme bzw. das (seit 1993 gemeinsame) Satellitenprogramm 3sat ausgestrahlt werden. Die privatwirtschaftlichen Anbieter setzen dagegen bisher durchgängig auf Unterhaltung, wenn auch in letzter Zeit ein deutliches Bestreben erkennbar ist, sich bei der aktuellen Berichterstattung den durch das öffentlich-rechtliche Fernsehen gesetzten Standards für Seriosität und Glaubwürdigkeit anzunähern.

5. Presse und Rundfunk im vereinten Deutschland

Noch vor Inkrafttreten des Einigungsvertrages hatten westdeutsche Verlage versucht, mit ostdeutschen Verlagen Kooperations- und Beteiligungsverträge abzuschließen. Diese Verträge wurden jedoch von der →Treuhandanstalt, die die Rechtsnachfolge als Eigentümerin aller Zeitungen in Ostdeutschland antrat, mit wenigen Ausnahmen für nichtig erklärt.

Das von der Treuhand in der Folge eingeleitete Versteigerungsverfahren ist inzwischen weitgehend abgeschlossen. Gegenstand des Verfahrens waren neben dem Zentralorgan „Neues Deutschland" insbesondere die auflagenstarken SED-Bezirkszeitungen, die in vielen lokalen Verbreitungsgebieten Monopolisten waren. Im Ergebnis gingen diese Zeitungen überwiegend an westdeutsche Verleger über, die sie entweder weiter herausgeben – teilweise unter neuem Titel – oder nach deren Einstellung durch eigene Blätter mit entsprechendem Lokalteil ersetzten.

Parallel dazu setzte eine Welle von Neugründungen ein. *Röper* (1991: 425f.) nennt allein 57 neue Tageszeitungen, meist allerdings mit geringen Auflagen zwischen 2 und 40.000 Exemplaren. Der rasch einsetzende Konzentrationsprozeß reduzierte die Tagespresse in den neuen Bundesländern allerdings inzwischen (1993) wieder auf 24 Titel mit einer Verkaufsauflage von insgesamt 4,59 Mio. Exemplaren. Die auflagenstärksten Tageszeitungen sind heute: die „Freie Presse" (Chemnitz) mit rd. 510.000, die „Sächsische Zeitung" (Dresden) mit 456.000 und die „Mitteldeutsche Zeitung" (Halle) mit rd. 451.000 Exemplaren. In Gesamtdeutschland gab es Ende 1993 noch 137 „publizistische Einheiten" der Tagespresse (*Medienbericht* '94: 87). Die insgesamt 454 Tages- und Wochenzeitungen erreichten mit ihren über 1.600 Ausgaben eine Verkaufsauflage von fast 33 Mio. Exemplaren.

Kaum weniger radikal als die Presselandschaft veränderte sich der Rundfunk im Osten Deutschlands. Noch vor der deutschen Vereinigung wurden Hörfunk und Fernsehen von der letzten DDR-Regierung strukturellen und personellen Veränderungen unterzogen, aber erst nach diesem Ereignis wurde der Rundfunk voll nach westdeutschem Muster umstrukturiert. Zunächst wurde er „als gemeinschaftliche, staatsunabhängige rechtsfähige Einrichtung" der neuen Bundesländer nach Art. 36 des Einigungsvertrages fortgeführt. An die Spitze dieser Einrichtung trat Mitte Oktober 1990 der vom →Bundeskanzler ernannte „Rundfunkbeauftragte" R. *Mühlfenzl*, ehemaliger Präsident der Bayerischen Landeszentrale für neue Medien, mit dem Auftrag, bis spätestens Ende 1991 die „Abwicklung" des ostdeutschen Rundfunks durchzuführen. Dieser Auftrag ist inzwischen erfüllt, die Neuorganisation weitgehend abgeschlossen. Der Personalbestand im Bereich Hörfunk und Fernsehen der ehemaligen DDR wurde von rund 14.000 auf 5.400 abgebaut.

Der von den neuen Bundesländern zunächst verfolgte Plan, pro Land eine eigene Landesrundfunkanstalt zu etablieren, ließ sich nicht durchsetzen, letztlich blieb es bei zwei Neugründungen. Im Mai 1991 wurde von den Ministerpräsidenten von Sa., Thür. und Sa.A. ein Staatsvertrag über den „Mitteldeutschen Rundfunk“ (MDR) mit Sitz in Leipzig unterzeichnet. Im April 1991 war der Plan der Staats- bzw. Senatskanzleien von B., Bbg. und M.V. zur Gründung eines „Nord-Ostdeutschen Rundfunks“ (NOR) am Widerstand des Landtags von M.V. gescheitert. Nach weiteren Verhandlungen beschloß die Regierung dieses Bundeslandes im September 1991, dem NDR-Staatsvertrag als viertes Trägerland beizutreten. Im selben Monat beschloß der Landtag von Bbg. die Gründung des „Ostdeutschen Rundfunks Brandenburg“ (ORB), der am 1. Januar 1992 seinen Betrieb aufgenommen hat und nach dem im Dezember 1991 paraphierten Staatsvertrag zwischen B. und Bbg. eng mit dem SFB zusammenarbeiten sollte. MDR und ORB sind inzwischen Mitglied der ARD und liefern Beiträge zum gemeinsamen 1. Fernsehprogramm. Die Trägerschaft für das ZDF wurde durch den Rundfunkstaatsvertrag vom 31.8.91 auf alle 16 Bundesländer ausgedehnt, der Fernsehrat des ZDF entsprechend auf 77 Mitglieder ausgeweitet. Die Anstalt hat inzwischen aus dem Erbe des DDR-Rundfunks eigene Frequenzen für die neuen Bundesländer erhalten.

Auch im Hörfunk sind die offenen Fragen weitgehend geklärt. Hier ging es vor allem um eine Entscheidung über die künftige Funktion des Deutschlandfunks (DLF) und von RIAS Berlin, nachdem die bisherigen Aufgaben durch die Vereinigung obsolet geworden waren. Letztlich wurden DLF und RIAS 1 auf das neue, von ARD und ZDF betriebene „Deutschlandradio“ übergeleitet. RIAS 2 wurde privatisiert und RIAS-TV wurde der Deutschen Welle zugeschlagen, die damit seit April 1992 ein Satelliten-Informationsprogramm ausstrahlt, das inzwischen in allen fünf Kontinenten empfangen werden kann.

Die landesgesetzliche Zulassung von privatem Rundfunk, die inzwischen in allen neuen Bundesländern erfolgt ist, wird im „Staatsvertrag über den Rundfunk im vereinten Deutschland“ vom August 1991 geregelt. Möglich ist eine Zulassung als Voll-, Sparten- oder Fensterprogramm. Für erstere wird Meinungsvielfalt und die Berücksichtigung der Auffassungen von Minderheiten vorgeschrieben. Die Dauer der Werbung wird (wie bisher schon in Westdeutschland) auf 20% der täglichen Sendezeit begrenzt. Bei der inzwischen von den größten privatwirtschaftlichen Rundfunkanbietern auf das Maximum von 24 Stunden täglich aufgeblähten Sendezeit sind das (nach dem sog. „Bruttoprinzip“) volle 4 Stunden, 48 Minuten gegenüber nach wie vor maximal 20 Minuten täglich im ARD- und ZDF-Fernsehen bzw. 90 Minuten im öffentlich-rechtlichen Hörfunk.

Öffentlich-rechtliche und privatwirtschaftliche Anbieter senden heute ein enorm ausgeweitetes Hörfunk- und Fernsehprogramm. Allein die in der ARD zusammengeschlossenen öffentlich-rechtlichen Rundfunkanstalten (mit RIAS Berlin, Deutschlandfunk und Deutsche Welle) strahlten 1992 insgesamt 49 Hörfunkprogramme mit zusammen über 400.000 Stunden Sendezeit aus (vgl. *ARD-Jahrbuch 93*). Hinzu kommt das Angebot von 8 bundesweit und 26 landesweit sendenden privatwirtschaftlichen Hörfunkanbietern sowie über 200 Lokalradios, die besonders in *Bad.W., Bay.* und *NW* ihren Sitz haben (vgl. *Medienbericht,94:* 160ff.).

Das deutschsprachige Fernsehprogramm setzt sich zusammen aus jährlich fast 28.000 Stunden öffentlich-rechtlichem Programm (ARD, ZDF, 3. Programme, Regional- und Satellitenprogramm) und rd. 32.000 Stunden der privatwirtschaftlichen Anbieter (v.a. RTL, SAT 1, Pro 7, Kabelkanal). Hinzu kommen die je nach technischer Ausstattung über Kabel und/oder Satellit empfangbaren 30-50 ausländischen Programme.

6. Aktuelle Probleme der Medienentwicklung

Fünf Jahre nach der deutschen Vereinigung und der ihr folgenden Veränderung des Massenkommunikationssystems der ehemaligen DDR, die im wesentlichen mit einer Überstülpung der westdeutschen Strukturen auf die neuen Bundesländer endete, bewegen sich Presse und Hörfunk in Deutschland in relativ geordneter Formation auf die nächste Entwicklungsstufe im Medienbereich zu, die sogenannte „digitale Revolution" (s.u.). Auch beim Fernsehen steht diese am Horizont, allerdings wird dieser Bereich Mitte der 90er Jahre noch von heftigen Turbulenzen geschüttelt. Grund ist das alles andere als stabile Verhältnis zwischen den öffentlich-rechtlichen und den privatwirtschaftlichen Fernsehanbietern. In ihrem für den früheren → Bundespräsidenten, R. *v. Weizsäcker,* erstellten „Bericht zur Lage des Fernsehens" kommt die von dem früheren Mitglied des Bundesverfassungsgerichtes, *Mahrenholz,* präsidierte Expertenkommission Anfang 1994 zu einer wenig beruhigenden Einschätzung des aktuellen Status dieses Leitmediums. So wird konstatiert, das Konzept von „Rundfunk als kultureller Veranstaltung" habe sich durch die Zulassung kommerzieller Anbieter verändert, was verbunden sei mit einer „stärkeren Hinwendung zu einem Verständnis von Rundfunk als Ware und Dienstleistung". Die Zukunft des Fernsehens sei unter diesen Umständen besonders von der Lösung zweier zentraler Probleme abhängig: „von der Zukunftssicherung der öffentlich-rechtlichen Fernsehanstalten und von der Sicherung der Vielfalt im kommerziellen Fernsehmarkt" (*Mahrenholz-Kommission:* 7).

Die Bestands- und Entwicklungsfähigkeit des öffentlich-rechtlichen Rundfunks sehen die Experten v.a. durch „die dramatischen Einbrüche bei den Werbeeinnahmen" gefährdet. In der Tat haben ARD und ZDF hier in den letzten Jahren massive Rückgänge hinnehmen müssen. Nach dem Höhepunkt des Jahres 1989 mit zusammen 1,61 Mrd. DM Netto- Werbefernseh-Umsatz hat sich diese Zahl bis 1993 – trotz einer zwischenzeitlichen Verdoppelung der Nettoumsätze der Fernsehwerbung insgesamt – mehr als halbiert (a.a.O.: 33), während die privatwirtschaftliche Konkurrenz inzwischen die 3 Mrd.-Umsatzgrenze überschritten hat.

Trotz großer Sparbemühungen, neuer Management- und Rationalisierungsstrategien im öffentlich-rechtlichen Fernsehen ist bisher kein Ende der Finanzkrise abzusehen. Erstmalig in ihrer Geschichte weisen die Bilanzen des öffentlichen-rechtlichen Fernsehens Millionen-Defizite auf. Ein Ausgleich über eine Gebührenerhöhung ist problematisch: sie wird in dem Maße unpopulär (und damit politisch unrealisierbar) wie die Einschaltquoten des öffentlich-rechtlichen Fernsehens weiter sinken. Erste Bürgerinitiativen strengen bereits Musterprozesse an mit dem Ziel, diese „Zwangsgebühr" ganz abzuschaffen. So ist das öffentlich-rechtliche Fernsehen gezwungen, bei seiner Programmgestaltung zunehmend Kompromisse in Richtung einer höheren Massenattraktivität zu machen, zumindest bei seinen Hauptprogrammen in der Kernsendezeit von 18-22 Uhr.

Noch hält sich die dadurch ausgelöste Angleichung der Programme („Konvergenz", vgl. *Schatz* 1994) in Grenzen. Die Situation ist aber unstabil. Auch die „Mahrenholz-Kommission" sieht die Gefahr, daß die massive Ausweitung des Programmangebots den Wettbewerb um die Aufmerksamkeit des Zuschauers verschärft und die Fernsehmacher deshalb „mehr auf den Schauwert ungewöhnlicher Bilder setzen als auf den Informationswert" (*Mahrenholz-Kommission:* 11). Zu diesem Trend gehört auch eine wachsende Tendenz zum Sensationalismus mit der typischen Jagd nach politischen Skandalen und ständigen Grenzüberschreitungen zwischen den Sphären von Privatheit und Öffentlichkeit sowie einem hohen Anteil von Gewalt- und Sex-

Szenen im fiktionalen wie im nicht-fiktionalen Programm (Filme, Serien bzw. Berichterstattung). Speziell die politische Kultur leidet unter dem einsetzenden Glaubwürdigkeitsverlust des Fernsehens und dem Trend, Leistungen des politischen Systems zu personalisieren und durch Politiker repräsentieren zu lassen, die den neuen Anforderungen von „media fitness" entsprechen. Auch zersplittert das Publikum durch die zahlreichen „special interest-Angebote" immer mehr in Teilpublika, was die Wahrnehmung der traditionellen „Medium- und Faktorfunktion" des Fernsehens im Kern gefährdet: „das" Volk als ganzheitlicher Souverän wird immer mehr zur Fiktion (vgl. *Jarren* 1994).

Dieser Entwicklung wird durch anhaltende Konzentrationsprozesse im Lager der privatwirtschaftlichen Anbieter weiter Vorschub geleistet. Die bei der Dualisierung des Rundfunks geäußerten Erwartungen, deren Zulassung werde die Vielfalt des Programmangebots deutlich steigern, werden immer weniger erfüllt. Die für die Kontrolle dieser Tendenzen zuständigen Landesmedienanstalten haben dem bisher nur wenig entgegenzusetzen.

Diese aktuellen Problemlagen im Fernsehen D.s werden sich durch die erwähnte „digitale Revolution" eher noch verschärfen. Darunter versteht man die durch die Digitalisierung der Signalübertragung, die neuen Techniken der Datenkompression und die globale Computerisierung und Vernetzung der Übertragungswege ermöglichte exponentielle Leistungssteigerung der Telekommunikation bei gleichzeitigem Zusammenwachsen von Rundfunk, Datenübertragung und Computernutzung zur „Multimedia-Welt". Diese sich mit hoher Wahrscheinlichkeit in den nächsten 5-10 Jahren vollziehenden Strukturveränderungen werden die westlichen Industriegesellschaften vollends zu „Mediengesellschaften" machen mit allen positiven Auswirkungen auf Wirtschaftswachstum und Dienstleistungsangebot, aber auch mit zahlreichen problematischen Folgen. Noch ist beispielsweise kaum absehbar, wie die notwendige Koordination der nationalstaatlichen Industrie-, Technologie-, Rundfunk- und Gesellschaftspolitik auf EU-Ebene und darüber hinaus wirksam betrieben werden soll, solange die erwähnten Konflikte zwischen einem kulturpolitisch begründeten Protektionismus und dem Konzept eines weltweiten Freihandels in diesem Dienstleistungsbereich nicht ausgeräumt sind (vgl. hierzu wie auch zum folgenden *Mahrenholz-Kommission:* 40f.). Auch die sich bereits heute abzeichnende Fragmentierung des Publikums wird fortschreiten. Da die Nutzung der neuen Möglichkeiten – zumindest anfänglich – von der Verfügbarkeit zeitlicher und finanzieller Ressourcen sowie den individuellen Nutzungskompetenzen abhängt, könnten sich die in der Gesellschaft bereits vorhandenen „Wissensklüfte" weiter verstärken. Schließlich entwickeln sich neue Probleme im Daten-, Persönlichkeits- und Verbraucherschutz, und zwar nicht nur bezüglich der wachsenden „Computerkriminalität", und für diese Probleme sind Lösungen noch kaum in Sicht.

Literatur

ARD-Jahrbuch 91 und 93. Frankfurt/ Main.

Darschin, Wolfgang/Frank, Bernward 1994: Tendenzen im Zuschauerverhalten. Fernsehgewohnheiten und Fernsehreichweiten 1993, in: Media Perspektiven 3/94.

Dörr, Dieter 1991: Medien im vereinten Deutschland. Europäische Probleme und Perspektiven, in: Mahle, Walter A. (Hrsg.): Medien im vereinten Deutschland. München.

Jarren, Otfried 1994: Politik und politische Kommunikation in der modernen Gesellschaft, in: Aus Politik und Zeitgeschichte, B 39/94.

Krüger, Udo-Michael u.a. 1994: Programmanalyse 1993 von ARD, ZDF, SAT.1 und RTL, in: Media Perspektiven 3/94.

„Mahrenholz-Kommission" 1994 (Groebel,

Jo u.a.): Bericht zur Lage des Fernsehens für den Präsidenten der Bundesrepublik Deutschland, Richard von Weizsäcker. Gütersloh.

Marcinkowski, Frank 1993: Publizistik als autopoietisches System. Opladen.

Media Perspektiven. Basisdaten (1993). Daten zur Mediensituation in Deutschland 1993. Frankfurt/Main.

Medienbericht '94: Presse- und Informationsamt der Bundesregierung 1994 (Hrsg.): Bericht der Bundesregierung über die Lage der Medien in der Bundesrepublik Deutschland 1994. Bonn.

Röper, Horst 1991: Die Entwicklung des Tageszeitungsmarktes in Deutschland nach der Wende in der ehemaligen DDR, in: Media Perspektiven 7/1991.

Ruhrmann, Georg 1994: Ereignis, Nachricht, Rezipient, in: Merten, Klaus u.a. (Hrsg.): Die Wirklichkeit der Medien. Opladen.

Rundfunk und Fernsehen, Sonderheft Nr. 3/1990.

Schatz, Heribert 1994: Rundfunkentwicklung im „dualen System": die Konvergenzhypothese. In: Otfried Jarren (Hrsg.): Politische Kommunikation in Hörfunk und Fernsehen. Ein Studienbuch. Opladen 1994.

Staatsvertrag über den Rundfunk im vereinten Deutschland mit Begründung, in: Media Perspektiven IIIa und b/ 1991.

Stock, Martin 1991: Das Nordrhein-Westfalen-Urteil des Bundesverfassungsgerichts, in: Media Perspektiven 3/1991.

Heribert Schatz

Meinungsforschung

1. Meinungsforschung bezeichnet umgangssprachlich den Teil der Empirischen Sozialforschung, der sich ganz allgemein mit der Einschätzung von unterschiedlichen Objekten durch Angehörige einer Gesellschaft befaßt. In den Sozialwissenschaften haben Meinungen, im Gegensatz zu Einstellungen, keinen theoretisch eindeutig verankerten Stellenwert. Vielmehr definieren sie sich in der Regel ex negativo zu Einstellungen in dem Sinne, daß ihnen, anders als Einstellungen mit ihrer potentiell verhaltenssteuernden Kraft, etwas Flüchtiges, Belangloses und Folgenloses innewohnt. Betrachtet man jedoch die Gegenstände der Meinungsforschung näher, so stellt sich schnell heraus, daß sich hinter diesem Begriff eine Vielzahl von Sachverhalten verbirgt, die über die Erhebung flüchtiger Eindrücke weit hinaus bis hin zur Messung von „harten" Daten wie vergangenem Verhalten bzw. Verhaltensabsichten reichen. Aus diesem Grunde trifft *Umfrageforschung* (survey research) den angesprochenen Sachverhalt auch wesentlich genauer, der vor allem die *Methode* der Informationsbeschaffung bezeichnet, nämlich durch Befragung der gewünschten Zielgruppe bzw. einer repräsentativen Stichprobe deren Mitglieder. Während die der Meinungsforschung zugrundeliegende Idee, Informationen über in der → Bevölkerung vorhandene Meinungen und Vorstellungen zu sammeln, keine zeitgenössische Erscheinung darstellt, sind die systematischen wissenschaftlichen Voraussetzungen für das, was heute als Meinungs- oder Umfrageforschung bezeichnet wird, erst in diesem Jahrhundert geschaffen worden.

Angesichts der sprachlichen Nähe der Begriffe könnte der Eindruck entstehen, daß die Ergebnisse der *Meinungsforschung* den Inhalt dessen erschöpfend beschrieben, was als W *öffentliche Meinung* bezeichnet wird. Davon kann jedoch keinesfalls selbstverständlich ausgegangen werden. Öffentliche Meinung ist ein schillerndes, vielen Inhalten zurechenbares Konzept, das erst durch eine theoriebezogene Konzeptualisierung einen operationalisierbaren Sinn erhält. So definiert beispielsweise *E. Noelle-Neumann* (1989: 91f.) im Zusammenhang mit der von ihr entwickelten Theorie der Schweigespirale Öffentliche Meinung als diejenigen Meinungen und Verhaltensweisen, die man in umstrittenen Feldern öffentlich äußern bzw. zeigen kann – und unter bestimmten Bedingungen sogar äußern bzw. zeigen muß –, ohne sich als Individuum in der Gesellschaft zu isolieren. Zur empirischen Untersuchung der als Schweigespirale bezeichneten Erscheinungen ist nun allerdings die Umfrageforschung eine notwendige, wenn auch nicht hinreichende Bedingung.

2. *E. Scheuch* (1974) hat in einer grundlegenden Arbeit schon vor längerem darauf hingewiesen, daß die moderne Empirische Sozialforschung ohne die Anwendung wahrscheinlichkeitstheoretisch fundierter Auswahlverfahren nicht denkbar ist. Im wesentlichen geht es um den Sachverhalt, daß auf der Grundlage einer zufallsgesteuerten kleinen Auswahl aus einer im Prinzip beliebig großen Grundgesamtheit zuverlässige Schlüsse auf die Verteilung von Merkmalen in dieser Grundgesamtheit gezogen werden können. Natürlich enthalten die aus Zufallsstichproben gewonnenen Informationen einen statistischen – allerdings berechenbaren – Fehler, dessen Umfang vor allem von der Größe der Stichprobe, aber auch von anderen Faktoren, kaum jedoch von der Größe der Grundgesamtheit abhängt. Dem stehen bei Stichproben neben hinreichender Genauigkeit die unschätzbaren Vorzüge der Schnelligkeit und vor allem Kostengünstigkeit der Datenerhebung gegenüber. Diese Vorzüge sind so eindeutig, daß sich seit langem auch die amtliche Statistik regelmäßig Stichprobenverfahren zur Gewinnung von Angaben bedient (z.B. die 1%-Stichprobe des Mikrozensus) (→ Stat. Bundesamt).

Stichprobenverfahren an sich, ihre Probleme sowie unterschiedliche Vorgehensweisen zur Bestimmung von Stichproben sind inzwischen längst Gegenstand spezialisierter Forschungen und der Lehre in der Statistik und in den Methoden der Empirischen Sozialforschung geworden. Für die Umfrageforschung erweist sich die schwindende Bereitschaft der Bürger vor allem in Ballungsgebieten, sich an Umfragen zu beteiligen, als besondere Schwierigkeit, die auf längere Sicht die Gültigkeit der Ergebnisse der Umfrageforschung durchaus in Frage stellen könnte. Dieses Problem ist deswegen von so großer Bedeutung, weil die Befragung (ob in mündlicher, schriftlicher oder telefonischer Form) nach wie vor der „Königsweg" der Empirischen Sozialforschung ist (Zentralarchiv 1994 XIII). Offen bleiben muß, ob das immer häufiger verwendete Instrument der telefonischen, schon heute überwiegend computergesteuerten Befragung die genannten Schwierigkeiten auf Dauer mindern kann, wie es zumindest den Anschein hat (*Frey/Kunz/ Lüschen* 1990).

Wenn von Meinungs- bzw. Umfrageforschung gesprochen wird, denkt man in der Regel an die Befragung von repräsentativen Stichproben der Bevölkerung von Nationalstaaten mit standardisierten Erhebungsinstrumenten. Umfragen sind aber genauso bei regional (z.B. → Bundesländer) wie bei anderweitig eingegrenzten (z.B. Jugendliche) Grundgesamtheiten möglich und üblich.

3. Da der eigentliche Sinn der Umfrageforschung in der Erzeugung von zuverlässigen Angaben besteht, die auf eine Grundgesamtheit hochgerechnet werden können, hat man sich sehr früh mit der Art auseinandergesetzt, wie Fragen gestellt werden müssen und welche Folgen sich aus einer fehlerhaften, wissenschaftlich nicht fundierten Art zu fragen ergeben. Gerade für die Meinungsforschung dominieren standardisierte, an alle Angehörigen der Stichprobe in gleicher Weise und an gleicher Stelle im Fragebogen gerichtete Fragen. Für diesen Zweck hat die Forschung eine Vielzahl von Regeln formuliert, um zu

gültigen Ergebnissen zu gelangen. Diese Regeln beziehen sich z.B. auf Sachverhalte wie die Formulierung der vorgegebenen Antwortalternativen, deren Skalierung, die Plazierung der Fragen und deren Abfolge im Fragebogen.

Nicht selten wird in der Öffentlichkeit geäußert, mit Meinungsforschung könne man, z.B. durch entsprechend gewählte Fragen, überspitzt formuliert jedes gewünschte Ergebnis erzeugen. Davon kann in dieser Pauschalität zwar keine Rede sein. Dennoch sind Verzerrungen in den Ergebnissen oder die Erzeugung von Forschungsartefakten nicht von vornherein auszuschließen (siehe dazu im einzelnen *Atteslander* u.a. 1991: 129-204). Umso mehr müssen daher neben der Kontrolle der Einhaltung selbstverständlicher Kunstregeln zusätzlich Einflußgrößen betrachtet werden, die Manipulationen der Öffentlichkeit durch Ergebnisse der Umfrageforschung ausschließen oder zumindest möglichst gering halten. In diesem Zusammenhang verdient die Organisation der Markt- und Meinungsforschung besondere Aufmerksamkeit.

4. Bewußte oder unbewußte Verfälschungen von Ergebnissen sind am ehesten durch die Konkurrenz einer Vielzahl von Anbietern, offenen Zugang zu den Verfahren und Instrumenten und durch eine ausreichende öffentliche Kontrolle, auch durch die Wissenschaft, zu verhindern. Diese Bedingungen sind in D weitgehend gegeben, wie sich z.B. immer wieder vor politischen Wahlen bei der Handhabung und Veröffentlichung von sog. Wahlprognosen, etwa durch die öffentlich-rechtlichen Rundfunkanstalten, zeigt.

Erfreulicherweise hat sich in der BRD auch eine akzeptable Arbeitsteilung und Kooperation zwischen der universitär/öffentlich verfaßten und der privatwirtschaftlich verfaßten Umfrageforschung eingestellt. Diese Arbeitsteilung führt u.a. dazu, daß sich Sozialwissenschaftler an Universitäten regelmäßig und in fast allen Fällen für die Befragungen nationaler Bevölkerungsstichproben der Interviewerstäbe von Instituten der Markt- und Meinungsforschung gegen Bezahlung bedienen. Andererseits geben diese Institute häufig – wenn auch noch keinesfalls häufig genug – von ihnen in anderen Zusammenhängen erhobene Originaldaten zur freien wissenschaftlichen Verwendung in Form von Sekundäranalysen an das Zentralarchiv für Empirische Sozialforschung an der Universität zu Köln weiter.

5. Die kontinuierliche Nutzung der Umfrageforschung durch Regierungen, → Parteien und → Interessengruppen hat viel zu ihrer Umstrittenheit in der Öffentlichkeit beigetragen. Auch unter politikwissenschaftlicher Perspektive liegen zu diesem Thema durchaus unterschiedliche Auffassungen vor (*Kaase* 1977; *Kaase/Ott/Scheuch* 1983). Vor allem die amerikanische Besatzungsmacht hat aufgrund der Auffassung, Umfrageforschung sei Demokratieforschung, die Entwicklung der Markt- und Meinungsforschung in Westdeutschland nach dem Zweiten Weltkrieg aktiv unterstützt.

Dieser positiven Sichtweise der Umfrageforschung durch die amerikanische Besatzungsmacht hat *W. Hennis* (1957) deren wohl am prägnantesten formulierte Ablehnung gegenübergestellt. Ihm ging es dabei zum einen um die Gefahr einer qualitativen Veränderung des Entscheidungsprozesses in repräsentativen Demokratien im Sinne der Selbstentlastung der politisch Handelnden von politischer Verantwortung, zum anderen um die befürchtete Verstärkung plebiszitärer Elemente im westdeutschen Verfassungssystem gleichsam durch die Hintertür der Demoskopie als Sprachrohr der „gemeinen Meinung". Über diese unter systematisch-politikwissenschaftlichem Blickwinkel nach wie vor bedenkenswerte Position ist die reale Entwicklung in D und anderswo seit langem hinweggegangen: Umfrageforschung und besonders solche zu politischen Themen gehört heute zur Normalität des öffentlichen Lebens in den pluralistischen Demokratien.

6. Die manipulationsbehindernde, weil transparenzfördernde Rolle der Umfrageforschung ist durch die Vereinigung der beiden deutschen Staaten scharf hervorgetreten. Eine Analyse der Entwicklung der soziologischen Forschung in der→ DDR (*Thomas* 1990) zeigt, daß die ungewollte aufklärerische Funktion der Sozialforschung in sozialistischen Staaten von der herrschenden Elite durchaus als gefährlich angesehen wurde. Im Falle der DDR wurde das beim ZK der → SED angesiedelte Institut für Meinungsforschung 1978 mit der Begründung wieder geschlossen, es sei sehr wohl denkbar, daß bei Fortexistenz des Instituts dort erzeugte Informationen in die Hände des „Klassenfeindes" gerieten.

Dieser Sichtweise entspricht, daß nach vorliegendem Kenntnisstand regelmäßige Befragungen bei repräsentativen Querschnitten der DDR-Bevölkerung auf der Grundlage von angemessenen Stichprobenplänen zu keiner Zeit stattgefunden haben. Eine gewisse Ausnahme könnten lediglich Studien zur Zuschauer-/Zuhörerforschung darstellen, doch sind diese noch nicht aufbereitet und zugänglich. Das Zentralarchiv hat 1994 einen detaillierten Katalog aller sozialwissenschaftlichen empirischen Studien und ihrer Daten für die Periode 1969-1993 aus der früheren DDR bzw. den neuen Bundesländern vorgelegt (*Brislinger, Hausstein, Riedel, Becker* 1994).

Zu dem Zeitpunkt, als die Vorboten der deutschen Vereinigung ab Januar 1990 erstmals Repräsentativbefragungen der Bevölkerung in der DDR ermöglichten, konnte noch nicht auf eine leistungsfähige Infrastruktur zurückgegriffen werden. Sie wurde allerdings durch die Institute der Markt- und Meinungsforschung schnell geschaffen, so daß seither regelmäßig Repräsentativumfragen in Ostdeutschland mit denselben Qualitätsstandards wie in Westdeutschland durchgeführt werden. Drei Besonderheiten sind in diesem Zusammenhang von Interesse. Erstens trafen Befragungen in Ostdeutschland zunächst – offenbar mit ein Ausdruck der wiedergewonnenen Meinungsfreiheit – mit 80% gegenüber 60-65% auf eine wesentlich höhere Beteiligungsbereitschaft als in Westdeutschland. Dieser Unterschied war allerdings schon gegen Ende des Jahres 1990 in Richtung einer Anpassung an westdeutsche Verhältnisse fast verschwunden. Zweitens wird es in den fünf neuen Ländern wegen der unzureichenden Telefondichte (Ende 1994 ca. die Hälfte der Haushalte) noch auf längere Zeit nicht möglich sein, telefonische Befragungen mit dem Anspruch auf statistische Repräsentativität einzusetzen. Trotz dieses Vorbehalts gewinnen allerdings Telefonbefragungen in den neuen Ländern zunehmend an Bedeutung. Und drittens schließlich erweisen sich Sozialstruktur, Lebensverhältnisse sowie gesellschaftlich-politische Orientierungen der Bevölkerung in Ost- und Westdeutschland nach wie vor und wohl auch noch bis auf weiteres als so unterschiedlich, daß in D. Umfragen mit getrennten Stichproben – so als ob es sich noch um zwei selbständige Staaten handele – durchgeführt werden müssen.

Literatur

Atteslander, Peter u.a. 1991: Methoden der empirischen Sozialforschung. Berlin/New York.

Brislinger, Evelyn/Hausstein, Brigitte/Riedel, Eberhard, unter Mitwirkung von Becker, Maren 1994: Sicherung, Aufbereitung und Bereitstellung sozialwissenschaftlicher Daten aus der DDR und den neuen Bundesländern. Zentralarchiv für Empirische Sozialforschung, Universität zu Köln.

Frey, James H./Kunz, Gerhard/Lüschen, Günther 1990: Telefonumfragen in der Sozialforschung. Methoden, Techniken, Befragungspraxis. Opladen.

Hennis, Wilhelm 1957: Meinungsforschung und repräsentative Demokratie. Tübingen.

Kaase, Max 1977: Politische Meinungsforschung in der Bundesrepublik Deutschland, in: Kaase, Max (Hrsg.): Wahlsoziologie heute. Analysen aus Anlaß der

Bundestagswahl 1976, Politische Vierteljahresschrift, 18.
Kaase, Max/Ott, Werner/Scheuch, Erwin K. 1983: Empirische Sozialforschung in der modernen Gesellschaft – eine Einführung, in: Kaase, Max/Ott, Werner/Scheuch, Erwin K. (Hrsg.): Empirische Sozialforschung in der modernen Gesellschaft. Frankfurt/New York.
Noelle-Neumann, Elisabeth 1989: Öffentliche Meinung. Die Entdeckung der Schweigespirale. Frankfurt a.M./Berlin.
Scheuch, Erwin K. ³1974: Auswahlverfahren in der Sozialforschung, in: König, René (Hrsg.): Handbuch der empirischen Sozialforschung, Band 3a. Stuttgart.
Thomas, Rüdiger 1990: Zur Geschichte soziologischer Forschung in der DDR, in: Timmermann, Heiner (Hrsg.): Lebenslagen. Sozialindikatorenforschung in beiden Teilen Deutschlands. Saarbrücken.
Zentralarchiv für Empirische Sozialforschung 1994: Empirische Sozialforschung 1993. Frankfurt/New York.

Max Kaase

Ministerialbürokratie

1. Begriff und Statistik

Die Ministerialbürokratie umfaßt die in den Ministerien des Bundes sowie der Länder Beschäftigten der öffentlichen Verwaltung und deren vielfältige Funktionen. Im umfassenden Sinne sind das jene 481.800 Vollzeitbeschäftigten, die nach der Statistik des → öffentlichen Dienstes im Aufgabenbereich „politische Führung und zentrale Verwaltung" tätig sind, davon 71.400 beim Bund und 213.400 bei den → Bundesländern (Angaben für das frühere Bundesgebiet zum Stichdatum 30.6.91). Im Hinblick auf die zentralen Funktionen der Ministerialbürokratie im politischen System können aber auch lediglich die im höheren Dienst in den Ministerien beschäftigten Beamten und Angestellten zur Gruppe der Ministerialbürokraten gezählt und die übrigen Mitglieder des gehobenen, mittleren und einfachen Dienstes als deren Hilfspersonal verstanden werden. In diesem engeren Sinne zählt die Ministerialbürokratie dann auf Bundesebene etwa 20.000 und auf Länderebene etwa 50.000 Mitglieder. Diese Ministerialbürokraten sind, bildlich gesprochen, das Zwischenglied zwischen politischer Führung und Verwaltung.

2. Aufbau

Die Organisation in den Ministerien ist entsprechend den herkömmlichen Regeln der Bürokratie, wie sie klassisch M. *Weber* definiert hat, arbeitsteilig und hierarchisch. Die Kommunikation verläuft formal über den Dienstweg herauf bzw. herunter und wird durch ein striktes System von Mitzeichnungsrechten bis hin zur Farbe der Paraphen reglementiert.

Der Minister ist zwar nicht nur als Mitglied der Regierung parlamentarischer Entscheidungsträger und Verantwortlicher für das Ministerium, sondern gleichzeitig als Dienstherr und Ressortchef dessen Spitze, gehört aber aufgrund seiner rechtlichen Stellung und insbesondere seines Rekrutierungsmusters nicht zur Ministerialbürokratie, sondern zur Gruppe der Berufspolitiker.

Dem Minister arbeitet im Ministerbüro ein kleiner Kreis von loyalen und vertrauten Beamten als persönliche Referenten und dergleichen zu, die mit seinem Ausscheiden wechseln. Die behördeninterne Leitung in den Ministerien nehmen ein oder mehrere Staatssekretäre wahr, die als beamtete Staatssekretäre in der Regel in dem Ministerium Karriere gemacht haben, im Gegensatz zur neueren Institution der parlamentarischen Staatssekretäre, die zur Gruppe der Politiker gehören und der Ministerialbürokratie der einzelnen Häuser mehr oder weniger erfolgreich angegliedert sind. Die mittlere Leitungsebene in den Ministerien bilden die Abteilungs- und Unterabteilungsleiter, die vor allem Koordinierungsfunktionen ausüben. Abteilungsleiter oder Unterabteilungsleiter wie Staatssekretäre sind „politische Beamte", die das besondere Vertrauen der Regierung bzw. ihres Ministers besitzen. Politische Beamte können daher bei Verlust dieses Vertrauens ohne weiteres in den einstweiligen Ruhestand versetzt werden. Diese Regelung macht im parlamentarischen Regierungssystem Sinn, stößt aber in der steuerzahlenden Öffentlichkeit immer wieder auf Unverständnis.

Die Grundeinheiten der Ministerien, zugleich deren eigentliche Arbeitseinheiten, sind die stark spezialisierten Referate, in großen Ministerien wie dem Bundesinnenministerium bis an die 100 an der Zahl. In den Referaten ist der Referatsleiter die zentrale Figur, dem seinerseits Referenten und Sachbearbeiter zuarbeiten. Die Referate wie die sie zusammenfassenden Unterabteilungen und Abteilungen betreuen in der Regel einen Ausschnitt des Aufgabengebietes der Ministerien, doch daneben stehen in allen Ministerien Zentral- und Stabseinheiten wie das Haushalts-, Zentral- und das Organisationsreferat. Das Organisationsdiagramm ist das wichtigste Hilfsmittel zum öffentlichen und wissenschaftlichen Verständnis von Aufbau und Funktionieren der Ministerialbürokratie.

3. Aufgaben

Traditionell obliegen den Verwaltungen mit den Ministerialbürokratien an der Spitze vor allem Aufgaben der Umsetzung und Ausführung von Gesetzen in der gesellschaftlichen Wirklichkeit. Doch auch klassische Exekutivaufgaben beinhalten in der Industriegesellschaft der Gegenwart nur zum geringsten Teil reine Vollzugsfunktionen, sondern erfordern den technischen Sachverstand und die politische Entscheidungskompetenz der Ministerialbürokraten z.B. bei der Genehmigung von Fernstraßenbauten. Zu den verwaltungsinternen Begleitaufgaben der Arbeit gehört auch die Kontrolle bzw. Steuerung nachgeordneter Verwaltungseinheiten. Da nach dem → Grundgesetz der Gesetzesvollzug durch einen gestaffelten Verwaltungsaufbau weitgehend Aufgabe der Länder ist, sind diese Exekutivaufgaben für die Ministerialbürokratien auf Länderebene typisch.

Im Bund und damit auch für dessen Ministerialbürokratien dominieren hingegen die gesetzgeberischen Funktionen. Die vom Parlament zu beratenden und ratifizierenden Gesetze gehen heute mehr denn je auf Entwürfe der Regierung und damit auf Vorlagen aus den Ministerien zurück. An erster Stelle der Funktionen der Ministerialbürokratie des Bundes steht daher die Programmentwicklung, d.h. die Erarbeitung von Gesetzen, Rechtsverordnungen und Verwaltungsvorschriften. Bei Landesgesetzen und bei der Planungstätigkeit haben auch die Ministerialbürokratien der Länder umfassend quasi-legislative Aufgaben. Erarbeitung von Gesetzesvorlagen und Vollzug von beschlossenen Gesetzen legen zumindest in den klassischen Ministerien des Innern, des Äußeren und der Justiz, aber auch des Kultus und Unterrichts für die Beamten des höheren Dienstes die juristische Vorbildung nahe (sog. Juristenmonopol), die erst langsam durch Berücksichtigung von Bewerbern anderer Studiengänge z.B. in den Wirtschafts- und Sozialwissenschaften ergänzt wird.

Neben den Programm- und Vollzugsfunktionen stehen umfangreiche Koordinierungsfunktionen der Ministerialbürokratie. Ihre Mitglieder auf Bundes- bzw. Landesebene haben sich im System des kooperativen → Föderalismus untereinander und zwischen Bund und Ländern abzustimmen. Dies geschieht in zahlreichen formellen Gremien wie den Ministerkonferenzen und dem → Bundesrat, noch mehr aber in einem informellen Netzwerk der mit gleichen und ähnlichen Funktionen betrauten Ministerialbeamten. Der Verwaltungswissenschaftler F. *Wagner* hat dafür den anschaulichen Begriff der horizontalen und vertikalen „Fachbruderschaften" geprägt.

4. Herrschaftsfunktionen zwischen Gesellschaft und Politik

Aufgrund dieser vielfältigen Funktionen haben die Ministerialbürokratien eine Schlüsselstellung im Konsensbildungs- und Konfliktregelungssystem der BRD. Sie verfügen im Vergleich zu Parlament und Parteizentralen über den ausdifferenziertesten und kompetentesten Apparat zur Beschaffung komplexer Informationen und Beobachtung der gesellschaftlichen Wirklichkeit. So laufen die Vermittlung von Wünschen und Forderungen gesellschaftlicher Gruppen an Regierung und Parlament sowie umgekehrt die Mitteilungen politischer Entscheidungstäger an → Interessenverbände wesentlich über die einschlägigen Organe der Ministerialbürokratien. Dabei profitieren die organisierten gesellschaftlichen Interessen von der Tatsache, daß sie sich in der Arbeitsteilung zwischen und innerhalb der Ministerien weitgehend widerspiegeln und auf diese Weise institutionalisierte Ansprechpartner haben. Zwischen einzelnen Fachverwaltungseinheiten und ihrer Verbandsklientel bestehen symbiotische Beziehungen in bezug auf wechselseitige Informationsbeschaffung, gemeinsame Interessen an der Erhöhung des politischen Gewichts ihres Bereiches und selbst den Austausch des Personals. Als Musterbeispiele für diese engen Klientelbeziehungen werden immer wieder die Landwirtschaftsministerien genannt, doch auch für viele Abteilungen und Referate anderer Ministerien trifft diese Beobachtung zu. Während die klassische Ministerialbürokratie, wie sie von den beamteten Trägern der preußischen Reformen des frühen 19. Jhs. verkörpert wurde, sich als eigenständiger, der → Gesellschaft übergeordneter Staatsstand sah, hat sich die heutige Ministerialbürokratie weitgehend in die pluralistische Gesellschaft integriert und agiert als deren Dolmetscher im politischen Entscheidungsprozeß.

Neben der Integration von Staat und Gesellschaft verkörpert sich heute in der Ministerialbürokratie auch die Vermischung der Bereiche von Politik und Verwaltung. Traditionellerweise wird die Ministerialbürokratie als Hilfsorgan der politischen Führung verstanden, arbeitet dieser durch Gesetzesentwürfe zu und führt deren Gesetzesentscheidungen aus. Doch heute fallen die politischen Entscheidungen vielfach schon in den Ministerien, wenn z.B. den parlamentarischen Entscheidungsträgern nicht eine ganze Palette gesellschaftlicher Informationen und alternativer Gesetzestexte, sondern nur ein in sich geschlossenes Legislativprogramm zugeleitet wird. Die Ministerialbürokraten entlasten auf diese Weise den überforderten parlamentarischen Entscheidungsprozeß, gefährden aber auch dessen demokratische Grundprinzipien der Öffentlichkeit und Verantwortlichkeit.

Dieser politische Machtzuwachs der Ministerialbürokratie hat einen neuen Beamtentypus hervorgebracht. Die „klassischen Beamten" waren jeder Parteipolitik abgeneigt und verstanden sich als neutrales sowie kontinuitätssicherndes Ausführungsorgan der wechselnden politischen Entscheidungsträger. Die heutigen Ministerialbeamten hingegen agieren weitgehend als „politische Beamte", sind mehr problem- als regelorientiert und scheuen politische Gestaltungsfunktionen nicht. Hinter diesem Bedeutungszuwachs der Ministerialbürokratien stehen keine individuellen und kollektiven Machtanmaßungen ihrer personellen Träger, sondern tiefergehende gesellschaftliche und politische Veränderungsprozesse.

5. Probleme und Perspektiven

Politik durchläuft heute einen Prozeß der Bürokratisierung. Die Komplexität ihrer Aufgaben läßt sich nur durch Aufteilung in kleinere und damit überschaubare Projekte reduzieren, die dann durch den in den Ministerialbürokratien organisierten Sachverstand abgearbeitet werden. Die Ministerialbeamten wie insgesamt das politische System neigen zu einer Strategie der kleinen Schritte („Inkrementalismus"). Von den Referenten ausgearbeitete Vorlagen, die den behördeninternen Hindernislauf überstanden haben, werden von der politischen Leitung der Ministerien lediglich im Hinblick auf ihre Vorgaben überprüft, doch eine Auswahl unter Alternativen erfolgt selten. Da die politische Führung des Ministeriums und insbesondere der Minister weitgehend durch politische Reparaturarbeiten und Profilierungsaktionen in Anspruch genommen wird, fallen die Zielvorgaben für die Programmentwicklung in den Ministerialbürokratien oft unklar aus. Wenn inhaltliche Orientierungshilfen für die Arbeit der Referate fehlen, wird ihre Steuerung durch die Personalpolitik umso wichtiger. Obwohl Ministerialbeamte unterhalb der Ebene der „politischen Beamten" nicht entlassen werden können, sorgt doch die Beförderung von politisch nahestehenden bzw. die Umsetzung von politisch nicht konformen Mitgliedern der Ministerialbürokratie insbesondere nach Regierungswechseln dafür, daß aus den Ministerien jene Vorlagen und Entscheidungen hervorgehen, die in das politische Programm der Regierung sowie der sie tragenden → Parteien passen. So hat der Prozeß der Bürokratisierung der Politik umgekehrt die Politisierung der Ministerialbürokratie zur Konsequenz. Ohne Zweifel sind die Ministerialbürokratien, zumindest ihre höheren Bediensteten, heute ein wichtiger Bestandteil des politischen Entscheidungsprozesses, ihre Teilhabe an der Herrschaft entspricht den Anforderungen an Sachverstand und Kontinuität, wirft aber auch gravierende Fragen im Hinblick auf demokratische Öffentlichkeit und parlamentarische Verantwortlichkeit auf. Sowohl die herkömmliche beamtenständische Ideologie der politikneutralen Exekutivfunktion der Beamtenschaft als auch die Behauptung der Alleinherrschaft der Ministerialbürokratie erscheinen überzogen. Es bedarf heute einer neuen Sicht der zentralen Rolle der Ministerialbürokratie im politischen System, die zugleich die Realität aufnimmt und den Prinzipien parlamentarischer Demokratie genügt.

Literatur

Häußermann, Hartmut 1977: Die Politik der Bürokratie. Frankfurt/Main.

Hillmann, Gert 1986: Aspekte der Bürokratiediskussion, in: Verwaltungsarchiv, 77. Band, Heft 1.

Mayntz, Renate [3]1985: Soziologie der öffentlichen Verwaltung. Heidelberg.

Schmid, Günther/Treiber, Hubert 1975: Bürokratie und Politik. München.

Steinkemper, Bärbel 1974: Klassische und politische Bürokraten in der Ministerialverwaltung der Bundesrepublik Deutschland. Köln.

Wilhelm Bleek/Stefan Machura

Ministerium für Staatssicherheit (MfS)

1. Das MfS im politischen System der DDR

Das im Jahre 1950 gegründete Ministerium für Staatssicherheit (MfS) war der geheime Nachrichtendienst in der → DDR, der über exekutive Befugnisse verfügte und im Laufe der Jahre durch ein weitverzweigtes Zuträgersystem für eine gleichsam flächendeckende Überwachung der → Bevölkerung sorgte. Das MfS, das eng mit dem sowjetischen Geheimdienst, dem KGB, zusammenarbeitete und sich in der Tradition der Tscheka sah, der bolschewistischen Geheimpolizei der Jahre 1917-1922, verstand sich als „Schild und Schwert" der Partei, der → SED. Insofern ist die inzwischen weit verbreitete Charakterisierung der DDR als „Stasi-Staat" zumindest oberflächlich. Die weisungsgebundene Staatssicherheit war ein Werkzeug der Partei. Dem muß nicht widersprechen, daß MfS-Chef *E. Mielke* an der Ablösung *Ulbrichts* und *Honeckers* führend beteiligt war.

2. Struktur und Arbeitsweise des MfS

Über Struktur und Arbeitsweise des MfS war vor dem Zusammenbruch der DDR nur wenig bekannt. Die DDR-Forschung hat das MfS überwiegend ignoriert (vgl. allerdings *Fricke* 1989). Das Gesetz zur Bildung des MfS aus dem Jahre 1950 bestand nur aus zwei nichtssagenden Paragraphen. Die Tätigkeit des MfS – ein „Staat im Staate" – war durch interne Richtlinien und Dienstanweisungen bestimmt. So manche Handlungsweise – wie etwa die Verbindung zur „Rote(n) Armee-Fraktion" – ging darüber hinaus.

Das nach Bezirksverwaltungen gegliederte MfS wurde von *W. Zaisser* (1950-1953), *E. Wollweber* (1953-1957) und *E. Mielke* (1957-1989) geleitet. Dieser gehörte bis zu seiner Entmachtung dem Politbüro an (1971-1976 als Kandidat, danach als Vollmitglied). In der DDR hatte sich ein umfassendes Spitzelwesen entwickelt. Dem MfS gehörten 1989 85500 hauptamtliche Mitarbeiter und wahrscheinlich über 180000 Inoffizielle Mitarbeiter (IM) an (*Fricke* 1991: 43). Für alle IM, für die es verschiedene Kategorien gab (*Gill/Schröter* 1991: 101-107), bestand die Pflicht zu strikter Konspiration. Meistens mußte eine schriftliche Verpflichtungserklärung unterzeichnet werden. Die Hauptabteilung XX, die der Bekämpfung „politischer Untergrundtätigkeit" und „politisch-ideologischer Diversion" diente, war „das eigentliche Zentrum der Staatssicherheit" (*Fricke* 1991: 28). Der Post- und Fernmeldeverkehr wurde systematisch überwacht, zum Teil sogar in der BRD.

Die Tätigkeit der von *M. Wolf* bis 1987 geleiteten „Hauptverwaltung Aufklärung" (HVA) bezog sich auf das „feindliche Ausland", insbesondere die BRD. Der Auslandsnachrichtendienst der DDR, der auch an der Unterdrückung der DDR-Bevölkerung beteiligt war, galt durch seine zahlreichen „Kundschafter" als besonders funktionsfähig und genoß im Westen aufgrund seiner Effizienz beträchtliches Ansehen.

3. Die Auflösung des MfS

Der Niedergang der entkräfteten SED zog auch den Niedergang des MfS nach sich. Nicht zuletzt deshalb vermochte sich die Staatssicherheit gegenüber dem drohenden Zusammenbruch nicht zu wehren. Während des Umbruchs in der DDR richtete sich der Zorn weiter Kreise in der Bevölkerung maßgeblich gegen das MfS, das den Unterdrückungsapparat symbolisierte. Bei Demonstrationen wurde die Auflösung des MfS gefordert. *E. Krenz*, der Nachfolger

Honeckers, wollte noch im November 1989 ein Gesetz über die Befugnisse des MfS erarbeiten lassen. Ministerpräsident *H. Modrow* ersetzte im November 1989 das MfS durch ein „Amt für Nationale Sicherheit". Diese Nachfolgeorganisation wurde auf Druck des „Runden Tisches" durch einen Beschluß des Ministerrates im Dezember 1989 aufgelöst, wenngleich einzelne Strukturen fortbestanden – etwa bei der Beseitigung von Unterlagen. Die geplante Einrichtung eines Verfassungsschutzes unterblieb nicht zuletzt aufgrund der Standhaftigkeit der Bürgerbewegungen und Bürgerkomitees. Der Sturm auf die Zentrale des MfS in der Normannenstraße am 5.1.1990 dürfte maßgeblich durch die Staatssicherheit inszeniert gewesen sein (*Worst* 1991: 32-49). Unter der Regierung *de Maizière* erfolgten weitere Maßnahmen zur Auflösung der Organe der Staatssicherheit.

Die Hinterlassenschaft des MfS, soweit es um die personenbezogenen Unterlagen geht, soll aufgearbeitet werden. Die zweite Vergangenheitsbewältigung in D wirft viele Fragen auf, die die Gemüter bewegen: Darf man die Aufzeichnungen des MfS für „bare Münze" nehmen, oder handelt es sich um verfälschte „Erfolgsmeldungen"? Wie soll man sich mit den Mitarbeitern des MfS auseinandersetzen? Sollten diese zur Verantwortung gezogen werden? Ist die Fixierung auf die Staatssicherheit angebracht, zumal auf die JMs? Wie sind die Opfer zu entschädigen?

Literatur

Bürgerkomitee Leipzig (Hrsg.) 1989: STASI intern. Macht und Banalität. Leipzig.

Fricke, Karl Wilhelm 1989: Die DDR-Staatssicherheit. Entwicklungen – Strukturen – Aktionsfelder, 3. Aufl. Köln.

Fricke, Karl Wilhelm 1991: MfS intern. Macht, Strukturen, Auflösung der DDR-Staatssicherheit. Köln.

Gill, David/Schröter, Ulrich 1991: Das Ministerium des Mielke-Imperiums. Berlin.

Worst, Anne 1991: Das Ende eines Geheimdienstes. Oder: Wie lebendig ist die Stasi? Berlin.

Eckhard Jesse

Mitbestimmung

1. Begriff und historischer Hintergrund

Obwohl der Begriff Mitbestimmung (Mb) im Hinblick auf Träger und Objektbereich offen ist, wird er meist auf Mb der Arbeitnehmer in der Wirtschaft eingeengt. Mit Blick auf die unterschiedliche Intensität von Partizipationsrechten – z.B. Rangfolge: Informations-, Anhörungs-, Initiativ-, Beratungs-, Mitentscheidungsrecht – wird in der Literatur teilweise dafür plädiert, Mb nur dann zu verwenden, wenn eine gleichgewichtige Einflußnahme bzw. ein Vetorecht in Entscheidungsprozessen garantiert ist. Eine derartige Eingrenzung erscheint jedoch unpraktisch, so daß im folgenden die vorherrschende weitergefaßte Begriffsauslegung übernommen und unter Mb jede institutionalisierte Teilhabe der Arbeitnehmer an der Leitung und Gestaltung des Wirtschaftsprozesses verstanden wird. Die von den → Gewerkschaften propagierte „paritätische" Mb erscheint daher nur als eine spezielle, nämlich gleichgewichtige Form.

Mb-Forderungen und -Konzepte haben in Deutschland eine lange Tradition. Nach vergeblichen Vorstößen einer Minderheit in der Frankfurter Nationalversammlung

1848 (gewählte Fabrikausschüsse und mehrstufige Gewerbekammern) wurde in Art. 165 der Weimarer Reichsverfassung die gleichberechtigte Mitwirkung von Arbeitern und Angestellten „an der Regelung der Lohn- und Arbeitsbedingungen sowie an der gesamten wirtschaftlichen Entwicklung der produktiven Kräfte“ gefordert und ein abgestuftes System von Arbeiterräten sowie deren Beteiligung an Wirtschaftsräten bis hin zu einem Reichswirtschaftsrat mit Gesetzesinitiativrecht vorgesehen. Verwirklicht wurden vor allem Betriebsräte, die begrenzte Mitwirkungsrechte erhielten und ein bis zwei Mitglieder in die Aufsichtsräte der Kapitalgesellschaften entsenden konnten. Der Reichswirtschaftsrat dagegen, in dem neben den dominanten Arbeitgeber- und Arbeitnehmergruppen z.B. auch Vertreter der freien Berufe, der Verbraucher und Sachverständige berücksichtigt wurden, blieb wirkungslos. Programmatisch legte sich der Allgemeine Deutsche Gewerkschaftsbund (ADGB) 1928 auf das Konzept der Wirtschaftsdemokratie als Weg zum Sozialismus fest, in der umfassende Mb insbesondere mit partieller Vergesellschaftung der Produktionsmittel und planwirtschaftlicher Lenkung kombiniert wurde.

2. Der politische Kampf um die Mb in der BRD

In der BRD wurden die Mb-Regelungen sowohl zu einem charakteristischen Merkmal der Wirtschafts- und Sozialordnung als auch zum Objekt einer politischen Dauerauseinandersetzung. Der DGB knüpfte auf seinem Gründungskongreß 1949 programmatisch an Weimar an und legte ein Konzept vor mit den drei Kernelementen zentrale volkswirtschaftliche Planung, „Mitbestimmung der organisierten Arbeitnehmer in allen personellen, wirtschaftlichen und sozialen Fragen der Wirtschaftsführung und Wirtschaftsgestaltung“ sowie Überführung der Schlüsselindustrien in Gemeineigentum. Da mit der Durchsetzung der → Sozialen Marktwirtschaft zentrale Planung und Vergesellschaftung chancenlos wurden, rückte die Mb ins Zentrum der gewerkschaftlichen Forderungen.

Die Forderung nach Mb ist vor allem mit vier Begründungen untermauert worden, die in unterschiedlichem Maße umstritten sind:

- Demokratisierung der Wirtschaft: die staatliche Demokratie müsse durch die Demokratisierung anderer Subsysteme, insbesondere der Wirtschaft, gestützt werden, und die Herrschaftsausübung im Unternehmen erfordere eine Legitimation auch durch die direkt betroffenen Arbeitnehmer. Dagegen wird die Eigengesetzlichkeit der Subsysteme und ihre durch angemessene Organisation zu sichernde Effizienz angeführt und auf unterschiedliche Demokratiemodelle verwiesen – z.B. Marktwirtschaft als Konsumentendemokratie mit täglichem Plebiszit.
- Machtkontrolle: mit Blick auf die Großunternehmen und unter Verweis auf historische Erfahrungen – vor allem Machtergreifung des Nationalsozialismus – wird die Notwendigkeit der Kontrolle wirtschaftlicher und politischer Macht betont. Opponenten stellen die Eignung der Mb und die Legitimation der Gewerkschaften für diesen Zweck in Frage und befürchten umgekehrt eine Machtkonzentration in den Gewerkschaftszentralen.
- Gleichberechtigtes Verhältnis von Kapital und Arbeit.
- Humanisierung der Arbeitswelt: der Arbeitnehmer müsse vom Objekt zum Subjekt des Wirtschaftsprozesses werden. Bei den beiden letztgenannten Gründen sind weniger das Ziel als die Konsequenzen für die Regelungen der Mb umstritten.

Die genannten Begründungen haben u.a. Konsequenzen für die vorrangigen Ebenen der Mb. Ungeachtet möglicher weiterer Ausdifferenzierungen werden in der Regel vier potentielle Ebenen unterschieden: Arbeitsplatz, Betrieb, Unternehmen, Gesamtwirtschaft. Der DGB hat stets die gegenseitige Abhängigkeit und Verzahnung der verschiedenen Mb-Ebenen betont und in seinem Mb-Konzept grundsätzlich alle Ebenen einbezogen. Die politische Auseinandersetzung hat sich allerdings auf die Betriebs- und Unternehmensebene konzentriert.

Unmittelbar nach Kriegsende wurde unter für die Gewerkschaften günstigen politischen Rahmenbedingungen unter alliierter Kontrolle in den Eisen- und Stahlwerken eine gewerkschaftlichen Wünschen entsprechende paritätische Mb eingeführt. Nach Rückfall der Zuständigkeit an die deutschen politischen Akteure gelang es den Gewerkschaften, unter Generalstreikdrohung das Montanmitbestimmungsgesetz von 1951 für den Kohle- und Stahlbereich durchzusetzen, das sich weitgehend am Modell der alliierten Treuhandverwaltung orientierte. Charakteristika sind ein paritätisch von Kapital und Arbeit besetzter Aufsichtsrat, wobei ein von beiden Seiten zu wählender „Neutraler" eine Pattsituation verhindern soll, ein vom Vertrauen der Arbeitnehmervertreter abhängiger „Arbeitsdirektor" im Vorstand und eine starke Position externer Gewerkschaftsvertreter auf der Arbeitnehmerbank.

Weit hinter den gewerkschaftlichen Forderungen zurück blieb dagegen das Betriebsverfassungsgesetz von 1952, das der DGB auch durch großes Engagement bei der Bundestagswahl 1953 – „Wählt einen besseren → Bundestag" – nicht mehr korrigieren konnte. Es sieht auf Unternehmensebene nur eine Drittelbeteiligung der Arbeitnehmer im Aufsichtsrat von Kapitalgesellschaften vor. Der Schwerpunkt liegt aber auf der Betriebsebene, wo für Betriebe ab fünf Arbeitnehmer ein Betriebsrat vorgesehen ist, der im wesentlichen paritätische Rechte bei sozialen Fragen (z.B. Arbeitszeit, Urlaub), schwächere Kontrollrechte bei personellen Fragen (z.B. Einstellungen, Kündigungen) und sehr schwache Informations- und Beratungsrechte in wirtschaftlichen Fragen besitzt. Das Betriebsverfassungsgesetz ist 1972 und 1989 unter unterschiedlichen Regierungskoalitionen novelliert worden, wobei die Mb-Rechte auf Arbeitsplatz- und Betriebsebene verstärkt worden sind. 1989 sind in Verbindung mit der Novellierung vom DGB bekämpfte Sprecherausschüsse für leitende Angestellte neben dem Betriebsrat verankert worden.

Politische Bewegung in die Unternehmensmb kam mit dem Eintritt der den DGB-Forderungen nahestehenden → SPD in die Regierung der Großen → Koalition, die sich mit der Berufung einer Sachverständigenkommission erst einmal zeitlichen Spielraum verschaffte. Bericht und Vorschlag der „Biedenkopf-Kommission" haben zwar wenig zur Befriedung beigetragen – wie wohl von der Komission erhofft –, die weitere Diskussion in Einzelpunkten aber beeinflußt. Das heftig umstrittene Mb-Gesetz von 1976 für Unternehmen mit mehr als 2000 Beschäftigten ist charakterisiert durch Verzicht auf den „Neutralen" und eine formale Parität im Aufsichtsrat, die aber durch den Stichentscheid des im Normalfall von der Kapitalseite gestellten Aufsichtsratsvorsitzenden und damit das Letztentscheidungsrecht der Kapitalseite sowie die verbindliche Einbeziehung eines leitenden Angestellten in die Arbeitnehmerbank eingeschränkt wird. Der Arbeitsdirektor aus dem Montanmodell wird übernommen, benötigt aber nicht mehr die Stimmen der Arbeitnehmervertreter. Die Zahl der externen Gewerkschaftsvertreter, die sich zudem der Wahl im Unternehmen stellen müssen, wird verringert. Gegen das Mb-Gesetz ‚76 haben die Arbeitgeber erfolglos das →Bundesverfassungsgericht angerufen – Begründung: Beeinträchtigung der Eigentumsgarantie, der Koalitionsfreiheit und Tarifautonomie. In seinem Urteil von 1977 hat das Bundesverfassungsgericht strikt vermieden, weitergehende Aussagen, wie zur Verfassungskonformität einer ausgeweiteten Montan-Mb, zu machen.

Auf der gesamtwirtschaftlichen Ebene, auf der die Tarifparteien über das wichtige Instrument der Einkommenspolitik autonom verfügen, sind wiederholte Forderungen des DGB nach einem paritätisch besetzten Bundeswirtschaftsrat mit regionalem Unterbau und einem paritätischen Umbau der öffentlich-rechtlichen Kammern, insbesondere der Industrie- und Handelskammern, nicht verwirklicht worden. Die Konzertierte Aktion (→ Stabilitäts- und Wachstumsgesetz), mit der anfänglich Hoffnungen auf einen Einstieg in eine gesamt-wirtschaftliche Mb verbunden waren, hat der DGB 1977 aus Protest gegen die Mb-Klage der Arbeitgeber verlassen.

Betrachtet man die bunte Mb-Landschaft der BRD, so können die vielfältigen gesetzlichen Regelungen, zu denen noch spezielle Personalvertretungsgesetze für den → öffentlichen Dienst treten, insbesondere für die Unternehmensebene sachlich nicht befriedigen und sind nur als Ergebnisse politischer Kompromisse erklärbar. Bei den Hauptkontrahenten des Mb-Kampfes – den Gewerkschaften und → Unternehmerverbänden – liegt eine typische Gegenmachtkonstellation vor, wobei die für die BRD charakteristische Verrechtlichung der Arbeitsbeziehungen dazu geführt hat, daß der Bundesgesetzgeber – und damit die → Parteien – im Zentrum der Beeinflussungsversuche stand. Tarifvertragliche und unternehmensbezogene Mb-Vereinbarungen haben bisher nur eine Nebenrolle gespielt, und Forderungen, z.B. der Gewerkschaften und der SPD, nach einer generellen gesetzlichen Öffnungsklausel, um den Handlungsspielraum für die Tarifparteien im Mb-Feld zu erweitern, sind nicht verwirklicht worden und begegnen verfassungsrechtlichen Bedenken.

Die Mb-Gesetzgebung ist primär von der parteipolitischen Konstellation abhängig gewesen, jedoch sind auch die Gerichte und die Wissenschaft als Akteure in dieser zentralen gesellschaftspolitischen Auseinandersetzung mobilisiert worden. Die Gewerkschaften sind dabei insbesondere bei der „Besitzstandswahrung" erfolgreich gewesen, insofern die Montan-Mb als ihr „Faustpfand" durch immer neue Sicherungsgesetze – zuletzt 1988 – im wesentlichen auch für die Konzerne aufrechterhalten worden ist, bei denen der Montanbereich nicht mehr das zentrale Tätigkeitsfeld bildet. Der wirtschaftliche Strukturwandel hat allerdings den gesamtwirtschaftlichen Stellenwert des Montanbereichs stark reduziert und damit auch den Einfluß des Montanmodells. Umfragen zeigen durchgängig, daß Mb allgemein in der → Bevölkerung – stärker noch bei Arbeitnehmern und am stärksten bei Gewerkschaftsmitgliedern – Rückhalt findet, aber bei allen Gruppen nicht zu den vorrangigen Aufgaben gezählt wird und die Kenntnisse zudem gering sind. Ebenenbezogen zeigt sich eine klare Unterstützungshierarchie, und zwar entgegen der gewerkschaftlichen Prioritätensetzung mit Vorrang für Mb am Arbeitsplatz.

3. Wichtige Streitpunkte und Perspektiven

Die Streitpunkte für konkrete Mb-Modelle umfassen insbesondere:

- Wo, d.h. auf welcher Ebene soll Mb ansetzen?
- Welche Unternehmen sollen erfaßt werden, d.h. sind Differenzierungen nach Größe – strittig auch die Kriterien –, Unternehmensrechtsform, Unternehmenszweck und -bereich – z.B. Ausklammerung der „Tendenzunternehmen" – angebracht?
- Wer soll mitbestimmen, z.B. Einbeziehung einer dritten Bank „öffentliches Interesse" neben Kapital und Arbeit, Zulassung externer Gewerkschaftsver-

treter, Differenzierung nach Arbeitnehmergruppen – Streitpunkt leitende Angestellte –, Wahlmodus – direkt oder indirekt, Mehrheits- oder Verhältniswahl?
- Was soll mitbestimmt werden – Differenzierung nach Objektbereich, wie soziale, personelle, wirtschaftliche Fragen?
- Wieviel Mb, die „Gretchenfrage" der Parität?
- Wie soll z.B. mitbestimmt werden, soll bei der Aktiengesellschaft nur beim Aufsichtsrat oder auch beim direkten Leitungsorgan Vorstand angesetzt werden?

Zu berücksichtigen ist auch das Verhältnis von Mb und Vermögenspolitik – Mb mittels Eigentumstitel. So sah eine 1974 politisch diskutierte, aber nicht realisierte Variante der Vermögenspolitik Zwangsabgaben an einen kollektiven Vermögensfonds vor, der gewerkschaftlich kontrollierte Sitze auf der Kapitalseite und in Kumulierung mit paritätischer Mb eine Überparität ermöglicht hätte. Eine Reihe von „Partnerschaftsunternehmen" praktiziert freiwillig individuelle Modelle der Ertrags- und Kapitalbeteiligung kombiniert mit spezifischen Mb-Regelungen.

Die Wirkungen der verschiedenen Mb-Regelungen sind auch wissenschaftlich umstritten. Die außerordentlich hohe ideologische Aufladung des Forschungsobjektes Mb zeigt sich nicht zuletzt in der wissenschaftlichen Literatur. Der Anteil breit angelegter empirischer Studien ist gering, wohl auch mitbedingt durch die Hauptkontrahenten, die den Zugang zum Forschungsfeld bereits unter Interessengesichtspunkten zu filtern versuchen.

Eine grundlegende ideologische Streitfrage ist die nach dem Verhältnis von Mb (vor allem Montanmodell) und Wirtschaftsordnung der Bundesrepublik, zugespitzt also nach dem systemstabilisierenden oder -überwindenden Charakter der Mb. Dabei finden sich in der Diskussion alle vier logischen Grundpositionen. Während Verfechter der „Systemüberwindung" die Mb teilweise als Zwischenschritt zum Sozialismus bejahen, lehnen andere sie als Korrumpierung und systemstabilisierende Integration des Proletariats und der Gewerkschaften ab. Auch bei den Verteidigern der bestehenden Grundordnung gibt es sowohl Befürworter der Mb, die in der institutionalisierten Konfliktaustragung eine Systemverbesserung erkennen, als auch Gegner, die die Möglichkeit einer Unterminierung der Marktwirtschaft durch eine verschleierte zentrale Lenkung und eine Tendenz zum „Gewerkschaftsstaat" befürchten.

In einer vorsichtigen negativen Abgrenzung bleibt zumindest festzuhalten, daß die bisherigen Mb-Regelungen keine Systemtransformation bewirkt, die Wettbewerbsfähigkeit der deutschen Wirtschaft anscheinend nicht merklich beeinträchtigt und keine größere Unternehmensflucht ausgelöst haben. Ob bestimmte Merkmale, z.B. positiv die geringe Streikhäufigkeit, negativ Abschottungstendenzen der betrieblichen Arbeitsmärkte, kausal mit Mb-Regelungen verknüpft werden können, ist wiederum strittig.

Im Zuge der deutschen Vereinigung ist auch das bundesdeutsche Mb-Recht voll auf Ostdeutschland übertragen worden mit der Folge quantitativer Erweiterung – Ende 1992 fielen in D 47 Unternehmen unter die Regelungen der Montanmitbestimmung und gut 700 unter die des Mitbestimmungsgesetzes 1976 –, v.a. aber praktischer Umstellungs- und Übergangsprobleme. Die dürftigen Mb-Regelungen der → DDR waren trotz partieller formeller Übereinstimmung mit denen der BRD wegen des grundverschiedenen Lenkungssystems und des andersartigen Selbstverständnisses der Gewerkschaften systemspezifisch und kaum vergleichbar.

Im Gefolge der wachsenden Internationalisierung der Wirtschaft – Stichwort multinationale Konzerne – ist auch die Konkurrenz unterschiedlicher nationaler Mb-Modelle gewachsen, und in der Forschung haben vergleichende Untersuchungen zugenommen. In Integrationsräumen wie der EU stellt sich die Konkurrenzfrage in zugespitzter Form. Das in D am stärksten ausgebaute System institutionalisierter Mb ist auch innerhalb der teilweise sehr unterschiedliche Grundstrategien verfolgenden nationalen Gewerkschaften der EU umstritten, scheint aber an Attraktivität gewonnen zu haben. Die EU-Kommission hat versucht, das Angebot nationaler Unternehmensrechtsformen um spezifische EU-Formen zu erweitern, wobei aber der wohl wichtigste Vorschlag einer Europäischen Aktiengesellschaft (SE) bisher nicht akzeptiert worden ist. In der Mb hat die Kommission vorgeschlagen, vier Modelle zur Wahl zu stellen, mit denen versucht wird, die Bandbreite der unterschiedlichen nationalen Regelungen und Vorstellungen – von den deutschen bis zu den britischen – einzufangen.

In den letzten Jahren hat sich der Schwerpunkt der Diskussion allerdings zu direkten Formen der Arbeitnehmerpartizipation verlagert. Neue internationale Trends der Unternehmensstrategie und Arbeitsorganisation haben zur Verstärkung managementinduzierter Partizipationsformen auf der Arbeitsplatzebene mit dem Ziel größerer Flexibilität und Produktivität geführt – Stichwort Qualitätszirkel, totales Qualitätsmanagement, teilautonome Arbeitsgruppen. Dieser Trend wird auf der Arbeitnehmerseite durch die eher noch wachsende Nachfrage nach direkten Beteiligungsrechten im unmittelbaren Verantwortungsbereich gestützt, führt aber auch zu neuen Konfliktlinien innerhalb der Betriebe. Offen ist, inwieweit neue Formen direkter Arbeitnehmerpartizipation traditionelle Formen repräsentativer Mb beeinflussen – sie ergänzen, verändern, partiell mit ihnen konkurrieren – und welche Rückwirkungen davon ausgehen auf die gewerkschaftlichen Mb-Strategien und die gewerkschaftlichen Organisationsstrukturen.

Literatur

Andersen, Uwe 1985: Unternehmensverfassung und Mitbestimmung, in: Grosser, Dieter (Hrsg.): Der Staat in der Wirtschaft der Bundesrepublik. Opladen.

Bamberg, Udo u.a. 1987: Aber ob die Karten voll ausgereizt sind ... 10 Jahre Mitbestimmungsgesetz 1976 in der Bilanz. Bonn.

Barthel, Eckhardt/Dikau, Joachim 1980: Mitbestimmung in der Wirtschaft. Berlin.

Diefenbacher, Hans 1983: Empirische Mitbestimmungsforschung. Eine kritische Auseinandersetzung mit Methoden und Resultaten. Frankfurt/M.

Hondrich, Karl Otto 1970: Mitbestimmung in Europa. Köln

Krieger, Hubert 1991: Mitbestimmung in Europa in den neunziger Jahren. Bestandsaufnahme, Konzepte und Perspektiven, in: Aus Politik und Zeitgeschichte. Beilage zur Wochenzeitung Das Parlament. B 13/91.

Martens, Helmut/Peter, Gerd (Hrsg.) 1989: Mitbestimmung und Demokratisierung. Stand und Perspektiven. Wiesbaden.

Mitbestimmungskommission 1970: Mitbestimmung im Unternehmen. Bericht der Sachverständigenkommission zur Auswertung der bisherigen Erfahrungen bei der Mitbestimmung. Bundestagsdrucksache VI/334. Bonn.

Müller-Jentsch, Walther (Hrsg.) [2]1993: Konfliktpartnerschaft. Akteure und Institutionen der industriellen Beziehungen. München. Mehring.

Naphtali, Fritz [4]1977: Wirtschaftsdemokratie. Ihr Wesen, Weg und Ziel. Köln. Frankfurt/M.

Széll. György (Hrsg.) 1992: Concise Enzyclopaedia of Participation and Co-Management. Berlin.

Wilpert, Bernhard/Rayley, Jörg 1983: Anspruch und Wirklichkeit der Mitbestimmung. Frankfurt/M.

Uwe Andersen

Nachrichtendienste

1. Überblick

Wie andere Staaten auch verfügt D über geheime Nachrichtendienste (N.). Die drei N. sind der Bundesnachrichtendienst (BND), der Verfassungsschutz und der Militärische Abschirmdienst (MAD). Sie agieren im Vorfeld der Gefahrenabwehr, sammeln und werten Informationen aus, nehmen aber keine exekutiven Funktionen wahr. Diese stehen ausschließlich den Polizeibehörden zu. Im Gegensatz zu diesen ist die Arbeit der N. nicht an das Legalitätsprinzip gebunden, sondern am Opportunitätsprinzip orientiert. Die N. dienen der Wahrung der → inneren Sicherheit und verstehen sich als Frühwarnsystem.

Der dem Bundeskanzleramt unterstehende BND mit Sitz in Pullach bei München ist der Auslandsnachrichtendienst. Er beschafft und wertet Nachrichten über das Ausland aus, sofern sie sicherheitsrelevant sind. Aus der umstrittenen „Organisation Gehlen" hervorgegangen, obliegt dem BND nicht nur die Auslandsaufklärung, sondern auch die Aufklärung der gegnerischen N. („Gegenspionage"). Der 1.656 Bedienstete (1993) umfassende MAD mit seiner Zentrale in Köln, der der Aufsicht des Bundesverteidigungsministeriums untersteht, soll die → Bundeswehr vor Spionage und Sabotage schützen. Er übernimmt diejenigen Aufgaben des Verfassungsschutzes, die in den Kompetenzbereich des Verteidigungsministeriums fallen.

Der Verfassungsschutz, der nach Art. 73 → GG dem Schutz der freiheitlichen demokratischen Grundordnung, des Bestandes und der Sicherheit des Bundes oder eines Landes dient, ist föderativ organisiert. Das Bundesamt für Verfassungsschutz (BfV) in Köln mit seinen 2273 Bediensteten (1993) arbeitet eng mit den Behörden in den → Bundesländern zusammen. Diese sind entweder als Landesämter für Verfassungsschutz oder als Abteilungen in den Innenministerien organisiert. Zu den Aufgaben des Verfassungsschutzes gehören die Beobachtung und Auswertung verfassungsfeindlicher Bestrebungen von rechts- und linksaußen, die Spionageabwehr sowie die Beobachtung sicherheitsgefährdender Bestrebungen von Ausländern. Das Bundesministerium – seit einigen Jahren gilt dies auch für die meisten Innenministerien der Länder – legt jährliche Verfassungsschutzberichte vor, die die Öffentlichkeit über die Erkenntnisse des Verfassungsschutzes informieren. Im Jahre 1990 wurde ein neues Bundesverfassungsschutzgesetz für den Bund verabschiedet. Es zeichnet sich u.a. durch eine Reihe von Vorschriften zum Datenschutz aus, denen der Verfassungsschutz Rechnung zu tragen hat (Bundesamt für Verfassungsschutz 1990).

2. Kritik

Die – unterschiedlich motivierte – Kritik an den N.n in D hat eine lange Tradition und basiert nicht immer auf realen Mißständen (*Schmidt-Eenboom* 1993). Im Vergleich zu vielen anderen westlichen Demokratien weiß die Öffentlichkeit über die Arbeit der N. relativ viel. Da sie im geheimen arbeiten und sich die Transparenz in Grenzen hält, fördert dieser Umstand Spekulationen von einem „Überwachungsstaat". Kritiker bemängeln immer wieder die als unzureichend angesehene Kontrolle. Aber angesichts vielfältiger Kontrollmechanismen (durch die → Bundesregierung, durch die Parlamente, durch die → Gerichte, durch Datenschutzbeauftragte, durch die → öffentliche Meinung) handelt es sich bei den N.n entgegen manchen Mutmaßungen nicht um „Staaten im Staat". Über die Effektivität der Kontrolle gehen die Meinungen allerdings weit auseinander.

Nach dem Zusammenbruch des kommunistischen Systems in der → DDR ist insbesondere der Verfassungsschutz weiter in die Defensive geraten. So schreitet der Aufbau der Verfassungsschutzbehörden in den neuen Bundesländern eher langsam voran – nicht zuletzt deshalb, weil angesichts des flächendeckenden Überwachungsapparates der Staatssicherheit gegenüber jeder Form eines geheimen N.s mit seinen „nachrichtendienstlichen Mitteln" vielfach Skepsis besteht. In den alten Bundesländern ist angesichts der veränderten Großwetterlage eine Reduzierung des Personals vorgesehen bzw. eine Umbesetzung vorgenommen worden.

Die Kritik am Verfassungsschutz ist unterschiedlich motiviert: Manche halten ihn für überflüssig und daher für abschaffungswürdig; einige wollen nur solche extremistische Organisationen durch den Verfassungsschutz beobachten lassen, die gewaltsame Methoden anwenden; wieder andere schlagen vor, den Verfassungsschutz für neue Aufgaben einzusetzen (z.B. bei der Aufklärung illegaler (Waffen-)Exporte, der Bekämpfung der organisierten Kriminalität oder der Überwachung religiöser Sekten). Nicht zuletzt aufgrund der wachsenden Kritik hat sich bei Teilen der N. eine Art Bunkermentalität herausgebildet. Diese ruft weitere Kritik hervor – eine problematische Wechselwirkung ist programmiert.

Literatur

Borgs-Maciejewski, Hermann 1988: Was jeder vom Verfassungsschutz wissen sollte. Aufgaben – Methoden – Organisation. Heidelberg.

Bundesamt für Verfassungsschutz (Hrsg.) 1990: Verfassungsschutz in der Demokratie. Beiträge aus Wissenschaft und Praxis. Köln.

Florath, Bernd; Mitter, Armin; Wolle, Stefan (Hrsg.) 1992: Die Ohnmacht der Allmächtigen. Geheimdienste und politische Polizei in der modernen Gesellschaft. Berlin.

Schmidt-Eenboom Erich 1993: Schnüffler ohne Nase. Der BND – die unheimliche Macht im Staate. Düsseldorf u.a.

Ritter, Falko 1989: Die geheimen Nachrichtendienste der Bundesrepublik Deutschland. Rechtsgrundlagen – Aufgaben – Arbeitsweise – Koordinierung – Kontrolle. Heidelberg.

Eckhard Jesse

Nationalsozialismus

1. Historische Entwicklung

Nationalsozialismus, völkisch-antisemitisch-nationalrevolutionäre Bewegung in der Zwischenkriegszeit, die sich in Deutschland als Nationalsozialistische Deutsche Arbeiterpartei (NSDAP) organisierte und die unter der Führung *Hitler*s in Deutschland von 1933-45 eine totalitäre Diktatur errichtete. Der Nationalsozialismus gehört überdies in den Zusammenhang der europäischen faschistischen Bewegungen der Zwischenkriegszeit, die außer in Deutschland nur in Italien aus eigener Kraft und ohne ausländische militärische Unterstützung an die Macht gekommen sind. Der Nationalsozialismus stellt innerhalb der europäischen Faschismen aufgrund seines Rassenantisemitismus und seiner Vernichtungspolitik die radikalste Variante dar. Die Geschichte der NSDAP unterteilt sich in die sogenannte Bewegungsphase (1919-33) und die Regimephase (1933-45). Ihr Weg zur Macht verlief keineswegs geradlinig und folgte auch keinem ausgefeilten politischen Konzept oder einer politischen Zwangsläufigkeit.

1.1 Die Anfänge der NSDAP

In ihrer Frühphase war die aus der Deutschen Arbeiterpartei hervorgegangene NSDAP eine militante Protestbewegung im heterogenen völkisch-antisemitischen Milieu mit anfänglichem Schwerpunkt in → Bayern. Sie unterschied sich bald von den übrigen nationalistisch-paramilitärischen Verbänden → Parteien durch ihre Propaganda und die Radikalität ihres politischen Auftretens. Die Aufmerksamkeit, die die frühe NSDAP bald auf sich zog, hatte mit der Agitationstätigkeit von *Hitler* zu tun, der sich im September 1919 als Reichswehragent der Partei angeschlossen und 1920 zusammen mit *A. Drexler* das Parteiprogramm zusammengestellt hatte, das unter Betonung antikapitalistischer Elemente einen Querschnitt des zeitgenössischen völkisch-nationalistischen Ideengemenges darstellte.

Hitlers Aufstieg begann als Werbeobmann. Sein rastloser Einsatz und seine missionarische Ausstrahlungskraft verschafften ihm bald einflußreiche Gönner und Freunde aus Bürokratie, Militär (u.a. *E. Ludendorff*) und Großbürgertum, die der Exaltiertheit des Agitators eine institutionelle und gesellschaftliche Absicherung boten.

Ihre Mitglieder gewann die frühe NSDAP aus den aufgelösten militärischen und paramilitärischen Verbänden. Das führte zu einem raschen Anwachsen der SA, die durch den Zustrom von militärisch versierten Führern mehr und mehr zu einem parteiunabhängigen, wenngleich auf *Hitler* verpflichteten Wehrverband wurde. Zulauf erhielt die völkische Agitationspartei auch aus vorwiegend mittelständischen Schichten, die von Inflation und sozialem Statusverlust getroffen waren.

Die frühe NSDAP verstand sich nicht als Partei, sondern als revolutionäre Bewegung, die auf dem Weg eines Putsches und nach dem Vorbild von *Mussolinis* „Marsch auf Rom" (1922) die verhaßte Weimarer Republik von Bayern aus beseitigen wollte. Im Herbst 1923 glaubte *Hitler* den schweren Konflikt zwischen der bayerischen Regierung unter Generalstaatskommissar *G. Ritter von Kahr* und der Reichsregierung nutzen zu können, um das Zeichen zu einem „Marsch auf Berlin" und zur Errichtung einer „nationalen Diktatur" zu geben. Der „Hitler-Putsch" vom 8./9.11. 1923 brach mit der blutigen Auflösung eines bewaffneten Demonstrationszuges am 9.11.1923 zusammen. Die NSDAP wurde verboten und *Hitler* am 1.4.1924 in einem Hochverratsverfahren zu fünf Jahren Festungshaft in Landsberg verurteilt. Während seiner Haftzeit, aus der *Hitler* am 20.12. 1924 vorzeitig entlassen wurde, zerbrach die 1923 von 15000 auf 55000 Mitglieder angewachsene, aber kaum organisierte und nun führerlose Bewegung in mehrere völkische Gruppierungen.

1.2 Die NSDAP 1925-1933

Nach seiner Entlassung wurde *Hitler* wieder zum Sammelpunkt beim Wiederaufbau der NSDAP, die durch eine veränderte politische Strategie und einen anderen Parteiaufbau ein neues Profil erhielt. Die Putschtaktik wurde durch eine Legalitätstaktik ersetzt, ohne daß damit der politischen Gewalt abgeschworen wurde. Vor allem versuchte *Hitler* nun, die Partei zu einem Instrument des Führerwillens zu machen. Seine Führerrolle sollte durch die Abfassung seiner umfangreichen Programmschrift „Mein Kampf" begründet werden.

Die hierarchische Organisation der NSDAP wurde seit 1926 schrittweise durch Jugend- und Studentenverbände sowie weitere Sonderorganisationen und Berufsverbände zu einer umfassenden Integrationspartei ausgebaut mit dem Ziel der Mobilisierung und Erfassung der heterogenen Mitglieder- und Anhängerschaft mit ihren Sonderinteressen. War der Zustand von Organisation und Führung in den Gauen während der Gründungsphase 1925/26 noch recht instabil und auch programmatisch vielgestaltig, so gelang es der Münchener

Reichsleitung um *Hitler* sich allmählich gegen zentrifugale Tendenzen durchzusetzen und auch die ideologisch-propagandistische Alleinvertretung zu behaupten. Die NSDAP nahm nun die Form einer charismatischen Führerpartei an, in der sich die Willensbildung auf die personale Autorität des „Führers" bezog und ohne Mitwirkung der Mitglieder auf der Grundlage von Befehl und Gehorsam von oben nach unten vollzog. Innerparteiliche Gruppierungen organisierten sich nicht gegen *Hitler*, sondern suchten seine Unterstützung im Machtkampf mit anderen Gruppierungen der Partei zu gewinnen. *Hitler* duldete und förderte zeitweise solche Gruppenbildungen, die seine Rolle als oberste Schiedsinstanz erst sicherten. Erst wenn seine oberste Autorität in Frage gestellt war, griff er in die zahlreichen innerparteilichen Richtungskämpfe ein. Die politischen Erfolge der NSDAP blieben in den Jahren der (Schein-)Stabilisierung der Weimarer Republik beschränkt. Bei den Reichstagswahlen 1928 erhielt die NSDAP 2,6% der Stimmen und 12 Abgeordnete. Erfolgreicher war die Partei bei der Verdrängung aller völkischen Konkurrenten.

Auf die Phase des Neuaufbaus folgte ab 1929/30 vor dem Hintergrund der Weltwirtschafts- und der deutschen Staatskrise die Phase des Aufstiegs zur Massenpartei. Die Partei wurde seit den Reichstagswahlen vom 14.9.1930, bei der sie 6,4 Mio., d.h. 18,3% der Stimmen und 107 Abgeordnetensitze erhielt, zu einem großen politischen Machtfaktor, dessen radikale Agitation die politische Endkrise der Weimarer Republik noch beschleunigte. Bei den Reichspräsidentenwahlen im März/April 1932 entfielen 36,8% der Stimmen auf die Hitler-Partei, bei den Preußenwahlen am 12.4.1932 37,8%. Ihren Höhepunkt erreichte die NSDAP bei den Reichstagswahlen am 31.7.32 mit 37,8% der Stimmen.

Die neue Massenbewegung veränderte die politische Landschaft fundamental und zog vor allem die Wähler und Mitglieder der bürgerlichen Parteien an sich. Gegen diesen Sog konnten sich nur das katholische Milieu mit dem Zentrum sowie der Stamm der sozialdemokratischen und kommunistischen Wähler behaupten, die bis 1933 ein festes Bollwerk bildeten. Ferner gelang es der NSDAP in großem Maße, bisherige Nichtwähler für sich zu mobilisieren. Die Zahl der Parteimitglieder wuchs von 27000 Ende 1925 über 150000 im September 1930 auf 1,4 Mio. im Januar 1933. Die NSDAP war eine „junge" Partei. 1930 waren fast 70% der Mitglieder jünger als 40 Jahre, 37% jünger als 30 Jahre. Von den Parteifunktionären waren 65% unter 40 Jahre, 26% unter 30. Die soziale Basis der Massenbewegung rekrutierte sich vor allem aus dem breiten Spektrum des evangelischen bäuerlichen und bürgerlichen Mittelstandes. Selbständige aus den freien Berufen, aus Handwerk und Gewerbe, Angestellte und Beamte waren – gemessen am Anteil der jeweiligen Gruppe an der Zahl aller Berufstätigen – in der NSDAP überrepräsentiert. Zugleich aber bildeten die Arbeiter zahlenmäßig die stärkste soziale Gruppe innerhalb der Parteimitgliedschaft, auch wenn sie, gemessen am Anteil an der gesamten Erwerbsbevölkerung, in der NSDAP unterrepräsentiert waren. Nach 1930 bekannten sich auch Honoratioren zur NSDAP. Sie entwickelte sich darum zu einer tendenziell alle sozialen Schichten erfassenden „nationalistischen Volkspartei", deren soziales Profil sich im Laufe der Parteigeschichte immer wieder veränderte.

Die Integration der verschiedenen von der NSDAP und ihren Gliederungen bzw. Nebenorganisationen angesprochenen Interessen machte *Hitler* als Führer- und Integrationsfigur unentbehrlich. Die Attraktivität der Hitler-Partei lag nicht in konkreten sozialen und politischen Programmen, sondern in dem Kult um *Hitler*, der als Retter und Erneuerer erwartet und bejubelt wurde. Mit der massenwirksamen Volksgemeinschaftsparole wurden die vielfältigsten Erwartungen nach Aufhebung aller Standes- und Klassenschranken wie nach

Statusbewahrung ebenso angesprochen wie die Hoffnung anderer Gruppen auf soziale Mobilität.

Auf keinen Fall kann die Dynamik der nationalsozialistischen Glaubens- und Protestbewegung mit materiellen Unterstützungen der Großindustrie erklärt werden. Die Finanzierung der gewaltigen Propagandakampagnen der NSDAP erfolgte in erster Linie durch die Mitglieder und ihre Beiträge sowie durch Eintrittsgelder, dann durch Hilfe von Sympathisanten vor allem mit kleineren und mittleren Betrieben. Es liegen keine Belege für eine kontinuierliche finanzielle Förderung der NSDAP durch die Großindustrie vor. Zudem war das Verhalten der Großindustrie gegenüber der NSDAP und *Hitler*s Regierungsbeteiligung 1932/33 sehr uneinheitlich; nur eine kleine Fraktion unterstützte *Hitler*. Wichtiger war die Rolle der Großwirtschaft und anderer traditioneller Machteliten bei der Zerstörung der parlamentarischen Demokratie zugunsten einer autoritären Staatsform, die sich am Ende vor dem Ansturm der NSDAP nicht behaupten konnte.

Seit dem Erdrutsch der Septemberwahlen von 1930 versuchte *Hitler* durch seine Doppelstrategie des Ausbaus einer eigenen, ungeteilt verfügbaren Massenbewegung einerseits und taktischer Bündnisse mit den traditionellen Machtgruppen in Politik, Bürokratie, Militär und Wirtschaft andererseits, an die politische Macht zu kommen. Diese Taktik war in der NSDAP nicht unumstritten und erfuhr immer wieder Rückschläge; entweder durch terroristische Ausbrüche der SA oder durch Zurückweisungen seitens der erhofften konservativen Bündnispartner. Während die nationalkonservativen Kräfte, die ihr eigenes Anhängerpotential seit 1929/30 an die NSDAP verloren hatten, sich vom Bündnis mit der wählerstärksten Massenbewegung eine Massenbasis und plebiszitäre Legitimation ihres autoritären politischen und gesellschaftlichen Programms erhofften und darauf vertrauten, daß sie im Besitz von Reichswehr und Bürokratie den „Trommler" und seine radikale Massenbewegung „zähmen" könnten, brauchte *Hitler* umgekehrt ihre Unterstützung, um die Kluft schließen zu können, die seine nichtetablierte Protestpartei trotz ihrer Wahlerfolge noch immer von der Macht trennte.

Die Machtübernahme wurde möglich in einem Moment des politischen Machtvakuums einerseits und deutlicher Verschleißerscheinungen bei der NSDAP andererseits. Sie wurde eingeleitet durch ein Geflecht von politischen Fehleinschätzungen und Intrigen, die ihrerseits Produkt der Auflösung der demokratischen Verfassungsorgane waren. In der unübersichtlichen Situation des Januar 1933 bewirkte die direkte Einflußnahme von *Hitler*s Partnern aus der „nationalen Front" auf den Reichspräsidenten, daß dieser schließlich am 30.1. 1933 doch der Ernennung *Hitler*s zum Kanzler eines Präsidialkabinetts zustimmte, in dem die Nationalkonservativen die drei Nationalsozialisten sicher eingerahmt glaubten.

2. Machtausübung

2.1 Die Errichtung der Diktatur

Die dramatische Monopolisierung der politischen Macht durch den Nationalsozialismus innerhalb eines halben Jahres erfolgte durch die nicht geplante, aber mit großem Machtinstinkt betriebene Doppelstrategie von Gewalt und Legalität, von revolutionärem Druck von unten und administrativem Nachvollzug von oben, begleitet von Terror und Propaganda. Dieser Prozeß vollzog sich stufenförmig unter entschlossener Ausnutzung aller durch das Notverordnungsrecht des Reichspräsidenten gegebenen legalen Mittel bei gleichzeitiger gewaltsamer Ausschaltung der Gegner, zunächst der politischen Linken, dann aber auch der übrigen Parteien. Begleitet wurde dieser Vorgang, der seither zum Modell einer totalitären Machteroberung wurde, durch weitere Fehleinschätzungen und eine zunehmende Welle der Anpassung, Selbstgleichschaltung und Massenbegeisterung.

Die wichtigsten Etappen auf dem Weg zur Eroberung und Monopolisierung der Macht waren die Ausschreibung von erneuten Reichstagswahlen, mit der das propagandistische und terroristische Potential der NSDAP nun unter Ausnutzung des staatlichen Schutzes und Apparates freigesetzt wurde. Ferner die Instrumentalisierung des Reichstagsbrandes zur Verkündung des permanenten Ausnahmezustandes mit Hilfe der präsidialen Notverordnung vom 28.2.1933 „Zum Schutz von Volk und Reich", die zur formellen Grundlage für großangelegte Verfolgungsmaßnahmen und zur eigentlichen „Verfassungsurkunde" des Dritten Reichs wurde. Alle bürgerlichen Grundrechte wurden außer Kraft gesetzt, zugleich bot sie unter dem Mantel der scheinbaren Legalität auch die Möglichkeit, in die inneren Verhältnisse der Länder einzugreifen.

Die Reichstagswahlen, die in einem Klima der legalisierten Rechtsunsicherheit stattfanden, brachten der NSDAP (43,9% der Stimmen, 288 Mandate) nur zusammen mit dem deutschnationalen Koalitionspartner (8% der Stimmen) die absolute Mehrheit. Sie waren der Auftakt zur nächsten Etappe der Machtergreifung: der durch ein nationales Erneuerungspathos verdeckten Selbstausschaltung des Reichstages durch das Ermächtigungsgesetz (23.3.1933), das zugleich *Hitler* unabhängig von Reichspräsident und Kabinett machte. Vorangegangen war diesem scheinlegalen Akt unmittelbar nach der Wahl die Gleichschaltung der Länder, seine Folge war der Funktionsverlust der Parteien, die gleichzeitig wie die Länderregierungen unter dem terroristischen Druck der NSDAP-Gliederungen standen. Von der Welle der Gleichschaltung wurden neben den Parteien einschließlich des deutschnationalen Bündnispartners schließlich in unterschiedlicher Intensität alle gesellschaftlichen Verbände und Vereine erfaßt. Begleitet wurde dies von ersten Verfolgungs- und Boykottmaßnahmen gegen jüdische Bürger.

Abgeschlossen wurde die Machteroberung ein Jahr später. *Hitler* nutzte im Bündnis mit der Reichswehrführung und der SS die „Röhm-Affäre" am 30.6.1934 zu einem Doppelschlag gegen innerparteiliche Rivalen und den SA-Führer *Röhm* sowie gegen konservative Opponenten und andere politisch mißliebige Personen, die alle ermordet wurden. Mit der Niederschlagung der SA begann zugleich der Aufstieg der SS unter Reichsführer *H. Himmler*, die ihre Sonderstellung bereits mit dem Zugriff auf die politische Polizei bzw. die Konzentrationslager begründet hatte und zum Organ der Gegnerbekämpfung und schließlichen Vernichtungspolitik wurde.

Mit der Vereinigung der Ämter des Reichspräsidenten und des Reichskanzlers in dem Führer der NSDAP am 2.8.1934 gab es keine verfassungsmäßige Institution mehr, die *Hitler*s Stellung hätte eingrenzen können.

2.2 Machtkonsolidierung und Führerstaat

Es begann nun eine Phase der Machtkonsolidierung, die im Inneren von einer im Zeichen einer einseitigen Rüstungswirtschaft getragenen wirtschaftlichen Erholung und einem wachsenden Abbau der → Arbeitslosigkeit, nach außen durch zunächst zögerliche, dann aber seit 1935 risikoreiche Verletzungen des internationalen Vertragssystems gekennzeichnet war, die alle mit der Wiederherstellung deutscher Gleichberechtigung und Revision des Versailler Vertrags gerechtfertigt wurden.

Mit den wirtschaftlichen und sozialen und schließlich auch den nationalpolitischen Erfolgen wuchs die Zustimmung zum Regime, die sich vor allem auf einen wachsenden Führermythos stützte. Damit sicherte *Hitler* zugleich seine politische Stellung innerhalb des nationalsozialistischen Führerstaates, der im Unterschied zu den autoritär-etatistischen Erwartungen der traditionellen Machteliten von einer ständigen Dynamik und Aushöhlung überkommener staatlicher Bürokratien durch führerunmittelbare Parallelämter und Parteiapparate bestimmt war. Das schmälerte die Einflußmöglichkeiten der traditionellen Machteliten in Bürokratie, Heer und Wirtschaft und stärkte den Führerabsolutismus *Hitler*s. Vor allem wurden damit die Voraussetzungen für die Durchsetzung der radikalen Weltanschauung geschaffen, die sich seit 1938 in einer verschärften Aggressions- und Eroberungspolitik nach außen und in einer radikaleren Verfolgungspolitik nach innen zeigte.

2.3 Auf dem Weg zur Kriegs- und Vernichtungspolitik

Das Ende der konservativen Stilisierung und Mäßigung war mit der *Blomberg-Fritsch*-Affäre vom Februar 1938 gekommen, die *Hitler* nun den Zugriff auf die Wehrmacht und die Ausschaltung weiterer konservativer Machtträger im Auswärtigen Amt wie in der Wirtschaftspolitik erlaubte. Nach dem von einer Woge der Zustimmung getragenen gewaltsamen „Anschluß" von Österreich im März 1938 und dem Sudetengebiet im Oktober stellten die Novemberpogrome von 1938 mit ihren anschließenden Verordnungen zur wirtschaftlichen Ausschaltung der deutschen Juden den entscheidenden Markstein auf dem Weg zur sogenannten Endlösung der Judenfrage dar, d.h. der massenhaften bürokratisch-fabrikmäßigen Vernichtung der europäischen Juden im Zweiten Weltkrieg.

Die Entfesselung des Krieges im September 1939 schließlich setzte den nationalsozialistischen Eroberungs- und Vernichtungswillen vollends frei und stellte zugleich eine weitere Etappe in der Radikalisierung des Herrschafts- und Überwachungssystems im Inneren dar. Höhepunkt dieser Weltanschauungspolitik war der Rußlandfeldzug im Sommer 1941 und die gleichzeitige Vorbereitung des Holocaust in den Vernichtungslagern im Osten, die im Spätherbst 1941 ihre Arbeit aufnahmen.

Mit der Machtüberdehnung und den schweren militärischen Niederlagen seit 1943 begann der Niedergang des nationalsozialistischen Regimes, das freilich nur von außen und militärisch durch die Anti-Hitler-Koalition besiegt wurde, während es sich im Inneren bis zuletzt auf eine hohe Massenloyalität, bei gleichzeitiger Verschärfung des Verfolgungssystems, stützen konnte. Erst mit dem Abbröckeln des *Hitler*-Mythos begann der Verfall des Nationalsozialismus, der als Partei in der Bevölkerung freilich immer weniger Zustimmung gefunden hatte und sich während des Krieges auf einem Tiefpunkt in dem Urteil der Bevölkerung befand.

Mit der Niederlage des nationalsozialistischen Deutschland im Mai 1945 und dem Ende der beiden Diktatoren *Hitler* und *Mussolini* war auch die „Epoche des Faschismus" (*Nolte* 1963) zu Ende, der überdies mit den gewaltigen politischen und sozialen Veränderungen, die seine Herrschaft mit sich brachte, zugleich auch die Voraussetzung der eigenen Machtergreifung zerstört hatte.

3. „Vergangenheitsbewältigung"

Im Umgang der beiden deutschen Nachkriegsstaaten mit der nationalsozialistischen Vergangenheit zeigen sich deutliche Unterschiede, aber auch Gemeinsamkeiten. Für beide deutsche Staaten diente die Erinnerung an den Nationalsozialismus (der in der → DDR immer als Faschismus bezeichnet wurde), zur normativen Abgrenzung und Legitimation der neuen Ordnung. Für die frühe BRD war die Erinnerung an die NS-Zeit Teil eines antitotalitären Grundkonsenses, der vor allem die Neubegründung eines freiheitlichen Verfassungs- und Sozialstaates rechtfertigte. Für die DDR war dies die Grundlage eines verordneten

Antifaschismus, der behauptete, mit der Errichtung einer sozialistischen Gesellschafts- und Herrschaftsordnung alle Wurzeln des Faschismus getilgt zu haben. Tatsächlich wurde damit nur eine Diktatur gegen eine andere eingetauscht. Von einer wirklichen Auseinandersetzung mit den Problemen einer millionenfachen Verstrickung in das NS-Regime und den dadurch ausgeformten politischen Verhaltensmustern war man durch die bis zum Ende der DDR gültige marxistisch-leninistische Faschismusdoktrin entbunden, die die nationalsozialistische Diktatur als die Herrschaft einer kleinen Gruppe des „Monopolkapitals" über das deutsche Volk darstellte. Umgekehrt haben in der BRD eine „gewisse Zurückhaltung in der öffentlichen Thematisierung individueller oder auch institutioneller Nazi-Vergangenheiten" (*Lübbe*) zusammen mit den Stimmungslagen des Kalten Krieges zu einer Verdrängung der Vergangenheit beigetragen, die zwar einerseits die Integration der Millionen von Mitläufern in den neuen demokratischen Staat erlaubte, andererseits seit den 60er Jahren zu einer Belastung der → politischen Kultur der BRD wurde. Seither brach immer wieder eine heftige politisch-moralische Debatte um die NS-Vergangenheit in der Öffentlichkeit auf, die auch die geschichtswissenschaftliche Forschung berührte. Nun fanden auch die wissenschaftlichen Kontroversen um die Interpretation des Nationalsozialismus, der so intensiv erforscht wurde wie keine andere Epoche der deutschen Geschichte, eine große Resonanz in der Öffentlichkeit. Dies galt zuletzt für den „Historikerstreit" von 1986/87, der zwar wissenschaftlich keine neuen Erkenntnisse brachte, dafür aber die Schwierigkeiten unseres öffentlichen Umgangs mit einer Vergangenheit zeigte, „die nicht vergehen will" (*Nolte* 1963), deren Ort in der deutschen und europäischen Geschichte immer wieder diskutiert werden wird und muß.

Literatur

Broszat, Martin 1984: Die Machtergreifung. Der Aufstieg der NSDAP und die Zerstörung der Weimarer Republik. München.

Bracher, Karl Dietrich 1969: Die deutsche Diktatur. Entstehung, Struktur, Folgen des Nationalsozialismus. Köln.

Kielmannsegg, Peter Graf 1989: Lange Schatten. Vom Umgang der Deutschen mit der nationalsozialistischen Vergangenheit. Berlin.

Nolte, Ernst 1963: Der Faschismus in seiner Epoche. Die Action Francaise. Der italienische Faschismus. Der Nationalsozialismus. München.

Thamer, Hans-Ulrich 1986: Verführung und Gewalt. Deutschland 1933-1945. Berlin.

Hans-Ulrich Thamer

Neokorporatismus

Mit dem Begriff Neokorporatismus wird die Einbindung („Inkorporierung") von organisierten Interessen in Politik und ihre Teilhabe an der Formulierung und Ausführung von politischen Entscheidungen bezeichnet. Der Neokorporatismusbegriff knüpft an den älteren Begriff des „Korporativismus" an, der sich auf eine nach Ständen gegliederte → Gesellschaft bzw. eine ständestaatliche Ordnung der Gesellschaft bezog und die Übertragung öffentlicher Gewalt auf gesellschaftliche Organisationen („Korporationen") bezeichnete. In D wurde der Begriff in den 70er Jahren in Anlehnung an den angelsächsischen Begriff „Corporatism" als Neokorporatismus wieder aufgegriffen. die begriffliche Anbindung wird damit begründet, daß ungeachtet der vielfältigen Unterschiede in der Gesellschaftsordnung den vorstaatlichen Organisationen bzw. den organisierten Interessen in der vorbürgerlichen Gesellschaft ebenso wie in den entwickelten demokratischen Wohlfahrtsstaaten eine „intermediäre" Stellung zwischen Individuum und Staat zukommt, in der sie einerseits die Interessen ihrer Mitglieder gegenüber dem Staat definieren und repräsentieren, andererseits aber auch politische Vereinbarungen und Zugeständnisse gegenüber ihren Mitgliedern zu vertreten und durchzusetzen haben.

Die Reichweite dessen, was mit dem Neokorporatismusbegriff erfaßt wird, hat sich im Zuge der Korporatismusforschung erweitert. Während der Begriff zunächst nur für die Bezeichnung einer „tripartistischen" Kooperation von Staat, Unternehmerorganisationen und Gewerkschaften verwendet wurde, werden heute verschiedene Formen der politischen Kooperation von organisierten Interessen untereinander oder mit staatlichen Instanzen unter den Begriff „Neokorporatismus" subsumiert. In der analytisch-deskriptiven Neokorporatismusforschung sind zahlreiche empirische Belege für solche öffentlichen Funktionen privater Interessenorganisationen zusammengetragen worden; beispielhaft genannt sei der Beitrag organisierter Interessen in der Wirtschafts- und Einkommenspolitik (z.B. ‚Konzertierte Aktion'), in der Berufsbildung (Steuerung und Regulierung der beruflichen Bildung durch die Sozialpartner), in der Gesundheitspolitik (‚Konzertierte Aktion im Gesundheitswesen'), in der Sozialpolitik (Wohlfahrtsverbände) oder im Umweltschutz (verbandlich vermittelte Selbstbeschränkungsabkommen).

Neben die horizontale Differenzierung nach Politikfeldern tritt seit einigen Jahren zudem eine vertikale Differenzierung, die zwischen Makro-, Meso- und Mikrokorporatismus unterscheidet. Diese Dreiteilung wird entweder mit Bezug auf das politisch-administrative System oder im Hinblick auf das ökonomische System eines Landes vorgenommen. Im erstgenannten Fall werden neokorporatistische Arrangements auf der nationalen, regionalen oder lokalen Ebene erfaßt. Im zweitgenannten Fall geht es um kollektive Lösungen volkswirtschaftlicher Koordinationsprobleme, um die „Governance"-Strukturen einzelner Wirtschaftssektoren oder um die „Mikropolitik" (zumeist von Kapital und Arbeit) in einzelnen Unternehmen. In jüngerer Zeit mehren sich zudem die Hinweise darauf, daß solche öffentlichen Funktionen privater Interessenorganisationen darüber hinaus auch – gewissermaßen auf einer vierten Ebene – in supra-nationalen Zusammenhängen (z.B. in der Europäischen Union) zu beobachten sind.

Zwar hat die umfangreiche Forschung zum Neokorporatismus nicht, wie vermutet werden könnte, zu einer umfassenden und einheitlichen Theorie geführt, aber es lassen sich doch drei zentrale Befunde festhalten, die eng miteinander verknüpft sind:

- Im Unterschied zu den pluralistischen Modellen des Verhältnisses von organisierten Interessen und Staat ist die Neokorporatismusforschung von vornherein davon ausgegangen, daß der Staat direkt oder indirekt Einfluß auf die Bildung von → Interessengruppen und auf die Organisierung kollektiver Interessen nimmt. Im Zuge der Forschung ist eine Fülle von Staatseingriffen in Form von staatlich initiierten Verbandsgründungen, Zwangs- und Quasizwangsmitgliedschaften und anderen Organisationshilfen deutlich geworden, die allesamt zu dem Schluß führen, daß die Organisationsformen und Inhalte sowie die Resultate verbandlichen Wirkens nicht ohne Rückgriff auf die jeweilige Rolle des Staates nachvollzogen werden können.
- Im Unterschied zu pluralistischen Theorien sieht die Korporatismusforschung die Verbände nicht als Agenturen der Repräsentation von bereits vorab eindeutig feststehenden Gruppeninteressen,

sondern als Agenturen der Interessenvermittlung, die im Prozeß der Organisierung das, was als Gruppeninteresse gelten soll, erst noch erzeugen müssen und im Verlauf der Auseinandersetzungen verändern können. Kollektive Interessen sind demnach nicht einfach vorgegeben, sondern werden erst im Organisationsprozeß als „Gruppeninteressen" formuliert. Dabei wird ein Zusammenhang zwischen den substantiellen Interessen der einzelnen Interessengruppen und der Struktur ihrer jeweiligen Interessenorganisationen deutlich: Der konkrete Inhalt von Interessen ist keineswegs die einzig erklärende Variable für Verbandsbildung und Verbandshandeln, sondern Verbandsbildung und Verbandshandeln prägen ihrerseits den substantiellen Gehalt dessen, was als Gruppeninteresse gelten soll.

– Eng mit dem Begriff der Interessenvermittlung verbunden ist der Begriff der „intermediären Organisation". Der Neokorporatismusansatz sieht Interessenverbände als soziale Einheiten, die einerseits mit den lebensweltlichen Orientierungen und mit den Forderungen ihrer Mitglieder (logic of membership) und andererseits mit ihrer institutionellen Umwelt, d.h. insbesondere auch mit den Anforderungen übergeordneter sozialer Systeme (logic of influence) zurechtkommen müssen, wobei die Widersprüchlichkeit von Mitgliedschaftslogik und Einflußlogik wechselseitige Austauschprozesse und jene Formen einer „Interessenvermittlung" ermöglicht, die über eine „Interessenrepräsentation" im pluralistischen Sinne hinausweisen. Sofern es den Verbänden gelingt, im Austausch mit den Adressaten in ihrer institutionellen Umwelt (insbesondere im Austausch mit dem Staat) Organisationshilfen zur Einbindung der Mitglieder und Zuständigkeiten für verbindliche Entscheidungen und kollektive Problemlösungen zu gewinnen, können sie die Interessen ihrer Domäne „regieren" (in Anlehnung an den angelsächsischen Begriff des „Private Interest Government"), statt sie nur im Sinne eines „verlängerten Arms" zu repräsentieren.

Die analytisch-deskriptiven Befunde der Korporatismusforschung wurden von einigen Autoren politisch-normativ verlängert. Dabei geht es um ‚Soll-Zustände' im Verhältnis von Staat und Interessenverbänden. Die Vorstellung dabei ist folgende: Durch organisierte – und dadurch handlungsfähige – Gruppen soll eine Selbstregulierung partikularer Interessen ohne unmittelbare Staatsintervention erreicht werden. Verbände, deren originärer Zweck die Durchsetzung partikularer Gruppeninteressen ist, sollen öffentliche Funktionen übernehmen. Als sozialpflichtige Repräsentanten kollektiver Partikularinteressen sollen sie in jenen Problemfeldern als ‚gemeinwohlorientierte' Steuerungsinstanzen fungieren können, die weder durch den Marktmechanismus noch durch etatistische Staatsintervention problemgerecht bearbeitbar sind. Ziel dieser ordnungspolitischen Strategie ist ein politisches System, in dem organisierte Partikularinteressen öffentlichen Status innehaben und autoritative Funktionen bei der Verwirklichung öffentlicher Politik erfüllen. Als Alternative zu direkter staatlicher Intervention nimmt diese Einbeziehung privater organisierter Interessen in die Politik die Form von ‚privaten Interessenregierungen' an, die mit Duldung oder aktiver Unterstützung des Staates etabliert werden, wobei im Zuge dieser strukturierten Selbstregulierung die von den Interessenverbänden repräsentierten Partikularinteressen dem Allgemeininteresse untergeordnet werden.

Literatur

Alemann, Ulrich v. (Hrsg.) 1981: Neokorporatismus. Frankfurt/New York.

Eichener, Volker/Voelzkow, Helmut (Hrsg.) 1994: Europäische Integration und verbandliche Interessenvermittlung. Marburg.
Mayntz, Renate (Hrsg.) 1992: Verbände zwischen Mitgliederinteressen und Gemeinwohl. Gütersloh.
Streeck, Wolfgang/Schmitter, Phillippe C. (Hrsg.) 1985: Private Interest Government: Beyond Market and State. London.
Streeck, Wolfgang (Hrsg.) 1994: Staat und Verbände. Politische Vierteljahresschrift, Sonderheft 25. Opladen.
Williamson, Peter J. 1989: Corporatism in Perspective. An Introductory Guide to Corporatist Theory. London.

Helmut Voelzkow

Neue Soziale Bewegungen

1. Begriff und allgemeine Merkmale

Der Begriff Neue Soziale Bewegungen (NSB) setzte sich Anfang der 80er Jahre in der Bundesrepublik durch. Er steht als eine Sammelbezeichnung für diverse politische Protestgruppen und soziale Bewegungen, die im Gefolge der außerparlamentarischen Opposition und insbesondere der Studentenbewegung ab den späten 60er Jahren aufkamen, deren Wurzeln jedoch teilweise weiter zurückreichen. Das Adjektiv „neu" markiert eine zeitliche und qualitative Abgrenzung zur Arbeiterbewegung als die klassische „alte" soziale Bewegung. Zwischen dieser und den NSB bildet die Studentenbewegung eine Art Brücke. Einerseits hielt sie an bestimmten Positionen der Arbeiterbewegung fest: dem entschiedenen Antikapitalismus, der zentralen Rolle der Arbeiterklasse als revolutionärem Subjekt und dem Anspruch auf umfassende Demokratisierung. Andererseits distanzierten sich Studentenbewegung ebenso wie NSB von Fortschrittskonzepten und Organisationsmodellen der Arbeiterbewegung. Antikapitalistische und vor allem revolutionäre Positionen sind für die NSB nicht mehr konstitutiv. Dagegen teilen die NSB mit der Studentenbewegung die Kritik an hierarchisch-bürokratischen Organisationsstrukturen. Die NSB verbinden radikaldemokratische Forderungen mit dem Ziel solidarischer, selbstbestimmter Lebensweisen und der Verbesserung der Lebensbedingungen vorwiegend in der Reproduktionssphäre. Thematische Brennpunkte für wichtige Einzelbewegungen sind die Emanzipation von Frauen, Ökologie, Frieden und Abrüstung, selbstverwaltete Lebens- und Arbeitsformen, Hunger und Elend in der Dritten Welt sowie Bürger- und Menschenrechte. Zum Umfeld der NSB zählen aber auch Selbsthilfegruppen im Gesundheits- und Sozialbereich, Hausbesetzer und militante „autonome" Gruppen.

2. Neue Soziale Bewegungen in den alten Bundesländern

Zunächst standen die NSB in scharfem Kontrast zu etablierten Parteien und Interessenverbänden. Im Verlauf der 1980er Jahre verwischten sich diese Grenzen – ein Prozeß, der durch das Aufkommen alternativer Wahlbündnisse und Listen sowie die Etablierung der *Grünen* beschleunigt und in deren Wandel widergespiegelt wurde.

Weitreichende Veränderungsansprüche der NSB wurden zugunsten pragmatischer Politikkonzepte zurückgenommen; in vielen Gruppierungen zeichneten sich Tendenzen der Institutionalisierung und Professionalisierung ab. Auf seiten der etablierten Kräfte wuchsen die Toleranz gegenüber unkonventionellen Politikstilen und die Wertschätzung „alternativer" Problemlösungen. Vor allem auf kommunaler Ebene kam es zu Formen der Zusammenarbeit bis hin zur finanziellen Förderung der NSB.

Das Gros der Anhänger der NSB kommt aus den jüngeren Altersgruppen mit überdurchschnittlicher Bildungsqualifikation. Die wichtigste Rekrutierungsbasis bildet die sog. neue Mittelschicht, insbesondere der Sektor der Humandienstleistungsberufe. Der Frauenanteil ist im allgemeinen höher als in etablierten Parteien und → Interessengruppen; allerdings überwiegen auch in den NSB die Männer. Linke Postmaterialisten sind eindeutig überrepräsentiert. Einzelne Gruppierungen, etwa solche innerhalb der Ökologiebewegung, reichen jedoch bis ins konservative Spektrum hinein.

Charakteristisch für die Struktur der NSB ist ihre organisatorische Vielfalt und Dezentralität. Sie haben komplexe Netzwerke ausgebildet, die lockere, informelle Gruppen auf lokaler Ebene, aber auch hierarchisch gegliederte bundesweite Mitgliederorganisationen einschließen. Typischerweise fehlen in den einzelnen Bewegungen verbindliche Repräsentationsgremien und Entscheidungsverfahren sowie klare Kriterien der Mitgliedschaft. Neben den bewegungsspezifischen Infrastrukturen bestehen auch themenübergreifend ausgerichtete Presseorgane, Finanzierungseinrichtungen usw.

Gemessen an dem beachtlichen Mobilisierungspotential der NSB ist die Zahl der Aktivisten in den Einzelbewegungen eher klein, unterliegt allerdings starken Schwankungen. Die Anzahl der Gruppen lag Anfang der neunziger Jahre bei mehreren Zehntausend. Obgleich die NSB in erster Linie durch unkonventionelle Proteste Aufmerksamkeit erregen, ist ihre alltägliche Praxis stark von konventionellen Aktionsformen bestimmt. Das Repertoire reicht von Informationstreffen über Demonstrationen bis hin zu Formen des zivilen Ungehorsams und der Anwendung von Gewalt. Die größten Protestkundgebungen versammelten Hunderttausende von Menschen; noch größer war die Beteiligung an Unterschriftensammlungen gegen einzelne technisch-industrielle Großprojekte oder gegen den NATO-Nachrüstungsbeschluß.

Die Wirkungen der NSB sind sehr differenziert zu beurteilen. Weitreichende Änderungen des politisch-institutionellen Gesamtgefüges wurden nicht erzielt. Dagegen konnten die NSB einzelne Politikfelder – etwa die Energiepolitik und die Frauenpolitik – in materieller wie prozeduraler Hinsicht beeinflussen. Auf der Ebene konkreter Einzelkonflikte sind neben wenigen Erfolgen der NSB viele Teilerfolge, aber auch deutliche Mißerfolge zu verzeichnen. Die Langzeiteffekte vieler kleinerer institutioneller Neuerungen, etwa den Frauengleichstellungsstellen, bleiben abzuwarten. Nicht zu unterschätzen sind die Auswirkungen der NSB auf die → politische Kultur. Es ist davon auszugehen, daß die NSB einen wichtigen Beitrag zur kulturellen Liberalisierung geliefert haben, insbesondere der Abschwächung obrigkeitsstaatlicher Denkmuster, der subjektiven Verankerung demokratischer Werte und der größeren Toleranz gegenüber abweichenden Lebensstilen.

3. Bürgerbewegungen und Neue Soziale Bewegungen in der DDR

Naturgemäß sind die Bürgerbewegungen der → DDR, die sich unter ganz anderen gesellschaftlichen Voraussetzungen als die NSB des Westens entwickelt haben, mit diesen nur bedingt vergleichbar. Demzufolge ist die Übertragbarkeit des Begriffs NSB auf die Bürgerbewegungen in der DDR umstritten, wenngleich nicht ganz von der Hand zu weisen. Nutzen die NSB zur Durchsetzung ihrer Ziele elementare demokratische Rechte, so ging es den Bürgerbewegungen primär um deren Durchsetzung. Angesichts massiver politischer Überwachung und Repression konnten sich zunächst keine massenhaften regimekritischen oder gar fundamentaloppositionellen Bewegungen etablieren.

Die Anfänge der Bürgerbewegungen und der sich später ausdifferenzierenden themenorientierten Einzelbewegungen lagen in den späten 70er Jahren. Bestanden zunächst nur kleine lokale und informelle Zirkel, so bedeutete die Gründung der Initiative für Frieden und Menschenrechte im Jahr 1985 einen ersten Schritt zu einer umfassenderen Gruppierung. Ermutigt durch die Politik der Perestroika in der UdSSR verbreiterten und vernetzten sich die bestehenden Gruppen. Teilweise versuchte das Regime, deren Anliegen und Themen in von oben gelenkten Organisationen wie dem Kulturbund und der Gesellschaft für Natur und Umwelt zu kanalisieren. Die Unfähigkeit des Regimes zu politischen Reformen und die Verschlechterung der allgemeinen Lebensbedingungen bestärkten die regimekritischen Gruppen. Einzelne Repressionsmaßnahmen, die oft nur auf dem Umweg über westliche Medien in der breiten Bevölkerung bekannt wurden, brachten den nun immer offener und entschiedener auftretenden Bürgerbewegungen mehr Rückhalt in der Bevölkerung. Symptomatisch hierfür waren die Proteste anläßlich der Manipulationen der Kommunalwahlen im Frühjahr 1989 sowie der Widerhall des Neuen Forums, in dessen Listen sich im Herbst 1989 binnen zwei Monaten rund 200.000 Menschen eintrugen.

Das Spektrum der oppositionellen Gruppen reichte von undogmatischen Marxisten und Anarchisten bis hin zu Christen und Liberal-Konservativen. Die Mehrzahl der Aktivisten bestand allerdings aus reformorientierten Sozialisten, die eine kritische Distanz zum kapitalistischen Westen hielten. Wie die NSB stammten auch die Mitglieder der Bürgergruppen überwiegend aus den jüngeren Generationen mit hoher Bildungsqualifikation. Hinzu kamen Personen, deren beruflicher Aufstieg aus politischen Gründen blockiert war. Aufgrund des Vorrangs von Demokratisierungsfragen waren die Bürgergruppen thematisch noch wenig ausdifferenziert, wenngleich sich verschiedene Initiativen speziell mit Problemkreisen wie Ökologie, Abrüstung oder Dritte Welt befaßten.

Viele oppositionelle Gruppen bewegten sich im Umfeld der evangelischen Kirche, die infrastrukturelle Hilfen (v.a. Räume) und einen allerdings nur begrenzten Schutz gegenüber staatlichem Zugriff gewährte. Aufgrund der allgegenwärtigen staatlichen Repression war die Arbeit der Bürgergruppen weitgehend informell und kleingruppenorientiert; es handelte sich eher um Freundeskreise als Bewegungsorganisationen. Rückblickend ist deutlich geworden, daß viele Gruppen von Mitarbeitern des → Ministeriums für Staatssicherheit (MfS) durchsetzt waren, ohne daß deshalb von einer umfassenden Steuerung der Gruppen gesprochen werden könnte. Im Herbst 1989 existieren rund 650 Gruppen in der DDR, davon etwa 170 allein in Ostberlin. Während und nach der „Wende" kam es zu einer sprunghaften Erweiterung der Zahl und Größe der Gruppen. Als wichtigste kristallisierten sich heraus: Neues Forum, Initiative Frieden und Menschenrechte, Grüne Partei und Grüne Liga, Demokratie Jetzt, Unabhängiger Frauenverband, Vereinigte Linke.

Im Vordergrund der Gruppenaktivitäten stand die Beschaffung und Zirkulation von Informationen, das Gespräch im Freundeskreis, die Ausweitung politischer Artikulationsmöglichkeiten, nicht aber die offene Konfrontation mit dem Staat. Gleichwohl führten nichtige Anlässe immer wieder zu Vernehmungen und Verhaftungen.

Die Bürgerbewegungen hatten bis zur „Wende" im Herbst 1989 keine unmittelbaren Effekte auf einzelne Politikfelder oder gar die Gesamtheit des politisch-institutionellen Gefüges. Ihre eigentliche Bedeutung lag in ihrer bloßen Existenz und Beharrungskraft als sichtbares Zeichen des Widerstandes gegen staatliche Bevormundung und Willkür. Ganz entscheidend waren jedoch die Bürgerbewegungen daran beteiligt, die „Wende" herbeizuführen und ihren Ablauf zu beeinflussen. Aktivisten der Bürgerbewegungen standen an der Spitze vieler Protestaktivitäten dieser Phase, initiierten die symbolisch wie praktisch bedeutsamen „Runden Tische", übernahmen Funktionen in Regierung und Verwaltung und waren schließlich nach den ersten freien Wahlen auch als Abgeordnete in der Volkskammer vertreten. Viele Beschlüsse und Maßnahmen vor allem auf kommunalpolitischer Ebene, die vom Reformgeist der Bürgerbewegungen geprägt waren, wurden allerdings im Zuge der deutsch-deutschen Vereinigung wieder zurückgenommen.

4. Die Entwicklung nach der Vereinigung

Die Vereinigung beider deutscher Staaten hatte nur eine geringe Wirkung auf die NSB im Westen, wo die Problemfelder und institutionellen Strukturen, auf die sich die NSB bezogen, weitgehend unverändert fortbestanden. Die zunächst nur sporadischen Kontakte zwischen den westdeutschen NSB und den ostdeutschen Bürgerbewegungen intensivierten sich; stärker verbandsorientierte westdeutsche Bewegungsorganisationen wie der Bund für Umwelt- und Naturschutz Deutschland oder Greenpeace begannen, ihr Aktionsfeld auf die neuen Bundesländer auszudehnen und damit auch bereits existierende ostdeutsche Gruppen zu verdrängen. Insgesamt kam es zu keiner Verschmelzung der Gruppen in Ost und West. Vielmehr zeigten sich große Unterschiede in Politikstilen und Politikauffassungen, exemplarisch sichtbar an den Konflikten zwischen den Frauengruppen oder auch zwischen den grünen Parteien in Ost und West. Streitpunkte waren etwa die Gegensätze zwischen bewegungs- und parteiorientierten Organisation- und Handlungsprinzipien sowie die Beibehaltung eines linken politischen Profils.

Bedingt durch die Häufung von Wahlkämpfen im Jahr 1990, die Absorption von Aktivisten durch neugegründete Parteien sowie die generelle Überformung des Ostens durch westdeutsche Organisationsmuster erlitten die Bürgerbewegungen einen raschen Bedeutungsverlust. Ungeachtet dessen besitzen sie noch eine hohe moralische Autorität.

Für die Zukunft ist anzunehmen, daß die NSB in den alten Bundesländern keinen massiven Wandlungen unterliegen werden. Dagegen ist mit einer starken Prägung der ostdeutschen Bürgerbewegungen durch die besser organisierten und ressourcenstärkeren westdeutschen NSB zu rechnen. Während die nach der „Wende" entstandenen Gruppen in Ostdeutschland bereits stark den NSB des Westens ähneln, ist für die bereits länger bestehenden Bürgerbewegungen nur ein allmähliches Abschleifen ihres spezifischen ideologischen und organisatorischen Profil zu erwarten. Die drängenden wirtschaftlichen und sozialen Probleme in den neuen Bundesländern machen es wahrscheinlich, daß dort traditionelle „Brot- und Butter-Themen" die Anliegen der sich ausformenden NSB vorerst überschatten werden. Längerfristig wird jedoch die Bedeutung der NSB in den neuen Bundesländern wachsen. Begünstigende Faktoren sind der anhaltende Problemüberhang in typischen Aktionsfeldern der NSB (z.B. Stadtsanierung, Ökologie, Frauenemanzipation) in Verbindung mit absehbaren Enttäuschungseffekten über die Mechanismen und Problemlösungsfähigkeiten der traditionellen Politik.

Literatur

Blattert, Barbara/Rink, Dieter/Rucht, Dieter 1994: Von den Oppositionsgruppen der DDR zu den neuen sozialen Bewegungen in Ostdeutschland? Discussion Paper FS III 94-101. Wissenschaftszentrum.Berlin.

Brand, Karl-Werner/Büsser, Detlef/Rucht, Dieter 1986: Aufbruch in eine andere Gesellschaft. Neue soziale Bewegungen in der Bundesrepublik (Aktualisierte Neuausgabe). Frankfurt/M.

Müller-Enbergs, Helmut/Schulz, Marianne/ Wielgohs, Jan (Hrsg.) 1991: Von der Illegalität ins Parlament. Werdegang und Konzept der neuen Bürgerbewegungen. Berlin

Pollack, Detlef 1994: Politischer Protest – Politisch-alternative Gruppen in der DDR. Opladen.

Probst, Lothar 1993: Ostdeutsche Bürgerbewegungen und Perspektiven der Demokratie. Entstehung, Bedeutung, Zukunft. Köln.

Raschke, Joachim 1985: Soziale Bewegungen. Ein historisch-systematischer Grundriß. Frankfurt/M.

Roth, Roland/Rucht (Hrsg.) [2]1991: Neue soziale Bewegungen in der Bundesrepublik Deutschland. (Aktualisierte und erweiterte Neuausgabe. Bonn.

Rucht, Dieter 1994: Modernisierung und neue soziale Bewegungen. Deutschland, Frankreich und die USA im Vergleich. Frankfurt/M.

Dieter Rucht

Notstandsverfassung

1. Entstehung und Inhalt

Das → Grundgesetz enthielt in seiner ursprünglichen Fassung von 1949 keine Vorsorge gegen einen Angriff von außen oder eine Gefährdung der inneren Sicherheit des Staates durch Bestrebungen eines mit gewalttätigen Mitteln versuchten Umsturzes. Erst nach Erlangung der Souveränität im Jahre 1955 wurde zunächst im Rahmen der Wehrverfassung durch Ergänzungen des Grundgesetzes die militärische Verteidigung rechtlich ermöglicht. Wird die Sicherheit D.s bedroht, sind rasche Entscheidungen notwendig, und alle verfügbaren Kräfte müssen zusammengefaßt werden. Hierfür ist der normale Prozeß der Staatswillensbildung nicht geeignet. Er ist langsam und umständlich, um Macht zu begrenzen. Nach jahrelanger politischer Auseinandersetzung entstand 1969 die Notstandsverfassung, die für den Verteidigungsfall oder für den Fall schwerer innerer Unruhen das Grundgesetz änderte und ergänzte.

Die Bemühungen, die erforderlichen qualifizierten Mehrheiten für die politisch umstrittene Regelung zu gewinnen, und die Befürchtung, daß die freiheitliche Ordnung des Grundgesetzes angesichts einer äußeren oder inneren Gefahr verlorengehen könnte, führten zu einem Kompromiß der großen → Parteien, die von 1965 bis 1969 in einer Großen → Koalition eine gemeinsame Regierung bildeten. Die Regelung ermöglicht Entscheidungen auch dann, wenn → Bundestag und → Bundesrat nicht mehr zusammentreten können. In diesem Falle soll ein schon in Friedenszeiten gebildeter Gemeinsamer Ausschuß anstelle der gesetzgebenden Körperschaften die erforderlichen Maßnahmen beschließen (Art. 115aff. GG). Im Rahmen des Bündnisses kann die → Bundesregierung Rechtsnormen, die für den Spannungsfall vorbereitet sind, in Kraft setzen, sofern in den Gremien des Bündnisses entsprechende Maßnahmen beschlossen werden (Art. 80a GG). → Grundrechte bleiben in allen wesentlichen Punkten unberührt. Allerdings ist die Heranziehung Wehrpflichtiger und in beschränktem Umfange auch von Frauen zu zivilen Dienstleistungen für zwecke der Verteidigung oder zur Versorgung der Bevölkerung zulässig (Art. 12a GG). Bei einem inneren Notstand kann ein gefährdetes Bundesland die Polizeikräfte anderer Länder und den Bundesgrenzschutz anfordern (Art. 91 GG). Im äußersten Falle können auch die Streitkräfte eingesetzt werden (Art. 87a Abs. 4 GG).

2. Ausblick

Bisher ist seit Schaffung der Notstandsverfassung niemals eine Lage entstanden, in der von den durch diese geschaffenen Möglichkeiten Gebrauch gemacht werden mußte. Die erregten Auseinandersetzungen, in denen bei der öffentlichen Diskussion um die Vorsorge gegen äußere und innere Gefahren immer wieder die Gefahr beschworen wurde, D werde seinen freiheitlichen und rechtsstaatlichen Charakter verlieren, haben sich als ganz unbegründet erwiesen. Mit dem Zusammenbruch des Warschauer Paktes und dem Wegfall der Bedrohung der äußeren Sicherheit ergibt sich die Hoffnung, daß von den erteilten Ermächtigungen kein Gebrauch gemacht werden muß. Bei einer durch dramatische Veränderungen und Unsicherheiten gekennzeichneten Weltlage behält es dennoch seinen guten Sinn, daß für den stets möglichen Fall der äußeren oder inneren Gefahr eine Vorsorge getroffen ist, die darauf vertrauen läßt, daß auch in diesem Falle die Ordnung des Grundgesetzes gewahrt bleibt.

Literatur

Benda, Ernst 1968: Die Notstandsverfassung.

Herzog, Roman 1969: Kommentierung zu Art. 115a GG in: Maunz, Theodor/Dürig, Günter (Hrsg.): GG, Kommentar.

Lenz, Otto 1969: Kommentar zur Notstandsgesetzgebung.

Ernst Benda

Öffentliche Finanzen

1. Einordnung

Die Handlungskraft des modernen Staates ist wesentlich bestimmt durch seine Verfügungsgewalt über Geld, denn dieses stellt – neben dem Recht – sein vorrangiges Steuerungsmedium dar. Als „Steuerstaat" (*Goldscheid*) absorbiert er, meist unter Einsatz seiner Hoheitsgewalt, einen erheblichen Teil der volkswirtschaftlichen Kaufkraft ohne direkte Gegenleistung und verwendet diesen für die Produktion von Gütern und Leistungen und für Transferzahlungen an Unternehmen und Haushalte. Gesamtumfang der Staatsquote, Einnahmen- und Ausgabenstruktur sind relevant für die Wohlfahrtsposition der Bürger und damit Themen des politischen Wettbewerbs zwischen konkurrierenden → Parteien.

Um Verfügungsgewalt über Geld konkurrieren im föderativen Staat (→ Bundesstaat/Föderalismus) *vertikal* die Ebenen (Bund, Länder, Kommunen) und *horizontal* die Gebietskörperschaften auf jeder Ebene. Daher stellt der Finanzausgleich (vgl. Kap. 2 und 3) ein verfassungsrechtlich und -politisch zentrales Thema dar.

Um Verfügungsgewalt über Geld konkurrieren in jeder Gebietskörperschaft Exekutive und Parlament, das Finanzressort und die einzelnen Fachressorts – ohne daß die faktischen und terminologischen Abweichungen zwischen staatlicher und kommunaler Ebene im folgenden jeweils nachgezeichnet werden können. Vor allem das Haushaltsrecht steuert die *funktionalen* Konflikte zwischen den „Gewalten", der jährliche Haushaltsprozeß die *sektoralen* Konflikte zwischen den Ministerien (vgl. Kap. 4 und 5).

Die öffentliche Finanzwirtschaft umfaßt – eng gefaßt – alle Dispositionen über Geld (d.h. Zahlungsvorgänge), bei denen ein oder beide Partner zum öffentlichen

Sektor gehören (Haushaltsführung). Weiter gefaßt schließt sie deren Disposition über sonstige Wirtschaftsgüter (Grundstücke, Sachvermögen) und über Personal ein (Wirtschaftsführung). Mit solchen Dispositionen verfolgt der Staat seine vielfältigen Schutz-, Versorgungs- oder Entwicklungsaufgaben, mit ihrer Beeinflussung verfolgen aber zugleich Akteure (Individuen, Gruppen) ihre partikularen Ziele.

Zum öffentlichen Sektor gehören im föderativen Staat D Bund, Länder und → Gemeinden (Gemeindeverbände) als Gebietskörperschaften. Zu diesen treten supranationale Instanzen (vor allem die EU) und andere Organisationen hinzu. Finanzwirtschaftlich besonders wichtig sind die Sozialversicherungen als öffentlich-rechtliche Anstalten, deren Haushaltsvolumen rund 50% des Haushaltsvolumens der Gebietskörperschaften ausmacht. Hinzu kommen öffentliche Unternehmen, etwa kommunale Eigenbetriebe oder auch die Sondervermögen, die ohne eigene Rechtspersönlichkeit organisatorisch und haushaltsmäßig verselbständigt sind, auf Bundesebene z.B. der ERP-Fonds, die Bundeseisenbahnen und von 1990 bis 1994 auch der Fonds „Deutsche Einheit". Einige der öffentlichen Unternehmen werden in privatrechtlicher Form als AG oder GmbH geführt, z.B. die Deutsche Bahn AG. Durch die Vereinigung der überwiegend auf Privateigentum basierenden, dezentral gesteuerten BRD und der überwiegend auf Staatseigentum basierenden, zentral gesteuerten → DDR ist der öffentliche Sektor im vereinigten D – verglichen mit der BRD – einmalig absolut und relativ gewachsen. Die Vereinigung führte darüber hinaus zu zusätzlichen Belastungen der Haushalte „westlicher" Gebietskörperschaften (einschließlich des Bundes) und der Sozialversicherungsträger für Sanierungs- und Entwicklungsaufgaben und soziale Sicherung.

2. Finanzausgleich

Der Finanzausgleich im weiteren Sinne umfaßt die vertikale und horizontale Aufteilung von Aufgaben, Ausgaben und Einnahmen auf die Gebietskörperschaften in einem föderativen Staat, der Finanzausgleich im engeren Sinne die Geldströme zwischen diesen Gebietskörperschaften. Auch in der zentralistischen DDR gab es eine Verteilung von Aufgaben, Ausgaben und Einnahmen auf Zentralstaat, Bezirke, Kreise und Gemeinden und Geldströme zwischen diesen. Da die DDR aber mit dem Beitritt untergegangen ist, wird im folgenden nur der Finanzausgleich der BRD geschildert. Ausgangspunkt ist der Stand, der durch die „Finanzreform" der Großen → Koalition in Bonn 1969 erreicht wurde.

In langfristiger Perspektive sind bei der Aufgabenverteilung die Verfassungsprinzipien des → Bundesstaates (Art. 20 GG) und der → Kommunalen Selbstverwaltung (Art. 28, Abs. 2 GG) maßgeblich für die Verpflichtung zu eher dezentraler Aufgabenerfüllung. Die Ausgabenverteilung stimmt grundsätzlich mit der Aufgabenverteilung überein. Art. 104a, Abs. 1 GG verbietet im allgemeinen die Finanzierung „fremder" Aufgaben. Sonderregelungen gelten für die Bundesauftragsverwaltung (Art. 104a, Abs. 2 GG), die Geldleistungsgesetze (Art. 104a, Abs. 3GG), die Finanzhilfen (Art. 104a, Abs. 4 GG) oder die Gemeinschaftsaufgaben (Art. 91a und b GG). Für das Verhältnis zwischen Ausgabenverteilung und Einnahmenverteilung gilt der sog. „Primat der Aufgabenverteilung". Das bedeutet, daß sich die faire Einnahmenverteilung vertikal und horizontal nach der rechtlich gegebenen Aufgabenverteilung zu richten hat, evtl. durch Finanzausgleich im engeren Sinn.

Die Steuern als wichtigste öffentliche Einnahmeart (Anteil der Steuern an allen Einnahmen 1993 ca. 77%) unterliegen im allgemeinen der konkurrierenden Gesetzgebungshoheit des Bundes. Allerdings ist fast immer die Zustimmung des →Bundesrates erforderlich. Während die Länder ohne relevante Steuergesetzgebungshoheit sind, besitzen die Gemeinden wenigstens ein Hebesatzrecht bei den sog. Realsteuern (Gewerbesteuer, Grundsteuer). Steuererträge fließen nach dem sog. Trennsystem entweder nur einer Ebene zu (vgl. Art. 106, Abs. 1 GG: Bundessteuern; Art. 106, Abs. 2 GG: Landessteuern; Art. 106, Abs. 6 GG: Gemeindesteuern) oder sie werden nach dem sog. Verbundsystem auf verschiedene Ebenen aufgeteilt. Quantitativ überwiegt in D das Verbundsystem, zu dem die Einkommensteuer, die Körperschaftsteuer, die Umsatzsteuer und die Gewerbesteuer gehören. Flexibles Element im Verbund ist heute die Umsatzsteuer, deren Quoten alle zwei Jahre in einem politisch-administrativ höchst komplizierten und konfliktreichen Verfahren von Bund und Ländern (ohne gesetzliche Grundlage) oder gar – unter Ausschaltung einer Ländergruppe – in Parteigremien festgelegt werden (vgl. *Renzsch* 1989).

Strittige Elemente des vertikalen Finanzausgleichs sind vor allem die zweckgebundenen Zuweisungen („Mischfinanzierung"), z.B. die Gemeinschaftsaufgaben und Finanzhilfen, die 1969 als Instrumente eines „kooperativen Föderalismus" im → Grundgesetz normiert wurden. Sie werden zwischenzeitlich überwiegend kritisiert als Entscheidungszentralisierung und Machtverlagerung zum Bund, Aushöhlung der Budgethoheit der Parlamente, Verschleierung der Aufgabenverantwortung und Quelle von Ausgabenwachstum, Fehlstrukturierung und Inflexibilität. Zu einem nennenswerten Abbau ist es aber bisher nur im Bereich der Krankenhausfinanzierung gekommen. Von 1988 bis 1992 wurde die Finanzverflechtung mit dem Strukturhilfegesetz (vom 20.12.1988, BGBl. I, S. 2358) nochmals deutlich ausgeweitet.

Um das Spannungsverhältnis zwischen den politischen Zielen (regional) gleicher Besteuerung und (regional) gleicher Staatsleistungen, ja gleichwertiger Lebensverhältnisse bei unterschiedlicher (regionaler) Wirtschaftskraft zu mildern und um den horizontalen Ausgleich zwischen den Ländern durch bündische Solidarität und nicht gänzlich über den Bund als „Ausgleich von oben" herbeizuführen, kennt die Finanzverfassung verschiedene Korrekturen des Grundsatzes, daß den Ländern das örtliche Steueraufkommen zufließt.

1. Durch die „Zerlegung" der Lohnsteuer (nach Wohnsitz) und der Körperschaftssteuer (nach Betriebsstätte) wurden 1989 über 4 Mrd. DM umverteilt.
2. Die Verteilung des Umsatzsteueraufkommens der Länder erfolgt nicht nach dem örtlichen Aufkommen, sondern die ersten 75% der Finanzmasse werden nach der Einwohnerzahl – und damit gleichmäßiger – verteilt.
3. Die verbleibenden 25% fließen vorrangig als sog. Ergänzungsanteile an finanzschwache Länder, um deren Steuerkraft auf wenigstens 92% des Bundesdurchschnitts anzuheben.
4. Der Länderfinanzausgleich im engeren Sinne, wie er in Art. 107 GG normiert ist, besteht darin, daß anschließend die sog. ausgleichspflichtigen, d.h. steuerstarken Bundesländer (1989 vor allem → Bad.-W. und → Hess.) an die sog. ausgleichsberechtigten, d.h. steuerschwachen Bundesländer (1989 → S.-H., → Nds., → R.-P., → Sa. und → HB.) Ausgleichszahlungen leisten, um deren Steuerkraft auf wenigstens 95% des Bundesdurchschnitts anzuheben (1989: 3,5 Mrd. DM). Dabei spielen Bedarfsfragen kaum eine Rolle.
5. Hinzu kommen die nicht-zweckgebundenen Bundesergänzungszuweisungen, 1989 2% des gesamten Umsatzsteueraufkommens (2,6 Mrd. DM).

Wegen der Relevanz und Konflikthaftigkeit der politischen Auseinandersetzungen von Bund und Ländern um Geld sind Fragen der vertikalen und horizontalen Fairness wiederholt vom → Bundesverfassungsgericht zu entscheiden gewesen, so in den grundlegenden Entscheidungen über den Länderfinanzausgleich und die Bundesergänzungszuweisungen vom 24. 6. 1986 (BVerfGE 72, 330ff.) und vom 27.5.1992 (BVerf GE 86, 148ff.).

3. Der Finanzausgleich im vereinigten Deutschland

Das prekäre „Gleichgewicht" der föderativen Finanzbeziehungen ist durch die „improvisierte Vereinigung" (*Lehmbruch*) fundamental herausgefordert und erheblich umgestaltet worden. Das immense wirtschaftliche Gefälle zwischen West- und Ostländern, dessen Abbau sich langsamer vollzieht, als zunächst von vielen erwartet und der deutliche Sanierungs- und Nachholbedarf des Ostens in vielen Bereichen (Umwelt, Infrastruktur, Produktions- und Wohnungssektor) fordern den Finanzausgleich gleich in doppelter Weise heraus.

Die wichtigsten Entscheidungen bis heute (1.10.1994) lassen sich so zusammenfassen:

1. Eine Bund-Länder-Absprache vom 16.5.1990 vor dem sog. 1. Staatsvertrag (vom 18.5.1990) umfaßt drei finanzwirtschaftliche Komponenten:
   - Es findet keine Einbeziehung der DDR bzw. ihrer entstehenden Länder in den Länderfinanzausgleich statt.
   - Zur Mitfinanzierung des Umstellungsbedarfs in der DDR wird ein Fonds „Deutsche Einheit" über 115 Mrd. DM als Sondervermögen des Bundes errichtet. Der Fonds wird bis 1994 mit 20 Mrd. DM aus dem Bundeshaushalt und mit 95 Mrd. DM aus Kreditmarktmitteln gespeist, der Schuldendienst hälftig von Bund und Ländern (nach ihrer Einwohnerzahl) getragen, wobei die Länder 20 Prozentpunkte von ihren Gemeinden erhalten. Für die Vergabe der Fondsmittel auf die Ostländer (ebenfalls nach Einwohnerzahl) ist eine rasche Degression vorgesehen (1990: 22, 1991: 30, 1992: 28, 1993: 20, 1994: 10 Mrd. DM).
   - Die Anteile von Bund und Ländern an der Umsatzsteuer werden für 1991 und 1992 auf 65:35 festgeschrieben.
2. Der Einigungsvertrag (EV) vom 31.8.1990 bestätigt und ergänzt diese finanzpolitischen Festlegungen:
   - Im Prinzip wird die Finanzverfassung der Art. 104aff. GG vom Beitrittstage an auf das Gebiet der DDR erstreckt, einschließlich etwa der Regelungen zur Steuerertragshoheit.
   - Der Länderfinanzausgleich wird bis zum 31.12.1994 jeweils auf die Westländer und die Ostländer begrenzt (Art. 7, Abs. 3 EV).
   - Dem Bund sollen 15% der Mittel des Fonds „Deutsche Einheit" zur Erfüllung zentraler öffentlicher Aufgaben auf dem Gebiet der früheren DDR zufließen.
   - Die Umsatzsteuerverteilung auf Bund und Länder von 65:35 soll ebenfalls bis einschließlich 1994 bestehen bleiben (Art. 7, Abs. 2 EV).
   - Bei der horizontalen Aufteilung der Umsatzsteuer unter den Ländern sollen die Ostländer zunächst nicht voll nach der Einwohnerzahl, sondern nur in reduziertem Maß beteiligt werden (1991: 55%, 1992: 60%, 1993: 65%, 1994: 70%, Art. 7, Abs. 3 EV).
3. Schon im Frühjahr 1991 müssen einige der Festlegungen zugunsten der Ostländer revidiert werden:
   - Der Bund verzichtet auf seinen 15%-Anteil am Fonds.
   - Die Westländer beteiligen die Ostländer schon ab 1991 voll bei der Aufteilung der Umsatzsteuer.
   - Die → Bundesregierung beschließt das „Gemeinschaftswerk Aufschwung Ost" mit einem zusätzlichen Finanzvolumen von 12 Mrd. DM in 1991 und 12 Mrd. DM in 1992 (8.3.1991), darin enthalten ist eine Investitionspauschale 1991 für die Kommunen in Höhe von 5 Mrd. DM.

Das Transfervolumen allein dieser Maßnahmen beträgt für 1991 ca. 27 Mrd. DM (22 Bund, 5 Westländer).

4. Im Februar 1992 werden nach komplizierten Vermittlungsverfahren im Rahmen eines großen finanzpolitischen „Pakets" (u.a. Steueränderungsgesetz 1992) die folgenden hier relevanten Beschlüsse gefaßt:

- Der Fonds „Deutsche Einheit" wird um 31,3 Mrd. DM aufgestockt auf 1992: 33,9, 1993: 31,5 und 1994: 23,9 Mrd. DM. Die Mittelaufbringung erfolgt aus der Erhöhung der Mehrwertsteuer auf 15% (ab 1.1.1993), der Abschaffung des Strukturhilfegesetzes und aus sonstigen Bundesmitteln.
- Die Bund-Länder-Verteilung der Umsatzsteuer wird für 1993 und 1994 auf 63:37 revidiert.

5. Am 13. März 1993 werden nach einer Klausur der Regierungschefs von Bund und Ländern die Eckwerte des sog. Solidarpakts verkündet:

- Ein zweites Mal wird der Fonds „Deutsche Einheit" aufgestockt, diesmal um 14,4 Mrd. DM auf 1993: 35,2 Mrd.DM und 1994: 34,6 Mrd. DM.
- Durch die Erhöhung des Länderanteils an der Umsatzsteuer von 37% auf 44%, durch die Einbeziehung der neuen Bundesländer in den Länderfinanzausgleich und durch sog. Fehlbetrags-Bundesergänzungszuweisungen fließen 1995 voraussichtlich ca. 36 Mrd. DM in die neuen Länder und nach Berlin. Dafür entfallen die Zahlungen aus dem Fonds „Deutsche Einheit" (1994: 34,6 Mrd. DM).
- Für eine Laufzeit von 10 Jahren erhalten die davon besonders betroffenen finanzschwachen westlichen Bundesländer zusätzliche Bundeszuweisungen.
- In einem zweiten Schritt erhalten die neuen Bundesländer auf 10 Jahre befristet Transferzahlungen von je 20,6 Mrd. DM p.a. vom Bund.
- An den Lasten der alten Bundesländer werden die Gemeinden zu ca. 40% durch Anhebung der Gewerbesteuerumlage und Absenkung des kommunalen Finanzausgleichs beteiligt.
- Die Schulden der Treuhandanstalt und des Kreditabwicklungsfonds und Teile der Altschulden der kommunalen Wohnungswirtschaft werden in einen „Erblastentilgungsfonds" zusammengeführt (ca. 450 Mrd. DM), den allein der Bund verzinst und tilgt (1995: 30 Mrd. DM).
- Zur Finanzierung werden Steuern erhöht (34,6 Mrd.DM) und Ausgaben eingespart (11 Mrd. DM).

Im Gesetz zur Umsetzung des Föderalen Konsolidierungsprogramms – FKPG – vom 23.6.1993 werden die sehr komplizierten rechtlichen Anpassungen vollzogen.

Betrachtet man den Einfluß der deutschen Einigung auf den Finanzausgleich, läßt sich folgender zusammenfassender Befund ausmachen: Die wirtschaftlichen und finanzwirtschaftlichen Disparitäten sind durch den Beitritt außerordentlich angewachsen. Vor allem durch die starke Stellung der Westländer und ihre erfolgreiche Politik, möglichst wenig von ihren eigenen Einnahmen abzugeben, wurden zunächst Lösungsversuche außerhalb der Finanzverfassung des Grundgesetzes unternommen (Fonds, Vertagung eines umfassenden Länderfinanzausgleichs). Diese haben vertikal den Einfluß des Bundes verstärkt und horizontal die bündische Solidarität soweit mißachtet, daß rechtlich von einer „verfassungsunschönen" bis „verfassungswidrigen" „Suspendierung der bundesstaatlichen Finanzverfassung" gesprochen wurde (*Stern* 1991), politisch eine Schwächung des Föderalismus eingetreten ist. „Die unbegründete Ausgrenzung der Ostländer vom bundesstaatlichen Finanzausgleich ist eine Vorenthaltung wesentlicher Teile der (Bundes-) Staatlichkeit" (*Selmer in Stern* 1991: 252)

Insgesamt aber hat sich die föderative Ordnung als leistungsfähig erwiesen. Rechtzeitig genug, um sich auf die Veränderungen zum 1.1.1995 einstellen zu können, wurde eine Reform des Finanzausgleichs beschlossen. Diese war zwar strukturell weniger tiefgreifend als die von 1969 und stellte eher eine Rekonstruktion des bewährten Systems der BRD vor 1990 dar, aber in ihrer quantitativen Bedeutung übertraf sie die Reform von 1969 weit. So wächst das Volumen des Länderfinanzausgleichs von 3,5 Mrd. DM (1989) auf ca. 10 Mrd. DM (1995). Mit der Ausdifferenzierung und quantitativen Ausweitung der Bundesergänzungszuweisungen wird jedoch das vertikale Element im bundesstaatlichen Finanzausgleich weiter verstärkt.

4. Haushaltsplanung, Finanzplanung

Die geplanten Ausgaben und Einnahmen einer Gebietskörperschaft werden jährlich systematisch in Plänen aufgezeichnet:

- Der Haushaltsplan enthält diese Aufzeichnung in großer Detailliertheit und mit großer Verbindlichkeit für ein Jahr (evtl. zwei Jahre).
- Der mehrjährige Finanzplan umfaßt bei stark reduzierter Detailliertheit und nur interner Orientierungswirkung Ausgaben und Einnahmen nach Jahren getrennt für fünf Jahre.

Die rechtlichen Grundlagen der Bundeshaushalte wurden durch die „Haushaltsreform" 1969 geändert:

- das 20. Gesetz zur Änderung des Grundgesetzes vom 12.5.1969 (BGB 1. I, S. 357)
- das Gesetz über die Grundsätze des Haushaltsrechts des Bundes und der Länder (Haushaltsgrundsätzegesetz – HGrG vom 19.8.1969, BGB1. I, S. 1273)
- die Bundeshaushaltsordnung vom 19.8. 1969 (BGB1, I, S. 1284).

Analoge Regelungen existieren für die Länder und die Gemeinden.

In prozeduraler Perspektive soll der Haushaltsplan Ausgabe und Einnahmen vorweg festlegen (Planungsfunktion), das Verwaltungshandeln im Jahre seines Vollzugs steuern (Steuerungsfunktion) und Basis für begleitende und nachträgliche Prüfungen sein (Kontrollfunktion). In materieller Perspektive dient er der wechselseitigen Abstimmung von Gesamtausgaben und -einnahmen (Ausgleichsfunktion), der Feinstrukturierung vor allem der Ausgaben (Programmfunktion) und der Ausrichtung der gesamten Finanzwirtschaft an volkswirtschaftlichen Zielen (volkswirtschaftliche Lenkungsfunktion). Das Gesetz zur Förderung der Stabilität und des Wachstums der Wirtschaft (StWG) vom 8.3.1967 (BGB1. I, S. 582) (→Stabilitätsgesetz) verlangt erstmalig hierzu – orientiert am Keynesianischen Konzept des Nachfragemanagements – die Bindung staatlichen Handelns im allgemeinen, der Haushaltspolitik im besonderen an das Stabilisierungsziel („gesamtwirtschaftliches Gleichgewicht" vgl. Art. 109, Abs. 2 GG) und kann als „Auftakt" (*Piduch* in *Arnold/Geske* 1988: 126) der Haushaltsreform gewertet werden.

Die mehrjährige Finanzplanung soll materiell dieselben Funktionen erfüllen wie die Haushaltsplanung, beschränkt sich aber prozedural auf die Planungsfunktion (vgl. *Overhaus* in *Mäding* 1987: 81ff). Der ehrgeizige Ansatz, mittelfristige Programmplanung und gesamtwirtschaftliche Stabilisierung zu verknüpfen, ließ sich vor allem wegen der politischen Eigeninteressen der Fachressorts und der Prognoseunsicherheiten nicht realisieren, vielmehr entwickelte sich die Finanzplanung zur Status-quo-Projektion zurück. Auch die zur finanzpolitischen Koordination zwischen den Ebenen geschaffenen Gremien, wie Konjunkturrat (18 StWG) und Finanzplanungsrat (51, 52 HGrG), erfüllen insgesamt nicht die optimistischen Erwartungen.

5. Haushaltsplanung – Haushaltsvollzug – Haushaltskontrolle

Der sog. Haushaltskreislauf verläuft auf allen drei Ebenen des Staates etwa in der

Form, die im folgenden für den Bund beschrieben wird. Da wichtige Entscheidungen auf der Ausgabeseite (z.B. Besoldung, militärische Beschaffung, Transfer- und Subventionsprogramme) und auf der Einnahmenseite (z.B. Steuerpolitik, Finanzausgleich) kontinuierlich und damit unabhängig vom Prozeß der Haushaltsplanung getroffen werden, beschränkt sich dieser meist auf der Ausgabenseite auf eine Feinallokation nach Ressorts, Aufgaben und Ausgabearten und auf der Einnahmeseite auf marginale Anpassungen bei Steuer- bzw. Hebesätzen, Gebühren oder Kreditaufnahmen („Inkrementalismus"). Haushaltsanmeldungen der Ressorts werden vom Finanzminister nach bilateralen Gesprächen in einen Haushaltsentwurf umgesetzt, den erst das Kabinett, dann das Parlament berät und beschließt.

Einheit, Vollständigkeit, Bruttoveranschlagung, Klarheit und Genauigkeit sind wichtige formale Haushaltsgrundsätze für die Aufstellung. Wirtschaftlichkeit und Sparsamkeit stellen materielle Anforderungen an Haushaltsaufstellung (und -vollzug) dar. Doch methodengestützte Verfahren, wie Nutzen-Kosten-Untersuchungen, die vom Haushaltsgrundsätzegesetz (§6) und von den Haushaltsordnungen (§7 BHO) gefordert werden, finden in der Praxis aus sachlichen und politischen Gründen kaum Anwendung.

„Großzügiges" fachpolitisches Expansionsstreben („Budgetmaximierung", *Niskanen*) auf der Basis der Programmfunktion und „kleinliches" Nachrechnen und Einsparen des Finanzressorts stehen sich so in strukturellem Konflikt gegenüber. Mit der Einnahmeverantwortung fällt dem Finanzressort automatisch auch die Aufgabe zu, für den Ausgleich von Ausgaben und Einnahmen zu sorgen. Hinzu kommt seine Verpflichtung zur makroökonomischen Wirtschaftslenkung, die den naheliegenden Weg, „erzwungene" Steuern durch „freiwilligen" Kredit zu ersetzen, begrenzt. Um den Finanzminister gegen seine Kollegen zu stärken, gibt ihm die Geschäftsordnung der Bundesregierung (26 Abs. 1) das Recht, daß er nur mit der Stimme des → Bundeskanzlers überstimmt werden kann.

Im Haushaltsvollzug steht der Grundsatz der Spezialität im Mittelpunkt: Die in den Haushaltstiteln ausgewiesenen Mittel dürfen höchstens im festgelegten Umfang (quantitative Spezialität), für den genannten Zweck (qualitative Spezialität) und im jeweiligen Haushaltsjahr (zeitliche Spezialität) verausgabt werden. Im Interesse der Anpassung an neue Bedarfe, der Effizienz und der volkswirtschaftlichen Stabilisierung sind Instrumente einer „flexiblen Vollzugssteuerung" für Staat und Kommune entwickelt worden (vgl. *Roth* und *Milbradt* in *Mäding* 1987: 179ff, 189ff.). Unter dem Eindruck der kommunalen Finanzkrise (seit 1993) und in Umsetzung von Elementen eines „Neuen Steuerungsmodells" experimentieren zur Zeit viele Kommunen in D mit neuen Verfahren der Haushaltsaufstellung, Flexibilisierung des Haushaltsvollzugs („Budgetierung") und Formen „dezentraler Ressourcenverantwortung".

Den Abschluß des Haushaltskreislaufs bildet die „Entlastung" von Regierung und Verwaltung durch das Parlament. Notwendige Voraussetzung hierzu ist die vorherige Kontrolle durch den (Bundes- oder Landes-) → Rechnungshof, auf kommunaler Ebene auch durch Rechnungsprüfungsämter oder -anstalten. Handelte es sich früher bei dieser Prüfung um eine „Rechnungsprüfung" mit Blick auf Rechtmäßigkeit und Ordnungsmäßigkeit, geht es heute um eine umfassende „Finanzkontrolle" der gesamten Haushalts- und Wirtschaftsführung auch mit Blick auf Zweckmäßigkeit und Wirtschaftlichkeit.

Tabelle 1 zeigt die Entwicklung der Ausgaben des Bundeshaushalts und der öffentlichen Haushalte insgesamt in der Bundesrepublik Deutschland seit 1970. Wie aus Tabelle 1 hervorgeht, hat das absolute Volumen der öffentlichen Haushalte vor allem in den 70er Jahren und nach der Einigung stark zugenommen. So stiegen die Ausgaben von 1970 bis 1980 auf das 2,5-fache. Dieses Wachstum wurde in den 80er Jahren durch Haushaltskonsolidierung („Sparpolitik") auf allen Ebenen deutlich gebremst. Das Haushaltsvolumen wuchs bis 1989 „nur" auf das 1,4fache. Relativ zur Entwicklung des Bruttosozialprodukts blieben von 1970 bis 1989 die Ausgaben des Bundes weitgehend konstant, während die Ausgaben aller öffentlichen Haushalte um etwa 2 Prozentpunkte wuchsen. Seit Anfang der 80er Jahre haben beide Anteile abgenommen. In den Jahren nach 1990 ist allerdings wieder ein deutlicher auch relativer Zuwachs der Ausgaben des öffentlichen Gesamthaushalts festzustellen, was vor allem auf Folgen der deutschen Vereinigung zurückzuführen ist.

Tabelle 1: Ausgaben des Bundes und der öffentlichen Haushalte (1970-1993) – absolut (in Mrd. DM) und in % des BSP

	1970	1980	1989	1990	1991[a]	1993[a]
Ausgaben des Bundes	88	216	290	380	402	458[b]
Ausgaben der öff. HH.	196	509	701	819	971	1126[b]
(BSP)	676	1477	2245	2439	2827	3105[b]
Anteil der Ausgaben des Bundes	13,0	14,6	12,9	15,6	14,2	14,8
Anteil der Ausgaben der öff. HH.	29,0	34,5	31,2	33,6	34,4	36,3

a einschließlich Beitrittsgebiet
b geschätzt

Quelle: Finanzbericht 1994, S. 100, 177, 179, 181 und eigene Berechnung

6. Finanzpolitik

Finanzpolitik ist Gestaltung der öffentlichen Finanzwirtschaft durch legitimierte Entscheidungsträger. Solche Gestaltung ist teils Festlegung eines dauerhaften Handlungsrahmens (etwa: Steuerertragshoheit nach Art. 106 GG, Kreditbegrenzung nach Art. 115 GG), teils situative Prozeßpolitik (etwa: Bestimmung von Hebesätzen, Ausgabeposten oder Neuverschuldung für ein Jahr). Die Entscheidungen beeinflussen sich einerseits wechselseitig (Zusatzausgaben bedingen Zusatzeinnahmen), sie sind andererseits verflochten mit den verschiedenen Politikfeldern. Wirkungsbreite und Komplexität der Finanzpolitik erzwingen hier eine exemplarische Auswahl unter aktuellem Blickwinkel:

Steuerpolitik
Einkommenssteuer (einschließlich Lohnsteuer) und Umsatzsteuer sind die tragenden Säulen des deutschen Steuersystems. Sie erbrachten 1993 mit ca. 284 Mrd. DM (= 37,9%) und 215,7 Mrd. DM (= 28,8%) zwei Drittel des deutschen Steueraufkommens von 748,5 Mrd. DM (Finanzbericht 1994, S. 238). Die Koalition in Bonn unter Bundeskanzler *Kohl* bestritt und gewann den → Wahlkampf zu den ersten gesamtdeutschen Wahlen (2.12.1990) auch mit der Zusage, daß für die deutsche Einheit Steuererhöhungen nicht erforderlich seien. Die dann folgenden Steuererhöhungen (ab 1.7.1991 u.a. eine einmalige Ergänzungsabgabe 1991/92: + 22 Mrd. DM, ab 1.1.1993 eine dauerhafte Umsatzsteuererhöhung von 14 auf 15%: + 15 Mrd. DM in 1993) wurden von ihr daher mit anderen Argumenten (Golfkrieg, EG-Harmonisierung) begründet. Erst der „Solidaritätszuschlag" von 7,5% der Einkommensteuerschuld ab 1.1. 1995 (Aufkommen 1995: ca. 28 Mrd. DM) steht auch offiziell im Dienst der Finanzierung der Einheit.

Ein zentrales Thema stellt auch die Frage einer Unternehmenssteuerreform im Gefolge der Einkommensteuerreform von 1986/88/90 dar: Vor allem wegen des internationalen Wettbewerbs der Standorte wollen Wirtschaft und bürgerliche → Parteien die ertragsunabhängige Unternehmensbesteuerung (Vermögensteuer, Gewerbekapitalsteuer) senken. Im Prozeß der Vereinigung machen die fünf neuen Bundesländer als „Niedrigsteuer-Gebiet" den

Vorreiter, indem beide Steuern dort zunächst gar nicht erst erhoben werden. Die Bandbreite der Wirkungen und Argumente reicht von regionalpolitischen (Beitrag zum „Aufschwung Ost“) bis verteilungspolitischen („unsozial“), von verwaltungspolitischen (Entlastung beim Aufbau der Finanzverwaltung) bis finanzausgleichspolitischen wegen der Schwächung der Finanzkraft der Länder (Ertragshoheit für die Vermögensteuer) und der Gemeinden (Ertragshoheit für die Gewerbekapitalsteuer).

Kreditpolitik (→ Staatsverschuldung)
Kredite der öffentlichen Hand lassen sich wirkungstheoretisch über ihren potentiellen Beitrag zur Konjunktursteuerung und zur gerechten Lastenverteilung zwischen Generationen begründen. Sie besitzen einerseits als „freiwillige“ Einnahmen finanzpolitische Attraktivität, sie gelten andererseits beim Wähler überwiegend als gefährliches Signal unsolider Staatsfinanzen. Nachdem die stabilisierungspolitisch begründete Zunahme der Staatsverschuldung ab 1975 im Jahre 1982 zur Wende in Bonn beigetragen hatte (Nettokreditaufnahme des Bundes 1981 und 1982 je 37 Mrd. DM), war hier kurz vor der Vereinigung eine gewisse Konsolidierung (eher relativ als absolut) erfolgt: Nettokreditaufnahme des Bundes 1988 35 Mrd. DM, 1989 19 Mrd. DM. Im Prozeß der Vereinigung ist nicht nur dieser Betrag deutlich gestiegen: 1990 47 Mrd. DM, 1993 68 Mrd. DM (vgl. Finanzbericht 1994, S. 179ff.). Es sind auch außerhalb des Bundeshaushalts, etwa mit dem Fonds „Deutsche Einheit“, dem Kreditabwicklungsfonds und der → Treuhandanstalt weitere Nachfrager am Kapitalmarkt mit erheblichem Bedarf aufgetreten. Hinzukommen die Länder und Gemeinden sowie Bundesbahn, Reichsbahn und Bundespost mit ihrem Kreditbedarf. Die Kreditaufnahme des öffentlichen Sektors ist Gegenstand massiver Kritik unabhängiger Instanzen (→ Bundesbank, → Sachverständigenrat) teils wegen ihres Volumens (Schuldenstand 1990: ca. 1093 Mrd. DM, 1995: ca. 2062 Mrd. DM; *Fues/ Kroker* 1993, S. 24), das die Zinsquote an den öffentlichen Ausgaben 1995 auf ca. 15% treiben wird, teils wegen ihrer Loslösung aus dem Haushalt („Flucht aus dem Budget“), die eine verantwortliche politische Willensbildung erschwert.

Ausgabenpolitik
Die Wirtschaftsumstellung in den Ostländern erfordert ein hohes Subventionsvolumen. Das gesamte Gebiet ist beispielsweise Fördergebiet im Rahmen der Gemeinschaftsaufgabe „Verbesserung der regionalen Wirtschaftsstruktur“ (→ Regionen), durch die private Investition mit bis zu 35% der Investitionssumme subventioniert werden.

Im Prozeß der deutschen Einheit sind per Saldo öffentliche Ressourcen von West nach Ost transferiert worden. Neben Geldströmen (netto 1991: 140 Mrd. DM, 1992ff.: ca. 180 Mrd. DM) spielen auch Personalströme (Verwaltungshilfe) eine wichtige Rolle. Der Nutzen als privates Einkommen und/oder öffentliche Leistung hat primär in den Ostländern gelegen. Die überwiegend konsumtive Verausgabung dieser Gelder hat aber zwischenzeitlich auch stark die Wirtschaft der Westländer angekurbelt und bei ihnen die Steuererträge 1990-1992 in einem „Vereinigungsboom“ beträchtlich wachsen lassen.

Privatisierung
Nicht unbedingt der „Minimalstaat“, aber der „schlanke Staat“ ist eine traditionelle Zielsetzung bürgerlicher Parteien. Rückführung der Staatsquote und Privatisierung sind daher wichtige Themen der 80er Jahre gewesen.

Mit der deutschen Vereinigung ist die Staatsquote, der Anteil des öffentlichen Sektors am BSP, zunächst schlagartig gewachsen, 1989: 45,3%, 1993: 51,5% (BMF, FiN 40/93, 28.5.1993). Die Treuhandanstalt wurde eine rechtsfähige bundesunmittelbare Anstalt des öffentlichen Rechts, zuständig für 80% der industriellen Arbeitsplätze der früheren DDR. Bis zum 1.7.1994 hatte sie für über 8.000 Unternehmen erfolgreich die Privatisierung, Reprivatisierung oder Kommunalisierung durchgeführt und nur noch etwa 150 Unternehmen mit 55.000 Mitarbeitern „im Angebot". Ihr sind bisher 191 Mrd. DM Investitionen und 1,5 Mio. Arbeitsplätze vertraglich garantiert worden (*FAZ* 28.7.94). Beim Ausbau der Infrastruktur sollen Modelle privater Finanzierung wenigstens in der Übergangszeit eine Entlastung schaffen. Insgesamt lassen sich somit gegenläufige Prozesse wahrnehmen: mehr Staat durch die Vereinigung und die Sanierungs- und Entwicklungsaufgaben im Osten, weniger Staat durch den politischen Willen zur Marktsteuerung und zur Begrenzung des Wohlfahrtsstaates. Die politische Klasse wird die neue Grenzlinie nicht autonom definieren können: Die absolute und relative Entwicklung von Produktion, Arbeitslosigkeit und Einkommen im Osten und Westen, deren antizipierte Relevanz für Wahlentscheidungen, die internationale wirtschaftliche und politische Entwicklung und der Prozeß der europäischen Integration sind heute noch unsichere Einflußgrößen, die mitentscheiden werden, wie sich die öffentlichen Finanzen im vereinigten D entwickeln werden.

Literatur

Arnold, Volker/Geske, Otto-Erich (Hrsg.) 1988: Öffentliche Finanzwirtschaft. München

Bundesministerium der Finanzen (Hrsg.) 1982: Die Finanzbeziehungen zwischen Bund, Ländern und Gemeinden aus verfassungsrechtlicher und finanzwirtschaftlicher Sicht. Bonn

Bundesministerium der Finanzen (Hrsg.): Finanzbericht (lfd. Jg.). Bonn

Fuest, Winfried/Kroker, Rolf (Hrsg.) 1993: Die Finanzpolitik nach der Wiedervereinigung. Köln

Isensee, Josef/Kirchhof, Paul (Hrsg.) 1990: Handbuch des Staatsrechts der Bundesrepublik Deutschland Bd. 4: Finanzverfassung – Bundesstaatliche Ordnung. Heidelberg

Mäding, Heinrich (Hrsg.) 1987: Haushaltsplanung – Haushaltsvollzug – Haushaltskontrolle. Baden-Baden

Mäding, Heinrich 1992: Die föderativen Finanzbeziehungen im Prozeß der deutschen Einigung – Erfahrungen und Perspektiven, in: Seibel, Wolfgang/Benz, Arthur/Mäding, Heinrich (Hrsg.): Verwaltungsreform und Verwaltungspolitik im Prozeß der deutschen Einigung. Baden-Baden

Neumark, Fritz u.a. (Hrsg.) ^{3}1977: Handbuch der Finanzwissenschaft. Tübingen

Renzsch, Wolfgang 1991: Finanzverfassung und Finanzausgleich. Bonn

Schmidt, Manfred G. 1989: Staatsfinanzen, in: Beyme, Klaus von/Schmidt, Manfred G. (Hrsg.): Politik in der Bundesrepublik Deutschland. Opladen, S. 36-73

Stern, Klaus (Hrsg.) 1991: Deutsche Wiedervereinigung. Die Rechtseinheit Bd. 1: Eigentum – Neue Verfassung – Finanzverfassung. Köln etc.

Heinrich Mäding

Öffentliche Meinung

1. Zum Begriff

Öffentlich wird eine Angelegenheit nicht nur deshalb genannt, weil sie nicht geheim und allgemein zugänglich ist. Öffentlich ist etwas vor allem dann, wenn es mit der „res publica“ zu tun hat, wenn es alle angeht. Öffentliche Meinung (ö.M.) als politischer Begriff ergibt sich nicht automatisch aus der Addition individueller Meinungen, sondern aus der Wirkung von Meinungen als herrschende Meinung. Die ö.M. ist eine zentrale Kategorie für die Bestimmung der Legitimität demokratischer Herrschaft.

2. Historische, demokratietheoretische und verfassungsrechtliche Aspekte

Demokratische Herrschaft ist öffentlich begründungs- und rechenschaftspflichtig. Die ö.M. ist deshalb ein unentbehrlicher Faktor im Prozeß der politischen Willensbildung aller freiheitlichen Systeme. Selbst diktatorische Regime können auf Dauer nicht existieren, ohne sich in gewissen Abständen durch Scheinakklamationen im Wege von → Wahlen, Referenden etc. auf die ö.M. der Herrschaftsunterworfenen zu berufen. Die Vorstellung allerdings, Demokratie beruhe letztlich auf ö.M., sei Herrschaft der ö.M., ist eine zumindest mißverständliche Vereinfachung. Sie verkennt den Doppelcharakter politischer Öffentlichkeit. Denn in ihr manifestieren sich nicht automatisch Meinungen und Wünsche des Volkes. Politische Öffentlichkeit ist gerade in den modernen wohlfahrtsstaatlichen Demokratien wesentlich auch ein Produkt aktiver Meinungspflege, sei es des Staates oder wichtiger, meinungsbildender gesellschaftlicher Gruppen.

Historisch gesehen ist Öffentlichkeit als Kernelement demokratischer Kontrolle jeder Staatstätigkeit ein entscheidendes Prinzip in der Entwicklung zum modernen demokratischen Verfassungsstaat. Gab es schon im antiken Staatsdenken vereinzelte Hinweise, daß ein Herrscher auch die öffentlichen Wirkungen staatlicher Machtanwendungen für sein Handeln in Rechnung stellen müsse, so ist die Herausbildung von Öffentlichkeit als einer eigenen, zwischen Staat und Gesellschaft vermittelnden Sphäre, in der sich das Publikum als Träger der ö.M. artikuliert, vor allem ein Produkt des Zeitalters der Aufklärung und des Rationalismus. Mit der „Unterordnung der Moral unter die Politik“ (R. *Kosellek*) als Folge der Erschütterung des Glaubens an die religiöse Letztbegründung von Politik und im Zuge der radikalen Kritik am Naturrecht gewinnt die ö.M. für die Begründung politischen Handelns einen Eigenwert. Glaubens- und Gewissensfragen werden zur Privatsache. Damit aber entsteht gerade der Raum, in dem sich kritisches Räsonnement über die öffentlichen Dinge herausbilden kann. Die Aufklärung nimmt ihren Siegeszug in dem Maße, wie sie den privaten Innenraum zur Öffentlichkeit ausweitet. Die sich in Salons, Aristokratentreffs und Kaffeehausgesellschaften manifestierenden privaten Öffentlichkeiten werden zu gesellschaftlichen Foren, die schließlich auch an die Türen der politischen Machthaber pochen, um auch hier Öffentlichkeit und Machtteilhabe zu fordern.

Ö.M. als politischer Begriff wird also zunächst als Waffe im Kampf des erstarkenden Bürgertums um die Ausweitung seiner Rechte verwendet, schließlich aber auch als Waffe zum Schutz der Privilegien des Bürgertums gegenüber den Beteiligungsansprüchen der nichtbürgerlichen Schichten. Dabei haben sich in den europäischen Demokratien durchaus unterschiedliche Traditionslinien von ö.M. herausgebildet. Während sich in Frankreich die Vorstellung von ö.M. immer von neuem mit der Theorie der „volonté générale" verbunden hat, setzte sich in England der Gedanke eines „government by public opinion" im Kampf gegen das Gespenst einer Herrschaft der „volonté générale" durch. So schwingt in dem französischen „opinion publique" die Idee von der Etablierung der Regierungsgewalt durch die Öffentlichkeit mit. Demgegenüber gibt sich das angelsächsische „public opinion" damit zufrieden, sie zu kontrollieren (E. *Fraenkel* 1991). Skeptische Einschätzungen zur ö.M. gewannen allerdings sowohl in Frankreich als auch in England an Boden, als die bürgerliche Öffentlichkeit ihre Exklusivität verlor und sich auch innerhalb des Bürgertums eine zunehmende Interessenheterogenität ausbildete.

Die → politische Kultur im Rahmen der verspäteten Demokratieentwicklung im Deutschland des 19. und 20. Jh.s ist durchzogen von der Abscheu gegenüber der ö.M. in ihrer historischen Bedeutung. Die aus Beobachtung und Erfahrung gewonnenen Vorstellungen von ö.M. fanden hier vielfach eine Umwandlung zu einem eher normativen Verständnis, in dem sich ö.M. aus politisch informierten, selbständig und rational urteilenden Bürgern konstituiert und sich als „Korrelat von Herrschaft" begreift, das kritisch auf diese einwirkt (*Noelle-Neumann* 1989).

3. Theoretische Erklärungsansätze

Für das Verständnis von ö.M. gibt es eine Reihe von Erklärungsansätzen, die das Problemfeld von Politik und Öffentlichkeit im allgemeinen und von Herrschaft und öffentlicher Meinung im besonderen jeweils unterschiedlich akzentuieren.

3.1 Der sozialpsychologische Ansatz: ö.M. als „soziale Haut"

Im Rahmen ihrer wissenschaftlich beachteten und im politischen Bereich einflußreichen Theorie der „Schweigespirale" versucht E. *Noelle-Neumann*, den Prozeß und die Funktion von ö.M. neu zu beschreiben und der empirischen Überprüfung zugänglich zu machen: Ein wesentlicher Antrieb für Einstellungsbildung und soziales Verhalten von Menschen basiert auf dem Wunsch, sich in der sozialen Umwelt nicht zu isolieren. Durch ein „quasi-statistisches" Wahrnehmungsorgan besitzt der Mensch die Fähigkeit, in seiner Umwelt die Zu- und Abnahme von Meinungsverteilungen zu bestimmten Themen zu registrieren. Aufgrund einer „Isolationsfurcht" werden eigene Meinungen verschwiegen, wenn sie dem wahrgenommenen „Meinungsklima" nicht entsprechen. Umgekehrt tendieren die Menschen auch zum öffentlichen Bekenntnis ihrer Überzeugungen, wenn sie die Mehrheitsmeinung bzw. die zukünftige Mehrheitsmeinung auf ihrer Seite sehen. Dabei entsteht im Laufe der Zeit eine dynamische Entwicklung, bei der die tatsächlich oder scheinbar abnehmende Meinungsfraktion immer schwächer erscheint als sie wirklich ist. Dieser Vorgang entwickelt sich nach Art eines spiralförmigen Prozesses zunehmenden Schweigens („Schweigespirale").

Kommunikationstheoretisch sind dabei für das Individuum zwei Quellen der Umweltbeobachtung von Bedeutung: die direkte, im sozialen Kontext vermittelte Umweltbeobachtung und das indirekt, vor allem massenmedial vermittelte Bild darüber, wie die Mehrheit denkt.

Kommunikationspolitisch erhielt und erhält die Theorie der „Schweigespirale" besondere Brisanz dadurch, daß sie einen plausiblen Erklärungsrahmen für mögliche politische Einflüsse der → Massenmedien liefert. Denn gerade wenn die Medieninhalte stark konsonant sind, kann – nach dieser Theorie – die Macht der Medien dadurch zum Tragen kommen, daß die massenmedial transportierte Meinung als besonders stark erscheint und auf diese Weise das Meinungsklima in der Bevölkerung (z.B. vor → Wahlen) verändert.

3.2 Der systemtheoretische Ansatz: ö.M. als Konstrukt auf der Basis von „Aufmerksamkeitsregeln"

N. *Luhmann* (1970) sieht ö.M. nicht mehr als ein Ergebnis, das aus politisch relevanten Ereignissen folgt. Die in modernen → Gesellschaften notwendige, hohe funktionale Differenzierung führt zum Selektionszwang. Die als „thematische Struktur öffentlicher Kommunikation" bezeichnete ö.M. ist deshalb wesentlich das Ergebnis von Selektion auf der Basis von „Aufmerksamkeitsregeln". Diese bilden sich aufgrund der Knappheit von Aufmerksamkeit als Regeln über die Zuwendung von Aufmerksamkeit heraus. Während „Entscheidungsregeln" die Meinungsbildung in den entscheidungsbefugten Instanzen des Systems steuern, steuern „Aufmerksamkeitsregeln" (z.B. Neuigkeitswert, Status des Absenders, Krisen oder Krisensymptome etc.) die Konstruktion politischer Kommunikation. Entscheidend ist dabei nicht so sehr die inhaltliche Generalisierung individueller Meinungen auf allgemeine, für alle als vernünftig akzeptierbare Formeln, sondern die Anpassung der Themenstruktur des politischen Kommunikationsprozesses an den jeweiligen Entscheidungsbedarf der Gesellschaft und ihres politischen Systems.

Die Leistung der ö.M. erfüllt sich für *Luhmann* einmal in der „Thematisierung", dadurch also, daß „ein Thema auf den Verhandlungstisch" gebracht wird; zum anderen durch die Reduktion von Problemkomplexität, so daß die an sich nicht überschaubaren politischen Sachverhalte durch Vereinfachungen nachvollziehbar und damit überhaupt erst entscheidungsfähig gemacht werden. Nicht auf die (unerreichbare) Öffentlichkeit aller politischen Kommunikation kommt es an, sondern auf die Strukturierung aller, auch der nichtöffentlichen politischen Kommunikation durch institutionalisierte Themen.

3.3 Der radikaldemokratisch-kommunikationstheoretische Ansatz: ö.M. als kritische Instanz gegenüber politischer Herrschaft

J. *Habermas* (1962) macht aus sozialphilosophisch-kritischer Sicht deutlich, daß das liberale Modell von Öffentlichkeit als ein Publikum räsonnierender Privatleute, die im Interesse der Herausbildung des Gemeinwohls selbsttätig zusammentreten, auf die sozialstaatlich verfaßte Massendemokratie nicht mehr zutrifft. Er spricht von einem „Strukturwandel der Öffentlichkeit". Diese entsteht heute im Feld der Konkurrenz organisierter Interessen durch „Entfaltung demonstrativer Publizität", vor allem im Wege organisierter, vornehmlich an die Massenmedien adressierter → Öffentlichkeitsarbeit. *Habermas* sieht darin einen Zerfall und eine Refeudalisierung politischer Öffentlichkeit. Während einst die Publizität Personen oder Sachen dem öffentlichen Raisonnement unterwarf und politische Entscheidungen vor der Instanz der ö.M. revisionsbedürftig machen sollte, wird sie heute vielfach zur Hilfe einer Arkanpolitik organisierter Interessen. Die ö.M. ist nicht länger Kontrollorgan staatlicher Politik, sondern ein Resonanzboden, auf dem durch öffentliches Prestige und Publicity Politik akklamationsfähig gemacht wird. An die Stelle des räsonnierenden Publikums ist das konsumierende Publikum getreten. *Habermas* hält aus fundamentaldemokratischer Perspektive an einem normativen Begriff von ö.M. fest und setzt auf die Neubestimmung des Verhältnisses zwischen räsonnierender Öffentlichkeit und politischem System. Dabei kommt es ihm auf das erfolgreiche Zusammenspiel der institutionellen Willensbildung mit den spontanen, nichtvermachteten Kommunikationsströmen einer nicht auf Beschlußfassung programmierten und insoweit nicht-organisierten Öffentlichkeit an.

3.4 Der liberaldemokratische Ansatz: Das Wechselspiel von „aktiver" und „passiver" Öffentlichkeit

Für R. *Dahrendorf* (1974) stellt sich die Frage nach dem konstitutionellen Sinn einer aktiven Öffentlichkeit unter Beteiligung aller Bürger. Er bezweifelt, daß in der modernen Demokratie tatsächlich ein Strukturwandel der Öffentlichkeit stattgefunden habe. Auch heute sei die Beteiligung der Öffentlichkeit am politischen Prozeß sporadisch und punktuell. Sie sei zudem durch vermittelnde, mit starkem Eigengewicht versehene Instanzen wie → Parteien und Verbände in einer Weise geprägt, die mit der Vorstellung des freien Bürgers nicht immer verträglich sei. Dennoch geht für ihn das fundamentaldemokratische Verständnis der Rolle von ö.M. an der Wirklichkeit der modernen Gesellschaft vorbei. Die Öffentlichkeit besteht danach nicht aus einer Menge gleich motivierter und in gleicher Weise teilnahmeorientierter Individuen. Vielmehr ist zu unterscheiden zwischen einer „latenten" Öffentlichkeit, einer „passiven" Öffentlichkeit und einer „aktiven" Öffentlichkeit. Nur letztere nehme mit eigenen Vorstellungen regelmäßig am politischen Prozeß teil, rekrutiere sich aus politischen Organisationen und übernehme Ämter. Die demokratische Utopie der aus einer total aktivierten Öffentlichkeit sich ergebenden ö.M. sei demgegenüber so totalitär wie alle Utopien. Die Nichtteilnahme an der Politik sei sogar innerhalb gewisser Grenzen tragbar und geradezu wünschenswert. Für die Aufrechterhaltung marktrationaler Verhältnisse in einem demokratischen Gemeinwesen entscheidend sei vielmehr die Wechselbeziehung zwischen einer offenen, Vielfalt repräsentierenden und zur Erzeugung politischer Initiative fähigen „aktiven" Öffentlichkeit einerseits und der „passiven" Öffentlichkeit andererseits.

4. Ö.M., veröffentlichte Meinung und politisches System in D

4.1 Verfassungsrechtliche Grundlagen und politisches Steuerungsinteresse

Die freie Bildung ö.M. gehört in D, so wie in anderen Demokratien auch, zu den verfassungsrechtlich besonders geschützten Prinzipien. Dem in Art. 5 des → Grundgesetzes verankerten Grundrecht der Meinungs- und Informationsfreiheit kommt dabei ein Doppelcharakter zu. Es hat zum einen den Charakter eines individuellen Abwehrrechts gegenüber staatlichem Einfluß. Zum anderen schützt es als „Institutsgarantie" auch die Einrichtungen und Institutionen gegenüber staatlichen Zugriffen, die den Prozeß der Meinungsbildung publizistisch erst ermöglichen, also Presse und Rundfunk. Die so gewährleistete Staatsfreiheit in der Entwicklung der publizistischen Voraussetzungen einer freien Meinungsbildung kann jedoch nicht darüber hinwegtäuschen, daß der politische Meinungsbildungsprozeß in modernen Massendemokratien in hohem Maße gesteuert und beeinflußt wird durch das politische System selbst (Regierung, Parlament, Parteien) sowie durch die organisierten Interessen. Sie bestimmen durch die sich ausweitende politische Öffentlichkeitsarbeit in hohem Maße das Timing und die Themen der Berichterstattung. In den öffentlich-rechtlichen Rundfunk- und Fernsehanstalten ist zudem die Besetzung von maßgeblichen Positionen nach nicht zuletzt parteipolitischen Proporzgesichtspunkten ein wichtiges politisches Steuerungsinstrument, von dem man sich Einfluß auf die ö.M. verspricht.

Zwar war auch in der → DDR nach Art. 27 der DDR-Verfassung von 1969 die Meinungs- und Pressefreiheit geschützt, allerdings nur „den Grundsätzen dieser Verfassung gemäß". Die „sozialistischen Massenmedien" galten als Führungs- und Kampfinstrumente der Partei der Arbeiterklasse und des sozialistischen Staates und Journalisten als Politiker im Dienst der Staatsdoktrin. Die Medien waren zudem – von der kirchlichen Presse abgesehen – Eigentum des Staates, der → SED, des FDGB oder der vier Blockparteien und unterstanden den zentralen Weisungen der Partei- und Staatsführung. Durch Veröffentlichungsverbote, Sprachregelungsgebote, staatliche Papierzuteilung, Lizenzpflicht und Kontrolle der Journalistenausbildung sollte die Infiltration bürgerlicher Ideologien bei der öffentlichen Meinungsbildung verhindert und die sozialistische Ordnung gesichert werden. Mit den Möglichkeiten des grenzüberschreitenden Empfangs elektronischer Medien, vor allem der westdeutschen Fernsehprogramme, und mit den im Zuge internationaler Abkommen eingegangenen Verpflichtungen zu einer freieren Berichterstattung in und über die DDR konnte dieses Kalkül allerdings zunehmend weniger aufgehen. Die Diskrepanz zwischen offiziell gewünschter, die Realität des real-existierenden Sozialismus weithin verzeichnender, ö.M. und der aus Informationen westlicher Medien gespeisten tatsächlichen ö.M. begünstigte einen schleichenden Legitimationsentzug.

4.2 Ö.M., veröffentlichte Meinung und politischer Prozeß

Ö.M. resultiert nicht automatisch aus der Summe der individuellen Meinungen. Zur ö.M. werden Meinungen nur dann, wenn sie als herrschende Meinungen die Einschätzungen bedeutender Akteure, Gruppen oder Institutionen zu gesamtgesellschaftlich oder gesamtstaatlich relevanten Fragen bestimmen und in den Massenmedien ihren Niederschlag finden. Was nicht über die Massenmedien thematisiert wird, kann in der Regel nicht öffentlich meinungsbildend werden. Hier kommt vor allem der überregionalen gedruckten Presse (Frankfurter Allgemeine, Frankfurter Rundschau, Süddeutsche Zeitung, Die Welt), aber auch den großen Wochenzeitungen und politischen Magazinen sowie besonders dem Fernsehen eine meinungsführende Rolle zu. Aber auch die veröffentlichte Meinung ist nicht notwendigerweise ein Spiegelbild der ö.M..

Gleiches gilt für den Vergleich von Demoskopie und ö.M., deren Gleichsetzung von Kritikern als schleichende plebiszitäre Aushöhlung des demokratischen Systems beurteilt wird (*Hennis* 1957). Die empirische Meinungsforschung liefert immer nur Momentaufnahmen von politischen Einstellungen und Meinungen mit Hilfe standardisierter Befragungen von repräsentativen Stichproben der Bevölkerung.

Kann Politik in jedem auf Zustimmung angewiesenen politischen System auf Dauer nicht ungestraft gegen die ö.M. betrieben werden, so ergibt sich für D, so wie für andere moderne Wohlfahrtsstaaten auch, das Dilemma, daß für die Lösung der zentralen innerstaatlichen und globalen Herausforderungen schmerzhafte Einschnitte in individuelle und gesellschaftliche Besitzstände und Ansprüche unabdingbar sind. Demokratische Politik wird in D auf Dauer nur erfolgreich sein können, wenn sie nicht reaktiv an demoskopischen Momentaufnahmen ausgerichtet ist, sondern aktiv die öffentliche Meinungsbildung über die Lösungsansätze für die großen Herausforderungen der Zeit fördert.

Literatur

Dahrendorf, Ralf 1974 (zuerst 1967): Aktive und passive Öffentlichkeit. Über Teilnahme und Initiative im politischen Prozeß moderner Gesellschaften. In: Langenbucher, Wolfgang R. (Hrsg.) 1974: Zur Theorie der politischen Kommunikation. München.

Fraenkel, Ernst 1991 (zuerst 1964): Deutschland und die westlichen Demokratien. Frankfurt a.M.

Habermas, Jürgen 1962: Strukturwandel der Öffentlichkeit. Untersuchungen zu einer Kategorie der bürgerlichen Gesellschaft. Neuwied/Berlin.

Hennis, Wilhelm 1957: Meinungsforschung und repräsentative Demokratie. Tübingen.
Kepplinger, Hans Mathias 1989: Kommunikation im Konflikt. Zur Theorie der instrumentellen Aktualisierung. Freiburg/München.
Lippmann, Walter 1922: Public Opinion. New York (deutsch 1990: Die öffentliche Meinung. Reprint des Publizistik-Klassikers. Bochum).
Luhmann, Niklas 1970: Öffentliche Meinung. In: Politische Vierteljahresschrift. 11. Jg.
Neidhardt, Friedhelm (Hrsg.) 1994: Öffentlichkeit, öffentliche Meinung, soziale Bewegungen. Sonderheft 34/1994 der Kölner Zeitschrift für Soziologie und Sozialpsychologie. Opladen
Noelle-Neumann, Elisabeth 1989: Öffentliche Meinung. Die Entdeckung der Schweigespirale. Frankfurt a.M./Berlin.
Traugott, Edgar 1970: Die Herrschaft der Meinung. Düsseldorf.
Tönnies, Ferdinand 1922: Kritik der öffentlichen Meinung. Berlin.

Ulrich Sarcinelli

Öffentliche Unternehmen

Nach der Definition der Finanzstatistik werden Unternehmen als öffentlich bezeichnet, wenn die öffentliche Hand die Kapital- oder Stimmrechtsmehrheit besitzt. Ende 1988 gab es in der BRD 3950 solcher Unternehmen (1982, einschließlich des VEBA- und VW-Konzerns: 4070), ihr Anteil an den Bruttoanlageinvestitionen betrug 16,7% (1982: 17,2%), ihr Anteil an den abhängig Beschäftigten 9,2% (1982: 11,3%) jeweils bezogen auf alle Unternehmen. Je ca. die Hälfte der öffentlichen Unternehmen war 1988 in privaten (AG, KG usw.) und in öffentlichen Rechtsformen (Eigenbetrieb usw.) organisiert. Der Anteil der öffentlichen Hand am Nennkapital betrug 98% von insgesamt 291,5 Mrd. DM. 0,5% aller Kapitalgesellschaften (AG, GmbH) der BRD waren 1988 öffentlich und hielten 16,2% (1985:18,6%) des Nennkapitals aller Kapitalgesellschaften. Die öffentlichen Unternehmen haben ihre Schwerpunkte – gemessen am Anteil an der Bruttowertschöpfung der Wirtschaftsbereiche im Jahre 1988 – mit 62,2% in den Bereichen Versorgung und Verkehr (Post, Bahn, Stadtwerke, Elektrizitäts-Verbundunternehmen), mit 51,4% bei Kreditinstituten (Sparkassen, Landesbanken, Kreditanstalt für Wiederaufbau) und mit 24,2% bei Versicherungen. Die übrigen Bereiche wiesen Anteile unter 2,5% auf. In den neuen → Bundesländern hat die → Treuhandanstalt bis Ende 1994 265 Unternehmen kommunalisiert und zahlreiche Unternehmen den Ländern zurückgegeben.

Öffentliche Unternehmen müssen in einem → Rechtsstaat immer einem öffentlichen Zweck dienen: Entweder – wie die öffentliche Verwaltung – direkt durch Erfüllung der von ihrem Träger vorgegebenen Aufgaben (z.B. Entwicklungshilfe, Sozialer Wohnungsbau) oder indirekt, als Instrument öffentlicher Mittelbeschaffung, durch ihr erfolgreiches Agieren im Markt und die Ablieferung ihrer Überschüsse an den Träger. Welche Instrumente für welche Ziele eingesetzt werden, ist eine Frage der Zweckmäßigkeit und letztlich eine politische Entscheidung.

Die Gesamtheit der öffentlichen Unternehmen in D bildet wegen der Vielzahl der Träger keine politische Einheit. Die öffentliche Wirtschaft unterliegt auch deshalb keinem einheitlichen Gestaltungswillen, weil bei Unternehmen privater Rechtsform oft Private am Kapital beteiligt sind, die an einer Gewinnminderung durch politische Auflagen nicht interessiert sind. Auch in einer zu 100% öffentlichen AG ist der Vorstand gegenüber dem Eigentümer relativ autonom. Bei privatrechtlich organisierten öffentlichen Unternehmen sind daher ihrer Verwendung als Instrumente der Politik ihrer Träger enge Grenzen gesetzt. Die großen erwerbswirtschaftlichen Beteiligungen von Bund und Ländern sind überwiegend AGs (Bahn AG, Saarbergwerke, Stromverbund- und Postunternehmen).

Vor allem das Streben nach Haushaltsentlastung führte seit 1982 insbesonderebeim industriellen Bundesvermögen, bei der Bahn und in geringerem Umfang auch bei Ländern und Kommunen zu Privatisierungen (→ Staatliches/Öffentliches Vermögen) (Bundesminister der Finanzen 1982ff.) Auf kommunaler Ebene führte der Zwang zur Effizienzsteigerung der Wirtschaftstätigkeit zur Ausgliederung von Regiebetrieben aus den Haushalten und zu ihrer Umwandlung in Eigenbetriebe oder Unternehmen anderer Rechtsform. Dadurch soll eine klare Finanzverantwortung, mehr Flexibilität und ein Abbau des Zuschußbedarfs erreicht werden. Auf diesem Wege entstehen laufend neue öffentliche Unternehmen, da die Regiebetriebe nicht als Unternehmen zählen.

Die EG übt einen doppelten Anpassungsdruck auf die öffentlichen Unternehmen aus. Der verschärfte Wettbewerb im Binnenmarkt verlangt mehr Flexibilität. Dies war ein wesentliches Motiv für die Reform der Bundespost und die Umwandlung der Postunternehmen in Aktiengesellschaften. Die Regulierungskonzepte der EG-Kommission für Verkehrsunternehmen sehen die finanzielle bzw. unternehmerische Trennung der Schienen- und Leitungsnetze von der Erbringung der Leistungen und das Verbot der internen Subventionierung vor.

Bundesbahn und Reichsbahn wurden zum 1.1.1994 in die Deutsche Bahn AG ungewandelt. Für die DBAG plant die Bundesregierung die Aufteilung in drei selbständige Unternehmen für Fahrweg, Güterverkehr und Personenverkehr. Der Personenverkehr wird in regionale Zuständigkeit übergehen und nach Bestellerprinzip abgewickelt werden: Die Nutzung der Gleise und gegebenenfalls auch der Fahrzeuge muß vom Nachfrager bei der Bundesbahn bestellt und bezahlt werden. Im Nahverkehr kann es so zwar für die Bundesbahn keine Defizite mehr geben, das Schienenverkehrssystem kann aber nur dann leistungsfähig bleiben, wenn über die vom Bund den Ländern zugewiesenen Mittel hinaus weitere Finanzquellen für die Defizitabdeckung erschlossen werden. Bei den bestehenden Preisrelationen ist Schienenverkehr auch nach Abgeltung aller sozialpolitischen Lasten ohne Subventionen nicht konkurrenzfähig.

Die Bundespost als größtes Sondervermögen des Bundes wurde 1989 durch das Poststrukturgesetz in drei Teilsondervermögen Postdienst, Postbank und Telekom aufgespalten, die dann zum 1.1.1995 in Aktiengesellschaften umgewandelt worden sind. Zweck der Verselbständigung war es, durch Herauslösen aus dem unmittelbaren Regierungsbereich eine klare Trennung der Verantwortungsbereiche von Ministerium und Vorstand und mehr Freiraum für wettbewerbliches Handeln zu schaffen. Unter Beihaltung des Brief- und Telefondienstmonopols wurde Wettbewerb bei Endgeräten und bei drahtlosen Telekommunikationsdiensten zugelassen. Die → Bundesregierung strebt eine Privatisierung der Postunternehmen an, um über die Börse das Kapital beschaffen zu können, das insbesondere Telekom für den Ausbau seiner Dienste braucht.

Literatur

Brede, Helmut/von Loesch, Achim (Hrsg.) 1986: Die Unternehmen der öffentlichen Wirtschaft in der Bundesrepublik Deutschland. Baden-Baden.

Bundesminister der Finanzen (Hrsg.) 1983ff.: Beteiligungen des Bundes im Jahre 1982ff. Bonn.

Thomas Lange

Öffentlicher Dienst

1. Begriff und Statistik

Der Begriff „Öffentlicher Dienst" beinhaltet sowohl die Gesamtheit des Staatspersonals als auch das besondere Arbeitsverhältnis der Staatsbeschäftigten zu ihrem Arbeitgeber. In der Arbeitgeberrolle tritt der Staat in unterschiedlichster Gestalt auf: als Bund, Land, Kommune, als Körperschaft des öffentlichen Rechts oder als Verwaltung im Gewande des Privatrechts (z.B. Stadtwerke GmbH).

Im Öffentlichen Dienst in D sind 1992 0,62 Mio. (einschließlich Soldaten) beim Bund, 2,54 Mio. bei den Ländern sowie 2,06 Mio. bei den Gemeinden und kommunalen Zweckverbänden beschäftigt gewesen. Hinzu kommen nochmals 0,64 Mio. bei der Deutschen Bundespost, 0,43 Mio. bei der Bahn und 0,35 Mio. Beschäftigte im mittelbaren Öffentlichen Dienst, insbesondere bei den Sozialversicherungsträgern. Weiteres Personal ist bei den rechtlich selbständigen Wirtschaftsunternehmen vor allem im Versorgungs- und Verkehrssektor tätig. Der bundesstaatlichen Aufgabenverteilung entsprechend ist beim Bund das meiste Personal in den Bereichen Verteidigung sowie politische Führung und zentrale Verwaltung, auf der Länderebene im → Bildungswesen und der Öffentlichen Sicherheit und bei den Gemeinden sowie Gemeindeverbänden in den Bereichen Gesundheit (→ Gesundheitspolitik), Sport und Erholung sowie politische Führung und zentrale Verwaltung. Von den 5,57 Mio. Vollzeitbeschäftigten stehen 1,95 Mio. im Status eines Beamten, Richters oder Soldaten, 2,43 Mio. sind Angestellte und 1,18 Mio. Arbeiter. Damit übersteigt nun, nach der deutschen Vereinigung, die Zahl der Angestellten die der Beamten.

Insgesamt ist der Öffentliche Dienst in diesem Jh. stark angewachsen. Zählte man im Jahre 1913 statistisch erst 10,6 Verwaltungsbeamte und -angestellte auf jeweils 1.000 Einwohner, so waren es bereits 1960 in der BRD doppelt so viele, nämlich 21,5. Nach einer erheblichen Ausweitung des öffentlichen Dienstpersonals in den 70er Jahren hat sich die Gesamtzahl seit 1982 auf 4,6 Mio. eingependelt und ist erst durch den Beitritt der neuen → Bundesländer wieder angewachsen auf jetzt 6,65 Mio. In allen diesen Zahlen spiegelt sich der Wandel des modernen Staates zum zentralen Leistungs- und Sozialträger der Industriegesellschaften wider.

2. Historische Herkunft

Der Staatsdienst entwickelte sich zusammen mit dem modernen Staat zu Beginn der Neuzeit durch Ausdifferenzierung aus dem (privaten) Haushalt des Landesherrn. Das persönliche Treueverhältnis des Fürstendieners wandelte sich zum Treueverhältnis gegenüber dem demokratischen Verfassungsstaat ungeachtet der Person der Regierenden. In der deutschen Geschichte allerdings führten der Mißerfolg der liberal-bürgerlichen Revolution, die wilhelminische Obrigkeit, die innere Schwäche der Weimarer Republik und die nationalsozialistische Führerdiktatur zu einer „Verspätung" dieses Entwicklungsprozesses. Einstellung und Beförderung der Staatsdiener sollen nach den Prinzipien des modernen Berufsbeamtentums auf der Grundlage von Leistungskriterien erfolgen, wobei formale Bildungs- und Ausbildungsabschlüsse ein Übergewicht haben, nicht jedoch nach der persönlichen Gunst des Herrschers. Die Beamten erkämpften sich von ihrem Dienstherrn ein festes Gehalt, eine Lebenszeitanstellung und eine Alterspension, die zum einen ihren „standesgemäßen" Lebensunterhalt, zum anderen eine ökonomische Basis für eine unkorrumpierte Amtstätigkeit sichern sollten. Mit der Entwicklung zum modernen Verwaltungsstaat als → Rechtsstaat gewinnen juristische Ausbildungsinhalte allgemein besonderen Rang. Juristen erobern sich eine sachlich nicht immer gerechtfertigte Vorzugsstellung bei der Besetzung von Leitungspositionen.

3. Die Reformbedürftigkeit des Öffentlichen Dienstes

Die Einteilung der öffentlich Bediensteten in Beamte, Angestellte und Arbeiter entstammt einer vergangenen berufsständischen Gesellschaftsordnung. Das Monopol der Beamten auf die Ausübung hoheitlicher Aufgaben, wie es noch in Artikel 33(4) des → Grundgesetzes postuliert wird, ist heute ausgehöhlt. Doch wird die Dreiteilung des Öffentlichen Dienstes durch eine aktive Beamtenlobby in den Ministerien und den Parlamenten sowie durch die Verbände der Beamtenschaft zementiert, obwohl sie heute an vielen Stellen zur Inflexibilität der Personalwirtschaft führt. Schon innerhalb der Gruppe der Angestellten gibt es Ungleichheiten zwischen den quasi unkündbaren dauerhaft eingestellten, und den mit kurzfristigen Zeitverträgen oder gar aufgrund von Arbeitsbeschaffungsmaßnahmen beschäftigten Angestellten. Die Inflexibilität der Personalwirtschaft erwächst nicht nur aus der Lebenszeitanstellung und der Dreiteilung in Arbeiter, Angestellte und Beamte, sondern auch aus den nur geringen Aufstiegschancen zwischen unterschiedlichen, nach formalen Bildungsabschlüssen eingeteilten Qualifikationsstufen. Ein vereinheitlichtes Dienstrecht mit stärkerem Bezug auf die aktuelle Leistung, nicht primär auf Examina, und mit mehr Durchlässigkeit für Aufsteiger könnte im Gefolge der durch die deutsche Vereinigung und die Finanzierungsprobleme der öffentlichen Hand ausgelösten Anpassungserfordernisse erstmals eine realistische Chance haben, nachdem entsprechende Bemühungen in den siebziger Jahren auf der Strecke blieben. Eine Dienstrechtsreform könnte auch einen stärkeren Personalaustausch zwischen Verwaltung, Wissenschaft, Privatwirtschaft und anderen Beschäftigungsbereichen ermöglichen. Im Gegensatz etwa zu den USA, in denen Personalwechsel zwischen Beschäftigungssektoren selbstverständlich sind und Karrieren fördern, begibt sich der deutsche Staat weitgehend der Chance, von außerhalb des Öffentlichen Dienstes gesammelten Fähigkeiten und Kenntnissen zu profitieren.

4. Die Verfassungstreue

Von den Beschäftigten des Öffentlichen Diensts wird ein Bekenntnis zur → „freiheitlich-demokratischen Grundordnung" verlangt. Hinter der Ausgrenzung politischer Extremisten aus dem Öffentlichen Dienst steht das politische Konzept der „streitbaren Demokratie", wie es von den Gründungsvätern der BRD in Auseinandersetzung mit der nationalsozialistischen und stalinistischen Diktatur entwickelt worden ist. Nachdem die Studentenbewegung den „Marsch durch die Institutionen" angekündigt hatte, sollte durch den Extremistenbeschluß der Ministerpräsidenten der Länder der BRD 1972 einer Systemveränderung von innen durch öffentlich Bedienstete ein Riegel vorgeschoben werden. War die Ausgrenzung von Rechtsextremisten (→ Extremismus) weithin unbestritten, wenn auch nicht immer durchgesetzt, so gewannen betroffene Kommunisten durch die Agitation gegen die „Berufsverbote" erhebliche Sympathie im linken Spektrum. Gegen Ende der 70er Jahre gingen SPD-regierte Länder und der Bund von der Praxis der Regelanfrage bei Einstellungen in den Öffentlichen Dienst ab. Heute stellt sich die Frage der Verfassungstreue im Öffentlichen Dienst wieder verstärkt infolge des Beitritts der Länder der ehemaligen → DDR zur BRD.

5. Besonderes Dienstethos

Preußisch-deutscher Tradition entspricht es, vom Staatspersonal ein besonderes „Dienstethos" zu verlangen. Neben das allgemeine Treueverhältnis zum Dienstherrn tritt das Element des „Dienstgedankens". *G. Weisser* führte dazu aus: „Von demjenigen, der sich in freier Berufswahl in den Dienst öffentlicher Aufgaben stellt, muß erwartet werden, daß er diese Aufgaben innerlich bejaht und in ihnen den Sinn seiner beruflichen Tätigkeit sieht." Nur selten werde der Dienstgedanke vollkommen verwirklicht, gemeinnützige Einrichtungen könnten aber nur sinngemäß funktionieren, wenn die für sie Verantwortlichen sich auch innerlich für die betreffenden öffentlichen Aufgaben engagierten. Langfristig wird eine öffentliche Einrichtung oder Behörde nicht effektiv sein können, deren Personal sich an ganz anderen Zielen als denen ihres demokratisch legitimierten Dienstherrn orientiert. Ein Dienstethos ist besonders gefordert, wo Staatsbedienstete Korruptionsgefahren ausgesetzt sind. In einer privat-kapitalistischen, sich politischen oder auch religiösen Idealen entfremdenden Gesellschaft, die zunehmend den Typus eines rein am Eigeninteresse orientierten Menschen ausprägt, wird die Auswahl geeigneten Personals und die „Haltungspflege" (*G. Weisser*) im Öffentlichen Dienst zunehmend schwieriger.

6. Politisches Gewicht

Die Einflußmöglichkeiten des öffentlichen Dienstes im gesellschaftlich-politischen Verteilungskampf sind sehr hoch. Dabei kommt insbesondere der → Ministerialbürokratie eine zentrale Rolle im politisch-administrativen System zu. Auf politische Entscheidungen nehmen die überaus durchsetzungsstarken → Gewerkschaften des öffentlichen Dienstes, mit der Gewerkschaft ÖTV an ihrer Spitze, und weitere Verbände der Staatsbediensteten, wie der Deutsche Beamtenbund, maßgeblichen Einfluß. Ein überproportionaler Teil der Volksvertreter und Stadträte entstammt dem Öffentlichen Dienst und sorgt für die Berücksichtigung seiner Interessen.

Auch in den → Parteien sind die Staatsdiener überverhältnismäßig stark vertreten. Der Kern der Beamtenschaft neigt eher den konservativen, bzw. liberalen Parteien zu. Währenddessen haben die Sozialdemokraten ihre Anhängerschaft eher unter den Kommunalbeamten, Angestellten und Arbeitern. Das von *M. Weber* hervorgehobene Erfordernis der beruflichen „Abkömmlichkeit" für eine politische Tätigkeit gibt den Staatsdienern einen Vorsprung vor anderen Berufsgruppen. Zudem fallen allgemeines Interesse für Politik und Wahl einer Stellung im Öffentlichen Dienst oft zusammen. Schließlich steht das „Parteibuch" bei vielen der Beschäftigten im Ansehen einer Karriereversicherung. Innerhalb der Wählerschaft bilden die Staatsdiener und ihre Familienangehörigen, wie aus den zu Anfang genannten Zahlen folgt, einen erheblichen Stimmenanteil, der Wahlen entscheiden kann. Für Politiker in der Funktion der öffentlichen Arbeitgeber liegt es somit nahe, die Interessen der Staatsbediensteten im politischen Kalkül hoch zu veranschlagen.

7. Öffentlicher Dienst und deutsche Vereinigung

Der im Oktober 1990 erfolgte staatliche Beitritt der Länder der ehemaligen DDR zur BRD bewirkt umfangreiche Verwaltungsaufgaben und stellt daher erhebliche Herausforderungen an das Personal des Öffentlichen Dienstes, insbesondere auf der Bundesebene sowie in den Ländern und Gemeinden des Beitrittsgebietes, indirekt aber auch in den alten Bundesländern. Während die Grundentscheidungen im Einigungsvertrag von den Politikern der BRD und der DDR getroffen wurden, sind die Detailregelungen der Übertragung bundesdeutscher Institutionen und Gesetze auf die Bundesländer, die in den Vertragsanlagen den zwanzigfachen Umfang einnehmen, das Werk des administrativen Sachverstandes der Ministerialbürokratie vor allem in den Bundesministerien.

In dem Kapitel XIX der Anlage I zum Einigungsvertrag werden die sich aus der deutschen Vereinigung ergebenden Fragen des öffentlichen Dienstrechts, insbesondere der Überprüfung und Übernahme, aber auch der Entlassung von öffentlichem Dienstpersonal der ehemaligen DDR geregelt. Die personalwirtschaftliche Vereinigung der neuen Bundesländer mit der BRD hat vor allem die quantitative Überbesetzung und die qualitativen Mängel im Öffentlichen Dienst der ehemaligen DDR zu bewältigen. Im planwirtschaftlichen System der DDR kamen dem Staat und seinen Bediensteten zahlreichen Aufgaben zu, die in der marktwirtschaftlichen BRD obsolet wurden. Die Mitarbeiter im Staatsapparat zeichneten sich im Gefolge der Kaderpolitik mehr durch ihre politische Loyalität zur SED und weniger durch fachliche und rechtliche Qualifikation aus. Aus diesen Gründen ist im genannten Anlagenkapitel des Einigungsvertrages eine ordentliche Kündigung des Arbeitsverhältnisses für zulässig erklärt worden, wenn der Arbeitnehmer wegen mangelnder fachlicher Qualifikation den Anforderungen nicht entspricht, wegen mangelnden Bedarfs nicht mehr verwendbar ist oder seine bisherige Beschäftigungsstelle aufgelöst wird. Eine außerordentliche Kündigung ist insbesondere dann vorgesehen, wenn der Arbeitnehmer gegen die Grundsätze der Menschlichkeit und Rechtsstaatlichkeit verstoßen hat oder für das frühere → Ministerium für Staatssicherheit tätig war. Auf der anderen Seite konnten positiv evaluierte Mitarbeiter des Öffentlichen Dienstes der ehemaligen DDR als Beamte auf Probe und schließlich ganz übernommen werden.

Diese Überprüfung von Staatsbediensteten, einschließlich Hochschullehrern, Lehrern, Richtern und Soldaten der ehemaligen DDR war nur mit erheblichem Aufwand zu führen. Sie hat zur Entlassung vieler Altkader geführt. Auf der anderen Seite wurden für den Aufbau der Verwaltungen auf Länder- und insbesondere auf Gemeindeebene in dem Beitrittsgebiet fachlich qualifizierte und rechtsstaatlich orientierte öffentliche Bedienstete benötigt, die vor Ort nur in begrenzter Zahl zu gewinnen waren. Nach der Vereinigung hatten sich daher 25.000 öffentlich Bedienstete aus den alten in die neuen Bundesländer delegieren lassen, wobei trotz der Partnerschaften zwischen den einzelnen Bundesländern der Bund mit zwei Dritteln der Abordnungen die Hauptlast trug. Besonders hoch ist verständlicherweise der Anteil von Westpersonal im höheren Dienst und insbesondere in den leitenden Funktionen der ostdeutschen Verwaltungen. Spannungen zwischen den Westlern, die sich mit bestem Willen und unter ungewohnten Lebensverhältnissen einsetzen, und den Ostlern, die sich leicht bevormundet fühlen, sind daher unvermeidlich. „Insgesamt hat man einen auf die Dauer problematischen Kompromiß aus der Übernahme erfahrener, aber dafür ‚vorbelasteter' Mitarbeiter, der Einstellung oft ahnungsloser Neu- und Quereinsteiger und aus dem Westen importierter Beamter gefunden, wobei letztere sich in der Praxis erstaunlicherweise oftmals nicht als geeigneter als die beiden anderen Gruppen erwiesen haben“ (*Miller*).

Auch auf dem Gebiet des Öffentlichen Dienstes offenbaren sich die Vor- und Nachteile der schnellen Beitrittslösung: Ein im Westen im ganzen bewährtes, aber im Detail durchaus reformbedürftiges Verwaltungssystem wird auf den Osten übertragen, doch die Herstellung einer gemeinsamen Verwaltungskultur im Öffentlichen Dienst, aber auch im Umgang von Verwaltungen und Öffentlichkeit miteinander, wird noch Jahre benötigen.

Literatur

Bleek, Wilhelm 1989: Verwaltung und öffentlicher Dienst, in: Benz, Wolfgang (Hrsg.): Die Geschichte der Bundesrepublik Deutschland Bd. 1.

Mayntz, Renate [3]1985: Soziologie der öffentlichen Verwaltung. Heidelberg.

Miller, Manfred 1994: Der wilde Osten – Politik und Verwaltung in den neuen Bundesländern als Abfolge von Mißständen?, in: Recht und Politik, 30. Jg., Heft 3.

Sontheimer, Kurt/Bleek, Wilhelm 1973: Abschied vom Berufsbeamtentum? Hamburg.

Weber, Max [3]1971: Politik als Beruf. In: ders., Gesammelte Politische Schriften. Tübingen.

Weisser, Gerhard 1964: Gemeinnützigkeit und Paritätspostulat. In: Sparkasse, 81. Jg., Heft 22.

Wilhelm Bleek/Stefan Machura

Öffentlichkeitsarbeit/Presse-und Informationsamt der Bundesregierung

1. Zur Geschichte staatlicher Öffentlichkeitsarbeit

Staatliche Öffentlichkeitsarbeit ist seit jeher Instrument der Regierungsmacht, mit zentraler Bedeutung in totalitären Staaten. Ebenso ist sie aber in komplexen, demokratischen Staaten notwendiger, legitimer Bestandteil der Informationsvermittlung. Bereits *Friedrich II.* betrieb eine systematische Informationspolitik zur Beeinflussung der öffentlichen Meinung. *Bismarck* schuf ein auf ihn zugeschnittenes Preßdezernat und beeinflußte mit Mitteln seines geheimen Reptilienfonds Journalisten durch Druck oder Bestechung. 1915 wurde ein Kriegspresseamt als Zensurbehörde geschaffen. In der Weimarer Verfassung ist erstmals das Recht auf Meinungs- und Pressefreiheit verankert worden. Ein Reichspressechef stand einer Regierungsabteilung vor. Der NS-Staat setzte die → Grundrechte außer Kraft und schaltete die → Massenmedien gleich. Die Reichspressekammer als Zwangsorganisation wurde Instrument des Ministers für Propaganda und Volksaufklärung. Die → DDR betrieb Öffentlichkeitsarbeit als Mittel des ideologischen Klassenkampfes im Sinne sozialistischer Parteilichkeit und Bewußtseinslenkung. Instrumente der zentralgelenkten Informationspolitik waren zentralisierte Journalistenausbildung, Personalpolitik in den Medien, ein staatliches Lizenzsystem, die Monopolisierung der Vertriebswege, die Zuteilung von Papier, die Einrichtung eines Presseamtes sowie der Kommitees für Rundfunk und für Fernsehen beim Ministerrat als kontrollierende Institutionen, die tägliche Übermittlung der Vorschriften der Abteilungen Agitation und Propaganda der → SED an Medien. Im Zeitalter grenzüberschreitender Medien gelang die Durchsetzung des Meinungsmonopols der SED aber nicht.

2. Presse- und Informationsamt der Bundesregierung (BPA)

Das Presse- und Informationsamt der → Bundesregierung, Bundespresseamt (BPA), wurde 1949 gegründet, 1950 zunächst dem Bundeskanzleramt als Abteilung eingegliedert. 1958 wurde es selbständige oberste Bundesbehörde mit einem Staatssekretär an der Spitze, der dem → Bundeskanzler direkt unterstellt ist. Der Leiter des BPA ist zugleich Sprecher der Bundesregierung. Das Amt soll drei zentrale Funktionen erfüllen (*Walker* 1982: 83): Seine rezeptive Funktion liegt in der Informationsbeschaffung aus dem In- und Ausland, einschließlich der Erforschung der → öffentlichen Meinung. In operativ-informationspolitischer Funktion dient es der Erläuterung und Darlegung der Politik der Bundesregierung im In- und Ausland. Im Zusammenwirken mit dem Auswärtigen Amt gestaltet es das Deutschlandbild im Ausland mit. Bundesregierung und → Bundespräsident werden über die weltweite Nachrichtenlage informiert und informationspolitisch beraten. Das BPA ist Vertreter der Bundesregierung auf Pressekonferenzen. In koordinierender Funktion soll das BPA für die Einheitlichkeit der Selbstdarstellung der Bundesregierung sorgen. Trotz vielfältiger Umgestaltungen im einzelnen besteht das BPA im Kern aus vier Abteilungen: Zentralverwaltung, Nachrichten, Inland, Ausland. Öffentlichkeitsarbeit betreibt der Sprecher der Bundesregierung regelmäßig durch Teilnahme an der Bundespressekonferenz, einem Zusammenschluß der in Bonn tätigen deutschen Journalisten, auf dessen Einladung er auch den Mitgliedern des Vereins der Ausländischen Presse Rede und Antwort steht. Da hier im wesentlichen Basisinformationen weitergegeben werden, gewinnen Hintergrundgespräche in journalistischen Zirkeln und mit einzelnen Journalisten an Bedeutung. Die Gefahr selektiver Einbindung regierungsfreundlicher Journalisten ist damit gegeben. Öffentlichkeitsarbeit wird ferner über eine Vielzahl von Publikationen, Anzeigen, anderen Medien etc. betrieben.

3. Zur Problematik staatlicher Öffentlichkeitsarbeit

Die Bemühungen des BPA, die öffentliche Zustimmung für das Regierungshandeln zu steigern, provoziert die Kritik der jeweiligen → Opposition an der Verletzung der Chancengleichheit und dem Mißbrauch von Steuergeldern. Mit z.Zt. über 700 Mitarbeitern verfügt das BPA über eine gut ausgerüstete Ministerialbürokratie, deren personeller Ausbau aber im wesentlichen unter wechselnden Koalitionen erfolgte. Höhepunkt des Streits war die Klage der → CDU anläßlich des Bundestagswahlkampfes 1976. Am 2.3. 1977 stellte das → Bundesverfassungsgericht fest, daß die damalige Bundesregierung werbend in den → Wahlkampf eingegriffen habe. Staatliche Öffentlichkeitsarbeit sei aber im Prinzip zulässig. Unzulässig ist sie jedoch, wenn sie die Grenzen zur direkten (Wahl-)Werbung für die Regierung und die Regierungsparteien überschreitet. Deshalb soll sie in Wahlkampfzeiten dem Gebot äußerster Zurückhaltung unterliegen. Das Urteil ist sowohl für die Organe des Bundes als auch der Länder bindend. Die personelle und programmatische Verknüpfung von → Parteien und Regierung erschwert jedoch die Grenzziehung zwischen zulässiger und unzulässiger Öffentlichkeitsarbeit. Jede Regierung behält daher in der öffentlichen Darstellung einen Startvorteil, zumal die bürokratische Substanz des BPA auch nach dem Karlsruher Urteil unangetastet blieb. Der Inlands-Etat des BPA (Titelgruppe 02) blieb nach dem Regierungswechsel 1982 bis 1987 innerhalb normaler Steigerungsraten. Nach 1988 hat er sich aber verdoppelt. Danach ist er stärker ausgeweitet worden: Nach einer Verdoppelung 1992 gegenüber 1988 auf 35,3 Mio. lag er 1994 bei 27,7 Mio. DM. Zur Effizienz des BPA ist zu sagen: Die Konkurrenz der Ministerien hat zu einer

Ausweitung ihrer Öffentlichkeitsetats geführt, wobei der Anteil des BPA-Etats zurückging. Die Koordination der Öffentlichkeitsarbeit gelingt dem BPA nur zeitlich und thematisch begrenzt. Sein Einfluß hängt vom engen Kontakt zum Kanzler, seiner Führungsfähigkeit, vom Koalitionsklima ab. Kooperationsmodelle des BPA mit Einzelministerien wurden wieder aufgegeben. Häufiger Wechsel in der Leitung des BPA belegt die Problematik des Amtes, an das jeder Bundeskanzler hohe Erwartungen knüpft. Die Öffentlichkeitsarbeit der Landesregierungen begrenzt zudem die Wirksamkeit des BPA. Überlegungen zur Einrichtung von Außenstellen des BPA in den Ländern konnten nicht realisiert werden.

Literatur

Fischer, Heinz-Dietrich (Hrsg.) 1981: Regierungssprecher – zwischen Information und Geheimhaltung. Köln.

Kempen, Otto E. 1975: Grundgesetz, amtliche Öffentlichkeitsarbeit und politische Willensbildung. Berlin.

Schürmann, Frank 1992: Öffentlichkeitsarbeit der Bundesregierung, Strukturen, Medien, Auftrag und Grenzen eines informalen Instruments der Staatsleitung. Berlin.

Walker, Horst O. 1982: Das Presse- und Informationsamt der Bundesregierung. Frankfurt/M.

Peter Schwiderowski

Opposition

1. Entstehung und Vorbelastungen

Institutionalisierte Opposition als ständige legitime Kraft innerhalb des politischen Systems ist eine für die moderne Demokratie wesentliche Einrichtung, die auf den britischen Parlamentarismus zurückgeht. Einer Gruppe von durch Patronage an die Regierung gebundenen Abgeordneten saß dort seit dem 18. Jh. eine Gruppe → regierungskritischer Abgeordneter gegenüber („opposite"), die schließlich als „his majesty's loyal opposition" definiert wurde. Im 19. und 20. Jh. ist dieses System vervollkommnet worden und hat andere parlamentarische Systeme beeinflußt. Opposition in diesem Sinne ist die ständige Alternative zur Regierung, die nach konstitutionellen Regeln, insbesondere durch → Wahlen, Mehrheit werden will und kann.

Wie in anderen Ländern war es in Deutschland ein langer und komplizierter Prozeß, bis Opposition innerhalb des politischen Systems legal und legitim wurde. Die konstitutionellen Systeme des 19. Jhs. in den deutschen Staaten ließen zwar eine gewisse Meinungsfreiheit zu und hielten weithin rechtsstaatliche Regeln ein. Gegenüber scharfen Kritikern griffen sie aber immer wieder zu staatlicher Gewalt. „Gegen Demokraten helfen nur Soldaten", lautete das Motto, das am Ende der Revolution von 1848/49 stand.

Das Kaiserreich von 1871 gewährte zwar wesentliche Freiheiten, insbesondere das allgemeine Männerwahlrecht, die parlamentarische Immunität und schließlich auch weitgehende Vereinigungsfreiheit. Der Reichstag und die Landesparlamente organisierten sich nach Fraktionen, entwickelten eine hohe Debattenkultur und bildeten gemeinsam mit dem → Bundesrat die legislative Gewalt. Eine Anerkennung der Legitimität der Opposition war damit aber nicht gegeben. Vielmehr inszenierte die Reichsregierung insbesondere vor Wahlen immer wieder Kampagnen, mit denen die politischen Oppositionsbewegungen zu

„Reichsfeinden" erklärt wurden. Das galt für die „ultramontanen" Katholiken ebenso wie für die Sozialisten und die sprachlichen Minderheiten. Sie alle wurden mit Ausnahmegesetzen eines Teils ihrer politischen Freiheiten beraubt. Auch gegen Linksliberale und Juden richtete sich Mißtrauen, das durch regierungsfinanzierte Pressekampagnen geschürt wurde.

Als 1919 die bis dahin verfemten → Parteien gestaltend an die Macht gekommen waren, wurde die Rolle einer loyalen Opposition weder von der traditionellen Rechten, nun als Deutschnationale Volkspartei organisiert, noch von der Kommunistischen Partei angenommen. Beide und mit ihnen später die Nationalsozialisten, forderten vielmehr den Bruch mit der politischen Ordnung, der letzteren schließlich 1933 gelang. Theoretisch wurde dies von C. *Schmitt* mit seiner Definition des Politischen als Freund-Feind-Verhältnis formuliert, derzufolge Staaten und Nationen nach dem Prinzip der Homogenität zu organisieren seien. Es war demzufolge konsequent, daß dieser „Kronjurist des Dritten Reiches" die Vernichtung jeder Opposition feierte: „Der Führer schützt das Recht".

Derartige totalitäre Denkschemata wirken vielfach nach. Das faschistische Denken hat sie mit dem kommunistischen gemeinsam, in vielen Traditionen des Abendlands sind sie tief verwurzelt. Nicht nur in Deutschland, sondern auch in anderen Ländern besteht immer wieder die Gefahr, daß dualistisch-prinzipielles Denken durchbricht und Konflikte bis hin zur Eliminierung des Gegners in seiner Existenz oder wenigstens seiner Öffentlichkeitswirkung radikalisiert.

2. Vom All-Parteien-Konsens zur Wettbewerbsdemokratie

In den ersten Nachkriegsjahren war Opposition ein wenig gefragtes Konzept. Nicht nur in den östlichen, sondern auch den westlichen Ländern entstanden in den Kommunen und Ländern überwiegend All-Parteien-Koalitionen aller nicht nationalsozialistischen Kräfte. So wirkten u.a. in Bay. und N.W. die beiden großen Parteien mit der KPD und anderen Parteien zusammen. In der Ostzone und später der → DDR wurde diese Zusammenarbeit im Blocksystem pervertiert, in dem die → SED unter sowjetischer Leitung zur Staatspartei wurde und die „Blockparteien" CDU, LDPD, NDPD und Bauernpartei nur als Transmissionsriemen fungierten. In den Westzonen ergänzte 1947/48 der antikommunistische den antifaschistischen Konsens, die KPD schied aus den Landesregierungen und später auch den Parlamenten aus. Große Koalitionen oder All-Parteien-Koalitionen galten aber in den Ländern bis weit in die fünfziger Jahre, in den Kommunen bis in die siebziger Jahre und zum Teil bis heute als wünschenswert.

Die Bundespolitik dagegen war von Anfang an der Gegensatz zwischen CDU/CSU und → SPD, zwischen den Parteiführern *K. Adenauer* und *K. Schumacher* und zwischen alternativen Konzepten in der Innen- und Außenpolitik bestimmt. In den leidenschaftlichen Auseinandersetzungen um die Wirtschaftspolitik und um die Westintegration auf der Basis gemeinsamer demokratischer Überzeugungen hat sich damals das Konzept der Entgegensetzung von Regierungsmehrheit und Opposition in der Öffentlichkeit durchgesetzt. Daß die eine große Partei die Regierung anführt, die andere große Partei die Hauptopposition stellt, gilt seitdem als wünschenswert und normal in einer Demokratie, die große Koalition dagegen als Abweichung, die höchstens in einer Notlage und auf Zeit hingenommen werden kann. In dieser Situation formulierte der Oppositionsführer *K. Schumacher* zugespitzt:

„Opposition ist Bestandteil des Staatslebens, nicht eine zweitrangige Hilfestellung für die Regierung. Die Opposition ist Begrenzung der Regierungsmacht und die Verhütung der Totalherrschaft. Das Wesen der Opposition ist der Versuch, an konkreten Vorschlägen der Regierung und ihren Parteien den positiven Gestaltungswillen der Opposition aufzuzwingen." (Schäfer 1975: 32)

Die parlamentarische Alternative gewann in den Bundestagsdebatten der 50er Jahre Glanz. Große Redner wie *Th. Dehler, C. Schmid, F. Erler, H. Wehner, K.-G. Kiesinger, H. Schmidt, F.J. Strauß* und *G. Heinemann* entwickelten die unterschiedlichen Konzepte. Indem die Debatten *zwischen* den Demokraten geführt wurden, gewann das demokratische System Kompetenz und Stabilität, es ergab sich insgesamt ein integrativer Effekt. Gleichwohl führten *Adenauers* semiautoritärer Regierungsstil, der breite Einsatz von Regierungsgeldern und Regierungspersonal einschließlich der Geheimdienste (→ Nachrichtendienste) gegen die Opposition, die Verketzerung der Opposition besonders vor Wahlen sowie die Neigung von Teilen der SPD zu prinzipieller Opposition und Negativismus zu einem Ungleichgewicht, der den Gedanken an einen Machtwechsel als unrealistisch erscheinen ließ. Einige Politikwissenschaftler sprachen angesichts dieser Zustände vom „Ende" oder vom „Versickern" der Opposition *(O. Kirchheimer, M. Friedrich)*.

Einen gewissen Ersatz bildeten die → Bundesländer, in denen die Opposition regierte und populäre Politiker wie *R. Maier* (FDP), *M. Brauer, W. Kaisen, H. Kopf, E. Reuter* und später *W. Brandt* (alle SPD) als Landesväter wirkten. Die von *Adenauer* angestrebte politische Gleichrichtung der Länder mit dem Bund mißlang weithin. Damit bildete sich ein spezifisches bundesdeutsches Muster der Opposition über die Länder im unitarischen Bundesstaat *(K. Hesse)* heraus. Politik wird überwiegend auf nationaler Ebene diskutiert, aber mit wesentlicher Beteiligung der Länder. Da die Wähler in Deutschland wie anderswo dazu neigen, die Zentralregierung bei sekundären Wahlen zu bestrafen, ist eine Oppositionsmehrheit im Bundesrat nicht selten. Sie existierte von 1972-82, vom Sommer 1990 bis zur Wiedervereinigung und erneut seit 1991 und bildet die deutsche Form des divided government. Länder vertreten allerdings keineswegs nur Parteiinteressen, sondern auch die ihres eigenen Landes und sind deswegen zu spezifischen Kompromissen geneigt – es ergibt sich eine Art Mitregierung im Bund, von Thema zu Thema in unterschiedlicher Form.

Der Verfall der politischen Autorität von *Adenauers* Nachfolger *Erhard* 1966, das Auseinanderbrechen der Koalition zwischen CDU/CSU und FDP und das Warnsignal des Erfolges der NPD (→ Splitterparteien) bei den Landtagswahlen in Bayern und Hessen veranlaßten die beiden großen Parteien zur Bildung einer Großen Koalition. Trotz beachtlicher Reformleistungen dieser Regierung 1966-69 fand sie ein sehr kritisches Echo. Weite Teile der → Bevölkerung empfanden im Einklang mit den neugewachsenen Tradition der BRD ein Zusammengehen beider großer Parteien „undemokratisch". Die Ersetzung der offenen parlamentarischen Auseinandersetzung durch nichtöffentliche Zirkel führte zum Abdriften vieler Enttäuschter. Die FDP konnte dieses Unbehagen nur zu einem kleinen Teil auffangen, es kam zur einer Radikalisierung nach rechts und links. Angesichts des Spannungsverlustes im Parlament wurde die „außerparlamentarische Opposition" (→ APO) proklamiert, die in Demonstrationen und Aktionen ihr grundsätzliches Unbehagen deutlich machte. Ihre konfrontatives Vorgehen, das breite Resonanz in der Studentenschaft fand und bis heute nachwirkt, wurde aus dem Establishment ebenfalls konfrontativ beantwortet. Diese Situation wurde von einigen linken Autoren pessimistisch überhöht (*Agnoli*).

Die Bildung der SPD-FDP-Koalition 1969 veränderte das Bild rasch. Obwohl die bis dahin dominierende Regierungspartei dies lange Zeit nicht akzeptierte, war der Wechsel zum ersten Mal vollzogen. Die bisherige parteipolitische Prägung der

Bundesbürokratie wurde aufgelockert. Zwischen den fast gleichstarken Lagern entbrannte eine heftige Auseinandersetzung, vor allem um die Ost- und Deutschlandpolitik. Dies hatte erneut eine starke integrative Wirkung auf die Gesellschaft. Unzufriedene rechts und links wurden aufgesaugt, bei den Bundestagswahlen 1972 und 1976 gaben bei hoher Wahlbeteiligung 99,1 % der Wähler ihre Stimmen für SPD, CDU/CSU und FPD ab. Auch die Mitgliederzahlen der Parteien wuchsen rasch an. Noch stärker als unter *Adenauer* wurde nun auch die Landes- und Kommunalpolitik von den Gegensätzen im Bund bestimmt und parteimäßig definiert.

Ende der 70er Jahre entstand aufgrund des eher konservativen Regierungsstils *H. Schmidts* ein Integrationsdefizit bei einem Teil der jüngeren Bevölkerung vor allem in Universitätsstädten, während im Gegensatz zu den in den Sozialwissenschaften weithin diskutierten Theoremen zum Legitimationsdefizit *(Habermas, Offe)* die Bevölkerung insgesamt sich von Regierung und Opposition vertreten fand. Im linken Spektrum wurden weiterhin Idee und Gefühl einer Fundamentalopposition kultiviert. Nach einem mehrfachen Themenwechsel (Berufsverbote, Bürgerinitiativen, Kernkraft, Nachrüstung) war es schließlich die Frage des Umweltschutzes, an der es zur ersten erfolgreichen Parteigründung seit langer Zeit kam. Ironischerweise haben die Grünen (→ Bündnis 90/Die Grünen*)*, die zunächst als Antipartei auftraten und Regierungsverantwortung ablehnten, langfristig ihre Wählerschaft politisch wieder ins parlamentarische System integriert – deutlich sichtbar im April 1992 in der Tatsache der Koalitionssondierungen zwischen ihnen und der CDU in Baden-Württemberg (→ Land Baden-Württemberg), ihrer Koalitionsneigung in Sachsen (→ Land Sachsen) und ihren kommunalen Koalitionen mit SPD und CDU.

Auch der zweite Regierungswechsel 1982 wurde von der FDP herbeigeführt, die statt mit der SPD wieder mit der CDU/CSU koalierte. Verbunden damit war wie 1969 eine innere Veränderung der FDP und ein weitgehender Koalitionswechsel in Ländern und Gemeinden. Zwar ist dies in Deutschland nicht wie etwa in Frankreich und Italien durch zentrale Parteigremien offiziell beschlossen worden, aber die innere Dynamik des Parteiensystems, die Identifikation der Parteiaktivisten führte aber zu parallelen Bündnissen auf allen Ebenen. Abweichende Koalitionen auf Landesebene sind von daher eine Indiz für die Möglichkeit eines künftigen Koalitionswechsels auch im Bund.

3. Die Lage seit der Wiedervereinigung

In Ostdeutschland hatte sich innerhalb der demokratischen Opposition zunächst ein Konsensbewußtsein entwickelt, das wie 1945 aus dem gemeinsamen Widerstand gegen eine Diktatur stammte – die politische Kultur des „Runden Tisches". Diese Solidarität der ehemaligen Opposition wirkt auch heute noch nach, vor allem auf der Ebene der Kommunen. Es steht in einem Spannungsverhältnis zu den Normen und Spielregeln des bundesdeutschen Parteienstaates, die mit konfrontativen Wahlkämpfen auf Ostdeutschland übertragen wurden, vor allem auch durch westdeutsches Personal. Demgemäß stand zunächst in allen neuen Bundesländern eine der großen Parteien in Opposition, die andere führt die Regierung. Mit den Wahlniederlagen der CDU-FDP-Koalition in drei Ländern 1994 entstand ein Dilemma zwischen Großer Koalition und der weithin bezweifelten demokratischen Legitimität der PDS. In Mecklenburg (→ Land Mecklenburg-Vorpommern) und Thüringen (→ Land Thüringen) wurde es durch Große Koalitionen gelöst, in Sachsen-Anhalt (→ Land Sachsen-Anhalt) durch eine Minderheitsregierung, die Gespräche mit den

Oppositionsparteien sucht. In Brandenburg und Sachsen dagegen besitzen SPD bzw. CDU eigene Mehrheiten. Doch auch dort sind Restbestände des traditionellen deutschen Konkordanz- und Kooperationsdenkens festzustellen. Insgesamt hat Deutschland sich inzwischen stärker als alle anderen westeuropäischen Länder dem Modell der britischen Konkurrenz-Demokratie angenähert – modifiziert durch den Föderalismus, der vielfach zu einer partiellen faktischen Mitregierung der Opposition führt (*Lehmbruch* 1976).

In allen westdeutschen Ländern außer Bremen hat sich das Wechselspiel von Regierung und Opposition wenigstens einmal, überwiegend aber mehrere Male vollzogen. Dies gilt auch für die meisten Städte. Opposition in den Länder steht weniger im Blickpunkt der Öffentlichkeit als im Bund und hat es schwerer, deutliches Profil zu gewinnen (*Schmitz* 1971; *Schneider* 1974: 258).

In der Literatur werden der Opposition die strukturellen Funktionen Kritik, Kontrolle und Alternative zugewiesen. Klar ist, daß die Opposition weniger im Rampenlicht der Öffentlichkeit steht als die Regierung und sich eher im Zusammenhang mit deren Fehlern als „Regierung von morgen" *(C. Schmid)* profilieren kann. Übereinstimmung besteht auch darin, daß die Opposition in ihren parlamentarischen Rechten gestärkt werden sollte. Mit der Revision der schleswig-holsteinischen Verfassung nach dem Barschel-Skandal ist in dieser Beziehung weitgehende Perfektion erreicht worden. Opposition wird dort explizit als „wesentlicher Bestandteil der Demokratie" bezeichnet (Landeszentrale 1990). In Schleswig-Holstein (→ Land Schleswig-Holstein) und Rheinland-Pfalz → Land Rheinland-Pfalz) wird der Oppositionsführer auch als solcher besoldet und damit herausgehoben, wie dies zuerst in Kanada 1907 eingeführt worden ist.

Während in der politischen Praxis der Übergang zum Denken im Dualismus Regierung-Opposition längst vollzogen ist und eine reiche politikwissenschaftliche Literatur darüber vorliegt, ist die staatsrechtliche Doktrinenbildung immer noch von Unklarheiten gekennzeichnet (*Schneider* 1974). Dort wirkt das ältere Gewaltenteilungsdenken fort, in dem das Parlament als Ganzes der Regierung entgegengestellt wird und daher Oppositionsrechte nicht speziell hervorgehoben werden. Nur teilweise wird damit die Realität der parlamentarischen Demokratie anerkannt, in der die Regierung eine politische Einheit mit den sie stützenden Fraktionen und Parteien bildet, während die Opposition insgesamt die Alternative ist. Deutlich wird dies etwa in den Konflikten um die Redezeiten in den Parlamenten, in denen sich schrittweise der Gedanke des Wechsels zwischen Oppositions- und Regierungsrednern durchsetzt, während in der *Adenauer*-Zeit Regierung und Regierungsfraktionen die Redezeiten dominierten (*Schneider* 1974: 7, 253). In Landes- und Kommunalparlamenten ist dies zum Teil noch immer so, verständlich aus dem Machtinteresse der Mehrheit. Ähnliches gilt für die Darstellung in den Medien. In dieser Richtung kann der erfolgreiche Prozeß der Einbürgerung der Legitimität der Opposition in Deutschland noch vervollkommnet werden.

Literatur

Agnoli, Johannes 1967: Die Transformation der Demokratie, Berlin.

Besson, Waldemar 1962: Regierung und Opposition in der deutschen Politik, in: PVS 3, 1962.

Dahl, Robert A. (Hrsg.) 1966, Political Opposition in Western Democracy, New Haven/ London.

Euchner, Walter (Hrsg.) 1993: Politische Opposition in Deutschland und im internationalen Vergleich, Göttingen.

Friedrich, Manfred 1962: Opposition ohne Alternative, Düsseldorf.

Gehrig, Norbert 1969: Parlament – Regierung – Opposition, Dualismus als Voraussetzung für eine parlamentarische Kontrolle der Regierung, München.

Hanke, Christian 1994: Informale Regeln als Substrat des parlamentarischen Verhandlungssystems. Zur Begründung einer zentralen Kategorie der Parlamentarismusforschung, in: Zeitschrift für Parlamentsfragen, 25. Jg.

Kramm, Lothar 1986: Grundzüge einer Theorie der politischen Opposition, ZfP 33. 1986.

Landeszentrale für Politische Bildung Schleswig-Holstein Hg. 1990: Eine neue Verfassung für Schleswig-Holstein, Kiel.

Lehmbruch, Gerhard 1976: Parteienwettbewerb im Bundesstaat, Stuttgart.

Oberreuter, Heinrich (Hrsg.) 1975: Parlamentarische Opposition. Ein internationaler Vergleich, Hamburg.

Otto, A. 1977: Vom Ostermarsch zur APO: Geschichte der außerparlamentarischen Opposition in der Bundesrepublik 1960 – 1970, Frankfurt/Main.

Schäfer, Friedrich [2]1975: Der Bundestag. Ein Darstellung seiner Aufgaben und seiner Arbeitsweisen, Opladen.

Schmitz, Kurt Thomas 1971: Opposition im Landtag. Merkmale oppositionellen Verhaltens in Länderparlamenten am Beispiel der SPD in Rheinland-Pfalz 1951-1963, Hannover.

Schneider, Hans-Peter 1974: Die parlamentarische Opposition im Verfassungsrecht der Bundesrepublik Deutschland, Frankfurt, 2 Bde.

Schulz, Hans-Peter 1958: Opposition als politisches Schicksal? Köln.

Schumann, H.-G. 1976: Die Rolle der Opposition in der Bundesrepublik Deutschland, Darmstadt.

Sebaldt, Martin 1992: Die Thematisierungsfunktion der Opposition. Die politische Minderheit des Deutschen Bundestages als innovative Kraft im politischen System der Bundesrepublik Deutschland, Bern/ Frankfurt.

Steffani, Winfried (Hrsg. unter Mitarbeit von Jens-Peter Gabriel) 1991: Regierungsmehrheit und Opposition in den Staaten der EG, Opladen.

Veen, Hans-Joachim 1976: Opposition im Bundestag. Ihre Funktionen, institutionellen Handlungsbedingungen und das Verhalten der CDU/CSU-Fraktion in der 6. Wahlperiode 1969-1972, Bonn.

Dietrich Thränhardt

Parlamentarisches Verfahren

Der organisatorische Aufbau des Parlaments läßt sich vom Verfahren unterscheiden, wenn die beiden Aspekte in der politischen Praxis auch nicht voneinander zu trennen sind. Ausgangspunkt für die Ausprägung des parlamentarischen Verfahrens (parl. Verf.) ist die Parlamentsautonomie, d.h. das Recht des → Bundestags, seine Organisation und sein Verfahren im Rahmen des Selbstversammlungsrechts (Art. 39 II, III GG) sowie des Selbstorganisationsrechts (Art. 40 I GG) selbständig zu regeln. Die Gestaltung des parl. Verf. orientiert sich an den Aufgaben (Wahl-, Gesetzgebungs-, Kontroll- und Kommunikationsfunktion) sowie an der (parlamentarischen und parteipolitischen) Gliederung des Bundestags.

Die rechtlichen Grundlagen für das parl. Verf. finden sich im Verfassungsrecht (Vorschriften und Vorgaben des → GG sowie die Rechtsprechung des → Bundesverfassungsgerichts), in einzelnen gesetzlichen Vorschriften (einfache Bundesgesetze), zu einem großen Teil in der Geschäftsordnung des Bundestags (geschriebene Regelungen) sowie in einer Fülle ungeschriebener Verfahrensregeln. Zu letzteren gehören das parlamentarische Gewohnheitsrecht, Übungen und Gebräuche sowie interfraktionelle Vereinbarungen und Absprachen.

In Art. 42 I und II GG werden drei Grundsätze für das parl. Verf. aufgestellt: Neben der Öffentlichkeit und Mündlichkeit der Verhandlungen des Bundestags (als

Voraussetzung für die Forumsfunktion als Teil der kommunikativen Aufgabe des Parlaments) wird das Prinzip der einfachen Mehrheit für Sachentscheidungen verfassungsrechtlich fixiert. Diese Verfahrensgrundsätze werden durch die GO-Bundestag modifiziert. So tagen die → Ausschüsse des Bundestags in der Regel nicht öffentlich; bei Kleinen Anfragen und einem Teil der Fragen wird schriftliches Verfahren praktiziert; für Sach- und Personalentscheidungen gelten in einer Reihe von Fällen qualifizierte Mehrheitserfordernisse.

Im Rahmen des parl. Verf. lassen sich allgemeine und spezifische Formen unterscheiden. Im engeren Sinn gehört die Konstituierung des Bundestags sowie seine Arbeitsweise im Plenum und in den Ausschüssen bzw. in besonderen Gremien (z.B. Enquete-Kommissionen) zum parl. Verf. Im weiteren Sinne zählt dazu die Arbeitsweise der Fraktionen und Parlamentarischen Gruppen sowie bestimmte Verfahren zur Aufgabenwahrnehmung (Funktionserfüllung) des Bundestags, wie a) Regierungsbildung (Kanzlerwahl und andere Wahlverfahren); b) Gesetzgebung und Ausübung des Budgetrechts; c) Regierungs- und Verwaltungskontrolle sowie d) die internationalen Beziehungen des Bundestags. Während das parl. Verf. betreffend die Kanzlerwahl und Gesetzgebung relativ übersichtlich und einheitlich geregelt ist, sind die Informations- und Kontrollverfahren außerordentlich stark differenziert. Parlamentarische Regierungs- und Verwaltungskontrolle durch Untersuchungsausschüsse, den Wehrbeauftragten oder durch die Ausübung des Petitionsrechts vollzieht sich auf unterschiedlichen Wegen. Große Bedeutung im Prozeß der Politikformulierung und -steuerung, an dem die Funktionsträger in Mehrheitsfraktionen und Opposition des Bundestags mit unterschiedlicher Intensität mitwirken, besitzen nach wie vor die Informations- und Kontrollverfahren.

Hierzu zählen Große und Kleine Anfragen, das Fragerecht im Rahmen der Fragestunde sowie die öffentlichen Anhörungen. Sie sind im Zusammenhang mit dem Zitiergebot in Art. 43 I GG zu sehen. Große und Kleine Anfragen sind Ausprägungen des parlamentarischen Interpellationsrechts. Sie haben sich zu einem Instrument kritischer Herausforderung der Regierung durch die Oppositionsfraktion/en entwikkelt (von 145 bzw. 98 Großen Anfragen in der 11. bzw. 12. Wahlperiode brachten die jeweiligen Oppositionsfraktionen bzw. Gruppen über 80% ein). Von der Bundestags-Mehrheit werden sie jedoch auch als öffentlichkeitswirksame Darstellungsmöglichkeiten der Politik der Regierung genutzt. Die Kleinen Anfragen stellen zunächst ein Instrument der Informations- und Datenbeschaffung sowie der Vorprüfung und Vorbereitung legislatorischer Aktivitäten durch die → Opposition dar (in der 12. Wahlperiode wurden von 1368 Kleinen Anfragen 98,1% von → SPD, → Grünen und PDS gestellt). Von der Bundestags-Mehrheit werden sie partiell auch als Instrument der Verwaltungskontrolle eingesetzt. Die Fragestunden, seit 1965 ausdifferenziert in zusätzliche Aktuelle Stunden (in der 12. WP 103), erfreuen sich außerordentlich starker Inanspruchnahme (in der 11. bzw. 12. Wahlperiode wurden 20251 bzw. 20540 Fragen zur mündlichen und schriftlichen Beantwortung gestellt). Die Quantität entspricht jedoch nicht unbedingt der politischen Qualität. Die Mehrzahl der Fragen bezieht sich auf die Wahlkreise der Bundestagsabgeordneten; die Fragestunden werden vorwiegend von der Opposition genutzt (in der 11. bzw. 12. Wahlperiode wurden rd. 70% bzw. 66% der Fragen aus den zwei Oppositionsfraktionen bzw. Gruppen gestellt). Nach wie vor ist die Wirkung der Fragestunden des Bundestags in der Öffentlichkeit vergleichsweise gering. Die Befragung der → Bundesregierung nach Kabinettssitzungen sowie Aktuelle Stunden haben in größerem Maße die Rolle des Bundestags als öffentliches Forum politischer Auseinandersetzungen übernommen. Öffentliche Informationssitzungen (Anhörungen) der

Bundestagsausschüsse dienen der Mitwirkung von Interessengruppen an der parlamentarischen Willensbildung. Die Funktion der Hearings (in der 11. bzw. 12. Wahlperiode stieg deren Zahl auf knapp 200) besteht in der Offenlegung von Verbandseinflüssen, der Informationsbeschaffung sowie in einer öffentlichen Kontrolle von Gesetzentwürfen. Neben taktischen Aspekten (zeitliche Verzögerung durch die Opposition) spielen im Bundestag nicht selten Fragen der rechtlichen Überprüfung sowie der praktischen Umsetzung gesetzlicher Bestimmungen eine Rolle.

In den Rahmen der allgemeinen Parlamentskritik wird auch das parl. Verf. einbezogen. Neben inhaltlichen Kriterien (Ineffizienz und mangelnde politische Teilhabe des Bundestags am Entscheidungsprozeß) stehen Verfahrensmängel im Vordergrund, wie a) unzureichende Öffentlichkeit und Transparenz im Ausschußbereich, b) fehlende Präsenz im Plenum und c) mangelnde Attraktivität der Plenardebatten. In der wissenschaftlichen Diskussion wird diese Kritik dahingehend pointiert, das Arbeitsparlament habe weithin das Redeparlament verdrängt. Dieser Herausforderung hat der Bundestag mit kontinuierlichen Initiativen zur Schaffung neuer Kontrollinstrumente und zur Verbesserung der parlamentarischen Informations- und Kontrollverfahren versucht zu begegnen. Die Einführung von Hearings, Aktuellen Stunden, Enquete-Kommissionen, die Befragung der Bundesregierung nach Kabinettssitzungen oder die Institutionalisierung der Technikfolgenabschätzung haben die Stellung des Bundestags gegenüber der Bundesregierung, besonders der Minderheitsfraktion/en, beträchtlich verstärkt.

Daneben stehen die Bemühungen des Bundestags um eine Reform der Plenarverhandlungen mit dem Ziel, mehr lebendige und spontane Debatten durch Verkürzung der Redezeit zu erreichen. An diesem Beispiel zeigt sich freilich auch die Ambivalenz solcher Veränderungen. Es erscheint fraglich, ob die Zielvorstellung von kurzer Rede und Gegenrede im Plenum zu Lasten von Diskurs und Dialog der Informations- und Forumsfunktion des Parlaments gegenüber den Wählern adäquat ist. Öffentlich Rechenschaft über die den Willensbildungs- und Entscheidungsprozeß bestimmenden Argumente abzulegen, dürfte den Rahmen kurzer, spritziger und auf politischen Unterhaltungswert abgestellter Debatten sprengen.

Neben der europäischen Integration (EU-Ausschuß) hat die deutsche Einheit Auswirkungen auf das parl. Verf. Die Wahlen zum 12. und nun zum 13. gesamtdeutschen Bundestag haben die Zahl der Bundestagsabgeordneten nochmals vergrößert; neben den vier → Fraktionen besteht jetzt eine parlamentarische Gruppe. Da die Zahl der Fachausschüsse und sonstigen Gremien in der 12. WP erhöht wurde, werden die parl. Verf. komplizierter und langwieriger; die Notwendigkeit neuer parlamentarischer Koordinierungsinstrumente nimmt zu. Rückwirkungen auf das parl. Verf. hat auch das neue Differenzierungskriterium zwischen Bundestagsabgeordneten aus alten bzw. neuen Bundesländern. Daneben ergeben sich zudem inhaltliche Auswirkungen, so z.B. ein umfangreicherer Informationsbedarf des Bundestagsabgeordneten und ein vermehrter Geschäftsanfall, der sich aus einer Fülle neuer fachpolitischer Themen ergibt, die mit Bezug auf die neuen Länder behandelt werden müssen. Initiativen, die auf eine Verkleinerung des Bundestages und auf eine Verminderung der parlamentarischen Gremien im Interesse einer rationelleren Gestaltung des parlamentarischen Verfahrens abzielen, sind bisher ohne Erfolg geblieben.

Literatur

Klatt, Hartmut 1991: Parlamentarisches System und bundesstaatliche Ordnung, in: Bundestag – Bundesrat – Landesparlamente. Rheinbreitbach.

Schneider, Hans-Peter/Zeh, Wolfgang (Hrsg.) 1989: Parlamentsrecht und Parlamentspraxis. Berlin.

Zeh, Wolfgang 1987: Parlamentarisches Verfahren, in: Isensee, Josef/Kirchhof, Paul (Hrsg.): Handbuch des Staatsrechts. Heidelberg.

Hartmut Klatt

Parteien

1. Konzeptionelle Grundlagen

Parteien sind in modernen politischen Systemen allgegenwärtig, und ihre (plurale) Existenz gilt als Merkmal der → Demokratie. Sie nehmen eine „intermediäre" Stellung zwischen Staat und → Gesellschaft ein, dienen der Regierungsbildung und der Aggregation und Vermittlung von Interessen. Ihre Leistungsfähigkeit trägt dazu bei, politische Stabilität und Integration sowie ökonomische Effizienz zu gewährleisten. In wissenschaftlichen Ansätzen variiert ihre Funktionsweise zwischen „Stimmenmaximierungsapparat", multifunktionaler „sozialer Organisation", bürokratisierter „Großpartei" (bzw. komplementär „Kleinpartei") oder gar „organisierter Anarchie" (*A. Mintzel/H. Oberreuter* 1992).

Parteien sind durch eine Vielfalt an Strukturen und Funktionen gekennzeichnet, die in verschiedenen Typologien erfaßt worden sind. *M. Weber* etwa unterscheidet in bezug auf die Ziele zwischen Patronage-, Klassen-, Weltanschauungs- und Interessenparteien; im Hinblick auf die strukturellen Merkmale differenziert er zwischen (aristokratischen) Gefolgschafts-, (bürgerlichen) Honoratioren- und (sozialistischen) Massenparteien mit bürokratischem Apparat. *S. Neumann* bzw. *O. Kirchheimer* heben mit der Massenintegrations- und der Allerweltspartei auf gegensätzliche organisatorische Integrationsmuster und soziale Reichweite ab. Charakterisiert der erste Typ eine enge, totale Einbindung von Mitgliedern („von der Wiege bis zur Bahre"), so spielt im zweiten der Erfolg beim Wähler die zentrale Rolle („catch-all party"). In der Bundesrepublik hat ferner das Konzept der Volkspartei einen beachtlichen analytischen und normativen Stellenwert erhalten.

Parteien weisen in einem weniger holistischen Zugriff eine Reihe von Elementen auf. Dazu zählen der Parteitag, die gewählten Führungsorgane (Vorsitzender, Vorstand, Präsidium), der hauptamtliche Apparat sowie regionale und lokale Gliederungen und funktionale Sonderorganisationen mit entsprechendem Aufbau, ferner Mitglieder und Wähler, wobei hier weitere Differenzierungen etwa zwischen aktiven Ehrenamtlichen, berufsmäßigen Mandatsträgern und Amtsinhabern sinnvoll sind. So vollzieht sich die innerparteiliche Willensbildung v.a. über Personen und Programme. In diesen Zusammenhang gehören auch die Spannungsverhältnisse zwischen → innerparteilicher Demokratie und „Oligarchie" (*R. Michels*), zwischen Partikularinteresse und Gemeinwohl sowie zwischen Öffentlichkeitsfunktion und Manipulation bzw. Korruption (*U. von Alemann* 1995).

Die Bedeutung der Parteien hängt von den Strukturen des politischen Umfeldes ab; besonders gilt das für die verfassungsmäßige Regelung der Regierungsbildung. Hier unterscheidet sich das deutsche parlamentarische System vom präsidentiellen (etwa der USA), was die Entstehung von einflußreichen Parteien begünstigt und den Fraktionen eine starke Position im innerparteilichen Machtgefüge zuweist. Noch deutlicher wird dieser Umstand im Vergleich zum Kaiserreich, wo die Parteien von der Regierungsübernahme ausgeschlossen waren. Vielfach unterschätzt wird die Auswirkung des föderativen Staatsaufbaus auf die Parteien; sie fügen sich in diesen institutionellen Rahmen ein, was (v.a. bei der → CDU) zu einer erheblichen Bedeutung der Landes(regierungs)parteien geführt hat. Für den Aktionsradius der Parteien sind ferner die finanziellen Unterstützungen durch den Staat relevant (→ Parteienfinanzierung); ähnliches gilt für den Zugriff auf die öffentlich-rechtlichen Medien sowie auf die Staatsverwaltung. Hierzulande hat das Berufsbeamtentum trotz aller Kritik an Patronagepraktiken dem Einfluß der Parteien deutlich höhere Grenzen gezogen als das amerikanische „Beute"-System, das eine großzügigere Belohnung der eigenen Parteianhänger mit öffentlichen Ämtern erlaubt.

2. Stellung und Struktur der Parteien in Deutschland

2.1 Parteienstaat in der Bundesrepublik

Im politischen System der Bundesrepublik nehmen Parteien anders als im Kaiserreich und der Weimarer Republik eine zentrale Rolle als „verfassungsrechtliche Institution" ein. Sie wirken gemäß §1 des Parteiengesetzes an der „Bildung des politischen Willens des Volkes auf allen Gebieten" mit. Hierzu zählen der Einfluß auf die → öffentliche Meinung, die politische Aktivierung der Bürger, die Aufstellung von Kandidaten, die Formulierung von politischen Zielen und Programmen sowie die „lebendige Verbindung" zwischen Volk und Staatsorganen. Gleichwohl sind sie frei gebildete, im gesellschaftlichen Bereich wurzelnde Vereinigungen von Bürgern. Ausdrücklich betont das → Grundgesetz (Art. 21) die Gründungs- und Betätigungsfreiheit sowie die Chancengleichheit von Parteien. Andererseits stellt es auch Anforderungen an die innere Ordnung der Parteien; v.a. das Gebot der Wahrung demokratischer Grundsätze ist hier zu nennen.

Für die politische Wirklichkeit der Bundesrepublik sind die Konzepte „Parteienstaat" und „Volkspartei" von besonderer Relevanz. Entgegen der negativen Bedeutung in früheren Epochen („Antiparteienaffekt") hat nach 1945 der Begriff des Parteienstaates eine durchaus positive Wertung erfahren und ist zur Rechtfertigung eines „Parteienprivilegs" herangezogen worden. Vor allem durch den verfassungsrechtlichen Einfluß von *G. Leibholz* (1967: 93f.) ist der „Parteienstaat" als eine „rationalisierte Erscheinungsform der plebiszitären Demokratie oder ... ein Surrogat der direkten Demokratie im modernen Flächenstaat" interpretiert worden.

2.2 Merkmale und Aufstieg der Volksparteien

Vor diesem Hintergrund ist die im historischen wie internationalen Vergleich hohe staatliche Parteienfinanzierung (v.a. Wahlkampfkostenerstattung und Chancenausgleich) zu sehen, die 1992 bei → SPD und CDU je ca. 67 Mio DM betragen hat. Diese Ressourcenausstattung sowie – noch wichtiger – die Zahl der Mitglieder, die z.Z. bei der SPD gut 900 000 und der CDU knapp 700 000 beträgt, erlauben es, einen ansehnlichen hauptamtlichen Apparat zu unterhalten und moderne Wahlkämpfe zu führen. Zusammen mit einer ausgeprägten Orientierung auf Wahlen und einer breiten sozialstrukturellen Verankerung bilden diese Sachverhalte typische Facetten im komplexen Gefüge der Volksparteien.

Vor allem die CDU hat sich seit ihrer Gründung dezidiert als Volkspartei, d.h. als konfessions- und klassenübergreifendes politisches Bündnis, verstanden. Diesem in den 50er Jahren äußerst erfolgreichen Modell hat sich die SPD zunehmend angenähert. Beiden Volksparteien ist es – wenn man vom Sonderfall der → CSU absieht – gelungen, sowohl national wie regional andere kleinere Parteien zu absorbieren und so einen bemerkenswerten Konzentrationsprozeß des deutschen Parteiensystems einzuleiten, was gelegentlich als „Parteienwunder" bezeichnet worden ist. Dabei ist zugleich eine Angleichung in der Sozialstruktur der Wählerschaft beider großen Volksparteien erfolgt, und auch in programmatischer Hinsicht zeigt sich eine Fülle von Gemeinsamkeiten, die sich v.a. auf die Grundelemente der politischen, sozialen und ökonomischen Ordnung bezieht. Gleichwohl sind damit nicht alle politischen und sozialen Differenzen verschwunden, und das Auftreten der Grünen (→ Bündnis 90/ Die Grünen) hat das 30jährige Repräsentationsoligopol aus CDU/CSU, SPD und → FDP im → Bundestag beendet (*A. Mintzel/H. Oberreuter* 1992).

2.3 Parteien in der DDR und der Weg der Vereinigung

Die DDR-Verfassung hat bestimmt, daß die Führung der → DDR durch die Arbeiterklasse und ihre marxistisch-leninistische Partei, die SED(→ PDS/SED), erfolgt. Zudem waren die anderen Parteien (CDU, DBD, LDPD und NDPD) und sog. Massenorganisationen in der „Nationalen Front" zusammengeschlossen und traten auf Einheitslisten bei Wahlen an (→ DDR). Somit fand in der sozialistischen Demokratie kein wirklicher Wettbewerb statt, und die sog. Blockparteien fungierten als Transmissionsriemen und „Nischen". D.h. sie hatten die Aufgabe, Bevölkerungskreise zu gewinnen, die für die SED selbst nur schwer zu erreichen waren; dabei entwickelten sie Freiräume im politischen und v.a. im soziokulturellen Bereich.

Im Gefolge der „friedlichen Revolution" vom Herbst 1989 ist die Vorherrschaft der SED beendet, und in den Blockparteien sind grundlegende Reformen eingeleitet worden. Hinzu gekommen sind eine Reihe von oppositionellen Bürgerbewegungen wie das „Neue Forum" oder „Demokratie Jetzt", die zum größten Teil aus dem Umfeld der evangelischen Kirche kamen. Mit SDP, DSU und FDP sind ferner Neugründungen erfolgt, die dem Vorbild westdeutscher Parteien entsprachen.

Nach anfänglichem Zögern sind die Kontakte zwischen den „Schwesterparteien" schnell intensiviert und erhebliche Transfers nach Osten geleitet worden, was durch den frühen Termin der Volkskammerwahl (18.3.1990) noch beschleunigt wurde. Nicht zuletzt auf Druck der Westparteien traten im liberalen und im christdemokratischen Lager Wahlbündnisse an, die aus ehemaligen Blockparteien und Neugründungen bestanden. Dabei schnitt entgegen der Erwartung vieler Beobachter die Allianz für Deutschland, ein Wahlbündnis aus CDU, Demokratischer Aufbruch und DSU, am besten ab. Diese Vormachtstellung der CDU ist bei der ersten gesamtdeutschen Bundestagswahl vom Oktober 1990 bestätigt und 1994 etwas relativiert worden.

Gleichwohl sind nach den Landtagswahlen von 1994 in zwei ostdeutschen Ländern wegen der Stimmenverluste der „bürgerlichen" Regierungen große → Koalitionen notwendig geworden, in Sa.A. regiert nun sogar ein rot-grünes Minderheitskabinett. Trotz der erfolgten „Fusionen" besteht in den Parteien ein erhebliches Organisationsgefälle: Die Gliederungen im Osten sind ärmer und mitgliederschwächer, was die Vertretung ihrer Interessen nachhaltig erschwert (*O. Niedermayer/R. Stöss* 1994, *J. Schmid* u.a. 1994).

3. Leistungen, Probleme und Aussichten

Die Parteien in der Bundesrepublik haben nach 1945 einen wichtigen Beitrag zum Aufbau und zur Konsolidierung des politischen und gesellschaftlichen Systems beigetragen. Sie sind in (fast) allen sozialen Schichten vertreten und im Prinzip alle koalitionsfähig, was die Bildung stabiler Regierungen erlaubt, die weitgehend einer „Politik des mittleren Weges" verpflichtet sind. Dies hat zum Aufbau einer prosperierenden Wirtschaft mit niedrigen Inflationsraten und zur Errichtung eines umfangreichen Systems der sozialen Sicherheit geführt, was nicht zuletzt den starken Klientelen der beiden großen Volksparteien zugute gekommen ist (*M.G. Schmidt* 1992). Auch die Politik der deutschen Einheit ist v.a. das Werk der Parteien, sie haben die außen-, währungs-, wirtschafts- und sozialpolitischen Bedingungen der Vereinigung geschaffen, und über sie läuft – nunmehr unter verstärkter Beteiligung der Bundesländer und Tarifparteien – auch die Bewältigung der Folgeprobleme (*J. Schmid* u.a. 1994).

Die Nähe der Volksparteien zueinander hat die Frage aufgeworfen, ob Parteien überhaupt einen Unterschied ausmachen. Für die Bundesrepublik läßt sich diese Frage vorsichtig bejahen, freilich variiert dies nach Situation, Politikfeld und Dauer der Regierungstätigkeit. Gegenwärtig wird die Frage noch radikaler gestellt: Findet überhaupt noch Politik statt oder fehlt es an einem politischen Projekt, das den Kurs des Staates, das Profil der Parteien und die Einstellung der Bürger bestimmt (*S. Unseld* 1993)?

Skepsis und Verdrossenheit trifft v.a. die Volksparteien, die z.T. schon als „Auslaufmodell" gesehen werden. Im Zuge von Individualisierung und Pluralisierung haben sich die festen sozialen Strukturen und politischen Bindungen aufgelöst, was sich in beträchtlichen Mitglieder- und Wählerverlusten der Parteien ausdrückt. Heterogene Interessenlagen erzeugen zusehends Intergrationsprobleme, die die Politikfähigkeit der Volksparteien untergraben, und neue Soziale Bewegungen und Bürgerinitiativen treten zu den etablierten politischen Großorganisationen in Konkurrenz. Zusehends gelingt es nicht mehr, den Spagat zwischen Stammklientelen und Wechselwählern aus den neuen Mittelschichten zu halten. Die derzeit heftig geübte Kritik und die z.T. noch zaghaft betriebenen Modernisierungen der Parteien selbst lassen freilich keinen Zweifel daran aufkommen, daß zur Erfüllung zentraler Funktionen des politischen Systems an den Volksparteien kein Weg vorbei führt (*U. von Alemann* 1995, *P. Haungs* 1992, *E. Wiesendahl* 1993).

Literatur

Alemann, Ulrich von 1995: rororo special: Parteien. Reinbek.

Haungs, Peter 1992: Aktuelle Probleme der Parteiendemokratie, in: Jahrbuch für Politik 1/1992.

Leibholz, Gerhard [3]1967: Strukturprobleme der modernen Demokratie. Karlsruhe.

Mintzel, Alf/Oberreuter, Heinrich (Hrsg.) [2]1992: Parteien in der Bundesrepublik Deutschland. Bonn.

Niedermayer, Oskar/Stöss, Richard (Hrsg.) 1994: Parteien und Wähler im Umbruch. Opladen.

Politische Bildung 1994: Parteien im vereinten Deutschland (Jg. 27, H. 3).

Schmid, Josef/Löbler, Frank/Tiemann, Heinrich (Hrsg.) 1994: Organisationsstrukturen und Probleme von Parteien und Verbänden. Berichte aus den neuen Ländern. Marburg.

Schmidt, Manfred G. 1992: Regieren in der Bundesrepublik Deutschland. Opladen.

Unseld, Siegfried (Hrsg.) 1993: Politik ohne Projekt? Nachdenken über Deutschland. Frankfurt.

Wiesendahl, Elmar (1993): Mobilisierungsdefizite, Integrations- und Organisationsschwächen der Parteien in Deutschland, in: SOWI, 22, 2.

Josef Schmid

Parteienfinanzierung

Einige Probleme des vereinten D sind einer empirisch fundierten Erörterung noch immer nicht zugänglich. Dazu gehört auch die Parteienfinanzierung, weil ausreichende Informationen darüber nicht vorliegen.

1. Problem

Im DDR-Gebiet vollzieht sich weiterhin eine Entwicklung neuer Strukturen: Die beträchtlichen Vermögen der Blockparteien unterliegen noch immer der Kontrolle durch die → Treuhandanstalt. Frühere Mitglieder haben in Scharen die ehemaligen Blockparteien (und ihre Nachfolger) verlassen; neugegründete Parteien (wie → SPD und → Bündnis 90/Grüne) konnten bei ihrer Mitgliederwerbung bislang keinen Durchbruch zum Westniveau erreichen. Finanzberichte der gesamtdeutschen Parteien liegen inwischen für die Jahre 1991 bis 1993, nicht aber für das Superwahljahr 1994 vor. (Die Veröffentlichung als Bundestags-Drucksache wird routinemäßig erst im Dezember 1995 erfolgen.)

Bei dieser Ausgangslage bleiben vor allem zwei Fixpunkte für die Bearbeitung des Themas: Im vereinten D hat sich im wesentlichen das → Parteiensystem der (alten) BRD herausgebildet; rechtliche Grundlage für die finanzwirtschaftlichen Aspekte der Parteitätigkeit sind weiterhin Artikel 21, 2 GG und das Parteiengesetz von 1967 (zuletzt geändert 1994 – BGBl. I S. 142). Vor diesem Hintergrund erscheint es zulässig, die Strukturen der Parteienfinanzierung im vereinten D aus der bisherigen Praxis der Parteienfinanzierung in Westdeutschland zu entwickeln.

Das → Grundgesetz hat bereits zweimal Formulierungen gefunden, die entsprechenden Regelungen in anderen westlichen Demokratien weit vorauseilten: 1949 wurde eine öffentliche Rechenschaftslegung über die Herkunft der für die Parteitätigkeit eingesetzten Mittel gefordert; seit 1984 ist dieser Anspruch sogar in eine generelle Bilanzierungspflicht politischer → Parteien umgewandelt. Die daraus resultierende Transparenz der Parteifinanzen in D mag noch immer unzureichend sein. Sie wird aber von keiner anderen westlichen Demokratie auch nur ansatzweise erreicht.

2. Situation

Mit Verfassungsgerichtsurteilen von 1958 und 1966 begann eine verfassungspolitische Fehlentwicklung. Zunächst bannte das Gericht das Risiko einer plutokratischen Politikfinanzierung durch dramatische Eingrenzung der Steuerbegünstigung für private Zuwendungen an Parteien. Später versuchte es einer praktisch nicht begrenzbaren Staatsfinanzierung der Parteien mit einer juristischen Hilfskonstruktion beizukommen, die spezifische Probleme überhaupt erst geschaffen hat.

Solange die deutschen Parteien ihre relativ gut ausgebaute ständige Organisation nicht aus den in ihrer Legitimität nicht beweifelten Finanzquellen (Beiträge der Mitglieder und viele kleine Spenden) bestreiten konnten, nach der von 1966 bis 1992 geltenden Verfassungsinterpretation öffentliche Mittel aber nur für Wahlkämpfe verwenden durften, war die Notwendigkeit von Täuschungsmanövern Teil der Verfassungswirklichkeit.

Durch die formelle Bindung der direkten öffentlichen Finanzhilfen an den → Wahlkampf wich das → Gericht 1966 einer umfassenden Würdigung von Parteifunktionen in einer parlamentarischen Demokratie aus. Erst das Verfassungsgerichtsurteil vom 9. 4. 1992 (BVerfGE 85, 264) hat den Weg für eine zukunftsorientierte Mischfinanzierung der Parteitätigkeit aus privaten und öffentlichen Mitteln freigemacht. Die Parteiengesetz-Novelle vom 28. Januar 1994 hat diese Vorgaben umgesetzt. Auswirkungen dieser Neuregelung sind heute nur partiell abschätzbar.

Wohl aber lassen sich wichtige Fragen mit Hilfe der Rechenschaftsberichte (zuletzt Bundestagsdrucksache Nr. 13/145) durchaus beantworten: Über wieviel Geld verfügen die Parteien? Aus welchen Quellen stammen die Mittel? Wie verteilen sie sich auf die Organisationsebenen? Wofür werden die Mittel verwendet? Wie stellen sich Verschuldung und Vermögen der Parteien dar? (s.d. *Naßmacher* 1989)

Zunächst zum Finanzvolumen, das die deutschen Parteien in einem Jahr bewegen: Im Durchschnitt der Jahre 1991/93 (neuere Daten werden erst im Oktober 1995 vorliegen) waren es etwa 680 Mio. DM jährlich. Davon entfielen auf alle nicht im → Bundestag vertretenen Parteien zusammen max. 20 Mio. DM, d.h. 3% aller Einnahmen und Ausgaben. Die Bundestags-Parteien vereinigten also durchschnittlich DM 660 Mio. in einem Nicht-Wahljahr auf sich.

Im Durchschnitt der Jahre 1991/93 entfielen auf SPD etwa 260 Mio. DM, → CDU etwa 200 Mio. DM; → CSU, → F.D.P., B90/Grüne und → PDS jeweils etwa 50 Mio. DM. Neben zwei großen Parteien mit jeweils 260 Mio. DM agieren vier kleine Parteien mit jeweils etwa 50 Mio. DM jährlich. (Die CSU ist dabei zweimal gezählt, einmal als Teil der Union und einmal als kleine Partei!)

Aufgebracht werden diese Mittel grundsätzlich aus Beiträgen, Spenden und öffentlichen Mitteln: Eine oberflächliche Betrachtung ergibt DM 320 Mio. durch Beiträge, DM 100 Mio. durch Spenden, DM 190 Mio. aus öffentlichen Mitteln und DM 50 Mio. aus diversen Einnahmequellen. In den Beiträgen sind aber die Mandatsträger-Abgaben („Pfründensteuer", „Parteisteuer"), in den Beiträgen und Spenden ist auch ein anteiliger Steuerverzicht des Staates (aus den §§ 10b und 34g EStG) enthalten.

Nach entsprechender Umrechung stammen von den 660 Mio. DM der Bundestags-Parteien insgesamt 380 Mio. DM (=57,6%) aus öffentlichen Haushalten; 160 Mio. DM beträgt der private Anteil des Beitragsaufkommens, etwa 70 Mio. DM der private Anteil an den Spenden. Hinzu kommen DM 50 Mio. aus diversen Geldquellen (wie z.B. Einnahmen aus Vermögen oder Veranstaltungen).

Diese Angaben beziehen sich nur auf die Parteiorganisationen der Bundestagsparteien, nicht auf deren Parlamentsfraktionen und → politische Stiftungen. Dazu sind bisher nur Schätzungen möglich. Der Parteienwettbewerb im vereinten D kostete Anfang der 90er Jahre für alle Ebenen aller Parteiorganisationen insgesamt 680 Mio. DM, für Parteiorganisationen und Parlamentsfraktionen zusammen ca. 880 Mio. DM. Für Parteien, Fraktionen und die Inlandsarbeit der politischen Stiftungen waren insgesamt fast 1,2 Mrd. DM erforderlich.

Die durchschnittliche Staatsquote 1984-91 lag lt. Bericht der Bundestagspräsidentin bei 33,5% (Bundestagsdrucksache Nr. 12/5575, S. 38). Die Vielfalt der Formen öffentlicher Zuwendungen für die Parteitätigkeit erschwert jedoch eine zutreffende Einschätzung des Subventionsniveaus. Neben den direkten → Subventionen der Parteitätigkeit (bis 1992 Wahlkampfkostenerstattung, Sockelbetrag und Chancenausgleich geheißen) sind Zuschüsse für die → Fraktionen auf der Bundes- und Landesebene, die Sonderbeiträge (Abgaben) der Landtags-, Bundestags- und Europaabgeordneten, die Globalzuschüsse zur Inlandsarbeit der politischen Stiftungen, sowie der Steuerausfall durch die beiden Vergünstigungsformen für Beiträge und Spenden (Sonderausgabenabzug, Kleinspendenregelung) zu berücksichtigen.

Die reale Staatsquote der Bundestags-Parteien 1991/93 nach Einbeziehung versteckter Staatsanteile (Mandatsträger-Abgaben und Steuerverzicht) betrug 57,6%. Die geschätzte Staatsquote für Parteien, Fraktionen und die Inlandsarbeit der Stiftungen erreichte fast 75%. Sachleistungen wie die Bereitstellung von Sendezeit durch die öffentlich-rechtlichen → Massenmedien und von Plakatwänden durch kommunale Aktivitäten (oder aus kommunalen Mitteln) bleiben dabei noch außer Betracht.

Maßnahmen zur Kostendämpfung bei der Parteitätigkeit (Begrenzung des → Wahlkampfes in zeitlicher, qualitativer oder quantitativer Hinsicht) sind in D unbekannt. Das einzige Instrument der Kostendämpfung, das gegenwärtig zur Verfügung steht, ergibt sich aus der Entscheidung des Bundesverfassungsgerichts, ein Übergewicht der Staatsfinanzierung sei verfassungswidrig. Diese Formel sichert einen Mindestanteil von 50% privater Parteienfinanzierung. In ihrer verfassungspolitischen Wirkung ist die Formel freilich durch eine Anwendung auf die jeweilige Gesamtpartei wesentlich entschärft. Zudem wird sie durch „nützliche" Legaldefinitionen (Zuordnung der Sonderbeiträge und Nichtbeachtung des Steuerverzichts) faktisch unterlaufen.

Die Kategorien der Rechenschaftsberichte (Trennung zwischen Spenden und Beiträgen; kein gesonderter Ausweis der „Sonderbeiträge" von Mandatsträgern) entsprechen inzwischen zwar den steuerrechtlichen Notwendigkeiten (§34g EStG, Trennung zwischen Klein- und Großspenden), nicht aber den verfassungsrechtlichen Vorgaben (ausdrückliches Verbot von Mandatsträger-Abgaben bzw. „Parteisteuern"). Die globale Zuweisung relativ umfangreicher Finanzmittel an die Bundestags- und Landtagsfraktionen erscheint durchaus problematisch. Dabei ist weniger an das Fehlen einer besonderen gesetzlichen Grundlage oder konkrete Formen der Prüfung durch die → Rechnungshöfe als an die funktionale Einordnung in das System der öffentlichen Parteienfinanzierung zu denken.

Die inzwischen gesetzlich vorgeschriebene Trennung zwischen Parteien und Stiftungen entspricht verfassungsrechtlichen Erwägungen („politische Bildung") und außenpolitischen Zweckmäßigkeiten: Die Stiftung einer Regierungs- oder Oppositionspartei kann internationale Aufgaben erfüllen, ohne den deutschen Staat zu kompromittieren. Vorrangig dient die organisatorische Trennung aber dem Eigeninteresse der Stiftungsführung, was die Zusammenarbeit mit der jeweiligen Partei (wegen des autonomen Verbandsinteresses) weiter reduziert.

Die Nutzung der steuerlichen Vorteile für Zuwendungen an Parteien nach §§ 10 und 34g EStG durch Parteien und Bürger erscheint unbefriedigend. Die 1983 erwartete massive Steigerung des Spendenaufkommens hat nicht stattgefunden; weder haben sich die Durchschnittsbeiträge deutlich erhöht, noch war eine Weitergabe des zusätzlichen Steuervorteils für Mitgliedsbeiträge an die Parteien zu beobachten. Die Verteilung der verfügbaren (privaten und öffentlichen) Mittel auf die Ebenen der Parteiorganisation und die Regionen einer Partei erscheint unbefriedigend.

Die Steuerzahler merken nicht viel von den öffentlichen Zuwendungen an die Parteiorganisationen. 380 Mio. DM für 60,4 Mio. Wahlberechtigte sind DM 6,30 pro Wahlberechtigter und Jahr, also etwas mehr als 50 Pfg. pro Monat, deutlich weniger als etwa die Fernsehgebühren. (Die Übertragungsrechte der Fußball-Bundesliga kosten allein 130 Mio. DM im Jahr, die Fernsehwerbung insgesamt 2,1 Mrd. DM.)

Im übrigen ist die öffentliche Parteienfinanzierung ein großes Beschäftigungsprogramm, wie der Breitensport, die Volkshochschulen oder die Altenpflege. Alle sind zugleich notwendig, nützlich und arbeitsplatzschaffend, die Steuerzahler sparen entsprechende Beträge bei den Leistungen für die Arbeitslosigkeit.

Wofür geben die Parteien das Geld aus? Zunächst ist an Wahlkämpfe zu denken, erst in zweiter Linie daran, daß in jeder Kreisstadt Büros aller wichtigen Parteien sind und daß dort neben vielen ehrenamtlichen Funktionären jeweils ein bis zwei hauptberufliche Kräfte arbeiten. Bei etwa 6-8 vollbezahlten Mitarbeitern pro Kreis und 328 Bundestagswahlkreisen sind das insgesamt 2.000 bis 2.500 Personen.

Die Personalausgaben sind entsprechend hoch: 1991 verbrauchten Löhne und Gehälter 38,4%, 1992 immer noch 33,3% der gesamten Parteiausgaben. 1993 ergaben sich Werte von 37,1% (SPD), 37,6% (CDU), 39,9% (CSU) und 34,5% (F.D.P.). In den Wahljahren 1986/87 lagen die durchschnittlichen Personalausgaben aller Parteien bei 28,4%; auf Öffentlichkeitsarbeit (also u.a. Wahlkampf) entfielen damals 46,2%. Für die gesamte Wahlperiode 1984-87 ergaben sich bei den einzelnen Parteien Anteile von 28-37% für die Personalausgaben und 43-44% als Ausgaben für Öffentlichkeitsarbeit (*Naßmacher* 1989).

Der Schwerpunkt der Personalausgaben liegt auf der Landesebene. Sie zahlt das Personal in der Fläche. Der Sachaufwand des Parteiapparates fällt vor allem auf der Kreisebene an (z.B. für das Porto der Mitgliederrundschreiben und die Bürokosten). Die Öffentlichkeitsarbeit ist Ausgabenschwerpunkt auf der Bundesebene und auf der Kreisebene.

3. Ausblick

Die Analyse von Entwicklungstendenzen der Parteienfinanzierung (Etatisierung, Kapitalisierung, Kommerzialisierung) durch *Landfried* (1994) zeigt exemplarisch auf, inwieweit sich politische Machtausübung (verstanden als Tätigkeit einer Positionselite) vom demokratischen Souverän (den Wählerinnen und Wählern) abgekoppelt hat. Der wachsende Umfang der öffentlichen Subventionen für die Parteitätigkeit (Etatisierung) macht die Parteiführungen von den Beiträgen der Parteimitglieder unabhängig. Wenn durch Großspenden an Parteien, Direktspenden an Politiker oder Korruption eine politische Rendite des eingesetzten Kapitals durch Gegenleistungen der Politiker (erleichterter Zugang zu Entscheidungsträgern oder Erfüllung konkreter Forderungen) erzielt wird, dann liegt für *Landfried* (1994, S. 15f.) eine Kapitalisierung der Parteifinanzen vor. Ersetzen moderne Technik und käufliche Werbung die ehrenamtliche Mitarbeit von Parteifunktionären, dann bestimmt das Prinzip „Leistung gegen Geld" (= Kommerzialisierung) die Ausgabenpolitik der Parteien.

Wenn Politiker sich zunehmend an der Einwerbung finanzieller Mittel orientieren, entsteht „die Gefahr, daß sich Mitglieder der politischen Klasse durch die finanzielle Unabhängigkeit, ... , in einer Weise von den Interessen der Wähler und Parteimitglieder entfernen, die die Problemwahrnehmungs- und Problemlösungskapazität beeinträchtigt" (*Landfried* 1994, S. 273f.). Die deutschen Parteizentralen waren bereits im Durchschnitt der Jahre 1968-1987 überwiegend staatlich finanziert; hier ist die Etatisierung der Parteifinanzen eindeutig. Die Kommerzialisierung der Ausgaben ist in Deutschland „auf die Parteizentralen beschränkt und im Vergleich zu den USA noch kein dominierendes Prinzip der Wahlkampfführung" (ebenda, S. 297)

Über den Grad der Kapitalisierung der Parteienfinanzierung in Deutschland lassen sich nur Spekulationen anstellen. Verläßliche Daten fehlen. Korruption scheint auf der nationalen Ebene unverhältnismäßig selten zu sein; Großspenden an Parteien haben jede praktische Bedeutung verloren. Ob Direktspenden an Politiker zugenommen haben, ist in der öffentlichen Diskussion strittig und empirisch nur schwer zu überprüfen. Während die veröffentlichten Daten eine beträchtliche Transparenz für interessierte Bürger, leistungsbereite Medien und die Experten der Wettbewerber bieten, lassen sich die tatsächlichen Kosten von Wahlkämpfen in Deutschland und die Aufwendungen der politischen Stiftungen im Inland weiterhin nur schätzen. Einer

Debatte über konkrete Einsparungsmöglichkeiten fehlen damit wichtige Grundlagen.

Literatur

Alexander, Herbert E. (Hrsg.) 1989: Comparative Political Finance in the 1980s, Cambridge, UK.

Bundestagsdrucksachen, Nr. 13/140 (Bericht der Bundestagspräsidentin für 1992); Nr. 13/145 (Rechenschaftsberichte der Parteien für 1993).

Gunlicks, Arthur B. (Hrsg.) 1993: Campaign and Party Finance in North America and Western Europe. Boulder CO.

Landfried, Christine [2]1994: Parteifinanzen und politische Macht. Eine vergleichende Studie zur Bundesrepublik Deutschland, zu Italien und den USA. Baden-Baden.

Naßmacher, Karl-Heinz 1989: Parteienfinanzierung im Wandel. Einnahmenentwicklung, Ausgabenstruktur und Vermögenslage der deutschen Parteien seit 1968, in: Der Bürger im Staat, 39 (1989) 4.

Karl-Heinz Naßmacher

Parteiensystem

1. Begriff und grundlegende Funktionen

Der Wirkungszusammenhang von Beziehungen zwischen allen →Parteien wird als Parteiensystem bezeichnet. Bei einer engen Definition wird der über →Wahlen vermittelte Wettbewerbsaspekt betont, was eine Abgrenzung gegenüber totalitären Regimen erlaubt. Der Begriff setzt somit voraus, daß eine Mehrzahl von Parteien existiert, die über eine gewisse organisatorische Stabilität verfügt, und daß sie in einem Konkurrenzverhältnis steht, welches institutionell (d.h. rechtlich und politisch-kulturell) verankert ist.

In modernen demokratischen Systemen übernimmt der Parteienwettbewerb die Mobilisierung der Wählerschaft und verarbeitet gesellschaftliche Konflikte und Interessenunterschiede. Er integriert Bürger so in das politische System, aggregiert Interessen, beschafft Legitimation für staatliches Handeln und ermöglicht die Aus- und Abwahl von politischen Führungspersonen und Programmen. Das Parteiensystem mit seinen historisch und international variablen Strukturen und Verfahren erbringt daher zwei gegensätzliche Leistungen für das übergreifende politische System: Es sorgt zum einen für Stabilität und ermöglicht zum anderen politischen Wandel. Damit trägt es wesentlich zur Funktionsfähigkeit (i.S. gesellschaftlicher Willensbildung und staatlicher Steuerung) der modernen → Demokratie bei.

2. Klassifikation, Entstehung und Leistungen

Parteiensysteme lassen sich nach zwei Unterscheidungsmerkmalen einteilen: a) strukturell, d.h. nach der Zahl der Parteien (Ein-, Zwei- Mehr und Vielparteiensysteme) und b) nach Verhaltensmustern, v.a. Konfliktstrategien und ideologische Distanzen.

Die unterschiedlichen Ausprägungen von Parteiensystemen in historischer und international vergleichender Sicht lassen sich v.a. durch zwei Faktorenbündel erklären. Zum einen wirken politisch-institutionelle Rahmenbedingungen wie die Art des Regierungssystems (parlamentarisch vs. präsidentiell, föderativ vs. unitarisch) und das → Wahlrecht. Das Mehrheitswahlrecht soll eine Konzentration der Wählerstimmen auf zwei Parteien begünstigen, während umgekehrt das Verhältniswahlrecht eine Vielzahl von Parteien unterstützt. Diese Wirkungsmechanik ist nicht unumstritten und hängt von weiteren Faktoren ab.

In einem anderen Ansatz dient die historische Entwicklung und die sozialstrukturelle Basis als Erklärung. In den gegenwärtig existierenden Parteien haben sich die Auseinandersetzungen und soziopolitischen Konfliktlinien um die Bildung moderner Staaten niedergeschlagen und erhalten. Je nachdem, welche Rolle die Spaltung zwischen Kapital und Arbeit, die Spannungen zwischen industriellem und agrarischem Sektor sowie die religiösen und ethnischen Konflikte spielten, haben sich auch unterschiedliche Parteiensysteme und soziale Milieus entwickelt.

Mit der Klassifikation nach Zwei- und Vielparteiensystemem sind ferner Vorstellungen verbunden, wonach erstere etwa nach dem englischen Westminster-Modell der Demokratie stabile Regierungen und häufige Regierungswechsel hervorbringen würden. Dementsprechend bestehen ein intensiver, konflikthaltiger Wettbewerb und ein scharfes ideologisches und soziales Profil zwischen der „linken“ und der „rechten“ Partei. Umgekehrt ist dem Vielparteiensystem ein heilsamer Zwang zu Kooperation und Kompromiß zugeschrieben worden. Politische Systeme wie die Niederlande, Schweiz und Österreich sind geradezu durch Konkordanz gekennzeichnet; hier wird Politik nicht nach Mehrheits-, sondern nach Einstimmigkeitsregeln entschieden (*K. Beyme* 1984).

Bewertungen der Strukturen und Leistungen von Parteiensystemen sind jedoch nicht unproblematisch. So hängt die Zahl der Parteien bei einer näheren Betrachtung des britischen, aber auch des deutschen Falles vom gewählten Relevanzkriterium ab: Teilnahme an (nationalen) Wahlen, Vertretung im Parlament oder sogar in der Regierung sind hier jeweils möglich und sinnvoll. Z.B. hat es in der Bundesrepublik 130 Parteien gegeben, die (meist erfolglos) bei Bundes- und Landtagswahlen angetreten sind; zudem existieren eine Reihe regionaler Abweichungen (*R. Stöss* 1983/84). Auch bilden eine Reihe von Parteien (etwa die frühe →CDU) eher politische Koalitionen oder lose verkoppelte Sonderorganisationen, denen eine gemeinsame Basis fehlt. Ferner werden vielfach die schlechten Erfahrungen mit der Weimarer Republik oder dem aktuellen Fall Italien vorschnell verallgemeinert, ohne die gegenteiligen Beispiele funktionierender Vielparteiensysteme in den skandinavischen Ländern zu bedenken.

Aus systemkritischer wie auch aus vergleichender Sicht läßt sich zudem nach den eigentümlichen Selektivitätsmustern und Schließungsprozessen von Parteiensystemen fragen. Die entsprechenden Vorwürfe lauten: massive Defizite in der Berücksichtigung von Werten und Interessen, Folgenlosigkeit des Parteienwettbewerbs und Erhalt des Status quo (d.h. des Kapitalismus) durch die Struktur des Parteiensystems.

3. Ausprägungen in Deutschland

3.1 Historischer Rückblick

Seit der Mitte des 19. Jhs. haben sich in D als Ausdruck spezifischer politischer Konstellation und sozialer Interessen vier große Parteienfamilien und politische Lager gebildet: Liberale, Konservative, Zentrum und Sozialdemokraten. Konservative und Liberale (v.a. der rechte Flügel bzw. die nationalliberale Partei) bildeten die politischen Stützen des Kaiserreichs, während das katholische Zentrum und v.a. die Sozialdemokraten in →Opposition standen und starken Verfolgungen und Benachteiligungen ausgesetzt waren.

In der Weimarer Republik erfolgte eine verfassungsrechtliche Besserstellung, die auch die Bildung von „Parteiregierungen“ beinhaltete. Auf Grund der internationalen wie innenpolitischen Schwierigkeiten und später der Weltwirtschaftskrise kam es zu folgenreichen Parteispaltungen. Besonders der Bruch der Arbeiterbewegung in sozialdemokratische und kommunistische Organisationen und die zunehmende Zersplitterung des bürgerlichen Lagers trugen zur parteipolitischen Radikalisierung sowie zum Aufstieg der NSDAP bei. Nach der „Machtübernahme" (1933) wurde das Führerprinzip in Staat und Bewegung eingeführt, was dem Parteienwettbewerb und damit der Republik ein Ende setzte (*K. Rohe* 1992).

3.2 Parteiensystem der Bundesrepublik

Einer einflußreichen Typisierung *G. Sartoris* folgend, kann die Bundesrepublik als „gemäßigter → Pluralismus" charakterisiert werden, was in einer skeptischen Version auch als „Verfall der Opposition" (*O. Kirchheimer*) interpretiert wird. D.h. es existieren drei bis fünf relevante Parteien, die in einem maßvollen Wettbewerb und einer relativ geringen ideologischen Distanz zueinander stehen und die eine „bipolare Koalitions-Konfiguration" sowie keine Antisystemhaltung aufweisen.

Die Entwicklung des bundesrepublikanischen Parteiensystems läßt sich grob in sechs Phasen einteilen.

1945-49: die Gründungs- und Aufbauphase (in den Ländern)

1949-66: Vormachtstellung und Führung von bürgerlichen Regierungen durch die CDU/CSU

1966-69: Große Koalition aus CDU/CSU und SPD

1969-82: Sozialliberale Koalition und Erneuerung der CDU in der Opposition (und in den Ländern)

1982-1990: Vormachtstellung der Union, konservativ-liberale Koalition und Aufkommen der GRÜNEN

seit 1990: Vereinigung, bürgerliche Bundesregierung (bei starker Opposition in den Ländern), wachsende Parteienverdrossenheit.

Insgesamt betrachtet hat das Parteiensystem seine Typik weitgehend erhalten, was sowohl für die „CDU-Lastigkeit" als auch das „Regieren durch Koalieren" (*E. Kolinsky* 1993: 50, 47) sowie die weiteren Grenzen des Parteienwettbewerbs gilt. Andererseits sind die GRÜNEN (→Bündnis 90/Die Grünen) und die →PDS als neue Akteure hinzugekommen, doch sind erstere in das System integriert worden und zweitere als Sonderfall infolge der deutschen Einheit zu sehen. Ein gewisses „Auftauen" des „eingefrorenen" Parteiensystems (im Sinne einer kontinuitätsorientierten Ausdifferenzierung) ist daher schon zu konstatieren, was sich auch in den Wahlergebnissen ablesen läßt. Ob sich damit eine weitreichende Veränderung der gesellschaftlichen Spaltungslinien – v.a. die Ablösung des Klassen- und Religionskonflikts durch die Politisierung der Spannungen zwischen Ökologie und Ökonomie – verbindet, läßt sich nicht endgültig beantworten.

Darüber hinaus ist zumindest mittelfristig in den neuen Bundesländern mit einigen Problemen und Abweichungen, v.a. bezüglich der Stärke der PDS, der Schwäche von Bündnis '90/GRÜNEN und der Muster der Koalitionsbildung, zu rechnen. In den alten → Bundesländern zeigen sich seit einiger Zeit vergleichbare Verschiebungen und Einebnungen der traditionellen Hochburgen einzelner Parteien, eine „föderative Dynamik" im Sinne einer Bereitstellung innovativer Politiken und Führungspersonen wie in den 70er Jahren bei der CDU ist derzeit aber nicht festzustellen. Weitere Impulse für einen Wandel des Parteiensystems können von der massiven Kritik am Volksparteiensyndrom ausgehen; freilich sind die Hemmschwellen für die erfolgreiche Gründung neuer Parteien relativ hoch, werden Bemühungen um eine Reform der Altparteien diskutiert und – last but not least – existiert keine Alternative, die die vielfältigen Funktionen des Parteiensystems voll übernehmen könnte.

4. Parteienwettbewerb und konkurrierende Formen der Interessenvermittlung und Politiksteuerung

Obwohl die Bundesrepublik als „Parteienstaat" eingestuft wird, bildet das Parteiensystem nicht den einzigen „Kanal" der Interessenvermittlung und Politiksteuerung. Der Bundesstaat setzt z.B. dem Parteienwettbewerb Grenzen, v.a. dann, wenn die Mehrheitsverhältnisse in Bund und Ländern auseinanderfallen. Hieraus hat *G. Lehmbruch* (1976) die These eines „Strukturbruchs" im politischen System der Bundesrepublik abgeleitet. Freilich ermöglicht die Existenz einer relativ autonomen Landesebene ebenfalls die Fortsetzung des Wettbewerbs zwischen und in den (föderativ verflochtenen) Parteien, was v.a. bei der CDU sichtbar wird.

Das Parteiensystem gilt ferner als kaum in der Lage, komplexe Probleme zu verarbeiten, weil es im Vergleich zu neokorporatistischen (→ Neokorporatismus) Arrangements über einen kürzeren Zeithorizont und eine geringere Informationsverarbeitungskapazität verfügt. Auch gegenüber den → neuen Sozialen Bewegungen sind die Parteien im Nachteil, da diese schneller auf individuelle Empörungen und Probleme („Frühwarnfunktion") reagieren können. Hier stellt sich jedoch die Frage, ob nicht gerade das Zusammenwirken unterschiedlicher Formen der Interessenvermittlung eine hohe Leistungsfähigkeit des Systems bewirkt und ob den Parteien in einer „Verhandlungsdemokratie" auch weniger die Rolle der Führung als der Moderation und Vernetzung von Politik zukommt. In diesem Sinne verfügen sie immer noch über eine zentrale – freilich nicht hierarchische – Position im politischen System.

Empirische Überprüfungen solcher Zusammenhänge und der Effekte unterschiedlicher „Subsysteme" der Politik auf staatliche Maßnahmen sind bislang selten erfolgt. Die vorliegenden Ergebnisse deuten darauf hin, daß es insgesamt nur wenig systematische Beziehungen zwischen den Strukturen des Parteiensystems und materiellen Politikergebnissen gibt. Freilich ganz ohne Unterschiede sind die Zahl und die Dominanz von Parteien nicht, doch hängt deren Wirksamkeit v.a. von gesellschaftlichen Machtstrukturen und weniger von institutionellen Feinheiten oder einzelnen Wahlergebnissen ab. Danach sind die bisherigen und die sich abzeichnenden Veränderungen im Parteiensystem wie etwa die Neugründung der GRÜNEN oder die Erosion der Volkspartei nur von begrenzter Wirkung (*R. Czada/G. Lehmbruch* 1990, *J. Schmid* 1992).

Literatur

Beyme, Klaus von [2]1984: Parteien in westlichen Demokratien. München.

Czada, Roland/Lehmbruch, Gerhard 1990: Parteienwettbewerb, Sozialstaatspostulat und gesellschaftlicher Wandel, in: Udo Bermbach u.a. (Hrsg.): Ökonomische, politische und kulturelle Spaltung der Gesellschaft als Herausforderung für den Sozialstaat. Opladen.

Kolinsky, Eva 1993: Das Parteiensystem in der Bundesrepublik: Forschungsthemen und Entwicklungslinien, in: Niedermayer, Oskar/Stöss, Richard (Hrsg.) 1993: Stand und Perspektiven der Parteienforschung in Deutschland. Opladen.

Lehmbruch, Gerhard 1976: Parteienwettbewerb im Bundesstaat. Stuttgart.

Niedermayer, Oskar/Stöss, Richard (Hrsg.) 1994: Parteien und Wähler im Umbruch. Opladen.

Rohe, Karl 1992: Wahlen und Wählertraditionen in Deutschland. Kulturelle Grundlagen deutscher Parteien und Parteiensysteme im 19. und 20. Jahrhundert. Frankfurt.

Schmid, Josef 1992: Parteien in der Interessenvermittlung: Widerlager oder Verstärker von Verteilungskoalitionen, in: Schubert, Klaus (Hrsg.): Leistungen und Grenzen politisch-ökonomischer Theorie. Darmstadt.

Stöss, Richard 1983/84: Parteien-Handbuch. Die Parteien in der Bundesrepublik Deutschland 1945-1980. Opladen.

Josef Schmid

PDS – SED

1. Tradition kommunistischer Parteien

Sowohl die seit der Jahreswende 1989/90 existierende Partei des Demokratischen Sozialismus (PDS) wie auch die Sozialistische Einheitspartei Deutschlands (SED) als ihre Vorgängerpartei aus den Jahren 1946-89 stehen in der Traditionskette kommunistischer Parteien in Deutschland. Im Januar 1919 wurde unter der Führung R. *Luxemburgs* und K. *Liebknechts* die Kommunistische Partei Deutschlands (KPD) gegründet, die ihrerseits auf den linken Flügel der Sozialdemokratie der Kaiserzeit und insbesondere auf den Spartakusbund und die Unabhängige Sozialdemokratische Partei Deutschlands (USPD) zurückging. Im Verlauf der Weimarer Republik radikalisierten sich Ideologie und Politik der KPD, wurden ihre Parteistrukturen an das Vorbild der bolschewistischen KPdSU angeglichen und übernahmen Parteigänger Stalins die Parteiführung. Damit isolierte sich die KPD immer mehr im politischen System der Weimarer Republik, nicht zuletzt gegenüber der SPD als der anderen Partei der Arbeiterklasse, und trug zum Untergang der ersten deutschen Demokratie bei. Im Dritten Reich standen die Kommunisten an vorderster Front des Widerstandes gegen die nationalsozialistische Diktatur und hatten daher auch die größten Opfer zu beklagen. Nach der Befreiung Deutschlands von der Naziherrschaft wurde die KPD im Juni 1945 von aus dem sowjetischen Exil zurückgekehrten Kommunisten unter Führung W. *Piecks* und W. *Ulbrichts* mit Unterstützung der sowjetischen Besatzungsmacht wiedergegründet, obwohl damals viele Kommunisten und Sozialdemokraten, die in Deutschland überlebt hatten, sich für einen demokratischen Zusammenschluß der beiden Arbeiterparteien aussprachen. Nachdem aber die Kommunisten entgegen ihren Erwartungen nicht einmal in der Sowjetischen Besatzungszone zur dominierenden Volkspartei werden konnten, schwenkten die deutschen und sowjetischen Kommunisten ab Herbst 1945 auf das Ziel der Vereinigung von KPD und SPD um. Dieses Ziel konnte mit indirektem Druck und offenem Zwang im April 1946 lediglich in der Sowjetischen Besatzungszone erreicht werden; in den drei Westzonen bewahrte die Sozialdemokratie aufgrund des entschiedenen antikommunistischen Kurses von K. *Schumacher* ihre Selbständigkeit. Seit dieser Spaltung des deutschen Parteiensystems unter dem Einfluß des Kalten Krieges, von der als erste die SPD betroffen war, nahmen die kommunistischen Parteien in Ost- und Westdeutschland eine ganz entgegengesetzte Entwicklung. Während die KPD in der Bundesrepublik längst vor ihrem Verbot durch das Bundesverfassungsgericht im Jahr 1956 zu einer marginalen politischen Kraft absank und auch nach der Wiedergründung als Deutsche Kommunistische Partei (DKP) im Jahr 1968 eine Splitterpartei blieb, wurde die SED zur kommunistischen Staatspartei der DDR.

2. Die SED als Staatspartei der DDR

Schon bei der Gründung der DDR am 7.10. 1949 übernahm die SED alle Führungspositionen. Der Altkommunist *Pieck* wurde der erste Präsident und der aus der Sozialdemokratie kommende O. *Grotewohl* der erste Ministerpräsident des zweiten deutschen Staates, doch der eigentliche Machthaber war schon damals der Altstalinist *Ulbricht* als stellvertretender Ministerpräsident und seit 1950 als Generalsekretär der SED. *Ulbricht* setzte ab Juni 1952 die sozialistische Planwirtschaft, die Zentralisierung des politischen Systems und die Gleichschaltung der Gesellschaft durch. In den 50er Jahren überstand er den Arbeiteraufstand des 17.6.1953 und zahlreiche innerparteiliche Auseinandersetzungen. So war es nur konsequent, daß *Ulbricht* nach dem Tode *Pieck*s 1960 als Vorsitzender des Staatsrates auch die Funktion des Staatsoberhauptes übernahm. Nachdem *Ulbricht* zu Ende der 60er Jahre die sowjetische Führung durch einen eigenständigen ideologischen Kurs herausforderte und vor allem die Entspannungspolitik einschließlich der neuen Deutschlandpolitik blockierte, wurde er im Mai 1971 durch E. *Honecker* als neuen Parteiführer der SED und ab 1976 auch Staatsratsvorsitzenden ersetzt.

Die SED rechtfertigte ihren Führungsanspruch im politischen System der DDR mit den Lehren des Marxismus-Leninismus, der das Kerndogma des Kommunismus darstellt. Die auf Lenin zurückgehende Parteilehre war seit 1950 exemplarisch in den ersten Sätzen der Parteistatuten und der beiden Parteiprogramme der SED von 1963 und 1976 verankert: „Die Sozialistische Einheitspartei Deutschlands ist der bewußte und organisierte Vortrupp der Arbeiterklasse und des werktätigen Volkes der sozialistischen Deutschen Demokratischen Republik." Die Arbeiterklasse sollte demzufolge nicht, wie es R. *Luxemburg* gefordert hatte, spontan und direkt herrschen, sondern ihre „Diktatur des Proletariats" durch die „Partei der Arbeiterklasse" als Avantgarde ausüben. Die Partei beanspruchte, die als wissenschaftlich deklarierten Gesetzlichkeiten des Marxismus-Leninismus zu interpretieren und mit ihrer Politik in die Praxis umzusetzen.

Das wesentliche Instrument der Parteiführung der SED bei der Durchsetzung ihrer Politik und zur Sicherung ihrer Herrschaft in der DDR war ihre flächendeckende Kaderpolitik in allen Bereichen von Staat, Wirtschaft und Gesellschaft. Die SED besetzte alle Entscheidungspositionen bis hinab zur örtlichen und betrieblichen Ebene mit Parteimitgliedern, die ihre Vorgaben auszuführen hatten. Selbst das Führungspersonal der übrigen Parteien, der sogenannten Blockparteien, mußte das Plazet der Kaderabteilungen der SED besitzen. So gab es nur ganz wenige Nischen im Alltag der DDR, die nicht unter Anleitung und Kontrolle der Einheitspartei standen, und das galt selbst für scheinbar so parteiferne und unabhängige Institutionen wie die Kirchen. Diese umfassenden Herrschafts- und Verwaltungsfunktionen der SED in der DDR bewirkten, daß die Einheitspartei zur größten Massenpartei in Deutschland wurde, obwohl sie sich auf Ostdeutschland beschränken mußte. Bei der Gründung im Jahr 1946 gehörten der SED 1,2 Millionen Mitglieder an. Im Laufe der Jahre wuchs diese Zahl auf schließlich 2,4 Millionen Parteimitglieder im Jahr 1989 an, erfaßte damit fast jeden fünften Staatsbürger der DDR. Nur wenige dieser Mitglieder waren überzeugte Kommunisten, die meisten gehörten der Partei an, um auf diesem Wege bestimmte berufliche und gesellschaftliche Positionen erreichen zu können. So wundert es nicht, daß in der SED trotz ihres Anspruchs einer Partei der Arbeiterklasse die Arbeiter gegenüber der akademischen Intelligenz, den Staatsbediensteten, den Wirtschaftsbürokraten und hauptamtlichen Parteifunktionären in der Minderzahl und trotz der angeblichen Verwirklichung der Gleichberechtigung in der DDR die Frauen gegenüber den Männern in der Minorität waren. Der organisatorische Aufbau der SED beruhte auf dem leninistischen Prinzip des „Demokratischen Zentralismus", das in der Wirklichkeit auf eine autoritäre und zentralistische Struktur hinauslief. Formal standen an der Spitze der Einheitspartei die alle fünf Jahre zusammentretenden Parteitage und die zwischenzeitlich tagenden Zentralkomitees. Doch faktisch war das Politbüro mit ca. 25 Mitgliedern das eigentliche Entscheidungsorgan der SED und damit der DDR, gestützt durch den hauptamtlichen Parteiapparat mit ca. 4000 Parteibürokraten als Exekutive. Diese Parteigremien waren die eigentlichen Herrschaftsträger der DDR; die staatlichen Organe und Bürokratien waren lediglich Ausführungsinstanzen.

An der Spitze dieses diktatorischen Herrschaftssystems des Staatskommunismus stand der Parteiführer der SED. Diese Position als Generalsekretär hatte von 1950-71 *Ulbricht* und dann bis 1989 *Honecker* inne. In diesen beiden kommunistischen Partei- und Staatsführern personifizierte sich das politische System der DDR, das aber auf einer breiteren und gestaffelten Führungsschicht von Parteimitgliedern und nicht zuletzt vielfältigen Arrangements zwischen Partei und Bevölkerung beruhte.

3. Der Untergang der SED im Herbst 1989 und die Transformation zur PDS

Seit Beginn der 80er Jahre kam es zu einer zunehmenden Isolierung der Parteielite der SED gegenüber den Erwartungen in der ostdeutschen Bevölkerung, den Reformtendenzen in den übrigen kommunistischen Staaten Osteuropas und insbesondere in der Sowjetunion unter M. *Gorbatschow* sowie den allgemeinen industriegesellschaftlichen Entwicklungen. Die altersstarre Führung der SED schottete sich im wachsenden Maße nicht nur von der Mehrheit der Bürger, sondern auch von der breiten Parteimitgliedschaft ab, die das Herrschaftssystem nur noch mit Passivität und Unmut hinnahm. Als im Sommer und Herbst 1989 die Grenzen in Mitteleuropa und schließlich auch in Berlin und Deutschland geöffnet wurden und *Gorbatschow* anläßlich der Feierlichkeiten zum 40. Jahrestag der DDR auf Reformen drängte, brach die Herrschaft der SED in der DDR und mit ihr die Einheitspartei selbst wie ein Kartenhaus zusammen. Am 18.10.1989 traten *Honecker* und seine engsten Führungsgenossen zurück. Doch auch sein Nachfolger E. *Krenz* konnte den Fall der Einheitspartei nicht aufhalten, da er keine glaubwürdige Alternative zu dem bisherigen System verkörperte. Im Dezember 1989 wählte die SED eine neue, weitgehend unbelastete Führung unter G. *Gysi* und erwog auf Initiative mancher Parteiintellektueller einen radikalen Bruch mit ihrer Vergangenheit. Doch die Mehrheit der Partei konnte sich nicht zu einer Selbstauflösung und einem eindeutigen Neuanfang durchringen, sondern entschied sich für einen dilatorischen Kompromiß von Besitzstandswahrung und programmatischer Reform, der sich selbst im Namen SED-PDS niederschlug. Erst im Vorfeld der ersten freien Wahl in der DDR gab die Einheitspartei im Februar 1990 die belastende Bezeichnung SED auf und firmiert seitdem lediglich als PDS.

4. Die PDS als regionale Protestpartei in den neuen Bundesländern

Die Führung der PDS haben sozialistische Intellektuelle übernommen, die zuvor im Herrschaftsapparat der SED in der DDR keine Funktionen innegehabt hatten. *Gysi* ist zwar als der erste Vorsitzende der PDS im Jahr 1992 zurückgetreten, aber weiterhin die Galionsfigur der Partei. Auch sein Nachfolger L. *Bisky* entstammt der politisch unbelasteten Kulturelite der früheren DDR. Die Spitze der PDS bemüht sich um eine demokratische Konzeption des Sozialismus. Sie sieht sich dabei in der Tradition von *Marx* und *Engels* sowie *Bebel* und *Luxemburg,* jedoch nicht in der Nachfolge *Lenins, Ulbrichts* und *Honeckers.* Auf gesamtstaatlicher Ebene ist das Programm der PDS durch Antikapitalismus, Humanismus und Staatsinterventionismus geprägt. Auf örtlicher Ebene stehen Fragen der Sozialpolitik, insbesondere der Mieten und Renten, im Mittelpunkt und engagiert sich die PDS in vielen ostdeutschen Bürgerinitiativen und Vereinen.

Die Mitgliederzahl der PDS hat nach der Wende in der DDR einen dramatischen Schwund erlitten und ist inzwischen auf

123.000 (Anfang 1995) geschrumpft, von denen die große Überzahl in den neuen Bundesländern und nur eine Minderzahl von 1775 in den alten Bundesländern zu verzeichnen ist. Die Mehrzahl der Mitglieder der PDS gehörte den administrativen und gesellschaftlichen Eliten der früheren DDR an, noch heute ist der Anteil von Angestellten und Beamten überproportional hoch. 55% der PDS-Mitglieder sind Rentner, 12% befinden sich im Vorruhestand und nur 5% sind Jugendliche bis 30 Jahren.

Auch bei den Wählern findet die PDS weit mehr Anklang in Ost- als in Westdeutschland. Im März 1990 erreichte sie bei der ersten freien DDR-Wahl noch 16%, im Dezember 1990 reduzierte sich ihr Anteil bei den ersten gesamtdeutschen Wahlen auf 12%. Doch entgegen manchen Erwartungen konnte die PDS bei der letzten Bundestagswahl im Oktober 1994 in Ostdeutschland 19,8% gewinnen und erreichte in Westdeutschland 1%. Damit kam sie insgesamt auf 4,4%, konnte aber dank des Gewinns von vier Direktmandaten in Ost-Berlin mit 30 Abgeordneten in den Deutschen Bundestag einziehen. Die größten Erfolge erzielte die PDS in den Großstädten und Verwaltungszentren der alten DDR. Im Gegensatz zu ihrer Mitgliederschaft ist sie eher von Jüngeren als von Älteren und eher von Männern als von Frauen gewählt worden. Bei den Motiven, PDS zu wählen, sind weniger objektive Gründe als subjektive Empfindungen zum Tragen gekommen. Die PDS ist überdurchschnittlich von ehemaligen DDR-Bürgern gewählt worden, die sich in der Bundesrepublik in irgendeiner Weise benachteiligt fühlen und dem deutschen Vereinigungsprozeß eher skeptisch gegenüberstehen.

Trotz ihres relativen Erfolgs bei der letzten Bundestagswahl ist auf dem 4. PDS-Parteitag Ende Januar 1995 ein innerparteilicher Richtungskampf zwischen den programmatischen Erneuerern und Anhängern altkommunistischer Positionen ausgebrochen, der nur mühsam in einem dilatorischen Kompromiß beigelegt wurde und die ambivalenten Zukunftsperspektiven der Partei widerspiegelt. In Ostdeutschland ist die PDS als eine von drei Parteien fest etabliert und in zahlreichen Städten sogar die zweitstärkste politische Kraft. Doch schwankt sie zwischen den Optionen, sich durch einen eindeutigen Protestkurs als Opposition zu profilieren oder wie in Sachsen-Anhalt durch die Tolerierung einer Minderheitsregierung Reputation zu gewinnen. Noch zwiespältiger ist die Einstellung der PDS gegenüber der DDR-Vergangenheit. Zwar verurteilt sie entschieden die terroristische Praxis des Stalinismus, verkörpert aber für viele Ostdeutsche die alte DDR mit ihren guten Errungenschaften. Auf gesamtdeutscher Ebene möchte die PDS zu einer linkssozialistischen Kraft werden, hat aber bisher in Westdeutschland lediglich in einigen Großstädten und in eher sektiererischen Kreisen Fuß gefaßt.

So ist die PDS eine weitgehend auf die neuen Bundesländer beschränkte politische Kraft, die den gesamtdeutschen Volksparteien und deren Politik der deutschen Einheit eher kritisch gegenübersteht. Da der deutsche Vereinigungsprozeß zumal auf kulturellem, sozialpsychologischem und wirtschaftlichem Gebiet noch längere Zeit in Anspruch nehmen wird, ist auch auf absehbare Zeit noch mit der PDS als einer ostdeutschen Protestpartei zu rechnen.

Literatur

Autorenkollektiv 1978: Geschichte der Sozialistischen Einheitspartei Deutschlands. Abriß. Berlin.

Glaeßner, Gert-Joachim 1977: Herrschaft durch Kader. Leitung der Gesellschaft und Kaderpolitik in der DDR. Opladen.

Ludz, Peter Christian [3]1970: Parteielite im Wandel. Funktionsaufbau, Sozialstruktur und Ideologie der SED-Führung. Köln/Opladen.

Moreau, Patrick 1992: Die PDS: eine postkommunistische Partei, in: Aus Politik

und Zeitgeschichte. Beilage zur Wochenzeitung Das Parlament. B5/92.
Moreau, Patrick 1992: PDS – Anatomie einer postkommunistischen Partei. Bonn/Berlin.
Moreau, Patrick (in Zusammenarbeit mit Jürgen Lang und Viola Neu) 1994: Was will die PDS? Frankfurt a.M./Berlin.
Spittmann, Ilse 1987: Die SED in Geschichte und Gegenwart. Köln.
Weber, Hermann/Oldenburg, Fred [2]1971: 25 Jahre SED. Chronik einer Partei. Köln.

Wilhelm Bleek

Pluralismus

Pluralismus (P) als Begriff der politischen Theorie kennzeichnet die moderne Lebenswelt in den hochindustrialisierten Gesellschaften der westlichen OECD-Länder. Im P. konkurrieren eine Vielzahl verschiedener gesellschaftlicher Gruppen und Organisationen mit- und gegeneinander um gesellschaftliche, wirtschaftliche und politische Macht. Sie versuchen ihren Einfluß in den politischen Prozeß einzubringen und auf die staatliche Gewalt durchzusetzen. Verschiedene intermediäre Gruppen – z.B. → Parteien, → Gewerkschaften, Arbeitgeberverbände, karitative Organisationen, → Kirchen, wissenschaftliche Vereinigungen, → Bürgerinitiativen u.a.m. verfolgen selbständig und autonom ihre Ziele innerhalb des politischen Systems, wobei sie theoretisch gleichberechtigt sind. Wie im politischen System „Staat" die Staatsgewalt institutionell zwischen den Organen der Staatsgewalt aufgeteilt ist, so sollen die verschiedenen gesellschaftlichen Gruppen und Organisationen ihre Macht gegenseitig begrenzen, d.h. daß im pluralistischen System einer Organisation immer eine machtvolle Gegenorganisation gegenüberstehen soll (z.B. Arbeitgeber/Gewerkschaften).

Da diese intermediären Gruppen notwendigerweise miteinander in Konflikt geraten und es zu keinem Chaos der Gesellschaft oder gar zur Anarchie kommen soll, bedarf es einer Regelung potentieller Konflikte durch das politische System. Es stellt in Form des freiheitlichen → Rechtsstaats den Ordnungsrahmen und die Regeln für den Konfliktaustrag zur Verfügung. Das politische System ist somit für den friedlichen Konfliktaustrag zwischen den Gruppen verantwortlich.

P. in modernen hochindustrialisierten Gesellschaften kann sich nicht ausschließlich individuell widerspiegeln, sondern bedarf Institutionen, die das breit geprägte Bild unterschiedlicher Vorstellungen bündeln. Wichtigste Kräfte dabei sind Parteien und Verbände (→ Interessengruppen). Ein funktionsfähiges Mehrparteiensystem, die effektive Möglichkeit zur Bildung von Parteien auf rechtsstaatlicher Basis, verfassungsmäßig garantierter Minderheitenschutz sowie der Wechsel von Regierung und → Opposition sind weitere bedeutsame Kennzeichen für einen funktionierenden P. Durch die Vielzahl ökonomischer, sozialer, kultureller und weltanschaulicher Gruppen und Organisationen ist eine Differenzierung und Erweiterung der politischen Ordnung und damit auch des P. erfolgt. Kritiker des P. bemängeln, daß der etablierte P. ein relativ festgefügtes Machtsystem darstellt, nur die Interessen von großen bzw. starken sozialen Gruppen durchgesetzt werden, daß innerhalb der Verbände der P. kaum praktiziert wird, daß allgemeine Interessen wie z.B. saubere Umwelt relativ unberücksichtigt bleiben und durch übersteigertes Gruppeninteresse das gesamtgesellschaftliche Interesse vernachlässigt wird.

Durch die → Wiedervereinigung ist das Spektrum der unterschiedlichen Interessen zweifellos erweitert worden. Im →

Parteiensystem ist mit der → PDS eine Partei im 13. Deutschen Bundestag vertreten, die in den westlichen Ländern keine Entsprechung hat. Auch die ostdeutschen Mitglieder von → Bündnis ',90/Grüne unterscheiden sich als ehemalige Bürgerrechtler deutlich von den meisten Mitgliedern dieser Partei im Westen. Hinsichtlich der Verbände ist eine weitgehende Einordnung der in den neuen Bundesländern existierenden bzw. neugegründeten Verbände in die jeweilige, westlich dominierte, Bundesorganisation zu bemerken. Es wird abzuwarten sein, inwiefern neue soziale Bewegungen (also z.B. Arbeitsloseninitiativen, Frauengruppen, Umweltschutzgruppen etc.), wie sie sich in den 80er Jahren in der alten Bundesrepublik herausgebildet haben, sich auch in den neuen Bundesländern etablieren und damit zu einer weiteren Pluralisierung beitragen werden.

Aufgrund der unterschiedlichen politischen Sozialisation und der damit verbundenen Internalisierung politischen Verhaltens setzte eine Pluralisierung, Entnormativierung und Individualisierung von Wertbezügen in den neuen Bundesländern erst nach der Auflösung der DDR ein. So dürfte hinsichtlich mancher Wertorientierungen die Pluralität zwischen Ost und West größer geworden sein wie z.B. bei materiellen versus postmateriellen Werten, die aufgrund des materiellen Nachholbedarfs in den neuen Bundesländern geringer bewertet werden, hinsichtlich der Geschlechterrolle etc.

Literatur

Fraenkel, Ernst 1964: Der Pluralismus als Strukturelement der freiheitlich-rechtsstaatlichen Demokratie. München/Berlin.

Kremendahl, Hans 1977: Pluralismustheorie in Deutschland. Opladen.

Steffani, Winfried 1980: Pluralistische Demokratie. Opladen.

Wichard Woyke

Politikberatung

1. Funktionen

In den politischen Systemen der Gegenwart hat sich der Umfang der wissenschaftlichen Beratung politischer Entscheider erheblich ausgeweitet. Die Träger der Politikberatung, Experten aus Forschungs- und Beratungsinstituten, verfolgen dabei das Ziel, ihre Adressaten, Fachbeamte und Politiker, über das Umfeld und die Auswirkungen politischer Entscheidungen zu informieren. Dabei nimmt die Politikberatung zwei Funktionen wahr: *Information* und *Legitimation*. Im ersten Fall dienen die Gutachten und sonstigen Hinweise der Experten dazu, Informationsdefizite von Verwaltung und Politik zu beseitigen; im zweiten Fall, beabsichtigte politische Entscheidungen durch empirische Analysen zu bestätigen oder bereits vollzogene Handlungen fachlich zu legitimieren.

In D hat sich die Politikberatung überwiegend etatistisch und verwaltungsbezogen entwickelt. Adressat der Mehrzahl der Stellungnahmen der Experten ist hier die Verwaltung. Diese Informationen werden durch Beiräte, Sachverständigenausschüsse, staatliche und kommerzielle Forschungsinstitute, Universitätseinrichtungen und einzelne Experten erarbeitet und im Rahmen offizieller, ständiger Beratung, ferner durch Einzelaufträge und informelle Gespräche bereitgestellt. Das Verhältnis zwischen Beratern und Beratenen wird in Wissenschaft und Praxis kontrovers beurteilt.

2. Modelle

Die sozialwissenschaftliche Diskussion um das Verhältnis von Wissenschaft und Praxis hat drei Modelle wissenschaftlicher Politikberatung aufgezeigt: das *technokratische*, das *dezisionistische* und das *pragmatische* Modell. Diese Modelle und die Diskussion um die ihnen zugrundeliegenden wissenschaftstheoretischen und politischen Perspektiven haben die sozialwissenschaftliche und politische Diskussion nachhaltig geprägt.

2.1 Das technokratische Modell

Grundlage des technokratischen Modells sind die Ideen *Saint-Simons*, der von der Vorstellung eines rational deduktiv erfahrbaren, mechanistischen Weltmodells ausging, das die individuellen Verhaltensweisen als Elemente eines technischen Zusammenhanges begreift. Der *Saint-Simonismus* unterstellt zwei Annahmen: 1. Die menschlichen Bedürfnisse und die menschlichen Fähigkeiten sind konstant. 2. Die Ausnutzung des natürlichen Leistungsvermögens hängt von der Menge des verfügbaren Wissens ab.

In den Vereinigten Staaten wurde die Technokratie-Diskussion vor allem von *Veblen* und *Scott* bestimmt. Die Analyse des gegenwärtigen Gesellschaftssystems sollte zur Entfaltung eines sozialen Modells führen, das eine wirksame Koordination von Produktion und Distribution ermöglicht und eine Nutzung knapper Energiequellen gewährleistet. Diese Gedanken wurden in Deutschland von *Schelsky* aufgegriffen und zu der Behauptung verdichtet, die Konstruktion der wissenschaftlich-technischen Zivilisation habe traditionelle Herrschaftsverhältnisse als Macht von Personen über Personen obsolet werden lassen. An die Stelle politischer Normen seien Sachgesetzlichkeiten der wissenschaftlich-technischen Zivilisation getreten. Da diese nicht als politische Entscheidungen im traditionellen Sinne verstanden werden könnten, verliere auch die Idee der → Demokratie ihre klassische Substanz: An die Stelle des Volkes trete die Sachgesetzlichkeit.

In seiner Kritik des technokratischen Modells betont *Lompe*, der Wissenschaftler könne dem Politiker das Entscheidungsrisiko nicht abnehmen und keine fertigen Rezepte liefern, deren Zuverlässigkeit außer Zweifel stünden. Da in fast allen politischen Entscheidungsbereichen nahezu unbegrenzten technischen Möglichkeiten begrenzte Budgets gegenüberstünden, werde „technische Machbarkeit" durch „politische Wünschbarkeit" relativiert. Weil politische Entscheidungen in offenen Gesellschaften und pluralistischen Demokratien aufgrund unterschiedlicher Interessen und Ideologien verschieden beurteilt würden, könne „politische Wünschbarkeit" nicht sachlogisch hergleitet werden. Die dem technokratischen Modell zugrundeliegende These, Politik werde im technischen Staat *weggeregelt* und politische Herrschaftsdisziplin damit zur wissenschaftlichen Sachdisziplin, überschätzt die Labilität und Konsensfähigkeit wissenschaftlich geleiteten Problemlösungsverhaltens. Technische Argumente pflegen sich nicht wertfrei, interessenungebunden und „unideologisch" durchzusetzen. Ihre Durchsetzung hängt vielmehr von Grundsatzentscheidungen der politisch Verantwortlichen ab. Über die diesen zugrundeliegenden Wertsysteme kann nicht im Namen der Wissenschaft verbindlich entschieden werden.

2.2 Das dezisionistische Modell

In der Tradition der Rechtswissenschaft bezeichnet „Dezisionismus" (von lat. decidere = abschneiden) die rechtsverbindliche Entscheidung eines Streitfalles durch Gesetz oder Richterspruch. In den Sozialwissenschaften bringt der Begriff demgegenüber ein bestimmtes Verhältnis von Wissenschaft und Politik zum Ausdruck. Dem dezisionistischen Modell liegen die wissenschaftstheoretischen Vorstellungen *M. Webers*, insbesondere seine Forderung nach einer scharfen Trennung von Sach- und Wertaussagen, zugrunde. Dieses Prinzip der Werturteilsfreiheit der Wissenschaft wurde vom Dezisionismus als Forderung der Ausklammerung von politischen Werten und Zielen aus dem Objektbereich überhaupt verstanden. So konnte dem Beitrag der Wissenschaft zu einer rationalen Auswahl von Mitteln für gegebene Ziele die Irrationalität der politischen Zielfindung gegenübergestellt werden. Das dezisionistische Modell ist somit durch eine strikte Trennung der Funktionen des Sachverständigen und der des Politikers gekennzeichnet. Dem ist jedoch entgegenzuhalten, daß der Dezisionismus Beziehungen zwischen verfügbaren Techniken und praktischen Entscheidungen ignoriert und die öffentliche Mitwirkung der Bürger auf die Legitimation der Führungsgruppen einschränkt. Die Notwendigkeit mittel- und langfristiger Planung verbietet jedoch Wertungen, die politischer Willkür überlassen werden.

Die dezisionistische Betrachtung des Verhältnisses von Wissenschaft und Politik übersieht, daß auch Wertentscheidungen Gegenstand wissenschaftlicher Kritik sein können, den Sachverstand fordern und nicht einem irrationalen Wertdezisionismus überantwortet bleiben dürfen. Die bloße Verständigung zwischen Wissenschaftlern und Politikern erfordert auch eine Diskussion der Wertvorstellungen, Ziele und Interessen, die von den Mitgliedern der beiden Bezugssysteme vertreten werden. Ist aber die Notwendigkeit einer rationalen Politik und einer rationalen Diskussion zwischen Wissenschaft und Politik unbestritten, so ist ebenso eine Kommunikation in Wertfragen erforderlich. Dem Dezisionismus ist daher entgegenzuhalten, daß er die politische Beteiligung der Bürger auf die Legitimation von Führungsgruppen beschränkt, die Notwendigkeit mittel- und langfristiger Planung ignoriert, konzeptionelle Politik verhindert, Wertentscheidungen wissenschaftlicher Kritik entzieht, dadurch den Erkenntnis- und Anwendungsbereich der Wissenschaft verkürzt, die Kommunikation zwischen Wissenschaft und Politik erschwert und somit nicht in der Lage ist, den Beitrag der Wissenschaft zu einer rationaleren Politik zu entfalten und nutzbar zu machen.

2.3 Das pragmatische Modell

Ziel des pragmatischen Modells ist es, das empirisch-strategische Wissen der Wissenschaft und die Wertorientierung der Politik einer wissenschaftlich fundierten Diskussion zugänglich zu machen. An die Stelle einer strengen Trennung zwischen den Funktionen des Politikers und des Beraters tritt ein kritisches Wechselverhältnis: Wissenschaftler beraten die politischen Entscheidungsträger, Politiker beauftragen die Wissenschaftler mit der Untersuchung praktisch bedeutsamer Fragen. Auf dieser Grundlage erstrebt das pragmatische Modell eine institutionelle Lösung des Problems wissenschaftlicher Politikberatung, die auf eine wechselseitige Aufklärung über wissenschaftlichen Erkenntnisstand und praktische Erfordernisse zielt.

Den Begriff „pragmatisches Modell" hat *Habermas* von der philosophischen Richtung des Pragmatismus abgeleitet. Dessen Vertreter (*Pierce, Dewey, James* u.a.) haben betont, daß die praktische Verwertung wissenschaftlicher Erkenntnis nicht an Wertorientierungen gebunden sein muß, die der wissenschaftlichen Kritik entzogen bleiben. Vielmehr könnten auch überlieferte Wertvorstellungen pragmatischen Bewährungsproben unterworfen werden. Folglich besteht der Pragmatismus auf einer rationalen Diskussion der Beziehungen zwischen wissenschaftlich verfügbaren Techniken und praktischen Entscheidungen. Im Gegensatz zum Dezisionismus sieht das pragmatische Modell daher auch eine wissenschaftliche Diskussion politischer Wertentscheidungen vor.

Auf dieser Grundlage lassen sich die Wechselbeziehungen zwischen Wissenschaft und Politik durch folgende Beratungsstufen bestimmen (*Lompe*):

1. Das jeweilige, oft umgangssprachliche Problem wird präzisiert.
2. Die Interpretation der Zielvorstellungen soll beteiligte Interessen, inhaltliche Zielbestimmungen und Zielkonflikte aufdecken.
3. Die Entscheidung für ein interpretiertes Zielsystem ist dadurch gekennzeichnet, daß Grundentscheidungen und abgeleitete Ziele widerspruchsfrei, überschneidungsfrei und in einer eindeutigen, klaren Rangordnung formuliert sind.
4. Die gegebene gesellschaftliche Situation wird beschrieben und erklärt, Entwicklungstendenzen werden analysiert und prognostiziert.
5. Auf dieser Grundlage werden diejenigen Handlungsmöglichkeiten ermittelt, die mit der vorgegebenen Rangordnung der Ziele vereinbar sind (Minimumlösung). Durch schrittweise Spezifizierung der Zielsetzungen bei mehreren Handlungsmöglichkeiten wird die jeweils beste Lösung ermittelt (Optimumlösung).
6. In der sechsten Stufe geht es darum, den wissenschaftlichen Lösungsvorschlag in die Sprache der Politik zu übersetzen und politische Handlungsalternativen zu verdeutlichen.

2.4 Praxis in Deutschland

In der BRD wie auch in D ist das dezionistische Modell gängige Praxis. Dagegen ist jedoch eine stärkere Orientierung am pragmatischen Modell für D wünschenswert.

3. Perspektiven

In der Praxis stößt der durch Politikberatung ermöglichte Dialog zwischen Wissenschaft und Praxis auf zahlreiche Probleme: So existieren insbesondere konzeptionelle und sprachliche Hemmnisse bei der Umsetzung wissenschaftlicher Beratung in praxisrelevante politische Entscheidungsalternativen, die einseitige Interpretation von Daten und Forschungsgläubigkeit auf Seiten der Auftraggeber und schließlich das mangelnde wechselseitige Verständnis von Zielvorgaben, Arbeitsmethoden, Zeitbudgets und Informationsbedürfnis.

Um einseitigen Stellungnahmen und Verwertungen entgegenzuwirken, sollten die Beratungsergebnisse veröffentlicht, die Kriterien der Auswahl von Experten offengelegt, Unabhängigkeit und Verantwortung der Berater gesichert und die Wahrnehmung der Beratungsfunktionen zeitlich befristet werden. Durch eine breite Ausbildung und eine nicht auf wenige Disziplinen beschränkte Rekrutierung des Verwaltungsnachwuchses ist außerdem sicherzustellen, daß die Verwaltung die Ergebnisse wissenschaftlicher Beratung angemessen verarbeiten kann. Nur unter diesen Voraussetzungen kann Politikberatung auf Dauer einen wertvollen Beitrag zur politischen Planung und zur Früherkennung gesellschaftlicher Probleme leisten: durch die Erstellung von Problemanalysen, die Abschätzung sozialer und technologischer Trends, Zielanalysen und -bewertungen, das Aufzeigen alternativer Handlungskonzeptionen und die Evaluierung politischer Maßnahmen. So wird Politikberatung zu einem Instrument rationaler Politik.

Literatur

Albert, Hans 1972: Konstruktion und Kritik. Hamburg.

Böhret, Carl 1981: Politikberatung, in: Greiffenhagen, Martin u.a. (Hrsg.), Handwörterbuch zur politischen Kultur der Bundesrepublik Deutschland. Opladen.

Frey, Rainer ²1990: Politikwissenschaft und Politikberatung, in: Bellers, Jürgen u.a.: Politikwissenschaft I. Münster.

Habermas, Jürgen (Hrsg.) 81976: Technik und Wissenschaft als „Ideologie“. Frankfurt.

Kevenhörster, Paul 1984: Politik im elektronischen Zeitalter. Politische Wirkungen der Informationstechnik. Baden-Baden
Lompe, Klaus 1972: Wissenschaftliche Beratung der Politik. Ein Beitrag zur Theorie anwendender Sozialwissenschaften. Göttingen.
Müller-Rommel, Ferdinand 1984: Sozialwissenschaftliche Politikberatung. Probleme und Perspektiven, in: Aus Politik und Zeitgeschichte, Bd. 25.
Naßmacher, Karl-Heinz [3]1977: Politikwissenschaft I. Politische Systeme und politische Soziologie. Düsseldorf.
Schelsky, Helmut (Hrsg.) 1965: Auf der Suche nach der Wirklichkeit. Düsseldorf/ Köln.

Paul Kevenhörster

Politikwissenschaft

1. Verlust des Grundkonsenses und Negativetikettierung der Politikwissenschaft

Die Politikwissenschaft ist keine „reife monoparadigmatische Wissenschaft" (vgl. Kuhn [5]1981), auch nicht in Deutschland. In der → DDR offiziell lange Zeit verpönt, hat sie in der BRD nach Abschluß ihrer Institutionalisierungs- und Etablierungsphase Ende der 50er Jahre einen Prozeß der Auflösung ihres ursprünglich liberal-parlamentarisch bestimmten Grundkonsenses durchgemacht. Parallel dazu hat sie einen Prozeß allmählicher Negativetikettierung erfahren. Das gilt sowohl für die Selbst- als auch für die Fremdeinschätzung des Faches. Gleichwohl konnte die Politikwissenschaft in Westdeutschland lange Zeit kräftig expandieren. Mitte der 80er Jahre war sie mit 278 ausgewiesenen Professorenstellen an 39 Universitätsstandorten entweder mit einem Magister- oder mit einem Diplomstudiengang vertreten. Die Zahl der Hauptfächler belief sich auf über 14000, die der Nebenfächler auf knapp 7500. Hinzu kamen 6132 Lehramtsstudierende.

Sowohl der Verlust des Grundkonsenses als auch die Negativetikettierung der bundesdeutschen Politikwissenschaft lassen sich als Anzeichen für eine Krise der Disziplin werten. Allerdings ist auch denkbar, daß sich das Fach angesichts starker Differenzierung und Segmentierung lediglich mit einer Vorurteilsstruktur konfrontiert sieht, die es inner- wie außerwissenschaftlich zu bekämpfen gilt. Welche Sichtweise zutreffend ist, kann nur als Resultat einer Betandsaufnahme der bundesdeutschen Politikwissenschaft beantwortet werden. Weitgehend unabhängig davon ist die Situation des Faches in den neuen → Bundesländern zu sehen. Sie ist Anfang der 90er Jahre durch Umformungen bisheriger Sektionen für Marxismus-Leninismus und Neugründungen politikwissenschaftlicher Institute gekennzeichnet (vgl. *Bleek* 1990: 1682f.).

2. Politikwissenschaft als forschende und reflektierende Wissenschaft: Elemente politikwissenschaftlicher Krise

Wenn richtig ist, daß die Zukunft der Politikwissenschaft in D vornehmlich von ihrer Kompetenz als forschender und reflektierender Wissenschaft abhängig ist, dann muß der Ansatzpunkt für eine Untersuchung über den Zustand der Disziplin ihre innere Befindlichkeit sein. Selbstverständlich ist diese von den gesellschaftlichen Rahmenbedingungen der wissenschaftlich-technischen Kultur, d.h. der Existenz einer industriell bestimmten Form der gesellschaftlichen Reproduktion, maßgeblich beeinflußt. Das zeigt sich an der offenkundigen Unsicherheit über den Gegenstand der Disziplin, die

Politik. Diese Unsicherheit ist fünffacher Natur. Sie betrifft zum einen die zunehmende Komplexität, zum anderen die wachsende Dynamik von Politik, ferner ihre immer größer werdende Zahl von Beziehungs- und Abhängigkeitsmustern. Hinzu kommen das exponentielle Wachstum von Informationen über Politik sowie deren immer geringer werdende Prognostizierbarkeit.

Dennoch ist aus dieser fünffachen Unsicherheit erst mit dem sich abzeichnenden Ende des sogenannten Wirtschaftswunders und dem Beginn der Ost-West-Entspannung ein ernsthaftes Problem geworden. Die seitdem fehlende Selbstverständlichkeit im Hinblick auf Ziele und Instrumente der bundesdeutschen Innen- wie → Außenpolitik hat geradezu als auslösendes Moment für innerfachliche Kontroversen gewirkt und die Disziplin vor bis dahin unbekannte Herausforderungen gestellt, was ihre Fähigkeit zur wissenschaftlichen Aufarbeitung gesellschaftlicher Veränderungen angeht. Diese Entwicklung hatte im übrigen auch Auswirkungen auf das partei- und staatsoffiziell in der DDR vertretene Konzept von Wissenschaft. Es kam zur Herausbildung rudimentärer Ansätze einer „sozialistischen" Politikwissenschaft, der es freilich niemals gestattet war, das eigene politische System kritisch zu analysieren und entsprechende Ergebnisse zu veröffentlichen.

Die noch 1961 vielfach erwartete „innere Konsolidierung" der westdeutschen Politikwissenschaft hat vor diesem Hintergrund nicht stattgefunden. Stattdessen ist es zu einer Entwicklung der Disziplin gekommen, die der schon frühzeitig nach 1945 geäußerten Auffassung Vorschub geleistet hat, bei der Politologie handele es sich um eine gleichsam eklektizistische Wissenschaft ohne festumrissenen Gegenstand, ohne typische Fragestellung, ohne etablierte Methodik.

Soweit es den Gegenstand der Politikwissenschaft angeht, sind in der Tat die Grenzen des Faches immer weiter gezogen worden, ohne daß sie dadurch an Schärfe gewonnen hätten. Das Interesse am Politikbegriff war zunächst vornehmlich institutioneller und politisch-teleologischer Art. Durch die Einbeziehung des machtanalytischen und des emanzipatorisch-utopischen Aspekts in den Politikbegriff ist seit den 60er Jahren zum einen die gesellschaftliche Realanalyse maßgeblich vorangetrieben, zum anderen einer ganzheitlichen alternativen Politikbetrachtung der Weg geebnet worden. Die in dieser Entwicklung zum Ausdruck kommende Ausweitung des politikwissenschaftlichen Gegenstandsbereichs ist jedoch häufig nicht als Prozeß „schöpferischer Zerstörung", sondern als Element einer Krise aufgefaßt worden, nämlich als ungelöstes Problem wissenschaftlicher Abgrenzung bzw. Grenzerhaltung. Das hat dem Fach den Vorwurf eingebracht, eine Disziplin ohne ausreichend erkennbaren Focus zu sein, gewissermaßen eine „Politikwissenschaft ohne Politikbegriff" (vgl. *Robert* 1990: 58).

Für die wissenschaftliche Legitimität des Faches zeitweise von geradezu existentieller Bedeutung war die Herausbildung einer Schulentrias. Im Anschluß an angelsächsische sozialwissenschaftliche Diskussionen und den Positivismusstreit in der deutschen Soziologie ist nach und nach eine solche Trias mit der Gegenüberstellung einer „ontologisch-normativen", einer „deduktiv-empirischen" und einer „historisch-dialektischen" Theorie in das Fach eingeführt worden. Unabhängig von der wissenschaftlichen Haltbarkeit einer solchen Trias, war die Zugehörigkeit zu einer der Schulen vielfach gleichbedeutend mit einer innerwissenschaftlichen Feinderklärung an die Vertreter der jeweils anderen Richtungen. Es ist deshalb nicht ausgeblieben, daß sich die Trias zu einem Instrument entwickelt hat, die sog. „ontologische" Theorie als feudalreaktionär – nämlich an den Werten der Vergangenheit orientiert – zu charakterisieren, die „empirischen" Theorievarianten als bürgerlich, nur zur Perpetuierung und Festigung des Kapitalismus tauglich, die „dialektische" Theorie hingegen als progressistisch-revolutionär und in diesem Sinne positiv wirklichkeitsverändernd auszuweisen (vgl. *Faul* 1979: 82).

Das Krisenhafte dieses Vorgangs liegt nicht nur in einer Behinderung oder gar Zerreißung der innerwissenschaftlichen Kommunikation, sondern auch in einer zumindest partiellen institutionellen Abschottung der einzelnen Schulen voneinander. Bezogen auf die Berufung von Hochschullehrern ist als besonderes Krisenelement eine zunehmende Gravitation zwischen der theoretischen Ausrichtung der Professorenschaft und der kulturpolitischen Orientierung der einzelnen Bundesländer konstatiert worden (vgl. Arndt 1978: 134ff.). Zu diesem Auseinanderdriften der Politikwissenschaft in räumlicher wie inhaltlicher Hinsicht hat neben Fremdverschulden die angebliche Neigung innerhalb der Disziplin beigetragen, sich den jeweils dominierenden politischen Umweltkräften allzusehr zu beugen.

Ein drittes, das Selbstverständnis der Disziplin berührendes, als Krisenelement oft genanntes Problem resultiert aus der Policy-Forschung. Mit ihr vollzog sich seit Mitte der 60er Jahre bedingt durch den weltweit wachsenden politischen Handlungs-, Gestaltungs- und Planungsbedarf eine vielbeachtete Abkehr der westdeutschen Politikwissenschaft von den bis dahin vorherrschenden Institutionen- und Prozeßanalysen. Zugleich rückten Politikinhalte als gleichsam unabhängige Variablen in den Vordergrund des analytischen Interesses. Als Legitimationswissen waren entsprechende Untersuchungen zumindest der Tendenz nach auch in der ehemaligen DDR gefragt, richtete die Policy-Forschung ihr Augenmerk doch zunächst vor allem auf Problemverarbeitung und Aufgabenerfüllung durch das politisch-administrative System. Politik betrachtete sie dabei in erster Linie aus der Täter-, nicht aus der Opferperspektive.

Bei näherem Zusehen erweist sich das der bundesdeutschen Policy-Forschung zugrundeliegende Konzept als unerwartet unscharf und in sich außerordentlich differenziert. Das trifft vor allem für die grundlagenorientierte Policy-Analysis zu. Die starke Binnendifferenzierung des Ansatzes ist eine Folge der großen Zahl und des raschen Wechsels der untersuchten Politikfelder, der unterschiedlichen Kombination von Faktoren, die in die Analyse einbezogen werden, der Konzentration auf verschiedene Phasen der staatlichen Problemverarbeitung sowie des allmählichen Wechsels von einer ex ante- zu einer ex post-Betrachtung materieller Politikgestaltung.

Unabhängig von der Berechtigung des Vorwurfs einer Auflösung der Disziplin in lauter Bindestrich-Politologien hat die Policy-Forschung damit eine alte Crux der Politikwissenschaft verschärft: ihre methodologisch-terminologische Unübersichtlichkeit. Schwerwiegender noch ist das Problem, das sich aus der vermeintlichen Dichotomisierung des Faches zwischen Policy-Forschung und traditioneller Politikwissenschaft ergibt. Nicht konsequente Professionalisierung der Disziplin in theoretischer und methodischer Hinsicht, nicht gelungene Synthese von wissenschaftlicher Analyse und Beratung lautet in diesem Fall der Befund, sondern Verlust der inneren Kohärenz und damit Zerfall der Politologie als Wissenschaft. Infolge zunehmender Abwendung von ordnungspolitischen Grundfragen wird darüber hinaus eine rasche Politisierung des Faches durch willfährige Anpassung an die Ideologie des „Machens“ und „Durchsetzens“ staatlicher (Teil-)Politiken konstatiert (vgl. *Hartwich* 1985: 3).

3. Politikwissenschaft als forschende und reflektierende Wissenschaft: Elemente politikwissenschaftlicher Normalität

Die skizzierten Probleme lassen es zu, wenigstens ansatzweise von einer Krise des Faches zu sprechen. Allerdings kann eine zutreffende Beurteilung der Situation nur erfolgen, wenn auch jene Elemente berücksichtigt werden, die auf eine normale, wenn nicht „stinknormale“ Situation der Politikwissenschaft in (West-)D verweisen.

So ist bezogen auf den Gegenstandsbereich der Disziplin der Grad an Normalität höher als vielfach angenommen. Das liegt zum einen an der nur bedingten Tauglichkeit der geläufigen Unterteilung des Wissenschaftssystems in Natur-, Formal-, Geistes- und Sozialwissenschaften, zum anderen daran, daß sich die Politikwissenschaft zumindest ebenso durch ihren Gegenstandsbereich wie durch die von ihr gewählten Fragestellungen und Methoden konstituiert. Letztere unterliegen jedoch stark dem gesellschaftlichen Wandel. Von daher kann und darf es nicht verwundern, daß sich der Politikbegriff nicht abschließend über Raum und Zeit bestimmen läßt. Im übrigen herrscht jenseits aller Grundsatzdiskussionen im Forschungsalltag weitgehend Konsens darüber, was Politik ist und welche Phänomene mit diesem Begriff abgedeckt werden. Zum Beleg kann auf die Menge und thematische Bandbreite von Publikationen und Publikationsorganen verwiesen werden, die sich in „kecker Unbekümmertheit“ als politikwissenschaftlich verstehen und auch tatsächlich keiner anderen Disziplin zugeordnet werden können (vgl. *Matz* 1985: 3).

Mehr Normalität, als auf den ersten Blick zu vermuten, verbirgt sich zudem hinter der Schulentrias. Mit ihr wird nicht nur der Theorielastigkeit eines mitunter behaupteten „teutonischen“ Denkstils Rechnung getragen, sondern findet neben dem Impetus der amerikanischen Revolution auch das Credo aus den sozial-klassengebundenen Umbrüchen Europas Eingang in die Politikwissenschaft. Zudem ist die Bedeutung der Schulentrias doch wohl primär im wissenschaftstheoretischen Grundverständnis und in der Bildung bzw. Abstützung einigermaßen vager politikwissenschaftlicher Globalpositionen zu sehen. Im Bereich der Methoden waren stets unterschiedliche Ansätze kombinierbar und damit auch entsprechende Kommunikationsmöglichkeiten gegeben. Nicht zuletzt ist seit Mitte der 70er Jahre ein Nachlassen des zermürbenden gesellschaftspolitischen Optionenzwists in der Politikwissenschaft zu beobachten, ein Prozeß, der durch den Zerfall des Ostblocks und den Untergang der DDR weiteren Auftrieb erhalten haben dürfte.

Der feststellbare Trend zu mehr Pragmatismus in der Politikwissenschaft darf allerdings nicht mit dem Verzicht auf theoretische Grundauffassungen gleichgesetzt werden. Das gilt speziell für die Policy-Forschung. Gegen das Argument, diese sei allzu praxisbezogen im Sinne einer fehlenden Distanz gegenüber ihrem Objekt und habe sich allzu weit von der traditionellen (institutionalistischen) Politikwissenschaft entfernt, steht zunehmend die Aussage, daß es geradezu ihre theoretische Offenheit gewesen sei, die es „Totalitätsfummlern und Fliegenbeinzählern“ ermöglicht habe, sich wieder auf eine gemeinsame Gesprächsagenda zu einigen (vgl. *Beyme* in: *Hartwich* 1985: 24). Policy-Forschung birgt darüber hinaus das häufig übersehene analytische Potential, eine isolierte institutionelle und politikprozessurale Betrachtungsweise zu überwinden und diese mit der inhaltlichen, der Policy-Dimension von Politik zusammenzuspielen. Dabei hat sie durchaus die Chance, klassische Fragen der Politikwissenschaft aufzugreifen, vor allem im Bereich der Implementations- und Evaluationsforschung gesellschaftskritisch zu wirken sowie Politikfeldanalyse auch aus der Sicht der Betroffenen zu betreiben.

Daß die Vielfalt innerhalb der bundesdeutschen Politikwissenschaft nicht als Desintegration, sondern als Ausdruck wissenschaftlicher Normalität gesehen werden kann, zeigt zudem die empirische Aufarbeitung einiger bislang vernachlässigter Aspekte des Faches in Westdeutschland. Einer Umfrage aus dem Jahr 1985 zufolge kann weder von einer „Lagermentalität“ noch von einer „Versäulung“ innerhalb der Disziplin die Rede sein. Allerdings haben thematische und theoretische Umorientierungen innerhalb des Faches während der 80er Jahre abgenommen. Auch das muß nicht negativ – im Sinne zunehmender Immobilität –, sondern kann durchaus positiv – im Sinne einer größer gewordenen Verstetigung innerhalb der Disziplin – gesehen werden. Ein beachtliches Maß an Konsens weist die Politikwissenschaft zudem in der Einschätzung ihrer wichtigsten Fachvertreter auf. Unabhängig von theoretischem „Stallgeruch" und über alle Spezialisierungen hinweg gelten *K. von Beyme, H. Scharpf* und *T. Ellwein* als die maßgebenden Vertreter der Disziplin in der Bundesrepublik (vgl. *Honolka* in: *Beyme* 1986: 41ff.).

Eine weitere Relativierung der Probleme der Politikwissenschaft ergibt sich aus einem Vergleich mit der Situation benachbarter Sozialwissenschaften. Vielleicht wird über den „State of the Discipline" innerhalb der Nationalökonomie nur weniger gestritten, weil das Denken in Marktmodellen innerhalb dieses Faches, aber auch in Teilen der Öffentlichkeit längst quasi-paradigmatischen Charakter angenommen hat. Vielleicht kann die Geschichtswissenschaft auch einfach beruhigter als die Politikwissenschaft in die Zukunft sehen, weil sie in den 80er Jahren einen deutlichen gesellschaftlichen Aufwertungsprozeß erfahren hat, ohne dadurch allerdings ihre frühere Rolle als „Bewußtseinsführungswissenschaft" schon wiedererlangt zu haben. Ein Blick in die Verhandlungen der Deutschen Soziologentage verdeutlicht jedenfalls, daß Soziologie und Politikwissenschaft mit verwandten Schwierigkeiten zu kämpfen haben. Rekonstruktion und Expansion, Positivismusstreit als Ersatz für den Mangel an substantiellen Theorien, die Gefahr des Zerfalls in örtliche, dogmatisch geschlossene Milieus, die Aus- und Überdehnung der Bildungsfunktion des Faches, der Trend zur Professionalisierung durch anwendungsbezogene Projektforschung unter Verzicht auf grundlagentheoretische Auseinandersetzungen – das alles sind Probleme, die zumindest die Soziologie mit der Politikwissenschaft gemeinsam hat. In der Beurteilung der fachspezifischen Situation ist die Übereinstimmung ebenfalls beachtlich. Sie reicht von dem Vorwurf der Propagierung einer neuen Heils- und Klassenherrschaft durch eine angebliche Reflexionselite bis hin zu dem Verweis auf eine wachsende Normalität, auf die Kontinuität und Breite soziologischer Wissensproduktion, auf die vermehrte Nutzung entsprechender Forschungsergebnisse sowie auf die zunehmende Einbürgerung sozialwissenschaftlicher Argumentationsweisen in die gesellschaftliche Praxis.

Zu politikwissenschaftlicher Selbstanklage ist schließlich auch im internationalen Vergleich kein Anlaß. Die amerikanische Political Science weist seit dem Ende der Vorherrschaft des Behaviorismus in ihrem Profil zunehmende Übereinstimmung mit der bundesdeutschen Politikwissenschaft auf. Das gilt gleichermaßen für die Wiederentdeckung politisch-philosophisch geprägter Fragestellungen wie für die zeitweilige Renaissance der Politischen Ökonomie, die rasche Expansion der Policy-Forschung, aber auch das gewachsene Interesse an einer systematischen Auseinandersetzung mit dem Verhältnis von Sprache und Politik. Auch in der amerikanischen Politikwissenschaft ist mit anderen Worten die Vielfalt der Themen und Theorieansätze größer geworden. Zugleich hat die innere Kohärenz abgenommen. Ursächlich für diese mit der BRD annähernd zeitgleiche Entwicklung dürften übernationale, wissenschaftsexterne Rahmenbedingungen gewesen sein.

4. Politikwissenschaft zwischen Krise und Herausforderung(en)

Schlußfolgerung aus der Gesamtheit der aufgezeigten Überlegungen zur Lage der Politikwissenschaft in der Bundesrepublik ist, daß sich das Fach weniger in einer Krise im Sinne unzureichender Problembewältigungskapazität befindet als vielmehr in einem Prozeß zunehmender Verwissenschaftlichung; ein Vorgang, der sich zutreffend mit einem Mehr an Theorie, an begrifflicher Abstraktion und methodischer Exaktheit beschreiben läßt. Die negative Folge dieser Entwicklung ist freilich, daß die Disziplin stärker als in der Vergangenheit unter dem Mangel an einem Grundkonsens leidet, selbst wenn dies als quasi-natürliche Folge wachsender innerer Differenzierung und Segmentierung gesehen werden muß. Entscheidender Vorteil ist in diesem Zusammenhang die Verhinderung dogmatischer Verengung und Verfestigung (vgl. *Lehner* in: *Hartwich* 1985: 153). Damit werden die Probleme der Politikwissenschaft in D nicht geleugnet. Sie erscheinen aber in einem anderen Licht, nämlich als durchaus zu bewältigende Herausforderungen. Wie diese sich konkret darstellen und wie ihnen zukunftsorientiert begegnet werden kann, wird im folgenden thesenartig und durchaus in programmatischer Absicht erörtert.

5. Zukunft der Politikwissenschaft: Bewältigung von Herausforderungen

Die erste Herausforderung, vor die sich die Politikwissenschaft gestellt sieht, heißt Einsicht in die Grenzen ihrer theoretischen Leistungsfähigkeit. Anlaß zur Bescheidenheit ist in der Tat gegeben, wenn man sich vergegenwärtigt, daß die grundlegenden Innovationen in den Sozialwissenschaften dieses Jahrhunderts weniger in sich schlüssige theoretische Schemata waren als vielmehr mathematische und statistische Verfahren (vgl. *Bell* 1986: 32). Ebensowenig wie sich nach dem Zweiten Weltkrieg in der Nationalökonomie die Hoffnungen auf eine „General Theory" und in der Soziologie die Hoffnungen auf eine allgemeine Theorie von Gesellschaft erfüllt haben, ist es deshalb der Politikwissenschaft gelungen, für ihren Gegenstandsbereich einen umfassenden theoretischen Durchbruch – etwa im Hinblick auf die Erklärung politischen Verhaltens – zu erzielen. Die Mitte der 70er Jahre eingeleitete Abkehr vom Bau „babylonischer Theorietürme" war vor diesem Hintergrund folgerichtig und muß fortgesetzt werden. Das ist umso mehr der Fall, als sich die Sozialwissenschaften angesichts eines brüchig gewordenen, lange Zeit kaum reflektierten Fortschrittsglaubens, aber auch angesichts wachsender Zweifel an der Geschichte als einem „Ort der Vernunft" in einer Art Zwischenstadium befinden, in dem neue Antworten auf grundlegend veränderte weltpolitische Herausforderungen gesucht werden.

Zweitens ist es notwendig, die innerwissenschaftliche Auseinandersetzung mit mehr Toleranz zu führen, d.h. Abschied zu nehmen von der – wie es scheint – spezifisch deutschen Tradition politikwissenschaftlicher Autoaggression. Wenn zutrifft, daß eine ihrer wesentlichen Ursachen in der Vergangenheit in dem Gegensatz von Weimar- und Bonn-abhängigem Denken zu suchen war (vgl. *Günther* in: *Beyme* 1986: 27ff.), also in einer besonderen historischen Entstehungs- und Entwicklungslage sowohl der Politikwissenschaft als auch der BRD, dann wird es in Zukunft darauf ankommen, Berlin-orientiert im Sinne eines vereinten demokratischen D in Europa zu denken. Historisch geprägte Denkmuster, Vergleichsbilder und Begriffe verlieren dadurch nicht ihren Wert. Andererseits müssen Forschungskonzeptionen innerfachlich anerkannt werden, die primär aus der Perspektive gesamtdeutscher Gegenwart und Zukunft abgeleitet sind.

Drittens muß die Politikwissenschaft der zeitweiligen Marginalisierung der Politischen Philosophie und Ideengeschichte entgegenwirken. Sie bedarf auch weiterhin des „vorwissenschaftlichen Nachdenkens über Politik", jenes Nachdenkens, „das noch nicht der Herrschaft des modernen Wissenschaftsbegriffs unterworfen ist" (vgl.

Kielmannsegg in: *Hartwich* 1987: 59). Rückbesinnung auf die Grundfragen der Disziplin erfordert dabei Rückbesinnung auf Fragen wie die nach dem besten Staat oder der Legitimität von Macht und Herrschaft. Nur auf diese Art und Weise kann das Fach auf Dauer der Gefahr entgehen, in das Fahrwasser unerwünschter Außensteuerung zu geraten oder gar zu einer bloßen Sozialtechnologie zu verkümmern. Nur auf diese Art und Weise vermag es – auch und gerade gegenüber den Nachbardisziplinen – seine Identität zu festigen und sich innerlich zu konsolidieren. Nicht zuletzt ist es allein eine explizit gemachte Wertorientierung, die es der Politikwissenschaft in West- wie in Ostdeutschland erlaubt, glaubhaft für den Erhalt der normativen Grundlagen und die Fortentwicklung freiheitlicher Strukturen in D einzutreten.

Die Forderung nach einer Politik- als Norm- oder Orientierungswissenschaft ist keine Absage an die Empirie. Im Gegenteil, bloße Prinzipienlehre ist wissenschaftlich unfruchtbar und schadet der Reputation der Politikwissenschaft. Von daher gilt viertens für die Disziplin, daß sie sich nicht abschließen darf gegen eine empirisch betriebene, auf Beschreibung und Erklärung gerichtete Forschung. In den neuen Bundesländern hat sie mit ihrer allmählichen Institutionalisierung und Etablierung gerade auf diesem Gebiet noch Pionierarbeit zu leisten. Gefragt ist für die Politikwissenschaft mit anderen Worten kein lediglich abstrakter Denkstil, sondern eine Vorgehensweise, die gleichermaßen empirisch wie normativ ausgerichtet ist; eine Vorgehensweise, die sich durchaus moderner Methoden der empirischen Sozialforschung von der Inhaltsanalyse über die Befragung bis hin zur teilnehmenden Beobachtung bedient, darüber aber die Erkenntnis nicht vergißt, daß, wer nur der Empirie huldigt, allzu leicht den Überblick in theoretischer Hinsicht verliert.

Fünftens muß Politikwissenschaft lageadäquat sein, d.h. mit ihrem innerwissenschaftlich konstituierten Erkenntnisanspruch auf die konkrete historische Befindlichkeit des von ihr untersuchten Objekts abstellen. Dieser Aufgabe hat die Disziplin in der Vergangenheit in Westdeutschland als „Demokratiewissenschaft" zu entsprechen versucht, in Ostdeutschland war ihr – soweit überhaupt existent – als fremdgesteuerter Disziplin eine derartige Aufgabenerfüllung nicht möglich. An ihrer Tradition als „Demokratiewissenschaft" muß die bundesdeutsche Politikwissenschaft festhalten. Dafür sprechen mehrere Gründe: Zum einen ist fraglich, ob und inwieweit die historischen Vorbelastungen des politischen Systems der Bundesrepublik aus der Zeit des Kaiserreichs, der Weimarer Republik, des Nationalsozialismus, aber auch der deutschen Spaltung als überwunden bzw. überwindbar gelten können. Zum anderen ist jede demokratische Gesellschaft von ihrem Eigenanspruch und ihrem Legitimationsmuster her auf eine spezifische Qualität der gesellschaftlichen und politischen Partizipation ihrer Mitglieder angewiesen. Zur Vermittlung eines entsprechenden Handlungsvermögens kann die Politikwissenschaft einen nicht zu unterschätzenden Beitrag leisten.

Allerdings muß die Politik- als Demokratiewissenschaft – sechstens – Fehler der Vergangenheit zu meiden trachten. Sie muß sich künftig zwischen der Skylla einer primär affirmativen, die bestehenden gesellschaftlichen Verhältnisse bestätigenden Praxis und der Charybdis eines politischen Aktionismus, der nur noch einer total erstrebten revolutionären Zukunft dient, hindurchbewegen. Zugleich muß sie mit ihrer Fragestellung nach Demokratie und Demokratisierung verstärkt anknüpfen an die großen, das Überleben der Menschheit betreffenden Probleme wie Frieden, Arbeit und Umwelt. Auch wenn die Erkenntnis gewachsen ist, daß Frieden nicht mit der Bereitschaft zum atomaren Winter, daß technischer Fortschritt nicht mit der Vergiftung von Böden, Wasser und Luft erkauft werden darf, zwingen die Warnungen vor den immer offenkundigeren Folgen eines unreflektierten Fortschrittsglaubens doch zu einer Umkehr auch im Hinblick auf die vorherrschenden Demokratievorstellungen. Notwendig ist ein neues Leitbild von Demokratie. Sich abzeichnende Konturen einer „Informationsgesellschaft“ sind dabei in Rechnung zu stellen. Die Vorstellung einer auf Telematik beruhenden kommunikativen Demokratie könnte als konkrete Utopie dienen. Entscheidend ist jedoch der Beitrag, den das neue Leitbild zu einer Politik zu leisten vermag, die sicherstellt, daß künftig nicht nur der Mensch Schutz vor der Naturgewalt, sondern umgekehrt stärker noch die Natur Schutz vor der Menschengewalt findet (vgl. *Robert* 1990: 70f.).

Siebtens zielt Politikwissenschaft auf die Beeinflussung von Politikbildern. Zu diesem Zweck muß sie sich der Aufgabe der Politikvermittlung stellen. Das wesentliche Element dazu ist die Sprache (vgl. *Sarcinelli* 1987). Wie jede andere Sozialwissenschaft ist die Politikwissenschaft aber zur Gewinnung von Erkenntnissen und zum Zweck ihrer intersubjektiven Überprüfbarkeit auf ein möglichst hohes Niveau sprachlicher Vervollkommnung durch eindeutige Nomenklaturen angewiesen. Mit zunehmender Verwissenschaftlichung der Disziplin ist es deshalb zur Herausbildung einer „Sondersprache“ gekommen, die sich deutlich von der Alltagssprache unterscheidet. Diese Diskrepanz im Sinne einer besseren Vermittlung wissenschaftlich gewonnener Erkenntnisse zu überbrücken, nicht zu beseitigen, ist wesentliche Aufgabe der Politikwissenschaft. Stärker als in der Vergangenheit muß sich das Fach dabei der Tatsache bewußt sein, daß Sprache nicht nur ein Instrument der sachlichen Differenzierung und der Abgrenzung von Teilbereichen, sondern auch das einzige Mittel ist, die Grenzen und Gräben zwischen unterschiedlichen Feldern menschlicher Erfahrung zu überwinden.

Die – achtens – für die Politikwissenschaft unverzichtbare Bildungs- und Aufklärungsfunktion darf durch die breite innerfachliche Diskussion über das Verhältnis von immanenter Wissenschaftsfunktion und berufsrollenorientierter Professionalisierung nicht an den Rand der Disziplin gedrängt werden (vgl. *Hartwich* 1987). Nichts wäre abwegiger, als diese Diskussion auf die Scheinalternative „Bildung oder Ausbildung“ zu verengen. Das würde nur den in Westdeutschland bereits eingeleiteten Rückzug der Politikwissenschaft aus der politischen Bildung beschleunigen und den in Ostdeutschland durch vorangegangene Indoktrination besonders steinigen Weg politischer Aufklärung und Kritik versperren. Worauf es ankommt, sind stattdessen gezielte Bemühungen um eine Intensivierung der politischen Bildung. Neben der Verteidigung und dem Ausbau neuer Positionen in der Lehrerausbildung könnte das für die politikwissenschaftlichen Regelstudiengänge – also Diplom und Magister – das bewußte Festhalten an der Möglichkeit einer in die Breite gehenden Ausbildung bedeuten. Wünschenswert, wenn sicherlich auch wenig realistisch wäre zudem eine Wiederbelebung des Gedankens, politische Bildung in D zu einer Angelegenheit für Studierende aller Fächer zu machen.

Damit ist – neuntens – keine befriedigende Antwort auf die unsicheren Berufsaussichten von Politikwissenschaftler/innen in D gegeben. Damit ist auch nichts über Wert oder Unwert einer an Berufsrollen oder Tätigkeitsfeldern orientierten Disziplin gesagt. Allerdings ist in dieser Hinsicht vor übertriebenen Erwartungen zu warnen. In längerfristiger Perspektive kommt es – und das sei hier nochmals betont – vorrangig auf die Weiterentwicklung der professionellen Kompetenz des Faches als Wissenschaft an. Je besser diese gelingt, desto mehr wird man sich auch außerhalb des Wissenschaftssystems für den Nachwuchs der Politikwissenschaft und ihre Studiengänge interessieren (vgl. *Fijalkowski* in: *Hartwich* 1987: 138). Das Fach als „Brotstudium“ zu konzipieren, würde hingegen die Existenz einer linearen Verknüpfung von Ausbildung und Berufsrolle voraussetzen. Diese ist nicht erkennbar, schwindet im Gegenteil immer mehr. Wenn deshalb die Professionalisierungsdebatte einseitig unter dem Aspekt der Berufschancen geführt wird, dann liegt sie angesichts von mehr als 20000 Hauptfachstudierenden falsch, droht doch die Gefahr einer „angebotsorientierten Illusion", die sich auch durch penetrative Professionalisierung, also durch die Beseitigung von Informationsdefiziten bei den Anbietern von Arbeitsplätzen, bestenfalls mildern ließe.

Als Garant für eine positive Entwicklung der Politikwissenschaft in der Bundesrepublik ist hingegen – zehntens – eine weitere innerfachliche Härtung der Disziplin erforderlich. Diese muß ansetzen an dem Problem der Institutionalisierung dauerhafter personeller und fachlicher Strukturen. Solange es in Deutschland Professorenstellen in der Politikwissenschaft gibt, die noch vornehmlich über die Person des Inhabers definiert sind, lassen sich gewichtige Argumente gegen Stellenstreichungen kaum vorbringen (vgl. *Hartwich* 1987: 23). Entsprechendes gilt, wenn es an eindeutigen Profilen in bezug auf Lehre und Forschung fehlt. Diese können und sollen sich von Hochschulstandort zu Hochschulstandort unterscheiden, müssen aber zumindest für eine interessierte Öffentlichkeit nachvollziehbar sein. Professionalisierung der Ausbildung meint dabei neben der Existenz klar definierter Studiengänge vor allem die Sicherstellung eines adäquaten Lehrangebots. Eine Härtung der Politikwissenschaft kann auch durch die Aufnahme neuer fachunspezifischer Zusatzqualifikationen wie EDV-Kenntnisse, Fremdsprachennachweise oder Praktika in einzelne Studiengänge erfolgen. In diesem Punkt ist jedoch Vorsicht geboten. Die Berufseintritts- bzw. Berufsausübungsfähigkeit von Politologinnen und Politologen läßt sich dadurch nicht beliebig verbessern. Im übrigen bleibt, selbst wenn man sich der hier vertretenen Auffassung anschließt, daß professionelle Kompetenz der Wissenschaft Vorrang hat vor professionellem Berufsfeldbezug, als ungelöstes und durch die Wiederherstellung der deutschen Einheit nicht gerade leichter gewordenes Problem für die Politikwissenschaft die Existenz einer politischen Kultur, die kritischer Wissenschaft und gesellschaftlicher Reflexion zumindest mit Distanz gegenübersteht.

Literatur

Arndt, Hans-Joachim 1978: Die Besiegten von 1945. Versuch einer Politologie für Deutsche samt Würdigung der Politikwissenschaft in der Bundesrepublik Deutschland. Berlin.

Bell, Daniel 1986: Die Sozialwissenschaften seit 1945. Frankfurt/New York.

Beyme, Klaus von (Hrsg.) 1986: Politikwissenschaft in der Bundesrepublik Deutschland. Entwicklungsprobleme einer Disziplin. Politische Vierteljahresschrift Sonderheft 17. Opladen.

Bleek, Wilhelm 1990: Der Aufbau der Politikwissenschaft in der ehemaligen DDR, in: Deutschland – Archiv, 22. Jg., H. 11.

Eisfeld, Rainer 1991: Ausgebürgert und doch angebräunt. Deutsche Politikwissenschaft 1920-1945. Baden-Baden.

Faul, Erwin 1979: Politikwissenschaft im westlichen Deutschland. Bemerkungen zu Entwicklungstendenzen und Entwicklungsanalysen, in: Politische Vierteljahresschrift, 20. Jg., H.1.

Göhler, Gerhard/Zeuner, Bodo (Hrsg.) 1991: Kontinuitäten und Brüche in der deutschen Politikwissenschaft. Baden-Baden.

Hartwich, Hans-Hermann (Hrsg.) 1985: Policy-Forschung in der Bundesrepublik Deutschland. Opladen.

Ders. (Hrsg.) 1987: Politikwissenschaft. Lehre und Studium zwischen Professionalisierung und Wissenschaftsimmanenz. Opladen.

Kuhn, Thomas S. [5]1981: Die Struktur wissenschaftlicher Revolutionen. Frankfurt a.M.

Matz, Ulrich 1985: Bemerkungen zur Lage der deutschen Politikwissenschaft, in: Zeitschrift für Politik, 32. Jg., H. 1.

Mohr, Arno 1988: Politikwissenschaft als Alternative. Stationen einer wissenschaftlichen Disziplin auf dem Weg zu ihrer Selbständigkeit in der Bundesrepublik Deutschland 1945-1965. Bochum.
Robert, Rüdiger 1990: Bestandsaufnahme und Perspektiven der Politikwissenschaft in der Bundesrepublik – Ein Diskussionsbeitrag, in: Zeitschrift für Politik, 37. Jg., H. 1.
Rupp, Hans Karl/Noetzel, Thomas 1991: Macht, Freiheit, Demokratie. Anfänge der westdeutschen Politikwissenschaft. Biographische Annäherungen. Marburg.
Sarcinelli, Ulrich (Hrsg.) 1987: Politikvermittlung. Beiträge zur politischen Kommunikationskultur. Bonn.

Rüdiger Robert

Politische Beteiligung/Politische Partizipation

1. Unter politischer Beteiligung werden in der Regel jene Verhaltensweisen von Bürgern verstanden, die sie alleine der mit anderen freiwillig mit dem Ziel unternehmen, Einfluß auf politische Entscheidungen zu nehmen (*Barnes, Kaase* u.a. 1979: 42). Diese Einflußnahmen können sich auf eine oder mehrere Ebenen des politischen Systems (Gemeinde, Land, Bund) richten. Der fortlaufende Prozeß der institutionellen internationalen Vernetzung, in Europa vornehmlich im Kontext der EG, führt darüber hinaus auch zur Einbeziehung transnationaler Regime, konkret z.B. in Form von Wahlen zum Europäischen Parlament.

Die obige Begriffsbestimmung bezieht sich bewußt auf den Typus des politischen Handelns, den man als instrumentell oder zweckrational bezeichnet (siehe dazu etwa *Opp/Roehl* u.a. 1990: 70-100). Die Forschung hat jedoch schon früh auf den Umstand aufmerksam gemacht, daß man bei *kollektiven Erscheinungen* politischer Partizipation (z.B. → Demonstrationen, Hausbesetzunen) nicht automatisch für jedes sich beteiligende Individuum eine instrumentelle, auf politische Ziele hin gerichtete Partizipationsmotivation unterstellen kann. Eine offene Frage ist, ob in solchen Fällen hedonistische, Partizipation als Ziel betonende Motive gegeben sind (*Opp* 1986: 96, 99, 106), oder ob sich Personen auch ausschließlich aus einem Mobilisierungszusammenhang ohne auf Partizipation als Ziel der Mittel gerichtete Erwägungen an kollektiven politischen Aktionen beteiligen. Für die *Messung* vor allem von vergangener politischer Partizipation spielen diese Motivationsunterschiede zunächst keine Rolle. Bedeutsam sind sie jedoch für die *Erklärung* solchen Verhaltens; aus dieser Problematik ergibt sich allerdings ein wichtiger Hinweis auf die Bedeutung von Mobilisierungsprozessen für individuelle politische Beteiligung.

2. Die Partizipationsforschung hat im zeitlichen Verlauf eine Reihe von Taxonomien unterschiedlicher Beteiligungsformen (Opp 1992: 441) hervorgebracht, die in starkem Maße auch mit den je spezifischen historischen Konstellationen in Verbindung stehen, in denen die Forschungen standen. Von diesen Taxonomien hat die Differenzierung in verfaßte und unverfaßte Formen eine besondere Bedeutung erlangt. Als verfaßt gelten solche Handlungen, die in einen institutionell klar definierten Kontext eingebettet sind, so z.B. in das → Grundgesetz oder in eine Gemeindeordnung. In diese Kategorie fallen in erster Linie alle → Wahlen zu Parlamenten. Unverfaßt sind hingegen jene Aktionsformen, die in einem spontanen oder geplanten Mobilisierungs-

prozeß außerhalb eines institutionalisierten Rahmens entstehen.

Die zweite, immer mehr Bedeutung erlangende Klassifikation bezieht sich auf den Unterschied zwischen legalen und illegalen Beteiligungsformen (*Opp* 1992: 441). Im illegalen Bereich wird dabei zusätzlich zwischen nicht unmittelbar gewaltsamen, wenn auch gewaltaffinen Akten des zivilen Ungehorsams (z.B. Hausbesetzungen) und der direkten politischen Gewalt gegen Personen und Sachen differenziert (*Uehlinger* 1988; *Kaase* und *Neidhardt* 1990: 11-14).

3. Die Partizipationsforschung hat ihren politikwissenschaftlichen Ursprung in den Studien zum → Wählerverhalten. Während einzelne Untersuchungen dieser Art schon kurz nach der Jahrhundertwende zu verzeichnen sind, nimmt dieses Gebiet seinen Aufschwung erst mit der systematischen Entwicklung der Umfrageforschung bei repräsentativen Bevölkerungsquerschnitten auf nationaler oder regionaler Grundlage, in erster Linie in den USA, in den 40er Jahren. Mit dem Versuch, die bisherigen Ergebnisse der Wahl- und Partizipationsforschung international vergleichend und systematisierend zusammenzufassen, begründet die Arbeit von *L. Milbrath* (zuerst 1965; später *Milbrath/Goel* 1977) den Beginn der Partizipationsforschung im eigentlichen Sinne. Das von *L. Milbrath* vorgestellte Konzept eines eindimensionalen, im wesentlichen auf Wahlen und → Parteien bezogenen und damit institutionalisiert konzipierten Beteiligungsraumes in einer Untergliederung nach Art und Größe des Engagements (von den Gladiatoren bis zu den Zuschauern und Apathischen) wurde schon bald auf der Grundlage der ersten großen, sieben Nationen einbeziehenden vergleichenden Studie zu politischer Beteiligung und politischer Ungleichheit in Frage gestellt (*Verba* und *Nie* 1972 für die USA, *Verba, Nie* und *Kim* 1978 vergleichend). Die in diesen Studien gefundene Untergliederung des Partizipationsraumes in die vier Teildimensionen Wählen, → Wahlkampf, Gemeindeaktivitäten und individuelle Kontakte mit partikularistischer Zielsetzung wies allerdings insofern immer noch ein gravierendes Defizit auf, als die den politischen Protest ab Mitte der 60er Jahre charakterisierenden unverfaßten Partizipationsformen (z.B. Demonstrationen, Sit-ins, Boykotte) in diesem Katalog von Aktivitäten überhaupt nicht enthalten waren.

Erst mit der sog. Political Action-Studie (*Barnes, Kaase* et al. 1979; *Jennings, van Deth* et al. 1990) wurde, erneut auf international vergleichender Grundlage in acht Ländern, der Versuch unternommen, für repräsentative Stichproben der → Bevölkerung im Alter ab 16 Jahren Aussagen über die Verbreitung von nichtverfaßter politischer Partizipation bzw. von Partizipationspotentialen zu machen. Dem theoretischen, sozialpsychologisch fundierten Ansatz der Studie gemäß spielte dabei der Gesichtspunkt der Akzeptanz oder Legitimität bestimmter Aktionsformen eine besondere Rolle. Als ein Hauptergebnis wurde ein zweidimensionaler Aktionsraum gefunden, der als konventionelle (verfaßte bzw. auf verfaßte Formen bezogene Aktivitäten) und unkonventionelle (unverfaßte Aktivitäten) Partizipation bezeichnet wurde. Aus theoretischen und forschungspraktischen Gründen waren dabei sowohl Wählen als auch politische Gewalt aus der Betrachtung ausgeschlossen.

Die Forschung in den 80er Jahren führte dann zu der bereits erwähnten zusätzlichen Differenzierung der unkonventionellen Dimension in eine legale und in eine illegale (ziviler Ungehorsam) Komponente sowie politische Gewalt als separate Teildimension. *H.-M. Uehlinger* (1988: 67-134) kam damit zu einer fünfkategorialen Taxonomie politischer Partizipation: (1) Wählen, (2) parteienorientierte Partizipation (z.B. in einer Partei ein Amt innehaben), (3) problemorientierte Partizipation (z.B. Mitwirkung in einer Bürgerinitiative, bei einer genehmigten Demonstration), (4) ziviler Ungehorsam (z.B. Hausbesetzung) und (5) politische Gewalt gegen Personen und Sachen.

4. Da neben situativen Faktoren auch die Einstellung gegenüber einer in Frage stehenden Beteiligungsform eine große Rolle für die tatsächliche Beteiligung spielt, untersucht die Umfrageforschung nicht nur vergangenes Verhalten, sondern auch eventuelle Verhaltensneigungen. Zum Zeitpunkt der ersten Erhebungen im Rahmen der Political Action-Studie (1974-1976) erwies sich dieser Zugang für nationale Bevölkerungsquerschnitte nicht zuletzt deshalb als unverzichtbar, weil zu dieser Zeit der überwiegende Teil der Bevölkerung noch nicht über persönliche Erfahrungen mit diesen Partizipationsformen verfügte (so wurden z.B. Bürgerinitiativen erst bei der zweiten Erhebungswelle 1980 der Political Action-Studie berücksichtigt, weil sie 1974 als Aktivität noch gar keine öffentliche Sichtbarkeit gewonnen hatten). Diesen Überlegungen verdankt sich auch die im Political Action-Kontext entwickelte sog. Protestpotentialskala, in der Verhaltensneigung zu den und Legitimitätseinschätzung der Verhaltensakte *gemeinsam* berücksichtigt wurden (*Barnes, Kaase* u.a. 1979: 65-81).

Für die Forschung stand angesichts der relativen Neuheit dieser Phänomene nach dem Zweiten Weltkrieg zunächst die Frage im Mittelpunkt, im welchem Verhältnis konventionelle und unkonventionelle Partizipationsformen real zueinander standen. Dabei zeigte sich schnell und stabil (im Sinne einer Bestätigung durch eine Vielzahl anderer Untersuchungen), daß beide Dimensionen ein komplementäres und nicht ein sich ausschließendes Verhältnis zueinander besaßen. In diesem Sinne konnte und kann nach wie vor von einer Ausweitung des politischen Verhaltensrepertoires der Bevölkerung gesprochen werden (*Barnes, Kaase* u.a. 1979: 137-201; *Kaase* 1990).

Während z.B. in der BRD in den letzten Jahren die Neigung, sich an politischen Wahlen zu beteiligen, deutlich abzunehmen scheint, gilt gleiches nicht für den Bereich der unverfaßten Partizipation. Daten für D und auch für andere europäische Länder zeigen, daß die legalen unverfaßten Formen inzwischen real und mehr noch vom Repertoire her fast schon zur „Normalität" westlicher Demokratien gehören, mit zunehmender Tendenz (*Kaase* und *Neidhardt* 1990: 14-27; *Kaase* 1992; *Westle* 1994). Demgegenüber ist ziviler Ungehorsam als reales Verhalten selbst 1989 europaweit noch ein absolutes Minoritätenverhalten, allerdings mit leicht steigender Tendenz vor allem in seiner Akzeptanz. Lediglich politische Gewalt ist und bleibt ein Tabubereich. Insbesondere die erheblichen Unterschiede zwischen den zwölf Ländern der Europäischen Gemeinschaft in bezug auf legale und illegale politische Beteiligung deuten allerdings darauf hin, daß es sehr wohl länderspezifische Partizipationsvorlieben und -bedingungen gibt, die allerdings noch der näheren Untersuchung bedürfen.

5. Die Partizipationsforschung hat insofern von der Beschäftigung mit den → Neuen Sozialen Bewegungen profitiert, als Beteiligung an unverfaßten politischen Aktionen offenbar nur als kollektive Erscheinung verstanden werden kann und damit in einem Mehrebenenansatz erklärt werden muß. Dies bedeutet allerdings nicht, daß individuelle Merkmale der sich beteiligenden Bürger für die Chance, sich politisch zu engagieren, belanglos sind. Das von *S. Verba* und *N. Nie* (1972: 125-137; *Verba, Nie* und *Kim* 1978) entwickelte sozioökonomische Standardmodell besagt, daß ceteris paribus die Chance, sich konventionell politisch zu engagieren, positiv von der individuellen sozioökonomischen Ressourcenausstattung beeinflußt wird und daß die so möglicherweise entstehende politische Ungleichheit nur durch angemessene institutionelle Arrangements, welche die Mobilisierung ressourcenschwacher Be-

völkerungssegmente gewährleisten, kompensiert werden kann. Wie gezeigt werden konnte (*Kaase* 1981: 1990), folgen die unverfaßten Partizipationsformen demselben Muster einer positiven Beziehung zwischen individueller Ressourcenstärke und Beteiligung, jedenfalls für die Periode seit etwa 1970. Detaillierte Analysen haben ergeben, daß die Ressourcenausstattung um so wichtiger wird, je mehr es um wirkliches Verhalten und nicht um Verhaltensdispositionen geht, ein erneuter Beleg für die Gültigkeit des „Standardmodells" der politischen Partizipation.

Ein weiterer, international durchgängiger Forschungsbefund ist, daß Jugendlichkeit besonders bedeutsam für positive *Einstellungen* gegenüber legalen wie illegalen Formen der direkten Partizipation ist, während das Gewicht dieses Faktors bei tatsächlicher Partizipation wesentlich reduziert ist, wenn auch keinesfalls völlig verschwindet (*Kaase* 1992: 87-88). Bemerkenswert erscheint schließlich noch, daß das seit langem bekannte geringere Engagement von Frauen in der Politik im konventionellen Bereich nach wie vor besteht und sogar tendenziell zunimmt (Wahlbeteiligung), während es im unkonventionellen Bereich von Anfang an kaum existierte und sogar im Abnehmen begriffen zu sein scheint. Frauen haben sich in der gegenwärtigen historischen Periode offenbar für die Sicht entschieden, daß ihre Mitwirkungschancen im konventionellen Bereich nach wie vor so blockiert sind, daß sich politisches Engagement – wenn überhaupt – nur im unkonventionellen Raum lohnt.

Fragen nach der Verankerung politischer Beteiligung in der Sozialstruktur einer Gesellschaft gehören zum klassischen Gegenstand der Soziologie. Dem stehen Erklärungsansätze gegenüber, die politische Beteiligung, vor allem in ihrer nicht verfaßten Form, unter der Perspektive eines allgemeinen Modells rationalen Handelns untersuchen (Opp/Roehl u.a. 1990; Opp 1992; Opp/Voß/Gern 1993).

Insgesamt hat die Partizipationsforschung verläßliche Belege dafür erbracht, daß der Bevölkerung inzwischen ein breites, über Wahlen weit hinausreichendes Beteiligungsreservoire zur Verfügung steht, das sie situations- und zielabhängig selektiv nutzt. Kohortenanalysen geben keinen Anlaß zu der Vermutung, daß es sich bei der Repertoireausweitung um eine temporäre Erscheinung handelt, zumal sie durch Einstellungskorrelate (Postmaterialismus, Linksorientierung, politische Involviertheit) (Kaase 1992) abgesichert und stabilisiert wird. Gerade im Bereich der unverfaßten Beteiligungsformen ist jedoch deutlich geworden, daß die Untersuchung des *Prozesses* der Mobilisierung zu Handeln noch ein wichtiges, weil weitgehend unerfülltes Forschungsdesiderat bleibt.

6. Die deutsche Vereinigung stellt für die Partizipationsforschung insofern eine Herausforderung dar, als die für die westlichen Demokratien konstitutiven Partizipationsformen, darunter vor allem im Zusammenhang mit politischen Wahlen, in den sozialistischen Ländern und damit auch in der DDR bestenfalls erst kurz vor bzw. im Zusammenhang mit den Transformationen zu (Quasi-)Demokratien öffentlich ausgeübt werden konnten. Die schnelle Implementierung der notwendigen Infrastruktur für Empirische Sozialforschung in der DDR seit Ende 1989 durch westdeutsche Institute und Wissenschaftler hat seither eine Vielzahl von zur BRD vergleichbaren Umfrageinformationen hervorgebracht, darunter auch aus dem Bereich der Partizipationsforschung (Opp/Voß/Gern 1993; Bauer-Kaase 1994).

Entgegen mancher Erwartungen hat die Wahlbeteiligung in den neuen Ländern nach der Volkskammerwahl am 18.3.1990 bei den nachfolgenden Wahlen deutlich abgenommen und lag auch bei der Bundestagswahl 1994 fast 8 Prozentpunkte unter der in den alten Ländern. Hier könnten durchaus noch Prägungen aus der vordemokratischen Zeit vorliegen. Einflüsse aus der Phase des Systemübergangs zeigen sich vermutlich auch in dem Umstand, daß in Ostdeutschland 1991 die Neigung zu den direkten legalen Partizipationsformen Demonstration, Bürgerinitiative und Unterschriftensammlung wie auch für Aktionen des zivilen Ungehorsams größer als in Westdeutschland war. Diese Unterschiede hatten sich entsprechend 1992 schon deutlich abgeschliffen (*Bauer-Kaase* 1994). Die Annäherung zwischen Ost- und Westdeutschland dokumentiert sich ebenfalls in der Ähnlichkeit in den Einflußgrößen, welche die Beteiligung an diesen Aktionen befördern, wenngleich sich diese Zusammenhänge in Ostdeutschland vorerst noch wesentlich unschärfer darstellen als in Westdeutschland.

Literatur

Barnes, Samuel H./Kaase, Max u.a. 1979: Political Action. Mass Participation in Five Western Democracies. Beverly Hills.

Bauer-Kaase, Petra 1994: Die Entwicklung politischer Orientierungen in Ost- und Westdeutschland seit der deutschen Vereinigung, in: Niedermayer, Oskar/Richard Stöss (Hrsg.): Parteien und Wähler im Umbruch. Parteiensystem und Wählerverhalten in der ehemaligen DDR und den neuen Bundesländer. Opladen.

Jennings, M. Kent/van Deth, Jan W. u.a. 1990: Continuities in Political Action: A Longitudinal Study of Political Orientations in Three Western Democracies. Berlin/New York.

Kaase, Max 1981: Politische Beteiligung und politische Ungleichheit, in: Albertin, Lothar/Link, Werner (Hrsg.): Politische Parteien auf dem Weg zur parlamentarischen Demokratie in Deutschland. Düsseldorf.

Kaase, Max 1990: Mass Participation, in: Jennings, M. Kent/van Deth, Jan. W. u.a. (Hrsg.): Continuities in Political Action. A Longitudinal Study of Political Orientations in Three Western Democracies. Berlin/New York.

Kaase, Max/Neidhardt, Friedhelm 1990: Politische Gewalt und Repression. Ergebnisse von Bevölkerungsumfragen, in: Schwind, Hans-Dieter/Baumann, Jürgen u.a. (Hrsg.): Ursachen, Prävention und Kontrolle von Gewalt. Analysen und Vorschläge der Unabhängigen Regierungskommission zur Verhinderung und Bekämpfung von Gewalt (Gewaltkommission), Bd. IV. Berlin.

Kaase, Max 1992: Direct Political Participation in the Late Eighties in the EC Countries, in: Gundelach, Peter/Siune Karen (Hrsg.): From Voters to Participants. Aarhus.

Milbrath, Lester W. 1965: Political Participation. Chicago.

Milbrath, Lester W./Goel, M.L. [2]1977: Political Participation. Chicago.

Opp, Karl-Dieter 1986: Soft Incentives and Collective Action: Participation in the Anti-Nuclear Movement. British Journal of Political Science, 16.

Opp, Karl-Dieter/Roehl, Wolfgang u.a. 1990: Der Tschernobyl-Effekt. Eine Untersuchung über die Ursachen politischen Protests. Opladen.

Opp, Karl-Dieter 1992: Legaler und illegaler Protest im interkulturellen Vergleich, in: Kölner Zeitschrift für Soziologie und Sozialpsychologie, 44.

Opp, Karl-Dieter/Voß Peter/Gern, Christiane 1993: Die volkseigene Revolution. Stuttgart.

Uehlinger, Hans-Martin 1988: Politische Partizipation in der Bundesrepublik. Opladen.

Verba, Sidney/Nie, Norman H. 1972: Participation in America. New York.

Verba, Sidney/Nie, Norman H./Kim, Jae-on 1978: Participation and Political Equality. Cambridge.

Westle, Bettina 1994: Politische Partizipation, in: Gabriel, Oskar W./Brettschneider, Frank (Hrsg.): Die EU-Staaten im Vergleich. Strukturen, Prozesse, Politikinhalte. Opladen.

Max Kaase

Politische Bildung

1. Begriffe

Die Notwendigkeit politischer Bildung (pB) ist heute unbestritten. „Politische Bildung gehört zu den unerläßlichen Elementen einer demokratischen politischen Kultur" *(Sander).* Was im einzelnen jedoch unter pB verstanden wird, ist in Wissenschaft und Politik mehr oder minder kontrovers. Eine inhaltliche Begriffsbestimmung von pB zu suchen, die Aussicht hätte, von allen akzeptiert zu werden, macht daher wenig Sinn. Auf einer eher formalen Ebene lassen sich allerdings ein weiter und ein enger Begriff von pB unterscheiden. PB in einem weiten Sinne ist danach ein Sammelbegriff, der alle Prozesse umfaßt, die auf jeden Menschen als Mitglied einer sozialen und politischen Ordnung über unterschiedliche Gruppen, Organisationen, Institutionen und Medien politisch prägend einwirken. PB in einem engeren Sinne ist die Sammelbezeichnung für alle bewußt geplanten und organisierten, kontinuierlichen und zielgerichteten Maßnahmen von Bildungseinrichtungen, um Jugendliche und Erwachsene mit den zur Teilnahme am politischen und gesellschaftlichen Leben notwendigen Voraussetzungen auszustatten. PB im letzteren Sinne findet sowohl in der Schule, im Unterricht bestimmter Fächer, als Unterrichtsprinzip oder in Bildungsprozessen außerschulischer Institutionen statt. So wichtig gerade in der jetzigen Situation die außerschulische pB auch sein mag, der Kern der theoretischen Diskussion um Grundlagen, Ziele, Konzeptionen und Rechtfertigungen pB beschränkt sich im wesentlichen auf die pB in der Schule und auf die entsprechenden Unterrichtsfächer. PB in der Schule steht daher auch im Mittelpunkt der weiteren Ausführungen. Durch diese Eingrenzung ist allerdings eine inhaltliche Bestimmung des Begriffs noch nicht geleistet. Versucht man in der Vielzahl der unterschiedlichen Positionen einen gemeinsamen begrifflichen Kern zu erkennen, erweist es sich als hilfreich, zunächst nach den gesellschaftlichen Bedingungen zu fragen, die zur Herausbildung einer eigenständigen pB in der Schule geführt haben, und nach den Funktionen dieser pB für das politische System. Trotz der unbestreitbaren Tatsache, daß in einem allgemeinen Sinne pB so alt ist wie das Menschengeschlecht *(Fischer),* sind die Entstehungsbedingungen pB in der Schule in einem engen Zusammenhang mit dem gesellschaftlichen Entwicklungs- und Modernisierungsprozeß zu sehen. Die Entwicklung komplexer politischer und wirtschaftlicher Strukturen im Zuge der Industrialisierung, der Urbanisierung, der zunehmenden politischen Mobilisierung und der Ausweitung individueller und kollektiver politischer Beteiligungsmöglichkeiten hatte auch die Ausdifferenzierung und Institutionalisierung einer spezifischen pB zur Folge. „Je mehr die Bürger von politischen Entscheidungen betroffen und in ihrer Existenz von politischen Entscheidungen abhängig wurden, je mehr politische Prozesse auch von den Bürgern neue Kenntnisse, Veränderungen von Einstellungen und Verhaltensweisen fordern und je mehr die Stabilität der politischen Strukturen von der Legitimation der politischen Ordnung durch die Bürger abhängig wird, desto wahrscheinlicher wird die Institutionalisierung politischer Bildung, die Vermittlung spezifischer Kenntnisse und normativer Orientierungen im allgemeinen Bildungssystem" *(Behrmann:* 127f.). Ein Bedarf an pB entsteht vor allem dann, wenn sich das politische System grundlegend verändert oder eine solche Veränderung von politischen Instanzen und/oder gesellschaftlichen Gruppierungen angestrebt bzw. versucht wird zu verhindern. „Politische Bildung wird dann zu einem Mittel, den Bürger über die ihm noch wenig vertrauten, veränderten oder zu verändernden Zusammenhänge zu informieren, vor allem aber zu einem Mittel, den Legitimationskonsens über die neue hergestellte, herzustellende oder bestehende und vor Veränderung zu schützende Ordnung zu erhöhen" (ebda.). Aus diesem Entstehungszusammenhang ergibt sich die zentrale Funktion pB, die systematische Vermittlung von Kenntnissen über das bestehende oder angestrebte politische System, „da für die Vermittlung dieser Kenntnisse keine funktional äquivalente Institution besteht" *(Behrmann:* 159). In dieser Funktion pB, maßgebliches politisches Wissen zu vermitteln und politische Legitimation zu stabiliseren, liegt der empirische Kern und gleichzeitig ein gemeinsames Element, das pB trotz ihrer begrifflichen Vielfalt immer enthält. Die Vermittlung von Kenntnissen über das politische System kann jedoch nicht wertfrei erfolgen, sondern steht immer im Rahmen einer normativ-ideologischen Sinngebung, d.h. in Verbindung mit bestimmten politischen Zielen. Konnte der empirische Kern pB auf den gesellschaftlichen Modernisierungsprozeß zurückgeführt werden, läßt sich der normative Kern aus dem Demokratisierungsprozeß der Gesellschaft ableiten; denn zwischen der demokratischen Bewegung und dem Ziel einer allgemeinen pB besteht ein enger Zusammenhang. Die normative Dimension pB ergibt sich in erster Linie aus dem anthropologischen Aspekt, der in dem Begriff des Bürgers und in dem Begriff der Bildung enthalten ist. Der Verlauf der Demokratisierung, die Ausdehnung der politischen Mitbestimmung erst auf einen großen Teil der Bürger, schließlich auf alle Bürger, intendiert einen Bürgerbegriff, der vor allem durch Autonomie gekennzeichnet ist, d.h. durch die Fähigkeit, selbständig, eigenverantwortlich und kompetent Verantwortung zu übernehmen. Ist Autonomie das Kennzeichen des Bürgerbegriffs, so ist Mündigkeit die Grundlage des Bildungsbegriffs. Von Bildung kann man nur sprechen, wo der Mensch zu eigenem Denken gelangt, wo er – von Vorurteilen und Verblendungen frei – Distanz zur eigenen Zeit gewinnt, wo er gelernt hat, Vorgefundenes kritisch zu reflektieren, und wo er sich auf dieser Basis entscheiden kann, die jeweiligen gesellschaftlichen Verhältnisse zu akzeptieren oder auf ihre Veränderung hinzuwirken. Autonomie und Mündigkeit sind nach aller historischer Erfahrung nur in demokratischen Systemen möglich. Somit kann man unter pB die systematische Vermittlung von Kenntnissen über das demokratische politische System verstehen mit dem Ziel, autonome und mündige Staatsbürger zu erziehen. Dieser Begriff von pB findet sich auch in den Formulierungen der Deutschen Vereinigung für politische Bildung wieder: „Die DVpB versteht politische Bildung als ‚Demokratie lernen'. Dieses Leitziel orientiert sich an den Freiheitsrechten, wie sie seit der Aufklärung in westlichen Demokratien verstanden werden. Kinder, Jugendliche und Erwachsene sollen politisch verantwortungsbewußtes Verhalten lernen und praktizieren. Dabei geht es zunächst darum, Interesse für Politik zu wecken und die Bereitschaft zu politischem Engagement zu fördern. Der Erwerb von Wissen über die Funktionsweise demokratischer Institutionen (z.B. Wahlen, Parlamente) wird als notwendig, aber nicht hinreichend für die Qualifizierung politisch aktiver Bürgerinnen und Bürger angesehen. Vielmehr ist nach unserem Verständnis von politischer Bildung auch die Fähigkeit zur Beurteilung politisch-gesellschaftlicher Probleme unserer Zeit und die Anleitung zur aktiven politisch-gesellschaftlichen Mitgestaltung des öffentlichen Lebens entscheidend." *(George).*

Innerhalb dieser allgemeinen Beschreibung des Entstehungszusammenhangs, der Funktionen und der Ziele pB sind sehr unterschiedliche Positionen und Konzeptionen pB möglich und legitim. PB und demokratisches System hängen eng zusammen, und in einer pluralistischen Demokratie, die unterschiedliche Interessen zuläßt, entstehen einerseits unterschiedliche Entwürfe zur pB, andererseits sind sie Gegenstand wissenschaftlicher und politischer Konflikte und Kontroversen. Bei der Entwicklung der pB wird neben der innerwissenschaftlichen Diskussion auch immer das Spannungsverhältnis sichtbar, das sich ausdrückt in den teils komplementären, zum großen Teil aber auch kontroversen Beziehungen zwischen bildungspolitischen Programmen des Staates und theoretisch-didaktischen Entwürfen der pB. Jede Darstellung der Entwicklung der pB in der Bundesrepublik nach 1945 und im vereinten Deutschland nach 1989 ist daher immer auch zu sehen vor dem Hintergrund, wie die Forderung begründet wurde, die schulische pB in den Dienst wechselnder Ziele und Aufgaben der Politik zu stellen, welche Wege der Staat dabei beschritt und ob die Theorie und Didaktik der pB staatliche Ansprüche aufgegriffen, angenommen, weitergeführt oder abgewehrt und überwunden hat. Die Frage nach der Bedeutung und dem Beitrag der pB für die Demokratie und beim Aufbau demokratischer Strukturen stellt sich nach dem Fall der Mauer und nach der Vereinigung Deutschlands zweifellos neu und besonders dringlich. Dennoch ist es hilfreich, sich im kritischen Rückblick die unterschiedlichen Konzeptionen der pB zu vergegenwärtigen und die wichtigsten Konfliktlinien der politischen und wissenschaftlichen Diskussion kurz nachzuzeichnen. Eine chronologische Phaseneinteilung der pB in der Bundesrepublik Deutschland, orientiert an zentralen Kategorien, ergibt folgendes Bild.

2. Konzeptionen und Kontroversen

2.1 *Erziehung zur Demokratie (re-education)*

Die Entwicklung der pB nach 1945 wurde in erster Linie bestimmt durch die Umerziehungspolitik der Alliierten. Vor allem die amerikanische Umerziehungspolitik (re-education) beeinflußte die Diskussion um die pB in Deutschland. Für die Amerikaner war die Erziehung das einzige und beste Werkzeug, „um noch im gegenwärtigen Geschlecht in Deutschland die Demokratie“ zu erreichen. Dabei wurde unter Demokratie nicht nur eine Regierungsform, sondern vor allem eine Lebensform verstanden, die bis ins einzelne gelehrt werden müsse. Notwendig dazu seien neben einer demokratischen Umgestaltung der Schule die Verwirklichung von Sozialunterricht als Unterrichtsprinzip, die Einführung neuer Unterrichtsmethoden auf der Grundlage eines partnerschaftlichen Lehrer-Schüler-Verhältnisses, die Umgestaltung von Kernfächern wie Heimatkunde, Geschichte, Geographie von den Erfordernissen der Sozialerziehung her sowie die Einrichtung spezieller Fachkurse, die sich mit den Problemen des gesellschaftlichen und politischen Lebens beschäftigen sollten. Aus unterschiedlichen Gründen ist es den Amerikanern nicht gelungen, strukturelle Reformen des Bildungswesens durchzusetzen; die Anregungen zur pB wurden jedoch, zumindest zum Teil, von verschiedenen Ländern aufgegriffen. So wurde z.B. in Hessen 1946 ein eigenständiges Fach eingeführt, und Bayern erklärte in seinem „Erziehungsplan auf lange Sicht“ sozial- und staatsbürgerliche Bildung und Erziehung zum „verpflichtenden Unterrichtsprinzip“ für die Schule. Darüber hinaus gingen jedoch von den Deutschen kaum Initiativen für eine Erziehung zur Demokratie aus, und ein eigenes theoretisch-inhaltliches Konzept pB, das die bildungspolitischen Vorgaben hätte ausfüllen können, existierte nicht.

2.2 *Partnerschaftspädagogik und Erneuerung der staatsbürgerlichen Erziehung*

Mit der Gründung der Bundesrepublik Deutschland war der direkte Einfluß der Alliierten auf die Entwicklung des Bildungssystems zu Ende und durch das Grundgesetz die Kulturhoheit der Länder festgelegt. Um die Struktur des Bildungssystems gab es in den Ländern zwar auch weiterhin noch heftige Kontroversen, aber schon bald waren die meisten Neuordnungsansätze zurückgenommen und die alte Dreigliedrigkeit des Schulsystems wiederhergestellt. Die Diskussion um die pB beschäftigte sich in dieser Phase vor allem mit zwei Fragen: zum einen mit der eher bildungspolitischen Frage, ob pB in der Schule ein eigenes Fach benötige oder ob pB als Unterrichtsprinzip besser zu realisieren sei; zum anderen mit der eher theoretisch-konzeptionellen Frage, inwieweit pB an die Staatsbürgerkunde der Weimarer Republik anknüpfen könne oder ob eine völlig neue Konzeption pB notwendig sei. Bei der ersten Frage dominierten zunächst die Befürworter der pB als Unterrichtsprinzip. Die Kultusministerkonferenz der Länder (KMK) legte in ihrem Beschluß von 1950 das Schwergewicht auf pB als Unterrichtsprinzip und empfahl lediglich die Einrichtung „besonderer Fachstunden" ab der 7. Klasse. Die Benennung der Fächer wurde den Ländern freigestellt. In der Auseinandersetzung um die zweite Frage gewann die 1951 veröffentlichte Schrift von F. *Oetinger* (Pseudonym für T. *Wilhelm)* „Wendepunkt der politischen Erziehung" besondere Bedeutung. *Oetinger* erhob darin den Anspruch, die politischen Grunderfahrungen der Kriegsgeneration in einen systematischen Zusammenhang zu bringen, und unternahm über die Erteilung von praktisch-pädagogischen Ratschlägen hinaus den Versuch, „eine neue Theorie der politischen Erziehung" zu entwerfen. *Oetinger* wendete sich scharf gegen die nationalsozialistische Erziehung und gegen die staatsbürgerliche Erziehung der Weimarer Republik und des Kaiserreiches. Sie hätten sich als Irrwege erwiesen, die letztendlich in die politische Katastrophe geführt hätten. PB dürfe nicht länger Erziehung zum Staat oder zu einer bestimmten Staatsform sein, sondern Erziehung zu den Faktoren, die das Funktionieren der Demokratie bedingen. Das Wesen des Politischen liege in der Aufgabe der Politik, Frieden zu halten. Politische Erziehung sei demnach Erziehung zu einer menschlichen Haltung, die der friedenstiftenden und friedenerhaltenden Funktion der Politik möglichst weit entgegenkomme. Verständigung, Solidarität, der Mensch als Partner, menschliche Kooperation seien wesentliche Elemente der politischen Erziehung. Das bedeutete keine Absage an das Politische, wie häufig kritisiert, sondern seine Ausweitung. *Oetingers* politische Pädagogik war „von einem Begriff des Politischen getragen, bei dem nicht die staatliche Macht, sondern die menschliche Kooperation im Vordergrund steht. Sie ersetzt das überlieferte, vom Staat her strukturierte politische Denken durch eine genossenschaftlich bestimmte menschliche Haltung". Diese Konzeption hatte Einfluß auf Bildungspläne und Schulbücher ebenso wie auf die Praxis der schulischen pB. Dabei wurde allerdings häufig die eigentliche Intention des Autors verfehlt und die kämpferisch und politisch verstandene Idee der Partnerschaft auf ein bloßes „Miteinander – Füreinander" verkürzt. Auf der Ebene der theoretischen Diskussion führte *Oetingers* Buch zu heftigen Kontroversen und Diskussionen. Als wichtigster zeitgenössischer Kritiker profilierte sich T. *Litt*, der schon die Staatsbürgerkunde der Weimarer Republik stark beeinflußt hatte. *Litt* warf der Partnerschaftserziehung vor, daß sie den Begriff des Politischen ins Soziale, ja allgemein Menschliche verflüssige. Sie blende den Staat, der allein den Frieden garantieren könne, ebenso aus wie das Phänomen des politischen Kampfes.

Partnerschaftserziehung, als der Versuch, eine neue Theorie pB zu entwickeln, und „Erziehung zum Staat" als Anknüpfung an die pB der Weimarer Republik waren die beiden Konzeptionen, die die Diskussion um die pB in den fünfziger Jahren dominierten.

2.3 Grundlegende Einsichten als Ziel politischer Bildung

Ende der fünfziger Jahre kam es zu einer Neuorientierung der pB, die als „didaktische Wende" bezeichnet wird. Ausgangspunkt waren die bildungspolitische und allgemeinpädagogische Kontroverse um die Stoffülle der Lehrpläne und die Forderung, das Elementare und Exemplarische in den Mittelpunkt des Lernens zu stellen. Die allgemeine Kritik am Enzyklopädismus der Lehrpläne bezog sich auch auf die pB, die sich jetzt weitgehend als eigenständiges Unterrichtsfach durchgesetzt hatte. Man sah ihre Wirkung bedroht durch die Überfülle des angebotenen Stoffes und durch die bloße Vermittlung von Kenntnissen. Im Vordergrund stand die Frage, wie die pB dazu beitragen könne, daß Bürgerinnen und Bürger aus demokratischen Grundüberzeugungen heraus denken, urteilen und handeln. Probleme der *didaktischen Erschließung* und die Vermittlung *politischer Grundeinsichten* rückten dadurch stärker in den Blick. Diese „didaktische Wende" in der politischen Bildung fand ihren unmittelbarsten Ausdruck in dem Buch von K. G. *Fischer,* K. *Herrmann*, H. *Mahrenholz* „Der politische Unterricht" (1960). Das Ziel des politischen Unterrichts sollte danach sein, „elementare politische Einsichten zu wekken und derart verständlich bewußt zu machen, daß sie als Maßstab zukünftiger politischer Meinungs- und Willensbildung und als Grundlage politisch-vernünftigen Handelns des Staatsbürgers dienen" können. Vorbereitet durch die Arbeiten von E. *Spranger,* mündete die „didaktische Wende" schließlich in die „Hessische Konzeption" pB, für die vor allem W. *Hilligen*, R. *Engelhardt* und K. G. *Fischer* stehen. Während sich pB im gesamten Leben der Schule vollziehe, habe der Sozialkundeunterricht die Kenntnisse und Einsichten zu vermitteln, die als Grundlage politischen Urteils und Voraussetzung verantwortungsvoller Mitwirkung am Leben von Staat und Gesellschaft notwendig seien. Politischer Unterricht müsse beim Schüler letztlich zu einer dialektischen Haltung führen: „Gehorsam *und* Widerstand", „Gleichheit *und* Auslese", „Ausgleich *und* Kampf". Politischer Unterricht solle den Schüler nicht nur gegen extreme und einseitige Lösungen immunisieren, die gegen die Menschenwürde verstoßen, sondern er solle Jugendliche auch sensibel machen für die Grenzen, „jenseits derer der einzelne oder das Ganze Schaden leiden" *(Hilligen).*

2.4 Der Konflikt als Grundbegriff politischer Bildung

Vom bildungspolitischen Aufbruch der sechziger Jahre, der sich in Formeln wie „Wachstum durch Bildung" und „Bildung ist Bürgerrecht" niederschlug, konnte die politische Bildung nur wenig profitieren. Daß auch hier eine neue Phase der Entwicklung eingleitet wurde, hatte seine Ursachen in anderen Ereignissen. Vor allem eine Welle antisemitischer Hakenkreuzschmierereien und Friedhofsschändungen Anfang der sechziger Jahre provozierte eine breite öffentliche Diskussion über den Stand und die Wirkung der pB in der Schule. Hinzu kam, daß eine Reihe von empirischen Untersuchungen die Wirksamkeit des politischen Unterrichts, gemessen an den Intentionen der Bildungspläne, als äußerst gering einstufte. Die Frage „politisch bilden – aber wie?" stellte sich dringlicher denn je. Einen neuen Weg hatten schon die hessischen Didaktiker gewiesen, indem sie gesellschaftliche und politische Konflikte stärker berücksichtigten. Jetzt galt es, den Konfliktansatz auszubauen und ihm auf breiter Front zum Durchbruch zu verhelfen. „Wir brauchen offenbar eine didaktische und methodische Konstruktion, die von der Analyse politischer Konflikte ausgeht", schrieb H. *Giesecke* 1965 in seiner

„Didaktik der politischen Bildung“ und markierte damit den Beginn einer Phase der pB, in der die Erziehung zum Konflikt und zum Konfliktverhalten im Mittelpunkt der Diskussion stand. Nach *Giesecke* muß sich der politische Unterricht vor allem auf die Analyse politischer Konflikte konzentrieren. Er muß sich von harmonistischen Gesellschaftsvorstellungen jedweder Art verabschieden und sich mit der Realität, so wie sie ist, auseinandersetzen. Der Gegenstand des politischen Unterrichts sei immer die Politik. Politik aber definiere sich als „das noch nicht Entschiedene“, das sich am sichtbarsten in der „kontroversen Aktualität“ zeige. *Giesecke* schlägt elf Kategorien vor, mit deren Hilfe ein Gegenstand als politisch identifiziert und wichtige von unwichtigen Konflikten unterschieden werden können. Kaum eine theoretische Konzeption pB war so einflußreich wie die von Hermann Giesecke. Sie prägt die politische Diskussion um die pB bis heute und war Gegenstand heftiger politischer und wissenschaftlicher Kontroversen. Die Bandbreite der Kritik reichte dabei von Warnungen vor einer Verabsolutierung der Konfliktstrategie und einer Vernachlässigung von Begriffen wie Integration, Kompromiß, Konsens bis zu Vorwürfen, die Konfliktdidaktik trage lediglich dazu bei, die bestehenden Herrschaftsstrukturen zu stabilisieren.

2.5 Emanzipation oder Rationalität: Bildungsziele im Widerstreit

Ende der sechziger, Anfang der siebziger Jahre geriet die pB wie nie zuvor in das Fahrwasser innenpolitischer Auseinandersetzungen. Die Auswirkungen der Studentenbewegung, die Konjunktur marxistischer und neomarxistischer Ansätze in der Wissenschaft, die Ablösung der von der CDU geführten Großen Koalition durch die sozialliberale Koalition unter W. *Brandt,* die unter dem Motto „Mehr Demokratie wagen“ antrat, führten zu einer innenpolitischen Reideologisierung und zu einer bildungspolitischen Polarisierung, die auch die pB miteinbezog. Im Zentrum heftig geführter Kontroversen um die pB standen vor allem ihre Zielkonzeptionen, in denen sich der aufbrechende Gegensatz zwischen „konservativ“ und „progressiv“, zwischen „links“ und „rechts“ widerspiegelte. In dieser „politischen Geographie“ *(Sutor)* bildeten „Emanzipation“ und „Rationalität“ die beiden Pole der Diskussion. So forderten auf der einen Seite R. *Schmiederer* und andere, pB müsse der Demokratisierung der Gesellschaft und der Emanzipation ihrer Mitglieder dienen, während B. *Sutor* das allgemeine Ziel pB darin sieht, „den Menschen zur Rationalität des Urteilens über soziale und politische Sachverhalte zu befähigen“. *Schmiederer* plädiert für eine pB als Teil eines gesamtgesellschaftlichen Demokratisierungsprozesses mit dem Ziel, überflüssige und damit irrationale Herrschaft abzubauen. PB, die sich dem Ziel der Emanzipation verpflichtet weiß, sei unter den gegenwärtigen gesellschaftlichen Bedingungen in erster Linie Herrschafts- und Ideologiekritik. *Sutor* verweist dagegen auf die „Grundantinomie des Politischen“, der man nicht entgehen könne. Politische Herrschaft könne mißbraucht werden, der Mißbrauch aber sei zugleich nur durch eine „herrschaftlich garantierte politische Ordnung“ zu verhindern, und darin liege der zentrale Gegenstand der pB. *Sutor* betont die Notwendigkeit einer normativ-institutionellen Ordnung, die in der Forderung nach Herrschaftsabbau und Emanzipation vergessen würde. Oberstes Ziel pB sei „die Vermittlung der Fähigkeit und Bereitschaft zur politischen Beteiligung durch möglichst unvoreingenommene Urteilsbildung und verantwortliche Entscheidung nach Maßgabe der Grundnormen einer freiheitlich-demokratischen Ordnung“ *(Sutor).* Der wissenschaftlichen Diskussion entsprach die bildungspolitische Kontroverse um Bildungspläne (NW, Hess.) und Schulbücher. „Anleitung zur Zerstörung unserer Gesellschaft", „Aufruf zum Klassenkampf" einerseits, „Erziehung zur Anpassung" und „Stabilisierung bestehender Herrschaftsverhältnisse und der Klassenstruktur der Gesellschaft" andererseits waren die gegenseitigen Vorwürfe der streitenden Parteien, die sich wechselseitig unter Ideologieverdacht stellten. Die pB war damit endgültig selbst zum Politikum geworden, und sie ging nicht unbeschädigt aus dieser Kontroverse heraus. Sie verlor erheblich an Ansehen sowohl gegenüber den politischen Institutionen als auch gegenüber ihren Adressaten, vor allem aber gegenüber Lehrerinnen und Lehrern, die neben dem Dogmatismus der Konzeptionen vor allem die Entfernung der pB von der Praxis kritisierten.

2.6 Pluralisierung der politischen Bildung

Ende der siebziger Jahre versuchten die Theoretiker der pB selbst, die festgefahrenen Fronten aufzubrechen und aus der unfruchtbaren ideologischen Stagnation herauszukommen. Die Autoren, die die Diskussion um die pB seit der „didaktischen Wende" mitgeprägt hatten, entwickelten ihre Konzeptionen weiter, neue Konzeptionen – so z.B. von B. *Claußen* – kamen hinzu. Insgesamt erweiterte sich das wissenschafliche Spektrum der pB. Dazu beigetragen hat u.a. auch die Einsicht, daß Konzeptionen pB im Schnittpunkt zahlreicher Wissenschaften stehen, deren Ergebnisse sie integrierend mitberücksichtigen müssen. Politisch-ideologische Kontroversen und der Streit um die obersten Lernziele traten mehr und mehr in den Hintergrund gegenüber dem Versuch, einen produktiven wissenschaftlichen Diskurs in der pB wiederzubeleben. Ein erstes Ergebnis dieses Versuchs war ein Minimalkonsens über das Selbstverständnis einer demokratischen pB. Seine drei Grundsätze sind: 1. das Überwältigungsverbot gegenüber Schülerinnen und Schülern, 2. die Forderung: Was in Politik und Wissenschaft kontrovers ist, muß auch im Unterricht kontrovers erscheinen und 3. das Ziel, Schülerinnen und Schüler in die Lage zu versetzen, eine politische Situation und ihre eigene Interessenlage zu analysieren sowie nach Mitteln und Wegen zu suchen, die vorgefundene Lage im Sinne ihrer Interessen zu beeinflussen. Dieser sogenannte „Beutelsbacher Konsens" ist heute in der pB allgemein akzeptiert. Darüber hinaus existieren in der Bundesrepublik eine Vielzahl von miteinander konkurrierenden Konzeptionen pB als Ausdruck eines Wissenschaftspluralismus, der jedes demokratische System kennzeichnet. Seit Mitte der achtziger Jahre sind keine grundlegend neuen Gesamtkonzeptionen pB mehr vorgelegt worden. Vorherrschend sind einerseits Bemühungen um eine Bilanzierung und Sicherung des erreichten Standes der Theoriebildung, Differenzierungen und partielle Modifikationen vorhandener Konzeptionen, eine stärkere Orientierung an Problemen der Praxis des politischen Unterrichts und Versuche, auf neue gesellschaftliche Entwicklungen zu reagieren. Dabei werden quer zu den politischen Positionen eine Reihe von neuen Fragen aufgeworfen, z.B. welche Rolle kann eine Werteerziehung in der pB spielen? Wie verhält sich das Ziel einer rationalen politischen Urteilsbildung zu den emotionalen Bedingungen politischen Lernens? Welche neuen Felder politischen Lernens eröffnet der Wandel in Gesellschaft, Naturwissenschaft und Technik? Wie kann das Verhältnis von Theorie und Praxis auf der Basis empirischer Unterrichtsforschung neu gestaltet werden? Welche Impulse erhält die pB aus den „neuen sozialen Bewegungen" und aus der frauenspezifischen Forschung? Welche Kompetenzen muß pB in der „industriellen Risikogesellschaft" vermitteln und welche Herausforderungen ergeben sich daraus für die pB?

Insgesamt läßt sich für die Entwicklung der pB in den achtziger feststellen: Die Phase der Entwicklung von Gesamtkonzeptionen pB scheint abgelöst durch einzelne, für den Bestand und die Weiterentwicklung des demokratischen Systems dringliche Fragestellungen.

3. Zwischen Staatsbürgerkunde und demokratischer politischer Bildung

Die pB zu Beginn der 90er Jahre wollte sich vor allem mit folgenden Fragen beschäftigen: Welche Chancen hat eine gemeinsame pB im vereinten Deutschland, welche Herausforderungen ergeben sich aus der Vereinigung, und welche Aufgaben hat die pB beim Aufbau und bei der Stabilisierung demokratischer Strukturen in den neuen Bundesländern? Den Beginn der neuen Diskussion markierte die Forderung der Volksschauspielerin S. *Spira* auf der größten Protestdemonstration in Berlin, fünf Tage vor Öffnung der Mauer: „Meine Urenkel mögen aufwachsen mit einem schulfreien Samstag, ohne Fahnenappelle, ohne Fackelzüge und *ohne Staatsbürgerkunde.*" Staatsbürgerkunde galt im Bewußtsein der Bevölkerung, vor allem aber in der Sicht der SED bis zuletzt als das wichtigste Instrument „politischer Erziehung" im einheitlichen sozialistischen Bildungssystem. Noch 1989 hatte M. *Honecker* auf dem IX Pädagogischen Kongreß betont: „Das Fach Staatsbürgerkunde ist ein in seiner Bedeutung für die sozialistische Erziehung, für die Vermittlung unserer Ideologie durch nichts zu ersetzendes Fach." Laut Lehrplan sollte Staatsbürgerkundeunterricht „das Denken und Fühlen und Handeln der Jugend im Geiste der kommunistischen Ideale, des sozialistischen Patriotismus und proletarischen Internationalismus .. entwickeln und politische Standfestigkeit und feste Verbundenheit mit ihrem sozialistischen Vaterland, mit der SED und ihrem revolutionären Kampf ausprägen." Der Staatsbürgerkundeunterricht war der Ort, an dem offizielle Propaganda, das offizielle Sozialismusbild einerseits und die Wirklichkeit, die zumeist problemhaften Alltagserfahrungen der Schülerinnen und Schüler andererseits direkt aufeinanderprallten. Anfängliche Versuche, sich mit den Ursachen des Scheiterns der Staatsbürgerkunde auseinanderzusetzen, stalinistische Züge und Deformationen des Faches aufzudecken, um von daher eine Neuorientierung für eine demokratische pB zu gewinnen, blieben erfolglos. Staatsbürgerkunde wurde in den Schulen ausgesetzt und ein Neuanfang über das Fach Gesellschaftskunde versucht, das sich in der Zielsetzung, in seinem Inhalts- und Methodenkonzept prinzipiell von der bisherigen Staatsbürgerkunde unterscheiden sollte. Die totale Indienstnahme des Staatsbürgerkundeunterrichts für die Politik einer Partei sowie die weitverbreite Vorstellung einer geistig-moralischen Krise bei den Jugendlichen stärkten in der öffentlichen Diskussion Positionen, deren Vertreter generell pB in den Schulen abschaffen und durch Fächer wie Lebenskunde, Ethik und Religion ersetzen wollten. Als Reaktion auf diese Diskussion erhielten in den ersten Rahmenplänen für den Gesellschaftskundeunterricht vom März 1990 lebensweltliche und ethische Themen eine herausragende Bedeutung. Dies stand einerseits im Mittelpunkt der Kritik von Fachwissenschaftlern und Fachdidaktikern aus den alten Bundesländern, die darauf hinwiesen, daß die Rahmenpläne einem demokratischen politischen Unterricht nicht gerecht würden, da eine eindeutige Ausrichtung auf politische Inhalte und die Hinführung zu einem Verständnis des Politischen fehlten. Andererseits kam diese Schwerpunktsetzung den Bedürfnissen der Lehrerinnen und Lehrer und der Schülerschaft entgegen. Die einen fühlten sich für die kompetente fachliche und didaktische Vermittlung einer demokratischen pB nur ungenügend ausgebildet und vorbereitet, die anderen reagierten nach den Erfahrungen mit der Staatbürgerkunde ablehnend auf jede Art von politischem Unterricht. Das Ausweichen auf lebenskundliche und abstrakt philosophisch-ethische Fragen erschien beiden Gruppen als ein akzeptabler Ausweg. Nach der Gründung der neuen Bundesländer trat die Entwicklung der pB in eine neue Phase. Relativ rasch und ohne eine breite öffentliche Diskussion wurden vorläufige länderspezifische Rahmenpläne für die pB verabschiedet und das Fach mit unterschiedlichen Bezeichnungen (Sozialkunde, Gemeinschaftskunde, Politische Bildung) in den Stundentafeln verankert. Trotz anfänglichen Mißtrauens gegenüber diesem neuen Fach fand es in wenigen Jahren bei der Mehrzahl der Eltern, Lehrer und Schüler Anerkennung. Die seit 1991 angebotene Weiterbildung hat dazu beigetragen, daß jetzt die ersten fachwissenschaftlich und fachdidaktisch ausgebildeten Lehrerinnen und Lehrer in pB eingesetzt werden können. Dennoch wird das Fach immer noch weitgehend fachfremd unterrichtet, und dies wird sich in den nächsten Jahren auch nur langsam ändern.

Die theoretische Diskussion zur pB war anfangs stark von der Frage geprägt, welche Faktoren beim Aufbau der pB in den neuen Bundesländern und im vereinten Deutschland zu bedenken seien. Darüber hinaus war sie gekennzeichnet durch Ängste vor einer „Überwältigung" durch Konzeptionen aus der alten Bundesrepublik, davor, daß sich pB in den Ländern der ehemaligen DDR reduziere auf Nachholen, auf Begleiten eines Prozesses, dessen Maßstäbe allein durch die politische Kultur der bisherigen Bundesrepublik gesetzt würden. Es müsse aber von dem Tatbestand ausgegangen werden, daß die 45 Jahre der Trennung unterschiedliche Lebenserfahrungen, Lebens- und Wertvorstellungen, innere Einstellungen und damit Fremdheit hinterlassen hätten. Jede Analyse des Heute müsse daher die Unterschiede in der Rezeptionsfähigkeit, die in der unterschiedlichen Lebensgeschichte begründet liege, zum didaktischen Ausgangspunkt machen *(Wernstedt).* So verständlich diese Befürchtungen und die damit verbundenen Forderungen auch waren, sie verblieben doch weitgehend auf der Ebene von Postulaten und wurden inhaltlich kaum konkretisiert. Andererseits zeigte sich sehr schnell, daß der kritische Nachvollzug des Weges der pB in der alten Bundesrepublik keineswegs in eine „Überwältigung" oder eine „Adaption" *(Gagel)* mündeten, sondern dem Bedürfnis vieler entsprach, die in der pB in den neuen Bundesländern tätig waren und sind. Darüber hinaus ließ ein solches Vorgehen Raum für die spezifischen historischen Erfahrungen, die Berücksichtigung der besonderen Probleme in den neuen Bundeländern und auch für konzeptionelle Neuansätze der pB. Erste vorsichtige Versuche, eigenständige Positionen in der pB zu beziehen, wiesen in die Richtung, pB als „Demokratie lernen" im Sinne *politischer* Lebenshilfe und Orientierungshilfe zu verstehen. Vorrangiges Ziel pB sei es, „den neuen Mitbürgern das politische System der Bundesrepublik Deutschland mit all seinen für den Lebensalltag relevanten Details und organisatorischen Verästelungen näherzubringen". Denn nur wer über die Möglichkeiten und Chancen, aber auch die Problembereiche des neuen Systems informiert sei, könne es nutzen, könne mitsprechen und mitbestimmen *(Lüdkemeier/ Siegel).* Aus solchen, eher punktuellen Neuansätzen ist jedoch keine neue Konzeption pB entstanden. Sie ist wohl auch in nächster Zeit nicht zu erwarten. Betrachtet man nämlich die aktuelle Diskussion, so fällt auf, daß es merkwürdig still um die pB geworden ist. Die Hoffnungen, die hochgradig dynamischen Prozesse der deutschen Vereinigung könnten auch „der Begründung, Infrastruktur, Ausgestaltung und Reputation politischer Bildung merklich Impulse geben" *(Claußen),* haben sich nicht erfüllt. Die deutsche Vereinigung mit all ihren Verwerfungen und neuen Problemen hat auf der konzeptionellen Ebene nicht zu einer grundlegenden Neuorientierung pB geführt. Vielmehr drängt sich der Eindruck auf, die pB sei nach einer kurzen Phase des Innehaltens, des Suchens nach neuen Perspektiven wieder zur Tagesordnung übergegangen und setze die Diskussion dort fort, wo sie durch den Fall der Mauer kurzzeitig unterbrochen war.

Literatur

Behrmann, Günter, C. 1972: Soziales System und politische Sozialisation. Eine Kritik der politischen Pädagogik, Stuttgart, Berlin, Köln, Mainz.

Fischer, Kurt Gerhard/Karl Herrmann/Hans Mahrenholz 1969: Der politische Unterricht, Bad Homburg.

Giesecke, Hermann 1972: Didaktik der politischen Bildung. Völlig überarb. Neuaufl. München.

Grosser, Dieter/Manfred Hättich/Heinrich Oberreuter/Bernhard Sutor 1976: Politische Bildung: Grundlagen und Zielprojektionen für den Unterricht an Schulen, Stuttgart.

Kuhn, Hans-Werner/Peter Massing/Werner Skuhr (Hrsg.) [2]1993: Politische Bildung in Deutschland. Entwicklung – Stand – Perspektiven. Opladen.

Litt, Theodor 1961: Die politische Selbsterziehung des deutschen Volkes. Bonn.

Lüdkemeier, Bernd/Michael Siegel 1992: Zur Situation der politischen Bildung in den neuen Bundesländern, in: APuZ, B 25-26.

Oetinger, Friedrich (Pseudonym für Theodor Wilhelm) 1951: Wendepunkt der politischen Erziehung, Stuttgart

Schmiederer, Rolf [3]1972: Zur Kritik der politischen Bildung. Frankfurt a.M.

Sutor, Bernhard 1984: Neue Grundlegung politischer Bildung. 2 Bde., Paderborn.

Wernstedt, Rolf 1990: Erblast und Mitgift. Umrisse der politischen Bildung im vereinigten Deutschland der 90er Jahre, in: Gegenwartskunde 4.

Peter Massing

Politische Elite

1. Überblick

Die Struktur der politischen Klasse nach der deutschen → Wiedervereinigung ist das Ergebnis einer dreifachen Eliten-Transformation: Eines rapiden Personalwechsels in den zentralen staatlichen Führungsrängen während der Endphase der → DDR, wo – bereits vor der Einigung – die Spitzenfunktionäre der alten, SED-dominierten Nomenklatur weitgehend ausgeschaltet worden waren; 2. einer selektiven Integration neuer Kräfte, sowohl aus Teilen der DDR-Transitions-Elite als auch aus den alten → Bundesländern, in das bereits bestehende Machtgefüge der BRD; und 3. einer Neuformierung in den ersten Jahren des vereinten D. Zwar liegen zur Zeit nur erst partielle elitensoziologische Analysen vor; erkennbar sind jedoch zwei generelle Merkmale der neuen politischen Führungselite in D: Personelle Regeneration einerseits, strukturelle Kontinuität andererseits. Das jedenfalls trifft auf den Kern der politischen Klasse zu, d.h. auf die gesamtstaatlichen parlamentarisch-gouvernementalen und parteipolitischen Führungsgruppen zu.

2. Die Transitionsphase

Im Unterschied zu den klassischen Revolutionen der Neuzeit, wie auch im Vergleich mit den demokratischen Umwälzungen in Polen oder der Tschechoslowakei, war der Volksaufstand des Jahres 1989 in der DDR nicht von einer revolutionären, politisch handlungsfähigen und in der Gesellschaft, etwa in der Arbeiterschaft oder im akademischen Milieu, verankerten „Gegenelite“

getragen. Die Akteure des Umbruchs entstammten unterschiedlichen Gruppen und Bürgerbewegungen (→ Bürgerinitiativen), von denen viele zunächst illegal und lokal unter dem Dach der evangelischen → Kirche agierten. Erst nach dem Zerfall des „Alten Regimes" (während der ersten Regierung *Modrow*, ab 13.11.1989) konnten sie sich landesweit konstituieren. Sie waren SED-kritisch und reformistisch orientiert, standen jedoch nicht in grundsätzlicher Opposition zur sozialistischen Ordnung. Ihr Ziel war weder der Umsturz, noch die staatliche Auflösung der DDR. (*Müller-Enbergs* u.a. 1991) Zusammen mit den Reformkräften aus den früheren „Block-Parteien" bildeten sie in einer kurzen Phase des „Machtvakuums" (zwischen Oktober 1989 und Oktober 1990) eine demokratische, wenngleich in sich konfliktreiche „Transitionselite". Durch sukzessive Macht-Beteiligung, zunächst am „Runden Tisch" (*Thaysen* 1990), dann in der zweiten Regierung *Modrow* (seit 5.2.1990), übernahmen die Mitglieder der Transitionselite politische Leitungsfunktionen, ohne auf nennenswerten Widerstand der alten totalitären Führungskader zu stoßen (*Derlien* 1991). Mit der ersten freien Volkskammer-Wahl (18.3.1990) und der Regierung *de Maizière* waren die Repräsentanten des Alten Regimes fast vollständig aus den zentralen Führungspositionen verdrängt. So waren nur noch drei Prozent der Abgeordneten der 10. Volkskammer bereits Mitglieder des früheren, nicht demokratisch gewählten Parlaments gewesen. Zudem hatten sich in der Endphase der DDR die parteipolitisch-ideologischen Fronten bereits weitgehend denen in Westdeutschland angeglichen. (*Schmidt* 1991; *Niedermayer/Stöss* 1994) Als unter dem Druck der Bevölkerung die staatliche Einheit vollzogen und der erste gesamtdeutsche → Bundestag gewählt wurde (2.12.1990), waren die Transitionseliten der DDR (mit Ausnahme des aus den Bürgerbewegungen gebildeten Wahlbündnisses → „Bündnis 90/Grüne" sowie der in → PDS umbenannten ehemaligen Staatspartei SED) bereits *de facto* in das westdeutsche Parteiensystem integriert; dem staatsrechtlichen „Beitritt" der DDR entsprach – elitensoziologisch – die „selektive Kooptation" ihres politischen Führungspersonals in das bestehende staatliche Institutionengefüge.

3. Partei- und Parlamentseliten

Die personelle Erneuerung der politischen Führungselite im vereinigten Deutschland war insgesamt erheblich, ihr Ausmaß jedoch unterschiedlich in den einzelnen Bereichen. In die zentralen Parteivorstände von → CDU, → SPD und → FDP rückten zahlreiche (vergleichsweise junge) Personen aus den neuen Bundesländern ein. Sie gelangten dort auch in führende Positionen (stellvertr. Vorsitzende, Mitglieder des Präsidiums, u.ä.). Offensichtlich war man in den Parteien bemüht, durch die Wahl ostdeutscher Repräsentanten in die Führungsgremien die organisatorische Integration zu befördern.

Auch auf parlamentarischer Ebene war die Personalfluktuation beträchtlich. Während in den früheren Legislaturperioden durchschnittlich jeweils ein Viertel der Abgeordneten neu ins Parlament kamen, waren im 11. Deutschen Bundestag nicht weniger als 43% Neulinge. Dabei stellten die 128 Abgeordneten (19%) aus den neuen Bundesländern ein wesentliches Kontingent. Unter ihnen wiederum findet man einen hohen Anteil von Personen aus den Transitionseliten der ehemaligen DDR: Mehr als die Hälfte (55%) waren bereits Abgeordnete der (demokratisch gewählten) 10. Volkskammer, zwei saßen am (zentralen) „Runden Tisch", und immerhin fünf der 23 Mitglieder des letzten DDR-Kabinetts *de Maizière* gelangten in den 12. Bundestag. Insofern zeigte die neue Abgeordnetenschaft eine starke personelle Verknüpfung mit den parlamentarischen Repräsentanten während der Endphase der DDR. Deren Erfahrungen waren also im Bundestag durchaus präsent.

Ein anderes Bild ergibt sich indes bei der Analyse der parlamentarischen Führungspositionen. Zwar wählten die Fraktionen jeweils einen ostdeutschen Abgeordneten in den Kreis der (einflußreichen) parlamentarischen Geschäftsführer; in den sonstigen Führungspositionen (Engerer Fraktionsvorstand, Leiter von Arbeitsgruppen und -kreisen) blieb die Repräsentanz – und damit der politische Einfluß – ostdeutscher Parlamentarier eher gering. Dabei war im „Management" der Fraktionen der Personalaustausch zwischen der 11. und 12. Legislaturperiode beträchtlich, sogar höher als im Gesamtparlament; weit über die Hälfte der einflußreichen Fraktions-Positionen wurde neu besetzt.

Ein ähnliches Ausmaß der Personalfluktuation zeigte sich auch in der Leitung der 24 Ständigen → Ausschüsse des Bundestages: Rund 65% neue Vorsitzende, während umgekehrt wiederum nur ein ostdeutscher → Abgeordneter Ausschußvorsitzender wurde.

Betrachtet man das Sozialprofil des ersten gesamtdeutschen Parlaments, so fällt auf, daß die Bundestagswahl 1990 keine Zäsur in der Entwicklung der parlamentarischen Rekrutierungsmuster bedeutete. Zwar stieg der Anteil weiblicher Abgeordneter sprunghaft an (von 16% im 11. Bundestag auf 21%), wie auch erstmals wiederum (evangelische) Pfarrer (über die ostdeutschen Landeslisten) in den Bundestag gelangten. Jedoch hielten sich ansonsten die Veränderungen im Rahmen bisheriger Trends: Eine gewisse Verjüngung, ein nochmaliger Anstieg der Zahl der Abgeordneten aus dem öffentlichen Dienst (und hier insbesondere aus den Bildungsberufen sowie aus der technischen Intelligenz), eine weitere „Akademisierung". Dagegen blieb der (marginale) Anteil von Arbeitern (1%) wie auch der Anteil von Organisationsfunktionären (14%), von Angestellten aus der Privatwirtschaft (10%) sowie von Unternehmern (7%) nahezu unverändert. Das trifft auch auf die soziale Zusammensetzung der einzelnen Fraktionen zu. So fehlten in der neuen (ostdeutschen) Fraktion „Bündnis 90/Grüne" – ähnlich wie in der früheren (westdeutschen) GRÜNEN-Fraktion – selbständige Unternehmer, Verwaltungsjuristen oder Arbeiter. (*Müller* 1992; *Hess* 1992)

4. Das Regierungspersonal

Auf der Regierungsebene ist der Personalwechsel zwischen dem dritten und vierten Kabinett *Kohl* eher als gering zu beurteilen. Die christdemokratisch-liberale Regierungskoalition wurde nach der deutschen Einigung erneuert. Abgesehen von zwei späteren Umbesetzungen, blieben zu Beginn der 12. Legislaturperiode unter den 19 Kabinettsmitgliedern acht im selben Amt. Drei Abgeordnete aus den neuen Bundesländern wurden Bundesminister, jedoch nicht in den großen, „klassischen" Ressorts. Unter den 33 Parlamentarischen Staatssekretären der neuen Regierung blieben acht in derselben Funktion, wobei unter den neuen Amtsinhabern vier Abgeordnete aus den östlichen Bundesländern waren – aber wiederum nicht in den „klassischen" Ministerien. (→ Bundesregierung)

Am wenigsten veränderte sich die Gruppe der beamteten Staatssekretäre. Obwohl als „politische Beamte" jederzeit auswechselbar, blieb nicht weniger als die Hälfte von ihnen auch nach der neuen Regierungsbildung in ihren Ämtern. Keiner der neuen Staatssekretäre stammte aus den östlichen Bundesländern; verständlicherweise war dort, nach vier Jahrzehnten totalitärer „Kader-Verwaltung", noch kein Reservoir an Spitzenbeamten vorhanden, die sowohl fachlich qualifiziert als auch der demokratisch-rechtsstaatlichen Verfassungsordnung verpflichtet sind. Darüberhinaus bestätigte sich wieder einmal die generelle Regel: Die „technische Unentbehrlichkeit" der Ministerialverwaltung (M. *Weber*) sorgt für ihre personelle Kontinuität – gerade auch in Zeiten politischer Umbrüche oder hoher parteipolitischer Personalfluktuation. (→ Ministerialbürokratie)

5. Neuformierungen

Analysiert man die elitensoziologischen Entwicklungen *nach* Phase der deutschen Wiedervereinigung, so fallen beträchtliche Personalveränderungen in fast allen politischen Führungsgruppen ins Auge. Nicht weniger als elf Kabinettsmitglieder (von insgesamt 20) kamen im Laufe der 12. Wahlperiode neu ins Amt – während die Regierungsbildung nach der Bundestagswahl 1994 kaum, nämlich lediglich zwei Veränderungen brachte. Generell scheint der Wählerentscheid nur wenig Bedeutung für die Zusammensetzung der Regierungselite zu haben, es sei denn, einschneidende Wählerverschiebungen führen zu einer neuen Regierungskoalition. Auch elitensoziologisch bestätigt sich die Regel, daß → Wahlen nicht von der → Opposition gewonnen, sondern von der Regierung verloren werden.

Anders ist die Situation im parlamentarischen Bereich. Zwar zeigt sich auch hier (nach der Wahl vom 16. Oktober 1994) eine gewisse Personalkontinuität. So befinden sich im 13. Deutschen Bundestag noch 11 Teilnehmer am ehemaligen zentralen „Runden Tisch", 49 Mitglieder der (ersten demokratisch gewählten) 10. Volkskammer und drei Mitglieder des ehemaligen *de Maizière*-Kabinetts der DDR; auch hat sich die – nunmehr schon über Jahrzehnte konstante – Berufsstruktur des Deutschen Bundestages kaum verändert. Jedoch ist, mit rund einem Drittel Neulingen und einem erneuten Anstieg der weiblichen MdB (auf nunmehr 26 Prozent), die personelle Erneuerung des 13. Bundestages beträchtlich. Gleiches gilt auch für die Engeren Fraktionsvorstände und für die Leitungen der Bundestagsausschüsse, wo überall mehr als die Hälfte der bisherigen Positionsinhaber ausgewechselt wurden.

Demgegenüber hat sich das Führungspersonal der politischen Parteien in den vergangenen Wahlperioden nur wenig verändert. Auch findet man in den Parteivorständen, insbesondere der beiden großen Parteien CDU und SPD, weiterhin eine auffällig häufige Verknüpfung mit Regierungsämtern und Parlamentsmandaten – ein Phänomen, das, in Erweiterung der „Oligarchie"-Theorie von R. *Michels*, hinsichtlich seiner Ursachen und Konsequenzen für die moderne Parteiendemokratie der vertiefenden Analyse bedarf.

Was die neuen → Bundesländer betrifft, so scheint dort eine gewisse Konsolidierung der politischen Führungseliten eingetreten zu sein. Noch die ersten Landeskabinette waren einerseits durch „Personalimport" aus der westdeutschen Führungsschicht, andererseits durch zahlreiche spektakuläre Rücktritte von Ministerpräsidenten und Ministern gekennzeichnet. Nach den bisher vorliegenden Analysen (*Derlien/Lock* 1994) kann man jedoch in den ostdeutschen Ländern von der Herausbildung einer „neuen politischen Elite" sprechen: Rund 77 Prozent ihrer Mitglieder haben ihre politischen Karrieren erst nach 1990 begonnen, jedoch zeigen ihre Laufbahnen einen deutlichen Trend zur politischen „Professionalisierung". Wobei, wie die erwähnten Autoren hervorheben, „erstaunlich (ist), in welch geringem Umfang die Gegenelite, die maßgeblich zur Implosion der DDR beigetragen hat, selbst die Macht übernehmen konnte".

6. Zusammenfassung

Aus dem bisher Dargestellten ergibt sich, daß im Zuge der deutschen Einigung die politische Führungsschicht personell weitgehend erneuert wurde, daß es aber keinen einschneidenden Bruch in der elitensoziologischen Entwicklung gab. Unverkennbar ist eine Kontinuität der in der BRD bisher ausgeprägten Führungsstrukturen und Rekrutierungsmuster (*Hoffmann-Lange* 1992; *Herzog* 1975). Das beruht wesentlich auf der Persistenz des Parteiensystems als institutioneller Rahmenbedingung der Politikerrekrutierung. Darüberhinaus zeigt die Sozialstrukturanalyse des ersten wie auch des zweiten gesamtdeutschen Bundestages, daß auch die bisherige Tendenz zur Ausdifferenzierung des politischen Rekrutierungssystems – mit eigenen Karrierewegen und spezifischer Professionalisierung – fortgesetzt wird.

Unbeantwortet bleibt zur Zeit noch die Frage, ob die politische Elite offen genug ist, jüngeren Kräften, als Repräsentanten neuer gesellschaftlicher Konfliktlagen und Politikprioritäten, vor allem auch aus den neuen Bundesländern, Zugangschancen in Spitzenpositionen zu gewähren. Jedoch ist andererseits zu bedenken, daß ein Großteil der neuen, in der DDR aufgewachsenen Politikergeneration noch wenig Erfahrung in der innerparteilichen, parlamentarischen und Regierungs-Praxis hat. Insofern bietet eine hinreichende personelle Kontinuität erfahrener Spitzenpolitiker in parlamentarisch-gouvernementalen Schlüsselpositionen die Gewähr für eine genügende Kontinuität und Berechenbarkeit der deutschen Politik. Das dürfte auch von Bedeutung sein, um im internationalen Feld – insbesondere bei den Nachbarstaaten – Vertrauen gegenüber der nunmehr beträchtlich vergrößerten Bundesrepublik zu erhalten.

Versteht man – nach den Erkenntnissen der modernen Elitentheorie (*G. L. Field/J. Highley* 1983; *Herzog* 1991) – Eliten-Integration als Voraussetzung kooperativer Konfliktaustragung und Interessen-Konversion in einer modernen „Verhandlungsdemokratie" (*Scharpf*), so wird das Ausmaß dieser Integration in der politischen Führungselite Deutschlands ausschlaggebend sein für die Lösung neuartiger, schwieriger Probleme – darunter die Herstellung der „inneren Einheit" und die Übernahme neuer Verantwortlichkeiten des geeinten Deutschland in Europa.

Literatur

v. Beyme, Klaus 1993: Die politische Klasse im Parteienstaat. Frankfurt/Main.

Derlien, Hans-Ulrich 1991: Regimewechsel und Personalpolitik. Verwaltungswissenschaftliche Beiträge Nr. 27. Bamberg

Derlien, Hans-Ulrich/Lock, Stefan 1994: Eine neue politische Elite? Rekrutierung und Karrieren der Abgeordneten in den fünf neuen Landtagen, in: ZParl 25.

Glaeßner, Gert-Joachim 1977: Herrschaft durch Kader. Leitung der Gesellschaft und Kaderpolitik in der DDR. Opladen.

Herzog, Dietrich 1975: Politische Karrieren – Selektion und Professionalisierung politischer Führungsgruppen. Opladen.

Herzog, Dietrich 1991: Brauchen wir eine Politische Klasse? In: Aus Politik und Zeitgeschichte. Beilage zur Wochenzeitung Das Parlament B 50/91.

Hess, Adalbert 1992: Daten und Aspekte zur Sozialstruktur des 12. Deutschen Bundestages, in: ZParl 23.

Hoffmann-Lange, Ursula 1992: Eliten in der Bundesrepublik Deutschland. Opladen.

Klingemann, Hans-Dieter/Stöss, Richard/Weßels, Bernhard (Hrsg.) 1991: Politische Klasse und politische Institutionen. Probleme und Perspektiven der Elitenforschung. Opladen.

Leif, Thomas/Legrand, Hans-Josef/Klein, Ansgar (Hrsg.) 1992: Die politische Klasse in Deutschland. Eliten auf dem Prüfstand. Bonn/Berlin.

Müller, Emil-Peter 1992: Strukturen des XII. Deutschen Bundestages. Köln.

Müller-Enbergs, Helmut/Schulz, Marianne/Wielgohs, Jan (Hrsg.) 1991: Von der Illegalität ins Parlament. Werdegang und Konzept der neuen Bürgerbewegungen. Berlin.

Niedermayer, Oskar/Stöss, Richard (Hrsg.) 1994: Parteien und Wähler im Umbruch. Opladen.

Schmidt, Ute 1991: Die Parteienlandschaft in Deutschland nach der Vereinigung, in: Gegenwartskunde 4/1991.

Thaysen, Uwe 1990: Der Runde Tisch. Oder: Wo blieb das Volk? Opladen.

Dietrich Herzog

Politische Kultur

1. Begriff

Der Begriff ist amerikanischer Herkunft und wird in der Forschung wertfrei benutzt. Im allgemeinen Sprachgebrauch hat sich dagegen in Deutschland eine nur positive Verwendung des Begriffs durchgesetzt. Danach beinhaltet politische Kultur (im folgenden pK genannt) einen besonders stilvollen oder moralischen Umgang mit politischer Macht, den man einander zubilligen oder absprechen kann. Im folgenden wird einzig der wissenschaftliche Wortgebrauch verwandt. Er erlaubt die Bezeichnung pK auch im Zusammenhang mit politischen Regimen, die man verabscheut, in folgendem Sinne:

PK bezieht sich auf die subjektive Dimension der Politik und bezeichnet allgemein das Verteilungsmuster aller Orientierungen einer Bevölkerung gegenüber dem politischen System als der Summe aller Institutionen. Zur politischen Orientierung zählen Meinungen, Einstellungen und Werte. Während sich Meinungen rasch ändern können, sind Einstellungen (z.B. Parteipräferenzen) schon stabiler, und Werte (z.B. sittliche Grundüberzeugungen) werden noch weniger gewechselt. (Im Zuge postmoderner Veränderungen spricht man allerdings zunehmend von ‚Wertmoden').

Auch das politische Handeln gehört zur pK. Die Verbindung zwischen politischem Bewußtsein und politischem Handeln ist allerdings unsicher und Gegenstand theoretischen und methodischen Disputs zwischen verschiedenen wissenschaftlichen Disziplinen und Schulen. Zum Bereich der pK zählen auch Bewußtseins- und Handlungsfelder, die zunächst als unpolitisch erscheinen (Einstellungen zu Arbeit und Freizeit, religiöse Vorstellungen, Erziehungsstile und -ziele).

2. Forschungskonzept

Die pK-Forschung entstand nach dem Zweiten Weltkrieg, in der Folge zweier politischer Erfahrungen: Erstens des → Nationalsozialismus als des Rückfalls eines zivilisierten Volkes in eine barbarische Politik; zweitens der Entlassung vieler unter Kolonialverwaltung stehender Staaten in die Selbständigkeit. In beiden Fällen ging es um die Frage, unter welchen Bedingungen und in wie langer Zeit neue politische Institutionen darauf rechnen konnten, vom politischen Bewußtsein der → Bevölkerung aufgenommen und gestützt zu werden.

Für die Untersuchung dieser Prozesse bedient sich die pK-Forschung einer vergleichenden Methode: Eine Population wird sowohl mit Zuständen aus ihrer eigenen Geschichte wie auch mit gleichzeitig bestehenden anderen Populationen verglichen. Außerdem vergleicht man innerhalb einer Population verschiedene Schichten und Gruppen, z.B. verschiedene Generationen. Bei dieser Vergleichung interessieren Trends mehr als Ist-Aussagen. Man will die Faktoren herausfinden, die für Bewußtseinswandel von entscheidender Bedeutung sind. Dabei spielen Bildungsprozesse, vor allem aber wirtschaftliche und politische Verhältnisse eine entscheidende Rolle.

Das politische Bewußtsein einer Bevölkerung und die politischen Institutionen eines Systems stehen nicht immer im Einklang, sondern können einander durchaus widersprechen: Für die deutsche Politikgeschichte liefert die Zeit der Weimarer Republik ein anschauliches Feld für das Auseinanderklaffen eines politischen Bewußtseins, das noch in vergangenen Strukturen beheimatet war, und politischen Institutionen, die deshalb abgelehnt und verachtet wurden (das Parlament als ‚Schwatzbude').

In der pK-Forschung sind alle Disziplinen beteiligt, die in der Einstellungs-

und Verhaltensforschung mitwirken. Hinzu kommt die Lebensqualitätsforschung, weil politische oder politisch relevante Einstellungen stark von (auch privaten) Glückseinschätzungen abhängen. Idiographische Fallstudien ergänzen quantitative Methoden, Beobachtung und klassische Inhaltsanalysen von Dokumenten aller Art. In der Theorien- und Methodenvielfalt der pK-Forschung liegt zugleich ihre Stärke wie Schwäche.

Die der quantitativen Survey-Methode zugrundliegende Annahme, man könne durch Abfragen und Aufsummieren von Einzelmeinungen die Einstellungen und Werthaltungen eines statistischen ‚Durchschnittsbürgers' erkunden, trifft auf eine Reihe von Kritiken: Die wichtigsten sind die folgenden drei:

1. Befragungen arbeiten mit Texten, die von den Befragten verstanden werden müssen. Mittelschichten sind gewohnt, ihre Handlungsdispositionen zu reflektieren und sprachlich auszudrücken, während das Handeln von bildungsfernen Schichten häufig durch andere Mechanismen als durch diskursive Prozesse gesteuert wird.
2. Das ‚demokratische' Argument des Gleichgewichts aller abgefragten Meinungen täuscht darüber hinweg, daß in der Realität politische Einstellungen ganz unterschiedliches Gewicht haben, je nach der unterschiedlichen Macht- und Entscheidungsposition, die jemand innehat. Die Survey-Forschung übersieht leicht die Rolle von Eliten, auch von Gegeneliten. Deren ‚Meinungen' setzen sich stärker in politische Aktion um und bestimmen die von ihnen gestalteten Politikfelder viel nachhaltiger als die Orientierungen einer statistischen Mehrheit der Bevölkerung. Das Gesagte gilt auch für das unterschiedliche Gewicht von veröffentlichter Meinung durch Intellektuelle, Kommentatoren und andere ‚Sinnproduzenten'.
3. Mit der Abfrage erreicht man jene historischen Tiefenschichten nicht, die eine politische Kultur über lange Zeit prägen und die gemessenen Meinungen, Einstellungen und Werthaltungen erst erklären können. Worum es eigentlich gehe – so die Kritik –, sei die Ermittlung komplexer ‚Vorstellungen', nicht die Ermittlung kurzfristiger ‚Einstellungen'. Überhaupt seien Inhalte weniger wichtig als Strukturen und politische Prinzipien. Karl Rohe spricht von einer Art politischer Partitur, einem Weltbild von Gruppen, die denselben politischen Code und in der Folge vielleicht auch dasselbe Verhaltensmuster teilen.

3. Die politische Kultur der BRD

Die pK der BRD ist seit der ersten Vielländerstudie (Studie von *G. Almond* und *S. Verba*) vergleichsweise gut erforscht. Mitte der 50er Jahre zeigten sich amerikanische Wissenschaftler im Blick auf eine demokratische Entwicklung der Westdeutschen eher skeptisch: Es werde wohl hundert Jahre dauern, bevor die Westdeutschen zuverlässige Demokraten würden. Heute zählen dieselben Forscher die BRD zu den stabilsten Demokratien westlichen Musters. Gründe für den raschen Wandel politischer Einstellungen und Werthaltungen vermutet man in der Schockwirkung der militärischen Niederlage, verbunden mit wirtschaftlicher Hilfe ausgerechnet durch die Feindmächte, und dem dramatischen Wirtschaftsaufschwung mit dem Resultat bis heute anhaltender wirtschaftlicher Prosperität.

Vergleicht man diese günstigen Bedingungen mit den Belastungen, unter denen die erste deutsche Demokratie der Weimarer Republik stand, so werden die verschiedenen Konturen der pKen von Weimar und Bonn deutlich:

Während die militärische Niederlage im Ersten Weltkrieg von weiten Bevölkerungskreisen nicht eingestanden, sondern der politischen Linken als ‚Dolchstoß' zugeschrieben wurde, erlaubte die Evidenz der militärischen Katastrophe 1945 keine Diskussion. Das nationalsozialistische Regime hatte jedenfalls militärisch versagt. Die politische Konsequenz wurde akzeptiert; die Staatsform der Westmächte hatte mit keinen nennenswerten Widerständen zu rechnen. Die neue → Demokratie wurde zwar nicht geliebt, aber es gab auch keine wehmütigen Erinnerungen an das zerschlagene Regime. Die alten politischen Eliten der Großagrarier und des Militärs hatten endgültig abgedankt.

Während wirtschaftliche Belastungen der Weimarer Republik schwere politische Krisen eintrugen, entwickelte sich Westdeutschland dank einer einsichtigen Wirtschaftspolitik der Alliierten sehr rasch zu einer prosperierenden → Gesellschaft. Vom Wirtschaftswachstum haben alle Schichten der Bevölkerung profitiert. Das sich anfänglich noch findende Klassenbewußtsein verschwand in den späten 60er Jahren. Das System sozialer Sicherheit, die Versorgung der gesamten Bevölkerung mit langfristigen Gebrauchsgütern, die Reduzierung der Arbeitszeit und die Verlängerung des Urlaubs haben dafür gesorgt, daß die objektiven Vermögens- und Einkommensunterschiede kaum mehr unter Klassengesichtspunkten interpretiert werden.

Aber das Bild von Demokratie blieb in der ersten Dekade der BRD noch diffus. Die Bürger waren zwar mit ihrer Staatsform im allgemeinen zufrieden, hielten sie für ‚modern‘, vor allem für ‚effektiv‘. Sie sprachen sich auch im allgemeinen für ‚Toleranz‘ aus. Genauere Nachfragen zwangen allerdings zu einem differenzierteren Urteil. Die Westdeutschen lieferten im Vergleich zu den angelsächsischen Ländern vor allem auf folgenden Feldern schlechtere Werte: affektive Unterstützung des politischen Systems (gemessen z.B. mit der Frage, worauf man in seinem Lande besonders stolz sei); politische Kommunikation (Gespräche über Politik schätzte man nicht: aus Sorge vor beruflichen Nachteilen oder Streit in der Familie); politische Partizipation: sowohl im Blick auf die ‚konventionelle‘ (Zeitung lesen, zur Wahl gehen) wie auf die ‚unkonventionelle‘ (Petitionen, Demonstrationen) Partizipation; Unterstützung des → Parteiensystems (gemessen z.B. an der Frage, ob es besser sei, mehrere Parteien zu haben oder nur eine); Sinn für Pluralität, → Opposition und Kompromiß. Die Ergebnisse von Einstellungsforschungen auf scheinbar unpolitischen Feldern entsprachen diesen Resultaten (z.B. im Blick auf Erziehungsstile: Die alten deutschen Tugenden wie Gehorsam und Unterordnung fanden größere Zustimmung als die demokratischen wie Selbständigkeit und freier Wille).

Nach drei Jahrzehnten lieferte die Bevölkerung der BRD auf allen Feldern das Bild zuverlässiger Bürger einer Demokratie: Das politische Interesse war stark gestiegen, das politische System wurde akzeptiert, → politische Partizipation war signifikant angewachsen, auch die affektive Bindung an das politische System hatte sich gefestigt. Ein Gesichtspunkt blieb allerdings weiterhin für die politische Orientierung der Westdeutschen maßgebend: Politische Systemakzeptanz beruht stark auf ökonomischer Basis. Das ist bis heute so geblieben. Schwachpunkte der deutschen demokratischen pK lassen sich aus der deutschen Politikgeschichte erklären: Ein immer noch ungenügend ausgebildeter Sinn für Pluralität, schwache Konfliktfähigkeit, ungenügende Achtung von Minderheiten und Opposition erinnern noch heute an die lange obrigkeitsstaatliche Tradition Deutschlands. Im ganzen dürfte die BRD aber seit den 80er Jahren als ein stabiles demokratisches System gelten, das vom politischen Bewußtsein der Bevölkerung getragen wird.

4. Die politische Kultur nach der Vereinigung D.s

Die Neuvereinigung bedeutet zwar eine rasche Homogenisierung der politischen Institutionen in beiden Teilen D.s, aber damit nicht gleichzeitig schon eine Angleichung der politischen Orientierungen der alten und der neuen Bundesbürger. Man hatte auf Grund von Meinungsumfragen während und kurz nach dem Umbruch, die überraschend ähnliche Meinungen bei den Ost- und Westdeutschen zu Tage förderten, zunächst eine sehr rasche Angleichung der Einstellungen und Werte in beiden Populationen erwartet. Nachfolgende Untersuchungen deckten allerdings eine teilweise tiefe Kluft zwischen zwei ganz verschiedenen pKen in Ost und West auf. Den Grund für den anfänglichen Irrtum kennt man inzwischen: Aus politischer Unsicherheit und dem Mangel an politischen Eliten spiegelten die abgefragten Meinungen der Ostdeutschen lediglich das Meinungsklima der westdeutschen Medien, besonders des Fernsehens, waren aber kein Ausdruck eigener Werte.

Inzwischen weiß man, daß sich nicht nur Einstellungen und Werthaltungen der ostdeutschen Bundesbürger von westdeutschen Orientierungen wesentlich unterscheiden, sondern man erkennt auch zunehmend, daß die Instrumente und Bezugsrahmen westlicher pK-Forschung die Einstellungen der ostdeutschen Population nur teilweise erfassen können. So versagen z.B. im Themenbereich soziale Gerechtigkeit und Gleichheit westliche Instrumente der Zuordnung. Ähnliches gilt für die Kategorie des sozialen Vertrauens, das innerhalb liberaldemokratischer Bevölkerungen zusammen mit Ich-Stärke und Teamgeist eine meßbare Variable abgibt, in Ostdeutschland aber nicht ohne weiteres verwendbar ist, weil sie in zwei nicht ohne weiteres zu vermittelnde Teile zerfällt: in eine gegenseitige Hilfsbereitschaft in praktischen Dingen und gleichzeitig eine strikte Zurückhaltung gegenüber vertrauensvoller Öffnung in weltanschaulichen und politischen Fragen.

Obrigkeitsstaatliche Traditionen, die in der BRD im Laufe von 40 Jahren Erfahrung mit westlicher Demokratie langsam abgebaut wurden, lebten in der DDR fort, wurden durch die sozialistische Staatsbürokratie und → SED-Herrschaft sogar noch verstärkt. In mancher Hinsicht befindet sich das politische Bewußtsein der Ostdeutschen deshalb auf dem Stand des westdeutschen der frühen 60er Jahre. Das gilt für ‚sekundäre Tugenden-, für mangelnde Ambiguitätstoleranz (das Ertragen von Situationen und Themen, die nicht nach einem Entweder-Oder-Schema gelöst werden können), für geringere Partizipationsbereitschaft oder die Unvertrautheit mit parteipolitischer Streitkultur. Ein eigenes ostdeutsches Einstellungsprofil zeigt sich vor allem im Blick auf die Staats-Orientierung: Ältere Strukturen einer deutschen ‚Staatskultur“ (gegenüber angelsächsischer ‚Gesellschaftskultur'; vgl. K. *Rohe*) wurden durch die Erfahrungen mit sozialistischer Staatsbürokratie verstärkt; sie äußern sich heute in hohen Erwartungen an staatliche Leistungen. Im Wertebereich finden sich andererseits vielerlei Ähnlichkeiten zwischen ostdeutschem und westdeutschem Bevölkerungsteil, z.B. hinsichtlich der Verteilung bestimmter Werte-Typen in der Gesellschaft.

Nimmt man die Erfahrungen der westdeutschen pK als Vergleich, so kommt bei der Entwicklung eines politischen Bewußtseins nach dem Muster westlicher Demokratien viel auf eine rasche wirtschaftliche Gesundung der neuen → Bundesländer an. Wirtschaftliche Effektivität wird dort noch lange den Maßstab für die Entwicklung eines politischen Systemvertrauens abgeben. Verbreitete und andauernde → Arbeitslosigkeit (besonders der Jugend) würde die Entwicklung einer demokratischen pK verzögern und bedrohen (durch Apathie und die Unmöglichkeit, Partizipation zu üben und soziales Vertrauen auszubilden).

Die pK-Forschung kann dabei helfen herauszufinden, welche Einstellungen sich unter welchen Bedingungen und innerhalb welcher Zeit und bei welchen Altersgruppen erwarten lassen. Hier sind besonders die Ergebnisse der Lebensqualität- und Zufriedenheitsforschung von großer Bedeutung. Man weiß, daß Defizite auf bestimmten Feldern direkt oder indirekt auf die Politik durchschlagen: als Entzug der speziellen oder diffusen Systemunterstützung mit der Folge von Apathie oder Aggression. Zu diesen Feldern gehören an höchster Stelle soziale Bindungen wie Ehe und Familie, Freundschaft und Nachbarschaft, aber auch Arbeitsbeziehungen. Sehr hoch rangiert auch der Faktor Gesundheit. Deshalb sollten die schlimmsten ökologischen Schäden rasch beseitigt werden. Auch der Faktor Wohnung hat einen hohen Rangplatz, und der Mietpreis wird noch lange ein politischer Preis sein. Das gilt für Westdeutschland ebenso wie für Ostdeutschland. In dem Maße, in dem soziale Sicherheit in der DDR verbürgt war, gehört sozialstaatlichen Leistungen hier noch besondere Aufmerksamkeit.

Die pK-Forschung entstand in Zeiten raschen gesellschaftlichen Wandels. Die Auflösung ehemals totalitärer Gesellschaften, bzw. die Neuvereinigung D.s, bedeutet heute eine große Herausforderung an ihre theoretische Ergiebigkeit und methodische Leistungsfähigkeit. Die ostdeutsche pK stellt viele Fragen, von denen die folgenden nur eine kleine Auswahl darstellen: Von welchen Erfahrungen wurden welche Altersgruppen und Schichten nachhaltig geprägt? Stimmt es, daß ostdeutsche Jugendliche im Blick auf ihr politisches Bewußtsein ihren westlichen Altersgenossen näher sind als die älteren Generationen? Und was wären die Gründe dafür? (z.B. wirtschaftliche Prosperität, Wertwandel, ‚westliche' Popjugendkultur auch im Osten?) Wie steht es um das politische Bewußtsein von ostdeutschen Frauen? Wird es das traditionell geringe politische Interesse von Frauen im Westen eher verstärken oder abschwächen? Wie wirkt sich Arbeitslosigkeit (bzw. die Sorge vor ihr) auf das politische Bewußtsein der Ostdeutschen aus? Entsteht (oder hält an) ein Gefühl bei den Ostdeutschen, ‚kolonisiert' worden zu sein, und welche Auswirkungen hätte ein solcher Eindruck auf die pK (im Osten und Westen)? Wie reagieren die Westdeutschen auf die Vereinigung? Wie wird sich die deutsche pK insgesamt durch die Neuvereinigung ändern?

Die größte Schwierigkeit für eine rasche Angleichung der beiden pKen im Osten und Westen liegt in der großen Kluft zwischen einer westdeutschen ‚Spätkultur' (mit postmodernen, ‚postmaterialistischen' Lebensstilen, Wertmoden, Freizeitorientierung und Ironie) und einer ostdeutschen Mangelgesellschaft (mit ‚materialistischer' Arbeitsorientierung, hohen Sicherheitsbedürfnissen und sekundärem Tugendkatalog). Was hier aufeinandertrifft, birgt ein brisantes Bündel von Mißverständnissen. Die pK-Forschung kann hier nützlich sein, indem sie Prozesse durchschaubar macht und Strategien zu ihrer Verkürzung entwickelt. Mindestens kann sie das gegenseitige Verständnis fördern und auf diese Weise zu dem beitragen, was am meisten nottut: Geduld und Takt.

Literatur

Almond, Gabriel/Verba, Sidney 1963: The Civic Culture. Political Attitudes and Democracy in Five Nations. Princeton.

Dies. 1980: The Civic Culture Revisited. Boston/Toronto.

Baker, K.L. u.a. 1981: Germany Transformed. Political Culture and the New Politics. Cambridge/Mass./London.

Barnes, Samuel H./Kaase, Max u.a. 1979: Political Action. Mass Participation in Five Western Democracies. Beverly Hills/ London.

Berg-Schlosser, Dirk/Schissler, Jakob (Hrsg.) 1987: Politische Kultur in Deutschland. Bilanz und Perspektiven der Forschung. Sonderheft 18/1987 der Politischen Vierteljahresschrift.

Conradt, David P. 1978: The German Polity. New York/London.

Gabriel, Oskar W. 1987: Politische Kultur, Postmaterialismus und Materialismus in der Bundesrepublik Deutschland. Opladen.

Greiffenhagen, Martin und Sylvia 1979: Ein schwieriges Vaterland. Zur Politischen

Kultur Deutschlands. München. (TB Frankfurt 1981), völlig überarbeitete Neuausgabe 1993.
Greiffenhagen, Martin und Sylvia/Prätorius, Rainer (Hrsg.) 1981: Handwörterbuch zur politischen Kultur der Bundesrepublik Deutschland. Ein Lehr- und Nachschlagewerk. Opladen.
Klages, Helmut 1993: Traditionsbruch als Herausforderung. Perspektiven der Wertewandelsgesellschaft. Frankfurt/New York.
Reichel, Peter 1989: Politische Kultur der Bundesrepublik. Eine Einführung. Leverkusen.
Rohe, Karl: Politische Kultur und ihre Analyse. Probleme und Perspektiven der politischen Kulturforschung. In: Historische Zeitschrift 250/1990.
Weidenfeld, Werner/Korte, Karl-R. 1991: Die Deutschen. Profil einer Nation. Stuttgart.

Martin und Sylvia Greiffenhagen

Politische Sozialisation

1. Begriff

Politische Sozialisation (PS) ist in engem Zusammenhang mit → politischer Kultur und → politischer Bildung zu sehen. Nimmt man die klassische Definition politischer Kultur als die „jeweilige Verteilung von Orientierungsmustern gegenüber politischen Gegenständen" in einer Gesellschaft (*Almond/Verba* 1963), dann bezeichnet PS den Erwerb dieser Orientierungsmuster durch das Individuum. Der Begriff ist außerordentlich komplex, da er mit allen Problemen und Kontroversen der Definition des „Politischen" belastet ist und „Sozialisation" die gesamte – bewußte und unbewußte – Vermittlung gesellschaftsbezogener Kenntnisse, Fähigkeiten, Einstellungen und Werte bezeichnet – wobei sowohl der Prozeß als auch die Ergebnisse in Betracht kommen können. Forschungspraktisch ergibt sich ein Übergewicht des Ergebnisaspekts, da empirische Befragungen zunächst statische Bilder hervorbringen und Verläufe sich nur durch aufwendige qualitative Verfahren untersuchen oder durch Zeitreihen rekonstruieren lasen. So bleibt der eigentliche Prozeß der PS zwangsläufig zumindest teilweise eine „black box".

2. Forschungsansätze

Ältere Untersuchungsansätze, die größtenteils in behavioristischer, strukturfunktionaler oder psychoanalytisch beeinflußter Forschungstradition stehen, sind zu eindimensional. So läuft die abstrahierende Vorstellung einer nationalen politischen Kultur Gefahr, die Existenz regionaler, sozialer, religiöser usw. Teilkulturen zu übersehen. Auch ist PS nicht als bloße Übertragung eines fertigen Systems von Orientierungen auf eine neue Generation zu verstehen. Damit wäre Wandel im politischen Verhalten oder individuelle Abweichung nicht zu erklären. PS ist dagegen als Lernprozeß zu untersuchen, der die politischen Denk- und Handlungsmöglichkeiten der Individuen konstituiert. Der Aspekt politischer Handlungsfähigkeit als Ergebnis von Sozialisation läßt sich rollentheoretisch, bildungstheoretisch und/oder normativ begründen. Er impliziert eine Betrachtung auf der Makro- und Mikroebene, die sich nicht auf die Anpassung von Individuum und politischer Kultur beschränkt.

Unterschieden werden primäre Sozialisationsagenturen (Familie oder z.B. informelle Freundschaftsgruppe, „peer-group"), sekundäre Agenturen (Schule, Vorschule, Jugendarbeit, Jugendverbände) und tertiäre (politische und gesellschaftliche Institutionen: z.B. → Parteien, Verbände und → Kirchen). Eine besondere Rolle ist den → Massenmedien zuzusprechen. Die Gewichtung dieser Agenturen bleibt in der empirischen Literatur umstritten. Auch auf die Frage nach unterscheidbaren Phasen der Sozialisation gibt es keine eindeutigen Antworten. Die Kristallisationsthese geht – auf psychoanalytischem Hintergrund – davon aus, daß die frühkindlich im familiären Kontext erworbenen allgemeinen Orientierungen („Primat der frühkindlichen Sozialisation") dauerhaft wirksam bleiben („Persistenzproblem") und die späteren Orientierungen politischen Meinens und Handelns prägen („Strukturierungsthese"). Eine empirische Überprüfung ist problematisch, schon weil die Auswahl von Issues oder Indikatoren für politische Orientierungen Befragungsergebnisse in hohem Maße vorformt. Dies gilt auch für die These, daß es eine besondere „formative Phase" gebe, in der politische Ereignisse die frühkindlichen Vorprägungen modifizieren. Sie bietet jedoch den Vorteil, den Blick auf den Schnittpunkt individueller und politisch-historischer Strukturen zu lenken (vgl. *Zängle* 1978: 44ff.).

3. Politische Sozialisation in Deutschland seit 1945

Das erste und größte Projekt politischer Erziehung im Nachkriegsdeutschland war die „Entnazifizierung". Ihre sehr begrenzte Reichweite widerlegt die Vorstellung, daß man die politisch- psychologischen Tiefenstrukturen einer Generation durch Aufklärung oder Erziehung einfach ändern könne.

In der BRD der 50er und frühen 60er Jahre dominierten Einstellungen, aus denen man Politik allgemein skeptisch betrachtete, Privatheit und Familie betonte und materielle Werte höher erachtete als politische. Die totalitäre Überformung der sekundären Sozialisationsinstanzen im Nationalsozialismus hatte ein besonderes Vakuum hinterlassen: politische Erziehung galt vielen als belastet, und erst im Laufe der 50er Jahre gewannen ihre Konzepte wieder an Bedeutung. Dagegen wuchs der Stellenwert der Instanzen der primären und tertiären PS: neben der Familie rekonstruierten sich soziale Milieus der vornationalsozialistischen Zeit. Gleichzeitig nahm der Medieneinfluß auf die PS zu – mit dem Siegeszug des Fernsehens ab Mitte der 50er auch vom familiären Kern her. Entsprechend der Mischung der Einflüsse waren die Ergebnisse der Civic-Culture-Forschung noch in den 60ern widersprüchlich: Ein mehrheitlich noch autoritäres Politikverständnis verbunden mit formaler Bejahung der → Demokratie und ihrer Institutionen (vgl. *Almond/Verba* 1963).

Hatte also in der Bundesrepublik zunächst die Frage nach der wiedererlangten Normalität auf dem Hintergrund der zunehmend unumstrittenen Westorientierung im Mittelpunkt des Interesses gestanden, so verschob sich der Brennpunkt nach „APO" und Vietnam-Protest auf gesellschaftliche Konflikte – vor allem auf den „Generationenkonflikt". Konfliktorientierung und Bildungsboom bestimmten auch die wissenschaftliche Diskussion, die unter Stichpunkten wie „Emanzipation" und „Bildungsreform" kontrovers geführt wurde und seit den 70er Jahren auch den im wesentlichen in den USA entwickelten Sozialisationsbegriff rezipierte. Der allgemeine → Wertewandel beeinflußte gleichzeitig zentrale politikrelevante familiäre Erziehungsziele: Erziehung zur Selbständigkeit wurde am häufigsten genanntes Ziel (vgl. *Pross* 1982: 85ff.).

In der → DDR war PS – unter anderem Begriff – staatliches Programm der Erziehung zum „sozialistischen Menschen". Dessen Scheitern war angelegt: Der Widerspruch zwischen der (schon degenerierten) Utopie und der Wirklichkeit war offensichtlich und die ideologisch formulierten Erziehungsziele gingen an den real existierenden Menschen vorbei. Dies förderte die

Entstehung der „Nischengesellschaft" (*Gaus* 1983). Die Flucht ins Private war zunächst eine Parallele zur Nachkriegsreaktion der Westbevölkerung. Unterschiede bestanden aber einerseits in den wesentlich geringeren politischen Entscheidungsmöglichkeiten und andererseits in der stärkeren institutionellen Einbindung – nicht nur im öffentlichen Bereich sondern auch im Übergangsbereich zur privaten „Nische". Kinderkrippe, Arbeitskollektiv oder nachbarliche Hilfs- und Tauschgemeinschaften wirkten dabei immer auch als Instanzen der PS.

Der Beitritt der neuen Bundesländer hat in Deutschland die in ihrer konkreten Form einmalige problematische Situation geschaffen, daß sich ein Bevölkerungsanteil an das fertige Werte-, Orientierungs- und Handlungssystem eines anderen Teils weitgehend anpassen muß. Umfassende empirische Untersuchungen hierzu stehen allerdings noch aus. In jüngster Zeit haben die vielfach als krisenhaft eingeschätzte Entwicklung des Parteiensystems, der Aufstieg rechtsradikaler Organisationen und die Welle fremdenfeindlicher Gewalt neues – auch wissenschaftliches – Interesse an PS hervorgebracht. Die Individualisierungsthese geht von funktionellen Verlusten der klassischen Vermittlungsagenturen der PS aus – sowohl der Familie und der Schule als auch kollektiver Organisationen, wie Parteien oder Gewerkschaften. Die unvermitteltere und individuellere, zunehmend durch Medien geprägte Beziehung zwischen öffentlichem und privatem Entscheidungsraum drohe die Individuen zu überlasten und – auf dem Hintergrund ungleicher Chancenverteilung – reduktionistische Orientierungen („Fundamentalismus") und regredierte Verhaltensdispositionen (Gewaltbereitschaft) hervorzubringen (vgl. *Heitmeyer/ Jacobi* 1991). Ob dieser Trend stabil ist und ob hier eine Erklärungsschablone für antidemokratische Orientierungsmuster gefunden ist, bedürfte aber weiterer Untersuchung.

Literatur

Almond, G.A./Verba, S. 1963: The Civic Culture. Political Attitudes and Democracy in Five Nations. Princeton.

Gaus, G. 1983: Wo Deutschland liegt: Eine Ortsbestimmung. Hamburg.

Heitmeyer, W. '1992: Rechtsextremistische Orientierungen bei Jugendlichen. Empirische Untersuchungsergebnisse und Erklärungsmuster einer Untersuchung zur politischen Sozialisation. Weinheim und München.

Heitmeyer, W./Jacobi, J. (Hrsg.) 1991: Politische Sozialisation und Individualisierung. Perspektiven und Chancen politischer Bildung. Weinheim und München.

Krockow, Ch. v. 1990: Die Deutschen in ihrem Jahrhundert. 1890-1990. Reinbek bei Hamburg.

Pross, H. 1982: Was ist heute deutsch? Reinbek bei Hamburg.

Zängle, M. 1978: Einführung in die politische Sozialisationsforschung. Paderborn.

Ulrich Meyer

Politische Stiftungen

1. Historische Entwicklungen

Als politische Stiftungen gelten in D fünf Organisationen, die den fünf großen deutschen, im Bundestag vertretenen Parteien nahestehen: die SPD-nahe Friedrich-Ebert-Stiftung, die CDU-nahe Konrad-Adenauer-Stiftung, die CSU-nahe Hanns-Seidel-Stiftung, die F.D.P.-nahe Friedrich-Naumann-Stiftung und der den Grünen nahestehende Stiftungsverband Regenbogen.

Älteste dieser fünf politischen Stiftungen ist die Friedrich-Ebert-Stiftung. Sie wurde bereits im Todesjahr des ersten deutschen Reichspräsidenten F. *Ebert* 1925 aus den Mitteln des Nachlasses des sozialdemokratischen Politikers gegründet. Nachdem die Friedrich-Ebert-Stiftung im Jahr der Machtergreifung der Nationalsozialisten 1933 verboten worden war, wurde sie nach dem Zweiten Weltkrieg im Jahre 1945 wieder ins Leben gerufen.

Diesem Vorbild folgend wurde 1958 die Friedrich-Naumann-Stiftung gegründet. Die Gründung der Konrad-Adenauer-Stiftung folgte 1964, die der Hanns-Seidel-Stiftung 1967. Jüngste politische Stiftung ist der Stiftungsverband Regenbogen, der 1988 entstand.

Alle politischen Stiftungen haben sofort nach der politischen Wende in der DDR Ende 1989 dort mit dem Aufbau einer eigenständigen Organisation begonnen. Inzwischen verfügen sie in den neuen Bundesländern über ein vergleichbares Netz von Büros und Einrichtungen wie in der bisherigen BRD.

2. Organisation der politischen Stiftungen

Obwohl alle fünf Organisationen den Begriff ‚Stiftung' in ihren Namen tragen, trifft dies aus juristischer Sicht nur auf die Friedrich-Naumann-Stiftung zu. Sie ist eine Stiftung des privaten Rechts. Die anderen politischen Stiftungen sind ihrer rechtlichen Organisationsform zufolge ‚eingetragene Vereine' (vgl. *Vieregge* 1977: 32).

Der Stiftungsverband Regenbogen ist der Dachverband der Vereine ‚Buntstift', ‚FrauenAnstiftung' und ‚Heinrich-Böll-Stiftung'. ‚Buntstift' wiederum ist der Zusammenschluß von neun auf Länderebene bestehenden Grün-nahen Stiftungen und Vereinen (vgl. Stiftungsverband Regenbogen 1991: 3).

Bei allen Stiftungen steht ein Vorstand als Führungsgremium an der Spitze der Organisation. Gewählt werden diese Vorstände von den Mitgliederversammlungen der Vereine. Die Gesamtzahl der Mitglieder ist bei ihnen meist durch die Satzung beschränkt: bei der Konrad-Adenauer-Stiftung auf 40, bei der Hanns-Seidel-Stiftung auf 25 und beim Stiftungsverband Regenbogen auf 15. Die Friedrich-Ebert-Stiftung hat zwar keine Höchstmitgliederzahl festgelegt, doch findet auch hier eine faktische Begrenzung auf rund 90 Mitglieder statt (*Kress* 1985: 25).

Durch ihre einzigartige rechtliche Stellung verfügt die Friedrich-Naumann-Stiftung über keine Mitgliederversammlung. Bei ihr ist das oberste Organ das aus höchstens 24 stimmberechtigten Mitgliedern bestehende Kuratorium.

All diese Gremien sind in ihrer Zusammensetzung sehr stark durch Mitglieder der der jeweiligen Stiftung nahestehenden Partei geprägt. Abgeordnete, amtierende oder ehemalige Regierungsmitglieder sowie Parteifunktionäre bestimmen alle Organe. Daneben gibt es noch eine weitaus kleinere Gruppe von Angehörigen nahestehender Organisationen, Verbände oder Unternehmen sowie einige Persönlichkeiten des öffentlichen Lebens wie Journalisten, Künstler und Wissenschaftler (vgl. *Vieregge* 1977: 39).

3. Aufgaben und Arbeit der politischen Stiftungen

Übereinstimmend haben alle fünf Stiftungen ihre Aufgabengebiete bereits in ihren Satzungen auf Tätigkeitsfelder auf nationaler wie internationaler Ebene festgelegt. Sie umfassen in D grundsätzlich die drei Bereiche der politischen Bildungsarbeit, der Studienförderung sowie der wissenschaftlichen Forschung und international die Entwicklungszusammenarbeit in Ländern der Dritten Welt sowie Aktivitäten im sonstigen Ausland.

3.1 Politische Bildungsarbeit

Zentraler Bereich der Inlandstätigkeit aller politischen Stiftungen ist die politische Bildungsarbeit. Dabei gehen die Stiftungen zweigleisig vor: Zum einen führen sie Bildungsmaßnahmen hausgebunden in eigenen Heimvolkshochschulen, zum anderen flexibel, also hausungebunden, durch (vgl. *Vieregge* 1977: 109).

Konzeptionell gibt es unter den Stiftungen keine Unterschiede. Alle fünf Einrichtungen sehen ihre Aufgabe in der „Stärkung der Bürgerverantwortung zur Gestaltung der Zukunft", in der „Befähigung und Weckung der Bereitschaft zur aktiven Mitwirkung in der Demokratie" und in Beiträgen „zur politischen Kultur in einer komplizierter werdenden Welt" (FES-Jahresbericht 1990: 36). „Mittelfristig soll" durch diese politische Bildungsarbeit „der Anreiz und die Befähigung für eine politische Beteiligung erhöht und durch die Vermittlung eines realistischen Wissens das Interesse an Politik auf kommunaler, Landes-, Bundes- und Europaebene erhöht werden" (HSS-Jahresbericht 1988: 19). Die Seminare und sonstigen Veranstaltungen sollen „politische Fertigkeiten und Sicherheit im öffentlichen Handeln" (FNS-Jahresbericht 1990: 17) und „objektive Information über Faktoren und Funktionszusammenhänge politischer Prozesse" (KAS-Jahresbericht 1988: 37) vermitteln.

Die Veranstaltungsformen der Stiftungen reichen dabei von Eintages-, Wochenend- oder einwöchigen Seminaren über Vorträge, Konferenzen, Tagungen, Kolloquien, Gesprächskreisen bis hin zur Publikation von Zeitschriften und Büchern.

3.2 Studienförderung

Ein weiterer wesentlicher Bestandteil der Inlandsarbeit der fünf politischen Stiftungen ist die Studienförderung. Die Stiftungen unterstützen dabei grundsätzlich alle Bereiche des wissenschaftlichen Nachwuchses, sowohl Studierende als auch Postgraduierte. Sie verfolgen damit im wesentlichen zwei Ziele: zum einen „die Förderung eines persönlich und wissenschaftlich qualifizierten Akademikernachwuchses, der bereit ist, kritisch und konstruktiv an der Ausgestaltung unseres Rechts- und Sozialstaates mitzuwirken" (HSS-Jahresbericht, 1989: 50), zum anderen – und das gilt für die Stipendiaten aus Entwicklungsländern – soll die Studienförderung dazu führen, daß die Studenten „nach Abschluß ihres Studiums eine politische Führungsposition oder eine verantwortliche Tätigkeit in der Wirtschaft, der Lehre, der Forschung oder der Verwaltung in ihrer Heimat übernehmen" (Friedrich-Ebert-Stiftung 1975: 53f).

Über die Aufnahme in die Studienförderung entscheiden jeweils eigens hierfür eingerichtete Auswahlausschüsse der Stiftungen. Neben der finanziellen Förderung stehen sog. ideelle Maßnahmen im Vordergrund der Betreuung der Stipendiaten. Dabei handelt es sich in erster Linie um studienbegleitende Seminar- und Beratungsangebote.

Die Friedrich-Ebert-Stiftung als größte deutsche Stiftung förderte 1990 im Rahmen ihrer Studienförderung mehr als 2000 Stipendiaten. Davon wurden knapp 1600 im Rahmen der Programme für Deutsche und 431 in den Programmen für Ausländer gefördert. Insgesamt hat die Friedrich-Ebert-Stiftung seit Wiederaufnahme ihrer Tätigkeit nach dem Zweiten Weltkrieg mehr als 8500 Stipendiaten gefördert, davon etwa 2200 Ausländer (FES-Jahresbericht 1990: 66).

3.3 Forschungstätigkeit

Ein weiterer Schwerpunkt der Arbeit der politischen Stiftungen bildet die sozialwissenschaftliche Forschung. Die beiden großen Stiftungen – Friedrich-Ebert- und Konrad-Adenauer-Stiftung – haben hierfür eigene Institute eingerichtet.

In diesen Instituten werden eigene Studien aus den unterschiedlichsten Politikbereichen erstellt, teilweise auch in Zusammenarbeit mit anderen Forschungseinrichtungen. Zudem werden wissenschaftliche Arbeiten in Auftrag gegeben oder gefördert und wie die meisten der eigenen Untersuchungen publiziert.

Darüber hinaus unterhalten die Stiftungen eigene Archive, Bibliotheken und Dokumentationsstellen (vgl. *Kress* 1985: 36-39).

3.4 Internationale Arbeit

Für ihre internationale Arbeit haben die politischen Stiftungen eigene Abteilungen aufgebaut, denen die Zuständigkeit über diesen Aufgabenbereich obliegt. Wenn diese Referate in den einzelnen Stiftungen auch unterschiedliche Namen tragen, so sind sie doch zumindest in ihrem organisatorischen Aufbau aber auch in der Konzeption ihrer praktischen Arbeit sehr ähnlich.

Die internationale Arbeit der Stiftungen umfaßt nicht nur ihr Engagement in Ländern der Dritten Welt, sondern schließt vielmehr auch die Präsenz der Stiftungen in Europa und in Übersee mit ein (*Kress* 1985: 46).

Im Jahre 1973 bereits hat das Bundesministerium für wirtschaftliche Zusammenarbeit die heute noch gültigen ‚Grundsätze für die entwicklungspolitische Zusammenarbeit zwischen der Bundesregierung und den politischen Stiftungen' festgelegt. Darin sind die Aufgaben der politischen Stiftungen im Rahmen der deutschen Entwicklungspolitik klar definiert: „Die politischen Stiftungen unterstützen Partner in Entwicklungsländern, die im Rahmen der durch die Menschenrechtserklärung der Vereinten Nationen festgelegten Ziele einen strukturwirksamen Beitrag leisten zur Verwirklichung der sozialen Gerechtigkeit, zur Verbreiterung der politischen Mitwirkung und zur Stärkung der wirtschaftlichen Eigenständigkeit ihres Landes. Bei der Verfolgung dieser Ziele kommt der Eigenverantwortlichkeit und der Eigeninitiative von gesellschaftlichen Gruppen und Individuen hohe Bedeutung zu. Entwicklungspolitisch vordringlich ist dabei die Organisation der Selbsthilfe unterprivilegierter Schichten" (Bundesministerium für wirtschaftliche Zusammenarbeit 1973: 63).

Die Projekte der politischen Stiftungen werden grundsätzlich in Zusammenarbeit mit Partnerorganisationen durchgeführt. Das bedeutet, daß die Stiftungen nur dann tätig werden können, wenn sie in dem jeweiligen Entwicklungsland Partner gefunden haben, die sich den in diesen Grundsätzen „formulierten Zielen verpflichtet wissen und zumindest in der Zukunft eine Chance haben, strukturwirksam tätig zu werden" (Bundesministerium für wirtschaftliche Zusammenarbeit 1973: 67).

Dies können politische Parteien, Gewerkschaften und Landarbeiterorganisationen, Unternehmervereinigungen, Jugend- und Frauenverbände, Bauernverbände, Genossenschaftsverbände und andere Selbsthilfeorganisationen sein. Daneben spielt die Zusammenarbeit mit gesellschaftspolitisch relevanten Institutionen eine große Rolle, wie private und öffentliche Einrichtungen der sozialwissenschaftlichen Forschung, Einrichtungen der Erwachsenenbildung einschließlich Ausbildungs- und Forschungsstätten im Medienbereich, Sozialarbeiterschulen und Sozialarbeitervereinigungen (*Kress* 1985: 52).

4. Finanzierung

Der Gesamthaushalt der fünf politischen Stiftungen belief sich im Haushaltsjahr 1990 auf rund 550 Mio. DM. Dabei entfallen auf die Friedrich-Ebert-Stiftung 177 Mio. DM (FES-Jahresbericht 1990: 90), die Konrad-Adenauer-Stiftung rund 170 Mio. DM (1989: 169 Mio. DM, KAS-Geschäftsbericht 1989: 12), die Friedrich-Naumann-Stiftung 97,1 Mio. DM (FNS-Jahresbericht 1990: 81), die Hanns-Seidel-Stiftung ca. 95 Mio. DM (1989: 93,7 Mio. DM, HSS-Jahresbericht 1989: 68) und auf den Stiftungsverband Regenbogen schätzungsweise 20 Mio. DM. (So belief sich 1990 die Förderung aus dem Bundeshaushalt auf 13,6 Mio. DM; Stiftungsverband Regenbogen 1991: 7.)

Die Haushalte der politischen Stiftungen werden nahezu vollständig aus öffentlichen Haushalten finanziert, wobei bei den staatlichen Mitteln die Zuwendungen aus dem Bundeshaushalt mit rund 90% die herausragende Rolle spielen. Die Eigenmittel aus Spenden und Eigenkapital machen bei allen Stiftungen nur einen verschwindend kleinen Betrag aus.

Der bei weitem größte Teil der öffentlichen Finanzmittel fließt den Stiftungen dabei projektgebunden für deren entwicklungspolitische Arbeit aus dem Bundesministerium für wirtschaftliche Zusammenarbeit zu. Die Mittel für die Studienförderung erhalten die Stiftungen im Rahmen der Hochbegabtenförderung des Bundesministeriums für Bildung und Wissenschaft. Die Stipendien für die ausländischen Studierenden stammen hingegen aus dem Haushalt des Auswärtigen Amtes. Die politische Bildungsarbeit der Stiftungen wird aus Globalmitteln des Bundesinnenministeriums finanziert. Weitere Beträge kommen aus dem Auswärtigen Amt. Die Bundesländer und einige Kommunen erteilen Zuschüsse für die Bildungsarbeit als Sondermittel nur für Einzelprojekte. Daraus sowie aus Eigeneinnahmen bestreiten die Stiftungen auch ihre Forschungstätigkeit (vgl. *Kress* 1985: 44).

Dabei werden die wichtigsten Titel aus dem Bundeshaushalt nach einem Quotenschlüssel vergeben, wonach die beiden großen Stiftungen – Friedrich-Ebert- und Konrad-Adenauer-Stiftung – jeweils etwa 1/3 erhalten, während sich die drei kleinen politischen Stiftungen das letzte Drittel teilen.

Literatur

Bundesministerium für wirtschaftliche Zusammenarbeit (Hrsg.) 1973: Bericht der Bundesregierung und Grundsätze der Zusammenarbeit zwischen Bundesregierung und politischen Stiftungen. Abgedruckt im Anhang des Protokolls der Sitzung des Ausschusses für wirtschaftliche Zusammenarbeit des Deutschen Bundestages am 3.10.1973. Bonn.

Friedrich-Ebert-Stiftung (Hrsg.) 1975: Friedrich-Ebert-Stiftung 1925. Bonn.

Initiative zur Gründung der Heinrich-Böll-Stiftung (Hrsg.) 1987: Stiften gehen. Bonn. Jahresberichte 19. der vier politischen Stiftungen Friedrich-Ebert-Stiftung (FES), Konrad-Adenauer-Stiftung (KAS), Friedrich-Naumann-Stiftung (FNS) und Hanns-Seidel-Stiftung (HSS). Bonn/Sankt Augustin/Königswinter/München.

Kress, Roland 1985: Die politischen Stiftungen in der Entwicklungspolitik. Bochum.

Stiftungsverband Regenbogen (Hrsg.) 1991: Stiftungsverband Regenbogen. Dortmund.

Vieregge, Henning von 1977: Parteistiftungen. Baden-Baden.

Roland Kress

Rechnungshof

Rechnungshöfen obliegt die Kontrolle der Haushalts- und Wirtschaftsführung der öffentlichen Verwaltung. Insbesondere vergleichen Rechnungshöfe den Haushaltsplan der ihrer Kontrolle unterstehenden Körperschaft mit der Verwendung, d.h. den tatsächlichen Einnahmen und Ausgaben unter Gesichtspunkten der Rechtmäßigkeit, der Ordnungsmäßigkeit, der Sparsamkeit, der Zweckmäßigkeit und der Wirtschaftlichkeit. Das Aufgabenfeld umfaßt die Revision aller Staatsfinanzen und des Finanzgebarens. Gegenstand der Finanzkontrolle sind nicht nur die einzelnen finanzwirksamen Verwaltungsakte, sondern auch deren Verknüpfung durch das Verwaltungshandeln. Entscheidungen des Gesetzgebers sowie der legitimierten politischen Entscheidungsebene (Regierung) unterliegen nach allgemeinem Verständnis nicht der Kontrollen des Rechnungshofes.

In Deutschland beginnt die Geschichte der unabhängigen Rechnungsprüfung im Jahre 1707 mit der Errichtung einer von den obersten Landesbehörden unabhängigen zentralen Kontrolle durch den Kurfürsten *Friedrich August I.* in Kursachsen. In Preußen entstand 1714 unter *Friedrich I.* eine Prüfungsbehörde, die „Generalrechenkammer". Die zentralen Rechnungsrevisionsbehörden waren also ursprünglich Hilfsorgane des Monarchen und dienten zur Kontrolle des Finanzgebarens der Beamten.

Mit Erstarken der Parlamente im parlamentarisch-repräsentativen Regierungssystem hat sich die Rechnungskontrolle schrittweise von einer verwaltungsinternen Revision zu einer Kontrollinstanz auch des Parlaments gewandelt. Mit der Bundesfinanzreform (Neufassung des Art. 114 GG) im Jahre 1969 sind ausdrücklich Exekutive und Legislative zum Empfänger der Prüfungsberichte bestimmt. Der Bundesrechnungshof (BRH) berichtet sowohl der → Bundesregierung als auch → dem Bundestag und → Bundesrat unmittelbar (früher: Vorlage der Berichte der BRH durch den Bundesfinanzminister).

Der BRH ist eine selbständige oberste Bundesbehörde. Sie ist in Prüfungsabteilungen und Prüfungsgebiete gegliedert. Sitz ist Frankfurt/Main (Außenstellen in Berlin und Bonn). Mitglieder des BRH sind der Präsident und der Vizepräsident, die als Beamte auf Zeit (12 Jahre) auf Vorschlag der Bundesregierung vom Bundestag mit der Mehrheit seiner Mitglieder und vom Bundesrat gewählt sowie vom Bundespräsidenten ernannt werden (§ 3 (2) BRHG). Die Leiter der Prüfungsabteilungen und die Prüfungsgebietsleiter werden als Beamte auf Lebenszeit vom Bundespräsidenten auf Vorschlag des Präsidenten des BRH ernannt. Dem BRH werden Prüfungsbeamte aus dem gehobenen und höheren Dienst in erforderlicher Zahl zugeteilt (§ 119 (2) BHO). Der Präsident des BRH leitet die gesamte Tätigkeit. Ihm obliegt die Führung der Verwaltung, die Verteilung der Geschäfte innerhalb des Rechnungshofs und dessen Vertretung nach außen. Er kann den Beamten Weisung erteilen. Die Weisungen dürfen die Erfüllung der Prüfungsaufgaben und des Prüfungsverfahrens nicht einschränken und in keinem Fall den sachlichen Inhalt der Entscheidung berühren.

Allen Mitgliedern des BRH kommt richterliche Unabhängigkeit zu (Art. 114 (2) GG). Deshalb entspricht das Entscheidungsverfahren des BRH dem Kollegialprinzip. Das Kollegium für ein Prüfungsgebiet besteht aus dem zuständigen Prüfungsgebietsleiter und dem zuständigen Abteilungsleiter (Zweierkollegium). Der Große Senat – bestehend aus Präsident, Vizepräsident, den Direktoren sowie aus drei vom Präsidenten jeweils für ein Jahr bestimmten Ministerialräten – ist die oberste Spruchkammer des Bundesrechnungshofs. Dieser große Senat entscheidet über bestimmte grundsätzliche Fragen, insbesondere über Bemerkungen und Berichte nach §§ 97, 99 BHO (§§ 13, 14 BRHG).

Gegenstand der Prüfung des BRH ist die gesamte Haushalts- und Wirtschaftsführung des Bundes. Zur Haushalts- und Wirtschaftsführung des Bundes gehören die Ausführung des Haushaltsplans im Rahmen des Haushaltsgesetzes und der Bundeshaushaltsordnung sowie die gesamte finanzwirtschaftliche Betätigung des Bundes einschließlich von Investitionen außerhalb der Bundesverwaltung, soweit sie Bundesmittel enthalten. Die Prüfung erstreckt sich auf die Wahrnehmung von Beteiligungen des Bundes bei privatrechtlich organisierten Unternehmen sowie aus Bundesmitteln geförderte Einrichtungen.

Das Ergebnis der Prüfung des BRH schlägt sich in haushaltsrechtlich und haushaltstechnisch fundierten Prüfungsfeststellungen nieder. Diese werden unmittelbar dem Bundestag, dem Bundesrat und der Bundesregieung berichtet. Dieser Jahresprüfungsbericht dient als sachverständige Entscheidungsgrundlage der parlamentarischen Finanzkontrolle. Er weist gleichzeitig gegenüber der Exekutive im Interesse ihrer Selbstkontrolle finanzwirtschaftliche Mängel und Abhilfemöglichkeiten auf. Politische Wertungen entziehen sich der Zuständigkeit des BRH, gleichwohl wirken Feststellungen des BRH in die politische Sphäre hinein.

Der BRH hat keine direkte Sanktionsbefugnis; festgestellte Unregelmäßigkeiten müssen über den Dienstweg disziplinarisch oder gegebenenfalls über den ordentlichen Rechtsweg strafrechtlich behandelt werden. Es ist Aufgabe des Finanzministeriums und des Parlaments, aus den Bemerkungen des BRHs die notwendigen Konsequenzen zu ziehen.

In der → DDR bestand eine unabhängige Finanzkontrolle nicht. In der Staatswirtschaft gab es verschiedene Organe, die die Kontrolle der Verwaltungsstellen sowie das Wirtschaftsgebaren der Staatsbetriebe sicherstellen sollten. Dazu gehörte z.B. die Staatsbank und das Amt für Preise. Diese Organe hatten in erster Linie die Aufgabe, die Erfüllung der Planvorhaben des Zentralkomitees der → SED und die staatlichen Anweisungen z.B. des Ministerrates, ferner spezielle Sachkontrollen und Berichtspflichtkontrollen zu ermöglichen.

Der staatlichen Finanzrevision oblag lediglich die Rechnungsprüfung im engeren Sinne. Durch die staatliche Finanzrevision sollte die Kontrolle der Einhaltung der Gesetzlichkeit des Staatshaushalts gewährleistet werden. (§ 23 des Gesetzes über die Staatshaushaltsordnung der DDR).

Dazu gehörten nicht nur die Mittelzuweisungen an Staatsorgane, sondern auch die Zuweisung und Abführung der im Staatseigentum befindlichen Betriebe.

Die staatliche Finanzrevision unterstand dem Finanzministerium und besaß keine unabhängige Kontrollbefugnis; sie mußte die Vorgaben des ihr vorgesetzten Finanzministers befolgen. Sie stand unter Leitung eines stellvertretenden Finanzministers.

Mit der Einbeziehung der neuen Länder in den Geltungsbereich des → GG wurde die Zuständigkeit des Bundesrechnungshofs auch auf das Gebiet der ehemaligen DDR erstreckt. Bereits zum 1.7.1990 (Wirtschafts-, Währungs- und Sozialunion) hatte die freigewählte Volkskammer der ehemaligen DDR Gesetze über den Rechnungshof und über die Haushaltsordnung der Republik in Kraft gesetzt.

Mit der Erstreckung der Rechnungsprüfung gem. BRHG auf das Beitrittsgebiet (ehemalige DDR) wurde die in sechs Prüfungsgebiete gegliederte Außenstelle Berlin erweitert, die sich mit der Finanzkontrolle im Beitrittsgebiet beschäftigt. Die Prüfungen erstrecken sich auch auf die → Treuhandanstalt.

Während der BRH für die Prüfung der Einnahmen und Ausgaben sowie der gesamten Haushalts- und Wirtschaftsführung des Bundes zuständig ist, obliegt den Landesrechnungshöfen die Prüfung der Länderverwaltungen. Die Befugnisse der Landesrechnungshöfe sind in den Ländern unterschiedlich geregelt, entsprechen im Kontrollauftrag aber weitgehend den Regelungen für den Bund.

Seit der Gründung der neuen Bundesländer mit der deutschen Vereinigung sind auch in den neuen Ländern Landesrechnungshöfe gebildet worden (vgl. Länderverfassung Thür., M.V., Sa., Bbg., B. und S.A.). Die Ausgestaltung der Kontrollbefugnisse und das Verhältnis zur Exekutive lehnt sich an die Regelungen in den alten Bundesländern an, ist jedoch unterschiedlich (Brandenburg: alle Mitglieder des Landesrechnunghofes werden vom Landtag gewählt: Sachsen: Ernennung von Präsident und Vizepräsident durch den Finanzminister unter Zustimmung des Landtags).

Literatur

Arnim, Hans Herbert v. (Hrsg.) 1989: Finanzkontrolle im Wandel. Berlin.

Diederich, Nils/Cadel, Georg/Dettmar, Heidrun/Haag, Ingeborg 1990: Die diskreten Kontrolleure. Eine Wirkungsanalyse des Bundesrechnungshofs. Opladen.

Morell, Paul 1983: Der Bundeshaushalt, Recht und Praxis. Wiesbaden.

Sigg, Wolfgang 1983: Die Stellung der Rechnungshöfe im politischen System der Bundesrepublik Deutschland. Berlin.

Tiemann, Susanne 1974: Die staatsrechtliche Stellung der Finanzkontrolle des Bundes. Berlin.

Zavelberg, Heinz-Günther (Hrsg.) 1989: Die Kontrolle der Staatsfinanzen, Festschrift zur 275. Wiederkehr der Errichtung der Preuß. General-Rechen-Kammer. Berlin.

Zavelberg, Heinz-Günther 1995: Finanzkontrolle durch den Bundesrechnungshof unter besonderer Berücksichtigung seiner kollegialen Organisations- und Entscheidungsstruktur, in: Bräuneder, W. (Hrsg.): Internationalität der Finanzkontrolle. Frankfurt am Main.

Nils Diederich

Rechtsstaat – Rechtspolitik

1. Inhalt und Bedeutung des Rechtsstaatsprinzips

1.1. Der Wandel des Rechtsstaatsverständnisses

Die Idee des Rechtsstaates ist nicht neu, aber sie hat erst nach den Erfahrungen mit dem Unrechtsregime des Nationalsozialismus im → Grundgesetz ihren zeitgemäßen Inhalt erhalten. Der Rechtsstaat des 19. Jhs. wollte die bürgerlichen Freiheiten sichern. Daher wurden Eingriffe der Verwaltung von einer gesetzlichen Ermächtigung abhängig gemacht. Dem Betroffenen wurde die Möglichkeit gegeben, Rechtsschutz gegen die Verwaltung durch unabhängige Gerichte in Anspruch zu nehmen. Auch der Grundsatz der Gewaltenteilung und das Recht auf Entschädigung bei Eingriffen in die private Vermögenssphäre gehörten zum Wesen dieses „formalen“, „bürgerlichen“ Rechtsstaates.

Es ist eine Erkenntnis unserer Zeit, daß mit solchen Sicherungen Gerechtigkeit noch nicht gewährleistet ist. Sogar der nationalsozialistische Staat behielt die äußeren Formen des nur formal verstandenen Rechtsstaates bei. Er hat schwerstes Unrecht in Gesetzesform gekleidet. Diese Erfahrung setzte sich in der → DDR fort. Ihre Rechtsordnung war auf die „sozialistische Gesetzlichkeit“ gegründet. Damit waren Normen gemeint, die das Recht dem Willen einer demokratisch nicht legitimierten Einheitspartei unterwarfen. Auch von einer unabhängigen Justiz konnte bald nicht mehr die Rede sein. Die Gerichte sollten „parteiisch“ sein. Auch sie sollten den Zielen der „Partei der Arbeiterklasse“ zu Diensten sein, die einen absoluten Führungsanspruch erhob (Art. 1 der DDR-Verfassung).

1.2. Das Rechtsstaatsverständnis des Grundgesetzes

Das Grundgesetz wollte nicht nur aus den Erfahrungen des nationalsozialistischen Unrechtsregimes Konsequenzen ziehen, sondern auch den nur formalen Rechtsstaat der bürgerlichen Periode mit einem neuen, materiellen Inhalt verstärken. Auch der Blick auf den anderen Teil D.s hat dazu beigetragen, das sich aus Art. 20 GG ergebende Gebot der Rechtsstaatlichkeit als umfassende Pflicht zur Sicherung der Freiheit und zur Herstellung einer gerechten Ordnung zu verstehen.

Nach dem Grundgesetz sind alle Staatsorgane, auch der Gesetzgeber, der verfassungsmäßigen Ordnung unterworfen. Verwaltung und Gerichte sind an Gesetz und Recht gebunden. Alle Staatsgewalt muß die Achtung und den Schutz der Menschenwürde (Art. 1 GG) zur obersten Leitlinie ihres Handelns machen. Dem Einzelnen werden → Grundrechte garantiert, auf die er sich gegenüber dem Staat berufen kann. Wenn er meint, durch staatliches Handeln in einem seiner Grundrechte verletzt zu sein, steht ihm die Verfassungsbeschwerde zur Verfügung, mit der er eine für alle Staatsorgane verbindliche Entscheidung des → Bundesverfassungsgerichts herbeiführen kann (Art. 93 Abs. 1 Nr. 4a GG). Gegen jeden Akt staatlicher Gewalt ist der Rechtsschutz garantiert (Art. 19 Abs. 4 GG).

In der Rechtsprechung des Bundesverfassungsgerichts sind die wesentlichen Elemente des Rechtsstaates in vielen Einzelheiten entwickelt worden: Alle staatliche Tätigkeit steht unter der Herrschaft des Rechts. Auch Gesetze müssen den Maßstäben des Grundgesetzes genügen. Sind sie durch dieses nicht gedeckt, so sind sie verfassungswidrig und nichtig. Hierüber entscheidet das Bundesverfassungsgericht, das mit dieser Befugnis zu einem der wichtigsten Verfassungsorgane geworden ist.

Alle wesentlichen Entscheidungen des Staates bedürfen einer gesetzlichen Grundlage. Dies ist nicht nur eine formale Voraussetzung. Über die Wahrung der Grundrechte hinaus muß die vom Gesetz vorgesehene Maßnahme dem Grundsatz der Verhältnismäßigkeit entsprechen. Sie muß einem legitimen Staatsziel dienen und geeignet sein, dieses Ziel zu erreichen. Ferner muß die Maßnahme erforderlich sein. Genügt ein milderes als das vorgesehene Mittel, um das Ziel zu erreichen, so ist die strengere Maßnahme nicht erforderlich. Schließlich muß die Regelung, die der Gesetzgeber vorsieht, auch dem Betroffenen zumutbar sein.

Zu den weiteren wesentlichen Elementen des Rechtsstaates gehört der Anspruch auf Vertrauensschutz. Der Staat soll sich dem Bürger gegenüber redlich verhalten. Er darf daher nur ausnahmsweise Gesetzen rückwirkende Kraft verleihen. Grundsätzlich soll sich der Einzelne auf das einmal gesetzte Recht verlassen können. Wenn sich dieses als änderungsbedürftig erweist, sollen die neuen Regeln nur für die Zukunft gelten. Gesetze müssen hinreichend klar und so bestimmt sein, daß jedermann in der Lage ist, die Folgen seines Verhaltens einzuschätzen und sich hierauf einzurichten.

Zum Rechtsstaat gehören der Anspruch auf Rechtsschutz gegen alle staatlichen Eingriffe sowie das Recht auf Einhaltung der Verfahrensgrundsätze. Zu ihnen zählen das Recht auf Gehör (Art. 103 I GG), auf den gesetzlichen Richter (Art. 103 Abs. 2 GG) und der Anspruch darauf, in jeder Sache ein faires Verfahren zu erhalten.

So ergibt sich insgesamt das Bild eines Staates, der die Menschen nicht als Untertanen behandelt, sondern sie als Bürger eines freiheitlichen Gemeinwesens versteht. Sie sollen ihre Rechte selbstbewußt wahrnehmen und auch dem Staat gegenüber vertreten können.

Der Staat soll sich um eine gerechte Ordnung bemühen, in der die Konflikte, die sich aus unterschiedlichen Meinungen und Interessen ergeben, in friedlicher Auseinandersetzung gelöst werden können. Der Rechtsstaat des Grundgesetzes versteht sich als ein sozialer Staat, in dem die Schwachen geschützt und die Grundlagen menschlichen Zusammenlebens gesichert werden, ohne daß hierbei die individuelle Freiheit des Einzelnen stärker als notwendig eingeschränkt wird (→ Sozialstaat).

2. Rechtsstaat und Rechtspolitik im geeinten Deutschland

2.1. Revolution und Rechtsstaat

EDies hat bedeutsame Konsequenzen, die erst allmählich deutlich werden. Sie führen zur Unsicherheit darüber, was das Wesen des Rechtsstaates ist. Die Revolution ist zwar gewaltfrei gewesen, aber sie war von dem Willen zu radikaler Veränderung der Verhältnisse erfüllt. Hierfür sprechen auch alle Erkenntnisse über das böse Erbe, das die gestürzten Machthaber hinterlassen haben. Der Zusammenbruch der Wirtschaft und das Ausmaß der Umweltzerstörungen kennzeichnen die Lage. Verwaltung und Justiz der DDR entsprachen weder den Mindestvoraussetzungen eines Rechtsstaates noch den Bedürfnissen eines modernen Staates. Unrecht, das in langer Zeit vielen Menschen zugefügt wurde, muß ausgeglichen werden. Oft ist Eigentum willkürlich entzogen worden. Aber auch die Interessen späterer Eigentumserwerber sind schutzwürdig, soweit sie nicht Unrecht ausgenutzt, sondern gutgläubig erworben haben. Strafwürdiges Verhalten verlangt nach Sühne. Mittäter oder Nutznießer des alten Machtapparates bekleiden auch heute noch Positionen, die ihnen Einfluß sichern.

2.2. Die rechtsstaatliche Bewältigung der Vergangenheit

EDie notwendige Bewältigung aller Probleme muß sich auch weiterhin in den Formen und innerhalb der Grenzen des Rechtsstaates abspielen. Er erfordert Sorgfalt im Verfahren, hinreichendes rechtliches Gehör für die Betroffenen und über die Einhaltung formaler Verfahrensregeln hinaus nicht einen kurzen, sondern einen fairen Prozeß. Die Opfer lange zurückliegender und nicht leicht aufklärbarer Straftaten müssen verstehen, daß es eine rechtsstaatliche Grundentscheidung darstellt, eher einen Schuldigen ungestraft zu lassen, wenn der volle Nachweis seiner Schuld nicht geführt werden kann, als die Gefahr auf sich zu nehmen, einen in Wirklichkeit Unschuldigen zu bestrafen.

Nicht jedes Verhalten, das dem Anstands- und Gerechtigkeitsgefühl widerspricht und moralisch zu verurteilen ist, hat einen Straftatbestand erfüllt. Strafrecht kann nicht nachträglich mit rückwirkender Kraft gesetzt werden. Nur wer nach dem zur Tatzeit auch in der DDR geltenden Recht einen Straftatbestand erfüllt hat, der heute noch nicht verjährt ist, kann zur Rechenschaft gezogen werden. Viele Täter werden so straffrei bleiben müssen, obwohl an ihrer Schuld kaum Zweifel möglich sind. Es hilft wenig, statt des Versuchs, ihre vielleicht nicht mehr zu ahndenden Taten zu verfolgen, Ersatzprozesse durchzuführen, die etwa Fälle der persönlichen Bereicherung oder der Beteiligung an Fälschungen der Ergebnisse ohnehin unfreier Wahlen aburteilen wollen. Auch widerspricht es dem Gerechtigkeitsempfinden, wenn untergeordnete Befehlsempfänger wegen – zweifellos strafwürdiger – Tötungshandlungen an der Mauer verurteilt, die Befehlsgeber aber außer Verfolgung bleiben.

Eine gerechte Würdigung der beispielhaft genannten Vorgänge wird zu berücksichtigen haben, daß die sorgfältige Aufklärung früherer Geschehnisse viel Zeit erfordert und oft überhaupt nicht mehr möglich sein wird. Doch sollte nicht, wie bei der nach dem Ende des nationalsozialistischen Regimes nur zögernd aufgenommenen Ahndung der damaligen Unrechtshandlungen, der Eindruck entstehen, als bestünde gegenüber einer zweifellos schwierigen Aufgabe eine Haltung der Resignation und vielleicht auch der Gleichgültigkeit.

Die Menschen vor allem in den neuen Bundesländern haben lange in einem System gelebt, das durch keine rechtsstaatlichen Erfordernisse gehindert war, den Willen seiner Machthaber rücksichtslos und schnell durchzusetzen. Demgegenüber mag der Rechtsstaat als schwach, schwerfällig und langsam erscheinen. Daß staatliche Macht begrenzt und gehemmt wird, wird aber nicht lediglich als unvermeidliche Folge in Kauf genommen. Es ist vielmehr so gewollt. Der Rechtsstaat sichert die Freiheit aller Bürger. Diese ist das wichtigste Gut, das keiner noch so verständlichen Forderung geopfert werden darf. Dies zu verstehen und zu lernen, gehört zu den schwierigen und noch nicht bewältigten Aufgaben des Zusammenwachsens der Menschen im geeinten Deutschland.

Literatur

Benda, Ernst [2]1994: Der soziale Rechtsstaat, in: Benda, Ernst/Maihofer, Werner/Vogel, Hans Jochen (Hrsg.): Handbuch des Verfassungsrechts.

Herzog, Roman 1980: Art. 20 und die Frage der Rechtsstaatlichkeit, in: Maunz, Theodor/Dürig, Günter: Grundgesetz, Kommentar, Erl. zu Art. 20 (VII).

Kägi, Werner 1953: Rechtsstaat und Demokratie, in: Demokratie und Rechtsstaat, Festgabe für Giacometti.

Scheuner, Ulrich 1960: Die neuere Entwicklung des Rechtsstaates in Deutschland, in: Hundert Jahre deutsches Rechtsleben, Bd. II.

Schmidt-Aßmann, Eberhard 1987: Rechtsstaat, in: Isensee, Josef/Kirchhof, Paul (Hrsg.): Handbuch des Staatsrechts, Bd. I, 24.

Ernst Benda

Regierungserklärung

Die Regierungserklärung als Absichtserklärung einer neu gebildeten Regierung hat eine lange Tradition, die bis in die Zeiten des liberalen Konstitutionalismus des vergangenen Jahrhunderts zurückreicht. Versteht man sie noch allgemeiner als programmatische Eröffnung aus Anlaß des Eintritts in ein öffentliches Amt oder eine bedeutende politische Funktion oder gar als richtungsweisende Rede anläßlich eines einschneidenden Ereignisses, so mag es Herkunftslinien geben, die weit über den Parlamentarismus hinaus bis in die Frühzeiten des Politischen verweisen.

Eine neue und zusätzliche Bedeutung erhielt die traditionelle Regierungserklärung des (neu) gewählten Regierungschefs im Parlament, mit welcher dieser die politisch-programmatischen Leitlinien seiner Amtsperiode umriß und sich und sein Kabinett der parlamentarischen Kritik stellte, durch das gesteigerte Gewicht der → Parteien und die besonderen Bedingungen der Koalitionsregierung. Im Laufe der parlamentarischen Geschichte der BRD entwickelte sich die Regierungserklärung seit den frühen Adenauer-Kabinetten mehr und mehr zu einer Art öffentlicher Statuierung und Kodifizierung der zuvor ausgehandelten Koalitionsvereinbarungen: Die Regierungspartner werden durch die öffentlich-verpflichtende Form der Verkündung wechselseitig auf ihre Kompromißlösungen eingeschworen. Regierungserklärungen verdeutlichen den Kompromißrahmen eines politischen Zweckbündnisses auf Zeit und bieten entsprechend dieser Bestimmung meist eine Mischung aus grundsätzlichen Positionsbestimmungen und konkreten Lösungsbeschreibungen zu ganz bestimmten Problemfeldern. Sie suchen kontroverse Fragen ebenso zu vermeiden, wie allzu eindeutige Festlegungen. Nicht selten dienen sie auch der „Politikkosmetik": der Selbstdarstellung und der prätentiösen Imagepflege („mehr Demokratie wagen"), so daß neben der maßnahmenahen mittelfristigen Zielorientierung der Politik immer auch die symbolische Berücksichtigung von Publikumserwartungen eine Rolle spielt.

Auch innerhalb einer Legislaturperiode hat die Regierungserklärung unter der Bedingung von Koalitionsregierungen an Bedeutung gewonnen: Ändern sich gewichtige Voraussetzungen im Rahmen der getroffenen Vereinbarungen, so daß politisch-programmatische Korrekturen unumgänglich werden, oder schieben sich anlaßbedingt spezifische Agenden in den Vordergrund des öffentlichen Interesses (z.B. in der Rechts-, Umwelt- oder Wirtschaftspolitik) oder aber kehrt die Regierungsspitze (in der Regel der Kanzler und der Außenminister) von einer bedeutenden internationalen Besuchs- oder Konferenzreise zurück, auf der wichtige Weichenstellungen erfolgt sind, so dient die Regierungserklärung neben der Unterrichtung des Parlaments und der Öffentlichkeit immer auch der sprachregelnden „Einschwörung" der an der Koalitionsregierung beteiligten Parlamentsfraktionen. Neben der Antrittserklärung des frisch gewählten Regierungschefs haben sich vor allem die periodischen Regierungserklärungen aus Anlaß der jährlichen Haushaltsberatungen sowie der seit 1968 nach amerikanischem Vorbild eingerichtete „Bericht zur Lage der Nation" zu einem wichtigen Steuerungs- und Koordinationsinstrument der als „Normalfall" etablierten Koalitionsregierung entwickelt.

In der weit überwiegenden Mehrzahl der Fälle gibt der Regierungschef selbst für sein Kabinett die Regierungserklärung ab, in selteneren Fällen spricht auch der zuständige Ressortminister.

Die Deutung der Regierungserklärung als „konstitutiven Akt" (H. *Trossmann*) bleibt – wohl ungewollt – einer durch die parlamentarische Praxis inzwischen überholten Vorstellung von → Gewaltenteilung verpflichtet. Gewiß enthält auch schon die bloße Kenntnisnahme der Regierungserklärung durch das Parlament immer ein Element der „Billigung"; dieser „Akt der Billigung" ist jedoch keiner, den die regierungtragenden Mehrheitsfraktionen ihrer Regierung füglich verweigern könnten, da sie selbst, zumindest in Gestalt der parlamentarischen Führungsspitze, an Beratung und Abstimmung der Erklärung intensiv beteiligt waren. Die Einschätzung, „das Parlament" billige gewissermaßen die Erklärung der Regierung und ermächtige diese erst zum politischen Handeln, ist irreführend. In der Regierungserklärung werden die zwischen der Regierung und der parlamentarischen Führung der Mehrheitsfraktionen ausgehandelten Leitlinien der jeweiligen Politik publikumswirksam verkündet – und dabei nicht eben selten das Parlament in seinen Kontrollrechten düpiert:

Nach der Logik des organisierten Widerspiels von Regierung und → Opposition sollte im unmittelbaren Anschluß an die Erklärung des Regierungschefs bzw. des zuständigen Ressortministers für den (oder die) Führer der oppositionellen → Fraktion(en) oder den (die) jeweils zuständigen Oppositionssprecher die Möglichkeit der direkten Erwiderung und Kritik gegeben sein. In der Mehrzahl der Fälle findet unmittelbar nach der Regierungserklärung eine Parlamentsdebatte statt, die meist auch vom Vorsitzenden der stärksten Oppositonsfraktion eröffnet wird. Dies ist jedoch keineswegs immer der Fall, zumal eine solche Praxis sich auch überwiegend auf die ungeschriebenen Regeln eines fairen parlamentarischen Umgangsstils stützt und von der Geschäftsordnung des → Bundestags nicht ausdrücklich vorgeschrieben ist. Vor allem in den Jahren nach 1957, nach der absoluten CDU-Mehrheit im Bundestag, wurde diese parlamentarische Gepflogenheit häufig mißachtet. Seit Bildung der Großen → Koalition, die in der Konsequenz zu einer Stärkung des parlamentarischen Selbstverständnisses geführt hat, werden auch die oppositionellen Rechte, insbesondere in der Gepflogenheit der direkten Erwiderung, wieder deutlich stärker berücksichtigt.

Vorläufig muß offen bleiben, ob das Auftreten der neuen Kleinparteien dieses Wechselspiel zwischen Regierung und Opposition eher fördern oder beeinträchtigen wird.

Literatur

Bermbach, Udo 1970: Regierungserklärung, in: Handbuch des deutschen Parlamentarismus. München.

Beyme, Klaus von (Hrsg.) 1979: Die großen Regierungserklärungen der deutschen Bundeskanzler von Adenauer bis Schmidt. München.

Bock, Johannes 1982: Zur Inhalts- und Funktionsanalyse der Politikerrede. Ein Beitrag zur Verbesserung der Kommunikation zwischen Staatsbürger und Politiker. Frankfurt a.M.

Böhret, Carl 1991: Politische Vorgaben für ziel- und ergebnisorientiertes Verwaltungshandeln aus Regierungserklärungen?, in: Hartwich, Hans-Hermann/Wewer, Göttrik (Hrsg.): Regieren in der Bundesrepublik III. Systemsteuerung und „Staatskunst". Theoretische Konzepte und empirische Befunde. Opladen.

Datenhandbuch zur Geschichte des Deutschen Bundestages 1988, hrsg. v. Wissenschaftlichen Dienst des Deutschen Bundestages. Baden-Baden.

Troßmann, Hans 1979: Der Bundestag: Verfassungsrecht und Verfassungswirklichkeit, in: Jahrbuch des öffentlichen Rechts der Gegenwart, Bd. 28 N.F.

Bernd Guggenberger

Regionen

Abgrenzungen einer Region (R) beziehen sich immer auf die politisch-rechtliche Stellung im jeweiligen politischen System und/oder die Auswahl aus einer Vielzahl möglicher Abgrenzungskriterien. R sind also nicht allgemeingültig definierbar. Grundsätzlich können jedoch – zumindest analytisch – zwei Formen von R unterschieden werden: 1. R als vom Zentralstaat nach funktionalen Kriterien (z.B. Wirtschaftsstruktur, Planung, Raumordnung) abgegrenzte Gebietskörperschaft, die in unterschiedlicher politisch-institutioneller Form mit Eigenkompetenzen ausgestattet sein kann; 2. R als historisch gewachsener, veränderbarer Raum, der durch die territoriale Verdichtung kultureller, sprachlicher, landsmannschaftlicher oder naturräumlicher Eigenarten und v.a. durch ein raumbezogenes Zusammengehörigkeitsgefühl (Identität) der Bevölkerung gekennzeichnet ist.

Seit einiger Zeit kann v.a. in Westeuropa die Aufwertung von R als wirtschaftliche und politische Handlungseinheit beobachtet werden. Dies ist zum einen Folge der durch globalen ökonomischen und technologischen Strukturwandel bedingten Entwertung des Nationalstaates als Akteur bei zugleich wachsendem Gewicht sub-nationaler Akteure in neu entstehenden, differenzierteren Raumstrukturen. In westl. Ländern kommt die zunehmende Infragestellung des technisch-ökonomischen Zivilisationsmodells hinzu. Dabei spiegelt die Aufwertung der R – wie auch die von „Heimat“ – einen kulturellen Gegentrend in Richtung kleinräumiger, überschaubarer und selbstbestimmter Lebenswelten. Der Stellenwert der R in den europ. Nationalstaaten ist sehr unterschiedlich. Während in einigen, v.a. zentralistisch geprägten Staaten (z.B. Spanien unter *Franco*; GB) ein historisch, ethnisch, kulturell oder ökonomisch fundierter Regionalismus (Rn) von radikalen, teils separatistisch orientierten sozialen Bewegungen mit dem Ziel weitreichender Autonomie vom Zentralstaat forciert wurde, ist ein solcher Rn in föderativen Systemen kaum bekannt.

1. Europäische Integration, Regionen und Regionalpolitik

R und Regionalpolitik (RP) in D können nur im Zusammenhang mit dem zentralen Einflußfaktor EU thematisiert werden. Zunächst haben sich durch den Abbau der Grenzen neue Formen der interregionalen, grenzüberschreitenden Zusammenarbeit etabliert, wie z.B. die deutsch-niederländische EUREGIO (mit 104 angeschlossenen Gemeinden, Städten und Kreisen). Ferner ist die Interessenvertretung von R auf europ. Ebene vermehrt verbandsmäßig organisiert (z.B. „Versammlung der R Europas“, VRE). Mit wachsender transnationaler Integration haben sich jedoch auch Konkurrenz und Standortwettbewerb zwischen R verschärft. Davon werden neben ökonomisch fortgeschritteneren v.a. R mit günstiger Lage in der neuen Raumstruktur profitieren. Gestärkt werden die R auch durch die politische Debatte über das „Europa der R“, ein Konzept, das auf ein föderatives Gegengewicht zur gestärkten Gemeinschaftsebene (Kompetenzausbau) abzielt. Hierzu hat das Europ. Parlament 1988 zwei wichtige Dokumente vorgelegt („Gemeinschafts-Charta der Regionalisierung“, „Entschließung zur RP der Gemeinschaft und zur Rolle der R“). Seit März 1994 arbeitet der in den Maastrichter Verträgen von 1992 als beratender Ausschuß vorgesehene „Ausschuß der R“ (AdR), beschickt mit Vertretern regionaler und lokaler Gebietskörperschaften. Da die so repräsentierten R bzgl. politisch-institutioneller Struktur, v.a. aber Größe und damit Einflußpotential erheblich variieren, ist der Ausschuß sehr heterogen. Dies begrenzt die Chancen einer wirksamen Interessenvertretung. In D hat der Konflikt zwischen Ländern und Kommunen/kommunalen Spitzenverbänden über die Auswahl der 24 dt. Repräsentanten im AdR das Spannungsverhältnis zwischen Föderalismus und Rn deutlich gemacht. Da aus EU-Perspektive als R in D die → Bundesländer gelten, hatten diese zunächst alle Sitze beansprucht. Erst nach längerer Kontroverse und mit Unterstützung des → Bundeskanzlers gelang es den kommunalen Spitzenverbänden, drei Vertreter aus ihren Reihen für den AdR durchzusetzen.

Mit zwei Instrumenten greift die EU in die nationale RP ein. Einmal betreibt sie über die Strukturfonds eine eigene RP zwecks Abbau der beträchtlichen internen Disparitäten. So ist die EU seit der Vereinigung v.a. auch in den neuen Bundesländern engagiert (1991-93: 3 Mrd. ECU; 1994-99 ca. 13,6 Mrd. ECU). Im Zusammenhang mit dieser Förderung wird in jüngster Zeit die Einmischung der EU-Kommission in die dt. RP kritisch diskutiert (Vernachlässigung Subsidiaritätsprinzip). Einflußreich sind daneben besonders die wettbewerbspolitisch motivierten, weitreichenden Kontrollrechte der EU-Kommission bzgl. der nationalen Regionalförderung („Beihilfenkontrolle“ nach Art. 92-94 EWGV). Dadurch ist es auch in D mehrfach zu Konflikten mit der Kommission (u.a. wegen „Kohlevorrang-Politik“) und zur Reduzierung von Fördermaßnahmen gekommen.

2. Regionen und Regionalpolitik in D

Entgegen dem Selbstverständnis der Länder und dem Verständnis der EU werden als R in D Raumeinheiten oberhalb der lokalen und unterhalb der Länderebene bezeichnet, die quer zum föderalen Staatsaufbau und zur Verwaltungsgliederung liegen. Während teils bis in die Zeit des territorialen Partikularismus zurückreichende regionale Traditionen das politische Leben der BRD immer mitbeeinflußt haben, waren sie in der DDR nach der Zerschlagung der Länder 1952 und der Entwicklung zum zentralistischen Einheitsstaat von geringem Gewicht. In der Politik zählen R v.a. als Raumordnungs-, Planungs- und Arbeitsmarktregionen. Daneben werden begrenzt Verwaltungs- bzw. Planungsaufgaben durch nichtstaatliche, regionale Träger wahrgenommen (z.B. „Bezirke" in Bay.; „Kommunalverband Ruhrgebiet"). Wie nicht zuletzt parteiinterne Konflikte zeigen, z.B. in der NW-CDU, wirken auch auf die Politik regionale Einflüsse ein. Angesichts sich rasch verändernder Rahmenbedingungen (Europ. Binnenmarkt und Polit. Union; Debatte um Länderneugliederung) ist nicht auszuschließen, daß der Einfluß regionaler Traditionen künftig steigen wird. Kernstück der staatlichen RP ist die regionale Strukturpolitik (RSP), die in Art. 91a GG als Gemeinschaftsaufgabe (GA) von Bund und Ländern geregelt ist. Grundlage ist dabei das Gesetz über die GA „Verbesserung der regionalen Wirtschaftsstruktur" (GRW) von 1969. Danach ist die regionale Wirtschaftsförderung Aufgabe der Länder, an deren Erfüllung der Bund bei der Rahmenplanung und der Finanzierung mitwirkt. Die Durchführung liegt allein bei den Ländern. Ziele, Fördergebiete und -sätze werden jährlich von einem Planungsausschuß (Föderalismus) in Form eines Rahmenplanes aktualisiert (z.Z. „23. Rahmenplan" 1994-97 von 1994). Als Teil der Gesamtwirtschaftspolitik verfolgt die GA drei politische Ziele: Ausgleich (Gleichwertigkeit Lebens- und Arbeitsbedingungen; Abbau Disparitäten), Wachstum und Stabilisierung (Maßnahmen zur Verminderung der konjunkturellen und strukturellen Krisenanfälligkeit). Während anfangs neben der Sonderförderung für Zonenrandgebiete strukturschwache, ländliche Gebiete im Zentrum der RSP standen, waren es in den 70er Jahren die Probleme altindustrieller R. Zugleich verbreitete sich die These vom „Süd- Nord-Gefälle", nach der die krisengeschüttelten nördlichen Bundesländer hinter der Wachstumsdynamik der süddeutschen Länder zurückbleiben. Seit der Vereinigung steht eindeutig das in jedem Falle gravierendere „West-Ost-Gefälle" im Mittelpunkt. Dem hat der Planungsausschuß der GA Rechnung getragen, indem im Westen Fördergebiete und Höchstsätze begrenzt und die neuen Bundesländer und Ost-Berlin für zunächst fünf Jahre (1993 um ein weiteres Jahr bis Ende 1996 verlängert) insgesamt als Fördergebiet ausgewiesen wurden. Zugleich wurden sie durch höhere Förderungssätze, erweiterte Förderungstatbestände und v.a. ein Vielfaches an Fördermitteln bevorzugt. So beliefen sich 1994 die Haushaltsmittel der GA für die neuen Bundesländer auf 9 Mrd. DM (incl. der von den Ländern in gleicher Höhe bereitgestellten Komplementärmittel), für die alten dagegen lediglich auf 812 Mio. DM. Z.Z. steht die künftige Ausgestaltung der GA hinsichtlich Zielvorgaben und Instrumentarium auf dem Prüfstand.

Nicht nur als Kernelement einer problematischen „Politikverflechtung" ist die GA grundsätzlich kritisiert worden. Vielmehr wird neben der Wirksamkeit vermehrt der hinter ihr stehende zentralistische, struktur- und wirtschaftspolitische Steuerungsanspruch in Frage gestellt und die Orientierung am Konzept eines funktionalistischen Staatsinterventionismus aufgegeben. Das breite Spektrum regionaler Problemlagen zeigt, daß eine effiziente RP kleinräumiger, differenzierter und zugleich umfassender („weiche Standortfaktoren", Imageförderung) ansetzen muß. Die Forderung nach Dezentralisierung gipfelt im Schlagwort von der „Regionalisierung der RP“. Damit sind nicht nur inhaltlich neue Akzentsetzungen (z.B. Technologiepolitik) angesprochen, sondern v.a. auch die Handlungsfähigkeit der regionalen Akteure. Das Bemühen um die Mobilisierung und Förderung endogener Entwicklungs- und Innovationspotentiale in den R hat bereits zu vielfältigen neuen Formen der Kooperation (z.B. public-private-partnership) geführt. Inwieweit jedoch die neuen Akzente und Instrumente der RP dazu beitragen können, die Herausforderungen eines verschärften interregionalen Wettbewerbs zu bewältigen, bleibt abzuwarten.

Literatur

Alemann, Ulrich von/Heinze, Rolf G./Hombach, Bodo (Hrsg.) 1990: Die Kraft der Region. Nordrhein-Westfalen in Europa. Bonn.

Andersen, Uwe/Langmann, Andreas 1991: Regionaler Strukturwandel und Regionalpolitik im europäischen Vergleich. Ergebnisse einer Befragung ausländischer Wissenschaftler. (Kommunalverband Ruhrgebiet, Hrsg.). Essen.

Bundesministerium für Wirtschaft (Hrsg.) 1994: Regionale Wirtschaftsförderung in der Bundesrepublik Deutschland. Bonn.

Hrbek, Rudolf/Weyand, Sabine 1994: betrifft: Das Europa der Regionen. Fakten, Probleme, Perspektiven. München.

Klemmer, Paul, 1986: Regionalpolitik auf dem Prüfstand. (Bundesverband der Deutschen Industrie, Hrsg.). Köln.

Kruse, Heinz 1990: Reform durch Regionalisierung. Eine politische Antwort auf die Umstrukturierung der Wirtschaft. Frankfurt/New York.

Andreas Langmann

Republik

1. Definition

Der Begriff der Republik (R.) ist einem fundamentalen Bedeutungswandel unterworfen. N. *Machiavelli* hatte die aristotelische Dreiteilung (Alleinherrschaft, Herrschaft weniger, Herrschaft vieler) auf eine Zweiteilung reduziert und die Staaten der Welt nach R.en und Monarchien unterschieden. In den R.en herrschten viele, in den Monarchien gehe die Staatsgewalt von einem einzigen aus. Aufgrund der Parlamentarisierung vieler Monarchien hat sich heute der Bedeutungsgehalt gewandelt. Mit R. ist jede Nicht-Monarchie gemeint. Das Staatsoberhaupt wird also nicht durch Erbfolge bestimmt. Die Frage der Staatsform – R. oder Monarchie – ist demnach weitaus weniger wichtig als die Frage nach der Regierungsform – Demokratie oder Diktatur. Schließlich sagt die jeweilige Staatsform noch nichts über die tatsächlichen Herrschaftsträger und über die Legitimität des Staates aus. Die → DDR war ebenso eine R. wie die BRD. In diesem Sinne ist R. ein bloßer Formalbegriff, der eine klare Einteilung der Staaten nach diesem Kriterium ermöglicht. Da die Propagierung der Monarchie heute keine Rolle spielt, ist der Begriff R. ohne Substanz. Doch gibt es zunehmend eine Position, die den Begriff der R. aufzuwerten sucht (vgl. *Henke* 1987). R. wird wieder mit der römischen *res publica* in Verbindung gebracht. Danach sind Staaten mit einer freiheitlichen Ordnung R.en – Staaten, die an den Bürgersinn appellieren, das Gemeinwohl zu verwirklichen suchen und eine rechtsstaatliche Ordnung aufweisen.

2. Republik als Staatsstrukturprinzip

Art. 20 GG schreibt die Staatsstrukturprinzipien der D.s fest: Republik, → Demokratie, → Bundesstaat, → Sozialstaat und → Rechtsstaat. Gemäß Art. 79 Abs. 3 GG können diese nicht geändert werden. Im Hinblick auf das Republik-Prinzip ist das nicht konsequent. Schließlich gehört dieses – zu Recht – nicht zu den Merkmalen der → freiheitlichen demokratischen Grundordnung – im Gegensatz zu den erwähnten anderen. Anhänger einer parlamentarischen Monarchie britischen Musters verstoßen nicht gegen Prinzipien einer freiheitlichen Ordnung. Im übrigen muß diese Diskussion angesichts fehlender Stimmen für die Einführung der Monarchie als reichlich akademisch gelten. In D ist das Prinzip der R. auf allen Seiten längst akzeptiert, während nach dem Ersten Weltkrieg „Herzensmonarchisten" „Vernunftrepublikanern" gegenüberstanden.

Wer R. nicht bloß als Gegensatz zur Monarchie begreift, kommt in Schwierigkeiten bei der Begründung, worin sich denn die R. von der Demokratie oder dem Rechtsstaat unterscheidet. Mit dieser Verwischung ist einer klaren Begrifflichkeit nicht gedient. Auch die Herleitung aus der Tradition überzeugt nicht: „Republik ist freiheitliche Ordnung. Demokratie ist Freiheit schlechthin. Die Republik stammt aus der römischen, die Demokratie aus der griechischen Tradition. Beide antiken Welten haben unsere Kultur geprägt, aber auf verschiedene Weise. Römisch ist das Gesetz und das Festhalten und vorsichtige Ändern des Überkommenen, griechisch ist das freie Denken und Gestalten (*Henke* 1987: 879). Der Begriff der „gemischten Verfassung" und des demokratischen Verfassungsstaates erscheint sinnvoller als der Rekurs auf den Begriff der R., um zum Ausdruck zu bringen, daß Demokratie sich nicht in der Volkssouveränität erschöpft.

Literatur

Henke, Josef 1987: Die Republik, in: Isensee, Josef/Paul Kirchhof (Hrsg.): Handbuch des Staatsrechts der Bundesrepublik Deutschland, Bd. I. Heidelberg.

Küchenhoff, Erich 1967: Möglichkeit und Grenzen begrifflicher Klarheit in der Staatsformenlehre, 2 Bde. Berlin.

Mager, Wolfgang 1984: Republik, in: Brunner, Otto/Conze, Werner/Koselleck, Reinhard (Hrsg.): Geschichtliche Grundbegriffe, Bd. 5. Stuttgart.

Eckhard Jesse

Republikaner

1. Die Entwicklung der Partei anhand ihrer Wahlergebnisse

Die Gründung der Republikaner als eine neue Partei „rechts der Mitte" ging im November 1983 von Bayern aus. Nach parteiinternen Auseinandersetzungen wurde F. *Schönhuber* 1985 Vorsitzender der Partei. Im Oktober 1986 erreichten die Republikaner bei den bayerischen Landtagswahlen überraschende 3,1% (→ Land Bayern). Bis zur Wahl zum Berliner Abgeordnetenhaus im Januar 1989 (7,5%) (→ Land Berlin) erzielte die Partei in den übrigen drei Landtagswahlen, an denen sie sich beteiligte, nur sehr bescheidene Ergebnisse. Erstmals seit den kurzfristigen Erfolgen der NPD (→ Splitterparteien) Ende der 60er Jahre gelangte mit den Republikanern in Berlin wieder eine Rechtspartei in ein Landesparlament. Dieser Erfolg fand seine Fortsetzung in der Europawahl vom 18.6.1989, in der die Republikaner bundesweit 7,1% der Stimmen erzielten. Ihre höchsten Stimmenanteile lagen im Süden der BRD (Bay. 14,6% und Bad.-W. 8,7%) (→ Land Baden-Württemberg). Bei den weiteren Landtagswahlen der Jahre 1990 und 1991 und insbesondere bei der Bundestagswahl vom 2.12.1990 mit 2,1% blieben die Republikaner weit hinter ihren eigenen Erwartungen und ihren proklamierten Zielen zurück. Die hohen Erfolge in der Landtagswahl vom April 1992 in Bad.-W. (10,9%) und auch der DVU in S.H. (→ Land Schleswig-Holstein) (6,3%) deuten jedoch darauf hin, daß der Aufschwung rechtspopulistischer Protestparteien unter den besonderen Bedingungen des deutschen Vereinigungsprozesses zwar ins Stocken, nicht aber zum Stillstand gekommen war.

So konnten die Republikaner bei der Wiederholungswahl zur Hamburger Bürgerschaft im September 1993 mit 4,8% ein beachtliches Ergebnis erzielen, besonders wenn man bedenkt, daß hier ebenfalls die DVU kandidierte und 2,8% verbuchen konnte (→ Land Hamburg). Bei keiner der Landtags-, Bundestags- und Europawahlen der Jahre 1993 und 1994 gelang es den Republikanern, die Fünf-Prozent-Hürde zu überspringen. So scheiterten sie im März 1994 in Ndr. (→ Land Niedersachsen) mit 3,7% und auch im September 1994 in ihrem „Stammland" Bayern mit 3,9%. Bei der Europawahl im Juni 1994 erzielten sie dasselbe Ergebnis (3,9%); bei der Bundestagswahl landeten sie mit 1,9% der Stimmen weit abgeschlagen.

2. Die Wähler- und Sympathisantenstruktur der Partei

Eine Analyse der Republikaner insgesamt muß von der Unterscheidung zwischen der „Programm- und Funktionärspartei" einerseits und der „Wählerpartei" andererseits ausgehen. Beide klaffen in ihren politisch-ideologischen Profilen auseinander. Dementsprechend setzt sich auch das Wählerpotential, aus dem die Republikaner zur Zeit schöpfen, grob vereinfacht aus zwei sehr unterschiedlich motivierten Gruppen zusammen: einem stärker ideologisch geprägten kleineren Teil, in dem rechtskonservative bis rechtsextremistische Gesinnung vorherrscht, und einem weit größeren, aber der Partei auch weit weniger verbundenen, fluktuierenden Sympathisantenpotential, das primär auf wirtschaftliche und soziale Interessen und Protesthaltungen hin orientiert ist. Hier sind die Republikaner ein Sammelbecken unterschiedlich motivierten Protests verschiedener gesellschaftlicher Gruppen und unterschiedlicher politisch- ideologischer Herkunft. Bei den zu beobachtenden Einstellungen und Affekten der REP-Sympathisanten zeichnet sich ein Motivbündel ab, das von Unzufriedenheiten mit den Leistungen des politischen Systems und der politischen Eliten, über wirtschaftliche und soziale Zukunftsängste und eine ausgeprägte Fremdenfeindlichkeit, bis hin zum Wunsch nach einer stärkeren Betonung nationaler Interessen reicht.

Die Analysen zur sozio-demographischen Zusammensetzung des Republikaner-Potentials auf Bundesebene werden durch erhebliche regionale Unterschiede erschwert. Dies vorausgesetzt, zeigen sich bundesweit in der Altersstruktur der Republikaner-Wähler nur geringfügige Abweichungen von der Gesamtbevölkerung; sehr deutlich ist hingegen, daß die Republikaner im Vergleich zu den Frauen fast doppelt so hohe Stimmenanteile bei den Männern erzielen können. Ein weiteres wesentliches Merkmal der Republikaner-Anhänger besteht in ihrem überwiegend niedrigen formalen Bildungsniveau. In bezug auf die Berufsstruktur sind unter den Republikaner-Anhängern vor allem Arbeiter, aber – regional unterschiedlich – auch Landwirte und übrige Selbständige überproportional vertreten.

3. Programm und Ideologien der Republikaner

Zur Zeit der ersten großen Wahlerfolge 1989 der Republikaner galt das 1987 verabschiedete Parteiprogramm. Dieses machte es seinen Kritikern relativ leicht: in ihm ließen sich eindeutig antidemokratische, nationalistische, antieuropäische und neutralistische Tendenzen sowie eine Verharmlosung der NS-Vergangenheit nachweisen. Demgegenüber ist das Programm, das auf dem Parteitag im Januar 1990 in Rosenheim verabschiedet wurde, umfänglicher, thematisch komplexer und vor allem sprachlich und inhaltlich geglättet. Die Partei sieht ihren Platz ausdrücklich nicht in der Mitte des politischen Spektrums, sondern bewußt „rechts". Sie versteht sich als „nationale" und als „Law and Order"-Partei, die verfassungstreu und demokratisch voll auf dem Boden des Grundgesetzes steht.

Das auf dem Parteitag im Juli 1993 in Augsburg verabschiedete neueste Parteiprogramm kann als eine Fortschreibung und Aktualisierung des Programms von 1990 verstanden werden. Über das geschriebene Programm hinaus werden erst in der Agitation und der Propagandasprache der Republikanerführung (z.B. in der Parteizeitung „Der Republikaner") die politischen Ideologien, die gesellschaftlich-sozialen Gestaltungsvorstellungen und damit die nach wie vor bestehende Nähe der Partei zum Rechtsradikalismus deutlich. Hier steht das → Ausländer- und Asylthema im Mittelpunkt. In seiner Katalysatorfunktion zur Bündelung vielfältiger, damit geschickt in Verbindung gebrachter sozialer Probleme, wie Wohnungsnot, Arbeitslosigkeit und Kriminalität sowie verbreiteter Verdrängungsängste rührt dieses Thema an tiefsitzende Vorurteile und Affekte in der Mitglieder- und Sympathisantenschaft.

4. Organisationsstruktur und Führungspersonal der Partei

In dieser derzeitigen Struktur sind die Republikaner eher eine rechtspopulistische Protestbewegung als eine Partei modernen Typs. Zwar verfügt die Partei mittlerweile in allen Bundesländern über Landesverbände; die horizontale Organisationsgliederung über Orts-, Kreis-, Bezirks- bis hin zur Landesebene ist jedoch in den einzelnen Bundesländern unterschiedlich weit fortgeschritten. Von der Mitgliederzahl her und organisatorisch am stärksten ist die Partei nach wie vor in Bay. und in Bad.-W.. Die Mitgliederzahl liegt nach eigenen Angaben derzeit bei etwa 20.000, dürfte tatsächlich aber erheblich darunter liegen. Die finanzielle Situation der Partei war zeitweise aufgrund der umfangreichen Wahlkampfkostenerstattungen nach der Europa-Wahl 1989 (über 16 Millionen Mark) und insbesondere nach der Landtagswahl in Bad.-W. vom April 1992 recht günstig; nach den schlechten Wahlergebnissen der Jahre 1993 und 1994 und aufgrund finanzieller Unregelmäßigkeiten (verspätete Antragstellung) dürfte sich dies inzwischen entscheidend geändert haben.

Darüber hinaus haben die Republikaner nach wie vor Probleme mit der Rekrutierung entsprechenden Führungs- und Funktionärspersonals und mit der Präsentation geeigneter Kandidaten für Partei- und Wahlämter.

Auf Landes- und Bundesebene konnten die Republikaner kaum profilierte und bekannte Persönlichkeiten als Kandidaten gewinnen. Bis jetzt ist der Parteiführung auch die sog. „Intellektualisierung der REP" nicht gelungen. Zudem bieten die Republikaner nach wie vor das Bild innerparteilicher Zerrissenheit, schwerer personalpolitischer Auseinandersetzungen, Ausgrenzungen und Abspaltungen. Nachdem *Schönhuber* in einem innerparteilichen Machtkampf 1990 sich noch gegen die Gruppe um *H. Neubauer* durchsetzen konnte, geriet er nach den Wahlniederlagen des Jahres 1994, nicht zuletzt durch sein Treffen mit dem rechtsextremistischen DVU-Vorsitzenden G. *Frey,* bereits vor der sich abzeichnenden Niederlage bei der Bundestagswahl im Oktober 1994 selbst in die Kritik. Halb freiwillig, halb durch seine Widersacher – vor allem aus Bad.-W. – gedrängt, gab er auf dem Parteitag in Sindelfingen im Dezember 1994 den Parteivorsitz ab. Zu seinem Nachfolger wurde der Fraktionsvorsitzende der Republikaner im Baden-Württembergischen Landtag, R. *Schlierer,* gewählt, der als Intellektueller in der Partei gilt und sicherlich nicht auf Anhieb innerparteilich die gleiche Integrationswirkung und in den Medien die Öffentlichkeitswirksamkeit wird entfalten können wie *Schönhuber.* Dieser hatte die Organisationsstrukturen und Entscheidungsprozesse seiner Partei dem Führerprinzip entsprechend ganz auf sich selbst zugeschnitten.

Die Zukunft der Republikaner ist derzeit also höchst ungewiß. Schon jetzt sind sie offenbar auf ihren harten ideologischen Kern von etwa 2% reduziert. Dazu hat sicherlich auch die Ernüchterung der Bürger und der Wähler der Partei über die konkrete politische Arbeit der Republikaner in den Parlamenten beigetragen. Hier haben sie entgegen ihrer Versprechungen nichts bewegt, haben sich als handlungs- und politikunfähig erwiesen. Der derzeitige sich abzeichnende Niedergang der Republikaner darf jedoch nicht darüber hinwegtäuschen, daß nach wie vor ein gewisses Sympathisantenpotential von etwa 7-9% in der Bevölkerung vorhanden ist, das von rechten Parteien wie den Republikanern oder einer neuen Sammlungsbewegung oder Partei unter günstigen Umständen erneut mobilisiert werden kann.

Literatur

Falter, Jürgen W. 1994: Wer wählt rechts? Die Wähler und Anhänger rechtsextremistischer Parteien im vereinigten Deutschland. München.

Hennig, Eike 1991: Die Republikaner im Schatten Deutschlands. Frankfurt/M.

Jaschke, Hans-Gerd [2]1993: Die „Republikaner“: Profile einer Rechtsaußen-Partei. Bonn.

Leggewie, Claus 1993: Druck von rechts. München.

Lepszy, Norbert/Veen, Hans-Joachim/in Zusammenarbeit mit Stefan Beil (ext.) 1994: „Republikaner“ und DVU in kommunalen und Landesparlamenten sowie im Europaparlament. Interne Studien und Berichte, Nr. 63/1993-1994, Erweiterte II. Fassung, hrsg. vom Bereich Forschung und Beratung der Konrad-Adenauer-Stiftung- St. Augustin.

Lepszy, Norbert 1994: „Die Republikaner im Abwind. Aktuelle Fragen der Politik, hrsg. von der Konrad-Adenauer-Stiftung. St. Augustin.

Stöss, Richard 1990: Die Republikaner. Woher sie kommen. Was sie wollen. Wer sie wählt. Was zu tun ist. Köln.

Norbert Lepszy

Sachverständigenrat zur Begutachtung der gesamtwirtschaftlichen Entwicklung

Der 1963 auf der Grundlage eines Bundesgesetzes geschaffene und schon deshalb herausgehobene Sachverständigenrat zur Begutachtung der gesamtwirtschaftlichen Entwicklung (SVR) – in den Medien häufig als die „fünf Weisen“ apostrophiert – bildet das im Hinblick auf Stellung und öffentliche Resonanz prominenteste Beispiel wissenschaftlicher →Politikberatung in der BRD. Vor dem Hintergrund zunehmender

Verteilungskämpfe erhofften sich die Protagonisten des Gesetzes, u.a. der damalige Bundeswirtschaftsminister *Erhard*, v.a. eine „Versachlichung" der Einkommenspolitik, wenn die Tarifparteien dem öffentlichen Druck des Sachverstandes und der Autorität eines prominenten Wissenschaftlergremiums ausgesetzt würden, konnten dann aber auch die staatliche Wirtschaftspolitik der wissenschaftlichen Kritik nicht entziehen.

1. Aufgaben und Organisation

Entsprechend der Entstehungsgeschichte ist der SVR, im Gegensatz z.B. zum Council of Economic Advisors in den USA, kein Beratungsorgan der Regierung, sondern zielt auf alle Akteure: „Zur periodischen Begutachtung der gesamtwirtschaftlichen Entwicklung in der Bundesrepublik Deutschland und *zur Erleichterung der Urteilsbildung bei allen wirtschaftspolitisch verantwortlichen Instanzen sowie in der Öffentlichkeit* wird ein Rat von unabhängigen Sachverständigen gebildet." (§ 1 Abs. 1, Hervorh. v. Verf.). Die mehrfach betonte Unabhängigkeit wird durch verschiedene Regelungen untermauert. Die fünf Sachverständigen, die über besondere wirtschaftswissenschaftliche Kenntnisse und volkswirtschaftliche Erfahrungen verfügen müssen, dürfen weder Parlament, Regierung oder Verwaltung von Bund und Ländern angehören, noch Repräsentanten der Tarifparteien sein. Sie werden auf fünf Jahre (mit Möglichkeit der Wiederwahl) vom → Bundespräsidenten berufen, wobei in einem Rotationssystem turnusmäßig jedes Jahr ein Mitglied ausscheidet. Die Berufung erfolgt allerdings auf Vorschlag der → Bundesregierung, die vorher den SVR hören muß. Weitergehende Empfehlungen – Vorschlagsrecht für → Bundestag und -rat oder gar Kooptationsrecht für den SVR – haben sich nicht durchgesetzt. Der SVR wählt seinen Vorsitzenden selbst, und die Aufgabe einer Geschäftsstelle wird vom → Statistischen Bundesamt wahrgenommen.

Das wichtigste Instrument des SVR sind seine jeweils bis zum 15.11. vorzulegenden Jahresgutachten, die inzwischen unverzüglich von der Bundesregierung an Bundestag und -rat weitergeleitet und zugleich veröffentlicht werden. Spätestens nach acht Wochen muß die Bundesregierung gegenüber den gesetzgebenden Körperschaften zu dem Jahresgutachten Stellung nehmen und ihre wirtschaftspolitischen Schlußfolgerungen darlegen. Dies geschieht im Rahmen des durch das → Stabilitätsgesetz vorgeschriebenen Jahreswirtschaftsberichts, der im Mittelpunkt der parlamentarischen Diskussion der Wirtschaftspolitik steht. Auf Wunsch der Bundesregierung oder bei akuter Gefährdung gesamtwirtschaftlicher Ziele auf eigene Initiative legt der SVR Sondergutachten vor, wobei er für den Zeitpunkt der Veröffentlichung Einvernehmen mit dem Bundeswirtschaftsminister herstellen muß. Bei der Vorbereitung seiner Gutachten kann der SVR andere wirtschaftspolitische Akteure, insbesondere Verbandsvertreter, anhören, und von diesem Recht hat er regelmäßig Gebrauch gemacht. Die fachlich zuständigen Bundesminister und der Bundesbankpräsident haben einen gesetzlichen Anspruch, gehört zu werden.

Die weitgehende Unabhängigkeit des SVR war in Verbindung mit dem Rechtfertigungszwang der Regierung in der Literatur vereinzelt Anlaß zu verfassungsrechtlichen Bedenken („unverantwortliche Nebenregierung"). Sowohl die Gesetzesberatung als auch verschiedene Bestimmungen des Gesetzes belegen allerdings, daß der Gesetzgeber eindeutig auf ein dezisionistisches Beratungsmodell (→ Politikberatung) gezielt hat, d.h., das Primat der Politik gegenüber der wissenschaftlichen Beratung sichern wollte. So werden die Ziele gesetzlich vorgegeben. Bei seiner Analyse der gesamtwirtschaftlichen Situation soll der SVR untersuchen, „wie im Rahmen der marktwirtschaftlichen Ordnung gleichzeitig Stabilität des Preisniveaus, hoher Beschäftigungsstand und außenwirtschaftliches Gleichgewicht bei stetigem und angemessenem Wirtschaftswachstum gewährleistet werden können. In die Untersuchung sollen auch die Bildung und Verteilung von Einkommen und Vermögen einbezogen werden." (§2) Nach einer weiteren, sachlich höchst problematischen, aber das Ziel der Sicherung der Entscheidungsfreiheit für die politisch verantwortlichen Instanzen verdeutlichenden Vorgabe soll der SVR „Fehlentwicklungen und Möglichkeiten zu deren Vermeidung oder deren Beseitigung aufzeigen, jedoch keine Empfehlungen für bestimmte wirtschafts- und sozialpolitische Maßnahmen aussprechen." (§2) Im Dienste des genannten politischen Ziels stehen auch die gesetzlichen Bestimmungen, daß der SVR jeweils verschiedene Annahmen zugrundelegen und deren unterschiedliche Wirkungen bewerten soll, sowie Minderheiten innerhalb des SVR ein Recht auf Darstellung ihrer Position in den Gutachten haben.

2. Erfahrungen

Probleme ergaben sich insbesondere aus den unterschiedlichen, teilweise überhöhten Erwartungen an den SVR und seinem vor dem Hintergrund interpretationsbedürftiger Gesetzesbestimmungen keineswegs festgelegten Rollenverständnis. Schon im Zusammenhang mit dem ersten Jahresgutachten 1964/65 hat die Bundesregierung dem SVR vorgeworfen, er habe das Verbot bestimmter Maßnahmeempfehlungen mißachtet, da sich die Empfehlung flexibler Wechselkurse als „roter Faden" durch das Gutachten ziehe. Die entsprechende gesetzliche Bestimmung wie auch die schwammige Zielformulierung lassen dem SVR aber erheblichen Interpretationsspielraum, so daß bereits hier die Grenzen des dezisionistischen Modells deutlich werden. Konflikte hat es 1969 auch innerhalb des SVR um Minderheitseitsvoten gegeben, als anscheinend entgegen der Intention des Gesetzgebers versucht worden ist, um der politischen Durchschlagskraft der Gutachten willen nach außen das Bild einer einheitlichen wissenschaftlichen Position des SVR zu vermitteln. Später sind aber zu Einzelpunkten der Gutachten auch Minderheitsvoten veröffentlicht worden.

Versucht man eine Gesamtbewertung des „Erfolges" des SVR, so gilt, daß er sich als selbständiger wirtschaftspolitischer Akteur etabliert und als häufig unbequemer Mahner Gehör verschafft hat. Die kurzfristigen Wirkungen der SVR-Gutachten dürften, von spektakulären Einzelinitiativen wie z.B. der Konzertierten Aktion (→ Stabilitätsgesetz) abgesehen, eher gering einzuschätzen sein. Dabei spielt auch eine Rolle, daß der Fundus an „gesichertem" Wissen in den Sozialwissenschaften gering und der Fehlerbereich z.B. von wissenschaftlichen Prognosen in einem hochkomplexen Feld groß ist, wie die Erfahrung gezeigt und der SVR selbst betont hat. Typisch für die anderen wirtschaftspolitischen Akteure ist, daß die Gutachten selektiv als Munition im Meinungskampf genutzt werden, um möglichst den Eindruck zu erwecken, die eigene Position werde durch wissenschaftliche Autorität gestützt. Die von einigen SVR-Initiatoren gehegte Hoffnung auf eine Versachlichung der Verteilungskämpfe ist jedenfalls nicht in Erfüllung gegangen, obwohl bei der Ernennung der SVR-Mitglieder – durchgängig Professoren der Wirtschaftswissenschaften – darauf geachtet worden ist, daß möglichst jeweils ein Mitglied das besondere Vertrauen einerseits der → Unternehmerverbände und andererseits der → Gewerkschaften besaß. Insgesamt dürfte der SVR zutreffend als Exponent der vorherrschenden Meinung in der deutschen Wirtschaftswissenschaft einzuschätzen sein.

Der Vorwurf mangelnder Repräsentanz des SVR aus der Sicht „linker" Minderheitspositionen dürfte dazu beigetragen haben, daß sich 1975 mittels Selbstselektion eine „Arbeitsgruppe Alternative Wirtschaftspolitik“ etabliert hat, die jährlich jeweils zum 1. Mai ein Memorandum als eine Art Gegengutachten vorlegt. Die „Memorandum-Gruppe“ erarbeitet ihre Ergebnisse in schwer einzuschätzenden offenen Arbeitsgruppen, und das „Memorandum“ wird jeweils von mehreren hundert Personen mit starkem Akzent im gewerkschaftlichen Umfeld unterstützt.

Literatur

Arbeitsgruppe Alternative Wirtschaftspolitik: Memorandum (unterschiedliche Jahrgänge). Köln.

Molitor, Regina (Hrsg.) 1973: Zehn Jahre Sachverständigenrat. Frankfurt/M.

Sachverständigenrat zur Begutachtung der gesamtwirtschaftlichen Entwicklung: Jahresgutachten (unterschiedliche Jahre). Mainz, Stuttgart.

Schlecht, Otto/van Suntum, Ulrich (Hrsg.) 1995: 30 Jahre Sachverständigenrat zur Begutachtung der gesamtwirtschaftlichen Entwicklung. Krefeld.

Schneider, Hans K. 1994: Der Sachverständigenrat zur Begutachtung der gesamtwirtschaftlichen Entwicklung 1982-1992, in: Hasse, Rolf H./Molsberger, Josef/ Watrin, Christian (Hrsg.): Ordnung in Freiheit. Festgabe für Hans Willgerodt zum 70. Geburtstag. Stuttgart, Jena, New York.

Uwe Andersen

Selbständigenverbände

1. Selbständigenverbände (S) sind eine Sammelkategorie; insofern läßt sich kein einheitlicher „Typ“ von S. ausmachen. Abgrenzungsprobleme ergeben sich insbesondere gegenüber den Unternehmerverbänden. Ein mögliches Abgrenzungskriterium wäre die Mitgliedschaftseinheit: die Person hier – das Unternehmen/der Betrieb dort. Dann wäre z.B. die Arbeitsgemeinschaft Selbständiger Unternehmer (ASU) ein S., der Zentralverband des Deutschen Handwerks (ZDH) ein Unternehmerverband; in der Praxis dagegen ist die Zuordnung gemeinhin umgekehrt. Theoretisch unstrittig dürfte die Zuordnung zu S. nur bei den im Bundesverband der Freien Berufe (BFB) zusammengeschlossenen Verbänden sein.

2. Unter den S. in der BRD wird an erster Stelle zumeist der *ZDH* genannt, der jedoch als Dachorganisation, die sowohl freiwillige (Innungen) wie Zwangsverbände (Handwerkskammern) in sich vereinigt, ein untypischer Interessenverband ist. Die Zahl der Handwerksbetriebe beträgt derzeit rd. 660.000. Auf Kreisebene sind sie in rd. 7.400 Innungen und auf Bezirksebene in 56 Kammern organisiert; die Innungen wiederum sind in 52 Fachverbänden mit einer Bundesvereinigung an der Spitze, die Kammern im Deutschen Handwerkskammertag (DHKT) zusammengefaßt; in beiden Organisationssträngen gibt es zudem Landesorganisationen. Der DHKT und die Bundesvereinigung der Fachverbände bilden gemeinsam den ZDH. In dieser außerordentlich komplexen Struktur ist das Handwerk zu 100% erfaßt.

Das Handwerk war auch in der DDR in (staatlichen) Handwerkskammern und Berufsgruppen organisiert gewesen. Schon im Vorfeld der deutschen Vereinigung traten die 15 Kammern der DDR-Bezirke in Kontakt zum ZDH. Unter seiner Anleitung bildeten sie sich zu Selbstverwaltungseinrichtungen und die Berufsgruppen zu Innungen um und gründeten den westlichen vergleichbare Fachverbände. Am 26.11.1990 erfolgte formal der Beitritt der Kammern sowie der Fachverbände der neuen Bundesländer zum DHKT und zum ZDH und seinen Zentralfachverbänden.

Als eher wirtschaftliche dann berufsständische Organisation ist der ZDH dem Gemeinschaftsausschuß der Deutschen Gewerblichen Wirtschaft angeschlossen.

3. Die primär berufsständisch orientierten Verbände der freien Berufe sind in ihrer großen Mehrheit im *BFB* zusammengefaßt. Inzwischen 81 Berufsverbände (in den 70er Jahren noch 35) sind Mitglieder dieser 1949 auf Initiative der Westdeutschen Ärztekammern gegründeten (und lange Zeit von den Ärzteverbänden dominierten) Dachorganisation; hinzu kommen 13 „fördernde" Verbände sowie 16 Landesverbände. Wie der ZDH ist der BFB ein Zwitter-Verband: Zu seinen Mitgliedern zählen neben „freien" auch Zwangsverbände, nämlich die Ärztekammer und die Kammern der Rechtsanwälte, Notare, Wirtschaftsprüfer und Steuerberater. Da in den Kammern auch nicht-selbständige Ärzte etc. organisiert sind, ist ihre Mitgliedschaft im BFB nicht unproblematisch. Anfang 1992 hat denn auch erstmals ein Verwaltungsgericht entschieden, daß eine Ärztekammer (Bremen) aus dem Landesverband der Freien Berufe austreten muß.

In der DDR-Erwerbsgesellschaft war selbständige Tätigkeit die Ausnahme; die wenigen Freiberufler waren nicht organisiert. Seit der Vereinigung wurden unter westlicher Regie entsprechende Kammern und Verbände aufgebaut. Stärker als bei den Unternehmerverbänden erfolgte der Aufbau von der Spitze her; spontane Eigengründungen (z.B. die Anfang 1990 gegründeten Ärzteverbände) stellten bald ihre Arbeit wieder ein. So bestehen nun in allen neuen Bundesländern Geschäftsstellen des BFB, Ärztekammern, Kassenärztliche Vereinigungen usw.

Heidrun Abromeit

Sonderorganisationen der Parteien

1. Zur Funktion von Partei-Sonderorganisationen

Die Sonderorganisationen der beiden großen Parteien, der → CDU und der → SPD, sind – dies gilt insbesondere für die CDU – Ausdruck ihres Selbstverständnisses als Volkspartei und des in ihr organisierten innerparteilichen Interessenpluralismus. Dabei ist ihre Aufgabe grundsätzlich in einer Doppelfunktion zu sehen: Zum einen artikulieren sie innerhalb der eigenen Partei die Interessen bestimmter gesellschaftlicher Gruppen; zum zweiten haben sie die Aufgabe, innerhalb der jeweiligen gesellschaftlichen Gruppe für die Ziele und Prinzipien der eigenen Partei intensiver zu werben.

2. Die Vereinigungen in der CDU

Besonders stark ausgeprägt ist die Vereinigungsstruktur in der CDU seit ihrer Gründung. So wird bis heute traditionell den Vereinigungen in der CDU im Prozeß der innerparteilichen Willensbildung, sowohl in programmatischen als auch vor allem in Macht- und Personalfragen, ein ganz erheblicher Einfluß eingeräumt. In der Regel ist die Mitgliedschaft in einer Vereinigung nicht an die Parteimitgliedschaft gebunden. Im § 38 des Parteistatuts sind folgende acht Vereinigungen aufgeführt:

2.1 Die Junge Union Deutschlands (JU)

Die 1947 gegründete Jugendorganisation von CDU und →CSU ist offen auch für Nichtparteimitglieder im Alter vom 14. bis zum 35. Lebensjahr. Sie ist heute trotz erheblicher Nachwuchsprobleme mit über 200.000 Mitgliedern die größte politische Jugendorganisation. Sie verfügt über einen eigenen hauptamtlichen Apparat und hat – vor allem in den 70er Jahren – in der Willensbildung der Partei erheblichen Einfluß ausüben können. Sie verstand sich – teilweise im strategischen Bündnis mit den Sozialausschüssen (CDA) und der Frauenvereinigung sowie RCDS – als Teil der innerparteilichen Reformbewegung. Ihr Grundsatzprogramm von 1973 („Für eine humane Gesellschaft") und die damit einhergehende Modernisierungsdiskussion wirkten stark in die Partei hinein. Die Junge Union hat sich stets um die Grundsatzfragen und die geistigen Grundlagen christlich-demokratischer Politik bemüht.

2.2 Die Frauen-Union der CDU

Die 1949 als Frauenvereinigung gegründete heutige Frauen-Union hat in den 80er Jahren innerparteilich zweifellos an Einfluß gewonnen. Bis zum Ende der 80er Jahre stieg der Frauenanteil in der CDU-Mitgliederschaft auf knapp 23%, was bedeutet, daß die Frauen-Union zur Zeit etwa 160.000 Mitglieder zählt, da hier noch bis 1994 eine automatische Mitgliedschaft aller weiblichen CDU-Mitglieder bestand. Die gesellschaftliche Gleichberechtigungsdiskussion fand innerhalb der CDU ihren deutlichsten Niederschlag in den vom Essener Parteitag im März 1985 verabschiedeten „Leitsätzen der CDU für eine neue Partnerschaft zwischen Mann und Frau".

2.3 Die Sozialausschüsse der Christlich-Demokratischen Arbeitnehmerschaft Deutschlands (CDA)

Seit 1945 repräsentieren die Sozialausschüsse innerhalb der CDU die Arbeitnehmerschaft. Sie gelten als der „Linke Flügel" und treten mit dem Anspruch auf, das „soziale Gewissen" der Partei zu sein. Auf der Grundlage der christlichen Soziallehre treten sie für ein Programm der Sozialpartnerschaft, der Mitbestimmung, der Verteilungsgerechtigkeit und der Vermögensbildung in Arbeitnehmerhand ein. Ihre regionalen Schwerpunkte lagen bis in die 70er Jahre vor allem im Rheinland und in Westfalen, wo sich die Sozialausschüsse, vor allem in der Anfangs- und Gründungsphase der CDU, auf das katholisch-soziale Milieu abstützen konnten. Nur etwa 3% der CDU-Mitglieder, ca. 20.000 bis 25.000, sind in den Sozialausschüssen organisiert. Ihr prozentualer Anteil an der CDU-Mitgliederschaft insgesamt ist im Laufe der Jahre stetig zurückgegangen. Im Verhältnis hierzu sind sie jedoch unter den Amts- und Mandatsträgern – dies ist nicht zuletzt eine Folge des Vereinigungsprinzips der Union – deutlich besser repräsentiert. Trotzdem befinden sie sich häufig innerhalb der CDU in einer Minderheitenposition; gleichzeitig fällt es ihnen ebenso sehr, als Minderheit CDU-Positionen innerhalb ihres spezifischen gesellschaftlichen Vorfeldes, also vor allem in den DGB-Gewerkschaften, erfolgreich zu vertreten.

2.4 Die Kommunalpolitische Vereinigung der CDU und CSU (KPV)

Der 1948 gegründeten kommunalpolitischen Vereinigung gehören grundsätzlich alle der Union angehörenden Mitglieder von kommunalen Vertretungs- und Gebietskörperschaften an. Insgesamt zählt sie heute über 100.000 Mitglieder. Sie übt eine beratende Funktion für die Kommunalfraktionen der Union zum Beispiel in Fragen der Verwaltungs- und Kommunalpolitik und in den einzelnen Politikfeldern der kommunalen Selbstverwaltung aus. Einhergehend mit den CDU-Erfolgen in den Städten und → Gemeinden entwickelte sich die KPV in den 70er Jahren von einer traditionellen Honoratiorenvereinigung zu einem innerparteilichen Machtfaktor.

2.5 Die Mittelstandsvereinigung der CDU/CSU

Die Mittelstandsvereinigung der CDU/CSU vertritt innerhalb der Union die Interessen mittelständischer Unternehmer, der Gewerbetreibenden sowie der Freiberufler und der leitenden Angestellten. Sie betont die Konzepte der Eigeninitiative und Eigenverantwortung als Grundlage einer freiheitlichen Wirtschafts- und Gesellschaftsordnung entsprechend der Idee der → sozialen Marktwirtschaft. Die Mittelstandsvereinigung zählt heute etwa 35.000 Mitglieder; ihr in den 70er Jahren gewachsener programmatischer und personalpolitischer Einfluß innerhalb der Partei ist jedoch beträchtlich größer, als dier prozentuale Anteil an der Gesamtmitgliederschaft (ca. 5%) vermuten läßt.

2.6 Die Wirtschaftsvereinigung der CDU

Diese Vereinigung wird zwar im Statut der CDU genannt, besteht aber auf Bundesebene und in den meisten Ländern bis jetzt nicht. Sie war konzipiert als Zusammenschluß des Wirtschaftsrates der CDU e.V. und der Mittelstandsvereinigung; beide Organisationen blieben jedoch bestehen.

2.7 Die ost- und mitteldeutsche Vereinigung in der CDU/CSU (Union der Vertriebenen und Flüchtlinge)

Die als „Union der Vertriebenen und Flüchtlinge" bekannte, 1969 durch Umwandlung des CDU/CSU-Landesverbandes Oder-Neiße entstandene Vereinigung wirkt in den Unionsparteien als Partner für die Verbände, Organisationen und Landsmannschaften der Vertriebenen, Flüchtlinge und Aussiedler.

2.8 Die Senioren-Union der CDU

Die Senioren-Union ist die jüngste Vereinigung der Partei. Nachdem bereits im Jahre 1986 einzelne Landes- und Kreisverbände gegründet worden waren, erfolgte im April 1988 die Gründung als Bundesvereinigung. Die Gründung der Senioren-Union trägt der gewachsenen Bedeutung der Gruppe älterer, zwar nicht der im Berufs- und Erwerbsleben stehender, aber dennoch aktiver und engagierter Menschen Rechnung.

2.9 Weitere Sonderorganisationen der CDU

Neben den im Statut genannten acht Vereinigungen existieren im Umfeld der CDU einige weitere Sonderorganisationen, die – obwohl satzungsmäßig keine Vereinigung – als spezifische Vorfeldorganisationen de facto dieselben Funktionen innerhalb und außerhalb der Partei wie die Vereinigungen ausüben. Hierzu zählen der Evangelische Arbeitskreis (EAK), der innerhalb der vor allem in den Anfangsjahren stark katholisch geprägten Unionsparteien die Minderheitsposition der protestantischen Christen vertreten sollte, ferner der Ring Christlich Demokratischer Studenten (RCDS), der die innerparteilichen Diskussionen häufig mit reformpolitischen Vorstellungen befruchtet hat, des weiteren die Schüler-Union als Vorfeldorganisation der Jungen Union sowie schließlich der Wirtschaftsrat e.V., der die Interessen der Industrie und Wirtschaft in der CDU organisatorisch zu bündeln und zu artikulieren versucht.

3. Die Arbeitsgemeinschaften in der SPD

Anders als die Unionsparteien verfügt die SPD nicht über eine länger zurückreichende Tradition pluralistischer Interessenvertretung innerhalb der Partei. Zwar trug die SPD in den 70er Jahren ihrem vollzogenen Wandel zur Volkspartei durch die Gründung mehrerer Arbeitsgemeinschaften auf der Grundlage des Art. 10 des Organisationsstatuts Rechnung; diese sind jedoch als Gliederungen der Partei organisatorisch, personalpolitisch, finanziell und auch vor allem in ihrer Öffentlichkeitsarbeit von den jeweiligen Parteigliederungen immer noch abhängiger als die Vereinigungen in der CDU.

Durch die Beschlüsse des Wiesbadener Parteitages vom November 1993 ist die Stellung und Selbständigkeit der Arbeitesgemeinschaften in der SPD allerdings erheblich gestärkt worden. Sie haben nunmehr Antrags- und Rederecht für die Parteitage auf der jeweiligen Ebene. Auch die Mitwirkung von Personen, die nicht Parteimitglieder sind, ist jetzt möglich. Auch themenspezifischen Projektgruppen, die von den Vorständen der Partei eingerichtet werden können und in denen auch Nichtmitglieder mitarbeiten können, steht das Antrags- und Rederecht für den Parteitag auf der jeweiligen Ebene zu.

Nach einer Organisationsreform wurde 1983 die Arbeit der kleineren, teilweise berufsbezogenen, teilweise fachgebietsbezogenen Arbeitsgemeinschaften auf die lokale und regionale Ebene beschränkt. Zu dieser Gruppe der Facharbeitsgemeinschaften zählen die „Arbeitsgemeinschaft sozialdemokratischer Juristen“ (ASJ), die „Arbeitsgemeinschaft der Sozialdemokraten im Gesundheitswesen“ (ASG). Zudem ist jetzt eine der CDU-Senioren-Union entsprechende Arbeitsgemeinschaft „60 Plus“ gegründet worden, die sich allerdings noch im Aufbau befindet. Lediglich drei größere und eine kleinere Arbeitsgemeinschaft verfügen über eine durchgängige Organisationsstruktur von Orts- zur Bundesebene mit eigenen Vorständen und dem Recht, eigene Bundesdelegiertenkonferenzen durchzuführen. Es sind dies:

3.1 Die Jungsozialisten und Jungsozialistinnen in der SPD (Juso-AG)

Den Jungsozialisten gehören heute etwa 170.000 SPD-Mitglieder unter 35 Jahren an. Die zunächst radikal-demokratische, von der Studentenbewegung maßgeblich beeinflußte Entwicklung des Juso-Verbandes führte die Jusos im Verlauf der 70er Jahre zu „antikapitalistischen“, teilweise neo-marxistischen, später auch dogmatisch-marxistischen strategischen Konzeptionen und Programmentwürfen. Aus der Radikalisierung und Linksentwicklung der Jusos ergaben sich fortgesetzte Spannungen zwischen ihnen und der Mutterpartei. Als aufmüpfige, teils reformerische, teils sich revolutionär gebärdende Jugendorganisation konnten sie jedoch einen Teil der APO-Studentengeneration an sich binden und somit an die SPD heranführen.

Als die Theoriediskussionen jedoch zunehmend in radikale und dogmatische ideologische Streitigkeiten innerhalb des Verbandes abglitten, nahm seit Mitte der 70er Jahre sowohl das Interesse der Öffentlichkeit als auch ihre Attraktivität ab. Mit der in einer Kampfabstimmung durchgesetzten Wahl eines als gemäßigt-reformerisch geltenden Vorstandes gegen die Kandidaten des marxistisch-orientierten Flügels im März 1991 deutet sich allerdings bei den Jusos eine Wende zum Pragmatismus an, die sie wieder in die Partei zurückführen und auch an Einfluß gewinnen lassen könnte.

3.2 Die Arbeitsgemeinschaft Sozialdemokratischer Frauen (ASF)

Die Gründung der „Arbeitsgemeinschaft Sozialdemokratischer Frauen“ (ASF) im Jahre 1972 fiel in die Zeit der beginnenden feministischen Emanzipationsbewegung. Die gesellschaftliche Umbruchsituation und der Generationswechsel in der ASF in der zweiten Hälfte der 70er Jahre ging einher mit der Akademisierung der weiblichen Mitgliedschaft in der SPD und mit einer zunehmenden Links-Orientierung im innerparteilichen Spektrum. Zu den wichtigsten von der ASF angesprochenen Themen in den 80er Jahren gehörten die Friedenspolitik, die Arbeitspolitik, die Diskussion um den 218 und insbesondere die Frauenquote in der Verteilung von Ämtern und Mandaten. So gelang es der ASF auf dem Münsteraner SPD-Parteitag 1988, eine sogenannte „Frauenquote" in der Partei durchzusetzen.

3.3 Die Arbeitsgemeinschaft für Arbeitnehmerfragen (AfA)

Die 1973 gegründete „Arbeitsgemeinschaft für Arbeitnehmerfragen" (AfA) ist die innerparteiliche Interessenorganisation sozialdemokratischer Gewerkschafter, Betriebs- und Personalräte. Allein die Tatsache, daß in der traditionellen Arbeitnehmerpartei SPD eine gesonderte Interessenstruktur für Arbeitnehmerfragen als notwendig angesehen wurde, verdeutlicht den Wandel der SPD zur immer stärker von akademischen Mittelschichten geprägten Volkspartei in den 70er Jahren. Das traditionelle Bündnis von SPD und Gewerkschaftsbewegung (→ Gewerkschaften) hatte an Selbstverständlichkeit verloren. Nominell ist die AfA mit rund 400.000 Mitgliedern die größte Arbeitsgemeinschaft in der SPD; ihr innerparteilicher Einfluß entspricht jedoch nicht diesem Zahlenverhältnis. Ihre regionalen Schwerpunkte hat die AfA nach wie vor in den von großindustriellen Strukturen geprägten → Regionen, wie etwa in NW. Die neue Funktionärs- und Führungsschicht der SPD ist stark akademisch geprägt, die klassischen Arbeitnehmer- und Gewerkschaftsvertreter geraten in eine Minderheitsposition.

3.4 Arbeitsgemeinschaft der Selbständigen in der SPD (AGS)

Neben der AfA ist insbesondere die Arbeitsgemeinschaft der Selbständigen in der SPD Ausdruck des modernen Volksparteiencharakters der Partei. So bemerkenswert einerseits die Existenz einer derartigen Arbeitsgemeinschaft in einer traditionell den Arbeitnehmerinteressen verpflichteten Partei wie der SPD ist, so relativ eingeschränkt ist ihre innerparteiliche Stellung. Niedrige Mitgliederzahlen (wenige Tausend) sowie die geringe personalpolitsiche und programmatische Durchsetzungskraft der Arbeitsgemeinschaft machen dies deutlich.

Literatur

Höfling, Wolfram 1980: Die Vereinigungen der CDU, in Kaa, Heino/Roth, Reinhold (Hrsg.). Handbuch des Deutschen Parteiensystems Bd. 1., Opladen.

Kleinmann, Hans-Otto 1993: Geschichte der CDU, Stuttgart.

Lösche, Peter/Walter, Franz 1992: Die SPD. Klassenpartei, Volkspartei, Quotenpartei. Darmstadt.

Stöss, Richard 1983: Parteienhandbuch, Opladen.

Norbert Lepszy

Soziale Marktwirtschaft/Wirtschaftspolitik

1. Ausgangslage

Die totale militärische und politische Niederlage des Dritten Reiches im Zweiten Weltkrieg bedeutete für D. auch eine wirtschaftliche und soziale Katastrophe. Stichworte sind Flüchtlings-, Hungers-, Wohnungsnot. Die Siegermächte betrieben anfänglich eine Politik der Reparationen, der Demontagen und der Fertigungsverbote. Die Kriegsfinanzierung über die Notenpresse hatte einen gewaltigen Geldüberhang zur Folge (→ Währung).

Die bitteren Erfahrungen der Weltwirtschaftskrise und die außerordentlich schwierige Wirtschaftslage begünstigten in der deutschen → Bevölkerung und den neugegründeten deutschen → Parteien, insbesondere der → SPD und Teilen der → CDU – häufig herangezogen etwa das 1947 beschlossene „Ahlener Programm" für die britische Besatzungszone –, Forderungen nach einer staatlichen Planung und Lenkung der Wirtschaft sowie einer Vergesellschaftung der Produktionsmittel in zentralen Wirtschaftsbereichen. Die in mehreren Länderverfassungen (z.B. → Hess., → NW) enthaltenen Vergesellschaftungsgebote wurden aber von den westlichen Besatzungsmächten mit der sachlich stichhaltigen, aber auch politisch motivierten Begründung außer Kraft gesetzt, derartig weitreichende Festlegungen müßten gesamtstaatlichen Regelungen vorbehalten bleiben.

1947 wurde das anfänglich auf die amerikanische und britische Besatzungszone beschränkte „Vereinigte Wirtschaftsgebiet" geschaffen und die Wirtschaftsverwaltung zunehmend auf deutsche Stellen übertragen. 1948 kam es zu einer von den westlichen Alliierten verantworteten Währungsreform, mit der die DM eingeführt und der Geldüberhang zu Lasten der Besitzer von Geldvermögen beseitigt wurde. Die Sowjetunion, die u.a. mit weitgehenden Enteignungen in ihrer Besatzungszone bereits die Basis für ein Wirtschaftssystem nach ihrem Muster gelegt hatte, antwortete mit der Schaffung der Mark(Ost). Mit der Wirtschafts- und Währungsteilung wurde die staatliche Teilung Deutschlands vorgeprägt, und beide Teile wurden exponierte Arenen und Akteure im politischen und ökonomischen „Wettkampf der Systeme".

2. Grundlagen, Konzeption und Durchsetzung der Sozialen Marktwirtschaft (SM)

Die SM basiert auf Vorstellungen, die in durchaus unterschiedlicher Akzentuierung von einer Reihe von Wissenschaftlern schon in den 30er und 40er Jahren entwickelt und unter dem Begriff Neoliberalismus subsumiert worden sind. Innerhalb des Neoliberalismus spielte für Deutschland der „Ordoliberalismus" der Freiburger Schule eine besondere Rolle, als dessen wichtigster Repräsentant der Freiburger Wirtschaftswissenschaftler W. *Eucken* gilt.

Für *Eucken* ist anders als bei *Marx* nicht die Eigentumsfrage, sondern das wirtschaftliche Lenkungssystem der entscheidende analytische Ansatzpunkt. Er unterscheidet idealtypisch zwei gegensätzliche Lenkungssysteme: zentrale staatliche Planung in Form der Zentralverwaltungswirtschaft und dezentrale Planung der Wirtschaftssubjekte in Form der Wettbewerbswirtschaft, in der die Einzelentscheidungen über den Markt koordiniert werden. Die notwendige Option fällt zugunsten der Wettbewerbswirtschaft und wird einerseits mit der ihr zugeschriebenen größeren Effizienz begründet, die auch die Lösung der sozialen Probleme erlaube. Andererseits wird als entscheidender Punkt die Interdependenz der Ordnungen angeführt, insbesondere die gegenseitige Abhängigkeit von Wirtschafts- und

Staatsordnung. Unter dem zentralen Gesichtspunkt der Freiheit des Bürgers, die nur durch Machtstreuung zu sichern sei, seien freiheitliche, gewaltenteilende Demokratie und Wettbewerbswirtschaft aufeinander angewiesen.

Der scharfen Ablehnung der Zentralverwaltungswirtschaft wegen der ihr innewohnenden Effizienzmängel und Machtkonzentration entspricht eine ebenso entschiedene Verwerfung der altliberalen Laissez-faire-Position, da eine sich selbst überlassene Wirtschaft zur Aufhebung des unbequemen Wettbewerbs, zur Vermachtung der Wirtschaft, tendiere, mit negativen wirtschaftlichen und sozialen Folgen. Eine Wettbewerbswirtschaft sei keine sich von selbst ergebende „natürliche" Ordnung, sondern müsse vielmehr durch einen staatlich gesetzten Ordnungsrahmen ermöglicht und gesichert werden. Die erforderliche Ordnungspolitik bedürfe eines starken, durchsetzungsfähigen Staates, der sich aber auf diese Aufgabe beschränken könne und so wenig wie möglich in den Wirtschaftsprozeß eingreifen solle.

Kritiker *Euckens* und des Ordoliberalismus wenden insbesondere ein, daß der Raster Zentralverwaltungswirtschaft – Wettbewerbswirtschaft zu grob, die behauptete Interdependenz von freiheitlicher Demokratie und Wettbewerbswirtschaft zumindest überzogen, die Orientierung an einem Modell des vollständigen Wettbewerbs realitätsfern und auch die Forderung eines freiheitlichen und im Hinblick auf die geforderte Bändigung wirtschaftlicher Macht zugleich starken Staates angesichts einer von Interessengruppen mitgeprägten pluralistischen Demokratie widersprüchlich und irreal sei.

Die SM geht von den Vorstellungen des Neoliberalismus aus, setzt aber u.a. mit größerem Pragmatismus, z.B. hinsichtlich prozeßpolitischer Beeinflussung in der Konjunkturpolitik, und stärkerer Betonung der Sozialpolitik eigene Akzente. Der werbewirksame Begriff ist von A. *Müller-Armack* geprägt worden, der den dynamischen, offenen Charakter dieses Leitbildes betont hat – „ein der Ausgestaltung harrender, progressiver Stilgedanke" (1976: 12). Er sieht in der SM eine neuartige Synthese, „deren Ziel es ist, auf der Basis der Wettbewerbswirtschaft die freie Initiative mit einem gerade durch die marktwirtschaftliche Leistung gesicherten sozialen Fortschritt zu verbinden" (1976: 249). Dabei wird der Wertbezug dieser „friedensstiftenden Formel" betont, ihre Verankerung „jenseits von Angebot und Nachfrage" (W. *Röpke*). Das Adjektiv „sozial", von linken Kritikern nur als dekoratives Feigenblatt, von Liberalen als mögliches Einfallstor für Interventionismus angesehen, wird inhaltlich dreifach bestimmt: 1. die durch die Marktwirtschaft ermöglichte Steuerung der Produktion nach den Wünschen der Verbraucher sei ebenso eine soziale Leistung wie 2. die durch den Wettbewerb erzwungene Produktivitätssteigerung. 3. „Der marktwirtschaftliche Einkommensprozeß bietet der Sozialpolitik ein tragfähiges Fundament für eine staatliche Einkommensumleitung, die in Form von Fürsorgeleistungen, Renten- und Lastenausgleichszahlungen, Wohnungszuschüssen, Subventionen usw. die Einkommensverteilung korrigiert." (*Müller-Armack* 1976: 246) Die sozialpolitisch orientierte Korrektur der Markteinkommen findet ihre Grenzen dort, wo die Funktionsfähigkeit einer Wettbewerbswirtschaft beeinträchtigt wird und die Eigenverantwortung und Initiative der Bürger durch einen Versorgungsstaat gelähmt wird, wobei die konkrete Grenzziehung aber offen bleibt. Auch das für den Sonderfall prozeßpolitischer Maßnahmen vorgeschlagene Kriterium der Marktkonformität bleibt im Einzelfall auslegungsbedürftig.

Das auf neoliberalen Vorstellungen beruhende Leitbild der SM konkurrierte als Suche nach dem „Dritten Weg" v.a. mit einem neosozialistischen Leitbild („demokratischer Sozialismus"), das sich zwar vom Sozialismus sowjetischen Typs scharf abgrenzte, in der positiven wirtschaftspolitischen Konturierung aber äußerst unscharf blieb. Die Durchsetzung der SM erfolgte unmittelbar nach der Währungsreform gegen den Zeitgeist, wobei der kurz vorher zum Direktor des Zweizonen-Wirtschaftsrates gewählte parteilose L. *Erhard* eine Schlüsselrolle spielte. Er setzte auf der Basis des „Gesetzes über die Leitsätze für die Bewirtschaftung und Preispolitik nach der Geldreform" weitgehend auf eigene Initiative, aber mit Tolerierung durch die amerikanische Besatzungsbehörde (General *Clay*) in einem „Befreiungsschlag" durch, daß Bewirtschaftungs- und Preiskontrollen in großem Umfang aufgehoben wurden und ein marktwirtschaftlicher Kurs eingeschlagen und durchgehalten wurde. Er trug wesentlich dazu bei, daß sich die SM innerhalb der CDU 1949 programmatisch durchsetzte („Düsseldorfer Leitsätze") und wurde nach dem knappen Ausgang der Bundestagswahl 1949 zugunsten einer CDU-geführten, die SM propagierenden → Koalition für fast 20 Jahre als Bundeswirtschaftsminister (und → Bundeskanzler) zusammen mit seinem Staatssekretär *Müller-Armack* zum politischen Motor und personellen Symbol der SM. Die Erfolge („Wirtschaftswunder") führten zu wachsender Akzeptanz, so daß sich trotz deutlicher Vorbehalte und anderer Akzente schließlich auch die SPD grundsätzlich auf den Boden der geschaffenen Wirtschaftsordnung stellte (Godesberger Programm 1959).

3. SM und Grundgesetz

Gerade angesichts der von neoliberaler Seite betonten Interdependenz von Wirtschafts- und Staatsordnung interessiert die Frage, ob sich das → GG auf die SM festlegt und diese damit verfassungsrechtlich verankert ist. Da das GG anders als z.B. die Weimarer Reichsverfassung keinen eigenen Abschnitt zur Wirtschaft enthält, kann die Antwort nur durch Zusammenschau und Interpretation der wirtschaftspolitisch relevanten Einzelbestimmungen des GG gewonnen werden. In der verfassungsrechtlichen Diskussion ist ein außerordentlich breites Meinungsspektrum vertreten worden, von der Position, allein die SM sei mit dem GG vereinbar (H.C. *Nipperdey*), über die Neutralität des GG bis hin zu der Interpretation, das GG gebiete eine „sozialistische" Wirtschaftsordnung (W. *Abendroth* gestützt auf eine Überdehnung der Sozialstaatsklausel). Das → Bundesverfassungsgericht, das über das Monopol bindender Verfassungsauslegung verfügt, hat schon 1954 im „Investitionshilfe-Urteil" dargelegt, „daß sich der Verfassungsgeber nicht ausdrücklich für ein bestimmtes Wirtschaftssystem entschieden hat. Dies ermöglicht dem Gesetzgeber, die ihm jeweils sachgemäß erscheinende Wirtschaftspolitik zu verfolgen, sofern er dabei das Grundgesetz beachtet. Die gegenwärtige Wirtschafts- und Sozialordnung ist zwar eine nach dem Grundgesetz mögliche Ordnung, keineswegs aber die allein mögliche." Die Einzelbestimmungen des GG dürften allerdings die Extrempositionen reine Zentralverwaltungswirtschaft (wegen Art. 2, 9, 11, 12, 14 GG) und schrankenlose Marktwirtschaft (wegen Sozialstaatsklausel Art. 20, 28 GG) ausschließen.

4. Der Ordnungsrahmen – Wirtschaftspolitik bis Mitte der 60er Jahre

Ungeachtet der günstigen Ausgangsposition, daß mit *Erhard* und *Müller-Armack* „Väter" der SM an den Schalthebeln der Wirtschaftspolitik saßen, führte der Filter des politischen Entscheidungsprozesses doch dazu, daß das Leitbild nicht ohne Abstriche umgesetzt wurde. So blieben wichtige Bereiche, wie Landwirtschaft, Verkehr und Wohnungswesen, weitgehend aus der Wettbewerbswirtschaft ausgeklammert. Daher ist auch bei der Beurteilung der Ergebnisse zwischen Leitbild und Realtypus zu unterscheiden. Insgesamt waren die 50er Jahre aber eine ordnungspolitisch besonders fruchtbare Zeit, in der durch eine Vielzahl grundlegender Gesetze das Leitbild SM ausgefüllt wurde.

Die mit der Bank deutscher Länder und der Währungsreform von den Alliierten eingeleitete Neuordnung des Geldwesens wurde mit dem Gesetz über die → Deutsche Bundesbank 1957 konsolidiert. Damit wurde die Sicherung der Währung und die Steuerung der Geldpolitik einer weitgehend unabhängigen Notenbank anvertraut. Nach langjährigen Auseinandersetzungen konnte 1957 auch das „Gesetz gegen Wettbewerbsbeschränkungen" verabschiedet werden, das aufgrund des Stellenwertes der → Wettbewerbspolitik innerhalb des Leitbildes SM auch als „ordnungspolitisches Grundgesetz" bezeichnet worden ist. Aufgrund politischer Widerstände der Industrie blieb das Gesetz, das u.a. ein grundsätzliches Kartellverbot bei weitreichenden Ausnahmeregelungen und als „Hüter des Wettbewerbs" ein Kartellamt in Berlin vorsah, jedoch weit hinter den Forderungen „strenger" Verfechter der SM zurück. Tendenzen zur Vermachtung der Wirtschaft, insbesondere Unternehmenskonzentration und Einschränkung des Wettbewerbs, wurde allerdings auch außenwirtschaftlich durch die schnelle Integration der BRD in den Weltmarkt und die damit verbundene Öffnung der Märkte entgegengewirkt. 1958 wurde der volle Übergang zur freien Konvertibilität der Währungen erklärt und im Außenwirtschaftsgesetz von 1961 der grundsätzlich freie Wirtschaftsverkehr auch mit dem Ausland festgeschrieben. In den außenwirtschaftlichen Kontext gehört auch der weitreichende regionale Integrationsansatz der 1957 gegründeten EWG, die die wirtschaftliche Interdependenz der beteiligten Länder stark erhöhte und auch zu wirtschaftspolitischen Kompetenzverlagerungen auf die EG-Ebene (z.B. Zollpolitik, Agrarpolitik) führte. Bei der Regelung des Arbeitslebens wurde den unabhängigen Gewerkschaften und Arbeitgeberverbänden eine starke Stellung gesichert, insbesondere durch die → Tarifautonomie (Tarifvertragsgesetz 1949) sowie durch gesetzliche Regelungen der → Mitbestimmung der Arbeitnehmer (1951 das ordnungspolitisch umstrittene Montanmitbestimmungsgesetz, 1952 das Betriebsverfassungsgesetz). Besonderes Gewicht kam dem Aspekt → „Sozialstaat" zu, der gestützt auf die positive wirtschaftliche Entwicklung durch eine Vielzahl von Gesetzen ausgebaut wurde. Erwähnt seien beispielhaft der Lastenausgleich und das „Jahrhundertwerk" der dynamischen Rente (1957), mit der die Rentenhöhe grundsätzlich an die Einkommensentwicklung der Berufstätigen gekoppelt wurde.

Ende der 50er Jahre wurde Vollbeschäftigung erreicht, und insgesamt waren die wirtschaftspolitischen Ergebnisse der SM beeindruckend positiv, wenn auch nicht ohne Schwachpunkte (z.B. einseitige Vermögensverteilung, insbesondere beim Produktivvermögen). Die veränderten Bedingungen – verschärfter Verteilungskampf zwischen den Tarifparteien und offene außenwirtschaftliche Flanke mit der Gefahr „importierter Inflation" – führten zusammen mit einer aufkommenden Diskussion um eine Zielerweiterung und staatliche Aufgabenexpansion – Stichworte: „Lebensqualität", „öffentliche Armut", „Umweltschutz" – zu erhöhten Anforderungen an die staatliche Wirtschaftspolitik.

Den neuen Herausforderungen begegnete *Müller-Armack* bereits 1960 mit der Forderung nach einer „zweiten Phase" der SM, in der diese durch das „Leitbild einer neuen Gesellschaftspolitik" (*Müller-Armack* 1966: 267) ergänzt werden sollte. Er hat in diesem Zusammenhang insbesondere größere öffentliche Leistungen im Bereich des Bildungs- und Gesundheitswesens, des Städtebaus, der Landesplanung, des Verkehrs und des Umweltschutzes, aber auch eine verstärkte Konjunkturpolitik verlangt. Mit dem Gesetz über den → Sachverständigenrat zur Begutachtung der gesamtwirtschaftlichen Entwicklung wurde 1963 versucht, den Sachverstand und die Autorität der Wissenschaft auch institutionell stärker für die Wirtschaftspolitik zu nutzen. Es hatte symbolische Bedeutung, daß Bundeskanzler *Erhard* 1966 über die erste Rezession in der Geschichte der BRD stürzte. Die Rezession war die Folge einer wirtschaftspolitischen Fehlentwicklung, u.a. einer Politik überzogener „Wahlgeschenke", führte zu Nullwachstum und erstmals nach Erreichen der Vollbeschäftigung zu etwa 600.000 Arbeitslosen. Die Erfolge extremistischer Parteien bei Landtagswahlen belegten einmal mehr, daß wirtschaftliche Fehlentwicklungen, insbesondere verbreitete → Arbeitslosigkeit, eine politische Radikalisierung begünstigen und im Extremfall das politische System gefährden können.

5. Globalsteuerung – Konzept und Erfahrungen

Die Regierungsübernahme durch die große Koalition aus CDU/CSU und SPD brachte mit dem neuen Bundeswirtschaftsminister K. *Schiller* auch personell eine wirtschaftspolitische Wende, die mit dem Anspruch einer rationalen Prozeßpolitik in Form einer an J.M. *Keynes* orientierten systematischen Konjunktursteuerung und damit einer wirtschaftspolitischen Aufgabenerweiterung verbunden war. *Schiller* strebte nach einer „sinnvollen Synthese zwischen dem Freiburger Imperativ des Wettbewerbs und der Keynesianischen Botschaft der Steuerung der effektiven Gesamtnachfrage" oder m.a.W. nach einer „Synthese von Globalsteuerung und Marktwirtschaft ... Die wesentlichen Makrodezisionen werden dabei von der Wirtschafts- und Finanzpolitik getroffen, die Mikrodezisionen aber dem Markt und dem einzelwirtschaftlichen Wettbewerb überlassen." (*Schiller* 1967: 49) Bei der Umsetzung seiner Konzeption einer „aufgeklärten Marktwirtschaft" konnte *Schiller* sich auf das 1967 verabschiedete „Gesetz zur Förderung der Stabilität und des Wachstums der Wirtschaft" (→ Stabilitätsgesetz) stützen, das eine Grundgesetzänderung bedingte und das von ihm daher noch in seiner Rolle als Oppositionssprecher stark beeinflußt worden war. Das Gesetz entsprach durchaus dem wirtschaftswissenschaftlichen Zeitgeist und ist als „prozeßpolitisches Grundgesetz" (O. *Schlecht*) und „Magna Charta der modernen Konjunkturpolitik" (F. *Neumark*) gefeiert worden. Als Ansatzpunkte für eine Globalsteuerung im Dienste der gesamtwirtschaftlichen Ziele bieten sich im wesentlichen vier instrumentelle Bereiche an, wobei diese unterschiedlichen Entscheidungsträgern zugeordnet sind.

Die von *Keynes* besonders betonte *Fiskalpolitik* umfaßt die Beeinflussung der Wirtschaft über die Einnahmen- und Ausgabenpolitik der staatlichen Haushalte. Die föderalistische Struktur der BRD bedingt, daß es „den" Staat als einheitlichen Entscheidungsträger nicht gibt, die fiskalpolitischen Kompetenzen sich vielmehr auf Bund, Länder, → Gemeinden (und zunehmend die EU) verteilen.

Die *Geldpolitik* liegt bei der unabhängigen Deutschen Bundesbank, die zwar gesetzlich verpflichtet ist, die Wirtschaftspolitik der → Bundesregierung zu unterstützen, aber nur unter Wahrung ihrer Aufgabe, die Währung zu sichern.

Die *Außenwirtschaftspolitik* liegt prinzipiell beim Bund, aber der nationale Handlungsspielraum ist teilweise durch internationale Verträge erheblich eingeschränkt, teilweise sind Kompetenzen und Instrumente, z.B. Zollpolitik der EU, ganz verlagert.

Die *Einkommenspolitik* wird mit Hilfe von Tarifverträgen von den Tarifparteien Arbeitgeberverbände und → Gewerkschaften gestaltet und ist bei Tarifautonomie direkten staatlichen Weisungen entzogen.

Vor dem Hintergrund dieses komplexen Geflechtes wirtschaftspolitischer Akteure und der ihnen zugeordneten Instrumente liegt der Schwerpunkt des Stabilitätsgesetzes bei institutionellen Vorkehrungen für eine bessere Koordination der Fiskalpolitik durch die verschiedenen staatlichen Entscheidungsträger (z.B. Konjunkturrat für die öffentliche Hand, später auch Finanzplanungsrat) und eine Erweiterung des fiskalpolitischen Instrumentariums. Darüber hinaus wurde mit der „Konzertierten Aktion" (→ Stabilitätsgesetz) versucht, die wichtigsten Verbände in die Globalsteuerung einzubinden.

Mißt man den Erfolg der mit viel Vorschußlorbeeren bedachten Globalsteuerung an den Zielen des „magischen Vielecks", so ist festzustellen, daß die erste Nachkriegsrezession 1967/68 zwar schnell überwunden wurde, es bereits dabei aber nicht gelang, eine Verstetigung der Konjunktur zu erreichen. Dem Rücktritt Wirtschaftsminister *Schillers* im finanz- und haushaltspolitischen Konflikt mit der Kabinettsmehrheit 1972 kam insofern symbolische Bedeutung zu, als damit der engagierteste Steuermann der Globalsteuerung frühzeitig von Bord ging. In den nächsten zehn Jahren kam es infolge internationaler Fehlentwicklungen – u.a. Ölpreisschocks 1974 und 1979 – und nationaler Fehlsteuerung zu den zwei stärksten Wirtschaftseinbrüchen seit der Weltwirtschaftskrise 1929, die insbesondere die → Arbeitslosigkeit auf über 2 Mio. hochtrieben und in Einzeljahren mit hohen Preissteigerungsraten (fast 7%) und Schrumpfen des BSP verbunden waren. Die Überforderung der staatlichen Wirtschaftspolitik und speziell der Globalsteuerung zeigte sich nicht zuletzt in einer Anspruchsinflation, die mit einem wachsenden Anteil des Staates am BSP einherging, und einer de facto vom Staat erwarteten Vollbeschäftigungsgarantie. In der Praxis erwies sich z.B. das symmetrisch angelegte Instrument einer antizyklischen Fiskalpolitik als asymmetrisch und führte zu einem starken Anstieg der → Staatsverschuldung. Obwohl die BRD im internationalen Vergleich noch relativ gut abschnitt und systemkritische politische Reaktionen begrenzt blieben, nahm auch hier die Ernüchterung und die Skepsis gegenüber der „Machbarkeit" der Globalsteuerung schnell zu. Analysiert man das Konzept der Globalsteuerung auf Schwachstellen, so sind insbesondere die folgenden hervorzuheben: eine Unsicherheitsmarge und zeitliche Verzögerung bereits bei der Konjunkturdiagnose sowie Unsicherheiten über die quantitativen und zeitlichen Wirkungen eingesetzter Instrumente (Wissenslücke); aus den politischen Entscheidungsprozessen einer pluralistischen Demokratie resultierenden Verzögerungen oder Blockaden beim Einsatz der Instrumente der Globalsteuerung (Entscheidungslücke); weiterhin mangelhafte Abstimmung der unterschiedlichen wirtschaftspolitischen Akteure mit jeweils eigenen Interessen (Koordinierungslücke). Letztere gilt sowohl auf der vertikalen Achse zwischen den unterschiedlichen staatlichen Akteuren (einschließlich der Schwächen bei der außenwirtschaftlichen Flanke) wie horizontal für die Einbeziehung der Tarifparteien.

6. Die Diskussion um ein neues Paradigma

Das praktische Versagen der Globalsteuerung und der Krisendruck führten zu einer intensiven wissenschaftlichen und politischen Diskussion über die Notwendigkeit und Richtung einer neuen wirtschaftspolitischen Wende, bei der die Abgrenzung zwischen staatlichem Steuerungsanspruch und Selbststeuerung der Wirtschaft im Mittelpunkt stand. Vereinfacht sind die drei möglichen Grundpositionen – 1. Beibehaltung, 2. Erweiterung und 3. Reduzierung des mit der Globalsteuerung gesetzten staatlichen Steuerungsanspruchs – auch vertreten worden. Für die vor allem von Keynesianern behauptete erste Position gilt die Devise: keine prinzipielle Veränderung des Steuerungsniveaus, aber bessere Steuerung als in der Vergangenheit. Eine Minderheitsposition diagnostiziert als Krisenursache „Marktversagen" und fordert dementsprechend eine „Politisierung von Produktions- und Akkumulationsprozeß" (*Altvater* u.a. 1983: 25), wobei die Maßnahmenpalette bunt ausfällt (von aktiver Strukturpolitik über direkte Investitionslenkung bis zur Vergesellschaftung). Demgegenüber ortet die dritte Position als zentralen Krisenherd „Politikversagen", da staatliche Fehlsteuerung generell zu Inflexibilität und Wachstumsschwäche geführt und die Dynamik des marktwirtschaftlichen Lenkungssystems blockiert habe. Sie hält dementsprechend eine „Entstaatlichung" im Sinne einer Reduzierung und veränderten Ausrichtung der staatlichen Maßnahmen für geboten. Die „Monetaristen" fordern eine Gewichtsverlagerung von der Fiskal- zu einer mittelfristig orientierten, stetigen Geldpolitik („von *Keynes* zu *Friedman*"). Andere wollen anstelle der Nachfragesteuerung eine angebotsorientierte Politik in den Mittelpunkt stellen. Der Staat solle sich auf die Setzung von Rahmenbedingungen für die Wirtschaft beschränken und z.B. das Steuersystem so gestalten, daß wiederum mehr Spielraum für die optimistisch eingeschätzte marktwirtschaftliche Eigendynamik entstehe. Neben der Renaissance der Ordnungspolitik wird zur Stabilisierung der Erwartungen bei den privaten Wirtschaftsakteuren auch verlangt, *Euckens* Postulat der Konstanz der Wirtschaftspolitik verstärkt zu beachten. Auch wenn sich nicht ein neues Paradigma unangefochten etabliert hat, läßt sich eine wirtschaftspolitische Wende konstatieren. Dies gilt auch im politischen Bereich, verstärkt seit die SPD-FDP-Koalition 1982 nicht zuletzt an internen Spannungen in der Wirtschaftspolitik scheiterte und durch eine CDU/CSU- FDP-Koalition abgelöst wurde.

7. Die innerdeutsche Währungs-, Wirtschafts- und Sozialunion

In ökonomischer Perspektive stellt die deutsche Vereinigung das welthistorisch neue Experiment einer Integration zweier gegensätzlicher Wirtschaftssysteme in extrem kurzer Zeit dar.

Das „realsozialistische" Wirtschaftssystem des zweiten deutschen Staates → DDR war mit den Schlüsselelementen Zentralplanung und „Volkseigentum" an Produktionsmitteln das Gegenbild zur SM der BRD. Ungeachtet bestehender Startnachteile (größere teilungsbedingte Adaptionsprobleme, höhere Reparationen, fehlende Marshallplan-Hilfe), war die DDR-Wirtschaft aufgrund systembedingter Effizienzmängel im „Wettkampf der Systeme" hoffnungslos unterlegen, obwohl sie innerhalb des Ostblocks eine Spitzenstellung einnahm. Systemimmanente Reformansätze mit Marktelementen in den 70er Jahren (Neues Ökonomisches System) wurden abgebrochen, als sie die totale Wirtschaftskontrolle der → SED zu gefährden schienen, und in den letzten Jahren lebte die DDR zunehmend aus ihrer Substanz (Stichworte: zerfallene Innenstädte, vernachlässigte Infrastruktur, extreme Umweltbelastung, veraltete Industrieanlagen).

Das von Bundeskanzler *Kohl* im Februar 1990 unterbreitete Angebot einer schnellen Währungs- und Wirtschaftsunion noch vor der staatlichen Einheit war Ausdruck des Primats der Politik, da die ökonomisch geprägten Akteure (z.B. Bundesbank, Sachverständigenrat) Stufenpläne präferierten. Unter dem doppelten Druck außenpolitischer Unsicherheit über den Kurs der UdSSR und anschwellender Übersiedlerzahlen mit der Gefahr sozialen Sprengstoffs in der BRD und ökonomischer Ausblutung der DDR erscheint es aber auch im Rückblick als eine Politik ohne realistische Alternative. Unter dem Gesichtspunkt der Belastungsfähigkeit der BRD war der Zeitpunkt äußerst günstig, da sich die Wirtschaft ebenso wie die Staatsfinanzen insgesamt in hervorragender Verfassung befanden. Mit dem Staatsvertrag über die Währungs-, Wirtschafts- und Sozialunion, der als vierter Pfeiler auch eine Umweltunion vorsah, übernahm die DDR 1990 das Leitbild SM und verpflichtete sich zu den notwendigen Anpassungen. Mit der schnell folgenden staatlichen Vereinigung wurde der rechtliche Ordnungsrahmen der BRD im wesentlichen übernommen.

Die unter dem Erwartungsdruck der ostdeutschen Bevölkerung politisch entschiedenen Umstellungskurse (→ Währung) kamen für die DDR-Betriebe einer extremen Aufwertung gleich. Schlagartig wurden sie dem innerdeutschen und internationalen Wettbewerb ausgesetzt und damit ihre allgemein geringe Konkurrenzfähigkeit und die hohe verdeckte Arbeitslosigkeit schonungslos offenbart. Verstärkt wurde der Zusammenbruch bzw. die Krise vieler DDR-Betriebe durch den abrupten Ausfall ihres traditionellen osteuropäischen Marktes.

Für die Eingliederung der vormals staatlichen DDR-Betriebe in die SM wurde als eigenständige Institution die → Treuhandanstalt geschaffen, die bewußt als Puffer gegen politische Einzelfallentscheidungen bei jedem Betrieb konzipiert war, gleichwohl aber in der personellen Selektion der Leitung und ihren Zielen politisch gesteuert wurde. Sie stand vor der gigantischen Aufgabe, über 12.000 DDR-Betriebe zu privatisieren oder, sofern dies nicht möglich war, über die weiteren Optionen Sanierung oder Liquidierung zu entscheiden und hat diese Aufgabe bis zu ihrer eigenen Auflösung Ende 1994 weitestgehend erfüllt. Die Bewertung der Treuhandtätigkeit fällt sehr kontrovers aus – in Ostdeutschland z.B. übernahm sie die Rolle des geborenen Sündenbocks –, was schon deshalb nicht überraschen kann, weil der ordnungspolitische Streit über die angemessene Rolle des Staates bei der ökonomischen Integration in den letzten Jahren weitgehend auf die Treuhandanstalt projiziert wurde. Während die einen die Gefahr eines „industriellen Kahlschlags" in Ostdeutschland beschworen und für eine entschlossene staatliche Industriepolitik und entsprechende Sanierungsanstrengungen mit Steuermitteln plädierten, warnten die anderen vor einer stärkeren politischen Steuerung, die nur einen neuen riesigen Subventionsblock hilfsbedürftiger Staatsunternehmen schaffen und die wirtschaftlichen Zukunftsperspektiven erheblich belasten werde.

Der Umbau des Produktionsapparates in Ostdeutschland ist mit Hilfe erheblicher staatlicher Investitionsanreize und massivem staatlichen Mitteleinsatz in der Infrastruktur inzwischen weit vorangekommen. Ostdeutschland erreichte in den letzten Jahren die höchsten Wachstumsraten in Europa (1994 etwa 9% des BIP), aber bezogen auf eine nach der Vereinigung stark geschrumpfte Produktion, insbesondere in der Industrie. 1994 ist auch erstmals die Arbeitslosigkeit leicht zurückgegangen, aber sie bleibt bedrückend hoch (Ende 1994 gut 1 Million, Arbeitslosenquote 14,2%) und begünstigt vor dem Hintergrund sicherer, wenn auch häufig unproduktiver Arbeitsplätze in der DDR politische Ressentiments gegenüber der SM. Als besondere Hemmnisse im Prozeß des wirtschaftlichen Neuaufbaus haben sich erwiesen: die komplizierten und häufig umstrittenen Eigentumsregelungen (Grundsatz „Rückgabe vor Entschädigung" bei DDR-Eingriffen, später eingeschränkt durch „Vorfahrtsregelungen" für Investitionen); schnelle Annäherung an westdeutsche Tariflöhne (Ende 1994 84% der Grundvergütung) bei nachhinkender Produktivität; Mängel in der sachlichen (z.B. Verkehrswege) und personellen (z.B. Baugenehmigungen, lokale Gewerbeämter) Infrastruktur. Die innerdeutschen Transferleistungen von West nach Ost (bis Ende 1994 über 500 Mrd. DM, 1995 wahrscheinlich etwa 150 Mrd. DM) stellen auch im internationalen Vergleich eine beeindruckende Leistung dar und bleiben wohl auch mittelfristig erforderlich, allerdings mit sinkender Tendenz. Kritisch diskutiert worden sind insbesondere die Folgen für die staatlichen Finanzen (u.a. zu einseitige Belastung des Bundes → Staatsverschuldung) sowie die Verwendung der Mittel (u.a. zu wenig investiv orientiert).

Die „Jahrhundertaufgabe" der innerdeutschen Integration erweist sich auch im ökonomischen Bereich als schwieriger, als viele Beobachter erwartet haben. Erheblich unterschätzt worden sind in Politik und Wissenschaft insbesondere die Zerrüttung der DDR-Wirtschaft, der Zeitbedarf der Integration, der notwendige Mitteltransfer und die mentalen Anpassungsprobleme in Ostdeutschland. Hoffnungen, die Herausforderung der deutschen Wirtschaftsintegration könne auch zu einer Revitalisierung der westdeutschen Wirtschaftsordnung genutzt werden, sind bisher enttäuscht worden. Der bisher erreichte Integrationsstand wird sehr kontrovers beurteilt, im Ausland tendenziell positiver als in D. Im Hinblick auf die Zukunft reicht die Palette von sehr positiven Einschätzungen bis zu der Befürchtung, das starke innerdeutsche West-Ost-Gefälle werde sich trotz oder gar wegen der erheblichen Transfers verfestigen, und in Ostdeutschland könne sich ein neues „Mezzogiorno" herausbilden.

8. Probleme und Perspektiven

Unabhängig von der Herausforderung der deutschen Einheit ist in der BRD in den letzten Jahren/Jahrzehnten eine ganze Palette von Problemen – von Massenarbeitslosigkeit über die längerfristige Konkurrenzfähigkeit (Standort Deutschland) bis Umweltzerstörung – im Zusammenhang mit der Wirtschaftsordnung diskutiert worden, wobei Konsens über Lösungsansätze die Ausnahme gewesen ist. Einen besonderen Stellenwert besitzt die Diskussion um das Verhältnis von Ökonomie und Ökologie, was einige Autoren auch zu der begrifflichen Erweiterung „öko-soziale Marktwirtschaft" (*Jens* 1991) veranlaßt hat.

Die SM genießt in D sowohl in der Bevölkerung als auch bei den politischen Gruppen breiten Rückhalt, wozu auch der Mangel an attraktiven Alternativen beigetragen hat. Der dynamische Charakter und der Interpretationsspielraum dieses Leitbildes bringt Vorteile, z.B. bei der Anpassung an veränderte Bedingungen, aber auch Nachteile, z.B. in der politisch nicht seltenen Kombination von verbaler Huldigung und faktischer Negierung. Zu dem letztgenannten Risiko tragen wissenschaftliche Defizite bei der Präzisierung der Interdependenz von Ordnungen, insbesondere zwischen Staats- und Wirtschaftsordnung, bei.

International ist das Interesse an der SM in den letzten Jahren stark gewachsen. Dazu hat der im internationalen Vergleich beeindruckende Erfolg der Wirtschaft der BRD ebenso beigetragen wie der Niedergang der realsozialistischen Wirtschaftssysteme. Für die Übertragbarkeit des Leitbildes SM – eine Frage, die zunehmend sowohl von osteuropäischen wie von Entwicklungsländern gestellt wird – gilt, daß der Grundansatz durchaus übertragbar ist, allerdings die spezifischen Bedingungen des jeweiligen Landes sorgfältig zu berücksichtigen sind. Auch für die Weltwirtschaft gilt, daß gerade wegen des Scheiterns der von den Entwicklungsländern geforderten, mit starken planwirtschaftlichen Elementen durchsetzten Neuen Weltwirtschaftsordnung eine Reformdiskussion angebracht und zu erwarten ist. Dabei können Grundelemente der SM wie Wettbewerbswirtschaft – Marktöffnung – und Sozialkomponente eine wichtige Rolle spielen. Von größter Bedeutung für die Zukunft der SM in D ist die Weiterentwicklung der Wirtschafts- und Währungsunion in der EU, da die Interdependenz zwischen beiden Ebenen immer enger wird. Auch hier gilt, daß der Einfluß des deutschen Leitbildes in den letzten Jahren gewachsen ist.

Literatur

Altvater, Elmar/Hübner, Kurt/Stanger, Michael 1983: Alternative Wirtschaftspolitik jenseits des Keynesianismus. Wirtschaftspolitische Optionen der Gewerkschaften in Westeuropa. Opladen.

Erhard, Ludwig [2]1962: Deutsche Wirtschaftspolitik. Der Weg der Sozialen Marktwirtschaft. Düsseldorf u.a.

Eucken, Walter [5]1975: Grundsätze der Wirtschaftspolitik. Tübingen.

Fischer, Wolfram 1989: Währungsreform und Soziale Marktwirtschaft. Erfahrungen und Perspektiven nach 40 Jahren. Schriften des Vereins für Socialpolitik, NF 190. Berlin.

Grosser, Dieter (Hrsg.) 1985: Der Staat in der Wirtschaft der Bundesrepublik. Opladen.

Grosser, Dieter u.a. 1988: Soziale Marktwirtschaft. Geschichte-Konzept-Leistung. Stuttgart u.a.

Jens, Uwe (Hrsg.) 1991: Der Umbau. Von der Kommandowirtschaft zur Öko-sozialen Marktwirtschaft. Baden-Baden.

Klein, Werner/Paraskewopoulos, Spiridon/Winter, Helmut (Hrsg.) 1994: Soziale Marktwirtschaft. Ein Modell für Europa. Festschrift für Gernot Gutmann zum 65. Geburtstag. Berlin.

Kloten, Norbert 1986: Der Staat in der Sozialen Marktwirtschaft. Walter Eucken Institut. Vorträge und Aufsätze Nr. 108. Tübingen.

Lampert, Heinz [11]1992: Die Wirtschafts- und Sozialordnung der Bundesrepublik Deutschland. Geschichte und Staat Bd. 278. München.

Müller-Armack, Alfred [2]1976: Wirtschaftsordnung und Wirtschaftspolitik. Studien und Konzepte zur Sozialen Marktwirtschaft und zur europäischen Integration. Bern u.a.

Priewe, Jan/Hickel, Rudolf 1991: Der Preis der Einheit. Bilanz und Perspektiven der deutschen Wiedervereinigung. Frankfurt/ M.

Schlecht, Otto 1990: Grundlagen und Perspektiven der Sozialen Marktwirtschaft. Tübingen.

Uwe Andersen

Sozialpolitik

1. Begriff

Sozialpolitik im engeren Sinne – die in diesem Beitrag im Zentrum steht – ist die Bezeichnung für institutionelle, prozessuale und entscheidungsinhaltliche Dimensionen verbindlicher Regelung der sozialen Sicherheit durch Staat, Verbände, Betriebe sowie Verwandtschafts- und familiäre Systeme, während zur Sozialpolitik im weiteren Sinne zusätzlich die Gestaltung der Arbeitsordnung zählt.

2. Sozialpolitik in der Bundesrepublik vor der Wiedervereinigung

Die Sozialpolitik in den beiden deutschen Staaten vor 1989 hatte sich – bedingt durch grundlegende Unterschiede der politischen und sozialökonomischen Ordnung – höchst unterschiedlich entwickelt. Folgt man der in der neueren vergleichenden Sozialpolitik-Forschung üblichen Unterscheidung zwischen „sozialdemokratischem", „zentristischem" und „liberalem" Modell, so gehört die bundesrepublikanische Sozialpolitik zum zentristischen Typ. Zu ihren Merkmalen zählen die Kombination von umfangreichen staatlichen Leistungen und verbandsförmiger, betrieblicher und privater Sozialpolitik; ein aus beitragsfinanzierter Sozialversicherung bestehender Kern, der durch Systeme auf der Basis von Versorgungs- und Fürsorgeprinzipien ergänzt wird; ein im Vergleich mit dem „sozialdemokratischen" Modell geringer Umverteilungsgehalt, jedoch ausgeprägte Reproduktion von Statusunterschieden aus dem Erwerbsleben in den Sozialleistungen, insbesondere bei den Altersrenten. Die politische Basis des „zentristischen" Sozialpolitik-Modells besteht – ähnlich wie in anderen kontinentaleuropäischen Ländern mit zentristischem Sozialpolitik-Modell – aus der dominierenden politischen Position einer christdemokratischen Mitte-Rechts-Partei, die in Staat und Gesellschaft im Wettbewerb mit einer starken sozialdemokratischen Partei steht. Im Unterschied zum liberalen Sozialpolitik-Modell bietet die Sozialpolitik der Bundesrepublik weitreichenden Schutz für nahezu alle abhängig Erwerbstätigen, einen erheblichen Teil der Selbständigen und die große Mehrzahl der Angehörigen versicherter Erwerbspersonen. Auch beim Vergleich von pro Kopf bezogenen Leistungen der Sozialpolitik und der Sozialleistungsquote (Prozentanteil öffentlicher Sozialausgaben am Sozialprodukt) nimmt die alte und die neue Bundesrepublik im Nationenvergleich einen Platz im oberen Mittelfeld ein. Als besondere Stärke ihres Sozialpolitik-Modells gilt – neben dem weitreichenden Schutz für Anspruchsberechtigte – seine feste soziale und politische Verankerung in der großen Masse der Bevölkerung, seine stabile politische Basis in den Großparteien und das hohe Ausmaß an Gewährleistungsgarantie, das vom Sozialversicherungsprinzip und seiner sozial- und verfassungsrechtlichen Befestigung ausgeht. Zu den Nachteilen dieses Modells zählt die hohe Kostenbelastung des Faktors Arbeit, die infolge zunehmender Alterung der Gesellschaft noch weiter an Gewicht gewinnen wird.

3. Sozialpolitik in der DDR

Die Sozialpolitik der DDR basierte auf einer Einheitsversicherung, in der die verschiedenen Versicherungszweige von einem Träger abgedeckt wurden und für die ein einheitlicher, nach Risiken nicht aufspaltbarer Beitrag erhoben wurde. Inhaltlich war die DDR-Sozialpolitik charakterisiert durch ein hochgradig politisiertes, verstaatlichtes Staatsbürgerversorgungsmodell mit niedrigem pro Kopf bezogenem Sozialleistungsniveau, das durch Zusatzversicherungen und zahlreiche Sondervergünstigungen für politisch besonders wichtige Gruppen der Bevölkerung ergänzt wurde, unter anderem für Mitarbeiter des Ministeriums für Staatssicherheit, Offiziere der Nationalen Volksarmee und durch „Intelligenzrenten" für Führungskräfte in Wissenschaft, Kultur, Pädagogik und Medizin. Im Unterschied zur regelgebundenen Anpassung der Sozialleistungen an die Wirtschafts- und Lohnentwicklung in der Bundesrepublik („Dynamisierung" der Sozialrenten) wurden in der DDR die Sozialleistungen unregelmäßig und immer mittels direkter politischer Steuerung durch die Führungsorgane der Staatspartei SED angepaßt. Nach Reichweite der Sozialpolitik zu urteilen, erfaßte sie nahezu die gesamte Bevölkerung der DDR. Nach dem Leistungsniveau handelte es sich um ein relativ egalitäres System mit Mindestsicherungsstandard auf niedrigem Niveau, das die bloße Existenzsicherung erlaubte. Von diesem Sozialpolitiksystem ging ein starker Anreiz zur Erzielung von Einkommen durch Arbeit aus – ein weiterer Gegensatz zur Sozialpolitik der alten und der neuen Bundesrepublik, die auch temporären oder dauerhaften Rückzug aus der Erwerbstätigkeit honoriert und in Perioden von Arbeitslosigkeit prämiert.

4. Konsequenzen der Vereinigung für die Sozialpolitik

In der Politik der deutschen Einheit wurde das Sozialpolitiksystem der DDR fast vollständig von dem der alten BRD ersetzt. Das westdeutsche Sozialpolitiksystem, insbesondere die Altersrenten und die Arbeitslosenversicherung – deren Äquivalent in der DDR-Sozialpolitik aus Vollbeschäftigungspolitik und betrieblicher Sozialpolitik bestand –, erwies sich als tragfähiges Sicherheitsnetz zum Auffangen der sozialen und ökonomischen Kosten, die durch die Transformation der ostdeutschen Wirtschaft und Gesellschaft entstanden waren. Zu den Gewinnern des sozialpolitischen Institutionentransfers von West nach Ost gehören die meisten ostdeutschen Bezieher von Altersrenten, deren traditionell niedriges Niveau im Prozeß der deutschen Einigung durch mehrfache kräftige Erhöhungen näher an das durchschnittliche westdeutsche Rentenniveau herangeführt wurde. Findet der Institutionentransfer der Sozialpolitik von West nach Ost weitgehend Beifall bei den Begünstigten, so verweisen Kritiker darauf, daß dieser Transfer ohne angemessene Würdigung von Leistungen einzelner Bereiche der DDR-Sozialpolitik (wie z.B. der ambulanten Gesundheitsversorgung) vonstatten ging und zu erheblichen Mehrbelastungen der Beitrags- und Steuerzahler im Westen Deutschlands führte. Kritisch beäugt wird vielfach auch der kräftige Anstieg der öffentlichen Sozialausgaben auf mehr als 1.060 Milliarden DM (1993) und die damit einhergehende Erhöhung der Sozialleistungsquote auf einen neuen historischen Höchststand in Deutschland von mehr als 33% (1993).

Literatur

Alber, Jens 1989: Der Sozialstaat in der Bundesrepublik 1950-1983. Frankfurt a.M./New York.

Bäcker, Gerd u.a. 1993: Sozialpolitik und soziale Lage in der Bundesrepublik Deutschland.

Blüm, Norbert/Zacher, Hans F. (Hrsg.) 1990: 40 Jahre Sozialstaat Bundesrepublik Deutschland. Baden-Baden.

Nullmeier, Frank/Rüb, Friedbert W. 1993: Die Transformation der Sozialpolitik. Frankfurt a.M.

Schmähl, Winfried (Hrsg.) 1992: Sozialpolitik im Prozeß der deutschen Vereinigung. Frankfurt a.M.

Schmidt, Manfred G. 1988: Sozialpolitik. Opladen.

Sozialbericht 1993. (Bundestagsdrucksache 12/7130).

Vortmann, Heinz 1989: Die soziale Sicherheit in der DDR, in: Weidenfeld, Werner/Zimmermann, Hartmut (Hrsg.): Deutschland-Handbuch. Bonn.

Zapf, Wolfgang/Habich, Roland 1994: Die Wohlfahrtsentwicklung im vereinten Deutschland, in: Dettling, Warnfried (Hrsg.): Perspektiven für Deutschland. München.

Manfred G. Schmidt

Sozialstaat

1. Sozialstaat und deutsche Vereinigung

In D ist der Sozialstaat verfassungsrechtlich in den grundgesetzlichen Formulierungen „sozialer Bundesstaat" (Art. 20,1) sowie „sozialer Rechtsstaat" (Art. 28,1) als allgemeine Staatszielbestimmung normiert, die das Gemeinwesen zur Förderung sozialer Gerechtigkeit als Richtschnur der Erfüllung öffentlicher Aufgaben verpflichtet. Der Sozialstaat der BRD trat im Rahmen der dt. Vereinigung an die Stelle sozialistischer Staatlichkeit der DDR. Staats- und Einigungsvertrag übertrugen die sozialstaatlichen Strukturen der BRD mit den Hauptpfeilern eines kollektiven Arbeitsrechts und der gegliederten Sozialversicherungen auf die DDR bzw. D. Dies geschah unter Verzicht auf Reformen oder Vereinfachungen des Sozialrechts – nur unter Hinzufügung von Übergangs- bzw. Sonderregelungen (z.B. Altersübergangsgeld, Sozialzuschlag) bei Zweiteilung der Sozialleistungsniveaus entsprechend den weiterhin differierenden Lohnniveaus in Ost und West. Der soziale Rechtsstaat löste den „sozialistischen Staat der Arbeiter und Bauern“ (Art.1) der DDR-Verfassung von 1974 ab. Sozialistisches Eigentum an den Produktionsmitteln bot danach die Gewähr für das „Recht auf einen Arbeitsplatz und dessen freie Wahl entsprechend den gesellschaftlichen Erfordernissen und der persönlichen Qualifikation“ (Art. 24,1), beinhaltete mithin eine staatliche Beschäftigungsgarantie qua weitestgehender Integration der Bevölkerung in den Arbeitsprozeß. Im Zentrum der marktwirtschaftlich-sozialstaatlichen Transformation der DDR-Gesellschaft stand der Fortfall dieses „vorsorgenden“ Systems sozialer Sicherung zugunsten kompensatorischer, „nachträglich“ einsetzender Einrichtungen sozialer Sicherung (Offe 1994, S.116).

2. Sozialstaatsbegriff und Sozialstaatsentwicklung

Sozialstaat bezeichnet in politikwissenschaftlich-deskriptiver Sicht die Gesamtheit staatlicher Einrichtungen, Steuerungsmaßnahmen und Normen innerhalb eines demokratischen Systems, mittels derer Lebensrisiken und soziale Folgewirkungen einer kapitalistisch-marktwirtschaftlichen Ökonomie aktiv innerhalb dieser selbst politisch bearbeitet werden. Der Marktprozeß als Produzent einer Vielzahl sozialer Risiken fungiert zugleich als Rahmen der politischen Risikobewältigung. Gleichwohl überformt Sozialstaatlichkeit als generelle Sozialbindung staatlichen Handelns die Marktprozesse. Dies führt im Übergang zum modernen Interventions- und Sozialstaat zu einer Re-“Materialisierung des Gerechtigkeitsproblems“ (Grimm 1991). Die im bürgerlichen Rechtsstaat angelegte Formalisierung ließ Gerechtigkeitsfragen noch in jenen Eigentums- und Freiheitsrechten aufgehen, die den Bürgern gesicherte Räume individueller Selbstbestimmung eröffneten.

Im Unterschied zum Begriff Sozialpolitik verweist Sozialstaat nicht auf ein spezifisches Politikfeld, sondern auf die Prägung der Gesamtstaatlichkeit durch Elemente des Sozialen. Sozialpolitik und Arbeitsrecht, seltener Wohnungs- und Bildungspolitik, gelten allerdings als Kernfelder sozialstaatlicher Gestaltung. Marktwirtschaft, Industrialisierung und der Klassenkonflikt von Arbeit und Kapital ließen die „soziale Frage“ im letzten Drittel des 19. Jh.s zum Ausgangspunkt staatlicher Bemühungen um eine (sozial)politische Befriedung der Arbeiterschaft durch die Einführung eines zunächst auf sie beschränkten Systems von Sozialversicherungen werden. Damit waren die Grundlagen einer in D dominanten Tradition des Sozialstaates als Sozialversicherungsstaat gelegt. Die bis heute geltende duale Struktur der Sozialleistungssysteme ergab sich aus der damals erfolgten Trennung zwischen Sozialversicherung und Armutspolitik. Die weitere Entwicklung im 20. Jahrhundert wurde bestimmt vom Ausbau der bestehenden Sicherungssysteme durch Einbeziehung weiterer Arbeitnehmergruppen und Lebenslagen – allerdings bei berufsständischer Differenzierung, von ehe- bzw. familienorientierten Weiterentwicklungen sowie schließlich von der Anbindung der Sozialleistungshöhe an den wirtschaftlichen Wachstumsprozeß.

Der bundesdeutsche Sozialstaat zeichnet sich im internationalen Vergleich durch die Zentralstellung seines erwerbsarbeitsbezogenen Sozialversicherungssystems und die kollektiv-vertraglichen Regelungen des Arbeitsrechts als staatlich geschützter Sphäre verbandlicher Sozialgestaltung aus. Die Einordnung D's als eines „konservativen“ Sozialstaates im Unterschied zum „liberalen“ oder „sozialdemokratischen“ Wohlfahrtsstaatstyp (Esping-Anderson 1991) verdeckt eher die spezifische Verbindung von katholisch-sozialem, obrigkeitlich-paternalistischem, sozialdemokratischem und liberalem Gedankengut mit der Betonung von Erwerbsarbeit als Anspruchsvoraussetzung, von Leistungsgerechtigkeit und Statussicherung.

Die Fixierung eines generellen Postulats der Sozialstaatlichkeit im Grundgesetz war in der Verfassungsgeschichte Deutschlands eine Innovation, die der Existenz sozialstaatlicher Einrichtungen mit weitem historischen Abstand folgte. Während das Grundgesetz selbst die alternative Realisierung von Sozialstaatlichkeit in den Modellen „sozialer Kapitalismus“ oder „demokratischer Sozialismus“ zuließ, hatte sich bereits in den 50er Jahren politisch-praktisch die erste Version durchgesetzt (Hartwich 1970). In der Verfassungsinterpretation dominiert heute das von Spieker (1986) so getaufte Modell des „subsidiären Sozialstaats“ – als Integration von liberalen und katholisch-sozialen Denkweisen – gegenüber „emanzipatorischen“, auf Demokratisierung zielenden Modellen und „souveränitätsorientiert“-konservativen Konzeptionen.

Seit Mitte der 70er Jahre die Globalisierung der (Finanz-)Märkte die Grundlagen einer nationalstaatlichen Vollbeschäftigungspolitik unterminierte, wurde verstärkt über die Grenzen des Sozialstaates und seine Finanzierbarkeit bei geringeren Wachstumsraten diskutiert. Die zunächst eher pragmatisch und unsystematisch ausgerichtete Spar- bzw. Konsolidierungspolitik wurde in den 80er Jahren zunehmend von einer grundsätzlichen Kritik an Bürokratisierung und Verrechtlichung des Sozialstaates begleitet – und zwar sowohl aus konservativ-liberaler wie ökologisch-alternativer Perspektive. Die Therapien unter dem Titel „Entstaatlichung“ zielten in Richtung Markt und Familie oder auf eine „Wohlfahrtsgesellschaft“, in der Netzwerke von Selbsthilfeinitiativen neue Formen der Solidarität schaffen sollten.

Die Sozialstaatskritik erstreckte sich weiterhin auf die Normalitätsunterstellungen der Sozialleistungssysteme wie z.B. Voll(zeit)beschäftigung aller erwachsenen männlichen Bürger. Mit dem dauerhaft hohen Niveau der Arbeitslosigkeit, als „Krise der Arbeitsgesellschaft“ diagnostiziert, der Veränderung von Familienstrukturen, den Verschiebungen in der Altersstruktur, den Bestrebungen und Erfolgen der Frauenbewegung, der Flexibilisierung der Arbeitsverhältnisse, den Tendenzen „neuer Armut“ mit der Gefahr von sozialer Spaltung sowie der Erkenntnis, schon seit längerem in einem Einwanderungsland zu leben, wurden bereits in der zweiten Hälfte der 80er Jahre die Prämissen des bundesdeutschen Sozialstaatsmodells – noch ohne die Belastungen der sozialpolitischen Integration der neuen Bundesländer – brüchig. Zugleich zeigte sich, daß Umverteilung fordernde Gerechtigkeitsnormen oder Solidaritätsappelle nurmehr geringe politische Bindungswirkung entfalten konnten.

Die bundesdeutschen Diskussionen Mitte der 90er Jahre konzentrieren sich angesichts wachsender Armut und Arbeitslosigkeit auf die Beziehungen zwischen Sozialhilfe, Existenzminimum und Arbeitsmarkt. Als Instrumente werden Kürzungen bzw. Begrenzungen der Sozialhilfe zur Steigerung des Arbeitsanreizes vorgeschlagen, aber auch Systeme der negativen Einkommensteuer, des Bürgergeldes oder des Grundeinkommens. In dem Maße, wie die Aussichten auf Rückgewinnung von Vollbeschäftigung schwinden, rückt die Frage in den Mittelpunkt, wie angesichts der Grenzen der Finanzierbarkeit eine dauerhaft nicht erwerbstätige, aber erwerbsfähige Bevölkerung mit Einkommen „versorgt“ werden kann. Dem korrespondiert auf Seiten der Betroffenen eine Selbstwahrnehmung, in einer gänzlich arbeitszentrierten Gesellschaft ökonomisch „überflüssig“ zu sein, „nicht mehr gebraucht“ zu werden. Wie Arbeitslosigkeit, Armut und Ausgrenzung und ihre subjektiven Folgen politisch in den nächsten Jahren behandelt werden, dürfte zu einer Nagelprobe des Sozialstaates werden.

3. Sozialstaatlichkeit in den neuen Bundesländern

Die Übertragung des bundesdeutschen Sozialstaatmodells hat 1990 die rasche Wirtschafts- und Währungsunion erst sozial und politisch durchsetzbar gemacht. Massenelend wäre ansonsten in den neuen Bundesländern – unter dem Zwang zur sofortigen Anpassung an Weltmarktbedingungen – nicht zu vermeiden gewesen. Trotz gewaltiger Sozialtransferströme ist die dt. Vereinigung geprägt vom Widerspruch zwischen verfügter Sozialstaatlichkeit bei einem reichen Instrumentarium sozialpolitischer Auffangregelungen und einer den Zielwerten von Sozialstaatlichkeit keineswegs entsprechenden Realität. Der Sozialstaat realisiert sich in den neuen Bundesländern als sozialpolitische Klientelisierung breiter Teile der Bevölkerung. Er wird für eine Vielzahl von Personengruppen zum dauerhaft wichtigsten Einkommensgeber. Die gewählte marktwirtschaftliche Transformationsstrategie, aber auch Armut und Arbeitslosigkeit im Westen, führen zu einer in diesem Ausmaß neuen Form der Abhängigkeit vom Staat ohne absehbare Aussicht auf Reintegration in geordnete Beschäftigungsverhältnisse. Die hohe Frauenerwerbstätigkeit, die betriebliche Ausrichtung der Sozialpolitik, vor allem aber die Vollbeschäftigung bildeten die Opfer dieser marktlich-sozialstaatlichen Transformation (Sozialreport 1994, *Schmähl* (Hg.) 1992). Die zwar von einer weitreichenden aktiven Arbeitsmarktpolitik abgefederte Ausgliederung von einem Drittel der Arbeitsbevölkerung (Arbeitsplatzdefizit aller neuen Bundesländer Juli 1994: 31,9%, Sozialreport 1994, S.120f.) aus dem Beschäftigungssystem – ein für westliche Demokratien einmalig hoher Stand – schuf die Voraussetzungen für zunehmende Ungleichheit und eine soziale Spaltung sowohl zwischen West und Ost als auch innerhalb der neuen Bundesländer (Bäcker 1992). Die Ausgrenzung aus dem Arbeitsmarkt trifft insbesondere die Frauen, die in großem Umfange auf die (Einverdiener-)Ehe als ökonomische Versorgungseinheit zurückverwiesen werden. Zudem wird damit das Selbstbewußtsein einer Bevölkerung zerstört, deren Identität stark auf der Selbstverständlichkeit sozialer Sicherheit basierte.

4. Sozialstaatskrise?

Die finanziellen Folgen der Sozialunion, deren primärer Träger die Sozialversicherten West waren, prägen die politischen Auseinandersetzungen in den alten Bundesländern. Die erheblich verschärften Verteilungskonflikte verlaufen jedoch entlang mehrerer, sich nur teilweise deckender Konfliktlinien: der regionalen Ost-West-Linie, dem traditionellen Arbeit-Kapital-Gegensatz, einer sich zunehmend verstärkenden Arm-Reich-Linie, zu denen noch die Verteilungsdimension des Immigranten- und Flüchtlingsproblems hinzutritt. Außerdem wird sich spätestens mit dem Einstieg in die Europäische Währungsunion die Bedeutung der europäischen Verflechtung deutlich verstärken. Da sich aber auch nach den Maastrichter Verträgen kein einheitlicher Sozialstaat Europa abzeichnet, sind ökonomische Harmonisierungszwänge mit der wahrscheinlichen Folge des nationalen Sozialstaatsabbaus („Sozialdumping") ebenso denkbar wie die Herausbildung eines sozialstaatlichen Klein-Europas im Zeichen einer Strategie „mehrerer Geschwindigkeiten" innerhalb der Europäischen Union (vgl. Leibfried 1994).

Ökonomische, soziale, demographische und politische Entwicklungen lassen ebenso wie die schwindende Bereitschaft zur Finanzierung eine ernste Krise des Sozialstaates befürchten. Seine historische Leistung, eine auch politisch wirksame Spaltung der Bevölkerung entlang sozialer oder regionaler Ungleichheitslinien weitgehend verhindert zu haben, ist in Frage gestellt. Das sozialstaatlich zu befolgende Gebot, die Einheitlichkeit der Lebensverhältnisse im Bundesgebiet zu wahren (Art.72 Abs.2 Nr.3 GG), wird sich in den neuen Ländern selbst bei sehr hohen Wachstumsraten in diesem Jahrzehnt auch nicht annähernd erfüllen lassen. Die neuen tiefgehenden und in der alten Bundesrepublik unbekannten regionalen Disparitäten in den Einkommens- und Lebensverhältnissen bedeuten auch ein Ende des politischen Denkens in Kategorien relativer Egalität im allgemeinen Wohlstand, die zu den zentralen Legitimationsgrundlagen bundesdeutscher Politik gehörten. Die Paradoxie des dt. Sozialstaates könnte darin bestehen, daß sein Erfolg – auch im Vergleich zur sozialistischen Staatlichkeit der DDR – ihm Lasten aufbürdet, die jene Legitimitätsbasis zerstören, auf der die Fortsetzung seines Entwicklungsganges bisher beruhte. So geraten zunehmend die ordnungspolitischen Grundprinzipien des dt. Sozialstaates in die Debatte. Ideen zur (Teil-)Privatisierung sozialer Sicherung wie die bereits begonnene innere Ökonomisierung und effizienzorientierte Modernisierung sozialstaatlicher Institutionen unter dem Titel „Umbau des Sozialstaates" lassen sowohl die Orientierung am „Sozialen" als Gerechtigkeitswert als auch die „Staatlichkeit" des Sozialstaates problematisch werden.

Literatur

Bäcker, Gerhard 1992: Gespaltene Gesellschaft. Soziale Probleme und sozialpolitische Herausforderungen im vereinigten Deutschland, in: Soziale Sicherheit, Heft 1/92.

Esping-Anderson, Gösta 1991: The Three Worlds of Welfare Capitalism. Princeton.

Grimm, Dieter 1991: Die Zukunft der Verfassung. Frankfurt.

Hartwich, Hans-Hermann 1970: Sozialstaatspostulat und gesellschaftlicher status quo. Opladen.

Leibfried, Stephan 1994: Wohlfahrtsstaatliche Perspektiven der Europäischen Union. Auf dem Wege zu positiver Souveränitätsverflechtung?, in: Kritische Justiz, Heft 3/1994.

Offe, Claus 1994: Der Tunnel am Ende des Lichts. Erkundungen der politischen Transformation im neuen Osten. Frankfurt, New York.

Schmähl, Winfried (Hrsg.) 1992: Sozialpolitik im Prozeß der deutschen Vereinigung. Frankfurt, New York.

Sozialreport 1994: Daten und Fakten zur sozialen Lage in den neuen Bundesländern, herausgegeben von Ingrid Kurz-Scherf und Gunnar Winkler. Berlin.

Spieker, Manfred 1986: Legitimitätsprobleme des Sozialstaats. Bern, Stuttgart.

Frank Nullmeier

SPD – Sozialdemokratische Partei Deutschlands

1. Von der Gründung bis Ende des Ersten Weltkrieges

Die SPD leitet ihren Ursprung von zwei Organisationen her: dem Allgemeinen Deutschen Arbeiterverein, 1863 in Leipzig von F. *Lassalle* gegründet, und der Sozialdemokratischen Arbeiterpartei, die 1869 in Eisenach auf Initiative von A. *Bebel* und W. *Liebknecht* entstand. In beiden → Parteien gehörte die „deutsche Frage" zu ihren zentralen Themen und war auch ein Grund ihrer Trennung: Die Lassalleaner waren „kleindeutsch", die Eisenacher „großdeutsch". Durch die Gründung des Deutschen Reiches verlor der Konflikt seine Relevanz. 1875 schlossen sich die beiden sozialdemokratischen Parteien zusammen.

Im wilhelminischen Reich waren Sozialdemokraten die schärfsten Kritiker seiner Innen- und Außenpolitik. 1878 verabschiedete der Reichstag *Bismarcks* „Gesetz gegen die gemeingefährlichen Bestrebungen der Sozialdemokratie" („Sozialistengesetz"), das ihr während seiner zwölfjährigen Geltung jegliche parteipolitische Tätigkeit außer der parlamentarischen verbot.

Weder die marxistische Orientierung der Partei und ihre Mitgliedschaft in der Zweiten Internationale, noch ihre → Opposition gegen die Regierung und deren Stützen standen dem Patriotismus der als „vaterlandslose Gesellen" diskriminierten Sozialdemokraten im Wege. Beim Ausbruch des Ersten Weltkrieges stimmte die SPD-Reichstagsfraktion geschlossen für die Kriegskredite. Die Mehrheit der → Fraktion setzte die Kreditbewilligung bis Kriegsende fort. Eine Minderheit, die das ablehnte, trennte sich 1916 von der Fraktion und bildete den Kern der 1917 gegründeten Unabhängigen Sozialdemokratischen Partei Deutschlands (USPD), deren Mehrheit sich Ende 1920 mit der KPD zusammenschloß.

2. Von der Weimarer Republik zur NS-Diktatur

Die revolutionären Ereignisse vom Oktober und November 1918, ausgelöst durch die unvermeidbar gewordene militärische Niederlage Deutschlands, brachten zum ersten Mal Vertreter der SPD an die Regierung. Sie schufen mit ihren Koalitionspartnern, Zentrum und Demokraten, den Grundriß der Weimarer Republik, deren erster Präsident F. *Ebert* (SPD) wurde. Den Reichskanzler stellte die SPD vom 9.11. 1918-6.6.1920 und vom 28.6.1928-27.3. 1930. Die SPD wehrte Absplitterungen vom Reich ab, verurteilte den Versailler Friedensvertrag und die Reparationsforderungen der Siegermächte, befürwortete jedoch deren Erfüllung in der Hoffnung, so bessere Bedingungen für Deutschland zu erreichen.

Die Kluft zwischen SPD und KPD erwies sich als unüberbrückbar, zumal die Kommunisten die Sozialdemokraten als „Sozialfaschisten" bekämpften.

Die Errichtung der NS-Diktatur bedeutete für die SPD die bis dahin größte Katastrophe ihrer Geschichte. Sozialdemokraten gehörten zu dem am frühesten einsetzenden Widerstand gegen das NS-Regime, und die meisten bezahlten ihn mit ihrer Freiheit, viele mit ihrem Leben. Ein Teil des SPD-Vorstands setzte seine politische Arbeit im Exil fort mit dem Ziel, zum Sturz der NS-Diktatur beizutragen und dann am Aufbau eines demokratischen Deutschlands mitzuwirken.

3. Nach dem Zweiten Weltkrieg

Der führende Mann der SPD in den Westzonen bzw. der BRD war der frühere Redakteur, Landtags- und Reichstagsabgeordnete Dr. K. *Schumacher*, der über zehn Jahre Häftling in Gefängnissen und Konzentrationslagern gewesen war. Bereits im Mai 1945, noch vor Kriegsende, rief er in Hannover die SPD wieder ins Leben. 1946 wurde er Vorsitzender seiner Partei und blieb es bis zu seinem Tod am 20.8.1952. Als in Berlin ein „Zentralausschuß" (ZA) der SPD unter dem Vorsitz von O. *Grotewohl* in seinem Gründungsaufruf vom 15.6.1945 die organisatorische Einheit mit den Kommunisten propagierte, stieß das auf *Schumachers* strikte Ablehnung. Auf der Konferenz in Wennigsen bei Hannover (3./6.10. 1945) setzte *Schumacher* es durch, daß die Zuständigkeit des ZA auf die Sowjetische Besatzungszone beschränkt wurde. Kurz davor hatten die sowjetische Besatzungsmacht und die KPD begonnen, auf die Verschmelzung mit der SPD zu drängen. Die SPD reagierte darauf mit wachsender, jedoch keineswegs einheitlicher Opposition. Meinungsverschiedenheiten unter Sozialdemokraten erleichterten es den Kommunisten, in einer paritätisch von SPD und KPD beschickten Konferenz am 20./21.12.1945 eine Resolution für eine baldige Vereinigung der beiden Parteien durchzubringen. Obwohl sie am 31.3.1946 in einer Urabstimmung der West-Berliner SPD von 82,2% der Abstimmenden abgelehnt worden war, wurde die Verschmelzung am 21./22.4. 1946 vollzogen. Die so entstandene → SED übte in der SBZ bzw. in der → DDR ihre Diktatur aus. „Sozialdemokratismus" wurde mit Methoden verfolgt und bestraft, die denen des nationalsozialistischen Systems ähnelten.

In den westlichen Besatzungszonen wurde die SPD in einigen Ländern die führende Regierungspartei. Doch bei der ersten Bundestagswahl, am 14.8.1949, unterlag sie. K. *Adenauer* wurde → Bundeskanzler einer Koalitionsregierung ohne SPD, in der die Unionsparteien dominierten.

Für *Schumacher* besaß die → Wiedervereinigung Deutschlands eine Priorität, die in der SPD zum ausschlaggebenden Kriterium bei ihrer Stellungnahme zu politischen Entscheidungen wurde. Da die Regierung *Adenauer* wirtschaftspolitisch erfolgreich war und die BRD unter ihrer Führung internationales Ansehen gewann, brachte die Oppositionspolitik der SPD ständige Wahlniederlagen ein. Aus diesen Erfahrungen zog die Partei Konsequenzen.

Der Stuttgarter Parteitag der SPD im Mai 1958 beschloß starke Veränderungen der Struktur der Parteiführung. Die Institution des „Büros", das aus besoldeten, in der Parteizentrale – der „Baracke" – amtierenden Vorstandsmitgliedern bestand, wurde abgeschafft. Die politische Lenkungsmacht, die es besessen hatte, ging über auf das „Präsidium", das der Parteivorstand, dem seit dem Stuttgarter Parteitag auch W. *Brandt* und H. *Schmidt* angehörten, aus seiner Mitte wählte. Das erste Präsidium der SPD bestand aus dem Vorsitzenden E. *Ollenhauer*, seinen Stellvertretern W. *von Knoeringen* und H. *Wehner*, dem Schatzmeister A. *Nau* sowie den Bundestagsabgeordneten H. *Deist*, F. *Erler*, M. *Schanzenbach* (zunächst die einzige Frau in diesem Gremium), C. *Schmid* und E. *Schoettle*. Die Politik der SPD wurde hinfort ganz wesentlich von ihrer Bundestagsfraktion bestimmt. Auch der Bundesgeschäftsführer bzw. die Bundesgeschäftsführerin, ein 1968 geschaffenes Amt, war fast immer ein Mitglied des → Bundestages. Im November 1959 wurde das Godesberger Grundsatzprogramm verabschiedet, das die Wandlung der SPD von einer Arbeiterpartei, als die sie sich ihrem Ursprung nach verstanden hatte, zu einer Volkspartei festschrieb. Die SPD hatte sich von ihrer marxistischen Tradition gelöst und bekannte sich zu weltanschaulichem → Pluralismus sowie gesellschaftlicher Offenheit. Im Godesberger Programm wird die Landesverteidigung bejaht, eine Kooperation mit den → Kirchen begrüßt und der marktwirtschaftliche Grundsatz „Wettbewerb soweit wie möglich – Planung soweit wie nötig" (den schon das SPD-Aktionsprogramm von 1954 enthielt und im Berliner Programm von 1989 wiederholt wird) verkündet.

Einen weiteren Schritt der SPD zum „Auszug aus dem Ghetto" (*Lösche/Walter* 1992: 146ff.) bedeutete die Bundestagsrede Herbert *Wehners* vom 30.6. 1966, in der er der → Bundesregierung Gemeinsamkeit in der → Außenpolitik anbot und die Westintegration anerkannte.

Neben dem strukturellen, programmatischen und politischen Revisionsprozeß der SPD spielte der personelle eine wichtige Rolle. Auf dem Parteitag vom November 1960 wurden W. *Brandt* als Bundeskanzlerkandidat und die „Mannschaft der SPD", in der Öffentlichkeit bekannte Politiker, vorgestellt.

Ende 1966 zeigte sich der Erfolg sozialdemokratischer Reformen: Die SPD verließ die Oppositionsbänke und beteiligte sich in einer „Großen Koalition" mit den Unionspartnern an der Bundesregierung. Von der → CDU wurde der Bundeskanzler gestellt, von der SPD neun Minister. Als Außenminister leitete *Brandt* eine Entspannungs- und Ostpolitik ein, deren Ergebnis Verträge mit der UdSSR, der DDR und Polen sowie Kontakte auf verschiedenen Ebenen mit Menschen in Ostblockstaaten waren. Bundeswirtschaftsminister K. *Schiller* (SPD) gelang es, gemeinsam mit Bundesfinanzminister F.-J. *Strauß* (CSU) die ansteigende → Arbeitslosigkeit in der BRD zu überwinden. Die Bildung der sozial-liberalen → Koalition unter Bundeskanzler *Brandt* war der Beginn einer 13 Jahre währenden Konstellation auf Bundesebene. Allerdings vollzogen sich dabei erhebliche personelle Veränderungen. Im Mai 1974 trat *Brandt* als Bundeskanzler zurück, H. *Schmidt*, Wirtschafts- und Finanzminister, wurde sein Nachfolger, und Außenminister W. *Scheel* (FDP) wurde zum → Bundespräsidenten gewählt. Neuer Außenminister wurde Hans-Dietrich *Genscher* (FDP).

Die SPD der 70er Jahre entsprach soziologisch durchaus dem Begriff einer Volkspartei. Bei den neuen Mitgliedern waren die Mittelschichten stärker vertreten als die Arbeiter, die Untervierzigjährigen stärker als Ältere. Der Einfluß von Akademikern machte sich besonders bei den Jungsozialisten sehr bemerkbar und dieser auf die Gesamtpartei, in der SPD-Wählerschaft war der Frauenanteil größer als je zuvor.

Im Laufe von *Schmidts* Kanzlerschaft ergaben sich Spannungen im Verhältnis von Regierung und Partei, vor allem auf sicherheitspolitischem und ökologischem Gebiet. Bei Abstimmungen auf Parteitagen, in der Bundestagsfraktion und im Parlament bekam *Schmidts* Politik eine Mehrheit von seiner Partei, doch sie kam unter schweren Bedenken vieler Sozialdemokraten zustande. Den Bruch der sozial-liberalen Koalition führte die → FDP herbei, die durch die schlechten Ergebnisse der SPD bei Landtagswahlen und Umfragen ihre eigene Rolle als Regierungspartei gefährdet sah. Seit Oktober 1982 regiert in Bonn eine Koalition von Unionsparteien und FDP.

Der Zusammenbruch der kommunistischen Diktaturen in den Ostblockstaaten kam unerwartet. Als die Protestbewegung in der DDR in einem stürmischen Drängen nach Vereinigung mit der BRD kulminierte, reagierte die SPD uneinheitlich. Am Tag nach dem großen Jubel am Brandenburger Tor über die Durchlässigkeit der Mauer sprach *Brandt* sein berühmt gewordenes Wort: „Jetzt wächst zusammen, was zusammengehört." Doch über die Form und das Tempo des Zusammenwachsens gab es in der SPD Meinungsverschiedenheiten. Auf ihrem Programmparteitag, der vom 18.-20. 12.1989 in Berlin stattfand, erklärte sie, daß in beiden Staaten die Menschen entscheiden werden, „wann welche Schritte zu gehen sind". Doch: „Eine Konföderation der beiden Staaten wollen wir bald erreichen." (Protokoll, S. 540f.) In der Bundestagsdebatte vom 15.2.1990 war davon nicht mehr die Rede. H.-J. *Vogel*, Partei- und Fraktionsvorsitzender der SPD, bekannte sich zur deutschen Einheit und unterstützte in der Folgezeit unter Zustimmung eines großen Teils seiner Partei Konzepte und Aktivitäten der Regierung *Kohl* für die Einheit. Hingegen warnte *Vogels* Stellvertreter im Parteivorsitz, der saarländische Ministerpräsident O. *Lafontaine*, seit März 1990 Kanzlerkandidat der SPD, vor den Folgen einer überstürzten Vereinigung von Ost- und Westdeutschland. Die Gegensätze in der SPD reduzierten die Wahlaussichten der → Opposition, die ohnehin gegenüber der Regierung, bei der die Entscheidungen über die Vereinigung lagen, im Nachteil war.

4. Sozialdemokraten in Ost- und in Westdeutschland

Seit 1946 gab es auf dem Territorium der späteren DDR keine SPD. Sie mußte dort von Grund auf neu beginnen. Das Datum 26.8.1989 trägt der Aufruf von drei evangelischen Pfarrern und eines Mitglieds einer → Bürgerinitiative zur Gründung einer Sozialdemokratischen Partei der DDR

(SDP). Das geschah am 7.10.1989: In Schwante nördlich von Berlin trafen sich 43 Personen zu einer geheimen Zusammenkunft und erklärten in der Gründungsurkunde der SDP ihren Willen, „auf eine ökologisch orientierte soziale Demokratie hinzuwirken". Die erste Delegiertenversammlung der SDP tagte Mitte Januar 1990 in Ost-Berlin und änderte den Parteinamen in SPD. In Leipzig trat der erste Parteitag der Ost-SPD am 22.2.1990 zusammen und verabschiedete ein Grundsatzprogramm. Es bringt ihr Selbstverständnis zum Ausdruck, eine neue, aus der Menschenrechts–, Friedens- und Ökologiebewegung hervorgegangene Partei zu sein, die sich in die Tradition der deutschen und der internationalen Sozialdemokratie hineinstellt. In den politischen Zielen, vor allem in der Betonung ökologischer Gesichtspunkte, ähnelt es dem im Dezember 1989 beschlossenen Berliner Programm der SPD, ist jedoch durch einen eigenen Stil geprägt.

Die ersten freien Wahlen fanden in der DDR im März 1990 statt, und zwar zur Volkskammer. Der SPD brachten sie eine schwere Enttäuschung: Sie erreichte nur 21,88%. Das CDU-Mitglied L. *de Maizière* wurde Ministerpräsident und bildete eine Koalitionsregierung, der bis August 1990 auch die SPD angehörte. Bei den Landtagswahlen vom 14.10.1990 wurde die SPD nur in → Bbg. stärkste Partei. Dort wurde M. *Stolpe* (SPD) Ministerpräsident einer Koalitionsregierung von SPD, FDP und → Bündnis '90. Die gesamtdeutschen Bundestagswahlen am 2.12.1990, bei denen die SPD mit 33,5% rund 10%-Punkte hinter den Unionsparteien lag, ergaben die Fortsetzung der Kanzlerschaft von H. *Kohl.*

Zu der gleichen Konstellation führte die Bundestagswahl vom 16.10.1994, bei der die SPD mit 36,4% der Zweitstimmen ihren Abstand zur CDU/CSU gegenüber 1990 fast halbieren konnte.

Während die parteipolitische Zusammensetzung der Bundesregierung konstant blieb und die SPD weiterhin auf die Oppositionsbänke verwiesen wurde, zeigten sich bei den Landtags- und auch bei den Kommunalwahlen erhebliche Veränderungen. Ein Grund dafür, wenn auch nicht der alleinige, ist die Lage der FDP, der es in keiner Landtagswahl des Jahres 1994 gelungen war, ins Parlament einzuziehen und als Mehrheitsbeschafferin für die Unionsparteien zu fungieren. Das bot der SPD sowohl in Ländern wie in Kommunen die Möglichkeit, Koalitionen zu bilden bzw. einzugehen, auch wenn sie nicht die stärkste Partei geworden war. In den meisten Fällen kamen Koalitionen von SPD und Bündnis 90/Die Grünen oder von SPD und CDU zustande. Außer in Bay. und Sa. ist die SPD in jedem Bundesland Regierungspartei. In Bbg., Nds., NW., S.H. und Sal. regieren die Sozialdemokraten allein.

In den neuen Bundesländern ist das Parteienspektrum durch das Erstarken der PDS beeinflußt worden. Zwar wurde sie von keiner der anderen Parteien als Koalitionspartnerin in Betracht gezogen, die von der SPD geführte Minderheitsregierung in Sachsen-Anhalt ist jedoch auf die Tolerierung durch die PDS angewiesen. Das hat eine heftige Polemik der politischen Gegner der SPD und Auseinandersetzungen in den Reihen der Sozialdemokraten ausgelöst. Sie haben bewirkt, daß das „Magdeburger Modell" bis jetzt in keinem anderen Bundesland kopiert wurde und in Thüringen sowie in Mecklenburg-Vorpommern CDU/SPD-Koalitionen unter CDU-Führung zustande kamen.

Durch die Zusammenarbeit mit ostdeutschen Sozialdemokraten in den Führungsgremien der SPD, einen Solidaritätsbeitrag in Westdeutschland von 10% des Mitgliedsbeitrags, Partnerschaften zwischen Ortsvereinen in Ost und West und Sachhilfen verschiedener Art versuchen die Sozialdemokraten, den Aufbau ihrer Partein in den neuen Ländern zu unterstützen. Krasse Unterschiede zeigen sich schon in den Mitgliederzahlen: Ende Juni 1994 hatte die

SPD in den alten Ländern 827601 Mitglieder, davon 28,08% Frauen, in den neuen Ländern 27395 Mitglieder, davon 24.07% Frauen. In den neuen Ländern ist der Anteil der Arbeiter an der SPD-Mitgliedschaft noch geringer als in den alten. An den Führungspositionen der SPD in Ostdeutschland sind evangelische Theologen, die das SED-Regime in den Freiräumen der Kirche integer überstanden haben, verhältnismäßig stark beteiligt.

Für die Überwindung der Teilung des vereinten D in Ost und West kommt der SPD eine Schlüsselrolle zu, schrieb der stellvertretende Vorsitzende der SPD W. *Thierse*, ehemals Vorsitzender der Ost-SPD. Sie muß dafür sorgen, meint *Thierse*, daß der Osten D.s. „eine wirkliche Chance zur selbstbestimmten Definition der eigenen Interessen erhält" und der Westen nicht überfordert wird. („Vorwärts", August 1994: 15).

Literatur

Bouvier, Beatrix W. 1990: Zwischen Godesberg und Großer Koalition. Der Weg der SPD in die Regierungsverantwortung. Bonn.

Dowe, Dieter (Hrsg.) 1993: Partei und soziale Bewegung. Kritische Beiträge zur Entwicklung der SPD seit 1945. Bonn.

Dowe, Dieter/Klotzbach, Kurt [3]1990: Programmatische Dokumente der deutschen Sozialdemokratie. Bonn.

Grebing, Helga 1980: Geschichte der deutschen Arbeiterbewegung. München.

Herzberg, Wolfgang /von zur Mühlen, Patrik (Hrsg.) 1993: Auf den Anfang kommt es an. Sozialdemokratischer Neubeginn in der DDR 1989. Interviews und Analysen. Bonn.

Kleßmann, Christoph 1986: Die doppelte Staatsgründung. Deutsche Geschichte 1945-1970. Göttingen/Bonn.

Klotzbach, Kurt 1982: Der Weg zur Staatspartei. Programmatik, praktische Politik und Organisation der deutschen Sozialdemokratie 1945 bis 1965. Berlin/Bonn.

Lösche, Peter/Walter, Franz 1992: Die SPD. Klassenpartei – Volkspartei – Quotenpartei. Darmstadt.

Meyer, Thomas u.a. (Hrsg.) [2]1988: Lern- und Arbeitsbuch deutsche Arbeiterbewegung. Darstellung – Chronik – Dokumente, 4 Bde. Bonn.

Miller, Susanne/Potthoff, Heinrich [7]1991: Kleine Geschichte der SPD. Darstellung und Dokumentation 1848-1990. Bonn.

Stolpe, Manfred 1992: Schwieriger Aufbruch. Berlin.

Weber, Hermann 1990: DDR. Grundriß der Geschichte. Vollst. überarbeitete Neuauflage. Hannover.

Susanne Miller

Splitterparteien

1. Rolle und Funktion der Splitterparteien im Parteiensystem

Trotz der Konzentration des deutschen → Parteiensystems gab es immer auch eine Vielzahl von „nicht-etablierten Kleinparteien" (*Rowold*), die im Parteienwettbewerb antraten. Insgesamt sind seit 1945 etwa 150 politische → Parteien und Gruppierungen in Erscheinung getreten. Obwohl diese Parteien und Gruppierungen nicht immer die sehr strengen Definitionskriterien des Parteibegriffs des Parteiengesetzes erfüllen, sind sie doch gleichwohl Zeichen einer bemerkenswerten parteipolitischen Vielfalt im vorparlamentarischen Raum und im „Schatten der Macht" (*Rowold*: 312).

2. Die Splitterparteien in der Anfangsphase der Bundesrepublik

Bevor im Verlauf der Konzentration des deutschen Parteiensystems seit der 2. Legislaturperiode ein großer Teil der kleineren Parteien verschwand oder zur Bedeutungslosigkeit herabsank, waren im Ersten Deutschen → Bundestag noch elf, im Zweiten Bundestag immerhin noch sechs Parteien vertreten. In der 1. Legislaturperiode waren dies neben der → CDU/CSU, → SPD und → FDP kleinere bürgerliche und konservative Parteien wie das Zentrum, die Bayernpartei (BP) und die Deutsche Partei (DP), die rechtsradikale Deutsche Reichspartei (DRP), eine Partei der Heimatvertriebenen, die Wirtschaftliche Aufbauvereinigung (WAV), der „Südschleswigsche Wählerverband" (SSW) als Partei der dänischen Minderheit und schließlich die Kommunistische Partei Deutschlands (KPD). Zu diesem Zeitpunkt galt allerdings die Fünf-Prozent-Sperrklausel lediglich auf Landesebene. Nach ihrer bundesweiten Einführung zur Bundestagswahl 1953 gelang neben den drei „etablierten" Bundestagsparteien aus eigener Kraft lediglich dem 1950 gegründeten, 1952 auf Bundesebene konstituierten Gesamtdeutschen Block/Bund der Heimatvertriebenen und Entrechteten (GB/-BHE) mit 5,9% der Sprung ins Parlament.

3. Die heutigen Splitterparteien

3.1 Das rechtsradikale Spektrum

3.1.1 Die NPD

Die bekannteste Parteineugründung seit der Anfangsphase der Bundesrepublik bis zum Auftreten der → Grünen in den 80er Jahren ist zweifellos die Nationaldemokratische Partei Deutschlands (NPD). Diese 1964 gegründete Partei bot sich als Sammelbecken für zahlreiche, teilweise verbotene Splittergruppen der nationalen bzw. radikal- nationalistischen Rechten an. In den Jahren 1966 bis zur Bundestagswahl 1969 konnte sie bei Landtagswahlen beachtliche Erfolge erzielen. Mit Wahlergebnissen bis zu fast 10% zog sie in sieben Landtage ein. Mit 4,3% verfehlte sie 1969 allerdings knapp den Einzug in den Deutschen Bundestag. Nach diesem Mißerfolg und unter den Bedingungen der mit der sozialliberalen → Koalition veränderten Regierungskonstellation schwanden auch die vordem bestehenden Profilierungsmöglichkeiten der Partei.

In ihrer Hochzeit (1969) hatte die Partei fast 30.000 Mitglieder. Regionale Schwerpunkte bildeten vor allem Bay. und Bad.-W., in zweiter Linie auch Nds. und Hess. Der Rückgang der Mitgliederzahlen (heute etwa 6.500) vollzog sich synchron mit dem Rückgang der Wahlergebnisse, die sich in den 70er und 80er Jahren, sofern die Partei überhaupt kandidierte, weit unterhalb der Ein-Prozent-Grenze bewegten. Erst gegen Ende der 80er Jahre sind für die NPD wieder deutliche Zunahmen zu verzeichnen. Bei der Landtagswahl in Bad.-W. 1988 erzielte sie 2,1%, im gleichen Jahr in S.H. 1,2% der Stimmen. Einen spektakulären Einzelerfolg errang die Partei bei der Kommunalwahl in Frankfurt 1989 mit 6,6%. Bei der Bundestagswahl 1990 erzielte sie jedoch lediglich 0,3% insgesamt, in Westdeutschland 0,6%. Zur Bundestagswahl 1994 trat sie nicht an.

3.1.2 Die DVU-Liste D

Die Deutsche Volksunion war Anfang 1971 zunächst nicht als politische Partei, sondern eher als Sammlungsbewegung und als Auffangbecken für die auseinanderfallende NPD auf Initiative des Münchener Verlegers G. *Frey* gegründet worden. Bereits in den 80er Jahren konnte sie erhebliche Mitgliederzuwächse verzeichnen; heute liegt die Mitgliederzahl bei rund 22.000.

In enger Kooperation mit der NPD gründete der DVU-Vorsitzende *Frey* im März 1987 die „Deutsche Volksunion – Liste D". Während *Frey* bei anderen Landtagswahlen (so zum Beispiel in Bay. 1986) seinen Anhängern zur Wahl der NPD geraten hatte, konnten DVU und NPD im gemeinsamen Wahlbündnis der Liste D bei der Landtagswahl in HB mit 3,4% zwar nicht die Fünf-Prozent-Hürde überspringen, gelangten jedoch aufgrund des getrennt ausgewiesenen Ergebnisses in Bremerhaven mit 5,4% in das Bremer Landesparlament. Bei den folgenden Landtagswahlen bis 1991 und bei der Bundestagswahl 1990 unterstützte die DVU entweder die NPD mit erheblichen finanziellen und organisatorischen Mitteln und verzichtete zu ihren Gunsten auf eine eigene Kandidatur oder sie blieb bei eigenen Kandidaturen ohne jeden nennenswerten Erfolg bis 1991. Bemerkenswerte Erfolge errang die DVU-Liste D bei der Landtagswahl in HB. 1991 mit 6,2% und vor allem bei der Landtagswahl in S.H. im April 1992 mit 6,3%.

In beiden Landesparlamenten brachen ihre Fraktionen durch Austritt auseinander, so daß die DVU sowohl in HB als auch in S.H. ihren Fraktionsstatus verlor. Bei der Bundestagswahl 1994 kandidierte die DVU nicht.

3.1.3 Die Europäische Arbeiterpartei – „Patrioten für Deutschland"

Die 1974 gegründete Europäische Arbeiterpartei ist nicht direkt dem rechtsradikalen Spektrum zuzuordnen. In ihrem Programm beruft sie sich ausdrücklich auf die „platonisch-humanistische" Tradition Europas.

Ursprünglich ging die EAP-Bewegung von den USA aus. Sie ist eher eine politische Sekte und Glaubensgemeinschaft mit nur wenigen hundert Mitgliedern als eine politische Partei. Trotz ihres ursprünglich philosophisch-humanistischen Ansatzes ist sie heute eindeutig rechts einzuordnen.

Dies gilt in noch deutlicherem Maße für die im Vorfeld der Bundestagswahl 1987 unter eindeutigem EAP-Einfluß gegründeten Partei „Patrioten für Deutschland", deren Vorsitzende in Personalunion mit der EAP Frau H. *Zepp-LaRouche* ist. Diese 1986 gegründete Partei verfügt über eine Organisationsstruktur in zehn Landesverbänden der alten → Bundesländer (außer Berlin) und zählt etwa 2.000 Mitglieder. Bei der Bundestagswahl 1987 erreichte sie mit 23.000 Zweitstimmen 0,1%, bei der Bundestagswahl 1990 lediglich 0,0%.

3.1.4 Die Freiheitliche Deutsche Arbeiterpartei (FAP)

Eindeutig militant rechtsextremistisch und neonazistisch ist die „Freiheitliche Deutsche Arbeiterpartei" (FAP). Unverhohlen proklamiert sie die Ideologie des Nationalsozialismus. Sie wurde 1979 gegründet und erhielt starken Zulauf von anderen, teilweise verbotenen neonazistischen Gruppen. Ihre Mitgliederzahl betrug zeitweilig (1987) über 500 Mitglieder; heute ist die Mitgliederzahl unter 200 gesunken. Seit der Wende 1989/90 versuchte die Partei durch militante und teilweise gewalttätige Aktionen in den neuen Bundesländern Fuß zu fassen. Im Februar 1995 ist die FAP als rechtsextremistische Organisation vom Bundesinnenminister verboten worden, nachdem das Bundesverfassungsgericht sie nicht als Partei anerkannt hatte.

3.1.5 Die Deutsche Liga für Volk und Heimat/Deutsche Allianz – Vereinigte Rechte

Personalpolitische und politisch-strategische Auseinandersetzungen innerhalb der Republikaner führten Ende 1990 zur Abspaltung einer Gruppe um den früheren bayerischen Republikaner-Landesvorsitzenden H. *Neubauer.* Zusammen mit ehemaligen NPD-Mitgliedern gründete sie im Januar 1991 eine neue Sammlungsbewegung unter dem Namen „Deutsche Allianz – Vereinigte Rechte". Diese Gruppierung verstand sich zunächst noch nicht als Partei in direkter Konkurrenz zu den Republikanern oder der DVU. Dennoch hat diese Gruppierung bei der Landtagswahl in Bad.-W. als „Deutsche Liga für Volk und Heimat" – allerdings ohne jeden Erfolg (0,5%) – kandidiert. Nach anfänglicher scharfer Agitation gegen die Republikaner wird von dieser Gruppierung nunmehr eine Kooperation der rechten Kräfte, d.h. der Republikaner, der DVU-Liste D und der Deutschen Allianz, propagiert. Durch Übertritte ehemaliger DVU-Abgeordneter im Landtag von S.H. verfügt die Deutsche Liga dort mittlerweile über eine eigene Landtagsfraktion, obwohl sie bei den Wahlen von 1992 gar nicht kandidiert hatte. Bundesweit spielt die Partei keine Rolle, ihren Schwerpunkt hat sie in Bad.-W. und Bay.; ihre Mitgliederstärke wird auf rund 800 geschätzt.

3.2 Exkurs: Die Deutsche Soziale Union (DSU)

Die DSU zählt zu den Parteineugründungen in der ehemaligen DDR unmittelbar nach der Wende 1989. Die DSU tendiert stark zur CSU, die nach anfänglichem Zögern die im Aufbau befindliche Partei organisatorisch, materiell und personell unterstützte. Gemeinsam mit der CDU und dem „Demokratischen Aufbruch" (DA) kandidierte die DSU bei der Volkskammerwahl vom 18.3.1990 im gemeinsamen Wahlbündnis der „Allianz für Deutschland", erzielte mit 6,3% der Stimmen allerdings ein für sie enttäuschendes Ergebnis. Ihre Schwerpunkte hat die Partei in Thür. und vor allem in Sa. Auf kommunaler Ebene spielt sie hier noch eine bescheidene Rolle. In den Landtagen ist die DSU nicht vertreten. Bei der Bundestagswahl 1994 erzielte sie in den neuen Ländern (einschließlich Berlin-Ost) 1,0% (Bundestagswahl 1990: 1,4%). In Westdeutschland ist die DSU nicht präsent.

3.3 Grüne und Umweltparteien

Im Vorfeld der Gründung der Grünen und später in deren Umfeld entstanden zahlreiche ökologische und alternative Parteien und Gruppierungen, die teilweise in den Grünen aufgingen, teilweise de facto als Landesverbände der Grünen unter eigenem Namen fortbestanden oder sich von den Grünen abspalteten. Unter dem Dach der Grünen-Bundespartei erlangten in den 80er Jahren zwei Gruppierungen in den Bundesländern HH und in B. überregionale Bedeutung: die „Grün-Alternative Liste Hamburg" (GAL), die aus den Grünen in Hamburg und einer zunächst parallel zu diesen bestehenden Alternativen Liste (AL) entstand und die Alternative Liste Berlin (AL). Die GAL-Hamburg war in den 80er Jahren eine Hochburg des ökosozialistischen Flügels der Grünen und hatte zeitweilig einen beträchtlichen Einfluß in der Bundespartei. Jahrelange innerparteiliche Auseinandersetzungen endeten im April 1991 schließlich mit dem Auszug des radikalen Flügels, der anschließend erneut erfolglos eine „Alternative Liste" gründete.

Die „Alternative Liste Berlin" (AL), die im Oktober 1978 gegründet wurde, wurde formal erst 1990 ein Landesverband der Grünen-Bundespartei. Die AL fungierte jedoch auch bereits vorher, nach Auflösung des bis 1986 bestehenden, de facto bedeutungslosen Landesverbandes der Grünen, als Vertretung der Bundespartei der Grünen in Berlin. Sie gehörte stets zum radikalen, fundamentalistischen Flügel der Grünen, auch wenn sie 1989 eine Koalition mit der → SPD einging, die kurz vor der Bundestagswahl 1990 zerbrach.

Bereits 1977 wurde, hervorgegangen aus der Anti-Kernkraftbewegung, die Grüne Liste Umweltschutz (GLU) gegründet, die bei den Landtagswahlen in Nds. im Juni 1978 3,9% erzielen konnte. Zusammen mit anderen Gruppen der Ökologie und Friedensbewegung kandidierte die GLU auf einer gemeinsamen Liste zu den Europa-Wahlen 1979. Diese sogenannte „Sonstige Politische Vereinigung – SPV-Die Grünen" erreichte beachtliche 3,2% und erhielt dafür 4,5 Mio. DM Wahlkampfkostenerstattung. Die GLU gehörte auch zu den Mitinitiatoren der Grünen-Bundespartei.

Eine andere Entwicklung nahm die „Grüne Aktion Zukunft“ (GAZ), die 1978 von dem ehemaligen CDU-Bundestagsabgeordneten und Bestseller-Autor H. *Gruhl* gegründet wurde. Die GAZ schloß sich der 1980 gegründeten Bundespartei „Die Grünen“ zunächst an. Wegen der zunehmenden Linksorientierung der Partei trat *Gruhl* mit einem Großteil seiner Anhänger aus dem bürgerlich-ökologischen Spektrum bei den Grünen aber schon 1981 wieder aus, um im Oktober 1981 die „Ökologisch-Demokratische Partei“ (ÖDP) zu gründen. Im Unterschied zu den Grünen verstand sich diese als fast ausschließlich ökologische Partei und als Teil der ökologischen Bewegung. Politisch konnte sie sich jedoch nicht neben den Grünen behaupten. Bei der Bundestagswahl 1994 erzielte sie wie bereits vier Jahre zuvor 0,4%.

3.4 Das linksradikale Spektrum/Kommunistische Parteien

3.4.1 KPD/DKP

Nach der Zwangsvereinigung von SPD und KPD zur → SED in der sowjetischen Besatzungszone im April 1946 bestand die KPD in den Westzonen fort und erzielte bei den ersten Landtagswahlen bis zur Gründung der Bundesrepublik 1949 teilweise beachtliche Ergebnisse oberhalb der Fünf-Prozent-Hürde. Bei der ersten Bundestagswahl 1949 erreichte sie immerhin noch 5,7% der Stimmen und stellte 15 Abgeordnete im Deutschen Bundestag. Nicht zuletzt im Zuge des sich verschärfenden Ost-West-Gegensatzes verlor die Partei jedoch immer mehr Wähler und Mitglieder. So war sie politisch bereits nahezu bedeutungslos, als sie im August 1956 für verfassungswidrig erklärt und verboten wurde.

Zwar war durch das Verbotsurteil des → Bundesverfassungsgerichts eine Wiedergründung der alten KPD ausgeschlossen, nicht unbedingt jedoch eine Neugründung unter anderem Namen. So wurde im April 1969 in Essen die „Deutsche Kommunistische Partei“ (DKP) gegründet, die von Anfang an sowohl in personeller als auch in programmatischer Hinsicht in der Kontinuität und Tradition der verbotenen KPD stand. In der Anfangsphase zählte die Partei etwa 20.000 Mitglieder; in den 80er Jahren stieg die Mitgliederzahl – nach Angaben des Verfassungsschutzes – auf rund 40.000. Die DKP ist in den 70er und 80er Jahren eine orthodoxe, moskauhörige Partei auf der ideologischen Grundlage des Marxismus-Leninismus gewesen.

Bei Bundes- und Landtagswahlen blieb die DKP stets weit unter 1%. Ihre Bedeutung lag nicht so sehr in ihrer zahlenmäßigen Stärke oder in ihrer Teilnahme an Bundes- und Landtagswahlen, sondern eher in ihrer ideologischen Präsenz und auch in der politischen Arbeit ihrer zahlreichen Vorfeld- und Nebenorganisationen. Zu diesen zählen:

- die „Sozialistische Deutsche Arbeiterjugend“ (SDAJ),
- die „Jungen Pioniere – Sozialistische Kinderorganisation“ (JP) und vor allem
- der „Marxistische Studentenbund Spartakus“ (MSB Spartakus), der 1990 aufgelöst wurde.

Die aufwendige Partei- und Propagandaarbeit sowohl der DKP selbst als auch ihrer Hilfs- und Nebenorganisation wurde auf verschiedenen Wegen direkt oder indirekt von der →DDR finanziert. Mit dem Zusammenbruch der DDR und bereits mit dem Ende der SED-Herrschaft Ende 1989 stürzte die Partei in eine nicht mehr zu behebende Finanzkrise.

Die Vorgänge im Osten, zunächst in der Sowjetunion unter *Gorbatschow*, dann der Zusammenbruch der DDR entzogen der DKP auch ihre ideologische Basis und Orientierung. Sie führten erstmals im Vorfeld des 9. Parteitages im Januar 1989 zu erheblichen innerparteilichen Auseinandersetzungen. Eine Gruppe von innerparteilichen Kritikern und Erneuerern forderte einen „marxistischen Meinungspluralismus“. Die Auseinandersetzungen des Jahres 1989 endeten jedoch mit einer Niederlage der „Erneuerer", die zu einem großen Teil die Partei verließen. Heute zählt die Partei nach Schätzungen nur noch etwa 6.000 Mitglieder, von denen mehr als die Hälfte 50 Jahre und älter ist. 1994 kandidierten einige Vertreter der DKP auf den „offenen" Listen der →PDS.

3.4.2 Die „K-Gruppen"

Neben der disziplinierten, ideologisch-orthodoxen DKP existieren in der Bundesrepublik seit Anfang der 70er Jahre zahlreiche weitere marxistisch-leninistische und auch maoistisch geprägte Gruppierungen und Parteien, die größtenteils aus der „Neuen Linken" und der zerfallenden Studentenbewegung hervorgegangen sind. Ein Teil ihrer Mitglieder und Sympathisanten hat sich in den 80er Jahren dem Umfeld der grün-alternativen Bewegung, so z.B. bei den Anti-Atomkraftwerks-Demonstrationen, engagiert. An Wahlen beteiligten sie sich kaum oder schnitten äußerst schwach ab.

Das linke Spektrum jenseits der DKP ist stark zersplittert. Im Laufe der Zeit gab es zahlreiche Abspaltungen, Auflösungen und Neugründungen.

Aufgelöst haben sich inzwischen der „Kommunistische Bund Westdeutschlands" (KBW) und der Kommunistische Bund (KB). Der KBW, der 1973 als Zusammenschluß zahlreicher kommunistischer Gruppierungen gegründet worden war, beteiligte sich intensiv an den teilweise gewaltsamen Anti-AKW-Demonstrationen. Nachdem sich 1980 der neue „Bund Westdeutscher Kommunisten" (BWK) vom KBW abgespalten hatte, wurde der KBW 1985 als politische Organisation aufgelöst. Nicht wenige ehemalige KBW-Mitglieder schlossen sich dem grün-alternativen Umfeld an. Der „Bund Westdeutscher Kommunisten" (BWK) lehnt sich vermehrt an ideologisch verwandte Organisationen an, um politisch wirken zu können. So traten BWK-Mitglieder in die PDS ein oder arbeiteten in „antifaschistischen Aktionsbündnissen" mit.

Der 1971 gegründete „Kommunistische Bund", der sich teilweise ebenfalls eng an die grün-alternative Bewegung anlehnte und innerhalb dieser zeitweilig recht erfolgreich mitwirkte, beschloß im April 1991 nach internen Auseinandersetzungen seine Auflösung.

Dagegen besteht die 1986 durch Zusammenschluß der trotzkistischen „Gruppe Internationaler Marxisten" (GIM) und der damaligen stalinistisch-proalbanischen „Kommunistischen Partei Deutschlands/Marxisten-Leninisten" (KPD/ML) hervorgegangene „Vereinigte Sozialistische Partei" (VSP) weiter. Ihr gehören rund 230 Mitglieder an.

Die „Marxistisch-Leninistische Partei Deutschlands" (MLPD), die rund 2.000 Mitglieder hat, bekennt sich zu den Lehren von *Marx*, *Engels*, *Lenin*, *Stalin* und *Mao Tse-Tung*. Sie ist innerhalb des linksextremistischen Spektrums weitgehend isoliert.

Eine der größten linksextremistischen Organisationen in D ist die „Marxistische Gruppe" (MG), an die rund 10.000 Personen fest gebunden sind. Sie entstand zu Beginn der 70er Jahre aus den „Roten Zellen" und vertritt das Konzept einer „Revolution von oben" im Sinne *Lenins*. Weiterhin bestehen zahlreiche trotzkistische Splittergruppen, deren Gesamtmitgliederzahl auf rund 1.500 geschätzt werden kann. Gemeinsam ist diesen Gruppen der Kampf für die „Weltrevolution" zur Errichtung einer „Diktatur des Proletariats".

3.5 Bürgerlicher Protest: STATT Partei

Die STATT Partei wurde am 30.6.1993 in HH von rund 300 Interessenten als lokale Wählervereinigung gegründet. Hauptinitiator war der Kleinverleger M. *Wegner*. Bereits bei der Hamburger Bürgerschaftswahl am 19.9.1993 erzielte die STATT Partei 5,6 Prozent der Stimmen und zog mit 8 Abgeordneten in die Bürgerschaft ein. Dort ist sie seitdem im SPD-geführten Senat vertreten und stellt zwei Senatoren. Nach diesem unerwarteten Erfolg beschloß die Wählervereinigung bereits am 22.1.1994, sich als Bundespartei zu konstituieren. Die bundesweite Ausdehnung wurde jedoch von Anfang an von zahlreichen Pannen und heftigen Machtkämpfen an der Parteispitze überschattet.

Der auf der konstituierenden Bundesversammlung im März 1994 in Kassel/Baunatal gewählte Bundesvorsitzende, der Strafrechtsprofessor B. *Schünemann* (München), wurde nach internen Querelen bereits im Mai 1994 vom Bundesvorstand seines Amtes enthoben. Dabei ging es um eine angebliche Unterwanderung der STATT-Partei durch die Republikaner und um unterschiedliche Konzepte hinsichtlich der Gründung neuer Landesverbände. Vorübergehend wurde die Partei von dem *Wegner*-Vertrauten, dem Juristen und Theologen M. *Bashford* (Hamburg), geführt. *Bashfords* Wahl wurde von *Schünemann* im Juni 1994 wegen schwerer Verfahrensmängel aber erfolgreich gerichtlich angefochten. Der *Schünemann*-Flügel wählte daraufhin im Juni 1994 den Unternehmer H. *Kaiser* (NW) zum Vorsitzenden. Zwischenzeitlich drohte der Partei die Spaltung. Erst als beide Kontrahenten schließlich nach monatelangen Fehden zurücktraten und *Bashford* auf den Bundesvorsitz verzichtete, war der Weg für einen Brückenschlag zwischen den rivalisierenden innerparteilichen Gruppen frei. Im August 1994 wurde *Kaiser* offiziell zum neuen Vorsitzenden gewählt.

Obwohl die STATT Partei heute in fast allen Bundesländern präsent ist, blieb sie, mit der Ausnahme HH, eine unbedeutende Splittergruppe. Durch die permanenten internen Streitereien sank die Mitgliederzahl im Laufe des Jahres 1994 von 4.000 auf 2.800.

In ihren sogenannten Programmgrundsätzen, die unter dem Leitgedanken „Bürgerverantwortung statt Parteienmacht" am 8. Juli 1993 in Hamburg verabschiedet wurden, und die von der konstituierenden Bundesversammlung im März 1994 nur leicht modifiziert wurden, greift die STATT Partei in populistischer Weise Aspekte der Parteienkritik der vergangenen Jahre auf und verknüpft sie mit der Forderung nach mehr direkter Bürgerbeteiligung sowie Offenheit und Transparenz. Zugleich fordert sie ein Höchstmaß an Integrität und Tugendhaftigkeit der politisch Handelnden. Die STATT Partei, obwohl selbst Partei, sieht „innerhalb der bestehenden Parteistrukturen kaum Handlungsspielraum" und hält deshalb „andere Rezepte (für) erforderlich, um eine stärkere Einflußnahme jedes einzelnen Bürgers auf die politische Willensbildung zu gewährleisten." (Leitgedanken STATT Partei, o.O., o.J.)

Mit ihrer Vorliebe für unkonventionelle Formen politischer Willensbildung steht sie deutlich in der Tradition der bei den Grünen in den 80er Jahren sehr populären Basisdemokratie. An die Stelle der Parteien sollen Foren unabhängiger Experten treten. Der von der STATT Partei propagierte Fachmannskult reiht sich damit in spezifisch deutsche parteienfeindliche Traditionen ein.

Mit ihrer Fixierung auf die technischen Verfahrensprinzipien politischer Willensbildung ging bei der STATT Partei die Weigerung einher, ein Sachprogramm zu verabschieden: „Keine allumfassenden, ideologischen Programme, sondern überzeugendes, aufrichtiges und am Gemeinwohl orientiertes Handeln soll auf politische Veränderungen Antworten geben, die notwendige Entscheidungen voranbringen." (Programmgrundsätze der STATT Partei in der Fassung vom März 1994) Der politische Standort der STATT Partei bleibt weitgehend diffus. Das programmatische Profil, soweit überhaupt erkennbar, umfaßt liberale und konservative Positionen, die von einem ganzen Bündel basisdemokratischer und plebiszitärer Forderungen überlagert werden. Grundsätzlich ist eine Mittelstandsorientierung vorhanden.

In der Praxis zeigte sich rasch, daß der Anspruch der STATT Partei völlig überhöht war. Die permanenten Eigenmächtigkeiten des STATT Partei-Gründers *Wegner* stießen schon bald auf Unverständnis an der Parteibasis. Sein Drang, in alle Bereiche von Partei und Fraktion hineinzuregieren, führte im November 1994 zu seiner Absetzung als Vorsitzender der Hamburger Bürgerschaftsfraktion der STATT Partei.

Die STATT Partei konnte nie wieder an den Hamburger Erfolg vom September 1993 anknüpfen. Dort profitierte sie in hohem Maße von Unzufriedenheit mit den etablierten Parteien und dem daraus resultierenden Protestwahlverhalten. Sie repräsentierte quasi eine bürgerliche Spielart des Protestes. Bezogen auf die soziale Zusammensetzung ihrer Wählerschaft entpuppte sich die STATT Partei in der Hansestadt als ein typisches Mittelschichtenphänomen. Es handelt sich um den bessergebildeten, gutsituierten und parteipolitisch wenig gebundenen Teil eines größeren fluktuierenden Protestpotentials, das den Volksparteien aber prinzipiell mit Wohlwollen gegenübersteht. Bei der Europawahl 1994 erzielte die Partei 0,5% der Stimmen, bei der Bundestagswahl 1994, bei der sie nur in acht Ländern antrat, nur noch 0,1%. Die STATT Partei blieb zudem eine Partei der inneren Widersprüche: Aus dem Protest gegen die Volksparteien gegründet, ging sie bereits kurz nach der Hamburg-Wahl 1993 eine Koalition mit der SPD ein. Als Anti-Parteien-Veranstaltung, d.h. lokale Wählervereinigung konzipiert, konstituierte sie sich bereits im Frühjahr 1994 als Partei mit bundesweitem Anspruch.

Der überraschende Erfolg der STATT-Partei in HH vom September 1993 resultierte aus dem Zusammentreffen mehrerer lokaler Faktoren. Begünstigt wurde der kurzzeitige Aufstieg in HH durch das urbane Umfeld, durch die Aufmerksamkeit der Medien, die hohe Kommunikationsdichte in der Hansestadt sowie den hohen Bekanntheitsgrad des „Parteirebellen" *Wegner*. Dagegen war die Partei mit dem Aufbau einer schlagkräftigen bundesweiten Partei- und Führungsstruktur völlig überfordert. Eine Überlebenschance dürfte das Modell „STATT Partei" allenfalls im kommunalen Bereich haben.

Literatur

Gluchowski, Peter/Hoffmann, Jürgen 1994: STATT Partei: Aufstieg und schneller Fall einer Protestpartei, Sankt Augustin (Interne Studien Nr. 81-82/1994, hrsg. von der Konrad-Adenauer-Stiftung)

Olzog, Günter/Liese, Hans-J. 1991: Die politischen Parteien in Deutschland. München.

Rowolt, Manfred 1990: Im Schatten der Macht. Nicht-etablierte Kleinparteien, in: Mintzel, Alf/Oberreuter, Heinrich, Parteien der Bundesrepublik Deutschland. Bonn.

Stöss, Richard 1983: Parteienhandbuch. Opladen.

Verfassungsschutzberichte 1988ff. (hrsg. vom Bundesminister des Innern). Bonn.

Jürgen Hoffmann/Norbert Lepszy

Staatliches/öffentliches Vermögen

1. Begriff

Öffentliches Vermögen ist nach der Definition des Haushaltsrechts das im öffentlichen Eigentum stehende Vermögen. Es ist der bewertete Bestand an Wirtschaftsgütern, über den Bund, Sozialversicherungen, Länder und → Gemeinden verfügen. Es besteht aus dem Verwaltungs- und dem Finanzvermögen. Das Verwaltungsvermögen setzt sich zusammen aus den unmittelbar der Erfüllung der Staatsaufgaben dienenden Anlagen wie Straßen, Verwaltungsgebäude, Schulen und Krankenhäuser. Das

Finanzvermögen setzt sich zusammen aus Betriebsvermögen, Kapitalbeteiligungen und Forderungen gegen Gebietskörperschaften, Unternehmen, Private und das Ausland.

Bund und Länder legen jährlich über ihr Finanzvermögen in den Haushalts- und Vermögensrechnungen Rechenschaft ab. Das Verwaltungsvermögen geht in die Vermögensrechnung nicht ein. Eine Statistik über das öffentliche Vermögen gibt es nicht. Nur die jährliche Sach- und Geldvermögensbildung wird von der → Bundesbank berechnet. Danach hatte die öffentliche Hand in den Jahren 1969-91 einen Anteil von durchschnittlich 23,4% an der Sachvermögensbildung, die aber überwiegend durch Verschuldung finanziert wurde (Bundesbank 1969ff.). Für den Bund betrug das Finanzvermögen Ende 1993 180,5 Mrd. DM, die Schulden in haushaltsmäßiger Abgrenzung beliefen sich auf 709,2 Mrd. DM. Darüber hinaus wiesen die Sondervermögen des Bundes (ERP; Ausgleichsfonds, Deutsche Bundespost: Postdienst, Postbank, Telekom; Deutsche Reichsbahn; Deutsche Bundesbahn; Fonds Deutsche Einheit; Kreditabwicklungsfonds usw.) Ende 1993 ein Vermögen von 288,9 Mrd. DM und Schulden von 420,6 Mrd. DM aus (Bundesminister der Finanzen 1994: 284ff.). Soweit die Sondervermögen nicht Unternehmen sind, sind sie, da sie nicht im Haushalt erscheinen, als Schattenhaushalte zu kritisieren. Ihre Schaffung verletzt die Grundsätze der Vollständigkeit und Einheit des Haushalts. Der negative Saldo des Finanzvermögens des Bundes bedeutet nicht, daß der Bund zahlungsunfähig ist. Die Zahlungsfähigkeit des Bundes hängt von den Steuereinnahmen ab. In Zeiten normaler Konjunktur ist die Kreditaufnahme des Bundes durch Art. 115 GG nicht durch den Vermögensstand, sondern durch die im Haushaltsplan veranschlagten Ausgaben für Investitionen begrenzt.

2. Privatisierung

In D wird die Existenzberechtigung von öffentlichen Erwerbsunternehmen in Wissenschaft und Politik bestritten mit der Begründung, daß solche Unternehmen in einer Marktwirtschaft Fremdkörper seien. Öffentliche Erwerbsunternehmen sind aber in einer Marktwirtschaft unbedenklich, solange sie gleichberechtigt am → Wettbewerb teilnehmen und damit der Wettbewerbsordnung ebenso unterliegen wie private Unternehmen. (→ Öffentliche Unternehmen) Primäres Kriterium einer Marktwirtschaft ist nicht das Privateigentum, sondern die durch die Rechtsordnung begrenzte Wettbewerbsfreiheit.

Die laufende Überprüfung der Aufgabenerfüllung öffentlicher Unternehmen ist eine Aufgabe von Exekutive und Legislative. Die christlich-liberale → Koalition hat 1984 unter dem Motto „Weniger Staat – mehr privat" mit einer Privatisierung der erwerbswirtschaftlichen Bundesbeteiligung begonnen. Bis März 1991 haben Bund und Bundesbahn sieben Beteiligungen vollständig (VEBA, VW, VIAG, DIAG, Salzgitter, Prakla Seismos, Deutsche Pfandbrief- und Hypothekenbank) und sechs Beteiligungen teilweise privatisiert (Industrieverwaltungsgesellschaft, Treuarbeit, Deutsche Siedlungs- und Landesrentenbank, Lufthansa, Schenker, Deutsche Verkehrs-Kreditbank). Der Bund hat aus diesen Verkäufen über 10 Mrd. DM erlöst (Bundesminister der Finanzen 1992: 38). Bis Ende 1994 wurden u.a. die Industrieverwaltungsgesellschaft, die Treuarbeit, die Industrieanlagen-Betriebsgesellschaft un die Rhein-Main-Donau AG vollständig privatisiert. Die Zahl der unmittelbaren Beteiligungen des Bundes und seiner Sondervermögen hat sich trotz der Privatisierungen von 1982 bis 1994 von 170 auf 209 erhöht, die Zahl der mittelbaren Beteiligungen ist im gleichen Zeitraum von 856 auf 335 zurückgegangen, der Anteil des Bundes am buchmäßigen Eigenvermögen stieg von 10,2 auf 21 Mrd. DM.

Der Bund will die Privatisierungen fortsetzen. Länder und Gemeinden haben nur in Einzelfällen Unternehmen privatisiert.

Bayern hat 1993/94 seine Anteile an den Bayernwerken, der DASA und der Rhein-Main-Donau AG vollständig und die Bayerische Versicherungskammer teilweise privatisiert.

Der Bund hat mit den Privatisierungen neben der Haushaltsentlastung auch vermögens-, wissenschafts- und umweltpolitische Ziele verfolgt. Wie schon bei den zwischen 1959 und 1965 erfolgten Privatisierungen, wurden auch nach 1984 den Mitarbeitern der Unternehmen Aktien angeboten, wovon in erheblichem Umfang Gebrauch gemacht wurde. Aus den Privatisierungen seit 1959 sind mit VEBA, VW, VIAG und Preussag vier große Publikumsgesellschaften hervorgegangen. Die Teilprivatisierung von VW erbrachte das Kapital für die 1961 vom Bund und Niedersachsen gegründete Stiftung Volkswagenwerk, der Erlös für Salzgitter bildete das Kapital für die 1990 errichtete Deutsche Bundesstiftung Umwelt.

Eine völlig andere Qualität als in den alten hat die Privatisierung des früheren volkseigenen Vermögens durch die → Treuhandanstalt in den neuen → Bundesländern. In der → DDR hatten die staatseigenen Betriebe 1988 einen Anteil von 88% am Nettoprodukt. Für die Privatisierung, Sanierung und Liquidierung des Staatseigentums an Produktions-, Handels- und landwirtschaftlichen Betrieben war die Treuhandanstalt Abwicklungsstelle. Bei ihrer Auflösung Ende 1994 gehörten nur noch 192 Unternehmen mit ca. 66.000 Beschäftigten zum Bestand der Treuhand.

Literatur

Bundesminister der Finanzen (Hrsg.) 1994: Finanzbericht 1995. Bonn.

Ders. 1983-94: Beteiligungen des Bundes im Jahre 1982-93. Bonn.

Deutsche Bundesbank 1969-94: Vermögensbildung und ihre Finanzierung in der Bundesrepublik Deutschland im Jahre..., in: Monatsberichte Mai 1969-94.

Knauss, Fritz 1988: Privatisierungspolitik in der Bundesrepublik Deutschland. Köln.

König, Klaus 1988: Entwicklung der Privatisierung in der Bundesrepublik Deutschland – Probleme, Stand, Ausblick, in: Verwaltungsarchiv Bd. 79.

Thomas Lange

Staatsangehörigkeit/Staatsbürgerschaft

Das Institut der Staatsangehörigkeit als eines spezifische Rechte und Pflichten zwischen dem Staat und seinen Bürgern konstituierenden Rechtsverhältnisses ist historisch gekoppelt an die Herausbildung national- und verfassungsstaatlicher Strukturen in Europa im Übergang vom 18. zum 19. Jh. Die mittelalterlichen, polyarchisch zersplitterten Gemeinwesen kannten noch nicht das spezifische, in der Staatsangehörigkeit zum Ausdruck kommende Zuordnungsverhältnis von Person und Staat. Vielmehr existierten persönliche Treueverpflichtungen gegenüber den jeweiligen Lehnsherren. Dieses Zuordnungsprinzip verlor vor dem Hintergrund mehrerer wechselseitig aufeinanderbezogener Modernisierungs- und Transformationsprozesse in Europa an historischer Legitimität. Zum einen verlangte der aufkommende Nationalismus und seine Idee von der Sammlung der Völker in homogene Nationalstaaten nach einem Instrument zur Abgrenzung von der andersstaatlichen und andersnationalen Umwelt. Zum anderen bedingt die Erweiterung demokratischer Partizipationsrechte, die Einführung des allgemeinen → Wahlrechts sowie die Entwicklung wohlfahrtsstaatlicher Strukturen eine im Institut der Staatsangehörigkeit zum Ausdruck kommende Festlegung der Personalhoheit der Staaten.

Nach geltendem völkerrechtlichen Verständnis hat jeder Staat ein unmittelbar aus seiner Souveränität fließendes Recht, die Modalitäten des Erwerbs und Verlustes der Staatsangehörigkeit durch innerstaatliche Rechtsvorschriften weitgehend frei zu bestimmen. Der Erwerb der Staatsangehörigkeit kann entweder durch Geburt oder durch Einbürgerung erfolgen. Hinsichtlich des Erwerbs der Staatsangehörigkeit durch die Geburt können analytisch zwei Vermittlungsprinzipien unterschieden werden. Während sich nach dem ‚ius-sanguinis-Prinzip' (Abstammungsprinzip) die Staatsangehörigkeit des Kindes aus der Staatsangehörigkeit seiner Eltern ergibt, erwirbt in Staaten, in denen das ‚ius-soli-Prinzip' (Territorialprinzip) praktiziert wird, das Kind die Staatsangehörigkeit des Landes, in dem es geboren wurde, unabhängig von der Staatsangehörigkeit seiner Eltern. In der Praxis der Staaten finden sich heute zumeist Mischformen aus beiden Prinzipien, die jeweils spezifisch historische Erfahrungen, pragmatische Interessen und ideologische Überlegungen dieser Staaten reflektieren. Traditionelle Einwanderungsländer wie die Vereinigten Staaten, Kanada oder Australien, aber in eingeschränkter Form auch europäische Staaten mit kolonialer Vergangenheit wie Großbritannien und Frankreich orientieren sich dabei grundsätzlich am Territorialprinzip. In D, ebenso wie in vielen kontinentaleuropäischen Staaten, findet hingegen nach dem Reichs- und Staatsangehörigkeitsgesetz vom 22.7.1913 das Abstammungsprinzip ohne Einschränkung Anwendung.

Eine Besonderheit der deutschen Rechtslage besteht darin, daß das → Grundgesetz nicht nur Deutsche mit deutscher Staatsangehörigkeit, sondern auch Deutsche ohne Staatsangehörigkeit kennt. Aufgrund der Definition des Deutschen in Art. 116 GG „Deutscher im Sinne dieses Grundgesetzes ist (..) wer die deutsche Staatsangehörigkeit besitzt oder als Flüchtling oder Vertriebener deutscher Volkszugehörigkeit oder als dessen Ehegatte oder Abkömmling in dem Gebiete des Deutschen Reiches nach dem Stand vom 31. Dezember 1937 Aufnahme gefunden hat" sowie der Bestimmungen des Bundesvertriebenengesetz vom 29.5.1953 (BGBl. I S. 201), wonach deutscher Volkszugehörigkeit ist, wer sich in seiner Heimat zum deutschen Volkstum bekannt hat, sofern dieses Bekenntnis durch bestimmte Merkmale wie Abstammung, Sprache, Erziehung oder Kultur bestätigt ist, haben auch Personen deutscher Abstammung aus den Ländern Mittel- und Osteuropas (Aussiedler) einen Rechtsanspruch auf die Einräumung aller deutschen → Grundrechte. Aufgrund mehrerer politischer Veränderungsprozesse ist das auf biologisch-organischen Vorstellungen einer ‚Volksgemeinschaft' rückführbare Prinzip der Staatsangehörigkeit in D als veränderungsbedürftig zu betrachten.

Inzwischen leben in D 7 Millionen Ausländer. Die zwischen 1955 und 1973 angeworbenen ausländischen Arbeitnehmer haben sich in der Regel mit ihren Familien dauerhaft niedergelassen. Sie sind zu Einwanderern geworden und haben sich in das Arbeits- und Sozialgefüge D.s integriert. Weiterhin bleiben jedoch selbst die hier in der dritten Generation geborenen und aufgewachsenen ‚Inlands-Ausländer' ihrem rechtlichen Status nach ausgegrenzt. Auf die veränderte bevölkerungspolitische Lage hat die deutsche Gesetzgebung bis heute nur zögernd reagiert, was integrationspolitisch in hohem Maße unbefriedigend ist. Das 1991 in Kraft getretene Ausländergesetz D.s hat hier erste, aber noch unzureichende Verbesserungen in Form von Einbürgerungserleichterungen geschaffen. Danach existiert ein Anspruch auf Einbürgerung für die zweite Generation nach acht Jahren Aufenthalt in D und mindestens sechsjährigem inländischen Schulbesuch. Die erleichterte Einbürgerung muß nach § 85 AuslG zwischen dem 16. und 23. Lebensjahr beantragt werden. Ein Regelanspruch auf Einbürgerung besteht für Ausländer, die seit mindestens 15 Jahren in D leben.

Die immer wieder beklagte hohe Ausländerzahl in D ist letztlich auf administratives Versagen zurückzuführen. Die → Bundesregierung verfügt über die Möglichkeit, durch integrationsfreundlichere Einbürgerungsrichtlinien den ausländischen Bevölkerungsanteil zu reduzieren. Nach Ansicht der Ausländerbeauftragten ist das deutsche Ausländer- und Staatsangehörigkeitsrecht daher „bei weitem nicht so realitätsbezogen, wie es angesichts der vierzigjährigen Immigrationsgeschichte unseres Landes sein könnte und müßte".

Literatur

Beauftragte der Bundesregierung für die Belange der Ausländer 1994: Ausländerinnen und Ausländer in europäischen Staaten. Bonn.

Bergmann, Wilfried/Korth, Jürgen 1989: Deutsches Staatsangehörigkeits- und Paßrecht. 1. Halbband: Staatsangehörigkeitsrecht. Köln u.a.

Brubaker, William Rogers 1989 (Hrsg.): Immigration and the Politics of Citizenship in Europe and North America. Lanham/New York/London.

Grawert, Rolf 1973: Staat und Staatsangehörigkeit. Verfassungsgeschichtliche Untersuchung zur Entstehung der Staatsangehörigkeit. Berlin.

Hailbronner, Kay/Renner, Günter 1991: Staatsangehörigkeitsrecht. München.

Hammar, Tomas 1990: Democracy and the Nation State. Aliens, Denizens and Citizens in a World of International Migration. Aldershot u.a.

Bernhard Santel

Staatsgebiet/Grenzen

1. Definition

Völkerrechtlich zeichnet sich ein Staat durch die die drei folgenden Attribute aus: Staatsgebiet, Staatsvolk und Staatsgewalt. Das Staatsgebiet ist der räumliche Bereich, über den der Souverän Gebiets- oder Territorialhoheit besitzt und allein rechtmäßig Staatsgewalt ausüben kann. Alle im Staatsgebiet anwesenden Personen sowie alle befindlichen Sachen und Objekte sind der Staatsgewalt unterworfen. Somit umreißt das Staatsgebiet rechtlich jenen verfassungsrechtlich bestimmten Geltungsbereich, in dem auch ein Volk seine rechtliche und reale Existenz gefunden hat. Zum Staatsgebiet zählen das Landgebiet, eventuelle Exklaven, die inneren Gewässer, die Eigengewässer und das Küstenmeer. Zum 1.1. 1995 hat Deutschland die Dreimeilenzone zugunsten der Zwölfmeilenzone verändert und damit seine Souveränität in der Nord- und Ostsee ausgedehnt. Das Staatsgebiet bezieht außerdem den Luftraum senkrecht über dem und den Raum unter der Erdoberfläche ein. Das Staatsgebiet wird von Staatsgrenzen umgeben, die völkerrechtlich zwischen den angrenzenden Staaten in Form eines Grenzvertrages oder durch multilaterale Verträge festgesetzt werden.

2. Staatsgebiet des Vereinten Deutschland

Die BRD und die → DDR wurden im Rahmen des Ost-West-Konflikts 1949 gegründet, wobei das Staatsgebiet der BRD aus den drei westlichen Besatzungszonen und die DDR aus der sowjetischen Besatzungszone gebildet wurde. 1957 trat das Sal. der BRD bei und vergrößerte damit das Staatsgebiet der BRD. Durch die deutsche Vereinigung wurden sowohl das Staatsgebiet als auch die Grenzen Deutschlands verändert. Deutschland blieb das Land mit den meisten Nachbarn In Europa – nämlich Dänemark, Niederlande, Belgien, Luxemburg, Frankreich, Schweiz, Österreich, Tschechische Republik und Polen. Durch die Einigung erfolgte nicht nur eine Vergrößerung des Staatsgebiets um 108.000qkm, sondern auch eine endgültige Festlegung der Grenzen. Die BRD wie auch die DDR hatten zwar jeweils für ihren Staat die Grenzen in Europa anerkannt, doch gab es noch die Bestimmungen des Londoner Protokolls vom 12.9.1944 über die Besatzungszonen in Deutschland sowie des Potsdamer Protokolls („Potsdamer Abkommens“) vom 2.8. 1945, in denen Besatzungsrecht zum Ausdruck gebracht wurde. Eine wichtige Bestimmung ist der Begriff „Deutschland in den Grenzen vom 31. Dezember 1937“. Von diesem Begriff gingen die Besatzungsmächte bei der Aufteilung der zunächst drei Besatzungsonen in Deutschland aus. Das Datum des 31. Dezember 1937 wurde gewählt, weil alle Gebietserwerbungen des Deutschen Reiches nach dem 1.1.1938 von den Alliierten als unwirksam angesehen wurden, nämlich der „Anschluß“ Österreichs vom 13.3.1938, die Eingliederung des Sudetenlandes am 19./29.9.1938, die Errichtung des Protektorats Böhmen und Mähren am 16.3.1939, die Rückführung des Memelgebiets an das Deutsche Reich durch den Vertrag mit Litauen vom 22.3.1939 sowie alle im Zusammenhang mit dem Zweiten Weltkrieg stehenden Gebietseroberungen.

Im Potsdamer Protokoll wurden die deutschen Ostgebiete – nämlich die ehemaligen deutschen Gebiete östlich der Oder-Neiße-Linie (Ostpreußen, Westpreußen, Pommern und Schlesien)- „vorbehaltlich der endgültigen Bestimmungen der territorialen Fragen bei der Friedensregelung“ unter sowjetische (Teile Ostpreußens) sowie unter polnische Verwaltung gestellt. Es wurde nur ein „gebietsmäßiger Kompensationsanspruch“ seitens der drei Mächte anerkannt, aber die endgültige Festlegung der Grenzen sollte einer „Friedensregelung“ vorbehalten bleiben. Die drei Mächte stimmten nur überein, „daß bis zur endgültigen Festlegung der Westgrenze Polens die früher deutschen Gebiete östlich der Linie Swinemünde und von dort die Oder entlang bis zur tschchoslowakischen Grenze verläuft,... unter die Verwaltung des polnischen Staates kommen und in dieser Hinsicht nicht als ein Teil der sowjetischen Besatzungszone in Deutschland betrachtet werden sollen“. Während die DDR bereits 1950 im Görlitzer Vertrag die Oder-Neiße-Grenze als Staatsgrenze zwischen der DDR und Polen als endgültig anerkannte, hat die BRD zunächst die Oder-Neiße-Grenze nicht akzeptiert. Im 1955 in Kraft getretenen Deutschlandvertrag zwischen den drei Westmächten und der BRD stimmen die Vertragspartner überein, daß die „endgültige Festlegung der Grenzen Deutschlands einer frei vereinbarten friedensvertraglichen Regelung für ganz Deutschland“ vorbehalten bleiben mußte. Somit konnte auch die Oder- Neiße-Linie nicht von der BRD als endgültige Westgrenze Polens anerkannt werden. Unter der sozial-liberalen Regierung *Brandt* wurde eine neue deutsche Ostpolitik eingeleitet, die mit den Ost-Verträgen (Moskauer und Warschauer Vertrag 1970, Prager Vertrag 1973) auf die Normalisierung und Entspannung in Europa zielte und dabei von der „in diesem Raum bestehenden wirklichen Lage“ ausging. In den Verträgen wird ein Gewaltverzicht ausgesprochen und die bestehenden Grenzen in Europa, also auch die Oder-Neiße-Linie, als unverletztlich anerkannt. Allerdings hat die BRD mit diesen Verträgen nicht den Friedensvertragsvorbehalt aufgegeben, so daß die völkerrechtliche Entscheidung über die endgültige Abtretung der ehemaligen deutschen Ostgebiete erst von einem gesamtdeutschen Souverän gefaßt werden konnte. Wenngleich die völkerrechtliche Anerkennung nicht ausgesprochen werden konnte, so gingen fast alle politischen Akteure – mit Ausnahme der Vertriebenenverbände – davon aus, daß ein späterer gesamtdeutscher Souverän die 1970 ausgesprochene politische Anerkennung der Oder-Neiße-Grenze bestätigen würde.

Mit dem Ende des Ost-West-Konflikts, der deutschen → Wiedervereinigung und dem Entstehen einer neuen europäischen Ordnung wurde auch die endgültige völkerrechtliche Regelung der deutschen Ostgrenze vorgenommen.

In dem von den beiden deutschen Außenministern sowie den Außenministern der vier Siegermächte ausgehandelten „Vertrag über die abschließende Regelung in bezug auf Deutschland vom 12. September 1990" (2+4-Vertrag) wurde das Staatsgebiet D.s endgültig festgelegt. In Art 1.1 dieses Vertrages heißt es: „Das vereinte Deutschland wird die Gebiete der Bundesrepublik Deutschland, der Deutschen Demokratischen Republik und Berlins umfassen. Seine Außengrenzen werden die Grenzen der Deutschen Demokratischen Republik und der Bundesrepublik Deutschland sein und werden am Tage des Inkrafttretens dieses Vertrages endgültig sein..." Im deutsch-polnischen Grenzvertrag vom 14. November 1990 bestätigten das vereinte Deutschland und die Republik Polen die zwischen ihnen bestehende Grenze, wobei der Verlauf der Grenze durch die vier Verträge der DDR mit Polen über die Oder-Neiße-Grenze vom 6.6.1950, 6.7. 1950, 27.1.1951 und vom 22.5.1989 sowie dem zwischen der BRD und Polen abgeschlossenen Vertrag vom 7.12.1970 bestimmt wird.

Literatur

Blumenwitz, Dieter [3]1989: Was ist Deutschland? Bonn.

Stern,Klaus/Bruno Schmidt-Bleibtreu 1990: Verträge und Rechtsakte zur deutschen Einheit, Bd.2, Einigungsvertrag. München.

Wichard Woyke

Staatsgewalt

1. Der Staat als komplexes kulturelles Gebilde hat historisch verschiedene Strukturformen durchlaufen, im modernen Sinne aber definiert sich die Gestaltung des öffentlichen Raumes als herrschaftliche Ordnung. Unabhängig von seiner Definition als Rechtsordnung, Sozialgebilde, Integrationsform o.ä. – also der jeweiligen Staatszwecklehre – war im Kontext der europäischen Dynastien-/Regionalkonkurrenz seit dem 16. Jh. der evolutive Vorteil geschlossener Macht- als Wirtschaftsräume evident.

Mit dem Gedanken der Staatsräson setzte sich seither im Sinne von N. *Elias* nicht nur das Zivilisationsmodell einer inneren Befriedung durch, das die Konzentration der seit dem Feudalismus über die Gesellschaft verteilten Rechte, Prärogative, Privilegien etc. bedingte; gleichzeitig schuf diese Gewaltmonopolisierung mit dem Paradigma der Souveränität auch eine Legitimationsformel, die sich unter dem Verdikt des salus publica allen vorherigen Begründungszusammenhängen gegenüber als überlegen erwies. Am Ende übrigens selbst gegenüber der noch J. *Bodin* (1530-1596) und seiner Epoche selbstverständlichen Personalität (und Transzendentalität) von Herrschaft. Denn die Funktionalisierung der Staatsgewalt unter dem Aspekt der

Nützlichkeit, die schon bei *Spinoza* (1632-1677) oder später auch bei C. *Thomasius* (1655-1728) mit Händen zu greifen war, devitalisierte unter dem Gesichtspunkt der Effektivität eben auf die Dauer *jede* bestimmte/überkommene Rechtfertigungslehre. Sah sich der Staat aber erst als „Äquationsformel aller besonderen Interessen" (*Ancillon*) bestimmt, dann gehörte zu seinem Wesen nicht nur eine „auf die Beförderung der gemeinsamen Zwecke gerichtete Regierungstätigkeit"(K.H. *Rau*). Vielmehr setzte die Wirkung gedanklich wenigstens auch einem pactum ordinationis civilis voraus – um den pactum subjectionis zur Erklärung der Realunterwerfung jedes einzelnen durch die jeweils vorfindliche Gesellschaftsstruktur hier außer acht zu lassen –, welcher erst die Rechtsförmigkeit der bürgerlichen Ordnung mittels der staatlichen Gewaltsamkeit sanktionierte.

Faßt mithin der Begriff des Gewaltmonopols idealtypisch den historisch wechselvoll verlaufenen Vorgang der Modernisierung der alteuropäischen Vergesellungsformen zusammen, so sieht sich durch die Kategorie der Staatsgewalt eine funktionale Errungenschaft der Gestaltung der öffentlichen Angelegenheit definiert. Zwar war tatsächlich nie alle gesellschaftliche Gewalt im Staat gebündelt, gleichwohl ließ sich nur in dieser Form überhaupt ein öffentliches Legitimationsmodell entwerfen, weil in der Neuzeit nur die im Staat zentrierte Verfügungs- und Entscheidungsgewalt dem Volk als Souverän entstammt und von ihm kontrolliert werden kann.

2. Nicht zuletzt deswegen hat M. *Weber* den Staat als „Anstaltsbetrieb" definiert, „wenn und soweit sein Verwaltungsstab erfolgreich das Monopol legitimen physischen Zwanges für die Durchführung der Ordnungen in Anspruch nimmt". Indem M. *Weber* aber das Legitimationsverständnis mit dem „Prestige der Vorbildlichkeit oder Verbindlichkeit" gleichsetzte, galt ihm die „Gewaltsamkeit" zwar als ein für das Auftreten des Staates unentbehrliches Mittel, aber – wie schon bei N. *Machiavelli* – doch nicht als Selbstzweck, sondern im Sinne der Geltungssicherung der normativen Errungenschaften der jeweiligen Kulturepoche. Angesichts der Bedrohung der Öffentlichkeit durch eine zunehmende Dezentrierung der Staatsmacht und einer damit verbundenen Denormierung des Verhaltens, die sich heute beispielsweise in einer wachsenden Verklüngelung beziehungsweise „Mafiosierung der Wirtschaft" (E. *Scheuch*) ablesen läßt, blickt die Epoche dem „Gorgonenhaupt der Macht" (H. *Kelsen*) jedenfalls nicht länger im Staat als dem Gewaltmonopolisten ins Gesicht. Dieses erhebt sich vielmehr aus den arcana imperii privater Gewaltverfügung, die sich über die Gesellschaft verteilt und zunehmend unkontrollierbarer wird.

3. Das ist das eine Problem, das sich der Staatstheorie und -praxis gegenwärtig stellt, nämlich dem latenten Autoritäts- und Zuständigkeitsschwund (katalytischer Staat) mit Blick auf das Gewaltmonopol zu begegnen, nicht nur im Sicherheitsbereich, in dem die Bevölkerung durch die steigende Kriminalitätsrate zunehmend beunruhigt wird; auch die als Korruption beziehungsweise Regierungskriminalität – etwa im deutschen Vereinigungsprozeß – hervortretende Regellosigkeit ist dazu angetan, die schon seit längerem sichtbare Demonopolisierung der gesellschaftlichen Ordnungskapazität im Staat zu beschleunigen. Dabei haben die mit der Deutschen Einigung evidenten Gestaltungspflichten und Herausforderungen die besonders von E. *Gellner* (S. 322f.) hervorgehobene Unabdingbarkeit des Staates/öffentlichen Sektors als antiegoistisches Zentrum der Gesellschaft erst jüngst unterstrichen. Aller Deregulierung als Kosten-Nutzeneffektivisierung der öffentlichen Hände zum Trotz benötigt auch die Hochmoderne nicht nur ein Steuerungszentrum, sondern auch politische Führung, wiewohl entsprechende Staats-

definitionen formal an Transparenz und Konsensualität gebunden sind.

4. Vor diesem Erfahrungshintergrund ergibt sich der zweite Problem- und Aufgabenkreis, der mit der → Wiedervereinigung unübersehbar geworden ist. Es geht nicht nur um die Modernisierung der Staatsstrukturen im Postkommunismus, der sich als spätfeudale Diktatur entpuppt hat. Ohne einen funktionierenden Anstaltsstaat ist die Zukunft nicht zu gestalten, soziales Chaos in einer zur ‚Gelöstschaft' degenerierenden Gesellschaft wäre programmiert.

Der Übergangsdruck stellt aber auch besondere Anforderungen an das staatliche Gewaltmonopol. Die gesamtgesellschaftliche Transformation ist nicht nur ebenso tempogerecht wie produktiv zu inszenieren; vor allem sind die mit dieser Umstellung verbundenen Eskalationen (Sozialunruhen, Ausländerfeindlichkeit u.ä.m.) zu unterbinden, was die politische Indienstnahme des Staates mental (Führungsbedarf), finanziell (Schuldendruck) und verwaltungs-pädagogisch (Polizeischulung) einem erheblichen Innovationsdruck aussetzt, der dem öffentlichen Leben aber wieder zu einem aktuelleren Staatsverständnis verhelfen kann.

Literatur

Berber, Friedrich [2]1978: Das Staatsideal im Wandel der Weltgeschichte. München.

Elias, Norbert 1976: Über den Prozeß der Zivilisation, 2 Bde., Frankfurt am Main.

Gellner, Ernst 1990: Pflug, Schwert und Buch. Grundlinien der Menschheitsgeschichte. Stuttgart.

Giesen, Bernd/Leggewie, Claus 1991: Experiment Vereinigung: Ein sozialer Großversuch. Berlin.

Gerstenberger, Heide 1990: Die subjektlose Gewalt. Theorie der Entstehung bürgerlicher Staatsgewalt. Münster.

Mann, Michael 1990/1991: Geschichte der Macht. 2 Bde., Frankfurt am Main/New York.

Münkler, Herfried 1987: Im Namen des Staates. Zur Begründung der Staatsräson in der frühen Neuzeit. Frankfurt am Main.

Stolleis, Michael 1990: Staat und Staatsräson in der frühen Neuzeit. Frankfurt am Main.

Weber, Max 1921: Die Wirtschaft und die gesellschaftlichen Ordnungen und Mächte. Tübingen.

Sven Papcke

Staatssymbole

1. Begriff

Symbole sind sichtbare, klangliche, rituelle oder gedankliche Zeichen, die auf einen sonst nicht wahrnehmbaren Sinngehalt verweisen. Zu Staatssymbolen werden im Rahmen der politischen Symbolik u.a. Wappen und Siegel, Farben und Flaggen, Hymnen, Hauptstädte und Feiertage gezählt. Als Zeichen dienen sie zur Veranschaulichung und öffentlichen Darstellung eines Staates. Über diese Repräsentationsfunktion hinaus kommt ihnen die Aufgabe zu, als Sinnbilder die grundlegenden Traditionen und Werte eines Staatswesens zu verdeutlichen und zu vermitteln. In enger Verbindung mit dem Angebot von Deutungsmustern steht die Integrationsfunktion von Staatssymbolen, die zur Herausbildung einer kollektiven Identität und zur Identifikation mit dem politischen System beitragen können. Aufgrund ihrer Eigenschaft als „geronnene Werte" und ihrer Bedeutung für die Legitimitätssicherung spiegeln Staatssymbole → die politische Kultur einer → Gesellschaft wider.

2. Bundeswappen und Bundessiegel

Das traditionsreichste Staatssymbol der BRD ist der Bundesadler, dessen Vorgänger sich bis zu den Anfängen des ersten deutschen Reiches zurückverfolgen lassen. Seit 1871 diente der einköpfige, nach rechts blickende Adler in unterschiedlicher Ausgestaltung dem Kaiserreich, der Weimarer Republik und – in Verbindung mit dem Hakenkreuz – der nationalsozialistischen Diktatur als Reichswappen. Auch für die 1949 gegründete BRD war der Adler als Hoheitssymbol nicht umstritten. Die „Bekanntmachung des → Bundespräsidenten betreffend das Bundeswappen und den Bundesadler" und der „Erlaß des Bundespräsidenten über die Dienstsiegel" vom 20.1.1950 übernahmen die Texte der Erlasse und die Gestaltung des Adlers aus der Weimarer Republik. Damit weist der Bundesadler zugleich auf die Kontinuität der BRD zum Deutschen Reich hin. Infolge seiner großen Verbreitung beispielsweise auf Amtsschildern, Münzen, Ausweisen und Urkunden erfreut sich dieses Staatssymbol allgemeiner Bekanntheit und Akzeptanz.

3. Bundesfarben und Bundesflagge

Die Bundesflagge besitzt als einziges Staatssymbol der BRD Verfassungsrang. Die Farben Schwarz-Rot-Gold gehen auf den Befreiungskrieg gegen die napoleonische Herrschaft sowie die Einigungs- und Freiheitsbewegung des Vormärz und der Revolution 1848/49 zurück. Sie wurden aber erst durch die Weimarer Verfassung 1919 zu Reichsfarben. Zugleich begann ein langjähriger Flaggenstreit zwischen Schwarz-Rot-Gold als Farben der Republik und Schwarz-Weiß-Rot als Farben des Kaiserreiches, die später in der Hakenkreuzflagge aufgingen. Bei der Ausarbeitung des → Grundgesetzes für die BRD waren nicht die Farben strittig, sondern lediglich deren Anordnung, wobei die →CDU zunächst für eine Lösung in Form eines Kreuzes eintrat. In Artikel 22 GG setzte sich endgültig die schwarz-rot-goldene Trikolore durch. Über die Repräsentationsfunktion hinaus verkörpert die Bundesflagge in Verbindung mit dem traditionellen Symbolgehalt ihrer Farben grundlegende Werte und Staatsziele der BRD: Sie ist Sinnbild für Freiheit und Einheit. Schließlich erfüllte sie zwischen 1949 und 1990 eine wichtige Integrationsfunktion als einziges gesamtdeutsches Nationalsymbol. Allerdings fügte die → DDR 1959 zur Abgrenzung von der BRD in ihre Flagge das Staatswappen mit Hammer, Zirkel und Ährenkranz ein. Der Streit um diese „Spalter-Flagge" wurde erst mit der Duldung der DDR-Hoheitssymbole in der Entspannungsphase der 70er Jahre beigelegt. In der BRD nahm die Akzeptanz der Bundesflagge nach anfänglicher Konkurrenz mit Schwarz-Weiß-Rot in den 50er Jahren ständig zu. Umfragen seit den 80er Jahren zeigen, daß der Anblick der Bundesflagge bei der Mehrheit der Befragten Freude hervorruft.

4. Bundeshymne

Das Deutschlandlied wurde 1841 von *Hoffmann von Fallersleben* verfaßt und steht in der gleichen Tradition wie die Farben Schwarz-Rot-Gold. Während das Kaiserreich noch keine offizielle Nationalhymne kannte, trat Reichspräsident *Ebert* 1922 in einer feierlichen Proklamation für die Verwendung des Deutschlandliedes als Hymne ein. Die Verknüpfung der Strophe „Deutschland, Deutschland über alles ..." mit dem Horst-*Wessel*-Lied durch die Nationalsozialisten führte zur Diskreditierung des „Liedes der Deutschen". Doch nach der Gründung der BRD bestand wieder Bedarf nach einer bei offiziellen Anlässen spielbaren Hymne. Während Bundespräsident *Heuss* eine neue „Hymne an Deutschland" in Auftrag gab, plädierte Bundeskanzler *Adenauer* für die Wiedereinführung des Deutschlandliedes, die auch von der Bevölkerungsmehrheit gewünscht wurde. Die Divergenzen zwischen Präsident und Kanzler, die auch die Frage der Symbolhoheit berührten, verzögerten eine Entscheidung. Erst in einem Briefwechsel im April/ Mai 1952 erkannte *Heuss* auf Bitte *Adenauers* das Deutschlandlied als „Nationalhymne" an; bei staatlichen Anlässen sollte nur die dritte Strophe gesungen werden. Diese Strophe symbolisiert durch das Bekenntnis zu „Einigkeit und Recht und Freiheit" ausgewählte, traditionsbezogene Verfassungsgrundsätze der BRD. Die Symbolwirkung der Hymne insgesamt war jedoch lange Zeit belastet durch Diskussionen um den Inhalt der ersten Strophe im Zusammenhang mit deren Mißbrauch während der NS-Diktatur. Demgegenüber nahm die Bekanntheit und Akzeptanz der dritten Strophe durch die Verbreitung in den Medien seit den 50er Jahren zu.

5. Bundeshauptstadt

Im Unterschied zu Wappen, Flagge und Hymne waren für die Wahl der Hauptstadt der BRD nicht traditionelle Gründe, sondern die besonderen Bedingungen der Nachkriegszeit, die Spaltung Deutschlands in zwei Staaten, ausschlaggebend. Von der Reichsgründung 1871 bis zum Ende des Dritten Reiches war Berlin die Reichshauptstadt gewesen. Nach 1945 schied diese Metropole aufgrund ihres Sonderstatus als Vier-Mächte-Stadt und ihrer exponierten politischen Lage als Frontstadt im Kalten Krieg bei der Wahl der Hauptstadt für die neu gegründete zweite Republik aus. Nachdem bereits der Parlamentarische Rat und der → Bundestag bei seiner Konstituierung in Bonn am Rhein getagt hatten, entschieden sich die Abgeordneten des ersten Deutschen Bundestages am 3.11. 1949 mit knapper Mehrheit gegen Frankfurt am Main und für Bonn als Parlaments- und Regierungssitz. Mit dieser Wahl wurde der vorläufige Charakter der Hauptstadtentscheidung unterstrichen, der dem Verständnis des Grundgesetzes als Provisorium entsprach. Tatsächlich wurde das „Bundesdorf" Bonn zum Synonym für Bescheidenheit sowie nichtzentralistische politische Strukturen und stand damit letztlich für den Erfolg der Bonner Demokratie. Mit den Jahren wuchs in der bundesdeutschen Bevölkerung die Akzeptanz Bonns als Regierungs- und Verwaltungssitz, aber weniger als Hauptstadt. Denn mit Berlin existierte infolge der Blockade 1948/49 und des Mauerbaus 1961 ein besonders ausgeprägtes Symbol für Freiheitswillen und deutsche Teilung, mit dem sich zugleich die Hoffnung auf Erlangung der staatlichen Einheit in Freiheit verband. Während die DDR versuchte, den östlichen Teil der Stadt zur „Hauptstadt der DDR" zu profilieren, bekräftigte die BRD immer wieder den Anspruch Berlins, Hauptstadt eines vereinigten Deutschlands zu werden.

6. Tag der deutschen Einheit

Nachdem Versuche zur Etablierung eines Verfassungstages in der BRD wie schon in der Weimarer Republik wenig erfolgreich waren, brachte der Aufstand der Arbeiter in der DDR am 17.6.1953 die Frage eines Staatsfeiertages erneut auf die Tagesordnung. Vor dem Hintergrund der Auseinandersetzungen um Westintegration und Wiedervereinigung forderte die SPD die Einrichtung eines „Nationalfeiertages", während die CDU für einen „nationalen Gedenktag" eintrat. Am 3.7.1953 verabschiedete der Bundestag gegen die Stimmen der KPD das Gesetz über den „Tag der deutschen Einheit", das den 17. Juni als „Symbol der deutschen Einheit in Freiheit" zum gesetzlichen Feiertag bestimmte. Der 17. Juni konnte die Werte- und Integrationsfunktion eines Staatsfeiertages aufgrund der begrenzten Symbolkraft des zugrundeliegenden Ereignisses nur zum Teil erfüllen. Die Niederschlagung des Aufstandes bot wenig positive Identifikationsmöglichkeiten. Daher war es auch schwierig, eine angemessene Form der Gedenkveranstaltung zu finden. Zeitweise drohte das alljährliche Bekenntnis zur Nation zum Ritual zu erstarren oder in Mythen aufzugehen. Zudem war die Symbolisierung der Offenheit der deutschen Frage von der aktuellen Deutschlandpolitik abhängig. So postulierte die → SPD im Zeichen der Entspannungspolitik die Abschaffung des Tages der deutschen Einheit bzw. die Umwandlung in einen Arbeitstag, scheiterte aber letztlich an den Gewerkschaften, die den gesetzlichen Feiertag nicht aufgeben wollten. Die → Bevölkerung stimmte zwar ebenfalls in Umfragen für die Beibehaltung, nutzte aber diesen Junitag eher zu Ausflügen als zum Gedenken an die Ereignisse in der DDR.

7. Vereinigungsprozeß und Nationalsymbole

Bei der friedlichen Revolution in der DDR im Herbst 1989 spielten Symbole wie schwarz-rot-goldene Fahnen mit dem herausgetrennten Staatswappen der DDR, die Zeile „Deutschland, einig Vaterland" aus der DDR-Hymne und das Brandenburger Tor sowie die Berliner Mauer eine wichtige Rolle. Während die DDR-Symbole mit dem zweiten deutschen Staat untergingen, blieben die Staatssymbole der BRD weitgehend erhalten; nur in einzelnen Fällen kam es zur Veränderung oder Wiederbelebung alter bzw. Schaffung neuer Symbole. Die traditionsreichen Symbole wie Wappen und Flagge der BRD finden auch in den neuen Bundesländern breite Anerkennung. Auch die dritte Strophe der Hymne ist im Bewußtsein der west- und ostdeutschen Bevölkerung gleichermaßen fest verankert. Daraus zog Bundespräsident *v. Weizsäcker* die Konsequenz, die Differenzierung zwischen dem Deutschlandlied insgesamt und dem zu singenden Text aufzuheben. In einem Briefwechsel zwischen dem → Bundespräsidenten und dem → Bundeskanzler im August 1991 wurde allein die 3. Strophe zur „Nationalhymne für das deutsche Volk" erklärt. Eine Symbolneuschöpfung enthielt der Einigungsvertrag vom 31.8.1990, der den 3. Oktober, den Tag des Inkrafttretens des Vertrages, anstelle des 17. Juni zum „Tag der deutschen Einheit" und gesetzlichen Feiertag bestimmte. Damit wurde zwar ein überwiegend positiv besetztes Ereignis ausgewählt, aber nicht das Problem der begrenzten symbolischen Wirkung des Staatsfeiertages gelöst. Während der 3. Oktober im jährlichen Wechsel der → Bundesländer durch Festakte und Reden begangen wird, nimmt die Öffentlichkeit nur als Fernsehnation, mehrheitlich aber überhaupt nicht teil. Ebenfalls durch den Einigungsvertrag wurde Berlin wieder zur Hauptstadt Deutschlands erklärt, ohne daß damit zunächst eine Entscheidung über den Sitz der Verfassungsorgane verbunden war. Als Folge dieses dilatorischen Kompromisses entwickelte sich eine symbolträchtige Kontroverse um den Status der Städte Bonn und Berlin, wobei Bonn föderalistische Strukturen, Westbindung sowie Kontinuität der BRD verkörperte und Berlin für die Integration der neuen Bundesländer, den Brückenschlag zwischen Ost und West sowie den gesamtdeutschen Neuanfang stand. Am 20.6.1991 fiel im Bundestag die knappe Entscheidung zugunsten Berlins als Parlaments- und Regierungssitz bei gleichzeitiger Zusicherung von Ausgleichsmaßnahmen für Bonn. Seitdem ist dieser Beschluß durch die Aufteilung der Ministerien auf Bonn und Berlin und die Streichung weitreichender Neubaupläne zu Lasten Berlins aufgeweicht worden. Die Durchführung verzögert sich zudem infolge Bonner Kompetenzstreitigkeiten und Verschleppungstaktik sowie Berliner Wohnungs- und Verkehrsproblemen, so daß der angestrebte Umzugszeitraum zwischen 1998 und 2000 immer wieder gefährdet scheint.

Der Streit um die organisatorischen und finanziellen Probleme des Umzugs, der sich auch in den Ergebnissen der Demoskopie widerspiegelt, hat die Deutschen in den alten und neuen Bundesländern eher getrennt und den Symbolgehalt der Entscheidung für Berlin überdeckt.

Die Beispiele neuer gesamtdeutscher Symbolschöpfungen zeigen, daß mit der Herstellung der deutschen Einheit zwar der Weg von Staats- zu Nationalsymbolen frei ist, diese aber nicht künstlich geschaffen werden und selbständig ihre identitätsstiftende Wirkung entfalten können. In den alten Bundesländern sind der Bedeutungsschwund nationaler Symbolik und die in den letzten Jahren entstandenen Ansätze einer BRD-Teilidentität zu überwinden. In den neuen Bundesländern hängt die Akzeptanz der Symbole wie des politischen Systems insgesamt von der Lösung der ökonomischen und sozialen Probleme ab, damit nicht weitere Enttäuschungen über den Verlauf des Einigungsprozesses das Bewußtsein einer Teilidentität verstärken. So wird an der Herausbildung einer gemeinsamen nationalen Symbolik und dem Umgang der Deutschen mit ihr der Fortschritt im Zusammenwachsen der beiden Gesellschaften und politischen Kulturen in Deutschland abzulesen sein.

Literatur

Friedel, Alois 1968: Deutsche Staatssymbole. Herkunft und Bedeutung der politischen Symbolik in Deutschland. Frankfurt/ Main.

Hattenhauer, Hans [2]1990: Geschichte der deutschen Nationalsymbole. Zeichen und Bedeutung. München.

Kuhn, Ekkehard 1991: Einigkeit und Recht und Freiheit. Die nationalen Symbole der Deutschen. Frankfurt/Main.

Rainer Bovermann

Staatsverschuldung

Staatsverschuldung (SV) umfaßt die staatliche Kreditaufnahme in der Regel am Kapitalmarkt, die die Finanzierung von Haushaltsdefiziten ermöglicht. Nach den Steuern stellt SV meist die zweitwichtigste Einnahmequelle des Staates dar. Der Begriff wird sowohl für die gesamte, über die Zeit kumulierte SV als auch für die neue, jährliche Kreditaufnahme verwendet. Im letztgenannten Fall ist regelmäßig die Nettokreditaufnahme (Bruttobetrag ./. Tilgung) gemeint, obwohl für bestimmte Analysezwecke (z.B. Schuldenmanagement) auch die Brutto-SV interessiert. Zu beachten ist bei der SV – teilweise auch als öffentliche Verschuldung bezeichnet – die Ausdifferenzierung des Staatsbegriffes und damit die Frage, welche Institutionen einbezogen werden. Dies gilt um so mehr, als die teilweise Verlagerung von Kreditaufnahmen auf „staatsnahe" Sondertöpfe erlaubt, die SV optisch zu verschleiern und statistisch zu „schönen", was u.a. internationale und intertemporale Vergleiche erschwert. Die enge Verbindung zwischen Fiskal- und Geldpolitik zeigt sich u.a. darin, daß die Finanzierung staatlicher Defizite auch direkt über die Notenpresse der Zentralbank – formal über Notenbankkredite an staatliche Kreditnehmer – erfolgen kann. Wegen der damit verbundenen Mißbrauchsgefahr waren der → Deutschen Bundesbank nur eng begrenzte Kassenkredite gegenüber Bund und Ländern erlaubt, eine Möglichkeit, die entsprechend den Vereinbarungen über die Europäische Wirtschafts- und Währungsunion inzwischen ganz beseitigt worden ist.

1. Probleme der SV

SV ist ungeachtet ihrer weltweiten Nutzung immer wieder hinsichtlich ihres grundsätzlichen Nutzens, v.a. aber ihres vertretbaren Ausmaßes und der mit ihr verbundenen Risiken kontrovers diskutiert worden, wobei ökonomische, fiskalische und politische Argumente eine Rolle spielen.

Ökonomisch wird für SV u.a. geltend gemacht, daß sie eine intertemporale Lastenverschiebung in die Zukunft und damit die Beteiligung späterer Generationen an Investitionen ermögliche, von denen diese auch profitierten. Zwar brächten staatliche Investitionen nur in Ausnahmefällen unmittelbar kostendeckende Erträge, aber sofern sie das Produktionspotential stärkten und das BSP erhöhten, stützten sie auch die Steuerkraft und führten indirekt zu staatlichen Mehreinnahmen. Bedenken richten sich einmal gegen die begrenzte Kalkulierbarkeit solcher Folgewirkungen (bis zu der Frage, ob spätere Generationen heutige „Investitionen" überhaupt als „Bereicherung" ansehen). Zum anderen aber wird nach dem Verdrängungseffekt zinsrobuster staatlicher Kreditaufnahme gegenüber privaten Investoren gefragt und den daraus resultierenden Wachstumsverlusten. SV spielt ferner eine wichtige Rolle im Konzept einer antizyklischen Globalsteuerung, bei der der Staat im Falle einer Nachfrageschwäche in der Rezession die Aufgabe hat, mit Hilfe von Krediten die Nachfrage zu stützen (deficit spending). Neben anderen Problemen haben die praktischen Erfahrungen mit der Globalsteuerung allerdings gezeigt, daß die vorgesehene Symmetrie – entsprechende Rückführung der SV in der Boomphase – primär aufgrund von Hemmfaktoren im politischen Entscheidungsprozeß irreal war. Fiskalische Probleme ergeben sich v.a. aus der Zinslast der Staatsschuld, die den haushaltspolitischen Spielraum einengt. Inwieweit zusätzliche SV unter diesem Gesichtspunkt als noch vertretbar erscheint, hängt neben der Höhe der „Altlast" insbesondere von der Wachstumsrate des BSP und dem Zinsniveau ab. Für die Bewertung der Höhe einer SV sind Relationen wie SV zu BSP (Schuldenstandsquote), neue SV zu BSP (Kreditfinanzierungsquote) und Zinslast der SV zu Staatshaushalt (Zinslastquote) hilfreich, ohne daß es gelungen ist, konkrete Grenzwerte zu bestimmen. Unter dem Aspekt politischer Durchsetzungskosten ist die mit SV verbundene Möglichkeit zeitlicher Lastenverschiebung eine ständige Versuchung, im politischen Entscheidungsprozeß auf dieses Instrument übermäßig zurückzugreifen. Dies ist in unterschiedlicher Akzentuierung sowohl für Politiker – Argument wahlfixierter „Kurzsichtigkeit" – wie für Wähler – neben „Zukunftsvergessenheit" zusätzlich das Argument der „Schuldenillusion" – geltend gemacht worden.

2. Entwicklung der SV in der Bundesrepublik

Mit der Währungsreform 1948 (→ Währung) war auch eine weitgehende Zwangsentschuldung des Staates verbunden, so daß die BRD im Gegensatz etwa zu den Siegermächten USA und Großbritannien, die eine kriegsbedingt stark gewachsene SV weiterschleppten, mit einer außerordentlich geringen Altlast startete. Bis Mitte der 70er Jahre blieb die Verschuldungsquote unter 20%, um dann aber bis Anfang der 80er Jahre im Zusammenhang mit der Folgenbekämpfung der Ölpreisexplosion auf 40% hochzuschnellen. Die Politik der Haushaltskonsolidierung brachte dann zumindest eine Stabilisierung der Schuldenstandsquote, die 1989 mit 43% unter den sieben größten westlichen Industriestaaten nach Großbritannien die zweitniedrigste war. Zu diesem Zeitpunkt entfiel bezogen auf die Gebietskörperschaften gut die Hälfte der SV auf den Bund, 1/3 auf die Länder und 1/8 auf die Gemeinden, was sich auch in unterschiedlichen Zinslastquoten (Bund 11%, Länder 7%, Gemeinden 4%) äußerte. Zu berücksichtigen ist allerdings die Differenzierung zwischen den einzelnen Ländern (z.B. Spitzenreiter → Sal. mit höherer Zinslastquote als der Bund) und Gemeinden (in der Regel höhere Zinslastquote der Großstädte).

Auf die Herausforderung der deutschen Vereinigung als Ausnahmefall par excellence hat die Finanzpolitik im ersten Schritt mit einem starken Anheben der SV reagiert (verbunden mit einer Auslagerung in verschiedene Sondertöpfe). Dies ist insbesondere dann zu rechtfertigen, wenn es um die Finanzierung von staatlichen Infrastrukturinvestitionen in Ostdeutschland als Voraussetzung für dringend erforderliche Privatinvestitionen geht. Der ungeachtet der geringen formalen Schuldübernahme von der → DDR (28 Mrd. DM) extrem unterschätzte Transferbedarf nach Ostdeutschland erzwingt aber mittelfristig eine erneute tiefgreifende Haushaltskonsolidierung, zumal der Anteil der Investitionen am Finanztransfer zu gering ist. Die häufig kritisierte Auslagerung der SV in unterschiedliche Sondertöpfe (Fonds „Deutsche Einheit", Kreditabwicklungsfonds, ERP-Sondervermögen, → Treuhandanstalt, Wohnungswesen in Ostdeutschland) wird 1995 zumindest teilkonsolidiert, insofern ein dem Bund als Nebenhaushalt zugeordneter „Erblastentilgungsfond" die Schulden der aufgelösten → Treuhandanstalt (205 Mrd. DM), des Kreditabwicklungsfonds (103 Mrd. DM) und einen Teil der Schulden der ostdeutschen Wohnungswirtschaft (gut 30 Mrd. DM) übernehmen wird. Die SV dürfte sich Ende 1994 gegenüber 1989 (929 Mrd. DM), also in einem durch die deutsche Vereinigung geprägten 5-Jahres-Zeitraum, in etwa verdoppelt haben, wobei der Bund überproportional betroffen war. Dennoch konnte D die in Maastricht im Hinblick auf die Endstufe der Europäischen Wirtschafts- und Währungsunion vereinbarten finanzpolitischen Kriterien (1. jährliche Neuverschuldung bis 3% des BIP, 2. Gesamtverschuldung bis 60% des BIP) bereits 1994 wieder einhalten und wird dies vermutlich auch 1995 schaffen, auch wenn es wahrscheinlich nahe an die 60%-Grenze heranrücken wird. Nicht verwundern kann, daß wie schon bei früheren „Sprüngen" der Kreditfinanzierungsquote (1967, 1975, 1981) sich die Diskussion über Grenzen der SV verschärft hat.

3. Institutionalisierte Grenzen der SV

Angesichts der Wirkungsschwäche der Marktkontrolle bei SV – Zinsignoranz des Staates, Illusionen der Kreditgeber wie etwa das Beispiel der Schuldenexplosion in vielen Entwicklungsländern zeigt – sind wiederkehrend institutionalisierte Barrieren gegen eine übermäßige SV diskutiert worden. In der BRD ist seit der Finanzreform 1969 die folgende Verfassungsgrenze für den Bund gezogen: „Die Einnahmen aus Krediten dürfen die Summe der im Haushaltsplan veranschlagten Investitionen nicht überschreiten; Ausnahmen sind nur zulässig zur Abwehr einer Störung des gesamtwirtschaftlichen Gleichgewichts. Das Nähere wird durch Bundesgesetz geregelt." (Art. 115 Abs. 1 Satz 2, 3) Eine Reihe von → Bundesländern hat ähnliche Festlegungen getroffen. Für die → Gemeinden gilt, daß Kredite im Vermögenshaushalt einzustellen und damit stärker investitionsbezogen sind und zudem über den Genehmigungsvorbehalt der kommunalen Aufsichtsbehörden potentiell eine stärkere Fremdkontrolle vorliegt. Die Grundgesetzbarriere hat sich aufgrund der mangelnden Schärfe und des damit verbundenen Interpretationsspielraums der Begriffe „Investitionen" und „gesamtwirtschaftliches Gleichgewicht" ungeachtet des seit 1990 vorliegenden Ausführungsgesetzes zu Art. 115 GG und eines Urteils des → Bundesverfassungsgerichts von 1989 als wenig wirksam erwiesen.

So mehren sich die Stimmen, die nach höheren Verfassungsbarrieren gegenüber der wachsenden SV verlangen, wobei die Palette der Vorschläge bunt ist. Während einerseits quantitative Begrenzungen vorgeschlagen werden (z.B. die Maastricht-Kriterien) oder gar nach einem kurz- oder mittelfristig ausgeglichenen Staatsbudget als Verfassungsvorgabe verlangt wird, zielen andere Vorschläge auf Veränderungen des Entscheidungsmodus. Dies gilt z.B. für die Barriere einer Zwei-Drittel-Mehrheit im Parlament oder die Übertragung der Kontrolle über den kurz- oder mittelfristigen Budgetausgleich auf eine unabhängige Institution wie die Deutsche Bundesbank (vgl. *von Weizsäcker* 1992: 64). Unabhängig von sachlichen Bedenken gegenüber z.B. expertokratischen Hoffnungen und den z.Z. geringen politischen Realisierungschancen signalisiert die Diskussion doch wachsendes Unbehagen gegenüber dem Trend der SV auch und gerade in D.

Literatur

Schlesinger, Helmut/Weber, Manfred/ Ziebarth, Gerhard 1993: Staatsverschuldung ohne Ende? Zur Rationalität und Problematik des öffentlichen Kredits. Darmstadt.

Sturm, Roland 1992: Staatsverschuldung. Opladen.

Tietmeyer, Hans 1991: Gründe und Grenzen der Staatsverschuldung, in: Deutsche Bundesbank: Auszüge aus Presseartikeln Nr. 35.

Weizsäcker, Robert K. von 1992: Staatsverschuldung und Demokratie, in: Kyklos vol. 45.

Wissenschaftlicher Beirat beim Bundesministerium der Finanzen 1984: Gutachten zu den Problemen einer Verringerung der öffentlichen Netto-Neuverschuldung. Schriftenreihe des BMF Heft 24. Bonn.

Wissenschaftlicher Beirat beim Bundesministerium für Wirtschaft 1992: Gesamtwirtschaftliche Orientierung bei drohender finanzieller Überforderung (hektogr. Manuskript).

Uwe Andersen

Stabilitätsgesetz/Konzertierte Aktion

Mit dem als „prozeßpolitisches Grundgesetz“ eingestuften „Gesetz zur Förderung der Stabilität und des Wachstums der Wirtschaft“ (StWG) von 1967 verband sich die Hoffnung auf eine „Globalsteuerung“ der Wirtschaft im Sinne einer systematischen Beeinflussung der gesamtwirtschaftlichen Zielgrößen und damit eine Gewichtsverlagerung von der Ordnungs- zu einer an *Keynes* orientierten Prozeßpolitik. Der Schwerpunkt des StWG liegt bei der gesamtwirtschaftlichen Ausrichtung und Koordinierung der Einnahmen- und Ausgabenpolitik der verschiedenen Gebietskörperschaften. Abgesichert durch eine Änderung des Artikels 109 GG wird in § 1 das Ziel vorgegeben: „Bund und Länder haben bei ihren wirtschafts- und finanzpolitischen Maßnahmen die Erfordernisse des gesamtwirtschaftlichen Gleichgewichts zu beachten. Die Maßnahmen sind so zu treffen, daß sie im Rahmen der marktwirtschaftlichen Ordnung gleichzeitig zur Stabilität des Preisniveaus, zu einem hohen Beschäftigungsstand und außenwirtschaftlichem Gleichgewicht bei stetigem und angemessenem Wirtschaftswachstum beitragen.“ Zur Erreichung dieses „magischen Zielvielecks“ wird eine Reihe zusätzlicher Instrumente bereitgestellt, die bei unterschiedlichen Ansatzpunkten vor allem auf eine Beeinflussung der gesamtwirtschaftlichen Nachfrage zielen:

- Information und Planung: Verpflichtung der → Bundesregierung zu Jahreswirtschaftsberichten (jeweils im Januar mit Jahresprojektion in Form der volkswirtschaftlichen Gesamtrechnung und Stellungnahme zum Jahresgutachten des → Sachverständigenrates) und fünfjähriger, jährlich fortzuschreibender Finanzplanung sowie Aufstellung mehrjähriger Investitionsprogramme und alle zwei Jahre Vorlage eines Subventionsberichtes;

- Antizyklische Finanzpolitik: zur Dämpfung kann die Bundesregierung bis zu 3% der im Vorjahr erzielten Steuereinnahmen von Bund und Ländern als Konjunkturausgleichsrücklage bei der Bundesbank stillegen und die Kreditaufnahme öffentlicher Stellen begrenzen (mit Zustimmung des → Bundesrats und nach Beratung im neugeschaffenen „Konjunkturrat für die öffentliche Hand"), zur Belebung z.B. die aufgestellten Investitionsprogramme unter Rückgriff auf Konjunkturausgleichsrücklage und zusätzliche Kreditaufnahme vorzeitig realisieren;
- Beeinflussung privater Investitions- und Konsumnachfrage: Investitionsbonus (Abzug von bis zu 7,5% der Investitionskosten von Einkommen- und Körperschaftsteuer) und umgekehrt Kürzung oder Aussetzung von Sonderabschreibungen und degressiver Abschreibung; Möglichkeit der Variation der Einkommen- und Körperschaftssteuer um bis zu 10%, wobei Mehreinnahmen in der Konjunkturausgleichsrücklage bei der Bundesbank stillzulegen sind;
- Einbindung der Verbände: bei Gefährdung der in §1 genannten Ziele muß die Bundesregierung „Orientierungsdaten für ein gleichzeitiges aufeinander abgestimmtes Verhalten (konzertierte Aktion) der Gebietskörperschaften, Gewerkschaften und Unternehmerverbände" zur Verfügung stellen. Der Bundeswirtschaftsminister „hat die Orientierungsdaten auf Verlangen eines der Beteiligten zu erläutern" (§3).

Mit dem Ziel der Globalsteuerung und dem Instrumentenausbau des StWG war unvermeidlich eine Tendenz zur Zentralisierung und zur Machterweiterung der Bundesregierung verbunden. Die damit verbundenen Risiken versucht das StWG dadurch zu begrenzen, daß der Einsatz der neuen Instrumente auf der vertikalen Ebene an die Zustimmung des Bundesrates, auf der horizontalen Ebene an differenzierte Zustimmungs- bzw. Aufhebungsrechte des → Bundestages gebunden wird. Unter den Instrumenten hat insbesondere die vom Sachverständigenrat angeregte Konzertierte Aktion (KA) besonderes Interesse gefunden, zumal sie unter dem Einfluß des neuen Bundeswirtschaftsministers *Schiller* weit über die Minimallösung des StWG hinausging und sich als regelmäßiger Gesprächskreis institutionalisierte. Teilnehmer waren unter Vorsitz des Bundeswirtschaftsministers bis zu knapp 80 Repräsentanten der wirtschaftspolitisch wichtigen Bundesministerien, der → Deutschen Bundesbank, des Sachverständigenrates sowie der als wichtig eingestuften → Unternehmerverbände und → Gewerkschaften. Die KA zielte darauf, die mit der → Tarifautonomie verbundene offene einkommmenspolitische Flanke der Globalsteuerung durch eine „orientierende Einkommenspolitik der leichten Hand" (K. *Schiller*) abzudecken. Darüber hinaus waren mit dem „Tisch der gesellschaftlichen Vernunft" (K. *Schiller*) Hoffnungen auf gesellschaftspolitische Integrationswirkungen verbunden, die die KA auch zum Modell für andere Bereiche (z.B. konzertierte Aktion für das Gesundheitswesen) werden ließen.

Gerade die weit gespannten Erwartungen führten aber von Anfang an auch zu heftiger, theorieorientierter Kritik an der KA, in deren Mittelpunkt das Verhältnis von Staat und Verbänden stand. Während die einen vor einer versteckten Tendenz zum Verbändestaat warnten – „Vergesellschaftung staatlichen Handelns" (K. *Biedenkopf*) – und die ungleichen Teilnahmechancen auf der Verbandsseite kritisierten – „Einladungswillkür" des Bundeswirtschaftsministeriums –, befürchteten andere die Unterminierung der Tarifautonomie und eine Tendenz zu Staatsverbänden.

In der Praxis haben insbesondere gegensätzliche Erwartungen der Unternehmerverbände (Eingrenzung gewerkschaftlicher Lohnforderungen) und Gewerkschaften (Ansatz für gesamtwirtschaftliche → Mitbestimmung) die Wirksamkeit der KA extrem begrenzt und Hoffnungen wie Befürchtungen weitgehend desavouiert. Obwohl die KA zu einem beliebten Beispiel in der → Neokorporatismusdebatte avancierte, ist sie ihrem Namen nie gerecht geworden und kann eher als institutionalisierte, gruppenbezogene und quantifizierte „Seelenmassage" mit eng begrenzten Folgen charakterisiert werden. Anhaltende Befürchtungen und Kritik der Basis haben die Gewerkschaften 1977 veranlaßt, die KA aus Protest gegen die Verfassungsklage der Arbeitgeber gegen das neue Mitbestimmungsgesetz zu verlassen. Wiederbelebungsversuche waren bisher vergeblich, auch wenn eine von überhöhtem Erwartungsdruck befreite KA als regelmäßige Konfrontation der Vorstellungen der wichtigsten wirtschaftspolitischen Akteure und Suche nach handlungsorientiertem Minimalkonsens weiterhin sinnvoll erscheint. Ein begrenztes funktionales Äquivalent kann in den Diskussionsrunden beim Bundeskanzler im Kontext der gesamtdeutschen Wirtschaftsprobleme gesehen werden.

Die praktischen Erfahrungen mit dem StWG insgesamt haben die hohen Erwartungen an die Globalsteuerung enttäuscht und in den 70er und 80er Jahren zu einem neuen wissenschaftlichen und politischen Pendelausschlag zurück zur Ordnungspolitik geführt (→ Soziale Marktwirtschaft). Dennoch steht das Instrumentarium des StWG als Reserve für klassische konjunkturpolitische Einbrüche weiterhin zur Verfügung. Die → SPD hat 1991 im Bundestag und im Bundesrat einen Vorstoß unternommen, Ziele (insbesondere Erhaltung und Verbesserung der natürlichen Lebensgrundlagen) und Instrumente des StWG zu erweitern.

Literatur

Groser, Martin 1980: Konzertierte Aktion zwischen Korporatismus und Pluralismus, in: Boettcher, Erik (Hrsg.): Neue Politische Ökonomie als Ordnungstheorie. Tübingen.

Hoppmann, Erich (Hrsg.) 1971: Konzertierte Aktion. Kritische Beiträge zu einem Experiment. Frankfurt/M.

Möller, Alex 1968: Gesetz zur Förderung der Stabilität und des Wachstums der Wirtschaft und Art. 109 GG. Kommentar unter besonderer Berücksichtigung der Entstehungsgeschichte. Hannover.

Schlecht, Otto 1968: Konzertierte Aktion als Instrument der Wirtschaftspolitik. Vorträge und Aufsätze des Walter-Eucken-Instituts Nr. 21. Tübingen.

Uwe Andersen

Statistisches Bundesamt/Statistische Landesämter

Die amtliche Statistik als die von staatlichen Stellen oder auf Veranlassung des Staates betriebene Statistik hat nach dem Gesetz über die Bundesstatistik (vgl. Statistisches Bundesamt 1988) die Aufgabe, laufend Daten über Massenerscheinungen zu erheben, zu sammeln, aufzubereiten und zu analysieren. Sie ist dabei dem Grundsatz der Neutralität, Objektivität und wissenschaftlichen Unabhängigkeit verpflichtet.

Neben der allgemeinen Information werden die statistischen Ergebnisse von den gesetzgebenden Körperschaften, Regierungen und Verwaltungen vorrangig für die Durchführung von Verwaltungsaufgaben als Entscheidungsgrundlagen für Planungs- und Reformvorhaben sowie für die Erfolgskontrolle staatlicher Maßnahmen benötigt. Daneben hat die Bundesstatistik auch die ständig wachsenden Datenanforderungen der supra- und internationalen Organisationen zu erfüllen.

1. Organisation

Die amtliche Statistik ist in der BRD nach dem Grundsatz der fachlichen Zentralisierung bei weitgehender regionaler Dezentralisierung organisiert.

Das Prinzip der fachlichen Zentralisierung oder Konzentration ist dadurch charakterisiert, daß die statistischen Arbeiten der amtlichen Statistik, von einigen wenigen allerdings durchaus gewichtigten Ausnahmen abgesehen, nicht in den Bundes- und Länderministerien durchgeführt werden (Ressortstatistik), sondern aus ihnen herausgelöst (ausgelöste Statistik) in eigens dafür eingerichteten Fachbehörden, dem Statistischen Bundesamt und den Statistischen Landesämtern, zusammengefaßt werden. Bekannte Ausnahmen sind beispielsweise die Geld- und Kreditstatistiken der → Deutschen Bundesbank und die Arbeitsmarktstatistiken der Bundesanstalt für Arbeit.

Die fachlich zuständigen Bundes- und Länderministerien geben als Auftraggeber vor, welches Zahlenmaterial sie für ihre Aufgaben benötigen. Als der gewichtigste Konsument von Statistiken berücksichtigen sie dabei auch den Informationsbedarf der übrigen Konsumenten.

Das Prinzip der fachlichen Konzentration macht eine gründliche und gute Koordinierung und Abstimmung aller Statistiken möglich. Die Benutzer können alle Daten konzentriert an einer Stelle finden. Diese Organisationsform vermeidet Doppelarbeit und sichert einen rationellen Einsatz von Fachpersonal und maschinellen Einrichtungen.

Bund und Länder teilen sich dabei die erforderlichen statistischen Arbeiten auf. Dem föderalistischen Staats- und Verwaltungsaufbau entsprechend ist die amtliche Statistik regional weitgehend dezentralisiert.

Das Statistische Bundesamt ist federführend für die methodische und technische Vorbereitung der einzelnen Statistiken. Es führt darüberhinaus die von den Landesämtern gelieferten Ergebnisse zu Bundesergebnissen zusammen und stellt sie der Öffentlichkeit vor.

Den statistischen Landesämtern obliegt die Erhebung und Aufbereitung der Daten bis hin zum Landesergebnis. Als Landesbehörden unterliegen sie nicht der Weisungsbefugnis des Statistischen Bundesamtes. Darüberhinaus haben die Landesämter den Informationsbedarf der Länder und Gemeinden zu befriedigen.

Ablauf von Bundesstatistiken

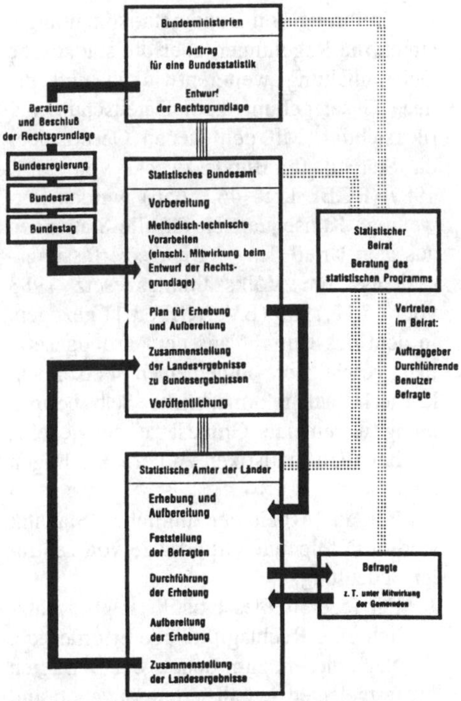

Quelle: Statistisches Bundesamt (Hrsg.), Das Arbeitsgebiet ..., a.a.O., S. 47.

Das vorstehende Diagramm vermittelt einen zusammenfassenden Überblick über den Ablauf und die Arbeitsteilung zwischen Statistischem Bundesamt und den statistischen Landesämtern.

2. Gesetzliche Grundlagen

Nach Artikel 73 Nr. 11 des → Grundgesetzes (GG) hat der Bund die ausschließliche → Gesetzgebung über die Statistik für Bundeszwecke. Mit dem Gesetz über die Statistik für Bundeszwecke (StatGes) vom 3.9.1953 wurde das gesamte Organisations- und Verfahrensrecht sowie das materielle Recht der Bundesstatistik zusammenfassend geregelt.

Durch die mit dem Gesetz über die Statistik für Bundeszwecke (Bundesstatistikgesetz – BStatG) vom 14.3.1980 erfolgte Novellierung wurde eine rationellere Durchführung von Bundesstatistiken angestrebt, die Regelungen über die statistische Geheimhaltung weiterentwickelt und die neue Gesetzgebung zum Datenschutz berücksichtigt. Mit dem neuen Gesetz über die Statistik für Bundeszwecke vom 22.1. 1987 (BGBl. I, S. 462, 656) wurden notwendige Konsequenzen für alle Statistiken aus dem Urteil des → Bundesverfassungsgerichts zum Volkszählungsgesetz 1983 vom 15.12.1983 (BVerfGE 65,1) gezogen, in dem das Gericht aus dem grundgesetzlich geschützten allgemeinen Persönlichkeitsrecht auf informationelle Selbstbestimmung allgemeine Grundsätze entwickelte, die bei allen Statistiken zu berücksichtigen sind.

Für die Arbeit der amtlichen Statistik sind in D folgende Grundsätze von zentraler Bedeutung:

1. Für jede Bundesstatistik ist grundsätzlich eine Rechtsgrundlage erforderlich. Nach diesem zum Schutz der Befragten festgelegten Legalisierungsangebot sind Bundesstatistiken durch Gesetze und unter bestimmten Voraussetzungen durch Rechtsverordnungen anzuordnen. Zudem ist der Mindestinhalt der Rechtsgrundlage zu konkretisieren wie die zu erfassenden Erhebungsmerkmale, die Art der Erhebung, der Berichtszeitraum und -zeitpunkt, die Periodizität sowie der Kreis der zu Befragenden. Damit haben nicht die statistischen Ämter bzw. die „Berufsstatistiker“, sondern die gesetzgebenden Körperschaften sowohl über die Notwendigkeit einer (Bundes)Statistik als auch die Zumutbarkeit der Belastung für die Auskunftspflichtigen zu entscheiden.
   Nach dem neuen BStatG ist in der Rechtsgrundlage ferner festzulegen, ob und in welchem Umfang die Erhebung mit oder ohne Auskunftspflicht erfolgen soll. Das BStatG von 1980 ging noch von einer grundsätzlichen Auskunftsverpflichtung der zu Befragenden aus.
2. Sofern Auskunftspflicht festgelegt ist, sind die zu Befragenden zur wahrheitsgemäßen und vollständigen Beantwortung der ordnungsgemäß gestellten Fragen innerhalb der festgelegten Fristen verpflichtet. Widerspruch und Anfechtungsklage haben keine aufschiebende Wirkung. Verstöße gegen die Auskunftspflicht werden als Ordnungswidrigkeit (§ 23 BStatG) eingestuft und können mit einer Geldbuße bis zu zehntausend DM geahndet werden.
3. Einzelangaben über persönliche und sachliche Verhältnisse sind geheimzuhalten, soweit durch besondere Rechtsvorschriften nichts anderes bestimmt ist. Eine Verletzung der Geheimhaltung kann nach § 203 StGB mit Geldstrafe oder Freiheitsstrafe bis zu zwei Jahren geahndet werden. Auch Verstöße gegen das Reidentifizierungsangebot sind unter Strafe gestellt.

3. Die amtliche Statistik in der DDR

In der ehemaligen → DDR war die Statistik gesamtstaatlichen Zielsetzungen vollständig untergeordnet, der Einfluß von Propaganda und Agitation offensichtlich.

„Die DDR-Verordnung über das Statut der Staatlichen Zentralverwaltung für Statistik band ausnahmslos alles an die Zentralwirtschaftliche Ideologie des Sozialismus. Gewaltenteilung und -Kontrolle waren ihr fremd.“ (*Freitag* 1950: 5)

Ihrer zentralistischen Ausrichtung entsprechend arbeitete das Statistische Zentralamt in Berlin direkt mit den 15 statistischen Bezirks- und 220 Kreisämtern zusammen.

Literatur

Freitag, Karl-Heinz 1990: Vorstellungen der Wirtschaft zum vordringlichen Informationsbedarf über die DDR und die aus ihrer Sicht zu treffenden Maßnahmen, in: Die Statistik auf dem Weg zur Deutschen Einheit, Sonderdruck als Beilage zu Wirtschaft und Statistik Nr. 7/1990.

Statistisches Bundesamt (Hrsg.) 1988: Das Arbeitsgebiet der Bundesstatistik 1988. Stuttgart/Mainz.

Hermann Schmitz

Streik und Aussperrung

Streik (S.) und Aussperrung (A.) sind Mittel des Arbeitskampfes im System der Tarifautonomie. Nach Art. 9/3 GG stehen sie unter einem besonderen Rechtsschutz. Ein eigenes Arbeitskampfgesetz gibt es jedoch nicht. Die Grundsätze des Arbeitskampfrechts haben sich im Rahmen der richterlichen Rechtsprechung herausgebildet (Richterrecht).

S. und A. dürfen nur die „tariffähigen“ Arbeitsmarktverbände (→ Tarifautonomie) führen. Die → Gewerkschaften haben damit ein Streikmonopol. Streiken einzelne oder Gruppen von Arbeitnehmern „spontan“ oder „wild“, sind sie gesamtschuldnerisch haftbar. Arbeitskämpfe dürfen nur zur Erreichung tarifvertraglich regelbarer Ziele geführt werden. Zugleich stehen S. und A. unter dem Gebot der „Verhältnismäßigkeit“. Sie dürfen nur als „letztes Mittel“ nach Ausschöpfung aller Verhandlungsmöglichkeiten geführt werden. Für die Austragung von Arbeitskämpfen gelten die Regeln des „fairen Kampfes“. S. und A. dürfen nicht auf die Vernichtung des Gegners abzielen. Auch das Gemeinwohl darf nicht offensichtlich verletzt werden. Gas, Wasser- und Stromlieferungen und notwendige Erhaltungs- und Notstandsarbeiten müssen gewährleistet sein. Außerdem dürfen die Strafgesetze nicht verletzt werden (Hausfriedensbruch, Sachbeschädigung, Nötigung).

Beamte unterliegen aufgrund ihres besonderen Dienst- und Treueverhältnisses zum Staat einer absoluten Friedenspflicht, haben also kein Streikrecht. Während der Dauer eines Tarifvertrages und noch während der Verhandlungen gilt die relative Friedenspflicht. Kurze Warnstreiks sind auch während der Verhandlungen erlaubt. Betriebsräte dürfen nach den Betriebsverlaufs- und Mitbestimmungsgesetzen nicht zu einem Arbeitskampf aufrufen.

Das → Bundesverfassungsgericht hat in seiner Entscheidung vom 26.6.1991 betont, „daß die Arbeitnehmerseite zur Herstellung einer gleichgewichtigen Verhandlungsposition auf Arbeitskampfmaßnahmen oder deren Androhung angewiesen ist“. Daher darf das Gegenmittel, die A., nicht übermäßig sein („Übermaßverbot“). Die Rechtsprechung erlaubt die A. nur als

Abwehr-A. Es gilt zugleich die Regel der „begrenzten Abwehr-A.“. Eine Voll-A. ist nur zulässig, wenn zuvor mehr als 50% der Arbeitnehmer zum S. aufgerufen wurden. Wurden weniger als 25% zum S. gerufen, darf die Arbeitgeberseite nicht mehr als weitere 25% aussperren. Wurden mehr als 25% zum S. aufgerufen, darf die Arbeitgeberseite nicht mehr als insgesamt 50% der Arbeitnehmer aussperren.

Bei S. und A. gelten die Arbeitsverträge als „suspendiert“. Damit entfällt die Lohnzahlungspflicht. Betroffene Arbeitnehmer erhalten S.-unterstützung von den → Gewerkschaften, betroffene Unternehmen Ausgleichszahlungen von den Arbeitgeberverbänden. Nach Beendigung von S. und A. haben alle Arbeitnehmer das Recht auf unbeschränkte Weiterbeschäftigung.

Politische Streiks sind rechtlich in D nicht zulässig. Allerdings enthalten alle Gewerkschaftssatzungen die Möglichkeit eines solchen politischen Arbeitskampfes zur Abwehr einer Gefahr für die demokratische Grundordnung und für die Erhaltung der gewerkschaftlichen Organisationsfreiheit nach Art. 9, 3 GG. Anläßlich eines politischen Erzwingungsstreiks für ein besseres Betriebsverfassungsgesetz im Jahre 1952 wurde die zuständige Industriegewerkschaft Druck und Papier zu Schadensersatz gegenüber den Arbeitgebern verurteilt, da Streiks nach dem Urteil des → Bundesverfassungsgerichts nur gegenüber dem eigentlichen Arbeitsmarktgegner erlaubt und nicht als ein allgemeines politisches Kampfmittel gedacht sind.

Die Arbeitskampfhäufigkeit in der BRD hat seit 1949 mit geringen Schwankungen immer weit unter dem Durchschnitt vergleichbarer Industriegesellschaften gelegen (verlorene Arbeitstage z.B. 1991: BRD 153589, Frankreich 497300, Großbritannien 761000, Italien 2985000, USA 4853600, Stat. Jb. 1994, Ausland, S. 247). Die Gründe liegen unter anderem in der geringen Ideologielastigkeit der Tarifauseinandersetzungen in der BRD, in der gesetzlichen Besoldung der Beamten (Streikverbot), in der konfliktdämpfenden Wirkung der Mitbestimmungsgesetze und im hohen übrigen Sozialleistungsniveau der Bundesrepublik.

Die deutsche Vereinigung hat trotz erheblicher Anpassungsprobleme, steigender Arbeitslosigkeit und hohen Produktionsstillegungen nicht zu Protestarbeitskämpfen geführt. Die relativ schnelle Übertragung des westdeutschen Sozialleistungs- und Arbeitsrechts auf die neuen → Bundesländer sowie das Fehlen eines alternativen, einsichtigen und durchschlagenden Zielkonzepts sind dafür als Gründe maßgeblich.

Literatur

Biebach, Karl-Jürgen u.a. 1979: Streikfreiheit und Aussperrungsverbot. Neuwied.

Däubler, Wolfgang (Hrsg.) ²1987: Arbeitskampfrecht. Baden-Baden.

Hengsbach, Friedhelm 1980: Aussperrung und Streik – ungleiche Mittel. Mainz.

Gerhard Himmelmann

Strukturpolitik

1. Ziele und Instrumente

Sektorale Strukturpolitik (St.) hat das Ziel, das Wachstum einzelner Sektoren der Volkswirtschaft, oder, innerhalb eines Sektors, das einzelner Branchen zu fördern oder Schrumpfungsprozesse zu verlangsamen. Die Förderung einzelner Branchen der Industrie wird auch als „Industriepolitik“ bezeichnet.

Regionale St. will das wirtschaftliche Wachstum in bestimmten Regionen beeinflussen.

Alle → Bundesregierungen seit 1949 haben St. betrieben: Sektorale Förderung wurde vor allem der Landwirtschaft, dem Wohnungsbau, Bergbau und Verkehr, der Stahlindustrie und der Stromerzeugung zuteil. Ab 1955 kam die Kernenergie, in den 60er Jahren der Schiffbau, die Luft- und Raumfahrt, in den 70er Jahren die Mikroelektronik hinzu. Von Anfang an gab es auch regionale Hilfsprogramme für West-Berlin, für die Zonenrand- und Grenzgebiete.

Wichtigste Instrumente der St. sind, abgesehen von Infrastrukturmaßnahmen, → Subventionen (Finanzhilfen und Steuerermäßigungen) an Unternehmen. Die sektorale Wirtschaftsstruktur kann außerdem durch Protektionismus (Zölle, Einfuhrkontingente, Selbstbeschränkungsabkommen oder administrative Handelsbeschränkungen) beeinflußt werden. Träger der St. sind vor allem der Bund, daneben die Länder, zunehmend auch die EU. Die → Gemeinden fördern die Gewerbeansiedlungen außer durch Infrastrukturmaßnahmen durch das Anbieten und Erschließen verbilligter Grundstücke in beträchtlichem, wenn auch schwer quantifizierbaren Maße.

1966 versuchte die Bundesregierung Grundsätze für die Vergabe von sektoralen Strukturhilfen aufzustellen, um die Ausuferung von Subventionen einzudämmen. Diese Grundsätze sind in der Folge nicht geändert, sondern nur präzisiert worden.

Folgende Ziele der St. werden heute angegeben:

- Sozialverträgliche Gestaltung: Der Staat dürfe den Strukturwandel nicht behindern, müsse aber „bruchartige Entwicklungen mit unzumutbaren sozialen Härten" vermeiden helfen, er fördere daher die Anpassung an veränderte Wettbewerbsbedingungen.
  „Anpassungshilfen" zielten auf die Veränderung bestehender Strukturen und sollten nach einiger Zeit entbehrlich werden.
- Forschungs- und Technologieförderung durch „direkte Projektförderung" bei „risikoreichen, aufwendigen, die Privatwirtschaft überfordernden längerfristigen Forschungsvorhaben und Entwicklungen oder in besonders wichtigen branchenübergreifenden Schlüsseltechnologien sowie in Bereichen der staatlichen Daseins- und Zukunftsvorsorge". Hinzu kommt die „Stärkung der technischen Leistungskraft der Unternehmen durch Produktivitäts- und Wachstumshilfen, z.B. Personalkostenzuschüsse für Forschung und Entwicklung, Förderung technologieorientierter Unternehmensgründungen, Förderung der Anwendung von Robotern in der Fertigungstechnik".
- Die Erhaltung existenzbedrohter, aber sanierungsfähiger Unternehmen oder ganzer Wirtschaftsbereiche in Ausnahmefällen. In Betracht kämen Subventionen vor allem in der Landwirtschaft zur Erhaltung des bäuerlichen Familienbetriebs und im Kohlebergbau aus Gründen der Versorgungssicherheit. Bei Erhaltungsubventionen müßte jedoch das Subsidiaritätsprinzip beachtet werden. Bei möglichst geringem Aufwand sollten die Subventionen „Hilfen zur Selbsthilfe" sein (Zitate aus 11. Subventionsbericht).

Grundlage der regionalen St. wurde 1969 das Gesetz über die „Gemeinschaftsaufgabe Verbesserung der regionalen Wirtschaftsstruktur". Bund und Länder wollen gemeinsam die „Förderung der gewerblichen Wirtschaft bei Errichtung, Ausbau, Umstellung oder grundlegender Rationalisierung von Gewerbebetrieben" sowie die Förderung des Ausbaus der Infrastruktur übernehmen (§ 1). Förderungsmaßnahmen sollen vorrangig in Gebieten vorgenommen werden, „in denen die Wirtschaftskraft erheblich unter dem Bundesdurchschnitt liegt" oder in denen Wirtschaftszweige vorherrschen, „die vom Strukturwandel in einer Weise betroffen oder bedroht sind, daß negative Auswirkungen ... in erheblichem Umfang eingetreten oder absehbar sind“ (§ 1 Abs.2). Die Bundesregierung ging damals davon aus, es sei möglich, „eine optimale regionale Wirtschaftsstruktur zu schaffen und in allen Gebieten dafür zu sorgen, daß ungenutzte ... Produktionsfaktoren für das allgemeine wirtschaftliche Wachstum mobilisiert werden“ (Strukturbericht 1969). Später war sie wesentlich vorsichtiger und sprach lediglich von „übergroßen regionalen Disparitäten“, denen entgegenzuwirken sei (Deutscher Bundestag 11/1338, S. 13). Im Rahmen der „Gemeinschaftsaufgabe“ werden Investitionszulagen (bis zu 10% der Investitionskosten) und Investitionszuschüsse (bis maximal 15% der Investitionskosten) gewährt. Die Investitionszulage wird zu je 47% von Bund und Ländern, zu 6% von den Gemeinden finanziert und kann nicht ohne Zustimmung des Bundes vergeben werden. Die Zuschüsse werden von Bund und Ländern gemeinsam finanziert, die Länder vergeben sie selbständig im Rahmen der Richtlinien, die Bund und Länder in einem Planungsausschuß vereinbart haben. Ihm gehören je ein Vertreter jedes Bundeslandes (bis 1990 11, jetzt 16) und 11 bzw. 16 Vertreter des Bundes an. Beschlüsse werden mit Drei-Viertel-Mehrheit gefaßt.

1970 erreichten die Finanzhilfen und Steuerermäßigungen, die von Bund, Ländern und Gemeinden im Rahmen der sektoralen und regionalen Strukturpolitik an Unternehmen gewährt wurden, 5,5% des Bruttosozialproduktes, 1980 knapp 6%, 1989 betrugen sie immer noch mindestens 6% des Bruttosozialproduktes, d.h. mehr als 120 Mrd. DM (→ Subventionen).

2. Bewertung der Praxis bis 1990

Die herrschende Meinung in der Ökonomie bewertet die bisher betriebene Strukturpolitik negativ. Entgegen der Zielsetzung der Bundesregierung sind die Erhaltungssubventionen keineswegs die Ausnahme: denn auch ein Teil der „Anpassungshilfen“ ist zur Dauersubvention mit Erhaltungscharakter geworden (Schiffbau). Zudem erscheint die Begründung der größten Blöcke bei den Erhaltungssubventionen (Landwirtschaft, Bergbau) immer fragwürdiger (→ Subventionen). Volkswirtschaftlich besonders bedenklich ist, daß in den hochbegünstigten Branchen pro DM Hilfe relativ wenig an zusätzlichen Investitionen und Arbeitsplätzen gefördert worden sind (*Gerstenberger* 1987:7). Auch die Forschungs- und Technologiepolitik wirkt nicht überzeugend. Hohe Mitnahmeeffekte werden ebenso beklagt wie grundlegende Fehler bei der Planung, so Vergeudung von Milliarden bei einzelnen Projekten (Schneller Brüter!). Eine deutliche Verbesserung der Wettbewerbsfähigkeit der Wirtschaft durch die sektorale Strukturpolitik sei nicht festzustellen.

Die regionale St. habe wenigstens verhindert, daß das Wohlstandsgefälle, gemessen an Durchschnittseinkommen und Höhe der Beschäftigung, zwischen den Wachstumszentren und den strukturschwachen Gebieten seit 1969 größer geworden sei. Auch dabei werden allerdings die „Mitnahmeeffekte“ als hoch angesehen.

Im Gegensatz zu der in Wirtschaft und Politik dominierenden, marktwirtschaftlich orientierten Lehrmeinung verlangten die Anhänger staatsinterventionistischer Lösungen Mitte der 70er Jahre, der Staat sollte von der unsystematischen, lediglich opportunistisch reagierenden St. abgehen und eine systematische St. betreiben. Das Spektrum dieser Forderungen reichte von der indikativen Strukturplanung bis zur imperativen Investitionslenkung. Indikative Strukturplanung arbeitet mit Prognosen der wahrscheinlichen und Projektion der erwünschten Entwicklung und gewährt Subventionen dem Unternehmen, das sich an die gewünschten Entwicklungsziele hält. Imperative Investitionslenkung zwingt die Unternehmen dazu, nach den Vorgaben zu investieren, weil die Kombination von Investitionsanreizen und Sanktionen (Verweigerung von Krediten, von Staatsaufträgen) ihnen keine andere Wahl läßt. Korporatistische Institutionen sollten die systematische St. absichern.

3. Tendenzen seit 1990

Zwischen 1990 und 1994 flossen in die östlichen Bundesländer öffentliche Mittel in Höhe von 525 Mrd. DM, die aus Subventionen, Steuererleichterungen und sonstigen Zuweisungen der verschiedenen Gebietskörperschaften gespeist wurden. Die deutsche Vereinigung und Entwicklungen in der EU haben die Diskussion über strukturpolitische Konzeptionen seit 1990 beherrscht. Die Politik der → Treuhandanstalt (THA), insbesondere die Privatisierung in Ostdeutschland, hat notwendigerweise mit der vollständigen Veränderung der wirtschaftlichen Strukturen in den neuen → Bundesländern die regionalen und Branchenstrukturen weitgehend bestimmt. Es verwundert daher nicht, daß die Politik der THA zum Kristallisationspunkt der strukturpolitischen Debatte in den neuen Bundesländern geworden ist. Von den drei Grundoptionen der THA – Privatisierung, Sanierung, Liquidierung – stand dabei die Sanierung mit staatlichen Mitteln und insbesondere die Erhaltung industrieller Kerne im Mittelpunkt. In Reaktion auf die Politik der THA entwickelten die neuen Bundesländer eigene Konzepte der regionalen Sturkturpolitik. Dabei haben sie – unter dem Druck hoher Arbeitslosigkeit und entsprechender politischer Interessenkalküle – auch unter dem Einsatz von Landesmitteln eigene Förderstrategien entwickelt und spezielle Akzente gesetzt. (Sa. „Atlas-Projekt“, M.V. „Anker-Konzept“, Thür, „Entwicklung industrialisierter Kerne“; Sa.A. „No-name“; Bbg. „integriertes Standortkonzept“). Die kontroverse strukturpolitische Diskussion gerade in Ostdeutschland ist der jüngste Anwendungsfall für die grundlegende Frage der Abgrenzung von Staat und Markt in der Wirtschaft (→ Soziale Marktwirtschaft).

Die Mitgliedschaft in der Europäischen Union bedeutet auch die zunehmende Einwirkung der EU-Organe auf die Strukturpolitik in D. So hat sich die EU-Kommission z.B. in Ostdeutschland nicht nur über die Mitfinanzierung am strukturpolitischen Entscheidungsprozeß beteiligt, sondern auch über die Genehmigung großer Sanierungskonzepte (z.B. EKO-Stahl).

Allgemein hat die EU ihre Forschungs- und Technologiepolitik beträchtlich ausgeweitet. Sie fördert heute vor allem Informationstechnologien einschließlich der Entwicklung von Megabit-Speichern, die Fusionsforschung, die Bio- und Umwelttechnologie mit 5,7 Mrd. ECU für den Zeitraum von 1990-1995. Dabei besteht wenigstens nicht die Gefahr, daß die Mittel überwiegend der Konservierung nicht mehr wettbewerbsfähiger Strukturen zugute kommen: doch es fehlen Kriterien für die Abgrenzung von einzelstaatlicher und EG-Forschungsförderung sowie klare Zielsetzungen. Mittelfristig werden immer mehr Kompetenzen in der Forschungs- und Technologiepolitik auf die Gemeinschaft übergehen. Auch auf die sektorale und regionale St. der Einzelstaaten versucht die EG zunehmend Einfluß zu gewinnen. Sie kann sich dabei auf Art. 92 und 93 EWG-Vertrag stützen. Art. 92 verbietet Subventionen der Mitgliedstaaten, soweit sie den Handel zwischen ihnen beeinträchtigen, läßt aber Ausnahmen großzügig zu. Die EU-Kommission hat nach Art. 93 das Recht, diese Beihilfen zu überprüfen. Gegenwärtig verstärkt sich der Eindruck, daß die Kommission danach strebt, einzelstaatliche Regelungen durch EU-Regelungen zu ersetzen und dabei, im Interesse schwacher französischer und italienischer Unternehmen, interventionistische Industriepolitik zuzulassen. Die Bundesrepublik könnte sich dieser Tendenz nicht entgegenstellen, wenn sie selbst in den neuen Bundesländerrn St. entgegen den Marktkräften versuchte.

Literatur

Deutscher Bundestag, 11/1338, Bericht der Bundesregierung über die Entwicklung der Finanzhilfen des Bundes und der Steuervergünstigungen für die Jahre 1985 bis 1988 (11. Subventionsbericht).

Gerstenberger, Wolfgang 1987: Analyse der strukturellen Entwicklung der deutschen Wirtschaft. Kernbericht 1987. Ifo-Institut für Wirtschaftsforschung. München.

Gerstenberger, Wolfgang 1990: Grenzen fallen, Märkte öffnen sich, in: Strukturberichterstattung 1990, Schriftenreihe des Ifo-Instituts für Wirtschaftsforschung Nr. 127. Berlin/München.

Klodt, Henning/Schmidt, Klaus Dieter 1989: Weltwirtschaftlicher Strukturwandel und Standortwettbewerb. Kieler Studien, Institut für Weltwirtschaft Bd. 228, Tübingen.

Weidenfeld, Werner/Wessels, Wolfgang (Hrsg.) 1990/1991ff.: Jahrbuch der Europäischen Integration 1989/90ff. Bonn.

Dieter Grosser

Subsidiarität

1. Definition

1.1 Subsidiarität (S.) ist ein Begriff der Sozialphilosophie zur Kennzeichnung einer bestimmten Ordnung im Verhältnis von Staat und → Gesellschaft. Er stammt vom lat. „subsidium ferre" (= Hilfestellung leisten) und besagt, daß der Staat im Verhältnis zur Gesellschaft nicht mehr, aber auch nicht weniger tun soll, als Hilfe zur Selbsthilfe anzubieten.

1.2 Die klassische Formulierung des Prinzips der S. findet sich in Ziffer 79 der Sozialenzyklika „Quadragesimo anno" von Papst *Pius* XI., die 1931 „im vierzigsten Jahr" der ersten Sozialenzyklika „Rerum Novarum" und vor dem Hintergrund der Expansion der totalitären Bewegungen des Kommunismus, des Faschismus und des Nationalsozialismus veröffentlicht wurde: „Wie dasjenige, was der Einzelmensch aus eigener Initiative und mit seinen eigenen Kräften leisten kann, ihm nicht entzogen und der Gesellschaftstätigkeit zugewiesen werden darf, so verstößt es gegen die Gerechtigkeit, das, was die kleineren und untergeordneten Gemeinwesen leisten und zum guten Ende führen können, für die weitere und übergeordnetere Gemeinschaft in Anspruch zu nehmen ... Jede Gesellschaftstätigkeit ist ihrem Wesen nach subsidiär, sie soll die Glieder des Sozialkörpers unterstützen, darf sie aber niemals zerschlagen oder aufsaugen".

2. Inhalt und Voraussetzungen

2.1 Das S.sprinzip ist ein Strukturprinzip einer freiheitlichen und menschenwürdigen Staats- und Gesellschaftsordnung. Es verpflichtet den Staat ebenso zur Aktivität wie zur Selbstbeschränkung. Es verpflichtet ihn zur Hilfe für die kleineren und untergeordneten Gliederungen (Länder, Kreise, Kommunen, Selbstverwaltungseinrichtungen), um der einzelnen Bürger und der Familien willen, aber es verbietet ihm auch die Intervention in deren Aufgaben, wenn diese sie aus eigenen Kräften erfüllen können. Können sie sie aus eigenen Kräften nicht erfüllen – z.B. im Bildungs- oder Sozialbereich – dann verpflichtet das S.sprinzip den Staat darüber hinaus, diese Aufgaben nicht gleich an sich zu ziehen, sondern Wege zu suchen, auf denen sich die Selbsthilfekräfte stärken lassen. Dem S.sprinzip eignet also eine positive, den Staat aktivierende, und eine negative, ihn abwehrende und zugleich vor Überforderung schützende Dimension. Beiden Dimensionen zugleich gerecht zu werden, ist das dauernde und häufig kontroverse Geschäft der Politik.

2.2 Das S.sprinzip geht von der anthropologischen Voraussetzung aus, daß das Gelinen des menschlichen Lebens in erster Linie von der Bereitschaft und der Fähigkeit des Individuums abhängt, Initiativen zu ergreifen, Anstrengungen auf sich zu nehmen und Leitungen zu erbringen. Der Mensch ist Schöpfer, Träger und Ziel aller sozialen Einrichtungen. Das S.sprinzip gewährleistet deshalb den Dienstcharakter der Gesellschaft und des Staates. Eine föderale, demokratische Verfassungsordnung liegt in seiner Logik. Es ist aus sich selbst heraus antitotalitär.

2.3 S. setzt Solidarität voraus. Nach den Strukturen gesellschaftlicher Hilfe und den Kompetenzen der einzelnen Ebenen zu fragen, hat erst Sinn, wenn diese gesellschaftliche Hilfe außer Frage steht. Auch die Solidarität ist anthropologisch begründet – in der Sozialnatur der Person. Sie verpflichtet den Staat zur Entwicklung eines sozialen Leistungssystems, für dessen menschenwürdige Ordnung wiederum das S.sprinzip grundlegend ist.

3. S. in der Rechts- und Verfassungsordnung

3.1 Im → GG wird das S.sprinzip in Art. 23 genannt. Dieser am 2.12.1992 im → Bundestag verabschiedete „Europaartikel" verpflichtet D, bei der Entwicklung einer Europäischen Union mitzuwirken, „die demokratischen, rechtsstaatlichen, sozialen und föderativen Grundsätzen und dem Grundsatz der S. verpflichtet ist." (→ Europapolitik) Der Sache nach prägt das S.sprinzip die deutsche Rechts- und Verfassungsordnung aber schon seit 1949. Deutlich wird dies z.B. im Sozialrecht, im Tarifvertragsrecht und im Föderalismus. (→ Bundesstaat/Föderalismus)

Das Bundessozialhilfegesetz (BSHG) und das Jugendwohlfahrtsgesetz (JWG) von 1961 orientierten sich am S.sprinzip und räumten den freien Trägern der Sozialhilfe bzw. der Jugendhilfe einen 1967 auch vom → Bundesverfassungsgericht bestätigten Vorrang vor staatlichen und kommunalen Trägern ein. Im Tarifvertragsrcht zeigt sich das S.sprinzip vor allem in der Tarifautonomie der Sozialpartner, im föderalen Verfassungsrecht, in den Kompetenzen der Länder bei der selbständigen Erfüllung staatlicher Aufgaben (GG Art. 30, 70, 72 und 74) und im kommunalen Selbstverwaltungsrecht (GG Art. 28,2).

3.2 Große Bedeutung kommt der S. bei der Vollendung der → Wiedervereinigung Deutschlands, bei der europäischen Integration und bei der Lösung des Nord-Süd-Konflikts zu. Die Wiedervereinigung Deutschlands erfordert einen erheblichen Finanztransfer der westlichen an die östlichen → Bundesländer. Dieser Transfer muß wie auch alle ökonomischen und personellen Hilfen subsidiär, d.h. als Hilfe zur Selbsthilfe konzipiert bleiben. Die europäische Integration hat auf die Wahrung regionaler Vielfalt und Eigenständigkeit zu achten. Der Vertrag von Maastricht vom 7.2.1992 nennt das S.sprinzip die Basis der Europäischen Union. Auch bei der Lösung des Nord-Süd-Konflikts kommt dem S.sprinzip erhebliche Bedeutung zu. Jede Entwicklungshilfe bleibt nicht nur fruchtlos, sondern kontraproduktiv, wenn sie nicht an Initiativen der Entwicklungsländer anknüpfend Hilfe zur Selbsthilfe ist.

Literatur

von Nell-Breuning, Oswald 1968: Baugesetze der Gesellschaft. Freiburg.

Rauscher, Anton/Hollerbach, Alexander [7]1989: Subsidiarität., in: Staatslexikon, Bd. 5, Freiburg.

Isensee, Josef 1968: Subsidiaritätsprinzip und Verfassungsrecht. Berlin.

Spieker, Manfred 1994: Das Subsidiaritätsprinzip. Anthropologische Voraussetzungen und politische Konsequenzen, in: Die Neue Ordnung, 48. Jg.

Manfred Spieker

Subventionen

1. Begriff

Bereits die begriffliche Abgrenzung von Subventionen (S.) ist schwierig. Zielabhängig werden unterschiedliche S.-Begriffe verwendet mit enormen quantitativen Folgen. Die an der Strukturberichterstattung beteiligten sechs Wirtschaftsforschungsinstitute verwenden einen umfassenden S.-Begriff, der alle den Unternehmen mit Erwerbscharakter zufließenden Transfereinkommen erfaßt (Finanzhilfen, Steuervergünstigungen, zweckgebundene Zahlungen), auch die, die zwar an private Haushalte geleistet werden, aber wie Wohngeld oder Bergmannsprämien indirekt die Unternehmen entlasten. 1987 betrugen danach die S. 122 Mrd. DM = 6,1 % des BSP. In den S.-Berichten der → Bundesregierung wird ein engerer Begriff der S. verwendet. Dabei werden insbesondere Finanzhilfen und Steuervergünstigungen für Bundesunternehmen oder die Grundlagenforschung nicht als S. gerechnet. Ebenso werden indirekte Transfers ausgeklammert. Nach dieser Abgrenzung betrugen die S. von Bund, Ländern und Gemeinden, ERP und EU 1987 71 Mrd. DM, 1993 114 Mrd. DM. Noch enger ist der Subventionsbegriff in der volkswirtschaftlichen Gesamtrechnung. Er beschränkt sich auf die Finanzhilfen für laufende Produktionszwecke (1987 45 Mrd. DM, 1992 47 Mrd. DM). Im folgenden wird bei Zahlenangaben der S.-Begriff der S.-Berichte benutzt.

2. Ziele

S. werden von Bund, EU, Ländern und Gemeinden gewährt, um die sektorale und regionale Wirtschaftsstruktur zu beeinflussen (→ Strukturpolitik). Folgende Ziele werden zur Begründung angegeben:

- Erhalten bestimmter Sektoren, die aus sozialen und politischen Gründen erwünscht sind („bäuerliche Landwirtschaft");
- Versorgungssicherheit (Kohle);
- Entlastung von Unternehmen vom übermäßigen Anpassungsdruck: Bei schnellem Wandel der Wettbewerbsbedingungen, etwa durch Auftreten neuer Wettbewerber auf dem Weltmarkt, könnten die Unternehmen notwendige Umstellungen allein nicht immer bewältigen. Anpassungssubventionen seien dann notwendig, um Restrukturierung ohne Verlust zahlreicher Arbeitsplätze zu ermöglichen (Schiffbau);
- Ausgleich von Wettbewerbsnachteilen, die einer Branche durch S. in anderen Staaten entstehen (verbreitet);
- Risiken bei der Forschung und Entwicklung: Technologisch schwierige, aufwendige Innovationen könnten die Finanzkraft eines einzelnen Unternehmens überfordern (Kernenergie, Raum- und Luftfahrt, elektronische Bauelemente). Wolle der Staat, daß diese Innovationen in D. entwickelt werden, so müsse er subventionieren;

- Ausgleich unterschiedlicher Wirtschaftskraft einzelner Regionen im Rahmen der regionalen Strukturpolitik;
- Ökologische Ziele, vor allem bei der Förderung von Bahn und öffentlichem Nahverkehr.

3. Subventionen seit der deutschen Vereinigung

Zwischen 1982 und 1994 hat das gesamtwirtschaftliche Gewicht der Finanzhilfen und Steuervergünstigungen des Bundes am BSP von 1,5 % (1982) auf etwa 1,2 % (1994) abgenommen, obwohl seit 1991 zusätzliche S. für die neuen Bundesländer geleistet werden mußten. Während in den westlichen Bundesländern der Anteil der S. des Bundes am BSP von 1,1 % (1991) auf 0,75 % (1994) zurückging, stieg er im Osten von 4,6 % (1991) auf 4,9 % (1994). Von den S. des Bundes in Höhe von 38 Mrd. DM (bei Gesamts. von 102 Mrd. DM) entfielen 1994 allein 16 Mrd. auf die neuen Länder, was eine Erhöhung ihres Anteils von 24 % (1991) auf 42 % (1994) bedeutete. Die S. des Bundes stiegen in den neuen Ländern je Einwohner von 560 DM (1991) auf 997 DM (1994); dagegen verringerte sich dieser Betrag in den westlichen Ländern von 443 DM auf 338 DM.

Beispiele für wichtige S. in Ostdeutschland sind befristete Investitionszulagen in Höhe von 12 % bzw. 8 % des Investitionsbetrages, Sonderabschreibungen für Betriebsgebäude und Ausrüstungsinvestitionen in Höhe von 50 % in den ersten fünf Jahren bei beliebiger Aufteilung auf diese Jahre, Nichterhebung der Gewerbekapital- und Vermögensteuer. Im Dienste des vorrangigen Zieles, die ostdeutsche Wirtschaft anzukurbeln, verlagerte der Bund den Schwerpunkt seiner S. eindeutig in die östlichen Bundesländer, während im Westen die S. eingeschränkt wurden, insbesondere in der Berlin- und Zonenrandförderung, bei der regionalen Wirtschaftsstruktur, dem Bergbau sowie der Luftfahrtindustrie. Bezogen auf die Intensität der S. zeigt sich, daß in D. insbesondere die Bereiche Steinkohlenbergbau, Landwirtschaft, Schiffbau und Luft- und Raumfahrttechnik weit überdurchschnittliche S. pro Erwerbstätigen erreichen (Steinkohlenbergbau 1990 allein an S. des Bundes 25.000 DM, unter Einbeziehung der S. der Länder und des „Kohlepfennigs" 79.000 DM).

4. Bewertung und Perspektiven

Die Belastung des Bundeshaushalts durch die Kosten der deutschen Vereinigung, daneben die Kosten der EU-Agrarpolitik und der zunehmende Widerstand der USA gegen die EU-Agrarsubventionen, wie auch das Verbot des „Kohlepfennigs" durch das → Bundesverfassungsgericht und der Vorwurf der Vergeudung der S. in Ostdeutschland haben die öffentliche Diskussion über die S. angeregt. In marktwirtschaftlicher Sicht sind S. allenfalls dann ökonomisch begründbar, wenn es sich um den Ausgleich von Wettbewerbsnachteilen handelt, die durch S. anderer Staaten entstanden sind. Auch in diesem Falle wären internationale Regime zur Subventionsbeschränkung der bessere Weg. Alle übrigen ökonomischen Ziele der S. erscheinen vorgeschoben.

Versorgungssicherheit, so bei Kohle, ließe sich durch Importe und Vorratshaltung weitaus billiger erreichen. Hohe Forschungs- und Entwicklungskosten werden von den Unternehmen getragen, sofern die Gewinnerwartungen günstig sind. Soziale und ökologische Ziele werden von der marktwirtschaftlich orientierten Ökonomie akzeptiert, doch fragt sie, ob es nicht gesamtwirtschaftlich weniger schädliche Wege gäbe, diese Ziele zu erreichen. So ließe sich eine sozial schonende Reduzierung der Überproduktion in der Landwirtschaft erreichen, wenn nicht die Produktion über Mindestpreise und Absatzgarantien gestützt würde, sondern die Landwirte direkte Einkommenshilfen erhielten. Die unsoziale Bevorzugung der Großbetriebe durch die gegenwärtige Praxis könnte dadurch ebenfalls korrigiert werden. Die Kohleförderung ist ökonomisch ohne Nutzen: bei Stillegung wären Mobilitätshilfen für die Arbeitnehmer (Umschulung, Existenzgründungshilfen) billiger und gesamtwirtschaftlich weit produktiver. Anpassungshilfen erscheinen überflüssig, weil es Aufgabe der Unternehmen ist, sich durch rechtzeitige Innovationen auf veränderte Wettbewerbsbedingungen einzustellen. Scheinen Entlastungen unvermeidbar, werden aber die Verteilungswirkung und Effizienz der bisherigen Praxis in Frage gestellt (steuerliche Begünstigung von Personen mit hohem Einkommen, Fehlbelegung beim sozialen Wohnungsbau). Die Förderung der Bundesbahn und des Personennahverkehrs wird aus ökologischen Gründen und aus Gründen regionaler Infrastrukturpolitik befürwortet, die wettbewerbshemmende und kostensteigernde Regulierung des Personennahverkehrs zugunsten der öffentlichen Anbieter dagegen von anderen kritisiert.

Produktivität und sektorale Wirtschaftsstruktur in der → DDR entsprachen 1989 dem Stand in Westdeutschland um 1955. Auch in marktwirtschaftlicher Sicht kann ein solcher Rückstand nur dann schnell aufgeholt werden, wenn der Staat nicht nur die Infrastruktur ausbaut, sondern auch S. zur Förderung von privaten Investitionen einsetzt. Diese S. sollten aber nur gewährt werden, wenn begründete Aussicht besteht, daß die geförderten Unternehmen in absehbarer Zeit Wettbewerbsfähigkeit erreichen können und die S. somit vorübergehender Natur sind. Die Subventionierung von Produktionen, für die auch bei Verwendung modernster Technologie angesichts des hohen deutschen Lohnniveaus internationale Wettbewerbsfähigkeit nicht zu erreichen ist, muß aber vermieden werden. Das knappe Kapital ist vielmehr dort einzusetzen, wo es mittel- und langfristig den höchsten Nutzen, gemessen in sicheren und wettbewerbsfähigen Arbeitsplätzen, erzielen kann. Einmal mehr zeigt sich aber, daß politische Konfliktvermeidungsstrategien Priorität vor ökonomischer Rationalität haben und Branchen gestützt werden, die nur mit Dauersubventionen überleben können (Werften, Teile der Chemie, Braunkohle).

Angesichts der unvermeidbaren, hohen Hilfen für die neuen Bundesländer wäre eine stärkere Reduzierung der S. in den alten Bundesländern unbedingt erforderlich, um den Anstieg der Steuerlastquote und der → Staatsverschuldung einzudämmen. Bisher sind Versuche zur Kürzung der S. aber weitgehend gescheitert. Von Subventionskürzungen bedrohte Gruppen wehren sich durch Entzug von Wählerstimmen. Hinzu kommt, daß Unternehmer und Gewerkschaften gegen Subventionskürzungen gemeinsam protestieren. Die Vorteile, die von der Kürzung der S. zu erwarten sind, wirken sich auf den durchschnittlichen Wähler hingegen nur geringfügig aus, etwa bei Steuersenkungen, oder sie sind erst mittelfristig zu spüren, wie bei Wachstumsgewinnen als Folge verbesserter Faktorallokation. Subventionskürzungen bringen daher Regierungsparteien kaum Stimmengewinne. Die Erhöhung von S. fördert hingegen die Wahlchancen der Regierungsparteien mindestens solange, bis die schädlichen Folgen der unproduktiven Verwendung knappen Kapitals augenfällig werden.

In § 12 des → Stabilitätsgesetzes wird zwar gefordert, daß S. des Bundes den gesamtwirtschaftlichen Zielen nicht widersprechen sollen, aber die Umsetzung ist schwer zu kontrollieren. Immerhin wird die Bundesregierung darüber hinaus verpflichtet, → Bundestag und → Bundesrat zusammen mit dem Haushaltsplan alle zwei Jahren einen S.-Bericht vorzulegen und dabei auch Vorschläge für eine Beendigung oder einen stufenweisen Abbau von S. zu machen. Die S.-Berichte haben zwar die Datenlage erheblich verbessert, aber Hoffnungen, die damit verbundene Transparenz werde sich in massiven öffentlichen Druck zum Abbau von S. umsetzen und die politischen Erfolgschancen deutlich erhöhen, haben sich angesichts der beschriebenen Asymmetrie der Interessenkalküle bisher als trügerisch erwiesen.

Literatur

Boss, Alfred 1991: Subventionen in den neuen Bundesländern, in: Die Weltwirtschaft, Nr. 1/1991.

Bundesregierung 1993: Vierzehnter Subventionsbericht, in: Deutscher Bundestag: Drucksache 12/5580. Bonn.

Hansmeyer, Karl-Heinrich 1993: Subventionsabbau – ein finanzpolitischer Evergreen, in: Aus Politik und Zeitgeschichte B 18/93.

Jákli, Zoltán 1990: Vom Marshallplan zum Kohlepfennig. Grundrisse der Subventionspolitik in der Bundesrepublik Deutschland 1948-1982. Opladen.

Klodt, Henning/Schmidt, Klaus Dieter 1989: Weltwirtschaftlicher Strukturwandel und Standortwettbewerb. Kieler Studien, Institut für Weltwirtschaft 228. Tübingen.

Rosenschon, Astrid 1991: Subventionen in den alten Bundesländern, in: Die Weltwirtschaft, Nr. 1/1991.

Dieter Grosser

Tarifautonomie

Die Tarifautonomie (TA) umfaßt das Recht der eigenständigen Regelung der Arbeits- und Wirtschaftsbedingungen durch Tarifverträge. Es ist ein spezielles Recht der Verbände des Arbeitsmarktes (Gewerkschaften, Arbeitgeberverbände) und beruht auf Art. 9, 3 GG. Eine umfassende Gesetzgebung fehlt. Inhalt und Wirkung der TA haben sich aus der richterlichen Rechtsprechung heraus entwickelt (Richterrecht). Lediglich die formalen Zuständigkeiten der Arbeitsmarktverbände sind im Tarifvertragsgesetz festgelegt. Danach können nur solche Vereinigungen „tariffähig" sein, die den Abschluß von Tarifverträgen als Verbandsziel in ihrer Satzung verankert haben, die auf freiwilligem Beitritt beruhen, die vom Gegner unabhängig und zugleich zum Arbeitskampf bereit und fähig sind.

Die TA nach Art. 9, 3 GG geht vom Recht der Vereinigungs- und Koalitionsfreiheit aus, enthält aber nach dem „Wesensgehalt" dieses Grundrechts (Art. 19, 2 GG) auch einen Bestandsschutz für die Verbände selbst, für ihre Betätigungsfreiheit, für ihre Vereinbarungsbefugnis und schließlich für ihr Recht zum Arbeitskampf (→ Streik und Aussperrung). Ziel der TA ist es, daß sich die Tarifparteien ohne unmittelbare staatliche Mitwirkung selbst einigen, also ihre Interessengegensätze über die Ausgestaltung der Arbeits- und Wirtschaftsbedingungen durch direkte, gegenseitige und offene Verhandlungen regeln. Arbeitskämpfe sind erlaubt, um ein annäherndes Machtgleichgewicht – und damit einen fairen Verhandlungskompromiß – zu erreichen. → Streiks und Aussperrungen unterliegen zahlreichen Beschränkungen. Man spricht von „Konfliktpartnerschaft" oder von „antagonistischer Kooperation".

Neben dem Recht, selbständig Tarifverträge abschließen zu können, sind den Arbeitsmarktverbänden im Sozialversicherungsrecht zahlreiche weitere Mitwirkungs- und Selbstverwaltungsrechte übertragen worden, die aber grundgesetzlich nicht geschützt sind und für die das Arbeitskampfrecht nicht gilt. In diesem Rechtsbereich spricht man von der „Sozialpartnerschaft" der „Sozialparteien". Bezieht man außerdem die betrieblichen und überbetrieblichen Mitbestimmungsrechte (der Arbeitnehmer und → Gewerkschaften) (→ Mitbestimmung) und die allgemeine Sozial- und Arbeitsmarktpolitik mit in die Betrachtung ein, so spricht man von „Arbeitsbeziehungen" oder von „industriellen Beziehungen" zwischen Arbeit und Kapital.

Jährlich wurden in der BRD ca. 7500 Tarifverträge abgeschlossen. Davon galten ca. 15% für das ganze Bundesgebiet (Bundestarifverträge), ebenfalls ca. 15% für mehrere → Bundesländer (überlappende Tarifbezirke) und 70% für jeweils ein Bundesland. Davon waren wiederum rd. 50% reine Firmentarifverträge, die nur für ein Unternehmen gelten und nur von lokaler Bedeutung sind. Dezentralisierte, aber überbetriebliche Verbandstarifverhandlungen in einem Bundesland sind daher das strukturbestimmende Kennzeichen der deutschen TA. In aller Regel spielen einzelne Tarifbezirke eine besondere Vorreiter- oder Schlüsselrolle (key-bargaining).

Neben der bundesstaatlich nachgebildeten Organisationsstruktur der Tarifverbände muß die besondere Organisationsstruktur der Gewerkschaften hervorgehoben werden. Die deutschen Gewerkschaften sind nicht als Berufsgewerkschaften, sondern als Industriegewerkschaften organisiert (eine Branche, eine Gewerkschaft). Zugleich sind sie nicht parteipolitisch zersplitterte Richtungsgewerkschaften, sondern verstehen sich als parteipolitisch neutrale Einheitsgewerkschaften. Beide Organisationsmerkmale erhöhen die Stabilität des TA in D.

Nach dem Inhalt der Tarifverträge lassen sich Lohn- und Gehaltstarifverträge und Rahmen- oder Manteltarifverträge unterscheiden. Die ersteren sind meist kurz, enthalten nur die ausgehandelte Erhöhung der Ecklöhne bzw. der Lohntabelle und gelten meist auch nur für 12 Monate. Die letzteren können sehr umfangreich sein, Regelungen zu sehr vielen unterschiedlichen Tatbeständen enthalten und werden oft für 5 Jahre oder mehr abgeschlossen. Die Gegenstände dieser Rahmen- oder Manteltarifverträge können umfassen: Urlaubsgeld und Urlaubstage, Arbeitszeiten, Zuschläge für Nacht-, Sonn- und Feiertagsarbeit, Weihnachtsgeld, Sonderzahlungen, Sonderzuwendungen und Sonderzulagen, Struktur der Lohntabelle, Eingruppierungen der Arbeitsplätze, Rationalisierungsschutz, Schutz älterer Arbeitnehmer und Jugendlicher, Frauenförderung, Zusatzversicherungen, berufliche Qualifizierung und Fortbildung, gemeinsame tarifliche Erholungswerke, Bildungsurlaub, Maschinenlaufzeiten, Pausenregelungen, Arbeitsplatzbesetzungen, Arbeitsschutz u.v.a.m. Vor allem hier zeigt sich, daß die TA mehr umfaßt als die autonome Festlegung der Lohntarife. Solche Tarifverträge sind Teil einer sehr konkreten, branchenspezifischen → Sozialpolitik. Der Umfang dieser „qualitativen" Tarifpolitik, der „Sozialpolitik durch Tarifvertrag", kann nicht hoch genug veranschlagt werden, obwohl in der Öffentlichkeit meist nur die Lohnauseinandersetzungen Aufsehen erregen.

Die Tarifverhandlungen verlaufen in der Regel relativ gleich ab. Die allergrößte Zahl von Tarifverhandlungen wird in Stille abgeschlossen. Doch in schwierigen Situationen sind Ritual und Realität oft nicht zu unterscheiden. Strategie und Taktik in prekären Situationen dienen auf beiden Seiten dazu, aus den Verhandlungen einen Prozeß des gegenseitigen Überzeugens, des Abbaus von Spannungen und der Suche nach einem für beide Seiten tragbaren Kompromiß zu machen. Eine einfache, von allen Seiten anerkannte „Lohnformel" existiert nicht. Auch die ökonomischen Lohntheorien versagen in aller Regel vor der Realität der jeweils konkreten wirtschaftlichen Situation. Desto wichtiger ist es, daß sich die Arbeitsmarktverbände in voller Autonomie – unabhängig von parteipolitisch gefärbten Einflüssen des Staates – einigen und in der Sache selbst entscheiden.

Aufgrund der Mitgliederstärke der Verbände und des wirtschaftlichen Gewichts der Branchen werden die Tarifbewegungen eines Jahres in aller Regel von der Industriegewerkschaft Metall, 3,1 Mio. Mitglieder (1993), und von der Industriegewerkschaft Chemie, Papier, Keramik, 0,7 Mio. Mitglieder, angeführt (Lohnführerschaft). Eine Besonderheit bilden die Lohnabschlüsse im → Öffentlichen Dienst. Für Arbeiter und Angestellte handeln die zuständigen Gewerkschaften (federführend: ÖTV, 1,9 Mio. Mitglieder, zusammen mit den Gewerkschaften GdED, DPG, GEW, GdP und DAG) in aller Regel in zentralen Verhandlungen normale Tarifverträge mit den öffentlichen Arbeitgebern (Bund, Länder und Gemeinden) aus. Gegenüber diesem „Tarifmodell" gilt für die Beamten jedoch das „Gesetzesmodell". Beamte werden aufgrund eines jährlich verabschiedeten Bundesbeamtenbesoldungsgesetzes „besoldet". Die Beamten stehen in einem besonderen Treueverhältnis zum Staat und haben daher auch kein Streikrecht. Allerdings orientieren sich die Besoldungsregelungen meist an den Abschlüssen für die Arbeiter und Angestellten des öffentlichen Dienstes.

Die Entlohnungsregelungen für die neuen Bundesländer sind – entsprechend der Tarifautonomie – nicht im Einigungsvertrag v. 1.9.1991 geregelt worden, sondern durch besondere Branchenverträge (Ost). Nachdem zunächst die alten Löhne und Gehälter weiterbezahlt wurden, ergaben die ersten Tarifverträge, z.B. vom März 1991, gültig ab 1.7.1991, für den öffentlichen Dienst, ein Entlohnungsniveau von 60% der westlichen Bezüge bei gleichzeitiger Einführung der westlichen Lohn- und Eingruppierungsstruktur. Nach diesem Tarifvertrag sind stufenweise Erhöhungen bis auf 80% ab 1.7.1993 vorgesehen. Bis 1996 sollte eine volle Angleichung auf 100% des westlichen Lohn- und Gehaltsniveaus in den fünf neuen Bundesländern erreicht werden. In der Zwischenzeit ergaben sich Streckungen bis 1998. Bis 1994 gab es gemäß den unterschiedlichen Branchenabschlüssen, noch Regelungen, die knapp unter 70% des westlichen Niveaus lagen (z.B. Gartenbau, Land- und Forstwirtschaft), während in anderen Branchen, wie z.B. im Sektor der Banken und Versicherungen, bereits sehr hohe Abschlüsse galten und ab 1993 bereits eine Angleichung bis auf 100% des westlichen Niveaus erreicht ist.

Literatur

Adamy, Wilhelm/Steffen, Johannes 1985: Handbuch der Arbeitsbeziehungen. Opladen.

Endruweit, Günter (Hrsg.) 1985: Handbuch der Arbeitsbeziehungen. Opladen.

Müller-Jentsch, Walther (Hrsg.) 1991: Konfliktpartnerschaft. Akteure und institutionen der industriellen Beziehungen, München.

Gerhard Himmelmann

Terrorismus

1. Definition

Der Terrorismus (T.) ist eine Form des politischen Extremismus. Durch die systematische Anwendung von Gewalt insbesondere auf ausgewählte Repräsentanten des „Systems" soll die „herrschende Schicht" verunsichert und die „unterdrückte Klasse" mobilisiert werden – z.B. dadurch, daß der Staat mit seinen Abwehrmechanismen überreagiert. In einem demokratischen Verfassungsstaat wie der BRD jedoch solidarisierte sich die Bevölkerung aufgrund der Gewaltakte mit der politischen Führung, nicht mit ihren militanten Gegnern. Der T. ist faktisch ein Ausdruck der politischen Isolation revolutionärer Minderheiten. Obwohl Rechts- und Linksterrorismus unterschiedliche Ziele anstreben, nimmt der Terrorakt eine so dominierende Rolle ein, daß die politischen Vorgaben irrelevant sind. Im Gegensatz zu manchen diktatorisch regierten Staaten speist sich der T. in der BRD nicht aus sozialen Defiziten. Bezeichnenderweise kommt der überwiegende Teil der Terroristen aus einem gehobenen sozialen Milieu. Die Wissenschaft ist sich darin einig, daß monokausale Erklärungsversuche bei einem hochkomplexen Phänomen wie dem T. nicht verfangen. Eine besondere Bedeutung dürfte der biographischen Methode als einer Art Integrationskonzept zuzumessen sein.

2. Die Geschichte des T. in Deutschland

Die Wurzeln des T. in Deutschland liegen in der Studentenbewegung der zweiten Hälfte der 60er Jahre. Diese hat die Gesellschaft in markanter Weise beeinflußt. Dazu gehört auch die Herausbildung einer terroristischen Subkultur. Im Jahre 1970 begann der Aufbau einer „Roten Armee Fraktion" (RAF). Deren führende Köpfe (u.a. A. *Baader, G. Ensslin*, H. *Mahler* und U. *Meinhof*) wurden jedoch bald gefaßt. Der Höhepunkt des T. lag im Jahre 1977 mit den Morden an Generalbundesanwalt S. *Buback*, an dem Vorstandssprecher der Deutschen Bank, J. *Ponto*, sowie an dem Arbeitgeberpräsident H.M. *Schleyer* und seinen Begleitern, durchgeführt von einer „zweiten Terroristengeneration". Nach dem mythenumwobenen „deutschen Herbst" 1977 – *Baader*, *Ensslin* und *Raspe* begingen in Stammheim als Reaktion auf die Unnachgiebigkeit des Staates Selbstmord, dabei einen Mord vortäuschend – flauten spektakuläre Aktionen etwas ab, wenngleich in den 80er Jahren Terrorakte sogenannter „revolutionärer Zellen" zunahmen und Morde an politischen und wirtschaftlichen Repräsentanten des „Systems" nicht ausblieben. Das bisher letzte Attentat traf den Präsidenten der Treuhandanstalt D. K. *Rohwedder* am 1.4. 1991. 1993 wurde der Neubau der Justizvollzugsanstalt in Weiterstadt in die Luft gesprengt (Sachschaden: 100 Millionen DM). Über die „dritte Terroristengeneration" weiß man aufgrund geringer Fahndungserfolge nur wenig. Der spektakulärste gelang 1993 in Bad Kleinen: Eine Terroristin wurde festgenommen, ein Terrorist beging Selbstmord. Der T. in der BRD ist weitgehend ein Linksterrorismus. Den Nachahmungsversuchen auf der extremen Rechten in der ersten Hälfte der 80er Jahre blieb ein vergleichbarer Erfolg versagt.

3. Perspektiven

Der nahezu weltweite Zusammenbruch des „realen Sozialismus" bedeutete auch für den T. in D einen Einschnitt. Es wurde bekannt, daß in der ersten Hälfte der 80er Jahre acht Terroristen Unterschlupf in der DDR gefunden hatten. Die meisten dieser Ex-Terroristen der „zweiten Generation" fanden sich zu umfangreichen Aussagen bereit. Die im Untergrund lebende Kommandoebene der RAF sprach nicht zuletzt aufgrund der weltpolitischen Situation von einer „Zäsur" und kündigte mehrfach (1992/94) eine Aussetzung des „bewaffneten Kampfes" an, räumte damit indirekt ihre Schwäche, sogar ihr Scheitern ein. Allerdings ist eine prinzipielle Absage an den T. weder von den „politischen Gefangenen" noch von den bisher nicht gefaßten Terroristen erfolgt. Zum ersten Mal kam es faktisch zu einer Spaltung im Bereich des T., wie man öffentlichen Positionspapieren entnehmen kann: „Hardliner" unter den inhaftierten Terroristen kritisierten heftig die

Kommandoebene der RAF ebenso wie das Verhalten jener „Gefangenen", die nach ihrer Freilassung dem „revolutionären Kampf" entsagen wollten. Beide hätten einen „deal" mit dem Staat angestrebt. Die Unstimmigkeiten innerhalb der „politischen Gefangenen" treffen für das RAF-Umfeld ebenso zu und dürften auch für die Kommandoebene gelten. Die weitere Entwicklung im Bereich des T. ist damit offener denn je.

Literatur

Aust, Stefan 1986: Der Baader-Meinhof-Komplex. Hamburg.

Bundesministerium des Innern (Hrsg.) 1981-1984: Reihe „Analysen zum Terrorismus". Opladen.

Butz, Peter [2]1993: RAF. Terrorismus in Deutschland. Stuttgart.

Hertel, Gerhard 1986: Terrorismus und Politikwissenschaft in der Bundesrepublik Deutschland. München.

Hess, Henner u.a. 1988: Angriff auf das Herz des Staates, 2 Bde. Frankfurt a.M.

Eckhard Jesse

Treuhandanstalt

1. Rechtliche Grundlagen

Am 1.3.1990 beschloß der Ministerrat der → DDR die Gründung der „Anstalt zur treuhänderischen Verwaltung des Volkseigentums" (THA). Nach dem Willen der Regierung *Modrow* sollte die THA das Volkseigentum wahren und im Interesse der Allgemeinheit verwalten. Wirtschaftsleitende Funktionen sollte die THA nicht ausüben. Haupttätigkeit der „Ur-Treuhand" bestand in der Entflechtung von Kombinaten und der Umwandlung der Nachfolgeunternehmen in Kapitalgesellschaften. Diese Aufgabe war bis Juni 1990 erst zum kleinen Teil abgeschlossen. Die Regierung *de Maiziére* begann mit der Restitution von überwiegend kleineren Unternehmen, deren Eigentümer 1972 enteignet worden waren. Im Juni 1990 hatte die „Ur-Treuhand" 143 Planstellen; sie waren fast ausschließlich durch Personen besetzt, die vorher in den Fachministerien und im Finanzministerium der DDR gearbeitet hatten. Am 17.6.1990 beschloß die Volkskammer das Treuhandgesetz. Westdeutscher Einfluß auf die Ziele und Inhalte des Gesetzes war gering.

Zusammen mit dem Staatsvertrag vom 18.5.1990 und dem Einigungsvertrag vom 20.8.1990 bildet das Treuhandgesetz vom 17.6.1990 die rechtliche Grundlage für die Tätigkeit der THA nach der Vereinigung. Die wichtigsten Bestimmungen des Treuhandgesetzes sind:

1 Abs. 1: „Das volkseigene Vermögen ist zu privatisieren. Volkseigenes Vermögen kann auch in durch Gesetz bestimmten Fällen Gemeinden, Städten, Kreisen und Ländern sowie der öffentlichen Hand als Eigentümer übertragen werden. Volkseigenes Vermögen, das kommunalen Aufgaben und kommunalen Dienstleistungen dient, ist durch Gesetz den Gemeinden und Städten zu übertragen".

2 Abs. 1: „Die Treuhandanstalt ist eine Anstalt öffentlichen Rechts. Sie dient der Privatisierung und Verwertung volkseigenen Vermögens nach den Prinzipien der → sozialen Marktwirtschaft."

2 Abs. 6: „Die Treuhandanstalt hat die Strukturanpassung der Wirtschaft an die Erfordernisse des Marktes zu fördern, indem sie insbesondere auf die Entwicklung

sanierungsfähiger Betriebe zu wettbewerbsfähigen Unternehmen und deren Privatisierung Einfluß nimmt. Sie wirkt darauf hin, daß sich durch zweckmäßige Entflechtung von Unternehmensstrukturen marktfähige Unternehmen herausbilden und eine effiziente Wirtschaftsstruktur entsteht."

Abs. 1: „Die Einnahmen der Treuhandanstalt werden vorrangig für die Strukturanpassung der Unternehmen ..., in zweiter Linie für Beiträge zum Staatshaushalt und zur Deckung der laufenden Ausgaben der Treuhandanstalt verwendet ...".

5 Abs. 2: „Nach einer Bestandsaufnahme des volkseigenen Vermögens ... sowie nach seiner vorrangigen Nutzung für die Strukturanpassung der Wirtschaft und für die Sanierung des Staatshaushalts wird nach Möglichkeit vorgesehen, daß den Sparern zu einem späteren Zeitpunkt für den bei der Umstellung von Mark der DDR auf DM 2 zu 1 reduzierten Betrag ein verbrieftes Anteilsrecht am volkseigenen Vermögen eingeräumt werden kann."

8 Abs. 1: „Die Treuhand-Aktiengesellschaften haben unter Hinzuziehung von Unternehmensberatungs- und Verkaufsgesellschaften sowie Banken und anderen geeigneten Unternehmen zu gewährleisten, daß in ihrem Bereich folgende Aufgaben unternehmerisch und weitestgehend dezentral gelöst werden:
- Privatisierung durch Veräußerung von Geschäftsanteilen oder Vermögensanteilen,
- Sicherung der Effizienz und Wettbewerbsfähigkeit der Unternehmen,
- Stillegung und Verwertung des Vermögens von nicht sanierungsfähigen Unternehmen oder Unternehmensteilen."

Die THA wurde am 3.10.1990 bundesunmittelbare Anstalt des öffentlichen Rechts. Bisher unter Aufsicht des Ministerpräsidenten der DDR wurde sie nun der Fach- und Rechtsaufsicht des Bundesfinanzministers unterstellt, der die Fachaufsicht im Einvernehmen mit dem Bundeswirtschaftsminister und zuständigen Fachministerien wahrnimmt. Die → Bundesregierung berief nun die Mitglieder des Verwaltungsrats (23, unter ihnen je ein Vertreter der neuen Bundesländer); der Verwaltungsrat wählt den Vorstand und überwacht und unterstützt dessen Tätigkeit. Der Vorstand besteht aus dem Präsidenten der THA, seinem Stellvertreter und mindestens drei weiteren Mitgliedern. Er führt die Geschäfte der THA. Die Zentrale der THA in Berlin verwaltet alle Unternehmen mit mehr als 1500 Beschäftigten direkt, außerdem die „Gesellschaft zur Privatisierung des Handels", das Vermögen des einstigen Ministeriums für Staatssicherheit sowie das Vermögen der → Parteien. Unternehmen mit weniger als 1500 Beschäftigten werden von den 15 regionalen Niederlassungen verwaltet.

Zum Zeitpunkt der Vereinigung am 3.10.1990 war die THA noch kaum arbeitsfähig. Personal- und Sachmittelausstattung waren immer noch völlig unzureichend. Seit Juli 1990 war es unter dem Druck der → Bundesregierung zwar gelungen, wenigstens die Führungsspitze mit westdeutschen Persönlichkeiten zu besetzen. D. *Rohwedder,* bis dahin Vorstandsvorsitzender der Hoesch-AG, wurde am 1.7.1990 Vorsitzender des Verwaltungsrates. Präsident wurde am 16.7.1990 R. *Gohlke,* vorher Vorstandsvorsitzender der Deutschen Bundesbahn. Nach *Gohlke*s Rücktritt am 16.8.1990 übernahm *Rohwedder* das Amt des Präsidenten der THA. Verwaltungsratsvorsitzender wurde der bisherige Vorstandsvorsitzende der Kaufhof-AG J. *Odewald.* Erst nach der Vereinigung gelang es, den Einfluß der „alten Seilschaften" etwas zurückzudrängen. Nun begann auch ein zügiger Ausbau der THA.

Ein Jahr nach der Vereinigung umfaßt sie 3000, Ende 1993 4600 Mitarbeiter.

Am 1.4.1991 wurde *Rohwedder* ermordet. Seine Nachfolgerin im Amt des Präsidenten wurde B. *Breuel,* bis 1990 Finanzministerin in Niedersachsen.

2. Die Praxis der THA

Leitlinie war die von *Rohwedder* geprägte Formel „schnelle Privatisierung, entschlossene Sanierung, behutsame Stillegung". Am 1. Juli 1990 waren der THA etwa 8500 Unternehmen mit über 4 Millionen Beschäftigten unterstellt. Durch Entflechtung stieg die Zahl der Unternehmen auf über 12.000. Schon Anfang 1990 hatten Experten der Regierung *Modrow* lediglich 40% der DDR-Unternehmen als rentabel eingestuft, 30% als sanierungsbedürftig, den Rest als nicht sanierungsfähig. Die Wirtschafts-, Währungs- und Sozialunion brachte auch die meisten der vorher noch rentablen Unternehmen mindestens vorübergehend um die Wettbewerbsfähigkeit. Die noch im Herbst 1990 übliche Annahme, der Wert der Unternehmen der DDR betrage mehrere hundert Mrd. DM, begünstigte die Hoffnung, die THA werde ihre Tätigkeit aus Privatisierungserlösen finanzieren können. Der mit der Währungsunion einsetzende drastische Rückgang der Nachfrage nach DDR-Produkten wurde dabei unterschätzt, die Qualität der Produktionsmittel und die Fähigkeit der DDR-Unternehmen zur Entwicklung besserer Produkte und zur Erschließung neuer Märkte wurde weit überschätzt. Hinzu kam, daß der Verlust des für die Industrie wichtigen sowjetischen Marktes 1990 noch nicht abzusehen war. Anfang 1991 war aber bereits deutlich, daß die meisten der THA unterstellten Unternehmen keine Aussicht hatten, in absehbarer Zeit Gewinne zu erwirtschaften.

Die Privatisierung erfolgte durch Verkauf von Unternehmen oder von Teilen von Unternehmen. Beim Verkauf wurde nicht allein die Höhe des Angebots berücksichtigt, sondern die Schlüssigkeit des Sanierungskonzepts, die Anzahl der gesicherten Arbeitsplätze, die Höhe der Folgeinvestitionen. Die Übernahme von sozialen Verpflichtungen sowie von finanziellen und ökologischen Altlasten durch den Käufer wurde im Kaufpreis berücksichtigt; auf diese Weise verringerte sich der Kaufpreis drastisch; in vielen Fällen konnten lediglich negative Verkaufserlöse erzielt werden. Als erhebliches Hindernis für die Privatisierung erwiesen sich die Restitutionsansprüche von Alteigentümern. Die THA drängte daher schon seit dem Oktober 1990 auf Änderung des in den Einigungsvertrag übernommenen Gesetzes zur Regelung offener Vermögensfragen, dessen § 3 Abs. 2 die THA daran hinderte, Unternehmen oder Unternehmensteile zu veräußern, falls die Zustimmung der Personen, die Restitutionsansprüche angemeldet hatten, nicht vorlag. Das Gesetz zur Beseitigung von Hemmnissen bei der Privatisierung von Unternehmen und zur Förderung von Investitionen vom 22.3.1991 („Hemmnisbeseitigungsgesetz") brachte eine Einschränkung des Restitutionsanspruchs. Die Verfügungsbeschränkung des § 3 Abs. 3 wurde für die neuen Länder vorübergehend ausgesetzt, die THA hatte nun die Möglichkeit, sich über Restitutionsansprüche hinwegzusetzen, wenn Interessenten, die nicht restitutionsberechtigt waren, mehr Arbeitsplätze und höhere Investitionen zusagten als die tatsächlichen oder möglichen Alteigentümer (3a Hemmnisbeseitigungsgesetz). Das zweite Vermögensrechtsänderungsgesetz vom 14.7.1992 beschränkte die Möglichkeiten, Privatisierungen durch Restitutionsansprüche zu behindern, noch weiter.

In fast allen der THA unterstellten Unternehmen waren radikale Schrumpfungsprozesse vor der Privatisierung unvermeidbar. Der Personalbestand mußte drastisch verringert, ganze Betriebsteile mußten stillgelegt werden. Diese „passive Sanierung" betrieb die THA mit erheblichen Mitteln,

1991 z.B. mit 9,9 Mrd. DM, die Hälfte davon für Sozialpläne. Zugleich stützte die THA ihre Unternehmen durch eine Vielzahl von Leistungen. Sie glich die laufenden Betriebsverluste aus, gewährte Bürgschaften für Bankkredite, Zuschüsse zu Eigenkapitalerhöhungen und Verlustausgleichsdarlehen, übernahm in vielen Fällen die Altschulden und einen Teil der ökologischen Altlasten. Um der wachsenden Kritik an der Deindustrialisierung Ostdeutschlands zu begegnen, gründete die THA 1992 fünf „Management-Kgs", in denen jeweils etwa ein Dutzend schwer privatisierbare, aber als sanierungsfähig eingestufte Unternehmen zusammengefaßt wurden; sie sollten durch aktive Sanierungsmaßnahmen, so durch Förderung der Entwicklung neuer Produkte, die spätere Privatisierung erleichtern. Der Erhaltung schwer privatisierbarer, aber prinzipiell sanierungsfähiger Betriebe diente auch die Kooperation von THA und Landesregierung, wie sie im sächsischen ATLAS-Projekt (ATLAS: Ausgewählte Treuhand-Unternehmen zur Sanierung angemeldet) praktiziert wurde. Unternehmen, die als nicht sanierungsfähig eingestuft wurden, suchte die THA zu liquidieren. Das gelang ihr bei größeren Industrieunternehmen wegen politischer Widerstände allerdings nicht immer.

Zum 31.12.1994 wurde die THA aufgelöst. Von ihren über 12.000 Unternehmen hatte sie 7853 voll privatisiert oder vollständig kommunalisiert. Unter den voll privatisierten Unternehmen waren etwa 1600 nicht verkauft, sondern an die Alteigentümer zurückgegeben worden. 2700 der voll privatisierten Unternehmen waren zu besonders günstigen Konditionen an im Unternehmen tätige Manager abgegeben worden („Management Buy Outs"). 3713 Unternehmen befanden sich in Liquidation oder waren liquidiert. Von den 4,1 Mio Arbeitsplätzen, die am 1.7.1990 in den der THA unterstellten Unternehmen bestanden, gab es Ende 1994 in den Unternehmen, die privatisiert oder noch im Portfolio der THA waren, einschließlich der von den Investoren zugesagten Arbeitsplätze noch 1,5 Mio. Die Privatisierungserlöse betrugen bis Ende 1994 einschließlich der noch nicht gezahlten, aber vertraglich vereinbarten Beträge rund 60 Mrd. DM. Den Erlösen standen Ausgaben von weit über 300 Mrd. gegenüber. Die Gesamtverschuldung der THA wurde Ende 1994 auf 260-270 Mrd. DM geschätzt.

Die Nachfolge der THA traten am 1.1. 1995 mehrere Institutionen an. Die „Bundesanstalt für vereinigungsbedingte Sonderaufgaben" ist zuständig für Vertragsmanagement, Reprivatisierung und Abwicklung. Der Beteiligungs-Management-Gesellschaft Berlin ist die Betreuung der noch zu privatisierenden Unternehmen sowie der Auslaufgesellschaften des Bergbaus übertragen. Die Verwaltung und Verwertung des umfangreichen Bestandes an Grund und Boden obliegt einer Liegenschafts-Gesellschaft.

Die Bewertung der Arbeit der THA ist äußerst umstritten. Kritiker werfen der THA vor, zu schnell privatisiert, zu wenig saniert und zu viele Arbeitsplätze aufgegeben zu haben. Auch seien westdeutsche Investoren gegenüber ostdeutschen Interessenten bevorzugt worden; die im THA-Gesetz vorgesehene Beteiligung der Bürger der ehemaligen DDR am einstigen „Volkseigentum" sei nicht verwirklicht worden. Außerdem wird auf grobe Fehlentscheidungen der THA, etwa bei Verkäufen an unseriöse Investoren als Folge mangelhafter Kontrolle verwiesen. Bundesregierung und THA-Vertreter betonen hingegen, daß es zur schnellen Privatisierung keine Alternative gab, und sehen es als Erfolg an, daß es gelang, ein Drittel der Arbeitsplätze in den der THA zugeordneten, überwiegend konkursreifen Unternehmen zu retten.

Eine objektive Bewertung der THA muß in Betracht ziehen, daß alle wichtigen Entscheidungen der THA im engen Kontakt mit Bundesfinanz- und Bundeswirtschaftsministerium getroffen wurden. Der Handlungsspielraum, den die THA hatte, war somit lediglich im Detail erheblich; in den Grundsatzfragen war er gering. Zu berücksichtigen ist darüber hinaus, daß im Verwaltungsrat der THA auch Gewerkschaftsvertreter und Vertreter der neuen → Bundesländer mitwirkten und Entscheidungen oft einstimmig getroffen wurden. Den von Maßnahmen der THA betroffenen Bürgern war dies nicht bewußt; die THA zog somit Kritik auf sich, die sich sonst gegen die Bundesregierung oder gegen Landesregierungen gerichtet hätte. Von den politisch Verantwortlichen wurde diese Entlastungsfunktion der THA gewollt und genutzt.

Im Rückblick fällt es überaus schwer, eine grundsätzliche Alternative zu der von der THA betriebenen Politik zu erkennen. Wettbewerbsfähigkeit erreichten in den neuen Bundesländern, von wenigen Ausnahmen abgesehen, nur Unternehmen, die mit neuen modernen Produktionsanlagen ausgestattet wurden. Die THA wäre ganz außerstande gewesen, in Tausenden von Unternehmen wirtschaftlich vertretbare Investitionen zu planen. Sie hätte auch wenig tun können, um ihren Unternehmen Absatzmärkte zu erschließen. Die Privatisierung durch Verkauf an westdeutsche Unternehmen war in der Regel die effizienteste und schnellste Möglichkeit, ostdeutsche Betriebe mit neuen Anlagen auszustatten und ihnen zugleich Zugang zu westlichen Märkten zu verschaffen. Dies gilt umso mehr, als die hohen Lohnsteigerungen in Ostdeutschland bald die Hoffnung zunichtemachten, ostdeutsche Unternehmen könnten durch relativ niedrige Lohnstückkosten konkurrenzfähig werden. Richtig ist, daß die schnelle Privatisierung die Privatisierungserlöse reduzierte. Unstrittig ist auch, daß die große Zahl der Verträge ausreichende Kontrolle sowohl der Investoren als auch der Treuhand-Mitarbeiter behinderte, und manchmal kriminelle Machenschaften begünstigte. Zu fragen ist nur, ob die gesamtwirtschaftlichen Schäden bei langsamerem Vorgehen nicht noch weit größer gewesen wären. Richtig ist, daß die ostdeutschen Bürger keine Anteile am Produktivvermögen der ehemaligen DDR erhielten. Eine Vermögensbeteiligungs-Lösung hätte jedoch im Staatsvertrag über die Wirtschafts-, Währungs- und Sozialunion verbindlich festgelegt werden müssen; sie lag nicht in der Kompetenz der THA. Auch ist zu fragen, ob angesichts des Zustandes des Anlagevermögens der DDR eine Beteiligungslösung überhaupt vertretbar gewesen wäre. Richtig ist auch, daß Ostdeutsche, die THA-Unternehmen erwerben wollten, durch Kapitalmangel und fehlendes Know-How gegenüber westdeutschen Interessenten benachteiligt waren; bei den zahlreichen Management-Buy-Outs durch Ostdeutsche handelte es sich überwiegend um kleine und mittlere Unternehmen zweiter Wahl, für die sich kein West-Investor gefunden hatte. Wohlbegründet erscheint schließlich die Kritik, gewaltige Mittel seien für die Erhaltung „industrieller Kerne“ eingesetzt worden und überwiegend Unternehmen zugute gekommen, die keine Aussicht hätten, je wettbewerbsfähig zu werden. Auf Erhaltungssubventionen (→ Subventionen) bestanden und bestehen jedoch in erster Linie die Regierungen der neuen Bundesländer; die THA hatte sich in dieser Frage politischen Zielen anzupassen.

Literatur

Breuel, Birgit 1994: Treuhandanstalt: Bilanz und Perspektiven, in: Aus Politik und Zeitgeschichte, B. 43-44.

Czada, Roland 1994: Die Treuhandanstalt im politischen System der Bundesrepublik, in: Aus Politik und Zeitgeschichte. B 43-44.

Fischer, Wolfram/Hax, Herbert/Schneider, Hans Karl (Hrsg.)1993: Treuhandanstalt. Das Unmögliche wagen. Forschungsberichte. Berlin.

Kemmler, Marc 1994: Die Entstehung des Treuhandanstalt. Von der Wahrung zur Privatisierung des DDR-Volkseigentums. Frankfurt/New York.

Nägele, Frank 1994: Strukturpolitik wider Willen? Die regionalpolitischen Dimensionen der Treuhandpolitik, in: Aus Politik und Zeitgeschichte. B 43-44.
Priewe, Jan 1994: Die Folgen der schnellen Privatisierung der Treuhandanstalt, eine vorläufige Schlußbilanz, in: Aus Politik und Zeitgeschichte, B 43-44.
Seibel, Wolfgang 1994: Das zentralistische Erbe, in: Aus Politik und Zeitgeschichte, B 43-44.
Treuhandanstalt 1994: Dokumentation 1990-1994. 15 Bde. Berlin.

Dieter Grosser

Umweltpolitik

Wie in anderen Industrieländern hat Umweltpolitik in Deutschland eine bis in das vergangene Jahrhundert zurückreichende Tradition. Dies gilt für die Genehmigungspflicht für bestimmte Anlagen nach der früheren preußischen Gewerbeordnung, für frühe Regelungen zum Gewässerschutz oder für den privatrechtlichen Nachbarschaftsschutz. Als neues Politikfeld, das die Problembereiche vor allem des Gewässerschutzes, der Luftreinhaltung, des Lärmschutzes, der Abfallregulierung, des Natur und Strahlenschutzes integriert, entstand Umweltpolitik in den beiden deutschen Staaten jedoch erst Ende der 60er bzw. Anfang der 70er Jahre. Die Politik reagierte damit auf die fortschreitende Belastung von Wasser, Boden, Luft und Landschaft und auf den außerordentlichen Nachholbedarf im Umweltschutz nach einer Phase hohen Industriewachstums.

1. Umweltpolitik in der BRD

1.1 Entwicklung des Politikfeldes

Im Unterschied zu anderen Ländern ging die Initiative zur Gestaltung dieses neuen Politikfeldes nicht von außerparlamentarischen Kräften, sondern vom politischen System aus. Erst im Laufe der 70er Jahre wurde die außerparlamentarische Umweltbewegung zu einem Motor der Umweltpolitik. Und sie ist bis heute ein wichtiger Faktor umweltpolitischer Veränderungen geblieben.

Aber die ersten Initiativen der damaligen sozial-liberalen Regierung – beginnend 1970 mit einem Sofortprogramm zum Umweltschutz und dem Umweltprogramm 1971 – orientierten sich zunächst an internationalen Entwicklungen, etwa der frühen Umweltgesetzgebung der USA (National Environmental Protection Act von 1969). Von Bedeutung waren ferner Initiativen des Europarates zum Gewässer- und Immissionsschutz (Wassercharta/Charta zur Reinhaltung der Luft 1968, Europäisches Naturschutzjahr 1970) und vor allem die Stockholmer UNO-Umweltkonferenz im Jahr 1972.

Von der Errichtung eines Umweltministeriums wurde lange Zeit abgesehen. Die Zusammenarbeit der mit Umweltaufgaben befaßten Bundesressorts erfolgte im Kabinettausschuß für Umweltfragen, dem sogenannten Umweltkabinett, und im Ständigen Abteilungsleiterausschuß für Umweltfragen. Die Federführung lag beim Bundesminister des Innern. Daneben entstanden Beratungs- und Koordinierungsgremien wie der Sachverständigenrat für Umweltfagen (1971), die Umweltministerkonferenz der Länder (1972) und das Umweltbundesamt (1974).Die Bündelung der umweltpolitischen Kompetenzen in einem Ressort erfolgte erst 1986 nach der Katastrophe von Tschernobyl.

Einer der ersten Schritte war 1972 die Stärkung der Bundeskompetenzen: die Ausdehnung der konkurrierenden → Gesetzgebung auf die Bereiche Abfallbeseitigung, Luftreinhaltung, Lärmbekämpfung. In den Folgejahren kommt es zum Aufbau eines überwiegend medial orientierten Rechtsinstrumentariums. Ein eigenständiges Grundlagengesetz fehlt bislang.

Das für die Luftreinhaltung maßgebliche Gesetz, das Bundes-Immissionsschutzgesetz (BImSchG), trat 1974 in Kraft. Danach gerieten umweltpolitische Reformbestrebungen im Zeichen der Ölpreiskrisen und des schwierigen Strukturwandels zunehmend in die Defensive. Als Chance einer Umweltentlastung wurde der Strukturwandel wie in den meisten Industrieländern (außer Japan) kaum gesehen. Bis 1976 wurden Gesetze – z.T. in abgeschwächter Form – verabschiedet, deren Ausarbeitung bereits 1974 abgeschlossen war: das Waschmittelgesetz, die Novelle des Wasserhaushaltsgesetzes, das Abwasserabgaben- und das Bundesnaturschutzgesetz. Hinzu kam 1980 das in seiner Wirksamkeit umstrittene Chemikaliengesetz.

Die Effizienz der Umweltpolitik war durch vielfältige *„Vollzugsdefizite"* beeinträchtigt (*Mayntz* 1978). Unter den Verursachungsbereichen konnten vor allem die Stromwirtschaft, die Automobilindustrie und die Chemieindustrie – anders als etwa die Mineralölindustrie – Regelungen relativ erfolgreich behindern.

In den 70er Jahren setzte (mit dem Konflikt um das geplante und nie gebaute KKW Wyhl) eine leidenschaftlich geführte Atomdiskussion ein. Anfang der 80er Jahre kam als Konfliktfeld die unübersehbar gewordene Problematik des Waldsterbens hinzu. Beides führte zu einer zunehmenden Sensibiliserung der Öffentlichkeit für Belange des Umweltschutzes. Der Legitimationsdruck wurde durch die Bürgerinitiativbewegung (→ Bürgerinitiativen) forciert, die ab 1973 ei wachsender organisatorischer Stärkung eine thematische Erweiterung in diese Richtung erfuhr. Ab 1976 wurden in allen → Bundesländern als Gegenpol zu den sog. „etablierten" Parteien grüne und alternative Gruppierungen und Parteien gegründet. Bei Kommunal- und Landtagswahlen, z.B. in Nds. und HH (1978), und der ersten Direktwahl zum Europaparlament (1979) erzielten sie erste Achtungserfolge. 1983 zogen die Grünen in den → Bundestag ein. (→ Bündnis 90/Die Grünen) Damit sah sich das bestehende → Parteiensystem einem neuen Konkurrenzpartner und einer neuen Thematik gegenüber. Diese Tatsache, aber auch eine mit dem Wirtschaftsaufschwung nach 1983 gewandelte Einschätzung der ökonomischen Wirkungen des Umweltschutzes führten zu einer starken Reaktivierung der westdeutschen Umweltpolitik. Diese war von einer umweltpolitischen Akzentuierung der Parteiprogramme begleitet.

Besonderes Gewicht legte die → Bundesregierung auf die Luftreinhaltung. Das Bundes-Immissionsschutzgesetz (BImschG) galt lange als das umfassendste und fortschrittlichste Umweltschutzgesetz Europas. Dennoch war die Luft in der BRD im allgemeinen nicht besser als in den Nachbarstaaten. Die jährlichen SO_2-Emissionen stiegen bis 1973 an, gingen danach nur schwach zurück und lagen 1982 immer noch bei 3 Mio t. Besonders wenig hatte sich bei den Kraftwerken und Fernheizwerken getan. Ihr SO_2-Aussstoß stieg von 1,5 Mio t (1966) auf knapp 2 Mio t (1982). Letztlich hatten Maßnahmen in diesem Bereich zunächst nur zur Erhöhung der Schornsteine und damit zur weiträumigen Luftverschmutzung geführt. Als Anfang der 80er Jahre das hieraus resultierende Waldsterben unübersehbar wurde, erließ die Bundesregierung 1983 die Großfeuerungsanlagen-Verordnung (GFAVO), um die Emissionen der Kraftwerke an der Quelle zu stoppen. Die GFAVO schreibt Begrenzungen für Luftschadstoffe wie SO_2, Stickstoffoxide, Kohlenmonoxid, Halogenverbindungen und Staub vor. Die Anforderungen sind nach Feuerungswärmeleistung und zum Teil nach der Restnutzungsdauer abgestuft. Der SO_2-Ausstoß dieser Anlagen ist durch den Einbau von Rauchgasreinigungsanlagen bis 1989 auf 0,3 Mio t zurückgegangen. Die NO_x-Emissionen der Kraftwerke gingen ebenfalls deutlich von 0,8 Mio t (1980) auf knapp 0,5 Mio t zurück, der Staubausstoß von 130 kt auf 25 kt.

Mit ihrer Einschränkung des privaten Bestandschutzes gegenüber Erfordernissen der Umweltvorsorge stellte die GFAVO eine qualitative Weiterentwicklung des Steuerungsinstrumentariums dar, die im EG-Bereich (nicht aber im Vergleich zu Japan) als vorbildlich gelten konnte. Der Wirkungsbereich der neuen Grenzwerte blieb erstmals nicht auf Neuanlagen beschränkt. Vielmehr wurde auch die Nachrüstung bzw. Stillegung bereits bestehender Altanlagen innerhalb bestimmter Zeiträume vorgeschrieben. Die 1986 novellierte Technische Anleitung Luft (TA Luft) dehnt dieses Sanierungsfristenkonzept auch auf den Bereich der sonstigen genehmigungsbedürftigen Anlagen aus. Durch die verschärften Anforderungen der TA Luft sollen sich die gegenwärtigen SO_2- und NO_x-Emissionen bis Mitte der 90er Jahre noch einmal wesentlich verringern: um jeweils 25 bis 30 Prozent, beim Ausstoß von Schwermetallen und Staub um rund 35 Prozent und bei flüchtigen organischen Verbindungen um 50 Prozent (BMU 1992: 141).

Die GFAVO steht aber zugleich für die relative Kontinuität der bundesdeutschen Umwelpolitik in den 80er Jahren, denn sie ist in ihren Grundzügen von *reaktiven Handlungsmustern* geprägt und folgt dem klassischen end-of-pipe-Muster (*Weidner* 1991:15).

Auch die *organisatorische Konsolidierung* der Umweltpolitik erfolgte erst nach der Reaktorkatastrophe von Tschernobyl im Jahre 1986 mit der Gründung des Bundesministeriums für Umwelt, Naturschutz und Reaktorsicherheit (BMU) und ist somit vor allem auf den äußeren Handlungsdruck zurückzuführen.

1.2 Ziele, Prinzipien und Steuerungsformen

Die programmatischen Hauptziele der bundesdeutschen Umweltpolitik – Erhaltung und Verbesserung des Umweltzustandes – weisen seit den frühen 70er Jahren eine weitgehende Kontinuität auf. Den handlungsleitenden Orientierungsrahmen bilden die Trias von Verursacher-, Kooperations- und (seit 1976) Vorsorgeprinzip. Die praktische Relevanz dieser Prinzipien darf allerdings nicht überschätzt werden. Beispielsweise wird das Verursacherprinzip als Kostenzurechnungsprinzip verstanden, Schadensersatz- oder Haftungspflichten werden dadurch kaum begründet.

Kennzeichen bundesdeutscher Umweltpolitik waren bisher primär regulative Steuerungsformen, die darauf abzielen, umweltpolitisches Verhalten über traditionelle Instrumente des Ordnungsrechts (im Sinne des command-and-control-Ansatzes) zu beeinflussen.

Im Mittelpunkt der Kritik dieses administrativ-interventionistischen Politikstils steht sein reaktiver und damit häufig primär kurativer Charakter. Kritisiert wird auch eine Tendenz zur medialen, zeitlichen und räumlichen Problemverschiebung (*Jänicke* 1978). Ferner gilt die am Stand der Technik orientierte Grenzwertpolitik ökonomisch als relativ ineffizient, da sie Kosten-Nutzen-Relationen von Umweltschutzmaßnahmen, die unter verschiedenen Bedingungen völlig unterschiedlich sein können, ignoriert. In der Debatte um die Einführung ökonomischer Instrumente wird kritisch der innovationshemmende Charakter eines primär ordnungsrechtlichen Ansatzes betont. Ferner gilt die einseitige Ausrichtung des rechtlichen und institutionellen Systems auf einzelne Umweltmedien als Hindernis für integrierte Lösungen. Eine Erweiterung dieses Politikkonzepts durch querschnittsorientierte, verursacherbezogene Steuerungsformen ist erst in Ansätzen erkennbar. Auch das infolge der EG-Richtlinie von 1985 erforderliche Gesetz zur Umweltverträglichkeitsprüfung (UVP) 1990 und die Anfang 1991 in Kraft getretene Neuregelung zum Umwelthaftungsrecht mit der Einführung einer verschuldensunabhängigen Gefährdungshaftung können lediglich als erste Anzeichen einer möglichen umweltpolitischen Neuorientierung gewertet werden. Zugunsten des Command-and-control-Ansatzes sei aber immerhin gesagt, daß er bisher – wenn auch verzögert – immer noch die weitestgehenden Verbesserungen gebracht hat. Auch stellt er ein Drohpotential dar, ohne das die weicheren Instrumente kaum hinreichende Wirkung erzielen dürften.

1.3 Kompetenzen

Zu den spezifischen Merkmalen der deutschen Umweltpolitik gehört natürlich deren föderative Struktur; die Kompetenzen sind auf Bund, Länder und Kommunen verteilt. Der Bund hat im Rahmen der konkurrierenden → Gesetzgebung (Art. 74 GG) in den Bereichen Abfallbeseitigung, Luftreinhaltung, Lärmbekämpfung und Atomrecht Gesetzgebungskompetenzen. Bei Naturschutz, Landschaftspflege und Wasserhaushalt kann der Bund lediglich Rahmenvorschriften erlassen, die durch Landesgesetze ausgefüllt werden müssen (Art. 75 GG i.V.m. Art. 72 GG).Die Länder verfügen neben dem faktischen Vollzugsmonopol im Umweltrecht, das zumeist in Form eigener Angelegenheiten (Art. 84 GG) wahrgenommen wird, über Einflußmöglichkeiten auf den Prozeß zentralstaatlicher Normbildung. Über den → Bundesrat und die Umweltministerkonferenz wirken die Länder an der Umweltgesetzgebung mit. Daneben haben Expertengremien (Ständiger Abteilungsleiterausschuß, Facharbeitsgemeinschaften-Bund/Länder, → Sachverständigenrat) eine wesentliche Rolle bei der umweltpolitischen Konsensbildung.

Neben der Bundes- und der Landesebene ist auch die Ebene der kommunalen Umweltpolitik durch vielfältige hierarchische und horizontale Verflechtungen gekennzeichnet. Die Kommunen besitzen aus Art. 28 GG (kommunale Selbstverwaltungsgarantie) abgeleitete eigene verfassungsmäßig garantierte umweltpolitische bzw. umweltrelevante Kompetenzen. Dies gilt besonders für die Bereiche Abfall- und Abwasserentsorgung, Wasserversorgung, Versorgung mit leistungsgebundenen Energien, Bauleitplanung und Verkehr. Hier stehen (im Gegensatz zur Dominanz „regulativer Politik" auf Bundes- und Landesebene) Dienstleistungsaufgaben im Vordergrund, die überwiegend durch Beiträge und Gebühren finanziert werden. Die Entwicklung kommunaler Organisationsstrukturen ist in den letzten Jahren durch die Konzentration der Aufgaben in eigenständigen Umweltämtern geprägt.

1.4 Umweltpoltik als Wirtschaftsfaktor

Mehr als in den meisten Industrieländern ist der Umweltschutz in D zu einem wichtigen Wirtschaftszweig des Landes geworden. Mit 1,7 (1991) Prozent BSP-Anteil gehört West-Deutschland zu den Industrieländern mit dem höchsten Anteil an Umweltschutzaufwendungen – noch vor Japan (1,0 Prozent), das in den 70er Jahren eine Spitzenposition in dieser Hinsicht einnahm (*Blazejczak* et al. 1993). Diese Position wurde erst in den 80er Jahren erreicht. Die Umweltschutzaufwendungen des verarbeitenden Gewerbes stiegen erst nach 1982 stark an und verdoppelten sich bist 1988 auf annähernd 20 Mrd. DM (1971: 5,3 Mrd. DM). 1991 machten die Gesamtaufwendungen von Staat und Industrie 40,6 Mrd. aus. Die öffentlichen Umweltschutzausgaben – sie machten den größeren Teil aus – wurden ganz überwiegend von den Gemeinden (insbesondere für Zwecke der Abwasser- und Abfallbeseitigung) aufgebracht.

1990 wurden in Westdeutschland rund 550.000 Personen unmittelbar und mittelbar im Umweltschutz beschäftigt (*Blazej-*

czak et al. 1993). Das sind rund 2 Prozent der Beschäftigten. Hinzu kamen 1991 in Ostdeutschland rund 130.000 Beschäftigte. Die Tendenz ist – wie in der EU auch – stark steigend. Für das Jahr 2000 rechnet das DIW mit über 1,1 Mio. Umweltschutzbeschäftigten in ganz Deutschland (DIW-Wochenbericht 48/93). Besonders expansiv entwickeln sich die Abfallwirtschaft und die Sanierungen in den neuen Bundesländern.

Mit den USA und Japan ist D heute der größte Erzeuger von Umweltschutzanlagen. Der Anteil dieser Länder am Weltmarkt (1990: 200 Mrd. US-Dollar) für Umweltschutzgüter und -dienstleistungen beträgt 90 Prozent. Offenbar ist D heute der größte Exporteur auf diesem Gebiet. (*Stevens* 1992, *Blazejczak* et al. 1993).

Den vergleichsweise hohen Umweltschutzaufwendungen stehen deutlich höhere Belastungen durch Umweltschadenskosten gegenüber. Den unterschiedlichen Schätzungen ist gemeinsam, daß sie nicht nur über den Ziffern des Umweltschutzes liegen: sie werden auch umfangreicher, weil immer neue Schadenstypen zu berücksichtigen sind. Vermutete die OECD Ende der 70er Jahre noch allgemein 3-5 BSP-Prozent als Umweltschadenskosten, so geht *Wicke* für Gesamtdeutschland von mindestens 7 Prozent (1992) aus (*Wicke* 1993, 114). Das UPI hat dagegen – unter Einbeziehung von Wertminderungen und sozialen Kosten – eine Größenordnung von 21 Prozent ermittelt. Was immer man von diesen Berechnungen im Detail halten mag, die Kostenbilanz ist ungünstig und verschlechterte sich bisher eher, als daß sie sich verbessert, und dies nicht nur in der Bundesrepublik. Berechnungen dieser Art belegen in jedem Fall, daß der Weg zu einer wirklich präventiven Umweltpolitik noch weit ist.

2. Akteure der Umweltpolitik

Die starke Rolle der Umweltindustrie in D ist sicher ein Spezifikum, wenn man sich den Akteuren der Umweltpolitik zuwendet. Natürlich ergeben sich hieraus Interessenlagen, die zumindest der Entsorgungsvariante des Umweltschutzes zugute kommen.

Im Vergleich zu Ländern wie Frankreich oder Großbritannien kommt auch die Rolle der Umweltbewegung und des Umweltgedankens stärker zum Tragen. Die deutsche Ökologiebewegung gehört heute offensichtlich zu den einflußreichsten Umweltakteuren. Nach einer Expertenbefragung über den umweltpolitischen Einfluß wichtiger Institutionen rangierte Greenpeace an dritter Stelle nach der → Bundesregierung und der EU-Kommission, der BUND an 4. Stelle (noch vor dem UBA), an neunter Stelle rangierten die Grünen (*Herbert/Häberle* 1992). Die Ökologiebewegung verfügt in D inzwischen auch über eine beachtliche organisatorische, wissenschaftliche und publizistische Infrastruktur. 1989 gab es in der BRD 37 Umweltzeitschriften mit einer Auflage von über 4 Mio. Exemplaren.

Die Umweltidee hat heute auch strategische Gruppen erfaßt, z.B. die Konsumenten: nach einem deutlichen Anstieg kann (1990) nach Umfragen jeder zweite Haushalt in seinem Verhalten als „umweltorientiert" gelten. Auch die Industrie hat ihre Interessenlage z.T. mit ökologischem Akzent neu definiert. Darin äußern sich Lernprozesse, die den umweltpolitischen Handlungsspielraum erweitern. Es wundert nicht, daß unter diesen Umständen die konfrontative Strategie der Umweltbewegung durch eine Dialogstrategie ersetzt wurde. Das gilt auch für die Gegenseite. Konsensfähigkeit ist aber nach unseren Untersuchungen eine wesentliche Erfolgsbedingung von Umweltpolitik.

3. Umwelt- und Energiepolitik in der ehemaligen DDR

Die formelle Institutionalisierung von Umweltpolitik begann in der DDR 1968 mit der Verfassungsverankerung des Umweltschutzes und damit früher als in der BRD. Als zweites Land Europas – nach Schweden (1969) – erließ die DDR 1970 mit dem Landeskulturgesetz ein umfassendes Umweltrahmengesetz, das in der Folge durch zahlreiche Einzelgesetze und Durchführungsverordnungen konkretisiert wurde. Das umweltpolitische Instrumentarium reichte von der Integration von Umweltaspekten in die verschiedenen Ebenen zentralstaatlicher und betrieblicher Planung über Formen ordnungsrechtlicher Verhaltenssteuerung z.B. durch Grenzwerte oder Strafrechtsvorschriften bis hin zu ökonomischen Instrumenten wie dem Staub- und Abgasgeld, dem Wassernutzungsentgelt, dem Abwassergeld und der Bodennutzungsgebühr (*Kloepfer/Reinert* 1990).

Auch im administrativen Bereich erfolgte relativ frühzeitig der Aufbau differenzierter Institutionen. So wurde bereits 1971 das (für die staatliche Planung und Leitung von Umweltschutzmaßnahmen zuständige) Ministerium für Umwelt und Wasserwirtschaft gegründet. Auf bezirklicher Ebene waren staatliche Umweltinspektionen und die dem Gesundheitsministerium unterstellten Hygieneinspektionen für die Kontrolle der Einhaltung von Umweltvorschriften verantwortlich.

Den relativ umfassenden formalen Regelungen stand allerdings ein offensichtlicher Mangel an substantieller Umweltpolitik gegenüber. Zwar wurden in der ersten Hälfte der 70er Jahre – etwa bei den SO_2-Emissionen – vorübergehend gewisse Verbesserungen erzielt. Aber spätestens seit Mitte der 70er Jahre wurde Umweltpolitik grundsätzlich ökonomischen, außen- und auch sozialpolitischen Erwägungen untergeordnet. So erwies sich ab 1979 die (erneute) einseitige Ausrichtung der Energiewirtschaft auf die einheimische Braunkohle als ökologisch verheerend. Auch die sozialpolitisch motivierte Subventionierung des privaten Energie- und Wasserverbrauchs war umweltpolitik höchst nachteilig. Daneben betrieb das SED-System eine repressive Abschottung seiner zentralisierten Informations- und Entscheidungsstrukturen, eine Achillesferse der Umweltpolitik. Auch das umweltrechtliche Instrumentarium erwies sich aufgrund schwacher Grenzwerte, niedriger Umweltabgaben (die Umweltschädigungen eher legitimierten), geringer Strafen und unvollkommener Kontrolle als ineffektiv. Zudem wurde vielfach mit ökonomisch begründeten Ausnahmegenehmigungen operiert. Letztlich ist der Umweltschutz bis zur Wende in einer Weise vernachlässigt worden, die allenfalls in anderen Ländern des RGW-Bereichs ihresgleichen fand.

4. Leistungsbilanz der Umweltpolitik in BRD und DDR

In der umweltpolitischen Leistungsbilanz der Industrieländer rangierten beide deutsche Staaten Ende der 80er Jahre auf entgegengesetzten Polen. Während die BRD sich im Bereich der Abgasregelung bei stationären und mobilen Quellen wie auch in der Abfallpolitik zu einem umweltpolitischen Vorreiter in der EG entwickelte, kam die DDR vor allem mit ihrer extrem hohen Schwefeldioxidbelastung in den Ruf, die umweltpolitische Nachhut unter den Industrieländern zu bilden.

Im Industrieländervergleich rangierte auch die BRD zumindest bis in die Mitte der 80er Jahre deutlich hinter Ländern wie Japan, Schweden, den USA oder der Schweiz. Besonders deutlich wurde dies u.a. am Niveau der Abgasregelungen (mit Ausnahme des Bleigehalts im Benzin) oder am Emissionsverhalten der Elektrizitätswirtschaft. Hier bewirkten erst die Großfeuerungsanlagen-Verordnung und die anschließende Abgasgesetzgebung für PKW eine deutliche

Veränderung. Anhaltende Probleme ergaben sich vor allem bei der Boden- und Grundwasserbelastung, dem Abfall- und Sonderabfallaufkommen und der weiter steigenden Belastung durch den Straßenverkehr.

Die DDR wies am Ende ihres Bestehens dramatische Umweltprobleme auf (*Mez/ Jänicke/Pöschk* 1991, *Töpfer* 1991): Im Bereich der Luftverschmutzung betrugen die Emissionen je Einwohner 1988 bei Schwefeldioxid (SO_2) mehr als das Dreißigfache von Japan, bei Staub mehr als das Hundertfache und bei CO_2 fast das Dreifache. Das Kraftwerk Jänschwald hatte z.B. Schwefeldioxid-Emissionen wie ganz Dänemark und Norwegen zusammengenommen!

Von den 16,6 Mio.Einwohnern erhielten 9,6 Mio. zeitweise oder ständig qualitativ beeinträchtigtes Trinkwasser. Der Einsatz von Pflanzenschutzmitteln lag flächenbezogen im Vergleich zu Westdeutschland etwa doppelt so hoch. Von den Ende 1993 139.000 erfaßten Altlastverdachtsflächen Gesamtdeutschlands liegt die Hälfte im Osten des Landes, von den insgesamt vermuteten 245.000 Altlastflächen ist es ein Drittel. Von den 11.000 Standorten für Hausmüllablagerungen wurden in den neuen Bundesländern rund 10.000 als „wilde Müllkippen" ohne Beachtung von Sicherheitsstandards zunächst weiter betrieben. Abfall wird noch immer auf offenen Verbrennungsplätzen verbrannt. Im Gebiet des Uranbergbaus übersteigt die Radonkonzentration bei 50% der Häuser den Normalbereich von 250 Bq/m^3.

Als Pluspunkt in der Vergleichsbilanz ist allerdings zu vermerken, daß die DDR nach 1979 den Gütertransport auf der Straße drastisch verringert hatte, teils durch Verlagerung auf die Schiene, teils durch transportmindernde Interventionen. Dies war allerdings eher das Ergebnis energiewirtschaftlicher Zwänge als ökologischer Einsichten.

Vergleichsweise günstig entwickelte sich auch die Wiederverwertung von Rohstoffen (Sero-System). Im Industrieländervergleich ungewöhnlich war die Flächenentwicklung. Die Siedlungs- und Verkehrsfläche blieb seit 1970 aufgrund staatlicher Regulation (BodennutzungsVO, Bodennutzungsgebühr) nahezu konstant, während sie in der Bundesrepublik stark zunahm (1993 12,7 Prozent der Landesfläche).

5. Auf dem Wege zu einer verursacherbezogenen Umweltpolitik?

Der Weg eines vorsorgenden, verursacherbezogenen Umweltschutzes ist in den 80er Jahren aber auch von der BRD nur langsam beschritten worden. Umweltpolitik ist auch heute noch überwiegend entsorgende Spezialpolitik und nicht ökologische Energie-, Verkehrs- oder Industriepolitik. Kritikpunkte sind hier: der Vorrang für eine angebotsorientierte Energiepolitik, das Fehlen eines Tempolimits auf Autobahnen oder eher strukturkonservative Subventionen.

Am ehesten ist ein solcher Wandel in der Forschungspolitik erkennbar. Mit 3,4 Prozent der staatlichen FuE-Aufwendungen für Umweltzwecke rangiert D nach den Niederlanden an der Spitze der OECD-Länder (→ Wissenschaft, Forschung und Technologie).

Am Beispiel der Energiepolitik ließe sich dennoch zeigen, daß in D vor allem auf kommunaler Ebene ein Wandel von der angebotsorientierten zur nachfrageorientierten, effizienzbetonten Energiepolitik mit stärkerer ökologischer Akzentuierung stattfindet. Die Umweltpolitik dürfte sich in Zukunft verstärkt mit energiebezogenen Maßnahmen beschäftigen, die auf die gesamte Umwandlungskette von der Gewinnung bis zur Nutzung der Energie wirken. In dieser Hinsicht setzt auch die derzeitige CO_2-Minderungspolitik des Bundes energiepolitisch veränderte Akzente. Ziel ist, die energiebedingten CO_2-Emissionen bis zum Jahr 2005 um 25-30%, gemessen am Stande von 1987, zu vermindern.

6. Ausblick: Umweltpolitik nach der Vereinigung

Die aktuelle Entwicklung der bundesdeutschen Umweltpolitik ist vor allem durch den starken ökologischen Problemdruck in Ostdeutschland und die zunehmende Bedeutung internationaler Verflechtungen, insbesondere auf EU-Ebene, gekennzeichnet. Dies geht mit einer starken Thematisierung globaler Klimaprobleme in der öffentlichen Umweltdebatte einher.

D hat sich an den bisherigen weltweiten Maßnahmen zum Schutz der Ozonschicht aktiv beteiligt (Wiener Übereinkommen, Montrealer Protokoll und Londoner Folgekonferenz). Zusätzlich zu den auf internationaler Ebene vereinbarten Reduktionsmaßnahmen hat sie mit der FCKW-Halon-Verbotsverordnung vom Mai 1991 zusätzliche Verbote erlassen. Bis 1999 treten Verwendungs- und Produktionsverbote für FCKW und Halone zeitlich abgestuft in Kraft.

Ein wichtiger Schwerpunkt ist auch die Abfallpolitik geworden. Ziel der Verpackungsverordnung von 1991 ist es, Abfälle aus Verpackungen zu vermeiden bzw. wiederzuverwenden. Die Voraussetzungen zur Einführung des „Dualen Systems" sind von Herstellern und Vertreibern erst 1995 zu erfüllen. Der Ausgang dieses im internationalen Vergleich sehr weitgehenden Versuchs ist also noch offen und verdeutlicht bisher eher die Problembereiche.

Insgesamt ist D also im internationalen Vergleich ein sogenanntes „inside initiative model" (*Reich*) der Umweltpolitik: Der Staat war der eindeutige Initiator des neuen Politikfeldes. Die Umweltbewegung entstand erst in der Folge. Sie hat in der Gesellschaft aber heute eine so starke Resonanz, daß ohne sie die deutsche Umweltpolitik ebenso wenig zu verstehen ist, wie das veränderte Verbraucherverhalten oder die gewachsene ökologische Innovationsbereitschaft von Unternehmen.

Tendenziell verlagern sich die Schwerpunkte der Umweltpolitik in die Verursacherbereiche. Dies ist auch unvermeidlich, da im Wachstumsprozeß die Möglichkeiten des herkömmlichen end-of-pipe-Umweltschutzes absehbar ausgereizt sein werden.

Literatur

Blazejczak, J. et al., 1993: Umweltschutz und Industriestandort. Berichte des Umweltbundesamtes 1/93. Berlin.

Bundesministerium für Umwelt, Naturschutz und Reaktorsicherheit (BMU) 1990: Umwelt '90. Umweltpolitik. Ziele und Lösungen. Bonn.

Bundesumweltministerium (Hrsg.)1992: Umweltschutz in Deutschland. Nationalbericht der Bundesrepublik Deutschland für die Konferenz der Vereinten Nationen über Umwelt und Entwicklung in Brasilien im Juni 1992. Bonn.

Hartkopf, Günter/Bohne, Eberhard 1983: Umweltpolitik. Bd. 1: Grundlagen, Analysen und Perspektiven. Opladen.

Herbert, Willi/Häberle, Tanja 1992: Zwischenbericht zum Projekt Umweltbewußtsein bei Experten und Bevölkerung, Universität Mannheim, Forschungsstelle für gesellschaftliche Entwicklungen.

Hucke, Jochen 1991: Politik für die Umwelt. Entwicklung eines neuen Politikfeldes und die Problembereiche, in: Politische Bildung, Heft 2.

Jänicke, Martin (Hrsg.) 1978: Umweltpolitik: Beiträge zur Politologie des Umweltschutzes. Opladen.

Kloepfer, Michael 1989: Umweltrecht. München.

Kloepfer, Michael/Reinert, Sigrid 1990: Aspekte des Umweltrechts in der DDR, in: Zeitschrift für Umweltpolitik und Umweltrecht, Heft 1.

Mayntz, Renate (Hrsg.) 1978: Vollzugsprobleme der Umweltpolitik. Stuttgart.

Mez, Lutz/Jänicke, Martin/Pöschk, Jürgen 1991: Die Energiesituation in der vormaligen DDR. Darstellung, Kritik und Perspektiven der Elektrizitätsversorgung. Berlin.

Müller, Edda 1986: Innenwelt der Umweltpolitik. Sozialliberale Umweltpolitik – (Ohn)-macht durch Organisation? Opladen.

OECD 1993: Environmental Performance

Review: Germany. Paris.
Petschow, Ulrich/Meyerhoff, Jürgen/Thomasberger, Claus 1990: Umweltreport DDR. Frankfurt a.M.
Posse, Achim Ulrich 1986: Föderative Politikverflechtung in der Umweltpolitik. München.
Rat von Sachverständigen für Umweltfragen (1994): Umweltgutachten 1994, Stuttgart.
Salzwedel, Jürgen (Hrsg.) 1982: Grundzüge des Umweltrechts (Beiträge zur Umweltgestaltung, Bd. A80). Berlin.
Sprenger, Rolf-Ulrich 1991: EG-Binnenmarkt und Umweltschutz, in: Beihefte der Konjunkturpolitik 38.
Stevens, Candice 1992: The Environment Industry, OECD-Observer 177.
Storm, Peter-Christoph (Hrsg.) [7]1992: Umweltrecht. Wichtige Gesetze und Verordnungen zum Schutz der Umwelt. München.
Toepfer, Klaus 1991: Eckwerte der ökologischen Sanierung und Entwicklung in den neuen Bundesländern, Umwelt (BMU), Heft 1.
Umweltbundesamt 1994: Daten zur Umwelt 1992/93, Berlin.
Weidner, Helmut 1991: Reagieren statt Agieren. Entwicklungslinien staatlicher Umweltpolitik in der Bundesrepublik Deutschland, in: Politische Ökologie, Heft 23.
Wicke, Lutz [4]1993: Umweltökonomie. München.

Martin Jänicke/Jürgen Pöschk

Umweltschutzverbände

Mit der wachsenden Bedeutung umweltpolitischer Fragestellungen in den 70er Jahren entstehen an Einzelprojekten orientierte → Bürgerinitiativen. Zur gleichen Zeit bilden sich umweltpolitisch orientierte Verbände, die relativ schnell wachsen und an Bedeutung gewinnen. Einige der vorwiegend am klassischen Naturschutz orientierten Verbände gehen auf teilweise berufsverbandsähnliche Organisationen von z.B. Jägern zurück. Mit einer stärker am Natur- und Umweltschutz orientierten Verbandspolitik haben diese „Naturnutzer" die Umweltschutzverbände verlassen.

Inhaltlich orientieren sich diese Verbände einerseits an den Themen des klassischen Naturschutzes, wie z.B. dem Erhalt natürlicher Lebensgrundlagen, Schutz bedrohter Tiere, Pflanzen und Landschaftsräume. Einen ebenso breiten Raum nehmen die Fragen des Schutzes der Umweltmedien Boden, Wasser und Luft ein. Dabei beziehen sich die Verbände auf einzelne umweltrelevante Politikfelder wie Abfall-, Energie- oder → Verkehrspolitik. Ihre Eingriffsziele lassen sich dabei in nachsorgenden Umweltschutz (z.B. Bau von Kläranlagen) oder in strukturpolitischen Umweltschutz (Ausbau öffentlicher Verkehrssysteme) differenzieren. (→ Umweltpolitik)

Das Spektrum ihrer Aktionsformen reicht vom klassischen Lobbyismus bis zu oftmals spektakulären Aktionen. In Ermangelung eines Sanktionspotentials sind die Einflußmöglichkeiten beim ersteren eher gering. Bei Aktionen ist über die Medien der Adressat die Öffentlichkeit; durch die so erfolgte Thematisierung wird mittelbarer Druck auf politische Entscheidungsträger ausgeübt.

Ein weiteres Kennzeichen von Umweltschutzverbänden ist die projektorientierte Arbeit. Bedeutung haben v.a. Amphibienschutzaktionen und die Wiedereinbürgerung verdrängter Tiere erhalten. Neben eigenen Forschungskapazitäten erhalten Umweltschutzverbände durch ihnen nahestehende Forschungsinstitute erhebliche Unterstützung.

Typisch für Bürgerinitiativen ist die Orientierung an Einzelthemen. Sie organisieren sich daher zumeist spontan, ihr Zusammenhalt ist eher locker und grundsätzlich nicht auf Dauer angelegt. Ihre Aktionsformen umfassen sowohl den klassischen Lobbyismus als auch Methoden aktionsorientierter Verbände. Seit Mitte der 80er Jahre hat die Zahl und die Bedeutung abgenommen; teilweise werden ihre „Aufgaben" von Umweltschutzverbänden, teilweise von politischen Parteien wahrgenommen.

Nach der → Wiedervereinigung schlossen sich bestehende Umweltgruppen der ehemaligen → DDR westdeutschen Verbänden an. Die Initiativen und Verbände der früheren staatlichen Gesellschaft für Natur und Umwelt (GNU) haben sich dem Bund für Umwelt und Naturschutz Deutschland (BUND) angeschlossen. Neu gegründet wurden die östlichen Landesverbände des Naturschutzbundes Deutschland. Selbständig blieb die Grüne Liga, „eine Art Teildachverband von kirchlichen Gruppen" (*Cornelsen* 1991: 18); sie schloß sich dem Dachverband Deutscher Naturschutzring (DNR) an.

Der Bund für Umwelt und Naturschutz Deutschland (BUND) ist mit (Stand Ende 1994) etwa 217.000 Mitgliedern, davon ca. 3.500 in den neuen Ländern, der bedeutendste Umweltschutzverband. Er bearbeitet insgesamt ein breites Themenfeld mit dem Schwerpunkt Naturschutz. Traditionell orientiert er sich vorwiegend am klassischen Lobbyismus, hat aber in den letzten Jahren zwar wenig spektakuläre, jedoch informative Kampagnen durchgeführt.

Greenpeace Deutschland kann als der typische aktionsorientierte Umweltschutzverband bezeichnet werden. Viel öffentliche Aufmerksamkeit haben Aktionen, wie z.B. gegen Walfang und zum Schutz der Antarktis, erregt. Greenpeace ist kein Mitgliederverband, hat jedoch wegen des hohen Bekanntheitsgrades ein großes Spendenaufkommen.

Literatur

Cornelsen, Dirk 1991: Anwälte der Natur. Umweltschutzverbände in Deutschland. München.

Erz, Wolfgang 1989: Strukturelle und funktionale Aspekte der Verbandsarbeit von Naturschutzverbänden in der Umweltpolitik, in: Naturschutz- und Umweltpolitik als Herausforderung, Festschrift für Konrad Buchwald zum 75. Geburtstag. Hannover.

Wolfgang Kiehle

Ungleichheit

1. Zum Begriff

Der Begriff (soziale) Ungleichheit bringt zum Ausdruck, daß in einer → Gesellschaft soziale Positionen und sozialer Status (Ränge) wie Ressourcen (z.B. Eigentum und Einkommen, aber auch Macht und Prestige) ungleich verteilt sind, diese Verteilung negativ bewertet wird und daher ein gesellschaftliches Problem darstellt.

Daher gehört der Begriff der Gleichheit bzw. Ungleichheit der modernen Gesellschaftsgeschichte an. Die moralische und rechtliche Gleichheit aller Menschen: dies war das revolutionäre Prinzip, das die Aufklärung dem *ancien régime*, der Gesellschaft der Stände, der Privilegien und der von Gott gewollten Ordnungen, entgegenhielt. Der Abbau dieser Privilegien, die Zerschlagung der Stände, Zünfte, Korporationen etc. war das Ziel der französischen Revolution von 1789ff. Gleiche unter Gleichen sollten die Gesellschaft bilden und gleich unmittelbar sein zum Staat, der demokratisch legitimierten Ordnungsmacht. Dieser rechtlichen und politischen Gleichheit sollte im 19. Jh. die Forderung nach sozialer Gleichheit folgen.

Da der Begriff soziale Ungleichheit stark wertbehaftet ist, wurde immer vorgeschlagen, ihn als sozialwissenschaftlichen (soziologischen, politologischen, ökonomischen) Grundbegriff fallenzulassen und vom Begriff *soziale Differenzierung* (*Hondrich* 1982) auszugehen. Dies ist in der Sache zweifellos richtig, weil auch jene Formen der sozialen Differenzierung, die von den Gesellschaftsmitgliedern als soziale Ungleichheit bewertet werden, unter diesen neutraleren Grundbegriff subsumierbar sind.

Die eingangs gegebene Definition ließe sich dann wie folgt umformulieren:

Soziale Ungleichheit bezeichnet jenen Zustand der sozialen Differenzierung, in dem die ungleiche Verteilung von Ressourcen, Positionen und Rängen ein gesellschaftliches Problem ist.

2. Die zwei Quellen der Ungleichheitskontroversen

Mit den bürgerlichen Revolutionen beginnen die Ungleichheitskontroversen moderner Gesellschaften.

Man könnte die These vertreten, daß die etwa zeitgleichen, im Ansatz und den Folgerungen aber höchst unterschiedlichen Auffassungen von Gleichheit bei J.-J. *Rousseau* und A. *Smith* im Prinzip alle ihre nachfolgenden Thematisierungen enthalten: die mehr sozialrevolutionären, nach abstrakten Prinzipien „veranstalteten" Durchsetzungsformen von Gleichheit und die Auffassung des Liberalismus, dies der individuellen Tüchtigkeit und der auf ihr basierenden gesellschaftlichen Harmonie zu überlassen.

J.-J. *Rousseau* ging in seinem Essay „Über den Ursprung der Ungleichheit unter den Menschen" (1754; R. *Dahrendorf* sollte diese Frage 1961 als Ursprungsfrage der Soziologie bezeichnen) vom Naturrecht seiner Zeit aus, das er jedoch im Hinblick auf die offenkundig vorhandenen physischen Ungleichheiten idealisierend unterlaufen wollte (*Dann* 1975).

Im *Contrat Social* von 1762 führte J.-J. *Rousseau* die Thematik der Gleichheit weiter und verknüpfte sie stärker mit dem Problem der Freiheit. Damit beginnt, theoretisch wie praktisch, das nicht aufhebbare Spannungsverhältnis von Gleichheit und Freiheit.

A. *Smith* teilte nicht das sozialrevolutionäre Gleichheitspathos J.-J. *Rousseaus* und anderer. Die Frage der Gleichheit bzw. Ungleichheit scheint ihn nicht sonderlich zu berühren, die Frage der Armut und wie man sie überwindet, ist hingegen ein zentraler Angelpunkt seines Werkes.

In heutigen Diskussionen über die Ursachen der Ungleichheit und wie man sie beseitigen könne, stehen die auf J.-J. *Rousseau* bzw. auf A. *Smith* rückführbaren Argumente weiterhin recht unversöhnlich nebeneinander.

3. Die Ungleichheitskontroverse in Deutschland

Die Feststellung und Problematisierung sozialer Ungleichheit sagt zunächst nichts aus über den Grad der Akzeptanz in bestimmten Sozialgruppen bzw. Gesellschaften. Denkbar sind folgende Einstellungen:

- Soziale Ungleichheit wird als naturgegeben (wie z.B. bei *Aristoteles*, aber auch bei den Sozialdarwinisten) oder als gottgewollt angesehen; ihre Feststellung führt zu keinen Veränderungen;
- Soziale Ungleichheit wird als Form der sozialen Differenzierung erkannt und allgemein akzeptiert, solange sie nicht personell, ständisch oder klassenspezifisch „festgeschrieben" ist und bestimmte gesellschaftsspezifische Toleranzgrenzen überschreitet. Sie wird z.B. durch Chancengleichheit, soziale Mobilität

und die Wirkungen des Sozialstaates „aufgebrochen“ und kompensiert;
- Soziale Ungleichheit wird als ein völlig unakzeptabler gesellschaftlicher Zustand (z.B. der Ausbeutung und Unterdrükkung) angesehen und kann nach Auffassung von bestimmten Personen oder Gruppen nur durch eine revolutionäre Veränderung der gesellschaftlichen Basisstrukturen aufgehoben werden.

Es ist offenkundig, daß die Bundesrepublik dem zweiten „Modell“ zuzurechnen ist und die bis zum 3.10.1990 existente DDR dem dritten, weil sie – entsprechend der kommunistischen Ideologie – das Prinzip der Gleichheit zur Basis der Gesellschaftsordnung hatte.

Das → Grundgesetz vom 23.5.1949 steht in der Tradition der Verwirklichung der Menschen- und Bürgerrechte, der Gleichheits- und Freiheitsforderungen der bürgerlichen Revolutionen. Art. 3, 1 lautet: „Alle Menschen sind vor dem Gesetz gleich“. Zahlreiche andere Artikel sind der Verwirklichung und Absicherung dieser Gleichheitsforderung gewidmet. Abs. 2 dieses Artikels, „Männer und Frauen sind gleichberechtigt“, geht über diese Aussage hinaus und enthält die Verpflichtung zu aktiver Politik: Er betritt den Weg zum Gleichstellungsgebot. In der Verfassungsreform des Jahres 1994 wurde dies durch den Zusatz bekräftigt: „Der Staat fördert die tatsächliche Durchsetzung der Gleichberechtigung von Frauen und Männern“.

Das Grundgesetz und die Programmatik der großen → Parteien und Verbände sehen zwar vor, alle Formen rechtlicher Ungleichheit zu beseitigen, nicht aber die aufweisbare soziale Ungleichheit in allen ihren Erscheinungsformen (Ungleichverteilung von Eigentum, Einkommen, Einfluß, Prestige usw.). So betrachtet ist D keine egalitäre Gesellschaft.

Es ist gegenwärtig (1992) nicht absehbar, ob und wie sich die frühere DDR-Ideologie der Gleichheit auf die künftigen gesellschaftlichen Auseinandersetzungen in D. auswirken wird. Insgesamt wird es in den neuen → Bundesländern im Vergleich zur → DDR zu einer Vergrößerung der sozialen Ungleichheit (neutraler formuliert: der sozialen Differenzierung) kommen, was wiederum Rückwirkungen auf die gesamtdeutsche Situation haben wird.

4. Zu- oder Abnahme sozialer Ungleichheit?

Der Streit darüber, wieviel soziale Ungleichheit in der gegenwärtigen deutschen Gesellschaft tatsächlich vorliegt und ob sie im Verlauf der bundesrepublikanischen Sozial- und Sozialstaatsgeschichte eher zu- oder abgenommen hat, ist auch empirisch – zumal seit dem Einigungsprozeß (*Glatzer/Noll* 1992) – schwer zu entscheiden. Es hängt davon ab, welche Indikatoren in den Blick gerückt und wie sie bewertet werden. Anders formuliert: Die jeweils betrachteten Variablen – und diese ändern sich im Verlauf der Sozial- und Mentalitätsgeschichte – „entscheiden“ darüber, ob man tendenziell eher von zunehmender oder abnehmender Ungleichheit spricht.

Fragen des langfristigen Wandels in der Ungleichheitsverteilung werden für die frühere Bundesrepublik als Trend einer „Angleichung ohne Gleichheit“ zusammengefaßt (*Haferkamp* 1987).

Folgende Tatbestände werden hervorgehoben:
- langfristig sei ein Prozeß der Machtangleichung zu beobachten. Indikator hierfür: die vormals Machtunterworfenen stellen sich gleich und wehren sich (wachsende Bedeutung der → Bürgerinitiativen bei politischen und Verwaltungsentscheidungen) wachsende „Klagefreudigkeit“ der Bürger vor Gerichten; Zunahme der Mitwirkenden bei Entscheidungsprozessen aller Art; Entwicklung zur paritätischen Mitbestimmung im Montanbereich);
- Abbau der Bildungsungleichheit;

– Angleichungsprozesse bei den Lohnquoten (wenn auch geringfügig).

Literatur

Dahrendorf, Ralf 1961: Über den Ursprung der Ungleichheit unter den Menschen. (zuerst Tübingen).

Dann, Otto 1975: Art. „Gleichheit", in: Geschichtliche Grundbegriffe. Hist. Lexikon zur politisch-sozialen Sprache in Deutschland. Bd. 2, Stuttgart.

Glatzer, Wolfgang/Noll, Heinz-Herbert (Hrsg.) 1992: Lebensverhältnisse in Deutschland: Ungleichheit und Angleichung, Frankfurt/New York.

Haferkamp, Hans 1987: Angleichung ohne Gleichheit, in: Giesen, Bernhard/Haferkamp, Hans (Hrsg.): Soziologie sozialer Ungleichheit. Opladen.

Hondrich, Otto (Hrsg.) 1982: Soziale Differenzierung. Frankfurt.

Kreckel, Reinhard (Hrsg.) 1983: Soziale Ungleichheiten, Sonderband 2 der Zeitschrift Soziale Welt. Göttingen.

Mayer, Karl-Ulrich 1977: Soziale Ungleichheit und Mobilität. Ansätze zu einem System sozialer Indikatoren, in: Zapf, Wolfgang (Hrsg.): Lebensbedingungen in der Bundesrepublik. Sozialer Wandel und Wohlfahrtsentwicklung. Frankfurt.

Rousseau, Jean-Jacques 1984: Diskurs über die Ungleichheit. Discours sur l'inégalité. Kritische Ausgabe des integralen Textes, hrsg. von Heinrich Meier, Paderborn et al.

Schäfers, Bernhard 1987: Soziale Ungleichheit. Alte und „neue" soziale Frage, in: Opielka, Michael/Ostner, Ilona (Hrsg.): Umbau des Sozialstaats. Essen.

Bernhard Schäfers

Unternehmerverbände

1. Zum Organisationstyp

Unternehmerverbände (U.) sind Organisationen zur *politischen* Vertretung der Interessen der Unternehmenswirtschaft, d.h. ihr primärer Organisationszweck ist die Artikulation und Durchsetzung unternehmerischer Forderungen gegenüber den politischen Entscheidungsträgern. Für Unternehmer ist solche Assoziationsbildung nur eine unter mehreren Optionen der Interessendurchsetzung. In erster Linie erfolgt diese über den Markt, in zweiter Linie über Organisationen wie Kartelle und Trusts, die die bessere ökonomische Interessenrealisierung bezwecken; drittens steht vor allem Großunternehmern die Option informeller bzw. persönlicher Einflußnahme auf politische Entscheidungsprozesse offen. Im Unterschied zu anderen Gruppen ist politische Assoziation für Unternehmer folglich *kein* entscheidendes Mittel wirtschaftlicher Existenzsicherung. Hinzu kommt für diese Gruppe eine spezifische Ausprägung des allgemein für Interessengruppen geltenden Organisationsproblems: Das gleiche gemeinsame Interesse am Wohlergehen der eigenen Branche impliziert den Kampf der Einzelunternehmer gegeneinander um Marktanteile innerhalb der Branche.

Theoretisch betrachtet sind U. demnach erstens für ihre Mitglieder von nachrangiger Bedeutung und zweitens als Organisationen vor erhebliche Solidarisierungs- und Strategieprobleme gestellt. Um so erstaunlicher ist es, daß sich in praktisch sämtlichen westlichen Industriegesellschaften hochkomplexe, stark ausdifferenzierte Systeme von U. herausgebildet haben. Nicht überall kam es dabei allerdings zur Gründung eigenständiger *Arbeitgeberverbände* (AV) zur gesonderten Vertretung der Unternehmerinteressen gegenüber den Arbeitnehmern und ihren Verbänden.

2. U. in der Bundesrepublik

In der BRD sind die U. in den Spitzenverbänden BDI und BDA zusammengefaßt. Beide sind direkte Nachfolgeorganisationen des RDI (Reichsverband der Deutschen Industrie, 1919) bzw. der VDA (Vereinigung der Deutschen Arbeitgeberverbände, 1913).

BDI und BDA decken das Feld der U. allerdings nicht vollständig ab.

1. Eine Reihe von kleineren Branchenverbänden – u.a. auch die U. von „neuen" Industrien – bestehen außerhalb des BDI. Außerhalb der BDA verblieb (auf Grund der Sonderregelungen der Montanmitbestimmung) der AV der Eisen- und Stahlindustrie.
2. U. gibt es selbstverständlich nicht nur im Bereich der Industrie. Groß- und Einzelhandel, Banken und Sparkassen, Versicherungen, Verkehrsgewerbe, Reeder, Seehafenbetriebe, Hotels und Gaststätten sowie das Handwerk haben eigene U. gebildet (→ Selbständigenverbände), die mit BDI und BDA zum *Gemeinschaftsausschuß der Deutschen Gewerblichen Wirtschaft* zusammengeschlossen sind.
3. Dem Gemeinschaftsausschuß gehört zudem der *DIHT* an, der die (als „Zwangsverbände" öffentlich-rechtlichen) Industrie- und Handelskammern vereinigt.
4. Ein kleiner Teil der mittelständischen Unternehmen ist in der *ASU* (Arbeitsgemeinschaft Selbständiger Unternehmer) organisiert, die einerseits eher standespolitische Interessen vertritt, andererseits (vergeblich) gegen die wirtschaftliche und politische Dominanz der Großunternehmen ankämpft.
5. Eine marginale Rolle spielen schließlich der Bund Katholischer Unternehmer sowie die Vereinigung der Unternehmerinnen. Zahlenmäßig etwas bedeutsamer ist die Sonderorganisation der Jungen Unternehmer (JU).

Bei den unter 4. und 5. genannten U. ist die Mitgliedschaftseinheit die Person des Unternehmers. Ansonsten ist für U. typisch, daß *das Unternehmen* Mitglied ist.

2.1 Organisationsgrad und Organisationsdichte

BDI wie BDA sind „Verbände-Verbände" ohne direkte Mitgliedschaft; dasselbe gilt für einen Teil der ihnen angeschlossenen Branchenverbände. Es ist daher schwierig, Gültiges über den Organisationsgrad der Unternehmenswirtschaft insgesamt auszusagen. Bei den Branchenverbänden des BDI schwankt er zwischen 50% (mittelständische Branchen) und nahe 100% (hochkonzentrierte Branchen); bei den AV ist die Schwankungsbreite geringer. Durchschnittlich dürfte sich für BDI und BDA ein Organisationsgrad von rund 80% ergeben.

Zum hohen Organisationsgrad kommt im Bereich der Industrieverbände (IV) eine hohe Organisationsdichte. Mitglieder des *BDI* sind derzeit 34 Branchenverbände, die ihrerseits in (rechtlich selbständige) Fachverbände oder in Fachgruppen untergliedert sind, wobei Spitzenreiter der VDMA mit 33 „Fachgemeinschaften" ist. Insgesamt beläuft sich die Zahl der fachlichen Untergliederungen auf rd. 330; man kann demnach davon ausgehen, daß es für fast jedes industrielle Spezialinteresse eine eigene Organisation gibt. Die Fachverbände sind so gegeneinander abgegrenzt, daß Domänen-Überlappung und damit Konkurrenz der U. untereinander vermieden wird. Den 44 Fachspitzenverbänden der *BDA* fehlt eine vergleichbare fachliche Feingliederung, was sich u.a. daraus erklärt, daß „reine" AV weniger mit dem Konkurrenzproblem unter den Mitgliedern zu kämpfen haben als IV. Einige dieser Mitgliedsverbände üben allerdings beide Funktionen aus und gehören darum sowohl dem BDI als auch der BDA an. Zu den Fachspitzenverbänden der BDA zählen zudem die AV des nicht-industriellen Bereichs, d.h. die Verbandsdomäne der BDA ist erheblich breiter als die des BDI: Sie umfaßt tendenziell die Gesamtwirtschaft.

2.2 *Organisationsstruktur und Willensbildung*

BDI und BDA folgen in ihrer Struktur dem doppelten Organisationsprinzip sowohl funktionaler wie regionaler Repräsentation, d.h. zu den Fachspitzenverbänden gesellen sich Landesverbände. Auch die Fachverbände des BDI sind mehrheitlich nach diesem Doppelprinzip organisiert, während die Fachspitzenverbände der BDA nur regional untergliedert sind. Fach- wie Landesverbände sind im übrigen höchst unterschiedlich strukturiert, angefangen vom Charakter als Verbände-Verband oder Verband mit direkter (Unternehmens-)Mitgliedschaft über die unterschiedliche Feingliederung bis hin zur Funktionsteilung oder Funktionsvereinigung von Wirtschafts- und Arbeitgeberverband.

Die Willensbildung in den in BDI und BDA zusammengeschlossenen U. ist zumeist nur pro forma demokratisch organisiert. Mitgliederversammlungen (MV) tagen eher selten (z.T. nur alle drei Jahre) und haben eng begrenzte Rechte – in der Regel nur das der Wahl eines Teils des Vorstands (beim VDMA z.B. der Hälfte, bei Gesamtmetall dagegen nur dreier von insgesamt 16 Vorstandsmitgliedern) und/oder des Präsidiums (das z.T. aber wiederum vom Vorstand gewählt wird). Im BDI wählt die MV lediglich den Präsidenten und seine Stellvertreter, während im Vorstand die Vorsitzenden der Mitglieds- und Landesverbände sitzen und der Rest des Präsidiums vom Vorstand bestimmt wird; in der BDA darf die MV zusätzlich einige Vorstandsmitglieder (z.Zt. bis zu 16 von 73) wählen. Auf allen Ebenen wird in U. dabei nach Unternehmens- bzw. Verbands-Größe „gewichtet" gewählt. „Politische" Entscheidungen fallen auf den MV typischerweise nicht; Vorstände und vor allem Geschäftsführungen haben folglich weitgehende Handlungsautonomie. Für die letztere spricht auch der hohe Anteil hauptamtlicher Mitarbeiter: In den meisten U. ist die Verbandsführung hochgradig professionalisiert. In AV ist die Autonomie der Verbandsspitzen im Fall von Tarifverhandlungen allerdings durch Vetomöglichkeiten eingeschränkt; bei NRW-Metall z.B. müssen vier Fünftel der (lokalen) Mitgliedsverbände einem Verhandlungsergebnis zustimmen, bevor dieses Gültigkeit erlangt.

Die Machtverteilung in BDA und BDI ist deutlich asymmetrisch: Innerhalb der BDA geben die industriellen AV den Ton an, und in beiden Verbänden dominiert die Großindustrie. In der BDA führt das Machtungleichgewicht immer wieder zu Spannungen; so haben Anfang 1992 die in der ASU organisierten mittelständischen Unternehmen mit Austritt gedroht.

Die ausgeprägte Spezialisierung der U. auf den unteren Ebenen könnte befürchten lassen, daß die U. nur unter Schwierigkeiten zu einer einheitlichen politischen Linie finden. Doch Korrelat der weitgehenden Differenzierung, die die unternehmerischen Interessendivergenzen neutralisieren soll, ist die hochgradige personelle Verflechtung, d.h. die Integration in den jeweiligen Führungsorganen. Auf lokaler/regionaler Ebene darf man von weitgehender personeller Identität der Geschäftsstellen von IV und AV und sogar von IHKs ausgehen; auf nationaler Ebene entspricht dem der enge Konnex von BDI, BDA und DIHT.

2.3 *Leistungen*

Das Leistungsprofil der U. zeichnet sich durch eine Mischung aller von Interessengruppen zu erbringenden Leistungsarten aus, wobei je nach Verbandsart und nach Ebene innerhalb der Verbandshierarchie die Schwergewichte variieren. Auf der Spitzenverbandsebene dominieren die „kollektiven Güter" (Interessenvertretung gegenüber staatlich-politischen Instanzen,

Öffentlichkeitsarbeit); auf regionaler und lokaler Ebene wächst die Bedeutung „selektiver Güter“ (Serviceleistungen für Einzelunternehmen – von Marktforschungsdaten über die Rechtsvertretung bis hin zu Solidaritätsfonds für Arbeitskämpfe) wie auch „solidarischer Güter“ (Partizipation, Geselligkeit). Im Vergleich zu anderen westlichen Ländern noch schwach entwikkelt ist der neue Arbeitsbereich der Beteiligung an staatlicher Regulierung/staatlichen Förderprogrammen (Industriepolitik), doch wächst dessen Bedeutung vor allem auf Länderebene.

AV liefern in weit stärkerem Maß als andere U. „autoritative Güter“, indem sie als Tarifpartei für ihre Mitglieder verbindlich Tarifverträge aushandeln (Tarifautonomie). Als Folge spielen in AV Willensbildungsprobleme bzw. die (Selbst-)Verpflichtung zu konsensualer Politik eine größere Rolle als in IV. Da Tarifverhandlungen typischerweise auf regionaler Ebene geführt werden, haben hier zudem die Landesgruppen der Fachspitzenverbände im allgemeinen mehr Gewicht als die jeweiligen Zentralen.

3. U. in der DDR/in den neuen Bundesländern

Das Wirtschaftssystem der DDR kannte keine Unternehmer; noch viel weniger war hier Raum für deren Verbände. Auf Grund des Zusammenbruchs ganzer Wirtschaftszweige der vormaligen DDR sowie des Fehlens dessen, was man eine „Unternehmerkultur“ nennen könnte, entwickelten sich auch nach der Vereinigung keine eigenständigen Organisationsformen, sondern schlossen neue Unternehmen/privatisierte Unternehmenseinheiten sich an „bewährte“ Organisationen an. Das lag umso näher, als der Unternehmensbereich als solcher durch Übernahmen wie durch personellen Westimport stark von der westlichen Unternehmenswirtschaft geprägt wurde. Ein „Unternehmerverband der DDR“ (Jan. 1990) sowie ein „Unternehmensforum der DDR“ (ein Zusammenschluß aus dem Bereich der Kombinate) blieben kurzlebig bzw. leisteten letztlich Zubringerdienste zu den westdeutschen U.; spontane regionale Gründungen (wie z.B. der U. Sachsen) suchten rasch Kontakt zu westdeutschen Partnern. Viele der westlichen Fachspitzenverbände (im Falle des BDI angeblich knapp die Hälfte) allerdings dehnten von sich aus ihr Einzugsgebiet nach Osten aus.

BDI und BDA haben in den Jahren 1991 bis 1993 neue Landesverbände eingerichtet, zur Vereinfachung häufig gemeinsame; die einheitliche statt der arbeitsteiligen Organisation könnte sogar als der einzige eigenständige Beitrag des Ostens zur neuen Gesamt-Organisation gewertet werden. Bei den Branchen- bzw. Fachspitzenverbänden beider Bereiche nimmt der Expansionsprozeß z.T. längere Zeit in Anspruch; in den ersten Jahren wurde er verkompliziert durch den Konflikt zwischen Treuhandbetrieben und reprivatisierten Unternehmen. Während etliche Fachverbände in Ostdeutschland vermutlich noch für geraume Zeit gar nicht bzw. bestenfalls mit einem Geschäftsführer, einer Adresse und einer Telefonnummer (bzw. „in Bürogemeinschaft“) vertreten sein werden, haben andere schon früh eine beeindruckende organisatorische Präsenz erreicht.

Schnell vorangetrieben wurde ab 1990 die Neugründung von Industrie- und Handelskammern nach westdeutschem Muster. Als „Handels- und Gewerbekammern“ hatten sie allerdings auch zu DDR-Zeiten die dort selbständig gebliebenen Kleinbetriebe zusammengefaßt. Die 14 neuen IHKs wurden schon im Juni 1990 in den DIHT aufgenommen; ihre Zusammenschlüsse zu Länder-Arbeitsgemeinschaften können als abgeschlossen gelten.

Eine Sonderrolle spielt schließlich der erst 1992 in den neuen Bundesländern gegründete kleine „Verband innovativer Unternehmen“, dem die Entsprechung im Westen fehlt, der aber auch nur auf vorübergehende Existenz angelegt ist.

4. Zur politischen Bedeutung der U.

Die deutschen U., namentlich der BDI, gelten im Vergleich mit anderen Interessengruppen wie auch im Vergleich mit den U. in anderen Ländern als besonders erfolgreich und politisch mächtig. Angefangen von der „7-jährigen Kartellschlacht" der 50er Jahre bis heute ist es ihnen immer wieder gelungen, Reformprojekte der Regierungen zu entschärfen oder zu Fall zu bringen. Indessen kommt auch den deutschen U. nur im Ausnahmefall Sanktionsgewalt gegenüber ihren Mitgliedern zu, was ihre Verhandlungsmacht im Austausch mit staatlichen Instanzen theoretisch begrenzen müßte. Die im politischen Prozeß sich dokumentierende Macht ist darum nicht originäre Verbandsmacht, sondern aus der (groß-)unternehmerischen Entscheidungsautonomie abgeleitet. Wann immer ein U. sich politisch durchgesetzt zu haben scheint, ist kaum feststellbar, ob wirklich der Verband als solcher oder die betroffenen Großunternehmen erfolgreich waren. Dies gilt verstärkt für die regionale Ebene. In hochkonzentrierten Branchen jedenfalls dürften große Unternehmen sich zur Durchsetzung ihrer Interessen des Umwegs über den Verband weniger aus Gründen des Machtvorteils als vielmehr aus Gründen der Public Relations bedienen.

Literatur

Berghahn, Volker 1985: Unternehmer und Politik in der Bundesrepublik. Frankfurt a.M.

Braunthal, Gerard 1965: The Federation of German Industry in Politics. Ithaca (New York).

Henneberger, Fred 1994: Arbeitgeber- und Wirtschaftsverbände in den neuen Bundesländern. In: Josef Schmid et al. (Hrsg.): Organisationsstrukturen und Probleme von Parteien und Verbänden, Probleme der Einheit, Bd. 14. Marburg.

Huppert, Walter 1973: Industrieverbände. Organisation und Aufgaben, Probleme und neue Entwicklungen. Berlin.

Weber, Hajo 1987: Unternehmerverbände zwischen Markt, Staat und Gewerkschaften, Frankfurt/New York.

Heidrun Abromeit

Verkehrspolitik

1. Einleitung

Für die dt. Verkehrspolitik der 90er Jahre hat die Bundesregierung folgende Ziele aufgestellt (*Bundesminister für Verkehr* 1990a: 2):

„– Verkehr soll Wirtschaftswachstum und Mobilität ermöglichen.
– Es gilt, den EG-Binnenmarkt im Verkehr wirtschafts- und umweltverträglich zu vollenden.
– Leistungsfähige Ost-West-Verkehrsadern sind zur dauerhaften Überwindung der Teilung Europas zu schaffen.
– Die vom Verkehr verursachten Belastungen für Mensch und Umwelt müssen auch bei steigender Mobilität abgebaut werden.
– Der Lebensraum des Bürgers in seiner Stadt und seiner Gemeinde soll bei der verkehrlichen Erschließung lebenswert gestaltet werden."

An diesem Zielkatalog lassen sich die Probleme erkennen, deren Lösung vordringliche Aufgabe einer künftigen dt. Verkehrspolitik ist.

2. Marktordnungssystem und EG-Binnenmarkt

Zum 1.1.1993 sollte der EG-Binnenmarkt auch für den Verkehrssektor realisiert werden. Ausgehend von einer Untätigkeitsklage des Europäischen Parlaments gegen den Rat der EG auf dem Gebiet des Verkehrs und dem Urteil des EuGH vom 22.5.1985 in dieser Sache haben die Regierungschefs der Mitgliedstaaten in Mailand am 28./29.6.1985 beschlossen, die Verkehrsmärkte weitgehend zu liberalisieren. Dieser Beschluß wurde von den Verkehrsministern auf ihrer Sitzung am 14.11.1985 umgesetzt. Der Rat stimmt u.a. zu, einen freien Verkehrsmarkt ohne mengenmäßige Beschränkungen bis spätestens Ende 1992 zu schaffen und in der Übergangszeit bestehende Wettbewerbsverzerrungn zwischen den nationalen Regelungen zu beseitigen. Auch wenn dieser Zeitrahmen nicht eingehalten werden konnte, so zeichnete sich damit doch das Ende der weitgehenden staatlichen Regulierungseingriffe ab. Die Tendenz, Entscheidungsbefugnisse den nationalen Institutionen zu entziehen und auf Brüssel zu konzentrieren, läßt zudem den Spielraum für eine eigenständige dt. Verkehrspolitik immer enger werden.

Zum Schutze der Deutschen Reichsbahn und der mittelständischen Struktur des Verkehrsgewerbes war als Folge der Weltwirtschaftskrise zu Beginn der 30er Jahre ein System von Regulierungsmaßnahmen entwickelt worden, das den Wettbewerb zwischen den Unternehmen sowohl im Personen- als auch im Güterverkehr weitgehend ausschaltete. Der Zugang zum Markt wurde zumeist an eine staatliche Genehmigung (Konzessionierung) geknüpft, die Zahl der Genehmigungen z.T. begrenzt (Kontingentierung). Entgelte für Beförderungs- und Nebenleistungen – Fest- oder Margenpreise – wurden nicht auf den Märkten zwischen Anbietern und Nachfragern ausgehandelt, sondern in Tarifkommissionen bzw. Frachtenausschüssen festgesetzt und durch die zuständigen Behörden koordiniert und genehmigt. Ihre Einhaltung wurde staatlich überwacht, ihre Umgehung – nach Möglichkeit – geahndet.

An dieser Regulierung hat sich auch in der nach dem Zweiten Weltkrieg eingeführten Sozialen Marktwirtschaft der Bundesrepbulik nur wenig geändert. § 99 GWB bestimmt den Verkehrssektor zum Ausnahmebereich, für den das Kartellverbot, das Verbot von Preisabsprachen usw. nicht gelten. Die für die einzelnen Verkehrsträger vor allem zu Beginn der 50er Jahre verabschiedeten Gesetze – Allgemeines Eisenbahngesetz (1951), Bundesbahngesetz (1951), Güterkraftverkehrsgesetz (1952), Gesetz über den gewerblichen Binnenschiffsverkehr (1953), Luftverkehrsgesetz (1958), Personenbeförderungsgesetz (1961) – regelten den Marktzugang und die Preisbildung ebenso restriktiv wie die entsprechenden Gesetze vor dem Zweiten Weltkrieg, die im wesentlichen noch bis zum Inkrafttreten der genannten Gesetze gültig waren. Bemühungen, diesen wichtigen Wirtschaftssektor zu liberalisieren und damit dem zu Beginn der 70er Jahre in den USA eingeschlagenen Weg zu folgen, scheiterten bis zur EuGH-Entscheidung vor allem an der schwachen Marktposition der Deutschen Bundesbahn (DB), die zu schützen das eigentliche Ziel der Regulierungspolitik war, an den Interessen der Gebietskörperschaften und an der starken politischen Stellung der Gewerbevertreter.

Seit dem EuGH-Urteil geht die Liberalisierung der Verkehrsmärkte zügig voran. Seit Anfang 1993 ist die Kabotage für die Binnen- und die Küstenschiffahrt grundsätzlich freigegeben. Sowohl die nationalen wie auch die EG-Konzessionen für den gewerblichen Güterfernverkehr werden schrittweise erhöt und mittelfristig beseitigt. Der Tarifzwang im gewerblichen Güternahverkehr wurde 1993, im gewerblichen Güterfernverkehr und in der Binnenschiffahrt 1994 aufgehoben. Als problematisch ist diese Entwicklung aus deutscher Sicht zu beurteilen, wenn sie ohne eine gleichzeitige internationale Harmonisierung der Wettbewerbsvoraussetzungen erfolgt. Insbesondere an der Harmonisierung der Wegekostenanlastung ist die Bundesrepublik als wichtigstes Transitland der EU interessiert. Nachdem der EuGH den dt. Versuch, im Alleingang für ausländische Lkw eine Schwerverkehrsabgabe zu erheben, untersagt hat, haben die Staats- und Regierungschefs im Dezember 1992 einen Kompromiß gefunden, der die Möglichkeit der Einführung zeitabhängiger und streckenbezogener Straßenbenutzungsgebühren vorsieht. Hierbei gilt es, die in den einzelnen Mitgliedstaaten unterschiedliche Belastung mit Mineralöl- und Kfz-Steuer in die Regelung einzubeziehen. Die Bundesregierung hat zum 1.1.1995 eine Autobahnvignette eingeführt, doch ist der Versuch, über diesen Schritt eine Harmonisierung der Mineralöl- und Kfz-Steuern zu erreichen, fehlgeschlagen, weil andere Staaten die nationalen Belastungen entsprechend verringert haben.

Eng verknüpft mit der Liberalisierung ist die Lösung des Eisenbahnproblems. Die DB und die DR wiesen, wie fast alle Staatsbahnen in Europa, große Verluste aus (Jahresfehlbetrag 1992: DB: 8,6 Mrd. DM, DR: 5,3 Mrd. DM), die über die staatlichen Haushalte gedeckt werden mußten. Hinzu kommen weitere finanzielle Belastungen durch Leistungen, die die Bahnen im staatlichen Auftrag erbrachten, wie z.B. im öffentlichen Personennahverkehr (ÖPNV). Beseitigung des öffentlichen Dienstrechts, Trennung in Netz-, Güter- und Personenverkehrsgesellschaft(en) sowie Privatisierung erscheinen notwendig, wenn sich die Schiene künftig gegen ihre Konkurrenten durchsetzen will und nicht zu einem noch größeren „Haushaltsrisiko“ werden soll (ohne Bahnstrukturreform wurde bis 2002 mit kumulierten Defiziten und Zinsaufwendungen für beide Bahnen in Höhe von 510 Mrd. DM gerechnet). Die Regierungskommission Bundesbahn hat hierzu Vorschläge erarbeitet, die Bundesregierung hat eine Entscheidung über die künftige Bahnstruktur gefällt: Zum 1.1.1994 wurden Bundes- und Reichsbahn zur Deutschen Bahn AG (DB AG) zusammengeführt und in eine Kapitalgesellschaft umgewandelt. Eine EU-Richtlinie regelt zudem den Zugang Dritter zum Netz, und die DB AG hat bereits eine Preisliste für die Nutzung von Strecken veröffentlicht.

3. Infrastrukturpolitik und Integration der neuen Bundesländer

Die Vereinigung Deutschlands hatte zum einen zur Folge, daß zwei grundsätzlich unterschiedliche Verkehrsrechtsysteme aufeinander abgestimmt werden mußten. Der Einigungsvertrag hat diesbezüglich – teilweise nach Ablauf von Übergangsfristen – eine Übernahme der westdeutschen Regelungen auch in den neuen Bundesländern festgeschrieben.

Zum anderen, und dieses Problem wird durch die Öffnung Mittel- und Osteuropas noch verschärft, hat sich die Hauptrichtung der Verkehrsströme geändert. Infolge der Teilung entwickelten sich in beiden deutschen Staaten die Verkehrsströme vor allem in Nord-Süd-Richtung, und entsprechend wurden die Infrastrukturen ausgebaut. Die bestehenden Verbindungen zwischen der BRD und DDR – und der CSSR – wurden aus politischen und strategischen Gründen von den Nachbarländern vernachlässigt oder gezielt unterbrochen. Hier gilt es in besonderem Maße, die Folgen der Vergangenheit aufzuarbeiten, kann doch eine Wirtschaftsintegration der neuen in die alten Bundesländer – und der Staaten Mittel- und Osteuropas in den EWR bzw. in die EU – ohne leistungsfähige infrastrukturelle Verbindungen nicht stattfinden. Dem trug das Bundesverkehrsministerium zunächst im Mai 1990 mit einem Programm *Lückenschlüsse und dringend notwendige Netzverbesserungen* Rechnung

(*Bundesminister für Verkehr 1990b*: 22ff.), in dem etwa 130 kleinere Einzelmaßnahmen zur Verknüpfung von Verkehrswegen enthalten sind, die früher einmal verbunden waren und mit relativ geringem finanziellem (ca. 1,9 Mrd. DM) und zeitlichem Aufwand wieder hergestellt werden können.

Diesem Programm folgte im Oktober 1990 der *Sachstandsbericht* (*Bundesminister für Verkehr* 1990b), in dem die vorhandene Infrastruktur bewertet und der Finanzbedarf für ihre Modernisierung ermittelt wurde. Es zeigte sich, daß das bestehende Wegenetz der drei Landverkehrsträger Schiene, Straße und Wasserstraße in den neuen Bundesländern stark vernachlässigt worden war und modernen Anforderungen nicht entspricht. Investitionen in das Wegenetz sind in den letzten Jahren der DDR nicht in dem Umfang getätigt worden, der der Abnutzung entsprochen hätte. Erst recht unterblieb eine Modernisierung. Das Schienennetz hat hierunter am stärksten gelitten, weil die Eisenbahn u.a. aus energiepolitischen Gründen die Hauptlast zumindest des Güterverkehrs in der DDR zu tragen hatte (Marktanteil im Güterverkehr in den 80er Jahren: ca. 70%; BRD: ca. 23%). Der „Nachholbedarf“ für das gesamte ostdeutsche Infrastrukturnetz wurde auf 127 Mrd. DM geschätzt, davon 58 Mrd. DM für das Straßen- und 48 Mrd. DM für das Schienennetz der DR.

Im September 1991 folgten schließlich die *Verkehrsprojekte Deutsche Einheit* (*Bundesminister für Verkehr* 1991), in denen neun Schienen-, sieben Straßen- und ein Wasserstraßenprojekt aufgelistet sind, die mit besonderer Vordringlichkeit verwirklicht werden sollen. Insgesamt handelt es sich um ein Investitionsvolumen von etwa 56 Mrd. DM. Um einen derartigen Investitionsumfang finanzieren und auch realisieren zu können, werden alternative, private Finanzierungskonzepte (Betreiber-, Leasing-, Kooperations-/Konzessions- und Sondervermögens-Modell, *Rothengatter* 1991) und neue Planungsinstrumente (private Planungsgesellschaften), vor allem aber eine Beschleunigung des Planungsverfahrens („Maßnahmenbeschleunigungsgesetz“) diskutiert, gefordert und auch realisiert.

Die Bundesregierung hat zuletzt mit dem *Bundesverkehrswegeplan – BVWP '92* – (*Bundesminister für Verkehr* 1992) ihre infrastrukturpolitischen Vorstellungen für die Bundesverkehrswege des vereinten Deutschlands bis zum Jahr 2010 dargelegt. Als geplante Schwerpunkte werden genannt: Grunderneuerung und Ausbau der Verkehrsinfrastruktur in den neuen Bundesländern, Hochgeschwindigkeitsnetz für die Eisenbahnen, der Abbau von Kapazitätsengpässen im Schienennetz, Straßenbau in den alten Bundesländern, Schaffung leistungsfähiger Schnittstellen und Kooperationen zwischen den Verkehrsträgern, Kapazitätssteigerung in der Luftfahrt sowie Einrichtung moderner Leit- und Informationssysteme (*Bundesminister für Verkehr* 1992: 7). Hinzu kommt die grundsätzliche Zustimmung zur Realisierung einer umstrittenen Transrapid-Strecke zwischen Berlin und Hamburg.

Der Finanzbedarf für dieses Programm wird auf 500 Mrd. DM veranschlagt. Hiervon entfallen 39,0% auf das Schienennetz der DB AG, 38,3% auf die Bundesfern-, 5,6% auf die Bundeswasserstraßen, 1,4% auf die Luftfahrt, 15,2% sind Finanzhilfen nach dem Gemeindeverkehrsfinanzierungsgesetz und 0,5% übrige Bereiche (*Bundesminister für Verkehr* 1992: 37). Von Gutachtern wird allerdings allein für das Verkehrsnetz und den ÖPNV der neuen Bundesländer ein gleich hoher Finanzbedarf schon für die nächsten zehn Jahre erwartet.

Die EG-Kommission hat erst relativ spät die Bedeutung der Infrastruktur für die Integration Europas erkannt und entsprechende Initiativen ergriffen. Das hängt z.T. mit dem hohen Finanzbedarf derartiger Investitionen zusammen. Inzwischen gibt es auch hier Fortschritte, weil sich die EU sowohl an der Planung als auch an der Finanzierung von nationalen Projekten beteiligt, die „von europäischem Interesse" sind. Bis 1997 will sie 2 Mrd. Ecu für das Hochgeschwindigkeitsnetz der Eisenbahnen, den Ausbau des Autobahn- und des Wasserstraßennetzes bereitstellen. Durch den Vertrag von Maastricht ist die Zuständigkeit der EU konkretisiert und erweitert worden (*Rat der Europäischen Gemeinschaften* 1992: Titel XII („Transeuropäische Netze").

4. Verkehrsentwicklung und Umweltschutz

Die Prognosen bis zum Jahr 2010 weisen für den Verkehr hohe Zuwächse aus (*Bundesminister für Verkehr* 1992: 10). Für den Personenverkehr wird eine Steigerung um 32% von 810 Mrd. Pkm im Jahre 1988 (neuer Gebietsstand) auf 1070 Mrd. Pkm, für den Güterverkehr eine Zunahme um 77% von 310 Mrd. tkm auf 548 Mrd. tkm (ohne Straßengüternahverkehr) geschätzt. Im Personenverkehr hat der Individualverkehr derzeit einen Anteil von 80%; künftig wird sein Anteil leicht auf 78% sinken, während die Eisenbahn leichte, der Luftverkehr hohe Zuwachsraten erwarten kann. Im Gütertransport werden vor allem die Straße (+95%) und die Binnenschiffahrt (+84%) gewinnen; die Eisenbahnen, deren Marktanteil in den vergangenen 40 Jahren in den alten Bundesländern bereits stark rückläufig war, wird mit 55% auch weiterhin nur unterproportional wachsen.

Eine derartige Entwicklung stellt die Verkehrspolitik vor ein Dilemma. Bei wachsendem Realeinkommen und zunehmender Freizeit wünschen die Bürger mehr Mobilität und nutzen hierzu auch künftig vor allem den Pkw. Außerdem begünstigen Struktur-, Regional- und Logistikeffekte den Lkw im Güterverkehr. Diese Verkehrsmittel verursachen jedoch hohe Umweltkosten und stoßen zudem an die Grenzen der Leistungsfähigkeit ihrer Wege („Verkehrsinfarkt"). So werden die externen Kosten des Pkw etwa vier- bis fünfmal, die des Lkw etwa drei- bis viermal höher als die der Eisenbahn geschätzt (*PLANCO* 1990: 21f.). Die Ballungszentren ersticken in den morgend- und nachmittäglichen Verkehrsspitzen. Hochbelastete Autobahnabschnitte weisen bereits heute eine durchschnittliche tägliche Verkehrsstärke von 90.000 Pkw und 10.000 Lkw auf; auf dem gesamten dt. Autobahnnetz sind es durchschnittlich 40.000 Pkw und 5.000 Lkw pro Tag.

Das prognostizierte Verkehrsaufkommen kann auf dem bestehenden Straßen- und Schienennetz nicht bewältigt werden – lediglich die Binnenschiffahrt und im internationalen Verkehr auch die Küstenschiffahrt verfügen noch über freie Kapazitäten. Sie gehen zudem mit den Umweltressourcen am sparsamsten um. Zur Lösung dieses Dilemmas ist eine Ausweitung der Infrastrukturkapazitäten in begrenztem Umfang notwendig und möglich; vor allem aber sind durch Maßnahmen zur Verbesserung der Leistungsfähigkeit von Schiene und ÖPNV, der Schnittstellen zwischen den Verkehrsmitteln sowie durch pretiale Instrumente (z.B. Mineralölsteuer, Wegeabgaben; *Ewers* 1991) die Wahlentscheidungen zugunsten umweltschonender Verkehrsprozesse zu lenken. Wichtige Impulse kann hier auch die Raumordnungspolitik durch Beeinflussung z.B. der Siedlungsstruktur liefern. Auch die EU hat sich inzwischen dieser Problematik in besonderem Maße angenommen (*Kommision der Europäischen Gemeinschaften* 1992).

Literatur

Bundesminister für Verkehr 1990a: Verkehrspolitik der 90er Jahre, Bonn.

Bundesminister für Verkehr 1990b: Bundesverkehrswegeplan 1985 und Gesamtdeutscher Verkehrswegeplan – Sachstandsbericht –, Bonn.

Bundesminister für Verkehr 1991: Verkehrsprojekte Deutsche Einheit, Bonn.

Bundesminister für Verkehr 1992: Bundesverkehrswegeplan – BVWP '92 – einschließlich Bedarfsplan für die Bundesfernstraßen, Bonn.
Ewers, Hans-Jürgen 1991: Dem Verkehrsinfarkt vorbeugen. Zu einer auch ökologisch erträglicheren Alternative der Verkehrspolitik unter veränderten Rahmenbedingungen, Göttingen.
Kommission der Europäischen Gemeinschaften 1992: Die künftige Entwicklung der Gemeinsamen Verkehrspolitik. Globalkonzept einer Gemeinschaftsstrategie für eine auf Dauer tragbare Mobilität, KOM (92) 494 endg., Brüssel.
PLANCO 1990: Externe Kosten des Verkehrs. Schiene, Straße, Binnenschiffahrt. Essen.
Rat der Europäischen Gemeinschaften, Kommission der Europäischen Gemeinschaften 1992: Vertrag über die Europäische Union, Brüssel, Luxemburg.
Rothengatter, Werner 1991: Möglichkeiten privater Finanzierung im Verkehrswesen – Infrastruktur, in: Privatisierung im Verkehr, Schriftenreihe der Deutschen Verkehrswissenschaftlichen Gesellschaft e.V., Bergisch Gladbach.

Friedrich von Stackelberg

Vermittlungsausschuß

In seinem Abschnitt zur Gesetzgebung des Bundes spricht das Grundgesetz von einem „aus Mitgliedern des → Bundestages und des → Bundesrates für die gemeinsame Beratung von Vorlagen gebildete(n) Ausschuß" (Art. 77 Abs. 2 Satz 1), der in seiner Geschäftsordnung als „Vermittlungsausschuß" bezeichnet wird. Diese Institution ist 1949 ohne Vorgänger auf nationaler Ebene in freier Anlehnung an die Verfassungspraxis der USA in das Grundgesetz übernommen worden.

Seit November 1990 besteht der Vermittlungsausschuß aus 32 (1957-90: 22) Mitgliedern, von denen die eine Hälfte für die Dauer einer Wahlperiode nach Proporzregeln von den Bundestagsfraktionen bestimmt, die andere Hälfte von den einzelnen Landesregierungen bestellt wird. Jedes Mitglied hat einen Abwesenheitsvertreter. Beide müssen der jeweiligen „entsendenden Körperschaft" Bundestag oder Bundesrat angehören. Als Mitglieder des Vermittlungsausschusses nehmen nicht nur die Bundestagsabgeordneten, sondern auch die Bundesratsvertreter ein freies Mandat wahr (Art. 38 Abs. 1 Satz 2, Art. 77 Abs. 2 Satz 3 GG).

Der Vermittlungsausschuß hat je einen Vorsitzenden aus Bundestag und Bundesrat, die einander vierteljährlich ablösen, wobei nach ständiger Praxis der eine Vorsitz der stärksten Bundestagsfraktion zusteht, der andere einem Bundesratsvertreter aus der Partei mit der zweitstärksten Bundestagsfraktion. Ein Mitglied oder sein Vertreter dürfen, falls keine besonderen Gründe vorliegen, höchstens viermal je Bundestagswahlperiode ausgewechselt werden (§4 GOVA), da der Vermittlungsausschuß nicht ein Expertengremium, sondern ein unter übergeordneten politischen Prämissen nach Kompromißmöglichkeiten suchendes Gremium sein soll.

Voraussetzung für ein Tätigwerden des Ausschusses ist ein Gesetzesbeschluß des Bundestages. Bei Einspruchsgesetzen ist nur der Bundesrat berechtigt und vor Einlegung eines Einspruchs auch verpflichtet, den Ausschuß anzurufen. Bei Zustimmungsgesetzen steht außer dem Bundesrat auch dem Bundestag und der Bundesregierung ein Anrufungsrecht zu, das von Parlament und Regierung jedoch nur selten genutzt wird und von jedem Organ in einer Sache nur einmal angewendet werden darf. Nur der Bundesrat ist für seine Anrufungsbegehren an eine Drei-Wochen-Frist gebunden und zur Begründung der Anrufung verpflichtet (Art. 77 Abs. 2 Satz 1 GG, §31 GO des Bundesrates).

Bei einem auf die jeweils fachlich zuständigen Regierungsmitglieder oder deren Abwesenheitsvertreter beschränkten Zutrittsrecht berät der Vermittlungsausschuß vertraulich, doch werden seine Protokolle zu Beginn der jeweils übernächsten Wahlperiode veröffentlicht.

Das Vermittlungsverfahren endet entweder mit einem auf „Bestätigung", „Änderung" oder „Aufhebung" des Gesetzesbeschlusses lautenden Einigungsvorschlag oder mit einem formellen Abschluß des Verfahrens ohne Einigung. Während bei Bestätigung oder einigungslosem Abschluß nachfolgend nur ein Bundesratsbeschluß erforderlich ist, werden Änderungs- und Aufhebungsempfehlungen zunächst dem Bundestag zugeleitet. Für diesen Fall hat sich der Bundestag in der von ihm mit Zustimmung des Bundesrates beschlossenen Geschäftsordnung des Vermittlungsausschusses die Selbstbindung auferlegt, nur noch über den – oftmals als Paket von Änderungen vorgelegten – Vermittlungsvorschlag abstimmen zu können (§§10 bis 12 GOVA).

Die Häufigkeit der Anrufung des Vermittlungsausschusses hängt entscheidend von den Mehrheitsverhältnissen in Bundestag und Bundesrat ab. Nach einer Hochphase in der siebten bis neunten Wahlperiode aufgrund zahlreicher Anrufungsbegehren der von CDU- und CSU-geführten Landesregierungen gestellten Bundesratsmehrheit gingen die Vermittlungsaktivitäten nachfolgend stark zurück, lebten aber mit dem Verlust der Bundesratsmehrheit für die CDU/CSU/FDP-Koalition seit 1991 erneut auf. Der hohe Anteil der nach Anrufung des Ausschusses letztlich verkündeten Gesetze belegt seine Effektivität.

Literatur

Bundesrat (Hrsg.) 1989: Vierzig Jahre Bundesrat. Baden-Baden.

Dietlein, Max 1989: Vermittlung zwischen Bundestag und Bundesrat, in: Schneider, Hans-Peter/Zeh, Wolfgang (Hrsg.): Parlamentsrecht und Parlamentspraxis in der Bundesrepublik Deutschland. Berlin/New York.

Schindler, Peter 1983/1986/1988/1994: Datenhandbuch zur Geschichte des Deutschen Bundestages, 4 Bde. Baden-Baden.

Jürgen Plöhn

Vertrauensfrage

Klassischen Gleichgewichttheorien des Parlamentarismus gelten Vertrauensfragen, Mißtrauensvotum und Parlamentsauflösung als komplementäre Instrumente, die gemeinsam Machtbalance und Stabilität im Regierungssystem bewirken: Ein Instrumentarium zur Bewältigung von Krisen zwischen Parlament und Regierung, das Mehrheitsbildung sichern soll. Formal gesehen verfügt auch der → Bundeskanzler mit der Vertrauensfrage nach Art 68 GG über ein Mittel zur Stabilisierung seiner Position oder zur Initiierung von Neuwahlen. Eine Vertrauensfrage kann mit bestimmten Entscheidungen, speziell mit einer Gesetzesvorlage, verbunden werden. Findet sie nicht die Zustimmung der Mehrheit der Mitglieder des → Bundestages, kann der Bundeskanzler dem → Bundespräsidenten die Auflösung des Bundestages vorschlagen. Die Auflösungsbefugnis erlischt, wenn der Bundestag im Gegenzug einen anderen Kanzler wählt.

Im parlamentarischen Regierungssystem des → Grundgesetzes besaß Art. 68 bisher kaum verfassungspolitische und praktische Bedeutung. Stabilität und Machtbalance werden nicht durch formale Normen, sondern durch politische Koordinationsprozesse zwischen Kabinett und Mehrheitsfraktion(en) hergestellt. Funktioniert dies ständige politische Abstimmung wie im Normalfall, entfällt jeglicher Anlaß dafür, fortbestehendes Vertrauen förmlich feststellen zu lassen; funktioniert sie nicht und beginnt die Mehrheit zu zerfallen, kann auch die Vertrauensfrage diesen Zerfallsprozeß nicht aufhalten. Bundeskanzler *Schmidt*, der, bisher einmalig in der Geschichte der Bundesrepublik, zu diesem Mittel in der Absicht Zuflucht nahm, um → Koalition und eigene Partei zu disziplinieren, erfuhr am 5.2.1982 zwar nach außen eine glänzende Bestätigung durch eine Koalition, die weiter bröckelte, bis eine neue Mehrheit ihm am 1.10.1982 das Mißtauen aussprach und gleichzeitig *Kohl* zum Kanzler wählte. Die Vertrauensfrage stabilisiert nicht mehr. Sie macht heutzutage eher Erosionsprozesse sichtbar und beschleunigt sie.

Art. 68 dient mittlerweile dazu, über eine Parlamentsauflösung Neuwahlen herbeizuführen, um die Legitimität der Regierung zu erneuern. In diese Richtung zielte bereits der Antrag einer nicht koalitionswilligen Parlamentsmehrheit an den durch Koalitionsbruch zum Minderheitskanzler gewordenen *Erhad* (1966), die Vertrauensfrage zu stellen. *Erhard* folgte dem nicht. Aber schon die Annahme dieser Aufforderung im Bundestag kam praktisch einem Mißtrauensvotum gleich. Den im Amte klebenden Kanzler zwang dann die eigene Fraktion zum Rücktritt. Eine neue handlungsfähige Mehrheit wurde dann parlamentarisch, nicht durch Neuwahlen gebildet (Große Koalition 1966-69). Neuwahlen über Art 68 GG können erreicht werden, wenn der Kanzler in Absprache mit der Mehrheit die Vertrauensfrage mit dem Ziel stellt, ein negatives Votum zu erhalten, z.B. durch Abstimmungsabstinenz der Kabinettsmitglieder oder der „eigenen Abgeordneten". Diesen Weg beschritten *Brandt* (22.9.1972) und *Kohl* (13.12.1982), um zu einer neuen sicheren Mehrheit bzw. zur direkt-demokratischen Legitimierung eines Regierungswechsels zu kommen. Die Vertrauensfrage besitzt damit nicht mehr ihre klassische Funktion. Sie ist zum Äquivalent für das im GG bisher nicht vorgesehene Selbstauflösungsrecht des Bundestages geworden. Nach der Rechtsprechung des → Bundesverfassungsgerichts handelt es sich um eine letzte, an enge Voraussetzungen gebundene Möglichkeit.

Literatur

Heyde/Wöhrmann 1983: Auflösung des Deutschen Bundestages. Baden-Baden.

Schneider, Hans-Peter/Zeh, Wolfgang (Hrsg.) 1989: Parlamentsrecht und Parlamentspraxis. Berlin . New York.

Ritzel, Georg/Bücker, Joseph 1982ff.: Handbuch für die Parlamentarische Praxis.

Heinrich Oberreuter

Volkssouveränität

1. Begriffliches

Seit den bürgerlichen Revolutionen in Nordamerika und Frankreich Ende des 18. Jhs. findet das Sprachsymbol „Volkssouveränität" (V.) als normativer Grundbegriff in der Theorie des modernen demokratischen Verfassungsstaates Verwendung. Auf charakteristische Weise verbindet V. den von *Bodin* in die neuzeitliche Staatstheorie eingeführten, vom Lateinischen „superioritas“ abgeleiteten „Souveränitäts“-Begriff mit dem eher politisch unbestimmten „Volks“-Begriff. V. wird dann im 19. und 20. Jh. zur allgemein anerkannten Bezeichnung für die verfassungsgebende, „konstituierende“ Gewalt (pouvoir constituant) und zur Kurzformel für die demokratische Legitimation des Verfassungsstaates – in deutlicher Kontraposition einmal gegenüber allen noch nachwirkenden Formen monarchischer Legitimation („Monarchisches Prinzip“), zum anderen gegenüber den verschiedenen, durch die Systematik der Gewaltenteilung „konstituierten Gewalten“ (pouvoirs constitués) Legislative, Exekutive und Judikative, die erst durch den Bezug auf die V. als solche konstituiert werden und Legitimation gewinnen. „Konstituierte Gewalten“ in diesem Verständnis sind übrigens auch direktdemokratische oder plebiszitäre Elemente in demokratischen Verfassungssystemen; Einrichtungen wie Volksentscheide, Referenda, Volksabstimmungen etc. können entsprechend nur im Rahmen der vorgegebenen normativen Verfassungsordnung ausgeübt werden; insofern sind sie zwar *Ausdruck* des Prinzips der V. und durch sie legitimiert; nicht aber die V. selbst. Als konstituierende Gewalt „erschöpft“ sich die V. im Akt der Verfassungsgebung; sie bleibt in der Verfassungsordnung „aufgehoben“, bis es – aus welchen internen oder externen Gründen auch immer – zu einer Erneuerung des verfassungsgebenden Aktes kommen wird. In den sprachlichen Formeln „Alle Staatsgewalt geht vom Volke aus“, „Alle Macht kommt vom Volke“ etc. hat dieses V.- Prinzip inzwischen Eingang in alle geltenden, auch in die neuesten osteuropäischen Verfassungen gefunden und gehört damit zu den tragenden Legitimationsgrundlagen des demokratischen Verfassungsstaates der Gegenwart überall in der Welt.

2. Ideengeschichtliches

Wenngleich die Idee der V. den Durchbruch zur universellen Geltung und Anerkennung als Verfassungsprinzip erst im ausgehenden 18. Jh. erzielte, reichen ihre Wurzeln doch viel weiter in die Geschichte der politischen Theorien zurück. Zwar werden in der klassischen griechischen oder römischen Staatstheorie wie -praxis dem Volke (demos; populus) im Rahmen der konkreten Verfassung der griechischen *Polis* bzw. der römischen *res publica* jeweils unterschiedliche praktische Rollen und entsprechende Kompetenzen zuerkannt – es hat dies indes noch wenig mit der theoretischen wie faktischen *Begründung* und *Legitimation* politischer Ordnungen zu tun, vielmehr kann das Volk hier lediglich als „konstituierte Gewalt“ gelten, stellt mithin noch keine „konstituierende“, verfassungsgebende und -legitimierende Gewalt dar.

Erst im Mittelalter fand die Idee der V. als gewichtiges, auch herrschaftsbegründendes Prinzip Verwendung. Die deutsche Verfassungsentwicklung des 19. und 20. Jh. folgt den westeuropäischen Ideen der V., also den englischen und französischen, vertreten vor allem durch *Milton*, *Locke*, *Rousseau,* nur bedingt und zögernd. Zwar hatte sich Immanuel *Kant* (1724-1804) – hierin *Rousseau* folgend – als eindeutiger Befürworter der V.-Idee erklärt; in seiner „Rechtslehre“ („Metaphysik der Sitten“, §46) hatte er den „allgemeinen vereinigten Volkswillen“ zur Grundlage seiner Idee des Verfassungsstaates gemacht und festgestellt, daß „die gesetzgebende Gewalt nur dem vereinigten Willen des Volkes zukommen“ könne. Ähnlich auch Johann Gottlieb *Fichte* (1762-1814) in seinen frühen Schriften. Doch blieben diese Theorien ohne direkte Folgen.

Das 19. Jh. hindurch konnte sich in der faktischen Verfassungsentwicklung im „Deutschen Bund“ nach 1815 der Gedanke der V. nirgends durchsetzen; er stand durchweg im Widerstreit mit dem nach wie vor vorherrschenden und anerkannten „monarchischen Prinzip", auf dem die Verfassungen der Vormärzzeit beruhten.

Auch in der Paulskirchenverfassung (1849) und in der Verfassung des Norddeutschen Bundes (1867) sowie des Deutschen Reiches (1871) fehlte ein Hinweis auf die V.. Erst in der Weimarer Reichsverfassung (1919), nach dem Ersten Weltkrieg und nach dem Sturz aller Monarchien in Deutschland geschaffen, heißt es in Art. 1: „Die Staatsgewalt geht vom Volk aus". Sowohl die Verfassungen der deutschen Länder nach 1945 als auch das → Grundgesetz der Bundesrepublik (1949) und die (erste) Verfassung der → DDR (1949) formulierten diesen Grundsatz an entscheidender Stelle: „Alle Staatsgewalt geht vom Volk aus" (Art. 20, Abs. 2 GG, gleichlautend Art. 3, Abs. 1 DDR-Verf. 1949).

Daß gleich*lautend* nicht gleich*sinnig* bedeuten muß, daß das Prinzip der V. im realexistierenden Sozialismus *anderes* meint als im demokratischen Verfassungsstaat westeuropäischer Traditionen, macht indes Art. 2 der DDR-Verfassung von 1974 klar: „Alle politische Gewalt in der DDR wird von den Werktätigen in Stadt und Land *ausgeübt*". Die Verfassung enthält keinen Hinweis mehr auf den *Träger* der Staatsgewalt! Und ergänzend dazu heißt es in Art. 47: „Die Souveränität des werktätigen Volkes, *verwirklicht* auf der Grundlage des *demokratischen Zentralismus*, ist das tragende Prinzip des Staatsaufbaus." Der Leninsche Begriff „Demokratischer Zentralismus" verweist darauf, daß es hier nicht um die Souveränität des *Volkes*, sondern um die Suprematie der *kommunistischen Partei* (→ SED) in Staat und Gesellschaft geht. Gegen diese 40 Jahre währende Fremdbestimmung des Volkes richten sich im Herbst 1989 die Rufe „Wir sind das Volk!" in Dresden, Leipzig und Berlin.

3. Systematisches

Sieht man einmal vom Vatikanstaat und einigen monarchischen und autokratischen Regimes in der arabisch-islamischen Welt ab, so berufen sich heute eigentlich alle Staaten der Welt – zumindest verbal – zu ihrer Legitimation auf das V.-Prinzip; die Verfassungsformel „Die Staatsgewalt geht vom Volk aus" ist auch dort, wo diese Berufung ganz offensichtlich nichts mit der Realität zu tun hat, üblich und stereotyp. An folgenden Merkmalen lassen sich Hinweise für die Wirklichkeit des V.-Prinzips gewinnen: Der zentrale Aspekt der V. ist offensichtlich ihre Funktion als „verfassungsgebende" oder „konstituierende Gewalt". Als „pouvoir constituant" fundiert die V. den verfassungsgebenden Prozeß und geht insoweit der Verfassung und den durch sie im Rahmen der Gewaltenteilungssystematik „konstituierten" Gewalten (Legislative, Exekutive, Judikative) zeitlich wie systematisch voraus und bildet so ihren eigentlichen Entstehungs- und Legitimationsgrund. Kaum je kann die Verfassungsgebung (-beratung und -beschluß) unmittelbar durch das (empirisch versammelte) Volk erfolgen; in der Regel wird der verfassunggebende Wille durch eine (demokratisch gewählte) *Repräsentation* des Volkes ausgeübt; nach dem Vorbild der Französischen Revolution gilt als bevorzugtes Modell eine aus demokratischen Wahlen hervorgegangene „Nationalversammlung". Typisch ist auch, daß eine solche Nationalversammlung, hat sie ihre Aufgabe der Verfassungsberatung und -beschließung erfüllt, sich entweder aufzulösen oder in ein normales gesetzgebendes Parlament zu verwandeln sucht und so von der „konstituierenden" zu einer „konstituierten Gewalt" neben anderen wird, die nun im Rahmen der Gewaltenteilungssystematik der Verfassung definierte Kompetenzen und Aufgaben wahrzunehmen hat. Ist die Verfassungsgebung erfolgt, so hat das Prinzip der V. seine *konstituierende* Funktion erfüllt; übrig bleibt seine *legitimierende* Funktion, die sich vor allem auf die Praxis der *demokratischen Prozesse* im Rahmen des modernen Verfassungsstaates bezieht: auf Artikulation und Aggregation gesellschaftlicher Interessen und Bedürfnisse aller Art im Kontext einer pluralistischen Gesellschaft; auf die konkurrenz- oder koalitionsorientierten Interaktionen politischer → Parteien im Mehrparteiensystem; vorzüglich auf die politischen → Wahlen in Kommunen, Ländern und Gesamtstaat. Natürlich nicht nur auf die Institutionen und Verfahren der repräsentativen oder mittelbaren → Demokratie, sondern auch gleichermaßen auf die verschiedenen direktdemokratischen oder plebiszitären Einrichtungen im Verfassungsstaat wie Volksentscheide und -abstimmungen, Plebiszite und Referenda. Schließlich auch noch auf den demokratischen *Regierungsprozeß*, auf die Willens- und Entscheidungsfindung und auf die komplexe Ausübung der staatlichen Gewalten Gesetzgebung, Regierung und Verwaltung sowie Jurisdiktion, die alle „im Namen des Volkes" erfolgen und so ihre demokratische Legitimation durch das Prinzip der V. erhalten. Das Prinzip der V. als „pouvoir constituant" ist die Legitimationsgrundlage aller „pouvoirs constitués" des demokratischen Verfassungsstaates. Bemerkenswert in diesem Zusammenhang ist noch, daß die Kompetenz zu *Verfassungsänderungen* im demokratischen Verfassungsstaat in der Regel nicht der (*extra*- oder *vor*konstitutionellen) verfassungsgebenden oder konstituierenden Gewalt zukommt, sondern – im Rahmen der bestehenden Verfassung und ihren Regeln entsprechend – den an der Gesetzgebung beteiligten „konstituierten Gewalten", im besondern dem Parlament, wobei besonders qualifizierte (Zweidrittel)-Mehrheiten Bedingung sind.

Für die *BRD* werden diese Bezüge vor allem in Art. 20, Abs. 2 geregelt; hier ist davon die Rede, daß „alle Staatsgewalt vom Volke *ausgeht*, daß diese Staatsgewalt vom Volk in Wahlen und Abstimmungen und durch besondere Organe der → Gesetzgebung, der vollziehenden Gewalt und der Rechtssprechung *ausgeübt*" wird. Das Volk erscheint somit als *Träger* aller → Staatsgewalt; *ausgeübt* wird sie teils *unmittelbar* vom Volk, teils *mittelbar* durch die staatlichen Gewalten. Mit diesen Bestimmungen bekennt sich das GG eindeutig zum V.-Prinzip als der maßgeblichen Legitimationsgrundlage der demokratischen Ordnung der Bundesrepublik. So allgemein der Grundsatz der V. in diesem Artikel – im Kontext der westeuropäischen Tradition – auch formuliert ist, so zeigt er doch deutliche Spuren der Entstehungssituation des Grundgesetzes nach 1945. Obgleich in Art. 20 GG sowohl von unmittelbarer (plebiszitärer) als auch von mittelbarer (repräsentativer) Demokratie gleichermaßen gehandelt wird, ist der Gesamtcharakter der bundesrepublikanischen Demokratie aus zeitgeschichtlichen Erfahrungsanlässen doch überwiegend *repräsentativ*. Die Entscheidung für die repräsentative Demokratie auf der Basis des V.- Prinzips erklärt sich für viele Interpreten aus der Einschätzung der Verfassungsväter, nach zwölf Jahren totalitärer NS-Diktatur (→ Nationalsozialismus) sei das deutsche Volk für mehr direkte Demokratie nicht reif.

Das dem GG zugrundeliegende V.-Prinzip dient in der auch nach der deutschen Vereinigung weiter geltenden Fassung vorwiegend dem Zweck, diese repräsentative Demokratie der Bundesrepublik und seine tragenden Strukturprinzipien (außer dem Demokratieprinzip sind dies: das Republiks-, → Rechtsstaats-, → Sozialstaats- und → Bundesstaatsprinzip) zu legitimieren und so die Legitimation des gesamten politischen Systems herzustellen. Das Legitimationsprinzip V. und das Strukturprinzip Demokratie sind hierbei engstens aufeinander bezogen.

In der mit der Vereinigung (1990) einsetzenden Verfassungsreformdiskussion in D hat die Absicht, plebiszitäre oder direktdemokratische Elemente des GG zu verstärken oder neu einzubauen, eine wichtige, wenngleich kontroverse Bedeutung gespielt; beabsichtigt war z.B., im Rahmen der „konstituierten Gewalten“ dieser zweiten deutschen Demokratie – zum Teil aufgrund der günstigen Erfahrungen in einigen Bundesländern damit – dem Bürger größere Chancen der direkten, sachbezogenen politischen Partizipation einzuräumen. Eine solche Tendenz entspracht durchaus dem in den letzten Jahren zu beobachtenden gewandelten politischen Partizipationsverhältnis der Menschen, die ihre staatsbürgerliche Rolle nicht allein darin erfüllt sehen wollen, alle vier Jahre das Personal des → Bundestags in Wahlen neu zu bestimmen, die vielmehr zunehmend die Neigung zeigen, nicht selten auch auf unkonventionelle Weise, einen aktiven Beitrag zur Entscheidung von politischen *Sachfragen* auf der Ebene der Kommune, des Landes oder des Bundes zu leisten. Gute Gründe sprechen – angesichts einer Krise der repräsentativen Demokratie – für eine solche Verfassungsreform, die Volksentscheide und Volksabstimmungen zu zentralen politischen Fragen und Weichenstellungen vorsieht. Nach mehr als 40 Jahren Bestehen der zweiten deutschen Demokratie vermag das Argument nicht mehr zu überzeugen, das deutsche Volk als Gesamtheit der Bürger sei nicht reif und mündig, sich mittels direktdemokratischer Verfahren rational und effektiv in politische Sachentscheidungen einzuschalten. Leider hat sich diese Argumentation in der Verfassungsreformdiskussion nicht durchsetzen können. Die Verfassungsreform wurde 1994 definitiv verabschiedet, ohne auf Bundesebene eine plebiszitäre Komponente einzuführen.

Literatur

Gierke, Otto von 1958: Johannes Althusius und die Entwicklung der natürlichen Staatstheorien (1880), Nachdruck: Aalen.

Kielmansegg, Peter Graf 1977: Volkssouveränität. Stuttgart.

Kriele, Martin 1980: Einführung in die Staatslehre. Opladen.

Kurz, Hanns 1965: Volkssouveränität und Volksrepräsentation. Köln.

Kurz, Hanns (Hrsg.) 1970: Volkssouveränität und Staatssouveränität. Darmstadt.

Theo Stammen

Wählerinitiativen

1. Der Begriff der Wählerinitiativen (WI) umfaßt alle Arten von Gruppen von nicht parteipolitisch Engagierten, die versuchen, Einfluß auf die politische Willensbildung zu nehmen, u.a. auch Aktionen wie ‚Rock gegen Rechts‘, ‚Künstler für den Frieden‘, etc. Im engeren Sinne verweist der Begriff vor allem aber auf Personenkreise, „die sich außerhalb der politischen → Parteien um Mandate in kommunalen Vertretungskörperschaften bewerben“ (*Becker/Rüther* 1976: 280). Im Sprachgebrauch hat sich, alternativ zum Begriff der WI, auch der der kommunalen Wählergemeinschaften eingebürgert. WI weisen Gemeinsamkeiten mit, aber auch Unterschiede zu anderen Formen kommunaler Interessenorganisation (z.B. Parteien, → Bürgerinitiativen) auf. Mit und in Konkurrenz zu Parteien haben WI einerseits gemein, daß sie Interessen bündeln, sich mit Kandidatenvorschlägen an → Wahlen beteiligen, die Übernahme politischer Verantwortung anstreben; im Unterschied zu Parteien ihre Aktivitäten vorrangig aber auf die kommunale Ebene abzielen. Von Bürgerinitiativen scheidet sie andererseits, daß sie innerhalb der bestehenden kommunalen Institutionen ope-

rieren, ihre politischen Anliegen etwa nicht zeitlich und sachlich begrenzt sind. Ihrem Selbstverständnis zufolge sehen sich WI von daher als bewußte personelle und programmatische Alternative zu den Parteien und optieren nicht für parteipolitische, sondern für sachlich-verwaltungsbezogene Entscheidungen in der Kommunalpolitik (*Haller* 1979: 336).

2. WI bieten, was ihre Stellung und Bedeutung in der bundesdeutschen Kommunalpolitik anlangt, ein komplexes Bild. Obwohl sie in fast allen alten → Bundesländern an Kommunalwahlen teilnehmen, schneiden WI vor allem in → Bad.-W. → Bay. und → R.P. gut ab, gefolgt von → Hess., → Nds. dem → Sal. und → NW (*Becker/Rüther* 1976: 29ff.). Z.B. erreichten bei den Kommunalwahlen in Bay. (1990) WI 11,9%, in Bad.-W. auf Gemeinde- und Stadtratsebene 40,7% der abgegebenen Stimmen, schnitten sie in NW (1989) nur mit 1,6%, in S.H. (1990) nur mit 1,2% ab. Für diese landesweit unterschiedlichen Stärken läßt sich neben regionalhistorischen und politisch-kulturellen Gründen (*Haller* 1979: 349f.) ein Bündel mehrerer Bestimmungsgrößen anführen (*Stöss* 1984: 2397f.). Zunächst hat das kommunale Wahlsystem, zumal wenn es Listenübertragung und Stimmenhäufung (Panaschieren, Kumulieren) zuläßt, Auswirkungen auf das Abschneiden von WI (*Nohlen* [2]1977). Ferner hängt deren Stellung und Charakterisierung stark ab von der Größe und der sozialstrukturellen Zusammensetzung der → Gemeinden. In kleinen Gemeinden treten WI als „ausgewogenes Dorfpotpourri aller Sozialaktiven" (*Wehling* 1986: 92) auf, während sie in mittleren und größeren Gemeinden oftmals mittelständische Interessenvertretungen der Selbständigen und Handwerker darstellen; dies vor allem in Konkurrenz zur → CDU und → FDP. Die Bewertung von WI muß zwei Dinge im Auge behalten: Einerseits stellen WI als politisches Forum mit integrierender und legitimierender Wirkung einen wichtigen politischen Akteur auf kommunalpolitischer Ebene dar. Andererseits kann es auch, besonders im Zusammenhang mit Listenverbindungen, im Repräsentationsbereich zu Problemen kommen. In solchen Fällen können WI entweder als Honoratiorenpartei des „alten Mittelstandes" auftreten, die kommunale Selbstverwaltung in einer historisierenden, kleinbürgerlich Klassengegensätze verneinenden Weise begreifen und in Distanz zu einem pluralen Demokratiebegriff über ein verkürztes Repräsentationsverständnis divergierender Interessen verfügen (*Haller* 1979). Oder sie können fungieren als abhängige oder verkappte Parteiliste meist bürgerlicher Parteien, die auf diese Weise überparteilich erscheinen wollen.

Literatur

Becker, Alois/Rüther, Günther 1976: Kommunale Wählervereinigungen, in: Materialien zur kommunalpolitischen Bildung, hrsg. von der Konrad-Adenauer-Stiftung. Bonn.

Haller, Hans-Martin 1979: Die Freien Wähler in der Kommunalpolitik, in: Köser, Helmut (Hrsg.): Der Bürger in der Gemeinde. Hamburg.

Möller, Thomas 1985: Die kommunalen Wählergemeinschaften in der Bundesrepublik Deutschland. München.

Nohlen, Dieter [2]1977: Wahlsystem und Wahlen in den Gemeinden, in: Rausch, Heinz/Stammen, Theo (Hrsg.): Aspekte und Probleme der Kommunalpolitik. München..

Stöss, Richard 1984: Wählergemeinschaften I, in: ders. (Hrsg.): Parteien-Handbuch. Die Parteien der Bundesrepublik Deutschland 1945-1980, Bd. II: FDP bis WAV. Opladen.

Wehling, Hans-Georg 1986: Kommunalpolitik in der Bundesrepublik Deutschland. Berlin.

Rainer Olaf Schultze/Frank W. Semrau

Wählerverhalten

1. In D geben Bürger und Bürgerinnen auf verschiedenen politischen Ebenen in turnusmäßigen Abständen ihre Wahlstimmen ab. Diese Abstimmungen über Parteien, Sachprogramme und Personen finden im repräsentativ-demokratischen System, abgesehen von wenigen Ausnahmen auf Länderebene, wo Referenda möglich sind, durch Parlamentswahlen zum Europaparlament, zum Bundestag, zu den Landtagen sowie kommunalen Vertretungskörperschaften statt. Politisch am bedeutsamsten (im übrigen auch durch die Einschätzung des Wählers) sind dabei unverändert die Wahlen zum nationalen Parlament, in D also die Wahlen zum Bundestag.

2. Die wahlsoziologische Forschung hat eine Reihe von Verfahren und Ansätzen entwickelt, die Rückschlüsse auf das Wählerverhalten (WV) zulassen (→ Wahlforschung). Danach formiert sich individuelles WV im Mit- und /oder Gegeneinander langfristig-strukturell und kurzfristig-situativ wirkender Komponenten. Zu den ersten zählen etwa Alter, Geschlecht, Beruf, Konfession, Parteiidentifikation, Wertorientierungen etc. Letztere Bestimmungsgründe der Wahlentscheidung umfassen innen- und außenpolitische Geschehnisse, wirtschaftliche Erwartungen, politische Sachfragen, Kandidatenalternativen, Merkmale des Parteienwettbewerbs. Die Aussagekraft dieser der individuellen Wahlentscheidung zugrundeliegenden Komponenten lassen sich exemplarisch an der Bundestagswahl 1987, der letzten Bundestagswahl vor der deutsch-deutschen Vereinigung aufzeigen.

An der Bundestagswahl 1987 beteiligten sich 84,4% der über 40 Mio. Wahlberechtigten. Von den abgegebenen Zweitstimmen entfielen dabei auf die → CDU/→ CSU 44,3%, die → SPD 37%, die → FDP 9,1% und die → Grünen 8,3% (*Schultze* 1991a: 21). Obwohl die Wahlbeteiligung in D im internationalen Vergleich noch immer recht hoch ist, hat sie nach Spitzenwerten über 90% in den 70er Jahren seit Anfang der 80er Jahre kontinuierlich abgenommen.sie erreichte in den 90er jahren bei Landtags- und Bundestagswahlen in manchen Alterdgruppen nurmehr ca. 50% (vgl. *Feist* 1994; *Schultze* 1994). Die Entscheidung zur Nichtwahl kann dabei auf unterschiedlichen Motivationen beruhen. Sie kann einerseits zufälliger, sporadischer Natur sein, andererseits aber auch auf längerfristige Veränderungen im Partizipationsverhalten hindeuten. Im letzteren Fall kann ein Rückgang der Wahlbeteiligung eine politische Protesthaltung gegenüber den Leistungen von Regierung und etablierten Parteien oder wachsende Skepsis gegenüber der Wahl als sinnvoller politischer Beteiligungsform signalisieren. Ferner gilt, daß die Wahlbeteiligung mit steigendem Sozialstatus und steigendem Alter zunimmt.(vgl. *Eilfort* 1994; *Schultze* 1994).

Altersspezifisches WV zeigt sich aber nicht nur im Zusammenhang mit der Wahlbeteiligung. Die Stimmabgabe nach Altersgruppen aufgeteilt ergibt, daß bei der CDU/CSU eine Überrepräsentation der Wähler in den Altersgruppen ab 45 Jahren vorhanden ist, während bei der FDP der Stimmenanteil über die Altersgruppen hinweg ein relativ konstantes Bild zeigt. Die SPD dagegen konnte seit den 70er Jahren einen überdurchschnittlichen Anteil von Erst- und Jungwählern für sich verbuchen und wurde die Partei der Erst- und Jungwähler. Diesen Status hat die SPD Anfang der 80er Jahre an die → Grünen abgegeben, deren Wählerschaft aber mittlerweile gleichfalls altert (*Schultze* 1991b: 79). Umstritten ist dabei, ob es sich bei diesen Alterseffekten um ein konstantes generationenspezifisches Phänomen handelt, oder ob individuelle Wahlentscheidungen sich zyklisch an bestimmten Lebensabschnitten orientieren.

Während in den 50er und 60er Jahren galt, daß Frauen eher konservative, Männer eher linke Parteien wählen, halten sich seit Ende der 70er Jahre die Stimmanteile von Frauen und Männern bei allen Parteien im wesentlichen die Waage. Frauenspezifisches WV spielte bei den Wahlen der 80er Jahre nur noch eine geringe Rolle. 1987 betrugen die Differenzen (männlich/weiblich) für die CDU/CSU (42,5%/45,1%), die SPD (38,5%/37,8%), die FDP (9,2%/8,3%) und die Grünen (8,3%/7,7%) (*Eith* 1991: 170; *Falter/Schumann* in: *Kaase/Klingemann* 1990).

Als weitere langfristige Bestimmungsfaktoren von WV kommen bis heute der sozialstrukturellen Verankerung der Wählerschaft sowie deren Konfessionsbindung Bedeutung zu (*Pappi* in: Kaase/Klingemann 1990). So kam der SPD 1987 die Mehrheit der Stimmen aus der Arbeitnehmerschaft zugute, während die CDU/CSU vor allem Stimmen aus den Berufsgruppen der leitenden Angestellten, Beamten und Selbständigen auf sich vereinigen konnte (*Schultze* 1991a: 24ff.). Noch deutlicher wird dieses WV entlang der sozialstrukturellen Konfliktlinie (cleavage) zwischen Arbeit und Kapital bzw. sozialstaatlicher Umverteilung und marktwirtschaftlicher Orientierung, wenn das Kriterium der Gewerkschaftsmitglieder hinzugezogen wird. Danach wählten 1987 gewerkschaftlich organisierte Arbeitnehmer, Angestellte und Beamte überdurchschnittlich häufiger die SPD als nichtorganisierte. Noch immer prägend für die Wahlentscheidung ist – trotz zunehmender Säkularisierungstendenzen – der konfessionelle cleavage (*Schmitt* 1988). Bei der Bundestagswahl 1987 entschieden sich Katholiken überdurchschnittlich für die CDU/CSU (48,1%), während Protestanten überdurchschnittlich für die SPD (45,2%) votierten. Die Bedeutung des cleavage tritt noch deutlicher zutage, wenn die Konfessionsbindung über die Kirchgangshäufigkeit operationalisiert wird. Die Stimmenanteile katholischer Wähler mit starker Konfessionsbindung für die CDU/CSU betrugen 70%, die für die SPD 19%, während nur 27% der nichtkatholischen Wähler mit starker Konfessionsbindung ihre Stimme der SPD gaben, aber immerhin 51% der CDU/CSU. Diese cleavages können auf der Wählerebene ihre Entsprechung als parteibezogene Wertorientierung finden und zu einer persönlichen Bindung der Wähler an von ihnen bevorzugte Parteien führen. Diese langfristig angelegte Parteiidentifikation wirkt dabei wie ein Filter, der die Wahrnehmung und Bewertung politischer Themen und Ereignisse strukturiert. Die Daten von 1987 zur Parteiidentifikation für die einzelnen Parteien zeigen dabei folgendes Bild: CDU/CSU (32,9%), SPD (24,7%), FDP (2,2%), Grüne (5,5%). Der Anteil der Befragten, die sich mit keiner Partei identifizieren, betrug 25,2%; 9,5% machten keine Angaben (*Schultze* 1987: 12f.).

3. Die Bedeutung von cleavages für das WV in der BRD war und ist dabei seit 1949 quantitativen wie qualitativen Wandlungsprozessen unterlegen und läßt sich in zwei große Trendbewegungen fassen (*Schultze* 1991a: 18f.). Erstens: Die ersten drei Jahrzehnte waren durch einen Konzentrationsprozeß gekennzeichnet. Zunächst konzentrierten sich die bürgerlichen Wählerschichten entlang beider stark wirkenden Konfliktlinien auf die CDU/CSU, was die SPD strukturell in die Opposition verwies. Unterstützt durch den in den 60er Jahren einsetzenden tiefgreifenden Wandel in der Berufsstruktur und die gleichzeitig beginnende Umorientierung im WV der neuen Mittelschichten gelang es der SPD allmählich, dieses Ungleichgewicht abzubauen. Beamte und Angestellte wählten nun verstärkt SPD, wobei die Gründe für diese Umorientierung im WV mit der weiterhin bestehenden Bedeutung des konfessionellen cleavages erklärt worden sind. Das WV der neuen Mittelschichten, die sich „aus

antiklerikalen oder antireligiösen Gründen von der CDU trennten“ (*Pappi* 1977: 208), fußte dabei weniger auf bewußten Wahlentscheidungen für die SPD als vielmehr auf einem Negativvotum gegen die CDU/CSU. Über den Prozeß der Angleichung der sozialen Zusammensetzung der Wählerschaft, aber auch der parteipolitischen Anpassung und über die Regierungsbeteiligung der SPD an der Großen → Koalition (1966-1969) kam es zum politischen Machtwechsel nach der Bundestagswahl von 1969. Ergebnis dieser Konzentrationsprozesse war ein zweipoliges Parteiensystem mit den Parteien der CDU/CSU, SPD und FDP mit je spezifischen sozialstrukturellen Wählerbasen, das in dieser Form bis Anfang der 80er Jahre Gültigkeit hatte.

Zweitens: Seit der 2. Hälfte der 70er Jahre setzten hingegen Dekonzentrationsprozesse ein, die WV und Parteisystementwicklung gleichermaßen betreffen. Als Folge des gesellschaftlichen, industriellen und berufsstrukturellen Wandels, sind seit Ende der 60er Jahre und Anfang der 70er Jahre Prozesse des Wertewandels zu beobachten. Sowohl der Wandel in politischen Einstellungen, der sich im Bedeutungszuwachs postmaterieller Werte widerspiegelt (*Inglehart* 1977), als auch veränderte Verhaltensweisen, die das Repertoire politischer Partizipation um unkonventionelle Formen erweitern (*Barnes/Kaase* 1979), ließen neue grundlegende politische Werthaltungen entstehen, die manche Autoren veranlaßten, von einer neuen, dritten Konfliktlinie im WV der BRD auszugehen (*Raschke* 1980, *Schultze* 1987). Diese liegt quer zur sozioökonomischen Konfliktlinie und ist durch das Gegenüber der Präferenzen von ökologischer Politik und ökonomisch-technologischem Wachstum gekennzeichnet. Dabei gelang es den Grünen, als parteiorganisatorischem Ausdruck der ökologischen und anderer neuer sozialen Bewegungen die institutionelle Barriere der 5%-Hürde zu überwinden, wodurch sich das Parteiensystem in den 80er Jahren in ein bipolares, in zwei politische Lager aufgeteiltes Vierparteiensystem mit CDU/CSU und FDP sowie SPD und Grünen ausdifferenzierte.

In dem Maße, in dem sozioökonomischer Wandel einst homogene soziale Umwelten auflöste, Bildungs- und Ausbildungsstand beeinflußte, größere vertikale wie horizontale Mobilität zuließ und es dadurch zur Angleichung der Parteiwählerschaften und der programmatisch-ideologischen Anpassung der Parteien kam, erfuhren politisch-konjunkturelle und politisch-situative Bestimmungsfaktoren des WVs einen Bedeutungszuwachs. Strukturell kam es zur Abnahme der Parteiidentifikation, und die sich lockernden Parteiloyalitäten führten zu flexiblerem Wahlverhalten, der Bereitschaft zum Parteiwechsel. Gleichzeitig ist aber auf die Gefahr einer Überbewertung kurzfristiger Einflüsse auf das WV hinzuweisen. Nach wie vor bestimmen die parteigebundenen Stammwähler das Bild, wenngleich die Zahl der Wechselwähler doch beachtlich angestiegen ist, vor allem dann, wenn man die Wahlen sämtlicher politischer Systemebenen, also auch Landtags- und Europawahlen, mit in die Betrachtung einbezieht. Bei Bundestagswahlen betrug der Anteil der Wechselwähler zwischen 15 und 20%. Unterschieden werden muß allerdings zwischen kurzfristigem und langfristigem Parteiwechsel, zwischen zeitweiligem Abweichen von der Normalentscheidung und stabiler Umorientierung. Von Bedeutung ist zudem, daß Wechselwahlverhalten primär innerhalb der politischen Lager rechts und links des Parteienspektrums stattfindet und nicht zwischen ihnen (*Jung* 1991). Ferner ist in diesem Zusammenhang das Instrument des Stimmensplittings zu erwähnen. Mit dem Aufteilen der Erst- und Zweitstimme wird dem Wähler die Möglichkeit eingeräumt, die Erststimme einem Wahlkreiskandidaten zu geben, der nicht der Partei angehört, die mit der Zweitstimme gewählt wird. Seit den 70er Jahren haben in der BRD ca. 10%

der Wähler von diesem Aufteilen der Stimmen zum größten Teil aus wahltaktischen und koalitionspolitischen Erwägungen heraus Gebrauch gemacht. Vor allem Wähler kleinerer Parteien wie der FDP oder der Grünen wollen dadurch ihrer Partei den Einzug ins Parlament über Landeslisten ermöglichen. So gaben z.B. 1972 53% der FDP Wähler ihre Erststimmen einem Kandidaten des Koalitionspartners (SPD), 1983 nach dem Koalitionswechsel zur CDU/CSU taten dies 58%.

Insgesamt kann anhand der Bundestagswahl 1987 der Fortbestand der traditionellen cleavages in der Erklärung von WV nachgehalten werden, wenn auch bei zahlenmäßiger Reduktion und abnehmender Parteiidentifikation. Gleichzeitig weisen die Analysen zum WV aber auch darauf hin, daß politischer Wandel in der BRD sich in der Regel nicht in der Abwahl amtierender Regierungen ausdrückt, sondern Koalitionsparlamentarismus und -wahlentscheidungen im Vordergrund stehen. Eher läßt sich politischer Wandel entweder durch die Ausweitung des Partizipationsrepertoires (z.B. Bürgerinitiativen, unkonventionelles politisches Verhalten) fassen, oder, wenn im Zusammenhang mit Wahlen, dann durch das enge Wechselverhältnis zwischen Bundestags- und Landtagswahlen. Landtagswahlen können dabei seismographische, ausgleichende, aber auch experimentelle Funktionen annehmen (*Schultze* 1991b: 47f.).

4. WV und Parteiensystem sind seit Beginn der 90er Jahre selbstverständlich maßgeblich vom Vereinigungsprozeß und seinen Konsequenzen bestimmt. War die erste gesamtdeutsche Bundestagswahl vom Dezember 1990 (*Gibowski/Kaase* 1991; *Schultze* 1991b) in ihrem Ergebnis in Ost wie West ein Plebiszit zur Ratifikation der Vereinigung, so konnte sich die christlich-liberale Koalition unter Kanzler Helmut *Kohl* mit einem Stimmenvorsprung von 0,3% bei der Wahl vom Oktober 1994 nur ganz knapp behaupten. Bei einer Wahlbeteiligung von 79,0% (+1,2) erzielten gesamtdeutsch CDU/CSU 41,5% (-2,3), FDP 6,9 (-4,1), SPD 36,4% (+ 2,9), Bündnis '90/Grüne 7,3% (+ 2,3), PDS 4,4% (+ 2,0) der Stimmen.

Die wahlsoziologische Analyse der Wahlen seit der Vereinigung hat zunächst auf die fortdauernden Unterschiede in politischer Kultur, WV und Parteiensystem in Ost und West zu verweisen. Die Differenzen zeigt bereits der Aggregatdatenvergleich West – Ost: Wahlbeteiligung 80,6% – 72,9%; CDU/CSU 42,1% – 38,5%; FDP 7,7% – 3,5%; SPD 37,5% – 31,5%; B'90/G 7,9% – 4,3%; PDS 1,0% – 19,8%. Zu konstatieren ist dabei: (1) die gegenläufige Entwicklung in der Wahlbeteiligung, die verglichen mit 1990 im Westen geringfügig gestiegen, im Osten weiter zurückgegangen ist; (2) das Debakel von FDP und B'90/G, die im Osten deutlich unter 5% blieben; (3) die nur geringe Differenz bei der Union; (4) die trotz Zugewinnen im Osten noch immer deutlichen Unterschiede bei der SPD; (5) vor allem aber die starke Position der PDS, die ihren Stimmenanteil im Osten fast verdoppelte. Das Votum für die PDS ist dabei weder allein noch primär auf Nostalgie und Protest zurückzuführen (*Falter/Klein* 1994). Die PDS ist klassische Milieupartei; ihre Wählerschaft ist definiert sozialstrukturell durch die „Vereinigungsverlierer" (objektive wie subjektive), ideologisch durch eine eher positive Einschätzung der DDR-Vergangenheit wie eine kapitalismus-kritische und negative Einschätzung der gesamtdeutschen Gegenwart; die Wählerbasis der PDS – überdurchschnittlich Angestellte, Beamte, Arbeitslose und in Ausbildung befindliche junge Leute, nur unterdurchschnittlich Arbeiter – ist dadurch vergleichsweise stabil (vgl. *Schmitt* in: *Bürklin/Roth* 1994; *Schultze* 1994). Hingegen wählten Arbeiter und Rentner (wenn auch in geringerem Umfang als 1990) erneut überdurchschnittlich CDU. Die klassische Konfliktlinie zwischen Kapital und Arbeit wird im Osten auch zukünftig durch die Besonderheiten der DDR-Geschichte, die weiter wirken werden, überlagert; die SPD wird deshalb weiterhin Schwierigkeiten haben, die traditionelle sozialdemokratische Klientel an sich zu binden, so daß in den neuen Ländern das regionale Dreiparteiensystem, gebildet aus CDU, SPD und PDS, mittelfristig fortbestehen wird, während es FDP wie B'90/G voraussichtlich schwer haben werden, ihre schlechte Position nachhaltig zu verbessern.

Im Westen sind Grundmuster und Trendlinien des WV unverändert: Fortbestand der traditionellen cleavages bei zahlenmäßiger Reduktion als Folge des berufsstrukturellen Wandels und bei abnehmender Parteiidentifikation und erhöhter Mobilität der Wähler. Die Wählerentscheidung ist weiterhin maßgeblich von Gewerkschafts-, katholische Konfessionsbindung und Ökologie-Cleavage bestimmt; z.B. wählten 1994 ca. 60% der gewerkschaftlich organisierten Arbeiter SPD, über 70% der Wähler mit katholischer Kirchenbindung Union, die jüngeren Wähler in Ausbildung, Wähler aus Angestellten- und Beamtenberufen überdurchschnittlich B'90/G. Die seit Mitte der 80er Jahre auf allen Wahlebenen starken Verluste der großen Volksparteien haben sich 1994 nicht weiter fortgesetzt; gemessen an den Prognosen noch zu Jahresbeginn 1994 fielen zudem die Verluste der Union wie die Gewinne der SPD gering aus. Allerdings dürften beide Trends, der Rückgang der Wahlbeteiligung und die Integrationsprobleme der Volksparteien, als Folge situativer Bedingungen wohl nur zwischenzeitlich zum Stillstand gekommen sein. Mit Stimmenanteilen der Volksparteien von zusammen 80% und einer Wahlbeteiligung von 80% dürften obere Grenzwerte auch bei Bundestagswahlen erreicht sein. Sie dürfen vor allem den Blick nicht verstellen für die Unterschiede in Wahlbeteiligung und Parteipräferenzen, die nach Wahlebene, Region, nach Wählergruppen, aber auch nach Alter und Geschlecht gegenüber früher stark zugenommen haben und die Beleg für die gewachsene Mobilität in der Wählerschaft sind. Davon betroffen waren 1990 die westdeutschen Grünen, die 40% ihrer Wähler von 1987 eingebüßt hatten und an der Sperrklausel gescheitert waren, die sie unter veränderten politischen Bedingungen 1994 wieder sicher übersprangen; 1994 die Liberalen, die allein aufgrund des Stimmensplitting und der Koalitionswahlentscheidung vieler bürgerlicher Wähler den Sprung über die 5%-Hürde schafften. Denn von den Zweitstimmenwählern der Liberalen votierten mit der Erststimme nur ca. 1/3 für die FDP, über 50% für die CDU/CSU. In Umfragen hatten sogar über 60% der Befragten mit FDP-Wahlabsichten angegeben, daß sie eigentlich Unionsanhänger seien. Die Zukunftsaussichten der FDP sind in Anbetracht dieser Daten und ihrer desolaten Situation auf Länderebene höchst unsicher. Noch allerdings bilden in den alten Ländern CDU/CSU, SPD, FDP und B'90/G das regionale Vierparteiensystem. Gesamtdeutsch resultieren die in West und Ost deutlich unterschiedenen wahlsoziologischen Strukturen, die Differenzen in politischer Kultur und Parteipräferenzen in einem Fünfparteiensystem im Wandel, das von regionalen Ungleichheiten charakterisiert ist. Die Angleichung der Verhältnisse, allseits von der Politik, aber auch von den meisten Wahl- und Parteienforschern erwartet, ist bislang erst in Ansätzen eingetreten und wird auch noch geraume Zeit auf sich warten lassen.

Literatur

Barnes, Samuel/Kaase, Max (Hrsg.) 1979: Political Action. Mass Participation in Five Western Democracies. Beverly Hills/London.

Bluck, Carsten/Kreikenbom, Henry 1991: Die Wähler in der DDR: Nur issue-orientiert oder auch parteigebunden?, in: Zeitschrift für Parlamentsfragen 22. Jg.

Bürklin, Wilhelm/Roth, Dieter (Hrsg.) 1994: Das Superwahljahr. Deutschland vor unkalkulierbaren Regierungsmehrheiten?, Köln.

Eilfort, Michael 1994: Die Nichtwähler. Wahlenthaltung als Form des Wahlverhaltens, Paderborn.

Eith, Ulrich 1991: Alters- und geschlechtsspezifisches Wahlverhalten?, in: Wahlverhalten, Kohlhammer Taschenbücher, Bd. 1093. Stuttgart.

Falter, Jürgen W./Klein, Markus 1994: Die Wähler der PDS bei der Bundestagswahl 1994, in: Aus Politik und Zeitgeschichte. Beilage zur Wochenzeitung Das Parlament B51/52.

Feist, Ursula 1994: Nichtwähler 1994, in: Aus Politik und Zeitgeschicht, Beilage zur Wochenzeitung Das Parlament B51/52.

Gibowski, Wolfgang G./Kaase, Max 1991: Auf dem Weg zum politischen Alltag. Eine Analyse der rsten gesamtdeuschen Bundestagswahl vom 2. Dezember 1990, in: Aus Politik und Zeitgeschichte. Beilage zur Wochenzeitung Das Parlament B11-12/90.

Inglehart, Ronald 1977: The Silent Revolution, Changing Values and Political Styles Among Western Publics. Princeton.

Jung, Matthias 1991: Der Wechselwähler – das unbekannte Wesen, in: Wahlverhalten, Kohlhammer Taschenbücher, Bd. 1093. Stuttgart.

Kaase, Max/Klingemann, Hans-Dieter (Hrsg.) 1990: Wahlen und Wähler. Analysen aus Anlaß der Bundestagswahl 1987. Opladen.

Kaase, Max/Klingemann, Hans-Dieter (Hrsg.) 1994: Wahlen und Wähler. Analysen aus Anlaß der Bundestagswahl 1990, Opladen.

Raschke, Joachim 1980: Politik und Wertewandel in den westlichen Demokratien, in: Aus Politik und Zeitgeschichte. Beilage zur Wochenzeitung Das Parlament B36/80.

Roth, Dieter 1990: Die Wahlen zur Volkskammer in der DDR. Der Versuch einer Erklärung, in: PVS 31. Jg.

Schmitt, Karl 1988: Konfession und Wahlverhalten in der Bundesrepublik Deutschland. Berlin.

Schultze, Rainer-Olaf 1987: Die Bundestagswahl 1987 – eine Bestätigung des Wandels, in: Aus Politik und Zeitgeschichte. Beilage zur Wochenzeitung Das Parlament B 12/87.

ders. 1991a: Wählerverhalten und Parteiensystem, in: Wahlverhalten, Kohlhammer Taschenbücher, Bd. 1093. Stuttgart.

ders. 1991b: Bekannte Konturen im Westen – ungewisse Zukunft im Osten, in: Wahlverhalten, Kohlhammer Taschenbücher, Bd. 1093. Stuttgart.

ders. 1994: Aus Anlaß des Superwahljahres: Nachdenken über Konzepte und Ergebnisse der Wahlsoziologie, in: Zeitschrift für Parlamentsfragen 25. Jg.

Rainer-Olaf Schultze/Frank W. Semrau

Währung/Währungsreformen

Spätestens seit *Bodin* gilt die Währungshoheit als ein wesentliches Souveränitätsmerkmal von Staaten. Der korrespondierende Grundsatz „ein Staat – eine Währung" läßt sich auch in der Entwicklung in Deutschland verfolgen. Erst mit der Bildung des Deutschen Reiches 1871 kam es auch zur Einführung einer einheitlichen deutschen Währung, deren Bindung an Goldreserven 1914 aufgehoben wurde. Die deutschen Erfahrungen belegen auch nachdrücklich die mit der Währungshoheit verbundenen staatlichen Mißbrauchsmöglichkeiten. Die Finanzierung des Ersten Weltkrieges und der aus der Niederlage resultierenden unmittelbaren Nachkriegsbelastungen führten zu einer der schlimmsten Inflationen, die die Welt gesehen hat. Die notwendig gewordene erste Währungsreform 1923 (Einführung der Rentenmark auf der Basis 1 Rentenmark = 1 Billion alte Reichsmark) entwertete vor allem das Geldvermögen der Mittelschichten und entfremdete diese der Weimarer Republik.

1. Die Währungsreform 1948 und die Folgen

Der Zweite Weltkrieg wurde vom Dritten Reich vor allem über die Notenpresse finanziert, so daß nach Kriegsende eine gigantische Geldmenge einer geringen Menge produzierter Güter gegenüberstand. Die aus dem Mißverhältnis resultierende Inflation wurde zwar durch die rigorose staatliche Preiskontrolle äußerlich zurückgestaut, äußerte sich aber in der Verlagerung des Warenaustausches auf den „Schwarzmarkt" und währungspolitisch im Funktionsverlust der Reichsmark, die partiell durch die „Zigarettenwährung" – amerikanische Zigaretten als Tauschmittel und Rechnungseinheit – ersetzt wurde.

Schon während des Krieges war in deutschen Expertenkreisen erstaunlich offen diskutiert worden, wie der enorme Geldüberhang nach dem Ende des Krieges zu beseitigen sei. Nach vergeblichen Verhandlungen zwischen den vier Siegermächten entschlossen sich die westlichen Alliierten für ihre Besatzungszonen zu einem einseitigen radikalen Währungsschnitt. Die am 21.6.1948 technisch effizient durchgeführte Währungsreform wurde von den Siegermächten verantwortet, auch wenn deutsche Experten an der Vorbereitung maßgeblich mitgewirkt hatten. Sie brachte mit der Einführung der neuen Deutschen Mark (DM) eine weitestgehende Enteignung des Geldvermögens (Umstellungsverhältnis in der Regel 100 RM: 6,50 DM, bei den vor Kriegsbeginn vorhandenen „Altsparguthaben" 100:20). Verteilungspolitisch wurde die mit der Währungsreform verbundene starke Begünstigung des Sachvermögens und damit auch der Großvermögen durch den erst 1948 unter deutscher Verantwortung durchgeführten Lastenausgleich nur in engen Grenzen korrigiert. Die Sowjetunion reagierte auf die westdeutsche Währungsreform wenige Tage später mit der Einführung einer eigenen Währung (Mark Ost) für ihre Besatzungszone. In der → DDR-Interpretation ist die westdeutsche Währungsreform Ursache der Teilung Deutschlands und Ausdruck des westlichen Spaltungswillens gewesen. Tatsächlich dürfte die deutsche Teilung im Kontext des aufziehenden Ost-West-Konflikts nicht zu verhindern und die Währungsteilung nur, allerdings symbolträchtiger, Ausdruck dieser Entwicklung hin zur staatlichen Teilung Deutschlands gewesen sein.

Ungeachtet zeitweiliger wissenschaftlicher Kontroversen über die reale Bedeutung der Währungsreform für das „Wirtschaftswunder" in der BRD muß die Schaffung einer soliden Währungsbasis als ein Schlüsselfaktor für die → Soziale Marktwirtschaft angesehen werden. Die Geschichte der von der unabhängigen → Deutschen Bundesbank gesteuerten DM gilt auch international bisher als ausgesprochene Erfolgsgeschichte. Die DM entwickelte sich im Zuge der wachsenden weltwirtschaftlichen Integration der BRD zu einer der angesehensten und härtesten internationalen Währungen, auch wenn der innere Kaufkraftverlust mit einer durchschnittlichen Inflationsrate von knapp 3% jährlich nicht zu vernachlässigen ist. Ausdruck des internationalen Ansehens ist die Entwicklung zur zweitwichtigsten „Reservewährung wider Willen", d.h. nach dem US-Dollar stellt die DM den höchsten Anteil an den Währungsreserven der nationalen Zentralbanken und privater Anleger.

2. Innerdeutsche und europäische Währungsunion

Die Mark Ost hatte innerhalb der zentral geplanten DDR-Wirtschaft eine sehr viel geringere Bedeutung. Die DDR-Währung war nach Westen hin nicht konvertibel, und selbst innerhalb des Ostblocks blieb die Währungsintegration auf einem sehr niedrigen Entwicklungsstand. Der „Hunger“ nach westlichen Devisen veranlaßte die DDR-Führung in den 80er Jahren zu relativ freizügigen Regelungen für die DDR-Bürger mit Zugang zu Westgeld („Exquisitläden“ mit sonst nicht erhältlichen Waren gegen Devisen, DM-Konten). Damit wurde eine neue „Klassenspaltung“ nach dem Kriterium Verfügbarkeit über DM erstaunlicherweise in Kauf genommen und die Währung des westdeutschen „Klassenfeindes“ de facto zur Leitwährung der DDR-Bürger. Vor diesem Hintergrund ist auch der große Symbolwert der DM für die DDR-Bürger verständlich, der in der revolutionären Umbruchphase sich in Parolen wie „kommt die DM nicht zu uns, gehen wir zu ihr“ äußerte.

Das Angebot Bundeskanzler *Kohls* für eine innerdeutsche Währungsunion im Februar 1990 war eine politische Entscheidung der Regierung, die die Deutsche Bundesbank loyal akzeptiert hat. Auch die Umstellungskurse für die am 1.7.1990 technisch wiederum hocheffizient von der Deutschen Bundesbank durchgeführte Währungsreform in der (noch) DDR waren politische Entscheidungen unter dem Erwartungsdruck der DDR-Bürger. Während die laufenden Posten wie Löhne, Mieten etc. im Verhältnis 1:1 umgestellt wurden, galt für die Bestandsgrößen Bankguthaben, Unternehmensschulden etc. prinzipiell ein Umstellungskurs von 2:1, wobei allerdings unter sozialen Kriterien kleinere Guthaben auch 1:1 getauscht wurden. Insgesamt ergab sich für das private Geldvermögen ein Umstellungsverhältnis von 1,7 : 1, das unter Verteilungsgesichtspunkten und im Vergleich zu 1948 als ausgesprochen günstig für die ostdeutsche Bevölkerung zu bewerten ist. Die Währungsunion bedeutete allerdings auch, daß die DDR-Betriebe schlagartig der Konkurrenz des Weltmarktes ausgesetzt wurden.

So wie 1948 die Währungsspaltung der staatlichen Teilung Deutschlands vorausging, war die Währungsunion 1990 der Vorreiter der staatlichen Vereinigung und entzog der DDR in einem zentralen Handlungsbereich die Souveränität. Im Dreieck von Währungsintegration, Wirtschaftsintegration und politischer Integration wurde die Währungsunion bewußt als Integrationsmotor eingesetzt, nicht zuletzt, um in einer unsicheren außenpolitischen Konstellation möglichst schnell die Unumkehrbarkeit des innerdeutschen Vereinigungsprozesses zu sichern. Die dabei eingegangenen Risiken schienen angesichts der anvisierten umgehenden Einführung der Sozialen Marktwirtschaft und der staatlichen Vereinigung und damit dem schnellen Nachziehen der Integration in den anderen Bereichen vertretbar. Direkt mit der Währungsunion verbundene Inflationsbefürchtungen – die DDR-Bürger liquidieren ihre umgestellten Guthaben und lösen eine Nachfrageexplosion aus – haben sich aufgrund des relativ zurückhaltenden Kaufverhaltens der DDR-Bürger und der Angebotsflexibilität des Weltmarktes nicht bewahrheitet.

Die Risikobereitschaft bei der innerdeutschen Währungsunion hat Forderungen an die deutsche → Bundesregierung verstärkt, auch im Rahmen der EU die „Krönungsthese“ (Währungsintegration erst als „Krönung“ der wirtschaftspolitischen Harmonisierung) aufzugeben und entsprechend der Motorthese wie im innerdeutschen Beispiel die Währungsunion als Integrationsmotor einzusetzen. Im Rahmen des Europäischen Währungssystems (EWS) hat die DM als Ankerwährung fungiert. Die daraus resultierende Dominanz der DM und ihres Steuerzentrums Deutsche Bundesbank ist ein Motiv für andere EU-Staaten, im Rahmen der anvisierten Wirtschafts- und Währungsunion (WWU) eine einheitliche europäische Währung und eine europäische Notenbank als Steuerzentrum zu schaffen. Frühestens ab 1998 könnte es im Rahmen der WWU zu einem Aufgehen der

DM in einer europäischen Währung kommen, auch wenn der Name DM vorerst noch erhalten bliebe. Die Erfahrungen mit der innerdeutschen Währungsunion belegen allerdings nachhaltig die wirtschaftspolitischen Risiken, die mit dem Verzicht auf den Puffer der Wechselkurse verbunden sind und unterstreichen auch, daß eine Währungsunion nur in der zeitlich überschaubaren Perspektive einer politischen Union Sinn macht. Zu berücksichtigen ist auch die hohe Identifikation der deutschen Bevölkerung mit der DM, die lange Zeit eine Art Ersatzfunktion als Symbol nationalen Stolzes gespielt hat. Dies führt in Verbindung mit dem relativ starken Stabilitätsbewußtsein der deutschen Bevölkerung zu einer politisch relevanten hohen Sensibilität gegenüber vermeintlichen oder tatsächlichen Gefährdungen der deutschen Währung.

Literatur

Altvater, Elmar 1991: Ist das Wirtschaftswunder wiederholbar? Ein Leistungsvergleich zwischen Währungsreform 1948 und Währungsunion 1990, in: Blätter für deutsche und internationale Politik. 36. Jg. H. 1.

Buchheim, Christoph 1988: Die Währungsreform 1948 in Westdeutschland, in: Vierteljahreshefte für Zeitgeschichte 36. Jg. H. 2.

Fischer, Wolfram (Hrsg.) 1989: Währungsreform und Soziale Marktwirtschaft. Erfahrungen und Perspektiven nach 40 Jahren. Schriften des Vereins für Socialpolitik NF Bd. 190. Berlin.

Uwe Andersen

Wahlen/Wahlfunktionen

1. Begriff der Wahl

Ihrer technischen Funktion nach ist die Wahl ein Mittel zur Bildung von Körperschaften oder zur Bestellung einer Person in ein Amt. Diese funktionale Bestimmung unterscheidet die Wahl allerdings nicht von anderen Bestellungstechniken, die – anders als die gewaltsamen Methoden der Machterlangung wie Kampf, Putsch oder Krieg – ebenfalls auf Vereinbarung beruhen können: Bestellung nach Geburtsrecht, aufgrund Amtsstellung (ex officio), durch Losentscheid, durch Ernennung und durch Akklamation. Von diesen Bestellungstechniken ist die Wahl durch nur ihr eigene Verfahren unterschieden. Bei der Wahl werden von einer wohl abgegrenzten Wählerschaft (im Sinne der Wahl-Berechtigten) individuell Stimmen abgegeben; die Stimmen werden ausgezählt und mittels eines vorher festgelegten Entscheidungsmaßstabes und gegebenenfalls unter Zuhilfenahme eines bestimmten Verrechnungsverfahrens (→ Wahlsysteme) in Mandate übertragen.

In enger, aber keineswegs notwendiger Verbindung steht das Verfahren der Wahl mit ontologisch abgeleiteten Vorstellungen von dem, was eine Wahl sei. Wahl bedeutet demnach vornehmlich Auswahl und Wahlfreiheit. Wählen können beinhaltet, sich zwischen mehreren oder zumindest doch zwei Angeboten frei entscheiden zu können. Ist diese Möglichkeit nicht gegeben, kann von Wahl im ontologischen Sinne des Begriffs nicht gesprochen werden. Anstelle der früheren Abgrenzung der Wahlen von „Schein“wahlen, bei denen es keine Auswahlmöglichkeit und damit einhergehend auch keine Wahlfreiheit gibt, hat sich wissenschaftlich die Dichotomie von kompetitiven und nicht-kompetitiven Wahlen durchgesetzt. In kompetitiven Wahlen verschmelzen verfahrenstechnischer und ontologischer Wahlbegriff zu einer Einheit. Sie erweitert sich um spezifische demokratietheoretische und rechtsstaatliche Momente. Daraus erwächst ein Kanon formalisierter Prinzipien, der für das Verfahren der Wahl in bürgerlich-demokratischen Verfassungsstaaten nicht nur konstitutiv ist, sondern auch die wesentliche Voraussetzung für die Anerkennung der durch das Verfahren Wahl herbeigeführten Sach- und Personalentscheide von Seiten der an diese gebundenen Wähler darstellt. Zu diesen formalisierten Prinzipien gehören:

- Der Wahlvorschlag, der von der Wahl selbst nicht zu trennen ist und so mit ihr gleichen Maßstäben unterliegt (Freiheit der Wahlbewerbung), der freilich nicht die positive Auswahlentscheidung der Wählerschaft ersetzen kann.
- Die Kandidatenkonkurrenz, hinter der sich vornehmlich eine Konkurrenz alternativer politischer Meinungen und Programme verbirgt.
- Die Chancengleichheit, die aus dem Rechtssatz der Gleichheit fließt und vor allem im Bereich der Wahlbewerbung (Kandidatur und Wahlkampf) gesichert sein muß, die aber auch für das Wahlrecht als Kriterium gilt.
- Die Wahlfreiheit, die mit dem Postulat der geheimen Wahl verknüpft ist und durch die geheime Stimmabgabe gewährleistet wird.
- Der Wahlprozeß, der die Wahlentscheidung mittels eines Stimmgebungsverfahrens, eines Entscheidungsmaßstabes und eines Stimmenverrechnungsverfahrens (→ Wahlsysteme) tatsächlich dem Wählervotum anheimstellt.
- Schließlich die Entscheidung auf Zeit, was besagen will, daß die Wahlentscheidung revozierbar ist und die Auswahl und die Wahlfreiheit der Wahlberechtigten bei künftigen Wahlen nicht durch früher getroffene Entscheidungen eingeschränkt ist. Freilich handelt es sich bei diesem Kanon um normative Merkmale einer liberal-pluralistischen Demokratiekonzeption, an der die Wahlwirklichkeit zu messen ist. Es ist zu fragen, ob etwa der Konkurrenzcharakter von Wahlen in bürgerlichen Demokratien und die reale Chancengleichheit in Wettbewerb stehender politischer Grundpositionen diesen Postulaten gerecht werden. Insbesondere drängt sich die Frage nach dem politischen und sozialen Gehalt formalisierter kompetitiver Wahlen auf.

2. Funktionen von Wahlen

Während sich hinsichtlich des Begriffs und der Verfahrenstechnik der Wahl ein breiter Konsens aller wissenschaftstheoretischen Positionen herstellt, die im →Pluralismus verankert bleiben (seien es nun Vertreter des bürgerlichen oder des sozialistischen Pluralismus), wird die Frage nach den Funktionen der Wahl in bürgerlichen Demokratien höchst kontrovers beantwortet. Die Spannweite reicht von Funktionen der Artikulation von Vertrauen in die persönliche Integrität und die sachliche Leistungsfähigkeit von Personen (C.J. *Friedrich*, D. *Sternberger*) über technizistische, systemadäquate Funktionen der Herstellung einer funktionsfähigen Repräsentation (Köln-Mannheimer Schule) bis hin zu Alibifunktionen, Konkurrenz von Personen und Parteien vorzuspiegeln, gesellschaftliche Antagonismen zu verschleiern (J. *Agnoli*) und eine Blanko-Vollmacht für konsens-unabhängiges Entscheiden auszustellen (C. *Offe*). Metatheoretische Prämissen über Staat und → Gesellschaft begründen die recht unterschiedlichen Funktionszuweisungen, wobei den systemkritischen Theoremen das Verdienst zukommt, die Diskussion institutioneller Probleme an Fragen gesamtgesellschaftlicher Entwicklung anzubinden.

Neben den gesellschafts- und demokratietheoretischen Positionen – für deren

Kennzeichnung die Kurzformel systemaffirmativ – systemkritisch sicherlich eine allzu einfache Kategorisierung darstellt – ergeben drei Variablen, die in den westlichen Demokratien voneinander abweichen, Differenzen in den manifesten Wahlfunktionen: Struktur der Gesellschaft, Struktur des politisch-institutionellen Systems, Struktur des → Parteiensystems. Je nach Ausprägung dieser gesellschaftlichen, politisch-institutionellen und parteipolitischen Bedingungen können Wahlen folgende Funktionen haben:

- Legitimierung des politischen Systems und der Regierung einer Partei oder Parteienkoalition.
- Übertragung von Vertrauen an Personen und Parteien.
- Rekrutierung der politischen Elite.
- Repräsentation von Meinungen und Interessen der Wahlbevölkerung.
- Verbindung der politischen Institutionen mit den Präferenzen der Wählerschaft.
- Mobilisierung der Wählerschaft für gesellschaftliche Werte, politische Ziele und Programme, parteipolitische Interessen.
- Hebung des politischen Bewußtseins der Bevölkerung durch Verdeutlichung der politischen Probleme und Alternativen.
- Kanalisierung politischer Konflikte in Verfahren zu ihrer friedlichen Beilegung.
- Integration des gesellschaftlichen Pluralismus und Bildung eines politisch aktionsfähigen Gemeinwillens.
- Herbeiführung eines Konkurrenzkampfes um politische Macht auf der Grundlage alternativer Sachprogramme.
- Herbeiführung einer Entscheidung über die Regierungsführung in Form der Bildung parlamentarischer Mehrheiten.
- Einsetzung einer kontrollfähigen Opposition.
- Bereithaltung des Machtwechsels.

Ob diese möglichen Funktionen der Wahl tatsächlich erfüllt werden (und wenn ja, in welchem Umfang und mit welchem Ergebnis für die politische Entwicklung), wird in der Öffentlichkeit und auch in der Wissenschaft häufig vom geltenden Wahlsystem abhängig gemacht, etwa in der Form, das Alternieren in der Regierungsausübung an die Voraussetzung parteilicher Mehrheitsbildung, eines Zweipartensystems und letztlich der relativen Mehrheitswahl in Einerwahlkreisen zu binden. Empirisch hat sich jedoch gezeigt, daß bestimmte Wahlfunktionen ganz unabhängig vom Wahlsystem erfüllt oder nicht erfüllt werden.

Hingegen werden materiell-politische Funktionen der Wahlen im wesentlichen dadurch vernachlässigt, daß die → Parteien, insbesondere die Volksparteien, dazu tendieren, gesellschaftlich und politisch wichtige Probleme nicht zum Gegenstand der Wahlauseinandersetzung zu machen, Alternativen folglich nicht herauszuarbeiten und somit in Wahlen nur Scheingefechte von „in begrenzter, formalisierter Konkurrenz stehender Organisationen“ (J. *Raschke)* auszutragen. Dem Postulat sachlicher Alternativen steht freilich die diffuse Interessenkonstellation der Wählerschaft gegenüber, die sich kaum auf einige wenige programmatische Alternativen reduzieren läßt. Der Forderung nach konkreten Alternativentwürfen zukünftiger Politik zu entsprechen, ist für die Parteien auch aufgrund anderer Tatbestände durchaus problematisch, etwa aufgrund des Umfangs und der Bedeutung der Wechselwählerschaft für den Wahlausgang, oder aufgrund der Vielfalt z.T. organisierter Partikularinteressen, die sich leichter zu einer blockierenden denn zu einer Reform-Mehrheit summieren lassen, oder aufgrund des nur beschränkten Handlungsspielraums von Politik.

3. Wahlen als Form politischer Beteiligung

Die Abgabe der Stimme bei Wahlen ist die allgemeinste Form politischer Beteiligung der Bürger in der repräsentativen Demokratie. Auf sie hin orientieren sich andere Formen politischer Partizipation wie etwa die Parteimitgliedschaft und die Beteiligung an → Wahlkämpfen in Form der Mitarbeit oder Kandidatur in den konkurrierenden Partien. Zwar beschränkt sich politische Partizipation nicht auf die mit dem Wahlprozeß in Verbindung stehenden Aktivitäten, die als konventionelle Formen politischer Beteiligung bezeichnet werden. Das sogenannte unkonventionelle Partizipationsverhalten in Form von → Streiks. → Demonstrationen, → Bürgerinitiativen etc. hat sogar in den letzten Jahrzehnten zunehmendes Gewicht erlangt. Doch sprechen einige theoretische, praktische und partizipationssoziologische Gesichtspunkte für die hervorgehobene Bedeutung von Wahlen in der pluralistischen Demokratie.

a) Wahlen bilden die Grundlage des liberalen Demokratieverständnisses, demzufolge die politische Führung eines Landes periodisch aus allgemeinen Wahlen hervorzugehen hat. Dieses Verständnis lebt von dem engen definitorischen Zusammenhang von Demokratie und Wahlen: ohne die periodische Aus- bzw. Abwahl des Regierungspersonals, ohne den offenen Wettbewerb politischer Parteien um die politische Macht – keine Demokratie. Die in Wahlen sich vollziehende politische Partizipation der Bürger ist demnach essentiell für die westlichen Demokratien. Etliche Autoren sehen deshalb in hoher Wahlbeteiligung einen wichtigen Indikator für die Legitimität des politischen Systems.
b) Wahlen bilden das bisher einzige erfolgreiche Verfahren, in den sogenannten Massendemokratien – also über einen größeren territorialen Raum und eine größere Zahl von Aktivbürgern – vielfältige Einzelinteressen und politische Meinungen so zu aggregieren, daß politische Eliten (Regierungen) die Allgemeinheit bindende politische Entscheidungen fällen können.
c) Wahlen bilden für die Masse der Bevölkerung die einzige Form der Teilnahme am politischen Prozeß. Alle anderen Partizipationsformen, seien sie konventionell oder unkonventionell, sind mit einem deutlich höheren Aufwand verbunden und haben die Tendenz, die politische Ungleichheit unter den Bürgern zu verstärken. Alle empirischen Untersuchungen weisen nämlich darauf hin, daß das Partizipationsverhalten der Bürger in starkem Maße von ihrem sozioökonomischen Status abhängt. Die gehobenen Bevölkerungsschichten sind beteiligungsinteressierter und nehmen erhöhte Partizipationschancen über ausgeweitete Partizipationskanäle in stärkerem Maße wahr als die unteren Bevölkerungsschichten. Dieser partizipationssoziologische Tatbestand erleichtert es den ohnehin sozial Privilegierten, ihre Interessen effektiver durchzusetzen. Demgegenüber ist – wie es F. *Scharpf* (1975: 45) einmal formulierte – „das Handicap der unteren sozioökonomischen Schichten (bei Wahlen) sehr viel geringer als bei aufwendigeren Formen aktiver Partizipation".

Aus dieser partizipationsskeptischen Sicht läßt sich die Folgerung ableiten, einem gestiegenen Partizipationsinteresse der Bevölkerung weniger durch neue Formen politischer Partizipation gerecht zu werden, als durch Verbesserung der Partizipationsmöglichkeiten in der Beteiligungsform durch Wahlen, die sich durch „Universalität des Zugangs, ... Gleichheit des Einflusses ... sowie Geheimhaltung und mangelnde Zurechenbarkeit des Aktes der Mitwirkung" gegenüber allen anderen Beteiligungsformen auszeichnet (*Rokkan/Svasand* 1978: 30), konkret durch mehr Einfluß des Wählers auf die politischen Auswahl- und Entscheidungsprozesse. Diese Argumentation verweist auf die Bedeutung der politischen Parteien, sie steht und fällt mit der Berücksichtigung der Werte und Interessen des Wählers von seiten der politischen → Eliten.

Im Falle eines unübersehbaren Wert- und Interessenwandels großer Teile der → Bevölkerung ist es für die Legitimation des politischen Systems mittels Wahlen von großer Bedeutung, wie die Forderungen nach neuen Politiken durch die bestehenden und eingeübten Partizipationskanäle zur Sache von Regierungen werden können.

Literatur

Nohlen, Dieter [2]1990: Wahlrecht und Parteiensystem. Opladen.
Rokkan, Stein/Svasand, Lars [2]1978: Zur Soziologie der Wahlen und der Massenpolitik, in: König, René (Hrsg.): Handbuch der empirischen Sozialforschung. Band 12. Stuttgart.
Scharpf, Fritz W. 1975: Demokratietheorie zwischen Utopie und Anpassung. Kronberg/Ts.
Unkelbach, Helmut/Wildenmann, Rudolf/Kaltefleiter, Werner 1963: Wähler, Parteien, Parlament. Bedingungen und Funktionen der Wahl. Frankfurt/Main, Bonn.

Dieter Nohlen

Wahlforschung

1. Wahlforschung (WF) beschäftigt sich unter verschiedensten Aspekten mit dem Phänomen der Wahl, der allgemeinsten und einfachsten Form politischer Partizipation und einer der Grundvoraussetzungen moderner Demokratie. Schwerpunkte der WF sind heute: (1) Analysen des Wahlrechts, des Wahlprozesses, des Wahlsystems aus der Sicht der Rechts- und → Politikwissenschaft. Dabei geht es um die Ausgestaltung der Wahlrechtsgrundsätze, um Probleme des Parteienwettbewerbs, des → Wahlkampfes, der Finanzierung und Kosten des Wahlprozesses, um das → Wahlsystem und seine Auswirkungen auf die politische Machtverteilung (vgl. *Nohlen* 1990; *Schreiber* 1994). (2) Untersuchungen der Bestimmungsgründe individueller Partizipation bei Wahlen durch Politische/Wahl-Soziologie und Politische Psychologie. Im Mittelpunkt des Forschungsinteresses dieses Zweiges der WF steht die Frage: Wer wählte wen/was warum? Es geht um die Analyse von Einstellungen, Verhaltensmustern und Motiven des einzelnen Wählers und darum, welchen Voraussetzungen, Bedingungen, Einflüssen seine Wahlbeteiligung und Stimmabgabe unterliegen, welche Konsequenzen sie auslösen (vgl. *Bürklin* 1988; *Schultze* 1991). (3) Analysen von Wahlen aus der Sicht von Kommunikationswissenschaft und Sozialisationsforschung. Dabei geht es nicht allein um die Rolle der Medien im Wahlprozeß, sondern um die Bedeutung von Wahlen als Akt der Kommunikation und Politikvermittlung, um den Stellenwert von Wahlen im Prozeß lebenslangen Lernens, um Wahlen als Ritual und um Symbolische Politik (vgl. *Sarcinelli* 1987a, 1987b). WF in einem solchen umfassenden Verständnis ist multidisziplinär und wird unter Verwendung der je spezifischen Methoden und Theorien von der Mehrzahl, wenn nicht dem gesamten Spektrum der Sozialwissenschaften betrieben. Erkenntnisinteressen und Forschungsziele variieren dementsprechend stark.

2. Im engeren Sinn meint WF die Analyse des Wählerverhaltens (WV). In diesem wahlsoziologischen Verständnis befaßt sich

WF mit der Beschreibung, Erklärung und Prognose individueller Wählerentscheidung, der Verteilung der Partei-, Kandidaten-, Sachpräferenzen in der Wählerschaft als Ganzem wie in politisch relevanten sozialen, kulturellen, territorialen (Sub-)Einheiten in der Wählerschaft. Untersucht werden strukturelle wie situative Bestimmungsfaktoren des WV. Zu den strukturellen Determinanten zählen die Gesellschaftsstruktur, das Politische (Institutionen-)System, die Struktur der Öffentlichkeit auf der Makroebene, die Verankerung des Wählers in seinen Primär- und Sekundärumwelten, sozialen und kulturellen Milieus, gesellschaftlichen Organisationen. Zu den situativen Einflüssen gehören die Bedingungen des Parteienwettbewerbs, Zahl und Aussichten der Partei-/Kandidatenalternativen, Sachfragen (Issues) aktueller Politik, der Wahlkampf usw. Zu den Persönlichkeitsfaktoren werden dauerhafte, im Sozialisationsprozeß erworbene Einstellungen, Normen, Verhaltensmuster, u.a. die politische Kultur, gesellschaftliche Wertorientierungen, Parteiidentifikation, gezählt.

2.1. Erklärungsansätze. Theoretisch kann man unterscheiden zwischen Ansätzen, die die soziale Determiniertheit des Wählens betonen (expressive Theorien des Wählens), und solchen, die vom rationalen Verhalten des Wählers ausgehen (instrumentelle Theorien des Wählers), sowie zwischen dem Gruppenansatz und dem individuellen Identifikationsansatz (vgl. *Heath* u.a. 1991; *Schultze* 1991).

2.2 Expressive Theorien des Wählens, etwa der soziologische Bezugsgruppenansatz, der zuerst von der Columbia School der US-amerikanischen WF formuliert wurde (*Lazarsfeld* u.a. 1969), nehmen die gesellschaftsstrukturelle und langfristige Verankerung des Wählers in einigen wenigen Grundkonflikten, Klassen- bzw. Kontextbindung und Milieuverhaftung, Gruppenmitgliedschaften (von der Familie bis zu den sozialen Großgruppen), affektive (Partei-)Bindungen an, die sich im politischen Verhalten und insbesondere im Wahlakt manifestieren, eben ausdrücken. Soziale Hintergrundvariablen wie Einkommen, ökonomischer Status bzw. Schichtzugehörigkeit, Beruf, Konfession, Stadt – Land (Index der politischen Prädisposition) dienen dabei zur Identifikation von sozialen Gruppen, die erkennbare Wahlnormen haben. Die Einbindung der Wähler in Primär- und Sekundärumwelten, in soziale und kulturelle Milieus bestimmt darüber hinaus politische Einstellungen zu Sachfragen, Kandidaten und Parteien. Und man geht davon aus, daß das WV umso konstanter ist, je fester gefügt die sozialen und/oder kulturellen Milieus, je stärker die Gruppenbindungen, je gleichförmiger folglich auch die durch Meinungsführer vermittelten Informationen sind. Verhaltensinstabilität, Apathie und Wechselwahl hingegen erklärt man mit Crosspressure-Situationen, denen der Wähler z.B. durch die Zugehörigkeit zu verschiedenen und politisch gegensätzlichen Organisationen ausgesetzt ist. Über Gruppenmitgliedschaft und Milieuzugehörigkeit stellt sich zudem der Bezug zu den gesamtgesellschaftlichen Konflikten her. Mit S.M. *Lipset* und St. *Rokkan* (1967) geht die WF in der Regel von vier sozialen Hauptkonflikten (Cleavages) aus. Im Zuge der Nationenbildung bildeten sich dabei die Konflikte von (1) Zentrum versus Peripherie – oder dominanter versus unterworfener Kultur (ethnische, sprachliche, kulturelle Konflikte) und von (2) Staat versus Kirche (Konflikte der Säkularisierung, staatlicher versus kirchlicher Kontrolle im Bildungssystem bis hin zu Konflikten um lebensweltliche Normsetzungen z.B. in Familie, Ehe ...); im Prozeß der Industriellen Revolution die Konflikte von (3) Stadt versus Land (Agrarinteressen versus Industrieinteressen) und (4) Kapital versus Arbeit. Im Zentrum des Erkenntnisinteresses der soziologischen Bezugsgruppen- wie anderer Ansätze der expressiven Theorie des

Wählens steht mikrosoziologisch die Frage nach der Konstanz individuellen WV wie makropolitisch die nach der langfristigen Systemstabilität liberaler → Demokratien.

2.3 Dem sozialpsychologischen Identifikationsansatz der Michigan School geht es hingegen um den Wechsel von Parteipräferenzen und um Ursachen kurzfristiger Abweichungen vom traditionellen WV (*Campbell* u.a. 1969). Er sieht das individuelle WV definiert im Spannungsfeld von Parteiidentifikation/effektiver Parteibindung und aktueller Politik (normal vote versus actual vote). Bezugspunkt des WV sind nicht die sozialen Gruppen und sozio-kulturellen Milieus, sondern die Partei, mit der man sich identifiziert, als Langzeitfaktor sowie die Einstellung zu Kandidaten und zu Issues als politische Kurzzeiteinflüsse. Im Sozialisationsprozeß erworben und durch Wahlen immer wieder aktualisiert, wirkt die Parteiidentifikation dabei wie ein Filter, der Wahrnehmung und Bewertung politischer Themen und Ereignisse strukturiert. Wähler mit starker Parteiidentifikation machen sich die Sachpositionen „ihrer" Partei eher zu eigen als die der Konkurrenz und sie schätzen die Kandidaten „ihrer" Partei deutlich positiver ein als die Mitbewerber anderer Parteien. Erklärt werden diese Zusammenhänge üblicherweise mit den psychologischen Konzepten von selektiver Wahrnehmung und kognitiver Dissonanz: Konsonanz führt zu konstantem WV; Dissonanzen bewirken wechselndes WV, kurzfristige Abweichungen wie langfristige Umorientierungen in den politischen Einstellungen und Verhaltensmustern der Wähler. Makropolitisch bildet die Parteiidentifikation eine wichtige Voraussetzung politischer Stabilität.

2.4 Instrumentelle Theorien des Wählens sehen im Wahlakt primär und analog zum Marktverhalten des homo oeconomicus die rationale Entscheidung des Wählers, wobei Kosten-Nutzen-Überlegungen das individuelle Verhalten steuern (*Downs* 1968). Empirisch-induktive Ansätze dieser Provenienz interpretieren die an Issue-Positionen und Kandidaten-Alternativen der Parteien orientierte Wählerentscheidung als responsiven bzw. retrospektiven Akt, bei dem der Wähler über die Leistungen der politischen Eliten in der Vergangenheit urteilt, insbesondere also Regierungen bestätigt oder abgewählt werden, und/oder der Wähler prospektiv Handlungsvollmacht überträgt (vgl. *Fiorina* 1981; *Popkin* 1991). Dabei ist mit Blick auf die Bedeutung von Sachthemen für das WV wichtig: (a) Damit Issues überhaupt wirksam werden können, müssen zwei Voraussetzungen gegeben sein. Das Sachthema muß von den Wählern als bedeutsam wahrgenommen werden und es muß zwischen den Parteien streitig sein. Wirkung auf die Wählerentscheidung geht von den sog. Position-Issues (im Gegensatz zu Valenz-Issues) aus, also von Themen, bei denen die Parteien gegensätzliche Standpunkte vertreten. (b) Es geht weniger um die Themen als solche als um die zu erwartenden individuellen Auswirkungen und auch weniger um das konkrete Programmangebot der Parteien zur Lösung einer bestimmten Sachfrage als vielmehr um die Lösungskompetenz, die der Wähler den Parteien zubilligt. (c) Innenpolitischen Themen wird vom Wähler zumeist ein höherer Stellenwert zugemessen als außenpolitischen. Unter ihnen stehen in den industriellen Demokratien durchweg die Fragen der Wirtschaftsentwicklung, der Arbeitsplatzsicherung und der sozialen Sicherheit im Vordergrund; allerdings wuchs insbesondere seit den 70er Jahren die Zahl derjenigen Wähler, die Fragen der Umwelt, der individuellen Freiheit und Selbstverwirklichung sowie der Mitbestimmung in Politik, Wirtschaft und Gesellschaft Vorrang vor anderen Issues einräumen (materialistische versus post-materialistische Werte).

3. Ergebnisse. Expressive und instrumentelle Theorien des Wählens ergänzen sich

eher, als daß sie sich ausschließen. Denn Wählerentscheidungen formieren sich unverändert im Spannungsverhältnis von langfristig-strukturellen Determinanten wie politischen Kurzzeiteinflüssen. Beide sind eng miteinander verknüpft: Die sozialstrukturellen Konfliktmuster bedürfen der Aktualisierung durch die Politik; die Einstellung des Wählers zu kontroversen politischen Sachthemen hängt entscheidend davon ab, welchen sozialen und kulturellen Milieus der Wähler angehört; sie wird zudem gefiltert durch die jeweilige Parteipräferenz. Einig ist man sich dabei in der WF über die fortdauernde Bedeutung der vier sozialen Grundkonflikte, die noch immer politische Einstellungen wie WV in den industriellen Demokratien strukturieren, in D insbesondere der konfessionell-katholische und der wohlfahrtsstaatliche Cleavage (→ Wählerverhalten). Zu den gesicherten Ergebnissen der WF gehört aber auch, daß es seit Ende der 60er Jahre mit der Auflösung homogener sozialer Umwelten zum Rückgang struktureller Bindungen in der Wählerschaft bei gleichzeitiger Zunahme der Wechselbereitschaft (electoral volatility) und wachsendem Gewicht aktueller Politik auf die Wählerentscheidung gekommen ist. Zur Erklärung dieser Wandlungstendenzen im WV bietet die WF unterschiedliche Interpretationen an: (a) Interpretationen quantitativen soziodemographischen Wandels (eher dem soziologischen Ansatz und der expressiven Theorie zugehörig) bringen die Veränderungen im WV mit dem Wandel in Berufsstruktur, Bildung, Arbeitsmarkt etc. in Verbindung, gehen aber bei quantitativ reduzierter Bedeutung vom Fortbestand der traditionellen Konfliktmuster, auch des Klassencleavage aus (vgl. *Heath* 1991; *Pappi* 1990). (b) Interpretationen qualitativen Wandels unterstellen die Herausbildung neuer Konfliktlinien wie die Formierung neuer langfristig stabiler Verhaltensmuster und Parteibindungen in der Wählerschaft (partisan realignment), die meist, in Anlehnung an R. *Inglehart* (1977), auf Prozesse des politischen Wandels, der „partizipatorischen Revolution", des Wertewandels hin zu post-materialistischen Werten zurückgeführt oder als Ausdruck der Strukturdefizite des Industriesystems gedeutet werden (*Schultze* 1991). (c) Interpretationen des dealignment gehen nicht allein von der Auflösung traditioneller Strukturen aus; sie sehen im Fehlen fester Bindungen einen Dauerzustand und erklären das WV, insbesondere die wachsende Zahl von Wechselwählern, im Rahmen der instrumentellen Theorie zusehends als Ergebnis von issue voting auf der Basis von individuellen Kosten-Nutzen-Überlegungen (vgl. *Dalton/Rohrschneider* 1990). Für sich genommen greift jedoch jeder dieser Erklärungsversuche zu kurz (vgl. *Schultze* 1992).

4. Probleme und Defizite. Die wahlsoziologische WF ist zweifellos die Teildisziplin der Politikwissenschaft, die methodisch am weitesten entwickelt ist. Aus ihrem paradigmatischen Konsens in den Behavioralismus als Ansatz wie Individualdatenanalyse und Demoskopie als Methode und Forschungstechnik resultieren jedoch nicht nur Vorteile; damit sind – wie die nachfolgende stichwortartige Auflistung zeigt – zugleich eine Reihe von Einseitigkeiten, Problemen und Defiziten verbunden: (a) Durch den Behavorialismus veränderten sich Gegenstand und Forschungsinteresse: Aus Wahlforschung wurde Wählerforschung. Damit verlor man einerseits den komplexen, multifunktionalen Charakter von Wahlen aus dem Blick und kam andererseits den politischen Parteien entgegen, insbesondere ihrem wahlstrategischen Interesse an der Frage: Wie gewinne ich die nächste Wahl? Sozialtechnologie und Politikberatung bestimmen folglich zusehends die konkreten Analysen, und zwar nicht nur die der professionellen Demoskopen. (b) Es dominieren weithin quantitative Untersuchungen auf der Basis von zumeist standardisierten Umfragen. Im Hauptstrom

der empirischen WF spielen Analysen auf Aggregatdatenbasis heute nur eine untergeordnete, Analysen, die mit Verfahren der qualitativen Sozialforschung arbeiten, so gut wie gar keine Rolle. Dabei böten sich Analysen qualitativer Natur zur Untersuchung des Strukturwandels in politischer Kultur und Wertehaushalt, beim Entstehen Sozialer Bewegungen, etwa der Friedens- und der Ökologiebewegung, bei der Formierung neuer Milieus, Parteien und Parteibindungen etc. geradezu an. (c) Forschungsinteresse und Umfragetechnik behindern die adäquate Beschäftigung mit den Gründen von Wahl und Nicht-Wahl, die bei steigender Wahlenthaltung in den westlichen Demokratien zusehends dringlicher wird und zusätz lich auf die Notwendigkeit qualitativer Untersuchungen verweist. Zudem macht es sich die WF mit Erklärungen, die, abgeleitet aus der instrumentellen Theorie, Nicht-Wahl vornehmlich als „rationalen Protest" interpretieren, zu leicht. Dies gilt analog für vergleichbare Deutungen des rechtspopulistischen bzw. rechtsradikalen WV. (d) Aufgrund ihrer primär mikrosoziologischen (auf die Erklärung individuellen Verhaltens zielenden) Ausrichtung und ihres weitgehend (auf Theoriebildung und Methodentest zielenden) abstrakten Forschungsinteresses verliert der behavioralistische Hauptstrom der WF häufig die makropolitischen Aspekte und demokratiepolitischen Konsequenzen des WV aus dem Blick. Es fehlt zumeist an der Rückkopplung der Ergebnisse an die demokratietheoretischen Grundfragen des Wählens, an die Fragen demokratischer Systemstabilität oder auch an theoretisch zureichenden Konzepten für die vergleichende Untersuchung von Wahlen und WV in unterschiedlichen gesellschaftlichen und politischen System-Kontexten wie in Prozessen der Systemtransformation.

Literatur

Bürklin, Wilhelm 1988: Wählerverhalten und Wertewandel. Opladen.

Campbell, Angus u.a. 1966: Elections and the Political Order. New York.

Dalton, Russell J./Rohrschneider, R. 1990: Wählerwandel und die Abschwächung der Parteieneigung von 1972-1987, in: Kaase/Klingemann 1990

Downs, A. 1968: Ökonomische Theorie der Demokratie, Tübingen.

Fiorina, Morris P. 1981: Retrospective Voting in American National Elections. New Haven/London.

Heath, Anthony u.a. 1991: Understanding Political Change. The British Voters 1964-1987. Oxford u.a.

Kaase, Max/Klingemann, Hans-Dieter (Hrsg.) 1990: Wahlen und Wähler. Analysen aus Anlaß der Bundestagswahl 1987, Opladen.

Kaase, Max/Klingemann, Hans-Dieter (Hrsg.) 1994: Wahlen und Wähler. Analysen aus Anlaß der Bundestagswahl 1990, Opladen.

Inglehart, Roland 1977: The Silent Revolution. Changing Values and Political Styles Among Western Publics. Princeton.

Lazarsfeld, Paul F. u.a. 1969: Wahlen und Wähler. Neuwied u.a. (engl. 1944).

Lipset, Seymour Martin/Rokkan, Stein (Hrsg.) 1967: Party Systems and Voter Alignments. New York.

Nohlen, Dieter [2]1990: Wahlrecht und Parteiensystem. Opladen.

Pappi, Franz Urban 1990: Klassenstruktur und Wahlverhalten im sozialen Wandel, in: Kaase/Klingemann (Hrsg.) 1990.

Popkin, Samuel L. 1991: The Reasoning Voter. Communication and Persuasion in Presidential Campaigns, Chicago.

Sarcinelli, Ulrich 1987a: Symbolische Politik. Opladen.

Sarcinelli, Ulrich (Hrsg.) 1987b: Politikvermittlung. Beiträge zur politischen Kommunikationskultur. Bonn.

Schreiber, Wolfgang 5/1994. Handbuch des Wahlrechts zum Deutschen Bundestag. Köln u.a.

Schultze, Rainer-Olaf 1991: Wählerverhalten und Parteiensystem, in: Wehling (Red.).

ders., 1992: Wählerverhalten, in: Manfred G. Schmidt (Hrsg.): Die westlichen Länder,

Becks Lexikon der Politik, Bd. 3. München.
ders.,1992: Aus Anlaß des Superwahljahres: Nachdenken über Konzepte und Ergebnisse der Wahlsoziologie, in: ZParl 25.Jg., 472-493.
Wehling, Hans-Georg (Red.) 1991: Wahlverhalten. Kohlhammer Taschenbücher 1093. Stuttgart.

Rainer-Olaf Schultze

Wahlkampf

1. Zur Begriffsbestimmung

Als Wahlkampf bezeichnet man die im Kontext von → Wahlen auf der Bundes-, Landes-, kommunalen oder europäischen Ebene zur ergreifenden programmatischen, parteiorganisatorischen und publizistisch- kommunikativen Maßnahmen von (i.d.R.) Parteien, mit denen das Wahlvolk informiert und in ihrer Stimmabgabe beeinflußt werden soll.

2. Wahlkampf, Demokratie und politische Kultur

Nach herrschenden Verfassungsverständnis gelten Wahlen als fundamentaler Legitimationsakt und als „Kernbestand der demokratischen Ordnung“ (K. Hesse), in dem sich die Ausübung der Staatsgewalt durch das Volk manifestiert. Dabei wird von der Vorstellung ausgegangen, daß der permanente Prozeß der Meinungs- und Willensbildung in den entscheidenden Akt der Parlamentswahl einmündet. Periodisch stattfindende Wahlkämpfe sollen – idealtypisch – demokratische Kontrolle durch Offenlegen von Motiven, Zwecken und mutmaßlichen Folgen politische und personelle Alternativen transparent machen.

Im Gegensatz dazu hatten Wahlkämpfe in der DDR eine andere Bedeutung. In ihnen ging es nicht um die Konkurrenz zwischen personellen und politischen Alternativen, sondern um die Propagierung der Politik von Partei und Regierung, um die plebiszitäre Bestätigung der Inhaber der politischen Macht, um die Demonstration politisch-ideologischer Einheit des Volkes und um die Manifestation des sozialistischen Staatsbewußtseins.

Umstritten sind vor allem die Methoden der Wahlkampfführung. Aus demokratie-theoretischer Sicht ergibt sich dabei das Problem, ob ein professionalisiertes Kommunikationsmanagement in Wahlkämpfen den legitimatorischen Charakter von Wahlen zumindest partiell infragestellt, wenn der Adressat von Wahlkampf nicht als Staatsbürger sondern als (un)politischer Konsument angesprochen wird. Diese Frage stellt sich auch mit Blick auf eine schon geradezu traditionell negative Bewertung von Wahlkämpfen in der öffentlichen Meinung Deutschlands.

3. Wahlkampfforschung

Während die auf die Erklärung des Wählerverhaltens ausgerichtete Wahlforschung international und national als einer der inzwischen am weitesten entwickelten Teile der sozialwissenschaftlichen Forschung angesehen werden kann, in den – aus erklärlichem Interesse – umfangreiche Forschungsgelder investiert werden, fristet die Wahlkampfforschung ein wissenschaftliches Schattendasein. Die realen Funktionen von Wahlkämpfen, ihre Kommunikations-, Steuerungs- und Manipulationsprozesse und ihre symbolische Bedeutung im Rahmen des politischen Prozesses haben nur vereinzelte politikwissenschaftliche, politisch-soziologische und kommunikationswissenschaftliche Studien thematisiert. (Sarcinelli 1987) Dabei fällt auf, daß die auch in der politischen Öffentlichkeit mit am stärksten beachteten Wahlkampfstudien von Parteimanagern und Wahlkampforganisatoren verfaßt wurden. (Radunski 1980, Wolf 1990) Aufgrund der steigenden Mobilität im → Wählerverhalten und der dadurch bedingten Verschärfung des Wettbewerbs um Wählerstimmen stoßen Wahlkämpfe als Kommunikationsereignisse auf wachsendes publizistik-, kommunikations- und auch politikwissenschaftliches Interesse. Gegenüber ursprünglich stark normativ-kritisch ausgerichteter Wahlkampfkritik versucht die neuere sozialwissenschaftliche Forschung vor allem mit systemtheoretischen und Rational-Choice-Modellen Verhalten von politischen Akteuren und Wählern zu erklären. (Klingemann/Kaase 1990)

4. Wahlkampfstrategie, Wahlprogramm und Parteiorganisation

Mit dem Begriff Wahlkampfstrategie werden alle politischen Planungen sowie die den Verlauf der Wahlkampagne bestimmenden organisatorischen Maßnahmen bezeichnet, mit denen bestimmte politische Ziele unter Berücksichtigung der eigenen Möglichkeiten, der sich verändernden politisch-situativen Gegebenheiten und des Potential des politischen Gegners erreicht werden sollen. Wahlkämpfe sind einerseits eine mehr oder weniger klar zeitlich fest umrissene Phase des politischen Wettbewerbs um Wählerstimmen. Andererseits sind sie aber Teil eines langfristig geplanten politischen Prozesses. Genau genommen beginnt Wahlkampf schon „am Tag nach der Wahl". Aufgrund der bundespolitischen Bedeutung von Landtagswahlen wird die Abgrenzung von Wahlkampf- und wahlkampffreien Phasen im Rahmen des politischen Prozesses problematisch.

Programmdiskussionen gelten mittlerweile als eine Daueraufgabe für alle Parteien. Wahlprogramme dienen dabei zunächst der innerparteilichen Selbstverständigung und dem internen Interessenausgleich. In zweiter Linie sind sie politische Handlungsentwürfe für die kommende Legislaturperiode. Über die Einbindung von Wahlkämpfen in die langfristige Politikentwicklung stellt die eigentliche Wahlkampagne jede Parteiorganisation vor höchste Anforderungen.

Für die Entwicklung einer Wahlkampfstrategie sind vor allem folgende Faktoren zu berücksichtigen: die programmatisch-konzeptionelle Grundlinie der Partei, die Leistungsfähigkeit ihrer Organisation auf allen Ebenen, der aktuelle politische Problemhaushalt, die spezifische Parteienwettbewerbssituation und das aktuelle politische Meinungsklima. Die zeitliche Planung für den Ablauf von Wahlkampfkampagnen sieht dabei in der Regel wie folgt aus: Erarbeitung erster Konzepte im Apparat der Partei, Diskussion eines Entwurfpapiers in den Führungsgremien und in einer eigens gebildeten Wahlkampfkommission, konzeptionelle Anweisungen an ausgewählte Werbeagenturen, Präsentation erster Entwürfe vor der Wahlkampfkommission, konzeptionelle Anweisungen an ausgewählte Werbeagenturen, Präsentation erster Entwürfe vor der Wahlkampfkommission, Abstimmung mit den Führungsgremien, Entscheidung über den zentralen Wahlslogan und die grundsätzliche Werbestrategie, Entwicklung von Produktionsfahrplänen für die Werbemittel, zeitlicher Belegplan für die Schaltung von Anzeigen und für die kommerzielle Plakatierung einschließlich Werbemitteleinsatz. (*Wolf* 1990)

Durchweg kennzeichnend für die Konzipierung der Wahlkampfstrategie und deren parteiorganisatorische Umsetzung sind dabei: die zentrale Steuerung der Wahlkampfführung (Entwicklung von Strategiekonzepten, Werbemittelproduktion und -verteilung, Veranstaltungsplanung, flächendekkender Rednereinsatz etc.) bei gleichzeitig frühzeitiger Einbeziehung der regionalen Parteibasis zwecks optimaler parteiorganisatorischer Umsetzung, innerparteilicher Mobilisierung (Aktivierung innerparteilicher Kommunikationssysteme, Schulung für den Wahlkampfeinsatz etc.) sowie Kommerzialisierung durch Auslagerung von Aufgaben auf kommerzielle Unternehmen. (Entwicklung, Produktion und Vertrieb von Informations- und Werbemitteln etc.) Eine zentrale Rolle in der wahlkampfstrategischen Planung spielt die Demoskopie. Durch in der gesamten Legislaturperiode, vor allem aber im Vorfeld von Wahlen in Auftrag gegebene Untersuchungen wird die politische Grundstimmung der Bevölkerung und besonderer Adressatengruppen untersucht, werden Einschätzungen zu bestimmten Problemlagen und deren Lösungserwartungen erhoben und Partei- und Kandidatenprofile analysiert. Durch selektive Bekanntgabe aus dem Untersuchungszusammenhang herausgegriffener Daten und in weitgehender Unkenntnis der methodisch-theoretischen Grundlagen demoskopischer Instrumentarien ist die Verwendung von Umfrageergebnissen zu partei- bzw. wahltaktischen Zwecken prinzipiell nicht ausgeschlossen.

5. Wahlkampf als massenmediales Ereignis

In Wahlkampfzeiten ist das Handeln der Parteien mehr noch als sonst am Kriterium Öffentlichkeitswirksamkeit ausgerichtet. Das Erreichen eines möglichst großen Publikums bzw. wichtiger Teilpublika und Zielgruppen ist nur möglich, wenn die Multiplikatorenrolle von Presse, Rundfunk und Fernsehen in das Wahlkampfkalkül miteinbezogen wird. Dies geschieht durch die öffentlichkeitswirksame Organisation und Inszenierung von politischen Ereignisse, Veranstaltungen, Akteursauftritten, durch den gezielten Einsatz optischer und sprachlicher Mittel, durch Personalisierung und vor allem durch eine polarisierende, den Aufmerksamkeitsregeln der Medien entgegenkommende Auseinandersetzung mit dem politischen Gegner. Die Einschätzung der Wirkung von Massenmedien im Wahlkampf ist dabei in der Forschung durchaus kontrovers. Relativ unstrittig ist, daß die Zeitungen durch ihre Wahlkampfberichterstattung in hohem Maße zum publizistischen Umschlagplatz der Parteienkonkurrenz und damit zum kostenlosen Werbemittel der Parteien werden. Ein zentrales Merkmal der Wahlkampfberichterstattung im Fernsehen – bei den Wahlsondersendungen und Werbespots der Parteien ohnedies – ist, daß der unmittelbaren Selbstdarstellung der Akteure großer Raum gegeben wird. (*Holz- Bacha/Kaid 1990*) In einem gewissen Gegensatz dazu steht die publizistisch und politisch besonders beachtete, wissenschaftlich aber nicht unumstrittene These von der wahlentscheidenden Rolle des Fernsehens. (*Noelle-Neumann* 1989)

6. Wahlkampf zwischen Bürgerdialog und Konsumwerbung

Der Widerspruch zwischen demokratietheoretischen Ansprüchen und realen Wahlkampfprozessen wird bereits daraus ersichtlich, daß gerade erfahrene Wahlkampfmanager Wahlkämpfe als „moderne Managementaufgabe wie andere auch" bezeichnen, im Rahmen eines solchen Politik-Marketing-Konzepts das Idealbild des Politikers als „Regisseur und Hauptdarsteller" entwerfen und gleichzeitig den nach allen Regeln kommunikationsstrategischer und werblicher Kunst konzipierten Wahlwettbewerb als „politische Kommunikation" und als Kernbereich der Demokratie deklarieren. (*Radunski* 1980)

Politik, politische Kommunikation und Wahlkampf sind jeweils nur Aspekte eines interdependenten Prozesses, und die Grenzen zwischen einer Information und rationale Urteilbildung initiierenden politischen Information und Kommunikation auf der einen und einer politisch „bewußtlos" machenden Konsumentenwerbung auf der anderen Seite sind fließend. So kann Personalisierung auf eine Vermittlung privatistischer Images und Sympathieelemente ebenso hinauslaufen wie auf die Verdeutlichung persönlicher Verantwortungszurechnung. So kann thematische Verdichtung und begriffliche Reduktion zu einer Dethematisierung und Entsachlichung politisch-inhaltlicher Diskussionen ebenso führen wie zu einer pointierende Meinungsbildung fördernden Zuspitzung. So kann schließlich der Rekurs auf oberste Werte zum Verständnis des parteiideologischen Stellenwertes programmatischer Aussagen ebenso beitragen wie zu einer Fundamentalpolarisierung, in der der Eindruck vermittelt wird, im Wahlkampf gehe es um fundamentale Systemalternativen. Entscheidend ist die demokratisch-legitimatorische Qualität der Politikvermittlungs- bzw. Kommunikationsstrategie. Gleichwohl ist nicht zu übersehen, daß die bundesdeutschen Wahlkämpfe eher an den Maximen der kurzfristigen Vorteilssuche im zwischenparteilichen Wettbewerb und an einem unpolitischen Konsumentenbild ausgerichtet sind als an den kommunikativen Möglichkeiten zur eigenständigen, kritischen Urteilsbildung der Bürgerinnen und Bürger.

Literatur

Hönemann,Stefan/Markus Moors 1994: Wer hat die Wahl... Bundestagswahlkämpfe seit 1957. Muster der politischen Auseinandersetzung. Marburg

Holz-Bacha, Christina/Lynda Lee Kaid (Hrsg.) 1994: Die Massenmedien im Wahlkampf. Untersuchungen aus dem Wahljahr 1990. Opladen

Radunski, Peter 1980: Wahlkämpfe. Moderne Wahlkampfführung als politische Kommunikation. München

Sarcinelli, Ulrich 1987: Symbolische Politik. Zur Bedeutung symbolischen Handelns in der Wahlkampfkommunikation der Bundesrepublik Deutschland. Opladen

Sarcinelli, Ulrich 1986: Wahlkampf zwischen Politikinszenierung und Bürgerdialog. Stuttgart

Wolf, Werner [2]1990 (2. Aufl.): Wahlkampf und Demokratie. Köln

Ulrich Sarcinelli

Wahlrecht/Wahlsystem/Wahlprüfung

1. Wahlrecht

Das Wahlrecht im umfassenden Sinne des Begriffs enthält alle rechtlich fixierten Regelungen, die die Wahl von Körperschaften oder von Amtsträgern betreffen. Das Wahlrecht im engeren Sinne definiert das Recht, an der Wahl von Körperschaften oder Amtsträgern teilzunehmen, und zwar aktiv als Wahlberechtigter und passiv als wählbare Person. Das engere Wahlrecht, worauf im folgenden abgehoben wird, bezeichnet, ob das Wahlrecht beschränkt oder allgemein, ungleich oder gleich, indirekt oder direkt, offen (öffentlich) oder geheim sein soll.

Die Bestandteile des engeren Wahlrechts sind politisch evolutionäre Begriffe – ihr Verständnis hat sich gewandelt. Die Forderungen nach dem allgemeinen Wahlrecht im 19. Jh. etwa beinhalten noch kaum das Wahlrecht auch für die Frauen, das heute unabdingbar zum Begriff des allgemeinen Wahlrechts gehört. Heute besagen die Begriffe:

1. Allgemein: unabhängig von Geschlecht, Rasse, Sprache, Einkommen oder Besitz, Beruf, Stand oder Klasse, Bildung, Konfession oder politischer Überzeugung sind alle Staatsbürger stimmberechtigt, die einige unerläßliche Voraussetzungen erfüllen: ein bestimmtes Alter, Staatsbürgerschaft, Wohnsitznahme, Besitz der geistigen Kräfte und der bürgerlichen Ehrenrechte, volle rechtliche Handlungsfähigkeit.
2. Gleich: jeder Wahlberechtigte besitzt das gleiche Stimmgewicht – der Zählwert der Stimmen der Wahlberechtigten muß gleich sein. Das heißt zum einen, daß alle (historischen) Klassen-, Kurien- und Pluralwahlrechte mit dem Gleichheitssatz unvereinbar sind, zum anderen, daß die Wahlkreiseinteilung in Wahlsystemen, deren Auswirkungen wesentlich vom Wahlkreis abhängen, stets daraufhin zu überprüfen ist, ob das Verhältnis der Bevölkerungszahl zur Zahl der zu wählenden Abgeordneten in den Wahlkreisen den Gleichheitsgrundsatz nicht verletzt.
3. Direkt: die Wähler bestimmen selbst ohne „Zwischenschaltung eines fremden Willens zwischen Wählern und → Abgeordneten bei oder nach der Wahlhandlung" (K.-H. *Seifert*) die Mandatsträger.
4. Geheim: es muß rechtlich und organisatorisch gewährleistet sein, daß der Wähler eine nicht von anderen erkennbare Wahlentscheidung treffen kann.

In Deutschland besteht auf Reichsebene das allgemeine, gleiche, direkte und geheime Wahlrecht für Männer seit 1849. Nach Art. 38 des GG werden „die Abgeordneten des Deutschen → Bundestages ... in allgemeiner, unmittelbarer, freier, gleicher und geheimer Wahl gewählt". Seit dem 1.1. 1975 sind für den Bund das aktive und passive Wahlrecht einheitlich an die Vollendung des 18. Lebensjahres geknüpft. Zu Wahlrecht und Wählbarkeit führt das Bundeswahlgesetz vom 7.5.1956 in der Fassung vom 21.6.1990 in den §§ 12-15 weiter aus: Zur Wahlberechtigung ist erforderlich, „seit mindestens drei Monaten im Geltungsbereich dieses Gesetzes eine Wohnung inne(zu)haben oder sich sonst gewöhnlich auf(zu)halten". Zur Ausübung des Wahlrechts ist die Eintragung in ein Wählerverzeichnis oder der Besitz eines Wahlscheins erforderlich, der durch die seit 1956 bestehende Möglichkeit der Stimmabgabe per Briefwahl Bedeutung gewonnen hat und wahlkreisgebunden gültig ist (§ 14). „Ausgeschlossen vom Wahlrecht ist, 1. wer infolge Richterspruchs das Wahlrecht nicht besitzt, 2. wer entmündigt ist oder wegen geistigen Gebrechens unter Pflegschaft steht, 3. wer sich nach § 63 des Strafgesetzbuches in einem psychiatrischen Krankenhaus befindet. (§ 13). U.a. „nicht wählbar ist, 1. wer nach § 13 vom Wahlrecht ausgeschlossen ist, 2. wer infolge Richterspruchs die Wählbarkeit oder die Fähigkeit zur Bekleidung öffentlicher Ämter nicht besitzt" (§ 15, Abs. 2). Das Abgeordnetenmandat ist im übrigen unvereinbar mit dem Amt des → Bundespräsidenten (GG Art. 55) und dem des Bundesverfassungsrichters (GG Art. 94). Inkompatibilität besteht auch für Beamte, Richter und Angestellte des → öffentlichen Dienstes (GG Art. 137, Ges. vom 4.8.1953). Diese Personen können rechtswirksam gewählt werden, müssen jedoch bei der Annahme der Wahl aus ihrem Amt scheiden.

Das zu den klassischen Bestandteilen des Wahlrechts in Art. 38 GG hinzugefügte Epitheton frei trägt zur Bestimmung des Wahlrechts nichts wesentlich Neues bei. Es sollte die politische Praxis der Wahlen in den bürgerlich-demokratischen → Verfassungsstaaten von Wahlen abgrenzen, die in den sozialistischen Ländern bolschewistischer Prägung veranstaltet wurden. Diese Unterscheidung ergibt sich jedoch substantiell bereits aus dem Begriff und den Funktionen der Wahl (→ Wahlen/Wahlfunktionen).

Tabelle 1: Die Ausweitung des Wahlrechts in Deutschland 1871-1991 in ausgesuchten Wahlen

	Wahlberechtigte		Wahlbeteiligung		Abgeg.
Jahr	abs. in Tsd.	in % der Bev.	abs. in Tsd.	in % der Wahl-ber.	gült. Stimm. in % d.Bev
1871	7656,2	19,4	4148,0	52,0	9,4
1890	10145,9	21,7	7702,3	71,5	14,6
1912	14441,9	22,2	12260,6	84,2	18,3
1919	37362,1	63,1	30524,8	83,0	49,9
1930	42957,7	68,9	35225,8	82,0	53,7
1949	31207,6	66,3	24495,6	78,5	50,4
1969	38677,3	65,9	33523,1	86,7	54,9
1987	45328,0	74,0	38225,3	83,5	61,9
1990	60346,6	75,7	46995,9	77,8	58,3
1994	60396,3	74,3	47743,6	79,1	58,7

Quellen: Sternberger, D./Vogel, B. 1969; Datenhandbuch zur Geschichte des Deutschen Bundestages; OECD: Economic Outlook Historical Statistics, 1981ff.; Stat. Bundesamt.

2. Wahlsystem

2.1 Funktion und Typologie

Wahlsysteme stellen Verfahren dar, mittels derer die Wähler ihre Partei- und/oder Kandidatenpräferenz in Wählerstimmen drücken und durch die Stimmenzahlen in Mandate übertragen werden. Die technischen Regelungen, die ein Wahlsystem trifft, umfassen den gesamten Wahlprozeß von der wahlgesetzlich geregelten Wahlbewerbung bis zur Ermittlung des Mandatsergebnisses. Es lassen sich vier Bereiche unterscheiden:

1. Die (mögliche) Untergliederung des Wahlgebietes in Wahlkreise (Einer-, kleine, mittelgroße und große Wahlkreise).
2. Die Kandidatur (Einzelkandidatur oder verschiedene Listenformen: starre, lose gebundene, freie Liste; Möglichkeit wahlkreisgebundener oder wahlkreisfreier Listenverbindung etc.).
3. Das Stimmgebungsverfahren, ob und wie der Wähler eine oder mehrere Stimmen vergeben kann (Einzelstimmgebung, Mehrstimmgebung, und des weiteren: Präferenz- oder Alternativstimmgebung, Kumulieren, Panaschieren).
4. Das Stimmenverrechnungsverfahren, dessen Regelung bereits teilweise durch die Ausgestaltung zu 1-3 bestimmt wird, aber dennoch die für die Auswirkung eines Wahlsystems wichtigsten Variablen enthält. Dazu zählen: a) der Entscheidungsmaßstab Mehrheit oder Verhältnis (s.u.); b) die Verrechnungsebene (Wahlkreis, Wahlkreisverband, Region/Land, Staat/Bund); c) Divisoren- (*d'Hondtsches* Verfahren) oder Wahlzahlverfahren *(Hagenbach-Bischoff)* und jeweilige Varianten; d) (mögliche) Überschuß- oder Reststimmenverwertung; e) (mögliche) Sperrklauseln.

Die mannigfach variierbaren und kombinierbaren technischen Regelungen der Wahlsystematik (s. dazu im einzelnen *Nohlen* 1990) wirken sich auf die Wahlergebnisse in zweifacher Weise aus. Zum einen beeinflussen sie die Wahlentscheidung des Wählers, indem sie ihn bei der Stimmabgabe vor eine spezifische Entscheidungssituation stellen. Ihr entsprechend trifft der Wähler seine Wahl; dabei prägen die Regelungen des Wahlsystems durch Strukturierung der Partei- und/oder Kandidatenpräferenz des Wählers dessen inhaltliche Entscheidung mit. Zum anderen rufen unterschiedliche technische Regelungen bei der Übertragung von Stimmenzahlen in Mandate voneinander abweichende Wahlergebnisse hervor, d.h. unterschiedliche parlamentarische Stärkeverhältnisse der → Parteien. Auch die Auswirkungen von Wahlsystemen auf die Stimmen-Mandaterelationen beeinflussen Parteipräferenzen und Stimmverhalten der Wahlberechtigten.

Die konkreten Wahlsysteme in den westlichen Demokratien sind in der Regel das Ergebnis von Kompromissen zwischen den wichtigsten gesellschaftlichen und politischen Gruppierungen. Dies erklärt auch ihre enorme Vielfalt, die wir gewohnt sind, auf den Gegensatz von Mehrheitswahl und Verhältniswahl als den beiden Grundtypen von Wahlsystemen zu reduzieren. Man sollte Mehrheitswahl und Verhältniswahl jedoch besser als Repräsentationsprinzipien verstehen, die sich alternativ gegenüberstehen.

Als Repräsentationsprinzip zielt die Mehrheitswahl auf die Mehrheitsbildung und nimmt die Disproportion von Stimmen und Mandaten, wie sie etwa für Wahlergebnisse in Großbritannien kennzeichnend sind, in Kauf. Die Verhältniswahl hingegen zielt auf eine parlamentarische Vertretung der Parteien möglichst entsprechend ihrem Anteil an den Wählerstimmen.

Beide Wahlsystemgrundtypen weisen Vor- und Nachteile auf, je nach dem demokratietheoretischen Standort, von dem aus sie betrachtet werden. Ihre Auswirkungen müssen anhand eines konkreten Landes überprüft werden.

2.2 Auswirkungen von Wahlsystemen

Die meisten Thesen in der traditionellen Debatte über die Vorzüge und Nachteile von Mehrheitswahl und Verhältniswahl sind in der Regel in zweifacher Hinsicht brüchig: zum einen überbetonen sie den Faktor Wahlsystem oder blenden gar andere Faktoren aus, die ebenfalls auf die Entwicklung von Parteien und Parteiensystemen einwirken. Zu nennen sind hier wirtschaftlicher und gesellschaftlicher Wandel, institutionelle Bedingungen des Regierungssystems und personelle Konstellationen, politische Entscheidungslagen etc. Zum anderen berücksichtigen sie nicht, nach welchem Typ von Verhältniswahl gewählt wird. In der Tat gibt es sehr verschiedene, in ihren Auswirkungen stark variierende Verhältniswahlsysteme: 1. Reine Verhältniswahlsysteme (mit proportionalem Verhältnis von Stimmen und Mandaten; 2. Unreine Verhältniswahlsysteme (mit disproportionalem Verhältnis von Stimmen und Mandaten und reduzierendem Effekt auf die Zahl der Parlamentsparteien) und 3. Sperrklausel-Verhältniswahlsysteme (mit proportionalem Verhältnis von Stimmen und Mandaten und reduzierendem Effekt auf die Zahl der Parlamentsparteien).

Der gegenwärtige Kenntnisstand zu den Auswirkungen von Wahlsystemen läßt sich wie folgt zusammenfassen. Ganz allgemein kann der Mehrheitswahl mehr konzentrierende, die Zahl der Parteien verringernde Wirkung zugeschrieben werden als der Verhältniswahl. Das Ausmaß ist jedoch sehr vom Typ Verhältniswahl abhängig. Auch in Verhältniswahlsystemen wird oftmals die größte Partei begünstigt, obwohl darauf das Repräsentationsprinzip eigentlich nicht abzielt. Kleine Parteien haben in den meisten Mehrheitswahlsystemen nur Wahlchancen, wenn ihre Wählerschaft regional konzentriert ist oder in Wahlbündnissen mit großen Parteien. Jedoch auch in der Mehrzahl von Verhältniswahlsystemen sind die kleinen Parteien benachteiligt. Das liegt entweder an Sperrklauseln oder an der Wahlkreiseinteilung, die ein systemimmanentes Hindernis für eine proportionale Repräsentation bilden kann, wenn kein Proporzausgleich besteht.

Auch in Verhältniswahlsystemen kann die Hochburgenbildung von Parteien von großer Bedeutung sein. In der Tat sind Wahlkreiseinteilung und wahlgeographische Streuung der Wählerschaft die wichtigsten Variablen, von denen die unmittelbaren Auswirkungen von Wahlsystemen auf die politische Repräsentation abhängen. Da sie nach Ländern unterschiedlich auftreten, sind sie verantwortlich dafür, daß wissenschaftlich nur relativ vage Tendenzaussagen über die Auswirkungen von Mehrheitswahl und Verhältniswahl möglich sind.

Generalisierenden Aussagen steht auch die hohe Bedeutung der jeweiligen gesellschaftlichen und politischen Verhältnisse für die Auswirkungen von Wahlsystemen im Wege. Die soziale, ethnische, religiöse Homogenität oder Heterogenität einer → Gesellschaft ist höchst relevant für die politischen Konfliktlinien und die Struktur der Parteiensysteme. Von dieser Strukturfrage hängt zudem offensichtlich die Wahl des Wahlsystems ab.

So kann folgende relativierende Aussage getroffen werden: Je mehr verfestigte gesellschaftliche Zersplitterung, desto wahrscheinlicher ist die Einführung eines Verhältniswahlsystems, und desto wahrscheinlicher ist auch die Herausbildung eines Vielparteiensystems. Wenn allerdings gesellschaftliche Fragmentierung vorherrscht, dann führt auch die relative Mehrheitswahl in Einerwahlkreisen nicht zu einem Zweiparteiensystem. Je mehr gesellschaftliche Homogenität herrscht, desto eher wird für die relative Mehrheitswahl optiert, desto eher kommt aber auch bei Verhältniswahlsystemen (gleich welchen Typs) ein Zweiparteiensystem oder ein zahlenmäßig begrenzter Parteienpluralismus zustande.

2.4 Das Wahlsystem zum Bundestag

Das Wahlsystem zum → Bundestag ist ein System der Verhältniswahl. Zwar wollten die demokratischen Parteien 1949 nicht wieder die reine Verhältniswahl Weimarer Prägung einführen, da sie eine Parteienzersplitterung zu verhindern trachteten. Jedoch nur die → CDU/→ CSU forderte die relative Mehrheitswahl in Einerwahlkreisen; als Kompromiß schlug sie vor, zusätzlich zu den 300 oder 400 Wahlkreismandaten 100 Mandate mittels einer Ergänzungsliste nach Proporz zu vergeben. Die Vorschläge der → SPD und der → FDP im Wahlrechtsausschuß des Parlamentarischen Rates blieben dagegen ganz der Proportionalwahl verhaftet. Ihre verschiedenen Entwürfe sahen vor, die Mandatsanteile der Parteien nach dem Verhältnis der Stimmen zu ermitteln, auch wenn schließlich daran gedacht war, die Hälfte der Mandate nach relativer Mehrheitswahl in Einerwahlkreisen zu vergeben. Dieser Vorschlag der SPD liegt dem seit 1949 im Prinzip unveränderten Wahlsystem der BRD zugrunde. Der Bundestag hatte eine Grundmandatzahl von (seit 1965) 496 Abgeordneten (1949: 402, 1953:484, 1957 und 1961: 494). Hinzu kamen (seit 1953) 22 Berliner Abgeordnete (1949: 19), die vom Abgeordnetenhaus der Stadt proportional zu den Parteistärken entsandt wurden, und (variiered) eine begrenzte Zahl von Überhangmandaten. Das Wahlgebiet war in (seit 1965) 248 Einerwahlkreise untergliedert (1949 und 1952: 242; 1957 und 1961: 24/). Nach der Vereinigung erhöhte sich die Grundmandatszahl auf 656 und die Zahl der Einerwahlkreise auf 328.

Der Wähler hat (seit 1953) eine Erststimme und eine Zweitstimme: Mit der Erststimme bezeichnet er den Kandidaten einer Partei im Wahlkreis, mit der Zweitstimme die Landesliste einer Partei.

Grundlegend für die parlamentarischen Mandatsstärken der Parteien sind die abgegebenen gültigen Zweitstimmen. Die Zuteilung der Mandate auf die Landeslisten der Parteien erfolgt in zwei Phasen. Zur Berechnung des Stimmenanteils der Parteien im Bund werden zunächst alle auf die Landeslisten der Parteien entfallenen gültigen Zweitstimmen addiert. Nach dieser Gesamtstimmenzahl werden unter Anwendung des *Hare-Niemeyerschen* Verfahrens (vor 1985 der Methode *d'Hondt*) die jeder Partei zustehenden Mandate ermittelt. Sodann werden – in einer zweiten Anwendung der Methode *Hare-Niemeyer* (vor 1985 *d'Hondt*) – die den Parteien zugesprochenen Mandate auf die Landeslisten der Parteien verteilt. Steht die Mandatszahl der Landesliste einer Partei somit fest, kommen im Mandatszuteilungsverfahren die Erststimmen in Betracht. In den Wahlkreisen sind diejenigen Kandidaten gewählt, die die relative Mehrheit der abgegebenen gültigen Erststimmen auf sich vereinigen. Diese in den Wahlkreisen errungenen Mandate einer Partei werden von deren in einem Lande erhaltenen Mandate nach Zweitstimmen abgezogen. Die restlichen Mandate werden an die Kandidaten vergeben, die auf den starren Landeslisten der Parteien am besten placiert sind und kein Direktmandat erhalten haben. Erzielt eine Partei mehr Direktmandate in einem Bundesland als ihrer

Landesliste zustehrt, bleiben ihr die überhängenden Mandate erhalten (Überhangmandate). Bei der Wahl des ersten Bundestags nach der Vereinigung wurden die Mandate entsprechend den Zweitstimmen nicht national zugeteilt, sondern in zwei „Wahlgebieten“: den alten → Bundesländern und den neuen Bundesländern.

Die Teilnahme der Parteien an der Mandatszuteilung wurde im Bundeswahlgesetz von einer Sperrklausel abhängig gemacht. Im ersten Bundeswahlgesetz von 1949 wurde von den Parteien mit Ausnahme von solchen nationaler Minderheiten 5% der Stimmen in einem Bundesland (Prozentklausel) oder ein Wahlkreismandat (Grundmandatsklausel) gefordert. Die nachfolgende Wahlgesetzgebung hat die Sperrklausel erheblich verschärft: seit 1953 müssen die Parteien 5% der Zweitstimmen im gesamten Bundesgebiet erreichen, und 1956 wurde die Zahl der geforderten Wahlkreismandate auf drei erhöht. Bei der ersten Wahl nach der Vereinigung wurde die Fünf-Prozent-Klausel getrennt nach den „Wahlgcbieten“ angewandt, was den kleinen Parteien in den neuen Bundesländern entgegenkam.

Das Bundeswahlgesetz von 1956 verwirklicht im wesentlichen die Zielvorstellungen der Verhältniswahl. Zwar gibt es einige Einschränkungen des Proporzprinzips im Falle der Sperrklausel und der Überhangmandate. Sie vermögen aber das Repräsentationsmodell ebensowenig grundsätzlich in Frage zu stellen wie der Einbau des Entscheidungsmaßstabes der Mehrheitswahl zur Bestimmung der Hälfte der Abgeordneten in Einerwahlkreisen nach relativer Mehrheit. Wahlsystematisch verbietet es sich auch, von einem Mischwahlsystem zu sprechen. Das Wahlsystem D.s ist eine Verhältniswahl! Die Differenz zwischen Stimmen und Mandatsanteil der Parteien ist gering. Alle Parteien, die mehr als 5% der Zweitstimmen auf Bundesebene (seit 1957) erreicht haben, ziehen prozentual zu ihrem Stimmenanteil Nutzen aus der Sperrklausel, und zwar je mehr, desto größer die Stimmenanteile jener Parteien sind, welche die Sperrklausel nicht erreicht haben.Die personalisierte Verhältniswahl ist aber keine reine Verhältniswahl. Dies muß immer wieder angesichts von Tendenzen in den Parteien und in der Verfassungsgerichtsbarkeit betont werden, welche den exakten Proporz zum Maßstab erheben. Statistisch untermauert wird eine solche Argumentation gerne durch den Vergleich der Stimmenzahlen, die Parteien benötigen, um ein Mandat zu erhalten. Differenzen werden als mit dem Proporzprinzip unvereinbar betrachtet. Für die personalisierte Verhältniswahl mit Sperrrklausel gelten jedoch funktionale Kriterien (Funktionsfähigkeit des Parlaments, des politischen Systems), welche das reine Proporzprinzip einschränken. Folgerichtig hat das Bundesverfassungsgericht auch entschieden, daß die Fünfprozentklausel mit dem Prinzip der Verhältniswahl vereinbar sei. Damit wurden Abweichungen vom reinen Proporz als systemkonform anerkannt.

Seit 1994 zwölf Überhangmandate auftraten, herrschen hinsichtlich der Bewertung der Überhangmandate Zweifel. Der Gesetzgeber kann einen Mandatsausgleich vorsehen. In der Tat haben sich ja die Bundesländer in ganz überwiegender Zahl so entschieden (s. *Nohlen* 1990: 232f.). Zwingend notwendig ist ein solcher Ausgleich jedoch nicht. Hingegen ist eine Argumentation bedenklich, welche aus dem Proporzprinzip einen solchen Mandatsausgleich als zwingend ableitet. Implizit würden damit nämlich die beiden Kriterien, Proporz und Funktionsfähigkeit des politischen Systems, von einander getrennt und jeweils auf eine Gruppe von Parteien angewandt: das Kriterium der Funktionsfähigkeit auf die kleinen Parteien unter 5% der Stimmen, um diese aus dem Parlament herauszuhalten, das Kriterium des reinen Proporzes auf die Parteien über 5% der Stimmen, um diese ihrem Stimmenanteil gemäß möglichst exakt an den Mandaten teilhaben zu lassen. Damit wird dann in der Tat der Grundsatz der Gleichheit verletzt. Wenn an der (effektiv geringen) Disproportion von Stimmen und Mandaten im Falle der ins Parlament einrückenden Parteien Anstoß genommen wird, dann reicht es nicht, nur Stimmen und Mandate derjenigen Parteien in ein proportionales Verhältnis zu bringen, die den Sprung ins Parlament geschafft haben. Dann müßte folgerichtig auch die Fünfprozentklausel hinterfragt werden. Wird die Fünfprozentklausel aber anerkannt (und das sollte auch so bleiben), dann greift das Kriterium des exakten Proporzes auch für die Über-Fünfprozent-Parteien nicht. Alles andere käme einer Selbstprivilegierung der etablierten (kleineren) Parteien gleich.

Trotz Verhältniswahl hat sich in der BRD eine Konzentration des → Parteiensystems und des → Wählerverhaltens vollzogen. Die Ursachen für diese Entwicklung sind zweifellos nur zum geringen Teil in institutionellen Faktoren zu suchen. Zu diesen ist freilich die Sperrklausel zu rechnen. Ihre psychologische Wirkung besteht darin, den Wähler befürchten zu lassen, bei der Wahlentscheidung zugunsten einer kleinen Partei seine Stimme zu vergeuden, wenn diese das Quorum nicht überspringen kann.

Hinsichtlich der Zweitstimmenregelung der personalisierten Verhältniswahl kann behauptet werden, daß sie wahltaktisches Verhalten der Wählerschaft gefördert hat. Das Stimmen-Splittung (parteipolitisch unterschiedliches Wahlverhalten bei Erst- und Zweitstimme) kann großen Einfluß auf den Wahlausgang nehmen. Nicht zu Unrecht ist die These vertreten worden, daß das Stimmen-Splitting die parteipolitische Zusammensetzung von Koalitionsregierungen mitbestimmt.

So ist etwa die Übereinstimmung von Erst- und Zweitstimmen bei den Stimmabgaben für die großen Parteien dann ausgeprägter, wenn sie sich in der → Opposition befinden: vor 1969 bei der SPD, vor 1983 bei der CDU. Die Koalitionsorientierung des Stimmen-Splitting wird besonders deutlich bei der FDP. Je nachdem, mit welcher der großen Parteien sich die Liberalen in einer Koalition befinden, verhalten sich auch mehrheitlich die FDP-Zweitstimmenwähler hinsichtlich ihrer Erststimme. Beispielsweise betrug das Verhältnis der Stimmen-"Splitterer" der Liberalen 1961 zu Zeiten der CDU/CSU-FDP-Koalition 3:1 für die CDU/CSU, 1972 hingegen während der sozial-liberalen Koalition 6,7:1 für die SPD.

Nun ergibt sich die koalitionspolitische Bedeutung des Stimmen-Splittings vor allem daher, daß Wähler, die mit ihrer Erststimme eine der großen Parteien wählen, ihre Zweitstimme für den kleineren Koalitionspartner abgeben. Hier verknüpfen sich jetzt Stimmen-Splitting und Fünf-Prozent-Klausel zu jenem Bedingungsrahmen, der koalitionspolitisches Wahlverhalten kleiner, aber höchst einflußreicher Teile der Wählerschaft anregt und sichtbar werden läßt. Die Rechnung ist einfach: Stimmenabgänge einer großen Partei zugunsten des kleinen Koalitionspartners bescheren parlamentarische Mehrheiten.

Diese sogenannten „Leihstimmen" spielen eine große Rolle für die Dynamik des Parteiensystems in D, für die Bildung von Regierungsmehrheiten und das Alternieren in der Regierungsausübung auf der Basis eines Verhältniswahlsystems des – wie wir präzisiert haben – dritten Typs. Ihre Bedeutung ist zur Zeit vergleichbar den marginal seats, den „umstrittenen" Wahlkreisen (in denen die Mehrheitsverhältnisse wechseln können) im britischen Mehrheitswahlsystem.

Die taktische Komponente des Koalitionswählens verlangt freilich ein hohes Maß an Information für den Wähler. In diesem Zusammenhang haben die demoskopischen Institute nicht nur eine wichtige Funktion übernommen, dem potentiellen Koalitionswähler das Kalkül zu erleichtern. Sie gewinnen damit unmittelbaren Einfluß auf die Wahlentscheidung.

3. Wahlprüfung

Die rechtlichen Grundlagen der Wahlprüfung bilden Art. 41 GG und das Wahlprüfungsgesetz vom 12.3.1951, zuletzt geändert durch das Gesetz zur Änderung des Bundeswahlgesetzes vom 24.6.1975 (*Schreiber* [4]1990: 728ff.). Beim Wahlprüfungsgesetz handelt es sich um ein reines Verfahrensgesetz, das keinerlei materielle Aussagen über Wahlfehler, Wahlungültigkeiten und deren Rechtsfolgen macht, allerdings Gegenstand, Ziel und Verfahren der Wahlprüfung festlegt. Im Gegensatz zur Weimarer Reichsverfassung, Art. 31, fällt die Prüfung der Bundestags-Wahlen in die Kompetenz des Bundestags. Beschwerde beim Bundesverfassungsgericht ist zulässig. Die Entscheidung des Bundestags wird vom Wahlprüfungsausschuß vorbereitet. Dieser besteht aus „7 ordentlichen Mitgliedern, 7 Stellvertretern und je einem ständigen beratenden Mitglied der Fraktionen, die in ihm nicht durch ordentliche Mitglieder vertreten sind" (§ 3). Seine Mitglieder werden nicht – wie die anderen Ausschüsse – von den → Fraktionen benannt, sondern für die Dauer der Wahlperiode vom Bundestag gewählt. In der Praxis sind die Fraktionen jedoch entsprechend ihren Fraktionsstärken vertreten.

Im Ausschuß vollzieht sich die Wahlprüfung in zwei Phasen: geheime Vorprüfung und mündlich-öffentliche Verhandlung mit anschließender Entscheidung, die dem Plenum des Bundestages zur endgültigen Beschlußfassung schriftlich vorzulegen ist. Der Ausschuß tritt nach dem „Anfechtungsprinzip" nur dann in die Wahlprüfung ein, wenn Einspruch erhoben wird, und überprüfen diesen nur insoweit, wie er reicht. Schriftlich begründeten Einspruch können binnen eines Monats nach dem Wahltag jeder Wahlberechtigte, Gruppen von Wahlberechtigten (Parteien) und von amtlicher Seite Bundes- und Landeswahlleiter sowie der Bundestagspräsident einlegen. Unerheblich ist dabei, ob der Wahlberechtigte durch Stimmabgabe oder die Parteien durch Wahlbewerbung an der Wahl teilgenommen haben. In der Praxis sind bisher mit wenigen Ausnahmen die Einsprüche im allgemeinen nur von einzelnen Wahlberechtigten und Parteien erhoben worden.

Von den eingereichten Einsprüchen wurde eine Reihe jeweils bereits während der Vorprüfung aufgrund von Formfehlern, Versäumnis der Einspruchsfrist, mangelhafter, verspäteter oder gänzlich fehlender Begründung, Verlust des Wahlrechts, offensichtlicher Unbegründetheit etc., zurückgewiesen.

Wahl z. 1. BT	22 Einsprüche	7 Beschwerden
Wahl z. 2. BT	14 Einsprüche	9 Beschwerden
Wahl z. 3. BT	6 Einsprüche	2 Beschwerden
Wahl z. 4. BT	17 Einsprüche	6 Beschwerden
Wahl z. 5. BT	39 Einsprüche	7 Beschwerden
Wahl z. 6. BT	31 Einsprüche	7 Beschwerden
Wahl z. 7. BT	40 Einsprüche	6 Beschwerden
Wahl z. 8. BT	38 Einsprüche	4 Beschwerden
Wahl z. 9. BT	57 Einsprüche	9 Beschwerden
Wahl z. 10. BT	43 Einsprüche	5 Beschwerden
Wahl z. 11. BT	47 Einsprüche	6 Beschwerden.
Wahl z. 12. BT	53 Einsprüche	18 Beschwerden

Quelle: Schreiber [3]1990: 567; Bundesministerium des Innern.

Die vorstehende Übersicht gibt die vom Bundestag behandelten Einsprüche und die gegen die Entscheidung des Bundestags erhobenen Beschwerden zum Bundesverfassungsgericht seit 1949 an.

Gegenstand der Prüfung sind im Rahmen einer an Hand von Wahlgesetz, Wahlordnung und gewohnheitsrechtlich materiellem Wahlprüfungsrecht durchgeführten Rechtskontrolle die Wahlen zum Bundestag, insbesondere die Überprüfung der Mandatsverteilung und damit der Zusammensetzung des Parlaments. Anfechtbar und überprüfbar sind dabei die Bundestagswahl als ganze sowie einzelne Bestandteile und Verfahrensabschnitte der Wahl von der Stimmabgabe bis zur Mandatsermittlung. Sie können jedoch genauso wie Wahlvorbereitung und Entscheidungen der Wahlbehörden nicht losgelöst betrachtet werden, sondern sind auf ihre Relevanz für die Wahl- und Mandatsergebnisse hin zu überprüfen. In der Tat stellt die Beurteilung der Frage, inwieweit mögliche zurecht angefochtene Wahlfehler die konkrete Zusammensetzung des Bundestags beeinflußt haben, das ausschlaggebende Kriterium in der Entscheidungspraxis des Wahlprüfungsausschusses dar. Der Ausschuß kann sich dabei auf die Rechtsprechung des Bundesverfassungsgerichts stützen, das sogar solche Wahlfehler als unerheblich ansieht, die zwar das Wahlergebnis betreffen, aufgrund des Stimmenanteils der Parteien bzw. der Wahlkreisbewerber jedoch ohne Einfluß auf die Mandatsvergabe bleiben (vgl. Bverf GE 1, 430; 4; 370). Bislang ist noch keine Wahlanfechtung und Beschwerde in mandatsrechtlicher Hinsicht erfolgreich gewesen.

Literatur

Grofman, Bernard/Lijphart, Arend (Hrsg.) 1986: Electoral Laws and Their Political Consequences. Beverly Hills.

Heyl, Arnulf von 1975: Wahlrecht und Wahlprüfung. Berlin.

Jesse, Eckhard 1985: Wahlrecht zwischen Kontinuität und Reform. Düsseldorf.

Lange, Erhard 1975: Wahlrecht und Innenpolitik. Entstehungsgeschichte und Analyse der Wahlgesetzgebung und Wahlrechtsdiskussion im westlichen Nachkriegsdeutschland 1945-1956. Meisenheim am Glan.

Lijphart, Arend 1994: Electoral Sytems and Party Systems. A Study of Twenty-Seven Democracies, 1945-1990, Oxford.

Meyer, Hans 1973: Wahlsystem und Verfassungsordnung. Bedeutung und Grenzen wahlsystematischer Gestaltung nach dem Grundgesetz. Frankfurt/M.

Nohlen, Dieter 1977: Wahlsysteme der Welt. München.

Nohlen, Dieter ²1990: Wahlrecht und Parteiensystem. Opladen.

Nohlen, Dieter 1995: Elections and Electoral Systems. Bonn.

Rae, Douglas W. 1967: The Political Consequences of Electoral Laws. Boston.

Sartori, Giovanni 1976: Parties and Party Systems. Cambridge.

Schreiber, Wolfgang ⁴1990: Handbuch des Wahlrechts zum Deutschen Bundestag. Köln u.a.

Sternberger, Dolf/Vogel, Bernhard 1969: Die Wahl der Parlamente und anderer Staatsorgane, Bd.I Europa, 2 Halbbde., Berlin.

Taagepera, Rein/Shugart, Matthew S. 1989: Seats and Votes. The Effects and Determinants of Electoral Systems. New Haven/London.

Dieter Nohlen

Wertewandel

1. Theoretisches Konzept

Wenngleich die Frage nach der Wertorientierung menschlichen Handelns schon für Klassiker sozialwissenschaftlicher Theoriebildung wie M. *Weber*, E. *Durkheim* oder T. *Parsons* zentralen Stellenwert hatte, wird ihr v.a. seit Beginn der 70er Jahre mit der Hinwendung zu handlungstheoretischen Erklärungsansätzen und subjektiv ausgerichteten Forschungsmodellen in der Diskussion eine breite Aufmerksamkeit gewidmet. Ihren Ausgang nahm die Diskussion bei den Arbeiten von R. *Inglehart*, der davon ausgeht, daß Menschen Hierarchien von Bedürfnissen und entsprechender Werte entwickeln, in denen zunächst Bedürfnisse physiologischer und physischer Sicherheit (materialistische Werte) zu befriedigen sind und erst danach soziale, kulturelle oder intellektuelle (postmaterialistische Werte). Weiterhin behauptet er, daß für das Individuum diejenigen Bedürfnisse von besonderer Bedeutung sind, die (noch) nicht erfüllt sind bzw. zu deren Erfüllung nur knappe Mittel zur Verfügung stehen (Mangelhypothese). Er verbindet diese Mangelhypothese mit einer Sozialisationshypothese, die wiederum besagt, daß die Werteeinstellungen stabil im Wertsystem einer Person verankert sind, die unter den in der Jugendphase (formative Phase) bestehenden Lebensverhältnissen erlangt wurden. In Verbindung von Mangel- und Sozialisationsthese behauptet er dann, daß diejenigen Kohorten, die ihre formative Phase in einer Zeit materiellen Mangels erlebten, eine lebenslange Hinwendung zu materialistischen Werten zeigen, diejenigen, die sie in materieller Sicherheit erlebten, sich dagegen postmateriellen Werten zuwenden. Diese zentrale Aussage wurde von R. *Inglehart* im Verlauf der 70er und 80er Jahre anhand einer Reihe von Befragungen in ganz Europa überprüft, in denen die Probanden Ranglisten von Items bildeten, die jeweils für materialistische oder postmaterialistische Werte standen. In diesen Untersuchungen schien der Nachweis dafür erbracht worden zu sein, daß es 1. im Verlauf dieser Jahre zu einem Bedeutungsanstieg der postmaterialistischen und einem Bedeutungsverlust der materialistischen Werte gekommen ist und daß sich Zusammenhänge zwischen niedrigem Lebensalter, hoher Bildung und Tätigkeiten im Dienstleistungssektor einerseits und der Bevorzugung postmaterialistischer Werte andererseits nachweisen lassen.

2. Kritik und Modifikationen

In der Folgezeit waren die Arbeiten R. *Ingleharts* einer starken Kritik ausgesetzt, die sich u.a. auf logische Unstimmigkeiten seines theoretischen Konzepts (lebenslange Prägung durch Mangel- und Sozialisationssituation), Untauglichkeit eines nur bipolaren Wertemodells und schließlich die fehlende Validität seiner Meßinstrumente (Rangordnungsverfahren statt Rating-Verfahren) bezog (*Herbert/Hippler* 1991: XVI). Das Modell R. *Ingleharts* ergänzend, wurde eine Reihe anderer Ansätze zur Erklärung von Wertewandel, der zweifelsfrei in allen westlichen Demokratien beim Übergang zur postindustriellen Gesellschaft festzustellen ist, entwickelt, die den Vorteil bieten, nicht an ein Modell des linearen, bipolaren Wertewandels gebunden zu sein, sondern die Möglichkeit bieten, „alte" und „neue" Werte in Wertsynthesen miteinander zu verbinden. Zu nennen sind hier insbesondere die Arbeiten von *H. Klages* und *W. Herbert*, die den Wandel als den von sogenannten Pflicht- und Akzeptanz- zu Selbstentfaltungs- und Engagementwerten kategorisieren. Neueren Ansätzen zufolge müssen wir nicht von einem Wertewandel ausgehen, der sich en bloc von materialistischen zu postmaterialistischen Werten vollzieht, sondern der – nachdem in den 70er Jahren postmaterielle Werte im Wertgefüge westlicher Gesellschaften aufgenommen wurden – vielmehr als Synthese neuer und alter Werte sowohl auf individueller als auch kollektiver Ebene zu verstehen ist (vgl. *Klages* 1988). So ist z.B. für die zweite Hälfte der 80er Jahre nachzuweisen, daß v.a. unter jüngeren Leuten materialistische Werte wie Wohlstand, Besitz und Karriereorientierung gepaart mit hedonistischen Werten wie Lebensglück und Spaß am Leben von hoher Bedeutung sind und gleichzeitig auch umweltbezogene Werte hohe Rangpositionen in den Wertehierarchien einnehmen (vgl. *Herbert* 1988). Zur Kennzeichnung der entstandenen Wertelandschaft können dabei die Schlagworte Pluralisierung, Entnormativierung und Individualisierung dienen (vgl. *Herbert/Hippler* 1991: XI).

3. Befunde: Wertorientierungen „West" und „Ost" im Vergleich

Bei dem Versuch, die Wertelandschaft in den „neuen" und „alten" → Bundesländern miteinander zu vergleichen, ist davon auszugehen, daß die den Wertewandel in den westlichen Demokratien auslösende sozialökonomische Umstrukturierung von der Industrie- zur Dienstleistungsgesellschaft bis zur → Wiedervereinigung im Bereich der ehemaligen DDR nicht stattgefunden hat und daß dort ein „zweischichtiges" Wertsystem bestand, das aus den offiziell propagierten Werten einerseits und den von den Bürgern tatsächlich getragenen und z.T. gelebten Werten andererseits bestand. Prozesse der durchgängigen Pluralisierung, Entnormativierung und Individualisierung von Wertbezügen konnten also erst mit der Auflösung des DDR-Staates einsetzen, und wir müssen im folgenden zitierte Zustimmungswerte als von sehr begrenzter zeitlicher Gültigkeit für den Wertewandel in den neuen Bundesländern einstufen. Auf der Grundlage von Daten, die ab 1990 erhoben wurden, läßt sich die Wertelandschaft in den beiden ehemaligen Teilen D.s für die Bereiche Arbeit und Leistung, Familie, Geschlechterrollen und Lebenszufriedenheit sowie Umwelt, Technik und Politik folgendermaßen skizzieren:

3.1 Arbeit und Leistung

Als gut gesichertes Ergebnis der Wertewandelforschung ist ein stetiger Bedeutungsverlust der Arbeit und der Arbeitszeit gegenüber der Freizeit anzusehen (Freizeitorientierung). Auf die Frage, welche Stunden ihnen am liebsten seien, die Stunden während der Arbeit oder diejenigen, in denen sie nicht arbeiten, antworteten in der BRD 1962 29% der befragten Berufstätigen, daß ihnen die Stunden der Freizeit lieber seien, 1975 waren es 39%, 1976 46% und 1990 42%. Im Februar 1990 bevorzugten dagegen nur 23% der ebenfalls berufstätigen Befragten in der DDR die Stunden in der Freizeit (I.f.D.A. 1990, Nr. 9). Eine ebenfalls noch leicht „traditionellere" Arbeitsorientierung unter den neuen Bundesbürgern zeigt sich in der Zustimmung zu der Redewendung „wer rastet, der rostet". Ihr stimmten im Juli 1991 88% der Bürger im Westen und 95% der Bürger der ehemaligen DDR zu (I.f.D.A. 1991, Nr. 21). Leistung als sehr wichtig für den Berufserfolg stuften allerdings im Herbst 1990 96% der Bürger im Osten wie im Westen ein (Sp. Sp. 1/1991: 60), und im Beruf etwas zu leisten ist für immerhin 58% der Befragten im Osten ein sehr wichtiges Lebensziel (ebenda: 67). Eine deutlich geringere Leistungsorientierung als im Osten gepaart mit einem stark ausgeprägten Hedonismus zeigt sich im Westen im Hinblick auf das Statement „Ich möchte mein Leben genießen und mich nicht mehr abmühen als nötig. Man lebt schließlich nur einmal und die Hauptsache ist doch, daß man etwas vom Leben hat". Ihm stimmten nur 21% der Bürger im Osten und 42% der Bürger im Westen zu (ebenda: 69). Disziplin schließlich, ein Wert, der im Westen kaum noch Zustimmung erhält, wird von 56% der Befragten im Osten als sehr wichtig eingestuft (ebenda: 67).

Unterschiede in den Arbeitswelten zwischen Ost und West lassen sich auch in den Folgejahren nachweisen, sie sind dort am stärksten, wo enge Beziehungen zwischen dem betroffenen Arbeitswert und der wirtschaftlichen Situation vermutet werden: im Bereich extrinsischer Werte (Berg/ Braun/ Häder 1993: 65). Vermutlich als Folge unterschiedlicher Arbeitsbiographien in den Wirtschaftssystemen Markt- und Planwirtschaft weisen die Wertorientierungen andere Strukturen auf: Geld, Sicherheit, gute Arbeitsplatzbedingungen, sowie soziale Arbeitswerte (Anerkennung, Sinn, Verantwortung) habem im Osten größere Bedeutung , Freizeit dagegen im Westen. Keine Unterschiede zeigen sich bezüglich der Aufstiegsorientierung und der Interessantheit bzw. Unabhängigkeit des Arbeitens (ebenda: 73ff.).

3.2 Familie, Geschlechterrollen und Lebenszufriedenheit

Als ebenfalls durch die Ergebnisse der Wertewandelforschung zweifelsfrei nachgewiesen, kann eine starke Partner-, Familien- bzw. Kleingruppenorientierung eingestuft werden, wobei für (jüngere) weibliche Befragte heute von einem durchgängig vorhandenen „doppelgleisigen" Lebensentwurf auszugehen ist, in dem Berufskarriere und Familie miteinander verbunden sein sollen. So ist auch für 85% Befragter im Osten „Liebe und Familienglück" der für sie wichtigste Wert (ebenda: 67). Dabei gehen allerdings 75% der → Bevölkerung im Westen davon aus, daß die Mutter bzw. ein Elternteil zu Hause bleiben sollte, wenn Kinder unter drei Jahren im Haushalt sind (DJI 1990: 3), während dies in den neuen Bundesländern nur 42% der Befragten glauben (*Winkler* 1990: 274). Die Hausarbeit ist sowohl im Osten als auch im Westen noch eine Domäne der Frauen, die diese (nach eigenen Angaben) zu 93% bzw. 95% allein verrichten (Sp. Sp.: 64). Ein interessanter Unterschied zwischen West- und Ostbevölkerung deutet sich im Hinblick auf die Bereitschaft an, sich für andere einzusetzen; sie ist für 33% der Befragten im Osten ein sehr wichtiges Lebensziel (ebenda: 67). Ebenfalls stärker als im Westen sind im Osten familiäre Unterstützungsnetze ausgebaut (I.f.D.A. 1991, 1).

Bezüglich der Lebenszufriedenheit kann für den Zeitraum zwischen 1990 und 1993 von einem beachtlichen Anstieg im Osten ausgegangen werden. Dieser Anstieg wird kaum aus den Lebensbereichen Partnerschaft, Kirche und Arbeit gespeist, aber sehr deutlich aus den Bereichen: Umwelt, Arbeitsentgelt, Gesundheit, Freizeit und Wohnen sowie ebenso: soziale Sicherheit und Bildung (*Häder/Nowossadeck* 1993: 29ff.).

3.3 Umwelt, Technik, Politik

Im Hinblick auf den Wertebereich Umwelt läßt sich unter den Bürgern der ehemaligen DDR stärker als im Westen eine Orientierung nachweisen, die dem materialistischen Wertekanon nahesteht. So sind im Osten 7% (Westen: 3%) der Befragten der Meinung, es sollten noch mehr Atomkraftwerke gebaut werden, während 54% der Meinung sind, bestehende Atomkraftwerke sollten sofort oder in absehbarer Zeit stillgelegt werden (Westen: 65%) (ebenda: 23). Und immerhin 38% der Befragten im Osten äußerten sich im Hinblick auf die Lösungschancen für Umweltprobleme bis zum Jahr 2000 optimistisch (ebenda: 81). Fast gleich wird allerdings die Bedeutung der Technik von beiden Bevölkerungsteilen eingeschätzt: 56% (Westen) gegenüber 58% (Osten) halten sie für einen Segen, 11% (W.u.O.) dagegen für einen Fluch (ebenda: 81).

Literatur

Borg, Ingwer/Braun, Michael/Häder, Michael: Arbeitswerte in Ost- und Westdeutschland: Unterschiedliche Gewichte, aber gleiche Struktur. In ZUMA-Nachrichten 37. 17. Jg. Nov. 1993. S. 64-82.

Deutsches Jugendinstitut (DJI) (Hrsg.) 1990: DJI Bulletin Heft 16, 1990.

Häder, Michael/Nowossadeck, Sabine: Anstieg der Lebenszufriedenheit in Ostdeutschland – Ergebnisse aus der Untersuchung „Leben DDR/Ostdeutschland". In: ZUMA Nachrichten 33. 17. Jg. Nov. 1993, S. 73-44.

Herbert, Willi/Hippler, Hans-Jürgen 1991: Der Stand der Wertewandelforschung am Ende der 80er Jahre, in: Böckler, Michael u.a.: Wertewandel und Wertewandelforschung in den 80er Jahren. Forschungs- und Literaturdokumentation. Bonn.

Institut für Demoskopie Allensbach (I.f.D.A.) 1990, 1991: Allersbacher Berichte, Nr. 9, 1990; Nr. 1 u. 21, 1991: Allensbach.

Klages, Helmut 1988: Wertedynamik: Über die Wandelbarkeit des Selbstverständlichen. Zürich.

Spiegel Spezial (Sp. Sp.) 1/1991.

Winkler, Gunnar (Hrsg.) 1990: Sozialreport DDR 1990. Berlin.

Irene Gerlach

Wettbewerb/Kartellamt

1. Begriff und Elemente

Wettbewerb meint als Bewegungsvorgang ein allgemeines Ordnungsprinzip zur Koordination und Steuerung des Verhältnisses zwischen Individuen und Gruppen, die das gleiche Ziel anstreben. Diese Konstellation taucht in allen Bereichen menschlichen Zusammenlebens auf, also nicht nur in der Wirtschaft, sondern auch in der Politik, im Sport, in der Kultur usw. (vgl. *Abromeit* 1973: 466).

Unverzichtbare Elemente des Wettbewerbs sind ihre Orientierung auf ein Ziel hin – z.B. Leistungssteigerung, Fortschrittsgewinnung, Stimmenmaximierung –, das Vorhandensein mindestens zweier Wettbewerber, die Existenz eines Leistungsanreizes, das Vorhandensein von Handlungsalternativen, aber auch die Ungewißheit über das Resultat des Wettbewerbsvorgangs.

2. Wettbewerb im Kapitalismus und Sozialismus

Der Wettbewerb unterliegt in verschiedenen gesellschaftlichen Systemen unterschiedlicher Bewertung. In der früheren DDR galt er lediglich als Mittel zum Zweck, nämlich als „die umfassendste Form der Masseninitiative der Werktätigen zur Durchsetzung des Fortschritts in der sozialistischen Gesellschaft“ (*Eichhorn* 1971: 513). Die in der bürgerlichen Gesellschaft herrschende kapitalistische Konkurrenz wurde hingegen als Instrument der Ausbeutung der arbeitenden Klasse verurteilt. In der Bundesrepublik galt und gilt der Wettbewerb als ein Mechanismus, dessen Bedeutung weit über die bloße Steigerung menschlicher Leistung hinausgeht. Neben der optimalen Verteilung knapper Ressourcen wird insbesondere der Koordinations- und Lenkungsmechanismus des Marktes hervorgehoben. Ferner wird der Wettbewerb als ein Mechanismus zur Förderung der allgemeinen Freiheitsidee und damit zur Beseitigung der „eigentlichen Sozialkrankheit unserer Zeit“, d.h. der Konzentration in Wirtschaft, Staat und Gesellschaft, gesehen (vgl. *Röpke* 1966: 55).

3. Wettbewerbstheorie

Erkenntnisziel, Objekt und Methode der Wettbewerbstheorie weichen stark voneinander ab. Während sich die nichtmarxistische, politikwissenschaftliche Theorie in der Bundesrepublik mit dem Wettbewerb vor allem als Sozialwahlmechanismus bzw. als Faktor der Interdependenz von Politik und Wirtschaft auseinandergesetzt hat, lag das Schwergewicht der Betrachtungsweise in der marxistischen politischen Ökonomie in der Aufdeckung von Widersprüchen, die das marktwirtschaftlich-kapitalistische System kennzeichnen, sowie in der Herausarbeitung entsprechender Gesetzmäßigkeiten der gesellschaftlichen Entwicklung.

Die für die Bundesrepublik entscheidende theoretische Grundlegung hat der Wettbewerb durch die Nationalökonomie erfahren. Sie unterscheidet zwischen dem Konzept der vollständigen und dem Konzept der funktionsfähigen Konkurrenz. Zentrale Idee der vollständigen Konkurrenz ist der automatische Zusammenfall von Einzel- und Gesamtinteresses durch eine Art „unsichtbare Hand“ – nämlich die des Wettbewerbs. Verursacht durch preislich bestimmten permanenten Ausgleich von Angebot und Nachfrage erfüllt der Wettbewerb nach dieser Auffassung optimal Konsumentenwünsche, sorgt dafür, daß die Produktionsfaktoren effizient eingesetzt werden, daß der technische Fortschritt gewährleistet ist und daß eine „gerechte“ Einkommensverteilung erzielt wird. Als wesentliche Voraussetzungen für einen derartigen Wettbewerb gelten Stabilität des Geldwerts, offene Märkte, Privateigentum an Produktionsmitteln, Vertragsfreiheit, Haftung sowie Konstanz der Wirtschaftspolitik (vgl. *Eucken* 1967: 160ff). Obgleich lediglich ein anzustrebender Zustand ist dem Konzept der vollständigen Konkurrenz u.a. vorgeworfen worden, die dynamischen Funktionen des Wettbewerbs, Anpassungsflexibilität und rasche Durchsetzung von Produkt- und Prozeßinnovationen, nicht ausreichend zu berücksichtigen (vgl. *Kantzenbach* 1966: 17). Von daher haben Konzeptionen eines „workable competition" in der Wettbewerbstheorie an Boden gewonnen. Sie plädieren insgesamt für eine „realistischere", nicht zuletzt der weiten Form der oligopolistischen Konkurrenz Raum gebenden Betrachtungsweise des Wettbewerbs, auch wenn dabei die Gefahr „ruinöser" Konkurrenz nicht von der Hand zu weisen ist.

4. Wettbewerbspolitik

Unter Wettbewerbspolitik wird in der Bundesrepublik die Summe aller staatlichen Maßnahmen verstanden, die den Wettbewerb als grundlegendes Element der bundesdeutschen Wirtschafts- und Sozialordnung, der → sozialen Marktwirtschaft, sichern sollen. Zu diesem Zweck hat der Bundesgesetzgeber neben der generellen Berücksichtigung des Wettbewerbsgedankens in der Wirtschafts- und Sozialgesetzgebung eine Reihe spezifischer Vorschriften zur Ausgestaltung der Wettbewerbsordnung erlassen. Zu diesen Vorschriften gehören das Gesetz gegen den unlauteren Wettbewerb, das Rabattgesetz, die Zugabenverordnung sowie das Warenzeichengesetz.

Als „Grundgesetz der sozialen Marktwirtschaft" ist das 1957 verabschiedete und zwischenzeitlich mehrmals novellierte Gesetz gegen Wettbewerbsbeschränkungen (GWB) bezeichnet worden (vgl. *Robert* 1976). Für Kartelle sieht das Gesetz ein grundlegendes Verbot mit zahlreichen Ausnahmeregelungen vor. Das Recht der sog. marktbeherrschenden Unternehmen ist demgegenüber durch die Anwendung des Mißbrauchsprinzips gekennzeichnet. Entscheidende Schwierigkeit dabei ist, daß mit der Bezeichnung Mißbrauch noch keine gedankliche Aufbereitung und Analyse des wettbewerbspolitisch zu behandelnden Sachverhalts verbunden ist (vgl. *Heuß* 1980: 693). Das wiederum hat schwierige Einzelfallprüfungen zur Folge. Fusionskontrollvorschriften sind erst im Zusammenhang mit einer Gesetzesnovellierung 1973 in das GWB aufgenommen worden. Nach wie vor sind zudem weite Bereiche der Wirtschaft von den Bestimmungen des Gesetzes ganz oder teilweise ausgenommen.

Mit zunehmender europäischer Integration hat das europäische Wettbewerbsrecht für die Bundesrepublik an Bedeutung gewonnen. Es basiert gemäß Artikel 85 und 86 EWG-Vertrag auf dem Verbotsprinzip für Kartelle bzw. aufeinander abgestimmte Verhaltensweisen sowie auf dem Mißbrauchsprinzip bei einer marktbeherrschenden Stellung, kann im großen und ganzen also als Fortsetzung des GWB auf europäischer Ebene betrachtet werden. Im Herbst 1990 hat der Ministerrat zudem Vorschriften über die Kontrolle von Unternehmenszusammenschlüssen im EU-Bereich in Kraft gesetzt. Sie sind ein Kompromiß zwischen den unterschiedlichen ordnungspolitischen Vorstellungen der verschiedenen Mitgliedstaaten. Die Anwendung einzelstaatlicher Vorschriften zur Fusionskontrolle ist dadurch teilweise hinfällig geworden.

5. Bundeskartellamt und Monopolkommission

„Hüter des Wettbewerbs" ist in *D* das Bundeskartellamt mit Sitz in Berlin. Als selbständige Bundesoberbehörde gehört es zum Geschäftsbereich des Bundesministers für Wirtschaft (BMWi). Die Entscheidungen des Amtes werden von Beschlußabteilungen getroffen, die nach Bestimmung durch den BMWi gebildet werden. Die bisherigen Präsidenten – E. *Günther* und W. *Kartte* – waren engagierte Verfechter einer marktwirtschaftlichen, auf dem Wettbewerb beruhenden Ordnung der deutschen Wirtschaft. Die durch größer werdende EU-Zuständigkeiten abnehmende Bedeutung des Bundeskartellamtes hat 1991/92 jedoch die Suche nach einem geeigneten Nachfolger für das Amt des Präsidenten erschwert. Amtsinhaber ist derzeit (1994) D. *Wolf*.

Die 1973 neben dem Bundeskartellamt eingerichtete Monopolkommission besteht aus fünf Mitgliedern. Diese müssen über besondere Sachkenntnisse und Erfahrungen in Wettbewerbsfragen verfügen, sind ausschließlich an ihren gesetzlich begründeten Auftrag gebunden und werden auf Vorschlag der Bundesregierung durch den Bundespräsidenten in ihr Amt berufen. Aufgabe der Monopolkommission ist es, in Gutachten regelmäßig über den jeweiligen Stand der Unternehmenskonzentration sowie deren absehbare Entwicklung unter wirtschafts-, insbesondere wettbewerbspolitischen Gesichtspunkten zu berichten. Zu den Aufgaben der Kommission gehört auch die Beurteilung der Mißbrauchsaufsicht über marktbeherrschende Unternehmen sowie die Würdigung der Fusionskontrolle. Bis 1994 hat die Monopolkommission insgesamt zehn Hauptgutachten vorgelegt.

6. Beurteilung der Wettbewerbspolitik

Das Fazit der bundesdeutschen Wettbewerbspolitik fällt je nach Standpunkt des Beobachters unterschiedlich aus. Es reicht von dem Vorwurf reiner Ideologie mit lediglich verschleiernder Rechtfertigung der Handlungsfreiheit von Privatunternehmen bis hin zu der Aussage, daß es der Bundesrepublik gelungen sei, ein System funktionsfähigen Wettbewerbs zu institutionalisieren und trotz aller Konzentrationserscheinungen in der Wirtschaft erfolgreich zu verteidigen. In der Tat ist der Konzentrationsgrad der westdeutschen Wirtschaft beachtlich. So belief sich der Anteil der 100 größten Industrieunternehmen am Gesamtumsatz des Produzierenden Gewerbes 1992 auf 37,3%, erreichten die zwanzig größten Handelsunternehmen gemessen am Umsatz aller Handelsunternehmen im selben Jahr einen Anteil von 10,5%, konnten die zehn größten Kreditinstitute von der Bilanzsumme aller Kreditinstitute einen Prozentsatz von 38% auf sich vereinen und machte der Anteil der zehn größten Versicherungskonzerne am Beitragsaufkommen aller Versicherungsgesellschaften immerhin 46,7% aus (vgl. Monopolkommission 1992/1993: 160ff.). Unter wettbewerblichen Aspekten lassen sich daraus ebenso wie unter politischen Gesichtspunkten jedoch keine endgültigen Schlußfolgerungen ziehen. Fest steht nur, daß in keinem Fall verharmlosend von der Nichtexistenz wirtschaftlicher Macht oder gar der Unmöglichkeit ihres Mißbrauchs in der Bundesrepublik gesprochen werden kann.

Literatur

Abromeit, Heidrun 1973: Wettbewerb, in: Eynern, Gert von (Hrsg.): Wörterbuch zur politischen Ökonomie, Opladen.

Eichhorn I., Wolfgang u.a. (Hrsg.) [2]1971: Wörterbuch der marxistisch-leninistischen Soziologie, Opladen.

Eucken, Walter 1967: Grundsätze der Wirtschaftspolitik, Reinbek.

Heuß, Ernst 1980: Wettbewerb, in: Handwörterbuch der Wirtschaftswissenschaften Bd. 8, Stuttgart/New York.

Kantzenbach, Erhard 1966: Die Funktionsfähigkeit des Wettbewerbs, Wirtschaftspolitische Studien Heft 1, Göttingen.

Monopolkommission: Zehntes Hauptgutachten 1992/93, Bundestags-Drucksache 12/8323.
Robert, Rüdiger 1976: Konzentrationspolitik in der Bundesrepublik – Das Beispiel der Entstehung des Gesetzes gegen Wettbewerbsbeschränkungen, Volkswirtschaftliche Schriften Heft 250, Berlin.
Röpke, Wilhelm [4]1966: Jenseits von Angebot und Nachfrage, Erlenbach/Zürich/Stuttgart.

Rüdiger Robert

Wiedergutmachung

Wiedergutmachung (W.) bezeichnet im völkerrechtlichen Sinne einen Schadensersatz für den Geschädigten. Die W. erfolgt entweder durch Naturalrestitution oder, wenn dies nicht möglich ist, durch Geldleistungen. Unter W. wird im deutschen Staatsrecht und in der öffentlichen Meinung sowohl die bundesdeutsche Restitution an die Opfer des nationalsozialistischen Unrechts in den 50er und 60er Jahren verstanden, als auch die Eigentumsrückerstattung an die Betroffenen von Zwangsenteignungen in der ehemaligen → DDR nach der deutschen Vereinigung.

1. Die BRD bekannte sich 1951 unter Bundeskanzler K. *Adenauer* zur deutschen Schuld an den NS-Verbrechen, ohne jedoch eine „Kollektivschuld" des deutschen Volkes anzuerkennen. Durch das Luxemburger Abkommen vom 10.9.1952 verpflichtete sich die Bunderepublik an den Staat Israel 3 Mrd. DM zu zahlen. An die „Conference on Jewish Material Claims against Germany" (Claims Conference), einen Zusammenschluß von 30 jüdischen Organisationen, die Ansprüche gegen D geltend machten, wurden weitere 450 Mio. DM gezahlt.

Die Entschädigung der Opfer der nationalsozialistischen Verfolgung wurde durch das Bundesentschädigungsgesetz vom 29.6.1956 (sowie späteren Ergänzungen) staatsrechtlich geregelt. Für jüdische Verfolgte, die ohne Erben verstorben waren oder Rückerstattungsansprüche nicht mehr geltend machen konnten, wurden durch die Claims Conference entsprechende Anträge gestellt. Die vermögensrechtliche W. erfolgte auf zwei Arten: Erstens durch Rückerstattung feststellbarer Vermögenswerte an die Opfer (festgelegt im Bundesrückerstattungsgesetz vom 19.7.1957) und zweitens durch Entschädigungsleistungen wie Renten, Krankenversorgung und Abfindungen, die für Schäden an Leben, Körper, Gesundheit, Freiheit, Eigentum, Vermögen geleistet wurden. Auch die Schäden im beruflichen und wirtschaftlichen Fortkommen der Verfolgten fanden Berücksichtigung, auch wenn diese materiellen Restitutionen nicht die tatsächlichen finanziellen und vor allem ideellen Schäden ausgleichen konnten.

Die DDR lehnte bis zum Sturz des SED-Regimes im Herbst 1989 jegliche Zahlung von W. ab, da im sozialistischen Staat der Faschismus vorgeblich „mit der Wurzel ausgerottet" und damit bereits die Verpflichtung „erfüllt" sei. Im Jahre 1988 wurde zwar in Gesprächen von E. *Honecker* mit jüdischen Repräsentanten eine Zahlung von 100 Mio. US-Dollar in Aussicht gestellt, diese jedoch nie geleistet. Allerdings war die avisierte Summe ausdrücklich als „symbolisch" zu verstehende Wiedergutmachungsgeste deklariert worden, womit ein Festhalten an der früheren Haltung dokumentiert wurde. Unter der Übergangsregierung *Modrow* wurde dann im Frühjahr 1990 lediglich eine Unterstützungszahlung von 6 Mio. Mark für die israelische Hilfsorganisation „Amcha", die psycho-soziale

Hilfe für Holocaust-Überlebende leistet, vorgenommen.

Die am 16.3.1990 erste frei gewählte DDR-Regierung unter L. *de Maziére* verhandelte zwar mit israelischen Vertretern über die Frage von Wiedergutmachungsleistungen, die rasche Vereinigung der beiden deutschen Staaten ließen diese Verhandlungen jedoch zu keinem Ergebnis mehr kommen. In Art. 2 des Einigungsvertrages vom 18.9.1990 wurde daher festgelegt, daß die → Bundesregierung in „Kontinuität der Politik der Bundesrepublik" bereit sei, mit der „Claims Conference" über einen zusätzlichen Fonds zu verhandeln, um Härtefälle von Verfolgten zu unterstützen und so für die von der DDR nie geleistete W. partiell aufzukommen.

Mit der grundsätzlichen Einbeziehung der verfolgungsbedingten Verluste aus der NS-Zeit unter das Vermögensgesetz, war für die Geschädigten aus dem Beitrittsgebiet auch die vermögensrechtliche W. geregelt.

2. Nach dem Beitritt der DDR zur BRD am 3.10.1990 wurden auch die staatlichen Maßnahmen gegen die Zwangsenteignungen in der SBZ/DDR als W. verstanden. In der Anlage III zum Einigungsvertrag wurden die entsprechenden Grundsätze festgelegt. Während die unter sowjetischem Besatzungsrecht in der SBZ zwischen 1945-1949 erfolgten Enteignungen und insbesondere die Bodenreform, die Aufteilung des Großgrundbesitzes, auf ausdrückliches Begehren der UdSSR, die eine grundsätzliche Diskussion und Korrektur ihrer besatzungshoheitlichen Maßnahmen verhindern wollte, im Vorfeld der 2+4-Verhandlungen im Sommer 1990 als „nicht mehr rückgängig" zu machen festgeschrieben und im Februar 1995 durch ein Urteil des Bundesverwaltungsgerichts bestätigt wurden, galt in den anderen Fällen das Prinzip „Rückgabe vor Entschädigung". Dies heißt, die durch Enteignungen und Kollektivierungen verlorenen Eigentumsrechte an Grundstücken und Gebäude sollen auf die ehemaligen Eigentümer rückübertragen werden. Angesichts von bis zu einer Million Entschädigungsopfer fiel diese Entscheidung auch aus finanziellen Erwägungen, da die Entschädigungen überwiegend von der öffentlichen Hand aufzubringen sind. Lediglich in Fällen, in denen das Interesse des Gemeinwohls betroffen ist, oder ehemalige DDR-Bürger Nutzungsrechte in redlicher Weise erworben haben, erfolgt keine Restitution, sondern es wird ein sozialverträglicher Ausgleich geleistet.

Insbesondere im Hinblick auf die infrastrukturelle und gesamtökonomische Entwicklung der neuen → Bundesländer war die vorrangige Rückgabe politisch umstritten, so daß schließlich im 2. Vermögensrechtsänderungsgesetz im Juli 1992 den Investitionen Vorrang vor einer Rückgabe eingeräumt wurde.

Literatur

Fieber, Gerhard/Reichenbach, Harald (Hrsg.) 1991: Enteignung und offene Vermögensfragen in der ehemaligen DDR. Köln.

Wiedergutmachung in der Bundesrepublik Deutschland. Hrsg. von Ludolf Herbst/Constantin Goschler. München 1989

Lothar Mertens

Wiedervereinigung

1. Begriff

In den Jahren der staatlichen Teilung D.s war es üblich im Hinblick auf das Ziel der Wiederherstellung der staatlichen Einheit D.s. von der „Wiedervereinigung" zu sprechen. Allerdings regte sich seit Mitte der 60er Jahre Kritik an diesem Begriff, weil er die Rückkehr zum Deutschen Reich Bismarckscher Provenienz assoziierte. Linke Intellektuelle und Politiker sprachen daher eher vom Ziel einer „Neuvereinigung". Nachdem sich 1989/90 die Möglichkeit zur Lösung der „deutschen Frage" eröffnet hat, spricht man heute eher von der „deutschen Vereinigung". Der Vertrag zwischen BRD und → DDR vom 31.8.1990 regelt die „Herstellung der Einheit Deutschlands" und wird selbst in Kurzform als „Einigungsvertrag" bezeichnet. Er beinhaltet aus verfassungsrechtlicher Sicht vor allem den „Beitritt" der fünf Länder der ehemaligen DDR zur BRD. Kritiker des deutschen Vereinigungsprozesses verurteilen diesen als „Anschluß". Die sozialwissenschaftliche Begleitforschung versteht den deutschen Vereinigungsprozeß vor allem als ein „Experiment". Damit wird weniger auf seinen offenen Ausgang abgestellt als vielmehr auf das Feldexperiment einer Angleichung von sozialen und wirtschaftlichen Lebensbedingungen zweier Bevölkerungen, die in den letzten 40 Jahren ganz unterschiedlichen politischen und ideologischen Systemen ausgesetzt waren.

2. Die wirtschaftliche Vereinigung

Während es den Bürgerrechtsbewegungen vom Herbst 1989 vor allem um Freiheitsrechte und demokratische Umgestaltung in der DDR ging, wollte die Mehrheit der ostdeutschen Bevölkerung zuallererst die wirtschaftliche Vereinigung mit der BRD, um am westdeutschen Lebensstandard teilzuhaben. Der erste Schritt in Richtung auf die deutsche Vereinigung war dabei die umfangreiche Wanderungsbewegung von Ost- nach Westdeutschland, die im Sommer 1989 einsetzte. Um die damit verbundenen Probleme einer Bevölkerungswanderung von Hunderttausenden von Deutschen zu vermeiden schloß die → Bundesregierung mit der Regierung der DDR einen Staatsvertrag über die Währungs-, Wirtschafts- und Sozialunion ab, der am 1.7.1990 in Kraft trat. Durch diesen Staatsvertrag wurde in Ostdeutschland nicht nur die westdeutsche D-Mark eingeführt, sondern auch die sozialistische Planwirtschaft abgeschafft und durch die soziale Marktwirtschaft ersetzt. Seitdem befindet sich die ostdeutsche Wirtschaft in einem dramatischen Umbruchsprozeß. Aufgrund des Produktivitätsgefälles gegenüber dem internationalen Niveau sind inzwischen zahlreiche Betriebe in den Konkurs gegangen und ist die Zahl der Arbeitslosen auf ein 1/4 bis 1/3 der ostdeutschen Erwerbspersonen angestiegen. Für viele Jahre werden zwischen West- und Ostdeutschland riesige ökonomische Disproportionen bestehen.

3. Der politische Vereinigungsprozeß

Die zweite Stufe des deutschen Vereinigungsprozesses betraf das politische System. Gleich nach Inkrafttreten der Währungs- und Wirtschaftsunion am 1.7.1990 entschieden die beiden deutschen Regierungen, die politische Vereinigung zu beschleunigen. Das Ergebnis war der „Einigungsvertrag" vom 31.8.1990. Seine 45 Artikel und die anschließende Vielzahl von Verwaltungsverordnungen regulieren die Übertragung westdeutscher Institutionen und Gesetze auf Ostdeutschland.

Die wichtigste Bestimmung des Einigungsvertrages ist die Entscheidung in Art. 1, die politische Vereinigung nicht durch einen Prozeß der beiderseitigen Verschmelzung, sondern des einseitigen Beitritts des Gebietes der ehemaligen DDR zur BRD zu vollziehen. Das Ergebnis der politischen Vereinigung D.s ist daher aus verfassungsrechtlicher Perspektive nicht etwas Neues, weder ein neuer Staat, ein neuer Name noch eine neue Verfassung, sondern nur die Erweiterung der BRD und des Geltungsbereiches des Grundgesetzes.

Dennoch sind schon jetzt einige Verschiebungen in der politischen Wirklichkeit der Bundesrepublik Deutschland zu erkennen. Die meisten Veränderungen werden im bundesstaatlichen System zu verzeichnen sein. Der traditionelle Gegensatz zwischen den Ländern mit CDU-Regierungen und SPD-Regierungen auf der einen Seite und zwischen → Bundesländern im Norden und solchen im Süden auf der anderen Seite wird vom Kontrast zwischen den westdeutschen und ostdeutschen Bundesländern überlagert werden. Aus diesen Gründen ist mit der Vereinigung bereits die hergebrachte Finanzverfassung der BRD praktisch außer Kraft gesetzt worden und muß völlig neu konzipiert werden.

Das westdeutsche → Parteiensystem hat mit der politischen Vereinigung nur geringfügige Veränderungen erfahren. Keine der Parteien, außer der → PDS als der Nachfolgerin der SED, hat ihr politisches Zentrum vom Westen in die Mitte, ganz zu schweigen in den Osten verlagert. Politiker aus dem Osten spielen auf Bundesebene bisher nur eine untergeordnete und oft bloß symbolische Rolle in der von Westdeutschen dominierten politischen Elite. Der lange Schatten der Vergangenheit des Staatssicherheitsdienstes (→ Ministerium für Staatssicherheit) hat seinen Teil dazu beigetragen, die Zahl von Ostdeutschen in Führungspositionen im vereinten D niedrig zu halten. Auf dem Gebiet der politischen Vereinigung D.s sind inzwischen die einheitlichen Institutionen etabliert und funktionieren mehr oder weniger, doch zwischen den Bürgern wie den Politikern in Ost und West wirken sich immer noch die unterschiedlich tradierten politischen Kulturen aus.

4. Die gesellschaftliche Vereinigung

Die deutsche Vereinigung ist ein Produkt des ausdrücklichen Willens der Mehrheit der 16 Mio. Ostdeutschen. Diese drängten im Herbst 1989 zunächst auf politische Veränderungen in der DDR und traten dann seit der Jahreswende 1989/90 für die Vereinigung mit der BRD ein. Die ersten freien Wahlen in der DDR am 18.3.1990 ergaben ein eindeutiges Referendum für die deutsche Einheit. In Westdeutschland wurde die Vereinigung als Erweiterung der BRD akzeptiert, so lange sie die gewohnten Bedingungen nicht verändern und vor allem nichts kosten würde. Zwischen den Westdeutschen und den Ostdeutschen gibt es, im Gegensatz zu den zuvor geschilderten Ebenen der Wirtschaft und des politischen Systems, keinen Gesellschaftsvertrag des Inhalts, die Lasten der Vereinigung zu teilen, weder in der verfassungsrechtlichen Gestalt eines gesamtdeutschen Referendums über die Einheit noch informell in der öffentlichen Meinung.

Die gesellschaftlichen Schwierigkeiten der Vereinigung von Ost- und Westdeutschland sind vor allem auf die verschiedenen → politischen Kulturen zurückzuführen, die sich während der 50 Jahre deutscher Teilung auseinanderentwickelt haben. So sind die Ostdeutschen tendenziell konservativer und parochialer, die Westdeutschen hingegen moderner und internationaler eingestellt. Die Ostdeutschen haben unter den diktatorischen Systemen seit 1933 die traditionellen politischen und gesellschaftlichen Werte und Einstellungen der Deutschen eher eingefroren, während umgekehrt die Westdeutschen unter dem Einfluß der relativ liberalen und libertären Gesellschaft im Westen neue Wertmuster entwickelt haben.

Es wird Jahre dauern, die unterschiedlichen politischen Kulturen in Ost- und Westdeutschland anzugleichen. Wahrscheinlich braucht es eine ganze Generation, bis D wieder eine vergleichsweise homogene staatsbürgerliche Gesellschaft sein wird. Den langfristigen und vielschichtigen Charakter des deutschen Vereinigungsprozesses hat am besten → Bundespräsident *von Weizsäcker* in seinem Interview mit dem Fernsehen der DDR am 13.12.1989 auf den Begriff gebracht: „Meine Meinung ist, daß wir eine Nation sind, und was zusammengehört, wird zusammenwachsen. Es darf nicht der Versuch gemacht werden, daß es zusammenwuchert. Wir brauchen die Zeit."

Literatur

Bleek, Wilhelm 1991: Der Vereinigungsprozeß in Deutschland. Ein Zwischenbericht, in: Geschichte und Gegenwart, Jg. 10, H. 4.

Glaeßner, Gert-Joachim 1991: Der schwierige Weg zur Demokratie. Vom Ende der DDR zur deutschen Einheit. Opladen.

Jesse, Eckhard/Mitter, Armin (Hrsg.) 1992: Die Gestaltung der deutschen Einheit. Geschichte – Politik – Gesellschaft. Bonn/Berlin.

Liebert, Ulrike/Merkel, Wolfgang (Hrsg.) 1991: Die Politik zur deutschen Einheit. Probleme – Strategien – Kontroversen. Opladen.

Münch, Ingo von (Hrsg.) 1991: Dokumente der Wiedervereinigung Deutschlands. Stuttgart.

Weidenfeld, Werner/Korte, Karl-Rudolf (Hrsg.) 1993: Handbuch zur deutschen Einheit. Frankfurt a.M.

Wilhelm Bleek

Wissenschaft, Forschung und Technologie

1. Idee

„Wissenschaft und Forschung bilden auch im vereinten Deutschland wichtige Grundlagen für Staat und Gesellschaft. Der notwendigen Erneuerung von Wissenschaft und Forschung unter Erhaltung leistungsfähiger Einrichtungen ... dient eine Begutachtung von öffentlich getragenen Einrichtungen durch den Wissenschaftsrat ..." Diese zentrale Aussage in Artikel 38 des „Vertrages zwischen der → BRD und der → DDR über die Herstellung der Einheit Deutschlands" (EV) bildet die rechtliche Grundlage zum Aufbau einer gesamtdeutschen Forschungslandschaft.

Der Wissenschaftsrat seinerseits hatte im Vorfeld des Einigungsvertrages „Perspektiven für Wissenschaft und Forschung auf dem Weg zur deutschen Einheit" zusammengefaßt und formuliert: „Mittel- und langfristiges Ziel muß es sein, die Rahmenbedingungen für ein gesamtdeutsches Wissenschafts- und Forschungssystem so zu gestalten, daß es als Quelle von Fach- und Orientierungswissen und auch als treibende Kraft für die Weiterentwicklung der Leistungsfähigkeit der deutschen Wirtschaft im europäischen Verbund dienen kann. Insgesamt gesehen kann es nicht einfach darum gehen, das bundesdeutsche Wissenschaftssystem auf die DDR zu übertragen. Vielmehr bietet der Prozeß der Vereinigung auch der BRD die Chance, selbstkritisch zu prüfen, inwieweit Teile ihres Bildungs- und Forschungssystems der Neuordnung bedürfen" (Wissenschaftsrat 1990).

In beiden Dokumenten ist substantiell die Idee zur Neuordnung der gesamtdeutschen Forschungslandschaft verankert. Bislang ist aber ein umfassendes forschungspolitisches Konzept nicht vorgelegt worden, das die selbstkritische Prüfung des westdeutschen Forschungssystems und deren Konsequenzen mit in den Aufbau einer neuen Forschungslandschaft in den neuen Ländern aufgenommen hätte. Politikfähige Perspektiven einer Erneuerung von Wissenschaft, Forschung und Technologie im vereinten D bestimmen daher nicht die gegenwärtige Phase des Neuaufbaus einer gesamtdeutschen Forschungslandschaft.

2. Aufbau einer neuen Forschungslandschaft

Die Praxis der Neustrukturierung der gesamtdeutschen Forschungslandschaft konzentriert sich ausschließlich auf eine Neuordnung von Wissenschaft, Forschung und Technologie in den neuen Ländern, d.h. auf die Einordnung in die Prinzipien und Strukturen des westdeutschen Forschungssystems. Diesen Prozeß des Übergangs von der „Abwicklung" der ehemaligen DDR-Forschungsstruktur hin zur Ausrichtung auf die grundgesetzliche Verfassungsordnung und Verfassungswirklichkeit der alten BRD wurde von der Bundesregierung, den Ländern und der „Übergangs"-Regierung der DDR dem Wissenschaftsrat der BRD übertragen, mit der Bitte, „eine umfassende Bewertung der Forschungslandschaft der DDR mit dem Ziel vorzunehmen, notwendige Maßnahmen abzuleiten die zu ihrer Einfügung in die gesamtdeutsche Forschungslandschaft notwendig sind." (EV)

2.1 Forschungs- und Technologiepolitik der DDR vor der Wende

Politische Systemmerkmale wie etwa die führende Rolle der → SED, staatliches Eigentum an den industriellen Produktionsmitteln, zentrale Planung der Wirtschaft bestimmten die Forschungs- und Technologiepolitik in der DDR. Wissenschaft und Technik waren als wichtigste Modernisierungsfaktoren anerkannt.

Forschung wurde in der DDR vor allem in vier versäulten Sektoren betrieben. Größter Forschungsbetrieb war die Akademie der Wissenschaften (AdW) mit insgesamt ca. 24000 Beschäftigten in 53 Instituten und mehreren Forschungsstellen. Die AdW hatte – wie auch die Bauakademie und die Akademie der Landwirtschaftswissenschaften – neben Grundlagenforschung auch angewandte Forschung im Staatsauftrag bzw. im Auftrag der Industrie zu leisten. Die Industrieforschung stellte mit 85000 Beschäftigten das größte Kontingent. Die betriebliche Forschung und Entwicklung (FuE) in den Kombinaten umfaßte das gesamte Spektrum von „zweigspezifischer Grundlagenforschung" bis zur Entwicklung. Schließlich gab es spezielle parteieigene Großinstitute, die für besonders politiknahe gesellschaftswissenschaftliche Forschung und Lehre zuständig waren.

Die institutionelle Gliederung der Forschung (mit Schwerpunkt AdW) war unausgewogen. Gleiches gilt für die regionale Verteilung (Schwerpunkt: Berlin und Sachsen). Die politische Steuerung von Wissenschaft, Forschung und Technologie wurde von Planung und Plänen bestimmt. Ihre Träger waren sowohl politische Instanzen (etwa zentrale Gremien der SED, Ministerium für Wissenschaft und Technik, staatliche Plankommission) als auch wissenschaftliche Einrichtungen (etwa Präsidium der AdW) und Kombinate (persönlich verantwortliche Generalsekretäre).

An den Akademien und Hochschulen gab es durchaus auch Spielräume für ungeplante, selbstthematisierte Forschungen, die genutzt werden konnten. Aber herrschendes Muster war die Kombination von zentraler Forschungsplanung mit deren Aufschlüsselung für die einzelnen FuE-Träger. Natur- und technikwissenschaftliche FuE war zum großen Teil mit der Industrie verbunden. Als wichtigstes Instrument fungierten „Wirtschaftsverträge", die Kombinate mit Forschungseinrichtungen abschlossen. Der „Verflechtung" von Industrie und Wissenschaft/Technik dienten auch Institutionen, in denen sich beide Bereiche begegneten, miteinander kommunizierten und gemeinsame Lösungsstrategien quer zu bestehenden Hierarchien entwikkelten. Dazu gehörten: 29 Technika (zur Entwicklung und Überleitung von Forschungsergebnissen bis hin zu Pilotserien), mehr als 100 Wissenschafts-Industrie-Komplexe (gemeinsame Arbeit an neuen Technologien), Technologische Zentren an Hochschulen, 230 Informations- und Konsultationszentren (die Forschungsleistungen, Verfahren und Technologien, Rechnerprogramme u.ä. anboten) (*Brocke/Förtsch* 1991: 42).

2.2 Struktur und Prinzipien westdeutscher Wissenschafts-, Forschungs- und Technologiepolitik

Nach Artikel 30 der bundesstaatlichen Ordnung des → Grundgesetzes sind die Zuständigkeiten im Bereich der Forschungsförderung zwischen Bund und Ländern aufgeteilt. Der Bund ist nach dieser Kompetenzverteilung u.a. für die Förderung der wissenschaftlichen Forschung (Art. 74 Nr. 13 GG) wie für das Hochschulrahmengesetz zuständig, das auch Vorschriften über die Forschung, u.a. über die Drittmittelforschung, enthält.

Für die Forschungsförderung des Bundes haben auch die ungeschriebenen Bundeszuständigkeiten Bedeutung, so die Zuständigkeit des Bundes für die Ressortforschung. Auf dieser Kompetenzgrundlage beruht beispielsweise die Einrichtung der vom Bund getragenen Ressortforschungseinrichtungen auf Gebieten wie etwa Gesundheit, Landwirtschaft, Umwelt, Verkehr, Verteidigung.

Auf der Grundlage der Forschungsförderungsvereinbarung nach Art. 91b GG fördern Bund und Länder die Deutsche Forschungsgemeinschaft (DFG), die Max-Planck-Gesellschaft (MPG), die Fraunhofer-Gesellschaft (FhG), 13 Großforschungseinrichtungen, 48 Einrichtungen der sog. „Blauen Liste". Das verantwortliche Steuerungsgremium für die gemeinsame Forschungsförderung sowie für die gegenseitige Abstimmung und Information ist die Bund-Länder-Kommission für Bildungsplanung und Forschungsförderung. Zur Beratung in Fragen von Wissenschaft und Forschung haben die Regierungen von Bund und Ländern bereits 1957 den Wissenschaftsrat errichtet. Er hat die Aufgabe, zur inhaltlichen und strukturellen Entwicklung der Hochschulen, der Wissenschaft und Forschung Empfehlungen zu erarbeiten.

Die Förderung von Wissenschaft und Forschung durch Drittmittel insbesondere des Bundes und der Länder sowie über die DFG ist ein zentrales Element, das zur Sicherung eines breiten Wissenschaftsspektrums dient und zugleich über Sonderforschungsbereiche zur notwendigen Bündelung von Forschungspotential beiträgt. Die wachsende Sensibilität für die regionale Verteilung von Forschung und Entwicklung (Stichwort: Technologieparks) ist Folge des weltweit zu beobachtenden Zusammenrückens von Forschung und Technikentwicklung auf dem Gebiet der modernen Schlüsseltechnologien.

In vielen Gebieten, beispielsweise in den Geisteswissenschaften, aber auch auf den meisten Gebieten der naturwissenschaftlichen Grundlagenforschung sind die Hochschulen die fachlich wichtigsten Träger der Forschung.

Zur Induzierung des technischen Wandels setzen die staatlichen Träger der Forschungs- und Technologiepolitik besondere Förderinstrumente ein:

– indirekte Maßnahmen haben das Ziel, Forschung und Entwicklung bei den Unternehmen breitenwirksam anzustoßen, ohne Einfluß auf die Inhalte der FuE-Vorhaben zu nehmen;

- mit indirekt-spezifischen Maßnahmen wird ein festgelegter Bereich gefördert, innerhalb dessen die einzelnen Forschungsprojekte Zuschüsse oder Steuererleichterungen erhalten;
- die direkte, institutionelle sowie projektorientierte FuE-Förderung dient dem Ziel einer langfristigen Sicherung der Grundlagenforschung, die unter privatwirtschaftlichen Gesichtspunkten am meisten vernachlässigt würde (*Bruder* 1986: 11ff.).

3. Stand des Neubaus

Die wesentlichen Eckdaten des Weges zum Neuaufbau der öffentlich geförderten Forschung in den neuen Ländern und B. lassen sich mit folgenden Fakten umreißen (Bund-Länder-Bericht 1992):

Es werden drei neue Großforschungseinrichtungen aufgebaut. Großforschungseinrichtungen, die bereits bestehen, haben sich um acht neue, teilweise große Institutsteile ergänzt.

Bund und Länder errichten 31 neue, gemeinsam finanzierte Forschungseinrichtungen mit insgesamt 4630 Arbeitsplätzen.

Die neuen Länder gründen Landesforschungseinrichtungen mit insgesamt etwa 1169 Arbeitsplätzen.

Der Bund gründet eine neue Bundesressort-Forschungseinrichtung.

Die MPG schafft zwei Institute, zwei Außenstellen von Instituten und 29 Arbeitsgruppen an Universitäten und eine Trägereinrichtung für sieben vorgeschlagene geisteswissenschaftliche Zentren (insgesamt 825 Stellen).

Die FhG hat acht eigenständige Fraunhofer-Einrichtungen, einen neuen Institutsteil und 12 Außenstellen von bestehenden Fraunhofer-Instituten errichtet (1050 Stellen).

Zur Erforschung des Übergangsprozesses und zum Neuaufbau der Sozialwissenschaften in den neuen Ländern wurde die „Kommission für die Erforschung des sozialen und politischen Wandels in den neuen Ländern“ (KSPW) gegründet. Mit dem Wissenschaftler-Integrations-Programm (WIP) soll das von der „Abwicklung“ betroffene Akademie-Personal neu in die Hochschulen integriert werden.

4. Perspektiven

Die Rückführung wissenschaftlichen Potentials aus den Akademien in die Hochschulen ist mit den Förderzusagen des Wissenschaftler-Integrations-Programms noch nicht erreicht. 1992 steht im Zeichen der Realisierung dieses Anspruches, der in Art. 8 des Hochschulerneuerungsprogramms festgelegt ist.

Auch wenn Bund und Länder das Jahr 1991 nicht für geeignet hielten, „mit neuen Formen der Forschungsförderung beim Neuaufbau der Forschungslandschaft in den neuen Ländern zu experimentieren“ (Bund-Länder-Bericht 1992), bleibt doch die vom Wissenschaftsrat empfohlene Suche nach Perspektiven zur Erneuerung von Wissenschaft, Forschung und Technologie – jenseits nur organisatorischer, rechtlicher und finanzieller Fragestellungen – auf der Tagesordnung. Die Frage nach dem Beitrag von Wissenschaft, Forschung und Technologie zur Lösung der tiefen geistig-kulturellen Probleme auf dem noch langen Weg zur inneren Einheit D.s hat paradigmatische Qualität. Die Suche nach Ansätzen, auch das wissenschaftlich-technische Potential mit in den Neuaufbau einer gemeinsamen deutschen und europäischen Kultur zu bringen, öffnet inhaltliche Perspektiven für eine weiterführende Debatte (*Ulrich* 1992).

Literatur

Bericht des Bundes und der neuen Länder sowie des Landes Berlin zur Umsetzung der Empfehlungen des Wissenschaftsrates gemäß Art. 38 des Einigungsvertrages. 1992: Ausschußdrucksache 195 des „Ausschusses für Forschung, Technologie und Technikfolgen-Abschätzung" des DBT, 12. Wahlperiode. Bonn.

Brocke, Rudolf Horst/Förtsch E. 1991: Forschung und Entwicklung in den neuen Bundesländern 1989-1991. Ausgangsbedingungen und Integrationswege in das gesamtdeutsche Wissenschafts- und Forschungssystem. Stuttgart.

Bruder, Wolfgang 1986: Forschungs- und Technologiepolitik in der Bundesrepublik Deutschland. Opladen.

Perspektiven für Wissenschaft und Forschung auf dem Wege zur deutschen Einheit. Zwölf Empfehlungen. 1990: Hrsg. Wissenschaftsrat, Nr. 9847/90. Köln.

Ulrich, Otto 1992: Politik als Kunst. Der freiheitliche Weg zur inneren Einheit Deutschlands. Stuttgart.

Otto Ulrich

Wohnungspolitik

1. Die Ausgangssituation nach dem Zweiten Weltkrieg

Nach dem Ende des Zweiten Weltkrieges waren in den Westzonen von 10,6 Mio. Wohnungen 2,3 Mio. (entsprechend 21%) völlig zerstört, weitere 2,3 Mio. schwer beschädigt. In der Ostzone lag die Zerstörung mit etwa 10% des Vorkriegsbestandes von 5,1 Mio. Wohnungen deutlich niedriger. Der Zuwachs der Wohnbevölkerung durch Ausgewiesene und Flüchtlinge lag in den Westzonen bei 11,5 Mio., entsprechend 25%. In der Ostzone ist eine Zunahme der → Bevölkerung bis 1948 zu verzeichnen, danach ist die Bevölkerungsentwicklung rückläufig.

2. Die Wohnungspolitik der DDR

2.1 Die ordnungspolitischen Grundlagen

Die Verfassung vom 7.10.1949 formulierte das Ziel, jedem Bürger eine gesunde und den Bedürfnissen entsprechende Wohnung zu sichern. Die Wohnungsversorgung war staatliche Aufgabe und wesentlicher Teil einer sozialistischen Gesellschaftspolitik. Im *Gesetz über den Aufbau der Städte in der DDR und der Hauptstadt Berlin* vom Juli 1950 wurde der Wohnungs- und Städtebau als Bestandteil der staatlichen Planwirtschaft definiert. Es wurde ein staatliches Verfügungsrecht zur Bebauung des Bodens im Interesse des Volkes geschaffen, die Bodenpreise wurden eingefroren. Ein umfassender Kündigungsschutz ließ nur Eigenbedarf zu. Die Mietpreise wurden auf dem Stand von 1936 eingefroren. Sie orientierten sich nicht an den tatsächlichen Bewirtschaftungskosten. Die Miete betrug durchschnittlich 3% des Haushaltseinkommens. Die Verteilung von Wohnraum wurde über eine *Wohnraumlenkungsverordnung* geregelt: die Zuweisung einer Wohnung erfolgte durch eine staatliche Kommission. Die Eigentumsordnung unterschied zwischen privatem und sozialistischem Eigentum. Träger des Mietwohnungsbaus waren vorwiegend Wohnungsunternehmen in Volkseigentum und Wohnungsbaugenossenschaften.

2.2 Die Aufbauphase

Von 1949 bis 1979 wuchs der Wohnungsbestand von 5,08 auf 6,05 Mio. Wohnungen. Während die Belegungsdichte pro Wohnung 1949 noch 3,7 Personen betrug, konnte sie bis 1971 auf 2,8 Personen gesenkt werden. Die durchschnittliche Wohnfläche je Bewohner stieg im gleichen Zeitraum von 12 auf 21 qm. Schon in der Aufbauphase war eine Dominanz des Neubaus gegenüber der Instandhaltung bzw. der Modernisierung zu erkennen. Randstädtische Neubaugebiete auf der grünen Wiese entstanden. Auf der ersten Baukonferenz der DDR wurde 1955 die Entwicklung des Bauwesens vom traditionellen zum industriellen Bauen beschlossen. Kleine und mittelständische Handwerksbetriebe wurden in volkseigene Baukombinate überführt. Die Plattenbauweise entwickelte sich zum vorherrschenden Bautyp.

2.3 Das Neubauprogramm 1971-89

1971 war trotz des gewachsenen Wohnungsbestandes die Versorgungslage insgesamt nicht zufriedenstellend. Die Sanitärausstattung befand sich auf niedrigem Niveau: 1971 waren nur 39% der Wohnungen mit Innentoilette und Bad/Dusche ausgestattet. Außerdem entsprach die Größe der Wohnungen oft nicht den Bedürfnissen; kleine und große Wohnungen fehlten. Das Wohnungsbauprogramm von 1973 reagierte auf diese Defizite und versprach die Lösung der Wohnungsfrage bis 1990. Der notwendige Zuwachs sollte durch Wohnungsneubau am Stadtrand erfolgen. Bis 1989 hatte sich der Wohnungsbestand auf 7,01 Mio. Wohnungen erhöht; die Belegungsdichte fiel auf unter 2,4 Personen. 82% der Wohnungen waren nun mit Bad/Dusche, 70% mit Innentoilette ausgestattet. Für die Stadtentwicklung hatte die Konzentration auf den Wohnungsneubau gravierende Folgen. Die Innenstädte verfielen, die Wohnbevölkerung konzentrierte sich in den randstädtischen Neubaugebieten. Folgeprobleme durch fehlende Infrastruktur und hohe Aufwendungen für Verkehr entstanden. Maßnahmen zur Instandhaltung wurden fast gänzlich vernachlässigt. In Leipzig z.B. dienten 23% des Neubaus von 1981-85 nur als Ersatz für unbewohnbar gewordene Altbauten. Der hochgradig normierte Neubau nahm auf die spezifischen Gegebenheiten der Stadt keine Rücksicht. Großer Instandsetzungsbedarf war und ist teilweise in allen Bereichen der Infrastruktur vorhanden; Straßen, Wasser- und Energieversorgung sind erneuerungsbedürftig.

2.4 Von der Planwirtschaft zur Marktwirtschaft: Die Situation in den neuen Bundesländern

Von den 7,08 Mio. Wohnungen des Jahres 1990 befanden sich 41% in privater Hand, 42% gehörten volkseigenen Wohnungsunternehmen, 17% waren in genossenschaftlichem Eigentum. Fast jede zweite Wohnung ist vor 1919 errichtet worden, etwa jede vierte Wohnung wurde als dringend renovierungsbedürftig eingestuft, ca. 1 Mio. Wohnungen galten als nicht mehr sanierungsfähig.

Der Einigungsvertrag brachte grundlegende Veränderungen für die Eigentumsstruktur, das Mietrecht und die Wohnungsvergabe. Die volkseigenen Betriebe der Wohnungswirtschaft gingen bei gleichzeitiger Übernahme der anteiligen Schulden in das Eigentum der Kommune über; die Schulden betrugen in der Summe fast 60 Mrd. DM bzw. durchschnittlich ca. 300 DM/qm oder ca. 19.000 DM/Wohnung. Im Rahmen des Altschuldenhilfegesetzes können die Wohnungsgesellschaften und -genossenschaften von den Verbindlichkeiten, die 150 DM/qm übersteigen sowie den bis dahin anfallenden Zinsen befreit werden, wenn sie bis 2003 15% ihres Bestandes an Einzelpersonen privatisieren. Schafft ein Unternehmen diese Quote nicht, muß es sämtliche Altschulden selbst begleichen. Hindernisse für die Privatisierung stellen die erforderlichen Sanierungsmaßnahmen (geschätzt 60 bis 80.000 DM/ Wohnung) und ungeklärte Restitutionsansprüche dar.

Die Mietpreise für Wohnungen, die vor dem 2.10.1990 fertiggestellt wurden, können unter Berücksichtigung der Einkommensentwicklung durch Rechtsverordnung des Bundes schrittweise erhöht werden. Dies geschah erstmals zum 1.10.1991 und betraf außer der Grundmiete vor allem die kalten und warmen Betriebskosten. Bei der zweiten Mieterhöhung im Januar 1993 stand die Erhöhung der Grundmieten im Vordergrund; seit Januar 1994 kam es aufgrund von zwei zusätzlichen sog. Beschaffenheitszuschlägen zu weiteren Grundmietenerhöhungen. Zunehmend mehr tragen auch Modernisierungszuschläge, von denen knapp ein Drittel der Mieter betroffen ist, zu Mieterhöhungen bei. 1994 lag die durchschnittliche Mietbelastung unter Berücksichtigung von Wohngeld bei 20%. Mitte 1995 wird die Grundmietenverordnung auslaufen und an ihre Stelle soll ein Vergleichsmietensystem westdeutscher Prägung treten; Anfang 1995 besteht über deren Konstruktion, insbesondere der Höhe der Kappungsgrenze möglicher Mieterhöhungen, noch kein Konsens.

3. Die Wohnungspolitik der BRD

Die Versorgungslage im Westen war zur Gründung der BRD nur unwesentlich besser geworden; 14,6 Mio. Haushalten standen nur 9,4 Mio. Wohnungen, incl. aller Behelfsunterkünfte gegenüber. Die Belegungsdichte betrug 5 Personen pro Wohnung, jedem Bewohner standen durchschnittlich 15 qm zur Verfügung. Bedingt durch diese Ausgangssituation war eine Weiterführung der von den Nationalsozialisten eingeführten Wohnraumbewirtschaftung unumgänglich. Eine Freigabe der Mieten hätte zu ihrem rasanten Anstieg bis an die Grenzen der Zahlungsfähigkeit geführt. Somit wäre erheblicher sozialer Sprengstoff entstanden, der zu einer politischen Destabilisierung hätte führen können. Auf der anderen Seite war es durch die nicht kostendeckenden Mieten kaum möglich, umfangreich privates Kapital für den freien Mietwohnungsbau zu gewinnen.

3.1 Die Aufbauphase

Das im April 1950 verabschiedete *Erste Wohnungsbaugesetz* trägt dem Rechnung. Durch die Vergabe von unverzinsten Baudarlehen aus Haushaltsmitteln des Bundes und der Länder und etwa 30-35jährigen Tilgungsfristen gelang es entscheidend, den Wohnungsbau zu beleben. Im Gegenzug war der Investor verpflichtet, für die Laufzeit der Darlehen nur an Haushalte zu vermieten, die bestimmte Einkommensgrenzen nicht überschreiten. Die Miethöhe richtete sich anfangs nach einer Richtsatzmiete; später nach der sog. Kostenmiete, die aus dynamischen (z.B. Zinsen, Betriebskosten) und staatlich festgelegten (z.B. Instandhaltungspauschalen) Elementen besteht. Nach Rückzahlung der Darlehen entfallen diese Bindungen.

Die staatliche Förderung war – anders als bis 1933 – nicht mehr an Unternehmen gebunden, die gemeinnützige Bindungen (Dauerwohnrecht, Dividendenbegrenzung, Überschuß- und Vermögensbindung, Kostenmiete) dauerhaft garantierten. Die Kapitalverwertung des Investors ist auf das vorwiegend unrentierliche erste Drittel der Lebensdauer einer Wohnung beschränkt. Dieser Soziale Wohnungsbau stellt somit einen zeitlich befristeten Kompromiß zwischen einer marktwirtschaftlich orientierten und einer an der Schaffung dauerhaft gebundenen Bestände interessierten Wohnungsversorgung dar. Diesem Kompromiß liegt die Vorstellung zugrunde, daß ein Eingriff in die Marktkräfte nur aufgrund von Notsituationen erfolgten sollte. Der Soziale Wohnungsbau hat vor allem in den 50er Jahren wesentlich zum Wohnungsneubau beigetragen. Bis 1960 wurden so von den 4 Mio Mitwohnungen 60% durch öffentliche Förderung erstellt. Von 1950 bis 1990 sind von den knapp 19 Mio. gebauten Wohnungen etwa 7,5 Mio. Sozialwohnungen (Miete und Eigentum).

Mit der steuerlichen Abzugsfähigkeit von Investitionen im selbstgenutzten Eigentum beginnt 1951 die Ära der Eigentumsförderung ohne jedes Bindungsäquivalent. Im gleichen Jahr wurde durch das *Wohnungsbauprämiengesetz* die private Vermögungsbildung zum Erwerb von Wohneigentum gefördert. Bis 1986 flossen mit diesem Instrument 37 Mrd. DM an → Subventionen; dies entspricht etwa 40% aller staatlichen Finanzierungsmittel für Wohnungsneubau. Da beide Instrumente einkommensabhängig wirken, begünstigen sie in ihrer Verteilungswirkung obere Einkommensgruppen. Im Jahre 1956 wurde nahezu einstimmig das *Zweite Wohnungsbaugesetz* verabschiedet. Es schrieb die Orientierung auf Eigentumsförderung auch im Sozialen Wohnungsbau fest. In den Vordergrund traten so vermögens- und familienpolitische Überlegungen für Mittelschichten; der soziale Mietwohnungsbau reduzierte sich auf die Versorgung einkommensschwacher Haushalte. Die Eigentumsförderung hat entscheidend zum Eigenheimbau und damit zur Zersiedlung von Stadträndern beigetragen.

3.2 Der Beginn der Deregulierungspolitik

Mit dem *Gesetz zum Abbau der Wohnungszwangswirtschaft* wurden die Mietpreisbegrenzungen im vor 1948 erstellten Altbaubestand abgebaut. Die Preisbindung sollte in allen Gemeinden, in denen das Defizit zwischen Angebot und Nachfrage weniger als 3% betrug („weiße Kreise"), ab 1963 aufgehoben werden; bei mehr als 3% („schwarze Kreise") erst ab 1966. Aufgrund der schlechten Versorgungslage in vielen Gemeinden wurde der letztgenannte Termin mehrfach verschoben. Zur Durchsetzung der nun möglichen Mieterhöhungen griffen Vermieter oftmals zur Androhung von Kündigungen. Als Ergebnis wurde für Härtefälle eine Sozialklausel in das BGB aufgenommen; sie war jedoch bis zur Reform 1971 relativ unwirksam.

Die Folge der fortgesetzten Deregulierung des Wohnungsmarktes führte bei vielen Haushalten zu belastenden Mietsteigerungen. Mit der Einführung eines vom Einkommen, der Haushaltsgröße und der Miethöhe abhängigen Wohngeldes wurde 1965 eine zentrale Säule in der sozialen Wohnungsmarktwirtschaft eingeführt. Für die Befürworter ist das Wohngeld ein sozial treffsicheres und marktkonformes Instrument. Für die Kritiker stellt es eine Subvention der Vermieter ohne Wohnungsneubau oder anderes staatliches Steuerungspotential dar. Anpassungen erfolgen nicht regelmäßig und sind von der Haushaltslage abhängig. Nach Schätzungen nehmen nur 50% aller Berechtigten ihren Anspruch wahr. 1992 wurden insgesamt 6,8 Mrd. DM Wohngeld in den alten und neuen → Bundesländern – je zur Hälfte aus Bundes- und Landesmitteln – gezahlt.

Ausgehend von der Annahme regelmäßiger Einkommenssteigerungen wurde ab 1967 die Förderung des Sozialen Wohnungsbaus zunehmend von der Vergabe gering verzinster Baudarlehen auf degressive Aufwendungsdarlehen umgestellt. Die erwartete Einkommensentwicklung blieb jedoch deutlich hinter den programmierten Mietsteigerungen zurück, so daß Länder und Kommunen mit zusätzlichen Mitteln die Mieten subventionieren mußten (sog. Härteausgleich).

3.3 Die sozial-liberale Wohnungspolitik: Kompromiß zwischen Markt und Regulierung

Von der sozial-liberalen Koalition wurde 1971 das *Kündigungsschutzgesetz* verabschiedet. Es schränkte Kündigungen erheblich ein; insbesondere verbot es die Kündigung(sdrohung) zur Erreichung einer höheren Miete. Ebenfalls 1971 wurde der Mietanstieg gesetzlich beschränkt; Mieterhöhungen müssen sich seitdem an der „ortsüblichen Vergleichsmiete" (Mietspiegel) orientieren. Diese beiden Elemente einer sozialen Wohnungsmarktwirtschaft stellen einen Kompromiß zwischen den Verwertungsinteressen der Vermieter und der sozialen Sicherung für Mieter dar. Im Sommer 1971 trat das *Städtebauförderungsgesetz* in Kraft, das mit der Erweiterung planungs- und bodenrechtlicher Kompetenzen sowie einer besonderen Förderung aus Bundes- und Landesmitteln den Kommunen ein umfassendes Instrument an die Hand gab, Stadterhaltung zu betreiben. Weitergehende Vorstellungen zur Regulierung des Bodenmarktes (u.a. eine Bodenwertzuwachssteuer) scheiterten Mitte der 70er Jahre endgültig am Widerstand der F.D.P. Im August 1976 wurde das *Wohnungsmodernisierungsgesetz* verabschiedet, das neben staatlicher Subvention und Steuererleichterungen die Umlegung der Modernisierungskosten auf die Miete ermöglichte. 1977 erfolgte die Ausdehnung der Eigentumsförderung auf den Erwerb von Gebrauchtwohnungen. Die steuerliche Gleichstellung bewirkte einen Rückgang der Neubauinvestitionen. Mit beiden Instrumenten gelang es einerseits privates Kapital zur Erneuerung der Altbausubstanz zu mobilisieren; andererseits sind sie in erheblichem Maße für den Verlust preiswerter Altbaumietwohnungen und der damit verbundenen „Vertreibung" der Mieter verantwortlich.

3.4 Ab 1982: Die Fortsetzung der Deregulierungspolitik

Die Deregulierungspolitik von CDU/CSU und F.D.P. fand 1986 mit dem Rückzug des Bundes aus der Förderung des Sozialen Wohnungsbaus ihre Fortsetzung. Ihren dramatischen und vorläufigen Abschluß fand diese Politik 1990 durch die Aufhebung des Wohnungsgemeinnützigkeitsgesetzes. Die 3,4 Mio. Mietwohnungen (entsprechend einem Viertel aller Mietwohnungen) der gemeinnützigen Wohnungsunternehmen verloren damit ohne Gegenleistung ihre Mietpreisbindung; alle weiteren Bindungen (s.o.) wurden aufgehoben.

Bedingt durch nachfrageseitige Faktoren (lang andauernde Trends zu Ein-Personen-Haushalten, Haushaltsgründungen geburtenstarker Jahrgänge, ungleiche Einkommens- und Vermögensentwicklung) sowie durch einen Anstieg der Zuwanderung aus der DDR und Osteuropa (1988 bis Mitte 1990: etwa 1,5 Mio.) bei gleichzeitig etwa konstantem Wohnungsbestand wird Ende der 80er Jahre deutlich, daß der Wohnungsmarkt über keinerlei Angebotsreserven mehr verfügt. Durch Verbesserung der Abschreibungsmöglichkeiten für Mietwohnungen, durch höhere Förderung der Eigentumsbildung beim Neubau und durch Wiedereinstieg des Bundes in den Sozialen Wohnungsbau können erhebliche Neubaueffekte erzielt werden.

Gleichzeitig wurde die Deregulierungspolitik durch die Einführung der sog. „vereinbarten Förderung", die verpflichtende Mietpreis- und Belegungsbindungen im Sozialen Mietwohnungsbau erheblich reduziert, fortgesetzt. 1994 wird durch Einführung einkommensabhängiger Förderung im Sozialen Mietwohnungsbau den Ländern die Möglichkeit eröffnet, die Höhe der Förderung an das Einkommen des Mieterhaushaltes zu koppeln. Ein Ende 1994 vorgelegtes Expertengutachten, das eine sehr weitgehende Neuorientierung der Wohnungsbauförderung vorsieht, stößt auf beinahe vollständige Ablehnung.

3.5 Die gegenwärtige Situation

Die gegenwärtige Situation am Wohnungsmarkt ist durch folgende Faktoren gekennzeichnet:

- Trotz erheblicher Neubauleistungen konnte seit Anfang der 90er Jahre Wohnungsnot und Obdachlosigkeit kaum abgebaut werden, da fast in gleicher Höhe zusätzliche Nachfrage entstand; es fehlen weiterhin etwa 2 Mio. Wohnungen, fast 1 Mio. Menschen ist obdachlos.
- Die Wohnungsnot trifft v.a. einkommensschwache Haushalte. So müssen

etwa 500.000 Haushalte unter Berücksichtigung von Wohngeld bereits 40% und mehr ihres Einkommens für Miete aufbringen. Dies ist auch eine Folge ineffektiver staatlicher Wohnungsbauförderung, die von den gut 20 Mrd. DM Förderung (ohne Abschreibungen im Mietwohnungsbau) etwa je ein Viertel für das obere und untere Einkommensfünftel vorsieht.

- Die Versorgungsprobleme treffen dabei v.a. junge Familien, Alleinerziehende, junge und alte Alleinstehende, Arbeitslose und Sozialhilfeempfänger sowie Ausländer.
- Eine deutliche Erhöhung der Einkommensgrenzen im Sozialen Wohnungsbau (Okt. 1994) führt zur Berechtigung zum Bezug einer Sozialwohnung für über 50% aller Haushalte, dadurch bestehen weiterhin erhöhte Versorgungsschwierigkeiten für stigmatisierte Haushalte.

Literatur

Brech, Joachim (Hrsg.) 1981: Wohnen zur Miete. Weinheim/Basel.

Gesamtverband der Wohnungswirtschaft (Hrsg.) 1991: Daten und Fakten der unternehmerischen Wohnungswirtschaft in den neuen Bundesländern. Dokumentation der ersten Befragung des GdW. Köln.

Harke, Dietrich 1991: Wohnungsbau und Mietrecht in den neuen Bundesländern, in: Wohnungswirtschaft und Mietrecht. Heft 1.

Jenkis, Helmut 1991: Wohnungswirtschaft und Wohnungspolitik in der DDR, in: Jenkis, Helmut (Hrsg.): Kompendium der Wohnungswirtschaft. München/Wien.

Marcuse, Peter/Staufenbiel, Fred (Hrsg.) 1991. Wohnen und Stadtpolitik im Umbruch. Berlin.

Novy, Klaus 1989: Gewinner und Verlierer im Spiel um die Deregulierungsrenten. Skizze zur wohnungspolitischen Lage. Vortrag vor der Anglo-German-Foundation (unveröffentlichtes Thesenpapier). Köln/Bottrop.

Ulbrich, Rudi 1991: Wohnungsmarktsituation in den westlichen Bundesländern, in: Wohnungswirtschaft und Mietrecht. Heft 5.

Wolowicz, Ernst 1990: Zwischen Staatsintervention und freiem Spiel. Entwicklung der Wohnungsbau- und Mietrechtspolitik in der Bundesrepublik Deutschland, in: Ude, Christian (Hrsg.): Wege aus der Wohnungsnot. München/Zürich.

Ulrike Heinz/Wolfgang Kiehle

Anhang

Inhaltsübersicht

A: Politik

B: Bevölkerungsdaten

C: Wirtschaft

D: Staatsfinanzen

Tabelle 1: Wertorientierung

	Westdeutschland			Ostdeutschland		
	Materia-listen	Misch-typen	Post-materia-listen	Materia-listen	Misch-typen	Post-materia-listen
	in %					
Insgesamt	15	53	32	27	58	15
Geschlecht						
Männer	13	55	32	23	62	15
Frauen	17	52	31	31	55	14
Altersgruppen						
18 bis 24 Jahre	5	44	51	12	63	25
25 bis 34 Jahre	8	44	48	17	62	21
35 bis 49 Jahre	12	53	35	23	61	16
ab 50 Jahre	22	61	17	40	53	7
Bildungsabschluß						
Ohne Abschluß	30	56	14	56	44	0
Hauptschulabschluß	23	60	17	45	48	7
Mittlere Reife	11	54	35	20	62	18
Fachhochschulreife, Abitur	3	40	57	13	66	21

Datenbasis: ALLBUS 1990, ISSP Plus 1990.

Quelle: Statistisches Bundesamt (Hrsg.): Datenreport 1992, S. 632

Tabelle 2: Ideologische Orientierung*

	Westdeutschland			Ostdeutschland		
	Links	Mitte	Rechts	Links	Mitte	Rechts
	in %					
Insgesamt	31	43	26	39	43	18
Geschlecht						
Männer	33	40	27	38	43	19
Frauen	30	46	24	40	44	16
Altersgruppen						
18 bis 24 Jahre	43	41	16	57	32	11
25 bis 34 Jahre	42	40	18	40	43	17
35 bis 49 Jahre	31	43	26	36	46	18
ab 50 Jahre	23	45	32	36	44	20
Bildungsabschluß						
Ohne Abschluß	20	48	32	11	45	44
Hauptschulabschluß	26	46	28	28	47	25
Mittlere Reife	29	45	26	41	43	16
Fachhochschulreife, Abitur	44	36	20	52	38	10

* Links-Rechts-Skala von 1 bis 10. Links = Skalenpunkte 1 bis 4; Mitte = 5 bis 6; Rechts = 7 bis 10.

Datenbasis: ALLBUS 1990, ISSP Plus 1990.

Quelle: Statistisches Bundesamt (Hrsg.): Datenreport 1992, S. 633

Tabelle 3: Einstellungen Ost- und Westdeutscher gegenüber zentralen Merkmalen der Bundesrepublik nach soziodemographischen Merkmalen

	Soziale Sicherung		Redefreiheit		Einfluß auf die Regierung		Ordnung	
	Ost	West	Ost	West	Ost	West	Ost	West
	in %							
Insgesamt	24	47	82	87	16	30	13	42
Geschlecht								
Männer	29	49	86	86	14	32	13	43
Frauen	20	45	79	88	17	28	12	41
Schulabschluß[1]								
Abitur	25	52	74	89	11	35	12	49
Mittlere Reife	21	52	83	88	15	29	12	48
Hauptschule	27	43	87	87	18	28	12	38
Erwerbstätige	21	49	80	87	15	31	12	44
Un-, angelernte Arbeiter	9	29	88	83	28	26	9	24
Facharbeiter, Meister	30	43	89	83	18	31	15	40
Einfache, mittlere Angestellte	17	50	76	87	15	30	12	45
Gehobene Angestellte	20	50	63	92	5	33	2	51
Beamte	/	51	/	91	/	41	/	48
Selbständige	37	59	93	90	12	33	10	47
Nichterwerbstätige[2]	28	45	85	88	16	28	14	40
Rentner	36	49	87	89	18	31	17	43
Arbeitslose	15	25	77	83	12	14	4	22

/ Fallzahl unter 30 Befragte.

1 In Ostdeutschland entspricht Mittlere Reife dem Abschluß der 10. Klasse und der Hauptschulabschluß dem Abschluß der 8. Klasse.

2 Sonstige Nichterwerbstätige wie Schüler, Studenten und Hausfrauen sind hier enthalten.

Datenbasis: „Ökopol"-Umfrage 1993.

Quelle: Statistisches Bundesamt (Hrsg.) Datenreport 1994. Bonn 1994, S. 620.

Tabelle 4: Bereitschaft zur politischen Beteiligung

	Westdeutschland	Ostdeutschland
	in %	
Konventionelle Beteiligung		
Sich an Wahlen beteiligen	87	74
Seine Meinung sagen, im Bekanntenkreis und am Arbeitsplatz	81	84
Sich in Versammlungen an öffentlichen Diskussionen beteiligen	45	49
In einer Partei aktiv mitarbeiten	18	11
Als Helfer einen Kandidaten bei der Wahl unterstützen	15	15
Unkonventionelle Beteiligung		
Mitarbeit in einer Bürgerinitiative	41	30
Teilnahme an einer nichtgenehmigten Demonstration	8	10
Hausbesetzung, Besetzung von Fabriken, Ämtern	3	2
Bei einer Demonstration mal richtig Krach schlagen, auch wenn dabei einiges zu Bruch geht	1	2
Für eine Sache kämpfen, auch wenn dazu Gewalt gegen Personen notwendig ist	2	3
Politische Gegner einschüchtern	3	1

Datenbasis: ALLBUS 1988, ISSP Plus 1990.

Quelle: Datenreport 1992, S. 634

Abbildung 1: Stimmenanteile der Parteien bei den Bundestagswahlen

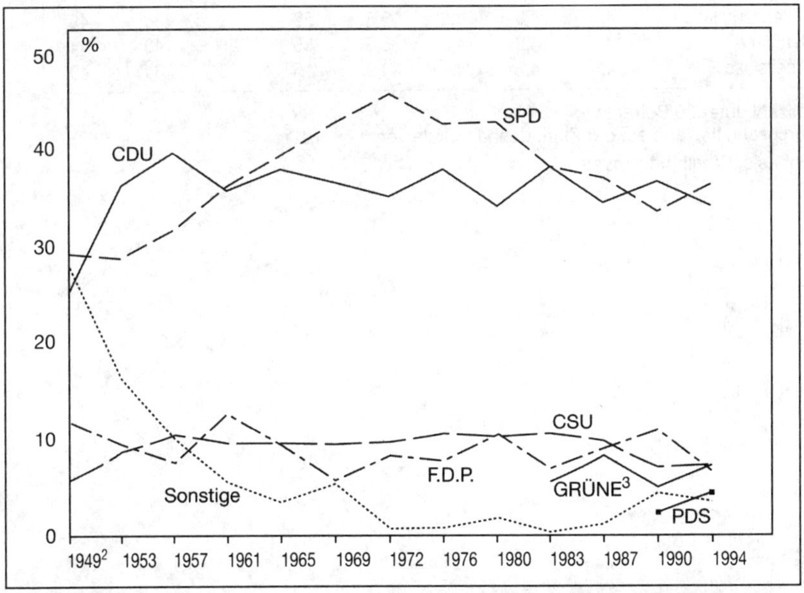

1 Seit 1953 Zweitstimmen, bis 1987 früheres Bundesgebiet, ab 1990 Deutschland.
2 Ohne Saarland.
3 1990: Bündnis 90/Grüne (nur neue Bundesländer); 1994 Bündnis 90/Die Grünen.

Tabelle 5: Zufriedenheit[1] mit den Möglichkeiten der politischen Betätigung und den demokratischen Einrichtungen, politisches Interesse und Wichtigkeit von politischem Einfluß

	Zufriedenheit mit Möglichkeiten der politischen Betätigung		Zufriedenheit mit demokratischen Einrichtungen		Starkes politisches Interesse		Politischer Einfluß ist wichtig	
	Ost	West	Ost	West	Ost	West	Ost	West
	Ø				in %			
Insgesamt	4,5	5,2	4,2	5,7	27	35	37	50
Geschlecht								
Männer	4,7	5,4	4,3	5,8	37	47	39	56
Frauen	4,3	5,0	4,2	5,6	19	25	36	45
Schulabschluß								
Abitur	5,1	5,7	4,4	5,7	57	55	52	63
Mittlere Reife	4,6	5,5	4,3	5,9	22	39	36	48
Hauptschule	3,9	4,8	4,0	5,5	19	25	31	46
Erwerbstätige	4,8	5,4	4,3	5,8	27	39	36	51
Un- und angelernte Arbeiter	4,0	4,9	3,8	5,8	16	13	23	41
Facharbeiter, Meister	4,6	5,1	4,3	5,7	21	32	26	54
Einfache und mittlere Angestellte	4,6	5,1	4,5	5,7	13	25	37	41
Höhere Angestellte	5,2	6,2	4,1	6,0	48	55	48	54
Selbständige	5,4	5,7	4,4	5,4	32	54	46	53
Beamte	/	6,6	/	6,4	/	70	/	65
Nichterwerbstätige	4,1	4,9	4,2	5,5	28	32	38	49
Rentner	4,1	4,9	4,3	5,8	36	36	40	44
Arbeitslose	4,0	4,8	4,1	4,9	15	26	34	49

/ Fallzahl unter 30 Befragte.
1 Durchschnittswerte auf der Zufriedenheitsskala von 0 bis 10.
Datenbasis: Wohlfahrtssurvey 1993.

Tabelle 6: Die Bewertung des politischen Systems nach sozio-demographischen Gruppen

	Bewertung des politischen Systems[1]					
	vor der Vereinigung		gegenwärtig		in fünf Jahren	
	Ost	West	Ost	West	Ost	West
	∅					
Geschlecht						
Männer	– 1,4	5,2	0,2	1,3	0,7	2,0
Frauen	– 1,4	4,9	– 0,4	1,4	0,6	2,1
Schulabschluß[2]						
Abitur	– 1,6	5,3	– 1,1	2,7	– 0,9	3,1
Mittlere Reife	– 1,4	5,4	– 0,1	1,9	0,5	2,6
Hauptschule	– 1,3	4,8	0,5	0,7	1,3	1,5
Erwerbstätige	– 1,9	5,0	– 0,1	1,5	0,6	2,2
Un– , Angelernte	– 2,0	4,0	0,2	0,4	0,7	0,3
Facharbeiter, Meister	– 2,1	4,4	0,5	0,5	0,7	1,6
Einfache, mittlere Angestellte	– 1,6	4,9	– 0,2	1,4	0,8	2,3
gehobene Angestellte	– 2,7	5,5	0,2	3,0	– 0,1	3,2
Beamte	*	6,0	*	2,6	*	3,1
Selbständige	– 2,7	5,6	– 0,3	2,4	0,6	2,3
Nichterwerbstätige[3]	– 0,8	5,1	– 0,1	1,2	0,8	2,0
Rentner	– 0,6	5,6	0,4	1,9	1,3	2,3
Arbeitslose	– 0,4	4,7	– 1,2	– 1,9	0,1	– 0,8
Parteineigung						
Regierungsparteien	– 2,2	6,2	2,1	2,9	2,8	3,8
SPD	– 1,5	4,8	0,5	1,2	1,6	2,2
Grüne/Bündnis 90	– 2,1	3,7	– 0,8	0,5	0,2	1,4
Republikaner/NPD	– 3,1	3,9	– 0,2	– 1,9	0,7	– 2,6
PDS/DKP	2,9	/	– 2,6	/	– 1,5	/
Unentschiedene	– 1,8	5,0	– 0,2	1,4	0,2	2,3

/ Fallzahl unter 30 Befragte.

1 Mittelwerte auf einer Skala von – 10 bis + 10.

2 In Ostdeutschland entspricht Mittlere Reife dem Abschluß der 10. Klasse und der Hauptschulabschluß dem Abschluß der 8. Klasse.

3 Sonstige Nichterwerbstätige wie Schüler, Studenten und Hausfrauen sind hier enthalten.

Datenbasis: „Ökopol"–Umfrage 1993.

Tabelle 7: Übereinstimmung mit einzelnen demokratischen Prinzipien

	West	Ost
	in %	
a) Die Auseinandersetzungen zwischen den verschiedenen Interessengruppen in unserer Gesellschaft und ihre Forderungen an die Regierung schaden dem Allgemeinwohl (–)*	48	52
b) Jeder Bürger hat das Recht, notfalls für seine Überzeugungen auf die Straße zu gehen (+)	91	93
c) Der Bürger verliert das Recht zu Streiks und Demonstrationen, wenn er damit die öffentliche Ordnung gefährdet (–)	31	32
d) In jeder demokratischen Gesellschaft gibt es bestimmte Konflikte, die mit Gewalt ausgetragen werden müssen (–)	86	88
e) Jeder sollte das Recht haben, für seine Meinung einzutreten, auch wenn die Mehrheit anderer Meinung ist (+)	94	98
f) Aufgabe der politischen Opposition ist es nicht, die Regierung zu kritisieren, sondern sie in ihrer Arbeit zu unterstützen (–)	46	41
g) Eine lebensfähige Demokratie ist ohne politische Opposition nicht denkbar (+)	94	96
h) Jede demokratische Partei sollte grundsätzlich die Chance haben, an die Regierung zu kommen (+)	92	91
i) Die Interessen des ganzen Volkes sollten immer über den Sonderinteressen des einzelnen stehen (–)	11	8

* Die in Klammer gesetzten Plus- und Minuszeichen hinter den Aussagen geben an, ob die jeweilige Aussage befürwortet (+) oder abgelehnt (–) werden muß, um die Aussage als übereinstimmend mit den demokratischen Prinzipien klassifizieren zu können.

Datenbasis: ALLBUS 1988; ISSP Plus 1990.

Quelle: Datenreport 1992, S. 646

Tabelle 8: Übereinstimmung mit demokratischen Prinzipien insgesamt

	West		Ost	
	Grundrechte*	Konfliktaustragung**	Grundrechte	Konfliktaustragung
	in %			
Insgesamt	95	33	99	29
Geschlecht				
Männer	96	37	100	31
Frauen	95	31	98	27
Altersgruppen				
18 bis 24 Jahre	95	44	99	35
25 bis 34 Jahre	96	44	99	30
35 bis 49 Jahre	97	34	99	32
ab 50 Jahre	94	23	98	25
Bildungsabschluß				
ohne Abschluß, Hauptschulabschluß	94	26	98	22
Mittlere Reife	96	35	100	30
Fachhochschulabschluß, Abitur	98	50	98	39
Parteipräferenz				
PDS	–	–	99	56
Die Grünen/Bündnis 90	98	65	100	47
SPD	96	36	98	30
F.D.P.	100	33	100	26
CDU/CSU	93	21	98	19
Republikaner, NPD	100	21	–	–
Ideologische Orientierung				
Links	97	48	99	40
Mitte	95	29	99	24
Rechts	94	24	98	18
Wertorientierung				
Materialisten	89	17	97	19
Mischtypen	96	27	99	29
Postmaterialisten	99	56	100	45

* Aussagen b, e, g, und h; vgl. Tab. 7

** Aussagen a, c, f und i; vgl. Tab. 7

Datenbasis: ALLBUS 1988; ISSP Plus 1990.

Quelle: Datenreport 1992, S. 647

Abbildung 2: Bundestagswahl 1994

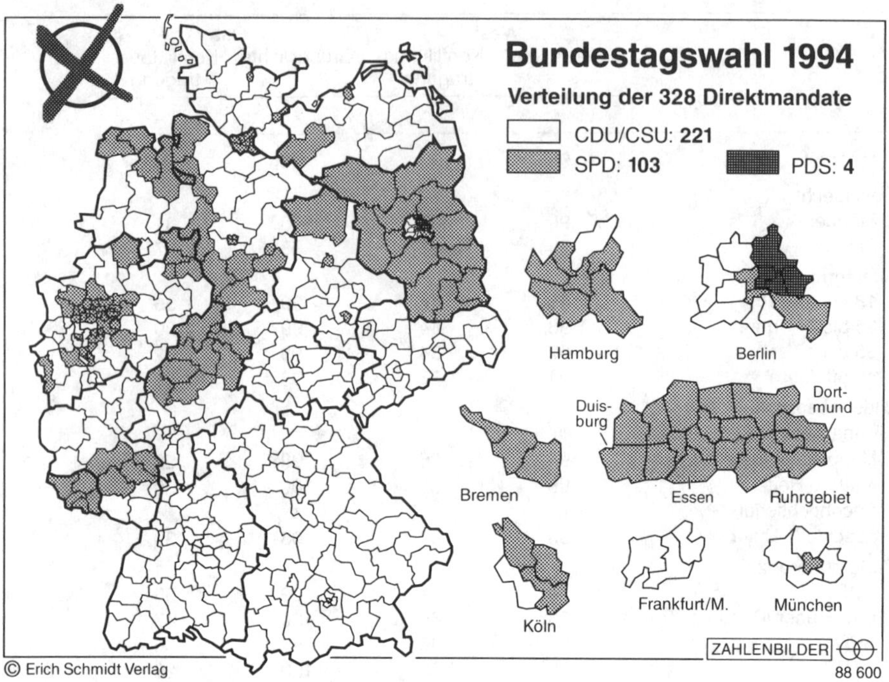

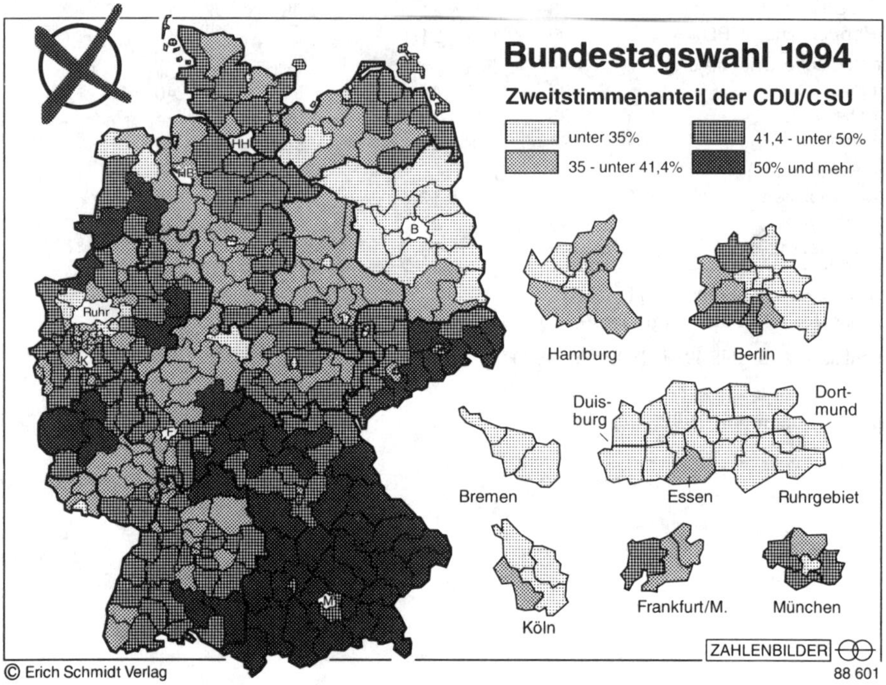

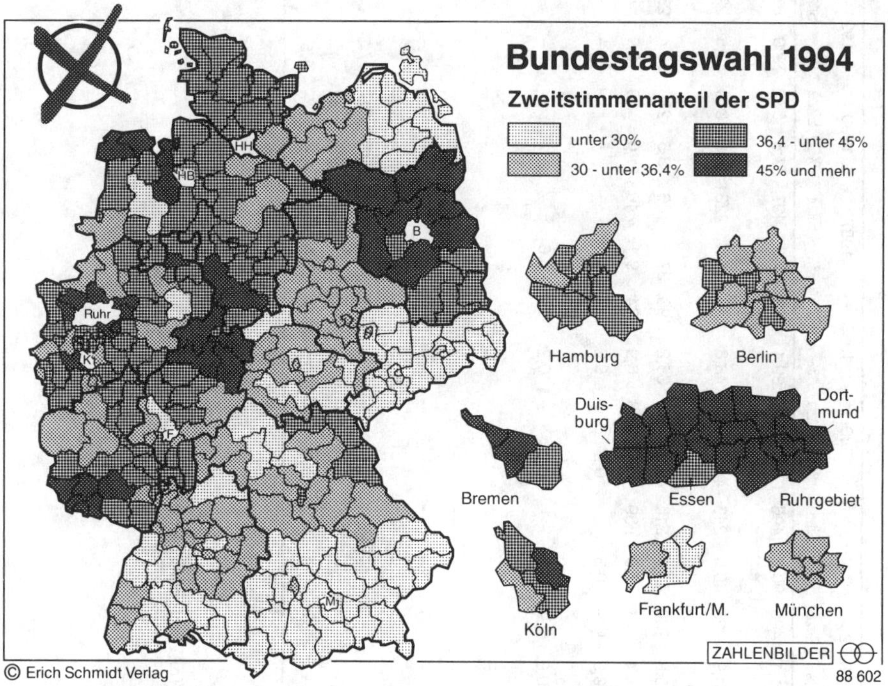
Bundestagswahl 1994
Zweitstimmenanteil der SPD
unter 30%
30 - unter 36,4%
36,4 - unter 45%
45% und mehr
HH
HB
B
Ruhr
K
F
M
Hamburg
Berlin
Duis-
burg
Dort-
mund
Bremen
Essen
Ruhrgebiet
Köln
Frankfurt/M.
München
ZAHLENBILDER
© Erich Schmidt Verlag
88 602

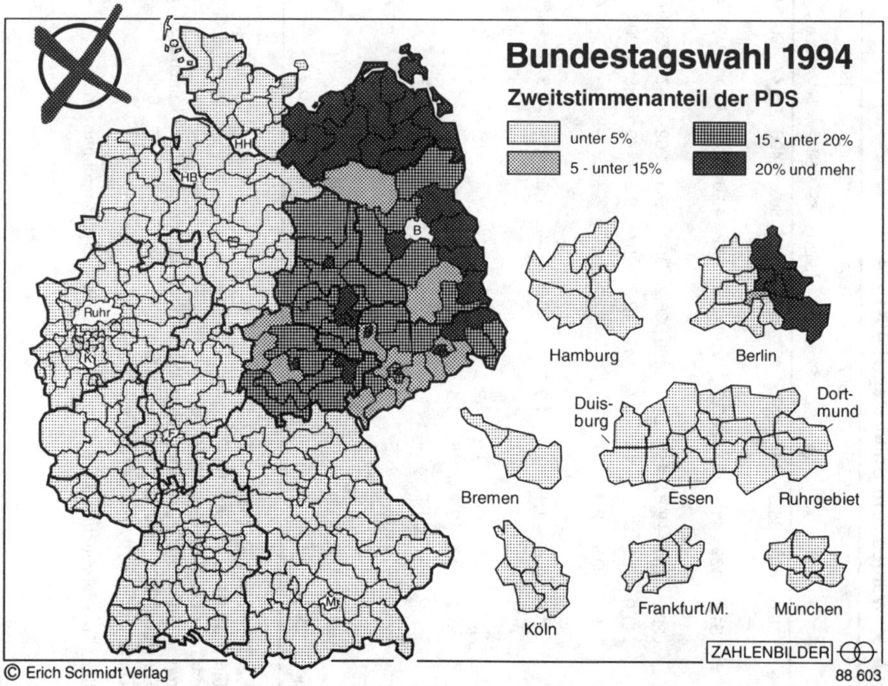
Bundestagswahl 1994
Zweitstimmenanteil der PDS
unter 5%
5 - unter 15%
15 - unter 20%
20% und mehr
HH
HB
B
Ruhr
K
F
M
Hamburg
Berlin
Duis-
burg
Dort-
mund
Bremen
Essen
Ruhrgebiet
Köln
Frankfurt/M.
München
ZAHLENBILDER
© Erich Schmidt Verlag
88 603

Tabelle 9: Wahlen zum Bundestag 1949-1994

	1949		1953		1957		1961		1965		1969		1972		1976		1980		1983		1987		1990		1994	
	%	Sitze	%	Sitze	%	Sitze	%	Sitze	%	Sitze	%	Sitze	%	Sitze	%	Sitze	%	Sitze	%	Sitze	%	Sitze	%	Sitze	%	Sitze
Wahlbet. /Sitze	78,5	402	85,5	487	87,8	497	87,7	499	86,8	496	86,7	496	91,1	496	90,7	496	88,6	497	89,1	498	84,3	497	77,8	662	79,0	672
CDU/ CSU	31,0	139	45,2	243	50,2	270	45,3	242	47,6	245	46,1	242	44,9	225	48,6	243	44,5	226	48,8	244	44,3	223	43,8	319	41,5	290
SPD	29,2	131	28,8	151	31,8	169	36,2	190	39,3	202	42,7	224	45,8	230	42,6	214	42,9	218	38,2	193	37,0	186	33,5	239	36,4	252
F.D.P.	11,9	52	9,5	48	7,7	41	12,8	67	9,5	49	5,8	30	8,4	41	7,9	39	10,6	53	6,9	34	9,1	46	11,0	79	6,9	47
(KPD) DKP[1]	5,7	15	2,2	–	–	–	–	–	–	–	–	–	0,3	–	0,3	–	0,2	–	0,2	–	–	–	–	–	–	–
(DRP) NPD[2]	1,8	5	1,1	–	1,0	–	0,8	–	2,0	–	4,3	–	0,6	–	0,3	–	0,2	–	0,2	–	0,6	–	–	–	–	–
GB/BHE	–	–	5,9	27	4,6	–	–	–	–	–	–	–	–	–	–	–	–	–	–	–	–	–	–	–	–	–
DP	4,0	17	3,2	15	3,4	17	–	–	–	–	–	–	–	–	–	–	–		–	–	–	–	–	–	–	–
BP	4,2	17	1,7	–	–	–	–	–	–	–	0,2	–	–	–	–	–	–	–	–	–	–	–	–	–	–	–
Zentrum	3,1	10	0,8	3	–	–	–	–	–	–	–	–	–	–	–	–	–	–	–	–	0,1	–	–	–	–	–
GRÜNE	–	–	–	–	–	–	–	–	–	–	–	–	–	–	–	–	1,5	–	5,6	27	8,3	42	5.0[4]	8[5]	7,3	49
PDS																							2,4	17	4,4	30
Sonstige	9,1	16	1,7	–	1,3	–	4,9	–	1,6	–	0,9	–	–	–	0,3	–	0,1	–	0,1	–	0,6	–	4,2[3]	–	3,5[6]	–

(1) bis 1953 KPD, ab 1972 DKP
(2) bis 1961 DRP, ab 1965 NPD
(3) darunter Die Republikaner 2,1%
(4) davon Grüne 3,8% (im Wahlgebiet West 4,8%); Bündnis 90/Die Grünen 1,2% (im Wahlgebiet Ost 6,0%)
(5) Bündnis 90/Die Grünen (Wahlgebiet Ost)
(6) Darunter die Republikaner 1,9%

Quellen: Stat. Jahrbuch 1994, Bulletin Nr. 102, 1994, eig. Berechnungen

Tabelle 10: Überhangmandate

Überhangmandate				
Wahlperiode (Wahljahr)	Zahl der Überhang-mandate	davon	im Bundesland	für Partei
1. WP (1949)	2	1 1	Bremen Baden	SPD CDU
2. WP (1953)	3	2 1	Schleswig-Holstein Hamburg	CDU DP
3. WP (1957)	3	3	Schleswig-Holstein	CDU
4. WP (1961)	5	4 1	Schleswig-Holstein Saarland	CDU CDU
5. WP (1965)	0	–	–	–
6. WP (1969)	0	–	–	–
7. WP (1972)	0	–	–	–
8. WP (1976)	0	–	–	–
9. WP (1980)	1	1	Schleswig-Holstein	SPD
10. WP (1983)	2	1 1	Hamburg Bremen	SPD SPD
11. WP (1987)	1	1	Baden-Württemberg	CDU
12. WP (1990)	6	2 3 1	Mecklenburg-Vorpommern Sachsen-Anhalt Thüringen	CDU CDU CDU
13. WP (1994)	16	3 3 2 2 2 3 1	Sachsen Thüringen Mecklenburg-Vorpommern Sachsen-Anhalt Baden-Württemberg Brandenburg Bremen	CDU CDU CDU CDU CDU SPD SPD

Quellen: Datenhandbuch Bundestag und Bundeswahlausschuß

Tabelle 11: Ergebnisse der Wahl zur Volkskammer der DDR am 18. März 1990

	absolut	Prozent	Mandate
Wahlberechtigte	12426443		
Wähler	11604418	93.38	
Ungültige Stimmen	63263	0.55	.
Gültige Stimmen	11541155	99.45	400
CDU	4710598	40.82	163
Demokratischer Aufbruch	106146	0.92	4
DSU	727730	6.31	25
ALLIANZ insgesamt	5544474	48.04	192
Bund Freier Demokraten	608935	5.28	21
SPD	2525534	21.88	88
Grüne / Frauen	226932	1.97	8
Bündnis 90	336074	2.91	12
PDS	1892381	16.40	66
Demokratische Bauernpartei	251226	2.18	9
National-Demokrat. Partei	44292	0.38	2
Demokrat. Frauenverband	38192	0.33	1
Vereinigte Linke	20342	0.18	1
Alternative Jugendliste	14616	0.13	–
Christliche Liga	10691	0.09	–
KPD	8819	0.08	–
USPD	3891	0.03	–
EFP	3636	0.03	–
UVP	3007	0.03	–
Biertrinker Union	2534	0.02	–
SpAD	2417	0.02	–
Einheit Jetzt	2396	0.02	–
BSA	386	0.00	–
VAA	380	0.00	–
ohne Mandat insgesamt	52773	0.46	

Quelle: Forschungsgruppe Wahlen / Zeitschrift für Parlamentsfragen, Heft 1 / 90, S. 8

Tabelle 12: Wahlen zum Europäischen Parlament

	1979		1984		1989		1994	
	%	Sitze	%	Sitze	%	Sitze	%	Sitze
Wahlbeteiligung	65,7	81	56,8	81	62,3	81	60,1	99
CDU	39,1	34	37,5	34	29,5	25	32,0	39
SPD	40,8	35	37,4	33	37,3	31	32,2	40
CSU	10,1	8	8,5	7	8,2	7	6,8	8
F.D.P.	6,0	4	4,8	-	5,6	4	4,1	-
GRÜNE	3,2	-	8,2	7	8,4	8	10,1	12
REP	-	-	-	-	7,1	6	3,9	-
PDS	-	-	-	-	-	-	4,7	-
Sonstige	0,8	-	3,7	-	3,7	-	6,3	-

Quelle: Statistisches Jahrbuch 1990, 1994

Regierungen und Regierungskoalitionen in Bund und Ländern 1946–1990

BA-WÜ.[1]	BAYERN	BERLIN	BREMEN	HAMBURG	HESSEN	NDS	NRW	RH.-PF.	SAARLAND	SCHL.-H.	BUND
	1. 12. 46 CSU/SPD ab 21. 9. 47 CSU	20. 10. 46 SPD/CDU/ LDP/SED	13. 10. 46 SPD/BDV	13. 10. 46 SPD/FDP/ KPD ab 13. 10. 48 SPD/FDP	1. 12. 46 SPD/CDU	20. 4. 47 SPD/CDU/ DP[2] ab 9. 6. 48 SPD/CDU/ DZP ab 18. 9. 50 SPD/DZP	20. 4. 47 CDU/SPD/ KPD ab 7. 2. 48 CDU/SPD	18. 5. 47 CDU/SPD/ FDP/KPD ab 29. 4. 48 CDU/SPD	5. 10. 47 CVP/SPS	20. 4. 47 SPD	14. 8. 49 CDU/CSU FDP/DP
9. 3. 52 CDU/ SPD/ DVP-FDP/ GB-BHE	26. 11. 50 CSU/SPD/ BHE	5. 12. 48 SPD/CDU/ LPD-FDP	12. 10. 47 SPD/BDV/ FDP	16. 10. 49 SPD/FDP	19. 11. 50 SPD	6. 5. 51 SPD/DZP/ GB-BHE ab 1. 12. 53 SPD/GB- BHE	18. 6. 50 CDU (Mind.) ab 15. 9. 50 CDU/Z	29. 4. 51 CDU/FDP	30. 11. 52 CVP/SPS ab 17. 7. 54 CVP ab 29. 10. 55 parteilose	9. 7. 50 CDU/BHE/ DP/FDP ab 28. 7. 51 CDU/FDP/ GB-BHE ab 4. 1. 52 CDU/GB-BHE	6. 9. 53 CDU/CSU/ FDP/DP/ BHE[3]
4. 3. 56 CDU/ SPD/ DVP-FDP/ GB-BHE	28. 11. 54 SPD/BP/ FDP/GB- BHE ab 16. 10. 57 CSU/FDP/ GB-BHE	3. 12. 50 CDU/SPD/ FDP ab 12. 11. 53 CDU/FDP	7. 10. 51 SPD/FDP/ CDU	1. 11. 53 CDU/FDP/ DP (Hamburg- Block)	28. 11. 54 SPD/GB- BHE	24. 4. 55 CDU/DP/ FDP/GB- BHE ab 19. 11. 57 SPD/CDU/ DP	27. 6. 54 CDU/FDP/ Z ab 28. 2. 56 SPD/FDP/ Z	15. 5. 55 CDU/FDP	18. 12. 55 CDU/SPD/ DPS	12. 9. 54 CDU/FDP/ GB-BHE	15. 9. 57 CDU/CSU/ DP[4]
15. 5. 60 CDU/ FDP-DVP	23. 11. 58 CSU/FDP/ GB-BHE	5. 12. 54 SPD/CDU	9. 10. 55 SPD/CDU/ FDP	10. 11. 57 SPD/FDP	23. 11. 58 SPD/GB- BHE	19. 4. 59 SPD/FDP/ GB-BHE	6. 7. 58 CDU	19. 4. 59 CDU/FDP	4. 12. 60 CDU/FDP- DPS	28. 9. 58 CDU/FDP	17. 9. 61 CDU/CSU/ FDP
26. 4. 64 CDU/FDP- DVP ab 16. 12. 66 CDU/SPD	25. 11. 62 CSU	7. 12. 58 SPD/CDU	11. 10. 59 SPD/FDP	12. 11. 61 SPD/FDP	11. 11. 62 SPD/GDP- BHE	19. 5. 63 SPD/FDP ab 19. 5. 65 SPD/CDU	8. 7. 62 CDU/FDP	31. 3. 63 CDU/FDP		23. 9. 62 CDU (Mind.) ab 7. 1. 63 CDU/FDP	
		17. 2. 63 SPD/FDP	29. 9. 63 SPD/FDP								

BA-WÜ.[1]	BAYERN	BERLIN	BREMEN	HAMBURG	HESSEN	NDS	NRW	RH.-PF.	SAARLAND	SCHL.-H.	BUND
28. 4. 68 CDU/SPD	20. 11. 66 CSU	12. 3. 67 SPD	1. 10. 67 SPD/FDP	27. 3. 66 SPD	6. 11. 66 SPD	4. 6. 67 SPD/CDU	10. 7. 66 CDU/FDP ab 8. 12. 66 SPD/FDP	23. 4. 67 CDU/FDP	27. 6. 65 CDU/FDP	23. 4. 67 CDU/FDP	19. 9. 65 CDU/CSU/ FDP ab 1. 12. 66 CDU/CSU/ SPD
23. 4. 72 CDU	22. 11. 70 CSU	14. 3. 71 SPD	10. 10. 71 SPD	22. 3. 70 SPD/FDP	8. 11. 70 SPD/FDP	14. 6. 70 SPD	14. 6. 70 SPD/FDP	21. 3. 71 CDU	14. 6. 70 CDU	25. 4. 71 CDU	28. 9. 69 SPD/FDP ab 28. 4. 72 SPD/FDP (Patt)
4. 4. 76 CDU	27. 10. 74 CSU	2. 3. 75 SPD/FDP	28. 9. 75 SPD	3. 3. 74 SPD/FDP	27. 10. 74 SPD/FDP	9. 6. 74 SPD/FDP ab 6. 2. 76 CDU (Mind.) ab 19. 1. 77 CDU/FDP	4. 5. 75 SPD/FDP	9. 3. 75 CDU	4. 5. 75 CDU (Patt) ab 1. 3. 77 CDU/FDP	13. 4. 75 CDU	19. 11. 72 SPD/FDP
16. 3. 80 CDU	15. 10. 78 CSU	18. 3. 79 SPD/FDP	7. 10. 79 SPD	4. 6.78 SPD	8. 10. 78 SPD/FDP	4. 6. 78 CDU	11. 5. 80 SPD	18. 3. 79 CDU	27. 4. 80 CDU/FDP	29. 4. 79 CDU	3. 10. 76 SPD/FDP
25. 3. 84 CDU	10. 10. 82 CSU	10. 5. 81 CDU (Mind.) ab 17. 3. 83 CDU/FDP	25. 9. 83 SPD	6. 6. 82 SPD (Mind.)	26. 9. 82 SPD (Mind.)	21. 3. 82 CDU		6. 3. 83 CDU		13. 3. 83 CDU	5. 10. 80 SPD/FDP ab 1. 10. 82 CDU/CSU/ FDP
				19. 12. 82 SPD	25. 9. 83 SPD (Mind.) ab 12. 12. 85 SPD/GRÜNE						6. 3. 83 CDU/CSU/ FDP

BA-WÜ.[1]	BAYERN	BERLIN	BREMEN	HAMBURG	HESSEN	NDS	NRW	RH.-PF.	SAARLAND	SCHL.-H.	BUND
		10. 3. 85 CDU/FDP					12. 5. 85 SPD		10. 3. 85 SPD		
	12. 10. 86 CSU			9. 11. 86 SPD (Mind.)		15. 6. 86 CDU/FDP					
			13. 9. 87 SPD	17. 5. 87 SPD/FDP	5. 4. 87 CDU/FDP			17. 5. 87 CDU/FDP		13. 9. 87 CDU/FDP (Patt)	25. 1. 87 CDU/CSU/ FDP
20. 3. 88 CDU										8. 5. 88 SPD	
		29. 1. 89 SPD/AL									
						13. 5. 90 SPD/GRÜNE	13. 5. 90 SPD		28. 1. 90 SPD		

Die Daten unter den Querstrichen sind die jeweiligen Wahltermine.

[1] Vor der Konstituierung des Landes Baden-Württemberg existierten: Baden mit einer CDU/SPB (Sozialdemokratische Partei Badens) – Regierung; Württemberg-Hohenzollern mit einer CDU/SPD/DVP-Regierung; Württemberg-Baden bis 11. 1. 51 mit einer CDU/SPD/DVP-Regierung, danach mit einer SPD/DVP-Regierung.

[2] Sowie je ein Minister der FDP, DZP und KPD ohne Geschäftsbereich.

[3] Im Februar 1956 spalten sich die FDP-Minister als FVP von ihrer Partei ab. Die Minister des BHE treten im Laufe der Wahlperiode zur CDU über.

[4] Im August und September 1960 treten die Minister der DP zur CDU über.

Abkürzungen

BDV – Bremer Demokratische Volkspartei; BHE – Block der Heimatvertriebenen und Entrechteten (1952: Gesamtdeutscher Block/Block der Heimatvertriebenen und Entrechteten – GB/BHE); BP – Bayernpartei; CVP – Christliche Volkspartei des Saarlandes; DP – Deutsche Partei; DPS – Demokratische Partei Saar; DZP – Deutsche Zentrumspartei; GDP – Gesamtdeutsche Partei; LDP – Liberal-Demokratische Partei; SPS – Sozialdemokratische Partei Saar; Z – Zentrum; Mind. – Minderheitsregierung.

Quelle: Susanne S. Schüttemeyer in: Zeitschrift für Parlamentsfragen, Heft 3/90, S. 470-472

Tabelle 13: Wahlergebnisse in Baden-Württemberg (in Prozent)

Wahl	Wahljahr	Wahlbet.-	Parteien CDU	SPD	FDP/ DVP(1)	BHE(2)	KPD/ DKP(3)	DP(4)	DRP/ NPD(5)	GRÜNE (11)	REP(6)	PDS(7)	Sonst.
Landtag	1952(8)	63,7	36,0	28,0	18,0	6,3	4,4	–	–	–	–	–	7,3
Landtag	1956	70,3	42,6	28,9	16,6	6,3	3,2	–	–	–	–	–	2,4
Landtag	1960	59,0	39,5	35,3	15,8	6,6	–	–	–	–	–	–	2,8
Landtag	1964	67,7	46,2	37,3	13,1	–	–	–	–	–	–	–	3,4
Landtag	1968	70,0	44,2	29,0	14,4	–	–	–	9,8	–	–	–	2,6
Landtag	1972	80,0	52,9	37,6	8,9	–	0,5	–	–	–	–	–	0,1
Landtag	1976	75,5	56,7	33,3	7,8	–	0,4	–	0,9	–	–	–	0,9
Landtag	1980	72,1	53,4	32,5	8,3	–	0,2	–	–	5,3	–	–	0,3
Landtag	1984	71,2	51,9	32,4	7,2	–	0,3	–	–	8,0	–	–	0,2
Landtag	1988	71,8	49,0	32,0	5,9	–	0,2	–	2,1	7,9	1,0	–	1,9
Landtag	1992	70,2	39,6	29,4	5,9	–	–	–	–	9,5	10,9	–	4,7
Bundestag	1949	70,6	39,6	23,9	17,6	–	6,4	–	–	–	–	–	12,5
Bundestag	1953	81,8	52,4	23,0	12,7	5,4	2,3	1,6	–	–	–	–	4,1
Bundestag	1957	84,4	52,8	25,8	14,4	4,7	–	1,3	0,6	–	–	–	0,4
Bundestag	1961	84,8	45,3	32,1	16,6	–	–	2,8	0,7	–	–	–	2,5
Bundestag	1965	84,8	49,9	33,0	13,1	–	–	–	2,2	–	–	–	1,8
Bundestag	1969	85,1	50,7	36,5	7,5	–	–	0,1	4,5	–	–	–	0,7
Bundestag	1972	90,2	49,8	38,9	10,2	–	0,2	–	0,8	–	–	–	0,1
Bundestag	1976	89,1	53,3	36,6	9,1	–	0,2	–	0,4	–	–	–	0,4
Bundestag	1980	86,6	48,5	37,2	12,0	–	0,1	–	0,2	1,8	–	–	0,2
Bundestag	1983	88,4	52,6	31,1	9,0	–	0,1	–	0,3	6,8	–	–	0,1
Bundestag	1987	83,1	46,7	29,3	12,0	–	–	–	1,0	10,0	–	–	1,0
Bundestag	1990	77,4	46,5	29,1	12,3	–	–	–	0,6	5,7	3,2	0,3	2,4(9)
Bundestag	1994	79,7	43,3	30,7	9,9	–	–	–	–	9,6	3,1	0,8	2,4(10)
Eur.Parl.	1979	59,2	52,3	34,3	8,1	–	0,3	–	–	4,5	–	–	0,5
Eur.Parl.	1984	48,2	50,9	27,3	7,1	–	–	–	–	10,1	–	–	4,6
Eur.Parl.	1989	58,4	39,3	29,1	7,2	–	–	–	–	10,0	8,7	–	5,8
Eur.Parl.	1994	66,4	42,0	26,6	5,2	–	–	–	–	13,2	5,9	0,5	6,7

(1) Demokratische Volkspartei
(2) ab 1956 Gesamtdeutscher Block/Bund der Heimatvertriebenen und Entrechteten (GB/BHE); 1961 Zusammenschluß mit der DP zur Gesamtdeutschen Partei (GDP; ab 1966 GPD)
(3) bis 1956 Kommunistische Partei Deutschlands; ab 1968 Deutsche Kommunistische Partei
(4) Deutsche Partei (siehe (2))
(5) Deutsche Reichspartei; ab 1966 Nationaldemokratische Partei Deutschlands
(6) Die Republikaner
(7) Partei des Demokratischen Sozialismus
(8) Wahlen zur Verfassungsgebenden Versammlung
(9) davon ÖDP (Ökologisch Demokratische Partei) 0,9%; Die Grauen 1,0%
(10) davon ÖDP 0,7%; Die Grünen 0,5%; STATT-Partei 0,2%.
(11) ab 1994 Bündnis 90/Die Grünen

Quellen: Stat. Jahrbuch 1994, Bulletin Nr. 102, 1994, eig. Berechnungen

Tabelle 14: Wahlergebnisse in Bayern (in Prozent)

Wahl	Wahljahr	Wahlbet.	Parteien											
			CSU	SPD	FDP	KPD/ DKP(1)	GDF(2)	DRP/ NPD(3)	WAV(4)	BP(5)	GRÜNE (14)	REP(6)	PDS(7)	Sonst.
Landtag	1946(8)	75,7	52,3	28,6	5,6	6,1	–	–	7,4	–	–	–	–	–
Landtag	1950	79,9	27,4	28,0	7,1	1,9	12,3	–	2,8	17,9	–	–	–	2,6
Landtag	1954	82,4	38,0	28,1	7,2	2,1	10,2	–	–	13,2	–	–	–	1,2
Landtag	1958	76,6	45,6	30,8	5,6	–	9,0	0,6	–	8,1	–	–	–	0,3
Landtag	1962	76,5	47,5	35,3	5,9	–	5,1	–	–	4,8	–	–	–	1,4
Landtag	1966	80,6	48,1	35,8	5,1	–	–	7,4	–	3,4	–	–	–	0,2
Landtag	1970	79,5	56,4	33,3	5,5	0,4	–	2,9	–	1,5	–	–	–	–
Landtag	1974	77,7	62,1	30,2	5,2	0,4	–	1,1	–	0,8	–	–	–	0,2
Landtag	1978	76,7	59,1	31,4	6,2	0,3	–	0,6	–	0,4	1,8	–	–	0,2
Landtag	1982	78,0	58,3	31,9	3,5	0,2	–	0,6	–	0,5	4,6	–	–	0,4
Landtag	1986	70,3	55,8	27,5	3,8	–	–	0,5	–	0,6	7,5	–	–	4,3
Landtag	1990	66,0	54,9	26,0	5,2	–	–	–	–	–	6,4	4,9	–	2,6 (9)
Landtag	1994	67,8	52,8	30,0	2,8	–	–	–	–	–3[12]	6,1	3,9	–	4,7
Bundestag	1949	81,1	29,2	22,7	8,5	4,1	–	–	14,4	20,9	–	–	–	0,1
Bundestag	1953	85,8	47,8	23,3	6,2	1,6	9,1	1,5	–	9,2	–	–	–	1,3
Bundestag	1957	87,7	57,2	26,4	4,6	–	7,5	0,5	–	3,2	–	–	–	0,6
Bundestag	1961	87,2	54,9	30,1	8,7	–	3,9	0,5	–	–	–	–	–	1,9
Bundestag	1965	85,9	55,6	33,1	7,3	–	–	2,7	–	–	–	–	–	1,3
Bundestag	1969	85,2	54,4	34,6	4,1	–	0,1	5,3	–	0,9	–	–	–	0,6
Bundestag	1972	89,8	55,1	37,8	6,1	0,2	–	0,7	–	–	–	–	–	0,1
Bundestag	1976	89,6	60,0	32,8	6,2	0,2	–	0,4	–	–	–	–	–	0,4
Bundestag	1980	87,6	57,6	32,7	7,8	0,1	–	0,2	–	–	1,3	–	–	0,2
Bundestag	1983	87,6	59,5	28,9	6,2	0,1	–	0,3	–	–	4,7	–	–	0,3
Bundestag	1987	81,7	55,1	27,0	8,1	–	–	0,6	–	0,4	7,7	–	–	1,1(0)
Bundestag	1990	74,4	51,9	26,7	8,7	–	–	0,2	–	0,5	4,6	5,0	0,2	2,1(11)
Bundestag	1994	76,9	51,2	29,6	6,4	–	–	–	–	0,6	6,3	2,8	0,5	2,6(13)
Eur. Parl.	1979	58,9	62,5	29,2	4,7	0,2	–	–	–	–	2,9	–	–	0,5
Eur. Parl.	1984	46,2	57,2	27,6	4,0	–	–	–	–	–	6,8	–	–	4,5
Eur. Parl.	1989	61,1	45,4	24,2	4,0	–	–	–	–	–	7,8	14,6	–	4,0
Eur. Parl.	1994	56,4	48,9	23,7	3,3						8,7	6,6	0,4	8,4

(1) bis 1956 Kommunistische Partei Deutschlands; ab 1968 Deutsche Kommunistische Partei
(2) ab 1961 Gesamtdeutsche Partei vorher Deutsche Partei (DP) und Gesamtdeutscher Block/Bund der Heimatvertriebenen und Entrechteten (GB/BHE)
Ergebnisse der DP: bei Kommunalwahl 1956 0,1% bei Landtagswahl 1958 0,4%, bei Bundestagswahl 1953 0,9% und bei Bundestagswahl 1957 0,7%
(3) Deutsche Reichspartei, ab 1964 Nationaldemokratische Partei Deutschlands
(4) Wirtschaftliche Aufbauvereinigung
(5) Bayern Partei
(6) Die Republikaner
(7) Partei des Demokratischen Sozialismus
(8) Wahl zur verfassungsgebenden Landesversammlung
(9) davon ÖDP (Ökologisch Demokratische Partei) 1,7%
(10) davon ÖDP 0,6%
(11) davon ÖDP 1,2% Die Grauen 0,8%
(12) davon ÖDP 2,1%
(13) davon ÖDP 1,2%; Die Grauen 0,3% ; STATT-Partei 0,1%.
(14) ab 1994 Bündnis 90/Die Grünen

Quellen: Siehe Tab. 13.

Tabelle 15: Wahlergebnisse in Berlin (in Prozent)

Wahl	Wahljahr	Wahlbet.	Parteien									
			CDU	SPD	FDP	SED/SEW/ PDS(1)	BHE(2)	DP(3)	GRÜNE/ AL(4)	REP(5)	Bündnis 90	Sonst.
Abgeordnetenhaus(6)	1950	90,7	24,6	44,7	23,0	–	2,2	3,7	–	–	–	1,8
Abgeordnetenhaus	1954	91,8	30,4	44,6	12,8	2,7	2,5	4,9	–	–	–	2,1
Abgeordnetenhaus	1958	92,9	37,7	52,6	3,8	1,9	–	3,3	–	–	–	0,7
Abgeordnetenhaus	1963	89,9	28,8	61,9	7,9	1,4	–	–	–	–	–	–
Abgeordnetenhaus	1967	86,2	32,9	56,9	7,1	2,0	–	–	–	–	–	1,1
Abgeordnetenhaus	1971	88,9	38,2	50,4	8,5	2,3	–	–	–	–	–	0,6
Abgeordnetenhaus	1975	87,8	43,9	42,6	7,1	1,8	–	–	–	–	–	4,6
Abgeordnetenhaus	1979	85,4	44,4	42,7	8,1	1,1	–	–	3,7	–	–	0,1
Abgeordnetenhaus	1981	85,5	47,9	38,4	5,6	0,7	–	–	7,2	–	–	0,3
Abgeordnetenhaus	1985	83,6	46,4	32,4	8,5	0,6	–	–	10,6	–	–	1,5
Abgeordnetenhaus	1989	79,6	37,8	37,3	3,9	–	–	–	11,8	8,5	–	0,7
Abgeordnetenhaus	1990	80,8	40,3	30,5	7,1	9,2	–	–	5,0	3,1	4,4	0,4
Bundestag	1990	80,6	39,4	30,6	9,1	9,7	–	–	3,9	2,4	3,3	1,6(7)
Bundestag	1994	78,6	31,4	34,0	5,2	14,8	–	–	10,2	1,9	–	2,5(8)
Eur. Parl	1994	53,5	28,4	28,1	3,2	15,9			14,3	3,3	–	6,8

(1) Sozialistische Einheitspartei Deutschlands; ab 1971 Sozialistische Einheitspartei West-Berlin; ab 1990 Partei des Demokratischen Sozialismus
(2) Bund der Heimatvertriebenen und Entrechteten; ab 1952 Gesamtdeutscher Block/Bund der Heimatvertriebenen und Entrechteten (GB/BHE); 1961 Zusammenschluß mit der DP zur Gesamtdeutschen Partei (GDP; ab 1966 GPD)
(3) Deutsche Partei (siehe (2))
(4) Alternative Liste; ab 1994 Bündnis 90/Die Grünen
(5) Die Republikaner
(6) Wahlen zum Abgeordnetenhaus Berlin (West) bis 1989, ab 1990 Gesamtberlin
(7) davon Die Grauen 0,9%
(8) davon ÖDP 0,2%; Die Grauen 1,4%; STATT-Partei 0,2%.

Quellen: siehe Tab. 13.

Tabelle 16: Wahlergebnisse in Brandenburg (in Prozent)

Wahl	Wahljahr	Wahlbet.	Parteien											
			CDU	SED	SPD	LDPD(1)	FDP	VgdB(2)	PDS-LL(3)	Bündnis 90	GRÜNE (7)	REP(4)	DSU(5)	Sonst.
Landtag	1946	88,3	30,6	43,9	–	20,6	–	4,9	–	–	–	–	–	–
Landtag	1990	67,4	29,4	–	38,2	–	6,6	–	13,4	6,6	2,8	1,1	1,0	0,9
Landtag	1994	56,3	18,7	–	54,1	–	2,2	–	18,7	–	2,9	1,1	–	2,2
Bundestag	1990	73,8	36,3	–	32,9	–	9,7	–	11,0	6,6	–	1,7	0,4	1,3(6)
Bundestag	1994	71,5	28,1	–	45,1	–	2,6	–	19,3	–	2,9	1,1	0,4	0,5
Eur. Parl.	1994	41,5	23,4		36,9		2,7		22,6		4,6	2,3		7,4

(1) Liberaldemokratische Partei Deutschlands
(2) Vereinigung der gegenseitigen Bauernhilfe
(3) Partei des Demokratischen Sozialismus – Linke Liste
(4) Die Republikaner
(5) Deutsche Soziale Union
(6) davon Die Grauen 0,8%
(7) ab 1994 Bündnis 90/Die Grünen

Quellen: Siehe Tab. 13.

Tabelle 17: Wahlergebnisse in Bremen (in Prozent)

Wahl	Wahljahr	Wahlbet.	Parteien										
			CDU	SPD	FDP(1)	KPD/ DKP(2)	BHE(3)	SRP/ DRP/ NPD(4)	DP(5)	GRÜNE (6)	REP(7)	PDS(8)	Sonst.
Bürgerschaft	1947	67,8	22,0	47,7	19,4	8,8	-	-	3,9	-	-	-	2,4
Bürgerschaft	1951	83,3	9,1	39,1	11,8	6,4	5,6	7,7	14,7	-	-	-	5,6
Bürgerschaft	1955	84,2	18,0	47,8	8,6	5,0	2,9	-	16,6	-	-	-	1,1
Bürgerschaft	1959	79,2	14,8	54,9	7,2	-	1,9	-	14,5	-	-	-	6,7
Bürgerschaft	1963	76,1	28,9	54,7	8,4	-	0,2	-	5,2	-	-	-	2,6
Bürgerschaft	1967	77,0	29,5	46,0	10,5	-	-	8,8	0,9	-	-	-	4,3
Bürgerschaft	1971	80,0	31,6	55,3	7,1	3,1	-	2,8	-	-	-	-	0,1
Bürgerschaft	1975	82,2	33,8	48,8	13,0	2,1	-	1,1	-	-	-	-	1,2
Bürgerschaft	1979	78,5	31,9	49,4	10,8	0,8	-	0,4	-	5,1	-	-	1,6
Bürgerschaft	1983	79,7	33,3	51,4	4,6	-	-	-	-	5,4	-	-	5,3
Bürgerschaft	1987	75,7	23,4	50,5	10,0	0,6	-	3,4	-	10,2	-	-	1,9
Bürgerschaft	1991	72,2	30,7	38,8	9,4	-	-	6,1	-	11,3	-	-	3,7
Bundestag	1949	81,9	16,9	34,4	12,9	6,8	-	-	18,0	-	-	-	11,0
Bundestag	1953	87,4	24,8	39,0	7,5	3,9	3,2	3,0	17,0	-	-	-	1,6
Bundestag	1957	88,7	30,4	46,2	5,8	-	2,0	1,4	13,8	-	-	-	0,4
Bundestag	1961	88,2	27,0	49,7	15,2	-	-	1,1	4,1	-	-	-	3,0
Bundestag	1965	86,1	34,0	48,5	11,7	-	-	2,7	-	-	-	-	3,1
Bundestag	1969	86,3	32,3	52,0	9,3	-	-	4,4	-	-	-	-	2,0
Bundestag	1972	91,0	29,6	58,1	11,1	0,7	-	0,5	-	-	-	-	-
Bundestag	1976	90,8	32,5	54,0	11,8	0,8	-	0,3	-	-	-	-	0,5
Bundestag	1980	87,8	28,8	52,5	15,1	0,5	-	0,2	-	2,7	-	-	0,2
Bundestag	1983	88,3	34,2	48,7	6,5	0,4	-	0,3	-	9,7	-	-	0,2
Bundestag	1987	82,7	28,9	46,5	8,8	-	-	0,5	-	14,5	-	-	0,8
Bundestag	1990	76,5	30,9	42,5	12,8	-	-	0,4	-	8,3	2,1	1,1	1,9
Bundestag	1994	78,5	30,2	45,5	7,2	-	-	-	-	11,1	1,7	2,7	1,6
Eur. Parl.	.1979	66,3	32,7	53,0	8,3		-	-	-	4,7		-	1,3
Eur. Parl.	1984	155,1	31,0	48,0	4,5		-	-	-	11,9		-	4,6
Eur. Parl.	1989	158,7	23,3	46,4	7,0		-	-	-	13,8	4,5	-	5,0
Eur. Parl.	1994	52,7	28,0	40,7	4,6					16,0	3,0	2,1	5,7

(1) 1947 gemeinsam mit Bremer Demokratische Volkspartei (BDV)
(2) bis 1956 Kommunistische Partei Deutschlands; ab 1968 Deutsche Kommunistische Partei
(3) Bund der Heimatvertriebenen und Entrechteten; ab 1952 Gesamtdeutscher Block/Bund der Heimatvertriebenen und Entrechteten (GB/BHE); 1961 Zusammenschluß mit der DP zur Gesamtdeutschen Partei (GDP; ab 1966 GPD)
(4) bis 1951 Sozialistische Reichspartei; 1953 Deutsche Reichspartei; ab 1964 Nationaldemokratische Partei Deutschlands; ab 1987 auf Landesebene Deutsche Volksunion (DVU)
(5) Deutsche Partei (siehe (3))
(6) 1979 als Bremer Grüne Liste (BGL); ab 1994 Bündnis 90/Die Grünen
(7) Die Republikaner
(8) Partei des Demokratischen Sozialismus

Quellen: siehe Tab. 13.

Tabelle 18: Wahlergebnisse in Hamburg (in Prozent)

Wahl	Wahljahr	Wahlbet.	Parteien									
			CDU(1)	SPD	FDP	KPD/ DKP(2)	DRP/ NPD(3)	DP(4)	GAL(5)	REP(6)	PDS(7)	Sonst.
Senat	1946	79,0	26,7	43,1	18,2	10,4	-	-	-	-	-	1,6
Senat	1949	70,5	34,5	42,8	-	7,4	-	13,3	-	-	-	2,0
Senat	1953	80,9	30,0	45,2	-	3,2	0,7	-	-	-	-	0,9
Senat	1957	77,3	32,7	53,9	8,6	-	0,4	4,1	-	-	-	0,3
Senat	1961	72,3	29,1	57,4	9,6	-	0,9	-	-	-	-	3,0
Senat	1966	69,8	30,0	59,0	6,8	-	3,9	-	-	-	-	0,3
Senat	1970	73,4	32,8	55,3	7,1	1,7	2,7	-	-	-	-	0,4
Senat	1974	80,4	40,6	44,9	10,9	2,2	0,8	-	-	-	-	0,6
Senat	1978	76,6	37,6	51,5	4,8	1,0	0,3	-	4,5	-	-	0,3
Senat	1982 /I	77,9	43,2	42,7	4,8	0,6	-	-	7,7	-	-	0,9
Senat	1982/II	84,0	38,6	51,3	2,6	0,4	-	-	6,8	-	-	0,3
Senat	1986	78,0	41,8	41,8	4,8	0,2	-	-	10,4	-	-	0,9
Senat	1987	79,6	40,5	45,0	6,5	-	-	-	7,0	-	-	0,9
Senat	1991	66,1	35,1	48,0	5,4	-	-	-	7,2	-	0,5	4,3
Senat	1993	69,6	25,1	40,4	4,2	-	-	-	13,5	4,8	-	12,0(10)
Bundestag	1949	81,2	19,7	39,6	15,8	8,5	-	13,1	-	-	-	3,3
Bundestag	1953	87,4	36,7	38,1	10,3	3,8	1,6	8,4	-	-	-	1,2
Bundestag	1957	89,2	37,4	45,8	9,4	-	0,8	6,2	-	-	-	0,4
Bundestag	1961	88,6	31,9	46,9	15,7	-	0,9	1,0	-	-	-	3,6
Bundestag	1965	86,4	37,6	48,3	9,4	-	1,8	-	-	-	-	3,0
Bundestag	1969	87,6	34,0	54,6	6,3	-	3,5	-	-	-	-	1,6
Bundestag	1972	92,2	33,3	54,4	11,2	0,6	0,4	-	-	-	-	-
Bundestag	1976	91,1	35,9	52,6	10,2	0,8	0,2	-	-	-	-	0,4
Bundestag	1980	88,8	31,2	51,7	14,1	0,5	0,2	-	2,3	-	-	0,1
Bundestag	1983	88,7	37,6	47,4	6,3	0,4	0,1	-	8,2	-	-	-
Bundestag	1987	83,0	37,4	41,2	9,6	-	0,4	-	11,0	-	-	4,3
Bundestag	1990	78,2	36,6	41,0	12,0	-	0,3	-	5,8	1,7	1,1	1,5 (8)
Bundestag	1994	79,7	34,9	39,7	7,2	-	-	-	12,6	1,7	2,2	1,7 (9)

Eur. Parl.	1979	66,4	36,9	52,2	6,3	0,9		-	3,5	-		0,2
Eur. Parl.	1984	58,4	36,6	42,0	4,9		-	-	12,7	-		3,8
Eur. Parl.	1989	56,5	31,5	41,9	6,2		-	-	11,5	6,0		3,1
Eur. Parl.	1994	51,7	32,1	34,6	3,7				18,4	3,1	1,4	6,6

(1) 1949 CDU, FDP, Deutsche Konservative Partei (DKP) auf Landesebene gemeinsam als Vaterstädtischer Bund Hamburg (VSBH) und 1953 CDU, FDP, Deutsche Partei (DP) gemeinsam als Hamburger Block
(2) bis 1956 Kommunistische Partei Deutschlands; ab 1968 Deutsche Kommunistische Partei
(3) bis 1951 Deutsche Reichspartei; ab 1964 Nationaldemokratische Partei Deutschlands
(4) Deutsche Partei; 1961 Zusammenschluß der DP mit dem Gesamtdeutschen Block/Bund der Heimatvertriebenen und Entrechteten (GB/BHE) zur Gesamtdeutschen Partei (GDP; ab 1966 GPD); bei Bundestagswahlen 1953 und 1957 gemeinsam mit BHE (davon BHE 2,5 bzw. 1,5%) gemeinsam mit BHE (davon BHE 2,5 bzw. 1,5%)
(5) Grüne Alternative Liste; 1978 Bunte Liste 3,5%, Grüne Liste Umweltschutz 1%; nach Vereinigung Bündnis 90/Die Grünen
(6) Die Republikaner
(7) Partei des Demokratischen Sozialismus
(8) davon Die Grauen 1,2%
(9) davon Die Grauen 1,2%; ÖDP 0,2%.
(10) davon die neugegründete STATT Partei 5,6%, die Deutsche Volksunion (DVU) 2,8%

Quellen: siehe Tab. 13.

Tabelle 19: Wahlergebnisse in Hessen (in Prozent)

Wahl	Wahl-jahr	Wahl-bet.	Parteien										
			CDU	SPD	FDP	KPD/ DKP(1)	DRP/ NPD(2)	BHE(3)	DP(4)	GR□NE	REP(5)	PDS(6)	Sonst.
Landtag	1946	73,2	30,9	42,7	15,7	10,7	-	-	-	-	-	-	-
Landtag	1950	64,9	18,8	44,4	31,8	4,7	-	-	-	-	-	-	0,3
Landtag	1954	82,4	24,1	42,6	20,5	3,4	-	7,7	-	-	-	-	1,7
Landtag	1958	82,3	32,0	46,9	9,5	-	0,6	7,4	-	-	-	-	3,6
Landtag	1962	77,7	28,8	50,8	11,4	-	-	6,3	-	-	-	-	2,7
Landtag	1966	81,0	26,4	51,0	10,4	-	7,9	4,3	-	-	-	-	-
Landtag	1970	82,8	39,7	45,9	10,1	1,2	3,0	-	-	-	-	-	0,1
Landtag	1974	84,8	47,3	43,2	7,4	0,9	1,0	-	-	-	-	-	0,2
Landtag	1978	87,7	46,0	44,3	6,6	0,4	0,4	-	-	2,0	-	-	0,3
Landtag	1982	86,4	45,6	42,8	3,1	0,4	-	-	-	8,0	-	-	0,1
Landtag	1983	83,6	39,4	46,2	7,6	0,3	-	-	-	5,9	-	-	0,5
Landtag	1987	80,3	42,1	40,2	7,8	0,3	-	-	-	9,4	-	-	0,2
Landtag	1991	70,8	42,1	43,6	6,3	-	-	-	-	7,2	-	-	0,8
Landtag	1995(9)	66,6	39,2	38,0	7,4	-	-	-	-	11,2	-	-	4,2
Bundestag	1949	77,3	21,4	32,1	28,1	6,7	-	-	-	-	-	-	11,8
Bundestag	1953	86,7	33,2	33,7	19,7	2,5	-	6,4	2,8	-	-	-	1,7
Bundestag	1957	89,1	40,9	38,0	8,5	-	1,2	5,6	5,5	-	-	-	0,3
Bundestag	1961	89,2	34,9	42,8	15,2	-	0,6	-	4,1	-	-	-	2,4
Bundestag	1965	87,4	37,8	45,7	12,0	-	2,5	-	-	-	-	-	1,9
Bundestag	1969	88,2	38,4	48,2	6,7	-	5,1	-	0,6	-	-	-	0,9
Bundestag	1972	91,7	40,3	48,5	10,2	0,4	0,6	-	-	-	-	-	-
Bundestag	1976	91,9	44,8	45,7	8,5	0,4	0,3	-	-	-	-	-	0,3
Bundestag	1980	89,9	40,6	46,4	10,6	0,3	0,2	-	-	1,8	-	-	0,1
Bundestag	1983	90,2	44,3	41,6	7,6	0,2	0,2	-	-	6,0	-	-	0,1
Bundestag	1987	85,7	41,3	38,7	9,1	-	0,8	-	-	9,4	-	-	0,6
Bundestag	1990	81,1	41,3	38,0	10,9	-	0,6	-	-	5,6	2,1	0,4	1,2(7)
Bundestag	1994	82,3	40,7	37,2	8,1	-	-	-	-	9,3	2,4	1,1(8)	1,2
Eur. Parl.	1979	66,5	44,8	45,4	6,2	0,5	-	-	-	2,8	-	-	0,3
Eur. Parl.	1984	58,9	41,4	41,8	5,0	-	-	-	-	7,8	-	-	4,0
Eur. Parl.	1989	60,2	33,3	40,2	5,5	-	-	-	-	9,9	6,5	-	4,4
Eur. Parl.	1994	56,4	37,0	34,9	4,7					12,2	4,6	0,8	5,9

(1) bis 1956 Kommunistische Partei Deutschlands; ab 1968 Deutsche Kommunistische Partei
(2) bis 1951 Deutsche Reichspartei; ab 1964 Nationaldemokratische Partei Deutschlands
(3) Bund der Heimatvertriebenen und Entrechteten; ab 1952 Gesamtdeutscher Block/Bund der Heimatvertriebenen und Entrechteten (GB/BHE); 1961 Zusammenschluß mit der DP zur Gesamtdeutschen Partei (GDP; ab 1966 GPD)
(4) Deutsche Partei (siehe(3))
(5) Die Republikaner
(6) Partei des Demokratischen Sozialismus
(7) davon Die Grauen 0,9%
(8) davon Die Grauen 0,5%; ÖDP 0,2%.
(9) vorläufiges Endergebnis

Quellen: siehe Tab. 13.

Tabelle 20: Wahlergebnisse in Mecklenburg-Vorpommern (in Prozent)

			Parteien													
Wahl	Wahl-jahr	Wahl-bet.	CDU	SED	SPD	LDPD(1)	FDP	VgdB(2)	PDS-LL(3)	Bündnis 90	GRÜNE (6)	Neues Forum	DSU (4)	DB(6)	LVB VP(7)	Sonst.
Landtag	1946(8)		34,1	50,0	–	11,9	–	4,0	–	–	–	–	–	–	–	–
Landtag	1990	65,2	38,3	–	27,0	–	5 5	–	15,7	2,2	4,2	2,9	0,8	0,6	0,5	2,1
Landtag	1994	72,9	37,7	–	29,5	–	3,8	–	22,7	–	3,7	–	–	–	–	1,6
Bundestag (9)	1990	70,9	41,2	–	26,5	–	9,1	–	14,2	5,9	–	–	0,3	–	–	1,2
Bundestag	1994	72,8	38,5	–	28,8	–	3,4		23,6	–	3,6	–	0,3	–	–	0,6
Eur. Parl.	1994	65,8	33,6	–	22,5	–	2,3	–	27,3	–	4,8	–	2,6	–	–	6,9

(1) Liberaldemokratische Partei Deutschlands
(2) Vereinigung der gegenseitigen Bauernhilfe
(3) Partei des Demokratischen Sozialismus – Linke Liste
(4) Deutsche Soziale Union
(5) Die Republikaner
(6) ab 1994 Bündnis 90/Die Grünen
(7) Landesverband Vorpommern
(8) Mecklenburg
(9) davon Die Grauen 0,7%

Quellen: siehe Tab. 13.

Tabelle 21: Wahlergebnisse in Sachsen (in Prozent)

Wahl	Wahljahr	Wahl-bet.	Parteien													
			CDU	SED	SPD	LDPD (1)	FDP	VdgB (2)	PDS-LL(3)	Neues Forum	DSU (4)	B ,90/ GRÜNE (5)	REP(6)	NPD (7)	DA (8)	Sonst.
Landtag	1946		23,3	49,1	–	24,8	–	1,7	–	–	–	–	–	–	–	1,1(9)
Landtag	1990	73,5	53,8	–	19,1	–	5,3	–	10,2	5,6	3,6	–	–	0,7	0,6	1,2
Landtag	1994	59,4	58,1	–	16,6	–	1,7	–	16,5	–	–	4,1	–	–	–	3,0
Bundestag	1990	76,4	49,5	–	18,2	–	12,4	–	9,0	–	1,7	5,9	1,2	0,3	–	1,7(10)
Bundestag	1994	72,0	48,0	16,7	24,3	–	3,8	–	–	–	–	4,8	1,4	–	–	1,0(11)
Eur.Parl.	1994	70,2	39,2	–	21,0	–	3,8	–	16,6	–	1,7	5,6	3,5	–	–	8,5

(1) Liberaldemokratische Partei Deutschlands
(2) Vereinigung der gegenseitigen Bauernhilfe
(3) Partei des Demokratischen Sozialismus – Linke Liste
(4) Deutsche Soziale Union
(5) Bündnis 90
(6) Die Republikaner
(7) Nationaldemokratische Partei Deutschlands
(8) Demokratischer Aufbruch
(9) davon Kulturbund 0,6%; Frauenausschüsse 0,5%
(10) davon Die Grauen 1%
(11) davon Die Grauen 0,5%

Quellen: Siehe Tabelle 13.

Tabelle 22: Wahlergebnisse in Niedersachsen (in Prozent)

			Parteien											
Wahl	Wahl-jahr	Wahl-bet.	CDU(1)	SPD	FDP	KPD/ DKP(2)	DRP/ NPD(3)	BHE(4)	Zentrum	DP(5)	GRÜNE (10)	REP(6)	PDS(7)	Sonst.
Landtag	1947	65,1	19,9	43,3	8,8	5,7	0,3	–	4,1	17,9	–	–	–	–
Landtag	1951	75,8	23,7	33,7	8,3	1,8	13,2	14,9	3,3	–	–	–	–	0,8
Landtag	1955	77,5	26,6	35,2	7,9	1,3	3,8	11,0	1,1	12,4	–	–	–	0,7
Landtag	1959	78,0	30,8	39,5	5,2	–	3,6	8,3	–	12,4	–	–	–	0,2
Landtag	1963	76,9	37,7	44,9	8,8	–	1,5	–	–	2,7	–	–	–	4,4
Landtag	1967	75,8	41,7	43,1	6,9	–	7,0	–	–	–	–	–	–	1,3
Landtag	1970	78,7	45,7	46,3	4,4	0,4	3,2	–	3,1	–	–	–	–	–
Landtag	1974	84,4	48,8	43,1	7,0	0,4	0,6	–	–	–	–	–	–	–
Landtag	1978	78,5	48,7	42,2	4,2	0,3	0,4	–	–	–	3,9	–	–	0,3
Landtag	1982	77,9	50,7	36,5	5,9	0,3	–	–	–	–	6,5	–	–	–
Landtag	1986	77,4	44,3	42,1	6,0	0,1	–	–	–	–	7,1	–	–	0,4
Landtag	1990	74,6	42,0	44,2	6,0	–	0,2	–	–	–	5,5	–	–	2,1
Landtag	1994	73,8	36,4	44,3	4,4	–	–	–	–	–	7,4	3,7	–	3,8
Bundestag	1949	77,7	17,6	33,4	7,5	3,1	8,1	–	3,4	17,8	–	–	–	9,1
Bundestag	1953	88,7	35,2	30,0	6,9	1,1	13,5	10,8	–	11,9	–	–	–	–
Bundestag	1957	89,0	39,1	32,8	5,9	–	2,3	7,6	0,4	11,4	–	–	–	0,5
Bundestag	1961	88,5	39,0	38,7	13,2	–	1,6	–	–	6,1	–	–	–	1,4
Bundestag	1965	87,3	45,8	39,8	10,9	–	2,5	–	–	–	–	–	–	1,0
Bundestag	1969	87,5	45,2	43,8	5,6	–	4,6	–	–	0,2	–	–	–	0,7
Bundestag	1972	91,4	42,7	48,1	8,5	–	–	–	–	–	–	–	–	0,7
Bundestag	1976	91,4	45,7	45,7	7,9	0,2	0,3	–	–	–	–	–	–	0,2
Bundestag	1980	89,3	39,7	46,9	11,3	0,1	0,1	–	–	–	1,6	–	–	0,2
Bundestag	1983	89,6	45,6	41,3	6,9	0,1	0,2	–	–	–	5,7	–	–	0,1
Bundestag	1987	85,0	41,5	41,4	8,8	–	0,5	–	–	–	7,4	–	–	0,4
Bundestag(8)	1990	80,6	44,3	38,4	10,3	–	0,3	–	–	–	4,5	1,0	0,3	0,9
Bundestag	1994	81,8	41,3	40,6	7,7	–	–	–	–	–	7,1	1,2	1,0	1,1(9)

Eur. Parl.	1979	70,0	45,8	44,7	5,3	0,3	–	–	–	–	3,6	–	–	0,3
Eur. Parl.	1984	61,0	43,0	40,5	4,9	–	–	–	–	–	8,2	–	–	3,3
Eur. Parl.	1989	63,2	35,9	42,0	5,8	–	–	–	–	–	8,4	4,8	–	3,1
Eur. Parl.	1994	52,7	39,7	39,6	3,9						9,8	2,4	0,7	3,9

(1) 1951 zusammen mit Deutsche Partei (DP)
(2) bis 1956 Kommunistische Partei Deutschlands; ab 1968 Deutsche Kommunistische Partei
(3) bis 1951 Deutsche Reichspartei; 1951 auch Sozialistische Reichspartei (SRP) mit 11,0%; ab 1964 Nationaldemokratische Partei Deutschlands
(4) Bund der Heimatvertriebenen und Entrechteten; ab 1952 Gesamtdeutscher BlockBund der Heimatvertriebenen und Entrechteten (GB/BHE); 1961 Zusammenschluß mit der DP zur Gesamtdeutschen Partei (GDP; ab 1966 GPD)
(5) Deutsche Partei (siehe (4)); 1947 als Niedersächsische Landespartei (NLP)
(6) Die Republikaner
(7) Partei des Demokratischen Sozialismus
(8) davon Die Grauen 0,6%
(9) davon Die Grauen 0,4%
(10) ab 1994 Bündnis 90/Die Grünen

Quellen: Siehe Tabelle 13.

Tabelle 23: Wahlergebnisse in Nordrhein-Westfalen (in Prozent)

			Parteien											
Wahl	Wahl-jahr	Wahl-bet.	CDU	SPD	FDP	KPD/ DKP(1)	Zentrum	BHE(2)	DP(3)	NPD(4)	GRÜNE	REP(5)	PDS(6)	Sonst.
Landtag	1947	67,3	37,6	32,0	5,9	14,0	9,8	–	–	–	–	–	–	0,7
Landtag	1950	72,2	36,9	32,3	12,1	5,5	7,5	–	–	–	–	–	–	5,7
Landtag	1954	72,6	41,3	34,5	11,5	3,8	4,0	–	–	–	–	–	–	4,9
Landtag	1958	76,6	50,5	39,2	7,1	–	1,0	–	–	–	–	–	–	2,2
Landtag	1962	73,4	46,4	43,3	6,8	–	0,9	–	–	–	–	–	–	2,6
Landtag	1966	76,5	42,8	49,5	7,4	–	0,2	–	–	–	–	–	–	0,1
Landtag	1970	73,5	46,3	46,1	5,5	0,9	0,1	–	–	1,1	–	–	–	–
Landtag	1975	86,1	47,1	45,1	6,7	0,5	–	–	–	0,4	–	–	–	0,2
Landtag	1980	80,1	43,2	48,4	4,9	0,3	–	–	–	–	3,0	–	–	0,2
Landtag	1985	75,3	36,5	52,1	6,0	–	–	–	–	–	4,6	–	–	0,8
Landtag	1990	71,8	36,7	50,0	5,8	–	–	–	–	–	5,0	–	–	2,6
Bundestag	1949	79,6	36,9	31,4	8,6	7,6	8,9	–	–	–	–	–	–	6,6
Bundestag	1953	86,0	48,9	31,9	8,5	2,9	2,7	2,7	1,0	–	–	–	–	1,4
Bundestag	1957	88,0	54,4	33,5	6,3	–	0,8	2,5	1,6	0,6	–	–	–	0,4
Bundestag	1961	88,4	47,6	37,3	11,8	–	–	–	0,9	0,9	–	–	–	1,6
Bundestag	1965	87,6	47,1	42,6	7,6	–	–	–	–	1,1	–	–	–	1,6
Bundestag	1969	87,3	43,6	46,8	5,4	–	0,2	–	–	3,1	–	–	–	0,9
Bundestag	1972	91,8	41,0	50,4	7,8	0,3	–	–	–	0,3	–	–	–	0,2
Bundestag	1976	91,3	44,5	46,9	7,8	0,3	–	–	–	0,2	–	–	–	0,5
Bundestag	1980	89,0	40,6	46,8	10,9	0,2	–	–	–	0,1	1,2	–	–	0,1
Bundestag	1983	89,5	45,2	42,8	6,4	0,2	–	–	–	0,2	5,2	–	–	–
Bundestag	1987	85,4	40,1	43,2	8,4	–	–	–	–	0,4	7,5	–	–	0,5
Bundestag	1990	78,7	40,5	41,1	11,0	–	–	–	–	0,2	4,3	1,3	0,3	1,3
Bundestag	1994	81,9	38,0	43,1	7,6	–	–	–	–	–	7,4	1,3	1,0	1,6(7)

Eur.Parl.	1979	67,4	45,8	44,6	5,8	0,5	–	–	–	–	3,0	–	–	0,3
Eur.Parl.	1984	59,4	42,8	41,7	4,2	–	–	–	–	–	8,0	–	–	3,2
Eur.Parl.	1989	62,3	35,7	43,6	5,7	–	–	–	–	–	7,9	4,1	–	3,0
Eur.Parl.	1994	59,5	37,0	40,1	4,3						11,2	2,7	0,6	4,1

(1) bis 1956 Kommunistische Partei Deutschlands; ab 1968 Deutsche Kommunistische Partei
(2) Bund der Heimatvertriebenen und Entrechteten; ab 1952 Gesamtdeutscher Block/Bund der Heimatvertriebenen und Entrechteten (GB/BHE); 1961 Zusammenschluß mit der DP zur Gesamtdeutschen Partei (GDP; ab 1966 GPD)
(3) Deutsche Partei (siehe (2))
(4) Nationaldemokratische Partei Deutschlands
(5) Die Republikaner
(6) Partei des Demokratischen Sozialismus
(7) Davon Die Grauen 0,5%

Quellen: Siehe Tabelle 13.

Tabelle 24: Wahlergebnisse in Rheinland-Pfalz (in Prozent)

Wahl	Wahljahr	Wahlbet.	CDU	SPD	FDP	Parteien KPD/ DKP(1)	BHE(2)	DP(3)	DRP/ NPD(4)	GRÜNE (9)	REP(5)	PDS(6)	Sonst.
Landtag	1947	77,9	47,2	34,3	9,8	8,7	–	–	–	–	–	–	–
Landtag	1951	74,8	39,2	34,0	16,7	4,4	–	–	0,5	–	–	–	5,2
Landtag	1955	76,0	46,8	31,7	12,7	3,2	–	–	–	–	–	–	5,7
Landtag	1959	77,2	48,4	34,8	9,7	–	–	–	5,1	–	–	–	1,9
Landtag	1963	75,5	44,4	40,7	10,1	–	–	–	3,2	–	–	–	1,5
Landtag	1967	78,5	46,7	36,8	8,3	–	–	–	6,9	–	–	–	1,2
Landtag	1971	79,4	50,0	40,5	5,9	0,9	–	–	2,7	–	–	–	–
Landtag	1975	80,8	53,9	38,5	5,6	0,5	–	–	1,1	–	–	–	0,3
Landtag	1979	81,4	50,1	42,3	6,4	0,4	–	–	0,7	–	–	–	–
Landtag	1983	90,4	51,9	39,6	3,5	0,2	–	–	0,1	4,5	–	–	0,1
Landtag	1987	77,1	45,1	38,8	7,3	0,1	–	–	0,8	5,9	–	–	2,0
Landtag	1991	73,9	38,7	44,8	6,9	–	–	–	–	6,5	–	–	3,1
Bundestag	1949	79,6	49,0	28,6	15,8	6,2	–	–	–	–	–	–	0,4
Bundestag	1953	86,0	52,1	27,2	12,1	2,3	1,5	1,1	2,5	–	–	–	1,2
Bundestag	1957	88,3	53,7	30,4	9,8	–	1,5	1,6	2,7	–	–	–	0,3
Bundestag	1961	88,2	48,9	33,5	13,2	–	–	0,5	2,3	–	–	–	1,6
Bundestag	1965	88,0	49,3	36,7	10,2	–	–	–	2,5	–	–	–	1,3
Bundestag	1969	87,0	47,8	40,1	6,3	–	–	–	5,2	–	–	–	0,6
Bundestag	1972	91,6	45,9	44,9	8,1	0,3	–	–	0,8	–	–	–	–
Bundestag	1976	91,5	49,9	41,7	7,6	0,3	–	–	0,4	–	–	–	0,2
Bundestag	1980	89,9	45,6	42,8	9,8	0,2	–	–	0,2	1,4	–	–	0,1
Bundestag	1983	90,4	49,6	38,4	7,0	0,2	–	–	0,2	4,5	–	–	0,1
Bundestag	1987	86,7	45,1	37,1	9,1	–	–	–	0,7	7,5	–	–	0,5
Bundestag	1990	81,7	45,6	36,1	10,4	–	–	–	0,3	4,0	1,7	0,2	1,6(7)
Bundestag	1994	82,3	43,8	39,4	6,9	–	–	–	–	6,2	1,9	0,6	1,2(8)
Eur.Parl.	1979	78,1	49,2	41,1	6,4	0,4	–	–	–	2,4	–	–	0,5
Eur.Parl.	1984	76,3	46,6	38,6	5,0	–	–	–	–	6,6	–	–	3,2
Eur.Parl.	1989	77,2	38,7	40,2	5,7	–	–	–	–	7,3	4,6	–	3,4
Eur.Parl	1994	74,3	40.7	38,2	4,0	–	–	–	–	8,7	3,7	0,4	4,3

(1) bis 1956 Kommunistische Partei Deutschlands; ab 1968 Deutsche Kommunistische Partei
(2) Bund der Heimatvertriebenen und Entrechteten; ab 1952 Gesamtdeutscher Block/Bund der Heimatvertriebenen und Entrechteten (GB/BHE); 1961 Zusammenschluß mit der DP zur Gesamtdeutschen Partei (GDP; ab 1966 GPD)
(3) Deutsche Partei (siehe (2))
(4) bis 1951 Deutsche Reichspartei; ab 1964 Nationaldemokratische Partei Deutschlands
(5) Die Republikaner
(6) Partei des Demokratischen Sozialismus
(7) davon ÖDP (Ökologisch Demokratische Partei 0,5%; Die Grauen 0,9%
(8) davon ÖDP 0,4%; die Grauen 0,4%.
(9) ab 1994 Bündnis 90/Die Grünen

Quellen: Siehe Tabelle 13.

Tabelle 25: Wahlergebnisse im Saarland (in Prozent)

Wahl	Wahljahr	Wahlbet.	Parteien												
			CDU	SPD	FDP(1)	KP/ KPD/ DKP(2)	CVP(3)	SPS(4)	SVP(5)	DDU(6)	NPD(7)	GRÜNE (12)	REP(8)	PDS(9)	Sonst.
Landtag	1947	95,7	–	–	7,6	8,4	51,2	32,8	–	–	–	–	–	–	–
Landtag	1952	93,1	–	–	–	9,5	54,7	32,4	–	–	–	–	–	–	3,4
Landtag	1955	90,3	25,4	14,3	24,2	6,6	21,8	5,8	–	0,9	–	–	–	–	1,0
Landtag	1960	79,1	36,6	30,0	13,8	–	–	–	11,4	5,0	–	–	–	–	3,2
Landtag	1965	81,8	42,7	40,7	8,3	–	5,2	–	–	3,1	–	–	–	–	–
Landtag	1970	83,1	47,8	40,8	4,4	2,7	0,9	–	–	–	3,4	–	–	–	–
Landtag	1975	88,8	49,1	41,8	7,4	1,0	–	–	–	–	0,7	–	–	–	–
Landtag	1980	85,0	44,0	45,4	6,9	0,5	–	–	–	–	–	2,9	–	–	0,3
Landtag	1985	85,0	37,3	49,2	10,0	0,3	–	–	–	–	0,7	2,5	–	–	–
Landtag	1990	83,2	33,4	54,4	5,6	0,1	–	–	–	–	0,2	2,6	–	–	3,7
Landtag	1994	83,3	38,6	49,4	2,1	–	–	–	–	–	–	5,5	1,4	–	3,1
Bundestag	1957	89,3	33,2	25,1	18,2	–	21,3	–	–	–	–	–	–	–	2,2
Bundestag	1961	87,7	49,0	33,5	12,9	–	–	–	–	–	0,9	–	–	–	3,6
Bundestag	1965	89,2	46,8	39,8	8,6	–	1,4	–	–	1,5	1,8	–	–	–	0,1
Bundestag	1969	89,1	46,1	39,9	6,7	–	–	–	–	–	5,7	–	–	–	1,6
Bundestag	1972	92,9	43,4	47,7	7,1	0,7	–	–	–	–	0,8	–	–	–	0,1
Bundestag	1976	92,9	46,2	46,1	6,6	0,5	–	–	–	–	0,4	–	–	–	0,2
Bundestag	1980	90,6	42,3	48,3	7,8	0,3	–	–	–	–	0,2	1,1	–	–	0,1
Bundestag	1983	90,6	44,8	43,8	6,0	0,3	–	–	–	–	0,3	4,8	–	–	–
Bundestag	1987	87,3	41,2	43,5	6,9	–	–	–	–	–	0,8	7,1	–	–	0,6
Bundestag	1990	85,1	38,1	51,2	6,0	–	–	–	–	–	0,3	2,3	0,9	0,2	1,0(10)
Bundestag	1994	83,5	37,2	48,8	4,3	–	–	–	–	–	–	5,8	1,6	0,7	1,6(11)

Eur. Parl.	1979	81,1	46,4	44,0	5,8	0,9	–	–	–	–	–	2,4	–	–	0,6
Eur. Parl.	1984	78,4	42,6	43,6	3,9	–	–	–	–	–	–	6,6	–	–	3,4
Eur. Parl.	1989	78,9	34,5	45,3	4,8	–	–	–	–	–	–	6,2	5,8	–	3,4
Eur. Parl.	1994	74,1	35,6	43,4	3,7	–	–	–	–	–	–	8,2	4,3	0,4	4,3

(1) bei den Bundestagswahlen 1957 und 1961 gemeinsam mit Demokratische Partei Saar (DPS)
(2) Kommunistische Partei; bis 1956 Kommunistische Partei Deutschlands; ab 1968 Deutsche Kommunistische Partei
(3) Christliche Volkspartei; ab 1964 gemeinsam mit Saarl„ndische Volkspartei (SVP)
(4) Sozialdemokratische Partei Saar
(5) Saarländische Volkspartei
(6) Deutsche Demokratische Union
(7) Nationaldemokratische Partei Deutschlands
(8) Die Republikaner
(9) Partei des Demokratischen Sozialismus
(10) davon Die Grauen 0,7
(11) davon Die Grauen 0,7%; ÖDP 0,2%, STATT-Partei 0,3%
(12) ab 1994 Bündnis 90/Die Grünen

Quellen: Siehe Tabelle 13.

Tabelle 26: Wahlergebnisse in Schleswig-Holstein (in Prozent)

Wahl	Wahl-jahr	Wahl-bet.	Parteien CDU	SPD	FDP	KPD/ DKP(1)	SSW(2)	BHE(3)	DP(4)	DRP/ NPD(5)	GRÜNE (11)	DVU(6)	REP(7)	PDS(8)	Sonst.
Landtag	1947	69,8	34,0	43,8	5,0	4,7	9,3	–	–	3,0	–	–	–	–	0,2
Landtag	1950	78,2	19,8	27,5	7,1	2,2	5,5	33,0	–	2,8	–	–	–	–	2,1
Landtag	1954	78,6	32,2	33,2	7,5	2,1	3,5	19,6	–	1,5	–	–	–	–	0,4
Landtag	1958	78,7	44,4	35,9	5,4	–	2,8	9,7	–	1,1	–	–	–	–	0,7
Landtag	1962	70,1	45,0	39,2	7,9	–	2,3	4,2	–	–	–	–	–	–	1,4
Landtag	1967	74,1	46,0	39,4	5,9	–	1,9	–	–	5,8	–	–	–	–	1,0
Landtag	1971	79,2	51,9	41,0	3,8	0,4	1,4	–	–	1,3	–	–	–	–	0,2
Landtag	1975	82,3	50,4	40,1	7,1	0,4	1,4	–	–	0,5	–	–	–	–	–
Landtag	1979	82,5	48,3	41,7	5,8	0,2	1,4	–	–	0,2	2,4	–	–	–	0,1
Landtag	1983	84,8	49,0	43,7	2,2	0,1	1,3	–	–	–	3,6	–	–	–	0,1
Landtag	1987	76,6	42,6	45,2	5,2	–	1,5	–	–	–	3,9	–	–	–	1,5
Landtag	1988	77,4	33,3	54,8	4,4	–	1,7	–	–	–	2,9	–	–	–	3,0
Landtag	1992	71,8	33,8	46,2	5,6	–	1,9	–	–	–	4,9	6,3	–	–	1,3
Bundestag	1949	82,7	30,7	29,6	7,4	3,1	5,4	–	12,1	–	–	–	–	–	14,8
Bundestag	1953	88,5	47,1	26,5	4,5	1,2	3,3	11,6	4,0	1,0	–	–	–	–	3,0
Bundestag	1957	88,3	48,1	30,8	5,6	–	2,5	8,3	3,8	0,7	–	–	–	–	0,1
Bundestag	1961	88,0	41,8	36,4	13,8	–	1,9	–	3,9	0,9	–	–	–	–	1,4
Bundestag	1965	85,9	48,2	38,8	9,4	–	–	–	–	2,4	–	–	–	–	1,2
Bundestag	1969	86,0	46,2	43,5	5,2	–	–	–	0,1	4,3	–	–	–	–	0,7
Bundestag	1972	90,5	42,0	48,6	8,6	0,2	–	–	–	0,5	–	–	–	–	0,1
Bundestag	1976	90,6	44,1	46,4	8,8	0,2	–	–	–	0,3	–	–	–	–	0,2
Bundestag	1980	89,0	38,9	46,7	12,7	0,1	–	–	–	0,1	1,4	–	–	–	0,1
Bundestag	1983	89,2	46,5	41,7	6,3	0,1	–	–	–	0,2	5,2	–	–	–	–
Bundestag	1987	84,4	41,9	39,8	9,4	–	–	–	–	0,5	8,0	–	–	–	0,4
Bundestag	1990	78,6	43,5	38,5	11,4	–	–	–	–	0,3	4,0	–	1,2	0,3	0,8(9)
Bundestag	1994	80,6	41,5	39,6	7,4	–	–	–	–	–	8,3		1,0	1,1	1,1(10)

Eur. Parl.	1979	65,6	47,9	43,7	5,2	0,3	–	–	–	–	2,7	–	–	–	0,2
Eur. Parl.	1984	57,7	44,4	39,9	4,5	–	–	–	–	–	8,2	–	–	–	3,0
Eur. Parl.	1989	58,4	36,4	44,4	5,3	–	–	–	–	–	6,7	–	4,6	–	2,6
Eur. Parl.	1994	51,3	40,6	35,5	3,8	–	–	–	–	–	11,9	–	2,1	0,7	5,4

(1) bis 1956 Kommunistische Partei Deutschlands; ab 1968 Deutsche Kommunistische Partei
(2) Südschleswigscher Wählerverband
(3) Bund der Heimatvertriebenen und Entrechteten; ab 1952 Gesamtdeutscher Block/Bund der Heimatvertriebenen und Entrechteten (GB/BHE); 1961 Zusammenschluß mit der DP zur Gesamtdeutschen Partei (GDP; ab 1966 GPD)
(4) Deutsche Partei (siehe (3))
(5) bis 1951 Deutsche Reichspartei; ab 1964 Nationaldemokratische Partei Deutschlands
(6) Deutsche Volksunion
(7) Die Republikaner
(8) Partei des Demokratischen Sozialismus
(9) davon Die Grauen 0,6%
(10) davon Die Grauen 0,5%; ÖDP 0,2%.
(11) ab 1994 Bündnis 90/Die Grünen

Quellen: Siehe Tabelle 13.

Tabelle 27: Wahlergebnisse in Sachsen-Anhalt (in Prozent)

			Parteien											
Wahl	Wahl-jahr	Wahl-bet.	CDU	SED	SPD	LDPD (1)	FDP	VdgB (2)	PDS-LL(3)	B`90/ GRÜNE (4)	DSU (5)	DFB (6)	REP (7)	Sonst.
Landtag	1946		21,9	45,8	–	29,9	–	2,4	–	–	–	–	–	–
Landtag	1990	65,6	39,0	–	26,0	–	13,5	–	12,0	5,3	1,7	1,1	0,7	0,7
Landtag	1994	54,8	34,4	–	34,0	–	3,6	–	19,9	5,1	–	–	1,4	1,7
Bundestag	1990	72,2	38,6	–	24,7	–	19,7	–	9,4	5,3	0,4	–	1,0	0,9(8)
Bundestag	1994	70,4	38,8	–	33,4	–	4,1	–	18,0	3,6	–	–	1,0	–
Eur. Parl.	1994	66,1	30,1	–	27,9	–	4,7	–	18,9	5,7	–	–	2,8	9,9

(1) Liberaldemokratische Partei Deutschlands
(2) Vereinigung der gegenseitigen Bauernhilfe
(3) Partei des Demokratischen Sozialismus – Linke Liste
(4) Bündnis 90
(5) Deutsche Soziale Union
(6) Demokratischer Frauenbund
(7) Die Republikaner
(8) davon Die Grauen 0,6 %

Quellen: Siehe Tabelle 13.

Tabelle 28: Wahlergebnisse in Thüringen (in Prozent)

Wahl	Wahljahr	Wahlbet.	Parteien												
			CDU	SED	SPD	LDPD (1)	FDP	VdgB (2)	PDS-LL(3)	B`90/ NF/DJ/ GRÜNE (4)	DSU(5)	DFB(6)	UFB(7)	REP(8)	Sonst.
Landtag	1946	87,0	19,0	49,3	–	24,3	–	3,3	–	–	–	–	–	–	4,1 (9)
Landtag	1990	72,1	45,4	–	22,8	–	9,3	–	9,8	6,5	3,3	0,8	0,7	0,8	0,6
Landtag	1994	74,8	42,6	–	29,5	–	3,2	–	16,5	4,5	1,3	–	–	1,3	1,0
Bundestag	1990	76,4	45,2	–	21,9	–	14,6	–	8,3	6,1	1,3	–	–	1,2	1,4
Bundestag	1994	74,9	41,0	–	30,2	–	4,1	–	17,2	4,9	–	–	–	1,4	1,2(10)
Eur. Parl.	1994	71,9	35,8	–	26,0	–	4,3	–	16,9	6,0	–	–	–	2,9	8,1

(1) Liberaldemokratische Partei Deutschlands
(2) Vereinigung der gegenseitigen Bauernhilfe
(3) Partei des Demokratischen Sozialismus – Linke Liste
(4) Bündnis 90/Neues Forum/Demokratie Jetzt; ab 1994 Bündnis 90/Die Grünen
(5) Deutsche Soziale Union
(6) Demokratischer Frauenbund
(7) Unabhängiger Frauenverband
(8) Die Republikaner
(9) Davon Frauenausschüsse 1,8%
(10) Davon Die Grauen 0,5%; ÖDP 0,2%.

Quellen: Siehe Tabelle 13.

Abbildung 4:

Mehrheitsverhältnisse im Bundesrat

Insgesamt 68 Stimmen der 16 Länder im Bundesratsplenum; die absolute Mehrheit beträgt mindestens 35 Stimmen, die Zweidrittel-Mehrheit mindestens 46 Stimmen

SPD-geführte Landesregierungen (A-Länder)

Land	Regierungs-partei(en)	SPD allein	SPD + GRÜNE SPD + Statt-Partei	SPD + F.D.P. SPD + F.D.P. + GRÜNE	Alle A-Länder
Nordrhein-Westfalen	SPD	6			
Schleswig Holstein	SPD	4			
Saarland	SPD	3			
Brandenburg	SPD	4			
Niedersachsen	SPD	6			
		23			
Hessen	SPD + GRÜNE		4		
Sachsen-Anhalt	SPD + B 90/GRÜNE		4		
Hamburg	SPD + Statt Partei		3		
			11		
			34		
Rheinland-Pfalz	SPD + F.D.P.			4	
Bremen	SPD + F.D.P. + GRÜNE			3	
				7	
					41

Unionsgeführte Landesregierungen (B-Länder)

Land	Regierungspartei(en)	CDU bzw. CSU allein	CDU + SPD	Alle B-Länder
Bayern	CSU	6		
Sachsen	CDU	4		
		10		
Baden-Württemberg	CDU + SPD		6	
Thüringen	CDU + SPD		4	
Mecklenburg-Vorpommern	CDU + SPD		3	
Berlin	CDU + SPD		4	
			17	
				27

Tabelle 29

Mehrheitsverhältnisse im Vermittlungsausschuß

	Verm. Aus-schuß	Regierungs-koalition		Oppositions-parteien	
Mitglieder des Bundestages	16	CDU/CSU F.D.P.	8 1	SPD B-90/GRÜNE	6 1
Mitglieder des Bundesrates	16	CDU und CSU-regierte Länder CDU-geführte große Koalitionen	2 4	SPD-regierte Länder SPD-geführte kleine Koalitionen	5 5

Zusammenstellung: Hartmut Klatt (Stand: Ende Dezember 1994)

Tabelle 30: Grunddaten Bund und Länder im Jahr 1994

	Fläche (qkm)	E.in 1000	E./ qkm	BIP (Mrd.DM)	BIP pro Kopf in DM	Erwerbs-tätige in in 1000	davon im primär. se-kundär. tertiär Bereich	Arbeits-losen-quote	Sitze im Bun-destag
B	883	3410	3860	119,9	35161	–	–	10,8%	4
Bad.-W.	35751	9619	269	427,8	44474	4447	3,22% 47,22% 49,56%	3,7%	6
Bay.	70554	11221	159	479,0	42688	5416	6,91% 41,89% 51,20%	4,4%	6
Bbg.	29060	2641	91	30,7	11624	–	–	10,3%	4
HB	404	674	1667	34,6	51335	276	0% 32,25% 67,75%	– 10,7%	3
Hess	21114	5661	268	269,1	48391	2561	2,62% 38,19% 59,19%	5,1%	4
HH	755	1626	2153	111,5	66527	741	0,81% 26,18% 73,01%	8,7%	3
M.V.	23835	1964	82	20,6	10489	–	–	12,5%	3
Nds.	47349	7284	154	252,8	34706	3112	5,85% 37,79% 56,36%	8,1%	6
NW	34068	17104	502	663,5	38792	6973	1,85% 43,45% 54,70%	7,9%	6
R.P.	19849	3702	186	132,0	35656	1629	4,54% 41,38% 54,08%	5,4%	4
Sa.	18338	4901	267	52,4	10692	–	–	10,3%	4
Sa.A.	20444	2965	145	33,0	11130	–	–	9,1%	4
Sal.	2570	1065	414	37,6	35305	428	0% 41,82% 58,18%	– 8,6%	3
S.H.	15730	2595	165	91,4	35222	1166	4,46% 29,93% 65,61%	– 7,3%	4
Thür.	16251	2684	165	26,3	9799	–	–	10,2%	4
D	357000	79113	222	2425,5**	38359**	29334**	3,6%** 40,6% 55,8%	7,5%**	68

* Manche Daten für neue Bundesländer sind noch nicht vorhanden; ** Zahlen für die alte BRD

Tabelle 1: Bevölkerungsentwicklung seit 1939

Jahresdurchschnitt in Tausend

Jahr	Deutschland	Früheres Bundesgebiet	Neue Länder und Berlin-Ost[1]
1939	59 753	43 008[2]	16 745[2]
1950	68 377	49 989	18 388
1955	70 326	52 382	17 944
1960	72 674	55 433	17 241
1965	75 647	58 619	17 028
1970	77 709	60 651[2]	17 058
1975	78 697	61 847	16 850
1980	78 275	61 538	16 737
1985	77 619	60 975	16 644
1986	77 635	61 010	16 624
1987	77 718	61 077[2]	16 641
1988	78 116	61 450	16 666
1989	78 677	62 063	16 614
1990	79 365	63 254	16 111
1991	79 984	64 074	15 910
1992	80 594	64 865	15 730

1 1950 bis 1988 jeweils am 30. 06.
2 Ergebnis der Volkszählung.

Abbildung 1: Lebendgeborene und Gestorbene in Deutschland seit 1960

je 1000 Einwohner

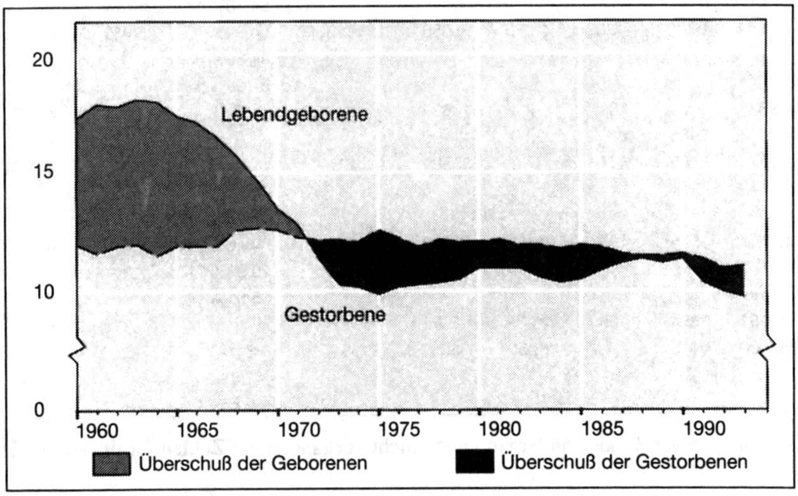

Abbildung 2: Altersaufbau der Bevölkerung Deutschlands am 1.1.1992

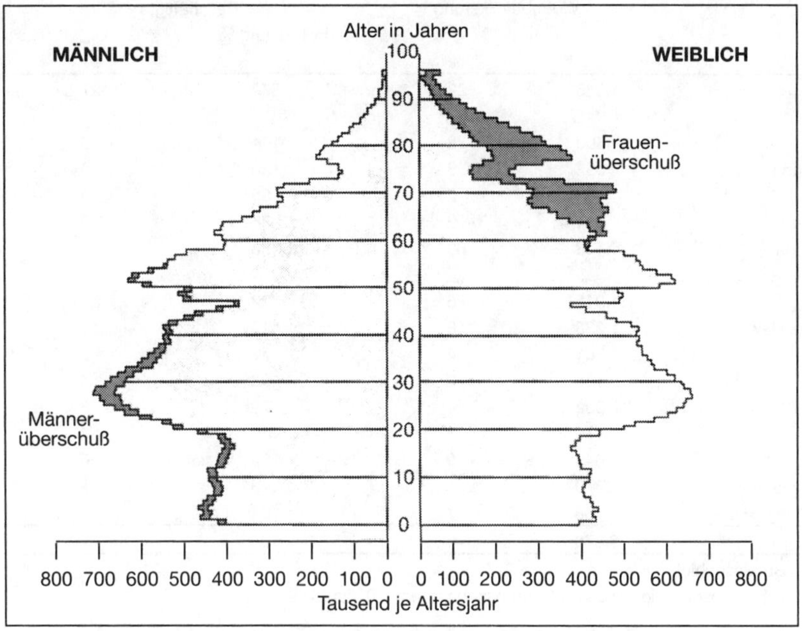

Tabelle 2: Ausländer in der Bundesrepublik Deutschland seit 1961

Zeitpunkt	Anzahl in 1 000	Anteil an der Bevölkerung in %
	Früheres Bundesgebiet[1]	
6. 6. 1961	686,2	1,2
27. 5. 1970	2 438,6	4,3
25. 5. 1987	4 145,6	6,8
31. 12. 1989	4 845,9	7,7
30. 9. 1990	5 241,8	8,2
31. 12. 1991	5 771,8	8,8
31. 12. 1992	6 313,3	9,5
	Neue Länder[2]	
31. 12. 1989	191,2	1,2
30. 9. 1990	166,5	1,0
31. 12. 1991	110,5	0,8
31. 12. 1992	182,5	1,3
	Deutschland	
31. 12. 1989	5 037,1	6,4
30. 9. 1990	5 408,3	6,8
31. 12. 1991	5 882,3	7,3
31. 12. 1992	6 495,8	8,0

1 Ab 1991 einschl. Berlin-Ost.
2 Ab 1991 ohne Berlin-Ost.

Tabelle 3: Ausländer im Bundesgebiet nach Staatsangehörigkeit - Ende 1993

	Wohnbevölkerung		Beschäftigte[1,2]	
		in Tsd. und %		
		%		%
EG-Länder	1.536	22	579	27
davon				
Italien	563	8	194	9
Griechenland	352	5	120	5
Spanien	133	2	55	3
Niederlande	114	2	36	2
Übriges Europa	4.143	60	1.338	61
davon				
Türkei	1.918	28	632	29
ehem. Jugoslawien	1.236	18	418	19
Polen	261	4	72	3
Österreich	186	3	93	4
Afrika	302	4	65	3
Amerika	176	3	46	2
Asien	645	9	128	6
Australien/Ozeanien	9	-	3	-
Staatenlose/Ungeklärte	68	1	24	1
	6.878		2.184	

1 Früheres Bundesgebiet

2 Sozialversicherungspflichtig beschäftigte Arbeitnehmer am 30. Juni 1993

Quelle: Sachverständigenrat zur Begutachtung der gesamtwirtschaftlichen Entwicklung: Jahresgutachten 1994/95, Bundestagsdrucksache 13/26, S. 346f.; eigene Berechnung

Tabelle 4: Asylbewerber und Asylberechtigte 1971 bis 1993 im früheren Bundesgebiet

Jahr	Asylbewerber	Asylberechtigte	Anerkennungsquote
	Anzahl		%
1971	5 388	5 674	57,0
1972	5 289	2 844	39,8
1973	5 595	2 047	33,0
1974	9 424	4 133	32,4
1975	9 627	2 928	22,2
1976	11 123	2 654	18,4
1977	16 410	1 854	10,0
1978	33 136	2 307	10,3
1979	51 493	6 573	16,5
1980	107 818	12 783	12,0
1981	49 391	8 531	7,7
1982	37 423	6 209	6,8
1983	19 737	5 032	13,7
1984	35 278	6 566	26,6
1985	73 832	11 224	29,2
1986	99 650	8 853	15,9
1987	57 379	8 231	9,4
1988	103 076	7 621	8,6
1989	121 318	5 991	5,0
1990	193 063	8 518	4,4
1991	256 112	11 597	6,9
1992	438 191	9 189	4,3
1993	322 599	16 396	3,2

Tabelle 1: Inlandsprodukt, Sozialprodukt, Volkseinkommen

Jahr	in jeweiligen Preisen	in Preisen von 1991	
	insgesamt	insgesamt	je Einwohner
Früheres Bundesgebiet	Mrd DM	Mrd DM	DM
1950[1]	98,6	436,9	9.300
1960[1]	286,6	941,8	18.000
1960	303,0	1.000,0	18.000
1965	458,2	1.259,0	21.500
1970	675,7	1.545,1	25.500
1975	1.027,7	1.721,1	27.800
1980	1.477,4	2.025,5	32.900
1985	1,834,5	2,149,3	35.200
1990	2.448,2	2.544,2	40.200
1991[2]	2.653,7	2.653,7	41.400
1992[2]	2.798,8	2.680,5	41.300
1993[2]	2.820,0	2.615,4	39.900
Neue Länder und Ostberlin			
1991[2]	190,1	190,1	11.900
1992[2]	245,3	209,7	13.300
1993[2]	286,8	222,6	14.200
Deutschland			
1991[2]	2.843,8	2.843,8	35.600
1992[2]	3.044,1	2.890,2	35.900
1993[2]	3.106,8	2.838,0	35.000

1 Ohne Berlin (West) und das Saarland
2 Vorläufiges Ergebnis

Quelle: Statistisches Jahrbuch 1994, S. 682

Abbildung 1

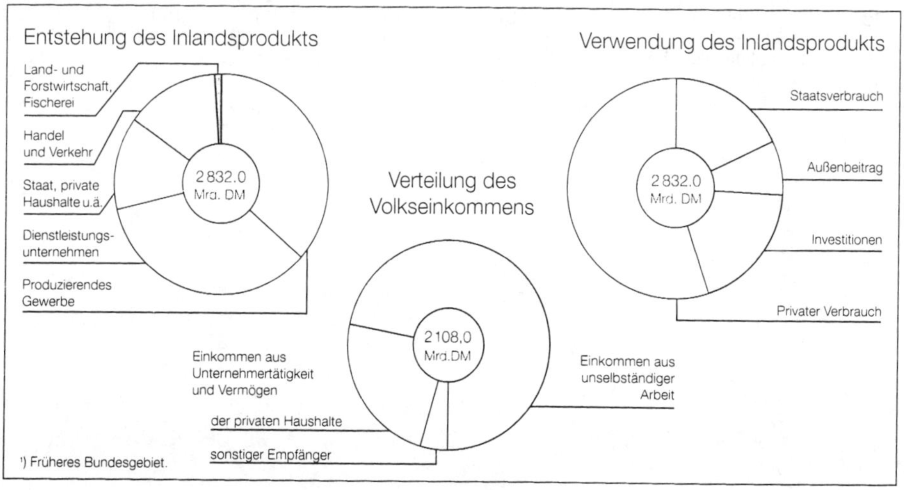

Abbildung 2

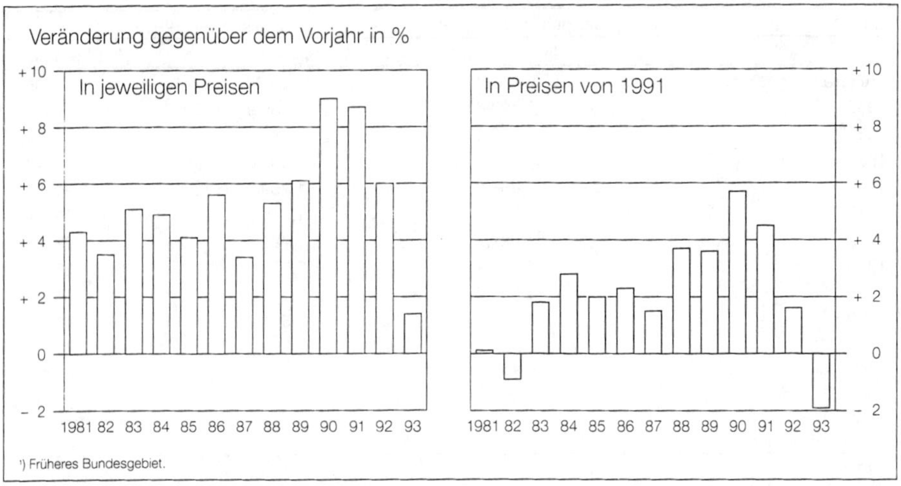

Tabelle 2: Erwerbstätige nach Wirtschaftsbereichen im früheren Bundesgebiert

Jahr[1]	Insgesamt in 1 000	Land- und Forst-wirtschaft	Produ-zierendes Gewerbe	Handel und Verkehr	Dienst-leistungs-unter-nehmen	Staat, private Haushalte u. ä.
		in % von insgesamt				
1960	26 063	13,7	47,9	18,3	9,1	11,0
1970	25 560	8,5	48,9	17,9	11,0	13,6
1980	26 980	5,2	43,4	18,7	14,7	18,0
1990	28 479	3,5	39,7	18,7	18,6	19,5
1991	29 227	3,3	39,3	19,0	19,1	19,3
1992	29 487	3,1	38,5	19,1	19,8	19,4
1993	28 987	3,0	37,3	19,3	20,6	19,8

1 Ab 1991 vorläufiges Ergebnis.

Abbildung 3: Jährliche Preisveränderungsraten[1] 1963 bis 1993 im früheren Bundesgebiet

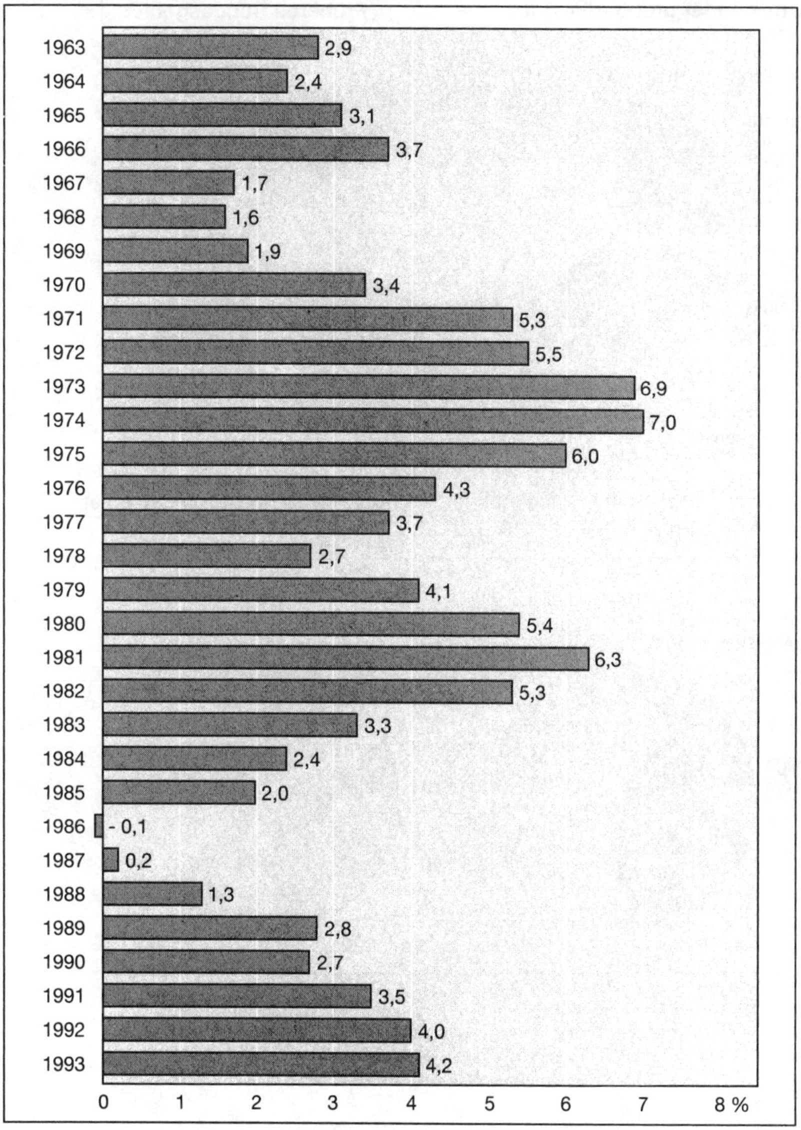

1 Gemessen am Preisindex für die Lebenshaltung aller privaten Haushalte.

Abbildung 4: Bruttowertschöpfung der Wirtschaftsbereiche 1993[1] in Prozent

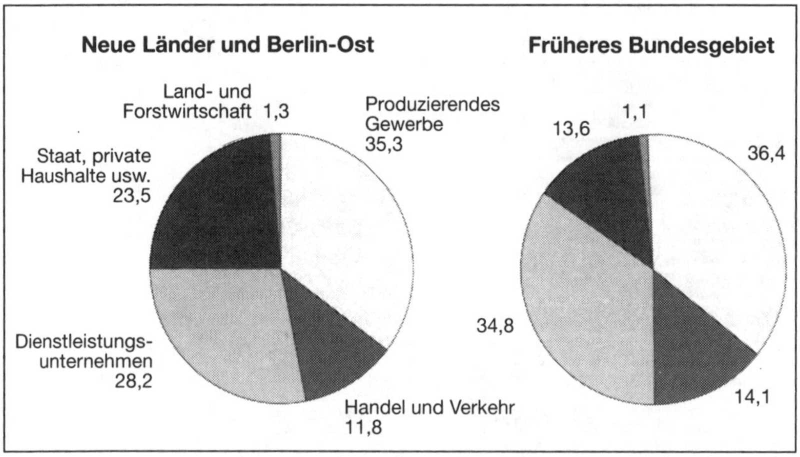

1 Vorläufiges Ergebnis.

Abbildung 5: Erwerbstätige nach Stellung im Beruf im früheren Bundesgebiet in Prozent

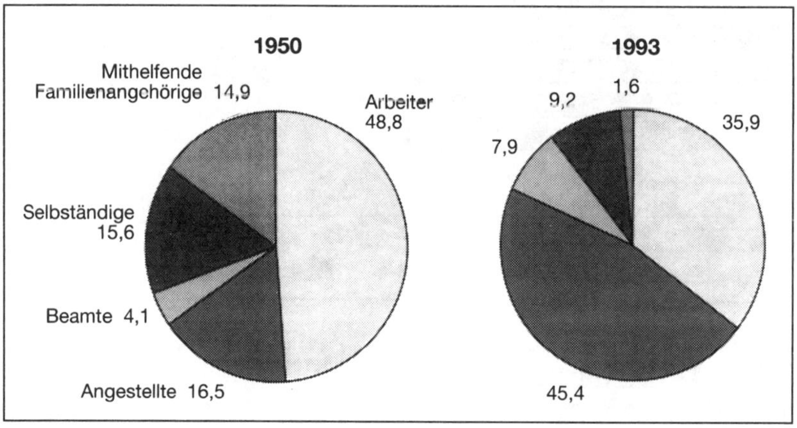

Tabelle 3: Entwicklung der Arbeitslosigkeit

Zeitraum[1]	Offene Stellen[2]	Arbeitslosenquote[3]	Arbeitslose[2]
	Früheres Bundesgebiet		
1950	116	10,4	1580
1955	200	5,2	928
1960	465	1,3	271
1965	649	0,7	147
1970	795	0,7	149
1975	236	4,6	1047
1980	308	3,6	889
1985	110	8,9	2304
1990	314	6,9	1883
1991	331	6,1	1689
1992	324	6,5	1808
1993	243	8,1	2270
	Neue Bundesländer und Berlin-Ost		
1991	31	11,2	913
1992	33	15,5	1170
1993	36	15,8	1149

1 1950 und 1955 ohne Saarland und Berlin(West). Ab 1991 vorläufige Ergebnisse.
2 Quelle: Bundesanstalt für Arbeit.
3 Anteil der Arbeitslosen an den abhängigen Erwerbspersonen (beschäftigte Arbeitnehmer plus Arbeitslose).
Quelle: Sachverständigenrat zur Begutachtung der gesamtwirtschaftlichen Entwicklung: Jahresgutachten 1994/95, BT-Drucksache 13/26, S. 339

Tabelle 4: Entwicklung von Wareneinfuhr und Warenausfuhr

Jahr[1]	Einfuhr[2]	Ausfuhr[2]	Bruttoinlandsprodukt	Einfuhr[2]	Ausfuhr[2]
	Mrd. DM			% des Bruttoinlandsprodukts	
1960	42,7	47,9	302,7	14,1	15,8
1965	70,4	71,7	459,2	15,3	15,6
1970	109,6	125,3	675,3	16,2	18,6
1975	184,3	221,6	1 026,6	18,0	21,6
1980	341,4	350,3	1 472,0	23,2	23,8
1985	463,8	537,2	1 823,2	25,4	29,5
1986	413,7	526,4	1 925,3	21,5	27,3
1987	409,6	527,4	1 990,5	20,6	26,5
1988	439,6	567,7	2 096,0	21,0	27,1
1989	506,5	641,0	2 224,4	22,8	28,8
1990	550,6	642,8	2 425,2	22,7	26,5
1991	643,9	665,8	2 815,9	22,9	23,6
1992	637,5	671,2	3 027,6	21,1	22,2

1 Bis 1990 früheres Bundesgebiet, ab 1991 Deutschland.
2 Spezialhandel entsprechend der Außenhandelsstatistik.

Abbildung 6: Veränderung der Erwerbstätigkeit in Ostdeutschland von 1989 bis 1991
Anteile in %

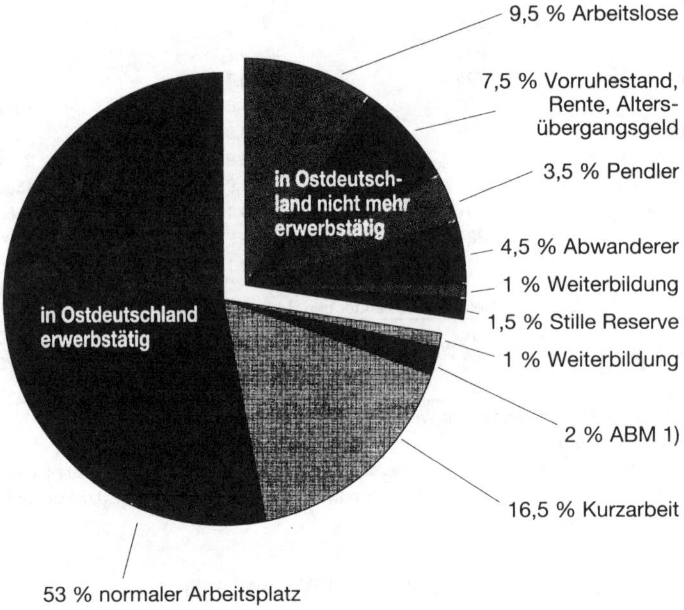

1) Arbeitsbeschaffungsmaßnahmen

Quelle: Geschäftsbericht der Deutschen Bundesbank für das Jahr 1991, S. 26

Abbildung 7: Außenhandel Deutschlands nach Ländergruppen 1990 und 1992

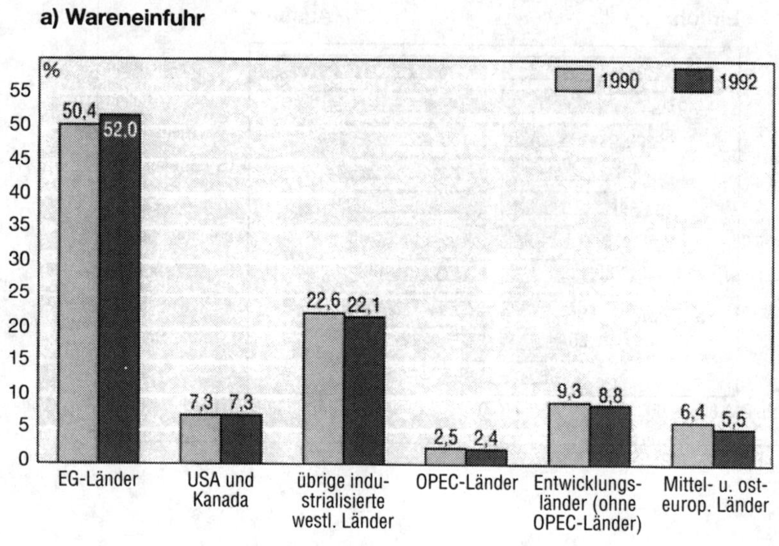

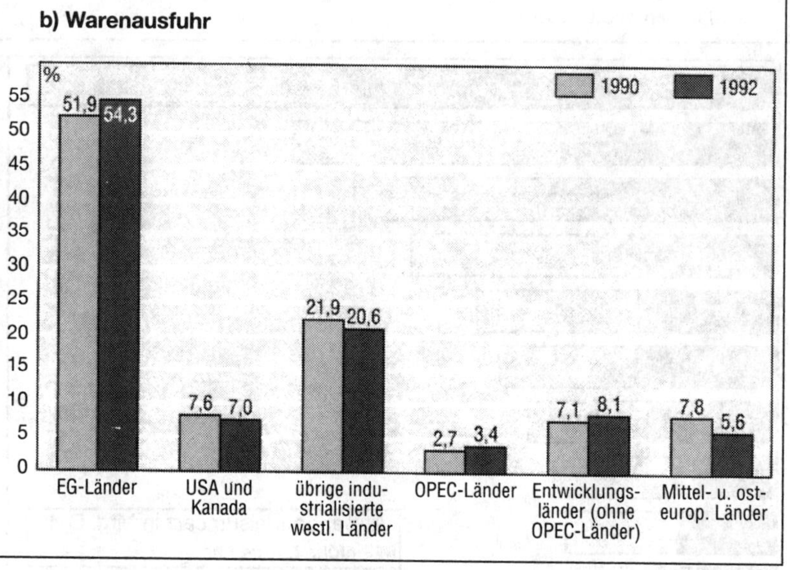

Abbildung 8: Die größten Handelspartner Deutschlands 1992

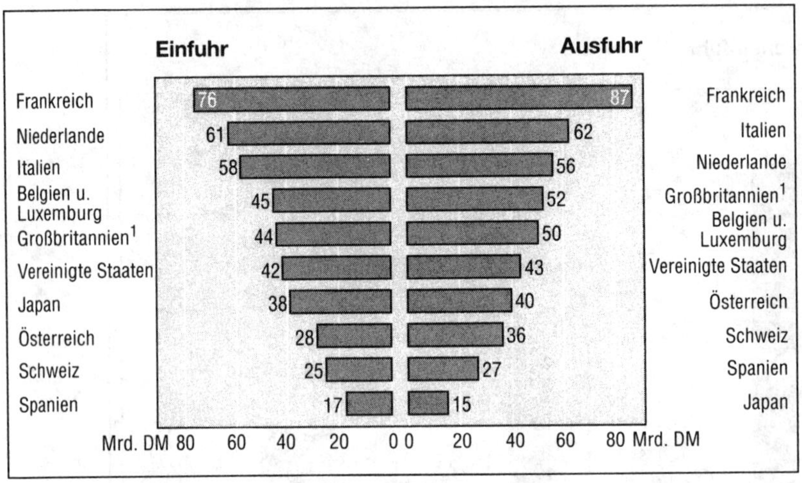

1 Und Nordirland.

Abbildung 9: Die größten Handelspartner der Bundesrepublik Deutschland in der Dritten Welt 1993

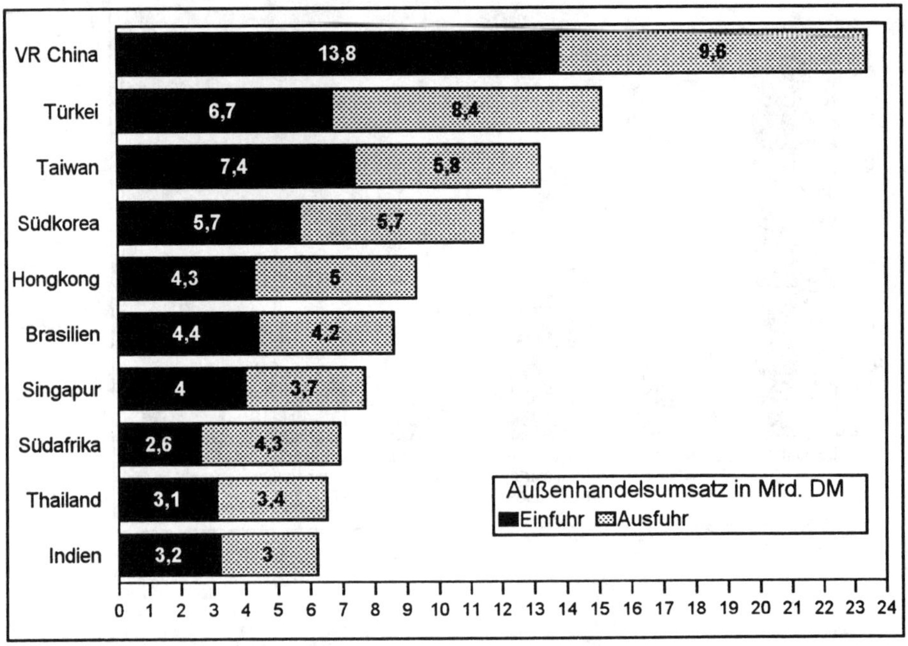

Quelle: Stat. Bundesamt (Hrsg.): Statistisches Jahrbuch 1994, S.317-19. (eigene Grafik)

Tabelle 5: Ausfuhr und Einfuhr der neuen Bundesländer und Berlin-Ost nach Ländergruppen und ausgewählten Ländern[1] in Mio DM

Zeitraum	Insge-samt	Industrialisiert westliche Länder				Mittel- und osteuropäische Länder[2]		Entwicklungsländer		Staats-handels-länder[5]
		zusammen	darunter							
			EU-Länder	andere europ. Länder	USA und Kanada	zusammen	dar.: ehem. Sowjetunion	zusammen	darunter OPEC-Länder[4]	
					Ausfuhr					
1990	38072	5105	2931	1904	166	29811	17761	2115	369	675
1991	17450	4454	2978	1269	153	11423	9049	1396	281	176
1992	13793	4650	3167	1220	196	7185	5542	1789	305	168
1993	11946	3791	1905	1522	267	6254	4927	1625	409	275
					Einfuhr					
1990	22852	5660	2678	2527	281	14854	9107	1273	85	550
1991	10860	3935	2339	1297	126	6122	4254	691	233	112
1992	9596	4501	2476	1480	392	4616	2881	427	103	52
1993	8714	4401	2593	1547	184	3948	2378	328	104	36

1 Spezialhandel nach Bestimmungsländern. Ergebnisse ab 1993 durch Änderung in der Erfassung des Außenhandels mit größerer Unsicherheit behaftet.
2 Westeuropäische Länder, Australien, Japan, ehemaliges Jugoslawien, Kanada, Neuseeland, Republik Südafrika und Namibia, Vereinigte Staaten.
3 Albanien, Bulgarien, Polen, Rumänien, ehemalige Tschechoslowakei, ehemalige Sowjetunion, Ungarn.
4 Igerien, Eduador, Gabun, Indonesien, Irak, Iran, Katar, Kuwait, Libyen, Nigeria, Saudi-Arabien, Venezuela, Vereinigte Arabische Emirate.
5 China, Mongolei, Nordkorea, Vietnam.

Quelle: Jahresgutachten SVR, S. 419

Tabelle 6: Saldo der Leistungsbilanz in Mrd. DM

Jahr	Insgesamt	Warenverkehr (fob-Werte[1])	Dienstleistungsverkehr	Übertragungen
1960	+ 5,6	+ 8,4	+ 0,7	- 3,5
1965	- 5,0	+ 5,2	- 3,9	- 6,4
1970	+ 4,8	+ 20,8	- 6,3	- 9,8
1975	+ 10,6	+ 43,5	-15,6	-17,3
1980	- 25,1	+ 18,4	-20,1	-23,5
1985	+ 48,3	+ 84,7	- 7,3	-29,1
1990[2]	+ 76,4	+117,9	- 4,9	-36,7
1991[3]	- 33,1	+ 40,7	-14,6	-59,2
1992[3]	- 39,4	+ 50,3	-39,8	-49,9

1 Spezialhandel zuzüglich Ergänzungen zum Wahrenverkehr und Transithandel. Abweichend vom Vorgehen der Außenhandelsstatistik werden bei der Einfuhr Fracht- und Versicherungskosten herausgerechnet und dem Dienstleistungsverkehr zugeschlagen.
2 Ab Juli 1990 einschl. Transaktionen der neuen Länder und Berlin-Ost mit dem Ausland.
3 Vorläufiges Ergebnis

Quelle: Datenreport 1994, S. 268

Tabelle 7: Saldo der Kapitalbilanz in Mrd. DM

Jahr	Saldo der Kapitalbilanz					Saldo der statistisch nicht aufgliederbaren Transaktionen
	Insgesamt	Kurzfristiger Kapital verkehr	Langfristiger Kapital verkehr	Veränderung der Nettoauslandsaktiva der Deutschen Bundesbank	Ausgleichsposten zur Auslandsposition der Deutschen Bundesbank	
1960	+ 5,7	- 2,4	+ 0,1	+ 8,0	-	- 0,1
1965	- 4,8	- 2,4	- 1,1	- 1,3	-	- 0,2
1970	+ 5,2	- 17,6	+ 0,9	+ 22,7	- 0,7	- 0,4
1975	+ 10,3	- 5,7	+18,2	+ 3,3	- 5,5	+ 0,3
1980	- 27,5	+ 6,2	+ 5,8	-25,5	- 2,4	+ 2,4
1985	+ 56,4	+ 41,7	+12,9	- 1,3	+ 3,1	- 8,1
1990[1]	+100,6	+ 23,7	+65,9	+ 5,9	+ 5,1	-24,3
1991[2]	- 17,7	- 43,4	+25,4	+ 0,8	- 0,5	-15,4
1992[2]	- 38,1	- 60,2	-46,6	+62,4	6,3	- 1,4

1 Ab Juli 1990 einschl. Transaktionen der neuen Länder und Berlin-Ost mit dem Ausland.
2 Vorläufiges Ergebnis.
Quelle: Deutsche Bundesbank

Tabelle 1: Finanzielle Entwicklung von Bund, Ländern und Gemeinden in Mrd. DM

Zeit	Bund[1]		Länder				Gemeinden			
			West[2]		Ost		West		Ost	
	Einnahmen	Ausgaben	Einnahmen	Ausgaben	Einnahmen	Ausgaben	Einnahmen	Ausgaben	Einnahmen	Ausgaben
1970	88,6	87,6	74,0	77,1	–	–	50,8	56,5	–	–
1975	125,0	160,0	126,4	146,3	–	–	92,0	101,2	–	–
1980	189,9	217,6	186,2	208,6	–	–	139,9	145,6	–	–
1985	236,7	259,4	226,2	243,3	–	–	163,6	162,9	–	–
1990	290,5	311,4	280,2	299,6	–	–	205,5	209,9	–	–
1991	354,1	406,1	312,5	330,8	67,4	77,9	222,9	228,9	50,2	48,2
1992[3]	399,5	431,2	331,0	349,5	75,0	88,0	240,5	250,5	56,5	64,5
1993[3]	401,0	462,0	340,0	366,0	79,5	95,5	252,0	261,0	62,0	67,0

1 Die Gewinnabführung der Bundesbank ist hier in voller Höhe als Einnahme des Bundes enthalten. Der Bund verbucht dagegen in seinem Haushalt ab 1989 nur den veranschlagten Betrag des Bundesbankgewinns als Einnahme (überplanmäßige Einnahmen aus dem Bundesbankgewinn werden zur Tilgung fälliger Schulden verwendet).

2 Einschl. Stadtstaaten. Ab 1991 einschl. Berlin (Ost).

3 Teilweise geschätzte Zahlen

Quelle: Monatsberichte der Deutschen Bundesbank, 47 Jg., Nr. 2, Februar 1994, S. 53*

Tabelle 2: Steuereinnahmen der Gebietskörperschaften in Mio DM

Jahr	Insgesamt	Bund, Länder und Europäische Gemeinschaften					Gemeinden[4]		Saldo nicht verrechneter Steueranteile[5]
		zusammen[1]	Bund	Länder		Europäische Gemein-schaften[3]	zusammen	darunter in den neuen Bundesländern	
				zusammen	darunter neue Bundesländer[2]				
1985	437.201	375.639	207.930	152.516	.	15.193	61.469	.	+ 91
1990[6]	549.667	474.482	261.832	191.266	.	21.384	74.447	.	+ 738
1991[7]	661.920	577.150	321.334	224.321	19.139	31.495	84.663	2.540	+ 137
1992	731.738	638.423	356.849	247.372	23.807	34.203	93.347	4.034	- 58
1993	749.119	653.015	360.250	256.131	27.542	36.634	95.809	5.863	+ 296
1994[8]	...	688.815	386.188	261.934	32.057	40.693	...	...	...

1 Einschl. der Erträge aus den Lastenausgleichsabgaben (1980: 75 Mio DM).
2 Nach Berücksichtigung der Verteilung des Länderanteils am gesamtdeutschen Umsatzsteueraufkommen entsprechend der Einwohnerzahl auf die früheren und neuen Bundesländer.
3 Einschl. der zu Lasten der Steuererträge des Bundes ab 1988 der EG zustehenden weiteren Einnahmequellen, deren Bezugsgröße das Bruttosozialprodukt ist.
4 Einschl. Gemeindesteuern der Stadtstaaten.
5 Differenz zwischen dem in der betreffenden Periode bei den Länderkassen eingegangenen Gemeindeanteil an den Einkommenssteuern und den im gleichen Zeitraum an die Gemeinden weitergeleiteten Beträgen.
6 Ohne Steueraufkommen der ehemaligen DDR.
7 Ab 1991 einschl. der Steuereinnahmen in den neuen Bundesländern.
8 Vorläufige Zahlen.

Quelle: Monatsber. d. Dt. Bundesbank, 47. Jg. Nr. 2, Feb. 1995, S. 54.

Tabelle 3: Steuereinnahmen nach Arten

Mio DM														
		Gemeinschaftliche Steuern												Nachrichtl.
		Einkommensteuern[2]					Umsatzsteuern[4)5)]							
	Insgesamt [1)]	zusammen	Lohnsteuer	Veranl. Einkommensteuer	Körperschaftsteuer	Kapitalertragsteuern [3)]	zusammen	Mehrwertsteuer	Einfuhrumsatzsteuer	Gewerbesteuerumlage[5)6)]	Reine Bundessteuern [7)]	Reine Ländersteuern	EG-Anteil Zölle[7)]	Gemeindeanteil an den Einkommensteuern
1970	141339	61824	35086	16001	8717	2021	38125	26791	11334	4355	27396	9531	-	7152
1975	221393	111491	71191	28001	10054	2246	54082	35722	18361	6888	33611	12143	3177	13887
1980	335889	173852	111559	36796	21322	4175	93448	52850	40597	6464	41529	16072	4524	22253
1985	402069	214241	147630	28569	31836	6206	109825	51428	58397	4491	49684	18476	5352	26430
1990	506599	255032	177591	36519	30090	10832	147585	78012	69573	5572	65879	25368	7163	32117
1991	615506	298804	214175	41532	31716	11381	179672	98797	80875	5986	93624	29113	8307	38356
1992	681751	331310	247322	41531	31184	11273	197712	117274	80438	6923	105094	32963	7742	43328
1993	697988	341785	257987	33234	27830	22734	216306	174492	41814	4181	93757	34720	7240	44973
1994[8)]	734264	343055	266522	25510	19569	31455	235698	195265	40433	6297	105490	36551	7173	45450

1) Ohne die Einnahmen aus Lastenausgleichsabgaben, aus der Gewerbesteuer nach Ertrag und Kapital (abzüglich der Umlage), aus den Grundsteuern und aus sonstigen Gemeindesteuern sowie dem Saldo nicht verrechneter Steueranteile. Ab 1991 für Gesamtdeutschland - 2) Das Aufkommen aus Lohn- und veranlagter Einkommensteuer wird ab 1980 im Verhältnis 42,5:42,5:15 auf Bund, Länder und Gemeinden, das Aufkommen aus Körperschaft- und Kapitalertragsteuer im Verhältnis 50:50 auf Bund und Länder verteilt. - 3) Ab Februar 1993 einschl. der Erträge aus dem steuerlichen Zinsabschlag, an denen die Gemeinden mit 12% partizipieren. - 4) Anteil des Bundes: 1985: 65,5%, 1986 bis 1992: 65%, ab 1993: 63%; Rest jeweils Anteil der Länder. Von den genannten Bundesanteilen geht außerdem der EG-Anteil ab. - 5) Seit 1991 werden außerdem die Umsatzsteuerverteilung sowie die Höhe und Verteilung der Gewerbesteuerumlage von der Finanzierung des Schuldendienstes für den Fonds "Deutsche Einheit" beeinflußt. - 6) Bund und Länder je 50%. - 7) Die Einhnahmen aus den reinen Bundessteuern sowie aus den der EG zustehenden Zöllen werden nur noch für Gesamtdeutschland erfaßt. - 8) vorläufige Zahlen.

Quelle: Monatsberichte der Dt. Bundesbank, 47. Jg., Nr. 2, Febr. 1995, S. 55*

Tabelle 4: Einzelne Steuern des Bundes, der Länder und der Gemeinden in Mio. DM

	Reine Bundessteuern						Reine Ländersteuern					Gemeindesteuern		
Jahr	Mineralölsteuer	Tabaksteuer	Branntweinabgaben	Versicherungssteuer	übrige Verkehrssteuern[1)]	sonstige Bundessteuern[2)]	Kraftfahrzeugsteuer	Vermögenssteuer	Erbschaftsteuer	Biersteuer	übrige Ländersteuern	Gewerbesteuer[3)]	Grundsteuern	sonstige Gemeindesteuern[4)]
1970	11.512	6.537	2.228	617	607	5.896	3.830	2.877	523	1.175	1.127	12.117	2.683	879
1975	17.121	8.886	3.122	1.146	597	2.737	5.303	3.339	530	1.275	1.697	20.897	4.150	1.276
1980	21.351	11.288	3.885	1.779	711	2.515	6.585	4.664	1.017	1.262	2.543	27.960	5.804	1.727
1985	24.521	14.452	4.153	2.476	1.386	2.697	7.350	4.287	1.512	1.254	4.073	30.759	7.366	1.497
1990[5]	34.621	17.402	4.229	4.433	1.869	3.325	8.313	6.333	3.022	1.355	6.345	38.796	8.724	1.121
1991[6]	47.266	19.592	5.648	5.862	1.041	14.215	11.012	6.729	2.636	1.647	7.090	41.297	9.921	1.181
1992	55.166	19.253	5.545	8.094	292	16.744	13.317	6.750	3.030	1.625	8.241	44.848	10.783	1.281
1993	56.300	19.459	5.134	9.290	79	3.495	14.059	6.784	3.044	1.769	9.065	42.266	11.633	1.383
1994[7)]	63.847	20.264	4.889	11.400	77	5.014	14.169	6.627	3.479	1.795	10.482	–	–	–

1) Börsenumsatzsteuer (1991 nur noch Restbeträge), Gesellschaftssteuer und Wechselsteuer.
2) Übrige Verbrauchsteuern einschl. des dem Bund verbliebenen Anteils an den Zolleinnahmen sowie Ergänzungsabgabe. Ab Juli 1991 einschl. Solidaritätszuschlag zur Einkommen- und Körperschaftsteuer, der bis 30. Juni 1992 erhoben wurde.
3) Nach Ertrag und Kapital sowie (bis 1980) Aufkommen aus der Lohnsummensteuer.
4) Ab 1974 einschl. steuerähnlicher Einnahmen.
5) Nur bisheriges Bundesgebiet.
6) Ab Anfang 1991 einschl. der Steuereinnahmen in den neuen Bundesländern.
7) vorläufige Zahlen

Quelle: Monatsberichte der Bundesbank, 44. Jg., Nr. 10, Oktober 1992, S. 62*; 47. Jg., Nr. 2, Feb. 1995, S. 55*.

Tabelle 5: Entwicklung der Ausgaben des Staates[1]

Zeitraum	Gebietskörperschaften								Sozialversicherung		
	Ausgaben								Ausgaben		
		davon								darunter	
			Einkommensübertragung								
				darunter							
	insgesamt	Staatsverbrauch	zusammen	private Haushalte[4]	Unternehmen und übrige Welt	Zinsen[5]	Bruttoinvestitionen	Vermögensübertragung	insgesamt[7]	soziale Leistungen	Staatsverbrauch
1960	71,68	31,71	23,61	12,34	5,26	2,19	9,48	4,69	34,00	25,00	8,74
1965	126,16	54,54	39,89	20,60	9,97	3,23	20,63	7,87	53,39	38,00	15,1
1970	188,26	79,88	58,34	27,83	18,47	6,55	31,02	12,47	87,91	60,86	26,5
1975	343,58	145,56	121,64	59,24	34,60	14,17	39,67	22,54	193,46	127,72	64,5
1980	486,65	206,09	167,33	77,74	52,34	28,53	52,42	32,28	273,03	177,76	91,93
1985	575,25	248,00	199,17	89,76	67,42	55,25	41,56	31,25	343,15	219,71	117,7
1990	744,48	295,99	297,31	112,68	131,44	63,32	54,43	33,43	428,08	275,22	148,08
1991[2]	920,81	366,29	340,37	138,47	127,79	77,19	72,55	64,41	550,41	353,17	187,92
1992	983,11	396,44	344,18	151,39	112,00	101,15	84,05	57,29	629,01	398,13	216,33
1993	1028,07	404,12	378,13	162,33	114,74	104,52	84,42	56,88	671,48	437,30	218,92

1 In der Abgrenzung der Volkswirtschaftlichen Gesamtrechnungen; bis einschl. 1990 alte BRD, ab 1991 Gesamtdeutschland..
2 Vorläufige Ergebnisse ab 1991.
3 Einschließlich sonstige laufende Übertragungen an die Sozialversicherung.
4 Einschließlich privater Organisationen ohne Erwerbszweck.
5 Zinsen auf öffentliche Schulden
6 Einschließlich Vermögensübertragungen an die Sozialversicherung.
7 Subventionen, soziale Leistungen, Zinsen, Staatsverbrauch, geleistete Vermögensübertragungen (einschließlich der Vermögensübertragungen an die Gebietskörperschaften), Bruttoinvestitionen und sonstige laufende Übertragungen.

Quelle: Sachverständigenrat zur Begutachtung der gesamtwirtschaftlichen Entwicklung: Jahresgutachten 1994/5, BT-Drucksache 13/26 S. 368/369

Abbildung 1:

FINANZPOLITISCHE QUOTEN DES STAATES 1)

Abgrenzung der Volkswirtschaftlichen Gesamtrechnungen

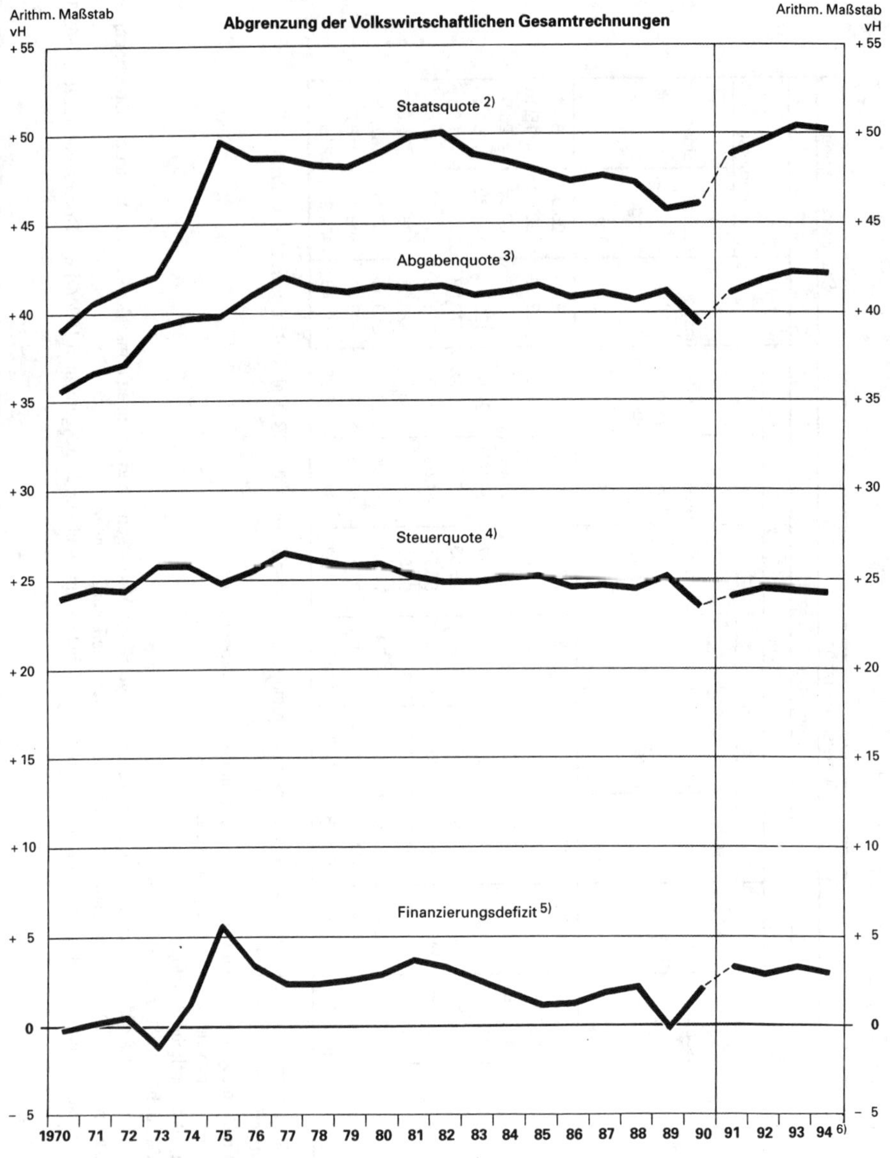

1) Gemeinsamer Haushalt der Gebietskörperschaften und der Sozialversicherung; bis 1990 früheres Bundesgebiet, ab 1991 Angaben für Deutschland. — 2) Ausgaben in Relation zum Bruttoinlandsprodukt in jeweiligen Preisen. — 3) Steuereinnahmen und tatsächliche Sozialbeiträge in Relation zum Bruttoinlandsprodukt in jeweiligen Preisen. — 4) Steuereinnahmen in Relation zum Bruttoinlandsprodukt in jeweiligen Preisen. — 5) Finanzierungsdefizit des Staates in Relation zum Bruttoinlandsprodukt in jeweiligen Preisen. — 6) Eigene Schätzung.

SR 94 0607

Tabelle 6: Entwicklung der Ausgaben der öffentlichen Haushalte[1] 1951 bis 1992 im früheren Bundesgebiet

Jahr	Ausgaben	
	Mill. DM	DM je Einwohner
1951	37.401	754
1961	95.275	1.696
1970	196.330	3.237
1975	354.774	5.738
1980	498.088	8.091
1985	588.670	9.648
1990	745.958	11.797
1991	891.377	13.920
1992	955.374	14.733

1 Bund Lastenausgleichsfonds, ERP-Sondervermögen, Länder, Gemeinden/Gemeindeverbände, ab 1990 einschl. Fonds „Deutsche Einheit", ab 1991 einschl. Kreditabwicklungsfonds

Quelle: Datenreport 1994, S. 232

Abbildung 2: Ausgaben der öffentlichen Haushalte 1991 nach Aufgabenbereichen

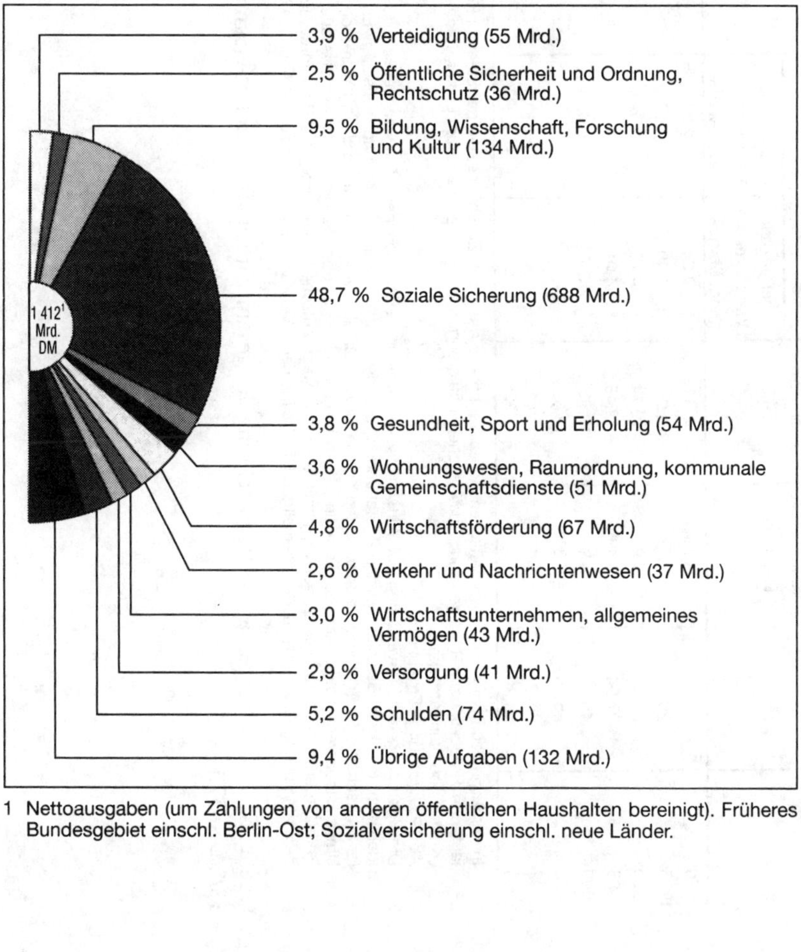

1 Nettoausgaben (um Zahlungen von anderen öffentlichen Haushalten bereinigt). Früheres Bundesgebiet einschl. Berlin-Ost; Sozialversicherung einschl. neue Länder.

Tabelle 7: Subventionen des Staates[1]- nach Wirtschaftsbereichen[3]

Jahr[1]	Insgesamt	davon							einbehaltene Umsatzsteuer[4] (in den Wirtschaftsbereichen enthalten)
		Land- und Forstwirtschaft Fischerei	Produzierendes Gewerbe			Handel	Verkehr, Nachrichtenübermittlung	Dienstleistungsunternehmen	
			zusammen	davon					
				Energie- und Wasserversorgung, Bergbau	Verarbeitendes Gewerbe, Baugewerbe				
1970	11,78	2,71	2,64	0,64	2,00	2,68	2,56	1,19	1,79
1975	20,39	3,02	4,90	1,40	3,50	2,77	7,51	2,19	3,23
1980	30,65	1,91	10,74	4,75	5,99	6,43	7,73	3,84	3,12
1985	37,94	4,49	12,48	4,01	8,47	7,19	8,24	5,54	6,83
1990	48,83	5,87	19,66	10,74	8,92	7,87	8,90	6,53	6,05
1991	45,65	5,37	18,59	-	-	-	-	6,78	4,08
1992	45,00	4,86	17,51	-	-	-	-	7,72	1,23
1993	44,89	-	-	-	-	-	-	-	0,80

1 In der Abgrenzung der Volkswirtschaftlichen Gesamtrechnung; das heißt, Zuschüsse, die der Staat im Rahmen der Wirtschafts- und Sozialpolitik an Unternehmen für laufende Produktionszwecke gewährt. Ausführliche Erläuterungen in: Statistisches Bundesamt, Fachserie 18 „Volkswirtschaftliche Gesamtrechungen" Reihe 1.3 „Konten und Standardtabellen".

2 Ab 1991 vorläufige Ergebnisse.

3 Die Zuordnung der Subventionen auf Wirtschaftsbereich richtet sich nach dem Tätigkeitsbereich des Empfängers, der oft nicht mit dem letztlich Begünstigten identisch ist; zum Beispiel werden Erstattungen bei der Ausfuhr pflanzlicher und tierischer Erzeugnisse, Zuschüsse zu den Kosten der Vorratshaltung landwirtschaftlicher Erzeugnisse oder zu den Kostne für Abbaumaßnahmen bei Marktordnungswaren dem Bereich Handel zugerechnet.

4 Umsatzsteuervergünstigungen für land- und forstwirtschaftliche Betriebe (§24 und 24a Umsatzsteuergesetz). Zur Förderung der Berliner Wirtschaft §§1 bis 13 Berlinförderungsgesetz; Wegfall der Vergünstigungen für westdeutsche Unternehmen (§2 Berlinförderungsgesetz) ab 1. Juli 1991) bis 30. Juni 1990 für Bezüge aus dem Währungsgebiet der Mark der ehemaligen DDR (allgemeine Verwaltungsvorschaft zu §26 Absatz 4 Umsatzsteuergesetz vom 16. Mai 1973).

Quelle: Sachverständigenrat zur Begutachtung der gesamtwirtschaftlichen Entwicklung: Jahresgutachten 1994/95, BT-Drucksache 13/26, S. 370.

Abbildung 3: Kreditmarktschulden[1] der öffentlichen Haushalte 1975 bis 1992
(ohne Schulden bei öffentlichen Haushalten)

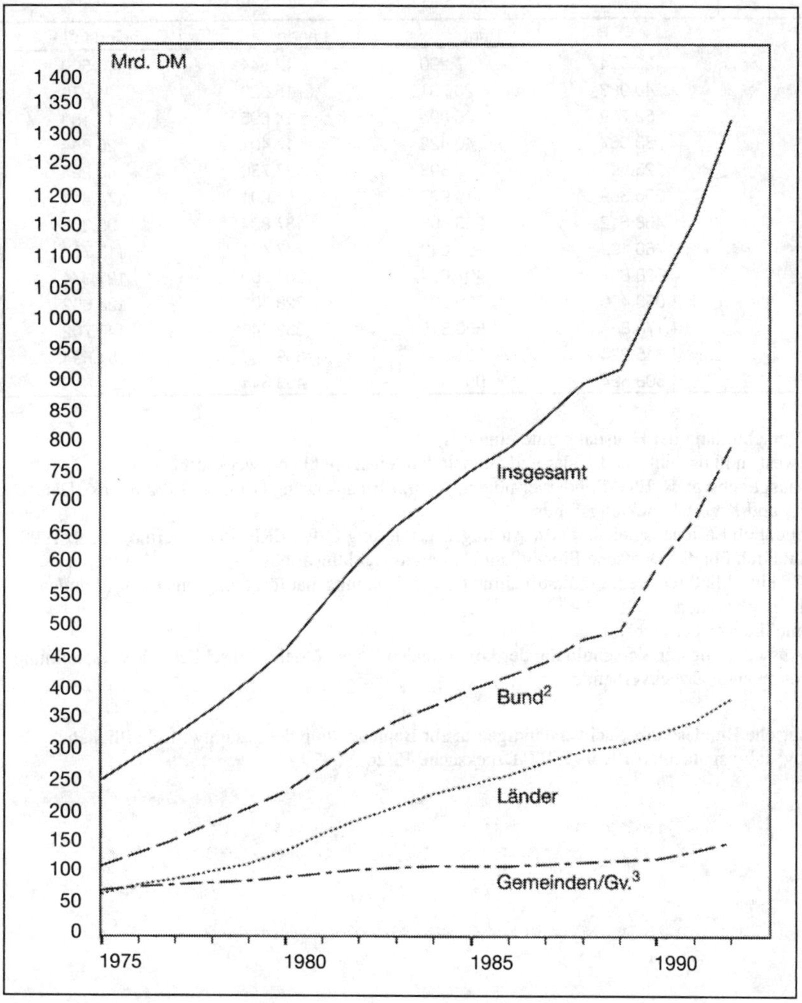

1 Summe aus Kreditmarktmitteln im engeren Sinne (Wertpapierschulden, Schulden bei Banken, Sparkassen, Versicherungsunternehmen und sonstigen in- und ausländischen Stellen) und Ausgleichsforderungen. Bis 1991 früheres Bundesgebiet; ab 1992 Deutschland.

2 Einschl. Sondervermögen (ERP-Sondervermögen, Lastenausgleichsfonds, Fonds „Deutsche Einheit" und Kreditabwicklungsfonds).

3 Einschl. Zweckverbände und Krankenhäuser mit kaufmännischem Rechnungswesen.

Tabelle 8: Verschuldung der öffentlichen Haushalte[1)] (Mio DM)

Ende des Zeitraums	Insgesamt[2)]	Nach den Kreditnehmern		
		Bund[3)]	Länder[4)]	Gemeinden[5)]
1950	20.634	7.290	12.844	500
1955	40.983	20.791	15.523	4.670
1960	52.759	26.895	14.695	11.169
1965	83.667	40.422	17.401	25.844
1970	125.890	57.808	27.786	40.295
1975[6]	256.389	114.977	67.001	74.411
1980	468.612	235.600	137.804	95.208
1985	760.192	399.043	247.411	113.738
1989	928.837	497.604	309.860	121.374
1990	1.053.490	599.101	328.787	125.602
1991	1.173.864	680.815	352.346	140.702
1992	1.345.224	801.500	389.130	154.594
1993	1.508.594	902.452	433.344	172.800

1) Ohne Verschuldung der Haushalte untereinander.
2) Bund, west- und ostdeutsche Länder und Gemeinden (einschließlich Zweckverbände) Lastenausgleichsfonds, ERP-Sondervermögen, Auftragsfinanzierung Öffa, ab 1990 Fonds „Deutsche Einheit" und Kreditabwicklungsfonds
3) Einschließlich Lastenausgleichsfonds, Auftragsfinanzierung Öffa., ERP-Sondervermögen; ab 1990 einschließlich Fonds „Deutsche Einheit" und Kreditabwicklungsfonds.
4) Ab 1978 einschließlich Nettokreditaufnahme für die Wohnungsbauförderungsanstalt des Landes Nordrhein-Westfalen.
5) Einschließlich Zweckverbände.
6) Nach Ausschaltung der Verschuldung der kommunalen Eigenbetriebe, einschließlich Verschuldung der kommunalen Zweckverbände.

Quelle: Deutsche Bundesbank. Sachverständigenrat zur Begutachtung der gesamtwirtschaftlichen Entwicklung: Jahresgutachten 1994/95, BT-Drucksache 13/26, S. 379.

Tabelle 9: Verschuldung öffentlicher Institutionen (in Mio. DM)

	1990	1991	1992	1993	1994
Bund	542.189	586.493	611.099	685.283	
Westdt. Länder	328.787	347.409	366.602	395.577	
Ostdt. Länder	-	4.937	22.528	40.263	
Westdt. Gemeinden[1]	125.602	132.060	141.349	153.870	
Ostdt. Gemeinden	-	8.642	13.245	18.989	
Fonds „Deutsche Einheit"	19.793	50.482	74.371	87.676	
Kreditabwicklungsfonds	27.634	27.472	91.747	101.230	
ERP-Sondervermögen	9.485	16.368	24.283	28.263	
Treuhandanstalt	14.058	39.402	106.792	168.322	204.619
Bundesbahn	47.065	37.969	48.017	58.098p	
Bundespost	70.979	81.271	96.646	104.514	

1 Einschließlich der Verschuldung der kommunalen Zweckverbände und der kommunalen Krankenhäuser
p = vorläufig
Quelle: Monatsber. d. Dt. Bundesbank, 47. Jg., Nr. 2, Feb. 1995, S. 56f., 59

Tabelle 10: Das Personal der öffentlichen Verwaltung[1] nach Dienstverhältnissen 30.6.1992

Gebietskörperschaft	Jahr (Stichtag: 30.6.)	Vollzeitbeschäftigte insgesamt	Beamte und Richter[2]		Angestellte		Arbeiter	
Bund[3]	1992	351.095	122.340	35%	114.863	33%	113.892	32%
Länder	1992	1.977.650	954.285	48%	855.416	43%	167.949	8%
Gemeinden[4]	1992	1.530.637	161.641	11%	937.572	61%	431.424	28%
Zusammen	1992	3.859.382	1.238.266	32%	1.907.851	49%	713.265	18%

1 einschließlich Krankenhäuser mit kaufmännischem Rechnungswesen
2 Richter nur bei Hoheitsverwaltungen
3 ohne Soldaten
4 ohne kommunale Zweckverbände
Quelle: Bundesministerium der Finanzen (Hrsg.): Finanzbericht 1995, S. 329 – eigene Berechnung.

Stichwortregister